公路工程常用
金属材料与钢结构标准汇编

人民交通出版社
中国标准出版社 编

人民交通出版社
中国标准出版社
北京

图书在版编目（CIP）数据

公路工程常用金属材料与钢结构标准汇编/人民交通出版社，中国标准出版社编．—北京：人民交通出版社，2008.4

ISBN 978-7-114-07048-8

Ⅰ.公… Ⅱ.①人…②中… Ⅲ.道路工程-建筑材料-钢材-标准-汇编-中国 Ⅳ.U414.8-65

中国版本图书馆 CIP 数据核字(2008)第 038640 号

书　　名：**公路工程常用金属材料与钢结构标准汇编**
著 作 者：人民交通出版社　中国标准出版社
责任编辑：毛鹏　余化　岑瑜
出版发行：人民交通出版社
地　　址：(100011)北京市朝阳区安定门外外馆斜街 3 号
网　　址：http://www.ccpress.com.cn
销售电话：(010)59757969,59757973
总 经 销：北京中交盛世书刊有限公司
经　　销：各地新华书店
印　　刷：中国标准出版社秦皇岛印刷厂
开　　本：880×1230　1/16
印　　张：46
字　　数：1320 千
版　　次：2008 年 4 月第 1 版
印　　次：2009 年 7 月第 2 次印刷
书　　号：ISBN 978-7-114-07048-8
印　　数：3001～6500 册
定　　价：150.00 元
(如有印刷、装订质量问题的图书由本社负责调换)

出版说明

在公路建设过程中，国家和行业主管部门颁布的标准规范是广大工程建设单位和建设者必须遵循的技术准则，这些标准规范对于提高工程建设管理水平，保证公路建设质量和工程安全，降低工程造价，节约建筑材料和能源，促进技术进步等方面起到了重要的作用。

为了方便广大公路建设者更好地查找和应用标准规范，我们对现行的公路建设常用的水泥混凝土、钢材、金属三大材料及其试验检测相关标准规范进行了整理汇编，出版《公路工程水泥混凝土相关规范汇编》、《公路工程常用金属材料与钢结构标准汇编》、《公路工程金属试验规程汇编》，汇编收录的均为现行标准，具有很强的实用性，同时，汇编还收录了条文说明，以方便读者更深刻地理解和应用标准的内容。

本书所收集的国家标准和行业标准的属性（推荐性或强制性）已在目录中标明，标准年号用四位数字表示。鉴于部分标准是在标准清理整顿前出版的，目前尚未修订，故正文部分仍保留原样（包括标准正文中“引用标准”或“规范性引用文件”一章中的标准的属性），但其属性以本汇编目录中标明的为准，读者在使用这些标准时请注意查对。目录中部分行业标准年代号后加“（1996）”，表示该标准在1996年进行了确认，但未重新出版。目录中标有“ * ”号的表示该标准有修改单，标准中相关内容已按修改单改正。

本汇编是公路工程设计、科研、施工、监理等单位有关人员不可或缺的工具书。因时间所限，可能有部分相关标准未能收集到汇编中来，欢迎广大读者及时与我们联系交流。

编者

2008 年 3 月

目　　录

一、基　　础

二、盘条、钢丝及钢丝绳

三、型钢、钢筋、钢板、钢带、钢管

四、钢结构工程施工及质量验收

五、钢筋连接与焊接、预应力专用器具

一、基　础

前　　言

本标准对 GB/T 699—1988《优质碳素结构钢技术条件》进行了修订。

本标准此次修订对下列技术内容进行了修改：

——标准名称改为“优质碳素结构钢”；

——适用范围扩大到可提供直径或厚度大于 250 mm 的优质碳素结构钢；

——增加“订货内容”一章；

——钢材的尺寸、外形及允许偏差按 GB/T 702—1986 或 GB/T 908—1987 标准的规定；

——增加钢产品标记代号和牌号的统一数字代号；

——40 号以下牌号(除 08F 以外)的碳含量的范围缩小了 0.01%；

——钢的磷、硫含量和低倍组织按冶金质量等级分为三级；

——以热轧或热锻状态交货的钢材，力学性能如供方能保证时，可不作检验；

——表 3 的注 2 中，将 75、80 和 85 号钢的淬火冷却介质由“水冷”改为“油冷”；

——取消“断口”检验项目；

——取消非金属夹杂物的合格级别。

自本标准实施之日起，代替 GB/T 699—1988《优质碳素结构钢技术条件》。

本标准由国家冶金工业局提出。

本标准由全国钢标准化技术委员会归口。

本标准主要起草单位：冶金部信息标准研究院、重庆特殊钢公司、上海浦钢集团公司、大冶特殊钢股份有限公司、邯郸钢铁公司。

本标准主要起草人：栾　燕、唐一凡、唐志柏、陈长西、孙　萍、滕长岭、赵关信。

本标准 1965 年 1 月首次发布，1988 年 2 月第一次修订。

中华人民共和国国家标准

优质碳素结构钢

Quality carbon structural steels

GB/T 699—1999

代替 GB/T 699—1988

1 范围

本标准规定了热轧或锻制的优质碳素结构钢的尺寸、外形、重量及允许偏差、技术要求、试验方法、检验规则、包装、标志及质量证明书等。

本标准适用于直径或厚度不大于 250 mm 的优质碳素结构钢棒材。经供需双方协商,也可提供直径或厚度大于 250 mm 的优质碳素结构钢棒材。

本标准所规定的牌号及化学成分也适用于钢锭、钢坯及其制品。

2 引用标准

下列标准所包含的条文,通过在本标准中引用而构成为本标准的条文。本标准出版时,所示版本均为有效。所有标准都会被修订,使用本标准的各方应探讨使用下列标准最新版本的可能性。

GB/T 222—1984 钢的化学分析用试样取样法及成品化学成分允许偏差
GB/T 224—1987 钢的脱碳层深度测定法
GB/T 226—1991 钢的低倍组织及缺陷酸蚀检验法
GB/T 228—1987 金属拉伸试验方法
GB/T 229—1994 金属夏比缺口冲击试验方法
GB/T 231—1984 金属布氏硬度试验方法
GB/T 233—1982 金属顶锻试验方法
GB/T 702—1986 热轧圆钢和方钢尺寸、外形、重量及允许偏差
GB/T 908—1987 锻制圆钢和方钢尺寸、外形、重量及允许偏差
GB/T 1979—1980 结构钢低倍组织缺陷评级图
GB/T 2101—1989 型钢验收、包装、标志及质量证明书的一般规定
GB/T 2975—1998 钢及钢产品力学性能试验取样位置及试样制备
GB/T 4336—1984 碳素钢和中低合金钢的光电发射光谱分析方法
GB/T 6397—1986 金属拉伸试验试样
GB/T 7736—1987 钢的低倍组织及缺陷超声波检验方法
GB/T 10561—1989 钢中非金属夹杂物显微评定方法
GB/T 17616—1998 钢铁及合金产品牌号统一数字代号
GB/T 13299—1991 钢的显微组织评定法
GB/T 15711—1995 钢材塔形发纹酸浸检验方法
GB/T 17505—1998 钢及钢产品交货一般技术要求
YB/T 5148—1993 金属平均晶粒度测定法

钢中各元素的化学分析方法的引用标准见附录 A(标准的附录)。

国家质量技术监督局 1999-11-01 批准　　　　2000-08-01 实施

3 订货内容

按本标准订货的合同或订单应包括下列内容：

a）标准编号；

b）产品名称；

c）牌号或统一数字代号；

d）交货的重量(数量)；

e）规格及尺寸精度等级；

f）使用加工方法；

g）交货状态；

h）冲击试验(有要求时，按 6.4.1)；

i）顶锻试验(有要求时，按 6.5)；

j）非金属夹杂物(有要求时，按 6.7)；

k）脱碳层(有要求时，按 6.8)；

l）特殊要求(有要求时，按 6.10)。

4 分类与代号

4.1 钢材按冶金质量等级分为：

优质钢

高级优质钢　A

特级优质钢　E

4.2 钢材按使用加工方法分为两类：

a）压力加工用钢　UP

　热压力加工用钢　UHP

　顶锻用钢　UF

　冷拔坯料用钢　UCD

b）切削加工用钢　UC

5 尺寸、外形、重量及允许偏差

5.1 热轧圆钢和方钢的尺寸、外形、重量及其允许偏差应符合 GB/T 702 的有关规定，具体要求应在合同中注明。

5.2 锻制圆钢和方钢的尺寸、外形、重量及其允许偏差应符合 GB/T 908 的有关规定，具体要求应在合同中注明。

5.3 其他截面形状钢材的尺寸、外形、重量及其允许偏差应符合相应标准的规定。

6 技术要求

6.1 牌号、代号及化学成分

6.1.1 钢的牌号、统一数字代号及化学成分(熔炼分析)应符合表 1 的规定。

6.1.1.1 钢的硫、磷含量应符合表 2 的规定。

6.1.1.2 使用废钢冶炼的钢允许含铜量不大于 0.30%。

6.1.1.3 热压力加工用钢的铜含量应不大于 0.20%。

6.1.1.4 铅浴淬火(派登脱)钢丝用的 35～85 钢的锰含量为 0.30%～0.60%；65Mn 和 70Mn 钢的锰含量为 0.70%～1.00%，铬含量不大于 0.10%，镍含量不大于 0.15%，铜含量不大于 0.20%；硫、磷含量应符合钢丝标准要求。

6.1.1.5 08钢用铝脱氧冶炼镇静钢，锰含量下限为0.25%，硅含量不大于0.03%，铝含量为0.02%～0.07%。此时钢的牌号为08Al。

表1

序号	统一数字代号	牌号	化学成分，%					
			C	Si	Mn	Cr	Ni	Cu
						不大于		
1	U20080	08F	0.05～0.11	≤0.03	0.25～0.50	0.10	0.30	0.25
2	U20100	10F	0.07～0.13	≤0.07	0.25～0.50	0.15	0.30	0.25
3	U20150	15F	0.12～0.18	≤0.07	0.25～0.50	0.25	0.30	0.25
4	U20082	08	0.05～0.11	0.17～0.37	0.35～0.65	0.10	0.30	0.25
5	U20102	10	0.07～0.13	0.17～0.37	0.35～0.65	0.15	0.30	0.25
6	U20152	15	0.12～0.18	0.17～0.37	0.35～0.65	0.25	0.30	0.25
7	U20202	20	0.17～0.23	0.17～0.37	0.35～0.65	0.25	0.30	0.25
8	U20252	25	0.22～0.29	0.17～0.37	0.50～0.80	0.25	0.30	0.25
9	U20302	30	0.27～0.34	0.17～0.37	0.50～0.80	0.25	0.30	0.25
10	U20352	35	0.32～0.39	0.17～0.37	0.50～0.80	0.25	0.30	0.25
11	U20402	40	0.37～0.44	0.17～0.37	0.50～0.80	0.25	0.30	0.25
12	U20452	45	0.42～0.50	0.17～0.37	0.50～0.80	0.25	0.30	0.25
13	U20502	50	0.47～0.55	0.17～0.37	0.50～0.80	0.25	0.30	0.25
14	U20552	55	0.52～0.60	0.17～0.37	0.50～0.80	0.25	0.30	0.25
15	U20602	60	0.57～0.65	0.17～0.37	0.50～0.80	0.25	0.30	0.25
16	U20652	65	0.62～0.70	0.17～0.37	0.50～0.80	0.25	0.30	0.25
17	U20702	70	0.67～0.75	0.17～0.37	0.50～0.80	0.25	0.30	0.25
18	U20752	75	0.72～0.80	0.17～0.37	0.50～0.80	0.25	0.30	0.25
19	U20802	80	0.77～0.85	0.17～0.37	0.50～0.80	0.25	0.30	0.25
20	U20852	85	0.82～0.90	0.17～0.37	0.50～0.80	0.25	0.30	0.25
21	U21152	15Mn	0.12～0.18	0.17～0.37	0.70～1.00	0.25	0.30	0.25
22	U21202	20Mn	0.17～0.23	0.17～0.37	0.70～1.00	0.25	0.30	0.25
23	U21252	25Mn	0.22～0.29	0.17～0.37	0.70～1.00	0.25	0.30	0.25
24	U21302	30Mn	0.27～0.34	0.17～0.37	0.70～1.00	0.25	0.30	0.25
25	U21352	35Mn	0.32～0.39	0.17～0.37	0.70～1.00	0.25	0.30	0.25
26	U21402	40Mn	0.37～0.44	0.17～0.37	0.70～1.00	0.25	0.30	0.25
27	U21452	45Mn	0.42～0.50	0.17～0.37	0.70～1.00	0.25	0.30	0.25
28	U21502	50Mn	0.48～0.56	0.17～0.37	0.70～1.00	0.25	0.30	0.25
29	U21602	60Mn	0.57～0.65	0.17～0.37	0.70～1.00	0.25	0.30	0.25
30	U21652	65Mn	0.62～0.70	0.17～0.37	0.90～1.20	0.25	0.30	0.25
31	U21702	70Mn	0.67～0.75	0.17～0.37	0.90～1.20	0.25	0.30	0.25

注：表1所列牌号为优质钢。如果是高级优质钢，在牌号后面加“A”(统一数字代号最后一位数字改为“3”)；如果是特级优质钢，在牌号后面加“E”(统一数字代号最后一位数字改为“6”)；对于沸腾钢，牌号后面为“F”(统一数字代号最后一位数字为“0”)；对于半镇静钢，牌号后面为“b”(统一数字代号最后一位数字为“1”)

6.1.1.6 冷冲压用沸腾钢含硅量不大于0.03%。

6.1.1.7 氧气转炉冶炼的钢其含氮量应不大于0.008%。供方能保证合格时,可不做分析。

6.1.1.8 经供需双方协议,08～25钢可供应硅含量不大于0.17%的半镇静钢,其牌号为08b～25b。

6.1.2 钢材(或坯)的化学成分允许偏差应符合GB/T 222—1984标准中表2的规定。

表2

组别	P	S
	不大于,%	
优质钢	0.035	0.035
高级优质钢	0.030	0.030
特级优质钢	0.025	0.020

6.2 冶炼方法

除非合同中另有规定,冶炼方法由生产厂自行选择。

6.3 交货状态

钢材通常以热轧或热锻状态交货。如需方有要求,并在合同中注明,也可以热处理(退火、正火或高温回火)状态或特殊表面状态交货。

6.4 力学性能

6.4.1 用热处理(正火)毛坯制成的试样测定钢材的纵向力学性能(不包括冲击吸收功)应符合表3的规定。以热轧或热锻状态交货的钢材,如供方能保证力学性能合格时,可不进行试验。

根据需方要求,用热处理(淬火+回火)毛坯制成试样测定25～50、25 Mn～50 Mn钢的冲击吸收功应符合表3的规定。

直径小于16 mm的圆钢和厚度不大于12 mm的方钢、扁钢,不作冲击试验。

6.4.2 表3所列的力学性能仅适用于截面尺寸不大于80 mm的钢材。对大于80 mm的钢材,允许其断后伸长率、断面收缩率比表3的规定分别降低2%(绝对值)及5%(绝对值)。

用尺寸大于80至120 mm的钢材改锻(轧)成70至80 mm的试料取样检验时,其试验结果应符合表3规定。

用尺寸大于120至250 mm的钢材改锻(轧)成90至100 mm的试料取样检验时,其试验结果应符合表3规定。

6.4.3 切削加工用钢材或冷拔坯料用钢材交货状态硬度应符合表3规定。不退火钢的硬度,供方若能保证合格时,可不作检验。高温回火或正火后的硬度指标,由供需双方协商确定。

表3

序号	牌号	试样毛坯尺寸 mm	推荐热处理,℃			力学性能					钢材交货状态硬度 HBS10/3 000 不大于	
			正火	淬火	回火	σ_b MPa	σ_s MPa	δ_5 %	ψ %	A_{KU2} J		
						不小于					未热处理钢	退火钢
1	08F	25	930			295	175	35	60		131	
2	10F	25	930			315	185	33	55		137	
3	15F	25	920			355	205	29	55		143	
4	08	25	930			325	195	33	60		131	
5	10	25	930			335	205	31	55		137	
6	15	25	920			375	225	27	55		143	

表 3(完)

序号	牌号	试样毛坯尺寸 mm	推荐热处理,℃			力学性能					钢材交货状态硬度 HBS10/3 000 不大于	
			正火	淬火	回火	σ_b MPa	σ_s MPa	δ_5 %	ψ %	A_{KU2} J	未热处理钢	退火钢
						不小于						
7	20	25	910			410	245	25	55		156	
8	25	25	900	870	600	450	275	23	50	71	170	
9	30	25	880	860	600	490	295	21	50	63	179	
10	35	25	870	850	600	530	315	20	45	55	197	
11	40	25	860	840	600	570	335	19	45	47	217	187
12	45	25	850	840	600	600	355	16	40	39	229	197
13	50	25	830	830	600	630	375	14	40	31	241	207
14	55	25	820	820	600	645	380	13	35		255	217
15	60	25	810			675	400	12	35		255	229
16	65	25	810			695	410	10	30		255	229
17	70	25	790			715	420	9	30		269	229
18	75	试样		820	480	1 080	880	7	30		285	241
19	80	试样		820	480	1 080	930	6	30		285	241
20	85	试样		820	480	1 130	980	6	30		302	255
21	15Mn	25	920			410	245	26	55		163	
22	20Mn	25	910			450	275	24	50		197	
23	25Mn	25	900	870	600	490	295	22	50	71	207	
24	30Mn	25	880	860	600	540	315	20	45	63	217	187
25	35Mn	25	870	850	600	560	335	18	45	55	229	197
26	40Mn	25	860	840	600	590	355	17	45	47	229	207
27	45Mn	25	850	840	600	620	375	15	40	39	241	217
28	50Mn	25	830	830	600	645	390	13	40	31	255	217
29	60Mn	25	810			695	410	11	35		269	229
30	65Mn	25	830			735	430	9	30		285	229
31	70Mn	25	790			785	450	8	30		285	229

注

1 对于直径或厚度小于 25 mm 的钢材,热处理是在与成品截面尺寸相同的试样毛坯上进行。

2 表中所列正火推荐保温时间不少于 30 min,空冷;淬火推荐保温时间不少于 30 min,75、80 和 85 钢油冷,其余钢水冷;回火推荐保温时间不少于 1 h

6.5 顶锻

6.5.1 顶锻用钢应进行顶锻试验,并在合同中注明热顶锻或冷顶锻。热顶锻后的试样为原试样高度的 1/3;冷顶锻后的试样为原试样高度的 1/2。顶锻后试样上不得有裂口和裂缝。

6.5.2 对于尺寸大于 80 mm 要求热顶锻的钢材或尺寸大于 30 mm 要求冷顶锻的钢材,如供方能保证顶锻试验合格时,可不进行试验。

6.6 低倍组织

6.6.1 镇静钢钢材的横截面酸浸低倍组织试片上不得有目视可见的缩孔、气泡、裂纹、夹杂、翻皮和白点。供切削加工用的钢材允许有不超过表面缺陷允许深度的皮下夹杂等缺陷。

6.6.2 酸浸低倍组织应符合表 4 的规定。

表 4

质量等级	一般疏松	中心疏松	锭型偏析
	级别 不大于		
优质钢	3.0	3.0	3.0
高级优质钢	2.5	2.5	2.5
特级优质钢	2.0	2.0	2.0

6.6.3 如供方能保证低倍检验合格，允许采用 GB/T 7736 标准规定的超声波探伤法或其他无损探伤法代替低倍检验。

6.7 非金属夹杂物

根据需方要求，可检验钢的非金属夹杂物，其合格级别由供需双方协商规定。

6.8 脱碳层

根据需方要求，对公称碳含量大于 0.30％的钢材检验脱碳层时，每边总脱碳层深度（铁素体＋过渡层）应符合表 5 的规定。需方应在合同中注明组别。

表 5

mm

组 别	允许总脱碳层深度 不大于
第Ⅰ组	1.0％D
第Ⅱ组	1.5％D
注：D 为钢材公称直径或厚度	

6.9 表面质量

6.9.1 压力加工用钢材的表面不得有目视可见的裂纹、结疤、折叠及夹杂。如有上述缺陷必须清除，清除深度从钢材实际尺寸算起应符合表 6 的规定。清除宽度不小于深度的 5 倍。对直径或边长大于 140 mm的钢材，在同一截面的最大清除深度不得多于 2 处。允许有从实际尺寸算起不超过尺寸公差之半的个别细小划痕、压痕、麻点及深度不超过 0.2 mm 的小裂纹存在。

6.9.2 切削加工用钢材的表面允许有从钢材公称尺寸算起深度不超过表 7 规定的局部缺陷。

表 6

mm

钢材公称尺寸（直径或厚度）	允许缺陷清除深度
＜80	钢材公称尺寸公差的 1/2
80～140	钢材公称尺寸公差
＞140～200	钢材公称尺寸的 5％
＞200	钢材公称尺寸的 6％

表 7

mm

钢材公称尺寸（直径或厚度）	局部缺陷允许深度 不大于
＜100	钢材公称尺寸的负偏差
≥100	钢材公称尺寸的公差

6.10 特殊要求

根据需方要求，经供需双方协议，可供应有下列特殊要求的钢材：

a）缩小或修改表1规定的化学成分范围；

b）直径或厚度大于250 mm的钢棒；

c）检验钢的晶粒度；

d）检验钢的显微组织；

e）用塔形试样检验发纹；

f）加严力学性能指标；

g）可进行V型缺口冲击试验（指标由供需双方协商确定）；

h）其他。

7 试验方法

每批钢材的试验方法应符合表8的规定。

表8

序号	检验项目	取样数量	取样部位	试验方法
1	化学成分	1	GB/T 222	GB/T 223 GB/T 4336
2	拉伸试验	2	不同根钢材	GB/T 228 GB/T 2975 GB/T 6397
3	硬度	3	不同根钢材	GB/T 231
4	冲击试验	2	不同根钢材	GB/T 229
5	顶锻试验	2	不同根钢材	GB/T 233
6	低倍组织	2	相当于钢锭头部的不同根钢坯或钢材	GB/T 226 GB/T 1979
7	塔形发纹	2	不同根钢材	GB/T 15711
8	脱碳	2	不同根钢材	GB/T 224（金相法）
9	晶粒度	1	任一根钢材	YB/T 5148
10	非金属夹杂物	2	不同根钢材	GB/T 10561
11	显微组织	2	不同根钢材	GB/T 13299
12	超声波检验	2	整根材上	GB/T 7736
13	尺寸、外形	逐根	整根材上	卡尺、千分尺
14	表面	逐根	整根材上	目视

8 检验规则

8.1 检查和验收

8.1.1 钢材的质量由供方质量技术监督部门进行检查和验收。

8.1.2 供方必须保证交货的钢材符合本标准或合同的规定，必要时，需方有权对本标准或合同所规定的任一检验项目进行检查或验收。

8.2 组批规则

钢材应按批检查和验收。每批由同一炉（罐）号、同一加工方法、同一尺寸、同一交货状态［或同一热处理制度(炉次)]和同一表面状态的钢材组成。

8.3 取样数量及取样部位

钢材的取样数量和取样部位应符合表 8 的规定。

8.4 复验与判定规则

8.4.1 钢材的复验和判定规则按 GB/T 17505—1998 标准的 8.3.4.3 的有关规定执行。

8.4.2 如供方能保证钢材合格时,对同一炉(罐)号的钢材或钢坯的低倍、力学性能和非金属夹杂物的检验结果允许以坯代材、以大代小。

9 包装、标志及质量证明书

钢材的包装、标志及质量证明书应符合 GB/T 2101 的规定。

附 录 A
（标准的附录）
化学分析方法引用标准

GB/T 223.3—1988 钢铁及合金化学分析方法 二安替吡啉甲烷磷钼酸重量法测定磷量
GB/T 223.5—1997 钢铁及合金化学分析方法 还原型硅钼酸盐光度法测定酸溶硅含量
GB/T 223.10—1991 钢铁及合金化学分析方法 铜铁试剂分离-铬天青S光度法测定铝量
GB/T 223.11—1991 钢铁及合金化学分析方法 过硫酸铵氧化容量法测定铬量
GB/T 223.12—1991 钢铁及合金化学分析方法 碳酸钠分离-二苯碳酰二肼光度法测定铬量
GB/T 223.18—1994 钢铁及合金化学分析方法 硫代硫酸钠分离-碘量法测定铜量
GB/T 223.19—1989 钢铁及合金化学分析方法 新亚铜灵-三氯甲烷萃取光度法测定铜量
GB/T 223.23—1994 钢铁及合金化学分析方法 丁二酮肟分光光度法测定镍量
GB/T 223.24—1994 钢铁及合金化学分析方法 萃取分离-丁二酮肟分光光度法测定镍量
GB/T 223.36—1994 钢铁及合金化学分析方法 蒸馏分离-中和滴定法测定氮量
GB/T 223.37—1989 钢铁及合金化学分析方法 蒸馏分离-靛酚蓝光度法测定氮量
GB/T 223.53—1987 钢铁及合金化学分析方法 火焰原子吸收分光光度法测定铜量
GB/T 223.54—1987 钢铁及合金化学分析方法 火焰原子吸收分光光度法测定镍量
GB/T 223.58—1987 钢铁及合金化学分析方法 亚砷酸钠-亚硝酸钠滴定法测定锰量
GB/T 223.59—1987 钢铁及合金化学分析方法 锑磷钼蓝光度法测定磷量
GB/T 223.60—1997 钢铁及合金化学分析方法 高氯酸脱水重量法测定硅含量
GB/T 223.61—1988 钢铁及合金化学分析方法 磷钼酸铵容量法测定磷量
GB/T 223.62—1988 钢铁及合金化学分析方法 乙酸丁酯萃取光度测定磷量
GB/T 223.63—1988 钢铁及合金化学分析方法 高碘酸钠(钾)光度法测定锰量
GB/T 223.64—1988 钢铁及合金化学分析方法 火焰原子吸收光谱法测定锰量
GB/T 223.67—1989 钢铁及合金化学分析方法 还原蒸馏-次甲基蓝光度法测定硫量
GB/T 223.68—1997 钢铁及合金化学分析方法 管式炉内燃烧后碘酸钾滴定法测定硫含量
GB/T 223.69—1997 钢铁及合金化学分析方法 管式炉内燃烧后气体容量法测定碳含量
GB/T 223.71—1997 钢铁及合金化学分析方法 管式炉内燃烧后重量法测定碳含量
GB/T 223.72—1991 钢铁及合金化学分析方法 氧化铝色层分离-硫酸钡重量法测定硫量

GB/T 699—1999《优质碳素结构钢》第1号修改单

本修改单经国家质量技术监督局于2000年9月26日以质技监标函[2000]171号文批准，自2001年1月1日起实施。

一、第6.1.1.4条“铅浴淬火（派登脱）钢丝用的35～85钢的锰含量为0.30％～0.60％；铬含量不大于0.10％，……。”

应改为“铅浴淬火（派登脱）钢丝用的35～85钢的锰含量为0.30％～0.60％；65Mn和70Mn钢的锰含量为0.70％～1.00％，铬含量不大于0.10％，……。”

二、第6.5.1条“顶锻用钢应进行顶锻试验，并在合同中注明热顶锻或冷顶锻。”

应改为：“顶锻用钢应进行顶锻试验，并在合同中注明热顶锻或冷顶锻。热顶锻后的试样为原试样高度的1/3；冷顶锻后的试样为原试样高度的1/2。顶锻后试样上不得有裂口和裂缝。”

三、第8.4.1条“钢材的复验和判定规则按GB/T 17505—1998标准的8.3.4.3的有关规定执行。金属夹杂物的检验结果允许以坯代材、以大代小。”

应改为：

8.4.1　钢材的复验和判定规则按GB/T 17505—1998标准的8.3.4.3的有关规定执行。

8.4.2　如供方能保证钢材合格时，对同一炉（罐）号的钢材或钢坯的低倍、力学性能和非金属夹杂物的检验结果允许以坯代材、以大代小。

四、表3的注2中“…70、80和85号钢油冷……”改为“……75、80和85号钢油冷……”。

五、表8中第12项的“超声波检验”的“取样数量”由“逐根”改为“2”。

ICS 77.140.45
H 40

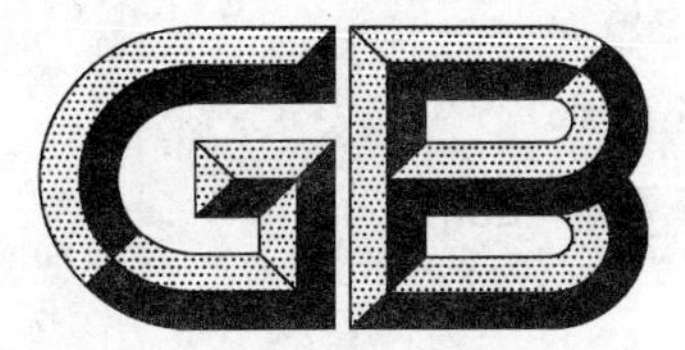

中华人民共和国国家标准

GB/T 700—2006
代替 GB/T 700—1988

碳 素 结 构 钢

Carbon structural steels

(ISO 630:1995,Structural steels—
Plates,wide flats,bars,sections and profiles,NEQ)

2006-11-01 发布 2007-02-01 实施

中华人民共和国国家质量监督检验检疫总局
中国国家标准化管理委员会 发布

前　　言

本标准与 ISO 630:1995《结构钢》的一致性程度为非等效，主要差别如下：

——不设屈服强度 185 N/mm^2 级和 355 N/mm^2 级的牌号；

——设 195 N/mm^2 级、215 N/mm^2 级的牌号 Q195、Q215；

——Q235 和 Q275 的 A 级钢磷含量降低 0.005%；

——Q235B 级钢按脱氧方法将厚度分两档，且碳含量均为 0.20%；

——厚度小于 25 mm 的 Q235B 级钢材，如供方能保证冲击吸收功值合格，经需方同意，可不作检验；

——大于 80 mm～100 mm 厚的 Q275 钢材，屈服强度提高 10 N/mm^2；

——增加冷弯试验；

——根据国内情况规定具体的组批规则。

本标准代替 GB/T 700—1988《碳素结构钢》，与 GB/T 700—1988 相比主要变化如下：

——"脱氧方法"取消半镇静钢；

——取消 GB/T 700—1988 中 Q255、Q275 牌号；

——新增 ISO 630:1995 中 E275 牌号，改为新的 Q275 牌号；

——取消各牌号的碳、锰含量下限，并提高锰含量上限；

——取消沸腾钢、镇静钢硅含量的界限；

——硅含量由 0.30%修改为 0.35%(Q195 除外)；

——Q195 牌号的磷、硫含量分别由 0.045%和 0.050%降低为 0.035%和 0.040%；

——取消厚度(或直径)不大于 16 mm 一档的断后伸长率的规定；

——表 2 脚注增加"宽带钢(包括剪切钢板)抗拉强度上限不作交货条件"和"厚度小于 25 mm 的 Q235B 级钢材，如供方能保证冲击吸收功值合格，经需方同意，可不作检验"；

——修改对钢中氮含量的规定；

——修改对冲击试验的规定，并增加宽度 5 mm～10 mm 试样最小冲击吸收功图；

——组批按"同一炉罐号"修改为"同一炉号"，并取消混合批对炉号数量的限制。

本标准的附录 A 为规范性附录。

本标准由中国钢铁工业协会提出。

本标准由全国钢标准化技术委员会归口。

本标准起草单位：冶金工业信息标准研究院、首钢总公司、邯郸钢铁集团有限责任公司、本溪钢铁(集团)有限责任公司。

本标准主要起草人：唐一凡、栾燕、王丽萍、孙萍、张险峰、戴强。

本标准于 1965 年 1 月首次发布，1979 年 10 月第一次修订，1988 年 6 月第二次修订。

碳 素 结 构 钢

1 范围

本标准规定了碳素结构钢的牌号、尺寸、外形、重量及允许偏差、技术要求、试验方法、检验规则、包装、标志和质量证明书。

本标准适用于一般以交货状态使用，通常用于焊接、铆接、栓接工程结构用热轧钢板、钢带、型钢和钢棒。

本标准规定的化学成分也适用于钢锭、连铸坯、钢坯及其制品。

2 规范性引用文件

下列文件中的条款通过本标准的引用而成为本标准的条款。凡是注日期的引用文件，其随后所有的修改单(不包括勘误的内容)或修订版均不适用于本标准，然而，鼓励根据本标准达成协议的各方研究是否可使用这些文件的最新版本。凡是不注日期的引用文件，其最新版本适用于本标准。

GB/T 222—2006 钢的成品化学成分允许偏差

GB/T 223.3 钢铁及合金化学分析方法 二安替比林甲烷磷钼酸重量法测定磷量

GB/T 223.10 钢铁及合金化学分析方法 铜铁试剂分离-铬天青S光度法测定铝含量

GB/T 223.11 钢铁及合金化学分析方法 过硫酸铵氧化容量法测定铬量

GB/T 223.18 钢铁及合金化学分析方法 硫代硫酸钠分离-碘量法测定铜量

GB/T 223.19 钢铁及合金化学分析方法 新亚铜灵-三氯甲烷萃取光度法测定铜量

GB/T 223.24 钢铁及合金化学分析方法 萃取分离-丁二酮肟分光光度法测定镍量

GB/T 223.32 钢铁及合金化学分析方法 次磷酸钠还原-碘量法测定砷含量

GB/T 223.37 钢铁及合金化学分析方法 蒸馏分离-靛酚蓝光度法测定氮量

GB/T 223.58 钢铁及合金化学分析方法 亚砷酸钠-亚硝酸钠滴定法测定锰量

GB/T 223.59 钢铁及合金化学分析方法 锑磷钼蓝光度法测定磷量

GB/T 223.60 钢铁及合金化学分析方法 高氯酸脱水重量法测定硅含量

GB/T 223.63 钢铁及合金化学分析方法 高碘酸钠(钾)光度法测定锰量

GB/T 223.64 钢铁及合金化学分析方法 火焰原子吸收光谱法测定锰量

GB/T 223.68 钢铁及合金化学分析方法 管式炉内燃烧后碘酸钾滴定法测定硫含量

GB/T 223.71 钢铁及合金化学分析方法 管式炉内燃烧后重量法测定碳含量

GB/T 223.72 钢铁及合金化学分析方法 氧化铝色层分离-硫酸钡重量法测定硫量

GB/T 228 金属材料 室温拉伸试验方法 (GB/T 228—2002,eqv ISO 6892:1998)

GB/T 229 金属夏比缺口冲击试验方法(GB/T 229—1994,eqv ISO 83:1976,eqv ISO 148:1983)

GB/T 232 金属材料 弯曲试验方法(GB/T 232—1999,eqv ISO 7438:1985)

GB/T 247 钢板和钢带检验、包装、标志及质量证明书的一般规定

GB/T 2101 型钢验收、包装、标志及质量证明书的一般规定

GB/T 2975 钢及钢产品 力学性能试验取样位置及试样制备(GB/T 2975—1998,eqv ISO 377:1997)

GB/T 4336 碳素钢和中低合金钢 火花源原子发射光谱分析方法(常规法)

GB/T 20066 钢和铁 化学成分测定用试样的取样和制样方法(GB/T 20066—2006,ISO 14284:1996,IDT)

3 牌号表示方法和符号

3.1 牌号表示方法

钢的牌号由代表屈服强度的字母、屈服强度数值、质量等级符号、脱氧方法符号等 4 个部分按顺序组成。例如：Q235AF。

3.2 符号

Q——钢材屈服强度“屈”字汉语拼音首位字母；

A、B、C、D——分别为质量等级；

F——沸腾钢“沸”字汉语拼音首位字母；

Z——镇静钢“镇”字汉语拼音首位字母；

TZ——特殊镇静钢“特镇”两字汉语拼音首位字母。

在牌号组成表示方法中，“Z”与“TZ”符号可以省略。

4 尺寸、外形、重量及允许偏差

钢板、钢带、型钢和钢棒的尺寸、外形、重量及允许偏差应分别符合相应标准的规定。

5 技术要求

5.1 牌号和化学成分

5.1.1 钢的牌号和化学成分（熔炼分析）应符合表 1 的规定。

表 1

<table>
<tr><th rowspan="2">牌号</th><th rowspan="2">统一数字代号[a]</th><th rowspan="2">等级</th><th rowspan="2">厚度（或直径）/mm</th><th rowspan="2">脱氧方法</th><th colspan="5">化学成分（质量分数）/%，不大于</th></tr>
<tr><th>C</th><th>Si</th><th>Mn</th><th>P</th><th>S</th></tr>
<tr><td>Q195</td><td>U11952</td><td>—</td><td>—</td><td>F、Z</td><td>0.12</td><td>0.30</td><td>0.50</td><td>0.035</td><td>0.040</td></tr>
<tr><td rowspan="2">Q215</td><td>U12152</td><td>A</td><td rowspan="2">—</td><td rowspan="2">F、Z</td><td rowspan="2">0.15</td><td rowspan="2">0.35</td><td rowspan="2">1.20</td><td rowspan="2">0.045</td><td>0.050</td></tr>
<tr><td>U12155</td><td>B</td><td>0.045</td></tr>
<tr><td rowspan="4">Q235</td><td>U12352</td><td>A</td><td rowspan="4">—</td><td rowspan="2">F、Z</td><td>0.22</td><td rowspan="4">0.35</td><td rowspan="4">1.40</td><td rowspan="2">0.045</td><td>0.050</td></tr>
<tr><td>U12355</td><td>B</td><td>0.20[b]</td><td>0.045</td></tr>
<tr><td>U12358</td><td>C</td><td>Z</td><td rowspan="2">0.17</td><td>0.040</td><td>0.040</td></tr>
<tr><td>U12359</td><td>D</td><td>TZ</td><td>0.035</td><td>0.035</td></tr>
<tr><td rowspan="5">Q275</td><td>U12752</td><td>A</td><td>—</td><td>F、Z</td><td>0.24</td><td rowspan="5">0.35</td><td rowspan="5">1.50</td><td>0.045</td><td>0.050</td></tr>
<tr><td rowspan="2">U12755</td><td rowspan="2">B</td><td>≤40</td><td rowspan="2">Z</td><td>0.21</td><td rowspan="2">0.045</td><td rowspan="2">0.045</td></tr>
<tr><td>>40</td><td>0.22</td></tr>
<tr><td>U12758</td><td>C</td><td rowspan="2">—</td><td>Z</td><td rowspan="2">0.20</td><td>0.040</td><td>0.040</td></tr>
<tr><td>U12759</td><td>D</td><td>TZ</td><td>0.035</td><td>0.035</td></tr>
</table>

a 表中为镇静钢、特殊镇静钢牌号的统一数字，沸腾钢牌号的统一数字代号如下：

Q195F——U11950；

Q215AF——U12150，Q215BF——U12153；

Q235AF——U12350，Q235BF——U12353；

Q275AF——U12750。

b 经需方同意，Q235B 的碳含量可不大于 0.22%。

5.1.1.1 D级钢应有足够细化晶粒的元素，并在质量证明书中注明细化晶粒元素的含量。当采用铝脱氧时，钢中酸溶铝含量应不小于0.015%，或总铝含量应不小于0.020%。

5.1.1.2 钢中残余元素铬、镍、铜含量应各不大于0.30%，氮含量应不大于0.008%。如供方能保证，均可不做分析。

5.1.1.2.1 氮含量允许超过5.1.1.2的规定值，但氮含量每增加0.001%，磷的最大含量应减少0.005%，熔炼分析氮的最大含量应不大于0.012%；如果钢中的酸溶铝含量不小于0.015%或总铝含量不小于0.020%，氮含量的上限值可以不受限制。固定氮的元素应在质量证明书中注明。

5.1.1.2.2 经需方同意，A级钢的铜含量可不大于0.35%。此时，供方应做铜含量的分析，并在质量证明书中注明其含量。

5.1.1.3 钢中砷的含量应不大于0.080%。用含砷矿冶炼生铁所冶炼的钢，砷含量由供需双方协议规定。如原料中不含砷，可不做砷的分析。

5.1.1.4 在保证钢材力学性能符合本标准规定的情况下，各牌号A级钢的碳、锰、硅含量可以不作为交货条件，但其含量应在质量证明书中注明。

5.1.1.5 在供应商品连铸坯、钢锭和钢坯时，为了保证轧制钢材各项性能达到本标准要求，可以根据需方要求规定各牌号的碳、锰含量下限。

5.1.2 成品钢材、连铸坯、钢坯的化学成分允许偏差应符合GB/T 222—2006中表1的规定。

氮含量允许超过规定值，但必须符合5.1.1.2.1条的要求，成品分析氮含量的最大值应不大于0.014%；如果钢中的铝含量达到5.1.1.2.1规定的含量，并在质量证明书中注明，氮含量上限值可不受限制。

沸腾钢成品钢材和钢坯的化学成分偏差不作保证。

5.2 冶炼方法

钢由氧气转炉或电炉冶炼。除非需方有特殊要求并在合同中注明，冶炼方法一般由供方自行选择。

5.3 交货状态

钢材一般以热轧、控轧或正火状态交货。

5.4 力学性能

5.4.1 钢材的拉伸和冲击试验结果应符合表2的规定，弯曲试验结果应符合表3的规定。

5.4.2 用Q195和Q235B级沸腾钢轧制的钢材，其厚度(或直径)不大于25 mm。

5.4.3 做拉伸和冷弯试验时，型钢和钢棒取纵向试样；钢板、钢带取横向试样，断后伸长率允许比表2降低2%(绝对值)。窄钢带取横向试样如果受宽度限制时，可以取纵向试样。

5.4.4 如供方能保证冷弯试验符合表3的规定，可不作检验。A级钢冷弯试验合格时，抗拉强度上限可以不作为交货条件。

5.4.5 厚度不小于12 mm或直径不小于16 mm的钢材应做冲击试验，试样尺寸为10 mm×10 mm×55 mm。经供需双方协议，厚度为6 mm～12 mm或直径为12 mm～16 mm的钢材可以做冲击试验，试样尺寸为10 mm×7.5 mm×55 mm或10 mm×5 mm×55 mm或10 mm×产品厚度×55 mm。在附录A中给出规定的冲击吸收功值，如：当采用10 mm×5 mm×55 mm试样时，其试验结果应不小于规定值的50%。

5.4.6 夏比(V型缺口)冲击吸收功值按一组3个试样单值的算术平均值计算，允许其中1个试样的单个值低于规定值，但不得低于规定值的70%。

如果没有满足上述条件，可从同一抽样产品上再取3个试样进行试验，先后6个试样的平均值不得低于规定值，允许有2个试样低于规定值，但其中低于规定值70%的试样只允许1个。

表 2

牌号	等级	屈服强度[a] R_{eH}/(N/mm^2),不小于						抗拉强度[b] R_m/(N/mm^2)	断后伸长率 A/%,不小于					冲击试验(V 型缺口)	
		厚度(或直径)/mm							厚度(或直径)/mm					温度/℃	冲击吸收功(纵向)/J 不小于
		≤16	>16~40	>40~60	>60~100	>100~150	>150~200		≤40	>40~60	>60~100	>100~150	>150~200		
Q195	—	195	185	—	—	—	—	315~430	33	—	—	—	—	—	—
Q215	A	215	205	195	185	175	165	335~450	31	30	29	27	26	—	—
	B													+20	27
Q235	A	235	225	215	215	195	185	370~500	26	25	24	22	21	—	—
	B													+20	27[c]
	C													0	
	D													−20	
Q275	A	275	265	255	245	225	215	410~540	22	21	20	18	17	—	—
	B													+20	27
	C													0	
	D													−20	

[a] Q195 的屈服强度值仅供参考,不作交货条件。

[b] 厚度大于 100 mm 的钢材,抗拉强度下限允许降低 20 N/mm^2。宽带钢(包括剪切钢板)抗拉强度上限不作交货条件。

[c] 厚度小于 25 mm 的 Q235B 级钢材,如供方能保证冲击吸收功值合格,经需方同意,可不作检验。

表 3

牌　　号	试样方向	冷弯试验 180°　$B=2a$[a]	
		钢材厚度(或直径)[b]/mm	
		≤60	>60~100
		弯心直径 d	
Q195	纵	0	—
	横	0.5a	
Q215	纵	0.5a	1.5a
	横	a	2a
Q235	纵	a	2a
	横	1.5a	2.5a
Q275	纵	1.5a	2.5a
	横	2a	3a

[a] B 为试样宽度,a 为试样厚度(或直径)。

[b] 钢材厚度(或直径)大于 100 mm 时,弯曲试验由双方协商确定。

5.5 表面质量

钢材的表面质量应分别符合钢板、钢带、型钢和钢棒等有关产品标准的规定。

6 试验方法

6.1 每批钢材的检验项目、取样数量、取样方法和试验方法应符合表4的规定。

表4

序号	检验项目	取样数量/个	取样方法	试验方法
1	化学分析	1(每炉)	GB/T 20066	第2章中GB/T 223系列标准、GB/T 4336
2	拉伸	1	GB/T 2975	GB/T 228
3	冷弯			GB/T 232
4	冲击	3		GB/T 229

6.2 拉伸和冷弯试验，钢板、钢带试样的纵向轴线应垂直于轧制方向；型钢、钢棒和受宽度限制的窄钢带试样的纵向轴线应平行于轧制方向。

6.3 冲击试样的纵向轴线应平行轧制方向。冲击试样可以保留一个轧制面。

7 检验规则

7.1 钢材的检查和验收由供方技术监督部门进行，需方有权对本标准或合同所规定的任一检验项目进行检查和验收。

7.2 钢材应成批验收，每批由同一牌号、同一炉号、同一质量等级、同一品种、同一尺寸、同一交货状态的钢材组成。每批重量应不大于60 t。

公称容量比较小的炼钢炉冶炼的钢轧成的钢材，同一冶炼、浇注和脱氧方法、不同炉号、同一牌号的A级钢或B级钢，允许组成混合批，但每批各炉号含碳量之差不得大于0.02%，含锰量之差不得大于0.15%。

7.3 钢材的夏比(V型缺口)冲击试验结果不符合5.4.6规定时，抽样产品应报废，再从该检验批的剩余部分取两个抽样产品，在每个抽样产品上各选取新的一组3个试样，这两组试样的复验结果均应合格，否则该批产品不得交货。

7.4 钢材其他检验项目的复验和检验规则应符合GB/T 247和GB/T 2101的规定。

8 包装、标志、质量证明书

钢材的包装、标志和质量证明书应符合GB/T 247和GB/T 2101的规定。

附 录 A
（规范性附录）
小尺寸冲击试样的冲击吸收功值

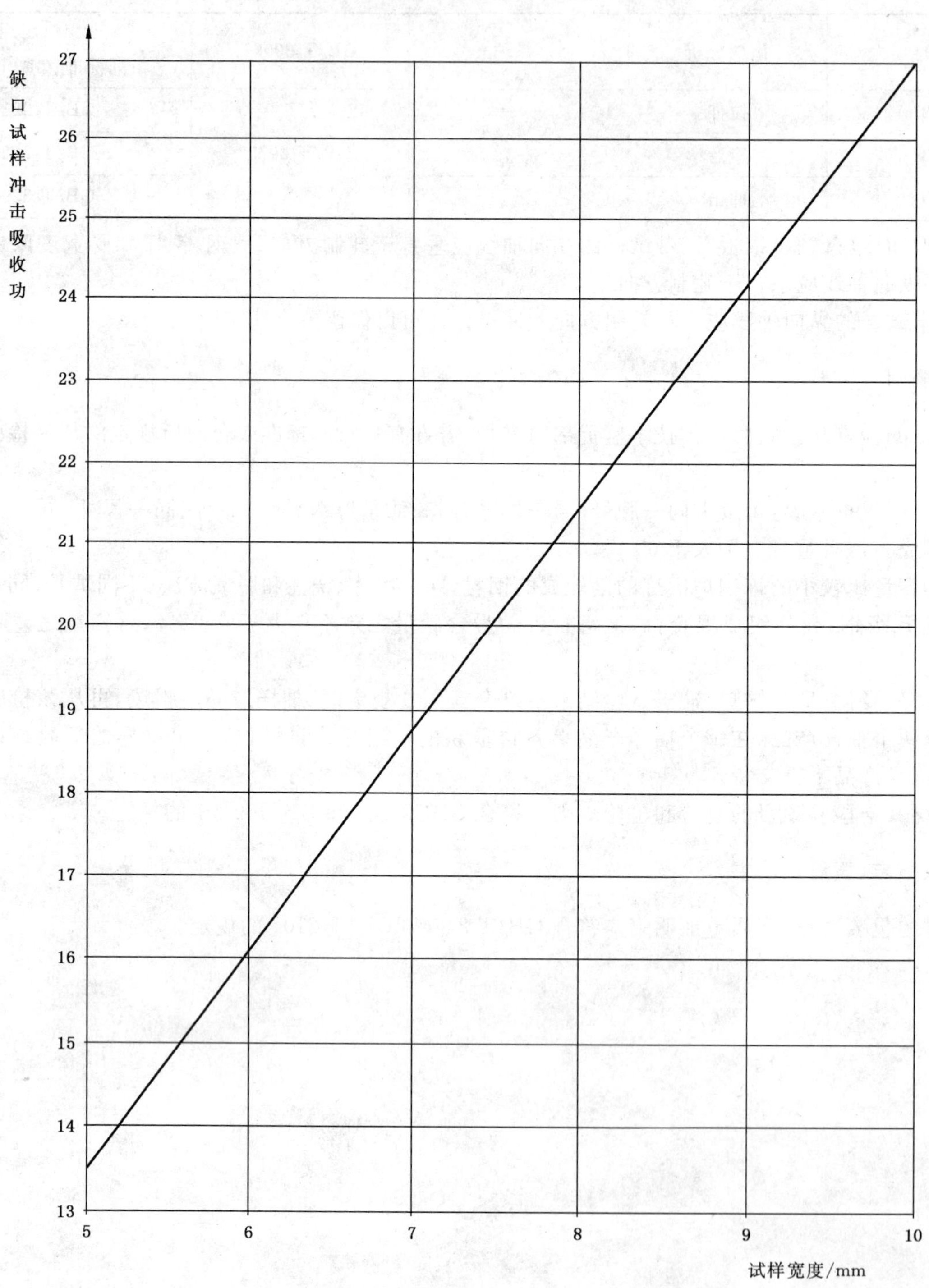

图 A.1 宽度 5 mm～10 mm 试样的最小冲击吸收功值

ICS 77.140.10;77.140.50
H 46

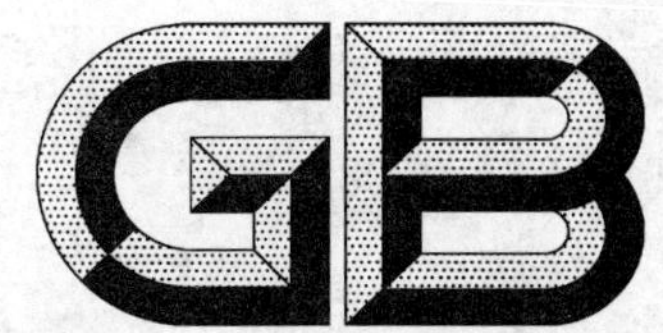

中华人民共和国国家标准

GB/T 1591—2008
代替 GB/T 1591—1994

低合金高强度结构钢

High strength low alloy structural steels

2008-12-06 发布 2009-10-01 实施

中华人民共和国国家质量监督检验检疫总局
中国国家标准化管理委员会 发布

前　言

本标准参照 EN 10025:2004《结构钢热轧产品》对 GB/T 1591—1994《低合金高强度结构钢》进行修订。

本标准代替 GB/T 1591—1994《低合金高强度结构钢》。

与 GB/T 1591—1994 相比,本标准主要变化如下:

——扩大了标准的适用范围;

——增加了 Q500、Q550、Q620、Q690 强度级别,取消了 Q295 强度级别;

——修改了钢材化学成分的规定,加严了对磷、硫等有害元素的控制;

——增加了钢材碳当量及裂纹敏感系数的计算公式及规定;

——修改了钢材的交货状态,取消了调质钢的规定;

——修改了钢材力学性能值及厚度组距的规定,明确屈服强度为下屈服强度;

——提高了冲击吸收能量值;

——增加了各牌号钢的厚度方向性能要求。

本标准由中国钢铁工业协会提出。

本标准由全国钢标准化技术委员会归口。

本标准主要起草单位:鞍钢股份有限公司、冶金工业信息标准研究院、济钢集团有限公司、首钢总公司、江苏沙钢集团有限公司、湖南华菱涟源钢铁有限公司。

本标准主要起草人:刘徐源、朴志民、王晓虎、高玲、王丽萍、黄正玉、周鉴、马玉璞、陈寿琴。

本标准所代替标准的历次版本发布情况为:

——GB 1591—1979、GB 1591—1988、GB/T 1591—1994。

低合金高强度结构钢

1 范围

本标准规定了低合金高强度结构钢的牌号、尺寸、外形、重量及允许偏差、技术要求、试验方法、检验规则、包装、标志和质量证明书。

本标准适用于一般结构和工程用低合金高强度结构钢钢板、钢带、型钢、钢棒等。

2 规范性引用文件

下列文件中的条款通过本标准的引用而成为本标准的条款。凡是注日期的引用文件，其随后所有的修改单(不包括勘误的内容)或修订版均不适用于本标准，然而，鼓励根据本标准达成协议的各方研究是否可使用这些文件的最新版本。凡是不注日期的引用文件，其最新版本适用于本标准。

GB/T 222 钢的成品化学成分允许偏差

GB/T 223.5 钢铁 酸溶硅和全硅含量的测定 还原型硅酸盐分光光度法

GB/T 223.9 钢铁及合金 铝含量的测定 铬天青S分光光度法

GB/T 223.12 钢铁及合金化学分析方法 碳酸钠分离-二苯碳酰二肼光度法测定铬量

GB/T 223.14 钢铁及合金化学分析方法 钽试剂萃取光度法测定钒含量

GB/T 223.16 钢铁及合金化学分析方法 变色酸光度法测定钛量

GB/T 223.19 钢铁及合金化学分析方法 新亚铜灵-三氯甲烷萃取光度法测定铜量

GB/T 223.23 钢铁及合金 镍含量的测定 丁二酮肟分光光度法

GB/T 223.26 钢铁及合金 钼含量的测定 硫氰酸盐分光光度法

GB/T 223.37 钢铁及合金化学分析方法 蒸馏分离-靛酚蓝光度法测定氮量

GB/T 223.40 钢铁及合金 铌含量的测定 氯磺酚S分光光度法

GB/T 223.62 钢铁及合金化学分析方法 乙酸丁酯萃取光度法测定磷量

GB/T 223.63 钢铁及合金化学分析方法 高碘酸钠(钾)光度法测定锰量

GB/T 223.67 钢铁及合金 硫含量的测定 次甲基蓝分光光度法

GB/T 223.69 钢铁及合金 碳含量的测定 管式炉内燃烧后气体容量法

GB/T 223.78 钢铁及合金化学分析方法 姜黄素直接光度法测定硼含量

GB/T 228 金属材料 室温拉伸试验方法(GB/T 228—2002,eqv ISO 6892:1998)

GB/T 229 金属材料 夏比摆锤冲击试验方法(GB/T 229—2007,ISO 148-1:2006,MOD)

GB/T 232 金属材料 弯曲试验方法(GB/T 232—1999,eqv ISO 7438:1985)

GB/T 247 钢板和钢带 包装、标志及质量证明书的一般规定

GB/T 2101 型钢验收、包装、标志及质量证明书的一般规定

GB/T 2975 钢及钢产品 力学性能试验取样位置及试样的制备(GB/T 2975—1998,eqv ISO 377:1997)

GB/T 4336 碳素钢和中低合金钢 火花源原子发射光谱分析方法(常规法)

GB/T 5313 厚度方向性能钢板(GB/T 5313—1985,eqv ISO 7778:1983)

GB/T 17505 钢及钢产品交货一般技术要求(GB/T 17505—1998,eqv ISO 404:1992)

GB/T 20066 钢和铁 化学成分测定用试样的取样和制样方法(GB/T 20066—2006,ISO 14284:

1996,IDT)

GB/T 20125 低合金钢 多元素含量的测定 电感耦合等离子体原子发射光谱法

YB/T 081 冶金技术标准的数值修约与检测数据的判定原则

3 术语和定义

3.1

热机械轧制 thermomechanical rolling

最终变形在某一温度范围内进行,使材料获得仅仅依靠热处理不能获得的特定性能的轧制工艺。

注1:轧制后如果加热到580 ℃可能导致材料强度值的降低。如果确实需要加热到580 ℃以上,则应由供方进行。

注2:热机械轧制交货状态可以包括加速冷却、或加速冷却并回火(包括自回火),但不包括直接淬火或淬火加回火。

3.2

正火轧制 normalizing rolling

最终变形是在某一温度范围内进行,使材料获得与正火后性能相当的轧制工艺。

4 牌号表示方法

钢的牌号由代表屈服强度的汉语拼音字母、屈服强度数值、质量等级符号三个部分组成。例如:Q345D。其中:

Q——钢的屈服强度的“屈”字汉语拼音的首位字母;

345——屈服强度数值,单位 MPa;

D——质量等级为D级。

当需方要求钢板具有厚度方向性能时,则在上述规定的牌号后加上代表厚度方向(Z向)性能级别的符号,例如:Q345DZ15。

5 尺寸、外形、重量及允许偏差

尺寸、外形、重量及允许偏差应符合相应标准的规定。

6 技术要求

6.1 牌号及化学成分

6.1.1 钢的牌号及化学成分(熔炼分析)应符合表1的规定。

6.1.2 当需要加入细化晶粒元素时,钢中应至少含有Al、Nb、V、Ti中的一种。加入的细化晶粒元素应在质量证明书中注明含量。

6.1.3 当采用全铝(Al_t)含量表示时,Al_t 应不小于0.020%。

6.1.4 钢中氮元素含量应符合表1的规定,如供方保证,可不进行氮元素含量分析。如果钢中加入Al、Nb、V、Ti等具有固氮作用的合金元素,氮元素含量不作限制,固氮元素含量应在质量证明书中注明。

6.1.5 各牌号的Cr、Ni、Cu作为残余元素时,其含量各不大于0.30%,如供方保证,可不作分析;当需要加入时,其含量应符合表1的规定或由供需双方协议规定。

6.1.6 为改善钢的性能,可加入RE元素时,其加入量按钢水重量的0.02%~0.20%计算。

6.1.7 在保证钢材力学性能符合本标准规定的情况下,各牌号A级钢的C、Si、Mn化学成分可不作交货条件。

表 1

牌号	质量等级	化学成分[a,b](质量分数)/%														
		C	Si	Mn	P	S	Nb	V	Ti	Cr	Ni	Cu	N	Mo	B	Als
					不大于											不小于
Q345	A	≤0.20	≤0.50	≤1.70	0.035	0.035	0.07	0.15	0.20	0.30	0.50	0.30	0.012	0.10	—	—
	B				0.035	0.035										
	C				0.030	0.030										0.015
	D	≤0.18			0.030	0.025										
	E				0.025	0.020										
Q390	A	≤0.20	≤0.50	≤1.70	0.035	0.035	0.07	0.20	0.20	0.30	0.50	0.30	0.015	0.10	—	—
	B				0.035	0.035										
	C				0.030	0.030										0.015
	D				0.030	0.025										
	E				0.025	0.020										
Q420	A	≤0.20	≤0.50	≤1.70	0.035	0.035	0.07	0.20	0.20	0.30	0.80	0.30	0.015	0.20	—	—
	B				0.035	0.035										
	C				0.030	0.030										0.015
	D				0.030	0.025										
	E				0.025	0.020										
Q460	C	≤0.20	≤0.60	≤1.80	0.030	0.030	0.11	0.20	0.20	0.30	0.80	0.55	0.015	0.20	0.004	0.015
	D				0.030	0.025										
	E				0.025	0.020										
Q500	C	≤0.18	≤0.60	≤1.80	0.030	0.030	0.11	0.12	0.20	0.60	0.80	0.55	0.015	0.20	0.004	0.015
	D				0.030	0.025										
	E				0.025	0.020										

表 1（续）

牌　号	质量等级	化学成分[a,b]（质量分数）/%														
		C	Si	Mn	P	S	Nb	V	Ti	Cr	Ni	Cu	N	Mo	B	Als
					不大于											不小于
Q550	C	≤0.18	≤0.60	≤2.00	0.030	0.030	0.11	0.12	0.20	0.80	0.80	0.80	0.015	0.30	0.004	0.015
	D				0.030	0.025										
	E				0.025	0.020										
Q620	C	≤0.18	≤0.60	≤2.00	0.030	0.030	0.11	0.12	0.20	1.00	0.80	0.80	0.015	0.30	0.004	0.015
	D				0.030	0.025										
	E				0.025	0.020										
Q690	C	≤0.18	≤0.60	≤2.00	0.030	0.030	0.11	0.12	0.20	1.00	0.80	0.80	0.015	0.30	0.004	0.015
	D				0.030	0.025										
	E				0.025	0.020										

[a] 型材及棒材 P、S 含量可提高 0.005%，其中 A 级钢上限可为 0.045%。

[b] 当细化晶粒元素组合加入时，20(Nb+V+Ti)≤0.22%，20(Mo+Cr)≤0.30%。

6.1.8 各牌号除A级钢以外的钢材，当以热轧、控轧状态交货时，其最大碳当量值应符合表2的规定；当以正火、正火轧制、正火加回火状态交货时，其最大碳当量值应符合表3的规定；当以热机械轧制(TMCP)或热机械轧制加回火状态交货时，其最大碳当量值应符合表4的规定。碳当量(CEV)应由熔炼分析成分并采用公式(1)计算。

$$CEV = C + Mn/6 + (Cr + Mo + V)/5 + (Ni + Cu)/15 \quad \cdots\cdots\cdots\cdots\cdots\cdots (1)$$

表2 热轧、控轧状态交货钢材的碳当量

牌 号	碳当量(CEV)/%		
	公称厚度或直径≤63 mm	公称厚度或直径>63 mm～250 mm	公称厚度>250 mm
Q345	≤0.44	≤0.47	≤0.47
Q390	≤0.45	≤0.48	≤0.48
Q420	≤0.45	≤0.48	≤0.48
Q460	≤0.46	≤0.49	—

表3 正火、正火轧制、正火加回火状态交货钢材的碳当量

牌 号	碳当量(CEV)/%		
	公称厚度≤63 mm	公称厚度>63 mm～120 mm	公称厚度>120 mm～250 mm
Q345	≤0.45	≤0.48	≤0.48
Q390	≤0.46	≤0.48	≤0.49
Q420	≤0.48	≤0.50	≤0.52
Q460	≤0.53	≤0.54	≤0.55

表4 热机械轧制(TMCP)或热机械轧制加回火状态交货钢材的碳当量

牌 号	碳当量(CEV)/%		
	公称厚度≤63 mm	公称厚度>63 mm～120 mm	公称厚度>120 mm～150 mm
Q345	≤0.44	≤0.45	≤0.45
Q390	≤0.46	≤0.47	≤0.47
Q420	≤0.46	≤0.47	≤0.47
Q460	≤0.47	≤0.48	≤0.48
Q500	≤0.47	≤0.48	≤0.48
Q550	≤0.47	≤0.48	≤0.48
Q620	≤0.48	≤0.49	≤0.49
Q690	≤0.49	≤0.49	≤0.49

6.1.9 热机械轧制(TMCP)或热机械轧制加回火状态交货钢材的碳含量不大于0.12%时，可采用焊接裂纹敏感性指数(Pcm)代替碳当量评估钢材的可焊性。Pcm应由熔炼分析成分并采用公式(2)计算，其值应符合表5的规定。

$$Pcm = C + Si/30 + Mn/20 + Cu/20 + Ni/60 + Cr/20 + Mo/15 + V/10 + 5B \quad \cdots\cdots\cdots (2)$$

经供需双方协商，可指定采用碳当量或焊接裂纹敏感性指数作为衡量可焊性的指标，当未指定时，供方可任选其一。

表5 热机械轧制(TMCP)或热机械轧制加回火状态交货钢材 Pcm 值

牌号	Pcm/%
Q345	≤0.20
Q390	≤0.20
Q420	≤0.20
Q460	≤0.20
Q500	≤0.25
Q550	≤0.25
Q620	≤0.25
Q690	≤0.25

6.1.10 钢材、钢坯的化学成分允许偏差应符合 GB/T 222 的规定。

6.1.11 当需方要求保证厚度方向性能钢材时，其化学成分应符合 GB/T 5313 的规定。

6.2 冶炼方法

钢由转炉或电炉冶炼，必要时加炉外精炼。

6.3 交货状态

钢材以热轧、控轧、正火、正火轧制或正火加回火、热机械轧制(TMCP)或热机械轧制加回火状态交货。

6.4 力学性能及工艺性能

6.4.1 拉伸试验

钢材拉伸试验的性能应符合表 6 的规定。

6.4.2 夏比(V 型)冲击试验

6.4.2.1 钢材的夏比(V 型)冲击试验的试验温度和冲击吸收能量应符合表 7 的规定。

6.4.2.2 厚度不小于 6 mm 或直径不小于 12 mm 的钢材应做冲击试验，冲击试样尺寸取 10 mm×10 mm×55 mm 的标准试样；当钢材不足以制取标准试样时，应采用 10 mm×7.5 mm×55 mm 或 10 mm×5 mm×55 mm 小尺寸试样，冲击吸收能量应分别为不小于表 7 规定值的 75%或 50%，优先采用较大尺寸试样。

6.4.2.3 钢材的冲击试验结果按一组 3 个试样的算术平均值进行计算，允许其中有 1 个试验值低于规定值，但不应低于规定值的 70%，否则，应从同一抽样产品上再取 3 个试样进行试验，先后 6 个试样试验结果的算术平均值不得低于规定值，允许有 2 个试样的试验结果低于规定值，但其中低于规定值 70%的试样只允许有一个。

6.4.3 Z 向钢厚度方向断面收缩率应符合 GB/T 5313 的规定。

表 6　钢材的拉伸性能

牌号	质量等级	拉伸试验[a,b,c]																					
		以下公称厚度(直径,边长)下屈服强度(R_{eL})/MPa									以下公称厚度(直径,边长)抗拉强度(R_m)/MPa							断后伸长率(A)/% 公称厚度(直径,边长)					
		≤16 mm	>16 mm ~ 40 mm	>40 mm ~ 63 mm	>63 mm ~ 80 mm	>80 mm ~ 100 mm	>100 mm ~ 150 mm	>150 mm ~ 200 mm	>200 mm ~ 250 mm	>250 mm ~ 400 mm	≤40 mm	>40 mm ~ 63 mm	>63 mm ~ 80 mm	>80 mm ~ 100 mm	>100 mm ~ 150 mm	>150 mm ~ 250 mm	>250 mm ~ 400 mm	≤40 mm	>40 mm ~ 63 mm	>63 mm ~ 100 mm	>100 mm ~ 150 mm	>150 mm ~ 250 mm	>250 mm ~ 400 mm
Q345	A	≥345	≥335	≥325	≥315	≥305	≥285	≥275	≥265	—	470~630	470~630	470~630	470~630	450~600	450~600	—	≥20	≥19	≥19	≥18	≥17	—
	B																						
	C																	≥21	≥20	≥20	≥19	≥18	
	D									≥265							450~600						≥17
	E																						
Q390	A	≥390	≥370	≥350	≥330	≥330	≥310	—	—	—	490~650	490~650	490~650	490~650	470~620	—	—	≥20	≥19	≥19	≥18	—	—
	B																						
	C																						
	D																						
	E																						
Q420	A	≥420	≥400	≥380	≥360	≥360	≥340	—	—	—	520~680	520~680	520~680	520~680	500~650	—	—	≥19	≥18	≥18	≥18	—	—
	B																						
	C																						
	D																						
	E																						
Q460	C	≥460	≥440	≥420	≥400	≥400	≥380	—	—	—	550~720	550~720	550~720	550~720	530~700	—	—	≥17	≥16	≥16	≥16	—	—
	D																						
	E																						

表 6（续）

牌号	质量等级	拉伸试验[a,b,c]																					
		以下公称厚度（直径，边长）下屈服强度（R_{eL}）/MPa									以下公称厚度（直径，边长）抗拉强度（R_m）/MPa							断后伸长率（A）/% 公称厚度（直径，边长）					
		≤16 mm	>16 mm～40 mm	>40 mm～63 mm	>63 mm～80 mm	>80 mm～100 mm	>100 mm～150 mm	>150 mm～200 mm	>200 mm～250 mm	>250 mm～400 mm	≤40 mm	>40 mm～63 mm	>63 mm～80 mm	>80 mm～100 mm	>100 mm～150 mm	>150 mm～250 mm	>250 mm～400 mm	≤40 mm	>40 mm～63 mm	>63 mm～100 mm	>100 mm～150 mm	>150 mm～250 mm	>250 mm～400 mm
Q500	C	≥500	≥480	≥470	≥450	≥440	—	—	—	—	610～770	600～760	590～750	540～730	—	—	—	≥17	≥17	≥17	—	—	—
	D																						
	E																						
Q550	C	≥550	≥530	≥520	≥500	≥490	—	—	—	—	670～830	620～810	600～790	590～780	—	—	—	≥16	≥16	≥16	—	—	—
	D																						
	E																						
Q620	C	≥620	≥600	≥590	≥570	—	—	—	—	—	710～880	690～880	670～860	—	—	—	—	≥15	≥15	≥15	—	—	—
	D																						
	E																						
Q690	C	≥690	≥670	≥660	≥640	—	—	—	—	—	770～940	750～920	730～900	—	—	—	—	≥14	≥14	≥14	—	—	—
	D																						
	E																						

[a] 当屈服不明显时，可测量 $R_{p0.2}$ 代替下屈服强度。

[b] 宽度不小于 600 mm 扁平材，拉伸试验取横向试样；宽度小于 600 mm 的扁平材、型材及棒材取纵向试样，断后伸长率最小值相应提高 1%（绝对值）。

[c] 厚度>250 mm～400 mm 的数值适用于扁平材。

表 7　夏比(V 型)冲击试验的试验温度和冲击吸收能量

牌　号	质量等级	试验温度/℃	冲击吸收能量(KV_2)[a]/J		
			公称厚度(直径、边长)		
			12 mm～150 mm	>150 mm～250 mm	>250 mm～400 mm
Q345	B	20	≥34	≥27	—
	C	0			
	D	−20			27
	E	−40			
Q390	B	20	≥34	—	—
	C	0			
	D	−20			
	E	−40			
Q420	B	20	≥34	—	—
	C	0			
	D	−20			
	E	−40			
Q460	C	0	≥34	—	—
	D	−20		—	—
	E	−40		—	—
Q500、Q550、Q620、Q690	C	0	≥55	—	—
	D	−20	≥47	—	—
	E	−40	≥31	—	—

[a] 冲击试验取纵向试样。

6.4.4　当需方要求做弯曲试验时，弯曲试验应符合表 8 的规定。当供方保证弯曲合格时，可不做弯曲试验。

表 8　弯曲试验

牌　号	试　样　方　向	180°弯曲试验 [d=弯心直径，a=试样厚度(直径)]	
		钢材厚度(直径，边长)	
		≤16 mm	>16 mm～100 mm
Q345 Q390 Q420 Q460	宽度不小于 600 mm 扁平材，拉伸试验取横向试样。宽度小于 600 mm 的扁平材、型材及棒材取纵向试样	$2a$	$3a$

6.5　表面质量

钢材的表面质量应符合相关产品标准的规定。

6.6　特殊要求

6.6.1　根据供需双方协议，钢材可进行无损检验，其检验标准和级别应在协议或合同中明确。

6.6.2　根据供需双方协议，可按本标准订购具有厚度方向性能要求的钢材。

6.6.3 根据供需双方协议,钢材也可进行其他项目的检验。

7 试验方法

钢材的各项检验的检验项目、取样数量、取样方法和试验方法应符合表9的规定。

表9 钢材各项检验的检验项目、取样数量、取样方法和试验方法

序 号	检验项目	取样数量/个	取样方法	试验方法
1	化学成分(熔炼分析)	1/炉	GB/T 20066	GB/T 223、GB/T4336、GB/T 20125
2	拉伸试验	1/批	GB/T 2975	GB/T 228
3	弯曲试验	1/批	GB/T 2975	GB/T 232
4	冲击试验	3/批	GB/T 2975	GB/T 229
5	*Z* 向钢厚度方向断面收缩率	3/批	GB/T 5313	GB/T 5313
6	无损检验	逐张或逐件	按无损检验标准规定	协商
7	表面质量	逐张/逐件	—	目视及测量
8	尺寸、外形	逐张/逐件	—	合适的量具

8 检验规则

8.1 检查和验收

钢材的检查和验收由供方进行,需方有权对本标准或合同中所规定的任一检验项目进行检查和验收。

8.2 组批

钢材应成批验收。每批应由同一牌号、同一质量等级、同一炉罐号、同一规格、同一轧制制度或同一热处理制度的钢材组成,每批重量不大于60 t。钢带的组批重量按相应产品标准规定。

各牌号的A级钢或B级钢允许同一牌号、同一质量等级、同一冶炼和浇注方法、不同炉罐号组成混合批。但每批不得多于6个炉罐号,且各炉罐号C含量之差不得大于0.02%,Mn含量之差不得大于0.15%。

对于*Z*向钢的组批,应符合GB/T 5313的规定。

8.3 复验与判定规则

8.3.1 力学性能的复验与判定

钢材的冲击试验结果不符合6.4.2.3的规定时,抽样钢材应不予验收,再从该试验单元的剩余部分取两个抽样产品,在每个抽样产品上各选取新的一组3个试样,这两组试样的试验结果均应合格,否则该批钢材应拒收。钢材拉伸试验的复验与判定应符合GB/T 17505的规定。

8.3.2 其他检验项目的复验与判定

钢材的其他检验项目的复验与判定应符合GB/T 17505的规定。

8.4 力学性能和化学成分试验结果的修约

除非在合同或订单中另有规定,当需要评定试验结果是否符合规定值,所给出力学性能和化学成分试验结果应修约到与规定值的数位相一致,其修约方法应按YB/T 081的规定进行。碳当量应先按公式计算后修约。

9 包装、标志和质量证明书

钢材的包装、标志和质量证明书应符合GB/T 247、GB/T 2101的规定。

前　　言

本标准等效采用ISO 404:1992《钢及钢产品交货一般技术要求》。

本标准主要技术内容如生产工艺、加工商或中间商的供货、要求、检验和试验、分类和再加工、标志和异议等方面等同采用ISO 404标准。根据我国实际情况，增加了8.3.4.3.1条款，白点不允许复验的要求。同时将引用标准中的国际标准改为国内相应的标准，删去了附录A(参考件)《参考书目》和附录B(参考件)《钢铁试验和分析的主要标准》。

本标准须与其他技术标准配套使用，作为补充，不能单独用于订货。

本标准由全国钢标准化技术委员会提出并归口。

本标准主要起草单位：原冶金部信息标准研究院。

本标准主要起草人：王丽敏、栾　燕。

ISO 前言

ISO(国际标准化组织)是世界范围内各国的标准团体(ISO的团体成员)的联合组织,国际标准的制定工作是通过ISO技术委员会完成的。各成员国若对技术委员会所列出的项目感兴趣有权参加该委员会工作。与ISO有联系的国际组织、政府组织和非政府组织也可以参加该项的工作。ISO与IEC(国际电工委员会)在电工标准化方面有密切的合作。

技术委员会采纳的国际标准草案是通过成员国投票的方式产生的。一个国际标准发布至少要有75%的成员国投赞成票。

国际标准ISO 404是由ISO/TC 17技术委员会SC20分技术委员会(交货一般技术要求、取样和力学试验方法)制定的。

这是第二版,代替第一版ISO 404:1981。

附录A和附录B是本标准的参考件。

中华人民共和国国家标准

钢及钢产品交货一般技术要求

GB/T 17505—1998
eqv ISO 404:1992

Steel and steel products—General technical delivery requirements

1 范围

本标准规定了除铸钢和粉末冶金制品以外，在GB/T 15574中所包括的全部钢及钢产品交货一般技术要求。

产品标准中的规定或在合同中的协议与本标准中的规定不一致时，应以产品标准的规定以及合同的协议为准。

2 引用标准

下列标准所包含的条文，通过在本标准中引用而构成为本标准的条文。本标准出版时，所示版本均为有效。所有标准都会被修订，使用本标准的各方应探讨使用下列标准最新版本的可能性。

GB/T 222—1984 钢的化学分析用试样取样法及成品化学成分允许偏差

GB/T 2975—1998 钢及钢产品力学性能取样位置及试样制备

GB/T 13304—1991 钢分类

GB/T 15574—1995 钢产品分类

GB/T 19001—1994 质量体系 设计、开发、生产、安装和服务的质量保证模式

GB/T 19002—1994 质量体系 开发、生产、安装和服务的质量保证模式

GB/T 19003—1994 质量体系 最终检验和试验的质量保证模式

YB/T 081—1996 冶金技术标准的数值修约与检测数值的判定原则

3 定义

本标准除采用GB/T 13304、GB/T 15574中规定的定义外，还应采用下列定义：

3.1 检验 inspection

检验是指诸如测定、检查、试验和测量一种产品或服务的一个或多个特性值，并且将其与规定值进行比较以确定是否合格的活动。

3.2 试验 testing

试验是指测定一种材料或产品的一个或多个性能和特性值的所有作业或活动。

3.3 连续检验 continuous inspection

连续检验是指对制造周期较长并执行相同标准的批量产品的特性值或工艺参数所进行的常规检验和试验。试验和检验可按供需双方商定的程序进行，这些程序应包括下列内容：

a）试验或检验的特性值或工艺参数；

b）试验和检验的产品状态；

c）试验结果的评定（日常的统计评定）；

国家质量技术监督局1998-10-16批准　　1999-04-01实施

d）用户具有合法的试验检验的权利。

3.4 非规定检验和试验　non-specific inspection and testing

非规定检验和试验是指生产厂按自定程序进行的检验和试验，以判定由相同生产工艺所生产的产品是否满足合同的要求。受检验和试验的产品不一定是实际供货的产品。

3.5 规定检验和试验　specific inspection and testing

规定检验和试验是指在交货前，根据合同的技术要求，在交货的产品上或其中的部分产品上进行检验和试验，以便验证它们是否符合合同的要求。

3.6 检验代表　inspection representative

检验代表可为一个或几个人，他们应是：

a）政府法规中指定的检查官；

b）生产厂委托的代表，他们不能是生产线上任一生产工序中的人，而应作为用户的代表；

c）用户委托的代表。

3.7 试验单元　test unit

根据产品标准及合同的要求，以在抽样产品上所进行的试验为依据，一次接收和拒收产品的件数或吨数，称为试验单元（见图 1）。

3.8 抽样产品　sample product

检验、试验时，在试验单元中抽取的部分（例如：一块板），称为抽样产品（见图 1）。

3.9 试料　sample

为了制备一个或几个试样，从抽样产品中切取足够量的材料，称为试料（见图 1）。

注：在某些情况下，试料就是抽样产品。

3.10 样坯　rough specimen

为了制备试样，经过机械处理或所需热处理后的试料，称为样坯（见图 1）。

3.11 试样　test piece

经机加工或未经机加工后，具有合格尺寸且满足试验要求的样坯，称为试样（见图 1）。

注：在某些状态下，试样可以是试料，也可以是样坯。

3.12 熔炼分析　cast (heat) analysis

熔炼分析是指生产厂按着自行选定的分析方法，测定样品熔炼化学成分的分析。

3.13 成品分析　product analysis

成品分析是指在供货产品上进行的化学成分分析。

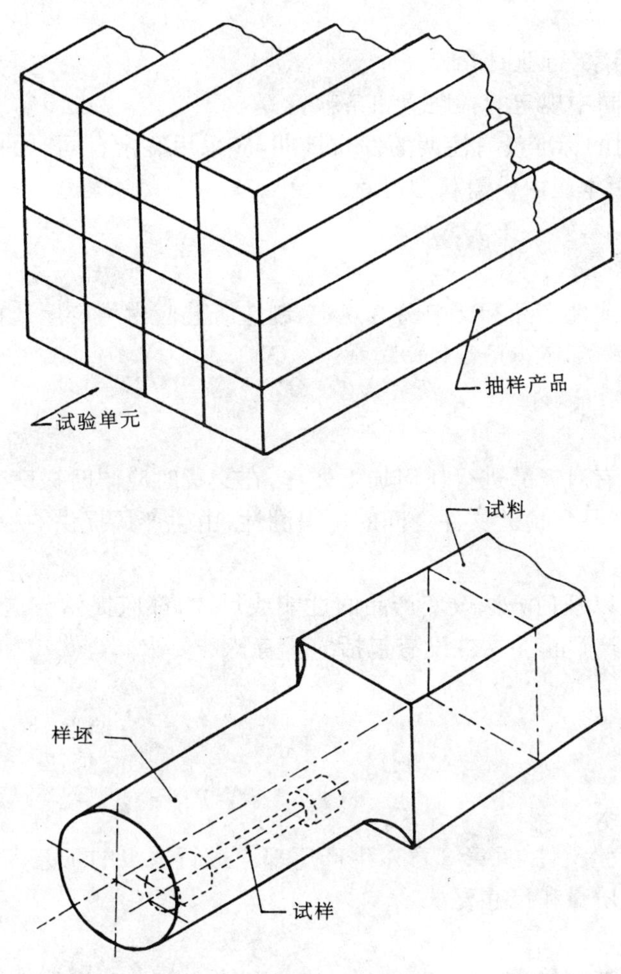

图 1　第 3 章规定的定义示例

3.14　序贯试验　sequential testing

序贯试验是指一组或一系列试验，由该试验得到的平均值和单个值来判定产品是否符合合同和/或产品标准的要求。

4　订货内容

4.1　用户在选择牌号、产品外形、尺寸时，应考虑到进一步加工和最终使用的需要。在进行选择时，可以征求生产厂的意见。

合同应注明描述产品特性所需的全部内容以及下列有关交货的详细内容：

a）交货的重量、长度、面积和数量；

b）产品外形（例如：图纸号）；

c）公称尺寸；

d）a)和 c)特性值的公差；

e）钢的牌号；

f）交货状态（热处理、表面处理的方式等）；

g）表面和内部质量的特殊要求（见 7.4）；

h）要求检验文件的类型，以及在产品标准中没有规定的检验和试验的要求（见第 8 章）；

i）当需要时，采用 GB/T 19001、GB/T 19002 和 GB/T 19003 中的任何一种适用的质量保证体系；

j）标志、包装和装运；

k）产品标准提出的任何选择要求或产品标准规定以外的任何附加条款。

4.2 在4.1条中应规定的内容：

a）采用一个或几个国家（行业）标准；

b）当没有标准时，合同中规定的特性值和条款；

c）如果在合同中引用的标准没有注明的发布日期，应采用签定合同时的有效版本。如果对现行的标准版本有异议，所用的版本应由供需双方协商。

5 生产工艺

除非在订货时有协议或在产品标准中另有规定，制造工艺应由生产厂选择。

注：制造工艺包括从炼钢到产品交货的各个工序。

6 加工商或中间商供货

加工商或中间商若没有对产品进行任何加工处理，在交货时应同时提交生产厂的检验文件（如质量证明书）。为了保证供货产品和检验文件之间的可追溯性，由生产厂提供的检验文件应包括相应的产品标志的方法。

加工商或中间商无论以任何方法改变产品的性能或尺寸，都应提供与这些变化后的新状态一致的附加文件。这也适用于生产厂检验文件没有包括的所有特殊要求。

7 要求

7.1 一般要求

产品应符合合同的要求。

无论采用什么类型检验文件（见第8章），生产厂都应进行适当的工艺控制、检验和试验，使其交货的产品符合合同中规定的质量和尺寸要求。

7.2 化学成分

如没有特殊指明是成品分析，有关化学成分的要求都是指熔炼分析。

7.3 力学性能

7.3.1 尺寸效应

在产品标准中，如果产品的力学性能值按尺寸的大小分组（诸如厚度、直径）时，此时所指的尺寸应是力学性能取样所规定位置的产品公称尺寸。

7.3.2 试样材料的状态

如在合同或产品标准中没有明确规定时，所测定力学性能的试样材料状态就是相应产品的交货状态。

7.3.3 冲击吸收功的评定

当规定冲击吸收功值又没有进一步说明时，应按8.3.4.2所测定的所有单个试验值的平均值来表示。

7.4 表面质量和内部质量

7.4.1 一般要求

所有产品都应有良好质量，如果是在正常的生产状态下产生的轻微的表面或内部缺陷，不应作为拒收的理由。

当有要求时，表面质量和内部质量的具体要求应参照相应的标准，在签订合同时协商确定。

7.4.2 探伤

当需要时，所采用检查缺陷的特殊技术（如X射线探伤、超声波探伤、磁粉探伤等）及其试验单元的产品数量和处理试验结果的方法，都应按产品标准的规定或在订货时协商确定。

7.4.3 表面不连续的清除

除在标准或合同中另有规定外，表面的不连续可以用机械的方法和其他方法予以清除，但应保证产品的尺寸和性能满足合同、产品标准、尺寸标准或表面质量标准规定的界限值。

7.4.4 焊接修补

如在产品标准或合同中规定允许焊补时，用户和检验代表应允许用焊接方法对全部交货批或其中的一部分产品进行局部修补。

8 检验和试验

8.1 检验文件类型及检验和试验

8.1.1 签订合同时，如需要，用户应注明检验文件的类型(见 4.1h)，说明所需检验和试验的类型，即非规定检验和试验或规定检验和试验。要求非规定检验和试验，应按 8.2 条的规定执行，要求规定检验和试验，应按 8.3 条的规定执行。

8.1.2 在特殊情况下，规定检验和试验可以由生产厂所进行的连续检验(见 3.3)所代替。

8.2 非规定检验和试验

对于非规定检验和试验，用户可以要求生产厂提供符合合同规定的质量证明书或者试验报告。当用户要求试验报告，而在产品标准中对其特性值没有具体规定时，用户应指明在检验报告中应给出的产品特征值的检验结果。

8.3 规定检验和试验

8.3.1 一般要求

8.3.1.1 订货内容

当用户要求按规定检验和试验来验收，而在产品标准中没有规定检验报告类型，如质量证明书类型或检验报告类型时，供需协商和签订合同应包括下列内容：

——试验的频数(见 8.3.2)；

——取样、试料和试样的制备(见 8.3.3)；

——试验单元的标志；

——试验方法(见 8.3.4)。

在质量证明书和检验报告中应有检验部门印章。如需要委托(第三方)进行复验检验和试验时，在质量证明书和检验报告中应有外部检验单位(第三方)的地址、代表签字、检验单位印章。

8.3.1.2 规定检验和试验的场所

规定检验和试验的场所最好在生产厂进行，如果生产厂不具备所需的设备，检查和试验应在双方协商的另一处进行，或在政府认可检验单位进行。如果不在生产厂进行规定检验和试验，生产厂在没有收到试验结果的报告之前，产品不得交付。

8.3.1.3 规定检验和试验交付

生产厂或委托的代表应在适当的时候通知检验代表对交货批进行规定检验和试验的时间要求(参考合同的要求)。为了避免干扰正常的工序运行，生产厂和检验代表应协商确定检验和试验的时间或约定的日期。如果没有明确规定，外部检验代表在约定的时间检验和试验时间缺席，生产厂委托的代表可以自己进行验收检验，然后将检验文件提供给用户或代表。在检验、试验工作开始前，应将合同的有效文件交给检验代表。

8.3.1.4 检验代表的权力和义务

为了进行商定的检验和试验，在商定的时间内，检验代表应能自由地出入所需进行试验和检验产品的生产厂房和库房；可以按着有关规定从试验单元中选取抽样产品，并且切取试料；有权参加试样的选取、制备(切削和处理)以及试验工作。检验代表应遵守生产厂所有相关制度，特别是有关的安全规程。生产厂有权要求对任一检查代表进行陪同。进行试验和检验时，应尽可能减小对正常的生产运行的干扰。

8.3.1.5 试验中的可追溯性

在试验过程中,生产厂应保证抽样产品、试料、试样及其所在试验单元之间的可追溯性。

8.3.2 试验频数

8.3.2.1 试验单元的组成

对每类试验,试验单元应在产品标准或合同中规定。通常试验单元由下列组成:

a) 同一冶炼炉号;

b) 同一炉罐号;

c) 同一热处理状态或热处理炉批;

d) 同一外形;

e) 同一厚度。

试验单元的批量可以用重量也可以用件数来限制。在某种情况下,试验单元是由单件产品组成。

8.3.2.2 抽样产品、试料和试样的数量

应从每个试验单元中选取一定数量的抽样产品,以便取样,其数量应按产品标准或合同的规定。对每类试验在产品标准或合同中应明确规定如下内容:

a) 每个试验单元应抽取的抽样产品数量;

b) 每个抽样产品应抽取的试料数量;

c) 每个试料应取的试样数量。

8.3.3 取样和试样

力学试验和化学分析的试样的取样部位、方向和制备应按 GB/T 2975 和 GB/T 222 或产品标准或合同中的规定。

8.3.4 试验程序

8.3.4.1 试验方法和设备

试验应按相应的国家(或行业)标准规定的试验方法进行,并测得试验结果。如没有相应的国家或行业标准而采用其他试验方法进行试验时,应在订货时协商确定(见 4.1h)。

对于在合同或产品标准中所包括的特殊要求,供方为验证其特性值所采用的检验、测量和试验设备应按与国家(行业)发布的规程(如有的话)用规定精度的校准设备进行校准、调试和维修;如果没有国家(行业)的相应规程,应先制定文件化的校准程序。供方和委托的代表应保存检验、测量和试验设备的校准记录。测量和试验设备的精度应能满足其规定值和偏差的要求。

用化学、物理或光谱化学方法测定产品的化学成分。在仲裁时,所采用的方法应经协商确定。

8.3.4.2 序贯试验结果的评定

按序贯试验方法对某些试验结果的评定(见 3.14)。以下是评定冲击试验结果的实例:

a) 一组 3 个试样的平均值应符合规定最小值的要求,允许其中有一个试样的单个值低于规定值,但不低于规定值的 70%;

b) 如果没有满足上述要求,低于规定最小值的试样不超过 2 个,而且低于规定值 70%的试样不超过 1 个,生产厂可以从同一抽样产品上再取一组 3 个试样,在第二组试样试验后,如果同时符合下列条件,其试验单元可接受:

1) 6 个试样的平均值应不低于规定的最小值;

2) 低于规定最小值的试样不超过 2 个;

3) 低于规定值 70%的试样不超过 1 个。

c) 如果没有满足上述条件,其抽样产品应报废,再从该试验单元的剩余部分中重新取样进行复验(见 8.3.4.3.3)。

其他试验结果的评定,例如厚度方向的拉伸试验,应按上述类似方法进行。

8.3.4.3 复验

8.3.4.3.1 一般要求

当一次或几次试验的结果不符合要求时,除以下的特殊情况外,生产厂可以判废相应的试验单元,也可以要求按 8.3.4.3.2 和 8.3.4.3.3 规定进行复验。但当出现白点时不允许复验。

如果试验结果与交货的钢种规定值偏离很大,有理由怀疑产品已混号,此时,采用第 9 章的规定方法。

8.3.4.3.2 非序贯试验

如果不合格的结果不是由平均值计算出的,而是从试验中测得的,仅规定单个值(例如拉伸试验、弯曲试验或末端淬透性)时,应采用下列方法:

a) 试验单元是单件产品(见图 2),应对不合格项目做相同类型的双倍试验,双倍试验应全部合格,否则,产品应拒收;

b) 如果试验单元中不是单件产品组成,例如同一轧制批,铸造批或热处理状态组成(见图 3),除非另有协议,供方可以将抽样产品从试验单元中挑出,也可不挑出。

1) 如果抽样产品从试验单元中挑出,检验代表应随机从同一试验单元中选出另外两个抽样产品。然后从两个抽样产品中分别制取的试样,在与第一次试验相同的条件下再做一次同类型的试验,其试验结果应全部合格;

2) 如果抽样产品保留在试验单元中,应按 1)的规定步骤进行。但是重取的试样必须有一个是从保留在试验单元中的抽样产品上切取的,其试验结果应全部合格。

8.3.4.3.3 序贯试验

按序贯方法得到的试验结果不合格时(见图 4),如在 8.3.4.2 所规定的冲击试验,应按下列要求进行。

将试验结果不合格的抽样产品挑出报废,然后按着 8.3.4.3.2b)1)规定的方法,在试验单元的剩余部分取 2 个抽样产品,在每个抽样产品上各选取新的一组 3 个试样,这两组试样的试验结果均应符合 8.3.4.3.2a)的规定,不能再用 8.3.4.3.2b)进行判定。

8.4 试验结果无效

由于取样、制样、试验不当而获得的试验结果,应视为无效。

8.5 力学和化学试验结果的修约

除非在合同或产品标准中另有规定,当需要评定试验结果是否符合规定值,所给出的力学和化学试验结果应修约到与规定值本位数字所标识的数位相一致,其修约方法应按 YB/T 081 的规定进行。

9 重新分类和返修

生产厂有权在复验前或在复验后对不合格产品进行重新分类或返修(例如:热处理、切削、轧制、拉拔等),然后按 8.3.2 条规定将这些产品作为新的试验单元提交验收。如果仅是重新分类,不进行返修,检验程序仅是针对第一次检验和试验不合格的项目。生产厂应将所采用重新分类或返修的方法通知给检验代表。

10 标志

生产厂应按标准或合同要求对产品或交货批做出标志。如果没有要求,生产厂可按自行选择的统一方法进行标志。

11 异议

在有争议时,用以判定有争议特性值的取样条件和试验方法按国家标准或行业规定,或按本标准 8.3.3和 8.3.4 条的规定执行。

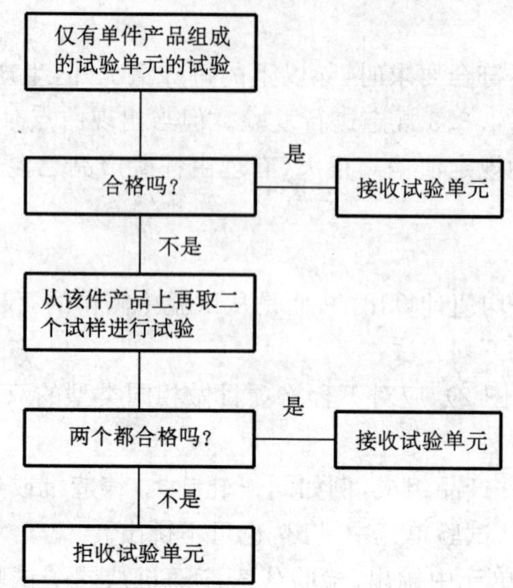

图 2　当试验单元仅有单件产品时，仅以单个值为依据评定所进行的非序贯试验结果的流程图

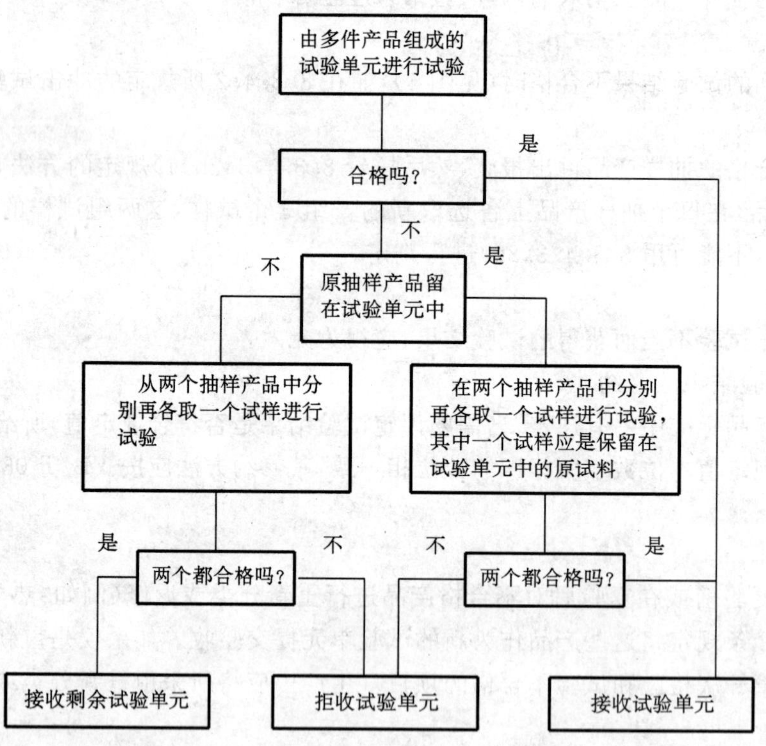

图 3　由多件产品组成的试验单元时，仅以单个值为依据评定所进行的非序贯试验结果的流程图

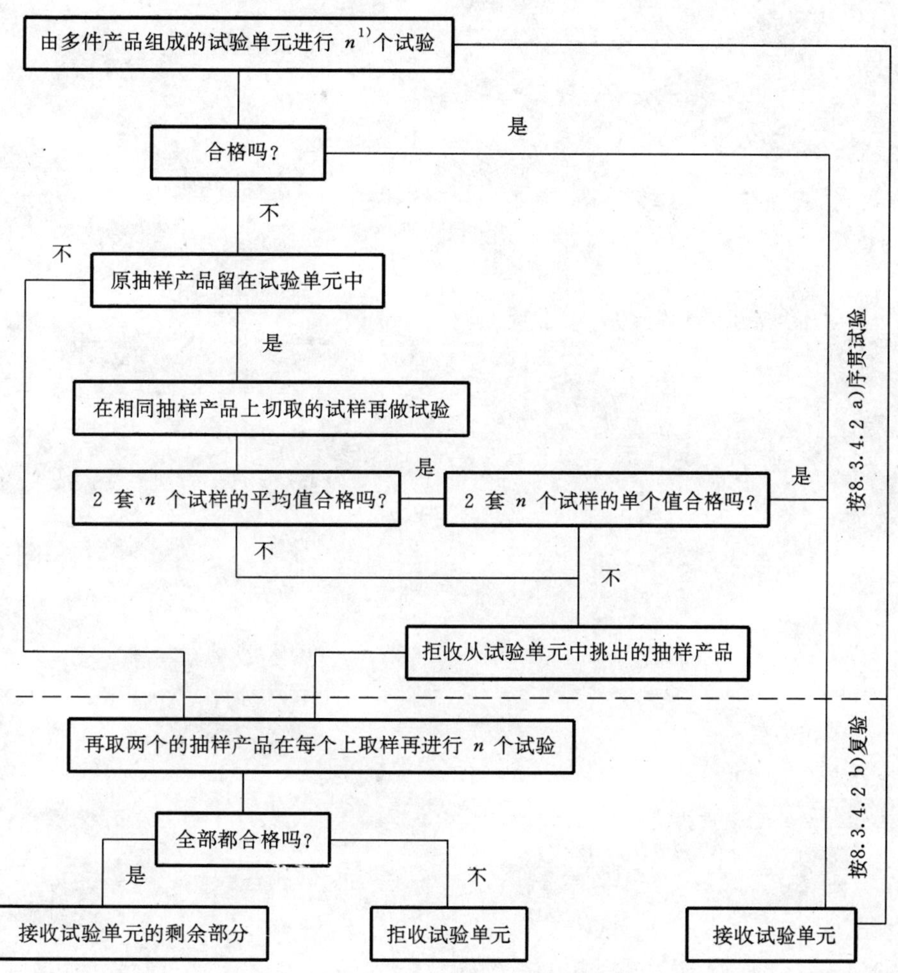

注：1）对冲击试验 $n=3$。

图 4　有关复验中序贯试验的流程图

二、盘条、钢丝及钢丝绳

前 言

本标准非等效采用欧洲标准化委员会(CEN)EN 10218—2:1994《钢丝及钢丝产品总则——第2部分:钢丝尺寸与允许偏差》标准。

本标准由GB 342—82、GB 3204—82、GB 3205—82三个标准合并后修订而成。尺寸允许偏差部分按欧洲标准做了较大修改,修订后标准尺寸允许偏差略严于EN 10218—2的规定,大尺寸钢丝尺寸允许偏差较原国标GB 342—82、GB 3204—82和GB 3205—82的尺寸允许偏差略有放宽。

本标准自生效之日起,同时代替GB 342—82《冷拉圆钢丝尺寸、外形、重量及允许偏差》,GB 3204—82《冷拉方钢丝尺寸、外形、重量及允许偏差》和GB 3205—82《冷拉六角钢丝尺寸、外形、重量及允许偏差》。

本标准由冶金工业部提出。

本标准由全国钢标准化技术委员会归口。

本标准由陕西钢厂、冶金工业部信息标准研究院负责起草。

本标准主要起草人:令狐永安、李树勇、姜清梅。

本标准1964年首次发布,1982年第一次修订。

中华人民共和国国家标准

冷拉圆钢丝、方钢丝、六角钢丝尺寸、外形、重量及允许偏差

GB/T 342—1997

代替 GB 342—82
GB 3204—82
GB 3205—82

Dimension shape mass and tolerance for cold-drawn round square and hexagonal steel wires

1 范围

本标准规定了冷拉圆钢丝、方钢丝、六角钢丝的尺寸、外形、重量及允许偏差。

本标准适用于直径为 0.05 mm～16.0 mm 的圆钢丝；边长为 0.50 mm～10.0 mm 的方钢丝；对边距离为 1.60 mm～10 mm 的六角钢丝。

2 截面图示及标注符

2.1 圆钢丝的截面图示及标注符号

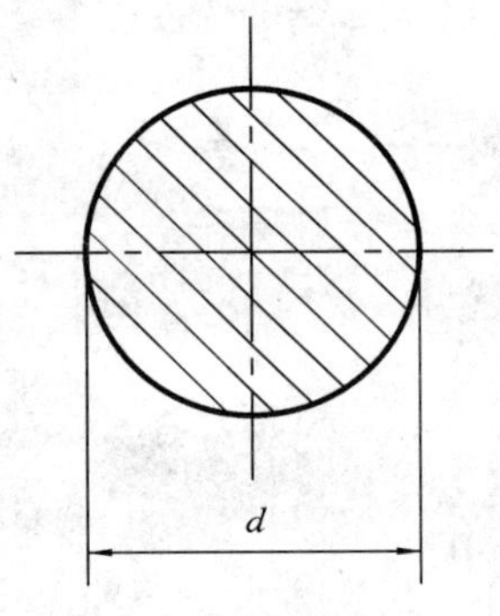

d—圆钢丝直径

2.2 方钢丝的截面图示及标注符号

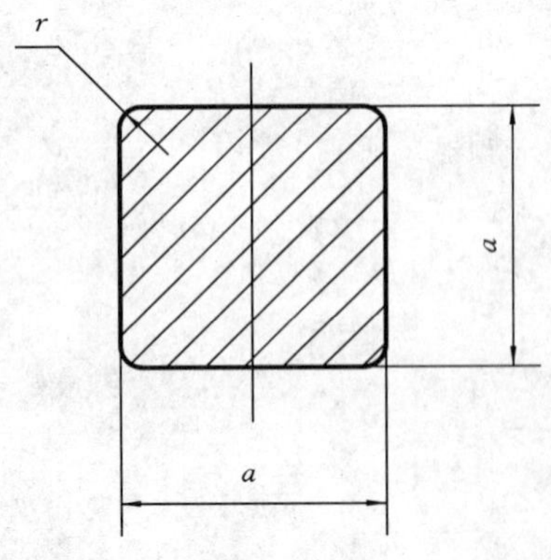

a—方钢丝的边长；r—角部圆弧半径

2.3 六角钢丝的截面图示及标注符号

国家技术监督局1997-03-17批准

1997-09-01实施

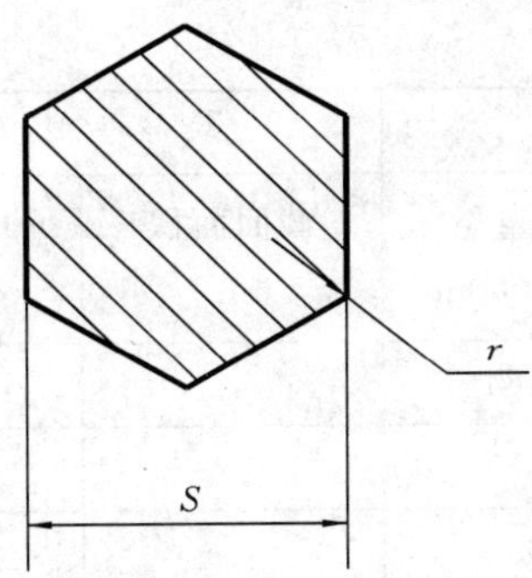

S—六角钢丝的对边距离；r—角部圆弧半径

3 尺寸、截面面积及理论重量

3.1 钢丝公称尺寸、截面面积及理论重量按表1规定。

3.2 根据需方要求，并经供需双方协议，可以供应中间尺寸的钢丝。

表1 钢丝公称尺寸、截面面积及理论重量

公称尺寸 mm	圆形		方形		六角形	
	截面面积 mm^2	理论重量 kg/1 000m	截面面积 mm^2	理论重量 kg/1 000m	截面面积 mm^2	理论重量 kg/1 000m
0.050	0.002 0	0.016				
0.055	0.002 4	0.019				
0.063	0.003 1	0.024				
0.070	0.003 8	0.030				
0.080	0.005 0	0.039				
0.090	0.006 4	0.050				
0.10	0.007 9	0.062				
0.11	0.009 5	0.075				
0.12	0.011 3	0.089				
0.14	0.015 4	0.121				
0.16	0.020 1	0.158				
0.18	0.025 4	0.199				
0.20	0.031 4	0.246				
0.22	0.038 0	0.298				
0.25	0.049 1	0.385				

表 1（续）

公称尺寸 mm	圆形		方形		六角形	
	截面面积 mm^2	理论重量 kg/1 000m	截面面积 mm^2	理论重量 kg/1 000m	截面面积 mm^2	理论重量 kg/1 000m
0.28	0.061 6	0.484				
0.30*	0.070 7	0.555				
0.32	0.080 4	0.631				
0.35	0.096	0.754				
0.40	0.126	0.989				
0.45	0.159	1.248				
0.50	0.196	1.539	0.250	1.962		
0.55	0.238	1.868	0.302	2.371		
0.60*	0.283	2.22	0.360	2.826		
0.63	0.312	2.447	0.397	3.116		
0.70	0.385	3.021	0.490	3.846		
0.80	0.503	3.948	0.640	5.024		
0.90	0.636	4.993	0.810	6.358		
1.00	0.785	6.162	1.000	7.850		
1.10	0.950	7.458	1.210	9.498		
1.20	1.131	8.878	1.440	11.30		
1.40	1.539	12.08	1.960	15.39		
1.60	2.011	15.79	2.560	20.10	2.217	17.40
1.80	2.545	19.98	3.240	25.43	2.806	22.03
2.00	3.142	24.66	4.000	31.40	3.464	27.20
2.20	3.801	29.84	4.840	37.99	4.192	32.91
2.50	4.909	38.54	6.250	49.06	5.413	42.49
2.80	6.158	48.34	7.840	61.54	6.790	53.30
3.00*	7.069	55.49	9.000	70.65	7.795	61.19
3.20	8.042	63.13	10.24	80.38	8.869	69.62
3.50	9.621	75.52	12.25	96.16	10.61	83.29
4.00	12.57	98.67	16.00	125.6	13.86	108.8
4.50	15.90	124.8	20.25	159.0	17.54	137.7
5.00	19.64	154.2	25.00	196.2	21.65	170.0
5.50	23.76	186.5	30.25	237.5	26.20	205.7
6.00*	28.27	221.9	36.00	282.6	31.18	244.8
6.30	31.17	244.7	39.69	311.6	34.38	269.9
7.00	38.48	302.1	49.00	384.6	42.44	333.2

表 1（完）

公称尺寸 mm	圆形		方形		六角形	
	截面面积 mm^2	理论重量 kg/1 000m	截面面积 mm^2	理论重量 kg/1 000m	截面面积 mm^2	理论重量 kg/1 000m
8.00	50.27	394.6	64.00	502.4	55.43	435.1
9.00	63.62	499.4	81.00	635.8	70.15	550.7
10.0	78.54	616.5	100.00	785.0	86.61	679.9
11.0	95.03	746.0				
12.0	113.1	887.8				
14.0	153.9	1 208.1				
16.0	201.1	1 578.6				

注

1 表中的理论重量是按密度为 7.85 g/cm³ 计算的，对特殊合金钢丝，在计算理论重量时应采用相应牌号的密度。

2 表内尺寸一栏，对于圆钢丝表示直径；对于方钢丝表示边长；对于六角钢丝表示对边距离，以下各表相同。

3 表中的钢丝直径系列采用 R20 优先数系，其中"＊"符号系列补充的 R40 优先数系中的优先数系

4 尺寸允许偏差

4.1 钢丝尺寸的偏差应符合表 2 或表 3 的规定，其具体要求应在相应的技术条件或合同中注明。

4.2 中间尺寸钢丝的尺寸允许偏差按相邻较大规格钢丝的规定。

表 2 钢丝尺寸允许偏差

mm

钢丝尺寸	允许偏差级别					
	8	9	10	11	12	13
	允许偏差					
0.05～0.10	±0.002	±0.005	±0.006	±0.010	±0.015	±0.020
>0.10～0.30	±0.003	±0.006	±0.009	±0.014	±0.022	±0.029
>0.30～0.60	±0.004	±0.009	±0.013	±0.018	±0.030	±0.038
>0.60～1.00	±0.005	±0.011	±0.018	±0.023	±0.035	±0.045
>1.00～3.00	±0.007	±0.015	±0.022	±0.030	±0.050	±0.060
>3.00～6.00	±0.009	±0.020	±0.028	±0.040	±0.062	±0.080
>6.00～10.0	±0.011	±0.025	±0.035	±0.050	±0.075	±0.100
>10.0～16.0	±0.013	±0.030	±0.045	±0.060	±0.090	±0.120

表 3 钢丝尺寸允许偏差

mm

钢丝尺寸	允许偏差级别					
	8	9	10	11	12	13
	允许偏差					
0.05～0.10	0 −0.004	0 −0.010	0 −0.012	0 −0.020	0 −0.030	0 −0.040
>0.10～0.30	0 −0.006	0 −0.012	0 −0.018	0 −0.028	0 −0.044	0 −0.058
>0.30～0.60	0 −0.008	0 −0.018	0 −0.026	0 −0.036	0 −0.060	0 −0.076
>0.60～1.00	0 −0.010	0 −0.022	0 −0.036	0 −0.046	0 −0.070	0 −0.090
>1.00～3.00	0 −0.014	0 −0.030	0 −0.044	0 −0.060	0 −0.100	0 −0.120
>3.00～6.00	0 −0.018	0 −0.040	0 −0.056	0 −0.080	0 −0.124	0 −0.160
>6.00～10.0	0 −0.022	0 −0.050	0 −0.070	0 −0.100	0 −0.150	0 −0.200
>10.0～16.0	0 −0.026	0 −0.060	0 −0.090	0 −0.120	0 −0.180	0 −0.240

4.3 钢丝尺寸允许偏差级别适用范围按表 4 规定。

表 4 钢丝尺寸允许偏差级别适用范围

钢丝截面形状	圆形	方形	六角形
适用级别	8～12	10～13	10～13

5 长度及允许偏差

5.1 直条钢丝的通常长度

5.1.1 直条钢丝的通常长度为 2 000 mm～4 000 mm，允许供应长度不小于 1 500 mm 的短尺钢丝，但其重量不得超过该批重量的 15%。

5.1.2 对直条钢丝的通常长度有特殊要求时，应在相应技术条件中规定，或经供需双方协议在合同中注明。

5.2 直条钢丝的定尺、倍尺长度允许偏差

5.2.1 直条钢丝按定尺、倍尺交货时，其长度允许偏差为 $^{+50}_{0}$ mm。

5.2.2 按定尺或倍尺交货以及对长度允许偏差有特殊要求时，应在合同中注明。

6 外形

6.1 钢丝以盘状交货。也可经供需双方协商以直条交货，但应在合同中注明。

6.2 圆钢丝的不圆度应不大于直径公差之半。经供需双方协议，可以供应其他不圆度的钢丝。

6.3 方钢丝的对角线差不得大于相应级别边长公差的 0.7 倍。

6.4 对方钢丝、六角钢丝的角部圆弧半径有特殊要求时，由供需双方协议。

6.5 直条方钢丝、六角钢丝不得有明显扭转。

6.6 直条钢丝每米弯曲度不得大于 4 mm。

6.7 钢丝盘应规整，且由一根钢丝组成，当解开捆扎线时不得散乱或呈“∞”字形。

7 标记示例

用 45 钢制造，尺寸允许偏差为 11 级，直径、边长、对边距离为 5 mm 的软状态冷拉优质碳素结构钢圆、方、六角钢丝，其标记为：

圆钢丝： $\frac{\text{11-5-GB/T 342—1997}}{\text{45-R-GB 3206—82}}$

方钢丝： $\frac{\text{11-5-GB/T 342—1997}}{\text{45-R-GB 3206—82}}$

六角钢丝： $\frac{\text{11-5-GB/T 342—1997}}{\text{45-R-GB 3206—82}}$

ICS 77.140.60
H 44

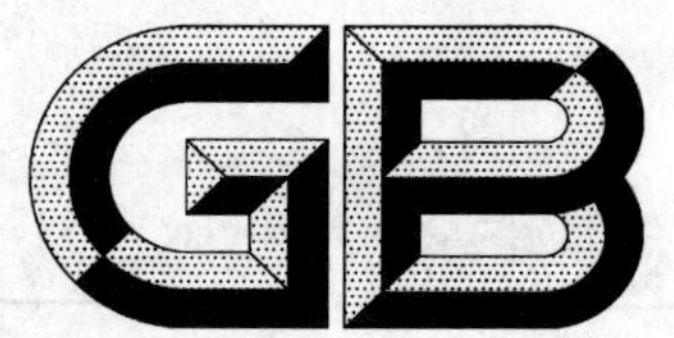

中华人民共和国国家标准

GB/T 701—2008
代替 GB/T 701—1997

低碳钢热轧圆盘条

Hot rolled low carbon steel wire rods

2008-08-05 发布 2009-04-01 实施

中华人民共和国国家质量监督检验检疫总局
中国国家标准化管理委员会 发布

前　言

本标准修改采用 JIS G 3505:2004《低碳钢盘条》(英文版)。

本标准根据 JIS G 3505:2004 重新起草，与 JIS G 3505:2004 相比，本标准主要作如下技术修改：

——牌号表示不同，按我国钢铁牌号表示法并调整部分元素的成分要求；

——增加了冷弯性能协议要求；

——增加了数值修约的规定。

本标准代替 GB/T 701—1997《低碳钢热轧圆盘条》。与 GB/T 701—1997 相比主要变化如下：

——适用范围取消了建筑盘条，修改为“供拉丝等深加工及其他一般用途的低碳钢热轧圆盘条”；

——增加了“订货内容”一章；

——取消钢的等级，统一为 Q195、Q215、Q235，增加 Q275 牌号；

——修订了钢的硫、磷含量的成分要求；

——修订了钢的抗拉强度和断后伸长率指标；

——对“表面质量”条款作了修改；

——对“检验规则”条款作了修改，取消了不同炉号混合组批规定；

——对“冶炼方法”条款作了修改，取消了平炉冶炼；

——增加了数值修约的规定。

本标准由中国钢铁工业协会提出。

本标准由全国钢标准化技术委员会归口。

本标准起草单位：马鞍山钢铁股份有限公司、江苏永钢集团有限公司、青岛钢铁有限公司、首钢集团有限公司、安阳钢铁集团有限责任公司、宣化钢铁集团有限责任公司、山东石横特钢集团有限公司、冶金工业信息标准研究院。

本标准主要起草人：方拓野、宋强、刘玉兰、吴惠英、吴锦圆、郑世芬、王丽萍、程德朝、翟永臻、柴建铭、王玲君、戴石锋。

本标准所代替标准的历次版本发布情况为：

——GB/T 701—1965、GB/T 701—1991、GB/T 701—1997。

低碳钢热轧圆盘条

1 范围

本标准规定了低碳钢热轧圆盘条的订货内容、尺寸、外形、重量及允许偏差、技术要求、试验方法、检验规则和包装、标志及质量证明书。

本标准适用于供拉丝等深加工及其他一般用途的低碳钢热轧圆盘条。

本标准不适用于以下产品：

——标准件用热轧碳素圆钢；

——焊接用钢盘条；

——冷镦钢；

——易切削结构钢；

——锚链用圆钢。

2 规范性引用文件

下列文件中的条款通过本标准的引用而成为本标准的条款。凡是注日期的引用文件，其随后所有的修改单(不包括勘误的内容)或修订版均不适用于本标准，然而，鼓励根据本标准达成协议的各方研究是否可使用这些文件的最新版本。凡是不注日期的引用文件，其最新版本适用于本标准。

GB/T 222 钢的成品化学成分允许偏差

GB/T 223.3 钢铁及合金化学分析方法 二安替吡啉甲烷磷钼酸重量法测定磷量

GB/T 223.5 钢铁及合金化学分析方法 还原型硅钼酸盐光度法测定酸溶硅含量(GB/T 223.5—1997,NEQ ISO 4829-1:1986,ISO 4829-2:1988)

GB/T 223.12 钢铁及合金化学分析方法 碳酸钠分离-二苯碳酰肼光度法测定铬量

GB/T 223.19 钢铁及合金化学分析方法 新亚铜灵-三氯甲烷萃取光度法测定铜量

GB/T 223.23 钢铁及合金化学分析方法 丁二酮肟分光光度法测定镍量(GB/T 223.23—1994,MOD ISO 4939:1984)

GB/T 223.59 钢铁及合金化学分析方法 锑磷钼蓝光度法测定磷量

GB/T 223.60 钢铁及合金化学分析方法 高氯酸脱水重量法测定硅量(GB/T 223.60—1997,MOD ISO 439:1994)

GB/T 223.61 钢铁及合金化学分析方法 磷钼酸铵容量法测定磷量

GB/T 223.62 钢铁及合金化学分析方法 乙酸丁酯萃取光度法测定磷量

GB/T 223.63 钢铁及合金化学分析方法 高碘酸钠(钾)光度法测定锰量(GB/T 223.63—1988,MOD ISO 629:1982)

GB/T 223.64 钢铁及合金化学分析方法 火焰原子吸收光谱法测定锰量(GB/T 223.64—1988,MOD ISO 10700:1984)

GB/T 223.68 钢铁及合金化学分析方法 管式炉内燃烧后碘酸钾滴定法测定硫含量(GB/T 223.68—1997,MOD ISO 671:1982)

GB/T 223.69 钢铁及合金化学分析方法 管式炉内燃烧后气体容量法测定碳含量

GB/T 223.71 钢铁及合金化学分析方法 燃烧重量法测定碳量(GB/T 223.71—1997,MOD ISO 437:1982)

GB/T 223.72 钢铁及合金化学分析方法 氧化铝色层分离-硫酸钡重量法测定硫量

GB/T 228　金属材料　室温拉伸试验方法(GB/T 228—2002,eqv ISO 6892:1998(E))

GB/T 232　金属材料　弯曲试验方法(GB/T 232—1999,eqv ISO 7438:1985(E))

GB/T 700　碳素结构钢

GB/T 2101　型钢验收、包装、标志及质量证明书的一般规定

GB/T 2975　钢及钢产品力学性能试验取样位置及试样制备(GB/T 2975—1998,eqv ISO 377:1997)

GB/T 4336　碳素钢和中低碳钢　火花源原子发射光谱分析方法(常规法)

GB/T 14981　热轧盘条尺寸、外形、重量及允许偏差

GB/T 20066　钢和铁　化学成分测定用试样的取样和制样方法(GB/T 20066—2006,ISO 14284:1998,IDT)

GB/T 20123　钢铁总碳硫含量的测定高频感应炉燃烧后红外吸收法(常规方法)(GB/T 20123—2006,ISO 15350:2000,IDT)

YB/T 081　冶金技术标准的数值修约与检测数值的判定原则

3　订货内容

根据本标准订货的合同应包括下列内容:

a)　本标准号;

b)　产品名称;

c)　钢的牌号;

d)　盘条规格及重量;

e)　其他特殊要求。

4　尺寸、外形、重量及允许偏差

4.1　盘条的尺寸、外形及允许偏差应符合 GB/T 14981 的规定,盘卷应规整。

4.2　每卷盘条的重量不应小于 1 000 kg,每批允许有 5%的盘数(不足 2 盘的允许有 2 盘)由两根组成,但每根盘条的重量不少于 300 kg,并且有明显标识。

5　技术要求

5.1　牌号和化学成分

5.1.1　钢的牌号和化学成分(熔炼分析)应符合表 1 的规定。

表 1

牌　号	化学成分(质量分数)/%				
	C	Mn	Si	S	P
			不大于		
Q195	≤0.12	0.25～0.50	0.30	0.040	0.035
Q215	0.09～0.15	0.25～0.60	0.30	0.045	0.045
Q235	0.12～0.20	0.30～0.70			
Q275	0.14～0.22	0.40～1.00			

5.1.2　允许用铝代硅脱氧。

5.1.3　钢中铬、镍、铜、砷的残余含量应符合 GB/T 700 的有关规定。

5.1.4　经供需双方协议并在合同中注明,可供应其他成分或牌号的盘条。

5.1.5　盘条的成品化学成分允许偏差应符合 GB/T 222 的规定。

5.2　冶炼方法

钢以氧气转炉、电炉冶炼。

5.3 交货状态

盘条以热轧状态交货。

5.4 力学性能和工艺性能

盘条的力学性能和工艺性能应符合表2的规定。经供需双方协商并在合同中注明，可做冷弯性能试验。直径大于12 mm的盘条，冷弯性能指标由供需双方协商确定。

表2

牌号	力学性能		冷弯试验180° d=弯心直径 a=试样直径
	抗拉强度 R_m/(N/mm²) 不大于	断后伸长率 $A_{11.3}$/% 不小于	
Q195	410	30	$d=0$
Q215	435	28	$d=0$
Q235	500	23	$d=0.5a$
Q275	540	21	$d=1.5a$

5.5 表面质量

5.5.1 盘条应将头尾有害缺陷切除。盘条的截面不应有缩孔、分层及夹杂。

5.5.2 盘条表面应光滑，不应有裂纹、折叠、耳子、结疤，允许有压痕及局部的凸块、划痕、麻面，其深度或高度(从实际尺寸算起)B级和C级精度不应大于0.10 mm，A级精度不得大于0.20 mm。

6 试验方法

盘条的检验项目、试验方法应按表3的规定。

表3

序号	检验项目	取样数量	取样方法	试验方法
1	化学成分(熔炼分析)	1个/炉	GB/T 20066	GB/T 223 GB/T 4336、GB/T 20123
2	拉伸	1个/批	GB/T 2975	GB/T 228
3	弯曲	2个/批	不同根盘条、GB/T 2975	GB/T 232
4	尺寸	逐盘		千分尺、游标卡尺
5	表面			目视
注：对化学成分结果有争议时，仲裁试验按GB/T 223进行。				

7 检验规则

7.1 盘条的检查应由供方按表3的要求进行，需方可按本标准进行验收。

7.2 盘条应成批验收。每批由同一牌号、同一炉号、同一尺寸的盘条组成。

7.3 每批盘条质量检验取样数量和取样方法及部位应符合表3的规定。

7.4 盘条的复验与判定规则按GB/T 2101的规定。

7.5 数值修约按YB/T 081的规定执行。

8 包装、标志和质量证明书

盘条的包装、标志和质量证明书按GB/T 2101的规定执行。

ICS 77.140.60
H 44

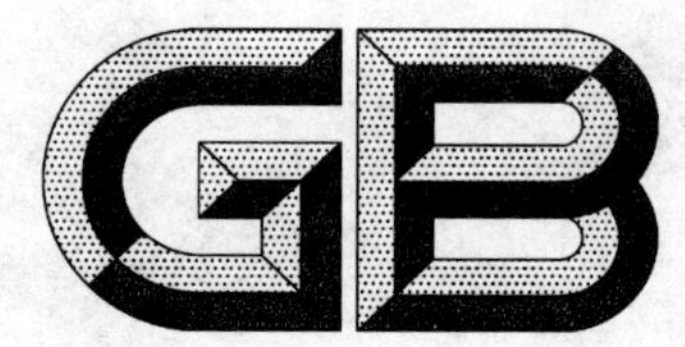

中华人民共和国国家标准

GB/T 4354—2008
代替 GB/T 4354—1994

优质碳素钢热轧盘条

Hot rolled quality carbon steel wire rods

2008-08-05 发布　　2009-04-01 实施

中华人民共和国国家质量监督检验检疫总局
中国国家标准化管理委员会　发布

前　言

本标准修改采用 JIS G 3506:2004《高碳钢盘条》(英文版)。

本标准根据 JIS G 3506:2004 重新起草,与 JIS G 3506:2004 相比,本标准主要技术差异如下:

——钢的牌号不同,采用 GB/T 699 中的各牌号;

——增加了数值修约的规定。

本标准代替 GB/T 4354—1994《优质碳素钢热轧盘条》,与 GB/T 4354—1994 相比,本标准主要作了如下修改:

——"冶炼方法"中取消原标准中平炉冶炼;

——增加了订货内容条款;

——"技术要求"中将原标准脱碳层深度三组分级改为二组;

——"技术要求"对尺寸、外形、重量规定作了修改;

——"试验方法"中取样数量作了修改;

——增加了数值修约规定。

本标准由中国钢铁工业协会提出。

本标准由全国钢标准化技术委员会归口。

本标准起草单位:马鞍山钢铁股份有限公司、江阴兴澄特种钢铁有限公司、首钢集团有限公司、青岛钢铁有限公司、江苏永钢集团有限公司、安阳钢铁集团有限责任公司、湖南湘潭钢铁集团有限公司、宣化钢铁集团有限责任公司、山东石横特钢集团有限公司、冶金工业信息标准研究院。

本标准主要起草人:宋强、方拓野、刘玉兰、李国忠、王丽萍、郑世芬、陈华斌、张先铁、唐武峰、李小莉、马立明、刘晓东、王玲君、戴石锋。

本标准所代替标准的历次版本发布情况为:

——GB/T 4354—1984、GB/T 4354—1994。

优质碳素钢热轧盘条

1 范围

本标准规定了优质碳素钢热轧盘条的订货内容、尺寸、外形、重量及允许偏差、技术要求、试验方法、检验规则、包装、标志、质量证明书等内容。

本标准适用于制造碳素弹簧钢丝、预应力钢丝、高强度优质碳素结构钢丝、镀层钢丝、镀锌绞线及钢丝绳等用优质碳素钢热轧盘条。

2 规范性引用文件

下列文件中的条款通过本标准的引用而成为本标准的条款。凡是注日期的引用文件，其随后所有的修改单(不包括勘误的内容)或修订版均不适用于本标准，然而，鼓励根据本标准达成协议的各方研究是否可使用这些文件的最新版本。凡是不注日期的引用文件，其最新版本适用于本标准。

GB/T 222 钢的成品化学成分允许偏差

GB/T 223.3 钢铁及合金化学分析方法 二安替吡啉甲烷磷钼酸重量法测定磷量

GB/T 223.5 钢铁及合金化学分析方法 还原型硅钼酸盐光度法测定酸溶硅含量

GB/T 223.12 钢铁及合金化学分析方法 碳酸钠分离-二苯碳酰二肼光度法测定铬量

GB/T 223.19 钢铁及合金化学分析方法 新亚铜灵-三氯甲烷萃取光度法测定铜量

GB/T 223.23 钢铁及合金化学分析方法 丁二酮肟分光光度法测定镍量

GB/T 223.59 钢铁及合金化学分析方法 锑磷钼蓝光度法测定磷量

GB/T 223.60 钢铁及合金化学分析方法 高氯酸脱水重量法测定硅量

GB/T 223.61 钢铁及合金化学分析方法 磷钼酸铵容量法测定磷量

GB/T 223.62 钢铁及合金化学分析方法 乙酸丁酯萃取光度法测定磷量

GB/T 223.63 钢铁及合金化学分析方法 高碘酸钠(钾)光度法测定锰量

GB/T 223.64 钢铁及合金化学分析方法 火焰原子吸收光谱法测定锰量

GB/T 223.68 钢铁及合金化学分析方法 管式炉内燃烧后碘酸钾滴定法测定硫含量

GB/T 223.69 钢铁及合金化学分析方法 管式炉内燃烧后气体容量法测定碳含量

GB/T 223.71 钢铁及合金化学分析方法 燃烧重量法测定碳量

GB/T 223.72 钢铁及合金化学分析方法 氧化铝色层分离-硫酸钡重量法测定硫量

GB/T 224 钢的脱碳层深度测定法

GB/T 228 金属材料 室温拉伸试验方法(GB/T 228—2002,eqv ISO 6892:1998(E))

GB/T 232 金属材料 弯曲试验方法(GB/T 232—1999,eqv ISO 7438:1985(E))

GB/T 239 金属线材扭转试验方法(GB/T 239—1999,eqv ISO 7800:1984,ISO 9649:1994(E))

GB/T 699 优质碳素结构钢

GB/T 2101 型钢验收、包装、标志及质量证明书的一般规定

GB/T 2975 钢及钢产品力学性能试验取样位置及试样制备(GB/T 2975—1998,eqv ISO 377:1997)

GB/T 4336 碳素钢和中低合金钢火花源原子发射光谱分析方法(常规法)

GB/T 6394 金属平均晶粒度测定法

GB/T 10561 钢中非金属夹杂物含量的测定标准评级图 显微检验法

GB/T 13298 金属显微组织检验方法

GB/T 14981　热轧盘条尺寸、外形、重量及允许偏差(GB/T 14981—2004,ISO/DIS 16124,MOD)

GB/T 20066　钢和铁　化学成分测定用试样的取样和制样方法(GB/T 20066—2006,ISO 14284:1996,IDT)

GB/T 20123　钢铁总碳硫含量的测定高频感应炉燃烧后红外吸收法(常规方法)(GB/T 20123—2006,ISO 15350:2000,IDT)

YB/T 5293　金属材料　顶锻试验方法

YB/T 081　冶金技术标准的数值修约与检测数值的判定原则

3　订货内容

按本标准订货的合同应包括下列内容:

a)　本标准号;

b)　产品名称:

c)　钢的牌号;

d)　盘条规格及重量;

e)　脱碳层组别;

f)　其他特殊要求。

4　尺寸、外形、重量及允许偏差

4.1　盘条的尺寸、外形及允许偏差应符合 GB/T 14981 的规定,盘条应规整。

4.2　每卷盘条的重量应不小于 1 000 kg,每批允许有 5%的盘数(不足 2 盘的允许有 2 盘)由两根组成,但每根盘条的重量不少于 300 kg,并且有明显标识。

5　技术要求

5.1　牌号和化学成分

5.1.1　盘条应采用 GB/T 699 中各牌号钢制造,其化学成分应符合 GB/T 699 的规定。

5.1.2　在钢坯或盘条上取样进行化学分析时,其允许偏差应符合 GB/T 222 的规定。

5.1.3　经供需双方协议并在合同中注明,可供应其他牌号和化学成分的盘条。

5.2　冶炼方法

钢以氧气转炉或电炉冶炼,经供需双方协商也可采用其他方法冶炼。

5.3　交货状态

盘条以热轧状态交货。

5.4　脱碳层

60(60 Mn)钢或 60(60 Mn)钢以上的盘条应进行脱碳层深度检验,盘条一边总脱碳层(铁素体+过渡层)深度应符合表 1 的规定。脱碳层深度级别应在合同中注明,未注明时按表 1 中Ⅱ组要求供货。根据需方要求,30～55 钢及 30 Mn～50Mn 钢盘条可进行脱碳层深度检验,指标由供需双方协议规定。

表 1

组　别	盘条公称直径 D/mm		
	$D<10$	$10\leqslant D<25$	$D\geqslant 25$
Ⅰ组	$\leqslant 2.0\%D$	$\leqslant 1.5\%D$	$\leqslant 1.0\%D$
Ⅱ组	$\leqslant 2.5\%D$	$\leqslant 2.0\%D$	

5.5　高倍组织

盘条不应有影响使用的淬火组织存在,若供方在工艺上有保证,可不作检验。

5.6 **表面质量**

5.6.1 盘条应将头尾有害缺陷切除，其截面不应有缩孔、分层及夹杂。

5.6.2 盘条表面应光滑，不应有裂纹、折叠、耳子、结疤、分层及夹杂，允许有压痕及局部的凸块、划痕、麻面，其深度或高度（从实际尺寸算起）B 级和 C 级精度应不大于 0.10 mm，A 级精度应不大于 0.15 mm。

5.7 **特殊要求**

根据需方要求，经供需双方协议，可进行拉伸试验、弯曲试验、顶锻试验、扭转试验和晶粒度、非金属夹杂物、金相组织等检验，各项检验的指标由供需双方协议规定，并在合同中注明。

6 试验方法

每批盘条的检验项目、取样数量、方法及部位、试验方法按表 2 规定。

表 2

序号	检验项目	取样数量	取样方法及部位	试验方法
1	化学成分	1 个/炉	GB/T 20066	GB/T 223、GB/T 4336、GB/T 20123
2	拉伸试验	2 个/批	不同根盘条 GB/T 2975	GB/T 228
3	弯曲试验	1 个/批	GB/T 2975	GB/T 232
4	顶锻试验	4 个/批	GB/T 2975	YB/T 5239
5	扭转试验	4 个/批	不同根盘条、两端	GB/T 239
6	脱碳层	2 个/批	不同根盘条	GB/T 224
7	晶粒度	2 个/批	不同根盘条	GB/T 6394
8	非金属夹杂	2 个/批	不同根盘条	GB/T 10561
9	金相组织	2 个/批	不同根盘条	GB/T 13298
10	尺寸	逐盘		千分尺、游标卡尺
11	表面			目测

7 检验规则

7.1 检查与验收

盘条的质量检查与验收由供方技术质量监督部门进行。

7.2 盘条应成批验收，每批由同一炉号、同一牌号、同一尺寸的盘条组成。

7.3 盘条质量检验取样数量、取样方法及部位和试验方法应符合表 2 的规定。

7.4 复验

盘条的复验与判定规则按 GB/T 2101 的规定执行。

7.5 数值修约

检验结果的数值修约按 YB/T 081 的规定执行。

8 包装、标志和质量证明书

盘条的包装、标志和质量证明书按 GB/T 2101 的规定执行。

ICS 77.140.15
H 49

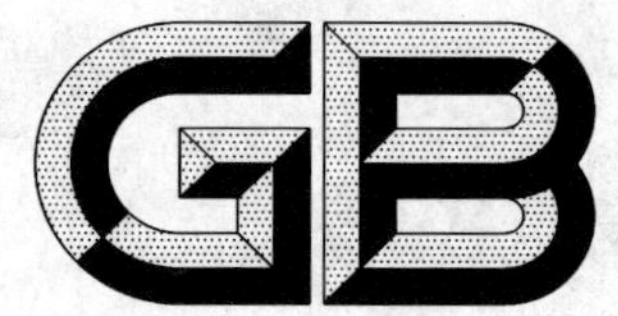

中华人民共和国国家标准

GB/T 5223—2002
代替 GB/T 5223—1995

预应力混凝土用钢丝

Steel wires for the prestressing of concrete

(ISO 6934-2:1991,Steel for prestressing of concrete
—Part 2:Cold-drawn wire,NEQ)

2002-04-09 发布　　　　2002-10-01 实施

中华人民共和国
国家质量监督检验检疫总局　发布

前　言

本标准是GB/T 5223—1995的修改版，对应于ISO 6934-2:1991《预应力混凝土用钢　第2部分　冷拉钢丝》。本标准与ISO 6934第2部分的一致性程度为非等效，主要差异如下：

——增加了螺旋肋钢丝；

——增加了强度级别；

——增加了用断后伸长率代替最大力下总伸长率作为日常检验的指标要求；

——提高了低松弛钢丝的屈强比；

——参照ASTM A648标准增加了冷拉钢丝用做压力管道时的性能要求。

本标准代替GB/T 5223—1995，与GB/T 5223—1995相比主要变化如下：

——增加了品种、规格；

——增加了强度级别；

——增大了盘重要求；

——增加了钢丝强度均质性要求；

——断后伸长率采用L_0=200 mm的长标距；

——取消了两面刻痕钢丝；

——提高了低松弛钢丝的屈强比；

——增加了冷拉钢丝用做压力管道时的性能要求；

——增加了疲劳性能试验附录。

本标准的附录A为规范性附录。

本标准由原国家冶金工业局提出。

本标准由全国钢标准化技术委员会归口。

本标准起草单位：天津市第一预应力钢丝有限公司、天津市银龙预应力钢丝有限公司、冶金建筑研究总院、铁道部铁道专业设计院、冶金工业信息标准研究院。

本标准主要起草人：张秀凤、毛爱菊、余景岐、谢铁桥、封文华、张乃荣、潘　捷。

本标准1985年首次发布，1995年第一次修订。

预应力混凝土用钢丝

1 范围

本标准规定了预应力混凝土用钢丝的分类、尺寸、外形、质量及允许偏差、技术要求、试验方法、检验规则、包装、标志和质量证明书等。

本标准适用于预应力混凝土用冷拉或消除应力的光圆、螺旋肋和刻痕钢丝。消除应力钢丝包括低松弛和普通松弛两种。本标准不推荐普通松弛级钢丝，如需按普通松弛级钢丝定货应在合同中注明或供需双方协商供货。

2 规范性引用文件

下列文件中的条款通过本标准的引用而成为本标准的条款。凡是注日期的引用文件，其随后所有的修改单(不包括勘误的内容)或修订版均不适用于本标准，然而，鼓励根据本标准达成协议的各方研究是否可使用这些文件的最新版本。凡是不注日期的引用文件，其最新版本适用于本标准。

GB/T 228 金属拉伸试验方法

GB/T 238 金属线材反复弯曲试验方法

GB/T 239 金属线材扭转试验方法

GB/T 2103 钢丝验收、包装、标志及质量证明书的一般规定

GB/T 10120—1996 金属应力松弛试验方法

GB/T 17505 钢及钢产品交货一般技术要求

YB/T 146 预应力钢丝及钢绞线用热轧盘条

YB/T 170 制丝用非合金钢盘条

3 术语和定义

下列术语和定义适用于本标准。

3.1

冷拉钢丝 cold draw wire

用盘条通过拔丝模或轧辊经冷加工而成产品，以盘卷供货的钢丝。

3.2

消除应力钢丝 stress-relieved wire

按下述一次性连续处理方法之一生产的钢丝。

(1) 钢丝在塑性变形下(轴应变)进行的短时热处理，得到的应是低松弛钢丝。

(2) 钢丝通过矫直工序后在适当温度下进行的短时热处理，得到的应是普通松弛钢丝。

3.3

松弛 relaxation

在恒定长度下应力随时间而减小的现象。

3.4

螺旋肋钢丝 helical rib wire

钢丝表面沿着长度方向上具有规则间隔的肋条(图1)。

3.5

刻痕钢丝 indented wire

钢丝表面沿着长度方向上具有规则间隔的压痕(图 2)。

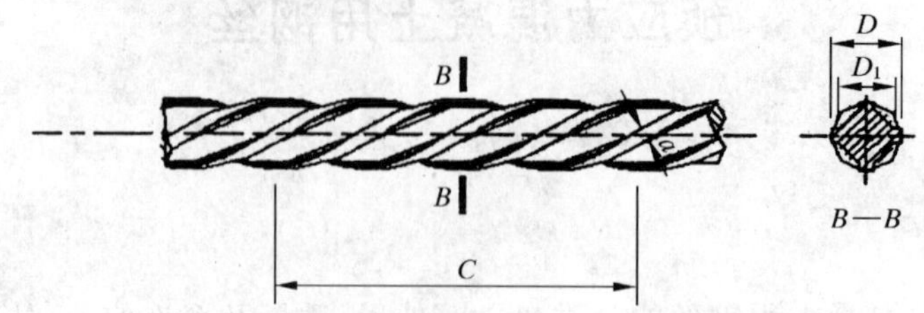

图 1 螺旋肋钢丝外形示意图

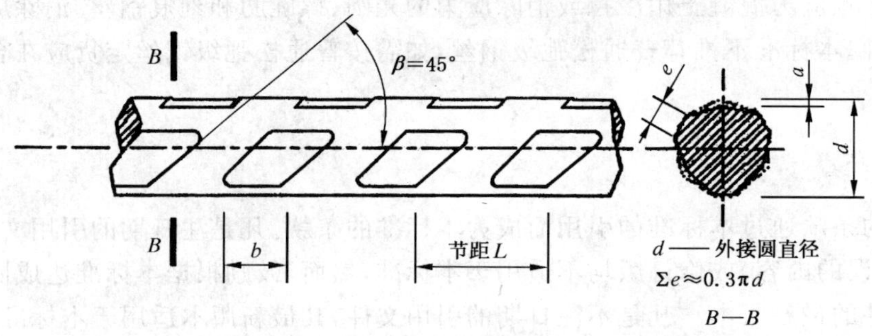

图 2 三面刻痕钢丝外形示意图

4 分类、代号及标记

4.1 分类及代号

4.1.1 钢丝按加工状态分为冷拉钢丝和消除应力钢丝两类。消除应力钢丝按松弛性能又分为低松弛级钢丝和普通松弛级钢丝,其代号为:

冷拉钢丝 WCD

低松弛钢丝 WLR

普通松弛钢丝 WNR

4.1.2 钢丝按外形分为光圆、螺旋肋、刻痕三种,其代号为:

光圆钢丝 P

螺旋肋钢丝 H

刻痕钢丝 I

4.2 标记

4.2.1 标记内容

按本标准交货的产品标记应包含下列内容:

预应力钢丝;

公称直径;

抗拉强度等级;

加工状态代号;

外形代号;

标准号。

4.2.2 标记示例

示例 1:直径为 4.00 mm,抗拉强度为 1 670 MPa 冷拉光圆钢丝,其标记为:

预应力钢丝 4.00-1 670-WCD-P-GB/T 5223—2002

示例 2:直径为 7.00 mm,抗拉强度为 1 570 MPa 低松弛的螺旋肋钢丝,其标记为:

预应力钢丝 7.00-1 570-WLR-H-GB/T 5223—2002

5 订货内容

按本标准订货的合同应包含以下主要内容:

a)产品名称;

b)外形尺寸;

c)强度级别;

d)松弛级别;

e)本标准号;

f)加工状态;

g)数量;

h)用途;

i)需方提出的其他要求。

6 尺寸、外形、质量及允许偏差

6.1 光圆钢丝的尺寸及允许偏差应符合表 1 的规定。每米质量参见表 1,计算钢丝每米参考质量时钢的密度为 7.85 g/cm^3。

6.2 螺旋肋钢丝的尺寸及允许偏差应符合表 2 的规定,外形见图 1,钢丝的公称横截面积、每米参考质量与光圆钢丝相同。

表 1 光圆钢丝尺寸及允许偏差、每米参考质量

公称直径 d_n/mm	直径允许偏差/mm	公称横截面积 S_n/mm^2	每米参考质量/(g/m)
3.00	±0.04	7.07	55.5
4.00		12.57	98.6
5.00	±0.05	19.63	154
6.00		28.27	222
6.25		30.68	241
7.00		38.48	302
8.00	±0.06	50.26	394
9.00		63.62	499
10.00		78.54	616
12.00		113.1	888

表 2　螺旋肋钢丝的尺寸及允许偏差

公称直径 d_n/mm	螺旋肋数量/条	基圆尺寸		外轮廓尺寸		单肋尺寸	螺旋肋导程 C/mm
		基圆直径 D_1/mm	允许偏差/mm	外轮廓直径 D/mm	允许偏差/mm	宽度 a/mm	
4.00	4	3.85	±0.05	4.25	±0.05	0.90～1.30	24～30
4.80	4	4.60		5.10		1.30～1.70	28～36
5.00	4	4.80		5.30			
6.00	4	5.80		6.30		1.60～2.00	30～38
6.25	4	6.00		6.70			30～40
7.00	4	6.73		7.46	±0.10	1.80～2.20	35～45
8.00	4	7.75		8.45		2.00～2.40	40～50
9.00	4	8.75		9.45		2.10～2.70	42～52
10.00	4	9.75		10.45		2.50～3.00	45～58

6.3　三面刻痕钢丝的尺寸及允许偏差应符合表 3 的规定，外形见图 2。钢丝的横截面积、每米参考质量与光圆钢丝相同。三条痕中的其中一条倾斜方向与其他两条相反。

表 3　三面刻痕钢丝尺寸及允许偏差

公称直径 d_n/mm	刻痕深度		刻痕长度		节　距	
	公称深度 a/mm	允许偏差/mm	公称长度 b/mm	允许偏差/mm	公称节距 L/mm	允许偏差/mm
≤5.00	0.12	±0.05	3.5	±0.05	5.5	±0.05
＞5.00	0.15		5.0		8.0	
注：公称直径指横截面积等同于光圆钢丝横截面积时所对应的直径。						

6.4　根据需方要求可生产表 1、表 2、表 3 以外规格的钢丝。

6.5　光圆及螺旋肋钢丝的不圆度不得超出其直径公差的 1/2。

6.6　盘重　每盘钢丝由一根组成，其盘重不小于 500 kg，允许有 10％的盘数小于 500 kg 但不小于 100 kg。

6.7　盘内径：

6.7.1　冷拉钢丝的盘内径应不小于钢丝公称直径的 100 倍。

6.7.2　消除应力钢丝的盘内径不小于 1 700 mm。

7　技术要求

7.1　牌号及化学成分

制造钢丝用钢的牌号和化学成分应符合 YB/T 146 或 YB/T 170 的规定，也可采用其他牌号制造，成分不作为交货条件。

7.2　制造方法

7.2.1　钢丝应用索氏体化盘条制造，经冷拉或冷拉后消除应力处理制成。

7.2.2　成品钢丝不得存在电焊接头，在生产时为了连续作业而焊接的电焊接头，应切除掉。

7.3　力学性能

7.3.1　冷拉钢丝的力学性能应符合表 4 的规定。规定非比例伸长应力 $\sigma_{P0.2}$ 值不小于公称抗拉强度的 75％。除抗拉强度、规定非比例伸长应力外，对压力管道用钢丝还需进行断面收缩率、扭转次数、松弛率的检验；对其他用途钢丝还需进行断后伸长率、弯曲次数的检验。

7.3.2 消除应力的光圆及螺旋肋钢丝的力学性能应符合表5的规定。规定非比例伸长应力$\sigma_{P0.2}$值对低松弛钢丝应不小于公称抗拉强度的88%，对普通松弛钢丝应不小于公称抗拉强度的85%。

7.3.3 消除应力的刻痕钢丝的力学性能应符合表6规定。规定非比例伸长应力$\sigma_{P0.2}$值对低松弛钢丝应不小于公称抗拉强度的88%，对普通松弛钢丝应不小于公称抗拉强度的85%。

7.3.4 为便于日常检验，表4中最大力下的总伸长率可采用L_0=200 mm的断后伸长率代替，但其数值应不少于1.5%；表5和表6中最大力下的总伸长率可采用L_0=200 mm的断后伸长率代替，但其数值应不少于3.0%。仲裁试验以最大力下总伸长率为准。

表4 冷拉钢丝的力学性能

公称直径 d_n/mm	抗拉强度 σ_b/MPa 不小于	规定非比例伸长应力 $\sigma_{P0.2}$/MPa 不小于	最大力下总伸长率 (L_0=200 mm) δ_{gt}/% 不小于	弯曲次数/(次/180°) 不小于	弯曲半径 R/mm	断面收缩率 ψ/% 不小于	每210 mm扭距的扭转次数 n 不小于	初始应力相当于70%公称抗拉强度时，1 000 h后应力松弛率 r/% 不大于
3.00	1 470 1 570 1 670 1 770	1 100 1 180 1 250 1 330	1.5	4	7.5	—	—	8
4.00				4	10	35	8	
5.00				4	15		8	
6.00	1 470 1 570 1 670 1 770	1 100 1 180 1 250 1 330		5	15	30	7	
7.00				5	20		6	
8.00				5	20		5	

表5 消除应力光圆及螺旋肋钢丝的力学性能

公称直径 d_n/mm	抗拉强度 σ_b/MPa 不小于	规定非比例伸长应力 $\sigma_{P0.2}$/MPa 不小于		最大力下总伸长率 (L_0=200 mm) δ_{gt}/% 不小于	弯曲次数/(次/180°) 不小于	弯曲半径 R/mm	应力松弛性能		
							初始应力相当于公称抗拉强度的百分数/%	1 000 h后应力松弛率 r/% 不大于	
								WLR	WNR
		WLR	WNR				对所有规格		
4.00	1 470 1 570 1 670 1 770 1 860	1 290 1 380 1 470 1 560 1 640	1 250 1 330 1 410 1 500 1 580	3.5	3	10	60 70 80	1.0 2.5 4.5	4.5 8 12
4.80					4	15			
5.00									
6.00	1 470 1 570 1 670 1 770	1 290 1 380 1 470 1 560	1 250 1 330 1 410 1 500		4	15			
6.25					4	20			
7.00					4	20			
8.00	1 470 1 570	1 290 1 380	1 250 1 330		4	20			
9.00					4	25			
10.00	1 470	1 290	1 250		4	25			
12.00					4	30			

7.3.5 每一交货批钢丝的实际强度不应高于其公称强度级200 MPa。

表 6　消除应力的刻痕钢丝的力学性能

公称直径 d_n/mm	抗拉强度 σ_b/MPa 不小于	规定非比例伸长应力 $\sigma_{P0.2}$/MPa 不小于		最大力下总伸长率 (L_o=200 mm) δ_{gt}/% 不小于	弯曲次数/(次/180°) 不小于	弯曲半径 R/mm	应力松弛性能		
							初始应力相当于公称抗拉强度的百分数/%	1 000 h 后应力松弛率 r/% 不大于	
		WLR	WNR					WLR	WNR
							对所有规格		
≤5.0	1 470	1 290	1 250						
	1 570	1 380	1 330						
	1 670	1 470	1 410			15	60	1.0	4.5
	1 770	1 560	1 500						
	1 860	1 640	1 580	3.5	3		70	2.5	8
>5.0	1 470	1 290	1 250						
	1 570	1 380	1 330				80	4.5	12
	1 670	1 470	1 410			20			
	1 770	1 560	1 500						

7.3.6　钢丝弹性模量为(205±10)GPa，但不作为交货条件。

7.3.7　根据供货协议，可以供应表 4、表 5、表 6 以外其他强度级别的钢丝，其力学性能按协议执行。

7.3.8　允许使用推算法确定 1 000 h 松弛值(见 8.7.6)。

7.3.9　供轨枕用钢丝，供方应进行镦头强度检验，镦头强度不低于母材公称抗拉强度的 95%，其他需镦头锚固使用的应在合同中注明，参照本条款执行。

7.4　表面质量

7.4.1　钢丝表面不得有裂纹和油污，也不允许有影响使用的拉痕、机械损伤等。

7.4.2　除非供需双方另有协议，否则钢丝表面只要没有目视可见的锈蚀麻点，表面浮锈不应作为拒收的理由。

7.4.3　消除应力的钢丝表面允许存在回火颜色。

7.5　消除应力钢丝的伸直性

取弦长为 1 m 的钢丝，放在一平面上，其弦与弧内侧最大自然矢高，刻痕钢丝不大于 25 mm，光圆及螺旋肋钢丝不大于 20 mm。

7.6　疲劳试验

经供需双方协商，合同中注明，可对钢丝进行疲劳性能试验。

8　试验方法

8.1　表面检验

表面质量用目视检查。

8.2　外形尺寸检验

8.2.1　钢丝直径应用分度值为 0.01 mm 的量具测量，在任何部位同一截面两个垂直方向上测量。

8.2.2　螺旋肋钢丝的导程，刻痕钢丝的刻痕长度、节距应沿钢丝轴线方向测量，螺旋肋钢丝的肋宽应在螺旋肋法向上测量。

8.3　每米质量测量

钢丝单位质量测量应采用如下方法：取 3 根长度不小于 500 mm 的钢丝，每根钢丝长度测量精确到 1 mm，称量每根钢丝的质量，精确到 0.1 g，然后按式(1)计算每根钢丝的单位质量。

$$M=\frac{1\,000\times m}{L} \qquad \cdots\cdots(1)$$

式中：

M——钢丝单重，单位为克/米(g/m)；

m——称得的钢丝质量，单位为克(g)；

L——钢丝长度，单位为毫米(mm)。

实测单位质量取3个计算值的平均值。

8.4 拉伸试验

8.4.1 抗拉强度

钢丝的拉伸试验按GB/T 228的规定进行。计算抗拉强度时取钢丝的公称横截面积值。

8.4.2 规定非比例伸长应力

规定非比例伸长应力的测定按GB/T 228的规定进行。为便于供方日常检验，钢丝的规定非比例伸长应力$\sigma_{P0.2}$也可以用规定总伸长率为1%时的应力σ_{t1}来代替，其值符合本标准规定时可以交货，但仲裁试验时应测定$\sigma_{P0.2}$。测量时预加负荷为公称非比例伸长负荷的10%。

8.4.3 最大力下总伸长率

最大力下总伸长率的测定按GB/T 228的规定进行。使用计算机采集数据或使用电子拉伸设备的，测量伸长率时预加负荷对试样所产生的伸长应加在总伸长内，测得的伸长率应修约到0.5%。

8.4.4 断后伸长率

断后伸长率的测定按GB/T 228的规定进行。在日常检验时，试样的标距划痕不得导致断裂发生在划痕处。试样长度应保证试验机上下钳口之间的距离超过原始标距50 mm以上。测量断后标距的量具最小刻度应不大于0.1 mm。测得的伸长率应修约到0.5%。

8.4.5 断面收缩率

断面收缩率的测定按GB/T 228的规定进行。钢丝拉断后在缩颈最小处两个相互垂直的方向上测量其直径(需要时，应将试样断裂部分在断裂处对接在一起)取其平均值d_1，螺旋肋钢丝测量外轮廓。

断面收缩率按式(2)计算：

$$\psi=\left[1-\left(\frac{d_1}{d_0}\right)^2\right]\times 100\% \quad \cdots\cdots(2)$$

式中：

ψ——断面收缩率；

d_1——断后平均直径，单位为毫米(mm)；

d_0——原始平均直径，单位为毫米(mm)。

8.4.6 如试样在夹头内或距钳口$2d_n$内断裂而性能达不到本标准规定时，试验无效。

8.5 弯曲试验

钢丝弯曲试验应按GB/T 238的规定进行。弯曲半径应符合本标准表4、表5、表6相应的规定。

8.6 扭转试验

8.6.1 扭转试验应按GB/T 239规定进行。

8.6.2 试验时试验机夹具间的距离应不小于210 mm。

8.6.3 使用的扭转速率不大于30 r/min。

8.6.4 轴向拉力为钢丝公称抗拉强度所对应负荷的0.5%～2%。

8.6.5 试样应扭转至完全断开，断裂的截面至少有3/4的面积与钢丝的轴线垂直。扭转次数应达到表4的规定。

8.6.6 扭转后试样表面如有目视可见或裸手可触摸到的螺旋裂纹，该盘钢丝应按8.6.7进行复验。

8.6.7 扭转裂纹的复验

复验试样按每210 mm长度扭转3圈的比例进行扭转，当进行到规定圈数时停机检验，如仍有目视可见或裸手可触摸到的螺旋裂纹，该盘钢丝应判定为不合格。

8.6.8　若试样在离夹头 $2d_n$ 范围内断裂，且未达到本标准规定的扭转次数，则该试验无效。

8.7　应力松弛性能试验

8.7.1　钢丝的应力松弛性能试验应按 GB/T 10120 规定进行。

8.7.2　试验期间试样的环境温度应保持在 20℃±2℃的范围内。

8.7.3　试样标距长度不小于公称直径的 60 倍。

8.7.4　试样制备后不得进行任何热处理和冷加工。

8.7.5　初始负荷应在 3 min～5 min 内均匀施加完毕，持荷 1 min 后开始记录松弛值。

8.7.6　允许用不少于 100 h 的测试数据推算 1 000 h 的松弛值。

8.8　镦头强度试验

钢丝的镦头直径应不小于钢丝公称直径的 1.5 倍，带锚具进行拉伸试验，此时钢丝的最大力与钢丝公称截面积之比即为镦头强度。

8.9　疲劳试验

疲劳性能试验按附录 A 进行。

9　检验规则

钢丝的检验规则按 GB/T 2103 及 GB/T 17505 的规定。

9.1　检查和验收

钢丝的工厂检查由供方技术监督部门按表 7 进行，需方可按本标准进行检查验收。

9.2　组批规则

钢丝应成批检查和验收，每批钢丝由同一牌号、同一规格、同一加工状态的钢丝组成，每批质量不大于 60 t。

9.3　检验项目及取样数量

9.3.1　不同品种钢丝的检验项目应按照表 4、表 5、表 6 相应的规定进行，取样数量应符合表 7 的规定。

9.3.2　1 000 h 应力松弛试验和疲劳性能试验只进行型式检验，即当原料、生产工艺、设备有较大变化，新产品投产及停产后重新生产时应进行检验。

表 7　供方出厂常规检验项目及取样数量

序号	检验项目	取样数量	取样部位	检验方法
1	表面	逐盘		目视
2	外形尺寸	逐盘	在每(任一)盘中任意一端截取	按本标准 8.2 规定执行
3	消除应力钢丝伸直性	1 根/盘		用分度值为 1 mm 的量具测量
4	抗拉强度	1 根/盘		按本标准 8.4.1 规定执行
5	规定非比例伸长应力	3 根/每批		按本标准 8.4.2 规定执行
6	最大力下总伸长率	3 根/每批		按本标准 8.4.3 规定执行
7	断后伸长率	1 根/盘		按本标准 8.4.4 规定执行
8	弯曲	1 根/盘		按本标准 8.5 规定执行
9	扭转	1 根/盘		按本标准 8.6 规定执行
10	断面收缩率	1 根/盘		按本标准 8.4.5 规定执行
11	镦头强度	3 根/每批		按本标准 8.8 规定执行
12*	应力松弛性能	不少于 1 根/每合同批		按本标准 8.7 规定执行

注：* 合同批为一个订货合同的总量。在特殊情况下，松弛试验可以由工厂连续检验提供同一种原料、同一生产工艺的数据所代替。

9.4 复验与判定规则

钢丝的复验与判定规则按 GB/T 2103 的规定执行。

10 包装、标志及质量证明书

钢丝的包装、标志及质量证明书等一般要求应按 GB/T 2103 的规定执行。

10.1 包装

钢丝一般按 GB/T 2103 中Ⅰ类包装，特殊要求应在合同中注明，可按Ⅱ、Ⅱc 类包装。

10.2 标志

钢丝应逐盘卷加拴标牌，其上注明供方名称、商标标记、规格、强度级别、执行标准号等。

10.3 质量证明书

每一合同批应附有质量证明书，其中应注明：供方名称、地址和商标、规格、强度级别、需方名称、合同号、质量、产品标记、执行标准、编号、出厂日期、技术监督部门印记。

附 录 A
（规范性附录）
疲 劳 试 验

A.1 疲劳试验所用试样应从成品钢丝上直接截取，试样长度应保证两夹具之间的距离不小于140 mm。

A.2 钢丝应能经受 2×10^6 次 $0.7F_b\sim(0.7F_b-2\Delta F_a)$ 脉动负荷后而不断裂。

光圆钢丝：$2\Delta F_a/S_g=200$ MPa

螺旋肋及刻痕钢丝：$2\Delta F_a/S_g=180$ MPa

式中：

F_b——钢丝的公称破断力，单位为牛(N)；

$2\Delta F_a$——应力范围(两倍应力幅)的等效负荷值，单位为牛(N)；

S_g——钢丝的公称截面积，单位为平方毫米(mm^2)。

A.3 在试验全过程中脉动拉伸的最大应力保持恒定应力的静态测量精度应达到±1%。

A.4 应力循环频率不能超过 120 Hz。

A.5 所有应力都沿轴向传递给试样，应无钳口和缺口影响，且应由一个相应的装置台限定夹头中试样的任何滑移。

A.6 由于缺口影响或局部过热引起试样在夹头内或夹持区域内(2 倍钢丝公称直径)断裂时试验无效。

A.7 试验过程中，试件温度不能超过 40℃，试验室环境温度在 18℃～25℃范围内。

GB/T 5223—2002《预应力混凝土用钢丝》第 1 号修改单

本修改单经中国国家标准化管理委员会于 2003 年 3 月 11 日以国标委工交函(2003)24 号文批准，自 2003 年 6 月 1 日起实施。

---

1. 表 5 中“应力松弛性能”栏中“WLR”纵栏中的“2.0”应改为“2.5”。
2. 表 6 中“应力松弛性能”栏中“WLR”纵栏中的“1.5”应改为“1.0”。

ICS 77.140.60
H 49

中华人民共和国国家标准

GB/T 5224—2003
代替 GB/T 5224—1995

预应力混凝土用钢绞线

Steel strand for prestressed concrete

(ISO 6934-4:1991,Steel for the prestressing of concrete—Part 4:Strand,NEQ)

2003-03-03 发布

2003-08-01 实施

中华人民共和国国家质量监督检验检疫总局 发布

前 言

本标准是 GB/T 5224—1995 标准的修改版，对应国际标准 ISO 6934-4:1991《预应力混凝土用钢 第 4 部分 钢绞线》。本标准与 ISO 6934-4:1991 的一致性程度为非等效，主要差异如下：

——增加了品种、强度级别，调整了规格；

——取消了Ⅰ级松弛钢绞线；

——提高了屈强比；

——增加了附录 A 疲劳试验和附录 B 偏斜拉伸试验；

——取消了 1×19 结构钢绞线。

本标准代替 GB/T 5224—1995《预应力混凝土用钢绞线》。

本标准与 GB/T 5224—1995 标准相比主要变化如下：

——增加了品种、规格、强度级别；

——取消了Ⅰ级松弛钢绞线；

——取消了 10 h 松弛试验的规定；

——提高了屈强比；

——增加了附录 A 疲劳试验和附录 B 偏斜拉伸试验；

——增加了附录 C 新旧标准力学性能名称和符号对照。

本标准的附录 A、附录 B 为规范性附录，附录 C 为资料性附录。

本标准由原国家冶金工业局提出。

本标准由全国钢标准化技术委员会归口。

本标准起草单位：天津市第一预应力钢丝有限公司、新华金属制品股份有限公司、天津高力预一钢绞线有限公司、冶金建筑研究总院、冶金工业信息标准研究院。

本标准主要起草人：毛爱菊、张秀凤、段建华、封文华、李佩勋、唐岚、魏明。

本标准于 1985 年 7 月首次发布，1995 年 10 月第一次修订。

预应力混凝土用钢绞线

1 范围

本标准规定了预应力混凝土用钢绞线的分类、尺寸、外形、质量及允许偏差、技术要求、试验方法、检验规则、包装、标志和质量证明书等。

本标准适用于由冷拉光圆钢丝及刻痕钢丝捻制的用于预应力混凝土结构的钢绞线(以下简称钢绞线)。

2 规范性引用文件

下列文件中的条款通过本标准的引用而成为本标准的条款。凡是注日期的引用文件,其随后所有的修改单(不包括勘误的内容)或修订版均不适用于本标准,然而,鼓励根据本标准达成协议的各方研究是否可使用这些文件的最新版本。凡是不注日期的引用文件,其最新版本适用于本标准。

GB/T 228 金属材料 室温拉伸试验方法

GB/T 5223 预应力混凝土用钢丝

GB/T 10120—1996 金属应力松弛试验方法

GB/T 17505 钢及钢产品交货一般技术要求

YB/T 146 预应力钢丝及钢绞线用热轧盘条

YB/T 170 制丝用非合金钢盘条

3 术语和定义

下列术语和定义适用于本标准。

3.1

标准型钢绞线 standard strand

由冷拉光圆钢丝捻制成的钢绞线。

3.2

刻痕钢绞线 indented strand

由刻痕钢丝捻制成的钢绞线。

3.3

模拔型钢绞线 compact strand

捻制后再经冷拔成的钢绞线。

3.4

公称直径 nominal diameter

钢绞线外接圆直径的名义尺寸。

3.5

稳定化处理 stabilizing treatment

为减少应用时的应力松弛,钢绞线在一定张力下进行的短时热处理。

4 分类和标记

4.1 分类与代号

钢绞线按结构分为5类。其代号为：

用两根钢丝捻制的钢绞线	1×2
用三根钢丝捻制的钢绞线	1×3
用三根刻痕钢丝捻制的钢绞线	1×3 I
用七根钢丝捻制的标准型钢绞线	1×7
用七根钢丝捻制又经模拔的钢绞线	(1×7)C

4.2 标记

4.2.1 标记内容

按本标准交货的产品标记应包含下列内容：

预应力钢绞线，结构代号，公称直径，强度级别，标准号。

4.2.2 标记示例

示例1：公称直径为15.20 mm，强度级别为1 860 MPa的七根钢丝捻制的标准型钢绞线其标记为：

预应力钢绞线 1×7-15.20-1 860-GB/T 5224—2003

示例2：公称直径为8.74 mm，强度级别为1 670 MPa的三根刻痕钢丝捻制的钢绞线其标记为：

预应力钢绞线 1×3 I-8.74-1 670-GB/T 5224—2003

示例3：公称直径为12.70 mm，强度级别为1 860 MPa的七根钢丝捻制又经模拔的钢绞线其标记为：

预应力钢绞线(1×7)C-12.70-1 860-GB/T 5224—2003

5 订货内容

按本标准订货的合同应包括以下主要内容：

a) 产品名称；
b) 结构(代号)；
c) 尺寸；
d) 强度级别；
e) 本标准号；
f) 数量；
g) 用途；
h) 需方提出的其他要求。

6 尺寸、外形、质量及允许偏差

6.1 1×2结构钢绞线的尺寸及允许偏差、每米参考质量应符合表1的规定，外形见图1。

6.2 1×3结构钢绞线尺寸及允许偏差、每米参考质量应符合表2的规定，外形见图2。

6.3 1×7结构钢绞线尺寸及允许偏差、每米参考质量应符合表3的规定，外形见图3。

6.4 经供需双方协商，可提供表1～表3以外规格的钢绞线。

6.5 盘重：每盘卷钢绞线质量不小于1 000 kg，允许有10%的盘卷质量小于1 000 kg，但不能小于300 kg。

6.6 盘径：钢绞线盘卷内径不小于750 mm，卷宽为750 mm±50 mm，或600 mm±50 mm。供方应在质量证明书中注明盘卷尺寸。

图 1 1×2 结构钢绞线外形示意图

表 1 1×2 结构钢绞线尺寸及允许偏差、每米参考质量

钢绞线结构	公称直径		钢绞线直径允许偏差/mm	钢绞线参考截面积 S_n/mm²	每米钢绞线参考质量/(g/m)
	钢绞线直径 D_n/mm	钢丝直径 d/mm			
1×2	5.00	2.50	+0.15 −0.05	9.82	77.1
	5.80	2.90		13.2	104
	8.00	4.00	+0.25 −0.10	25.1	197
	10.00	5.00		39.3	309
	12.00	6.00		56.5	444

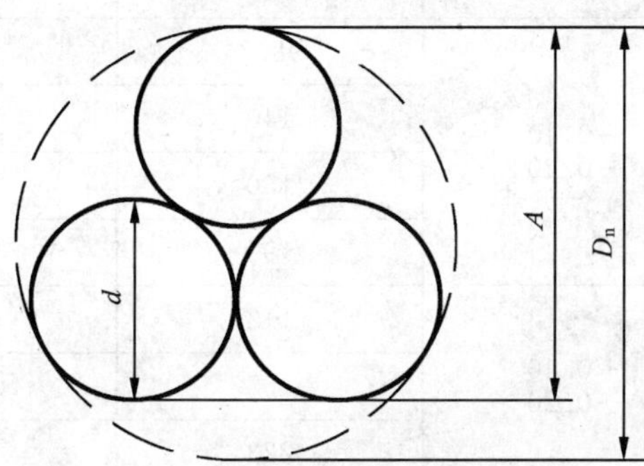

图 2 1×3 结构钢绞线外形示意图

表 2 1×3 结构钢绞线尺寸及允许偏差、每米参考质量

钢绞线结构	公称直径		钢绞线测量尺寸 A/mm	测量尺寸 A 允许偏差/mm	钢绞线参考截面积 S_n/mm²	每米钢绞线参考质量/(g/m)
	钢绞线直径 D_n/mm	钢丝直径 d/mm				
1×3	6.20	2.90	5.41	+0.15 −0.05	19.8	155
	6.50	3.00	5.60		21.2	166
	8.60	4.00	7.46	+0.20 −0.10	37.7	296
	8.74	4.05	7.56		38.6	303
	10.80	5.00	9.33		58.9	462
	12.90	6.00	11.2		84.8	666
1×3 I	8.74	4.05	7.56		38.6	303

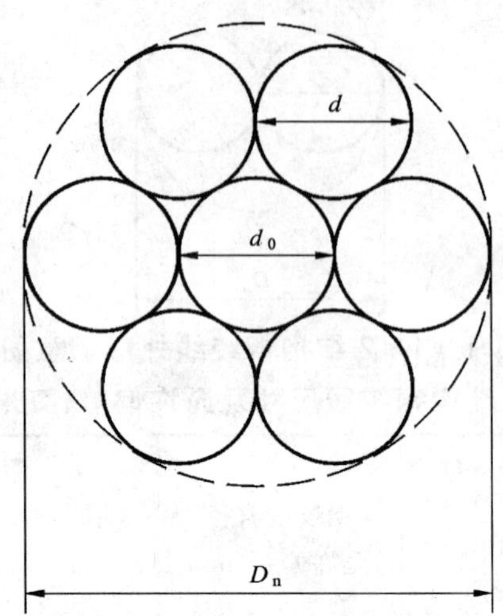

图3 1×7结构钢绞线外形示意图

表3 1×7结构钢绞线的尺寸及允许偏差、每米参考质量

钢绞线结构	公称直径 D_n/mm	直径允许偏差/mm	钢绞线参考截面积 S_n/mm^2	每米钢绞线参考质量/(g/m)	中心钢丝直径 d_0 加大范围/% 不小于
1×7	9.50	+0.30 −0.15	54.8	430	2.5
	11.10		74.2	582	
	12.70	+0.40 −0.20	98.7	775	
	15.20		140	1 101	
	15.70		150	1 178	
	17.80		191	1 500	
(1×7) C	12.70	+0.40 −0.20	112	890	
	15.20		165	1 295	
	18.00		223	1 750	

7 技术要求

7.1 牌号及化学成分

制造钢绞线用钢由供方根据产品规格和力学性能确定。牌号和化学成分应符合 YB/T 146 或 YB/T 170的规定,也可采用其他的牌号制造。成分不作为交货条件。

7.2 制造

7.2.1 制造钢绞线用盘条应为索氏体化盘条,经冷拉后捻制成钢绞线。捻制刻痕钢绞线的钢丝应符合 GB/T 5223 中相应条款的规定。

7.2.2 钢绞线的捻距为钢绞线公称直径的 12～16 倍。模拔钢绞线其捻距应为钢绞线公称直径的 14～18倍。钢绞线内不应有折断、横裂和相互交叉的钢丝。

7.2.3 钢绞线的捻向一般为左(S)捻,右(Z)捻需在合同中注明。

7.2.4 捻制后,钢绞线应进行连续的稳定化处理。

7.2.5 成品钢绞线应用砂轮锯切割,切断后应不松散,如离开原来位置,可以用手复原到原位。

7.2.6 成品钢绞线只允许保留拉拔前的焊接点。

7.3 力学性能

7.3.1 1×2 结构钢绞线的力学性能应符合表 4 规定。

7.3.2 1×3 结构钢绞线的力学性能应符合表 5 规定。

7.3.3 1×7 结构钢绞线的力学性能应符合表 6 规定。

表 4　1×2 结构钢绞线力学性能

钢绞线结构	钢绞线公称直径 D_n/mm	抗拉强度 R_m/MPa 不小于	整根钢绞线的最大力 F_m/kN 不小于	规定非比例延伸力 $F_{p0.2}$/kN 不小于	最大力总伸长率 ($L_o \geq 400$ mm) A_{gt}/% 不小于	应力松弛性能	
						初始负荷相当于公称最大力的百分数/%	1 000 h 后应力松弛率 r/% 不大于
1×2	5.00	1 570	15.4	13.9	对所有规格	对所有规格	对所有规格
		1 720	16.9	15.2			
		1 860	18.3	16.5			
		1 960	19.2	17.3			
	5.80	1 570	20.7	18.6		60	1.0
		1 720	22.7	20.4			
		1 860	24.6	22.1			
		1 960	25.9	23.3	3.5	70	2.5
	8.00	1 470	36.9	33.2			
		1 570	39.4	35.5			
		1 720	43.2	38.9		80	4.5
		1 860	46.7	42.0			
		1 960	49.2	44.3			
	10.00	1 470	57.8	52.0			
		1 570	61.7	55.5			
		1 720	67.6	60.8			
		1 860	73.1	65.8			
		1 960	77.0	69.3			
	12.00	1 470	83.1	74.8			
		1 570	88.7	79.8			
		1 720	97.2	87.5			
		1 860	105	94.5			

注：规定非比例延伸力 $F_{p0.2}$ 值不小于整根钢绞线公称最大力 F_m 的 90%。

表 5　1×3 结构钢绞线力学性能

<table>
<tr><th rowspan="2">钢绞线结构</th><th rowspan="2">钢绞线公称直径 D_n/mm</th><th rowspan="2">抗拉强度 R_m/MPa 不小于</th><th rowspan="2">整根钢绞线的最大力 F_m/kN 不小于</th><th rowspan="2">规定非比例延伸力 $F_{p0.2}$/kN 不小于</th><th rowspan="2">最大力总伸长率 (L_o≥400 mm) A_{gt}/% 不小于</th><th colspan="2">应力松弛性能</th></tr>
<tr><th>初始负荷相当于公称最大力的百分数/%</th><th>1 000 h 后应力松弛率 r/% 不大于</th></tr>
<tr><td rowspan="24">1×3</td><td rowspan="4">6.20</td><td>1 570</td><td>31.1</td><td>28.0</td><td rowspan="27">对所有规格

3.5</td><td rowspan="27">对所有规格

60

70

80</td><td rowspan="27">对所有规格

1.0

2.5

4.5</td></tr>
<tr><td>1 720</td><td>34.1</td><td>30.7</td></tr>
<tr><td>1 860</td><td>36.8</td><td>33.1</td></tr>
<tr><td>1 960</td><td>38.8</td><td>34.9</td></tr>
<tr><td rowspan="4">6.50</td><td>1 570</td><td>33.3</td><td>30.0</td></tr>
<tr><td>1 720</td><td>36.5</td><td>32.9</td></tr>
<tr><td>1 860</td><td>39.4</td><td>35.5</td></tr>
<tr><td>1 960</td><td>41.6</td><td>37.4</td></tr>
<tr><td rowspan="5">8.60</td><td>1 470</td><td>55.4</td><td>49.9</td></tr>
<tr><td>1 570</td><td>59.2</td><td>53.3</td></tr>
<tr><td>1 720</td><td>64.8</td><td>58.3</td></tr>
<tr><td>1 860</td><td>70.1</td><td>63.1</td></tr>
<tr><td>1 960</td><td>73.9</td><td>66.5</td></tr>
<tr><td rowspan="3">8.74</td><td>1 570</td><td>60.6</td><td>54.5</td></tr>
<tr><td>1 670</td><td>64.5</td><td>58.1</td></tr>
<tr><td>1 860</td><td>71.8</td><td>64.6</td></tr>
<tr><td rowspan="5">10.80</td><td>1 470</td><td>86.6</td><td>77.9</td></tr>
<tr><td>1 570</td><td>92.5</td><td>83.3</td></tr>
<tr><td>1 720</td><td>101</td><td>90.9</td></tr>
<tr><td>1 860</td><td>110</td><td>99.0</td></tr>
<tr><td>1 960</td><td>115</td><td>104</td></tr>
<tr><td rowspan="5">12.90</td><td>1 470</td><td>125</td><td>113</td></tr>
<tr><td>1 570</td><td>133</td><td>120</td></tr>
<tr><td>1 720</td><td>146</td><td>131</td></tr>
<tr><td>1 860</td><td>158</td><td>142</td><td></td><td></td><td></td></tr>
<tr><td>1 960</td><td>166</td><td>149</td></tr>
<tr><td rowspan="3">1×3 I</td><td rowspan="3">8.74</td><td>1 570</td><td>60.6</td><td>54.5</td></tr>
<tr><td>1 670</td><td>64.5</td><td>58.1</td></tr>
<tr><td>1 860</td><td>71.8</td><td>64.6</td></tr>
<tr><td colspan="8">注：规定非比例延伸力 $F_{p0.2}$ 值不小于整根钢绞线公称最大力 F_m 的 90%。</td></tr>
</table>

表 6　1×7 结构钢绞线力学性能

钢绞线结构	钢绞线公称直径 D_n/mm	抗拉强度 R_m/MPa 不小于	整根钢绞线的最大力 F_m/kN 不小于	规定非比例延伸力 $F_{p0.2}$/kN 不小于	最大力总伸长率 ($L_o \geqslant 500$ mm) A_{gt}/% 不小于	应力松弛性能 初始负荷相当于公称最大力的百分数/%	应力松弛性能 1 000 h 后应力松弛率 r/% 不大于
1×7	9.50	1 720	94.3	84.9	对所有规格	对所有规格	对所有规格
		1 860	102	91.8			
		1 960	107	96.3			
	11.10	1 720	128	115		60	1.0
		1 860	138	124			
		1 960	145	131			
	12.70	1 720	170	153			
		1 860	184	166	3.5	70	2.5
		1 960	193	174			
	15.20	1 470	206	185			
		1 570	220	198			
		1 670	234	211			
		1 720	241	217		80	4.5
		1 860	260	234			
		1 960	274	247			
	15.70	1 770	266	239			
		1 860	279	251			
	17.80	1 720	327	294			
		1 860	353	318			
(1×7) C	12.70	1 860	208	187			
	15.20	1 820	300	270			
	18.00	1 720	384	346			
注：规定非比例延伸力 $F_{p0.2}$ 值不小于整根钢绞线公称最大力 F_m 的 90%。							

7.3.4　供方每一交货批钢绞线的实际强度不能高于其抗拉强度级别 200 MPa。

7.3.5　钢绞线弹性模量为(195±10) GPa，但不作为交货条件。

7.3.6　根据供货协议，可以提供表 4、表 5、表 6 以外的强度级别的钢绞线。

7.3.7　允许使用推算法确定 1 000 h 松弛率(见 8.5.6)。

7.4　表面质量

7.4.1　除非需方有特殊要求，钢绞线表面不得有油、润滑脂等物质。钢绞线允许有轻微的浮锈，但不得有目视可见的锈蚀麻坑。

7.4.2　钢绞线表面允许存在回火颜色。

7.5　钢绞线的伸直性

取弦长为 1 m 的钢绞线，放在一平面上，其弦与弧内侧最大自然矢高不大于 25 mm。

7.6 疲劳性能和偏斜拉伸性能

经供需双方协商，并在合同中注明，可对产品进行疲劳性能试验和偏斜拉伸试验。

8 试验方法

8.1 表面检验

表面质量用目视检查。

8.2 尺寸检验

钢绞线的直径应用分度值为0.02 mm的量具测量。1×2结构钢绞线的直径测量应测量图1所示的D_n值；1×3结构的钢绞线应测量图2所示的A值，测量1×7结构钢绞线直径应以横穿直径方向的相对两根外层钢丝为准，如图3所示D_n；在同一截面不同方向上测量两次取平均值。

8.3 每米质量测量

钢绞线每米质量测量应采用如下方法：取3根长度不小于1 m的钢绞线，每根钢绞线长度测量精确到1 mm。称量每根钢绞线的质量，精确到1 g，然后按下式计算钢绞线的每米质量。

$$M = \frac{m}{L}$$

式中：

M——钢绞线每米质量，单位为克每米(g/m)；

m——钢绞线质量，单位为克(g)；

L——钢绞线长度，单位为米(m)。

实测单重取3个计算值的平均值。

8.4 拉伸试验

8.4.1 最大力

整根钢绞线的最大力试验按GB/T 228的规定进行。如试样在夹头内和距钳口2倍钢绞线公称直径内断裂达不到本标准性能要求时，试验无效。计算抗拉强度时取钢绞线的参考截面积值。

8.4.2 规定非比例延伸力

钢绞线规定非比例延伸力采用的是引伸计标距的非比例延伸达到原始标距0.2%时所受的力($F_{p0.2}$)。为便于供方日常检验，也可以测定规定总延伸达到原始标距1%的力(F_{t1})，其值符合本标准规定的$F_{p0.2}$值时可以交货，但仲裁试验时测定$F_{p0.2}$。测定$F_{p0.2}$和F_{t1}时，预加负荷为规定非比例延伸力的10%。

8.4.3 最大力总伸长率

最大力总伸长率A_{gt}的测定按GB/T 228规定进行。使用计算机采集数据或使用电子拉伸设备测量伸长率时，预加负荷对试样所产生的伸长率应加在总伸长内。

8.5 应力松弛性能试验

8.5.1 钢绞线的应力松弛性能试验应按GB/T 10120的规定进行。

8.5.2 试验期间，试样的环境温度应保持在20℃±2℃内。

8.5.3 试验标距长度不小于公称直径的60倍。

8.5.4 试样制备后不得进行任何热处理和冷加工。

8.5.5 初始负荷应在3 min～5 min内均匀施加完毕，持荷1 min后开始记录松弛值。

8.5.6 允许用至少100 h的测试数据推算1 000 h的松弛率值。

8.6 疲劳及偏斜拉伸试验

疲劳性能试验按附录A的规定进行；偏斜拉伸试验按附录B的规定进行。

9 检验规则

钢绞线的检验规则应按GB/T 17505的规定。

9.1 检查和验收

产品的检查由供方技术监督部门按表7的规定进行,需方可按本标准进行检查验收。

9.2 组批规则

钢绞线应成批验收,每批钢绞线由同一牌号、同一规格、同一生产工艺捻制的钢绞线组成。每批质量不大于60 t。

9.3 检验项目及取样数量

9.3.1 钢绞线的力学性能要求按表4、表5、表6的相应规定进行检验。检验项目及取样数量应符合表7的规定。

表7 供方出厂常规检验项目及取样数量

序号	检验项目	取样数量	取样部位	检验方法
1	表面	逐盘卷		目视
2	外形尺寸	逐盘卷		按本标准8.2规定执行
3	钢绞线伸直性	3根/每批	在每(任)盘卷中任意一端截取	用分度值为1 mm的量具测量
4	整根钢绞线最大力	3根/每批		按本标准8.4.1规定执行
5	规定非比例延伸力	3根/每批		按本标准8.4.2规定执行
6	最大力总伸长率	3根/每批		按本标准8.4.3规定执行
7	应力松弛性能	不小于1根/每合同批[注]		按本标准8.5规定执行
注:合同批为一个订货合同的总量。在特殊情况下,松弛试验可以由工厂连续检验提供同一原料、同一生产工艺的数据所代替。				

9.3.2 1 000 h的应力松弛性能试验、疲劳性能试验、偏斜拉伸试验只进行型式检验,仅在原料、生产工艺、设备有重大变化及新产品生产、停产后复产时进行检验。

9.4 复验与判定规则

当9.3.1中规定的某一项检验结果不符合本标准规定时,则该盘卷不得交货。并从同一批未经试验的钢绞线盘卷中取双倍数量的试样进行该不合格项目的复验,复验结果即使有一个试样不合格,则整批钢绞线不得交货,或进行逐盘检验合格后交货。供方有权对复验不合格产品进行重新组批提交验收。

10 包装、标志及质量证明书

10.1 包装

每盘卷钢绞线应捆扎结实,捆扎不少于6道。经双方协议,可加防潮纸、麻布等材料包装。

10.2 标志

每一钢绞线盘卷均应拴挂标牌,其上应注明供方名称、商标标记、产品标记、数量、出厂编号、规格、强度级别、执行标准号等。

10.3 质量证明书

每一合同批应附有质量证明书,其中应注明:供方名称、地址和商标、规格、强度级别、需方名称、合同号、产品标记、质量、件数、执行标准号、试验结果、检验出厂日期、技术监督部门印记。

附 录 A
（规范性附录）
疲劳试验

A.1 疲劳试验所用试样是成品钢绞线上直接截取的试样，试样长度应保证两夹具之间的距离不小于500 mm。

A.2 钢绞线应能经受 2×10^6 次 $0.7F_m \sim (0.7F_m - 2\Delta F_a)$ 脉动负荷后而不断裂。

$$2\Delta F_a / S_n = 195\ \text{MPa}$$

式中：

F_m——钢绞线的公称最大力，单位为牛顿(N)；

$2\Delta F_a$——应力范围（两倍应力幅）的等效负荷值，单位为牛顿(N)；

S_n——钢绞线的参考截面积，单位为平方毫米(mm^2)。

A.3 在试验的全过程中，脉动拉伸的最大应力保持恒定应力的静态测量误差应不大于±1%。

A.4 应力循环频率不能超过 120 Hz。

A.5 所有应力都沿着轴向传递给试样，应无钳口和缺口影响，且应有一个相应的装置能限定夹头中试样的任何滑移。

A.6 由于缺口影响或局部过热引起试样在夹头内和夹持区域内（2 倍钢绞线公称直径）断裂时试验无效。

A.7 试验过程中，试件温度不得超过 40℃，试验室环境温度在 18℃～25℃。

附 录 B
（规范性附录）
偏斜拉伸试验

B.1 试验原理

本试验适用于直径大于等于 12.5 mm 的钢绞线。将钢绞线固定在偏斜装置上与直线成 20°角进行拉伸试验，直至至少一根单丝破断，测量其破断力与轴向拉伸最大力的比值。

B.2 样品与试样

B.2.1 用于偏斜拉伸的试样应从力学性能合格的样品上一次截取相当于 12 根试样的长度。两端各取 1 根进行轴向拉伸试验确定钢绞线的最大力。其余再截成 10 根用于偏斜拉伸试验。

注：7 个有效的试验结果就可以计算出偏斜系数，但考虑到有无效试验情况，建议至少取 10 根试样。

B.2.2 试样长度应满足试样进行拉伸和锚固用。

B.2.3 试样除被切割外不能进行任何的加工处理。

B.3 试验设备

B.3.1 概述

试验机应具有刚性机架，以满足本标准规定的试验要求。试验机包括一个固定锚固夹头和带测力装置的活动锚固夹头，一个加载装置和一个带凹槽的心轴。

B.3.2 试验设备尺寸

试验装置的尺寸应符合图 B.1 和表 B.1 的规定。

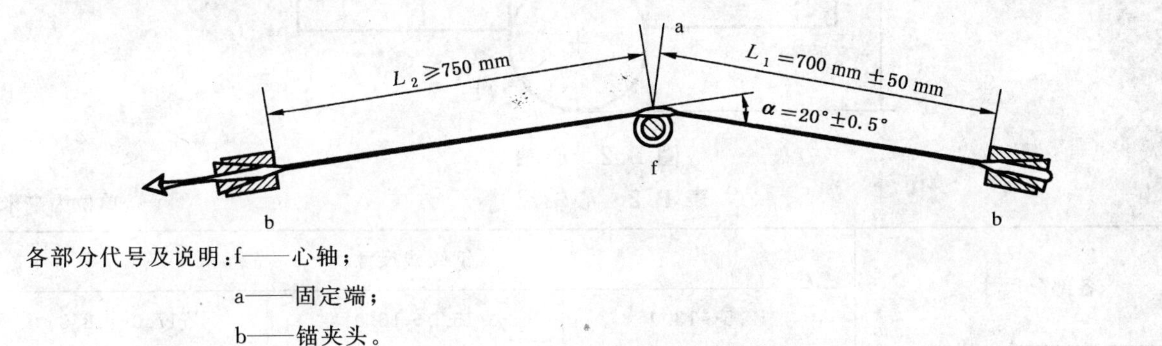

各部分代号及说明：f——心轴；

a——固定端；

b——锚夹头。

图 B.1 偏斜拉伸试验装置

表 B.1 夹片的位移量

最大力的百分比	允许最大位移量
从 0% 到破断	5 mm
从 50% F_m 到破断	2.5 mm
注：在试验之前楔形夹片应进行研磨。	

B.3.3 夹具

试样两端轴向中心线应垂直于锚固夹头的轴承平面，不正确的设计尺寸和定位会出现错误的试验结果。

锚固夹头应满足下列要求：

a) 用这组夹具进行轴向拉伸试验时应达到常规拉伸试验最大力 F_m 的 95%以上；

b) 偏斜拉伸试验中，在 90%最大力 F_m 时中心钢丝与外层钢丝的相对位移量应小于 0.5 mm；

c) 夹片与锚固夹胎之间的位移应小于表 B.1 中给出的值；

d) 在试验过程中楔形夹片与锚固夹胎之间应该是扣紧的，无任何活动；

e) 夹片的最小齿长为钢绞线直径的 2.5 至 3 倍。

B.3.4 心轴

心轴应用工具钢制造。其化学成分、显微组织及热处理应使其具有高韧性和高耐磨性能，表面性能应达到 58～62 HRC。

注 1：心轴凹槽精加工的精度应达到 n7。

注 2：表面粗糙度最大值为 $Ra1.6$ μm。

心轴尺寸应符合图 B.2 及表 B.2 的规定。

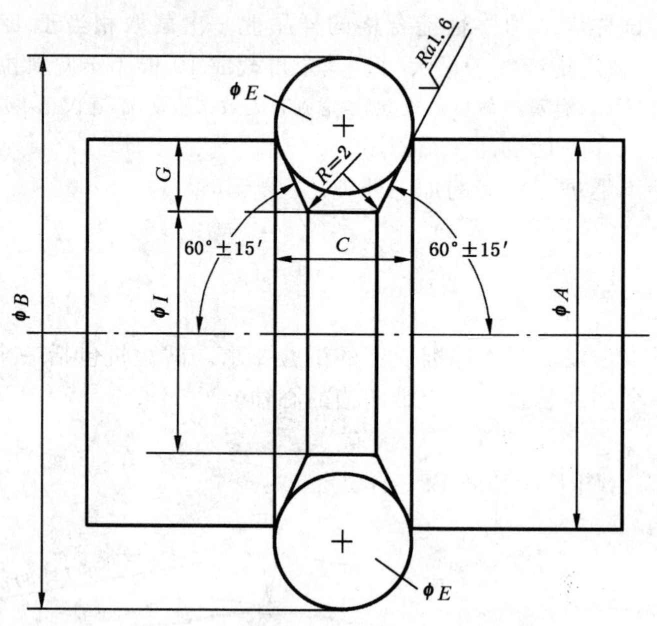

图 B.2 心轴

表 B.2 心轴尺寸

单位为毫米

各部分尺寸	钢绞线尺寸		
	12.5～13.0	15.0～16.0	17.0～18.0
外轮廓尺寸 ϕA	40.0	49.0	59.0
凹槽侧面角度 α	60°±15′	60°±15′	60°±15′
凹槽底部半径 R	2±0.2	2±0.2	2±0.2
凹槽深度 G	7.6	9.5	12.0
凹槽最小宽度 C	14.4	17.9	21.9
凹槽底部直径 ϕI	24.7±0.1	29.9±0.1	34.9±0.1
凹槽中量棒外径 ϕB	57.0±0.1	72.0±0.1	81.0±0.1
量棒直径 ϕE	14.0	18.0	20.0

心轴应刚性固定不能有任何旋转和移动。

B.3.5 加载装置

加载设备最好有测力传感器，误差应不大于±1%，力值读数应大于满量程的10%。

加载频率应可调节，试验期间应控制加载速度，载荷在 0～50%F_m 范围内加载速度应控制在 30 MPa/s，载荷在 50%F_m～100%F_m 范围内加载速度应控制在 60 MPa/s。

B.4 试验

a) 试验前心轴凹槽表面应仔细清理，如钢绞线有轻微弯曲，曲率应与偏斜方向一致。加载之前安装锚具过程中应正确调整钢绞线。加载期间钢绞线与夹片之间不能有任何滑移，以验证锚固效果；

b) 加载速度见 B.3.5；

c) 当钢绞线的一根或多根钢丝不在心轴位置破断时，试验无效；

d) 有效试验的 F_{ai}应按 B.3.5 要求精确的记录，对应的偏斜拉伸系数 D_i 可按下式进行计算：

$$D_i = (1 - F_{ai}/F_{mm})100\%$$

e) 去掉最大值和最小值，D 值应取 D_i 的平均值。

$$D = 1/5 \sum_{i=1}^{5} D_i$$

B.5 判定

a) 一般用途的钢绞线其偏斜拉伸系数应为 $D \leqslant 28\%$；

b) 用于斜拉索的钢绞线其偏斜拉伸系数应为 $D \leqslant 20\%$。

附　录　C
（资料性附录）
新旧标准力学性能名称和符号对照

C.1　本标准采用的力学性能名称和符号因引用的GB/T 228标准改版而与旧标准有所不同，为便于执行本标准时对照，将相关部分列于表C.1。

表C.1　力学性能名称和符号对照

新标准		旧标准	
性能名称	符　号	性能名称	符号
最大力	F_m	最大负荷	F_b
抗拉强度	R_m	强度级别	σ_b
规定非比例延伸力	F_p	屈服负荷	F_s
规定总延伸力	F_t		
最大力总伸长率	A_{gt}	伸长率	δ_s

ICS 77.140.65
H 44

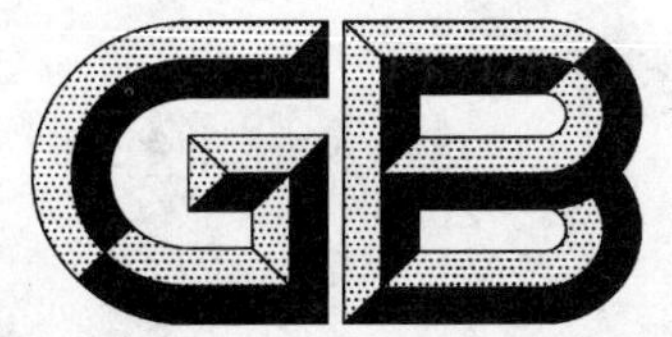

中华人民共和国国家标准

GB/T 14981—2004
代替 GB/T 14981—1994

热轧盘条尺寸、外形、重量及允许偏差

Dimensions, shape, mass and tolerances for hot-rolled wire rods

(ISO/DIS 16124 Steel wire rod-dimensions and tolerances, MOD)

2004-06-09 发布　　　　2004-12-01 实施

中华人民共和国国家质量监督检验检疫总局
中国国家标准化管理委员会　发布

前　言

本标准修改采用 ISO/DIS 16124《盘条——尺寸和偏差》对 GB/T 14981—1994 修订而成。

本标准与 ISO/DIS 16124 的主要技术差异：

——本标准只选取了 ISO/DIS 16124 中的圆截面盘条部分，并对盘条公称直径范围适当缩小；

——按不同组别规定具体的不圆度要求；

——增加了 2.4 条的规定；

——增加了盘重的要求。

本标准与 GB/T 14981—1994 相比主要变化如下：

——扩大了盘条公称直径范围(将公称直径范围由原 5.5 mm～30 mm 扩大为 5 mm～40 mm)；

——表 1(将公称直径 15 mm 由原第三档提到第二档)；

——表 1(提高直径允许偏差 A 级精度、B 级精度)；

——2.4 条的指标加严(由原直径允许偏差不大于±0.50 mm，不圆度不大于 0.80 mm，加严为直径允许偏差不大于±0.40 mm)；

——第 3 章(减少重量组别，由 5 组减为 2 组)；

——取消原第 3.2 条；

——取消原第 4 章；

——对尺寸和偏差有争议时，规定了具体的测量位置(1994 年版的第 5 章，本版的第 4 章)。

本标准的附录 A 为资料性附录。

本标准由中国钢铁工业协会提出。

本标准由全国钢标准化技术委员会归口。

本标准起草单位：冶金工业信息标准研究院、马鞍山钢铁股份有限公司、江苏沙钢集团有限公司、宣化钢铁集团有限责任公司。

本标准主要起草人：王玲君、王莉娟、黄正玉、张树星、刘玉兰、黄东生、张月慧。

本标准 1994 年首次发布。

热轧盘条尺寸、外形、重量及允许偏差

1 范围

本标准规定了热轧圆盘条尺寸、外形、重量及允许偏差。

本标准适用于公称直径为 5 mm～40 mm 各类钢的圆盘条。

2 尺寸、外形及允许偏差

2.1 盘条的公称直径和公称横截面积列于表 1。

2.2 盘条直径允许偏差和不圆度应符合表 1 相应级别精度的规定。

表 1

公称直径/mm	允许偏差/mm			不圆度/mm			横截面积/mm²	理论重量/(kg/m)
	A 级精度	B 级精度	C 级精度	A 级精度	B 级精度	C 级精度		
5	±0.30	±0.25	±0.15	≤0.50	≤0.40	≤0.24	19.63	0.154
5.5							23.76	0.187
6							28.27	0.222
6.5							33.18	0.260
7							38.48	0.302
7.5							44.18	0.347
8							50.26	0.395
8.5							56.74	0.445
9							63.62	0.499
9.5							70.88	0.556
10							78.54	0.617
10.5	±0.40	±0.30	±0.20	≤0.60	≤0.48	≤0.32	86.59	0.680
11							95.03	0.746
11.5							103.9	0.816
12							113.1	0.888
12.5							122.7	0.963
13							132.7	1.04
13.5							143.1	1.12
14							153.9	1.21
14.5							165.1	1.30
15							176.7	1.39

表 1(续)

公称直径/mm	允许偏差/mm			不圆度/mm			横截面积/mm^2	理论重量/(kg/m)
	A 级精度	B 级精度	C 级精度	A 级精度	B 级精度	C 级精度		
15.5	±0.50	±0.35	±0.25	≤0.70	≤0.56	≤0.40	188.7	1.48
16							201.1	1.58
17							227.0	1.78
18							254.5	2.00
19							283.5	2.23
20							314.2	2.47
21							346.3	2.72
22							380.1	2.98
23							415.5	3.26
24							452.4	3.55
25							490.9	3.85
26	±0.60	±0.40	±0.30	≤0.80	≤0.64	≤0.48	530.9	4.17
27							572.6	4.49
28							615.7	4.83
29							660.5	5.18
30							706.9	5.55
31							754.8	5.92
32							804.2	6.31
33							855.3	6.71
34							907.9	7.13
35							962.1	7.55
36							1 018	7.99
37							1 075	8.44
38							1 134	8.90
39							1 195	9.38
40							1 257	9.87

2.3 精度级别应在相应的产品标准或合同中注明,未注明者按 A 级精度执行。

2.4 若在合同中注明,公称直径 5 mm～10 mm 的盘条,其直径允许偏差不大于±0.40 mm 亦可交货。

2.5 根据需方要求,经供需双方协议可供应其他公称直径的盘条,其允许偏差按相邻较小规格的规定执行。

3 重量

3.1 盘条的理论重量列于表 1,密度按 7.85 g/cm^3 计算。

3.2 盘条重量组别按表 2 的规定。允许每批有 5%的盘数(不足 2 盘的允许有 2 盘)由两根组成,Ⅱ组盘条对此应有明确标识。

表 2

组　别	重量/(kg/盘)	每根盘条最小重量/kg 不小于
Ⅰ	100～1 000	50
Ⅱ	＞1 000	300

3.3　盘条重量组别应在合同中注明，未注明者按Ⅱ组交货。

4　检验

如对盘条的尺寸、外形和允许偏差有争议，应在距盘条末端 4 m 处测量。

附 录 A
（资料性附录）
本标准与 ISO/DIS 16124 的技术性差异及其原因

表 A.1 给出了本标准与 ISO/DIS 16124 的技术性差异及其原因的一览表。

表 A.1

本标准的章条编号	技术性差异	原　因
第 1 章	只选取了其中的圆截面盘条部分，并对公称直径范围适当缩小	根据我国目前的实际生产情况及设备水平确定
表 1	按不同组别规定具体的不圆度要求	与前版本保持一致，适合我国国情
2.4	增加了合同规定的条款	符合我国目前的生产及实际的使用情况
3.2	增加了盘重的要求	根据我国目前的生产及实际的使用情况确定

ICS 77.140.65
H 49

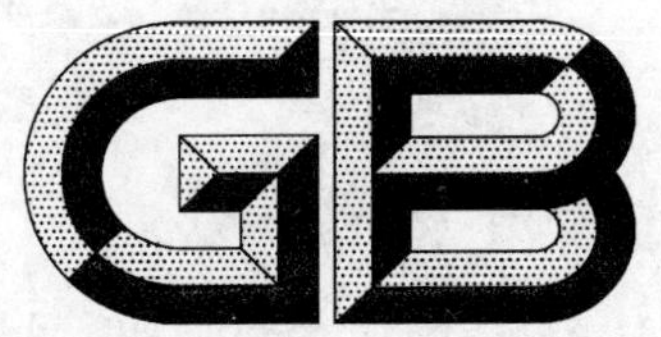

中华人民共和国国家标准

GB/T 17101—2008
代替 GB/T 17101—1997

桥梁缆索用热镀锌钢丝

Hot-dip galvanized steel wires for bridge cables

2008-08-19 发布　　　　2009-04-01 实施

中华人民共和国国家质量监督检验检疫总局
中国国家标准化管理委员会　发布

前　言

本标准修改采用 NF A 35-035:2001《热镀锌或锌-铝合金预应力圆钢丝和 7 丝钢绞线》(法文版)。

本标准是根据 NF A 35-035:2001 重新起草,本标准与 NF A 35-035:2001 的主要技术差异如下:

——取消了 7 丝钢绞线和 6 mm 钢丝;

——增加了无松弛要求和普通松弛要求的钢丝;

——增加了钢丝镦头性能的要求;

——增加了钢丝扭转性能的要求;

——增加了钢丝伸直性能的要求;

——用断后伸长率代替最大力下总伸长率;

——取消了 A、B 类钢丝的分类规定;

——增加了弹性模量要求。

本标准代替 GB/T 17101—1997《桥梁缆索用热镀锌钢丝》。

本标准与 GB/T 17101—1997 相比主要变化如下:

——增加了热镀锌钢丝的定义;

——调整了强度级别;

——提高了Ⅰ级松弛钢丝的松弛率指标;

——增加了Ⅰ级松弛钢丝和无松弛要求钢丝的扭转要求;

——提高了钢丝的规定非比例延伸强度。

本标准的附录 A 为规范性附录。

本标准由中国钢铁工业协会提出。

本标准由全国钢标准化技术委员会归口。

本标准起草单位:江阴华新钢缆有限公司、上海申佳金属制品有限公司、冶金工业信息标准研究院、宝钢集团上海二钢有限公司、奥盛(九江)钢线钢缆有限公司、天津冶金集团环钟钢丝有限公司。

本标准主要起草人:李一心、陈华青、张伟君、王玲君、孙金茂、戴石锋、周代义、游胜意、张建国、高飞。

本标准于 1997 年首次发布。

桥梁缆索用热镀锌钢丝

1 范围

本标准规定了桥梁缆索用热镀锌钢丝的定义、分类和标记、订货内容、尺寸、重量及允许偏差、技术要求、试验方法、检验规则、包装、标志和质量证明书等。

本标准适用于桥梁的缆(拉)索、锚固拉力构件、提升和固定用拉力构件的建筑物和土木工程中其他应用的热镀锌圆钢丝(以下简称钢丝)。

2 规范性引用文件

下列文件中的条款通过本标准的引用而成为本标准的条款。凡是注日期的引用文件,其随后所有的修改单(不包括勘误的内容)或修订版均不适用于本标准,然而,鼓励根据本标准达成协议的各方研究是否可使用这些文件的最新版本。凡是不注日期的引用文件,其最新版本适用于本标准。

GB/T 228 金属材料 室温拉伸试验方法(GB/T 228—2002, eqv ISO 6892:1998)

GB/T 238 金属材料 线材 反复弯曲试验方法(GB/T 238—2002,ISO 7801:1984,IDT)

GB/T 239 金属线材扭转试验方法(GB/T 239—1999,eqv ISO 7800:1984)

GB/T 2103—1988 钢丝验收、包装、标志及质量证明书的一般规定

GB/T 2972 镀锌钢丝锌层硫酸铜试验方法

GB/T 1839 钢产品镀锌层质量试验方法(GB/T 1839—2003,ISO 1460:1992,MOD)

GB/T 2976 金属材料 线材 缠绕试验方法(GB/T 2976—2004,ISO 7802:1983,IDT)

GB/T 8653 金属杨氏模量、弦线模量、切线模量和泊松比试验方法(静态法)

GB/T 10120 金属应力松弛试验方法

GB/T 470—1997 锌锭

GB/T 8170 数值修约规则

3 定义

热镀锌钢丝 hot-dip galvanized steel wires

通过锌熔池镀上锌镀层的钢丝。

4 分类和标记

4.1 分类

钢丝按松弛性能要求分两类:有松弛性能要求和无松弛性能要求。其中有松弛性能要求又分两级:Ⅰ级松弛(普通松弛)和Ⅱ级松弛(低松弛)。

4.2 标记

4.2.1 标记内容

按本标准交货的产品标记应包含下列内容:镀锌钢丝、公称直径、强度级别、松弛类别和标准号。

4.2.2 标记示例

示例 1:

公称直径为 5.00 mm,强度级别为 1 670 MPa,无松弛要求的镀锌钢丝其标记为:

镀锌钢丝 5.00-1670-无-GB/T 17101—2008

示例 2：

公称直径为 7.00 mm，强度级别为 1 770 MPa，Ⅱ级松弛的镀锌钢丝其标记为：

镀锌钢丝 7.00-1770-Ⅱ-GB/T 17101—2008

5 订货内容

按本标准订货的合同应包含以下主要内容：

a) 本标准号；

b) 产品名称；

c) 尺寸；

d) 强度级别；

e) 松弛级别；

f) 数量；

g) 用途；

h) 需方提出的其他要求。

6 尺寸、重量及允许偏差

6.1 钢丝的尺寸及允许偏差、公称截面积、每米参考重量应符合表 1 的规定。

表 1 尺寸及允许偏差、公称截面积、每米参考重量[a]

钢丝公称直径 d_n/mm	直径允许偏差/mm	不圆度/mm	公称截面积 S_n/mm^2	每米参考重量[b]/(g/m)
5.00	±0.06	≤0.06	19.6	153
7.00	±0.07	≤0.07	38.5	301

[a] 钢丝的公称直径、公称截面积、每米参考重量均应包含锌层在内。

[b] 每米参考重量不包括直径偏差引起的变化，计算时，镀锌钢丝的参考密度取 7.81 g/mm^3。

6.2 经供需双方协商，也可供应其他尺寸及允许偏差的钢丝。

7 技术要求

7.1 材料与制造

7.1.1 制造钢丝用盘条的牌号由生产厂选择，但硫、磷含量均不应超过 0.025%，铜含量不应超过 0.20%；应采用经索氏体化处理后的盘条。

7.1.2 锌锭应采用 GB/T 470—1997 中 Zn99.995 或 Zn99.99。

7.1.3 钢丝应在拉拔后进行热镀锌。

7.1.4 钢丝镀锌后应进行相应的后处理，以保证钢丝性能达到要求。

7.1.5 成品镀锌钢丝整卷长度内不应有任何形式的接头，在制造过程中的焊接头应在成品中切除。

7.2 力学性能

7.2.1 钢丝的力学性能应符合表 2 的规定。

7.2.2 按第 8.8 条的要求作缠绕试验后，钢丝不应断裂。

表 2 钢丝力学性能

公称直径 d_n/mm	强度级别[a] R_m/MPa	规定非比例延伸强度 $R_{p0.2}$/MPa		断后伸长率 (L_0=250 mm) A/% 不小于	应力松弛性能		
		无松弛或 Ⅰ级松弛要求 不小于	Ⅱ级松弛要求 不小于		初始载荷 (公称载荷)/ %	1 000 h 后应力松弛率 r/% 不大于	
					对所有钢丝	Ⅰ级松弛	Ⅱ级松弛
5.00	1 670 1 770 1 860	1 340 1 420 1 490	1 490 1 580 1 660	4.0	70	7.5	2.5
7.00	1 670 1 770	—	1 490 1 580	4.0	70	7.5	2.5

按钢丝公称面积确定其载荷值,公称面积应包括锌层厚度在内。

[a] 强度级别值为实际允许抗拉强度的最小值。

7.2.3 对无松弛要求和Ⅰ级松弛要求的 5 mm 系列钢丝,标距为 $100d_n$ 的扭转次数应不小于 8 次。

7.2.4 钢丝的弹性模量应为$(2.0\pm0.1)\times10^5$ MPa。

7.2.5 供方在保证 1 000 h 松弛性能合格的基础上可用不少于 120 h 的测试数据推算 1 000 h 的松弛值。

7.2.6 经供需双方协商,可供应其他力学性能要求的钢丝。

7.3 工艺性能

工艺性能是指反复弯曲性能、抗脉动拉伸疲劳的性能和镦头性能。

7.3.1 反复弯曲

钢丝按 8.3 的要求进行反复弯曲试验,弯曲次数 5 mm 系列钢丝应不小于 4 次,7 mm 系列钢丝应不小于 5 次。

7.3.2 抗脉动拉伸疲劳

钢丝应能承受 200 万次 $0.45F_m \sim (0.45\ F_m - 2\Delta F_a)$ 的载荷后而不断裂,其中

$$2\Delta F_a/S_n = 360\ \text{MPa}$$

式中:

F_m——钢丝公称极限拉力,单位为牛顿(N),$F_m = R_m \times S_n$;

S_n——镀锌钢丝的公称面积,单位为平方毫米(mm^2);

$2\Delta F_a$——脉动应力幅的载荷值,单位为牛顿(N)。

7.3.3 镦头性能

如需方要求,可做镦头试验,试验要求和方法由供需双方协商。

7.4 镀锌层的性能

7.4.1 单位面积锌层重量

钢丝单位面积的锌层重量应不小于 300 g/m^2;经供需双方协商,可供应其他锌层重量要求的钢丝。

7.4.2 锌层附着力

钢丝在经过 8.8 要求的缠绕试验后,螺旋圈的外侧锌层应没有剥落或用手指(避免采用指甲)摩擦不产生剥落。

7.4.3 锌层均匀性

钢丝试样应不少于 4 次(每次时间 60 s)硫酸铜溶液试验,按 8.9 进行并判定。

7.5 伸直性能

7.5.1 钢丝长度方向不应呈波浪形,不得存在弯折、扭曲等缺陷。

7.5.2 钢丝的自然矢高:取弦长 1 m 的钢丝,其弦与弧的最大自然矢高应不大于 30 mm。

7.5.3 钢丝的自由翘头高度:取 5 m 长的钢丝,自然地放置于光滑平整的地面上,一端接触地面,翘起的一端离地面的高度应不大于 150 mm。若供方制造有保证,可不作试验。

7.6 表面质量

钢丝应具有连续的镀锌层表面,不应有局部脱锌、露铁等缺陷,不应有超出钢丝直径偏差范围的锌瘤存在,但允许有不影响锌层质量的局部轻微划痕。

8 试验方法

8.1 拉伸试验

8.1.1 钢丝的拉伸试验应按 GB/T 228 的规定进行。

8.1.2 测定钢丝的断后伸长率时,应采用最小分度不大于 1 mm 的量具,试样的标距长度为 250 mm。

8.1.3 钢丝的规定非比例延伸强度是钢丝在非比例延伸率为 0.2%时的强度($R_{p0.2}$)(引伸仪标距为 250 mm)。供方在生产检验时,可以用规定总延伸率为 1%时的强度(R_{t1})来代替 $R_{p0.2}$,其值符合表 2 规定时可以交货,但仲裁时应测定 $R_{p0.2}$。测定 $R_{p0.2}$ 和 R_{t1} 时,预加负荷为公称非比例延伸负荷的 10%。

8.1.4 如试样在夹具内或距钳口 2 倍直径($2d_n$)范围内断裂而性能未达到本标准规定时,试验无效。

8.2 弹性模量试验

钢丝的弹性模量试验按 GB/T 8653 的规定进行(引伸仪标距为 250 mm)。计算弹性模量的截面积以公称截面积为准。

8.3 反复弯曲试验

8.3.1 钢丝的反复弯曲试验按 GB/T 238 的规定进行。

8.3.2 5 mm 系列的钢丝试验弯曲圆弧半径为 15 mm,7 mm 系列的钢丝试验弯曲圆弧半径为 20 mm。

8.4 扭转试验

钢丝扭转试验机夹头之间的长度为钢丝公称直径的 100 倍,每分钟最大扭转次数应不大于 30 次。为使试样平直,在试样上施加一个公称负荷 0.5%~2%的拉力负荷。其余按 GB/T 239 的规定进行。

8.5 松弛试验

8.5.1 试验期间,试样的温度应保持在 20 ℃±2 ℃。

8.5.2 松弛试验前,试样不应承受任何载荷,不得进行任何热处理和冷加工。试样的温度应与试验环境温度一致。

8.5.3 初始负荷应在(3~5) min 内均匀施加完毕,持荷 1 min 后开始记录松弛值。

8.5.4 加载过程中试样不允许过载。

8.5.5 试验的标距长度应不小于钢丝公称直径的 60 倍。

8.5.6 其余按 GB/T 10120 的规定进行。

8.6 脉动疲劳试验

脉动疲劳试验按本标准附录 A《脉动拉伸疲劳试验方法》的要求进行。

8.7 锌层重量

锌层重量试验按 GB/T 1839 的规定进行。

8.8 锌层附着力和缠绕试验

锌层附着力和缠绕试验按 GB/T 2976 的规定进行。各规格对应的缠绕芯棒直径见表 3。

表 3 锌层附着力和缠绕试验要求

钢丝公称直径/mm	缠绕芯棒直径/mm		缠绕圈数	
	附着力试验	缠绕试验	附着力试验	缠绕试验
5.00	5 d_n	3 d_n	8	8
7.00	5 d_n	3 d_n	8	8
供方检验时可以用相邻较小直径的芯棒进行试验，仲裁时按标准进行。				

8.9 锌层均匀性

锌层均匀性试验按 GB/T 2972 的规定进行。

8.10 尺寸测量

8.10.1 采用精度为 0.01 mm 的千分尺测量钢丝的直径。直径测量应在同一截面相互垂直的两个方向上测量，取平均值。

8.10.2 采用精度为 0.01 mm 的千分尺测量钢丝同一截面上直径的最大值和最小值，它们的差为不圆度。

8.10.3 采用最小分度值为 1 mm 的量具测量钢丝的伸直性能。

8.10.4 采用最小分度值为 1 cm 的量具测量钢丝的包装盘径。

8.11 表面质量

表面质量采用目测方法检查。

8.12 数值修约

数值修约按 GB/T 8170 进行。

9 检验规则

9.1 组批规则

钢丝一般由同一规格、同一炉号、同一生产工艺制造的钢丝组批验收，但松弛试验和疲劳试验按重量组批验收。

9.2 检验项目和取样数量

9.2.1 供方每批钢丝的检验项目及取样数量按表 4 规定。

表 4 供方出厂常规检验项目及取样数量

序号	检验项目	取样数量	取样部位
1	直径	逐盘	盘的任一端
2	不圆度	逐盘	盘的任一端
3	表面质量	逐盘	—
4	抗拉强度	每盘取一根	盘的任一端
5	规定非比例延伸强度	每 10 盘取一根	盘的任一端
6	断后伸长率	每盘取一根	盘的任一端
7	缠绕试验	每 10 盘取一根	盘的任一端
8	反复弯曲	每 10 盘取一根	盘的任一端
9	弹性模量	每 10 盘取一根	盘的任一端
10	扭转试验	每 10 盘取一根	盘的任一端
11	伸直性能	每 10 盘取一根	盘的任一端

表 4（续）

序号	检验项目	取样数量	取样部位
12	锌层重量	每 10 盘取一根	盘的任一端
13	锌层附着力		
14	锌层均匀性		
同一批中不足 10 盘的，按 10 盘取样。			

9.2.2 松弛试验每 300 t 取样 1 根，疲劳试验每 2 000 t 取样 1 根，交货不足取样数量时，供方提供 12 个月内同类产品的试验报告。

9.2.3 需方的进货检验每批按供方取样数量的 5% 取样试验。

9.3 复验与判定规则

在检查中，如有某一项检查结果不符合本标准的要求，则该盘不允许交货。并从同一批未经试验的钢丝盘中取双倍数量的试样进行该不合格项目的复验（包括该项试验所要求的任一指标），复验结果即使有 1 个试样不合格，则不允许整批交货，但可以逐盘检验，合格者交货。供方可以对复验不合格钢丝进行分类加工后，重新提交验收。

10 包装、标志及质量证明书

10.1 一般供货钢丝 5 mm 系列采用最小内径 1 500 mm 的无轴包装；7 mm 系列采用最小内径 1 800 mm 的无轴包装。有其他包装尺寸要求的，可由供需双方商定。

10.2 钢丝的最小盘重为 400 kg，交货批中 800 kg 以上的比例应大于 95%。有定尺、倍尺和其他要求的，可由供需双方商定。

10.3 钢丝的其他包装、标志及质量证明书应符合 GB/T 2103—1988 的规定，一般按Ⅱc 类包装，特殊要求应在合同中注明。

附　录　A
（规范性附录）
脉动拉伸疲劳试验方法

A.1　试验原理

使试样承受两种负荷（预定的脉动拉伸最大负荷和最小负荷）之间的脉动拉伸应力至规定次数，考察试样的疲劳性能。

A.2　试样

A.2.1　形式

疲劳试验用试样是一段未经加工的钢丝。

A.2.2　尺寸

两个夹具之间的试样尺寸应尽可能地长，至少 140 mm。

A.3　试验条件

A.3.1　根据钢丝的分类、强度级别，确定加载时的最大应力载荷为 0.45 F_m，应力幅值为 360 MPa。

A.3.2　在试验的全过程中，脉动拉伸的最大负荷和最小负荷应保持恒定值。合适的方法是考虑采用能周期性检查负荷或能作记录的装置，负荷的控制精度至少为 1%。

A.3.3　试验期间负荷循环变化的频率应该是恒定的，此频率不应超过 120 Hz。所有应力都呈轴向传递给试样，既没有钳口影响，也没有缺口影响。应有一个相应的装置能限定夹头中试样的任何滑移。

A.4　判定

由于缺口影响或局部过热引起试样在夹头内和夹持区域内（3 倍的钢丝公称直径）断裂时，本次试验无效，可取样重试。如果实际负荷循环次数已达到或超过规定值，允许将试验结果视为有效。

前 言

本标准为首次提出的我国城镇建设行业标准。

本标准制订过程中参照采用了下列国外先进标准：

ISO 6934-2:1991 预应力混凝土用钢材 第二部分 冷拔钢丝

ISO 1099:1975 金属轴向疲劳试验

BS 5896:1980 预应力混凝土用高强度钢丝和钢绞线

ASTM A421—80 预应力混凝土用无涂层消除应力钢丝

BS 4447:1973 后张结构中预应力锚具技术条件

FIP 后张预应力体系的验收和应用建议

FIP 预应力钢筋的检验、供应和验收建议

斜拉索的设计和试验建议

本标准由建设部标准定额研究所提出。

本标准由建设部北京市市政设计研究院归口。

本标准由上海市政工程设计研究院负责起草，上海电缆研究所，上海浦江缆索股份有限公司参加编制。

本标准主要起草人：王心方、翁思熔、毛庆传、余云龙。

本标准委托上海市政工程设计研究院负责解释。

中华人民共和国城镇建设行业标准

塑料护套半平行钢丝拉索

CJ 3058—1996

Semi-parallel wire stay cable with tightly covered plastic sheath

1 范围

本标准规定了塑料护套半平行钢丝拉索的构造、规格系列、技术条件、试验方法、检验规则、产品标志、包装、运输与贮存。

本标准适用于城市道路及公路斜拉桥的拉索，其他工程结构的拉索可以参照使用。

2 引用标准

下列标准所包含的条文，通过本标准的引用而构成为本标准的条文。本标准出版时，所示版本均为有效。所有标准都会被修订，使用本标准的各方应探讨使用下列标准最新版本的可能性。

GB 231—84 金属布氏硬度试验方法

GB 238—84 金属线材反复弯曲试验方法

GB 699—88 优质碳素结构钢技术条件

GB 1033—86 塑料密度和相对密度试验方法

GB/T 1040—92 塑料拉伸性能试验方法

GB/T 1043—93 硬质塑料简支梁冲击试验方法

GB 1586—79 金属材料杨氏模量测量方法

GB 1633—79 热塑性塑料软化点(维卡)试验方法

GB/T 1842—80 聚乙烯环境应力开裂试验方法

GB 2411—80 塑料邵氏硬度试验方法

GB 2951.3—82 电线电缆 护套厚度测量方法

GB 2951.4—82 电线电缆 外径测量方法

GB 2951.6—82 电线电缆 护套机械性能试验方法

GB/T 2972—91 镀锌钢丝锌层硫酸铜试验方法

GB/T 2973—91 镀锌钢丝锌层重量试验方法

GB 2976—88 金属线材缠绕试验方法

GB 3077—88 合金结构钢技术条件

GB 3682—83 热塑性塑料熔体流动速率试验方法

GB/T 4162—91 锻轧钢棒超声波检验方法

GB 5223—85 预应力混凝土用钢丝

GB 5470—85 塑料冲击脆化温度试验方法

GB 5796.1—86 梯形螺纹 牙型

GB/T 7141—92 塑料热空气暴露试验方法

中华人民共和国建设部1996-04-15批准 1996-10-01实施

JB 3965—85 钢制压力容器磁粉探伤

YB 39—64 线材拉力试验法

YB 3207—80 锻件通用技术条件

3 术语、符号

3.1 术语

3.1.1 半平行

将若干根钢丝平行集拢、同轴同向加以适当扭绞，由此而使各根钢丝相互间形成一种特殊的平行状态，称为半平行。

3.1.2 塑料护套

为防止钢丝生锈，在集束钢丝外包覆的一层塑料保护套，护套应具备一定的机械强度和耐老化性能。

3.1.3 塑料护套半平行钢丝索

将若干根钢丝，按半平行方式绞制成索，并包覆塑料护套，即成为塑料护套半平行钢丝索。以下简称钢索。

3.1.4 锚具

牢固连结在钢索端头的一种装置，通过它将外界的拉力传递给钢索。

3.1.5 钢丝拉索

两端装有锚具，能在工程结构中承受拉力的钢索，简称拉索。

3.2 符号

f_{ptk} 钢丝抗拉强度标准值〔钢丝公称抗拉强度值〕[钢丝抗拉强度保证值(GUTS)]；

σ_b 钢丝抗拉强度；

$\sigma_{0.2}$ 钢丝屈服强度；

δ 钢丝延伸率；

E_w 钢丝弹性模量；

E_c 钢索弹性模量；

σ_a 拉索中钢丝的容许拉应力；

$\Delta\sigma_a$ 拉索中钢丝的容许抗拉应力幅值；

d 钢丝的公称直径；

D_0 按钢丝公称直径计算的裸索最大直径；

D 塑料护套钢索外径；

D_r 索盘的盘筒外径或索圈的内径；

A_w 单根钢丝公称截面积；

A_c 钢索中全部钢丝的公称截面积；

W_w 每米塑料护套钢索中钢丝的净重；

W_c 每米塑料护套钢索的重量；

P_{ck} 拉索的公称破断索力，($P_{ck}=A_c\cdot f_{ptk}$)；

P_{cb} 拉索的实测破断索力；

P_p 拉索的预拉索力；

η 拉索的效率系数；

α 钢索的扭绞角；

l_n 钢索的捻距。

4 产品构造

4.1 塑料护套半平行钢丝索

将若干根直径相同的钢丝，平行集束，大捻距同心左旋扭绞，再用绕包带右旋缠裹扎紧，然后包覆塑料护套，即成为塑料护套半平行钢丝索(图1)。

常用的制索钢丝直径有5 mm和7 mm两种，采用光面钢丝或镀锌钢丝。半平行钢丝索中钢丝排列成六角形或对称的切角六角形(图1)。

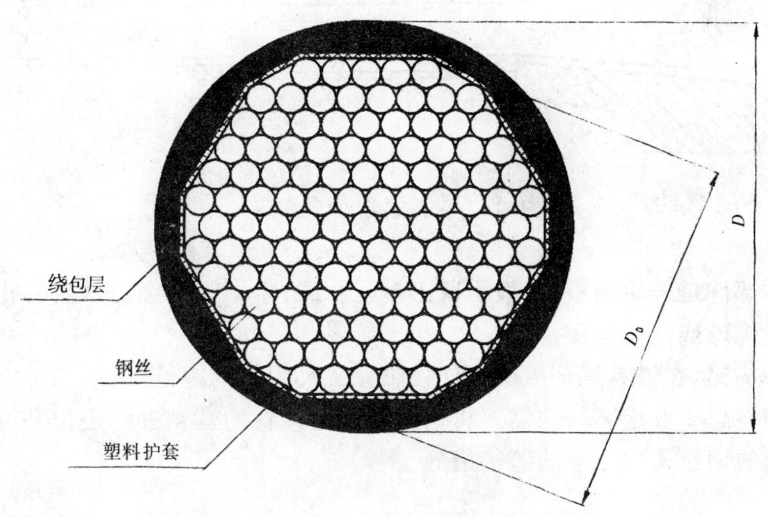

图1 塑料护套半平行钢丝索断面

4.2 锚具

在塑料护套半平行钢丝索的两端可以配装冷铸锚、热铸锚或镦头锚。锚具在工程结构上的固定方式可以用螺母，也可以用垫块或者轴销。

4.2.1 冷铸锚

冷铸锚具最基本的组成部件是锚杯、定位板、连接筒。根据不同的固定方式，再配备螺母、垫块或轴销(图2)。

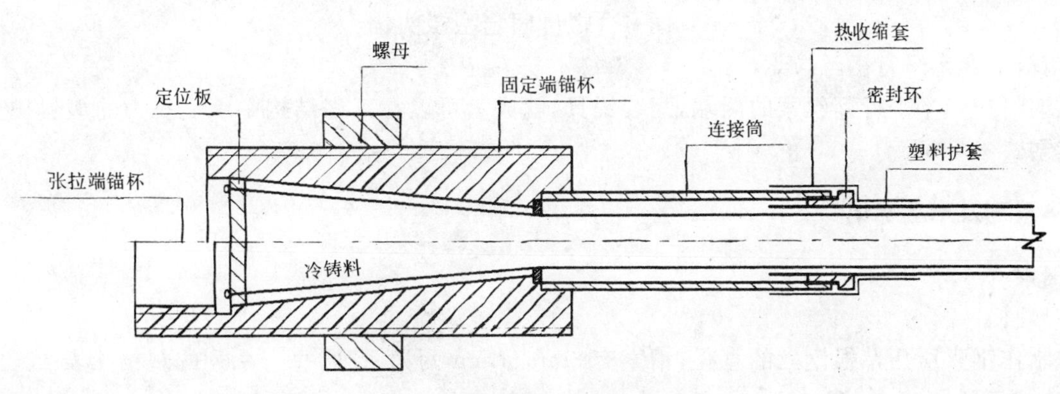

图2 螺母固定型冷铸锚

将钢索端头的塑料护套剥除，顺序套上连接筒和锚杯，钢丝逐根穿过定位板上的对应孔眼后镦头就位。在锚杯中灌入流动态的混合填料，振实。混合料硬化后，形成锚塞，钢丝和锚杯即牢固连成一体。

混合料可以使用环氧树脂等有机结合剂，也可以使用其他类型的结合剂。要求配制的混合料有良好的流动性，以利浇灌。硬化后混合料应具有足够的强度和温度稳定性，以确保锚具的锚固性能。

4.2.2 热铸锚

热铸锚的构造和冷铸锚大体相同，差别在于采用低熔点的合金充填锚杯中钢丝间的空隙(图 3)。

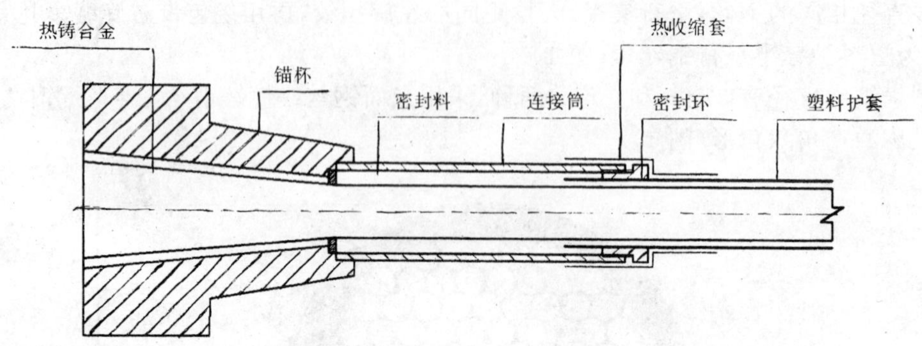

图 3 垫块固定型热铸锚

4.2.3 镦头锚

镦头锚的最基本部件是一块锚板，锚板上留出钢丝孔眼，索中钢丝穿过对应的孔眼后镦头(图 4)。

镦头锚可以使用螺母或垫块锚固。

用于张拉端的镦头锚，在锚具尾部应留有连接张拉工具用的内螺纹。

4.2.4 所有上述三种锚具，在配装时均需要将钢索端部的塑料护套剥去一定长度。在配装的最后阶段，必须对这部分仍裸露的钢丝采取可靠的防护措施。

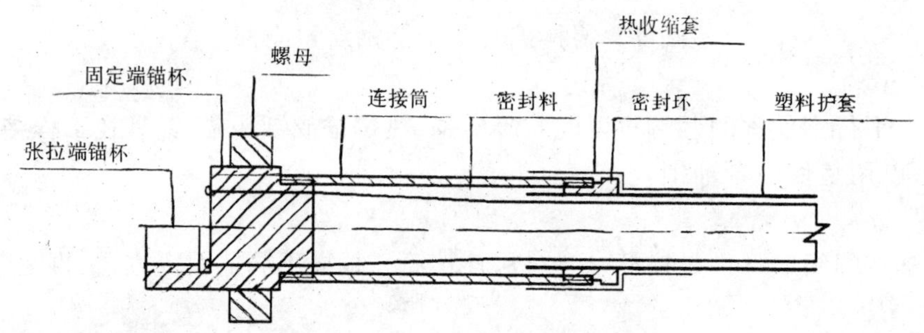

图 4 螺母固定型镦头锚

4.3 塑料护套半平行钢丝拉索

在塑料护套半平行钢丝索的两端，配装锚具，就成为可以在工程结构中承受拉力的塑料护套半平行钢丝拉索。

5 规格系列及产品标记

5.1 钢索

5.1.1 规格

按制作钢索所用单根钢丝的直径，钢索有 5mm、7mm 两大系列，每一系列的规格见表 1、表 2。

5.1.2 钢索型号

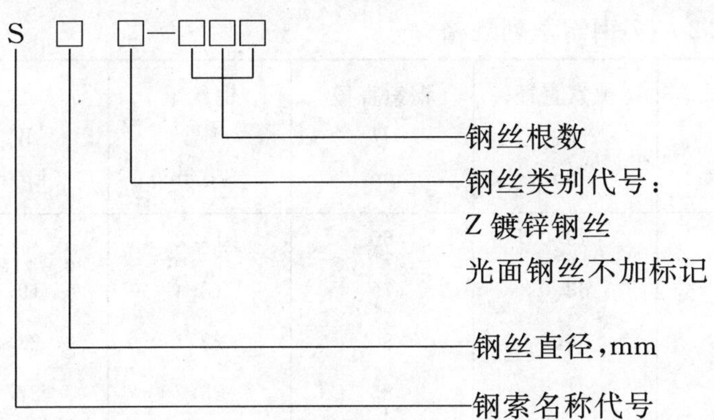

5.1.3 标记示例

由 121 根 5 mm 镀锌钢丝绞制的塑料护套半平行钢丝索。

钢丝索　S5Z-121　CJ 3058—1996

表 1　φ5 钢索系列规格

钢丝根数 n	截面积 A_c mm^2	破断荷载 P_{ck} kN	裸索直径 D_0 mm	钢索直径 D mm	钢丝重 W_w kg/m	拉索重 W_c kg/m
37	726	1 140	35.0	45	5.7	6.5
55	1 080	1 696	41.1	50	8.5	9.2
61	1 197	1 880	45.0	55	9.4	10.2
73	1 433	2 250	48.6	60	11.3	12.3
85	1 669	2 620	50.8	60	13.1	13.9
91	1 787	2 810	55.0	65	14.0	15.0
109	2 140	3 360	57.9	70	16.8	18.0
121	2 375	3 730	60.7	70	18.7	19.7
127	2 494	3 916	65.0	80	19.6	21.3
151	2 964	4 650	67.4	80	23.3	24.8
163	3 200	5 020	70.6	85	25.1	26.9
187	3 671	5 760	75.0	90	28.8	30.8
199	3 906	6 130	77.1	90	30.7	32.4
211	4 143	6 505	80.5	95	32.5	34.5
223	4 377	6 870	83.1	95	34.4	36.1
241	4 731	7 430	85.0	100	37.1	39.3
253	4 968	7 800	86.9	100	39.0	41.0
265	5 202	8 170	90.5	105	40.8	43.1
283	5 555	8 720	92.1	105	43.6	45.6
301	5 909	9 280	95.0	110	46.4	48.8

注：计算 P_{ck}时，取 f_{ptk}=1 570 MPa。

表 2　φ7 钢索系列规格

钢丝根数 n	截面积 A_c mm^2	破断荷载 P_{ck} kN	裸索直径 D_0 mm	钢索直径 D mm	钢丝重 W_w kg/m	拉索重 W_c kg/m
37	1 424	2 240	49.0	60	11.2	12.2
61	2 347	3 680	63.0	75	18.4	19.7
73	2 809	4 410	68.0	80	22.1	23.5
85	3 271	5 140	71.2	85	25.7	27.4
91	3 502	5 500	77.0	90	27.5	29.2
109	4 195	6 590	81.1	95	32.9	34.8
121	4 656	7 310	84.9	100	36.6	38.8
127	4 888	7 674	91.0	105	38.4	40.6
139	5 349	8 400	92.2	105	42.0	44.0
151	5 810	9 120	94.4	110	45.6	48.1
163	6 272	9 850	98.8	115	49.2	52.0
187	7 196	11 300	105.0	120	56.5	59.2
199	7 658	12 020	108.0	125	60.1	63.2
211	8 119	12 750	112.7	130	63.7	67.0
223	8 581	13 470	116.3	135	67.4	71.1
241	9 274	14 560	119.0	135	72.8	76.0
253	9 737	15 287	121.6	140	76.4	80.2
265	10 197	16 010	126.6	145	80.1	84.1
283	10 890	17 100	129.0	150	85.5	90.1
295	11 353	17 824	131.4	150	89.1	93.2
301	11 582	18 180	133.0	155	90.9	95.9
313	12 046	18 912	135.3	155	94.6	99.1
337	12 968	20 360	140.6	160	101.8	106.4
367	14 122	22 170	147.0	170	110.9	116.6
397	15 277	23 990	153.2	175	119.9	125.5
421	16 200	25 430	155.2	180	127.2	133.7

注：计算 P_{ck}时，取 f_{ptk}=1 570 MPa。

5.2　锚具

冷铸锚、热铸锚、镦头锚的规格系列和钢索相对应。

5.2.1　锚具型号

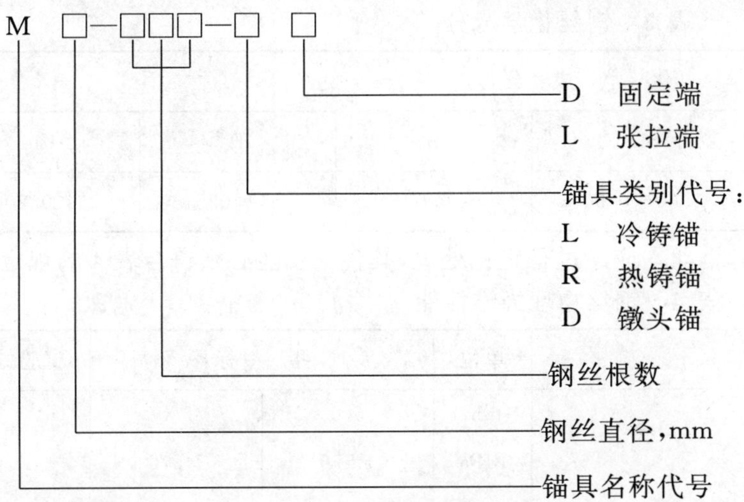

5.2.2 标记示例

用于锚固121根5 mm钢丝的张拉端冷铸锚。

锚具 M5-121-LL CJ 3058—1996

5.3 拉索

如无特殊情况，拉索的两端应配装相同类别的锚具。

5.3.1 拉索型号

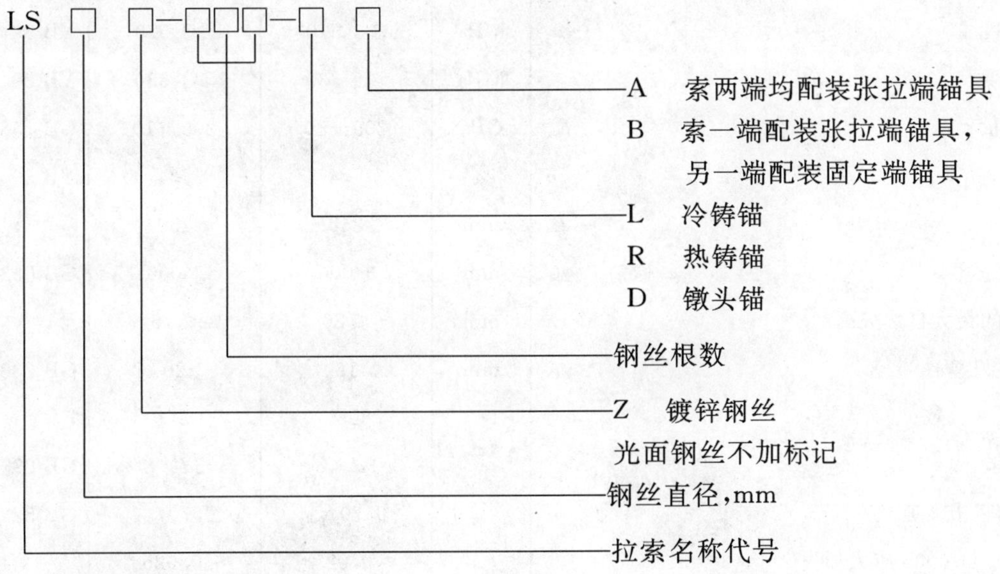

5.3.2 标记示例

拉索，采用121根5 mm镀锌钢丝绞制的塑料护套半平行钢丝索制作，一端配装张拉端冷铸锚，另一端配装固定端冷铸锚。

拉索 LS5Z-121-LB CJ 3058—1996

6 技术要求

6.1 原材料

6.1.1 钢丝

6.1.1.1 钢丝的化学成分应符合表3的规定。

表 3　钢丝化学成分

化学成分,%					
C	Si	Mn	S	P	Cu
0.75～0.85	0.12～0.32	0.60～0.90	≤0.025	≤0.025	<0.20

6.1.1.2　制作钢索所用的光面或镀锌钢丝均应经过稳定化处理，其各项性能必须符合表 4 的规定。

表 4　钢丝物理力学性能

序号	项目		单位	指标		试验方法
1	公称直径	d	mm	5.0	7.0	
2	抗拉强度标准值	f_{ptk}	MPa	1 570	1 570	
3	直径允许偏差		mm	+0.08 −0.04	+0.08 −0.04	GB 5223
4	椭圆度		mm	≤0.04	≤0.04	
5	公称横截面积		mm^2	19.63	38.48	
6	每米理论重量		kg	0.154	0.302	
7	抗拉强度	σ_b	MPa	≥1 570	≥1 570	YB 39
8	屈服强度	$\sigma_{0.2}$	MPa	≥1 330	≥1 330	YB 39
9	弹性模量	E_w	GPa	205±10	205±10	GB 1586
10	伸长率	δ	%	≥4	≥4	YB 39
	标距	L_0	mm	250	250	
11	伸直性：弦长	C	mm	1 000	1 000	GB 5223
	弦与弧的最大自然矢高	h	mm	≤20	≤15	
12	弯曲次数：弯曲半径	R	mm	15	20	GB 238
	次数			≥4	≥4	
13	缠绕试验			$3d\times8$	$3d\times8$	GB 2976
14	松弛性能：初始应力	σ_0		$0.70f_{ptk}$	$0.70f_{ptk}$	GB 5223
	1 000h 应力损失			$\leq0.025\sigma_0$	$\leq0.025\sigma_0$	
15	疲劳性能：应力上限 $\sigma_{上}$		MPa	706.5	706.5	6.1.1.8
	应力幅值 $\Delta\sigma$		MPa	360	360	
	加载次数			2×10^6	2×10^6	

注：1 GPa＝10^3 MPa。

6.1.1.3　镀锌钢丝的镀锌层应均匀、连续、附着牢固，不允许有裂纹、斑疤和没有镀上锌的地方。锌层的重量、均匀性及附着牢固性应符合表 5 的规定。

表 5 钢丝镀锌层的重量、均匀性及附着牢固性

序号	项 目	单位	指 标		试验方法
1	锌层重量	g/m²	≥300	≥300	GB/T 2973
2	浸硫酸铜溶液次数 每次 1 min		≥5	≥5	GB/T 2972
3	缠绕试验：芯棒直径 缠绕圈数	mm	25 2	35 2	GB 2976

6.1.1.4 钢丝应具有可镦性，即这种钢丝可以采用冷镦工艺将钢丝端头加工成鼓槌状的镦头，且镦头所能传递的荷载，能满足对钢丝的使用要求。

6.1.1.5 成品光面钢丝或镀锌前的光面钢丝，表面均不得有裂纹、小刺、机械损伤、氧化铁皮和油迹。

6.1.1.6 成品钢丝不得存在任何接头。在生产时为了连续作业而焊接的电接头，应予切除。

6.1.1.7 每盘钢丝由一根组成，其盘径不得小于 1 800 mm，盘重不应小于 800 kg。允许在每个交货批中有不多于 5%的盘数盘重小于 800 kg，但所有盘重均应大于 500 kg。

6.1.1.8 钢丝疲劳试验

钢丝疲劳试验的试件长度不应短于 350 mm，正弦波加载，加载频率 8～100 Hz。如试验过程中钢丝在夹具内或离夹具 $5d$ 距离内断裂，则试验结果无效。

6.1.1.9 钢丝检验

a) 钢丝验收以批为单位，每批应由同一炉罐号、同一规格的钢丝组成。

b) 逐盘检查钢丝的形状尺寸和表面情况。

c) 每盘钢丝应取样进行抗拉强度、伸长率和弯曲试验。于同批钢丝中抽取 10%，但不应少于三盘进行缠绕试验和屈服强度试验。松弛试验每批或每 200 t 进行一次。钢丝的化学成分试验每批或每一炉号进行一次。

d) 钢丝的疲劳试验每批或每 500 t 进行一次，或根据供需双方协议进行。当进行拉索的疲劳试验时，必须对所用的钢丝进行钢丝疲劳试验。

e) 镀锌钢丝取每批盘数的 5%，但不应少于三盘做有关镀锌层质量试验。

f) 在上述检查中，如有某一项试验结果不符合本标准 6.1.1.1～6.1.1.7 各条所定要求，则该盘钢丝为不合格。并从同一批未经试验的钢丝盘中再取双倍数量的盘数进行复验，如复验结果该项指标仍未通过，则该批钢丝应逐盘检验，合格者方可验收。

6.1.1.10 标志及包装

成盘钢丝应用打包钢带不应少于四处捆扎结实，用防水塑料带严密缠裹，外层再缠麻布或塑料编织布保护。运输保管时，应防止钢丝受潮淋雨。

每盘钢丝应挂有金属或塑料的标志牌，标明：

a) 制造厂商；

b) 钢丝规格，炉号；

c) 净重或毛重；

d) 盘卷编号。

6.1.1.11 质量证明书

每批钢丝必须附质量证明书，其内容如下：

a) 供、需双方名称；

b) 发货日期；

c) 合同号；

d）重量、件数；

e）标准中所规定的各项检验结果；

f）包装类型；

g）技术监督部门印记。

6.1.2 护套塑料

6.1.2.1 制作护套所使用的高密度聚乙烯以及其他符合要求的塑料应在专门的工厂内混炼造粒，颗粒大小在任意方向应为 2～5 mm。

塑料应混炼均匀，不得混入杂质，颗粒内部不得有气泡。

必须采用挤出型塑料。

6.1.2.2 塑料的物理力学性能应符合表 6 的规定。

6.1.2.3 塑料验收

a）护套塑料验收以批为单位。同一批号原料、同一配方、同一工艺生产的为一批，每批重量不应超过 40 t。

b）从每批塑料中随机指定一袋，取出 1 kg 试样，进行密度、熔体流动速率、拉伸强度、屈服强度、断裂伸长率、硬度等试验。表 6 中所列其余各项试验按本标准第 8.3 条型式检验规定办理。

c）上述试验如有某一项结果不符合本标准第 6.1.2.2 条表 6 要求，应重新加倍取样，对该项指标进行复验，如复验结果仍未通过，则该批产品不合格。

6.1.2.4 标志、包装、贮存和运输

a）护套塑料应密封于塑料袋中，每袋净重 25±0.2 kg。

b）每袋产品应附有生产厂质量检验部门签发的合格证。包装袋上应标明生产厂名、产品名称、型号、批号、净重、生产日期等。每一批产品应附有性能测试报告。

c）产品应贮存在清洁、阴凉、干燥、通风的库房内。运输时应防止日晒、雨淋，并防止受潮受热，保持包装完整。

6.1.3 绕包带

使用聚酯类薄膜复合绕包带，带宽 30～40 mm，抗拉强度每厘米带宽不应低于 250 N。

其他类型的包带，只要具有足够的拉力强度和韧性，能承受钢索制作过程中的张力和挤压，也可以使用。

6.1.4 锚具钢材

锚杯、锚板、螺母、垫块等主要受力件必须选用优质钢材制造，其技术条件应符合 GB 699 或 GB 3077。对于锻钢，尚应符合 YB 3207 的规定。

6.1.5 锚杯填充料

表 6 护套塑料的物理力学性能

序号	项　　目	单位	指标	试验方法
	物理性能：			
1	密度	g/cm³	0.942～0.978	GB 1033
2	熔体流动速率　MFR	g/10 min	≤0.45	GB 3682
3	拉伸强度	MPa	≥20	GB 1040
4	屈服强度	MPa	≥10	GB 1040
5	断裂伸长率	%	≥600	GB 1040
6	硬度	Shore D	≥60	GB 2411
7	弹性模量	MPa	≥50	GB 1040

表 6(完)

序号	项　　目	单位	指标	试验方法
8	冲击强度	kJ/m^2	≥25	GB 1043
9	软化温度	℃	≥115	GB 1633
	耐气候性能:			
10	1. 耐环境应力开裂性	F_0/h	>1 500	GB 1842
11	2. 脆化温度	℃	<−60	GB 5470
	耐老化性能:			
12	1. (在耐热老化 100℃×7 d 条件下)			
	拉伸强度保留率	%	≥80	GB 7141
	断裂伸长率保留率	%	≥80	GB 7141
13	2. 耐臭氧老化 (在延伸 25%、 温度 24±8℃、 臭氧浓度 0.01～0.15 ppm、 暴露 1 h 条件下)		无异常变化	

6.1.5.1　冷铸料

配制冷铸料所使用的各种物料,均应符合相关的技术标准。

6.1.5.2　热铸料

热铸料使用低熔点锌铜合金。

6.2　钢索

6.2.1　扭绞

钢丝集束后同心左向扭绞,最外层钢丝的扭绞角 2°～4°,相应其捻距在(40～60)D,具体视索中钢丝数量而异。索中钢丝应排列整齐,扭绞紧密均匀,无交叉错位。

6.2.2　绕包

绕包层右旋,应紧密齐整,无缺漏,无破损,每圈搭接不应小于带宽 1/3。

较细的钢索采用单层绕包,对于 211ϕ7 以上的大规格钢索,可以采用双层绕包。

绕包应使用专门的绕包机,绕包机对绕包带的搭接宽度及绕包带的张力,应具备调节能力。

6.2.3　挤制塑料护套

6.2.3.1　塑料颗粒必须经过充分干燥才能进入挤出机。

6.2.3.2　塑料护套应紧裹在钢丝裸索绕包层外,在正常的生产、运输、吊装过程中不应串动脱壳。

护套外观应光滑平整,钢索护套外径的允差为±1 mm,护套厚度的允差为±1 mm,护套的拉伸强度、屈服强度以及断裂伸长率应和所使用的塑料相当。

6.2.4　钢索

6.2.4.1　钢索在自然状态下应保持顺直,不应出现螺旋形卷曲。

6.2.4.2　钢索定长

钢索展平伸直后,用 50 m 标准钢卷尺直接丈量,精确至 1 mm。测量时钢尺的张力,应符合相应的使用规定。丈量结果应根据需方对钢索长度的设定条件,作必要的修正。

定长后用齿锯下料,断面应垂直于钢索的轴线,偏斜不超过 2°。

6.2.5　已定长落料的钢索,应予编号,注明规格、长度,并附质保单,写明编索时所用钢丝盘号、钢丝抗拉强度、护套的物理性能等检测结果。

6.3 锚具制作

6.3.1 锚具各部件所用钢材应符合有关标准。

6.3.2 锚杯、锚板、螺母、垫块等主要受力件的半成品在热处理后应作超声探伤，探伤合格的方准进入下一道工序。探伤方法及评定标准应符合 GB 4162 中 C 级的规定。

也可将超声探伤标准提高至 B 级，并对锚具成品增加磁粉探伤。磁粉探伤应按 JB 3965 执行。对一般工程，要求为Ⅲ级，对重要工程，也可以提高至Ⅱ级。

6.3.3 锚具的各主要受力件应有硬度测试记录，硬度测试应按 GB 231 规定进行。

6.3.4 锚具的梯形螺纹应符合 GB 5796.1 规定，精度为 8H/8c。也可以提高精度等级至 7H/7c。螺纹的极限尺寸应使用符合精度标准的螺纹通止规控制。

也可以采用锯齿形螺纹。

6.3.5 锚具的各外露件，应作发黑处理。也可以作镀锌防护，电镀锌件在镀后应作脱氢处理。

6.3.6 同一规格锚具的同类部件应具有互换性。

6.3.7 锚具的锚杯、锚板、螺母、垫块等主要受力件，在生产过程中均应编打流水号。最后出厂时，应用钢印将型号及流水号打在成品上。

锚具散件应配套出厂，每副锚具应带有质保单，载明锚具的各项检测结果。

6.4 配装锚具

将锚具牢固连结在钢索尽端的过程称为配装锚具。

6.4.1 配装锚具前，在已定长落料的钢索两端，先按规定长度剥去一段塑料护套及绕包带，然后将索中钢丝分别穿过定位板或锚板，镦头就位。

6.4.2 对于冷铸锚，在浇铸冷铸料前，定位板在锚杯中的位置应按设计规定予以固定，钢丝镦头应抵紧定位板。

浇灌冷铸料时应强迫振实，并有可靠的防漏措施。

对于每一副冷铸锚，还应同时制备冷铸料抗压试件 2 组，每组 3 件。其振实和固化条件应和锚杯中冷铸料相同。

冷铸料试件为直径 25 mm，高 30 mm 的圆柱体。

6.4.3 对于热铸锚，浇铸热铸合金时，热铸锚的锚杯应预热，钢丝应均匀散开在锚杯中。浇铸应密实，热铸合金的浇铸温度宜控制在 450±10℃范围。

6.4.4 镦头锚配装终了，应设法使钢索中各根钢丝的镦头，一律抵紧镦头锚锚板。

6.5 拉索

6.5.1 拉索的静载性能应符合表 7 的规定。

表 7 拉索的静载性能

弹性模量 E_c MPa	拉索效率系数 η	极限延伸率 ε %	锚塞回缩值 mm P_c	
			$0.6P_{ck}$	P_{cb}
$\geqslant 1.85\times10^5$	$\geqslant 0.95$	$\geqslant 2.0$	$\leqslant 7(2)$	$\leqslant 15$

注：1. $\eta=\dfrac{\text{实测破断索力 } P_{cb}}{\text{公称破断索力 } P_{ck}}$。

2. 括号内数值适用于镦头锚。

在工程设计中，拉索中钢丝的最大设计应力 σ_a 应在 $0.40\sim0.45f_{ptk}$ 范围内选用。

6.5.2 动载性能

拉索的动载性能应符合表 8 的规定。

表 8 拉索的动载性能

应力上限 σ_{max}	应力幅值 $\Delta\sigma=\sigma_{max}-\sigma_{min}$ MPa	2×10^6 次循环加载后断丝率 %
$0.42f_{ptk}$	200	≤5

若供需双方另有协议，拉索动载试验的应力上限可在 $0.40\sim0.45f_{ptk}$、应力幅值 $\Delta\sigma$ 可在 200～250 MPa 范围内选择。

拉索中钢丝所承受的活载应力，即拉索中钢丝的设计应力幅值 $\Delta\sigma_a$ 不应大于试验应力幅值的 $\frac{1}{1.5}$，即 $\Delta\sigma_a\leqslant\frac{\Delta\sigma}{1.5}$。

6.5.3 拉索出厂前应加预拉。预拉时，索中钢丝应力在 $0.45\sim0.60f_{ptk}$之间，具体由供需双方商定。预拉后，锚塞的回缩值应符合表 7 规定，并不允许有单根钢丝在锚塞内滑动或镦头脱落。对使用螺纹固定的锚具，内外螺纹仍应能自由拧合。

6.5.4 拉索的长度，在出厂时应和需方的指定值相符，其允差不大于索长的 0.02%，当索长小于 100 m 时，不应大于 20 mm。

6.5.5 拉索锚具和索的连接处应具有良好的防水密封性能，并能承受预拉以及运输、存放和施工过程中的拉伸和挠曲。

7 试验方法

凡已指明使用某一标准或某一标准试验方法者，一律按相关的标准试验方法执行。

凡未指明试验方法者，按本章规定执行。

7.1 钢索捻距 l_n

捻距 l_n 的定义为钢索中某一根钢丝绕钢索中心轴旋绕一周所需的长度。这一长度以钢索在伸直状态下沿钢索长度方向所量的直线距离为准。

测量时使用钢尺，精确至 1.0 mm。量取的长度 S 应为 $3l_n$，然后取平均值，得 $l_n=S/3$。

7.2 钢索扭绞角 α

钢索中内外层钢丝的扭绞角并不相同，测定时以最外层钢丝的扭绞角为准，其计算公式如下：

$$\alpha=\mathrm{arctg}[\pi(D_0-d)/l_n] \quad\cdots\cdots(1)$$

式中：α——扭绞角，取值至 0.1°；

D_0——裸索外径，精确至 0.1 mm，应符合本标准表 1 或表 2 的规定；

d——钢丝公称直径，mm；

l_n——钢索中最外层钢丝的捻距。

7.3 钢索塑料护套的厚度、外径和机械性能试验

护套厚度按 GB/T 2951.3。

护套外径按 GB/T 2951.4。

护套机械性能按 GB/T 2951.6。

7.4 拉索预拉

7.4.1 使用液压千斤顶作为加载装置，荷载由压力表控制，压力表的精度不应低于 1.5 级。

7.4.2 将拉索置台座中，逐渐加载至预拉索力的 10%，检查加载装置及拉索连接系统准确可靠后，继续缓慢加载至设定的预拉索力，持荷 5 min 后卸荷。

7.4.3 预拉时的加载速率不应大于 100 MPa/min。

7.4.4 预拉过程中，如有需要，可以分级测量不同荷载下的拉索伸长量。

7.5 锚塞回缩值

在锚具尾部选三个钢丝镦头，对于热铸锚则在热铸合金形成的锚塞外露面选取三个测量点，这 3 个镦头或测量点至锚具中心的距离应大致相等，并互成 120°。以锚杯外端面为基准，用深度卡尺测出镦头或测量点至基准面的垂直距离。加载前后各测一次，三个测点平均值前后两次的差，即为在该荷载下锚塞的回缩值，精确至 0.05 mm。

7.6 拉索静载试验

7.6.1 为考核拉索的静载性能，需制备试验拉索。试验拉索两端锚杯间的净距不得小于 4.0 m。试验拉索所用钢索和锚具的规格可以小于工程上所使用的实型索，但其型式和类别必须相同，而且规格不宜小于 61ϕ5 或 37ϕ7。

7.6.2 在试验机或试验台架上加载。荷载测量精度不低于 2%，加载速率不大于 100 MPa/min。

对试验时的气温或室温应作记载。

7.6.3 正式加载前先分级预载，每级荷载为公称破断索力 P_{ck}的 10%，并持荷 5 min，至 0.6P_{ck}后持荷 10 min，然后卸载至 0.1P_{ckc}按 7.5 条规定量取预拉荷载下的锚塞回缩值。

7.6.4 正式加载。由 0.1P_{ck}开始，每级 0.1P_{ck}，并持荷 5 min，至 0.8P_{ck}时持荷 1 h，继续加载，每级 0.05P_{ck}，并持荷 5 min，按此规定逐级加载，直至荷载到达极限或索中钢丝破断率到达 5%，最后所得极限索力即为拉索的实测破断索力 P_{cb}。拉索的效率系数：

$$\eta = \frac{P_{cb}}{P_{ck}} \qquad \cdots\cdots (2)$$

7.6.5 在试验索上划出标距，标距长度应不小于 2 000 mm，在每级持荷结束时，量测标距范围内钢索的长度变化，精确至 0.5 mm。按下式计算钢索的延伸率：

$$\varepsilon = \frac{\Delta l_s}{l_s} \cdot 100\% \qquad \cdots\cdots (3)$$

式中：ε——钢索延伸率，%；

l_s——标距，mm；

Δl_s——在标距范围内钢索的伸长量，mm。

注意：对于有护套的钢索，在设定标距时，要防止钢索受拉后因护套和钢丝间发生相对位移而带来的伪读数。为此，标距应设在卡箍上，卡箍应可靠地箍紧在钢索护套上，使钢索受力后，护套和钢丝间无相对滑移发生。

也可以采用量取试验索总伸长值的方法测定钢索的延伸率。但这时应考虑到锚具的锚固长度、锚塞回缩、试验所用钢梁和垫块的变形等影响因素，并对实测的试验索伸长量进行修正。

7.6.6 卸载后量取锚塞的极限回缩值 Δ_{max}，并检查锚具内外螺纹的旋合情况以及锚杯，锚板、螺母等受力件的残余变形。

7.7 拉索的弹性模量

7.7.1 拉索的弹性模量可以用试验索进行测定，也可以在实型索上进行测定。

7.7.2 用试验索测定时，荷载精度不应低于 1.0%或 2 kN，索长的标距不应小于 2 000 mm，拉索伸长量的量测应精确至 0.1 mm。

用实型索在台座中测定时，荷载精度不应低于 2.0%或 20 kN，索长标距不小于 20 000 mm，伸长量精确至 1.0 mm。

7.7.3 测定拉索的弹性模量时，加载范围为 0.1～0.4f_{ptk}。先预拉至 0.45f_{ptk}，持荷 10 min 后卸载至 0.1f_{ptk}，持荷 5 min 后再加载，每级荷载 0.05f_{ptk}，并持荷 5 min 后测读标距范围内的索长变化。将获取的一系列 σ、ε 数据进行回归计算后，求得拉索的弹性模量。

7.8 拉索动载试验

7.8.1 动载试验索的制备要求和静载试验索相同，但对制索所用的钢丝应作疲劳试验。每盘钢丝取一组试样，疲劳试验合格的钢丝，才能用来制备动载试验索。

7.8.2 先加静载预拉，然后再加动载，预拉应力不低于 $0.5f_{ptk}$，不高于 $0.6f_{ptk}$。

7.8.3 按表 8 或供需双方商定的应力上下限施加动载。正弦波加载，频率不大于 10 Hz。

7.8.4 试验过程中还应测定锚塞的回缩值，钢索的伸长率。观察记录断丝的情况。

对试验时的室温，应作记载。

7.8.5 所加的动载，应根据动载试验机生产厂的规定，进行修正。

8 检验规则

8.1 检验分类

拉索的检验分为出厂检验(交收检验)和型式检验(例行检验)。

8.2 拉索的出厂检验项目见表 9。

表 9 拉索出厂检验

序号	试验项目	试验要求	试验方法	取样规定
	锚具：			每付
1	超声探伤	合格	GB 4162	
2	磁粉探伤	合格	JB 3965	
3	硬度	合格	GB 231	
4	螺纹	GB 5796.1	螺纹通止规	
5	外形尺寸	合格	实测	
6	发黑或镀层	合格	目测	
7	互换性	合格	实测实配	
	钢索：			每根
8	钢丝排列	合格	目测	
9	绕包层	合格	目测	
10	护套厚度	合格	GB/T 2951.3	
11	护套外径	合格	GB/T 2951.4	
	拉索：			每根
12	索长	合格	6.2.4.2	
13	预拉及锚塞回缩	合格	7.4,7.5	
14	索锚连接的密封性能	合格	目测	

上述检验结果应载入每根拉索的质保单。

8.3 拉索的静载试验、弹性模量试验、动载性能试验、拉索护套的机械性能试验属型式检验。

有下列情况之一时，一般应进行型式检验：

a) 新产品或老产品转厂生产的试制定型鉴定；

b) 正式生产后，如结构、材料、工艺有较大改变，可能影响产品性能时；

c) 正常生产时，定期或积累一定产量后，每 2 至 3 年进行一次检验；

d) 产品长期停产后，恢复生产时；

e) 出厂检验结果与上次型式检验有较大差异时；

f）国家质量监督机构提出进行型式检验的要求时。

8.4 判定规则

8.4.1 钢丝、塑料、包带、锚具等，凡已判定为不合格品者，均不得用于制造拉索。

8.4.2 新型拉索如未通过型式试验，不得投产。

8.4.3 凡本标准表9中所规定的拉索出厂检验项目中有一项未获通过，该根拉索即被视作不合格品，需方有权拒收。

9 标志、包装、运输、贮存

9.1 标志

9.1.1 在每根拉索两端的锚具根部，用红色油漆标明拉索编号和规格。

9.1.2 每根拉索应挂有合格证，标明：制造厂名、生产日期、拉索编号、规格、长度、重量。

9.2 包装

9.2.1 大规格拉索宜采用成盘包装。钢质索盘的盘筒直径 D_r 应大于或等于 $20D$，并不得小于1.8 m。拉索应整齐卷绕在盘筒上，两端的锚具应可靠地固定在索盘特设的支架上。

钢质索盘的自重应在盘侧标明。

9.2.2 小规格拉索可以采用成圈包装。每根拉索成圈后先用打包带按圆周等分紧捆6道，然后用麻布满缠。索圈内径 D_r 应大于或等于 $20D$，并不得小于1.8 m。圈重超过500 kg时，应用钢丝绳匀设3～4个吊点。

9.2.3 钢索也可以成盘或成圈包装。钢索端头的钢丝必须彼此焊死，以防错动。必要时钢索尽端还可焊上一段牵引钢丝绳。

钢索的尽端要用和护套同样的塑料妥善封闭，以防潮气和水分侵入。

9.2.4 拉索两端的锚具应涂防锈油脂，并用塑料套和麻布包扎两层。如有和锚具配套的螺母，应拧在索端锚具上。如锚具使用垫块固定，则配套的垫块应装箱和拉索同时发运。

9.2.5 当需方对包装有特殊要求时，由供需双方协商决定。

9.2.6 产品出厂时，应随带产品合格证、产品说明书和质量保证单。产品合格证中应列入钢丝、护套塑料、钢索、锚具、拉索的各项性能试验报告。产品说明书中应向需方提供拉索和锚具的各项几何参数以及锚具的内外螺纹规格。

9.3 运输

9.3.1 铁路、公路、水路均可运输。

9.3.2 在运输和装卸过程中，应小心操作，防止碰伤拉索的塑料护套及锚具。

9.4 贮存

9.4.1 产品宜贮存在库房中，露天贮存宜加遮盖。

9.4.2 成圈产品只能水平堆放，可以叠置，逐层间应加垫木。叠置高度不宜超过1.5 m。叠置时应防止锚具碰伤护套。

中华人民共和国国家标准

GB/T 343—94

一般用途低碳钢丝

代替 GB 343—82
GB 3081—82
GB 9972—88

Low carbon steel wire for general uses

1 主题内容与适用范围

本标准规定了一般用途低碳钢丝(以下简称钢丝)的分类、代号、尺寸、外形、技术要求、试验方法、验收规则、包装、标志、质量证明书。

本标准适用于一般的捆绑、牵拉、制钉、编织及建筑等用途的圆截面低碳钢丝。

2 引用标准

GB 228 金属拉伸试验法

GB 238 金属线材反复弯曲试验方法

GB 701 低碳钢热轧圆盘条

GB 2103 钢丝验收、包装、标志及质量证明书的一般规定

GB/T 15393 钢丝镀锌层

3 分类、代号

3.1 钢丝按交货状态分为三种,其代号为:

冷拉钢丝 WCD

退火钢丝 TA

镀锌钢丝 SZ

3.2 钢丝按用途分为三类:

Ⅰ类 普通用

Ⅱ类 制钉用

Ⅲ类 建筑用

3.3 钢丝的交货状态及用途应在合同中注明。

4 尺寸、外形

4.1 尺寸及允许偏差

4.1.1 冷拉普通用钢丝、制钉用钢丝、建筑用钢丝、退火钢丝的直径及允许偏差应符合表1的规定。

表 1

mm

钢丝直径	允许偏差	钢丝直径	允许偏差
≤0.30	±0.01	>1.60～3.00	±0.04
>0.30～1.00	±0.02	>3.00～6.00	±0.05
>1.00～1.60	±0.03	>6.00	±0.06

国家技术监督局1994-12-22批准　　1995-10-01实施

4.1.2 镀锌钢丝的直径及允许偏差应符合表 2 的规定。

表 2

mm

钢丝直径	允许偏差	钢丝直径	允许偏差
≤0.30	±0.02	>1.60～3.00	±0.06
>0.30～1.00	±0.04	>3.00～6.00	±0.07
>1.00～1.60	±0.05	>6.00	±0.08

4.1.3 钢丝也可按英制线规号或其他线规号交货，其直径允许偏差应符合表 1 和表 2 的规定。常用线规号英制尺寸与公制尺寸对照表见附录 A1。

4.2 外形

4.2.1 钢丝的不圆度不得超过直径公差之半。

4.2.2 钢丝捆不得有紊乱丝圈或成“8”字形。

4.3 捆径、捆重

4.3.1 钢丝捆的内径应符合表 3 的规定。

表 3

mm

钢丝直径	≤1.00	>1.00～3.00	>3.00～6.00	>6.00
钢丝捆内径	100～300	250～560	400～700	双方协议

4.3.2 每捆钢丝的重量、根数及单根最低重量应符合表 4 规定，按标准捆交货时应在合同中注明。未注明者由供方确定。

4.3.3 标准捆钢丝每捆重量允许有不超过规定重量 1%的正偏差和 0.4%的负偏差，但每批交货重量不允许负偏差。

4.3.4 根据需方要求，标准捆也可由一根钢丝组成。镀锌钢丝成品接头处应用局部电镀的方法或用银漆覆涂。镀锌钢丝及其他各类钢丝电接处应对正锉平，且不作为质量验收依据，接头数量不得超过表 4 规定的每捆根数。

4.3.5 非标准捆的钢丝应由一根钢丝组成，重量由双方协议确定或由供方确定，但最低重量应符合表 4 规定。

表 4

钢丝直径，mm	标准捆			非标准捆最低重量 kg
	捆重，kg	每捆根数不多于	单根最低重量，kg	
≤0.30	5	6	0.2	0.5
>0.30～0.50	10	5	0.5	1
>0.50～1.00	25	4	1	2
>1.00～1.20	25	3	2	2.5
>1.20～3.00	50	3	3	3.5
>3.00～4.50	50	3	4	6
>4.50～6.00	50	2	4	8

4.4 标记示例

例 1 直径为 2.00 mm 的冷拉钢丝,其标记为:

低碳钢丝 WCD-2.00-GB/T 343—94

例 2 直径为 4.00 mm 的退火钢丝,其标记为:

低碳钢丝 TA-4.00-GB/T 343—94

例 3 直径为 3.00 mm 的 F 级镀锌钢丝,其标记为:

低碳钢丝 SZ-F-3.00-GB/T 343—94

5 技术要求

5.1 钢丝可选用 GB 701 或其他低碳钢盘条制造,其牌号由供方确定。

5.2 力学性能

5.2.1 冷拉普通用钢丝、制钉用钢丝、建筑用钢丝、退火钢丝、镀锌钢丝的力学性能应符合表 5 的规定。

表 5

公称直径 mm	抗拉强度,MPa					180 度弯曲试验 次		伸长率,% (标距 100 mm)	
	冷拉普通钢丝	制钉用钢丝	建筑用钢丝	退火钢丝	镀锌钢丝	冷拉普通用钢丝	建筑用钢丝	建筑用钢丝	镀锌钢丝
≤0.30	≤980	—	—	295~540	295~540	见 5.2.3	—	—	≥10
>0.30~0.80	≤980	—	—				—	—	
>0.80~1.20	≤980	880~1 320	—			≥6	—	—	≥12
>1.20~1.80	≤1 060	785~1 220	—				—	—	
>1.80~2.50	≤1 010	735~1 170	—				—	—	
>2.50~3.50	≤960	685~1 120	≥550			≥4	≥4	≥2	
>3.50~5.00	≤890	590~1 030	≥550						
>5.00~6.00	≤790	540~930	≥550						
>6.00	≤690	—	—			—	—	—	

5.2.2 经双方协议,亦可按用户的要求组织生产。

5.2.3 对于直径小于等于 0.80 mm 的冷拉普通用钢丝用打结拉伸试验代替弯曲试验。打结钢丝进行拉伸试验时所能承受的拉力不低于不打结破断拉力的 50%。

5.3 表面质量

5.3.1 镀锌钢丝表面不得有未镀锌的地方,表面应呈基本一致的金属光泽。

5.3.2 冷拉普通用钢丝、制钉用钢丝、建筑用钢丝表面不得有裂纹、斑疤、折迭、竹节及明显的纵向拉痕,且钢丝出厂时表面不得有锈。

5.3.3 退火钢丝表面允许有氧化膜。

5.4 镀锌钢丝锌层质量

镀锌钢丝的锌层质量应符合 GB/T 15393 中 D、E、F 的规定。当需方未在合同中注明锌层级别时,由供方确定。

6 试验方法

钢丝检验项目的试验方法和取样要求应符合表6规定。

表6

序号	项目	试验方法	取样部位	试验要求
1	拉伸和打结拉伸试验	GB 228	任一端	抗拉强度按公称直径计算
2	反复弯曲试验	GB 238	任一端	—
3	尺寸	用精度为0.01 mm的量具	任一截面	在同一截面上测量最大值和最小值
4	表面	肉眼检查	任一部位	—

7 验收规则

7.1 钢丝的验收规则按GB 2103的规定执行。

7.2 每批钢丝应由同一尺寸、同一锌层级别、同一交货状态的钢丝组成。

8 包装、标志及质量证明书

8.1 包装

8.1.1 每个钢丝捆用软钢丝捆扎四处，每处两圈并应扎紧不得滑动，各处之间距离应大致相等，露在钢丝捆外的丝头应弯入钢丝捆内。直径小于0.70 mm的成品钢丝，可用自身端头缠绕扎紧。

8.1.2 镀锌钢丝的外包装应内衬防潮纸或塑料薄膜，外用塑料编织物或棉、麻布包装。包装应严紧，外包装物的尾部用软钢丝捆扎处并应扎紧，不允许有外露钢丝的地方。经双方协议也可按其他包装方式交货。

8.1.3 捆扎用软钢丝应符合下列规定：

8.1.3.1 直径大于等于1.60 mm的钢丝，应采用直径为1.60～2.00 mm的镀锌软钢丝捆扎。

8.1.3.2 直径小于1.60 mm的钢丝，应采用直径为1.20～1.60 mm的镀锌软钢丝捆扎。

8.1.3.3 非镀锌钢丝也可用光面软质钢丝捆扎。

8.1.4 根据供需双方协议，冷拉普通用钢丝可涂防锈油或防锈剂出厂。

8.1.5 直径小于0.50 mm的钢丝，根据供需双方协议可将钢丝绕在线轴上交货。

8.2 标志及质量证明书

钢丝的标志及质量证明书应符合GB 2103的规定。

8.3 运输、贮存

8.3.1 钢丝的运输工具应保持清洁、干燥、并须有必要的防潮、防雨条件。

8.3.2 钢丝应用良好的机械平稳装卸或人工堆码整齐，不允许用丝绳直接吊装或在2 m以上高度扔落。

8.3.3 钢丝应贮存在清洁、干燥的仓库中。

8.3.4 钢丝在中途转运过程中应存放在干燥场地，底层应用干燥垫木垫底或其他防潮材料垫底，以保证通风，上面用雨布盖好。

附 录 A
常用线规号英制尺寸与公制尺寸对照表
（参考件）

表 A1

线规号	SWG[1]		BWG[2]		AWG[3]	
	in	mm	in	mm	in	mm
3	0.252	6.401	0.259	6.58	0.229 4	5.83
4	0.232	5.893	0.238	6.05	0.204 3	5.19
5	0.212	5.385	0.220	5.59	0.181 9	4.62
6	0.192	4.877	0.203	5.16	0.162 0	4.11
7	0.176	4.470	0.180	4.57	0.144 3	3.67
8	0.160	4.064	0.165	4.19	0.128 5	3.26
9	0.144	3.658	0.148	3.76	0.114 4	2.91
10	0.128	3.251	0.134	3.40	0.101 9	2.59
11	0.116	2.946	0.120	3.05	0.090 74	2.30
12	0.104	2.642	0.109	2.77	0.080 81	2.05
13	0.092	2.337	0.095	2.41	0.071 96	1.83
14	0.080	2.032	0.083	2.11	0.064 08	1.63
15	0.072	1.829	0.072	1.83	0.057 07	1.45
16	0.064	1.626	0.065	1.65	0.050 82	1.29
17	0.056	1.422	0.058	1.47	0.045 26	1.15
18	0.048	1.219	0.049	1.24	0.040 30	1.02
19	0.040	1.016	0.042	1.07	0.035 89	0.91
20	0.036	0.914	0.035	0.89	0.031 96	0.812
21	0.032	0.813	0.032	0.81	0.028 46	0.723
22	0.028	0.711	0.028	0.71	0.025 35	0.644
23	0.024	0.610	0.025	0.64	0.022 57	0.573
24	0.022	0.559	0.022	0.56	0.020 10	0.511
25	0.020	0.508	0.020	0.51	0.017 90	0.455
26	0.018	0.457	0.018	0.46	0.015 94	0.405
27	0.016 4	0.416 6	0.016	0.41	0.014 20	0.361
28	0.014 8	0.375 9	0.014	0.36	0.012 64	0.321
29	0.013 6	0.345 4	0.013	0.33	0.011 26	0.286
30	0.012 4	0.315 0	0.012	0.30	0.010 03	0.255

续表 A1

线规号	SWG[1)]		BWG[2)]		AWG[3)]	
	in	mm	in	mm	in	mm
31	0.011 6	0.294 6	0.010	0.25	0.008 928	0.227
32	0.010 8	0.274 3	0.009	0.23	0.007 950	0.202
33	0.010 0	0.254 0	0.008	0.20	0.007 080	0.180
34	0.009 2	0.233 7	0.007	0.18	0.006 304	0.160
35	0.008 4	0.213 4	0.005	0.13	0.005 615	0.143
36	0.007 6	0.193 0	0.004	0.10	0.005 000	0.127

注：1）SWG 为英国线规代号。

2）BWG 为伯明翰线规代号。

3）AWG 为美国线规代号。

附加说明：

本标准由中华人民共和国冶金工业部提出。

本标准由冶金工业部信息标准研究院归口。

本标准由天津大成五金厂、广州镀锌铁丝厂负责起草。

本标准主要起草人任景华、王会清、周宏、周茯苓、封文华。

本标准水平等级标记　GB/T 343—94 I

ICS 77.140.60
H 44

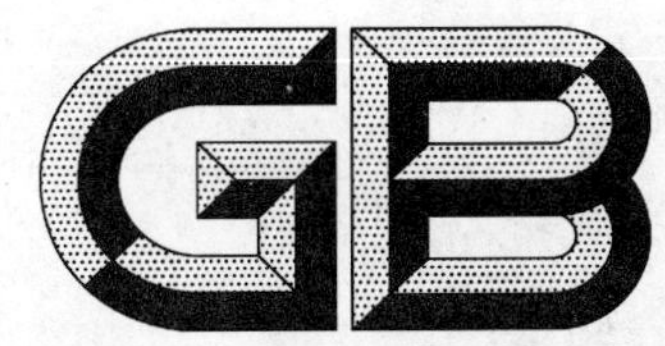

中华人民共和国国家标准

GB 8918—2006
代替 GB/T 8918—1996 相应部分

重要用途钢丝绳

Steel wire ropes for important purposes

(ISO 3154:1988, Stranded wire ropes for mine hoisting
—Technical delivery requirements, MOD)

2006-03-01 发布　　　　2006-09-01 实施

中华人民共和国国家质量监督检验检疫总局
中国国家标准化管理委员会　发布

前　言

本标准修改采用 ISO 3154:1988《矿井提升用钢丝绳交货技术条件》,在附录 B 中列出了本标准条款和国际标准条款的对照一览表。

由于我国法律要求和工业的特殊需要,本标准在采用国际标准时进行了修改。这些技术性差异用垂直单线标识在它们所涉及的条款的页边空白处。在附录 C 中给出了技术性差异及其原因的一览表以供参考。

本标准为强制性标准,其中,5、6.1、6.2.1、6.2.2、6.2.3、6.2.4、6.2.6、6.2.8、6.3、6.5、7.1.1、7.1.4、7.1.6、7.1.7、7.2、7.3、7.4、7.5、8、9 等章节为强制性条款。

本标准还做了下列编辑性修改:

a) "本国际标准"一词改为"本标准";

b) 用小数点"."代替作为小数点的逗号",";

c) 删除国际标准的前言。

本标准代替 GB/T 8918—1996《钢丝绳》相应部分。

本标准与 GB/T 8918—1996 相比,技术内容主要变化如下:

——钢丝绳的结构,删除了 6×19(b)类、6×37(b)类、18×19、6×24 类,增加了 35W×7 类,并将 18×19W、18×19S 从 18×7 类中分出,单列一类;

——取消了验收方法中的方法 2(测定钢丝破断拉力总和);

——钢丝公称直径的下限提高到 0.6 mm;

——将某些品种结构钢丝绳直径范围的下限适当提高;

——钢丝绳直径允许偏差上限缩小了 1%;

——不圆度的计算方法有所改变,并将带纤维股芯和异形股钢丝绳的不圆度允许值由 6% 降至 4%;

——拆股钢丝的公称抗拉强度:光面和 B 级镀锌钢丝下限取消了 1470 MPa 级,上限提高了一个公称抗拉强度级至 1960 MPa 级;AB 级镀锌钢丝下限取消了 1470 MPa 级,上限提高了一个公称抗拉强度级至 1870 MPa 级;A 级镀锌钢丝下限取消了 1370、1470 MPa 级,上限提高了两个公称抗拉强度级至 1870 MPa 级;

——增加了拆股钢丝强度允差考核;拆股钢丝抗拉强度下限为钢丝公称抗拉强度;

——1670 MPa 、1870 MPa 公称抗拉强度级拆股钢丝的扭转和反复弯曲次数,采用相邻较高公称抗拉强度级(即 1770 MPa 、1960 MPa)的扭转和反复弯曲次数;

——取消了拆股钢丝抗拉强度、扭转和反复弯曲允许低值钢丝根数的规定和表格,改用"合格条件"规定;

——镀锌层重量提高了约 5%;

——对少数类别的钢丝绳的重量系数和最小破断拉力系数进行了调整;

——合格条件加严了。

本标准的附录 A 是规范性附录,附录 B、附录 C、附录 D 是资料性附录。

本标准由中国钢铁工业协会提出。

本标准由全国钢标准化技术委员会归口。

本标准起草单位：鞍钢集团钢绳厂、贵州钢绳股份有限公司、郑州金属制品研究院、江苏神王金属制品有限公司、冶金工业信息标准研究院。

本标准主要起草人：张德英、邢永晟、房义萍、杨红英、张平萍、胡美燕、黄建明、王玲君。

本标准所代替标准的历次版本发布情况为：GB 8918—1988；GB/T 8918—1996。

重要用途钢丝绳

1 范围

本标准规定了重要用途钢丝绳的分类、订货内容、材料、技术要求、检查与试验、验收方法、包装、标志及质量证明书。

本标准适用于矿井提升、高炉卷扬、大型浇铸、石油钻井、大型吊装、繁忙起重、索道、地面缆车、船舶和海上设施等用途的圆股及异形股钢丝绳。

2 规范性引用文件

下列文件中的条款通过本标准的引用而成为本标准的条款。凡是注日期的引用文件，其随后所有的修改单(不包括勘误的内容)或修订版均不适用于本标准。然而，鼓励根据本标准达成协议的各方研究是否可使用这些文件的最新版本。凡是不注日期的引用文件，其最新版本适用于本标准。

GB/T 228 金属材料 室温拉伸试验方法(GB/T 228—2002, ISO 6892:1998, eqv)

GB/T 238 金属材料 线材 反复弯曲试验方法(GB/T 238—2002, ISO 7801:1984, idt)

GB/T 239 金属线材扭转试验方法(GB/T 239—1999, ISO 7800:1984, ISO 9649:1990, eqv)

GB/T 2104 钢丝绳包装、标志及质量证明书的一般规定

GB/T 2973 镀锌钢丝锌层重量试验方法

GB/T 8170 数值修约规则

GB/T 8358 钢丝绳破断拉伸试验方法(GB/T 8358—1987, ISO 3108:1974, eqv)

GB/T 8706 钢丝绳术语(GB/T 8706—1988, ISO 2532:1974, eqv)

GB/T 8707 钢丝绳标记代号(GB/T 8707—1988, ISO 3578:1980, idt)

GB/T 8919 制绳用钢丝

GB/T 15030 剑麻钢丝绳芯

YB/T 081 冶金技术标准的数值修约与检测数值的判定原则

SH/T 0387 钢丝绳表面脂

SH/T 0388 钢丝绳麻芯脂

3 分类

3.1 钢丝绳按其股的断面、股数和股外层钢丝的数目分类，见表1。在圆股和异形股钢丝绳中，如果需方没有明确要求某种结构的钢丝绳时，在同一组别内，结构的选择由供方自行确定。

表1 钢丝绳分类

组别	类别		分类原则	典型结构		直径范围
				钢丝绳	股绳	mm
1	圆股钢丝绳	6×7	6个圆股，每股外层丝可到7根，中心丝（或无）外捻制1～2层钢丝，钢丝等捻距	6×7 6×9W	(1+6) (3+3/3)	8～36 14～36
2	圆股钢丝绳	6×19	6个圆股，每股外层丝8～12根，中心丝外捻制2～3层钢丝，钢丝等捻距	6×19S 6×19W 6×25Fi 6×26WS 6×31WS	(1+9+9) (1+6+6/6) (1+6+6F+12) (1+5+5/5+10) (1+6+6/6+12)	12～36 12～40 12～44 20～40 22～46

表 1（续）

组别	类别		分类原则	典型结构		直径范围
				钢丝绳	股绳	mm
3	圆股钢丝绳	6×37	6 个圆股，每股外层丝 14～18 根，中心丝外捻制 3～4 层钢丝，钢丝等捻距	6×29Fi 6×36WS 6×37S（点线接触） 6×41WS 6×49SWS 6×55SWS	(1+7+7F+14) (1+7+7/7+14) (1+6+15+15) (1+8+8/8+16) (1+8+8+8/8+16) (1+9+9+9/9+18)	14～44 18～60 20～60 32～56 36～60 36～64
4	圆股钢丝绳	8×19	8 个圆股，每股外层丝 8～12 根，中心丝外捻制 2～3 层钢丝，钢丝等捻距	8×19S 8×19W 8×25Fi 8×26WS 8×31WS	(1+9+9) (1+6+6/6) (1+6+6F+12) (1+5+5/5+10) (1+6+6/6+12)	20～44 18～48 16～52 24～48 26～56
5	圆股钢丝绳	8×37	8 个圆股，每股外层丝 14～18 根，中心丝外捻制 3～4 层钢丝，钢丝等捻距	8×36WS 8×41WS 8×49SWS 8×55SWS	(1+7+7/7+14) (1+8+8/8+16) (1+8+8+8/8+16) (1+9+9+9/9+18)	22～60 40～56 44～64 44～64
6	圆股钢丝绳	18×7	钢丝绳中有 17 或 18 个圆股，每股外层丝 4～7 根，在纤维芯或钢芯外捻制 2 层股	17×7 18×7	(1+6) (1+6)	12～60 12～60
7	圆股钢丝绳	18×19	钢丝绳中有 17 或 18 个圆股，每股外层丝 8～12 根，钢丝等捻距钢丝等捻距，在纤维芯或钢芯外捻制 2 层股	18×19W 18×19S	(1+6+6/6) (1+9+9)	24～60 28～60
8	圆股钢丝绳	34×7	钢丝绳中有 34～36 个圆股，每股外层丝可到 7 根，在纤维芯或钢芯外捻制 3 层股	34×7 36×7	(1+6) (1+6)	16～60 20～60
9	圆股钢丝绳	35W×7	钢丝绳中有 24～40 个圆股，每股外层丝 4～8 根，在纤维芯或钢芯（钢丝）外捻制 3 层股	35W×7 24W×7	(1+6)	16～60
10	异形股钢丝绳	6V×7	6 个三角形股，每股外层丝 7～9 根，三角形股芯外捻制 1 层钢丝	6V×18 6V×19	(/3×2+3/+9) (/1×7+3/+9)	20～36 20～36
11	异形股钢丝绳	6V×19	6 个三角形股，每股外层丝 10～14 根，三角形股芯或纤维芯外捻制 2 层钢丝	6V×21 6V×24 6V×30 6V×34	(FC+9+12) (FC +12+12) (6+12+12) (/1×7+3/+12+12)	18～36 18～36 20～38 28～44
12	异形股钢丝绳	6V×37	6 个三角形股，每股外层丝 15～18 根，三角形股芯外捻制 2 层钢丝	6V×37 6V×37S 6V×43	(/1×7+3/+12+15) (/1×7+3/+12+15) (/1×7+3/+15+18)	32～52 32～52 38～58
13	异形股钢丝绳	4V×39	4 个扇形股，每股外层丝 15～18 根，纤维股芯外捻制 3 层钢丝	4V×39S 4V×48S	(FC +9+15+15) (FC +12+18+18)	16～36 20～40
14	异形股钢丝绳	6Q×19+6V×21	钢丝绳中有 12～14 个股，在 6 个三角形股外，捻制 6～8 个椭圆股	6Q×19+ 6V×21 6Q×33+ 6V×21	外股(5+14) 内股(FC +9+12) 外股(5+13+15) 内股(FC +9+12)	40～52 40～60

注 1：13 组及 11 组中异形股钢丝绳中 6V×21、6V×24 结构仅为纤维绳芯，其余组别的钢丝绳，可由需方指定纤维芯或钢芯。

注 2：三角形股芯的结构可以相互代替，或改用其他结构的三角形股芯，但应在订货合同中注明。

注 3：钢丝绳的主要用途推荐，参见附录 D（资料性附录）。

1～9 组钢丝绳可为交互捻和同向捻。其中 6～9 组多层圆股钢丝绳的内层绳捻法，由生产厂确定。

13 组钢丝绳仅为交互捻。

10～12 组和 14 组异形股钢丝绳为同向捻。14 组钢丝绳的内层与外层绳捻向应相反，且内层绳为同向捻。

3.2 钢丝绳按捻法分为右交互捻、左交互捻、右同向捻和左同向捻四种，如图 1～图 4 所示。图 1 和图 2 绳与股捻向相反，图 3 和图 4 绳与股捻向相同。

3.3 钢丝绳的标记代号按 GB/T 8707 的规定；股的结构由中心向外层进行标记。

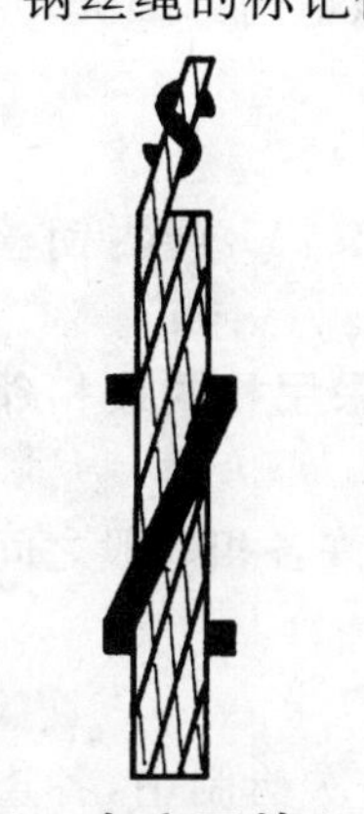

图 1 右交互捻(ZS)

图 2 左交互捻(SZ)

图 3 右同向捻(ZZ)

图 4 左同向捻(SS)

4 订货内容

按本标准订货的合同应包括以下主要内容：

a) 标准号；

b) 产品名称；

c) 结构(标记代号)；

d) 公称直径；

e) 捻法；

f) 表面状态；

g) 公称抗拉强度；

h) 数量(长度)；

i) 用途；

j) 其他要求。

5 钢丝绳材料

5.1 制绳用钢丝

5.1.1 制绳用钢丝应符合 GB/T 8919 中重要用途钢丝的规定。

5.1.2 制绳用钢丝包括股芯丝和填充丝(但组成三角股芯的低碳钢丝、填充丝和补棱丝除外)。

5.2 绳芯

钢丝绳绳芯分为纤维芯和钢芯。

5.2.1 纤维芯

纤维芯应符合 GB/T 15030 的规定或用黄麻、合成纤维及其他能符合要求的纤维制成。除需方另有要求，纤维芯应用具有防腐、防锈性能的润滑油脂浸透。

5.2.2 钢芯

钢芯分为独立的钢丝绳芯(IWR)和钢丝股芯(IWS)。

5.3 油脂

钢丝绳用油脂应符合 SH/T 0387 或其他有关要求的规定。

麻芯脂应符合 SH/T 0388 或其他有关要求的规定。

6 技术要求

6.1 股

6.1.1 股应捻制均匀、紧密。

6.1.2 股芯丝和股纤维芯，应具有足够的支撑作用，以使外层包捻的钢丝能均匀捻制，股中相邻钢丝之间允许有均匀的缝隙。用同直径钢丝制成的股及绳中的钢芯，其中心钢丝和中心股应适当加大。

6.2 钢丝绳

6.2.1 捻制

6.2.1.1 钢丝绳应捻制均匀、紧密和不松散。在展开和无负荷情况下，不得呈波浪状。绳内钢丝不得有交错、折弯和断丝等缺陷，但允许有因变形工卡具压紧造成的钢丝压扁现象存在。

6.2.1.2 钢丝绳制造时，同直径钢丝应为同一公称抗拉强度，不同直径钢丝允许采用相同或相邻公称抗拉强度，但应保证钢丝绳最小破断拉力符合表 9～表 23 中的有关规定。

6.2.1.3 钢丝绳的绳芯应具有足够的支撑作用，以使外层包捻的股均匀捻制。允许各相邻股之间有较均匀的缝隙。

6.2.1.4 镀锌钢丝绳中的所有钢丝都应是镀锌的。

6.2.1.5 钢丝绳中钢丝的接头应尽量减少。钢丝接续时，应用对焊连接。股同一次捻制中，各连接点在股内的距离不得小于 10 m。

6.2.2 涂油

除非需方另有要求，钢丝绳应均匀地连续涂敷防锈润滑油脂；需方要求钢丝绳有增摩性能时，钢丝绳应涂增摩油脂。

6.2.3 直径

6.2.3.1 **公称直径 *D***

钢丝绳的公称直径应符合表 9～表 23 的规定。

6.2.3.2 **实测直径**

钢丝绳的实测直径是按 7.1.1 条规定的方法测得的直径。其偏差为：圆股 $^{+5\%}_{0}$；异形股 $^{+6\%}_{0}$。

6.2.3.3 **不圆度**

钢丝绳的不圆度应不大于钢丝绳公称直径的 4%。

6.2.4 长度

6.2.4.1 **公称长度**

钢丝绳的公称长度应由供需双方在订货合同中注明，所有试样都应包括在订货长度内。

6.2.4.2 **实测长度**

钢丝绳的实测长度按 7.1.2 条规定进行测量。

钢丝绳的实测长度在无负荷状态下允许与订货长度有如下偏差：

≤400m：$^{+5\%}_{0}$；

＞400 m～1 000 m：$^{+20}_{0}$ m；

＞1 000 m：$^{+2\%}_{0}$。

6.2.5 重量

6.2.5.1 **参考重量**

钢丝绳的参考重量见表 9～表 23，用 kg/100 m 表示，并按(1)式计算：

$$M = KD^2 \qquad (1)$$

式中：

M——钢丝绳单位长度的参考重量，单位为：kg/100 m；

D——钢丝绳的公称直径，单位为：mm；

K——充分涂油的某一结构钢丝绳单位长度的重量系数，单位为：kg/100m·mm²。K值在表2中给出。

表2　钢丝绳重量系数和最小破断拉力系数

组别	类　别	钢丝绳重量系数 K			$\frac{K_2}{K_{1n}}$	$\frac{K_2}{K_{1p}}$	最小破断拉力系数 K'		
		天然纤维芯钢丝绳 K_{1n}	合成纤维芯钢丝绳 K_{1p}	钢芯钢丝绳 K_2			纤维芯钢丝绳 K'_1	钢芯钢丝绳 K'_2	$\frac{K'_2}{K'_1}$
		kg/100 m·mm²							
1	6×7	0.351	0.344	0.387	1.10	1.12	0.332	0.359	1.08
2	6×19	0.380	0.371	0.418	1.10	1.13	0.330	0.356	1.08
3	6×37								
4	8×19	0.357	0.344	0.435	1.22	1.26	0.293	0.346	1.18
5	8×37								
6	18×7	0.390		0.430	1.10	1.10	0.310	0.328	1.06
7	18×19								
8	34×7	0.390		0.430	1.10	1.10	0.308	0.318	1.03
9	35W×7	—		0.460	—	—	—	0.360	—
10	6V×7	0.412	0.404	0.437	1.06	1.08	0.375	0.398	1.06
11	6V×19	0.405	0.397	0.429	1.06	1.08	0.360	0.382	1.06
12	6V×37								
13	4V×39	0.410	0.402	—	—	—	0.360	—	—
14	6Q×19+6V×21	0.410	0.402	—	—	—	0.360	—	—

注1：在2组和4组钢丝绳中，当股内钢丝的数目为19根或19根以下时，重量系数应比表中所列的数小3%。

注2：在11组钢丝绳中，股含纤维芯6V×21、6V×24结构钢丝绳的重量系数和最小破断拉力系数，应分别比表中所列的数小8%，6V×30结构钢丝绳的最小破断拉力系数，应比表中所列的数小10%；在12组钢丝绳中，股为线接触结构6V×37S钢丝绳的重量系数和最小破断拉力系数则应分别比表中所列的数大3%。

注3：K_{1P}重量系数是对聚丙烯纤维芯钢绳而言。

6.2.5.2　实测重量

钢丝绳实测重量应按7.1.3条规定。

6.2.6　破断拉力

钢丝绳实测破断拉力应不低于表9～表23的规定。钢丝绳最小破断拉力，用kN表示，并按(2)式计算：

$$F_0 = \frac{K' \cdot D^2 \cdot R_0}{1\,000} \quad \cdots\cdots(2)$$

式中：

F_0——钢丝绳最小破断拉力，单位为kN；

D——钢丝绳公称直径，单位为mm；

R_0——钢丝绳公称抗拉强度，单位为MPa；

K'——某一指定结构钢丝绳的最小破断拉力系数（K'值见表2）。

注：最小钢丝破断拉力总和与钢丝绳最小破断拉力的换算系数见附录A。

6.2.7 伸长

对于矿井提升、架空索道及其他特殊用途的钢丝绳，在使用中的永久伸长应双方协议。

6.2.8 外观

钢丝绳外观不应存在 GB/T 8706 中列出的制造缺陷。

6.3 拆股钢丝

6.3.1 实测直径

钢丝实测直径应符合 GB/T 8919 的有关规定（由于工卡具压紧造成钢丝压扁允许以断面尺寸大的为准）。

6.3.2 表面状态

钢丝表面状态应符合表 3 规定。

6.3.3 抗拉强度

6.3.3.1 公称抗拉强度

钢丝的公称抗拉强度应符合表 3 规定，表中数值是抗拉强度的下限，上限等于下限加上表 4 规定的允差。

表 3 钢丝表面状态及公称抗拉强度

表面状态	公称抗拉强度/MPa				
光面和 B 级镀锌	1570	1670	1770	1870	1960
AB 级镀锌	1570	1670	1770	1870	—
A 级镀锌	1570	1670	1770	1870	—

6.3.3.2 强度允差

强度允差应符合表 4 规定。

表 4 强度允差

钢丝公称直径 d/mm	强度允差/MPa
$0.6 \leqslant d < 1$	350
$1 \leqslant d < 1.5$	320
$1.5 \leqslant d < 2$	290
$d \geqslant 2$	260

6.3.4 反复弯曲

钢丝的反复弯曲次数应符合表 5 的规定。

表 5 最小反复弯曲次数

钢丝公称直径 d	弯芯半径	光面及 B 级镀锌钢丝					AB 级镀锌钢丝				A 级镀锌钢丝			
mm		公称抗拉强度/MPa												
		1 570	1 670	1 770	1 870	1 960	1 570	1 670	1 770	1 870	1 570	1 670	1 770	1 870
$0.6 \leqslant d < 0.65$	1.75	12	11	11	10	10	10	9	9	8	8	7	7	6
$0.65 \leqslant d < 0.7$		11	10	10	9	9	9	8	8	7	7	6	6	5
$0.7 \leqslant d < 0.75$	2.50	16	15	15	14	14	15	14	14	13	13	12	12	11
$0.75 \leqslant d < 0.8$		15	14	14	13	13	14	13	13	12	12	11	11	10
$0.8 \leqslant d < 0.9$		13	12	12	11	11	12	11	11	10	10	9	9	8
$0.9 \leqslant d < 1$		12	11	11	10	10	11	10	10	9	9	8	8	7

表 5（续）

钢丝公称直径 d	弯芯半径	光面及 B 级镀锌钢丝					AB 级镀锌钢丝				A 级镀锌钢丝			
mm		公称抗拉强度/MPa												
		1 570	1 670	1 770	1 870	1 960	1 570	1 670	1 770	1 870	1 570	1 670	1 770	1 870
1≤d<1.1	3.75	17	16	16	15	15	16	15	15	14	14	13	13	12
1.1≤d<1.2		15	14	14	13	13	14	13	13	12	12	11	11	10
1.2≤d<1.3		13	12	12	11	11	12	11	11	10	10	9	9	8
1.3≤d<1.4		12	11	11	10	10	11	10	10	9	9	8	8	7
1.4≤d<1.5		11	10	10	9	9	10	9	9	8	8	7	7	6
1.5≤d<1.6	5.00	14	13	13	12	12	13	12	12	11	11	10	10	9
1.6≤d<1.7		13	12	12	11	11	12	11	11	10	10	9	9	8
1.7≤d<1.8		12	11	11	10	10	11	10	10	9	9	8	8	7
1.8≤d<1.9		11	10	10	9	9	10	9	9	8	8	7	7	6
1.9≤d<2		10	9	9	8	8	9	8	8	7	7	6	6	5
2≤d<2.1	7.50	15	14	14	13	13	14	13	13	12	12	11	11	10
2.1≤d<2.2		14	13	13	12	12	13	12	12	11	11	10	10	9
2.2≤d<2.3		13	12	12	11	11	12	11	11	10	10	9	9	8
2.3≤d<2.4		13	12	12	11	11	12	11	11	10	10	9	9	8
2.4≤d<2.5		12	11	11	10	10	11	10	10	9	9	8	8	7
2.5≤d<2.6		11	10	10	9	9	10	9	9	8	8	7	7	6
2.6≤d<2.7		10	9	9	8	8	9	8	8	7	7	6	6	5
2.7≤d<2.8		10	9	9	8	8	9	8	8	7	7	6	6	5
2.8≤d<2.9		9	8	8	7	7	8	7	7	6	6	5	5	4
2.9≤d<3		9	8	8	7	7	8	7	7	6	6	5	5	4
3≤d<3.1	10.00	12	11	11	10	10	11	10	10	9	9	8	8	7
3.1≤d<3.2		12	11	11	10	10	11	10	10	9	9	8	8	7
3.2≤d<3.3		11	10	10	9	9	10	9	9	8	8	7	7	6
3.3≤d<3.4		11	10	10	9	9	10	9	9	8	8	7	7	6
3.4≤d<3.5		10	9	9	8	8	9	8	8	7	7	6	6	5
3.5≤d<3.6		9	8	8	7	7	8	7	7	6	6	5	5	4
3.6≤d<3.7		8	7	7	6	6	7	6	6	5	5	4	4	3
3.7≤d<3.8		7	6	6	5	5	6	5	5	4	5	4	4	3
3.8≤d<3.9		7	6	6	5	5	6	5	5	4	5	4	4	3
3.9≤d<4		6	5	5	4	4	5	4	4	3	4	3	3	2
4≤d<4.1	15.00	13	12	12	11	11	12	11	11	10	8	7	7	6
4.1≤d<4.2		12	11	11	10	10	11	10	10	9	7	6	6	5
4.2≤d<4.3		11	10	10	9	9	10	9	9	8	7	6	6	5
4.3≤d<4.4		11	10	10	9	9	10	9	9	8	7	6	6	5
4.4		10	9	9	8	8	9	8	8	7	6	5	5	4

6.3.5 扭转

钢丝的扭转次数应符合表 6 的规定。

对于异形股钢丝绳：

股中钢丝超过一层的，应比表6所列的扭转次数减少一次；股中钢丝只有一层的应比表6所列的扭转次数减少二次。

表6 最小扭转次数

钢丝公称直径 d	试验长度	光面及B级镀锌钢丝					AB级镀锌钢丝				A级镀锌钢丝			
mm		公称抗拉强度/MPa												
		1 570	1 670	1 770	1 870	1 960	1 570	1 670	1 770	1 870	1 570	1 670	1 770	1 870
0.6≤d<1	100×d	33	31	31	25	25	30	27	27	24	21	19	19	17
1≤d<1.3		31	29	29	24	24	28	25	25	22	19	17	17	15
1.3≤d<1.8		30	27	27	23	23	27	23	23	20	18	16	16	14
1.8≤d<2.3		28	26	26	21	21	25	22	22	19	17	14	14	12
2.3≤d<3		26	23	23	19	19	23	20	20	17	14	11	11	9
3≤d<3.4		24	21	21	18	18	21	18	18	15	9	7	7	6
3.4≤d<3.5		22	19	19	16	16	20	16	16	13	8	6	6	5
3.5≤d<3.7		20	17	17	13	13	18	14	14	11	7	5	5	4
3.7≤d<4		18	15	15	12	12	16	13	13	10	7	5	5	4
4≤d<4.2		16	13	13	10	10	14	11	11	8	6	4	4	3
4.2≤d≤4.4		15	12	12	9	9	13	10	10	7	6	4	4	3

6.3.6 **镀锌层**

6.3.6.1 **级别**

镀锌层级别分为三个级别：B级、AB级和A级。

6.3.6.2 **锌层重量**

镀锌层重量应用单位表面积的镀锌层平均重量表示，单位 g/m²。镀锌层重量应符合表7的规定（异形股除外）。如果锌层重量不符合本标准规定，而其他性能符合光面钢丝绳要求时，则可按光面钢丝绳交货。

表7 最小锌层重量

钢丝公称直径 d/mm	B级	AB级	A级
	g/m²		
0.6≤d<0.7	50	85	110
0.7≤d<0.8	60	85	120
0.8≤d<1	70	95	130
1≤d<1.2	80	110	150
1.2≤d<1.5	90	120	165
1.5≤d<1.9	100	130	180
1.9≤d<2.5	110	150	205
2.5≤d<3.2	125	165	230
3.2≤d<3.5	135	190	250
3.5≤d<3.7	135	190	250
3.7≤d<4	135	190	250
4≤d≤4.4	150	200	260

6.4 需方对以上条款有其他要求时，有关技术要求由供需双方协议。

6.5 数值修约按GB/T 8170规定。

7 检查与试验

7.1 钢丝绳检查与试验

7.1.1 直径的测量

7.1.1.1 钢丝绳直径应用带有宽钳口的游标卡尺测量。其钳口的宽度要足以跨越两个相邻的股，见图5。

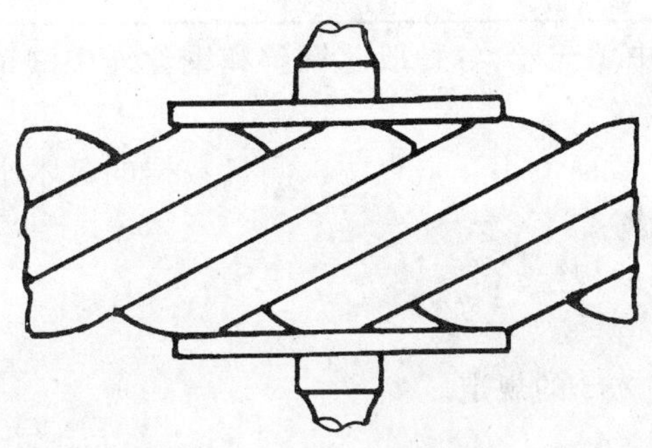

图5 钢丝绳直径测量方法

测量应在无张力的情况下，于钢丝绳端头15 m外的直线部位上进行，在相距至少1 m的两截面上，并在同一截面互相垂直测取两个数值。

四个测量结果的平均值作为钢丝绳的实测直径，该值应符合6.2.3.2的有关规定。

7.1.1.2 不圆度

同一截面测量结果的差与公称直径之比，即为不圆度，应符合6.2.3.3的规定。

7.1.1.3 在有争议的情况下，直径的测量可在给钢丝绳施加不超过最小破断拉力5%的张力情况下进行。

7.1.2 长度的测量

测量钢丝绳长度的方法应由供需双方协议。钢丝绳长度的测量以米为单位。

7.1.3 重量的测量

钢丝绳的总重量包括钢丝绳、卷轴和包装材料的重量，应用衡器测量，用kg表示。

计算钢丝绳的单位重量时，应用钢丝绳的净重量除以钢丝绳实测长度。钢丝绳的实测单位重量用kg/100 m表示。

7.1.4 破断拉力测定

钢丝绳应逐条进行破断拉力的测定，其测定方法按GB/T 8358的规定。

7.1.5 伸长的测量

钢丝绳伸长的测量应由供需双方协议。

7.1.6 不松散检查

将钢丝绳一端解开相对称的两个股，约有两个捻距长，当这两个股重新恢复到原位后，不应自行再散开(多层股、四股扇形股及编结使用的钢丝绳除外)。

7.1.7 外观检查

钢丝绳及其股外观，用手感和目测检查。

7.2 拆股钢丝试验

7.2.1 试验范围与试验数量

7.2.1.1 钢丝绳拆取的股数：单层股钢丝绳任取一股，多层股钢丝绳按表8的规定(焊接点除外)；用于镀锌层试验的钢丝数目应为钢丝绳中同一公称直径钢丝总数的10%(修约成整数)。

表 8　多层股钢丝绳拆取的股数

钢丝绳类型	外　层	中　层	内　层
18×7 类、18×19 类	2	—	1
34×7 类	3	2	1
6Q×19+6V×21 类	1	—	1
35W×7 类	3	大小股各 1	1

7.2.1.2　试验的钢丝不包括股中填充丝、各种股芯钢丝和钢丝绳中的钢芯。

7.2.2　直径的测量

钢丝实测直径应为钢丝同一截面上相互垂直两次测量数据的算术平均值。

7.2.3　拉力试验

拉力试验应符合 GB/T 228 的规定。

7.2.4　反复弯曲试验

反复弯曲试验应符合 GB/T 238 的规定。

7.2.5　扭转试验

扭转试验应符合 GB/T 239 的规定。

7.2.6　镀锌层试验

钢丝镀锌层试验应符合 GB/T 2973 的规定。

7.2.7　合格条件

钢丝绳拆股钢丝应符合下述要求：

a)　任一种直径的不合格钢丝数不得超过一根，或

b)　如果任一种直径的不合格钢丝数为两根或两根以上，则应对该种直径的其他钢丝逐根进行不合格项目的试验。若不合格的钢丝数不大于同种直径钢丝数的 4%（修约成整数），则该钢丝绳合格。

同一根钢丝有多项不合格时，只按一根计算。

7.3　当一条钢丝绳截成数条交货时，则从其中任选一条取样试验，如果合格，其余各条免于试验，否则应逐条进行试验。

7.4　钢丝绳力学性能的考核

根据实测钢丝绳破断拉力，查表 9～表 23 对钢丝绳公称抗拉强度进行考核。

7.4.1　钢丝绳内钢丝为同一公称抗拉强度时，钢丝绳的公称抗拉强度与钢丝的公称抗拉强度相同；当钢丝绳内的钢丝为不同公称抗拉强度时，钢丝绳的公称抗拉强度应符合钢丝的公称抗拉强度之一。

7.4.2　拆股钢丝的抗拉强度、反复弯曲和扭转值，按钢丝的公称抗拉强度考核。

7.5　仲裁检验

当供需双方对任一试验结果有争议时，应在双方同意的检验机构进行仲裁检验。

若这些试验结果符合标准和订货合同要求，认为该钢丝绳合格。

8　验收

8.1　钢丝绳出厂前的检查，应在供方进行。

8.2　需方的验收，可委托有钢丝绳检定资格的检测部门进行。验收的依据是本标准和订货合同，验收期不应超过一年（以出厂日期为准）。

8.3　当在制造厂（供方）进行验收试验时，制造厂应提供必要的试样、设备和人力。

9　包装、标志及质量证明书

钢丝绳的包装、标志及质量证明书按 GB/T 2104 的规定。

第1组6×7类　表9图

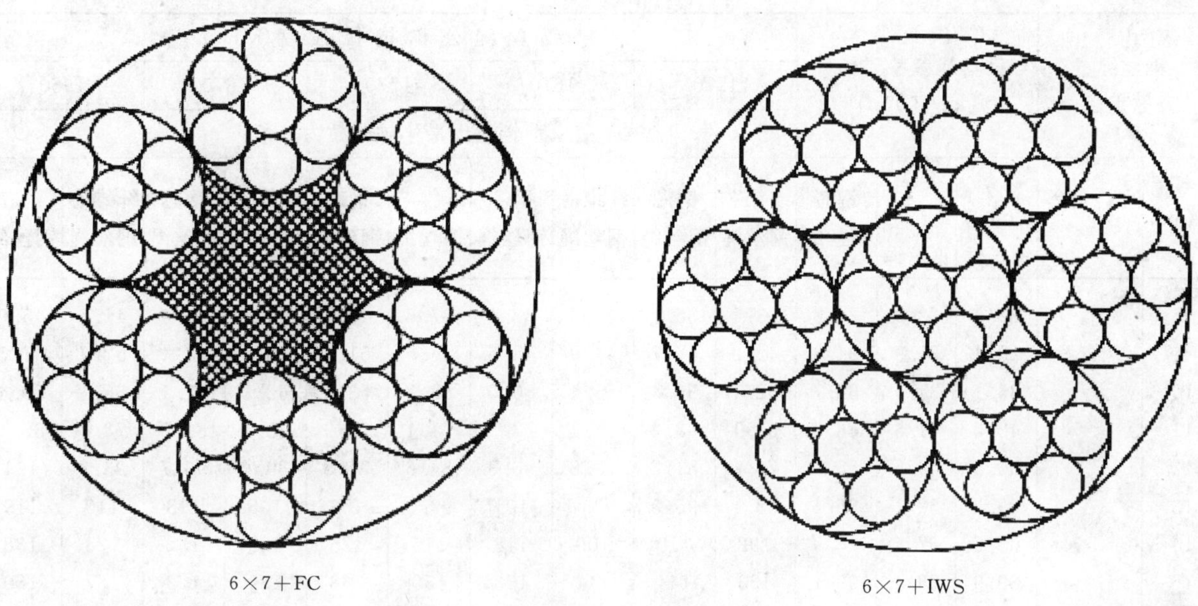

6×7+FC　　6×7+IWS

直径：8 mm～36 mm

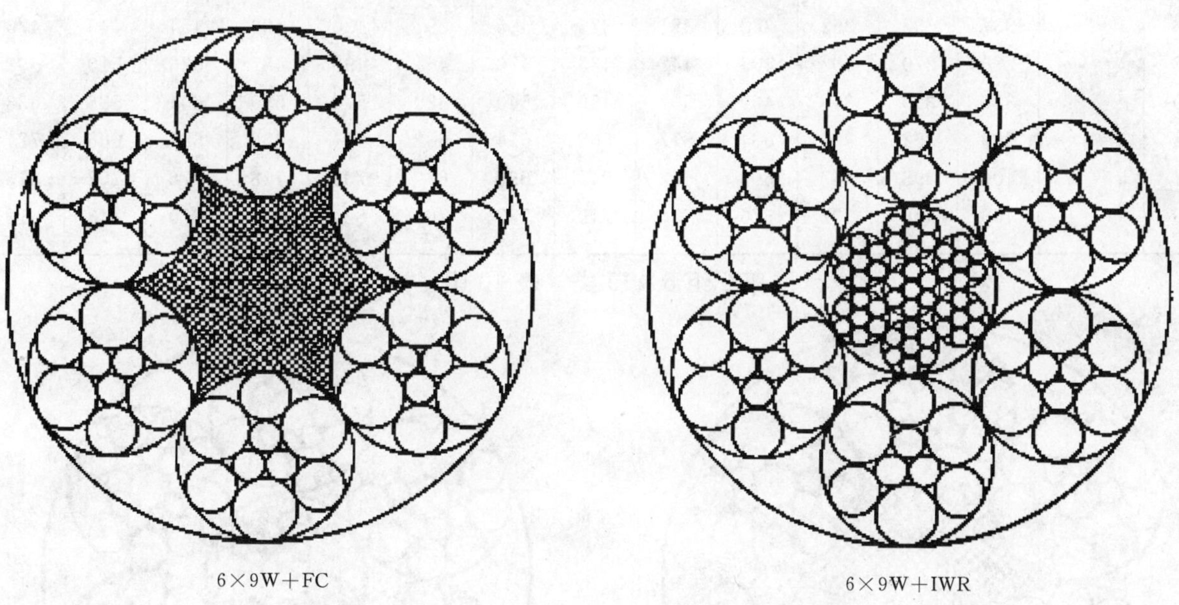

6×9W+FC　　6×9W+IWR

直径：14 mm～36 mm

表 9　力学性能

钢丝绳结构：6×7+FC　6×7+IWS　6×9W+FC　6×9W+IWR

钢丝绳公称直径		钢丝绳参考重量/(kg/100 m)			钢丝绳公称抗拉强度/MPa									
					1570		1670		1770		1870		1960	
					钢丝绳最小破断拉力/kN									
D/mm	允许偏差/%	天然纤维芯钢丝绳	合成纤维芯钢丝绳	钢芯钢丝绳	纤维芯钢丝绳	钢芯钢丝绳	纤维芯钢丝绳	钢芯钢丝绳	纤维芯钢丝绳	钢芯钢丝绳	纤维芯钢丝绳	钢芯钢丝绳	纤维芯钢丝绳	钢芯钢丝绳
8		22.5	22.0	24.8	33.4	36.1	35.5	38.4	37.6	40.7	39.7	43.0	41.6	45.0
9		28.4	27.9	31.3	42.2	45.7	44.9	48.6	47.6	51.5	50.3	54.4	52.7	57.0
10		35.1	34.4	38.7	52.1	56.4	55.4	60.0	58.8	63.5	62.1	67.1	65.1	70.4
11		42.5	41.6	46.8	63.1	68.2	67.1	72.5	71.1	76.9	75.1	81.2	78.7	85.1
12		50.5	49.5	55.7	75.1	81.2	79.8	86.3	84.6	91.5	89.4	96.7	93.7	101
13		59.3	58.1	65.4	88.1	95.3	93.7	101	99.3	107	105	113	110	119
14		68.8	67.4	75.9	102	110	109	118	115	125	122	132	128	138
16		89.9	88.1	99.1	133	144	142	153	150	163	159	172	167	180
18	+5	114	111	125	169	183	180	194	190	206	201	218	211	228
20	0	140	138	155	208	225	222	240	235	254	248	269	260	281
22		170	166	187	252	273	268	290	284	308	300	325	315	341
24		202	198	223	300	325	319	345	338	366	358	387	375	405
26		237	233	262	352	381	375	405	397	430	420	454	440	476
28		275	270	303	409	442	435	470	461	498	487	526	510	552
30		316	310	348	469	507	499	540	529	572	559	604	586	633
32		359	352	396	534	577	568	614	602	651	636	687	666	721
34		406	398	447	603	652	641	693	679	735	718	776	752	813
36		455	446	502	676	730	719	777	762	824	805	870	843	912

第 2 组 6×19 类　表 10 图

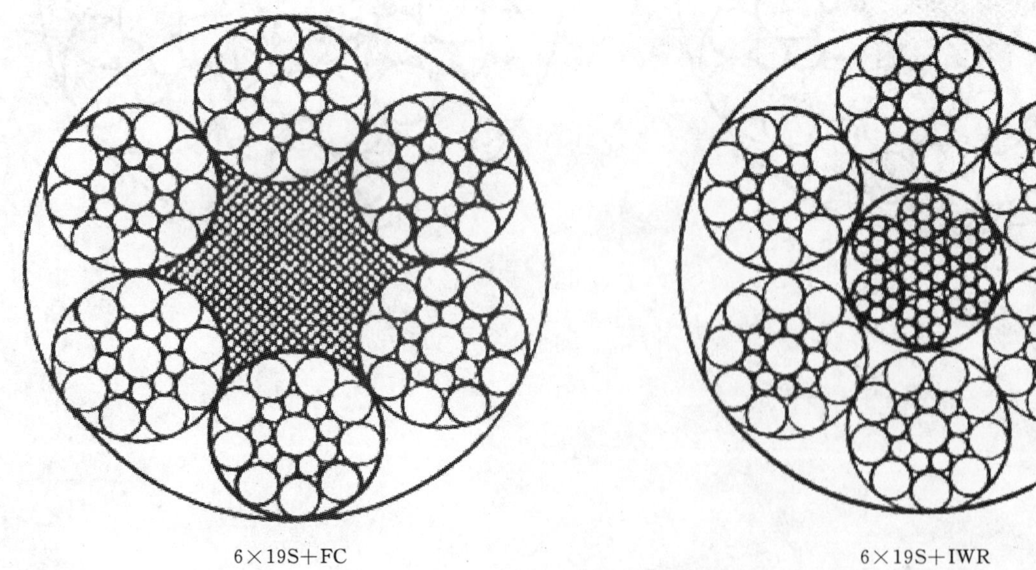

6×19S+FC　　6×19S+IWR

直径：12 mm～36 mm

第 2 组 6×19 类　表 10 图（续）

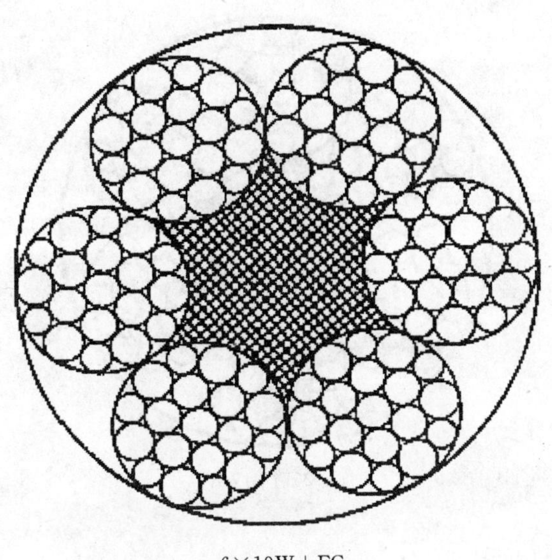

6×19W+FC

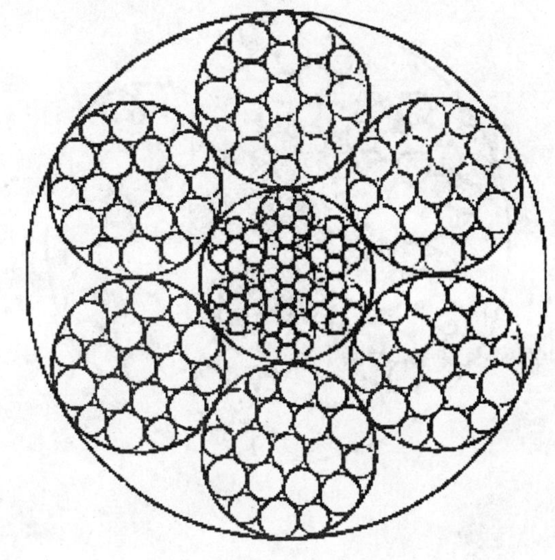

6×19W+IWR

直径：12 mm～40 mm

表 10　力学性能

钢丝绳结构 6×19S+FC　6×19S+IWR　6×19W+FC　6×19W+IWR

钢丝绳公称直径		钢丝绳参考重量/(kg/100 m)			钢丝绳公称抗拉强度/MPa									
					1570		1670		1770		1870		1960	
					钢丝绳最小破断拉力/kN									
D/mm	允许偏差/%	天然纤维芯钢丝绳	合成纤维芯钢丝绳	钢芯钢丝绳	纤维芯钢丝绳	钢芯钢丝绳	纤维芯钢丝绳	钢芯钢丝绳	纤维芯钢丝绳	钢芯钢丝绳	纤维芯钢丝绳	钢芯钢丝绳	纤维芯钢丝绳	钢芯钢丝绳
12	+5 0	53.1	51.8	58.4	74.6	80.5	79.4	85.6	84.1	90.7	88.9	95.9	93.1	100
13		62.3	60.8	68.5	87.6	94.5	93.1	100	98.7	106	104	113	109	118
14		72.2	70.5	79.5	102	110	108	117	114	124	121	130	127	137
16		94.4	92.1	104	133	143	141	152	150	161	158	170	166	179
18		119	117	131	168	181	179	193	189	204	200	216	210	226
20		147	144	162	207	224	220	238	234	252	247	266	259	279
22		178	174	196	251	271	267	288	283	304	299	322	313	338
24		212	207	234	298	322	317	342	336	363	355	383	373	402
26		249	243	274	350	378	373	402	395	426	417	450	437	472
28		289	282	318	406	438	432	466	458	494	484	522	507	547
30		332	324	365	466	503	496	535	526	567	555	599	582	628
32		377	369	415	531	572	564	609	598	645	632	682	662	715
34		426	416	469	599	646	637	687	675	728	713	770	748	807
36		478	466	525	671	724	714	770	757	817	800	863	838	904
38		532	520	585	748	807	796	858	843	910	891	961	934	1010
40		590	576	649	829	894	882	951	935	1010	987	1070	1030	1120

第 2 组 6×19 类　表 11 图

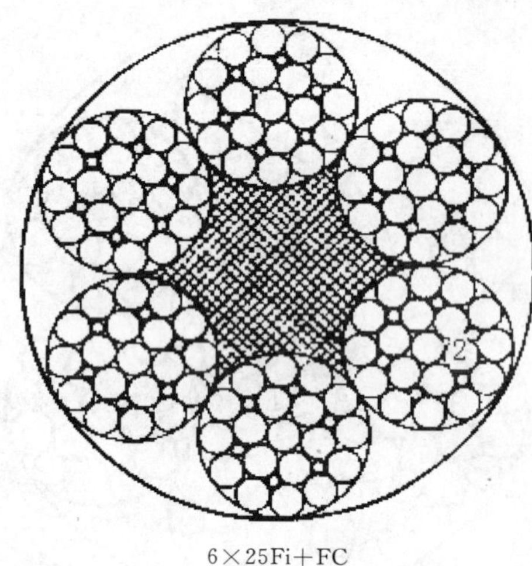

6×25Fi+FC

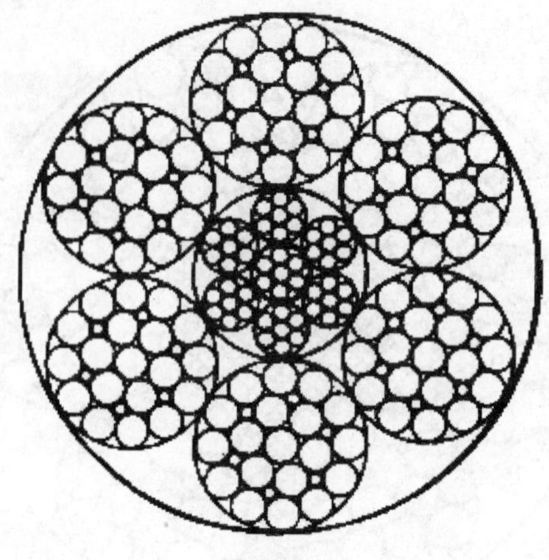

6×25Fi+IWR

直径：12 mm～44 mm

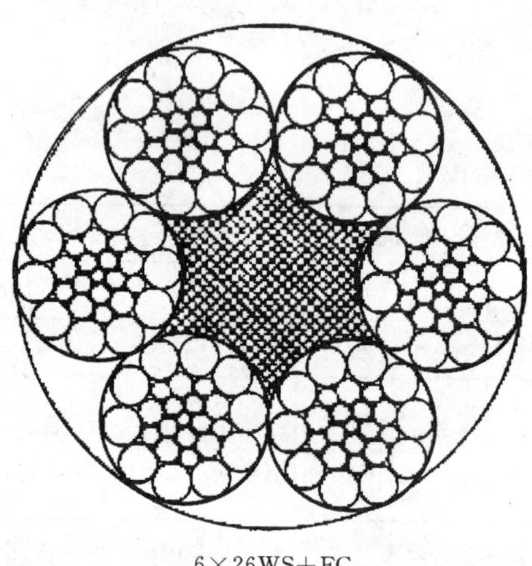

6×26WS+FC

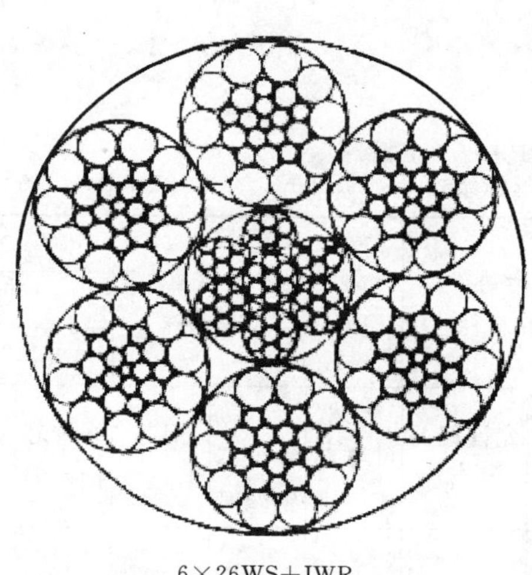

6×26WS+IWR

直径：20 mm～40 mm

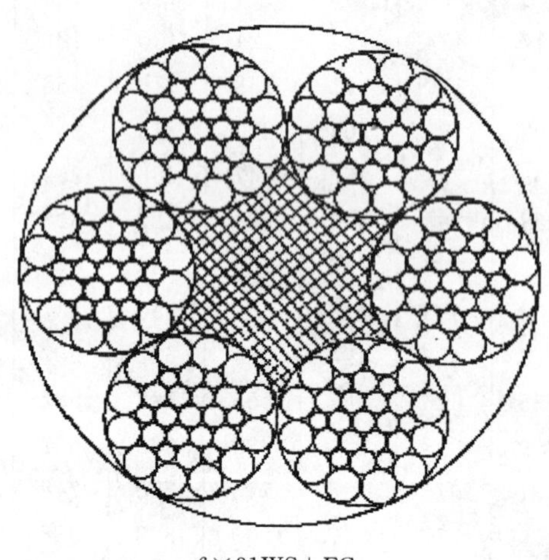

6×31WS+FC

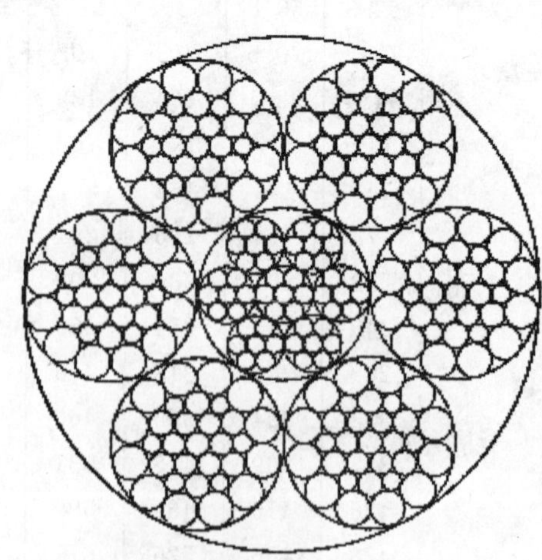

6×31WS+IWR

直径：22 mm～46 mm

第 3 组 6×37 类　表 11 图（续）

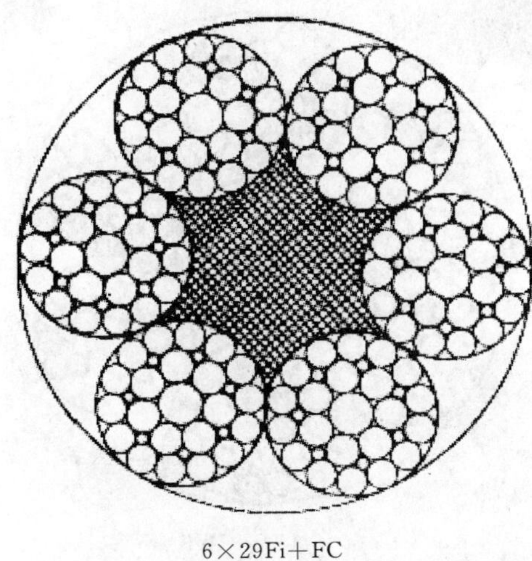

6×29Fi+FC

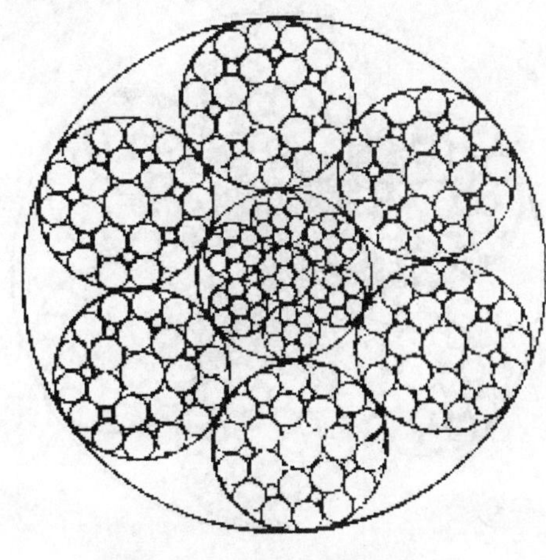

6×29Fi+IWR

直径：14 mm～44 mm

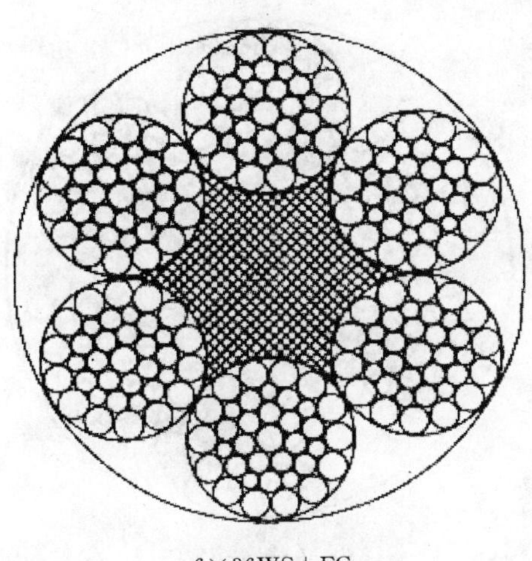

6×36WS+FC

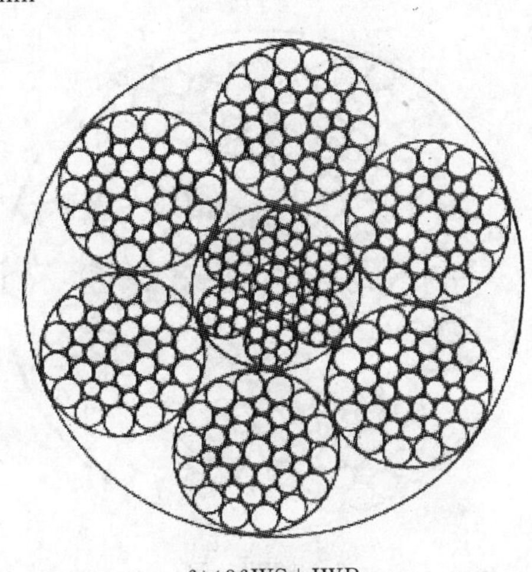

6×36WS+IWR

直径：18 mm～60 mm

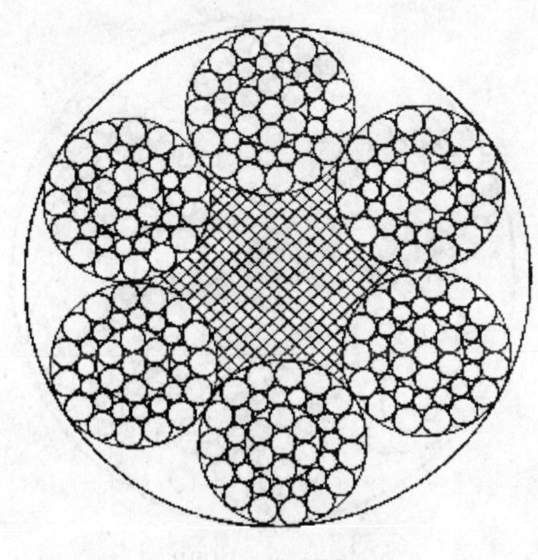

6×37S+FC

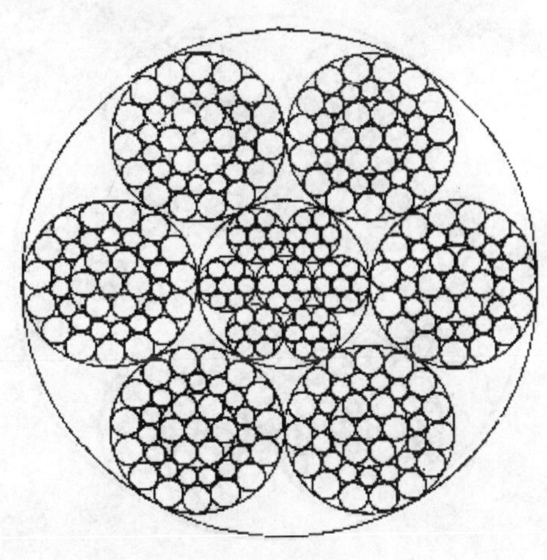

6×37S+IWR

直径：20 mm～60 mm

第 3 组 6×37 类　表 11 图（续）

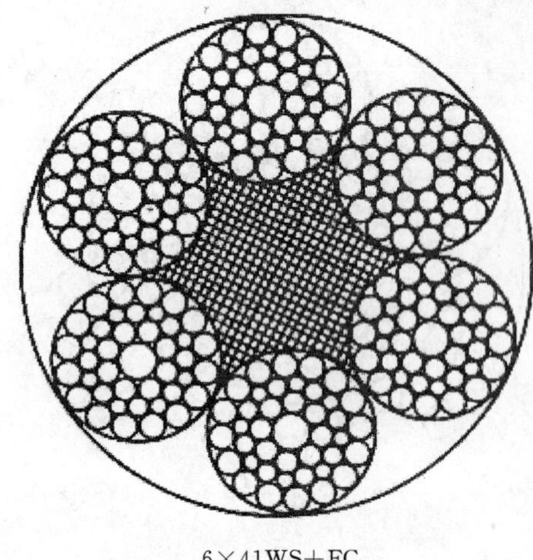

6×41WS+FC

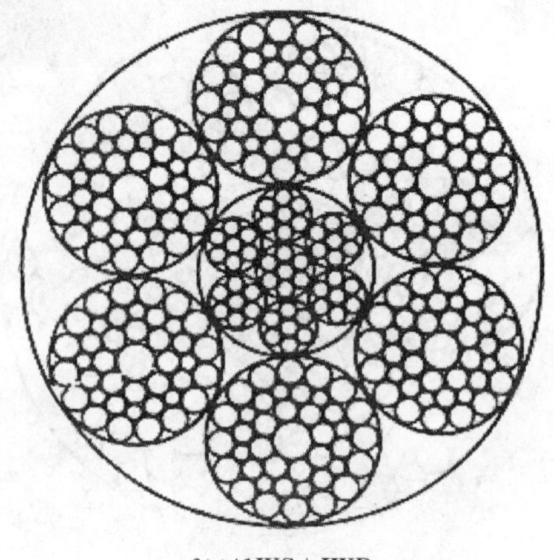

6×41WS+IWR

直径：32 mm～56 mm

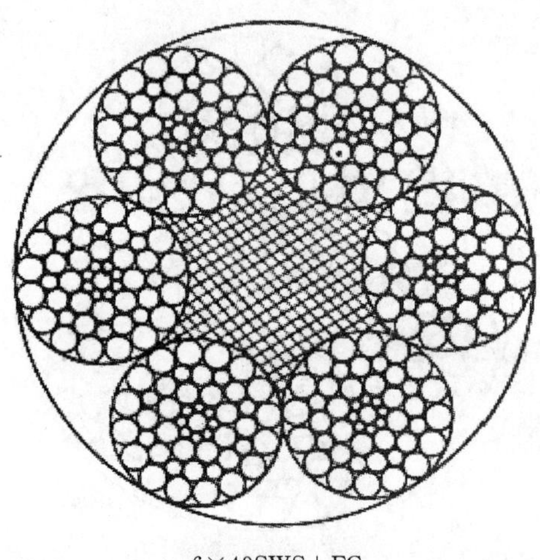

6×49SWS+FC

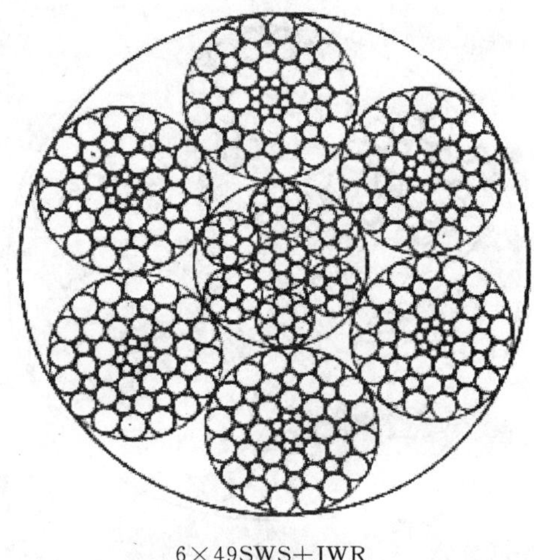

6×49SWS+IWR

直径：36 mm～60 mm

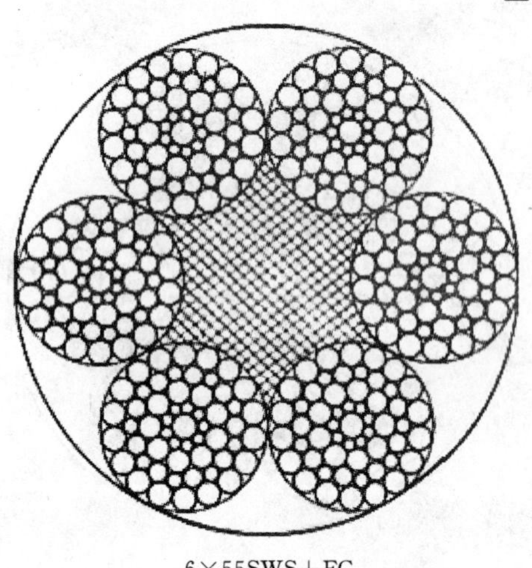

6×55SWS+FC

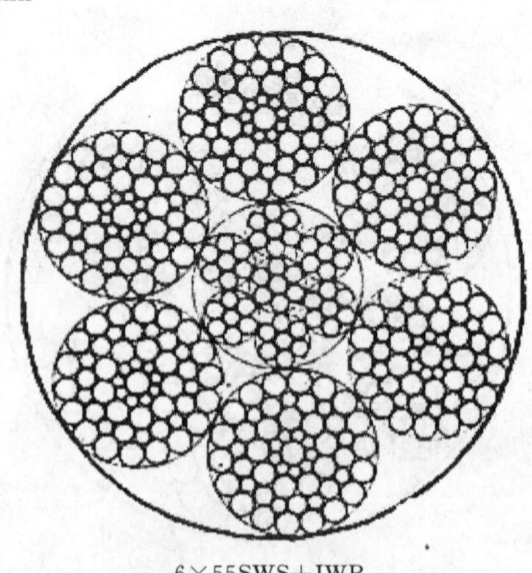

6×55SWS+IWR

直径：36 mm～64 mm

表 11 力学性能

钢丝绳结构：6×25Fi＋FC 6×25Fi＋IWR 6×26WS＋FC 6×26WS＋IWR 6×29Fi＋FC 6×29Fi＋IWR 6×31WS＋FC 6×31WS＋IWR 6×36WS＋FC 6×36WS＋IWR 6×37S＋FC 6×37S＋IWR 6×41WS＋FC 6×41WS＋IWR 6×49SWS＋FC 6×49SWS＋IWR 6×55SWS＋FC 6×55SWS＋IWR

钢丝绳公称直径		钢丝绳参考重量/(kg/100 m)			钢丝绳公称抗拉强度/MPa									
					1570		1670		1770		1870		1960	
					钢丝绳最小破断拉力/kN									
D/mm	允许偏差/%	天然纤维芯钢丝绳	合成纤维芯钢丝绳	钢芯钢丝绳	纤维芯钢丝绳	钢芯钢丝绳	纤维芯钢丝绳	钢芯钢丝绳	纤维芯钢丝绳	钢芯钢丝绳	纤维芯钢丝绳	钢芯钢丝绳	纤维芯钢丝绳	钢芯钢丝绳
12	+5 0	54.7	53.4	60.2	74.6	80.5	79.4	85.6	84.1	90.7	88.9	95.9	93.1	100
13		64.2	62.7	70.6	87.6	94.5	93.1	100	98.7	106	104	113	109	118
14		74.5	72.7	81.9	102	110	108	117	114	124	121	130	127	137
16		97.3	95.0	107	133	143	141	152	150	161	158	170	166	179
18		123	120	135	168	181	179	193	189	204	200	216	210	226
20		152	148	167	207	224	220	238	234	252	247	266	259	279
22		184	180	202	251	271	267	288	283	305	299	322	313	338
24		219	214	241	298	322	317	342	336	363	355	383	373	402
26		257	251	283	350	378	373	402	395	426	417	450	437	472
28		298	291	328	406	438	432	466	458	494	484	522	507	547
30		342	334	376	466	503	496	535	526	567	555	599	582	628
32		389	380	428	531	572	564	609	598	645	632	682	662	715
34		439	429	483	599	646	637	687	675	728	713	770	748	807
36		492	481	542	671	724	714	770	757	817	800	863	838	904
38		549	536	604	748	807	796	858	843	910	891	961	934	1010
40		608	594	669	829	894	882	951	935	1010	987	1070	1030	1120
42		670	654	737	914	986	972	1050	1030	1110	1090	1170	1140	1230
44		736	718	809	1000	1080	1070	1150	1130	1220	1190	1290	1250	1350
46		804	785	884	1100	1180	1170	1260	1240	1330	1310	1410	1370	1480
48		876	855	963	1190	1290	1270	1370	1350	1450	1420	1530	1490	1610
50		950	928	1040	1300	1400	1380	1490	1460	1580	1540	1660	1620	1740
52		1030	1000	1130	1400	1510	1490	1610	1580	1700	1670	1800	1750	1890
54		1110	1080	1220	1510	1630	1610	1730	1700	1840	1800	1940	1890	2030
56		1190	1160	1310	1620	1750	1730	1860	1830	1980	1940	2090	2030	2190
58		1280	1250	1410	1740	1880	1850	2000	1960	2120	2080	2240	2180	2350
60		1370	1340	1500	1870	2010	1980	2140	2100	2270	2220	2400	2330	2510
62		1460	1430	1610	1990	2150	2120	2290	2250	2420	2370	2560	2490	2680
64		1560	1520	1710	2120	2290	2260	2440	2390	2580	2530	2730	2650	2860

第 4 组 8×19 类 表 12 图

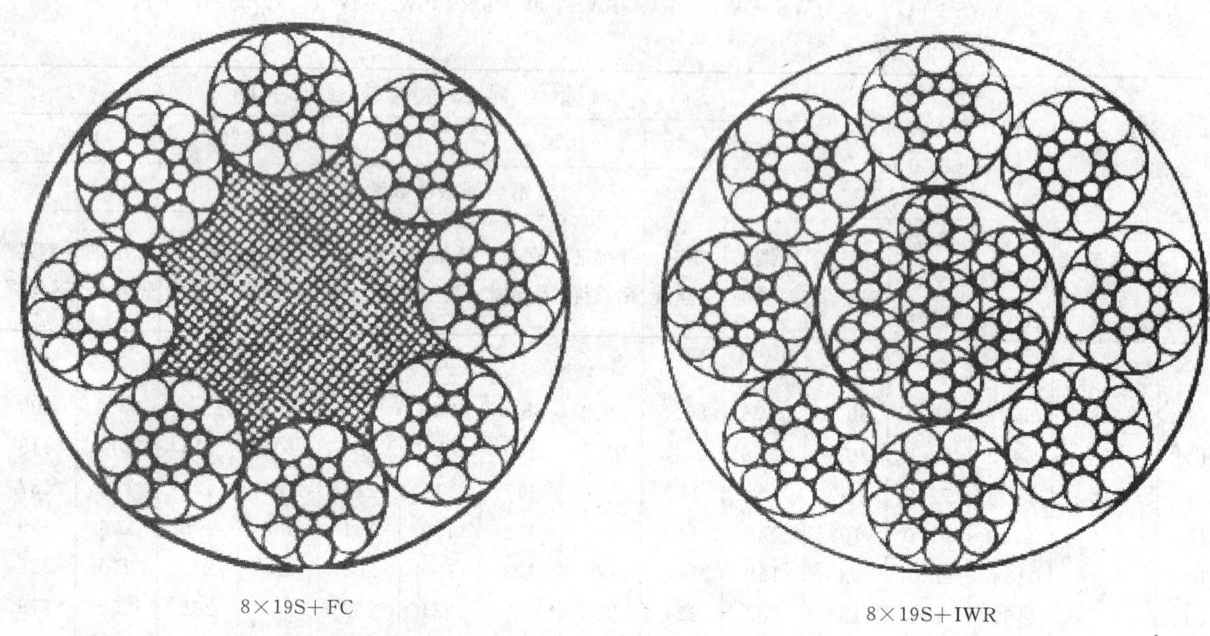

直径:20 mm～44 mm

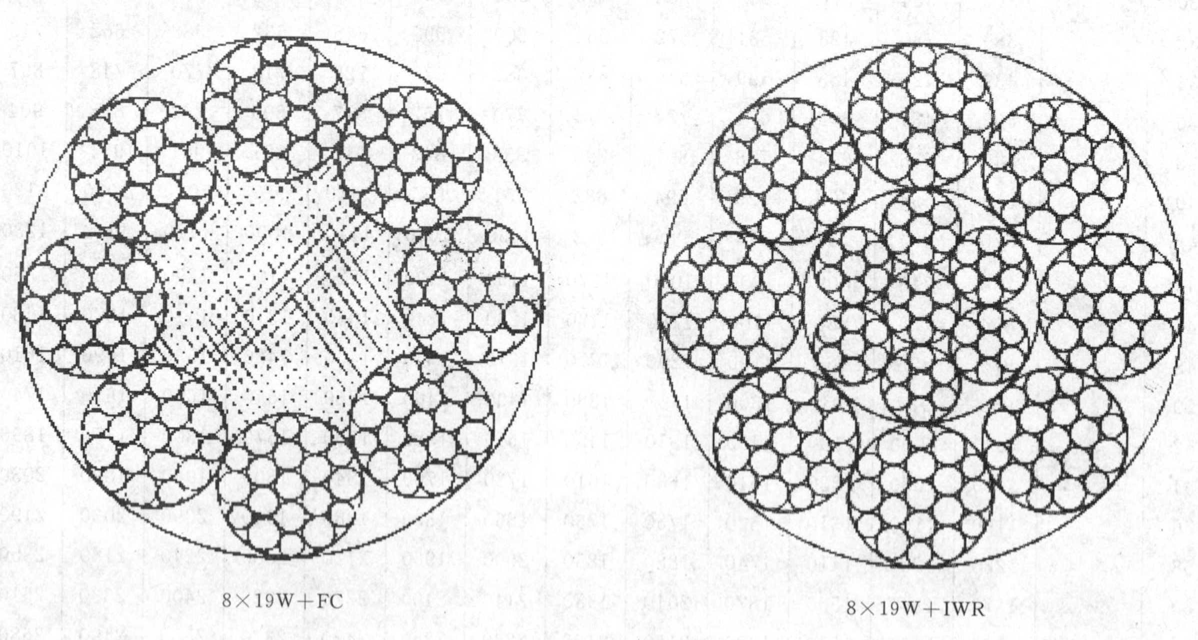

直径:18 mm～48 mm

表 12 力学性能

钢丝绳结构：8×19S+FC 8×19S+IWR 8×19W+FC 8×19W+IWR

钢丝绳公称直径		钢丝绳参考重量/(kg/100 m)			钢丝绳公称抗拉强度/MPa									
					1570		1670		1770		1870		1960	
					钢丝绳最小破断拉力/kN									
D/mm	允许偏差/%	天然纤维芯钢丝绳	合成纤维芯钢丝绳	钢芯钢丝绳	纤维芯钢丝绳	钢芯钢丝绳	纤维芯钢丝绳	钢芯钢丝绳	纤维芯钢丝绳	钢芯钢丝绳	纤维芯钢丝绳	钢芯钢丝绳	纤维芯钢丝绳	钢芯钢丝绳
18		112	108	137	149	176	159	187	168	198	178	210	186	220
20		139	133	169	184	217	196	231	207	245	219	259	230	271
22		168	162	204	223	263	237	280	251	296	265	313	278	328
24		199	192	243	265	313	282	333	299	353	316	373	331	391
26		234	226	285	311	367	331	391	351	414	370	437	388	458
28		271	262	331	361	426	384	453	407	480	430	507	450	532
30		312	300	380	414	489	440	520	467	551	493	582	517	610
32	+5	355	342	432	471	556	501	592	531	627	561	663	588	694
34	0	400	386	488	532	628	566	668	600	708	633	748	664	784
36		449	432	547	596	704	634	749	672	794	710	839	744	879
38		500	482	609	664	784	707	834	749	884	791	934	829	979
40		554	534	675	736	869	783	925	830	980	877	1040	919	1090
42		611	589	744	811	958	863	1020	915	1080	967	1140	1010	1200
44		670	646	817	891	1050	947	1120	1000	1190	1060	1250	1110	1310
46		733	706	893	973	1150	1040	1220	1100	1300	1160	1370	1220	1430
48		798	769	972	1060	1250	1130	1330	1190	1410	1260	1490	1320	1560

第 4 组 8×19 类和第 5 组 8×37 类 表 13 图

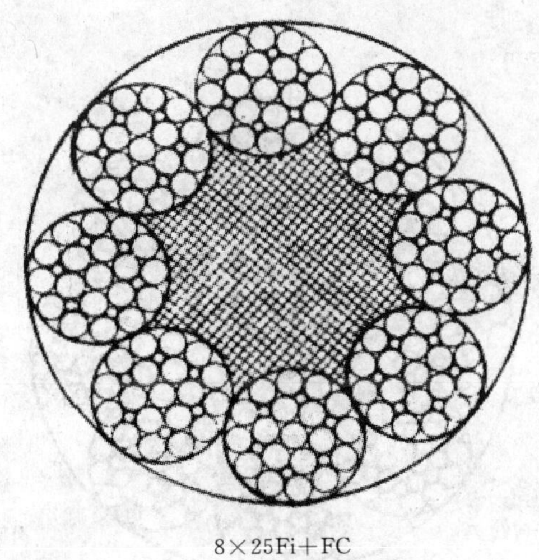

8×25Fi+FC

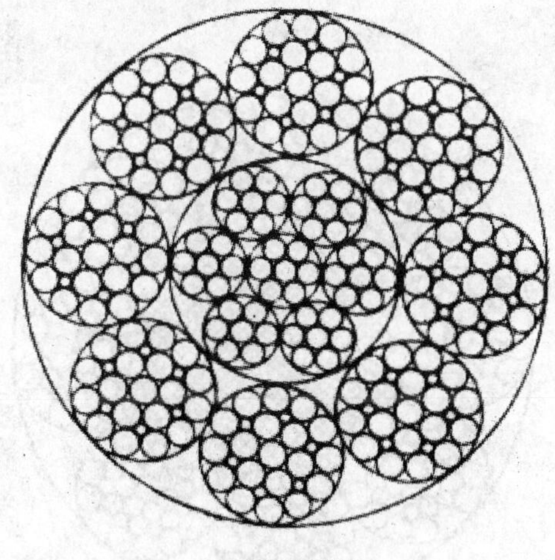

8×25Fi+IWR

直径:16 mm～52 mm

第 4 组 8×19 类和第 5 组 8×37 类　表 13 图（续）

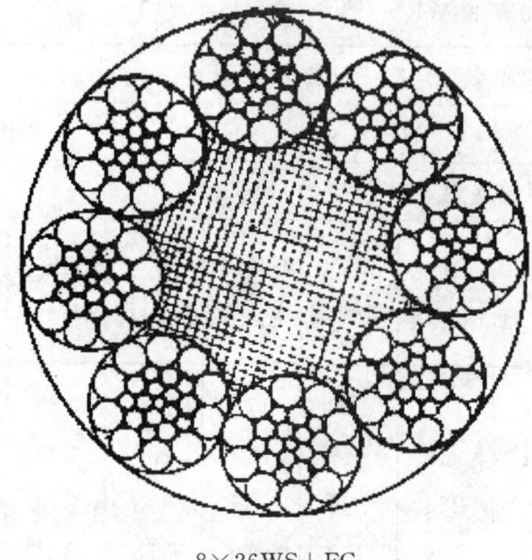
8×26WS+FC

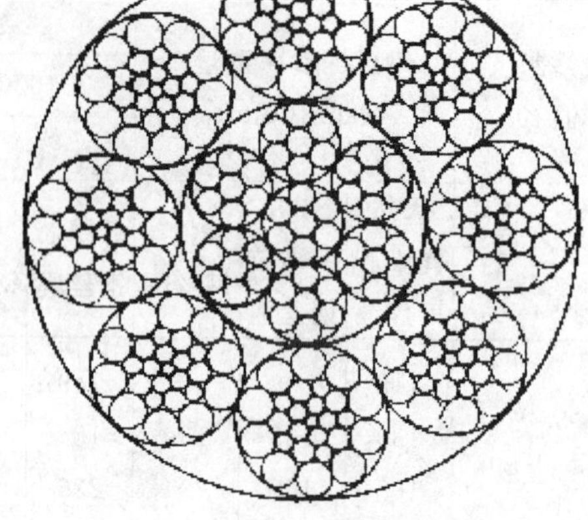
8×26WS+IWR

直径:24 mm～48 mm

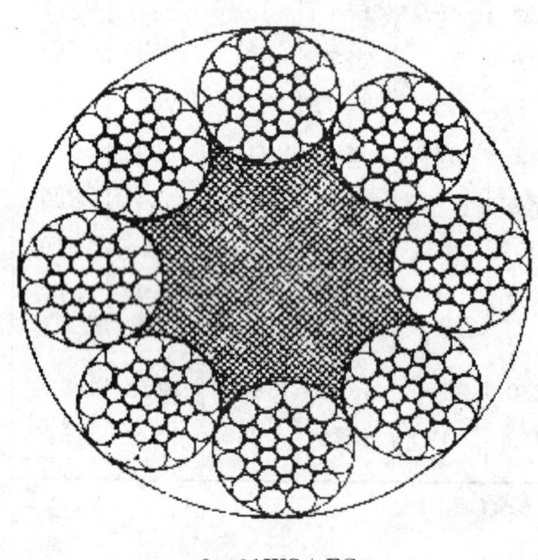
8×31WS+FC

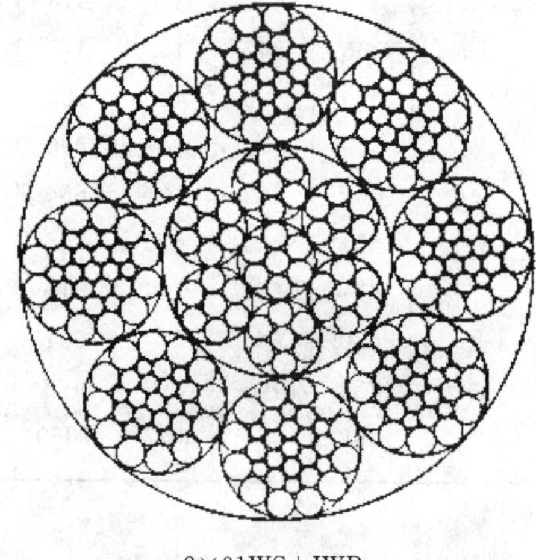
8×31WS+IWR

直径:26 mm～56 mm

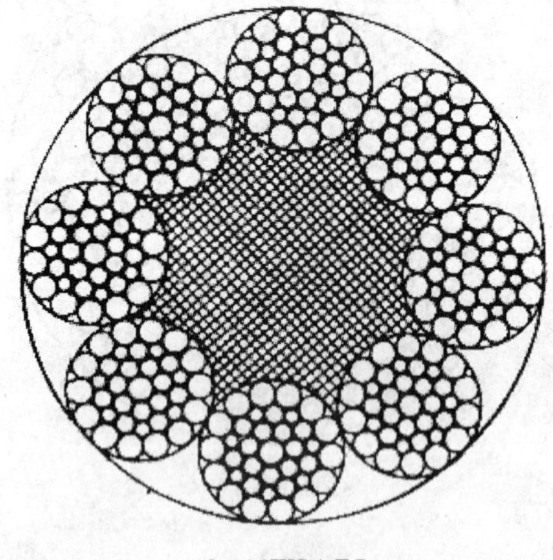
8×36WS+FC

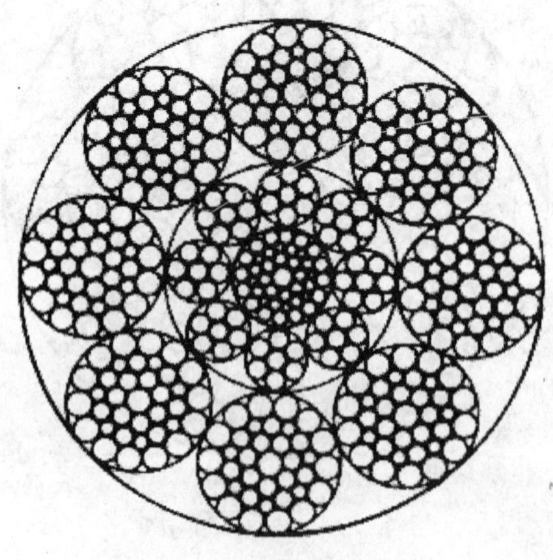
8×36WS+IWR

直径:22 mm～60 mm

第 4 组 8×19 类和第 5 组 8×37 类　表 13 图（续）

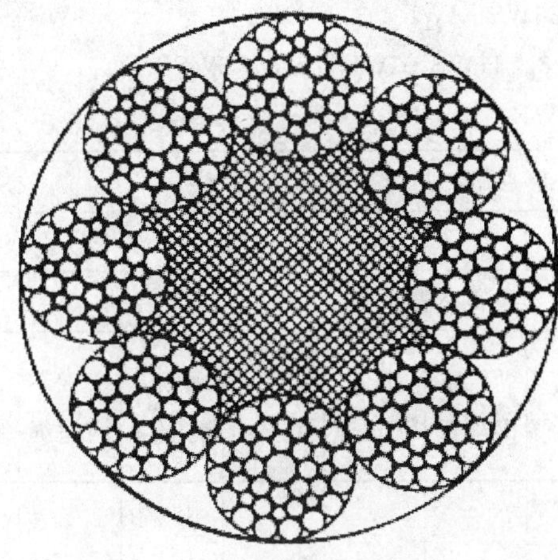

8×41WS+FC

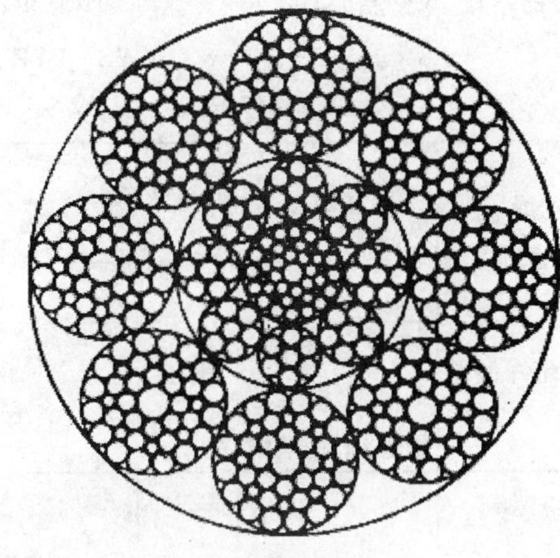

8×41WS+IWR

直径:40 mm～56 mm

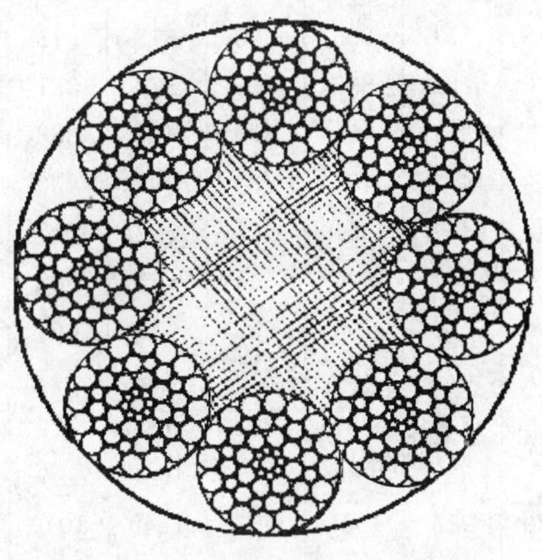

8×49SWS+FC

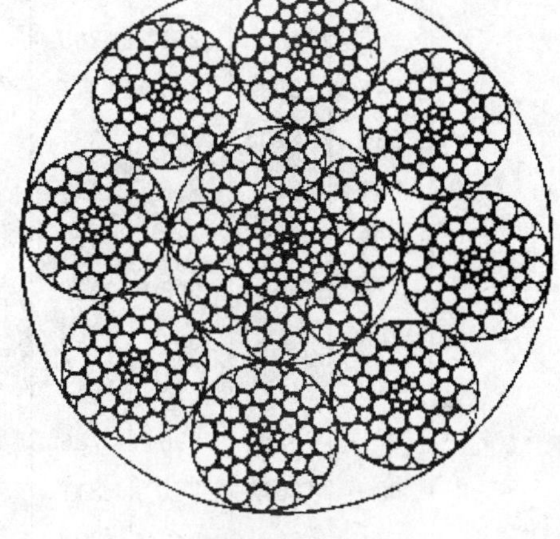

8×49SWS+IWR

直径:44 mm～64 mm

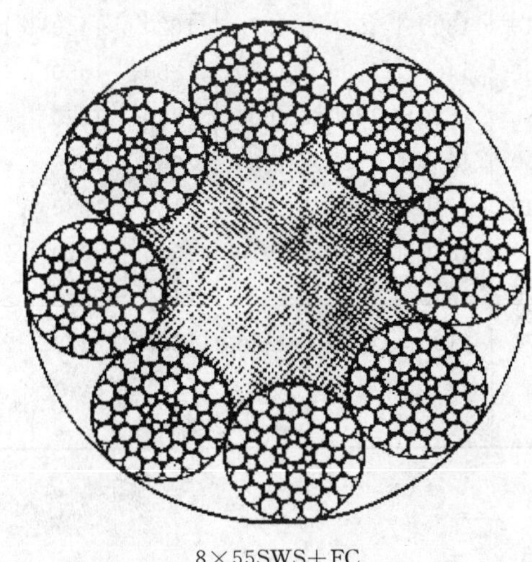

8×55SWS+FC

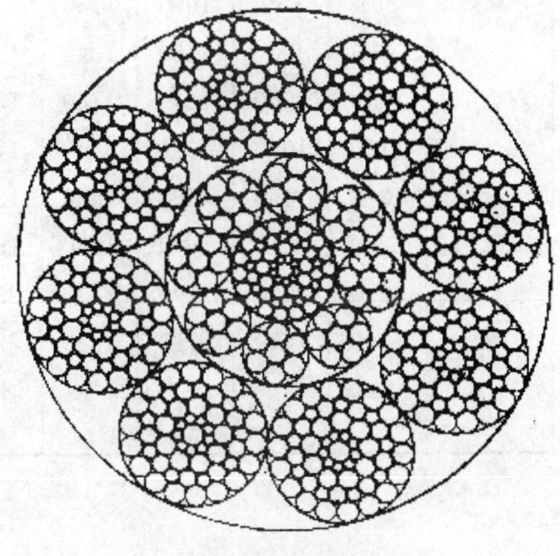

8×55SWS+IWR

直径:44 mm～64 mm

表 13 力学性能

钢丝绳结构：8×25Fi+FC 8×25Fi+IWR 8×26WS+FC 8×26WS+IWR 8×31WS+FC 8×31WS+IWR 8×36WS+FC 8×36WS+IWR 8×41WS+FC 8×41WS+IWR 8×49SWS+FC 8×49SWS+IWR 8×55SWS+FC 8×55SWS+IWR

钢丝绳公称直径		钢丝绳参考重量/(kg/100 m)			钢丝绳公称抗拉强度/MPa									
					1570		1670		1770		1870		1960	
					钢丝绳最小破断拉力/kN									
D/mm	允许偏差/%	天然纤维芯钢丝绳	合成纤维芯钢丝绳	钢芯钢丝绳	纤维芯钢丝绳	钢芯钢丝绳	纤维芯钢丝绳	钢芯钢丝绳	纤维芯钢丝绳	钢芯钢丝绳	纤维芯钢丝绳	钢芯钢丝绳	纤维芯钢丝绳	钢芯钢丝绳
16		91.4	88.1	111	118	139	125	148	133	157	140	166	147	174
18		116	111	141	149	176	159	187	168	198	178	210	186	220
20		143	138	174	184	217	196	231	207	245	219	259	230	271
22		173	166	211	223	263	237	280	251	296	265	313	278	328
24		206	198	251	265	313	282	333	299	353	316	373	331	391
26		241	233	294	311	367	331	391	351	414	370	437	388	458
28		280	270	341	361	426	384	453	407	480	430	507	450	532
30		321	310	392	414	489	440	520	467	551	493	582	517	610
32		366	352	445	471	556	501	592	531	627	561	663	588	694
34		413	398	503	532	628	566	668	600	708	633	748	664	784
36	+5	463	446	564	596	704	634	749	672	794	710	839	744	879
38	0	516	497	628	664	784	707	834	749	884	791	934	829	979
40		571	550	696	736	869	783	925	830	980	877	1040	919	1090
42		630	607	767	811	958	863	1020	915	1080	967	1140	1010	1200
44		691	666	842	891	1050	947	1120	1000	1190	1060	1250	1110	1310
46		755	728	920	973	1150	1040	1220	1100	1300	1160	1370	1220	1430
48		823	793	1000	1060	1250	1130	1330	1190	1410	1260	1490	1320	1560
50		892	860	1090	1150	1360	1220	1440	1300	1530	1370	1620	1440	1700
52		965	930	1180	1240	1470	1320	1560	1400	1660	1480	1750	1550	1830
54		1040	1000	1270	1340	1580	1430	1680	1510	1790	1600	1890	1670	1980
56		1120	1080	1360	1440	1700	1530	1810	1630	1920	1720	2030	1800	2130
58		1200	1160	1460	1550	1830	1650	1940	1740	2060	1840	2180	1930	2280
60		1290	1240	1570	1660	1960	1760	2080	1870	2200	1970	2330	2070	2440
62		1370	1320	1670	1770	2090	1880	2220	1990	2350	2110	2490	2210	2610
64		1460	1410	1780	1880	2230	2000	2370	2120	2510	2240	2650	2350	2780

第 6 组 18×7 类　表 14 图

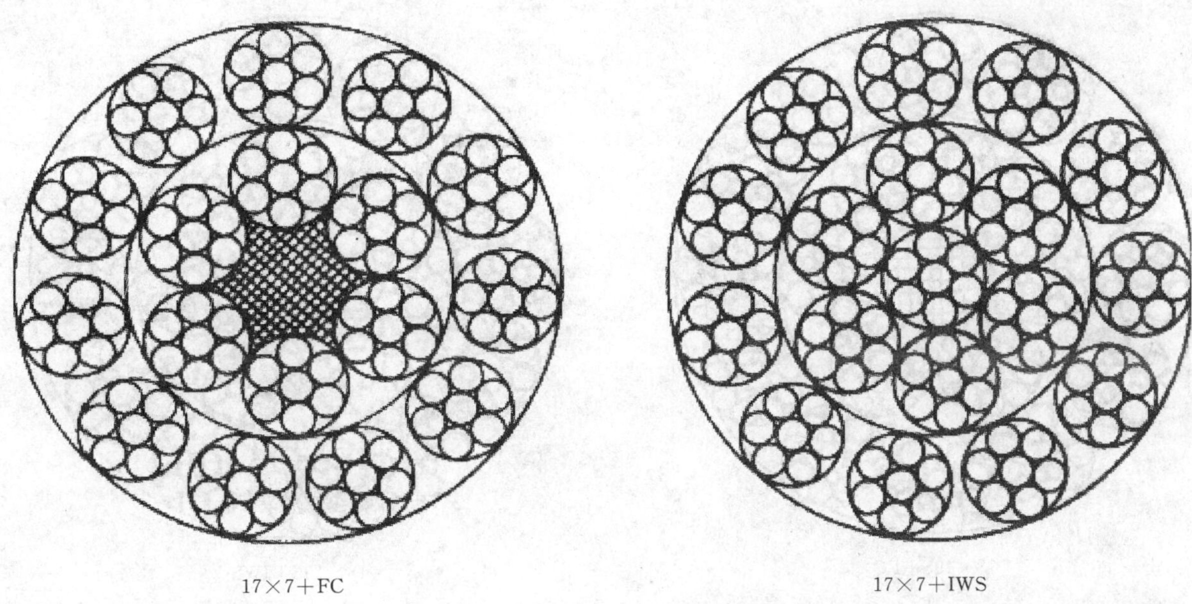

17×7+FC　　17×7+IWS

直径:12 mm～60 mm

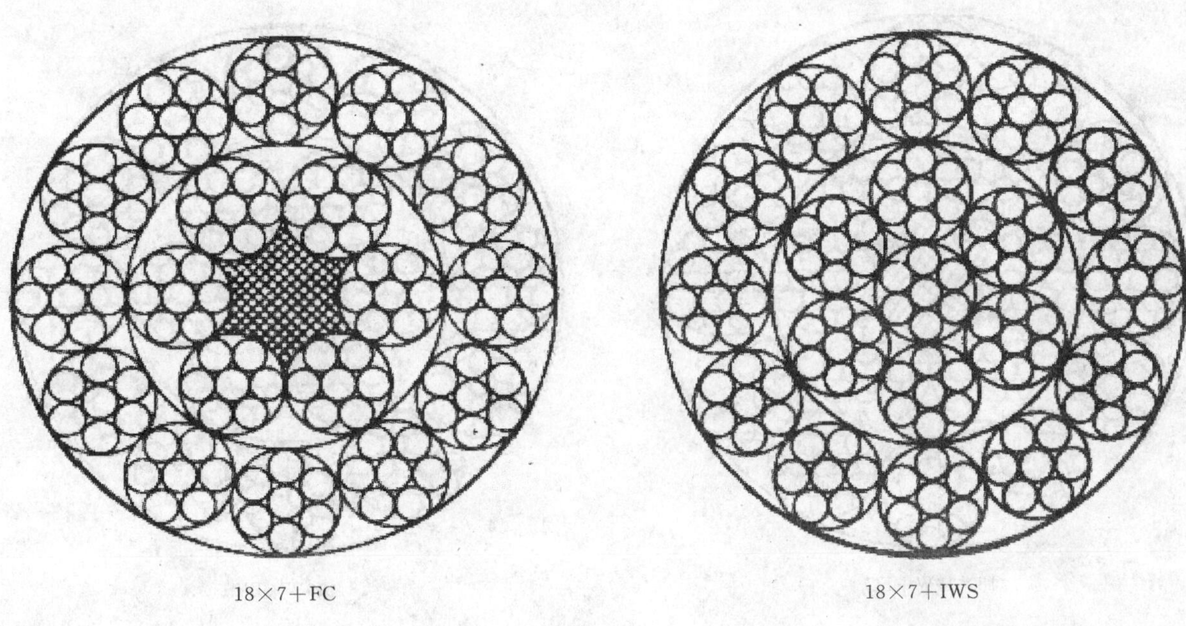

18×7+FC　　18×7+IWS

直径:12 mm～60 mm

第 7 组 18×19 类　表 14 图（续）

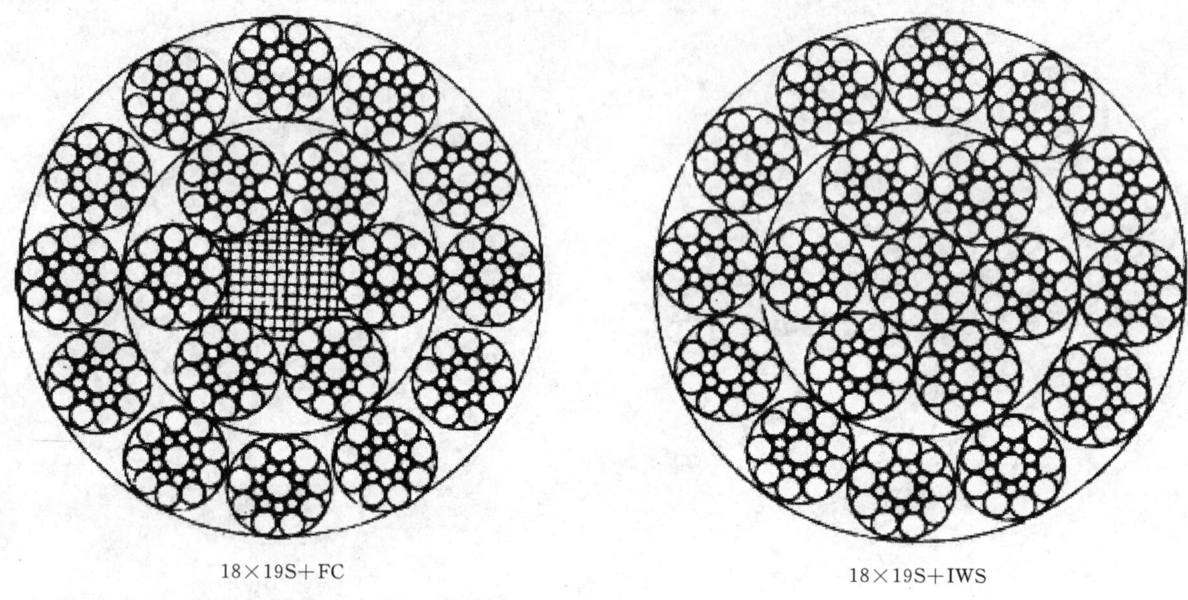

18×19S＋FC　　18×19S＋IWS

直径:28 mm～60 mm

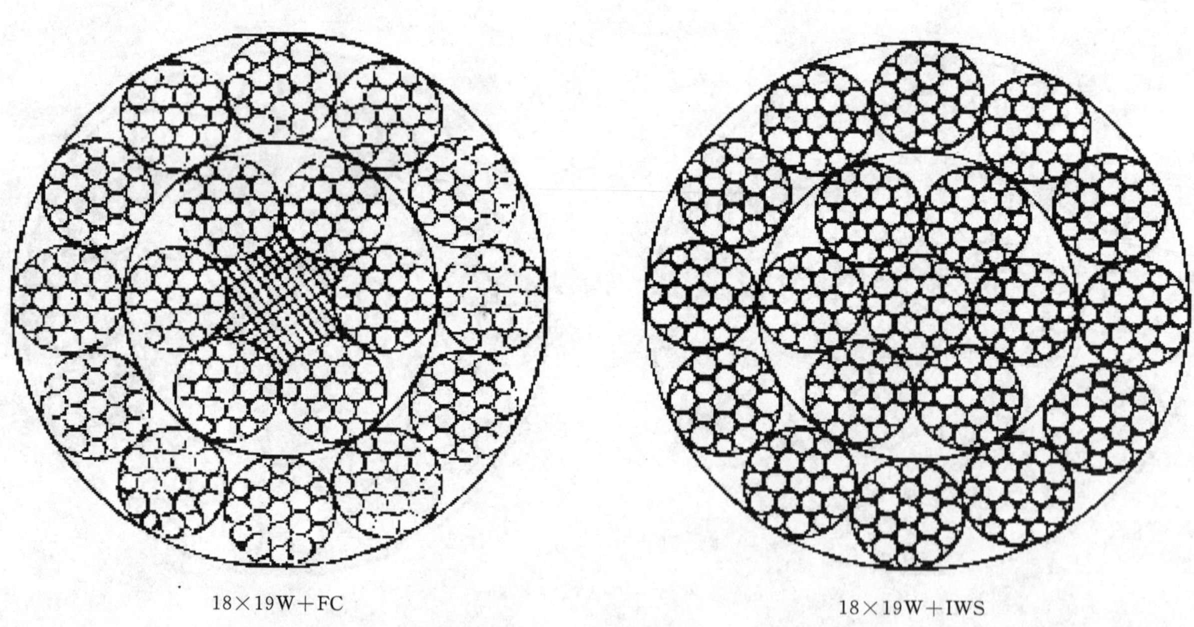

18×19W＋FC　　18×19W＋IWS

直径:24 mm～60 mm

表 14 力学性能

钢丝绳结构：17×7＋FC 17×7＋IWS 18×7＋FC 18×7＋IWS 18×19S＋FC 18×19S＋IWS
18×19W＋FC 18×19W＋IWS

钢丝绳公称直径		钢丝绳参考重量/(kg/100 m)		钢丝绳公称抗拉强度/MPa									
				1570		1670		1770		1870		1960	
				钢丝绳最小破断拉力/kN									
D/mm	允许偏差/%	纤维芯钢丝绳	钢芯钢丝绳	纤维芯钢丝绳	钢芯钢丝绳	纤维芯钢丝绳	钢芯钢丝绳	纤维芯钢丝绳	钢芯钢丝绳	纤维芯钢丝绳	钢芯钢丝绳	纤维芯钢丝绳	钢芯钢丝绳
12	+5 0	56.2	61.9	70.1	74.2	74.5	78.9	79.0	83.6	83.5	88.3	87.5	92.6
13		65.9	72.7	82.3	87.0	87.5	92.6	92.7	98.1	98.0	104	103	109
14		76.4	84.3	95.4	101	101	107	108	114	114	120	119	126
16		99.8	110	125	132	133	140	140	149	148	157	156	165
18		126	139	158	167	168	177	178	188	188	199	197	208
20		156	172	195	206	207	219	219	232	232	245	243	257
22		189	208	236	249	251	265	266	281	281	297	294	311
24		225	248	280	297	298	316	316	334	334	353	350	370
26		264	291	329	348	350	370	371	392	392	415	411	435
28		306	337	382	404	406	429	430	455	454	481	476	504
30		351	387	438	463	466	493	494	523	522	552	547	579
32		399	440	498	527	530	561	562	594	594	628	622	658
34		451	497	563	595	598	633	634	671	670	709	702	743
36		505	557	631	667	671	710	711	752	751	795	787	833
38		563	621	703	744	748	791	792	838	837	886	877	928
40		624	688	779	824	828	876	878	929	928	981	972	1030
42		688	759	859	908	913	966	968	1020	1020	1080	1070	1130
44		755	832	942	997	1000	1060	1060	1120	1120	1190	1180	1240
46		825	910	1030	1090	1100	1160	1160	1230	1230	1300	1290	1360
48		899	991	1120	1190	1190	1260	1260	1340	1340	1410	1400	1480
50		975	1080	1220	1290	1290	1370	1370	1450	1450	1530	1520	1610
52		1050	1160	1320	1390	1400	1480	1480	1570	1570	1660	1640	1740
54		1140	1250	1420	1500	1510	1600	1600	1690	1690	1790	1770	1870
56		1220	1350	1530	1610	1620	1720	1720	1820	1820	1920	1910	2020
58		1310	1450	1640	1730	1740	1840	1850	1950	1950	2060	2040	2160
60		1400	1550	1750	1850	1860	1970	1980	2090	2090	2210	2190	2310

第 8 组 34×7 类　表 15 图

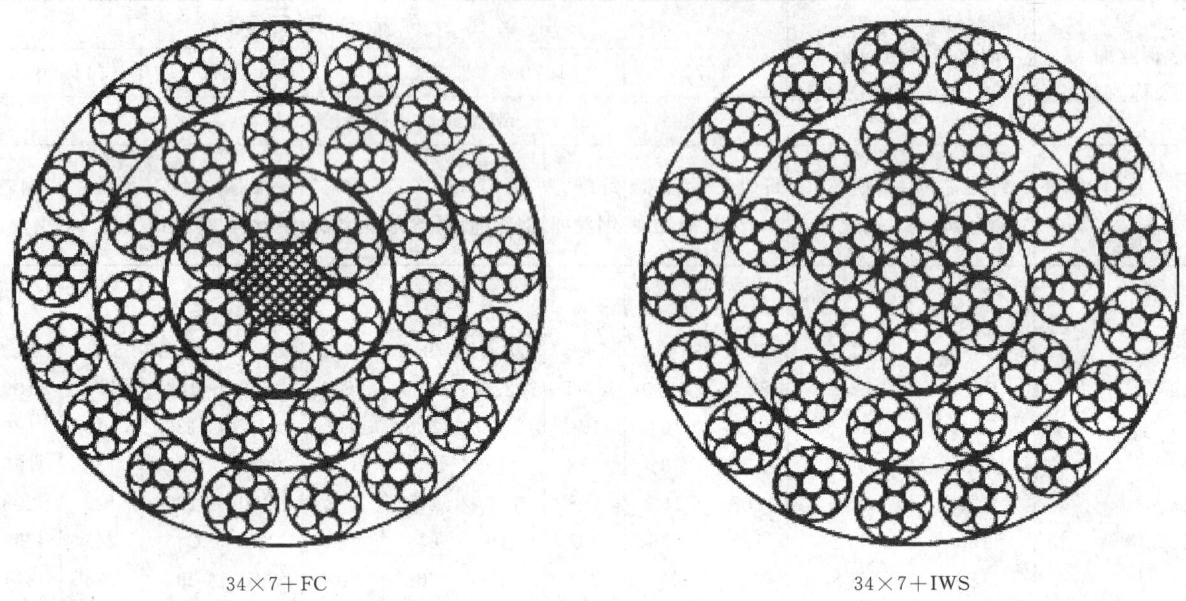

34×7+FC　　　　34×7+IWS

直径：16 mm～60 mm

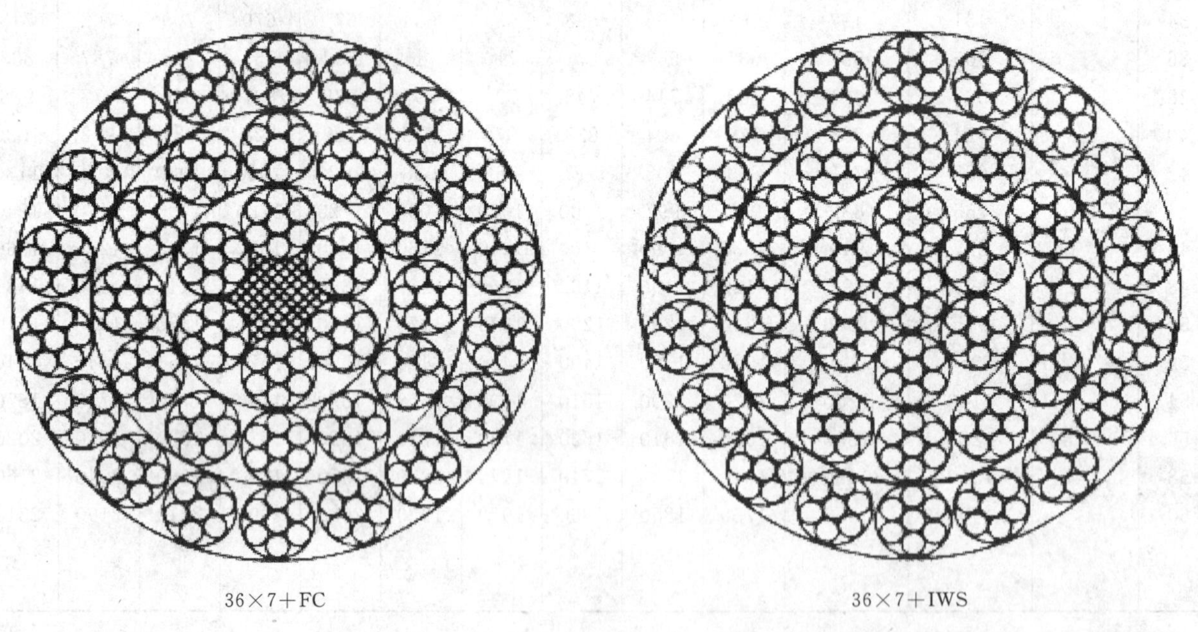

36×7+FC　　　　36×7+IWS

直径：16 mm～60 mm

表 15 力学性能

钢丝绳结构：34×7+FC 34×7+ IWS 36×7+FC 36×7+IWS

钢丝绳公称直径		钢丝绳参考重量/(kg/100 m)		钢丝绳公称抗拉强度/MPa									
				1570		1670		1770		1870		1960	
				钢丝绳最小破断拉力/kN									
D/mm	允许偏差/%	纤维芯钢丝绳	钢芯钢丝绳	纤维芯钢丝绳	钢芯钢丝绳	纤维芯钢丝绳	钢芯钢丝绳	纤维芯钢丝绳	钢芯钢丝绳	纤维芯钢丝绳	钢芯钢丝绳	纤维芯钢丝绳	钢芯钢丝绳
16		99.8	110	124	128	132	136	140	144	147	152	155	160
18		126	139	157	162	167	172	177	182	187	193	196	202
20		156	172	193	200	206	212	218	225	230	238	241	249
22		189	208	234	242	249	257	264	272	279	288	292	302
24		225	248	279	288	296	306	314	324	332	343	348	359
26		264	291	327	337	348	359	369	380	389	402	408	421
28		306	337	379	391	403	416	427	441	452	466	473	489
30		351	387	435	449	463	478	491	507	518	535	543	561
32		399	440	495	511	527	544	558	576	590	609	618	638
34	+5	451	497	559	577	595	614	630	651	666	687	698	721
36	0	505	557	627	647	667	688	707	729	746	771	782	808
38		563	621	698	721	743	767	787	813	832	859	872	900
40		624	688	774	799	823	850	872	901	922	951	966	997
42		688	759	853	881	907	937	962	993	1020	1050	1060	1100
44		755	832	936	967	996	1030	1060	1090	1120	1150	1170	1210
46		825	910	1020	1060	1090	1120	1150	1190	1220	1260	1280	1320
48		899	991	1110	1150	1190	1220	1260	1300	1330	1370	1390	1440
50		975	1080	1210	1250	1290	1330	1360	1410	1440	1490	1510	1560
52		1050	1160	1310	1350	1390	1440	1470	1520	1560	1610	1630	1690
54		1140	1250	1410	1460	1500	1550	1590	1640	1680	1730	1760	1820
56		1220	1350	1520	1570	1610	1670	1710	1770	1810	1860	1890	1950
58		1310	1450	1630	1680	1730	1790	1830	1890	1940	2000	2030	2100
60		1400	1550	1740	1800	1850	1910	1960	2030	2070	2140	2170	2240

第 9 组 35W×7 类 表 16 图

35W×7

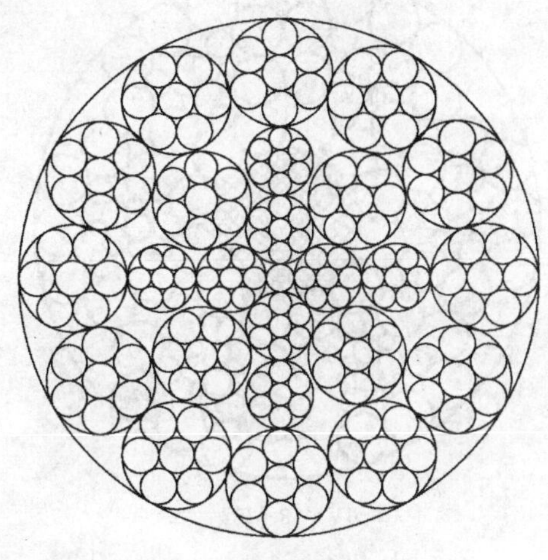

24W×7

直径：16 mm～60 mm

表 16 力学性能

钢丝绳结构：35W×7 24W×7

钢丝绳公称直径		钢丝绳参考重量/(kg/100 m)	钢丝绳公称抗拉强度/MPa				
			1570	1670	1770	1870	1960
D/mm	允许偏差/%		钢丝绳最小破断拉力/kN				
16	+5 0	118	145	154	163	172	181
18		149	183	195	206	218	229
20		184	226	240	255	269	282
22		223	274	291	308	326	342
24		265	326	346	367	388	406
26		311	382	406	431	455	477
28		361	443	471	500	528	553
30		414	509	541	573	606	635
32		471	579	616	652	689	723
34		532	653	695	737	778	816
36		596	732	779	826	872	914
38		664	816	868	920	972	1020
40		736	904	962	1020	1080	1130
42		811	997	1060	1120	1190	1240
44		891	1090	1160	1230	1300	1370
46		973	1200	1270	1350	1420	1490
48		1060	1300	1390	1470	1550	1630
50		1150	1410	1500	1590	1680	1760
52		1240	1530	1630	1720	1820	1910
54		1340	1650	1750	1860	1960	2060
56		1440	1770	1890	2000	2110	2210
58		1550	1900	2020	2140	2260	2370
60		1660	2030	2160	2290	2420	2540

第 10 组 6V×7 类 表 17 图

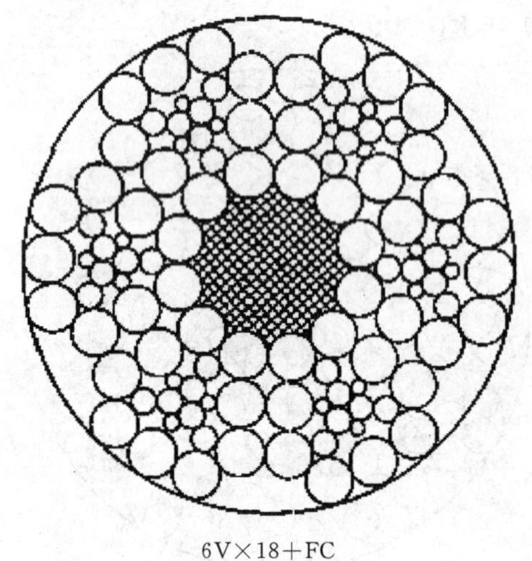

6V×18+FC

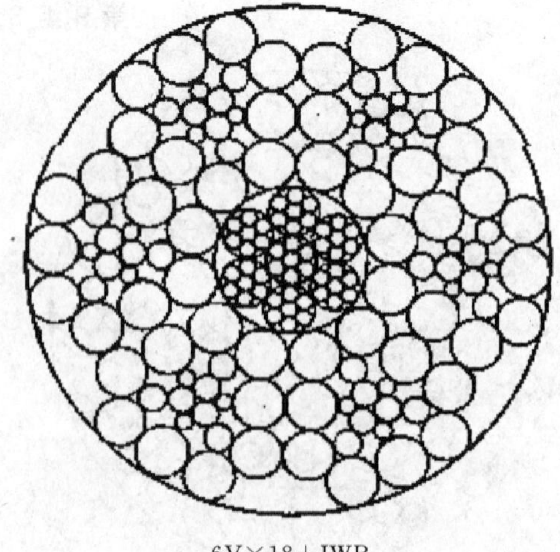

6V×18+IWR

直径：20 mm～36 mm

第 10 组 6V×7 类　表 17 图（续）

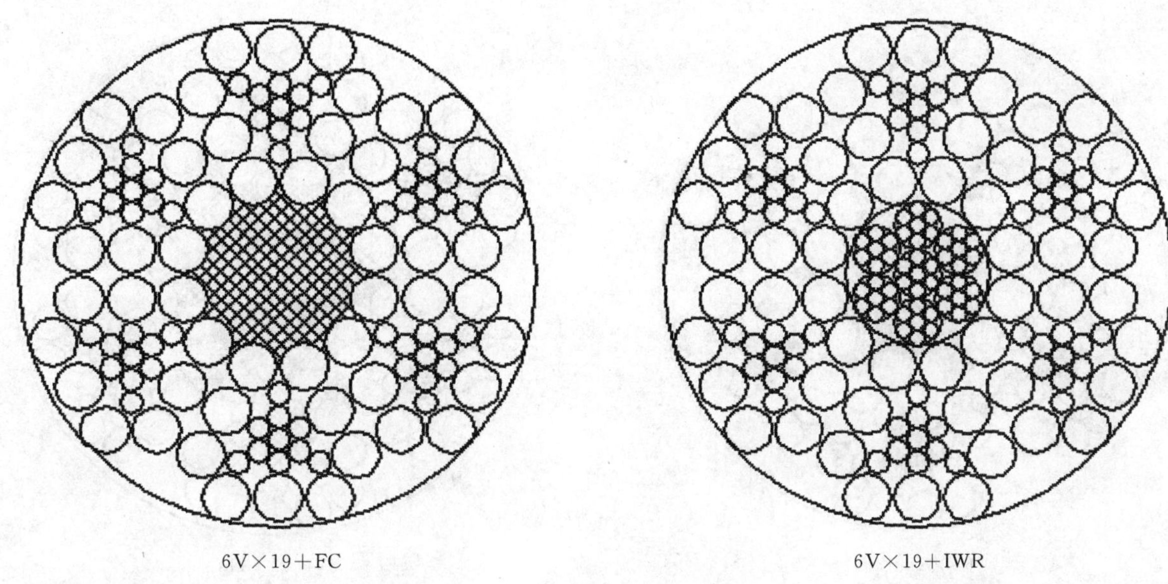

6V×19+FC　　　　6V×19+IWR

直径：20 mm～36 mm

表 17　力学性能

钢丝绳结构：6V×18+FC　6V×18+IWR　6V×19+FC　6V×19+IWR

钢丝绳公称直径		钢丝绳参考重量/(kg/100 m)			钢丝绳公称抗拉强度/MPa									
					1570		1670		1770		1870		1960	
					钢丝绳最小破断拉力/kN									
D/mm	允许偏差/%	天然纤维芯钢丝绳	合成纤维芯钢丝绳	钢芯钢丝绳	纤维芯钢丝绳	钢芯钢丝绳	纤维芯钢丝绳	钢芯钢丝绳	纤维芯钢丝绳	钢芯钢丝绳	纤维芯钢丝绳	钢芯钢丝绳	纤维芯钢丝绳	钢芯钢丝绳
20	+6 0	165	162	175	236	250	250	266	266	282	280	298	294	312
22		199	196	212	285	302	303	322	321	341	339	360	356	378
24		237	233	252	339	360	361	383	382	406	404	429	423	449
26		279	273	295	398	422	423	449	449	476	474	503	497	527
28		323	317	343	462	490	491	521	520	552	550	583	576	612
30		371	364	393	530	562	564	598	597	634	631	670	662	702
32		422	414	447	603	640	641	681	680	721	718	762	753	799
34		476	467	505	681	722	724	768	767	814	811	860	850	902
36		534	524	566	763	810	812	861	860	913	909	965	953	1010

第11组6V×19类　表18图

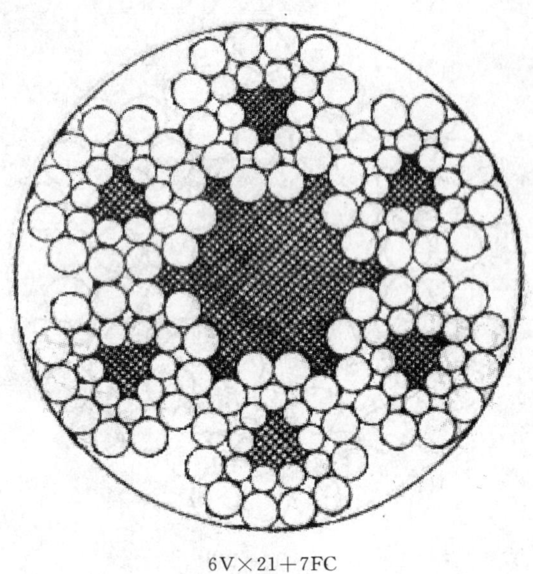

6V×21+7FC

直径：18 mm～36 mm

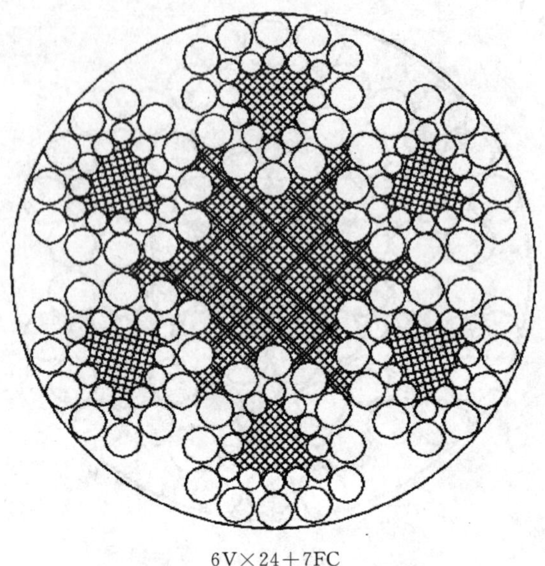

6V×24+7FC

直径：18 mm～36 mm

表18　力学性能

钢丝绳结构：6V×21+7FC　6V×24+7FC

钢丝绳公称直径		钢丝绳参考重量/(kg/100 m)		钢丝绳公称抗拉强度/MPa				
				1570	1670	1770	1870	1960
D/mm	允许偏差/%	天然纤维芯钢丝绳	合成纤维芯钢丝绳	钢丝绳最小破断拉力/kN				
18	+6 0	121	118	168	179	190	201	210
20		149	146	208	221	234	248	260
22		180	177	252	268	284	300	314
24		215	210	300	319	338	357	374
26		252	247	352	374	396	419	439
28		292	286	408	434	460	486	509
30		335	329	468	498	528	557	584
32		382	374	532	566	600	634	665
34		431	422	601	639	678	716	750
36		483	473	674	717	760	803	841

第11组6V×19类　表19图

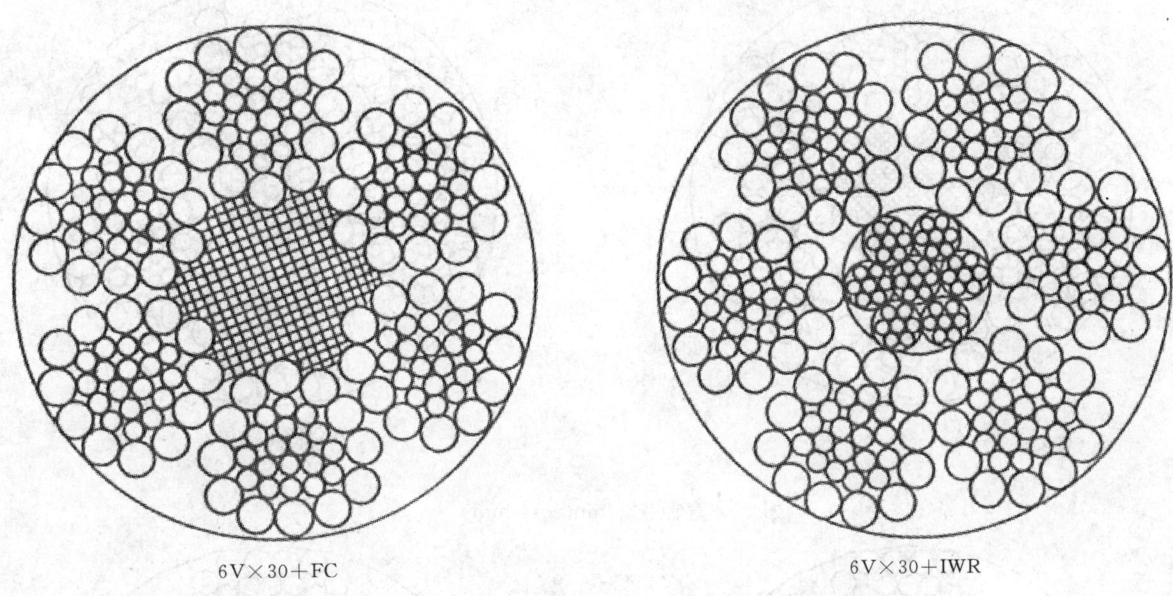

直径:20 mm～38 mm

表19　力学性能

钢丝绳结构:6V×30+FC　6V×30+IWR

钢丝绳公称直径		钢丝绳参考重量/(kg/100 m)			钢丝绳公称抗拉强度/MPa									
					1570		1670		1770		1870		1960	
					钢丝绳最小破断拉力/kN									
D/mm	允许偏差/%	天然纤维芯钢丝绳	合成纤维芯钢丝绳	钢芯钢丝绳	纤维芯钢丝绳	钢芯钢丝绳	纤维芯钢丝绳	钢芯钢丝绳	纤维芯钢丝绳	钢芯钢丝绳	纤维芯钢丝绳	钢芯钢丝绳	纤维芯钢丝绳	钢芯钢丝绳
20		162	159	172	203	216	216	230	229	243	242	257	254	270
22		196	192	208	246	261	262	278	278	295	293	311	307	326
24		233	229	247	293	311	312	331	330	351	349	370	365	388
26		274	268	290	344	365	366	388	388	411	410	435	429	456
28	+6	318	311	336	399	423	424	450	450	477	475	504	498	528
30	0	365	357	386	458	486	487	517	516	548	545	579	572	606
32		415	407	439	521	553	554	588	587	623	620	658	650	690
34		468	459	496	588	624	625	664	663	703	700	743	734	779
36		525	515	556	659	700	701	744	743	789	785	833	823	873
38		585	573	619	735	779	781	829	828	879	875	928	917	973

钢丝绳结构:6V×30+FC　6V×30+IWR

第 11 组 6V×19 类和第 12 组 6V×37 类　表 20 图

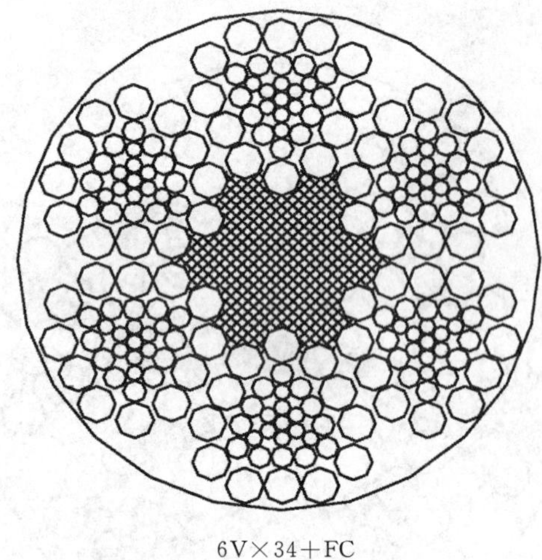

6V×34+FC

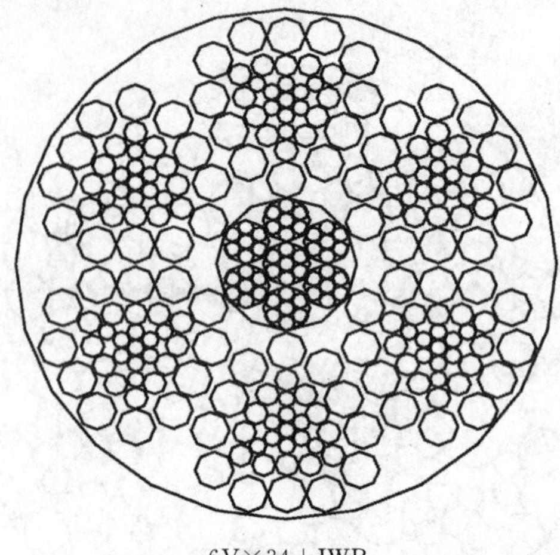

6V×34+IWR

直径：28 mm～44 mm

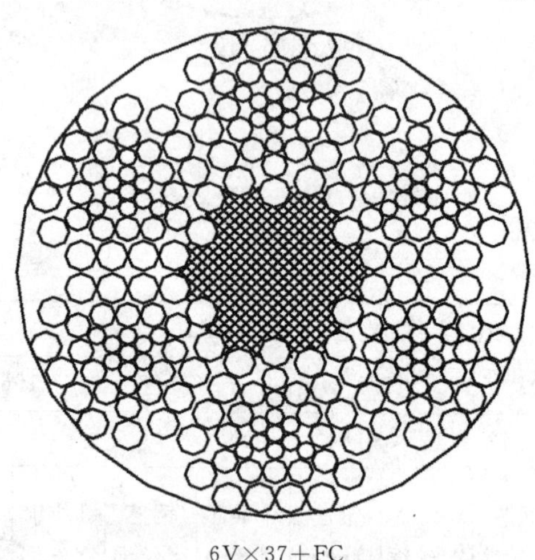

6V×37+FC

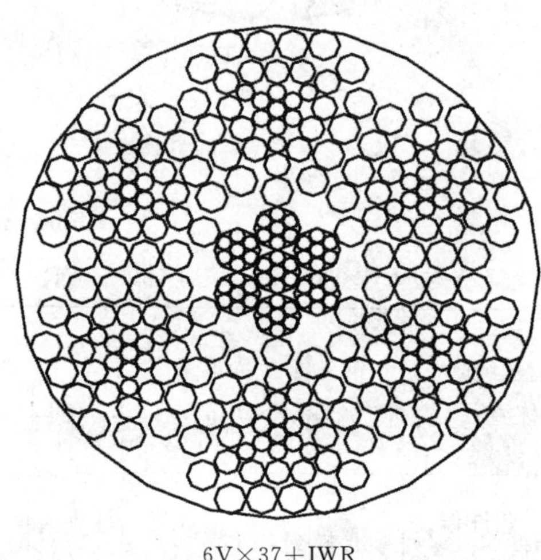

6V×37+IWR

直径：32 mm～52 mm

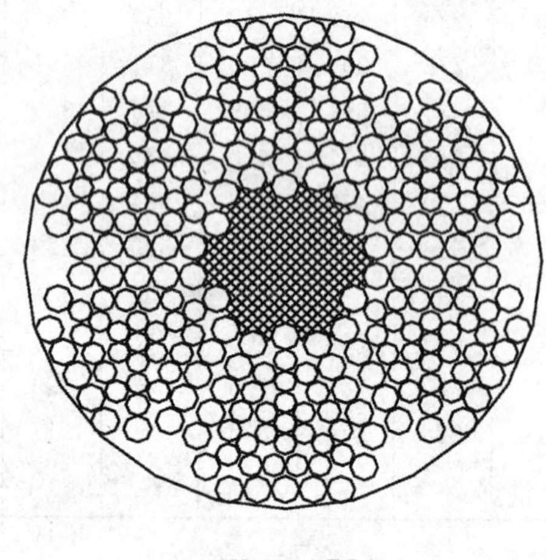

6V×43+FC

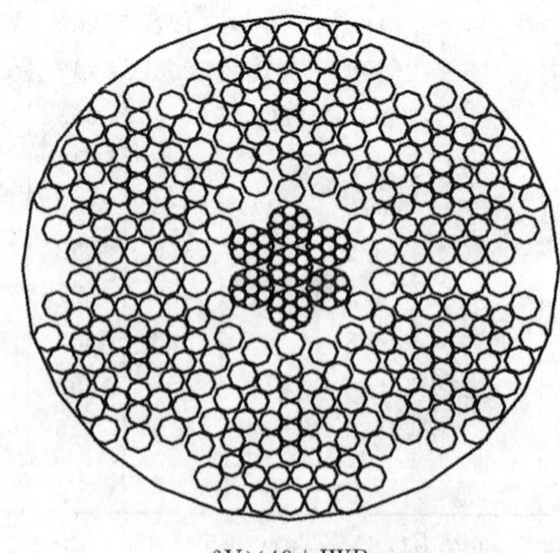

6V×43+IWR

直径：38 mm～58 mm

表 20 力学性能

钢丝绳结构：6V×34+FC　6V×34+IWR　6V×37+FC　6V×37+IWR　6V×43+FC　6V×43+IWR

钢丝绳公称直径		钢丝绳参考重量/(kg/100 m)			钢丝绳公称抗拉强度/MPa									
					1570		1670		1770		1870		1960	
					钢丝绳最小破断拉力/kN									
D/mm	允许偏差/%	天然纤维芯钢丝绳	合成纤维芯钢丝绳	钢芯钢丝绳	纤维芯钢丝绳	钢芯钢丝绳	纤维芯钢丝绳	钢芯钢丝绳	纤维芯钢丝绳	钢芯钢丝绳	纤维芯钢丝绳	钢芯钢丝绳	纤维芯钢丝绳	钢芯钢丝绳
28		318	311	336	443	470	471	500	500	530	528	560	553	587
30		364	357	386	509	540	541	574	573	609	606	643	635	674
32		415	407	439	579	614	616	653	652	692	689	731	723	767
34		468	459	496	653	693	695	737	737	782	778	826	816	866
36		525	515	556	732	777	779	827	826	876	872	926	914	970
38		585	573	619	816	866	868	921	920	976	972	1030	1020	1080
40		648	635	686	904	960	962	1020	1020	1080	1080	1140	1130	1200
42	+6	714	700	757	997	1060	1060	1130	1120	1190	1190	1260	1240	1320
44	0	784	769	831	1090	1160	1160	1240	1230	1310	1300	1380	1370	1450
46		857	840	908	1200	1270	1270	1350	1350	1430	1420	1510	1490	1580
48		933	915	988	1300	1380	1390	1470	1470	1560	1550	1650	1630	1730
50		1010	993	1070	1410	1500	1500	1590	1590	1690	1680	1790	1760	1870
52		1100	1070	1160	1530	1620	1630	1720	1720	1830	1820	1930	1910	2020
54		1180	1160	1250	1650	1750	1750	1860	1860	1970	1960	2080	2060	2180
56		1270	1240	1350	1770	1880	1890	2000	2000	2120	2110	2240	2210	2350
58		1360	1340	1440	1900	2020	2020	2150	2140	2270	2260	2400	2370	2520

第 12 组 6V×37 类　表 21 图

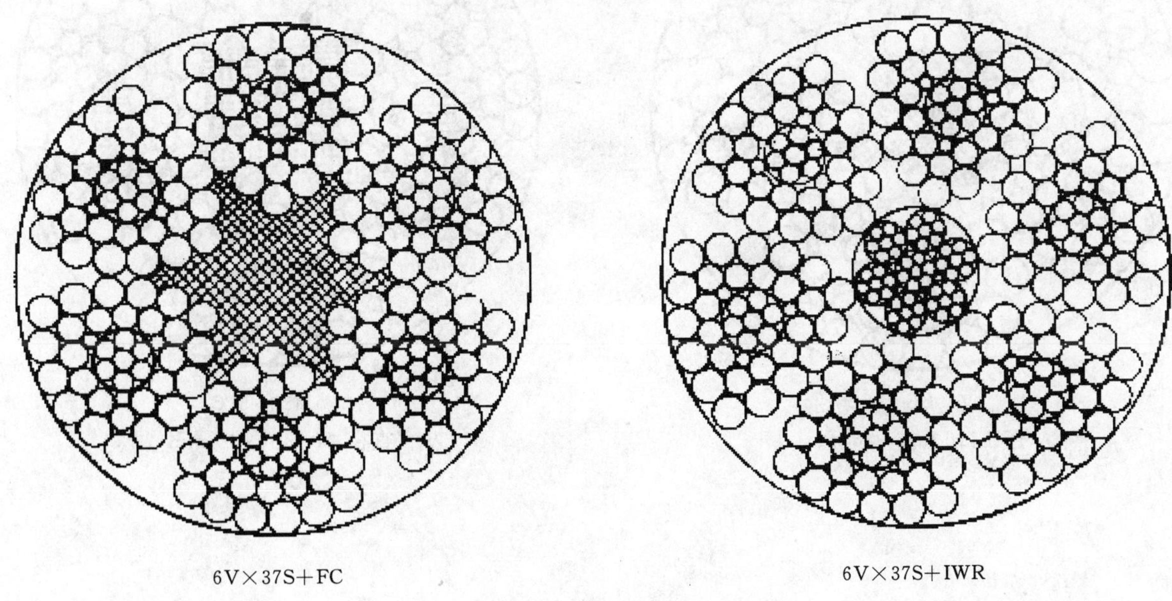

6V×37S+FC　　6V×37S+IWR

直径：32 mm～52 mm

表 21 力学性能

钢丝绳结构：6V×37S+FC　6V×37S+IWR

钢丝绳公称直径		钢丝绳参考重量/(kg/100 m)			钢丝绳公称抗拉强度/MPa 1570		1670		1770		1870		1960	
					钢丝绳最小破断拉力/kN									
D/mm	允许偏差/%	天然纤维芯钢丝绳	合成纤维芯钢丝绳	钢芯钢丝绳	纤维芯钢丝绳	钢芯钢丝绳	纤维芯钢丝绳	钢芯钢丝绳	纤维芯钢丝绳	钢芯钢丝绳	纤维芯钢丝绳	钢芯钢丝绳	纤维芯钢丝绳	钢芯钢丝绳
32		427	419	452	596	633	634	673	672	713	710	753	744	790
34		482	473	511	673	714	716	760	759	805	802	851	840	891
36		541	530	573	754	801	803	852	851	903	899	954	942	999
38		602	590	638	841	892	894	949	948	1010	1000	1060	1050	1110
40		667	654	707	931	988	991	1050	1050	1110	1110	1180	1160	1230
42	+6 0	736	721	779	1030	1090	1090	1160	1160	1230	1220	1300	1280	1360
44		808	792	855	1130	1200	1200	1270	1270	1350	1340	1420	1410	1490
46		883	865	935	1230	1310	1310	1390	1390	1470	1470	1560	1540	1630
48		961	942	1020	1340	1420	1430	1510	1510	1600	1600	1700	1670	1780
50		1040	1020	1100	1460	1540	1550	1640	1640	1740	1730	1840	1820	1930
52		1130	1110	1190	1570	1670	1670	1780	1770	1880	1870	1990	1970	2090

第 13 组 4V×39 类　表 22 图

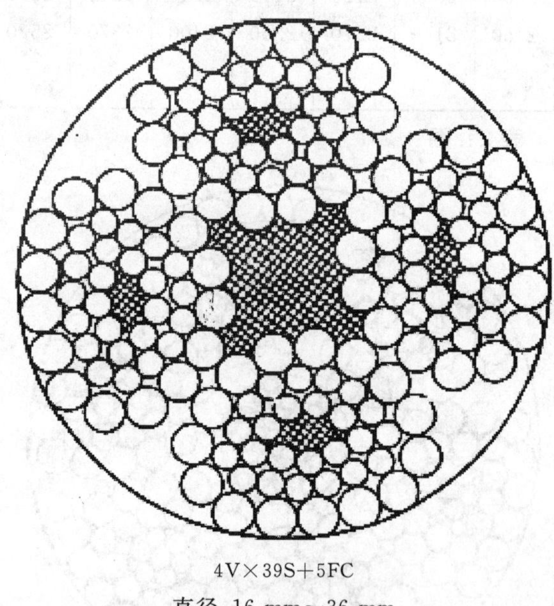

4V×39S+5FC

直径：16 mm～36 mm

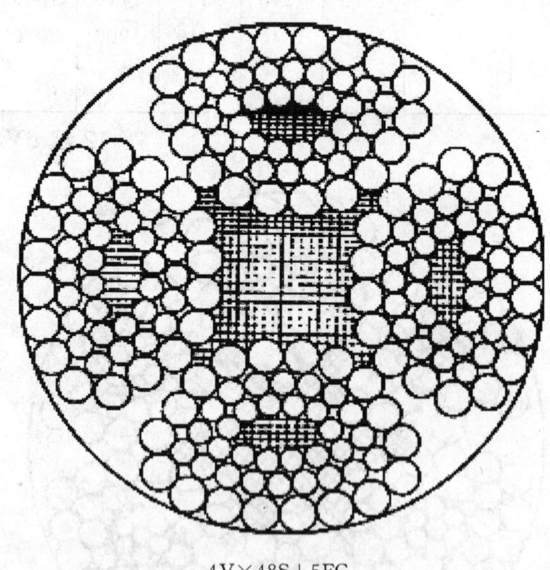

4V×48S+5FC

直径：20 mm～40 mm

表 22 力学性能

钢丝绳结构：4V×39S+5FC 4V×48S+5FC

钢丝绳公称直径		钢丝绳参考重量/(kg/100 m)		钢丝绳公称抗拉强度/MPa				
				1570	1670	1770	1870	1960
D/mm	允许偏差/%	天然纤维芯钢丝绳	合成纤维芯钢丝绳	钢丝绳最小破断拉力/kN				
16	+6 0	105	103	145	154	163	172	181
18		133	130	183	195	206	218	229
20		164	161	226	240	255	269	282
22		198	195	274	291	308	326	342
24		236	232	326	346	367	388	406
26		277	272	382	406	431	455	477
28		321	315	443	471	500	528	553
30		369	362	509	541	573	606	635
32		420	412	579	616	652	689	723
34		474	465	653	695	737	778	816
36		531	521	732	779	826	872	914
38		592	580	816	868	920	972	1020
40		656	643	904	962	1020	1080	1130

第 14 组 6Q×19+6V×21 类 表 23 图

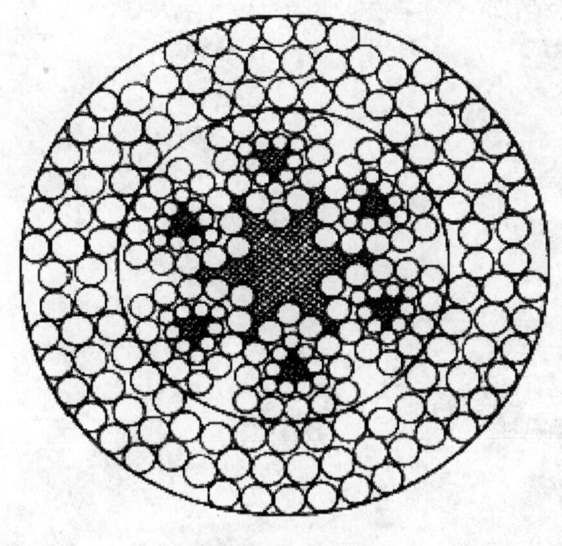

6Q×19+6V×21+7FC

直径：40 mm～52 mm

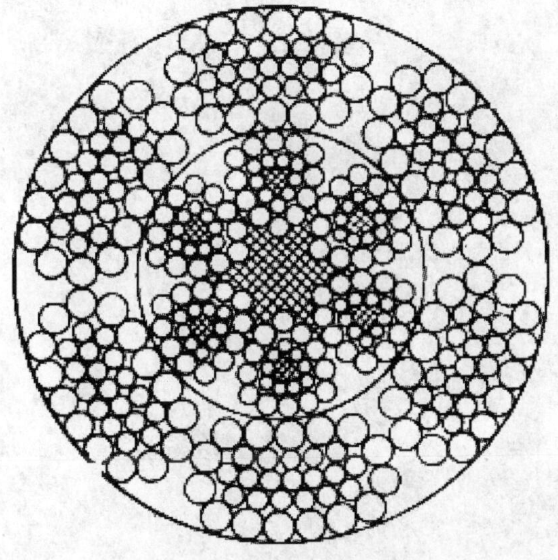

6Q×33+6V×21+7FC

直径：40 mm～60 mm

表 23 力学性能

钢丝绳结构：6Q×19＋6V×21＋7FC　6Q×33＋6V×21＋7FC

钢丝绳公称直径		钢丝绳参考重量/(kg/100 m)		钢丝绳公称抗拉强度/MPa				
				1570	1670	1770	1870	1960
D/mm	允许偏差/%	天然纤维芯钢丝绳	合成纤维芯钢丝绳	钢丝绳最小破断拉力/kN				
40	+6 0	656	643	904	962	1020	1080	1130
42		723	709	997	1060	1120	1190	1240
44		794	778	1090	1160	1230	1300	1370
46		868	851	1200	1270	1350	1420	1490
48		945	926	1300	1390	1470	1550	1630
50		1030	1010	1410	1500	1590	1680	1760
52		1110	1090	1530	1630	1720	1820	1910
54		1200	1170	1650	1750	1860	1960	2060
56		1290	1260	1770	1890	2000	2110	2210
58		1380	1350	1900	2020	2140	2260	2370
60		1480	1450	2030	2160	2290	2420	2540

附 录 A
（规范性附录）

表 A.1 最小钢丝破断拉力总和与钢丝绳最小破断拉力的换算系数

钢丝绳类别	典型结构		换算系数	
	钢丝绳	股绳	纤维芯	钢芯
6×7	6×7 6×9W	(1+6) (3+3/3)	1.134	1.214
6×19	6×19S 6×19W	(1+9+9) (1+6+6/6)	1.214	1.308
6×37	6×25Fi 6×26WS 6×31WS 6×29Fi 6×36WS 6×41WS 6×49SWS 6×55SWS	(1+6+6F+12) (1+5+5/5+10) (1+6+6/6+12) (1+7+7F+14) (1+7+7/7+14) (1+8+8/8+16) (1+8+8+8/8+16) (1+9+9+9/9+18)	1.226	1.321
	6×37S	(1+6+15+15)	1.191	1.283
8×19	8×19S 8×19W	(1+9+9) (1+6+6/6)	1.214	1.360
8×37	8×25Fi 8×26WS 8×31WS 8×36WS 8×41WS 8×49SWS 8×55SWS	(1+6+6F+12) (1+5+5/5+10) (1+6+6/6+12) (1+7+7/7+14) (1+8+8/8+16) (1+8+8+8/8+16) (1+9+9+9/9+18)	1.226	1.374
18×7 18×19	17×7	(1+6)	1.250	
	18×7 18×19W 18×19S	(1+6) (1+6+6/6) (1+9+9)	1.283	
34×7	34×7	(1+6)	1.300	
	36×7	(1+6)	1.334	
35W×7 24W×7	35W×7 24W×7	(1+6)	1.287	
6V×7	6V×18 6V×19	(/3×2+3/+9) (/1×7+3/+9)	1.156	1.191

表 A.1（续）

钢丝绳类别	典型结构		换算系数	
	钢丝绳	股绳	纤维芯	钢芯
6V×19	6V×21 6V×24	(FC+9+12) (FC+9+12)	1.177	—
	6V×30 6V×34	(6+12+12) (/1×7+3/+12+12)	1.177	1.213
6V×37	6V×37 6V×43 6V×37S	(/1×7+3/+12+15) (/1×7+3/+15+18) (/1×7+3/+12+15)		
4V×39	4V×39S 4V×48S	(FC+9+15+15) (FC+12+18+18)	1.191	—
6Q×19+6V×21	6Q×19+6V×21 6Q×33+6V×21	外股(5+14) 内股(FC+9+12) 外股(5+13+15) 内股(FC+9+12)	1.250	—
注：最小钢丝破断拉力总和＝钢丝绳最小破断拉力×换算系数。				

附 录 B
（资料性附录）

表 B.1 本国家标准与 ISO 3154:1988 条款的对照一览表

本国家标准章条编号	对应的国际标准章条的编号
1	1
2	2
3	—
4	—
5	3
5.1 5.1.1	3.1
5.1.2	—
5.2 5.2.1	3.2
5.2.2	—
5.3	3.3
6	4
6.1，6.1.1～6.1.2	—
6.2	4.1
6.2.1,6.2.1.1～6.2.1.6	—
6.2.2	—
6.2.3	4.1.1
6.2.3.1 6.2.3.2	4.1.1.1 4.1.1.2
6.2.4	4.1.2
6.2.4.1	4.1.2.1
6.2.4.2	4.1.2.2
6.2.5	4.1.3
6.2.5.1	4.1.3.1
6.2.5.2	4.1.3.2
6.2.6	4.1.4 4.1.4.3
6.2.7、6.2.8	—
—	4.1.4.1

表 B.1（续）

本国家标准章条编号	对应的国际标准章条的编号
—	4.1.4.2
6.3	4.2
6.3.1	4.2.1　4.2.1.1　4.2.1.2
6.3.2	—
6.3.3	4.2.2
6.3.3.1	4.2.2.1
6.3.3.2	4.2.2.2
6.3.4	4.2.3
6.3.5	4.2.4
6.3.6	4.2.5
6.3.6.1	4.2.5.1
6.3.6.2	4.2.5.2
—	4.3
7	5
7.1	5.1
7.1.1	5.1.1
7.1.1.1	5.1.1 第 1 段
7.1.1.2	5.1.1 第 2 段
7.1.1.3	5.1.1 第 3 段
7.1.2	5.1.2，5.1.4.1
7.1.3	5.1.3
7.1.4	5.1.4 5.1.4.2，5.1.4.2.1～5.1.4.2.7
7.1.5	—
7.1.6	—
7.2	5.2
7.2.1	5.2.1
—	5.2.1.1
7.2.1.1	5.2.1.2
7.2.1.2	—

表 B.1（续）

本国家标准章条编号	对应的国际标准章条的编号
7.2.2	5.2.2
7.2.3	5.2.3
7.2.4	5.2.4
7.2.5	5.2.5
7.2.6	5.2.6
7.2.7	5.2.7，5.2.7.2
—	5.2.7.1
7.3	—
7.4	—
7.5	5.3
8	6
—	6.1
8.1	—
8.2	6.2
8.3	6.3
9	7,7.1～7.4,8

附　录　C
（资料性附录）

表 C.1　本国家标准与 ISO 3154:1988 技术性差异及其原因

本国家标准的章条编号	技术性差异	原　因
1	增加了本标准规定的重要用途钢丝绳的分类、钢丝绳材料、技术要求、检查与试验、验收方法、包装、标志及质量证明书。 增加了适用性中的大型浇铸、石油钻井、大型吊装起重、索道承重牵引、缆车运行等用途的圆股及异型股钢丝绳	按 GB/T 1.1 规定 国际标准适用于矿井提升，本国家标准适用于重要用途，除列出矿井提升外，将其余重要用途也列上，更清楚明了
2	引用了采用国际标准的我国标准，而非国际标准	以适合我国国情
3	增加了本章即分类	以适合我国国情（国际标准在 ISO 2408:2002 中给出）
4	增加了本章即订货内容	以适合我国国情
5.1.2	增加了制绳用钢丝包括股芯丝和填充丝	以适合我国国情
5.2.2	增加钢芯	以适合我国国情
6.1 6.1.1～6.1.2	增加对股的捻制要求	以适合我国国情（国际标准在 ISO 2408—2002 中给出）
6.2.1， 6.2.1.1～6.2.1.6	增加对钢丝绳的捻制要求	以适合我国国情（国际标准在 ISO 2408—2002 中给出）
6.2.2	增加对钢丝绳涂油的要求	以适合我国国情（国际标准在 ISO 2408—2002 中给出）
6.2.3.1	用分品种列表给出代替“双方在合同中注明”	适合国情。方便生产制造和设计、使用单位选择
6.2.5.1	用分品种列表给出代替“双方在合同中注明”	适合国情。方便设计、使用单位选择
6.2.5.2	删除重量偏差	以适合我国国情
6.2.6	删除总则。 删除钢丝破断拉力总和	测钢丝绳破断拉力，除能测定钢丝拉力外，还能考核钢丝绳捻制质量水平，更能保证钢丝绳的实际使用性能；测钢丝破断拉力总和不能反映捻制质量水平，不能完全保证使用性能，是一个“代用”指标。因此本标准只选用钢丝绳最小破断拉力。 为了方便使用及设计，对钢丝最小破断拉力总和与钢丝绳最小破断拉力的换算系数在附录 A中给出
6.2.7	增加对矿井提升，架空索道及其他特殊用途的钢丝绳，在使用中的永久伸长应双方协议	提高产品水平，方便用户使用

表 C.1（续）

本国家标准的章条编号	技术性差异	原因
6.2.8	增加对外观的技术要求	提高产品质量的捻制技术水平
6.3.1	用符合制绳用钢丝国家标准代替钢丝公称直径及直径允许偏差	《制绳用钢丝》GB/T 8919—1996 明确规定了钢丝公称直径及直径允许偏差
6.3.2	增加钢丝表面状态为光面及 B 级镀锌、AB 级镀锌和 A 级镀锌	更加明了，适合国情
6.3.2.1	增加了 1670、1870 MPa 级钢丝公称抗拉强度	适合国情
6.3.3、6.3.4、6.3.5.2	增加了钢丝直径 $0.6 \leqslant d < 0.8$ mm 和 $3.5 \leqslant d \leqslant 4.4$ mm 段的反复弯曲、扭转次数及最小锌层重量	适合国情
6.3.6.1	增加了 AB 级镀锌层重量	适合国情
6.4	增加了外观的要求	适合国情
7.1.3	增加应用衡器测量	更明确
7.1.4	删除实测破断拉力总和的测定方法。 删除测定钢丝绳破断拉力试验的“试样长度、试样、试验、试验的操作、破断点、伸长的测量”	测钢丝绳破断拉力，除能测定钢丝拉力外，还能考核钢丝绳捻制质量水平，更能保证钢丝绳的实际使用性能；测钢丝破断拉力总和不能反映捻制质量水平。我国有“钢丝绳破断拉力试验方法标准”，在该方法中对试样、试验机、试验操作等做了明确规定
7.1.5	增加钢丝绳测量伸长的双方协议	适合国情
7.1.6	增加了不松散检查	不松散可提高使用寿命和安全性，以适合国情
7.1.7	增加了外观检查	适合国情
7.2.1.1	用抽取一定比例的股数拆成钢丝做试验代替将钢丝绳全部拆成钢丝后抽取 16% 的比例做试验	不管是将钢丝绳拆成钢丝后抽取一定比例的试样，还是抽取一定股数再拆成钢丝做试验，其代表性是一样的，都是随机取样。可以减少检验人员的工作量
7.2.7	删除采用钢丝破断拉力总和的试验方法的合格条件	删除了钢丝破断拉力总和的试验方法
7.3	增加倍尺生产的取样方法	适合国情
7.4	增加钢丝绳力学性能的考核方法	便于生产厂家统一、设计及使用单位了解、验收等
8.2	增加需方的验收检测部门、验收依据及验收期	使需方更清楚明了，避免不必要的麻烦
9	国际标准中逐条列出，本标准规定按国家标准执行	国家标准对包装、标志及质量证明书均有明确规定

附 录 D
（资料性附录）
钢丝绳主要用途推荐表

表 D.1

用途	名称	结构	规格	备注
立井提升	三角股钢丝绳	6V×37S 6V×37 6V×34 6V×30 6V×43 6V×21	见表	
	线接触钢丝绳	6×19S 6×19W 6×25Fi 6×29Fi 6×26WS 6×31WS 6×36WS 6×41WS	见表	推荐同向捻
	多层股钢丝绳	18×7 17×7 35W×7 24W×7	见表	用于钢丝绳罐道的立井
		6Q×19+6V×21 6Q×33+6V×21	见表	
开凿立井提升（建井用）	多层股钢丝绳及异形股钢丝绳	6Q×33+6V×21 17×7 18×7 34×7 36×7 6Q×19+6V×21 4V×39S 4V×48S 35W×7 24W×7	见表	
立井平衡绳	钢丝绳	6×37S 6×36WS 4V×39S 4V×48S	见表	仅适用于交互捻
	多层股钢丝绳	17×7 18×7 34×7 36×7 35W×7 24W×7	见表	仅适用于交互捻
斜井提升（绞车）	三角股钢丝绳	6V×18 6V×19	见表	
	钢丝绳	6×7 6×9W	见表	推荐同向捻
高炉卷扬	三角股钢丝绳	6V×37S 6V×37 6V×30 6V×34 6V×43	见表	
	线接触钢丝绳	6×19S 6×25Fi 6×29Fi 6×26WS 6×31WS 6×36WS 6×41WS	见表	
立井罐道及索道	三角股钢丝绳	6V×18 6V×19	见表	
	多层股钢丝绳	18×7 17×7	见表	推荐同向捻
露天斜坡卷扬	三角股钢丝绳	6V×37S 6V×37 6V×30 6V×34 6V×43	见表	
	线接触钢丝绳	6×36WS 6×37S 6×41WS 6×49SWS 6×55SWS	见表	推荐同向捻
石油钻井	线接触钢丝绳	6×19S 6×19W 6×25Fi 6×29Fi 6×26WS 6×31WS 6×36WS	见表	也可采用钢芯
钢绳牵引胶带运输机、索道及地面缆车	线接触钢丝绳	6×19S 6×19W 6×25Fi 6×29 Fi 6×26WS 6×31WS 6×36WS 6×41WS	见表	推荐同向捻 6×19W 不适合索道
挖掘机（电铲卷扬）	线接触钢丝绳	6×19S+IWR 6×25Fi+IWR 6×19W+IWR 6×29Fi+IWR 6×26WS+IWR 6×31WS+IWR 6×36WS+IWR 6×55SWS+IWR 6×49SWS+IWR 35W×7 24W×7	见表	推荐同向捻
	三角股钢丝绳	6V×30 6V×34 6V×37 6V×37S 6V×43	见表	

表 D.1（续）

<table>
<tr><th colspan="2">用 途</th><th>名 称</th><th>结 构</th><th>规格</th><th>备 注</th></tr>
<tr><td rowspan="5">起重机</td><td>大型浇铸吊车</td><td>线接触钢丝绳</td><td>6×19S+IWR 6×19W+IWR 6×25Fi+IWR
6×36WS+IWR 6×41WS+IWR</td><td>见表</td><td></td></tr>
<tr><td rowspan="2">港口装卸、水利工程及建筑用塔式起重机</td><td>多层股钢丝绳</td><td>18×19S 18×19W 34×7 36×7 35W×7
24W×7</td><td>见表</td><td></td></tr>
<tr><td>四股扇形股钢丝绳</td><td>4V×39S 4V×48S</td><td>见表</td><td></td></tr>
<tr><td rowspan="2">繁忙起重及其他重要用途</td><td>线接触钢丝绳</td><td>6×19S 6×19W 6×25Fi 6×29Fi 6×26WS
6×31WS 6×36WS 6×37S 6×41WS 6×49SWS
6×55SWS 8×19S 8×19W 8×25Fi 8×26WS
8×31WS 8×36WS 8×41WS 8×49SWS
8×55SWS</td><td>见表</td><td></td></tr>
<tr><td>四股扇形股钢丝绳</td><td>4V×39S 4V×48S</td><td>见表</td><td></td></tr>
<tr><td colspan="2">热移钢机（轧钢厂推钢台）</td><td>线接触钢丝绳</td><td>6×19S+IWR 6×19W+IWR 6×25Fi+IWR
6×29Fi+IWR 6×31WS+IWR 6×37S+IWR
6×36WS+IWR</td><td>见表</td><td></td></tr>
<tr><td colspan="2" rowspan="3">船舶装卸</td><td>线接触钢丝绳</td><td>6×19W 6×25Fi 6×29Fi 6×31WS
6×36WS 6×37S</td><td>见表</td><td>镀 锌</td></tr>
<tr><td>多层股钢丝绳</td><td>18×19S 18×19W 34×7 36×7 35W×7
24W×7</td><td>见表</td><td></td></tr>
<tr><td>四股扇形股钢丝绳</td><td>4V×39S 4V×48S</td><td>见表</td><td></td></tr>
<tr><td colspan="2">拖船、货网</td><td>钢丝绳</td><td>6×31WS 6×36WS 6×37S</td><td>见表</td><td>镀 锌</td></tr>
<tr><td colspan="2">船舶张拉桅杆吊桥</td><td>钢丝绳</td><td>6×7+IWS 6×19S+IWR</td><td>见表</td><td>镀 锌</td></tr>
<tr><td colspan="2">打捞沉船</td><td>钢丝绳</td><td>6×37S 6×36WS 6×41WS 6×49SWS 6×31WS
6×55SWS 8×19S 8×19W 8×31WS
8×36WS 8×41WS 8×49SWS 8×55SWS</td><td>见表</td><td>镀 锌</td></tr>
<tr><td colspan="6">注 1：腐蚀是主要报废原因时，应采用镀锌钢丝绳。
注 2：钢丝绳工作时，终端不能自由旋转，或虽有反拨力，但不能相互纠合在一起的工作场合，应采用同向捻钢丝绳。</td></tr>
</table>

三、型钢、钢筋、钢板、钢带、钢管

ICS 77.140.60
H 44

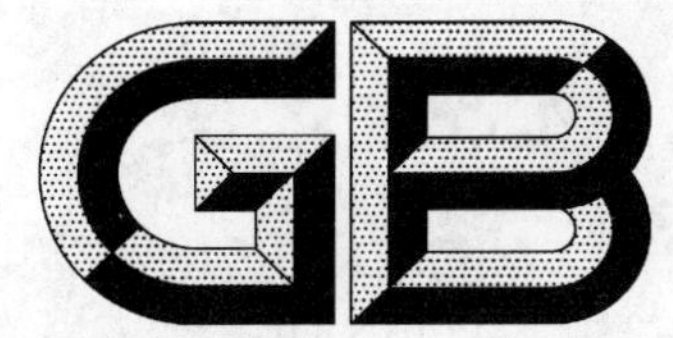

中华人民共和国国家标准

GB/T 702—2008
代替 GB/T 702—2004、GB/T 704—1988、GB/T 705—1989、GB/T 911—2004

热轧钢棒尺寸、外形、重量及允许偏差

Hot-rolled steel bars—Dimensions, shape, weight and tolerances

(ISO 1035-1:1980, ISO 1035-2:1980,
ISO 1035-3:1980, ISO 1035-4:1980, MOD)

2008-08-05 发布　　　　2009-04-01 实施

中华人民共和国国家质量监督检验检疫总局
中国国家标准化管理委员会　发布

前　言

本标准的圆钢尺寸修改采用国际标准 ISO 1035-1:1980《热轧钢棒　第 1 部分:圆钢尺寸》、方钢尺寸修改采用 ISO 1035-2:1980《热轧钢棒　第 2 部分:方钢尺寸》、扁钢尺寸修改采用 ISO 1035-3:1980《热轧钢棒　第 3 部分:扁钢尺寸》、圆钢、方钢、扁钢、热轧六角钢和热轧八角钢的尺寸允许偏差修改采用 ISO 1035-4:1982《热轧钢棒　第 4 部分:尺寸偏差》。

本标准与 ISO 1035-1:1980 的主要技术性差异为:

——圆钢直径系列,国际标准有两个系列,本标准仅一个系列;

——圆钢直径范围,由国际标准的 8 mm～220 mm 扩大至 5.5 mm～310 mm。

本标准与 ISO 1035-2:1980 的主要技术性差异为:

——方钢边长系列,国际标准有两个系列,本标准仅一个系列;

——方钢边长范围,由国际标准的 8 mm～120 mm 扩大至 5.5 mm～200 mm;

——未规定方钢圆角最小直径。

本标准与 ISO 1035-3:1980 的主要技术性差异为:

——扁钢尺寸系列,国际标准有两个系列,本标准仅一个系列;

——扁钢尺寸范围,国际标准的扁钢范围为宽度 20 mm～150 mm,厚度 5 mm～50 mm。本标准的扁钢范围为宽度 10 mm～200 mm,厚度 3 mm～60 mm。

本标准与 ISO 1035-4:1982 的主要技术性差异为:

——本标准适用范围增加了热轧工具钢扁钢;

——增加截面尺寸为 135 mm、145 mm、155 mm、165 mm、260 mm、270 mm、280 mm、290 mm、300 mm、310 mm 热轧圆钢和方钢的尺寸允许偏差;

——圆钢和方钢的长度允许偏差未分级,本标准的规定相当于国际标准的 L_3 级;

——圆钢不圆度严于国际标准的规定。

本标准代替 GB/T 702—2004《热轧圆钢和方钢尺寸、外形、重量及允许偏差》、GB/T 704—1988《热轧扁钢尺寸、外形、重量及允许偏差》、GB/T 705—1989《热轧六角钢和八角钢尺寸、外形、重量及允许偏差》和 GB/T 911—2004《热轧工具钢扁钢尺寸、外形、重量及允许偏差》。

本标准与 GB/T 702—2004、GB/T 704—1988、GB/T 705—1989、GB/T 911—2004 相比,主要变化如下:

——增加截面尺寸 135 mm、145 mm、155 mm、165 mm 的热轧圆钢和方钢,增加截面尺寸 260 mm、270 mm、280 mm、290 mm、300 mm、310 mm 的热轧圆钢;

——增加截面尺寸 135 mm、145 mm、155 mm、165 mm、260 mm、270 mm、280 mm、290 mm、300 mm、310 mm 热轧圆钢和方钢的的尺寸允许偏差及理论重量;

——对热轧圆钢的通常长度做了调整;

——增加热轧扁钢、热轧六角钢、热轧八角钢和热轧工具钢扁钢的尺寸、外形、重量及允许偏差;

——热轧扁钢宽度由 10 mm～150 mm,修改为 10 mm～200 mm;热轧工具钢扁钢厚度由 6 mm～100 mm,修改为 4 mm～100 mm;

——增加热轧扁钢短尺长度要求及宽度 150 mm 以上弯曲度要求。

本标准附录 A 为规范性附录。

本标准由中国钢铁工业协会提出。

本标准由全国钢标准化技术委员会归口。

本标准起草单位：东北特殊钢集团有限责任公司(北满)、冶金工业信息标准研究院、江阴兴澄特种钢有限公司、本溪特钢公司、首钢特钢公司。

本标准主要起草人：王红军、冯超、李国忠、梁启华、谷强、任翠英、冯春雨。

本标准所代替标准的历次版本发布情况为：

——GB/T 702—1965、GB/T 702—1972、GB/T 702—1986、GB/T 702—2004；

——GB/T 704—1983、GB/T 704—1988；

——GB/T 705—1983、GB/T 705—1989；

——GB/T 911—1966、GB/T 911—2004。

热轧钢棒尺寸、外形、重量及允许偏差

1 范围

本标准规定了热轧钢棒(圆钢、方钢、扁钢、六角钢、八角钢)的截面形状、截面尺寸、重量及允许偏差、长度及允许偏差、外形、标记示例等。

本标准适用于直径为5.5 mm～310 mm的热轧圆钢和边长为5.5 mm～200 mm的热轧方钢;厚度为3 mm～60 mm,宽度为10 mm～200 mm,截面为矩形的一般用途热轧扁钢;对边距离为8 mm～70 mm的热轧六角钢和对边距离为16 mm～40 mm的热轧八角钢;厚度为4 mm～100 mm,宽度为10 mm～310 mm,截面为矩形的热轧工具钢扁钢。

2 截面形状

2.1 热轧圆钢和方钢的截面形状见图1。

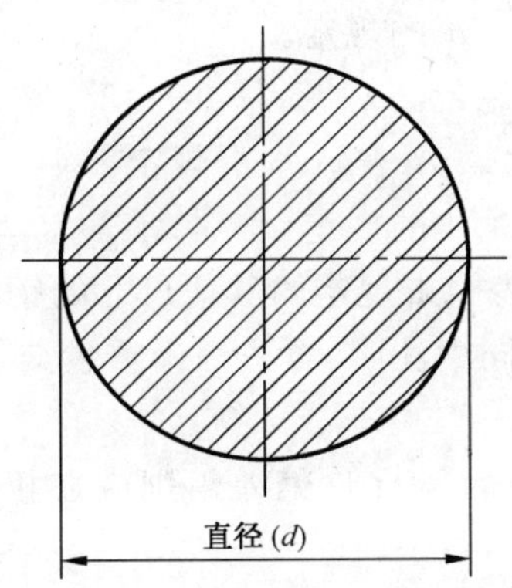

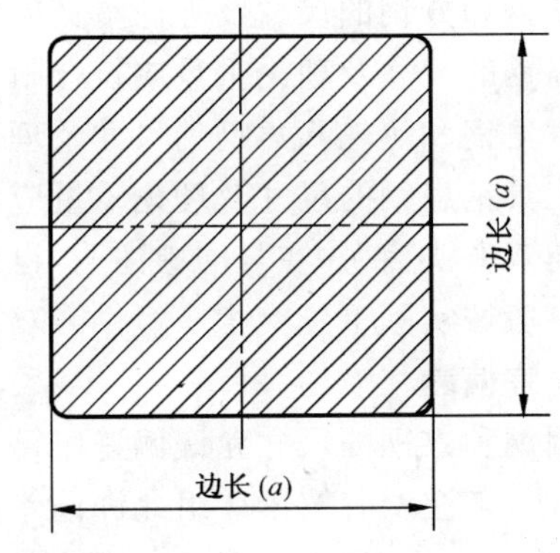

图1

2.2 热轧扁钢及热轧工具钢扁钢的截面形状见图2。

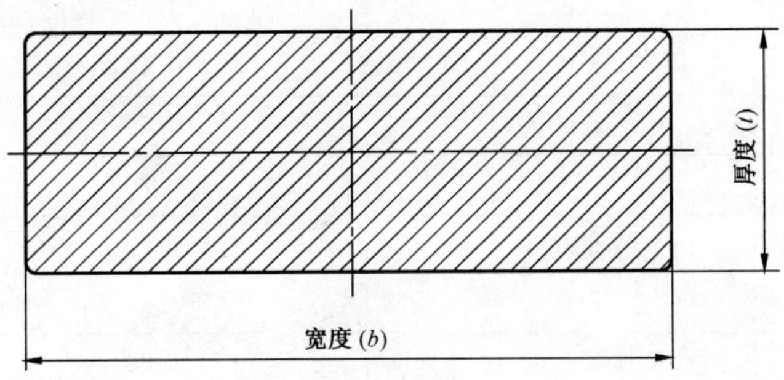

图2

2.3 热轧六角钢和热轧八角钢的截面形状见图3。

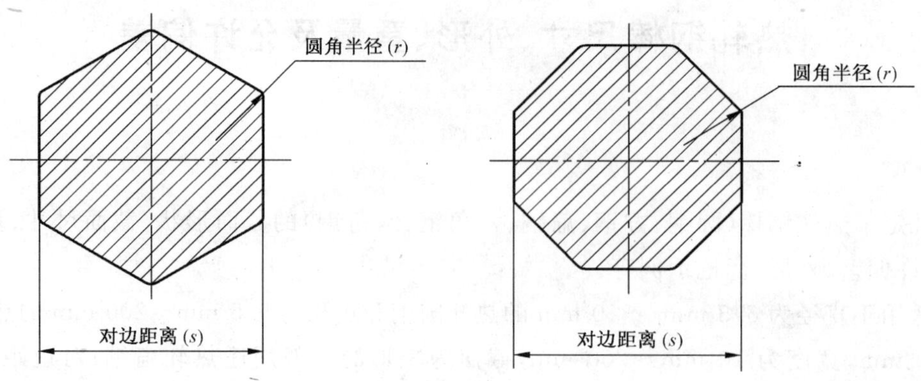

图 3

3 截面尺寸、重量及允许偏差

3.1 尺寸及重量

3.1.1 热轧圆钢和方钢的尺寸及理论重量应符合附录 A 表 A.1 的规定。

3.1.2 热轧扁钢的尺寸及理论重量应符合附录 A 表 A.2 的规定。

3.1.3 热轧六角钢和热轧八角钢的尺寸及理论重量应符合附录 A 表 A.3 的规定。

3.1.4 热轧工具钢扁钢的尺寸及理论重量应符合附录 A 表 A.4 的规定。

3.1.5 经供需双方协商,并在合同中注明,也可供应附录 A 表中未规定的其他尺寸的钢棒。

3.1.6 钢棒一般按实际重量交货。经供需双方协商,并在合同中注明,可按理论重量交货。

3.2 尺寸及允许偏差

3.2.1 热轧圆钢和方钢的尺寸允许偏差应符合表 1 的规定。尺寸允许偏差组别应在相应产品标准或订货合同中注明,未注明时按第 3 组允许偏差执行。

表 1 热轧圆钢和方钢的尺寸允许偏差

单位为毫米

截面公称尺寸(圆钢直径或方钢边长)	尺寸允许偏差		
	1 组	2 组	3 组
5.5～7	±0.20	±0.30	±0.40
>7～20	±0.25	±0.35	±0.40
>20～30	±0.30	±0.40	±0.50
>30～50	±0.40	±0.50	±0.60
>50～80	±0.60	±0.70	±0.80
>80～110	±0.90	±1.00	±1.10
>110～150	±1.20	±1.30	±1.40
>150～200	±1.60	±1.80	±2.00
>200～280	±2.00	±2.50	±3.00
>280～310	—	—	±5.00

3.2.2 热轧扁钢的尺寸允许偏差应符合表 2 的规定。尺寸允许偏差组别应在相应产品标准或订货合同中注明,未注明时按第 2 组允许偏差执行。

表 2　热轧扁钢的尺寸允许偏差　　单位为毫米

宽度			厚度		
公称尺寸	允许偏差		公称尺寸	允许偏差	
	1组	2组		1组	2组
10～50	+0.3 −0.9	+0.5 −1.0	3～16	+0.3 −0.5	+0.2 −0.4
>50～75	+0.4 −1.2	+0.6 −1.3			
>75～100	+0.7 −1.7	+0.9 −1.8	>16～60	+1.5% −3.0%	+1.0% −2.5%
>100～150	+0.8% −1.8%	+1.0% −2.0%			
>150～200	供需双方协商				
注：在同一截面任意两点测量的厚度差不得大于厚度公差的 50%。					

3.2.3　热轧六角钢和热轧八角钢的尺寸允许偏差应符合表 3 的规定。应在相应产品标准或订货合同中注明尺寸允许偏差组别，未注明时按第 3 组允许偏差执行。经供需双方协商，并在合同中注明，可按正偏差轧制，此时热轧六角钢和热轧八角钢的尺寸允许偏差应为表 3 所列该尺寸六角钢和八角钢的公差。

表 3　热轧六角钢和热轧八角钢的尺寸允许偏差　　单位为毫米

对边距离 s	允许偏差		
	1组	2组	3组
≥8～17	±0.25	±0.35	±0.40
>17～20	±0.25	±0.35	±0.40
>21～30	±0.30	±0.40	±0.50
>30～50	±0.40	±0.50	±0.60
>50～70	±0.60	±0.70	±0.80

3.2.4　热轧工具钢扁钢的尺寸允许偏差应符合表 4 的规定。

3.2.5　经供需双方协商，并在合同中注明，可供应表 1、表 2、表 3 和表 4 规定之外的尺寸允许偏差的钢棒。

表 4　热轧工具钢扁钢的尺寸允许偏差　　单位为毫米

宽度及允许偏差		厚度及允许偏差	
公称宽度	允许偏差　不大于	公称厚度	允许偏差　不大于
10	+0.70	≥4～6	+0.40
>10～18	+0.80	>6～10	+0.50
>18～30	+1.2	>10～14	+0.60
>30～50	+1.6	>14～25	+0.80
>50～80	+2.3	>25～30	+1.2
>80～160	+2.5	>30～60	+1.4
>160～200	+2.8	>60～100	+1.6
>200～250	+3.0		
>250～310	+3.2		

4　长度及允许偏差

4.1　热轧圆钢和方钢的通常长度及短尺长度应符合表5的规定。

表5　热轧圆钢和方钢通常长度及短尺长度

钢　类	通　常　长　度			短尺长度/m　不小于
	截面公称尺寸/mm		钢棒长度/m	
普通质量钢	≤25		4～12	2.5
	>25		3～12	
优质及特殊质量钢	全部规格		2～12	1.5
	碳素和合金工具钢	≤75	2～12	1.0
		>75	1～8	0.5(包括高速工具钢全部规格)

4.2　热轧扁钢的通常长度及短尺长度应符合表6的规定。

表6　热轧扁钢通常长度及短尺长度

钢　类		通常长度/m	长度允许偏差	短尺长度
普通质量钢	1组(理论重量≤19 kg/m)	3～9	钢棒长度≤4 m，+30 mm；4 m～6 m，+50 mm；>6 m，+70 mm	≥1.5 m
	2组(理论重量>19 kg/m)	3～7		
优质及特殊质量钢		2～6		

4.3　热轧六角钢和热轧八角钢的通常长度及短尺长度应符合表7的规定。

表7　热轧六角钢和热轧八角钢通常长度及短尺长度

钢　类	通常长度/m	短尺长度/m
普通质量钢	3～8	≥2.5
优质及特殊质量钢	2～6	≥1.5

4.4　热轧工具钢扁钢的通常长度及短尺长度应符合表8的规定。按定尺长度交货的热轧工具钢扁钢，其长度允许偏差为+250 mm。

表8　热轧工具钢扁钢通常长度及短尺长度

公称宽度/mm	通常长度/m	短尺长度/m
≤50	≥2.0	≥1.5
>50～70	≥2.0	≥0.75
>70	≥1.0	—

4.5　经供需双方协商，并在合同中注明，可供应表中规定之外长度的钢棒。定尺或倍尺长度应在合同中注明，其长度允许偏差为+50 mm(不包括热轧扁钢)。

4.6　短尺长度钢棒交货量不得超过该批钢棒总重量的10%。

5　外形

5.1　热轧圆钢和方钢

5.1.1　热轧圆钢和方钢以直条交货。经供需双方协商，亦可以盘卷交货。

5.1.2　圆钢的不圆度及方钢对角线长度应符合表9的规定。圆钢不圆度是指同一横截面最大直径和最小直径之差。

表 9 热轧圆钢不圆度及方钢对角线长度

单位为毫米

圆钢公称直径 d	不圆度 不大于	方钢公称边长 a	对角线长度 不小于
≤50	公称直径公差的 50%	<50	公称边长的 1.33 倍
>50～80	公称直径公差的 65%	≥50	公称边长的 1.29 倍
>80	公称直径公差的 70%	工具钢全部规格	公称边长的 1.29 倍

5.1.3 方钢不方度，应在同一横截面内，任何两边长之差不得大于公称边长公差的 50%，两对角线长度之差不得大于公称边长公差的 70%。

5.1.4 热轧圆钢和方钢的弯曲度应符合表 10 的规定。弯曲度组别应在相应产品标准或订货合同中注明，未注明者按第 2 组执行。经供需双方协商，并在合同中注明，也可供应表 10 规定之外的弯曲度。

表 10 热轧圆钢和方钢弯曲度

单位为毫米

组 别	弯曲度 不大于	
	每米弯曲度	总弯曲度
1 组	2.5	钢棒长度的 0.25%
2 组	4	钢棒长度的 0.40%

5.1.5 热轧圆钢和方钢不得有显著扭转。

5.1.6 热轧圆钢和方钢两端的切斜度不得大于该圆钢公称直径或方钢公称边长的 30%。用剪切机剪切的热轧圆钢和方钢端头允许有局部变形。

5.2 热轧扁钢和热轧工具钢扁钢

5.2.1 热轧扁钢的弯曲度应符合表 11 的规定。热轧工具钢扁钢及宽度>150 mm 的热轧扁钢的弯曲度每米不得超过 5 mm，总弯曲度不得大于总长度的 0.50%。热轧工具钢扁钢的侧面弯曲度（镰刀弯）每米不得超过 5 mm，总侧面弯曲度不得大于总长度的 0.50%。

表 11 热轧扁钢弯曲度

单位为毫米

精度级别	弯曲度 不大于	
	每米弯曲度	总弯曲度
1 组	2.5	钢棒长度的 0.25%
2 组	4	钢棒长度的 0.40%
注：宽度>150 mm 的热轧扁钢，每米弯曲度不大于 5 mm，总弯曲度不大于钢棒长度的 0.50%。		

5.2.2 端头应剪切正直。热轧工具钢扁钢两端的毛刺应清除，但不大于 5 mm 的毛刺允许存在。用压力机剪切的热轧工具钢扁钢，其两端允许有局部变形。热轧扁钢的切斜不得大于以下规定：宽度≤100 mm 的热轧扁钢，不得大于 6 mm；宽度>100 mm 的热轧扁钢，不得大于 8 mm。

5.2.3 热轧扁钢和热轧工具钢扁钢不得有显著扭转。热轧工具钢扁钢在同一截面上两对角线长度差不得大于扁钢的宽度偏差。热轧工具钢扁钢允许稍带钝边。

5.2.4 热轧扁钢和热轧工具钢扁钢的截面形状不正如图 4 a)、b)、c)、d)所示。其最大允许尺寸 C 值应符合表 12 中的规定。

表 12 热轧扁钢和热轧工具钢扁钢允许的截面不正(C)值

单位为毫米

热轧扁钢厚度	最大允许尺寸(C 值)
≤5	1
>5～10	厚度的 20%
>10	厚度的 15%，最大值为 3.5

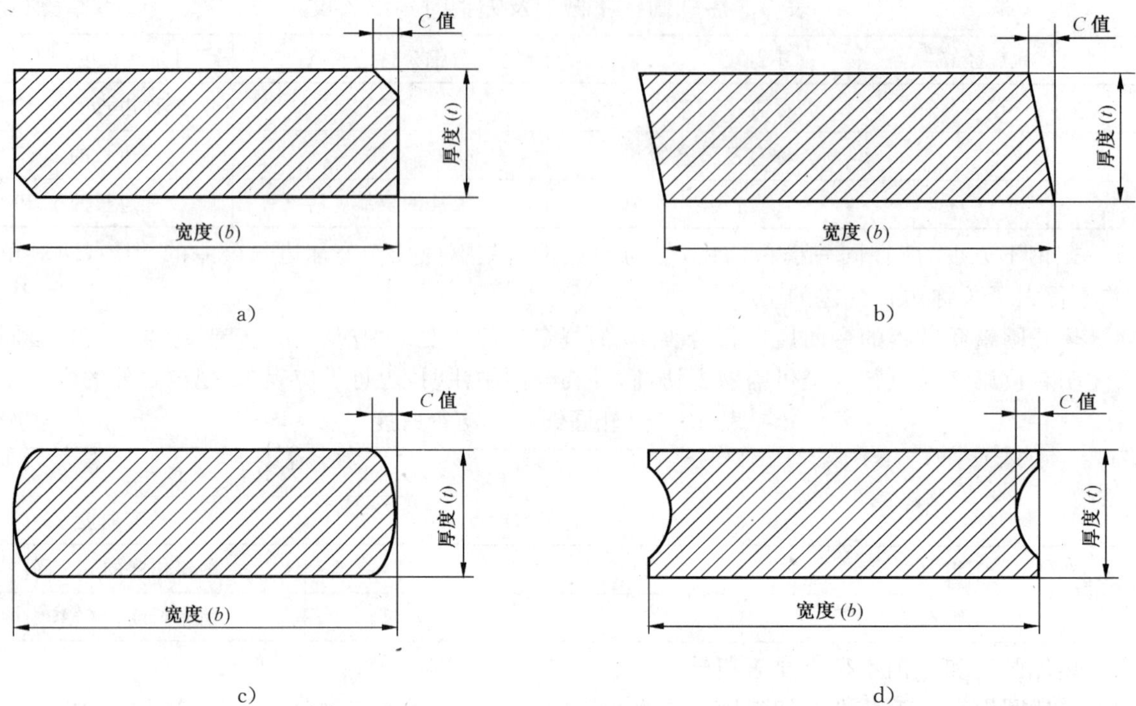

图 4 热轧扁钢和热轧工具钢扁钢截面形状不正图示

5.3 热轧六角钢和热轧八角钢

5.3.1 热轧六角钢和热轧八角钢在同一截面上任何两个对边距离之差,不得超过公差的 70%。

5.3.2 热轧六角钢和热轧八角钢的边缘圆角半径 r,可由供方参照表 13 所列数值在生产中用轧辊孔型控制,不作交货检查依据。

表 13 热轧六角钢和热轧八角钢的边缘圆角半径 单位为毫米

对边距离 s	最大圆角半径 r
8～14	1.0
15～25	1.5
26～50	2.0
＞50	3.0

5.3.3 热轧六角钢和热轧八角钢的弯曲度应符合表 14 的规定,弯曲度组别应在相应产品标准或订货合同中注明。

表 14 热轧六角钢和热轧八角钢的弯曲度 单位为毫米

组 别	每米弯曲度 不大于	总弯曲度 不大于
1	2.5	钢棒长度的 0.25%
2	4	钢棒长度的 0.4%
3	6	钢棒长度的 0.6%

5.3.4 热轧六角钢和热轧八角钢的端头应剪切正直,切斜长度不得大于钢材对边距离的 30%,用剪切机剪切端头允许有局部变形。

5.3.5 热轧六角钢和热轧八角钢不得有显著扭转。

6 标记示例

6.1 热轧圆钢、方钢、六角钢和八角钢

用 40Cr 钢轧制成的公称直径或边长为 50 mm 允许偏差组别为 2 组的圆钢或方钢，其标记为：

$$\mathrm{XX}\,\frac{\text{50-2-GB/T 702—2008}}{\text{40Cr-GB/T 3077—1999}}$$

XX——圆钢、方钢、六角钢或八角钢

6.2 热轧扁钢和热轧工具钢扁钢

用 45 钢轧制成的 22 mm 热轧六角钢和热轧八角钢或 10 mm×30 mm 组别为 2 组热轧（工具钢）扁钢，其标记为：

$$\mathrm{XX}\,\frac{\text{22(10×30)-2-GB/T 702—2008}}{\text{45-GB/T 699—1999}}$$

XX——扁钢、工具钢扁钢

注：工具钢扁钢没有组别。

附　录　A
（规范性附录）
热轧钢棒尺寸及理论重量

表 A.1　热轧圆钢和方钢的尺寸及理论重量

圆钢公称直径 d 方钢公称边长 a/mm	理论重量/(kg/m)		圆钢公称直径 d 方钢公称边长 a/mm	理论重量/(kg/m)	
	圆钢	方钢		圆钢	方钢
5.5	0.186	0.237	75	34.7	44.2
6	0.222	0.283	80	39.5	50.2
6.5	0.260	0.332	85	44.5	56.7
7	0.302	0.385	90	49.9	63.6
8	0.395	0.502	95	55.6	70.8
9	0.499	0.636	100	61.7	78.5
10	0.617	0.785	105	68.0	86.5
11	0.746	0.950	110	74.6	95.0
12	0.888	1.13	115	81.5	104
13	1.04	1.33	120	88.8	113
14	1.21	1.54	125	96.3	123
15	1.39	1.77	130	104	133
16	1.58	2.01	135	112	143
17	1.78	2.27	140	121	154
18	2.00	2.54	145	130	165
19	2.23	2.83	150	139	177
20	2.47	3.14	155	148	189
21	2.72	3.46	160	158	201
22	2.98	3.80	165	168	214
23	3.26	4.15	170	178	227
24	3.55	4.52	180	200	254
25	3.85	4.91	190	223	283
26	4.17	5.31	200	247	314
27	4.49	5.72	210	272	
28	4.83	6.15	220	298	
29	5.18	6.60	230	326	
30	5.55	7.06	240	355	
31	5.92	7.54	250	385	
32	6.31	8.04	260	417	
33	6.71	8.55	270	449	
34	7.13	9.07	280	483	
35	7.55	9.62	290	518	
36	7.99	10.2	300	555	
38	8.90	11.3	310	592	
40	9.86	12.6			
42	10.9	13.8			
45	12.5	15.9			
48	14.2	18.1			
50	15.4	19.6			
53	17.3	22.0			
55	18.6	23.7			
56	19.3	24.6			
58	20.7	26.4			
60	22.2	28.3			
63	24.5	31.2			
65	26.0	33.2			
68	28.5	36.3			
70	30.2	38.5			
注：表中钢的理论重量是按密度为 7.85 g/cm^3 计算。					

表 A.2 热轧扁钢的尺寸及理论重量

公称宽度/mm	厚度/mm																					
	3	4	5	6	7	8	9	10	11	12	14	16	18	20	22	25	28	30	32	36	40	45	50	56	60
	理论重量/(kg/m)																								
10	0.24	0.31	0.39	0.47	0.55	0.63																			
12	0.28	0.38	0.47	0.57	0.66	0.75																			
14	0.33	0.44	0.55	0.66	0.77	0.88																			
16	0.38	0.50	0.63	0.75	0.88	1.00	1.15	1.26																	
18	0.42	0.57	0.71	0.85	0.99	1.13	1.27	1.41																	
20	0.47	0.63	0.78	0.94	1.10	1.26	1.41	1.57	1.73	1.88															
22	0.52	0.69	0.86	1.04	1.21	1.38	1.55	1.73	1.90	2.07															
25	0.59	0.78	0.98	1.18	1.37	1.57	1.77	1.96	2.16	2.36	2.75	3.14													
28	0.66	0.88	1.10	1.32	1.54	1.76	1.98	2.20	2.42	2.64	3.08	3.53													
30	0.71	0.94	1.18	1.41	1.65	1.88	2.12	2.36	2.59	2.83	3.30	3.77	4.24	4.71											
32	0.75	1.00	1.26	1.51	1.76	2.01	2.26	2.55	2.76	3.01	3.52	4.02	4.52	5.02											
35	0.82	1.10	1.37	1.65	1.92	2.20	2.47	2.75	3.02	3.30	3.85	4.40	4.95	5.50	6.04	6.87	7.69								
40	0.94	1.26	1.57	1.88	2.20	2.51	2.83	3.14	3.45	3.77	4.40	5.02	5.65	6.28	6.91	7.85	8.79								
45	1.06	1.41	1.77	2.12	2.47	2.83	3.18	3.53	3.89	4.24	4.95	5.65	6.36	7.07	7.77	8.83	9.89	10.60	11.30	12.72					
50	1.18	1.57	1.96	2.36	2.75	3.14	3.53	3.93	4.32	4.71	5.50	6.28	7.06	7.85	8.64	9.81	10.99	11.78	12.56	14.13					
55		1.73	2.16	2.59	3.02	3.45	3.89	4.32	4.75	5.18	6.04	6.91	7.77	8.64	9.50	10.79	12.09	12.95	13.82	15.54					
60		1.88	2.36	2.83	3.30	3.77	4.24	4.71	5.18	5.65	6.59	7.54	8.48	9.42	10.36	11.78	13.19	14.13	15.07	16.96	18.84	21.20			
65		2.04	2.55	3.06	3.57	4.08	4.59	5.10	5.61	6.12	7.14	8.16	9.18	10.20	11.23	12.76	14.29	15.31	16.33	18.37	20.41	22.96			
70		2.20	2.75	3.30	3.85	4.40	4.95	5.50	6.04	6.59	7.69	8.79	9.89	10.99	12.09	13.74	15.39	16.49	17.58	19.78	21.98	24.73			
75		2.36	2.94	3.53	4.12	4.71	5.30	5.89	6.48	7.07	8.24	9.42	10.60	11.78	12.95	14.72	16.48	17.66	18.84	21.20	23.55	26.49			
80		2.51	3.14	3.77	4.40	5.02	5.65	6.28	6.91	7.54	8.79	10.05	11.30	12.56	13.82	15.70	17.58	18.84	20.10	22.61	25.12	28.26	31.40	35.17	
85			3.34	4.00	4.67	5.34	6.01	6.67	7.34	8.01	9.34	10.68	12.01	13.34	14.68	16.68	18.68	20.02	21.35	24.02	26.69	30.03	33.36	37.37	40.04
90			3.53	4.24	4.95	5.65	6.36	7.07	7.77	8.48	9.89	11.30	12.72	14.13	15.54	17.66	19.78	21.20	22.61	25.43	28.26	31.79	35.32	39.56	42.39
95			3.73	4.47	5.22	5.97	6.71	7.46	8.20	8.95	10.44	11.93	13.42	14.92	16.41	18.64	20.88	22.37	23.86	26.85	29.83	33.56	37.29	41.76	44.74
100			3.92	4.71	5.50	6.28	7.06	7.85	8.64	9.42	10.99	12.56	14.13	15.70	17.27	19.62	21.98	23.55	25.12	28.26	31.40	35.32	39.25	43.96	47.10
105			4.12	4.95	5.77	6.59	7.42	8.24	9.07	9.89	11.54	13.19	14.84	16.48	18.13	20.61	23.08	24.73	26.38	29.67	32.97	37.09	41.21	46.16	49.46
110			4.32	5.18	6.04	6.91	7.77	8.64	9.50	10.36	12.09	13.82	15.54	17.27	19.00	21.59	24.18	25.90	27.63	31.09	34.54	38.86	43.18	48.36	51.81
120			4.71	5.65	6.59	7.54	8.48	9.42	10.36	11.30	13.19	15.07	16.96	18.84	20.72	23.55	26.38	28.26	30.14	33.91	37.68	42.39	47.10	52.75	56.52
125				5.89	6.87	7.85	8.83	9.81	10.79	11.78	13.74	15.70	17.66	19.62	21.58	24.53	27.48	29.44	31.40	35.32	39.25	44.16	49.06	54.95	58.88
130				6.12	7.14	8.16	9.18	10.20	11.23	12.25	14.29	16.33	18.37	20.41	22.45	25.51	28.57	30.62	32.66	36.74	40.82	45.92	51.02	57.15	61.23
140					7.69	8.79	9.89	10.99	12.09	13.19	15.39	17.58	19.78	21.98	24.18	27.48	30.77	32.97	35.17	39.56	43.96	49.46	54.95	61.54	65.94
150					8.24	9.42	10.60	11.78	12.95	14.13	16.48	18.84	21.20	23.55	25.90	29.44	32.97	35.32	37.68	42.39	47.10	52.99	58.88	65.94	70.65
160					8.79	10.05	11.30	12.56	13.82	15.07	17.58	20.10	22.61	25.12	27.63	31.40	35.17	37.68	40.19	45.22	50.24	56.52	62.80	70.34	75.36
180					9.89	11.30	12.72	14.13	15.54	16.96	19.78	22.61	25.43	28.26	31.09	35.32	39.56	42.39	45.22	50.87	56.52	63.58	70.65	79.13	84.78
200					10.99	12.56	14.13	15.70	17.27	18.84	21.98	25.12	28.26	31.40	34.54	39.25	43.96	47.10	50.24	56.52	62.80	70.65	78.50	87.92	94.20

注 1：表中的粗线用以划分扁钢的组别

1 组——理论重量≤19 kg/m；

2 组——理论重量>19 kg/m。

注 2：表中的理论重量按密度 7.85 g/cm³ 计算。

表 A.3 热轧六角钢和热轧八角钢的尺寸及理论重量

对边距离 s/mm	截面面积 A/cm^2		理论重量/(kg/m)	
	六角钢	八角钢	六角钢	八角钢
8	0.554 3	—	0.435	—
9	0.701 5	—	0.551	—
10	0.866	—	0.680	—
11	1.048	—	0.823	—
12	1.247	—	0.979	—
13	1.464	—	1.05	—
14	1.697	—	1.33	—
15	1.949	—	1.53	—
16	2.217	2.120	1.74	1.66
17	2.503	—	1.96	—
18	2.806	2.683	2.20	2.16
19	3.126	—	2.45	—
20	3.464	3.312	2.72	2.60
21	3.819	—	3.00	—
22	4.192	4.008	3.29	3.15
23	4.581	—	3.60	—
24	4.988	—	3.92	—
25	5.413	5.175	4.25	4.06
26	5.854	—	4.60	—
27	6.314	—	4.96	—
28	6.790	6.492	5.33	5.10
30	7.794	7.452	6.12	5.85
32	8.868	8.479	6.96	6.66
34	10.011	9.572	7.86	7.51
36	11.223	10.731	8.81	8.42
38	12.505	11.956	9.82	9.39
40	13.86	13.250	10.88	10.40
42	15.28	—	11.99	—
45	17.54	—	13.77	—
48	19.95	—	15.66	—
50	21.65	—	17.00	—
53	24.33	—	19.10	—
56	27.16	—	21.32	—
58	29.13	—	22.87	—
60	31.18	—	24.50	—
63	34.37	—	26.98	—
65	36.59	—	28.72	—
68	40.04	—	31.43	—
70	42.43	—	33.30	—

注：表中的理论重量按密度 7.85 g/cm^3 计算。

表中截面面积(A)计算公式：$A=\frac{1}{4}ns^2\operatorname{tg}\frac{\varphi}{2}\times\frac{1}{100}$

六角形：$A=\frac{3}{2}s^2\operatorname{tg}30°\times\frac{1}{100}\approx0.866s^2\times\frac{1}{100}$

八角形：$A=2s^2\operatorname{tg}22°30'\times\frac{1}{100}\approx0.828s^2\times\frac{1}{100}$

式中：n——正 n 边形边数；

φ——正 n 边形圆内角；$\varphi=360/n$。

表 A.4　热轧工具钢扁钢的尺寸及理论重量

公称宽度/mm	扁钢公称厚度/mm																				
	4	6	8	10	13	16	18	20	23	25	28	32	36	40	45	50	56	63	71	80	90	100
	理论重量/(kg/m)																				
10	0.31	0.47	0.63																			
13	0.40	0.57	0.75	0.94																		
16	0.50	0.75	1.00	1.26	1.51																	
20	0.63	0.94	1.26	1.57	1.88	2.51	2.83															
25	0.78	1.18	1.57	1.96	2.36	3.14	3.53	3.93	4.32													
32	1.00	1.51	2.01	2.55	3.01	4.02	4.52	5.02	5.53	6.28	7.03											
40	1.26	1.88	2.51	3.14	3.77	5.02	5.65	6.28	6.91	7.85	8.79	10.05	11.30									
50	1.57	2.36	3.14	3.93	4.71	6.28	7.06	7.85	8.64	9.81	10.99	12.56	14.13	15.70	17.66							
63	1.98	2.91	3.96	4.95	5.93	7.91	8.90	9.89	10.88	12.36	13.85	15.83	17.80	19.78	22.25	24.73	27.69					
71	2.23	3.34	4.46	5.57	6.69	8.92	10.03	11.15	12.26	13.93	15.61	17.84	20.06	22.29	25.08	27.87	31.21	35.11				
80	2.51	3.77	5.02	6.28	7.54	10.05	11.30	12.56	13.82	15.70	17.58	20.10	22.61	25.12	28.26	31.40	35.17	39.56	44.59			
90	2.83	4.24	5.65	7.07	8.48	11.30	12.72	14.13	15.54	17.66	19.78	22.61	25.43	28.26	31.79	35.32	39.56	44.51	50.16	56.52		
100	3.14	4.71	6.28	7.85	9.42	12.56	14.13	15.70	17.27	19.62	21.98	25.12	28.26	31.40	35.32	39.25	43.96	49.46	55.74	62.80	70.65	
112	3.52	5.28	7.03	8.79	10.55	14.07	15.83	17.58	19.34	21.98	24.62	28.13	31.65	35.17	39.56	43.96	49.24	55.39	62.42	70.34	79.13	87.92
125	3.93	5.89	7.85	9.81	11.78	15.70	17.66	19.62	21.58	24.53	27.48	31.40	35.32	39.25	44.16	49.06	54.95	61.82	69.67	78.50	88.31	98.13
140	4.40	6.59	8.79	12.69	13.19	17.58	19.78	21.98	24.18	27.48	30.77	35.17	39.56	43.96	49.46	54.95	61.54	69.24	78.03	87.92	98.81	109.90
160	5.02	7.54	10.05	12.56	15.07	20.10	22.61	25.12	27.63	31.40	35.17	40.19	45.22	50.24	56.52	62.80	70.34	79.13	89.18	100.48	113.04	125.60
180	5.65	8.48	11.30	14.13	16.96	22.61	25.43	28.26	31.09	35.33	39.56	45.22	50.87	56.52	63.59	70.65	79.13	89.02	100.32	113.04	127.17	141.30
200	6.28	9.42	12.56	15.70	18.84	25.12	28.26	31.40	34.54	39.25	43.96	50.24	56.52	62.80	70.65	78.50	87.92	98.91	111.47	125.60	141.30	157.00
224	7.03	10.55	14.07	17.58	21.10	28.13	31.65	35.17	38.68	43.96	49.24	56.27	63.30	70.34	79.12	87.92	98.47	110.78	124.85	140.67	158.26	175.84
250	7.85	11.78	15.70	19.63	23.55	31.40	35.33	39.25	43.18	49.06	54.95	62.80	70.65	78.50	88.31	98.13	109.90	123.64	139.34	157.00	176.63	196.25
280	8.79	13.19	17.58	21.98	26.38	35.17	39.56	43.96	48.36	54.95	61.54	70.34	79.13	87.92	98.91	109.90	123.09	138.47	156.06	175.84	197.82	219.80
310	9.73	14.60	19.47	24.34	29.20	38.94	43.80	48.67	53.54	60.84	68.14	77.87	87.61	97.34	109.51	121.68	136.28	153.31	172.78	194.68	219.02	243.35

注：表中的理论重量按密度 7.85 g/cm^3 计算，对于高合金钢计算理论重量时，应采用相应牌号的密度进行计算。

ICS 77.140.70
H 44

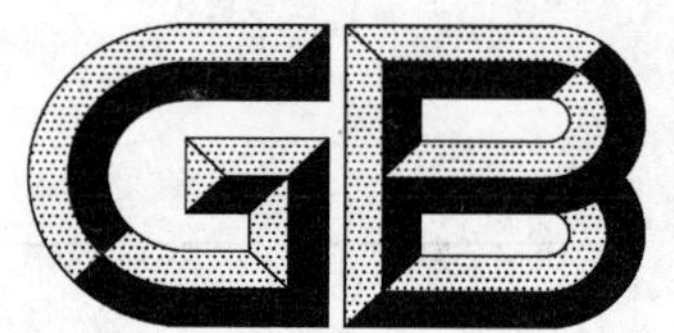

中华人民共和国国家标准

GB/T 706—2008
代替 GB/T 706—1988、GB/T 707—1988、GB/T 9787—1988、GB/T 9788—1988、GB/T 9946—1988

热 轧 型 钢

Hot rolled section steel

2008-08-19 发布 2009-04-01 实施

中华人民共和国国家质量监督检验检疫总局
中国国家标准化管理委员会 发布

前　言

本标准整合修订GB/T 706—1988《热轧工字钢尺寸、外形、重量及允许偏差》、GB/T 707—1988《热轧槽钢尺寸、外形、重量及允许偏差》、GB/T 9787—1988《热轧等边角钢尺寸、外形、重量及允许偏差》、GB/T 9788—1988《热轧不等边角钢尺寸、外形、重量及允许偏差》、GB/T 9946—1988《热轧L型钢尺寸、外形、重量及允许偏差》。

本标准代替GB/T 706—1988《热轧工字钢尺寸、外形、重量及允许偏差》、GB/T 707—1988《热轧槽钢尺寸、外形、重量及允许偏差》、GB/T 9787—1988《热轧等边角钢尺寸、外形、重量及允许偏差》、GB/T 9788—1988《热轧不等边角钢尺寸、外形、重量及允许偏差》、GB/T 9946—1988《热轧L型钢尺寸、外形、重量及允许偏差》。

本标准与GB/T 706—1988、GB/T 707—1988、GB/T 9787—1988、GB/T 9788—1988、GB/T 9946—1988相比主要变化如下：

——增加规范性引用文件；

——增加了部分规格；

——调整了部分尺寸、外形允许偏差；

——增加技术要求、试验方法、检验规则、包装、标志、质量证明书的规定；

——增加附录A。

本标准附录A为规范性附录。

本标准由中国钢铁工业协会提出。

本标准由全国钢标准化技术委员会归口。

本标准起草单位：马鞍山钢铁股份有限公司、冶金工业信息标准研究院、唐山钢铁股份公司、莱芜钢铁股份公司、鞍山宝得钢铁公司、首钢红冶钢铁公司。

本标准主要起草人：龚庆华、冯超、王莉娟、邓翠青、杜传治、王洪新、李光、奚铁、吴结才、孙晓玲、任翠英、蒋涛、胡楠。

本标准所代替标准的历次版本发布情况为：

——GB/T 706—1965、GB/T 706—1988；

——GB/T 707—1965、GB/T 707—1988；

——GB/T 9787—1988；

——GB/T 9788—1988；

——GB/T 9946—1988。

热 轧 型 钢

1 范围

本标准规定了热轧工字钢、热轧槽钢、热轧等边角钢、热轧不等边角钢和热轧L型钢的尺寸、外形、重量及允许偏差、技术要求、试验方法、检验规则、包装、标志及质量证明书。

本标准适用于热轧等边角钢、热轧不等边角钢、热轧L型钢及腿部内侧有斜度的热轧工字钢和热轧槽钢(以下简称型钢)。

2 规范性引用文件

下列文件中的条款通过本标准的引用而成为本标准的条款。凡是注日期的引用文件,其随后所有的修改单(不包括勘误的内容)或修订版均不适用于本标准,然而,鼓励根据本标准达成协议的各方研究是否可使用这些文件的最新版本。凡是不注日期的引用文件,其最新版本适用于本标准。

GB/T 228 金属材料 室温拉伸试验方法(GB/T 228—2002,eqv ISO 6892:1998(E))

GB/T 229 金属材料 夏比摆锤冲击试验方法(GB/T 229—2007,ISO 148-1:2006,MOD)

GB/T 232 金属材料 弯曲试验方法(GB/T 232—1999,eqv ISO 7438:1985(E))

GB/T 700 碳素结构钢

GB/T 1591 低合金高强度结构钢

GB/T 2101 型钢验收、包装、标志及质量证明书的一般规定

GB/T 2975 钢及钢产品力学性能试验取样位置及试样制备(GB/T 2975—2008,eqv ISO 377:1997)

3 尺寸、外形、重量及允许偏差

3.1 尺寸及表示方法

3.1.1 型钢的截面图示及标注符号见图1~图5。

3.1.2 型钢的截面尺寸、截面面积、理论重量及截面特性参数应分别符合附录A中表A.1~表A.5的规定。

3.2 尺寸、外形及允许偏差

3.2.1 型钢的尺寸、外形及允许偏差应符合表1~表3的规定。根据需方要求,型钢的尺寸、外形及允许偏差也可按照供需双方协议。

3.2.2 工字钢的腿端外缘钝化、槽钢的腿端外缘和肩钝化不应使直径等于0.18t的圆棒通过,角钢的边端外角和顶角钝化不应使直径等于0.18d的圆棒通过。

3.2.3 工字钢、槽钢的外缘斜度和弯腰挠度、角钢的顶端直角在距端头不小于750 mm处检查。

3.2.4 工字钢、槽钢平均腿厚度(t)的允许偏差为±0.06t,在车削轧辊时在轧辊上检查。

3.2.5 根据双方协议,相对于工字钢垂直轴的腿的不对称度,不应超过腿宽公差之半。

3.2.6 型钢不应有明显的扭转。

3.3 长度及允许偏差

3.3.1 角钢的通常长度为4 000 mm~19 000 mm,其他型钢的通常长度为5 000 mm~19 000 mm。根据需方要求也可供应其他长度的产品。

3.3.2 定尺长度允许偏差按表4规定。

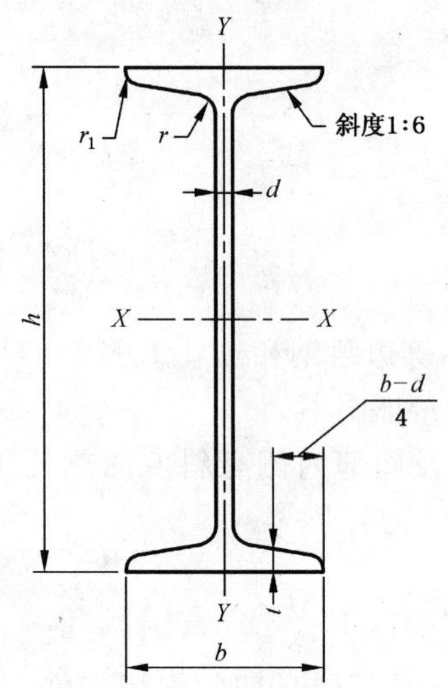

h——高度；

b——腿宽度；

d——腰厚度；

t——平均腿厚度；

r——内圆弧半径；

r_1——腿端圆弧半径。

图 1　工字钢截面图

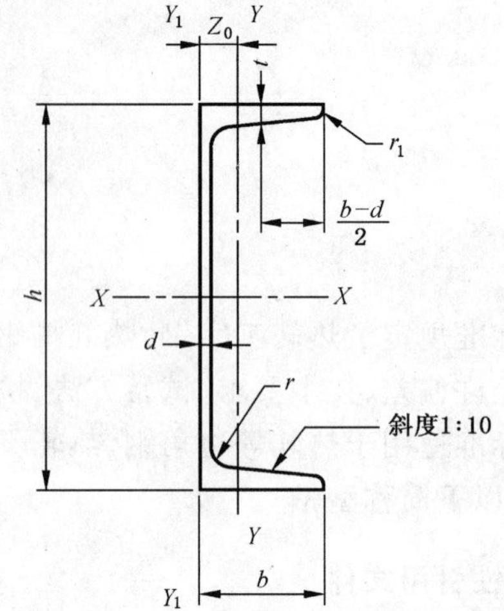

h——高度；

b——腿宽度；

d——腰厚度；

t——平均腿厚度；

r——内圆弧半径；

r_1——腿端圆弧半径；

Z_0——YY 轴与 Y_1Y_1 轴间距。

图 2　槽钢截面图

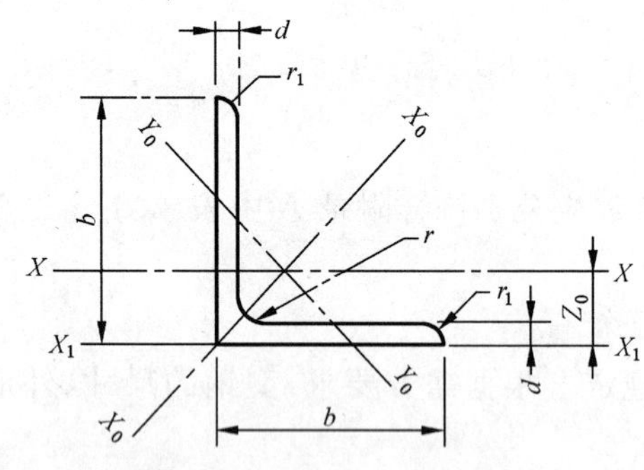

b——边宽度；

d——边厚度；

r——内圆弧半径；

r_1——边端圆弧半径；

Z_0——重心距离。

图 3　等边角钢截面图

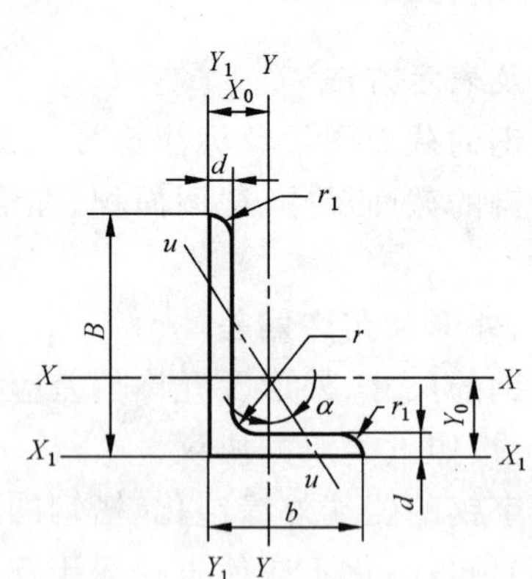

B——长边宽度；

b——短边宽度；

d——边厚度；

r——内圆弧半径；

r_1——边端圆弧半径；

X_0——重心距离；

Y_0——重心距离。

图 4　不等边角钢截面图

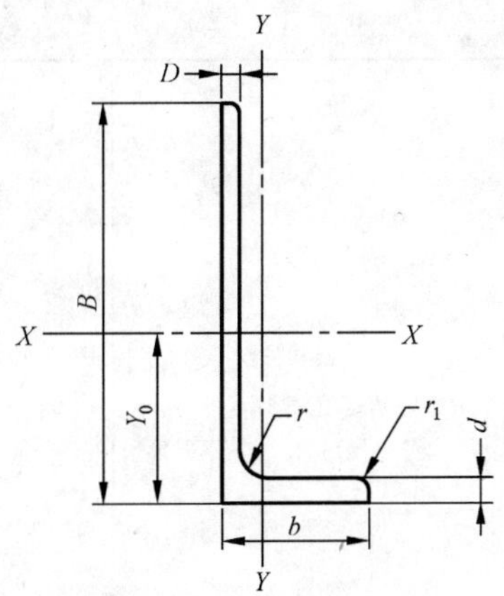

B——长边宽度；

b——短边宽度；

D——长边厚度；

d——短边厚度；

r——内圆弧半径；

r_1——边端圆弧半径；

Y_0——重心距离。

图5 L型钢截面图

表1 工字钢、槽钢尺寸、外形允许偏差

单位为毫米

	高 度	允许偏差	图 示
高度 (h)	<100	±1.5	
	100～<200	±2.0	
	200～<400	±3.0	
	≥400	±4.0	
腿宽度 (b)	<100	±1.5	
	100～<150	±2.0	
	150～<200	±2.5	
	200～<300	±3.0	
	300～<400	±3.5	
	≥400	±4.0	
腰厚度 (d)	<100	±0.4	
	100～<200	±0.5	
	200～<300	±0.7	
	300～<400	±0.8	
	≥400	±0.9	

表 1（续）

单位为毫米

外缘斜度 （T）		$T \leqslant 1.5\% b$ $2T \leqslant 2.5\% b$	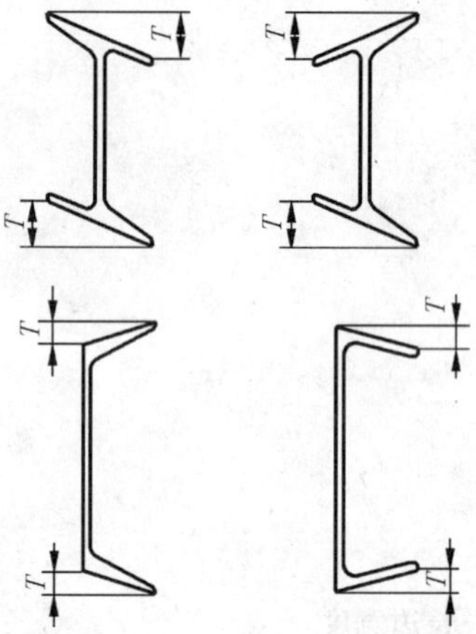
弯腰挠度 （W）		$W \leqslant 0.15d$	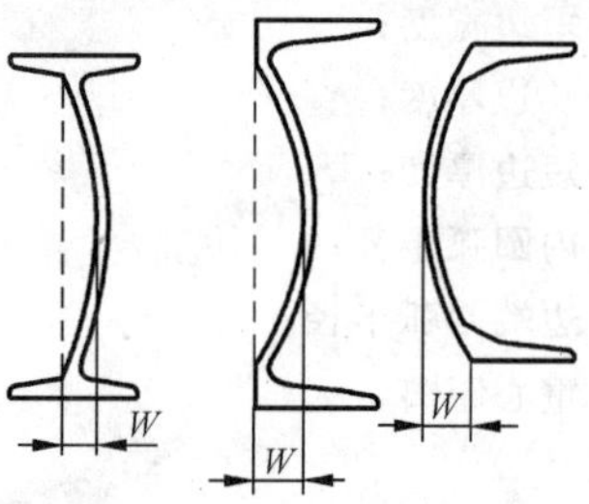
弯曲度	工字钢	每米弯曲度≤2 mm 总弯曲度≤总长度的 0.20%	适用于上下、左右大弯曲
	槽钢	每米弯曲度≤3 mm 总弯曲度≤总长度的 0.30%	

表 2　角钢尺寸、外形允许偏差

单位为毫米

项　　目		允许偏差		图　　示
		等边角钢	不等边角钢	
边宽度 （B,b）	边宽度[a]≤56	±0.8	±0.8	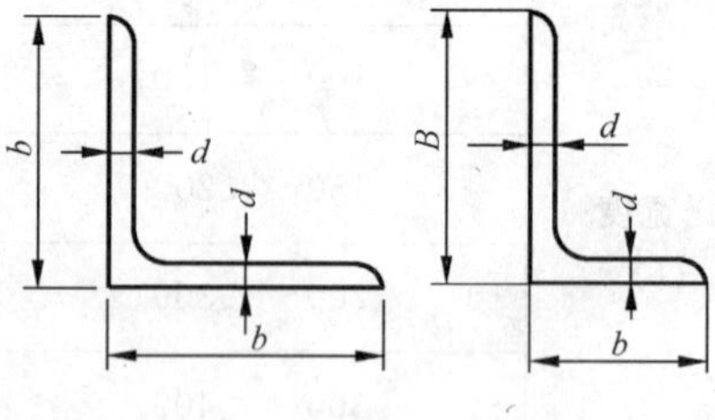
	>56～90	±1.2	±1.5	
	>90～140	±1.8	±2.0	
	>140～200	±2.5	±2.5	
	>200	±3.5	±3.5	
边厚度 （d）	边宽度[a]≤56	±0.4		
	>56～90	±0.6		
	>90～140	±0.7		
	>140～200	±1.0		
	>200	±1.4		
顶端直角		$\alpha \leqslant 50'$		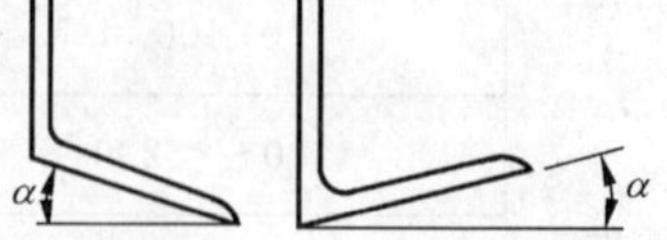
弯曲度		每米弯曲度≤3 mm 总弯曲度≤总长度的 0.30%		适用于上下、左右大弯曲

a) 不等边角钢按长边宽度 B。

表3 L型钢尺寸、外形允许偏差

单位为毫米

项目			允许偏差	图示
边宽度 (B,b)			±4.0	
边厚度	长边厚度(D)		+1.6 −0.4	
	短边厚度 (d)	≤20	+2.0 −0.4	
		>20～30	+2.0 −0.5	
		>30～35	+2.5 −0.6	
垂直度 (T)			$T \leqslant 2.5\%b$	
长边平直度 (W)			$W \leqslant 0.15D$	
弯曲度			每米弯曲度≤3 mm 总弯曲度≤总长度的0.30%	适用于上下、左右大弯曲

表4 型钢的长度允许偏差

长度/mm	允许偏差/mm
≤8 000 mm	+50 0
>8 000 mm	+80 0

3.4 重量及允许偏差

3.4.1 型钢应按理论重量交货，理论重量按密度为7.85 g/cm³ 计算。经供需双方协商并在合同中注明，亦可按实际重量交货。

3.4.2 根据双方协议，型钢的每米重量允许偏差不应超过$^{+3.0}_{-5}$%。

3.4.3 型钢的截面面积计算公式按表5所示。

表5 截面面积的计算方法

型钢种类	计算公式
工字钢	$hd+2t(b-d)+0.615(r^2-r_1^2)$
槽钢	$hd+2t(b-d)+0.349(r^2-r_1^2)$
等边角钢	$d(2b-d)+0.215(r^2-2r_1^2)$
不等边角钢	$d(B+b-d)+0.215(r^2-2r_1^2)$
L型钢	$BD+d(b-D)+0.215(r^2-r_1^2)$

4 技术要求

4.1 钢的牌号和化学成分

钢的牌号和化学成分(熔炼分析)应符合 GB/T 700 或 GB/T 1591 的有关规定。根据需方要求,经供需双方协议,也可按其他牌号和化学成分供货。

4.2 力学性能

型钢的力学性能应符合 GB/T 700 或 GB/T 1591 的有关规定。根据需方要求,经供需双方协议,也可按其他力学性能指标供货。

4.3 交货状态

型钢以热轧状态交货。

4.4 表面质量

4.4.1 型钢表面不应有裂缝、折叠、结疤、分层和夹杂。

4.4.2 型钢表面允许有局部发纹、凹坑、麻点、刮痕和氧化铁皮压入等缺陷存在,但不应超出型钢尺寸的允许偏差。

4.4.3 型钢表面缺陷允许清除,清除处应圆滑无棱角,但不应进行横向清除。清除宽度不应小于清除深度的五倍,清除后的型钢尺寸不应超出尺寸的允许偏差。

4.4.4 型钢不应有大于 5 mm 的毛刺。

5 试验方法

5.1 每批钢材的检验项目、取样数量和试验方法应符合表 6 的规定。

表 6 检验项目、取样数量和试验方法

序号	检验项目	取样数量(个)	取样方法	试验方法
1	化学成分	见相应牌号标准的规定		
2	拉伸	1	GB/T 2975	GB/T 228
3	弯曲	1		GB/T 232
4	常温冲击	3		GB/T 229
5	低温冲击	3		
6	表面质量	逐根	—	目视、量具
7	尺寸、外形	逐根	—	量具

5.2 工字钢、槽钢在腰部取样。

6 检验规则

6.1 型钢的检查和验收由供方技术质量监督部门进行。

6.2 型钢的组批按 GB/T 700、GB/T 1591 及相应标准规定进行。

6.3 型钢的复检和验收规则应符合 GB/T 2101 的规定。

7 包装、标志及质量证明书

型钢的包装、标志及质量证明书应符合 GB/T 2101 的规定。

附 录 A
（规范性附录）
型钢截面尺寸、截面面积、理论重量及截面特性

表 A.1 工字钢截面尺寸、截面面积、理论重量及截面特性

型号	截面尺寸/mm						截面面积/cm^2	理论重量/(kg/m)	惯性矩/cm^4		惯性半径/cm		截面模数/cm^3	
	h	b	d	t	r	r_1			I_x	I_y	i_x	i_y	W_x	W_y
10	100	68	4.5	7.6	6.5	3.3	14.345	11.261	245	33.0	4.14	1.52	49.0	9.72
12	120	74	5.0	8.4	7.0	3.5	17.818	13.987	436	46.9	4.95	1.62	72.7	12.7
12.6	126	74	5.0	8.4	7.0	3.5	18.118	14.223	488	46.9	5.20	1.61	77.5	12.7
14	140	80	5.5	9.1	7.5	3.8	21.516	16.890	712	64.4	5.76	1.73	102	16.1
16	160	88	6.0	9.9	8.0	4.0	26.131	20.513	1 130	93.1	6.58	1.89	141	21.2
18	180	94	6.5	10.7	8.5	4.3	30.756	24.143	1 660	122	7.36	2.00	185	26.0
20a	200	100	7.0	11.4	9.0	4.5	35.578	27.929	2 370	158	8.15	2.12	237	31.5
20b		102	9.0				39.578	31.069	2 500	169	7.96	2.06	250	33.1
22a	220	110	7.5	12.3	9.5	4.8	42.128	33.070	3 400	225	8.99	2.31	309	40.9
22b		112	9.5				46.528	36.524	3 570	239	8.78	2.27	325	42.7
24a	240	116	8.0	13.0	10.0	5.0	47.741	37.477	4 570	280	9.77	2.42	381	48.4
24b		118	10.0				52.541	41.245	4 800	297	9.57	2.38	400	50.4
25a	250	116	8.0				48.541	38.105	5 020	280	10.2	2.40	402	48.3
25b		118	10.0				53.541	42.030	5 280	309	9.94	2.40	423	52.4
27a	270	122	8.5	13.7	10.5	5.3	54.554	42.825	6 550	345	10.9	2.51	485	56.6
27b		124	10.5				59.954	47.064	6 870	366	10.7	2.47	509	58.9
28a	280	122	8.5				55.404	43.492	7 110	345	11.3	2.50	508	56.6
28b		124	10.5				61.004	47.888	7 480	379	11.1	2.49	534	61.2
30a	300	126	9.0	14.4	11.0	5.5	61.254	48.084	8 950	400	12.1	2.55	597	63.5
30b		128	11.0				67.254	52.794	9 400	422	11.8	2.50	627	65.9
30c		130	13.0				73.254	57.504	9 850	445	11.6	2.46	657	68.5
32a	320	130	9.5	15.0	11.5	5.8	67.156	52.717	11 100	460	12.8	2.62	692	70.8
32b		132	11.5				73.556	57.741	11 600	502	12.6	2.61	726	76.0
32c		134	13.5				79.956	62.765	12 200	544	12.3	2.61	760	81.2
36a	360	136	10.0	15.8	12.0	6.0	76.480	60.037	15 800	552	14.4	2.69	875	81.2
36b		138	12.0				83.680	65.689	16 500	582	14.1	2.64	919	84.3
36c		140	14.0				90.880	71.341	17 300	612	13.8	2.60	962	87.4
40a	400	142	10.5	16.5	12.5	6.3	86.112	67.598	21 700	660	15.9	2.77	1 090	93.2
40b		144	12.5				94.112	73.878	22 800	692	15.6	2.71	1 140	96.2
40c		146	14.5				102.112	80.158	23 900	727	15.2	2.65	1 190	99.6

表 A.1（续）

型号	截面尺寸/mm						截面面积/cm^2	理论重量/(kg/m)	惯性矩/cm^4		惯性半径/cm		截面模数/cm^3	
	h	b	d	t	r	r_1			I_x	I_y	i_x	i_y	W_x	W_y
45a		150	11.5				102.446	80.420	32 200	855	17.7	2.89	1 430	114
45b	450	152	13.5	18.0	13.5	6.8	111.446	87.485	33 800	894	17.4	2.84	1 500	118
45c		154	15.5				120.446	94.550	35 300	938	17.1	2.79	1 570	122
50a		158	12.0				119.304	93.654	46 500	1 120	19.7	3.07	1 860	142
50b	500	160	14.0	20.0	14.0	7.0	129.304	101.504	48 600	1 170	19.4	3.01	1 940	146
50c		162	16.0				139.304	109.354	50 600	1 220	19.0	2.96	2 080	151
55a		166	12.5				134.185	105.335	62 900	1 370	21.6	3.19	2 290	164
55b	550	168	14.5				145.185	113.970	65 600	1 420	21.2	3.14	2 390	170
55c		170	16.5	21.0	14.5	7.3	156.185	122.605	68 400	1 480	20.9	3.08	2 490	175
56a		166	12.5				135.435	106.316	65 600	1 370	22.0	3.18	2 340	165
56b	560	168	14.5				146.635	115.108	68 500	1 490	21.6	3.16	2 450	174
56c		170	16.5				157.835	123.900	71 400	1 560	21.3	3.16	2 550	183
63a		176	13.0				154.658	121.407	93 900	1 700	24.5	3.31	2 980	193
63b	630	178	15.0	22.0	15.0	7.5	167.258	131.298	98 100	1 810	24.2	3.29	3 160	204
63c		180	17.0				179.858	141.189	102 000	1 920	23.8	3.27	3 300	214

注：表中 r、r_1 的数据用于孔型设计，不做交货条件。

表 A.2　槽钢截面尺寸、截面面积、理论重量及截面特性

型号	截面尺寸/mm						截面面积/cm^2	理论重量/(kg/m)	惯性矩/cm^4			惯性半径/cm		截面模数/cm^3		重心距离/cm
	h	b	d	t	r	r_1			I_x	I_y	I_{y1}	i_x	i_y	W_x	W_y	Z_0
5	50	37	4.5	7.0	7.0	3.5	6.928	5.438	26.0	8.30	20.9	1.94	1.10	10.4	3.55	1.35
6.3	63	40	4.8	7.5	7.5	3.8	8.451	6.634	50.8	11.9	28.4	2.45	1.19	16.1	4.50	1.36
6.5	65	40	4.3	7.5	7.5	3.8	8.547	6.709	55.2	12.0	28.3	2.54	1.19	17.0	4.59	1.38
8	80	43	5.0	8.0	8.0	4.0	10.248	8.045	101	16.6	37.4	3.15	1.27	25.3	5.79	1.43
10	100	48	5.3	8.5	8.5	4.2	12.748	10.007	198	25.6	54.9	3.95	1.41	39.7	7.80	1.52
12	120	53	5.5	9.0	9.0	4.5	15.362	12.059	346	37.4	77.7	4.75	1.56	57.7	10.2	1.62
12.6	126	53	5.5	9.0	9.0	4.5	15.692	12.318	391	38.0	77.1	4.95	1.57	62.1	10.2	1.59
14a	140	58	6.0	9.5	9.5	4.8	18.516	14.535	564	53.2	107	5.52	1.70	80.5	13.0	1.71
14b		60	8.0				21.316	16.733	609	61.1	121	5.35	1.69	87.1	14.1	1.67
16a	160	63	6.5	10.0	10.0	5.0	21.962	17.24	866	73.3	144	6.28	1.83	108	16.3	1.80
16b		65	8.5				25.162	19.752	935	83.4	161	6.10	1.82	117	17.6	1.75
18a	180	68	7.0	10.5	10.5	5.2	25.699	20.174	1 270	98.6	190	7.04	1.96	141	20.0	1.88
18b		70	9.0				29.299	23.000	1 370	111	210	6.84	1.95	152	21.5	1.84

表 A.2(续)

型号	截面尺寸/mm						截面面积/cm^2	理论重量/(kg/m)	惯性矩/cm^4			惯性半径/cm		截面模数/cm^3		重心距离/cm
	h	b	d	t	r	r_1			I_x	I_y	I_{y1}	i_x	i_y	W_x	W_y	Z_0
20a	200	73	7.0	11.0	11.0	5.5	28.837	22.637	1 780	128	244	7.86	2.11	178	24.2	2.01
20b		75	9.0				32.837	25.777	1 910	144	268	7.64	2.09	191	25.9	1.95
22a	220	77	7.0	11.5	11.5	5.8	31.846	24.999	2 390	158	298	8.67	2.23	218	28.2	2.10
22b		79	9.0				36.246	28.453	2 570	176	326	8.42	2.21	234	30.1	2.03
24a	240	78	7.0	12.0	12.0	6.0	34.217	26.860	3 050	174	325	9.45	2.25	254	30.5	2.10
24b		80	9.0				39.017	30.628	3 280	194	355	9.17	2.23	274	32.5	2.03
24c		82	11.0				43.817	34.396	3 510	213	388	8.96	2.21	293	34.4	2.00
25a	250	78	7.0				34.917	27.410	3 370	176	322	9.82	2.24	270	30.6	2.07
25b		80	9.0				39.917	31.335	3 530	196	353	9.41	2.22	282	32.7	1.98
25c		82	11.0				44.917	35.260	3 690	218	384	9.07	2.21	295	35.9	1.92
27a	270	82	7.5	12.5	12.5	6.2	39.284	30.838	4 360	216	393	10.5	2.34	323	35.5	2.13
27b		84	9.5				44.684	35.077	4 690	239	428	10.3	2.31	347	37.7	2.06
27c		86	11.5				50.084	39.316	5 020	261	467	10.1	2.28	372	39.8	2.03
28a	280	82	7.5				40.034	31.427	4 760	218	388	10.9	2.33	340	35.7	2.10
28b		84	9.5				45.634	35.823	5 130	242	428	10.6	2.30	366	37.9	2.02
28c		86	11.5				51.234	40.219	5 500	268	463	10.4	2.29	393	40.3	1.95
30a	300	85	7.5	13.5	13.5	6.8	43.902	34.463	6 050	260	467	11.7	2.43	403	41.1	2.17
30b		87	9.5				49.902	39.173	6 500	289	515	11.4	2.41	433	44.0	2.13
30c		89	11.5				55.902	43.883	6 950	316	560	11.2	2.38	463	46.4	2.09
32a	320	88	8.0	14.0	14.0	7.0	48.513	38.083	7 600	305	552	12.5	2.50	475	46.5	2.24
32b		90	10.0				54.913	43.107	8 140	336	593	12.2	2.47	509	49.2	2.16
32c		92	12.0				61.313	48.131	8 690	374	643	11.9	2.47	543	52.6	2.09
36a	360	96	9.0	16.0	16.0	8.0	60.910	47.814	11 900	455	818	14.0	2.73	660	63.5	2.44
36b		98	11.0				68.110	53.466	12 700	497	880	13.6	2.70	703	66.9	2.37
36c		100	13.0				75.310	59.118	13 400	536	948	13.4	2.67	746	70.0	2.34
40a	400	100	10.5	18.0	18.0	9.0	75.068	58.928	17 600	592	1070	15.3	2.81	879	78.8	2.49
40b		102	12.5				83.068	65.208	18 600	640	114	15.0	2.78	932	82.5	2.44
40c		104	14.5				91.068	71.488	19 700	688	1220	14.7	2.75	986	86.2	2.42

注：表中 r、r_1 的数据用于孔型设计，不做交货条件。

表 A.3　等边角钢截面尺寸、截面面积、理论重量及截面特性

型号	截面尺寸/mm			截面面积/cm^2	理论重量/(kg/m)	外表面积/(m^2/m)	惯性矩/cm^4				惯性半径/cm			截面模数/cm^3			重心距离/cm
	b	d	r				I_x	I_{x1}	I_{x0}	I_{y0}	i_x	i_{x0}	i_{y0}	W_x	W_{x0}	W_{y0}	Z_0
2	20	3	3.5	1.132	0.889	0.078	0.40	0.81	0.63	0.17	0.59	0.75	0.39	0.29	0.45	0.20	0.60
		4		1.459	1.145	0.077	0.50	1.09	0.78	0.22	0.58	0.73	0.38	0.36	0.55	0.24	0.64
2.5	25	3		1.432	1.124	0.098	0.82	1.57	1.29	0.34	0.76	0.95	0.49	0.46	0.73	0.33	0.73
		4		1.859	1.459	0.097	1.03	2.11	1.62	0.43	0.74	0.93	0.48	0.59	0.92	0.40	0.76
3.0	30	3	4.5	1.749	1.373	0.117	1.46	2.71	2.31	0.61	0.91	1.15	0.59	0.68	1.09	0.51	0.85
		4		2.276	1.786	0.117	1.84	3.63	2.92	0.77	0.90	1.13	0.58	0.87	1.37	0.62	0.89
3.6	36	3		2.109	1.656	0.141	2.58	4.68	4.09	1.07	1.11	1.39	0.71	0.99	1.61	0.76	1.00
		4		2.756	2.163	0.141	3.29	6.25	5.22	1.37	1.09	1.38	0.70	1.28	2.05	0.93	1.04
		5		3.382	2.654	0.141	3.95	7.84	6.24	1.65	1.08	1.36	0.70	1.56	2.45	1.00	1.07
4	40	3	5	2.359	1.852	0.157	3.59	6.41	5.69	1.49	1.23	1.55	0.79	1.23	2.01	0.96	1.09
		4		3.086	2.422	0.157	4.60	8.56	7.29	1.91	1.22	1.54	0.79	1.60	2.58	1.19	1.13
		5		3.791	2.976	0.156	5.53	10.74	8.76	2.30	1.21	1.52	0.78	1.96	3.10	1.39	1.17
4.5	45	3		2.659	2.088	0.177	5.17	9.12	8.20	2.14	1.40	1.76	0.89	1.58	2.58	1.24	1.22
		4		3.486	2.736	0.177	6.65	12.18	10.56	2.75	1.38	1.74	0.89	2.05	3.32	1.54	1.26
		5		4.292	3.369	0.176	8.04	15.2	12.74	3.33	1.37	1.72	0.88	2.51	4.00	1.81	1.30
		6		5.076	3.985	0.176	9.33	18.36	14.76	3.89	1.36	1.70	0.8	2.95	4.64	2.06	1.33
5	50	3	5.5	2.971	2.332	0.197	7.18	12.5	11.37	2.98	1.55	1.96	1.00	1.96	3.22	1.57	1.34
		4		3.897	3.059	0.197	9.26	16.69	14.70	3.82	1.54	1.94	0.99	2.56	4.16	1.96	1.38
		5		4.803	3.770	0.196	11.21	20.90	17.79	4.64	1.53	1.92	0.98	3.13	5.03	2.31	1.42
		6		5.688	4.465	0.196	13.05	25.14	20.68	5.42	1.52	1.91	0.98	3.68	5.85	2.63	1.46
5.6	56	3	6	3.343	2.624	0.221	10.19	17.56	16.14	4.24	1.75	2.20	1.13	2.48	4.08	2.02	1.48
		4		4.390	3.446	0.220	13.18	23.43	20.92	5.46	1.73	2.18	1.11	3.24	5.28	2.52	1.53
		5		5.415	4.251	0.220	16.02	29.33	25.42	6.61	1.72	2.17	1.10	3.97	6.42	2.98	1.57
		6		6.420	5.040	0.220	18.69	35.26	29.66	7.73	1.71	2.15	1.10	4.68	7.49	3.40	1.61
		7		7.404	5.812	0.219	21.23	41.23	33.63	8.82	1.69	2.13	1.09	5.36	8.49	3.80	1.64
		8		8.367	6.568	0.219	23.63	47.24	37.37	9.89	1.68	2.11	1.09	6.03	9.44	4.16	1.68
6	60	5	6.5	5.829	4.576	0.236	19.89	36.05	31.57	8.21	1.85	2.33	1.19	4.59	7.44	3.48	1.67
		6		6.914	5.427	0.235	23.25	43.33	36.89	9.60	1.83	2.31	1.18	5.41	8.70	3.98	1.70
		7		7.977	6.262	0.235	26.44	50.65	41.92	10.96	1,82	2.29	1.17	6.21	9.88	4.45	1.74
		8		9.020	7.081	0.235	29.47	58.02	46.66	12.28	1.81	2.27	1.17	6.98	11.00	4.88	1.78
6.3	63	4	7	4.978	3.907	0.248	19.03	33.35	30.17	7.89	1.96	2.46	1.26	4.13	6.78	3.29	1.70
		5		6.143	4.822	0.248	23.17	41.73	36.77	9.57	1.94	2.45	1.25	5.08	8.25	3.90	1.74
		6		7.288	5.721	0.247	27.12	50.14	43.03	11.20	1.93	2.43	1.24	6.00	9.66	4.46	1.78
		7		8.412	6.603	0.247	30.87	58.60	48.96	12.79	1.92	2.41	1.23	6.88	10.99	4.98	1.82
		8		9.515	7.469	0.247	34.46	67.11	54.56	14.33	1.90	2.40	1.23	7.75	12.25	5.47	1.85
		10		11.657	9.151	0.246	41.09	84.31	64.85	17.33	1.88	2.36	1.22	9.39	14.56	6.36	1.93

表 A.3（续）

型号	截面尺寸/mm			截面面积/cm²	理论重量/(kg/m)	外表面积/(m²/m)	惯性矩/cm⁴				惯性半径/cm			截面模数/cm³			重心距离/cm
	b	d	r				I_x	I_{x1}	I_{x0}	I_{y0}	i_x	i_{x0}	i_{y0}	W_x	W_{x0}	W_{y0}	Z_0
7	70	4	8	5.570	4.372	0.275	26.39	45.74	41.80	10.99	2.18	2.74	1.40	5.14	8.44	4.17	1.86
		5		6.875	5.397	0.275	32.21	57.21	51.08	13.31	2.16	2.73	1.39	6.32	10.32	4.95	1.91
		6		8.160	6.406	0.275	37.77	68.73	59.93	15.61	2.15	2.71	1.38	7.48	12.11	5.67	1.95
		7		9.424	7.398	0.275	43.09	80.29	68.35	17.82	2.14	2.69	1.38	8.59	13.81	6.34	1.99
		8		10.667	8.373	0.274	48.17	91.92	76.37	19.98	2.12	2.68	1.37	9.68	15.43	6.98	2.03
7.5	75	5	9	7.412	5.818	0.295	39.97	70.56	63.30	16.63	2.33	2.92	1.50	7.32	11.94	5.77	2.04
		6		8.797	6.905	0.294	46.95	84.55	74.38	19.51	2.31	2.90	1.49	8.64	14.02	6.67	2.07
		7		10.160	7.976	0.294	53.57	98.71	84.96	22.18	2.30	2.89	1.48	9.93	16.02	7.44	2.11
		8		11.503	9.030	0.294	59.96	112.97	95.07	24.86	2.28	2.88	1.47	11.20	17.93	8.19	2.15
		9		12.825	10.068	0.294	66.10	127.30	104.71	27.48	2.27	2.86	1.46	12.43	19.75	8.89	2.18
		10		14.126	11.089	0.293	71.98	141.71	113.92	30.05	2.26	2.84	1.46	13.64	21.48	9.56	2.22
8	80	5		7.912	6.211	0.315	48.79	85.36	77.33	20.25	2.48	3.13	1.60	8.34	13.67	6.66	2.15
		6		9.397	7.376	0.314	57.35	102.50	90.98	23.72	2.47	3.11	1.59	9.87	16.08	7.65	2.19
		7		10.860	8.525	0.314	65.58	119.70	104.07	27.09	2.46	3.10	1.58	11.37	18.40	8.58	2.23
		8		12.303	9.658	0.314	73.49	136.97	116.60	30.39	2.44	3.08	1.57	12.83	20.61	9.46	2.27
		9		13.725	10.774	0.314	81.11	154.31	128.60	33.61	2.43	3.06	1.56	14.25	22.73	10.29	2.31
		10		15.126	11.874	0.313	88.43	171.74	140.09	36.77	2.42	3.04	1.56	15.64	24.76	11.08	2.35
9	90	6	10	10.637	8.350	0.354	82.77	145.87	131.26	34.28	2.79	3.51	1.80	12.61	20.63	9.95	2.44
		7		12.301	9.656	0.354	94.83	170.30	150.47	39.18	2.78	3.50	1.78	14.54	23.64	11.19	2.48
		8		13.944	10.946	0.353	106.47	194.80	168.97	43.97	2.76	3.48	1.78	16.42	26.55	12.35	2.52
		9		15.566	12.219	0.353	117.72	219.39	186.77	48.66	2.75	3.46	1.77	18.27	29.35	13.46	2.56
		10		17.167	13.476	0.353	128.58	244.07	203.90	53.26	2.74	3.45	1.76	20.07	32.04	14.52	2.59
		12		20.306	15.940	0.352	149.22	293.76	236.21	62.22	2.71	3.41	1.75	23.57	37.12	16.49	2.67
10	100	6	12	11.932	9.366	0.393	114.95	200.07	181.98	47.92	3.10	3.90	2.00	15.68	25.74	12.69	2.67
		7		13.796	10.830	0.393	131.86	233.54	208.97	54.74	3.09	3.89	1.99	18.10	29.55	14.26	2.71
		8		15.638	12.276	0.393	148.24	267.09	235.07	61.41	3.08	3.88	1.98	20.47	33.24	15.75	2.76
		9		17.462	13.708	0.392	164.12	300.73	260.30	67.95	3.07	3.86	1.97	22.79	36.81	17.18	2.80
		10		19.261	15.120	0.392	179.51	334.48	284.68	74.35	3.05	3.84	1.96	25.06	40.26	18.54	2.84
		12		22.800	17.898	0.391	208.90	402.34	330.95	86.84	3.03	3.81	1.95	29.48	46.80	21.08	2.91
		14		26.256	20.611	0.391	236.53	470.75	374.06	99.00	3.00	3.77	1.94	33.73	52.90	23.44	2.99
		16		29.627	23.257	0.390	262.53	539.80	414.16	110.89	2.98	3.74	1.94	37.82	58.57	25.63	3.06

表 A.3（续）

型号	截面尺寸/mm			截面面积/cm²	理论重量/(kg/m)	外表面积/(m²/m)	惯性矩/cm⁴				惯性半径/cm			截面模数/cm³			重心距离/cm
	b	d	r				I_x	I_{x1}	I_{x0}	I_{y0}	i_x	i_{x0}	i_{y0}	W_x	W_{x0}	W_{y0}	Z_0
11	110	7	12	15.196	11.928	0.433	177.16	310.64	280.94	73.38	3.41	4.30	2.20	22.05	36.12	17.51	2.96
		8		17.238	13.535	0.433	199.46	355.20	316.49	82.42	3.40	4.28	2.19	24.95	40.69	19.39	3.01
		10		21.261	16.690	0.432	242.19	444.65	384.39	99.98	3.38	4.25	2.17	30.60	49.42	22.91	3.09
		12		25.200	19.782	0.431	282.55	534.60	448.17	116.93	3.35	4.22	2.15	36.05	57.62	26.15	3.16
		14		29.056	22.809	0.431	320.71	625.16	508.01	133.40	3.32	4.18	2.14	41.31	65.31	29.14	3.24
12.5	125	8	14	19.750	15.504	0.492	297.03	521.01	470.89	123.16	3.88	4.88	2.50	32.52	53.28	25.86	3.37
		10		24.373	19.133	0.491	361.67	651.93	573.89	149.46	3.85	4.85	2.48	39.97	64.93	30.62	3.45
		12		28.912	22.696	0.491	423.16	783.42	671.44	174.88	3.83	4.82	2.46	41.17	75.96	35.03	3.53
		14		33.367	26.193	0.490	481.65	915.61	763.73	199.57	3.80	4.78	2.45	54.16	86.41	39.13	3.61
		16		37.739	29.625	0.489	537.31	1 048.62	850.98	223.65	3.77	4.75	2.43	60.93	96.28	42.96	3.68
14	140	10		27.373	21.488	0.551	514.65	915.11	817.27	212.04	4.34	5.46	2.78	50.58	82.56	39.20	3.82
		12		32.512	25.522	0.551	603.68	1 099.28	958.79	248.57	4.31	5.43	2.76	59.80	96.85	45.02	3.90
		14		37.567	29.490	0.550	688.81	1 284.22	1 093.56	284.06	4.28	5.40	2.75	68.75	110.47	50.45	3.98
		16		42.539	33.393	0.549	770.24	1 470.07	1 221.81	318.67	4.26	5.36	2.74	77.46	123.42	55.55	4.06
15	150	8		23.750	18.644	0.592	521.37	899.55	827.49	215.25	4.69	5.90	3.01	47.36	78.02	38.14	3.99
		10		29.373	23.058	0.591	637.50	1 125.09	1 012.79	262.21	4.66	5.87	2.99	58.35	95.49	45.51	4.08
		12		34.912	27.406	0.591	748.85	1 351.26	1 189.97	307.73	4.63	5.84	2.97	69.04	112.19	52.38	4.15
		14		40.367	31.688	0.590	855.64	1 578.25	1 359.30	351.98	4.60	5.80	2.95	79.45	128.16	58.83	4.23
		15		43.063	33.804	0.590	907.39	1 692.10	1 441.09	373.69	4.59	5.78	2.95	84.56	135.87	61.90	4.27
		16		45.739	35.905	0.589	958.08	1 806.21	1 521.02	395.14	4.58	5.77	2.94	89.59	143.40	64.89	4.31
16	160	10	16	31.502	24.729	0.630	779.53	1 365.33	1 237.30	321.76	4.98	6.27	3.20	66.70	109.36	52.76	4.31
		12		37.441	29.391	0.630	916.58	1 639.57	1 455.68	377.49	4.95	6.24	3.18	78.98	128.67	60.74	4.39
		14		43.296	33.987	0.629	1 048.36	1 914.68	1 665.02	431.70	4.92	6.20	3.16	90.95	147.17	68.24	4.47
		16		49.067	38.518	0.629	1 175.08	2 190.82	1 865.57	484.59	4.89	6.17	3.14	102.63	164.89	75.31	4.55
18	180	12		42.241	33.159	0.710	1 321.35	2 332.80	2 100.10	542.61	5.59	7.05	3.58	100.82	165.00	78.41	4.89
		14		48.896	38.383	0.709	1 514.48	2 723.48	2 407.42	621.53	5.56	7.02	3.56	116.25	189.14	88.38	4.97
		16		55.467	43.542	0.709	1 700.99	3 115.29	2 703.37	698.60	5.54	6.98	3.55	131.13	212.40	97.83	5.05
		18		61.055	48.634	0.708	1 875.12	3 502.43	2 988.24	762.01	5.50	6.94	3.51	145.64	234.78	105.14	5.13
20	200	14	18	54.642	42.894	0.788	2 103.55	3 734.10	3 343.26	863.83	6.20	7.82	3.98	144.70	236.40	111.82	5.46
		16		62.013	48.680	0.788	2 366.15	4 270.39	3 760.89	971.41	6.18	7.79	3.96	163.65	265.93	123.96	5.54
		18		69.301	54.401	0.787	2 620.64	4 808.13	4 164.54	1 076.74	6.15	7.75	3.94	182.22	294.48	135.52	5.62
		20		76.505	60.056	0.787	2 867.30	5 347.51	4 554.55	1 180.04	6.12	7.72	3.93	200.42	322.06	146.55	5.69
		24		90.661	71.168	0.785	3 338.25	6 457.16	5 294.97	1 381.53	6.07	7.64	3.90	236.17	374.41	166.65	5.87

表 A.3（续）

型号	截面尺寸/mm			截面面积/cm^2	理论重量/(kg/m)	外表面积/(m^2/m)	惯性矩/cm^4				惯性半径/cm			截面模数/cm^3			重心距离/cm
	b	d	r				I_x	I_{x1}	I_{x0}	I_{y0}	i_x	i_{x0}	i_{y0}	W_x	W_{x0}	W_{y0}	Z_0
22	220	16	21	68.664	53.901	0.866	3 187.36	5 681.62	5 063.73	1 310.99	6.81	8.59	4.37	199.55	325.51	153.81	6.03
		18		76.752	60.250	0.866	3 534.30	6 395.93	5 615.32	1 453.27	6.79	8.55	4.35	222.37	360.97	168.29	6.11
		20		84.756	66.533	0.865	3 871.49	7 112.04	6 150.08	1 592.90	6.76	8.52	4.34	244.77	395.34	182.16	6.18
		22		92.676	72.751	0.865	4 199.23	7 830.19	6 668.37	1 730.10	6.73	8.48	4.32	266.78	428.66	195.45	6.26
		24		100.512	78.902	0.864	4 517.83	8 550.57	7 170.55	1 865.11	6.70	8.45	4.31	288.39	460.94	208.21	6.33
		26		108.264	84.987	0.864	4 827.58	9 273.39	7 656.98	1 998.17	6.68	8.41	4.30	309.62	492.21	220.49	6.41
25	250	18	24	87.842	68.956	0.985	5 268.22	9 379.11	8 369.04	2 167.41	7.74	9.76	4.97	290.12	473.42	224.03	6.84
		20		97.045	76.180	0.984	5 779.34	10 426.97	9 181.94	2 376.74	7.72	9.73	4.95	319.66	519.41	242.85	6.92
		24		115.201	90.433	0.983	6 763.93	12 529.74	10 742.67	2 785.19	7.66	9.66	4.92	377.34	607.70	278.38	7.07
		26		124.154	97.461	0.982	7 238.08	13 585.18	11 491.33	2 984.84	7.63	9.62	4.90	405.50	650.05	295.19	7.15
		28		133.022	104.422	0.982	7 700.60	14 643.62	12 219.39	3 181.81	7.61	9.58	4.89	433.22	691.23	311.42	7.22
		30		141.807	111.318	0.981	8 151.80	15 705.30	12 927.26	3 376.34	7.58	9.55	4.88	460.51	731.28	327.12	7.30
		32		150.508	118.149	0.981	8 592.01	16 770.41	13 615.32	3 568.71	7.56	9.51	4.87	487.39	770.20	342.33	7.37
		35		163.402	128.271	0.980	9 232.44	18 374.95	14 611.16	3 853.72	7.52	9.46	4.86	526.97	826.53	364.30	7.48

注：截面图中的 $r_1=1/3d$ 及表中 r 的数据用于孔型设计，不做交货条件。

表 A.4 不等边角钢截面尺寸、截面面积、理论重量及截面特性

型号	截面尺寸/mm				截面面积/cm²	理论重量/(kg/m)	外表面积/(m²/m)	惯性矩/cm⁴					惯性半径/cm			截面模数/cm³			tgα	重心距离/cm	
	B	b	d	r				I_x	I_{x1}	I_y	I_{y1}	I_u	i_x	i_y	i_u	W_x	W_y	W_u		X_0	Y_0
2.5/1.6	25	16	3	3.5	1.162	0.912	0.080	0.70	1.56	0.22	0.43	0.14	0.78	0.44	0.34	0.43	0.19	0.16	0.392	0.42	0.86
			4		1.499	1.176	0.079	0.88	2.09	0.27	0.59	0.17	0.77	0.43	0.34	0.55	0.24	0.20	0.381	0.46	1.86
3.2/2	32	20	3		1.492	1.171	0.102	1.53	3.27	0.46	0.82	0.28	1.01	0.55	0.43	0.72	0.30	0.25	0.382	0.49	0.90
			4		1.939	1.522	0.101	1.93	4.37	0.57	1.12	0.35	1.00	0.54	0.42	0.93	0.39	0.32	0.374	0.53	1.08
4/2.5	40	25	3	4	1.890	1.484	0.127	3.08	5.39	0.93	1.59	0.56	1.28	0.70	0.54	1.15	0.49	0.40	0.385	0.59	1.12
			4		2.467	1.936	0.127	3.93	8.53	1.18	2.14	0.71	1.36	0.69	0.54	1.49	0.63	0.52	0.381	0.63	1.32
4.5/2.8	45	28	3	5	2.149	1.687	0.143	445	9.10	1.34	2.23	0.80	1.44	0.79	0.61	1.47	0.62	0.51	0.383	0.64	1.37
			4		2.806	2.203	0.143	5.69	12.13	1.70	3.00	1.02	1.42	0.78	0.60	1.91	0.80	0.66	0.380	0.68	1.47
5/3.2	50	32	3	5.5	2.431	1.908	0.161	6.24	12.49	2.02	3.31	1.20	1.60	0.91	0.70	1.84	0.82	0.68	0.404	0.73	1.51
			4		3.177	2.494	0.160	8.02	16.65	2.58	4.45	1.53	1.59	0.90	0.69	2.39	1.06	0.87	0.402	0.77	1.60
5.6/3.6	56	36	3	6	2.743	2.153	0.181	8.88	17.54	2.92	4.70	1.73	1.80	1.03	0.79	2.32	1.05	0.87	0.408	0.80	1.65
			4		3.590	2.818	0.180	11.45	23.39	3.76	6.33	2.23	1.79	1.02	0.79	3.03	1.37	1.13	0.408	0.85	1.78
			5		4.415	3.466	0.180	13.86	29.25	4.49	7.94	2.67	1.77	1.01	0.78	3.71	1.65	1.36	0.404	0.88	1.82
6.3/4	63	40	4	7	4.058	3.185	0.202	16.49	33.30	5.23	8.63	3.12	2.02	1.14	0.88	3.87	1.70	1.40	0.398	0.92	1.87
			5		4.993	3.920	0.202	20.02	41.63	6.31	10.86	3.76	2.00	1.12	0.87	4.74	2.07	1.71	0.396	0.95	2.04
			6		5.908	4.638	0.201	23.36	49.98	7.29	13.12	4.34	1.96	1.11	0.86	5.59	2.43	1.99	0.393	0.99	2.08
			7		6.802	5.339	0.201	26.53	58.07	8.24	15.47	4.97	1.98	1.10	0.86	6.40	2.78	2.29	0.389	1.03	2.12
7/4.5	70	45	4	7.5	4.547	3.570	0.226	23.17	45.92	7.55	12.26	4.40	2.26	1.29	0.98	4.86	2.17	1.77	0.410	1.02	2.15
			5		5.609	4.403	0.225	27.95	57.10	9.13	15.39	5.40	2.23	1.28	0.98	5.92	2.65	2.19	0.407	1.06	2.24
			6		6.647	5.218	0.225	32.54	68.35	10.62	18.58	6.35	2.21	1.26	0.98	6.95	3.12	2.59	0.404	1.09	2.28
			7		7.657	6.011	0.225	37.22	79.99	12.01	21.84	7.16	2.20	1.25	0.97	8.03	3.57	2.94	0.402	1.13	2.32

表 A.4（续）

型号	截面尺寸/mm				截面面积/cm^2	理论重量/(kg/m)	外表面积/(m^2/m)	惯性矩/cm^4					惯性半径/cm			截面模数/cm^3			tgα	重心距离/cm	
	B	b	d	r				I_x	I_{x1}	I_y	I_{y1}	I_u	i_x	i_y	i_u	W_x	W_y	W_u		X_0	Y_0
7.5/5	75	50	5	8	6.125	4.808	0.245	34.86	70.00	12.61	21.04	7.41	2.39	1.44	1.10	6.83	3.30	2.74	0.435	1.17	2.36
			6		7.260	5.699	0.245	41.12	84.30	14.70	25.37	8.54	2.38	1.42	1.08	8.12	3.88	3.19	0.435	1.21	2.40
			8		9.467	7.431	0.244	52.39	112.50	18.53	34.23	10.87	2.35	1.40	1.07	10.52	4.99	4.10	0.429	1.29	2.44
			10		11.590	9.098	0.244	62.71	140.80	21.96	43.43	13.10	2.33	1.38	1.06	12.79	6.04	4.99	0.423	1.36	2.52
8/5	80	50	5		6.375	5.005	0.255	41.96	85.21	12.82	21.06	7.66	2.56	1.42	1.10	7.78	3.32	2.74	0.388	1.14	2.60
			6		7.560	5.935	0.255	49.49	102.53	14.95	25.41	8.85	2.56	1.41	1.08	9.25	3.91	3.20	0.387	1.18	2.65
			7		8.724	6.848	0.255	56.16	119.33	46.96	29.82	10.18	2.54	1.39	1.08	10.58	4.48	3.70	0.384	1.21	2.69
			8		9.867	7.745	0.254	62.83	136.41	18.85	34.32	11.38	2.52	1.38	1.07	11.92	5.03	4.16	0.381	1.25	2.73
9/5.6	90	56	5	9	7.212	5.661	0.287	60.45	121.32	18.32	29.53	10.98	2.90	1.59	1.23	9.92	4.21	3.49	0.385	1.25	2.91
			6		8.557	6.717	0.286	71.03	145.59	21.42	35.58	12.90	2.88	1.58	1.23	11.74	4.96	4.13	0.384	1.29	2.95
			7		9.880	7.756	0.286	81.01	169.60	24.36	41.71	14.67	2.86	1.57	1.22	13.49	5.70	4.72	0.382	1.33	3.00
			8		11.183	8.779	0.286	91.03	194.17	27.15	47.93	16.34	2.85	1.56	1.21	15.27	6.41	5.29	0.380	1.36	3.04
10/6.3	100	63	6	10	9.617	7.550	0.320	99.06	199.71	30.94	50.50	18.42	3.21	1.79	1.38	14.64	6.35	5.25	0.394	1.43	3.24
			7		11.111	8.722	0.320	113.45	233.00	35.26	59.14	21.00	3.20	1.78	1.38	16.88	7.29	6.02	0.394	1.47	3.28
			8		12.534	9.878	0.319	127.37	266.32	39.39	67.88	23.50	3.18	1.77	1.37	19.08	8.21	6.78	0.391	1.50	3.32
			10		15.467	12.142	0.319	153.81	333.06	47.12	85.73	28.33	3.15	1.74	1.35	23.32	9.98	8.24	0.387	1.58	3.40
10/8	100	80	6		10.637	8.350	0.354	107.04	199.83	61.24	102.68	31.65	3.17	2.40	1.72	15.19	10.16	8.37	0.627	1.97	2.95
			7		12.301	9.656	0.354	122.73	233.20	70.08	119.98	36.17	3.16	2.39	1.72	17.52	11.71	9.60	0.626	2.01	3.0
			8		13.944	10.946	0.353	137.92	266.61	78.58	137.37	40.58	3.14	2.37	1.71	19.81	13.21	10.80	0.625	2.05	3.04
			10		17.167	13.476	0.353	166.87	333.63	94.65	172.48	49.10	3.12	2.35	1.69	24.24	16.12	13.12	0.622	2.13	3.12

表 A.4（续）

型号	截面尺寸/mm				截面面积/cm²	理论重量/(kg/m)	外表面积/(m²/m)	惯性矩/cm⁴					惯性半径/cm			截面模数/cm³			tgα	重心距离/cm	
	B	b	d	r				I_x	I_{x1}	I_y	I_{y1}	I_u	i_x	i_y	i_u	W_x	W_y	W_u		X_0	Y_0
11/7	110	70	6	10	10.637	8.350	0.354	133.37	265.78	42.92	69.08	25.36	3.54	2.01	1.54	17.85	7.90	6.53	0.403	1.57	3.53
			7		12.301	9.656	0.354	153.00	310.07	49.01	80.82	28.95	3.53	2.00	1.53	20.60	9.09	7.50	0.402	1.61	3.57
			8		13.944	10.946	0.353	172.04	354.39	54.87	92.70	32.45	3.51	1.98	1.53	23.30	10.25	8.45	0.401	1.65	3.62
			10		17.167	13.476	0.353	208.39	443.13	65.88	116.83	39.20	3.48	1.96	1.51	28.54	12.48	10.29	0.397	1.72	3.70
12.5/8	125	80	7	11	14.096	11.066	0.403	227.98	454.99	74.42	120.32	43.81	4.02	2.30	1.76	26.86	12.01	9.92	0.408	1.80	4.01
			8		15.989	12.551	0.403	256.77	519.99	83.49	137.85	49.15	4.01	2.28	1.75	30.41	13.56	11.18	0.407	1.84	4.06
			10		19.712	15.474	0.402	312.04	650.09	100.67	173.40	59.45	3.98	2.26	1.74	37.33	16.56	13.64	0.404	1.92	4.14
			12		23.351	18.330	0.402	364.41	780.39	116.67	209.67	69.35	3.95	2.24	1.72	44.01	19.43	16.01	0.400	2.00	4.22
14/9	140	90	8	12	18.038	14.160	0.453	365.64	730.53	120.69	195.79	70.83	4.50	2.59	1.98	38.48	17.34	14.31	0.411	2.04	4.50
			10		22.261	17.475	0.452	445.50	913.20	140.03	245.92	85.82	4.47	2.56	1.96	47.31	21.22	17.48	0.409	2.12	4.58
			12		26.400	20.724	0.451	521.59	1 096.09	169.79	296.89	100.21	4.44	2.54	1.95	55.87	24.95	20.54	0.406	2.19	4.66
			14		30.456	23.908	0.451	594.10	1 279.26	192.10	348.82	114.13	4.42	2.51	1.94	64.18	28.54	23.52	0.403	2.27	4.74
15/9	150	90	8		18.839	14.788	0.473	442.05	898.35	122.80	195.96	74.14	4.84	2.55	1.98	43.86	17.47	14.48	0.364	1.97	4.92
			10		23.261	18.260	0.472	539.24	1 122.85	148.62	246.26	89.86	4.81	2.53	1.97	53.97	21.38	17.69	0.362	2.05	5.01
			12		27.600	21.666	0.471	632.08	1 347.50	172.85	297.46	104.95	4.79	2.50	1.95	63.79	25.14	20.80	0.359	2.12	5.09
			14		31.856	25.007	0.471	720.77	1 572.38	195.62	349.74	119.53	4.76	2.48	1.94	73.33	28.77	23.84	0.356	2.20	5.17
			15		33.952	26.652	0.471	763.62	1 684.93	206.50	376.33	126.67	4.74	2.47	1.93	77.99	30.53	25.33	0.354	2.24	5.21
			16		36.027	28.281	0.470	805.51	1 797.55	217.07	403.24	133.72	4.73	2.45	1.93	82.60	32.27	26.82	0.352	2.27	5.25

表 A.4（续）

型号	截面尺寸/mm				截面面积/cm²	理论重量/(kg/m)	外表面积/(m²/m)	惯性矩/cm⁴					惯性半径/cm			截面模数/cm³			tgα	重心距离/cm	
	B	b	d	r				I_x	I_{x1}	I_y	I_{y1}	I_u	i_x	i_y	i_u	W_x	W_y	W_u		X_0	Y_0
16/10	160	100	10	13	25.315	19.872	0.512	668.69	1 362.89	205.03	336.59	121.74	5.14	2.85	2.19	62.13	26.56	21.92	0.390	2.28	5.24
			12		30.054	23.592	0.511	784.91	1 635.56	239.06	405.94	142.33	5.11	2.82	2.17	73.49	31.28	25.79	0.388	2.36	5.32
			14		34.709	27.247	0.510	896.30	1 908.50	271.20	476.42	162.23	5.08	2.80	2.16	84.56	35.83	29.56	0.385	0.43	5.40
			16		29.281	30.835	0.510	1 003.04	2 181.79	301.60	548.22	182.57	5.05	2.77	2.16	95.33	40.24	33.44	0.382	2.51	5.48
18/11	180	110	10	14	28.373	22.273	0.571	956.25	1 940.40	278.11	447.22	166.50	5.80	3.13	2.42	78.96	32.49	26.88	0.376	2.44	5.89
			12		33.712	26.440	0.571	1 124.72	2 328.38	325.03	538.94	194.87	5.78	3.10	2.40	93.53	38.32	31.66	0.374	2.52	5.98
			14		38.967	30.589	0.570	1 286.91	2 716.60	369.55	631.95	222.30	5.75	3.08	2.39	107.76	43.97	36.32	0.372	2.59	6.06
			16		44.139	34.649	0.569	1 443.06	3 105.15	411.85	726.46	248.94	5.72	3.06	2.38	121.64	49.44	40.87	0.369	2.67	6.14
20/12.5	200	125	12		37.912	29.761	0.641	1 570.90	3 193.85	483.16	787.74	285.79	6.44	3.57	2.74	116.73	49.99	41.23	0.392	2.83	6.54
			14		43.687	34.436	0.640	1 800.97	3 726.17	550.83	922.47	326.58	6.41	3.54	2.73	134.65	57.44	47.34	0.390	2.91	6.62
			16		49.739	39.045	0.639	2 023.35	4 258.88	615.44	1 058.86	366.21	6.38	3.52	2.71	152.18	64.89	53.32	0.388	2.99	6.70
			18		55.526	43.588	0.639	2 238.30	4 792.00	677.19	1 197.13	404.83	6.35	3.49	2.70	169.33	71.74	59.18	0.385	3.06	6.78

注：截面图中的 $r_1=1/3d$ 及表中 r 的数据用于孔型设计，不做交货条件。

表 A.5　L型钢截面尺寸、截面面积、理论重量及截面特性

型　　号	截面尺寸/mm						截面面积/ cm^2	理论重量/ kg/m	惯性矩 I_x/ cm^4	重心距离 Y_0/ cm
	B	b	D	d	r	r_1				
L250×90×9×13	250	90	9	13	15	7.5	33.4	26.2	2 190	8.64
L250×90×10.5×15			10.5	15			38.5	30.3	2 510	8.76
L250×90×11.5×16			11.5	16			41.7	32.7	2 710	8.90
L300×100×10.5×15	300	100	10.5	15			45.3	35.6	4 290	10.6
L300×100×11.5×16			11.5	16			49.0	38.5	4 630	10.7
L350×120×10.5×16	350	120	10.5	16	20	10	54.9	43.1	7 110	12.0
L350×120×11.5×18			11.5	18			60.4	47.4	7 780	12.0
L400×120×11.5×23	400	120	11.5	23			71.6	56.2	11 900	13.3
L450×120×11.5×25	450	120	11.5	25			79.5	62.4	16 800	15.1
L500×120×12.5×33	500	120	12.5	33			98.6	77.4	25 500	16.5
L500×120×13.5×35			13.5	35			105.0	82.8	27 100	16.6

ICS 77.140.60
H 44

中华人民共和国国家标准

GB 1499.1—2008
代替 GB/T 701—1997 相应部分,GB 13013—1991

钢筋混凝土用钢 第1部分:热轧光圆钢筋

Steel for the reinforcement of concrete— Part 1:Hot rolled plain bars

(ISO 6935-1:1991,Steel for the reinforcement of concrete—Part 1:Plain bars,NEQ)

2008-03-31 发布 2008-09-01 实施

中华人民共和国国家质量监督检验检疫总局
中国国家标准化管理委员会 发布

前　言

本部分中6.4.1.2,7.3.2为非强制条款,其余均为强制条款。

GB 1499《钢筋混凝土用钢》分为三个部分:

——第1部分:热轧光圆钢筋;

——第2部分:热轧带肋钢筋;

——第3部分:钢筋焊接网。

本部分为GB 1499的第1部分,对应国际标准ISO 6935-1:1991《钢筋混凝土用钢　第1部分:光圆钢筋》,与ISO 6935-1:1991的一致性程度为非等效,本部分同时参考了国际标准的修订稿"ISO/DIS 6935-1(2005)"。

自本部分实施之日起GB/T 701—1997《低碳钢热轧圆盘条》中建筑用盘条部分、GB 13013—1991《钢筋混凝土用热轧光圆钢筋》作废。

本部分与GB 13013—1991相比,主要变化如下:

——增加3.2特征值定义;

——增加300强度级别;

——结合GB/T 701—1997,增加产品规格;

——增加第5章订货内容;

——对"表面质量"、"重量偏差的测量"等条款作修改;

——修改并统一钢筋牌号,将GB 13013—1991的强度等级代号R235和GB/T 701—1997中建筑用牌号Q235统一为HPB235。

本部分附录A、附录B为规范性附录。

本部分由中国钢铁工业协会提出。

本部分由全国钢标准化技术委员会归口。

本部分起草单位:国家建筑钢材质量监督检测中心、昆明钢铁股份有限公司、冶金工业信息标准研究院、首钢总公司、中天钢铁集团有限公司、抚顺新钢铁有限责任公司、福建省三钢(集团)有限责任公司、中国建筑科学研究院。

本部分主要起草人:朱建国、冯超、李志敏、唐牧、董才平、朱启柱、黎立璋、陈洁、赵宇、王晓锋、周小琴、王鲜华。

钢筋混凝土用钢
第1部分：热轧光圆钢筋

1 范围

本部分规定了钢筋混凝土用热轧光圆钢筋的术语和定义、分类、牌号、订货内容、尺寸、外形、重量及允许偏差、技术要求、试验方法、检验规则、包装、标志和质量证明书等。

本部分适用于钢筋混凝土用热轧直条、盘卷光圆钢筋。

本部分不适用于由成品钢材再次轧制成的再生钢筋。

2 规范性引用文件

下列文件中的条款通过GB 1449的本部分的引用而成为本部分的条款。凡是注日期的引用文件，其随后所有的修改单(不包括勘误的内容)或修订版均不适用于本部分，然而，鼓励根据本部分达成协议的各方研究是否可使用这些文件的最新版本。凡是不注日期的引用文件，其最新版本适用于本部分。

GB/T 222 钢的成品化学成分允许偏差

GB/T 223.5 钢铁及合金化学分析方法 还原型硅钼酸盐光度法测定酸溶硅含量

GB/T 223.12 钢铁及合金化学分析方法 碳酸钠分离—二苯碳酰二肼光度法测定铬量

GB/T 223.19 钢铁及合金化学分析方法 新亚铜灵—三氯甲烷萃取光度法测定铜量

GB/T 223.23 钢铁及合金化学分析方法 丁二酮肟分光光度法测定镍量

GB/T 223.59 钢铁及合金化学分析方法 锑磷钼蓝光度法测定磷量

GB/T 223.63 钢铁及合金化学分析方法 高碘酸钠(钾)光度法测定锰量

GB/T 223.68 钢铁及合金化学分析方法 管式炉内燃烧后碘酸钾滴定法测定硫含量

GB/T 223.69 钢铁及合金化学分析方法 管式炉内燃烧后气体容量法测定碳含量

GB/T 228 金属材料 室温拉伸试验方法(GB/T 228—2002,eqv ISO 6892:1998)

GB/T 232 金属材料 弯曲试验方法(GB/T 232—1999,eqv ISO 7438:1985)

GB/T 2101 型钢验收、包装、标志及质量证明书的一般规定

GB/T 4336 碳素钢和中低合金钢火花源原子发射光谱分析方法(常规法)

GB/T 20066 钢和铁化学成分测定用试样的取样和制样方法(GB/T 20066—2006/ISO 14284:1998,IDT)

YB/T 081 冶金技术标准的数值修约与检测数值的判定原则

3 术语和定义

下列术语和定义适用于本部分。

3.1

热轧光圆钢筋 hot rolled plain bars

经热轧成型，横截面通常为圆形，表面光滑的成品钢筋。

3.2

特征值 characteristic value

在无限多次的检验中，与某一规定概率所对应的分位值。

4 分级、牌号

4.1 钢筋按屈服强度特征值分为235、300级。

4.2 钢筋牌号的构成及其含义见表1。

表 1

产品名称	牌号	牌号构成	英文字母含义
热轧光圆钢筋	HPB235	由HPB+屈服强度特征值构成	HPB—热轧光圆钢筋的英文(Hot rolled Plain Bars)缩写
	HPB300		

5 订货内容

按本部分订货的合同至少应包括下列内容：

a) 本部分标准编号；

b) 产品名称；

c) 钢筋牌号；

d) 钢筋公称直径、长度及重量(或数量、盘重)；

e) 特殊要求。

6 尺寸、外形、重量及允许偏差

6.1 公称直径范围及推荐直径

钢筋的公称直径范围为6 mm～22 mm，本部分推荐的钢筋公称直径为6 mm、8 mm、10 mm、12 mm、16 mm、20 mm。

6.2 公称横截面面积与理论重量

钢筋的公称横截面面积与理论重量列于表2。

表 2

公称直径/mm	公称横截面面积/mm^2	理论重量/(kg/m)
6(6.5)	28.27(33.18)	0.222(0.260)
8	50.27	0.395
10	78.54	0.617
12	113.1	0.888
14	153.9	1.21
16	201.1	1.58
18	254.5	2.00
20	314.2	2.47
22	380.1	2.98
注：表中理论重量按密度为7.85 g/cm^3 计算。公称直径6.5 mm的产品为过渡性产品。		

6.3 光圆钢筋的截面形状及尺寸允许偏差

6.3.1 光圆钢筋的截面形状如图1所示。

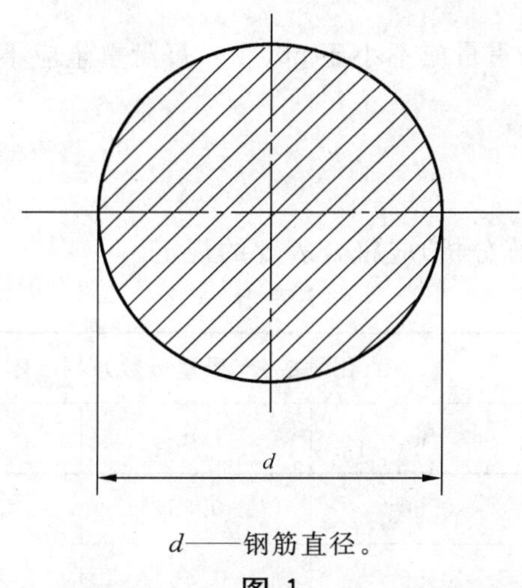

d——钢筋直径。

图 1

6.3.2 光圆钢筋的直径允许偏差和不圆度应符合表 3 的规定。钢筋实际重量与理论重量的偏差符合表 4 规定时，钢筋直径允许偏差不作交货条件。

表 3

公称直径/mm	允许偏差/mm	不圆度/mm
6(6.5) 8 10 12	±0.3	≤0.4
14 16 18 20 22	±0.4	

6.4 长度及允许偏差

6.4.1 长度

6.4.1.1 钢筋可按直条或盘卷交货。

6.4.1.2 直条钢筋定尺长度应在合同中注明。

6.4.2 长度允许偏差

按定尺长度交货的直条钢筋其长度允许偏差范围为 0～+50 mm。

6.5 弯曲度和端部

6.5.1 直条钢筋的弯曲度应不影响正常使用，总弯曲度不大于钢筋总长度的 0.4%。

6.5.2 钢筋端部应剪切正直，局部变形应不影响使用。

6.6 重量及允许偏差

6.6.1 钢筋按实际重量交货，也可按理论重量交货。

6.6.2 直条钢筋实际重量与理论重量的允许偏差应符合表 4 的规定。

表 4

公称直径/mm	实际重量与理论重量的偏差/%
6～12	±7
14～22	±5

6.6.3 **盘重**

按盘卷交货的钢筋，每根盘条重量应不小于500 kg，每盘重量应不小于1 000 kg。

7 技术要求

7.1 牌号和化学成分

7.1.1 钢筋牌号及化学成分(熔炼分析)应符合表5的规定。

表 5

<table>
<tr><th rowspan="2">牌号</th><th colspan="5">化学成分(质量分数)/% 不大于</th></tr>
<tr><th>C</th><th>Si</th><th>Mn</th><th>P</th><th>S</th></tr>
<tr><td>HPB235</td><td>0.22</td><td>0.30</td><td>0.65</td><td rowspan="2">0.045</td><td rowspan="2">0.050</td></tr>
<tr><td>HPB300</td><td>0.25</td><td>0.55</td><td>1.50</td></tr>
</table>

7.1.2 钢中残余元素铬、镍、铜含量应各不大于0.30%，供方如能保证可不作分析。

7.1.3 钢筋的成品化学成分允许偏差应符合GB/T 222的规定。

7.2 冶炼方法

钢以氧气转炉、电炉冶炼。

7.3 力学性能、工艺性能

7.3.1 钢筋的屈服强度 R_{eL}、抗拉强度 R_m、断后伸长率 A、最大力总伸长率 A_{gt} 等力学性能特征值应符合表6的规定。表6所列各力学性能特征值，可作为交货检验的最小保证值。

表 6

<table>
<tr><th rowspan="2">牌号</th><th>R_{eL}/
MPa</th><th>R_m/
MPa</th><th>A/
%</th><th>A_{gt}/
%</th><th rowspan="2">冷弯试验180°
d—弯芯直径
a—钢筋公称直径</th></tr>
<tr><th colspan="4">不小于</th></tr>
<tr><td>HPB235</td><td>235</td><td>370</td><td rowspan="2">25.0</td><td rowspan="2">10.0</td><td rowspan="2">$d=a$</td></tr>
<tr><td>HPB300</td><td>300</td><td>420</td></tr>
</table>

7.3.2 根据供需双方协议，伸长率类型可从 A 或 A_{gt} 中选定。如伸长率类型未经协议确定，则伸长率采用 A，仲裁检验时采用 A_{gt}。

7.3.3 **弯曲性能**

按表6规定的弯芯直径弯曲180°后，钢筋受弯曲部位表面不得产生裂纹。

7.4 表面质量

7.4.1 钢筋应无有害的表面缺陷，按盘卷交货的钢筋应将头尾有害缺陷部分切除。

7.4.2 试样可使用钢丝刷清理，清理后的重量、尺寸、横截面积和拉伸性能满足本部分的要求，锈皮、表面不平整或氧化铁皮不作为拒收的理由。

7.4.3 当带有7.4.2规定的缺陷以外的表面缺陷的试样不符合拉伸性能或弯曲性能要求时，则认为这些缺陷是有害的。

8 试验方法

8.1 检验项目

每批钢筋的检验项目，取样方法和试验方法应符合表7的规定。

表 7

序号	检验项目	取样数量	取样方法	试验方法
1	化学成分 （熔炼分析）	1	GB/T 20066	GB/T 223 GB/T 4336
2	拉伸	2	任选两根钢筋切取	GB/T 228、本部分 8.2
3	弯曲	2	任选两根钢筋切取	GB/T 232、本部分 8.2
4	尺寸	逐支（盘）		本部分 8.3
5	表面	逐支（盘）		目视
6	重量偏差	本部分 8.4		本部分 8.4
注：对化学分析和拉伸试验结果有争议时，仲裁试验分别按 GB/T 223、GB/T 228 进行。				

8.2 力学性能、工艺性能试验

8.2.1 拉伸、弯曲试验试样不允许进行车削加工。

8.2.2 计算钢筋强度用截面面积采用表 2 所列公称横截面面积。

8.2.3 最大力总伸长率 A_{gt} 的检验，除按表 7 规定采用 GB/T 228 的有关试验方法外，也可采用附录 A 的方法。

8.3 尺寸测量

钢筋直径的测量应精确到 0.1 mm。

8.4 重量偏差的测量

8.4.1 测量钢筋重量偏差时，试样应从不同根钢筋上截取，数量不少于 5 支，每支试样长度不小于 500 mm。长度应逐支测量，应精确到 1 mm。测量试样总重量时，应精确到不大于总重量的 1%。

8.4.2 钢筋实际重量与理论重量的偏差（%）按公式（1）计算：

$$\text{重量偏差} = \frac{\text{试样实际总重量} - (\text{试样总长度} \times \text{理论重量})}{\text{试样总长度} \times \text{理论重量}} \times 100 \quad \cdots\cdots\cdots\cdots\cdots (1)$$

8.5 检验结果的数值修约与判定应符合 YB/T 081 的规定。

9 检验规则

钢筋的检验分为特征值检验和交货检验。

9.1 特征值检验

9.1.1 特征值检验适用于下列情况

a) 供方对产品质量控制的检验；

b) 需方提出要求，经供需双方协议一致的检验；

c) 第三方产品认证及仲裁检验。

9.1.2 特征值检验应按附录 B 规则进行。

9.2 交货检验

9.2.1 交货检验适用于钢筋验收批的检验。

9.2.2 组批规则

9.2.2.1 钢筋应按批进行检查和验收，每批由同一牌号、同一炉罐号、同一尺寸的钢筋组成。每批重量通常不大于 60 t。超过 60 t 的部分，每增加 40 t（或不足 40 t 的余数），增加一个拉伸试验试样和一个弯曲试验试样。

9.2.2.2 允许由同一牌号、同一冶炼方法、同一浇注方法的不同炉罐号组成混合批。各炉罐号含碳量之差不大于 0.02%，含锰量之差不大于 0.15%。混合批的重量不大于 60 t。

9.2.3 检验项目和取样数量

钢筋检验项目和取样数量应符合表7及9.2.2.1的规定。

9.2.4 检验结果

各检验项目的检验结果应符合第6章和第7章的有关规定。

9.2.5 复验与判定

钢筋的复验与判定应符合GB/T 2101的规定。

10 包装、标志和质量证明书

钢筋的包装、标志和质量证明书应符合GB/T 2101的有关规定。

附　录　A
（规范性附录）
钢筋在最大力下总伸长率的测定方法

A.1　试样

A.1.1　长度

试样夹具之间的最小自由长度应符合表 A.1 要求：

表 A.1

单位为毫米

钢筋公称直径	试样夹具之间的最小自由长度
$d \leqslant 22$	350

A.1.2　原始标距的标记和测量

在试样自由长度范围内，均匀划分为 10 mm 或 5 mm 的等间距标记，标记的划分和测量应符合 GB/T 228 的有关要求。

A.2　拉伸试验

按 GB/T 228 规定进行拉伸试验，直至试样断裂。

A.3　断裂后的测量

选择 Y 和 V 两个标记，这两个标记之间的距离在拉伸试验之前至少应为 100 mm。两个标记都应当位于夹具离断裂点较远的一侧。两个标记离开夹具的距离都应不小于 20 mm 或钢筋公称直径 d（取二者之较大者）；两个标记与断裂点之间的距离应不小于 50 mm。见图 A.1。

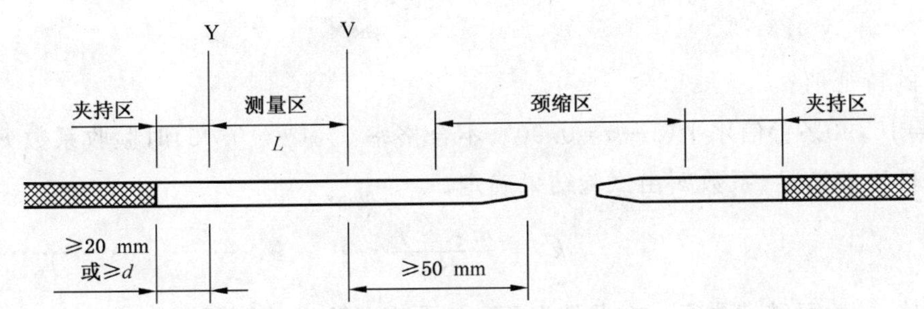

图 A.1　断裂后的测量

在最大力作用下试样总伸长率 A_{gt}（%）可按公式（A.1）计算：

$$A_{gt} = \left[\frac{L - L_0}{L_0} + \frac{R^{\circ}_{m}}{E}\right] \times 100 \quad \cdots\cdots (A.1)$$

式中：

L——图 A.1 所示断裂后的距离，单位为毫米（mm）；

L_0——试验前同样标记间的距离，单位为毫米（mm）；

R°_{m}——抗拉强度实测值，单位为兆帕（MPa）；

E——弹性模量，其值可取为 2×10^5，单位为兆帕（MPa）。

附 录 B
（规范性附录）
特征值检验规则

B.1 试验组批

为了试验，组批应细分为试验批。组批规则应符合本部分 9.2.2 的规定。

B.2 每批取样数量

B.2.1 化学成分(成品分析)，应从不同根钢筋取两个试样。

B.2.2 本部分规定的所有其他性能试验，应从不同钢筋取 15 个试样(取 60 个试样时，见 B.3.1)。

B.3 试验结果的评定

B.3.1 参数检验

为检验规定的性能，如特性参数 R_{eL}、R_m、A_{gt} 或 A，应确定以下参数：

a) 15 个试样的所有单个值 $x_i(n=15)$；

b) 平均值 $m_{15}(n=15)$；

c) 标准偏差 $s_{15}(n=15)$。

$$s_{15}=\sqrt{\frac{\sum(x_i-m_{15})^2}{14}} \qquad \text{(B.1)}$$

如果所有性能满足公式(B.2)给定的条件则该试验批符合要求。

$$m_{15}-2.33\times s_{15}\geqslant f_k \qquad \text{(B.2)}$$

式中：

f_k——要求的特征值；

2.33——当 $n=15$，90%置信水平($1-\alpha=0.90$)，不合格率 5%($p=0.95$)时验收系数 k 的值。

如果上述条件不能满足，系数 k' 由试验结果确定。

$$k'=\frac{m_{15}-f_k}{S_{15}} \qquad \text{(B.3)}$$

式中 $k'\geqslant 2$ 时，试验可继续进行。在此情况下，应从该试验批的不同根钢筋上切取 45 个试样进行试验，这样可得到总计 60 个试验结果($n=60$)。

如果所有性能满足公式(B.4)条件，则应认为该试验批符合要求。

$$m_{60}-1.93\times s_{60}>f_k \qquad \text{(B.4)}$$

式中：

1.93——当 $n=60$，90%置信水平($1-\alpha=0.90$)，不合格率 5%($p=0.95$)时验收系数 k 的值。

B.3.2 属性检验

当试验性能规定为最大或最小值时，15 个试样测定的所有结果应符合本部分的要求，此时，应认为该试验批符合要求。

当最多有两个试验结果不符合条件时，应继续进行试验，此时，应从该试验批的不同根钢筋上，另取 45 个试样进行试验，这样可得到总计 60 个试验结果，如果 60 个试验结果中最多有 2 个不符合条件，该试验批符合要求。

B.3.3 化学成分

两个试样均应符合本部分要求。

ICS 77.140.60
H 44

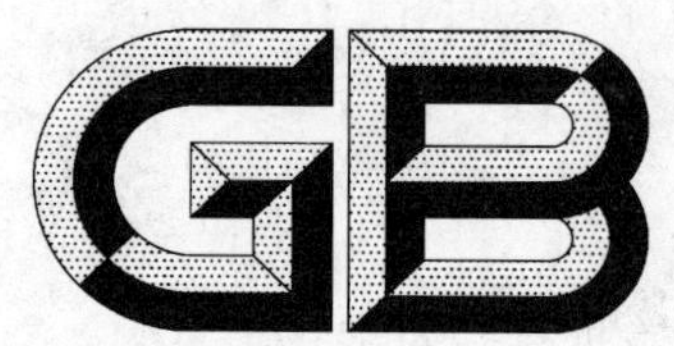

中华人民共和国国家标准

GB 1499.2—2007
代替 GB 1499—1998

钢筋混凝土用钢 第2部分：热轧带肋钢筋

**Steel for the reinforcement of concrete—
Part 2：Hot rolled ribbed bars**

（ISO 6935-2：1991，Steel for the reinforcement of concrete—
Part 2：Ribbed bars，NEQ）

2007-08-14 发布　　2008-03-01 实施

中华人民共和国国家质量监督检验检疫总局
中国国家标准化管理委员会　发布

前　言

GB 1499 分为三个部分：

——第 1 部分：热轧光圆钢筋；

——第 2 部分：热轧带肋钢筋；

——第 3 部分：钢筋焊接网。

本部分为 GB 1499 的第 2 部分，对应国际标准 ISO 6935-2：1991《钢筋混凝土用钢　第 2 部分：带肋钢筋》，与 ISO 6935-2：1991 的一致性程度为非等效，本部分同时参考了国际标准的修订稿“ISO/DIS 6935-2(2005)”。

本部分代替 GB 1499—1998《钢筋混凝土用热轧带肋钢筋》。

本部分与 GB 1499—1998 相比，主要变化如下：

——适用范围增加细晶粒热轧钢筋；

——增加细晶粒热轧钢筋 HRBF335、HRBF400、HRBF500 三个牌号；

——增加 3.1 普通热轧钢筋、3.2 细晶粒热轧钢筋、3.11 特征值三条定义；

——增加第 5 章订货内容；

——增加 7.5 疲劳性能、7.6 焊接性能、7.7 晶粒度三项技术要求；

——对“表面质量”、“重量偏差的测量”等条款作修改；

——修改钢筋牌号标志：HRB335、HRB400、HRB500 分别以 3、4、5 表示，HRBF335、HRBF400、HRBF500 分别以 C3、C4、C5 表示；

——取消原附录 B“热轧带肋钢筋参考成分”；

——增加现附录 B“特征值检验规则”；

——增加附录 C“钢筋相对肋面积的计算公式”。

本标准为条文强制性标准，其中 6.4.1 条、7.3.5 条、7.4.2 条、7.5 条、表 3 的尺寸 a、b 和附录 C 为非强制条款，其余均为强制条款。

本部分附录 A、附录 B 为规范性附录，附录 C 为资料性附录。

本部分由中国钢铁工业协会提出。

本部分由全国钢标准化技术委员会归口。

本部分起草单位：中冶集团建筑研究总院、首钢总公司、莱芜钢铁集团有限公司、冶金工业信息标准研究院、湖南华菱涟源钢铁有限公司、济南钢铁股份有限公司、昆明钢铁股份有限公司。

本部分参加起草单位：宝钢集团一钢有限公司、邢台钢铁有限责任公司。

本部分主要起草人：何成杰、王丽敏、张炳成、柳泽燕、高建忠、王丽萍、杜传治、刘光穆、高玲、冯超、李志敏、朱建国。

本部分参加起草人：王军、张少博。

本部分 1979 年 2 月首次发布，1984 年 6 月第一次修订，1991 年 6 月第二次修订，1998 年 10 月第三次修订。

钢筋混凝土用钢
第2部分:热轧带肋钢筋

1 范围

本部分规定了钢筋混凝土用热轧带肋钢筋的定义、分类、牌号、订货内容、尺寸、外形、重量及允许偏差、技术要求、试验方法、检验规则、包装、标志和质量证明书。

本部分适用于钢筋混凝土用普通热轧带肋钢筋和细晶粒热轧带肋钢筋。

本部分不适用于由成品钢材再次轧制成的再生钢筋及余热处理钢筋。

2 规范性引用文件

下列文件中的条款通过本部分的引用而成为本标准的条款。凡是注日期的引用文件,其随后所有的修改单(不包括勘误的内容)或修订版均不适用于本标准,然而,鼓励根据本标准达成协议的各方研究是否可使用这些文件的最新版本。凡是不注日期的引用文件,其最新版本适用于本标准。

GB/T 222 钢的成品化学成分允许偏差

GB/T 223.5 钢铁及合金化学分析方法 还原型硅钼酸盐光度法测定酸溶硅含量

GB/T 223.11 钢铁及合金化学分析方法 过硫酸铵氧化容量法测定铬量

GB/T 223.12 钢铁及合金化学分析方法 碳酸钠分离 二苯碳酰二肼光度法测定铬量

GB/T 223.14 钢铁及合金化学分析方法 钽试剂萃取光度法测定钒含量

GB/T 223.17 钢铁及合金化学分析方法 二安替吡啉甲烷光度法测定钛量

GB/T 223.19 钢铁及合金化学分析方法 新亚铜灵 三氯甲烷萃取光度法测定铜量

GB/T 223.23 钢铁及合金化学分析方法 丁二酮肟分光光度法测定镍量

GB/T 223.26 钢铁及合金化学分析方法 硫氰酸盐直接光度法测定钼量

GB/T 223.27 钢铁及合金化学分析方法 硫氰酸盐 乙酸丁酯萃取分光光度法测定钼量

GB/T 223.37 钢铁及合金化学分析方法 蒸馏分离 靛酚蓝光度法测定氮量

GB/T 223.40 钢铁及合金化学分析方法 离子交换分离 氯磺酚S光度法测定铌量

GB/T 223.59 钢铁及合金化学分析方法 锑磷钼蓝光度法测定磷量

GB/T 223.63 钢铁及合金化学分析方法 高碘酸钠(钾)光度法测定锰量

GB/T 223.68 钢铁及合金化学分析方法 管式炉内燃烧后碘酸钾滴定法测定硫含量

GB/T 223.69 钢铁及合金化学分析方法 管式炉内燃烧后气体容量法测定碳含量

GB/T 228 金属材料 室温拉伸试验方法(GB/T 228—2002,eqv ISO 6892:1998(E))

GB/T 232 金属材料 弯曲试验方法(GB/T 232—1999,eqv ISO 7438:1985(E))

GB/T 2101 型钢验收、包装、标志及质量证明书的一般规定

GB/T 4336 碳素钢和中低合金钢火花源原子发射光谱分析方法(常规法)

GB/T 6394 金属平均晶粒度测定法

GB/T 17505 钢及钢产品交货一般技术要求(GB/T 17505—1998,eqv ISO 404:1992)

GB/T 20066 钢和铁化学成分测定用试样的取样和制样方法(GB/T 20066—2006/ISO 14284:1998,IDT)

YB/T 081 冶金技术标准的数值修约与检测数值的判定原则

YB/T 5126 钢筋混凝土用钢筋 弯曲和反向弯曲试验方法(YB/T 5126—2003/ISO 10065:

1990，MOD）

3 定义

下列定义适用于本部分。

3.1

普通热轧钢筋 hot rolled bars

按热轧状态交货的钢筋。其金相组织主要是铁素体加珠光体，不得有影响使用性能的其他组织存在。

3.2

细晶粒热轧钢筋 hot rolled bars of fine grains

在热轧过程中，通过控轧和控冷工艺形成的细晶粒钢筋。其金相组织主要是铁素体加珠光体，不得有影响使用性能的其他组织存在，晶粒度不粗于9级。

3.3

带肋钢筋 ribbed bars

横截面通常为圆形，且表面带肋的混凝土结构用钢材。

3.4

纵肋 longitudinal rib

平行于钢筋轴线的均匀连续肋。

3.5

横肋 transverse rib

与钢筋轴线不平行的其他肋。

3.6

月牙肋钢筋 crescent ribbed bars

横肋的纵截面呈月牙形，且与纵肋不相交的钢筋。

3.7

公称直径 nominal diameter

与钢筋的公称横截面积相等的圆的直径。

3.8

相对肋面积 specific projected rib area

横肋在与钢筋轴线垂直平面上的投影面积与钢筋公称周长和横肋间距的乘积之比。

3.9

肋高 rib height

测量从肋的最高点到芯部表面垂直于钢筋轴线的距离。

3.10

肋间距 rib spacing

平行钢筋轴线测量的两相邻横肋中心间的距离。

3.11

特征值 characteristic value

在无限多次的检验中，与某一规定概率所对应的分位值。

4 分类、牌号

4.1 钢筋按屈服强度特征值分为335、400、500级。

4.2 钢筋牌号的构成及其含义见表1。

表 1

类别	牌号	牌号构成	英文字母含义
普通热轧钢筋	HRB335	由 HRB＋屈服强度特征值构成	HRB—热轧带肋钢筋的英文(Hot rolled Ribbed Bars)缩写。
	HRB400		
	HRB500		
细晶粒热轧钢筋	HRBF335	由 HRBF＋屈服强度特征值构成	HRBF—在热轧带肋钢筋的英文缩写后加“细”的英文(Fine)首位字母。
	HRBF400		
	HRBF500		

5 订货内容

按本部分订货的合同至少应包括下列内容：

a) 本部分编号；

b) 产品名称；

c) 钢筋牌号；

d) 钢筋公称直径、长度(或盘径)及重量(或数量、或盘重)；

e) 特殊要求。

6 尺寸、外形、重量及允许偏差

6.1 公称直径范围及推荐直径

钢筋的公称直径范围为 6 mm～50 mm，本标准推荐的钢筋公称直径为 6 mm、8 mm、10 mm、12 mm、16 mm、20 mm、25 mm、32 mm、40 mm、50 mm。

6.2 公称横截面面积与理论重量

钢筋的公称横截面面积与理论重量列于表 2。

表 2

公称直径/mm	公称横截面面积/mm²	理论重量/(kg/m)
6	28.27	0.222
8	50.27	0.395
10	78.54	0.617
12	113.1	0.888
14	153.9	1.21
16	201.1	1.58
18	254.5	2.00
20	314.2	2.47
22	380.1	2.98
25	490.9	3.85
28	615.8	4.83
32	804.2	6.31
36	1 018	7.99
40	1 257	9.87
50	1 964	15.42
注：表 2 中理论重量按密度为 7.85 g/cm³ 计算。		

6.3 带肋钢筋的表面形状及尺寸允许偏差

6.3.1 带肋钢筋横肋设计原则应符合下列规定。

6.3.1.1 横肋与钢筋轴线的夹角 β 不应小于 45°，当该夹角不大于 70°时，钢筋相对两面上横肋的方向应相反。

6.3.1.2 横肋公称间距不得大于钢筋公称直径的 0.7 倍。

6.3.1.3 横肋侧面与钢筋表面的夹角 α 不得小于 45°。

6.3.1.4 钢筋相邻两面上横肋末端之间的间隙(包括纵肋宽度)总和不应大于钢筋公称周长的 20%。

6.3.1.5 当钢筋公称直径不大于 12 mm 时，相对肋面积不应小于 0.055；公称直径为 14 mm 和 16 mm 时，相对肋面积不应小于 0.060；公称直径大于 16 mm 时，相对肋面积不应小于 0.065。相对肋面积的计算可参考附录 C。

6.3.2 带肋钢筋通常带有纵肋，也可不带纵肋。

6.3.3 带有纵肋的月牙肋钢筋，其外形如图 1 所示，尺寸及允许偏差应符合表 3 的规定。钢筋实际重量与理论重量的偏差符合表 4 规定时，钢筋内径偏差不做交货条件。

6.3.4 不带纵肋的月牙肋钢筋，其内径尺寸可按表 3 的规定作适当调整，但重量允许偏差仍应符合表 4的规定。

表 3

单位为毫米

<table>
<tr><th rowspan="2">公称直径 d</th><th colspan="2">内径 d_1</th><th colspan="2">横肋高 h</th><th rowspan="2">纵肋高 h_1（不大于）</th><th rowspan="2">横肋宽 b</th><th rowspan="2">纵肋宽 a</th><th colspan="2">间距 l</th><th rowspan="2">横肋末端最大间隙（公称周长的 10%弦长）</th></tr>
<tr><th>公称尺寸</th><th>允许偏差</th><th>公称尺寸</th><th>允许偏差</th><th>公称尺寸</th><th>允许偏差</th></tr>
<tr><td>6</td><td>5.8</td><td>±0.3</td><td>0.6</td><td>±0.3</td><td>0.8</td><td>0.4</td><td>1.0</td><td>4.0</td><td rowspan="7">±0.5</td><td>1.8</td></tr>
<tr><td>8</td><td>7.7</td><td rowspan="5">±0.4</td><td>0.8</td><td>+0.4
−0.3</td><td>1.1</td><td>0.5</td><td>1.5</td><td>5.5</td><td>2.5</td></tr>
<tr><td>10</td><td>9.6</td><td>1.0</td><td>±0.4</td><td>1.3</td><td>0.6</td><td>1.5</td><td>7.0</td><td>3.1</td></tr>
<tr><td>12</td><td>11.5</td><td>1.2</td><td rowspan="3">+0.4
−0.5</td><td>1.6</td><td>0.7</td><td>1.5</td><td>8.0</td><td>3.7</td></tr>
<tr><td>14</td><td>13.4</td><td>1.4</td><td>1.8</td><td>0.8</td><td>1.8</td><td>9.0</td><td>4.3</td></tr>
<tr><td>16</td><td>15.4</td><td>1.5</td><td>1.9</td><td>0.9</td><td>1.8</td><td>10.0</td><td>5.0</td></tr>
<tr><td>18</td><td>17.3</td><td rowspan="5">±0.5</td><td>1.6</td><td rowspan="2">±0.5</td><td>2.0</td><td>1.0</td><td>2.0</td><td>10.0</td><td>5.6</td></tr>
<tr><td>20</td><td>19.3</td><td>1.7</td><td>2.1</td><td>1.2</td><td>2.0</td><td>10.0</td><td rowspan="3">±0.8</td><td>6.2</td></tr>
<tr><td>22</td><td>21.3</td><td>1.9</td><td rowspan="3">±0.6</td><td>2.4</td><td>1.3</td><td>2.5</td><td>10.5</td><td>6.8</td></tr>
<tr><td>25</td><td>24.2</td><td>2.1</td><td>2.6</td><td>1.5</td><td>2.5</td><td>12.5</td><td>7.7</td></tr>
<tr><td>28</td><td>27.2</td><td>2.2</td><td>2.7</td><td>1.7</td><td>3.0</td><td>12.5</td><td rowspan="4">±1.0</td><td>8.6</td></tr>
<tr><td>32</td><td>31.0</td><td rowspan="2">±0.6</td><td>2.4</td><td>+0.8
−0.7</td><td>3.0</td><td>1.9</td><td>3.0</td><td>14.0</td><td>9.9</td></tr>
<tr><td>36</td><td>35.0</td><td>2.6</td><td>+1.0
−0.8</td><td>3.2</td><td>2.1</td><td>3.5</td><td>15.0</td><td>11.1</td></tr>
<tr><td>40</td><td>38.7</td><td>±0.7</td><td>2.9</td><td>±1.1</td><td>3.5</td><td>2.2</td><td>3.5</td><td>15.0</td><td>12.4</td></tr>
<tr><td>50</td><td>48.5</td><td>±0.8</td><td>3.2</td><td>±1.2</td><td>3.8</td><td>2.5</td><td>4.0</td><td>16.0</td><td></td><td>15.5</td></tr>
<tr><td colspan="11">注 1：纵肋斜角 θ 为 0°～30°。
注 2：尺寸 a、b 为参考数据。</td></tr>
</table>

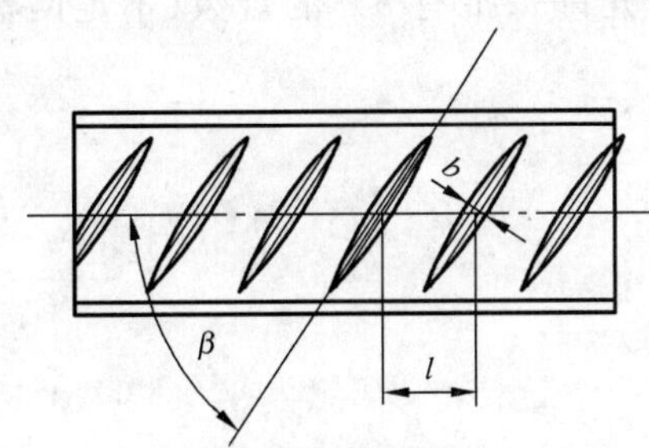

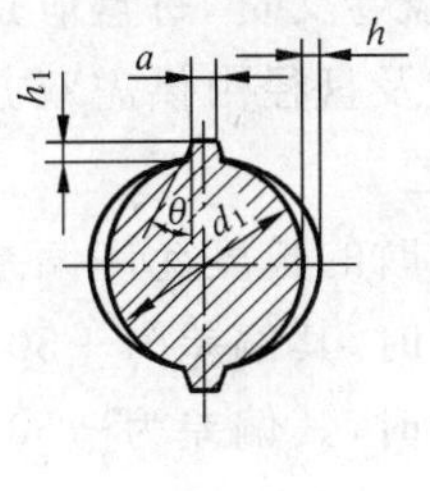

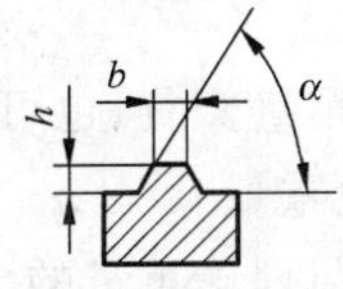

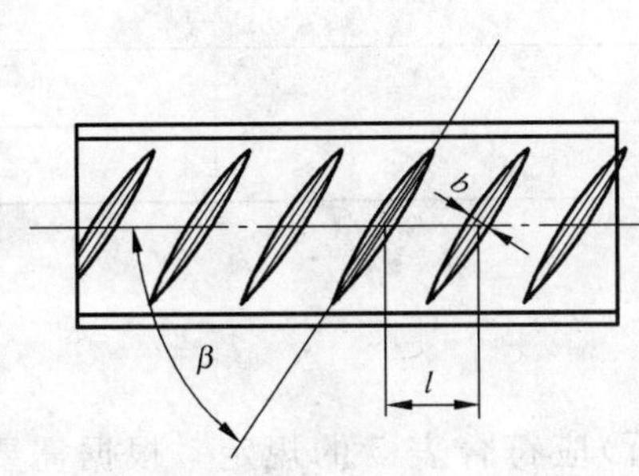

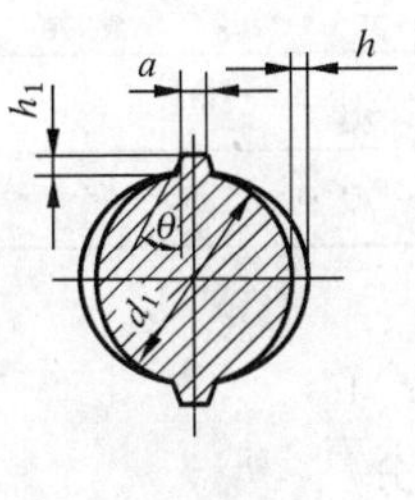

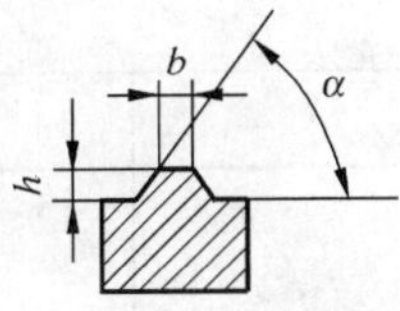

d_1——钢筋内径；

α——横肋斜角；

h——横肋高度；

β——横肋与轴线夹角；

h_1——纵肋高度；

θ——纵肋斜角；

a——纵肋顶宽；

l——横肋间距；

b——横肋顶宽。

图 1 月牙肋钢筋(带纵肋)表面及截面形状

6.4 长度及允许偏差

6.4.1 长度

6.4.1.1 钢筋通常按定尺长度交货，具体交货长度应在合同中注明。

6.4.1.2 钢筋可以盘卷交货，每盘应是一条钢筋，允许每批有5%的盘数(不足两盘时可有两盘)由两条钢筋组成。其盘重及盘径由供需双方协商确定。

6.4.2 长度允许偏差

钢筋按定尺交货时的长度允许偏差为±25 mm。

当要求最小长度时，其偏差为+50 mm。

当要求最大长度时，其偏差为−50 mm。

6.5 弯曲度和端部

直条钢筋的弯曲度应不影响正常使用，总弯曲度不大于钢筋总长度的0.4%。

钢筋端部应剪切正直，局部变形应不影响使用。

6.6 重量及允许偏差

6.6.1 钢筋可按理论重量交货，也可按实际重量交货。按理论重量交货时，理论重量为钢筋长度乘以表2中钢筋的每米理论重量。

6.6.2 钢筋实际重量与理论重量的允许偏差应符合表4的规定。

表 4

公称直径/mm	实际重量与理论重量的偏差/%
6～12	±7
14～20	±5
22～50	±4

7 技术要求

7.1 牌号和化学成分

7.1.1 钢筋牌号及化学成分和碳当量(熔炼分析)应符合表5的规定。根据需要，钢中还可加入V、Nb、Ti等元素。

表 5

牌号	化学成分(质量分数)/%，不大于					
	C	Si	Mn	P	S	Ceq
HRB335 HRBF335	0.25	0.80	1.60	0.045	0.045	0.52
HRB400 HRBF400						0.54
HRB500 HRBF500						0.55

7.1.2 碳当量Ceq(百分比)值可按公式(1)计算：

$$Ceq = C + Mn/6 + (Cr + V + Mo)/5 + (Cu + Ni)/15 \quad \cdots\cdots(1)$$

7.1.3 钢的氮含量应不大于0.012%。供方如能保证可不作分析。钢中如有足够数量的氮结合元素，含氮量的限制可适当放宽。

7.1.4 钢筋的成品化学成分允许偏差应符合GB/T 222的规定，碳当量Ceq的允许偏差为+0.03%。

7.2 交货型式

钢筋通常按直条交货，直径不大于12 mm的钢筋也可按盘卷交货。

7.3 力学性能

7.3.1 钢筋的屈服强度R_{eL}、抗拉强度R_m、断后伸长率A、最大力总伸长率A_{gt}等力学性能特征值应符合表 6 的规定。表 6 所列各力学性能特征值，可作为交货检验的最小保证值。

表 6

牌号	R_{eL}/MPa	R_m/MPa	A/%	A_{gt}/%
	不小于			
HRB335 HRBF335	335	455	17	7.5
HRB400 HRBF400	400	540	16	
HRB500 HRBF500	500	630	15	

7.3.2 直径 28 mm～40 mm 各牌号钢筋的断后伸长率 A 可降低 1%；直径大于 40 mm 各牌号钢筋的断后伸长率 A 可降低 2%。

7.3.3 有较高要求的抗震结构适用牌号为：在表 1 中已有牌号后加 E(例如：HRB400E、HRBF400E)的钢筋。该类钢筋除应满足以下 a)、b)、c)的要求外，其他要求与相对应的已有牌号钢筋相同。

a) 钢筋实测抗拉强度与实测屈服强度之比 $R^{\circ}_{m}/R^{\circ}_{eL}$ 不小于 1.25。

b) 钢筋实测屈服强度与表 6 规定的屈服强度特征值之比 R°_{eL}/R_{eL} 不大于 1.30。

c) 钢筋的最大力总伸长率 A_{gt} 不小于 9%。

注：R°_{m} 为钢筋实测抗拉强度；R°_{eL} 为钢筋实测屈服强度。

7.3.4 对于没有明显屈服强度的钢，屈服强度特征值 R_{eL} 应采用规定非比例延伸强度 $R_{p0.2}$。

7.3.5 根据供需双方协议，伸长率类型可从 A 或 A_{gt} 中选定。如伸长率类型未经协议确定，则伸长率采用 A，仲裁检验时采用 A_{gt}。

7.4 工艺性能

7.4.1 弯曲性能

按表 7 规定的弯芯直径弯曲 180°后，钢筋受弯曲部位表面不得产生裂纹。

表 7

单位为毫米

牌号	公称直径 d	弯芯直径
HRB335 HRBF335	6～25	3 d
	28～40	4 d
	>40～50	5 d
HRB400 HRBF400	6～25	4 d
	28～40	5 d
	>40～50	6 d
HRB500 HRBF500	6～25	6 d
	28～40	7 d
	>40～50	8 d

7.4.2 反向弯曲性能

根据需方要求，钢筋可进行反向弯曲性能试验。

7.4.2.1 反向弯曲试验的弯芯直径比弯曲试验相应增加一个钢筋公称直径。

7.4.2.2 反向弯曲试验：先正向弯曲 90°后再反向弯曲 20°。两个弯曲角度均应在去载之前测量。经反向弯曲试验后，钢筋受弯曲部位表面不得产生裂纹。

7.5 疲劳性能

如需方要求，经供需双方协议，可进行疲劳性能试验。疲劳试验的技术要求和试验方法由供需双方协商确定。

7.6 焊接性能

7.6.1 钢筋的焊接工艺及接头的质量检验与验收应符合相关行业标准的规定。

7.6.2 普通热轧钢筋在生产工艺、设备有重大变化及新产品生产时进行型式检验。

7.6.3 细晶粒热轧钢筋的焊接工艺应经试验确定。

7.7 晶粒度

细晶粒热轧钢筋应做晶粒度检验，其晶粒度不粗于9级，如供方能保证可不做晶粒度检验。

7.8 表面质量

7.8.1 钢筋应无有害的表面缺陷。

7.8.2 只要经钢丝刷刷过的试样的重量、尺寸、横截面积和拉伸性能不低于本部分的要求，锈皮、表面不平整或氧化铁皮不作为拒收的理由。

7.8.3 当带有7.8.2条规定的缺陷以外的表面缺陷的试样不符合拉伸性能或弯曲性能要求时，则认为这些缺陷是有害的。

8 试验方法

8.1 检验项目

每批钢筋的检验项目，取样方法和试验方法应符合表8的规定。

表8

序号	检验项目	取样数量	取样方法	试验方法
1	化学成分 （熔炼分析）	1	GB/T 20066	GB/T 223 GB/T 4336
2	拉伸	2	任选两根钢筋切取	GB/T 228、本部分8.2
3	弯曲	2	任选两根钢筋切取	GB/T 232、本部分8.2
4	反向弯曲	1		YB/T 5126、本部分8.2
5	疲劳试验	供需双方协议		
6	尺寸	逐支		本部分8.3
7	表面	逐支		目视
8	重量偏差	本部分8.4		本部分8.4
9	晶粒度	2	任选两根钢筋切取	GB/T 6394
注：对化学分析和拉伸试验结果有争议时，仲裁试验分别按GB/T 223、GB/T 228进行。				

8.2 拉伸、弯曲、反向弯曲试验

8.2.1 拉伸、弯曲、反向弯曲试验试样不允许进行车削加工。

8.2.2 计算钢筋强度用截面面积采用表2所列公称横截面面积。

8.2.3 最大力总伸长率A_{gt}的检验，除按表8规定采用GB/T 228的有关试验方法外，也可采用附录A的方法。

8.2.4 反向弯曲试验时，经正向弯曲后的试样，应在100℃温度下保温不少于30 min，经自然冷却后再反向弯曲。当供方能保证钢筋经人工时效后的反向弯曲性能时，正向弯曲后的试样亦可在室温下直接进行反向弯曲。

8.3 尺寸测量

8.3.1 带肋钢筋内径的测量应精确到0.1 mm。

8.3.2 带肋钢筋纵肋、横肋高度的测量采用测量同一截面两侧横肋中心高度平均值的方法，即测取钢筋最大外径，减去该处内径，所得数值的一半为该处肋高，应精确到0.1 mm。

8.3.3 带肋钢筋横肋间距采用测量平均肋距的方法进行测量。即测取钢筋一面上第1个与第11个横肋的中心距离，该数值除以10即为横肋间距，应精确到0.1 mm。

8.4 重量偏差的测量

8.4.1 测量钢筋重量偏差时，试样应从不同根钢筋上截取，数量不少于5支，每支试样长度不小于500 mm。长度应逐支测量，应精确到1 mm。测量试样总重量时，应精确到不大于总重量的1%。

8.4.2 钢筋实际重量与理论重量的偏差(%)按公式(2)计算：

$$\text{重量偏差} = \frac{\text{试样实际总重量} - (\text{试样总长度} \times \text{理论重量})}{\text{试样总长度} \times \text{理论重量}} \times 100 \quad \cdots\cdots\cdots\cdots(2)$$

8.5 检验结果的数值修约与判定应符合YB/T 081的规定。

9 检验规则

钢筋的检验分为特征值检验和交货检验。

9.1 特征值检验

9.1.1 特征值检验适用于下列情况

a) 供方对产品质量控制的检验；

b) 需方提出要求，经供需双方协议一致的检验；

c) 第三方产品认证及仲裁检验。

9.1.2 特征值检验应按附录B规则进行。

9.2 交货检验

9.2.1 交货检验适用于钢筋验收批的检验。

9.2.2 组批规则

9.2.2.1 钢筋应按批进行检查和验收，每批由同一牌号、同一炉罐号、同一规格的钢筋组成。每批重量通常不大于60 t。超过60 t的部分，每增加40 t(或不足40 t的余数)，增加一个拉伸试验试样和一个弯曲试验试样。

9.2.2.2 允许由同一牌号、同一冶炼方法、同一浇注方法的不同炉罐号组成混合批，但各炉罐号含碳量之差不大于0.02%，含锰量之差不大于0.15%。混合批的重量不大于60 t。

9.2.3 检验项目和取样数量

钢筋检验项目和取样数量应符合表8及9.2.2.1的规定。

9.2.4 检验结果

各检验项目的检验结果应符合第6章和第7章的有关规定。

9.2.5 复验与判定

钢筋的复验与判定应符合GB/T 17505的规定。

10 包装、标志和质量证明书

10.1 带肋钢筋的表面标志应符合下列规定。

10.1.1 带肋钢筋应在其表面轧上牌号标志，还可依次轧上经注册的厂名(或商标)和公称直径毫米数字。

10.1.2 钢筋牌号以阿拉伯数字或阿拉伯数字加英文字母表示，HRB335、HRB400、HRB500分别以3、4、5表示，HRBF335、HRBF400、HRBF500分别以C3、C4、C5表示。厂名以汉语拼音字头表示。公称直径毫米数以阿拉伯数字表示。

10.1.3 公称直径不大于10 mm的钢筋,可不轧制标志,可采用挂标牌方法。

10.1.4 标志应清晰明了,标志的尺寸由供方按钢筋直径大小作适当规定,与标志相交的横肋可以取消。

10.2 牌号带E(例如HRB400E、HRBF400E等)的钢筋,应在标牌及质量证明书上明示。

10.3 除上述规定外,钢筋的包装、标志和质量证明书应符合GB/T 2101的有关规定。

附 录 A
（规范性附录）
钢筋在最大力下总伸长率的测定方法

A.1 试样

A.1.1 长度

试样夹具之间的最小自由长度应符合表 A.1 要求：

表 A.1

单位为毫米

钢筋公称直径	试样夹具之间的最小自由长度
$d \leqslant 25$	350
$25 < d \leqslant 32$	400
$32 < d \leqslant 50$	500

A.1.2 原始标距的标记和测量

在试样自由长度范围内，均匀划分为 10 mm 或 5 mm 的等间距标记，标记的划分和测量应符合 GB/T 228 的有关要求。

A.2 拉伸试验

按 GB/T 228 规定进行拉伸试验，直至试样断裂。

A.3 断裂后的测量

选择 Y 和 V 两个标记，这两个标记之间的距离在拉伸试验之前至少应为 100 mm。两个标记都应当位于夹具离断裂点最远的一侧。两个标记离开夹具的距离都应不小于 20 mm 或钢筋公称直径 d（取二者之较大者）；两个标记与断裂点之间的距离应不小于 50 mm 或 $2d$（取二者之较大者）。见图 A.1。

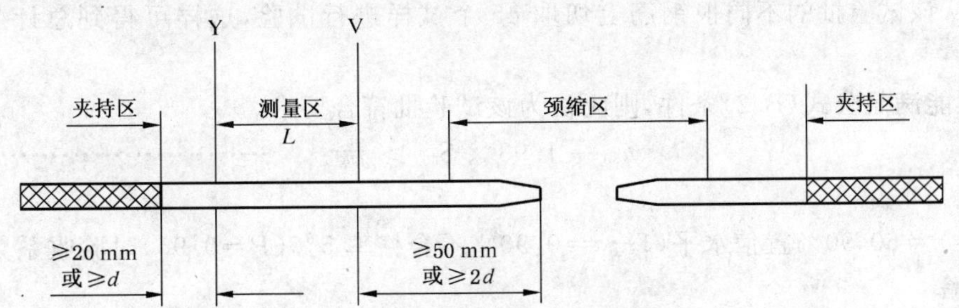

图 A.1 断裂后的测量

在最大力作用下试样总伸长率 A_{gt}（%）可按公式 A.1 计算：

$$A_{gt} = \left[\frac{L - L_0}{L} + \frac{R_m^o}{E} \right] \times 100 \qquad \cdots\cdots\cdots\cdots (A.1)$$

式中：

L——图 A.1 所示断裂后的距离，单位为毫米(mm)；

L_0——试验前同样标记间的距离，单位为毫米(mm)；

R_m^o——抗拉强度实测值，单位为兆帕(MPa)；

E——弹性模量，其值可取为 2×10^5，单位为兆帕(MPa)。

附 录 B
（规范性附录）
特征值检验规则

B.1 试验组批

为了试验，交货应细分为试验批。组批规则应符合本部分 9.2.2 的规定。

B.2 每批取样数量

B.2.1 化学成分（成品分析），应从不同根钢筋取两个试样。

B.2.2 本部分规定的所有其他性能试验，应从不同钢筋取 15 个试样（如果适用 60 个试样时，见 B.3.1 规定）。

B.3 试验结果的评定

B.3.1 参数检验

为检验规定的性能，如特性参数 R_{eL}、R_m、A_{gt} 或 A，应确定以下参数：

a） 15 个试样的所有单个值 X_i（$n=15$）；

b） 平均值 m_{15}（$n=15$）；

c） 标准偏差 S_{15}（$n=15$）。

如果所有性能满足公式（B.1）给定的条件，则该试验批符合要求。

$$m_{15}-2.33\times S_{15}\geqslant f_K \qquad \text{(B.1)}$$

式中：

f_K——要求的特征值；

2.33——当 $n=15$，90％置信水平（$1-\alpha=0.90$），不合格率 5％（$P=0.95$）时验收系数 K 的值。

如果上述条件不能满足，系数 $K'=\dfrac{m_{15}-f_K}{S_{15}}$ 由试验结果确定。式中 $K'\geqslant 2$ 时，试验可继续进行。在此情况下，应从该试验批的不同根钢筋上切取 45 个试样进行试验，这样可得到总计 60 个试验结果（$n=60$）。

如果所有性能满足公式（B.2）条件，则应认为该试验批符合要求。

$$m_{60}-1.93\times S_{60}>f_K \qquad \text{(B.2)}$$

式中：

1.93——当 $n=60$，90％置信水平（$1-\alpha=0.90$），不合格率 5％（$P=0.95$）时验收系数 K 的值。

B.3.2 属性检验

当试验性能规定为最大或最小值时，15 个试样测定的所有结果应符合本部分的要求，此时，应认为该试验批符合要求。

当最多有两个试验结果不符合条件时，应继续进行试验，此时，应从该试验批的不同根钢筋上，另取 45 个试样进行试验，这样可得到总计 60 个试验结果，如果 60 个试验结果中最多有 2 个不符合条件，该试验批符合要求。

B.3.3 化学成分

两个试样均应符合本部分要求。

附　录　C
（资料性附录）
钢筋相对肋面积的计算公式

钢筋相对肋面积 f_r 可按公式(C.1)或公式(C.2)计算：

$$f_r = \frac{K \times F_R \times \sin\beta}{\pi \times d \times l} \quad \cdots\cdots (C.1)$$

式中：

K——横肋排数，(如两面肋，$K=2$)；

F_R——一个肋的纵向截面积，单位为平方毫米(mm^2)；

β——横肋与钢筋轴线的夹角，单位为度(°)；

d——钢筋公称直径，单位为毫米(mm)；

l——横肋间距，单位为毫米(mm)。

已知钢筋的几何参数，相对肋面积也可用近似公式(C.2)计算：

$$f_r = \frac{(d \times \pi - \sum f_i) \times (h + 4h_{1/4})}{6 \times d \times \pi \times l} \quad \cdots\cdots (C.2)$$

式中：

$\sum f_i$——钢筋相邻两面上横肋末端之间的间隙(包括纵肋宽度)总和，单位为毫米(mm)；

h——横肋中点高，单位为毫米(mm)；

$h_{1/4}$——横肋长度四分之一处高，单位为毫米(mm)。

ICS 77.140.15
H 49

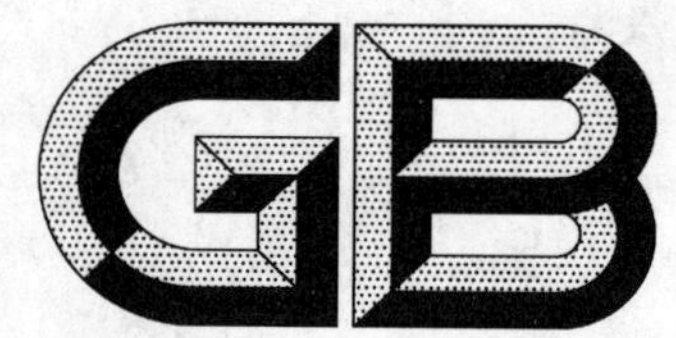

中华人民共和国国家标准

GB/T 5223.3—2005
代替 GB 4463—1984

预应力混凝土用钢棒

Steel bars prestressed concrete

(ISO 6934-3:1991 Steel for prestressing of concrete—
Part 3:Quenched and tempered wire,MOD)

2005-05-13 发布　　2005-10-01 实施

中华人民共和国国家质量监督检验检疫总局
中国国家标准化管理委员会　发布

前　　言

本标准修改采用 ISO 6934-3:1991《预应力混凝土用钢　第三部分　淬火和回火钢丝》。本标准的编写结构采用 GB 1.1 的格式,与 ISO 标准结构不完全对应。有关技术性差异已编入正文中并在它们所涉及的条款的页边空白处用垂直单线标识。在附录 D 中给出了这些技术性差异及其原因的一览表以供参考。

本标准代替 GB 4463—1984。YB/T 111—1997 废止。

本标准合并修订 YB/T 111—1997《预应力混凝土用钢棒》、GB 4463—1984《预应力混凝土用热处理钢筋》,对原标准在以下方面进行了修改和补充:

——扩大了适用范围;

——增加了术语和定义;

——增加了订货内容;

——加严了原料化学成分中杂质含量的要求;

——增加了品种规格;

——增加了强度级别;

——增加了横截面积范围的规定;

——增加了螺旋槽钢棒、带肋钢棒除外的弯曲性能规定;

——降低了松弛率值;

——增加了延性级别;

——比 GB 4463 增大了盘重要求;

——增大了盘径的要求;

——加严了伸直性的要求;

——增加了疲劳性能附录;

——增加了供方出厂常规检验项目和取样数量规定。

本标准的附录 A 是规范性附录,附录 B、附录 C、附录 D 均为资料性附录。

本标准由中国钢铁工业协会提出。

本标准由全国钢标准化技术委员会归口。

本标准起草单位:天津第一预应力钢丝有限公司、浙江金盛金属制品有限公司、珠海和盛特材公司、沈阳超力钢筋有限公司、唐山钢铁集团公司、凌海电力钢制品有限公司、钢铁研究总院、中国京冶建设工程承包公司。

本标准起草人:翟巧玲、蔺秀艳、俞建荣、黄江水、孟庆国、夏平、张秀凤、范玫光、毛爱菊、邓翠青、孙本荣、吴转琴。

本标准所代替标准的历次版本发布情况为:GB/T 4463—1984。

预应力混凝土用钢棒

1 范围

本标准规定了圆形预应力混凝土用钢棒(以下简称钢棒)的定义、分类、代号和标记、订货内容、技术要求、试验方法、检验规则、包装标志及质量证明书。

本标准适用于预应力混凝土用光圆、螺旋槽、螺旋肋、带肋钢棒。

2 规范性引用文件

下列文件中的条款通过本标准的引用而成为本标准的条款。凡是注日期的引用文件,其随后所有的修改单(不包括勘误的内容)或修订版均不适用于本标准,然而,鼓励根据本标准达成协议的各方研究是否可使用这些文件的最新版本。凡是不注日期的引用文件,其最新版本适用于本标准。

GB/T 228 金属材料 室温拉伸试验方法(GB/T 228—2002 eqv ISO 6892:1998)

GB/T 232 金属弯曲试验方法

GB/T 238 金属材料 线材 反复弯曲试验方法

GB 1499 钢筋混凝土用热轧带肋钢筋(GB 1499—1998 neq ISO 6935-2:1991)

GB/T 2101 型钢验收、包装、标志及质量证明书的一般规定

GB/T 2103 钢丝验收、包装、标志及质量证明书的一般规定

GB/T 4354 优质碳素钢热轧盘条

GB/T 10120 金属应力松弛试验方法

GB/T 14981 热轧盘条尺寸、外形、重量及允许偏差(GB/T 14981—2004 MOD ISO/DIS 16142:2002)

GB/T 17505 钢及钢产品交货一般技术要求(GB/T 17505—1998 eqv ISO 404:1992)

3 术语和定义

下列术语和定义适用于本标准。

3.1

光圆钢棒 plain bar

横截面为圆形的钢棒。

3.2

螺旋槽钢棒 helical grooved bar

沿着表面纵向,具有规则间隔的连续螺旋凹槽的钢棒。(图 B.1)

3.3

螺旋肋钢棒 helical ribbed bar

沿着表面纵向,具有规则间隔的连续螺旋凸肋的钢棒。(图 B.2)

3.4

带肋钢棒 ribbed bar

沿着表面纵向,具有规则间隔的横肋的钢棒。(图 B.3)

3.5

横肋 transverse rib

与纵肋不平行的其他肋。

3.6

淬火和回火钢棒 quenched & tempered bar

热轧盘条经加热到奥氏体化温度后快速冷却,然后在相变温度以下加热进行回火所得钢棒。

4 分类、代号和标记

4.1 分类

按钢棒表面形状分为光圆钢棒、螺旋槽钢棒、螺旋肋钢棒、带肋钢棒四种。表面形状、类型按用户要求选定。

4.2 代号

预应力混凝土用钢棒 PCB
光圆钢棒 P
螺旋槽钢棒 HG
螺旋肋钢棒 HR
带肋钢棒 R
普通松弛 N
低松弛 L

4.3 标记

4.3.1 标记内容

按 GB/T 5223.3—2005 交货的产品标记应含下列内容：

预应力钢棒、公称直径、公称抗拉强度、代号、延性级别(延性 35 或延性 25)、松弛(N 或 L)、标准号。

4.3.2 标记示例

示例：公称直径为 9 mm，公称抗拉强度为 1 420 MPa，35 级延性，低松弛预应力混凝土用螺旋槽钢棒，其标记为：PCB 9-1420-35-L-HG-GB/T 5223.3

5 订货内容

按本标准订货的合同可包括以下内容：

a) 产品名称；
b) 产品代号；
c) 公称直径；
d) 强度、延性级别、松弛级别；
e) 本标准编号；
f) 数量；
g) 用途；
h) 需方提出的其他特殊要求。

6 技术要求

6.1 原材料

制造钢棒用原材料为低合金钢热轧圆盘条，其尺寸、外形及允许偏差应符合 GB/T 14981 及 GB 1499标准相应规定，表面质量应符合 GB/T 4354 标准相应规定。各牌号化学成分熔炼分析中的杂质含量应符合表 1 的规定。

表 1 原材料成分有害杂质含量(质量分数) %

P 不大于	S 不大于	Cu 不大于
0.025	0.025	0.25

6.2 制造方法

6.2.1 热轧盘条经冷加工后(或不经冷加工)淬火和回火所得。

6.2.2 成品钢棒不得存在电接头，在生产时为了连续作业而焊接的电接头应切除掉。

6.3 尺寸、重量和性能

6.3.1 钢棒的公称直径、横截面积、重量应符合表 2 的规定。

6.3.2 钢棒应进行拉伸试验，其抗拉强度、延伸强度应符合表 2 的规定；伸长特性要求(包括延性级别和相应伸长率)应符合表 3 的规定。

经拉伸试验后，目视观察，钢棒应显出缩颈韧性断口。

6.3.3 钢棒应进行弯曲试验(螺旋槽钢棒、带肋钢棒除外)，其性能符合表 2 的规定。

表 2 钢棒的公称直径、横截面积、重量及性能

表面形状类型	公称直径 D_n/mm	公称横截面积 S_n/mm^2	横截面积 S/mm^2		每米参考重量/(g/m)	抗拉强度 R_m 不小于/MPa	规定非比例延伸强度 $R_{p0.2}$ 不小于/MPa	弯曲性能	
			最小	最大				性能要求	弯曲半径/mm
光圆	6	28.3	26.8	29.0	222	对所有规格钢棒 1 080 1 230 1 420 1 570	对所有规格钢棒 930 1 080 1 280 1 420	反复弯曲不小于4次/180°	15
	7	38.5	36.3	39.5	302				20
	8	50.3	47.5	51.5	394				20
	10	78.5	74.1	80.4	616				25
	11	95.0	93.1	97.4	746			弯曲160°～180°后弯曲处无裂纹	弯芯直径为钢棒公称直径的10倍
	12	113	106.8	115.8	887				
	13	133	130.3	136.3	1 044				
	14	154	145.6	157.8	1 209				
	16	201	190.2	206.0	1 578				
螺旋槽	7.1	40	39.0	41.7	314			—	
	9	64	62.4	66.5	502				
	10.7	90	87.5	93.6	707				
	12.6	125	121.5	129.9	981				
螺旋肋	6	28.3	26.8	29.0	222			反复弯曲不小于4次/180°	15
	7	38.5	36.3	39.5	302				20
	8	50.3	47.5	51.5	394				20
	10	78.5	74.1	80.4	616				25
	12	113	106.8	115.8	888			弯曲160°～180°后弯曲处无裂纹	弯芯直径为钢棒公称直径的10倍
	14	154	145.6	157.8	1 209				
带肋	6	28.3	26.8	29.0	222			—	
	8	50.3	47.5	51.5	394				
	10	78.5	74.1	80.4	616				
	12	113	106.8	115.8	887				
	14	154	145.6	157.8	1 209				
	16	201	190.2	206.0	1 578				

6.3.4 钢棒应进行初始应力为70%公称抗拉强度时1 000 h的松弛试验。假如需方有要求,也应测定初始应力为60%和80%公称抗拉强度时1 000 h的松弛值,其松弛值符合表4的规定。

6.3.5 经供需双方协商,合同中注明,可对钢棒进行疲劳试验,数值遵照附录A的规定。

6.3.6 除非生产厂家另有规定,弹性模量为200 GPa±10 GPa,但不做为交货条件。

表3 伸长特性要求

延性级别	最大力总伸长率,Agt/%	断后伸长率($L_0=8d_n$) A/% 不小于
延性35	3.5	7.0
延性25	2.5	5.0

注1:日常检验可用断后伸长率,仲裁试验以最大力总伸长率为准。

注2:最大力伸长率标距 $L_0=200$ mm。

注3:断后伸长率标距 L_0 为钢棒公称直径的8倍,$L_0=8d_n$。

表4 最大松弛值

初始应力为公称抗拉强度的百分数/%	1 000 h松弛值/%	
	普通松弛(N)	低松弛(L)
70	4.0	2.0
60	2.0	1.0
80	9.0	4.5

6.4 如用户需要也可提供其他规格的产品,其性能应符合本标准的规定。

6.5 外形

6.5.1 钢棒的尺寸外形参见附录B。

6.5.2 盘径 内圈盘径应不小于2 000 mm。直条长度及允许偏差按供需双方协议要求。

6.5.3 盘重 每盘钢棒由一根组成,盘重一般应不小于500 kg,每批允许有10%的盘数小于500 kg但不小于200 kg。

6.5.4 产品可以盘卷或直条交货。

6.6 表面质量

钢棒表面不得有影响使用的有害损伤和缺陷,允许有浮锈。

6.7 伸直性

取弦长为1 m的钢棒,放在一平面上,其弦与弧内侧最大自然矢高应不大于5 mm。仲裁时以每盘去掉一圈时的试样为准。

7 试验方法

7.1 表面检验

表面质量用目测检查。

7.2 横截面积测量

横截面积测量应采用如下方法:

取一根长度不小于300 mm的钢棒,钢棒长度测量精确到1 mm。称量钢棒的重量,精确到0.1 g,按(1)式计算钢棒横截面积。

$$S = m \times 1\,000/(L \times 7.85) \qquad \cdots\cdots(1)$$

式中:

m——称得的钢棒重量,单位为克(g);

L——钢棒实测长度,单位为毫米(mm);

S——钢棒的横截面积,单位为平方毫米(mm^2);

7.85——钢的密度,单位为克/立方厘米(g/cm^3)。

7.3 拉伸试验

7.3.1 抗拉强度

钢棒的拉伸试验按 GB/T 228 的规定进行。计算抗拉强度时,取钢棒的公称横截面积值。

7.3.2 规定非比例延伸强度

规定非比例延伸强度的测定按 GB/T 228 的规定进行。

钢棒的规定非比例延伸强度 $R_{p0.2}$ 也可以用规定总延伸率为 1%时的应力 R_{t1} 来代替,其值符合本标准规定时可以交货,但仲裁试验时应测定 $R_{p0.2}$。测量时预加负荷为公称非比例延伸负荷的 10%。

7.3.3 伸长率

7.3.3.1 最大力伸长率的测定按 GB/T 228 的规定进行。

使用计算机采集数据或使用电子拉伸设备的,测量伸长率时预加负荷对试样所产生的伸长应加在总伸长内,测得的伸长率应修约到 0.5%。

7.3.3.2 断后伸长率的测定按 GB/T 228 的规定进行,标距规定见表 3。

试样的标距划痕不得导致断裂发生在划痕处。

试样长度应保证试验机上下钳口之间的距离超过原始标距 50 mm 以上。

7.4 弯曲试验

公称直径不大于 10 mm 的钢棒(带肋钢棒、螺旋槽钢棒除外)的反复弯曲试验,按 GB/T 238 标准进行。弯曲半径应符合表 2 的相应规定。公称直径大于 10 mm 的钢棒(带肋、螺旋槽钢棒除外)的弯曲试验按 GB/T 232 标准执行。

7.5 应力松弛试验

钢棒的应力松弛性能试验应按 GB/T 10120 规定进行。环境温度保持在 20℃±2℃的范围内。试样标距长度不小于公称直径的 60 倍,试样制备后不得进行任何热处理和冷加工。

初始负荷应在 3 min～5 min 内均匀施加完毕,并保持负荷 1 min 后开始记录。

可以采用试验数据的线性回归分析方法对不少于 100 h 的试验数据推算 1 000 h 的松弛值。

7.6 疲劳试验

钢棒疲劳性能试验可按附录 A 的规定进行。

8 检验规则

钢棒的检验按 GB/T 2101、GB/T 2103 及 GB/T 17505 的规定进行。

8.1 检查和验收

产品的出厂检验由供方技术监督部门按表 5 进行,需方可按本标准的规定进行检查验收。

8.2 组批规则

钢棒应成批检查和验收,每批钢棒由同一牌号、同一规格、同一加工状态的钢棒组成,每批重量不大于 60 t。

8.3 检验项目及取样数量

每批钢棒检验项目的取样数量和取样部位及试验方法按表 5 的规定。

8.4 复验与判定规则

钢棒的复验与判定按 GB/T 2101 及 GB/T 2103 的规定执行。

9 包装、标志及质量证明书

钢棒的包装、标志及质量证明书等一般要求应参照 GB/T 2101 及 GB/T 2103 的规定执行。

9.1 包装

钢棒按 GB/T 2103 中Ⅰ类包装。特殊要求应在合同中注明。

9.2 标志

钢棒应逐盘或逐捆加拴标牌，其上注明供方名称、商标、产品名称、标记、长度、净重及出厂编号。

9.3 质量证明书

每一合同批应附有质量证明书，其中应注明：供方名称、地址和商标、需方名称、合同号、重量、产品标记、编号、出厂日期、技术监督部门印记。

表 5 检验项目、取样数量、取样部位及检验方法

序号	检验项目	取样数量	取样部位	检验方法
1	表面	逐盘	在每（任一）盘中任意一端截取	目视
2	横截面积	1 根/5 盘		用分度值为 0.1 g 的天平测量
3	伸直性	1 根/5 盘		用分度值为 1 mm 的量具测量
4	抗拉强度	1 根/盘		按 GB/T 228 规定执行
5	规定非比例延伸强度	3 根/每批		按 GB/T 228 规定执行
6	最大力总伸长率	3 根/每批		按 GB/T 228 规定执行
7	断后伸长率	1 根/盘		按 GB/T 228 规定执行
8	弯曲性能	3 根/每批		按 GB/T 238、GB/T 232 规定执行
9	应力松弛性能	不少于 1 根/每条生产线每个月		按 GB/T 10120 规定执行
注 1：当更换原料牌号、规格及不同厂家的原料时，均要做松弛试验。 注 2：对于直条钢棒，以切断盘条的盘数为依据，并应按盘状的取样规则。				

附　录　A
（规范性附录）
疲　劳　试　验

A.1　疲劳试验所用试样应从成品钢棒上直接截取，试样长度应保证两夹具之间的距离不小于140 mm。

A.2　钢棒应能经受 2×10^{6} 次 $0.7F_{b}\sim(0.7F_{b}-2\Delta F_{a})$ 脉动负荷后而不断裂。

光圆钢棒：$2\Delta F_{a}/S_{g}=200$ MPa

螺旋槽、螺旋肋钢棒及带肋钢棒：$2\Delta F_{a}/S_{n}=180$ MPa

式中：

F_{b}——钢棒的公称破断力，单位为牛顿(N)；

$2\Delta F_{a}$——应力范围（两倍应力幅）的等效负荷值，单位为牛顿(N)；

S_{n}——钢棒的公称截面积，单位为平方毫米(mm^{2})。

A.3　在试验全过程中脉动拉伸的最大应力保持恒定应力的静态测量精度应达到±1%。

A.4　应力循环频率不能超过 120 Hz。

A.5　所有应力都沿轴向传递给试样，应无钳口和缺口影响，且应由一个相应的装置台限定夹头中试样的任何滑移。

A.6　由于缺口影响或局部过热引起试样在夹头内和夹持区域内（2 倍钢棒公称直径）断裂时试验无效。

A.7　试验过程中，试件温度不能超过 40℃，试验室环境温度在 18℃～25℃范围内。

附 录 B
（资料性附录）
表面形状及尺寸

B.1 螺旋槽钢棒的尺寸及偏差应符合表 B.1 的规定，外形见图 B.1。

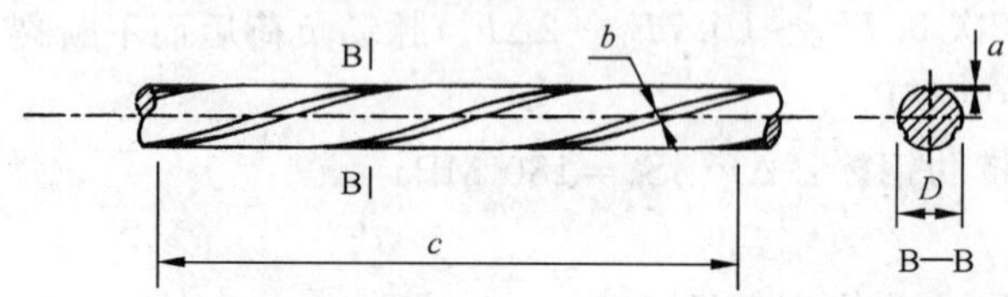

图 B.1a 3 条螺旋槽钢棒外形示意图

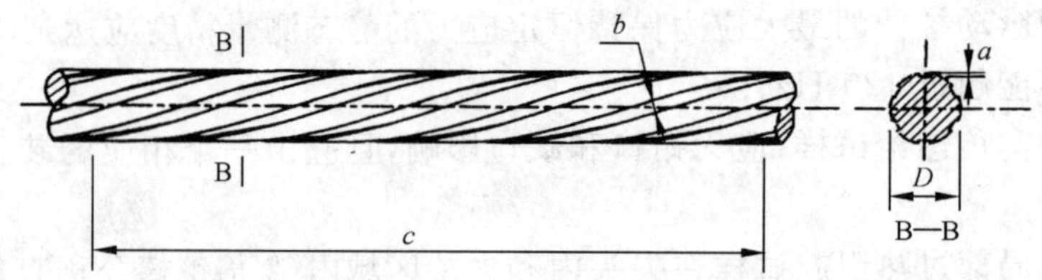

图 B.1b 6 条螺旋槽钢棒外形示意图

图 B.1 螺旋槽钢棒外形示意图

表 B.1 螺旋槽钢棒的尺寸及偏差

<table>
<tr><th rowspan="2">公称直径 D_n/mm</th><th rowspan="2">螺旋槽数量/（条）</th><th colspan="2">外轮廓直径及偏差</th><th colspan="4">螺 旋 槽 尺 寸</th><th colspan="2">导程及偏差</th></tr>
<tr><th>直径 D/mm</th><th>偏差/mm</th><th>深度 a/mm</th><th>偏差/mm</th><th>宽度 b/mm</th><th>偏差/mm</th><th>导程/mm</th><th>偏差/mm</th></tr>
<tr><td>7.1</td><td>3</td><td>7.25</td><td>±0.15</td><td>0.20</td><td rowspan="3">±0.10</td><td>1.70</td><td rowspan="4">±0.10</td><td rowspan="4">公称直径的 10 倍。</td><td rowspan="4">±10</td></tr>
<tr><td>9</td><td>6</td><td>9.15</td><td rowspan="3">±0.20</td><td>0.30</td><td>1.50</td></tr>
<tr><td>10.7</td><td>6</td><td>11.10</td><td>0.30</td><td>2.00</td></tr>
<tr><td>12.6</td><td>6</td><td>13.10</td><td>0.45</td><td>±0.15</td><td>2.20</td></tr>
</table>

B.2 螺旋肋钢棒的尺寸及偏差应符合表 B.2 的规定，外形见图 B.2。

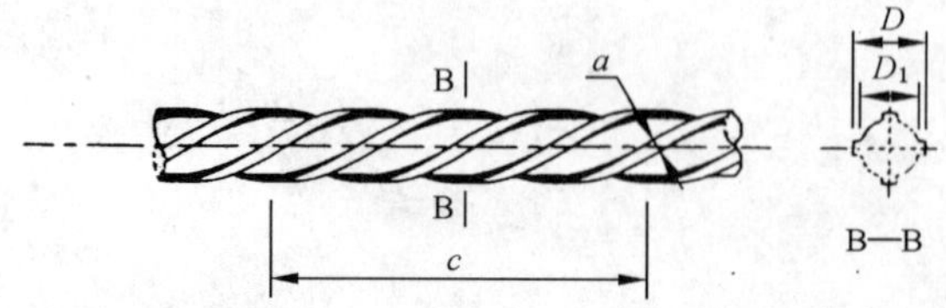

图 B.2 螺旋肋钢棒外形示意图

表 B.2　螺旋肋钢棒的尺寸及偏差

公称直径 D_n/mm	螺旋肋数量/(条)	基圆尺寸		外轮廓尺寸		单肋尺寸	螺旋肋导程 c/mm
		基圆直径 D_1/mm	偏差/mm	外轮廓直径 D/mm	偏差/mm	宽度 a/mm	
6	4	5.80	±0.10	6.30	±0.15	2.20～2.60	40～50
7		6.73		7.46		2.60～3.00	50～60
8		7.75		8.45		3.00～3.40	60～70
10		9.75		10.45	±0.20	3.60～4.20	70～85
12		11.70	±0.15	12.50		4.20～5.00	85～100
14		13.75		14.40		5.00～5.80	100～115

B.3　带肋钢棒的尺寸及偏差应符合表 B.3.1、表 B.3.2 的规定，外形见图 B.3.1、图 B.3.2。

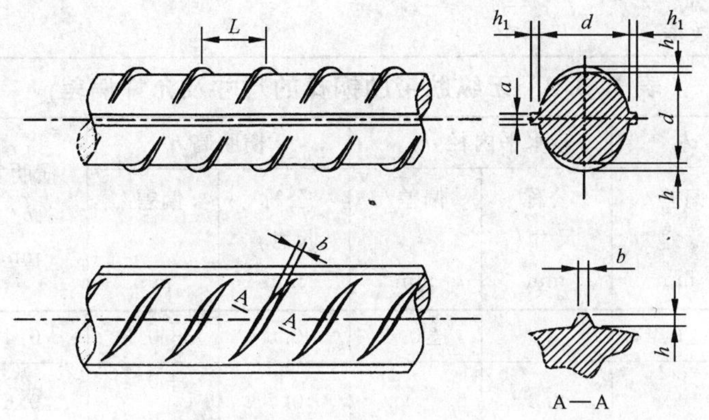

图 B.3.1　有纵肋带肋钢棒外形示意图

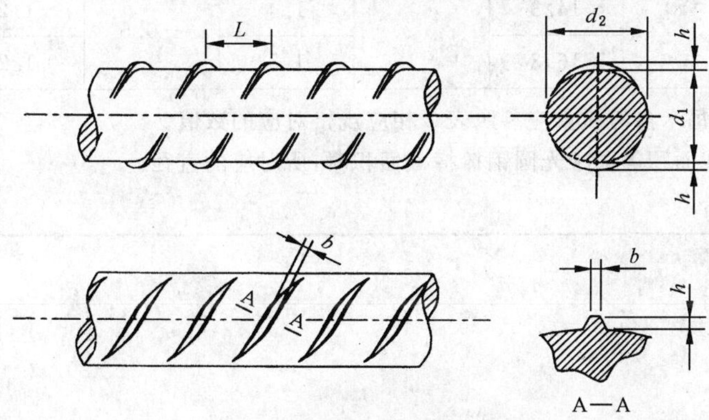

图 B.3.2　无纵肋带肋钢棒外形示意图

表 B.3.1 有纵肋带肋钢棒的尺寸及允许偏差

公称直径 D_n/mm	内径 d		横肋高 h		纵肋高 h_1		横肋宽 b/mm	纵肋宽 a/mm	间距 L		横肋末端最大间隙(公称周长的10%弦长)/mm
	公称尺寸/mm	偏差/mm	公称尺寸/mm	偏差/mm	公称尺寸/mm	偏差/mm			公称尺寸/mm	偏差/mm	
6	5.8	±0.4	0.5	±0.3	0.6	±0.3	0.4	1.0	4	±0.5	1.8
8	7.7	±0.5	0.7	+0.4 −0.3	0.8	±0.5	0.6	1.2	5.5		2.5
10	9.6		1.0	±0.4	1	±0.6	1.0	1.5	7		3.1
12	11.5		1.2	+0.4 −0.5	1.2	±0.8	1.2	1.5	8		3.7
14	13.4		1.4		1.4		1.2	1.8	9		4.3
16	15.4		1.5		1.5		1.2	1.8	10		5.0

注1：钢棒的横截面积、每米参考质量应参照表2中相应规格对应的数值。

注2：公称直径是指横截面积等同于光圆钢棒横截面积时所对应的直径。

注3：纵肋斜角 θ 为0°～30°。

注4：尺寸 a、b 为参考数据。

表 B.3.2 无纵肋带肋钢棒的尺寸及允许偏差

公称直径 D_n/mm	垂直内径 d_1		水平内径 d_2		横肋高 h		横肋宽 b/mm	间距 L	
	公称尺寸/mm	偏差/mm	公称尺寸/mm	偏差/mm	公称尺寸/mm	偏差/mm		公称尺寸/mm	偏差/mm
6	5.7	±0.4	6.2	±0.4	0.5	±0.3	0.4	4	±0.5
8	7.5	±0.5	8.3	±0.5	0.7	+0.4 −0.3	0.6	5.5	
10	9.4		10.3		1.0	±0.4	1.0	7	
12	11.3		12.3		1.2	+0.4 −0.5	1.2	8	
14	13		14.3		1.4		1.2	9	
16	15		16.3		1.5		1.2	10	

注1：钢棒的横截面积、每米参考质量应参照表2相应规格对应的数值。

注2：公称直径是指横截面积等同于光圆钢棒横截面积时，所对应的直径。

注3：尺寸 b 为参考数据。

附 录 C
（资料性附录）
本标准章条编号与 ISO 6934/3:1991 章条编号对照

表 C.1 给出了本标准章条编号与 ISO 6934/3:1991 章条编号对照一览表。

表 C.1 本标准章条编号与 ISO 6934/3:1991 章条编号对照

本标准章条编号	ISO 6934/3:1991 章条编号
1	1
2	2
3	3
4	7
4.1	5
4.2	7 b)
4.3	7 c)、d)、f)
5	—
6.1	—
6.2	—
6.2.1	—
6.2.2	—
6.3	6
6.3.1	6.1
6.3.2	6.2 第二句
6.3.3	6.2 第四句
6.3.4	6.3
6.3.5	6.4
6.3.6	—
6.4	—
6.5	5
6.5.1	—
6.5.2	8.2
6.5.3	1. 第二句
6.5.4	—
6.6	8.1

表 C.1(续)

本标准章条编号	ISO 6934/3:1991 章条编号
6.7	8.3
7	—
7.1	—
7.2	—
7.3	—
7.3.1	—
7.3.2	—
7.3.3	6.2
7.3.3.1	—
7.3.3.2	—
7.4	6.2 第三句和第四句
7.5	6.3
7.6	6.4
8	—
9	—
10	—
附录 A	—
附录 B.1	附录 A.2
附录 B.2	—
附录 B.3	附录 A.1

附 录 D
（资料性附录）
本标准与 ISO 6934/3:1991 技术性差异及其原因

表 D.1 给出了本标准与 ISO 6934/3:1991 的技术性差异及其原因的一览表

表 D.1 本标准与 ISO 6934/3:1991 的技术性差异及其原因

本标准的章条编号	技术性差异	原 因
1	将淬火和回火钢丝改为预应力混凝土用钢棒	ISO 6934 系列标准是按加工方法分类命名的，而我国预应力钢材标准是按用途分类命名的
2	引用了采用国际标准的我国标准，而非国际标准。增加引用了 GB/T 1499，GB/T 14981，GB/T 2103，GB/T 17505，GB/T 10120	以适合我国国情。 保持与 GB/T 1.1 的一致性
3	增加了光圆钢棒、螺旋肋钢棒、带肋钢棒、淬火和回火的定义	ISO 6934 在第一部分中做了规定
4.1	将 ISO 6934/3 中刻槽的分成螺旋槽和螺旋肋两种，共分成四大类，去掉了刻痕钢棒	参照 YB/T 111 标准螺旋槽外形和尺寸及 GB/T 5223 标准螺旋肋外形和尺寸制定，有利于产品的推广应用。刻痕钢棒已属于淘汰产品，ISO 6934 刻痕钢棒国内没有此类产品
4.2	重新规定了产品代号	符合 GB/T 15575《钢产品标记代号》标准
4.3.2	在标记方法中将产品名称写在前，标准号写在后	与 GB/T 5223、GB/T 5224 标准一致
5	增加了“订货内容”部分	符合国情。与 GB/T 5223、GB/T 5224 一致
6.3.1(表 2)	取消了光圆 ϕ12.2、带肋 ϕ6.2、ϕ7.2 规格。增加了光圆 ϕ11.0、ϕ13.0 两种规格。 增加了强度级别。 增加了公称截面积的最大和最小值。 增加了每米参考质量。 取消了 0.1%条件屈服。 增加了弯曲半径和弯芯直径	符合国情。推荐的优先采用规格。 有利于标准的推广运用。 将截面积作为日常检验指标。 便于用户参考。与 GB/T 5223 一致。符合国情。与 GB/T 5223、GB/T 5224 一致。 便于标准的使用
6.3.2(表 3)	增加了断后伸长率指标，作为日常检验项目	便于生产企业大生产时逐盘检验。与 GB/T 5223一致
6.3.5	将疲劳试验要求放在附录 A 中	便于标准的执行，与 GB/T 5223 一致。ISO 6934/3标准 6.4 条款表述的不够详细
6.3.6	增加了弹性模量值	方便用户使用。与 GB/T 5223 一致
6.2	增加了制造方法。	ISO 6934 在第一部分做了规定
6.1	将磷硫含量改为不大于 0.025%。 增加了铜含量指标要求	ISO 6934 在第一部分 ISO 6934/1 里做了规定(6.1)磷硫含量不大于 0.04%，水平太低，影响产品的性能。 参照 YB/T 111 规定，加严对原料的要求

表 D.1(续)

本标准的章条编号	技术性差异	原　因
6.5.2	增加了盘重要求	与 GB/T 5223、GB/T 5224 一致
6.5.3	增加了盘卷尺寸要求	与 GB/T 5223、GB/T 5224 一致
6.7	将钢棒伸直性由每米矢高 30 mm 改为每米矢高 5 mm	ISO 6934/3 水平太低,用户不能接受
7.5	增加了松弛值外推法	与 GB/T 5223 一致
8	增加了检验规则	ISO 6934 在第一部分 ISO 6934/1 里做了规定(7.1 表 1)
8.4	增加了复验与判定规则	与 GB/T 5223、GB/T 5224 一致
9	增加了包装、标志及质量证明书	与 GB/T 5223、GB/T 5224 一致。ISO 6934 在第一部分 ISO 6934/1 里对标志做了规定(8.1)
附录 A	增加了附录 A	与 GB/T 5223—2002 一致
附录 B	增加了螺旋槽钢棒外形、尺寸及偏差。 增加了螺旋肋钢棒外形、尺寸及偏差。 将带肋钢棒分成有纵筋带肋和无纵筋带肋两种。并增加了外形、尺寸及偏差	有利于生产厂家参考执行。有利于钢棒的推广使用。 参照 GB/T 1499《钢筋混凝土用热轧带肋钢筋》的规定

中华人民共和国国家标准

钢筋混凝土用余热处理钢筋

GB 13014—91

Remained heat treatment ribbed steel bars for the reinforcement of concrete

1 主题内容与适用范围

1.1 主题内容

本标准规定了钢筋混凝土用余热处理钢筋的代号、尺寸、外形、重量、技术要求、试验方法、检验规则、包装、标志和质量证明书等。

1.2 适用范围

本标准适用于钢筋混凝土用余热处理钢筋。

本标准不适用于由成品钢材再次轧制成的再生钢筋。

2 引用标准

GB 222 钢的化学分析用试样取样法及成品化学成分允许偏差

GB 223 钢铁及合金化学分析方法

GB 228 金属拉伸试验方法

GB 232 金属弯曲试验方法

GB 1499 钢筋混凝土用热轧带肋钢筋

GB 2101 型钢验收、包装、标志及质量证明书的一般规定

3 术语、级别、代号

3.1 术语

3.1.1 余热处理钢筋

热轧后立即穿水，进行表面控制冷却，然后利用芯部余热自身完成回火处理所得的成品钢筋。

3.1.2 带肋钢筋

表面通常带有两条纵肋和沿长度方向均匀分布的横肋的钢筋。

3.1.3 月牙肋钢筋

横肋的纵截面呈月牙形，且与纵肋不相交的钢筋。

3.1.4 纵肋

平行于钢筋轴线的均匀连续肋。

3.1.5 横肋

与纵肋不平行的其他肋。

3.1.6 带肋钢筋的公称直径

与钢筋的公称横截面积相等的圆的直径。

3.1.7 带肋钢筋的相对肋面积

国家技术监督局1991-06-22批准 **1992-03-01实施**

横肋在与钢筋轴线垂直平面上的投影面积与钢筋公称周长和横肋间距的乘积之比。

3.2 级别、代号

余热处理带肋钢筋的级别为Ⅲ级，强度等级代号为KL400(其中K为“控制”的汉语拼音字头)。

4 尺寸、外形、重量及允许偏差

4.1 公称直径范围及推荐直径

钢筋的公称直径范围为8～40 mm，本标准推荐的钢筋公称直径为8、10、12、16、20、25、32和40 mm。

4.2 公称横截面积与公称重量

钢筋的公称横截面积与公称重量列于表1。

表1

公称直径，mm	公称横截面面积，mm^2	公称重量，kg/m
8	50.27	0.395
10	78.54	0.617
12	113.1	0.888
14	153.9	1.21
16	201.1	1.58
18	254.5	2.00
20	314.2	2.47
22	380.1	2.98
25	490.9	3.85
28	615.8	4.83
32	804.2	6.31
36	1 018	7.99
40	1 257	9.87

注：表1中公称重量按密度为7.85 g/cm^3计算。

4.3 带肋钢筋的表面形状及尺寸允许偏差

4.3.1 月牙肋钢筋表面形状如图1所示。

4.3.2 带肋钢筋横肋设计原则应符合下列规定：

4.3.2.1 横肋与钢筋轴线的夹角β应不小于45°，当该夹角不大于70°时，钢筋相对两面上横肋的方向应相交。

4.3.2.2 横肋间距l不应大于钢筋公称直径的0.7倍。

4.3.2.3 横肋侧面与钢筋表面的夹角α不应小于45°。

4.3.2.4 钢筋相对两面上横肋末端之间的间隙(包括纵肋宽度)总和不应大于钢筋公称周长的20%。

4.3.2.5 Ⅱ、Ⅲ级带肋钢筋，当钢筋公称直径不大于12 mm时，相对肋面积不应小于0.055；公称直径为14 mm和16 mm时，相对肋面积不应小于0.060；公称直径大于16 mm时，相对肋面积不小于0.065。

4.3.3 余热处理Ⅲ级钢筋，采用月牙肋表面形状，其尺寸及允许偏差应符合表2的规定。

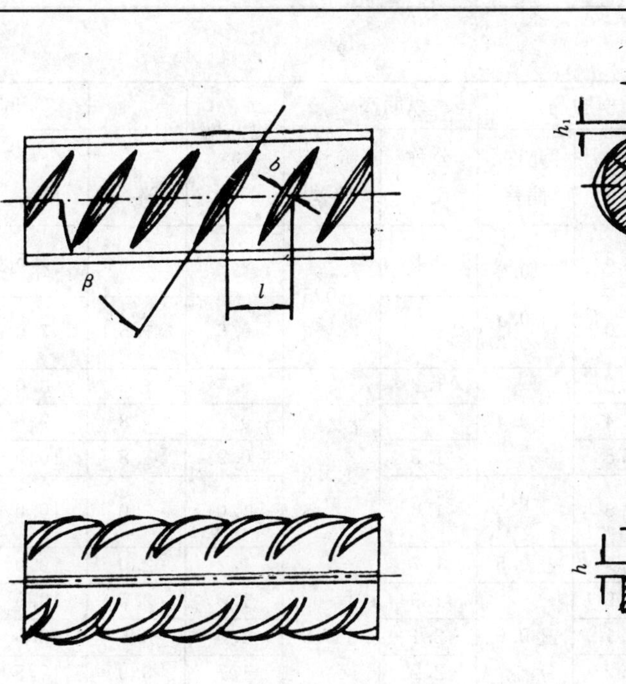

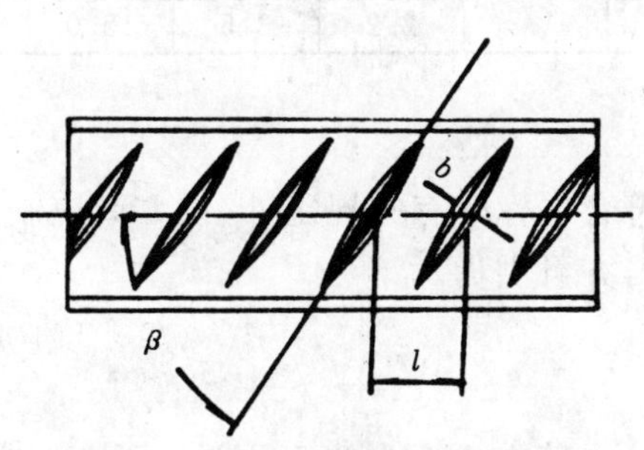

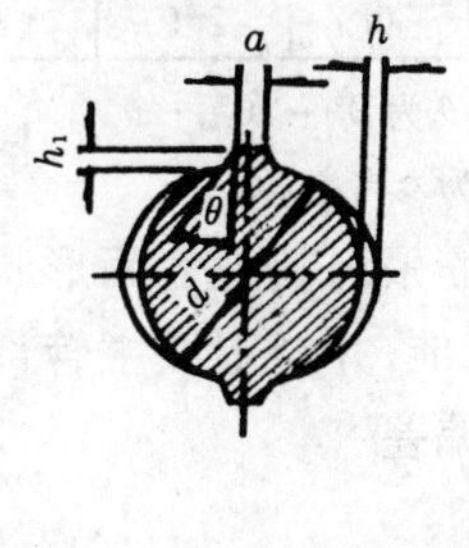

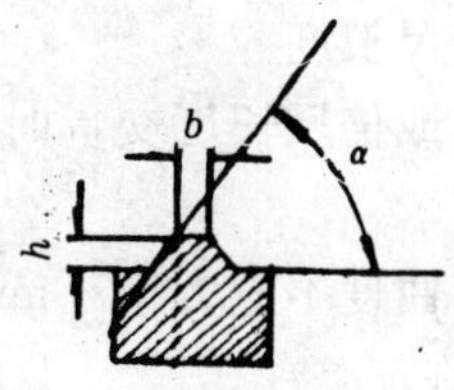

图 1　月牙肋钢筋表面及截面形状

d—钢筋内径；h—横肋高度；h_1—纵肋高度；a—纵肋顶宽；b—横肋顶宽；
α—横肋斜角；β—横肋与轴线夹角；θ—纵肋斜角；l—横肋间距

表 2

mm

<table>
<tr><th rowspan="2">公称直径</th><th colspan="2">内径 d</th><th colspan="2">横肋高 h</th><th colspan="2">纵肋高 h_1</th><th rowspan="2">横肋宽 b</th><th rowspan="2">纵肋宽 a</th><th colspan="2">间距 l</th><th rowspan="2">横肋末端最大间隙（公称周长的10%弦长）</th></tr>
<tr><th>公称尺寸</th><th>允许偏差</th><th>公称尺寸</th><th>允许偏差</th><th>公称尺寸</th><th>允许偏差</th><th>公称尺寸</th><th>允许偏差</th></tr>
<tr><td>8</td><td>7.7</td><td rowspan="7">±0.4</td><td>0.8</td><td>+0.4
−0.2</td><td>0.8</td><td rowspan="2">±0.5</td><td>0.5</td><td>1.5</td><td>5.5</td><td rowspan="8">±0.5</td><td>2.5</td></tr>
<tr><td>10</td><td>9.6</td><td>1.0</td><td>+0.4
−0.3</td><td>1.0</td><td>0.6</td><td>1.5</td><td>7.0</td><td>3.1</td></tr>
<tr><td>12</td><td>11.5</td><td>1.2</td><td rowspan="3">±0.4</td><td>1.2</td><td rowspan="5">±0.8</td><td>0.7</td><td>1.5</td><td>8.0</td><td>3.7</td></tr>
<tr><td>14</td><td>13.4</td><td>1.4</td><td>1.4</td><td>0.8</td><td>1.8</td><td>9.0</td><td>4.3</td></tr>
<tr><td>16</td><td>15.4</td><td>1.5</td><td>1.5</td><td>0.9</td><td>1.8</td><td>10.0</td><td>5.0</td></tr>
<tr><td>18</td><td>17.3</td><td>1.6</td><td>+0.5
−0.4</td><td>1.6</td><td>1.0</td><td>2.0</td><td>10.0</td><td>5.6</td></tr>
<tr><td>20</td><td>19.3</td><td rowspan="3">±0.5</td><td>1.7</td><td>±0.5</td><td>1.7</td><td>1.2</td><td>2.0</td><td>10.0</td><td>6.2</td></tr>
<tr><td>22</td><td>21.3</td><td>1.9</td><td rowspan="3">±0.6</td><td>1.9</td><td rowspan="3">±0.9</td><td>1.3</td><td>2.5</td><td>10.5</td><td>6.8</td></tr>
<tr><td>25</td><td>24.2</td><td>2.1</td><td>2.1</td><td>1.5</td><td>2.5</td><td>12.5</td><td rowspan="3">±0.8</td><td>7.7</td></tr>
<tr><td>28</td><td>27.2</td><td rowspan="3">±0.6</td><td>2.2</td><td>2.2</td><td>1.7</td><td>3.0</td><td>12.5</td><td>8.6</td></tr>
<tr><td>32</td><td>31.0</td><td>2.4</td><td>+0.8
−0.7</td><td>2.4</td><td rowspan="3">±1.1</td><td>1.9</td><td>3.0</td><td>14.0</td><td rowspan="3">±1.0</td><td>9.9</td></tr>
<tr><td>36</td><td>35.0</td><td>2.6</td><td>+1.0
−0.8</td><td>2.6</td><td>2.1</td><td>3.5</td><td>15.0</td><td>11.1</td></tr>
<tr><td>40</td><td>38.7</td><td>±0.7</td><td>2.9</td><td>±1.1</td><td>2.9</td><td>2.2</td><td>3.5</td><td>15.0</td><td>12.4</td></tr>
</table>

注：① 纵肋斜角 θ 为 0°～30°。

② 尺寸 a、b 为参考数据。

4.3.4 当带肋钢筋采用其他表面形状时，除应符合本标准有关规定外，供方尚应制定相应的表面形状、尺寸及允许偏差标准，并经上级主管部门批准后，方可供货。

4.4 长度及允许偏差

4.4.1 通常长度

钢筋按直条交货时，其通常长度为 3.5～12 m。其中长度为 3.5 m 至小于 6 m 之间的钢筋不应超过每批重量的 3%。

带肋钢筋以盘卷钢筋交货时每盘应是一整条钢筋，其盘重及盘径应由供需双方协商。

4.4.2 定尺、倍尺长度

钢筋按定尺或倍尺长度交货时，应在合同中注明。其长度允许偏差不应大于＋50 mm。

4.5 弯曲度

钢筋每米弯曲度不应大于 4 mm，总弯曲度不大于钢筋总长度的 0.4%。

4.6 重量及允许偏差

4.6.1 交货重量

钢筋可按实际重量或公称重量交货。

4.6.2 重量允许偏差

根据需方要求，钢筋按重量偏差交货时其实际重量与公称重量的允许偏差应符合表 3 的规定。

表 3

公称直径，mm	实际重量与公称重量的偏差，%
8～12	±7
14～20	±5
22～40	±4

5 技术要求

5.1 牌号及化学成分

5.1.1 钢的牌号及化学成分(熔炼分析)应符合表 4 的规定。

5.1.2 钢中铬、镍、铜的残余含量应各不大于 0.30%,其总量不大于 0.60%。经需方同意,铜的残余含量可不大于 0.35%。供方保证可不作分析。

表 4

表面形状	钢筋级别	强度代号	牌号	化学成分,%				
				C	Si	Mn	P	S
							不大于	
月牙肋	Ⅲ	KL 400	20MnSi	0.17～0.25	0.40～0.80	1.20～1.60	0.045	0.045

5.1.3 氧气转炉钢的氮含量不应大于 0.008%,采用吹氧复合吹炼工艺冶炼的钢,氮含量可不大于 0.012%。供方保证可不作分析。

5.1.4 钢筋的化学成分允许偏差应符合 GB 222 的规定。

5.2 冶炼方法

钢以氧气转炉、平炉或电炉冶炼。

5.3 制造工艺

钢筋的轧制和余热处理工艺参数应按经试验并审定的工艺规程掌握。

5.4 交货状态

钢筋以热轧后经余热处理状态交货。

5.5 力学性能和工艺性能

钢筋的力学性能工艺性能应符合表 5 的规定。当冷弯试验时,受弯曲部位外表面不得产生裂纹。

表 5

表面形状	钢筋级别	强度等级代号	公称直径 mm	屈服点 σ_s,MPa	抗拉强度 σ_b,MPa	伸长率 δ_5,%	冷弯 d-弯芯直径 a-钢筋公称直径
				不小于			
月牙肋	Ⅲ	KL 400	8～25	440	600	14	90° $d=3a$
			28～40				90° $d=4a$

注:征得需方同意,在 KL 400 Ⅲ级钢筋性能符合表 5 规定,且伸长率冷弯试验符合 GB 1499 表 6 中Ⅱ级钢筋的要求时,可按 RL 335 Ⅱ级钢筋交货。此时应在质量证明书中注明。

5.6 表面质量

钢筋表面不得有裂纹、结疤和折叠。

钢筋表面允许有凸块,但不得超过横肋的高度,钢筋表面上其他缺陷的深度和高度不得大于所在部位尺寸的允许偏差。

6 试验方法

6.1 检验项目

每批钢筋的检验项目、取样方法和试验方法应符合表 6 的规定。

表 6

序号	检验项目	取样方法	取样数量	试验方法
1	化学成分	GB 222	1	GB 223
2	拉伸	任选两根钢筋切取	2	GB 228、本标准 6.2
3	冷弯	任选两根钢筋切取	2	GB 232、本标准 6.2
4	尺寸		逐支	本标准 6.3
5	表面		逐支	肉眼
6	重量偏差	按本标准 6.4		本标准 6.4

6.2 力学性能、工艺性能试验

6.2.1 拉伸，弯曲和反向弯曲试验试样不允许进行车削加工。

6.2.2 计算钢筋强度用截面面积采用表 1 所列公称横截面积。

6.3 尺寸测量

6.3.1 带肋钢筋内径的测量精确到 0.1 mm。

6.3.2 带肋钢筋肋高的测量可采用测量同一截面两侧肋高平均值的方法，即测取钢筋的最大外径，减去该处内径，所得数值的一半为该处肋高，精确到 0.05 mm。

6.3.3 带肋钢筋横肋间距可采用测量平均肋距的方法进行测量。即测取钢筋一面上第 1 个与第 11 个横肋的中心距离，该数值除以 10 即为横肋间距，精确到 0.1 mm。

6.4 重量偏差的测量

6.4.1 测量钢筋重量偏差时，试样数量不少于 10 支，试样总长度不小于 60 m。长度应逐支测量，精确到 10 mm。试样总重量不大于 100 kg 时，精确到 0.5 kg，试样总重量大于 100 kg 时，精确到 1 kg。

当供方能保证钢筋重量偏差符合规定时，试样的数量和长度可不受上述限制。

6.4.2 钢筋实际重量与公称重量的偏差按下式计算：

$$\text{重量偏差}(\%)=\frac{\text{试样实际总重量}-(\text{试样总长度}\times\text{公称重量})}{\text{试样总长度}\times\text{公称重量}}\times 100$$

7 检验规则

7.1 检验和验收

钢筋的检查和验收应符合 GB 2101 的规定。

7.2 组批规则

钢筋应按批进行检查和验收，每批重量不大于 60 t。

每批应由同一牌号、同一炉罐号、同一规格、同一交货状态的钢筋组成。

公称容量不大于 30 t 的冶炼炉冶炼制成的钢坯和连铸坯轧制的钢筋，允许由同一牌号、同一冶炼方法，同一浇注方法的不同炉罐号组成混合批，但每批不多于 6 个炉罐号。各炉罐号含碳量之差不得大于 0.02%，含锰量之差不得大于 0.15%。

7.3 取样数量

钢筋各检查项目的取样数量应符合表 6 的规定。

7.4 复验与判定

钢筋的复验与判定应符合 GB 2101 的规定。

8 包装、标志和质量证明书

8.1 钢筋表面应轧上钢筋级别标志(K3),依次还可轧上厂名和直径毫米数字。

8.2 标志应清晰明瞭,标志的尺寸由供方按钢筋直径大小作适当规定,与标志相交的横肋可以取消。

8.3 除上述规定外,钢筋的包装、标志和质量证明书应符合 GB 2101 的有关规定。

附加说明:

本标准由中华人民共和国冶金工业部提出。

本标准由冶金工业部情报标准研究总所归口。

本标准由上海第三钢铁厂、冶金部建筑研究总院、冶金部情报标准研究总所负责起草。

本标准主要起草人王汉升、何成杰、张克球、胡国萃。

ICS 77.140.60
H 44

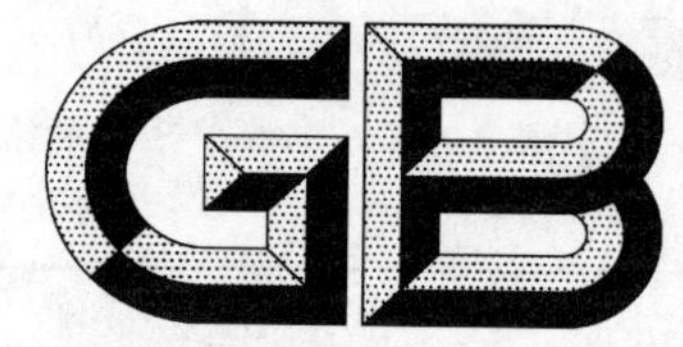

中华人民共和国国家标准

GB 13788—2008
代替 GB 13788—2000

冷轧带肋钢筋

Cold rolled ribbed steel wires and bars

2008-06-17 发布　　　　2009-06-01 实施

中华人民共和国国家质量监督检验检疫总局
中国国家标准化管理委员会　发布

前　言

本标准代替 GB 13788—2000《冷轧带肋钢筋》。

本标准与 GB 13788—2000 相比，主要变化如下：

——删除了 CRB1170 牌号的钢筋；

——增加了最大力下总伸长率的指标要求；

——强屈比由 1.05 修改为 1.03；

——将应力松弛试验方法中的持荷时间改为 2 min，并采用 120 h 推算 1 000 h 的松弛率；

——提高了规定非比例延伸强度指标。

本标准为条文强制性标准，其中表 1 中横肋 1/4 处高 $h_{1/4}$ 和横肋顶宽 b、5.4、5.6、6.1、6.3.2 和附录 B 为非强制性条款，其余均为强制性条款。

本标准的附录 A 为规范性附录，附录 B 为资料性附录。

本标准由中国钢铁工业协会提出。

本标准由全国钢标准化技术委员会归口。

本标准起草单位：中国京冶技术工程有限公司、国家建筑钢材质量监督检验中心、冶金工业信息标准研究院、安阳市合力高速冷轧有限公司、沈阳市新峰冷轧有限公司。

本标准主要起草人：李佩勋、张莹、冯超、陶然、翟文海、吴春举。

本标准所代替标准的历次版本发布情况为：

——GB 13788—1992、GB 13788—2000。

冷轧带肋钢筋

1 范围

本标准规定了冷轧带肋钢筋的定义、分类、牌号、尺寸、外形、重量及允许偏差、技术要求、试验方法、检验规则、包装、标志和质量证明书。

本标准适用于预应力混凝土和普通钢筋混凝土用冷轧带肋钢筋，也适用于制造焊接网用冷轧带肋钢筋(以下简称钢筋)。

2 规范性引用文件

下列文件中的条款通过本标准的引用而成为本标准的条款。凡是注日期的引用文件，其随后所有的修改单(不包括勘误的内容)或修订版均不适用于本标准，然而，鼓励根据本标准达成协议的各方研究是否可使用这些文件的最新版本。凡是不注日期的引用文件，其最新版本适用于本标准。

GB/T 222 钢的成品化学成分允许偏差

GB/T 228 金属材料 室温拉伸试验方法(GB/T 228—2002,ISO 6892:1998(E),EQV)

GB/T 232 金属材料 弯曲试验方法(GB/T 232—1999,ISO 7438:1985(E),EQV)

GB/T 238 金属材料 线材 反复弯曲试验方法

GB/T 701 低碳钢热轧圆盘条

GB/T 2101 型钢验收、包装、标志及质量证明书的一般规定

GB/T 2103 钢丝验收、包装、标志及质量证明书的一般规定

GB/T 4354 优质碳素钢热轧盘条

GB/T 10120 金属应力松弛试验方法

GB/T 17505 钢及钢产品交货一般技术要求

YB/T 081 冶金技术标准的数值修约与检测数值的判定原则

3 术语和定义

下列术语和定义适用于本标准。

3.1

冷轧带肋钢筋 cold-rolled ribbed steel wires and bars

热轧圆盘条经冷轧后，在其表面带有沿长度方向均匀分布的三面或二面横肋的钢筋。

3.2

公称直径 nominal diameter

相当于横截面积相等的光圆钢筋的公称直径。

3.3

相对投影肋面积 specific projected rib area

横肋在与钢筋轴线垂直平面上的投影面积与公称周长和横肋间距的乘积之比。

3.4

横肋间隙 rib spacing

钢筋周圈上横肋不连续部分在垂直于钢筋轴线平面上投影的弦长。

4 分类、牌号

冷轧带肋钢筋的牌号由 CRB 和钢筋的抗拉强度最小值构成。C、R、B 分别为冷轧(cold rolled)、带

肋(Ribbed)、钢筋(Bar)三个词的英文首位字母。冷轧带肋钢筋分为 CRB550、CRB650、CRB800、CRB970 四个牌号。CRB550 为普通钢筋混凝土用钢筋,其他牌号为预应力混凝土用钢筋。

5 尺寸、外形、重量及允许偏差

5.1 公称直径范围

CRB550 钢筋的公称直径范围为 4 mm～12 mm。CRB650 及以上牌号钢筋的公称直径为 4 mm、5 mm、6 mm。

5.2 外形

5.2.1 钢筋表面横肋应符合下列基本规定:

5.2.1.1 横肋呈月牙形。

5.2.1.2 横肋沿钢筋横截面周圈上均匀分布,其中三面肋钢筋有一面肋的倾角必须与另两面反向,二面肋钢筋一面肋的倾角必须与另一面反向。

5.2.1.3 横肋中心线和钢筋纵轴线夹角 β 为 40°～60°。

5.2.1.4 横肋两侧面和钢筋表面斜角 α 不得小于 45°,横肋与钢筋表面呈弧形相交。

5.2.1.5 横肋间隙的总和应不大于公称周长的 20%($\sum f_i \leqslant 0.2\pi d$)。

5.2.1.6 相对肋面积 f_r 按式(1)确定:

$$f_{\mathrm{r}} = \frac{K \times F_{\mathrm{R}} \times \sin\beta}{\pi \times d \times l} \qquad (1)$$

式中:

K=3 或 2(三面或二面有肋);

F_{R}——一个肋的纵向截面积;

β——横肋与钢筋轴线的夹角;

d——钢筋公称直径;

l——横肋间距。

已知钢筋的几何参数,相对肋面积也可用下面的近似式(2)计算:

$$f_{\mathrm{r}} = \frac{(d \times \pi - \sum f_i) \times (h + 4h_{1/4})}{6 \times \pi \times d \times l} \qquad (2)$$

式中:

$\sum f_i$——钢筋周圈上各排横肋间隙之和;

h——横肋中点高;

$h_{1/4}$——横肋长度四分之一处高。

5.2.2 三面肋钢筋的外形应符合图 1 和 5.2.1 的规定。

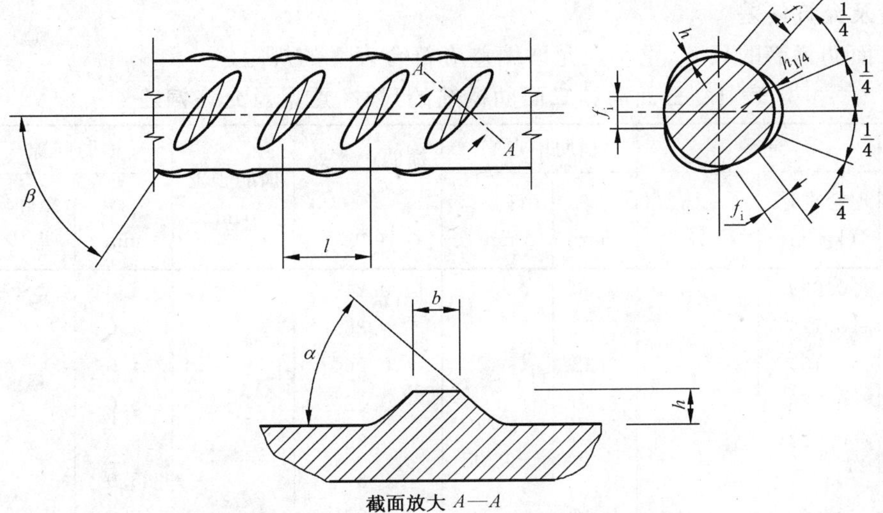

截面放大 A—A

α——横肋斜角；

β——横肋与钢筋轴线夹角；

h——横肋中点高；

l——横肋间距；

b——横肋顶宽；

f_i——横肋间隙。

图 1　三面肋钢筋表面及截面形状

5.2.3　二面肋钢筋的外形应符合图 2 和 5.2.1 的规定。

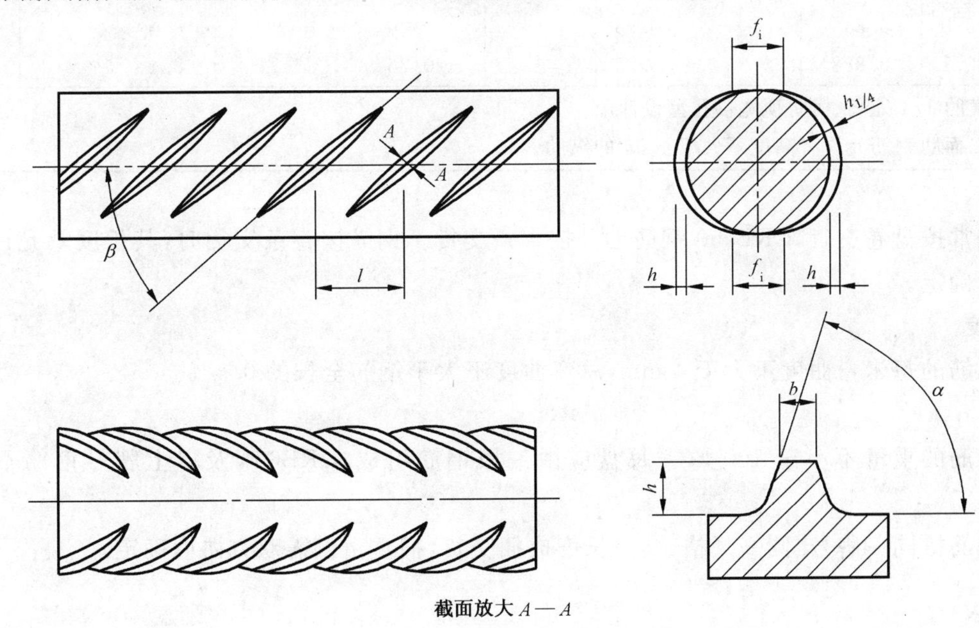

截面放大 A—A

α——横肋斜角；

β——横肋与钢筋轴线夹角；

h——横肋中点高度；

l——横肋间距；

b——横肋顶宽；

f_i——横肋间隙。

图 2　二面肋钢筋表面及截面形状

5.3 尺寸、重量及允许偏差

三面肋和二面肋钢筋的尺寸、重量及允许偏差应符合表1的规定。

表 1 三面肋和二面肋钢筋的尺寸、重量及允许偏差

公称直径 d/mm	公称横截面积/mm^2	重量		横肋中点高		横肋 1/4 处高 $h_{1/4}$/mm	横肋顶宽 b/mm	横肋间隙		相对肋面积 f_r 不小于
		理论重量/(kg/m)	允许偏差/%	h/mm	允许偏差/mm			l/mm	允许偏差/%	
4	12.6	0.099		0.30		0.24		4.0		0.036
4.5	15.9	0.125		0.32		0.26		4.0		0.039
5	19.6	0.154		0.32		0.26		4.0		0.039
5.5	23.7	0.186		0.40	+0.10 −0.05	0.32		5.0		0.039
6	28.3	0.222		0.40		0.32		5.0		0.039
6.5	33.2	0.261		0.46		0.37		5.0		0.045
7	38.5	0.302		0.46		0.37		5.0		0.045
7.5	44.2	0.347		0.55		0.44		6.0		0.045
8	50.3	0.395	±4	0.55		0.44	～0.2 d	6.0	±15	0.045
8.5	56.7	0.445		0.55		0.44		7.0		0.045
9	63.6	0.499		0.75		0.60		7.0		0.052
9.5	70.8	0.556		0.75		0.60		7.0		0.052
10	78.5	0.617		0.75	±0.10	0.60		7.0		0.052
10.5	86.5	0.679		0.75		0.60		7.4		0.052
11	95.0	0.746		0.85		0.68		7.4		0.056
11.5	103.8	0.815		0.95		0.76		8.4		0.056
12	113.1	0.888		0.95		0.76		8.4		0.056

注1：横肋1/4处高、横肋顶宽供孔型设计用。

注2：二面肋钢筋允许有高度不大于0.5h的纵肋。

5.4 长度

钢筋通常按盘卷交货，CRB550钢筋也可按直条交货。钢筋按直条交货时，其长度及允许偏差按供需双方协商确定。

5.5 弯曲度

直条钢筋的每米弯曲度不大于4 mm，总弯曲度不大于钢筋全长的0.4%。

5.6 重量

盘卷钢筋的重量不小于100 kg。每盘应由一根钢筋组成，CRB650及以上牌号钢筋不得有焊接接头。

直条钢筋按同一牌号、同一规格、同一长度成捆交货，捆重由供需双方协商确定。

6 技术要求

6.1 牌号和化学成分

制造钢筋的盘条应符合GB/T 701、GB/T 4354或其他有关标准的规定，盘条的牌号及化学成分宜参考附录B。

6.2 交货状态

钢筋按冷加工状态交货。允许冷轧后进行低温回火处理。

6.3 力学性能和工艺性能

6.3.1 钢筋的力学性能和工艺性能应符合表2的规定。当进行弯曲试验时，受弯曲部位表面不得产生

裂纹。反复弯曲试验的弯曲半径应符合表3的规定。

表2 力学性能和工艺性能

牌号	$R_{p0.2}$/MPa 不小于	R_m/MPa 不小于	伸长率/% 不小于		弯曲试验 180°	反复弯曲次数	应力松弛 初始应力应相当于公称抗拉强度的70%
			$A_{11.3}$	A_{100}			1 000 h松弛率/% 不大于
CRB550	500	550	8.0	—	$D=3d$	—	—
CRB650	585	650	—	4.0	—	3	8
CRB800	720	800	—	4.0	—	3	8
CRB970	875	970	—	4.0	—	3	8
注：表中D为弯心直径，d为钢筋公称直径。							

表3 反复弯曲试验的弯曲半径

单位为毫米

钢筋公称直径	4	5	6
弯曲半径	10	15	15

6.3.2 钢筋的强屈比$R_m/R_{p0.2}$比值应不小于1.03。经供需双方协议可用$A_{gt}\geqslant 2.0\%$代替A。

6.3.3 供方在保证1 000 h松弛率合格基础上，允许使用推算法确定1 000 h松弛。

6.4 表面质量

6.4.1 钢筋表面不得有裂纹、折叠、结疤、油污及其他影响使用的缺陷。

6.4.2 钢筋表面可有浮锈，但不得有锈皮及目视可见的麻坑等腐蚀现象。

7 试验方法

7.1 检验项目

钢筋出厂检验的试验项目、取样方法、试验方法应符合表4和本标准7.2～7.5的规定。

表4 钢筋的试验项目、取样方法及试验方法

序号	试验项目	试验数量	取样方法	试验方法
1	拉伸试验	每盘1个	在每(任)盘中随机切取	GB/T 228
2	弯曲试验	每批2个		GB/T 232
3	反复弯曲试验	每批2个		GB/T 238
4	应力松弛试验	定期1个		GB/T 10120、本标准7.3
5	尺寸	逐盘	—	本标准7.4
6	表面	逐盘	—	目视
7	重量偏差	每盘1个	—	本标准7.5
注：表中试验数量栏中的“盘”指生产钢筋的“原料盘”。				

7.2 力学性能

7.2.1 计算钢筋强度采用表1所列公称横截面积。

7.2.2 最大力总伸长率 A_{gt} 的检验，除按表 4 规定采用 GB/T 228 的有关试验方法外，也可采用附录 A 的方法。

7.3 应力松弛试验

7.3.1 试验期间试样的环境温度应保持在 20℃±2℃。

7.3.2 试样可进行机械矫直，但不得进行任何热处理和其他冷加工。

7.3.3 加在试样上的初始试验力为试样公称抗拉强度的 70%乘以试样公称横截面积。

7.3.4 加荷速度为 200 MPa/min±50 MPa/min，初始负荷应在 3 min～5 min 加荷完毕，持荷 2 min 后开始记录松弛值。

7.3.5 试样长度不小于公称直径的 60 倍。

7.3.6 允许用至少 120 h 的测试数据推算 1 000 h 的松弛率值。

7.4 尺寸测量

7.4.1 横肋高度的测量采用测量同一截面每列横肋高度取其平均值；横肋间距采用测量平均间距的方法，即测取同一列横肋第 1 个与第 11 个横肋的中心距离除以 10，即为横肋间距的平均值。

7.4.2 尺寸测量精度精确到 0.02 mm。

7.5 重量偏差的测量

测量钢筋重量偏差时，试样长度应不小于 500 mm。长度测量精确到 1 mm，重量测定应精确到 1 g。

钢筋重量偏差按式(3)计算：

$$\text{重量偏差}(\%)=\frac{\text{试样实际重量}-(\text{试样长度}\times\text{理论重量})}{\text{试样长度}\times\text{理论重量}}\times 100 \qquad \cdots\cdots\cdots\cdots(3)$$

7.6 检验结果的数值修约与判定应符合 YB/T 081 的规定。

8 检验规则

8.1 检查和验收

钢筋的检查和验收由供方质量监督部门进行。需方有权进行检验。钢筋的检查和验收按 GB/T 17505 的规定进行。

8.2 组批规则

钢筋应按批进行检查和验收，每批应由同一牌号、同一外形、同一规格、同一生产工艺和同一交货状态的钢筋组成，每批不大于 60 t。

8.3 取样数量

钢筋检验的取样数量应符合表 4 的规定。

8.4 复验与判定规则

钢筋的复验与判定规则应符合 GB/T 17505 的规定。

9 包装、标志和质量证明书

9.1 每盘(捆)钢筋应均匀捆扎不少于 3 道，端头应弯入盘内。

9.2 钢筋应轧上明显的钢筋牌号标志，标志间距为横肋间距的两倍，标志间距内的一条横肋取消，如图 3所示；钢筋还可轧上厂名或厂标。

9.3 每盘(捆)钢筋应挂有不少于两个标牌，注明生产厂、生产日期、钢筋牌号和规格。

9.4 钢筋的包装、标志和质量证明书除上述规定外，应符合 GB/T 2101 或 GB/T 2103 中的有关规定。

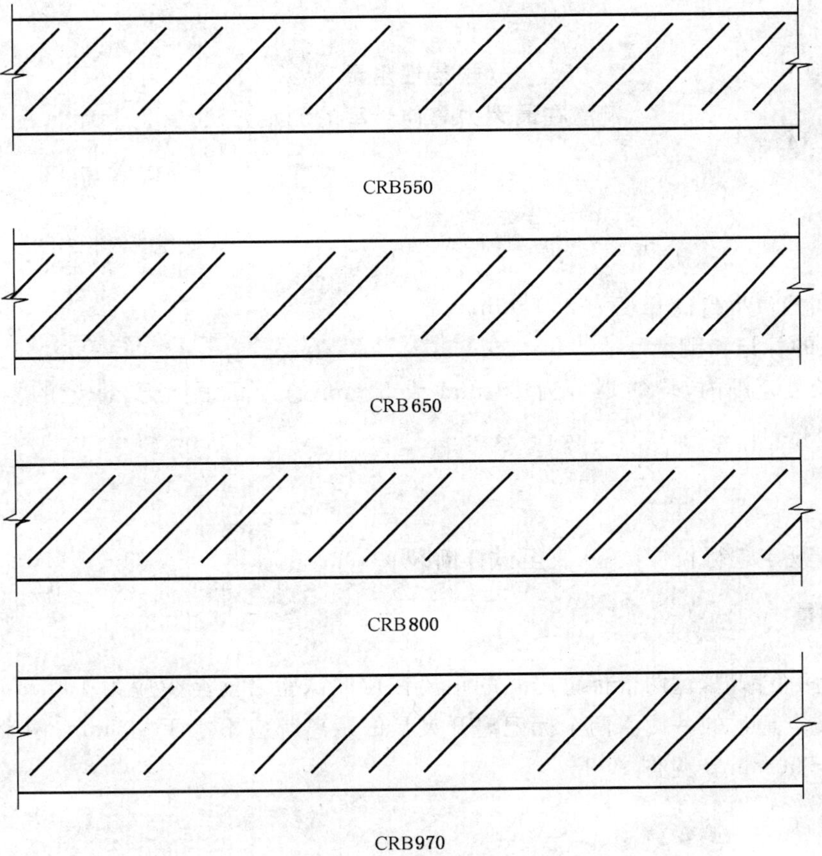

图 3 标志示例

附　录　A
（规范性附录）
钢筋在最大力总伸长率的测定方法

A.1　试样

A.1.1　长度

试样夹具之间的最小自由长度为 350 mm。

A.1.2　原始标距的标记和测量

在试样自由长度范围内，均匀划分为 10 mm 或 5 mm 的等间距标记，标记的划分和测量应符合 GB/T 228 的有关要求。

A.2　拉伸试验

按 GB/T 228 规定进行拉伸试验，直至试样断裂。

A.3　断裂后的测量

选择 Y 和 V 两个标记，这两个标记之间的距离在拉伸试验之前至少应为 100 mm。两个标记都应当位于夹具离断裂点最远的一侧。两个标记离开夹具的距离都应不小于 20 mm；两个标记与断裂点之间的距离应不小于 50 mm。见图 A.1。

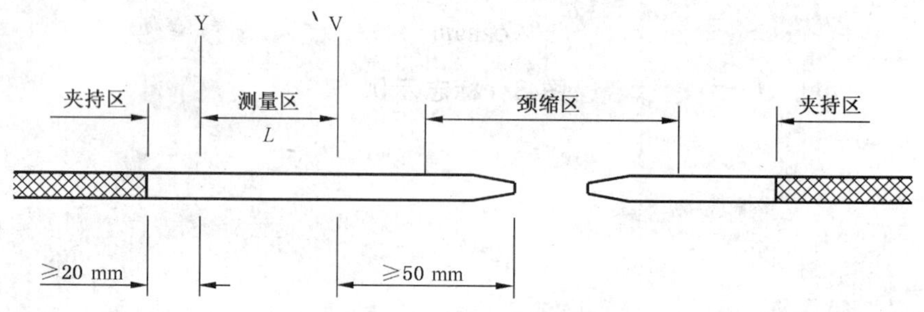

图 A.1　断裂后的测量

在最大力作用下试样总伸长率 A_{gt}（%）可按公式 A.1 计算：

$$A_{gt}=\left[\frac{L-L_o}{L_o}+\frac{R_m^o}{E}\right]\times 100 \quad \cdots\cdots\cdots\cdots（A.1）$$

式中：

L——图 A.1 所示断裂后的距离，单位为毫米（mm）；

L_o——试验前同样标记间的距离，单位为毫米（mm）；

R_m^o——抗拉强度实测值，单位为兆帕（MPa）；

E——弹性模量，其值可取为 2×10^5，单位为兆帕（MPa）。

附 录 B
（资料性附录）
冷轧带肋钢筋用盘条的参考牌号和化学成分

CRB550、CRB650、CRB800、CRB970 钢筋用盘条的参考牌号及化学成分（熔炼分析）见表 B.1，60 钢的 Ni、Cr、Cu 含量（质量分数）各不大于 0.25%。

表 B.1 冷轧带肋钢筋用盘条的参考牌号和化学成分

钢筋牌号	盘条牌号	化学成分（质量分数）/%					
		C	Si	Mn	V、Ti	S	P
CRB550 CRB650	Q215	0.09～0.15	≤0.30	0.25～0.55	—	≤0.050	≤0.045
	Q235	0.14～0.22	≤0.30	0.30～0.65	—	≤0.050	≤0.045
CRB800	24MnTi	0.19～0.27	0.17～0.37	1.20～1.60	Ti：0.01～0.05	≤0.045	≤0.045
	20MnSi	0.17～0.25	0.40～0.80	1.20～1.60	—	≤0.045	≤0.045
CRB970	41MnSiV	0.37～0.45	0.60～1.10	1.00～1.40	V：0.05～0.12	≤0.045	≤0.045
	60	0.57～0.65	0.17～0.37	0.50～0.80	—	≤0.035	≤0.035

ICS 77.140.60
H 44

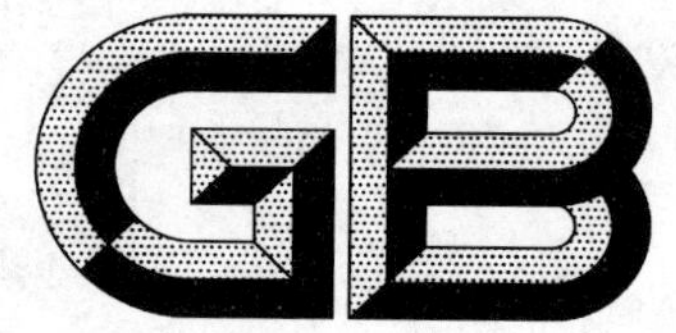

中华人民共和国国家标准

GB/T 20065—2006

预应力混凝土用螺纹钢筋

Screw-thread steel bars for the prestressing of concrete

(ISO 6934-5:1991,Steel for the prestressing of concrete—Part 5:
hot-rolled steel bars with or without subsequent processing,NEQ)

2006-02-05 发布 2006-08-01 实施

中华人民共和国国家质量监督检验检疫总局
中国国家标准化管理委员会 发布

前　言

本标准对应于国际标准 ISO 6934-5:1991《预应力钢筋混凝土用钢　第5部分　带或不带后处理的热轧钢筋》，本标准与国际标准的一致性程度为非等效。

本标准与 ISO 6934-5:1991 的主要差异为：

——本标准钢筋外形为螺纹，国际标准表面可以是光面或带肋的；

——强度级别划分不同，本标准增加了屈服强度为785级的钢筋；

——公称直径范围不同，本标准为 18 mm～50 mm，国际标准为 15 mm～40 mm。

本标准的附录A是规范性附录。

本标准由中国钢铁工业协会提出。

本标准由全国钢标准化技术委员会归口。

本标准起草单位：国家建筑钢材质量监督检验中心、天津天铁轧二制钢有限公司、鞍山钢铁集团公司、天津轧三金属材料科技有限公司、中冶集团建筑研究总院、江苏省产品质量监督检验中心所、冶金工业信息标准研究院。

本标准主要起草人：朱建国、徐言忠、高建忠、杨继伟、冯超、郝立新、王长顺、张乃荣、陈洪冰。

预应力混凝土用螺纹钢筋

1 范围

本标准规定了预应力混凝土用螺纹钢筋(也称精轧螺纹钢筋,以下简称钢筋)的术语和定义、强度等级代号、尺寸、外形、重量及允许偏差、技术要求、试验方法、检验规则、包装、标志、质量证明书等。

本标准适用于采用热轧、轧后余热处理或热处理等工艺生产的预应力混凝土用螺纹钢筋。

2 规范性引用文件

下列标准中的条款通过本标准的引用而成为本标准的条款。凡是注日期的引用文件,其随后所有的修改单(不包括勘误的内容)或修订版均不适用于本标准,然而,鼓励根据本标准达成协议的各方研究是否可使用这些文件的最新版本。凡是不注日期的引用文件,其最新版本适用于本标准。

GB/T 222 钢的成品化学成分允许偏差

GB/T 223.5 钢铁及合金化学分析方法 还原型硅钼酸盐光度法测定酸溶硅含量

GB/T 223.11 钢铁及合金化学分析方法 过硫酸铵氧化容量法测定铬量

GB/T 223.12 钢铁及合金化学分析方法 硫酸钠分离-二苯碳酰二肼光度法测定铬量

GB/T 223.14 钢铁及合金化学分析方法 钽试剂萃取光度法测定钒含量

GB/T 223.16 钢铁及合金化学分析方法 变色酸光度法测定钛量

GB/T 223.19 钢铁及合金化学分析方法 新亚铜灵-三氯甲烷萃取光度法测定铜量

GB/T 223.23 钢铁及合金化学分析方法 丁二酮肟分光光度法测定镍量

GB/T 223.26 钢铁及合金化学分析方法 硫氰酸盐直接光度法测定钼量

GB/T 223.27 钢铁及合金化学分析方法 硫氰酸盐-乙酸丁酯萃取分光光度法测定钼量

GB/T 223.37 钢铁及合金化学分析方法 蒸馏分离-靛酚蓝光度法测定氮量

GB/T 223.40 钢铁及合金化学分析方法 离子交换分离-氯磺酚S光度法测定铌量

GB/T 223.59 钢铁及合金化学分析方法 锑磷钼蓝光度法测定磷量

GB/T 223.63 钢铁及合金化学分析方法 高碘酸钠(钾)光度法测定锰量

GB/T 223.68 钢铁及合金化学分析方法 管式炉内燃烧后碘酸钾滴定法测定硫含量

GB/T 223.69 钢铁及合金化学分析方法 管式炉内燃烧后气体容量法测定碳含量

GB/T 4336 碳素钢和中低合金钢火花源原子发射光谱分析方法(常规法)

GB/T 228 金属材料 室温拉伸试验方法(GB/T 228—2002,eqv ISO 6892:1998(E))

GB/T 232 金属材料 弯曲试验方法(GB/T 232—1999,eqv ISO 7438:1985(E))

GB/T 3075 金属轴向疲劳试验方法

GB/T 10120 金属应力松弛试验方法

GB/T 2101 型钢验收、包装、标志及质量证明书的一般规定

GB/T 17505 钢及钢产品交货一般技术要求(GB/T 17505—1998,eqv ISO 404:1992(E))

GB/T 14370 预应力筋用锚具、夹具和连接器

GB/T 20066 钢和铁 化学成分测定用试样的取样和制样方法

3 术语和定义

下列术语和定义适用于本标准。

3.1

螺纹钢筋　screw-thread steel bars

本标准定义的螺纹钢筋是一种热轧成带有不连续的外螺纹的直条钢筋，该钢筋在任意截面处，均可用带有匹配形状的内螺纹的连接器或锚具进行连接或锚固。

3.2

公称截面面积　nominal circle area

不含螺纹的钢筋截面面积。

3.3

有效截面系数　coefficient of efficiency section

钢筋公称截面面积与理论截面面积(含螺纹的截面面积)的比值。

4　强度等级代号

预应力混凝土用螺纹钢筋以屈服强度划分级别，其代号为“PSB”加上规定屈服强度最小值表示。P、S、B 分别为 Prestressing、Screw、Bars 的英文首位字母。例如：PSB830 表示屈服强度最小值为 830 MPa的钢筋。

5　订货内容

按本标准订货的合同至少应包括下列内容：

a)　本标准编号；

b)　产品名称；

c)　产品强度等级代号；

d)　规格及重量(或数量)；

e)　特殊要求。

6　尺寸、外形、重量及允许偏差

6.1　公称直径范围及推荐直径

钢筋的公称直径范围为 18 mm～50 mm，本标准推荐的钢筋公称直径为 25 mm、32 mm。可根据用户要求提供其他规格的钢筋。

6.2　公称截面面积与理论重量

钢筋的公称截面面积与理论重量见表 1。

表 1

公称直径/mm	公称截面面积/mm^2	有效截面系数	理论截面面积/mm^2	理论重量/(kg/m)
18	254.5	0.95	267.9	2.11
25	490.9	0.94	522.2	4.10
32	804.2	0.95	846.5	6.65
40	1 256.6	0.95	1 322.7	10.34
50	1 963.5	0.95	2 066.8	16.28

6.3　钢筋外形采用螺纹状无纵肋且钢筋两侧螺纹在同一螺旋线上，其外形如图 1 所示。

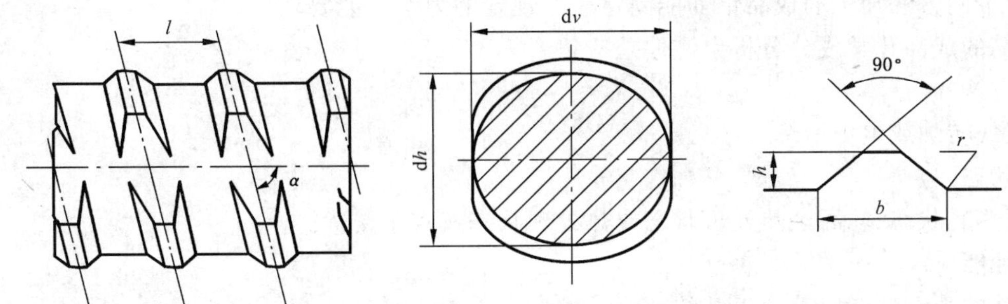

d*h*—基圆直径；d*v*—基圆直径；*h*—螺纹高；*b*—螺纹底宽；*l*—螺距；*r*—螺纹根弧；*α*—导角

图 1　钢筋表面及截面形状

6.4　钢筋外形尺寸及允许偏差应符合表 2 的规定。

表 2

<table>
<tr><th rowspan="3">公称直径/mm</th><th colspan="4">基圆直径/mm</th><th colspan="2">螺纹高/mm</th><th colspan="2">螺纹底宽/mm</th><th colspan="2">螺距/mm</th><th rowspan="3">螺纹根弧 r/mm</th><th rowspan="3">导角 α</th></tr>
<tr><th colspan="2">dh</th><th colspan="2">dv</th><th colspan="2">h</th><th colspan="2">b</th><th colspan="2">l</th></tr>
<tr><th>公称尺寸</th><th>允许偏差</th><th>公称尺寸</th><th>允许偏差</th><th>公称尺寸</th><th>允许偏差</th><th>公称尺寸</th><th>允许偏差</th><th>公称尺寸</th><th>允许偏差</th></tr>
<tr><td>18</td><td>18.0</td><td rowspan="2">±0.4</td><td>18.0</td><td>+0.4
−0.8</td><td>1.2</td><td rowspan="2">±0.3</td><td>4.0</td><td rowspan="5">±0.5</td><td>9.0</td><td>±0.2</td><td>1.0</td><td>80°42′</td></tr>
<tr><td>25</td><td>25.0</td><td>25.0</td><td>+0.4
−0.8</td><td>1.6</td><td>6.0</td><td>12.0</td><td rowspan="2">±0.3</td><td>1.5</td><td>81°19′</td></tr>
<tr><td>32</td><td>32.0</td><td>±0.5</td><td>32.0</td><td>+0.4
−1.2</td><td>2.0</td><td>±0.4</td><td>7.0</td><td>16.0</td><td>2.0</td><td>80°40′</td></tr>
<tr><td>40</td><td>40.0</td><td rowspan="2">±0.6</td><td>40.0</td><td>+0.5
−1.2</td><td>2.5</td><td>±0.5</td><td>8.0</td><td>20.0</td><td rowspan="2">±0.4</td><td>2.5</td><td>80°29′</td></tr>
<tr><td>50</td><td>50.0</td><td>50.0</td><td>+0.5
−1.2</td><td>3.0</td><td>+0.5
−1.0</td><td>9.0</td><td>24.0</td><td>2.5</td><td>81°19′</td></tr>
<tr><td colspan="13">注：螺纹底宽允许偏差属于轧辊设计参数。</td></tr>
</table>

6.5　长度及允许偏差

6.5.1　钢筋通常按定尺长度交货，具体交货长度应在合同中注明。可按需方要求长度进行锯切再加工。

6.5.2　钢筋按定尺或倍尺长度交货时，长度允许偏差为 0～+20 mm。

6.6　弯曲度和端部

6.6.1　钢筋的弯曲度不得影响正常使用，钢筋每米弯曲度不应大于 4 mm，总弯曲度不大于钢筋总长度的 0.4%。

6.6.2　钢筋的端部应平齐，不影响连接器通过。

6.7　重量及允许偏差

6.7.1　钢筋按实际重量或理论重量交货。

6.7.2　钢筋实际重量与理论重量的允许偏差应不大于表 1 规定的理论重量的±4%。

7　技术要求

7.1　牌号及化学成分

7.1.1　钢筋钢的熔炼分析中，硫、磷含量不大于 0.035%。生产厂应进行化学成分和合金元素的选择，以保证经过不同方法加工的成品钢筋能满足表 3 规定的力学性能要求。

7.1.2 钢筋的成品化学成分分析允许偏差应符合 GB/T 222 的规定。

7.2 冶炼方法

钢以氧气转炉或电炉冶炼。

7.3 交货状态

钢筋以热轧状态、轧后余热处理状态或热处理状态按直条交货。

7.4 力学性能

7.4.1 钢筋的力学性能应符合表 3 的规定。

表 3

级别	屈服强度 R_{eL}/MPa	抗拉强度 R_m/MPa	断后伸长率 A/%	最大力下总伸长率 A_{gt}/%	应力松弛性能	
					初始应力	1 000 h 后应力松弛率 V_r/%
	不小于					
PSB785	785	980	7	3.5	0.8R_{eL}	≤3
PSB830	830	1 030	6			
PSB930	930	1 080	6			
PSB1080	1 080	1 230	6			
注：无明显屈服时，用规定非比例延伸强度($R_{P0.2}$)代替。						

7.4.2 供方在保证钢筋 1 000 h 松弛性能合格的基础上，可进行 10 h 松弛试验，初始应力为公称屈服强度的 80%，松弛率不大于 1.5%。

7.4.3 伸长率类型通常选用 A，经供需双方协商，也可选用 A_{gt}。

7.4.4 经供需双方协商，可进行疲劳试验。

7.5 表面质量

7.5.1 钢筋表面不得有横向裂纹、结疤和折叠。

7.5.2 允许有不影响钢筋力学性能和连接的其他缺陷。

8 试验方法

8.1 检验项目

每批钢筋的检验项目、取样方法和试验方法应符合表 4 的规定。

表 4

序号	检验项目	取样方法	取样数量	试验方法
1	化学成分	GB/T 20066	1	GB/T 223、GB/T 4336
2	拉伸	任选两根钢筋	2	GB/T 228、本标准 8.2
3	松弛	任选一根钢筋	1/每 1 000 t	GB/T 10120、本标准 8.3
4	疲劳	任选一根钢筋	1	GB/T 3075
5	表面		逐支	目视
6	重量偏差	按本标准 6.7		

8.2 拉伸试验

8.2.1 拉伸试验应采用全截面尺寸钢筋试样进行。不允许用机加工减少截面的试样。

8.2.2 单位应力测定应按表 1 所列公称横截面积计算。

8.2.3 A_{gt}的测量见附录 A。

8.2.4 对每批重量大于 60 t 的钢筋,超过 60 t 的部分,每增加 40 t,增加一个拉伸试样。

8.3 **松弛试验**

8.3.1 钢筋的应力松弛性能试验应按 GB/T 10120 的规定进行。

8.3.2 试验期间,试样的环境温度应保持在 20℃±2℃内。

8.3.3 试样标距长度不小于公称直径的 60 倍。

8.3.4 试样制备后不得进行任何热处理和冷加工。

8.3.5 初始负荷应在 3 min～5 min 内均匀施加完毕,持荷 1 min 后开始记录松弛值。

8.3.6 允许用至少 100 h 的测试数据推算 1 000 h 的松弛率值。

8.4 **尺寸测量**

钢筋的外形除尺寸测量检验外,还应采用匹配形状的连接器检验旋进情况。

9 检验规则

9.1 **检查和验收**

钢筋的检查和验收由供方进行,需方有权进行检验。

9.2 **组批规则**

钢筋应按批进行检查和验收,每批应由同一炉罐号、同一规格、同一交货状态的钢筋组成。

9.3 **取样数量**

钢筋各检验项目的取样数量应符合表 4 的规定。

9.4 **复验与判定**

钢筋的复验与判定应符合 GB/T 17505 的规定。

9.5 **机械连接**

钢筋允许用螺旋型连接器连接,成品钢筋生产厂应负责证明在沿钢筋长度上任一点切割的钢筋都可以与任何其他长度钢筋相连接。连接器及锚具可由成品钢筋生产厂配套提供。连接器及锚具应符合 GB/T 14370 的相关规定

10 包装、标志和质量证明书

10.1 钢筋的标志应符合下列规定。

10.1.1 钢筋按强度级别进行端头涂色,规定如下:PSB785 不涂色、PSB830 涂白色、PSB930 涂黄色、PSB1080 涂红色。

10.1.2 钢筋可采用挂标牌方法,钢筋按强度级别以 PSB785、PSB830、PSB930、PSB1080 表示,直径毫米数以阿拉伯数字表示。

10.1.3 标牌内容清晰明了,捆扎牢固。

10.2 除上述规定外,钢筋的包装、标志和质量证明书应符合 GB/T 2101 的有关规定。

附 录 A
（规范性附录）
钢筋在最大力下总伸长率的测定方法

A.1 试样

A.1.1 长度

试样夹具之间的最小自由长度应符合表 A.1 要求：

表 A.1

单位为毫米

钢筋公称直径	试样夹具之间的最小自由长度
$d \leqslant 25$	350
$25 < d \leqslant 32$	400
$32 < d \leqslant 50$	500

A.1.2 原始标距的标记和测量

在试样自由长度范围内，均匀划分为 10 mm 或 5 mm 的等间距标记，标记的划分和测量应符合 GB/T 228 的有关要求。

A.2 拉伸试验

按 GB/T 228 规定进行拉伸试验，直至试样断裂。

A.3 断裂后的测量

选择 Y 和 V 两个标记，这两个标记之间的距离在拉伸试验之前至少应为 100 mm。两个标记都应当位于夹具离断裂点最远的一侧。两个标记离开夹具的距离都应不小于 20 mm 或钢筋公称直径 d（取二者之较大者）；两个标记与断裂点之间的距离应不小于 50 mm 或 $2d$（取二者之较大者）。见图 A.1。

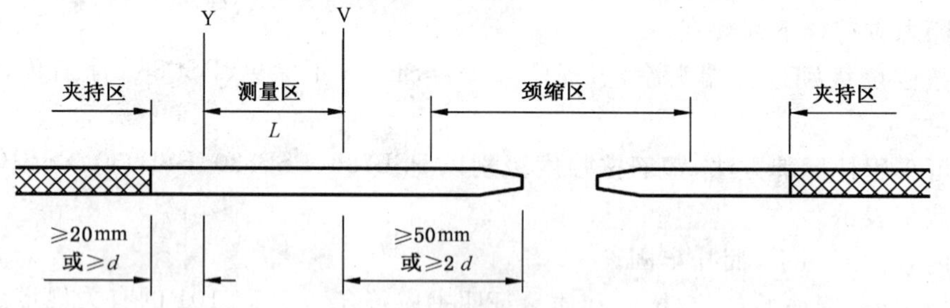

图 A.1 断裂后的测量

在最大力作用下试样总伸长率 A_{gt}（%）可按式 A.1 计算：

$$A_{gt} = \left[\frac{L - L_0}{L} + \frac{R_m}{E}\right] \times 100 \qquad \text{(A.1)}$$

式中：

L——图 A.1 所示断裂后的距离，单位为毫米（mm）；

L_0——试验前同样标记间的距离，单位为毫米（mm）；

R_m——抗拉强度，单位为兆帕（MPa）；

E——弹性模量，其值可取为 2×10^5，单位为兆帕（MPa）。

前　　言

为推广应用钢筋防腐先进技术，保证钢筋环氧树脂涂层的制作质量，特制定本标准。

本标准是在参考了美国 ASTM A775M—95a、ASTM A934M—95、英国 BS 7295：1992 及国际标准化组织 ISO 14654（1995 工作草案）等标准有关内容的基础上，结合我国国情编制的。

本标准的附录 A 和附录 B 为标准的附录，附录 C 和附录 D 为提示的附录。

本标准由建设部标准定额研究所提出。

本标准由建设部建筑工程标准技术归口单位中国建筑科学研究院归口管理。

本标准由中国建筑科学研究院负责起草，天津市轧二制钢有限公司、广东省海丰宏利环氧涂层钢材加工厂、北京市市政工程设计研究总院和中国市政工程华北设计研究院参加起草。

本标准主要起草人：陶学康、史志华、徐言忠、杨万里、徐有邻、李东、何德湛。

本标准由中国建筑科学研究院负责解释。

中华人民共和国建筑工业行业标准

环氧树脂涂层钢筋

JG 3042—1997

Epoxy resin coated steel bars

1 范围

1.1 本标准规定了环氧树脂涂层钢筋的产品型号、技术要求、试验方法、检验规则、涂层修补以及包装、标志、搬运和堆放。

1.2 本标准适用于在工厂生产条件下，用普通带肋钢筋和普通光圆钢筋采用环氧树脂粉末以静电喷涂方法生产的环氧树脂涂层钢筋。

2 引用标准

下列标准所包含的条文，通过在本标准中引用而构成为本标准的条文。在本标准出版时，所示版本均为有效。所有标准都会被修订，使用本标准的各方应探讨使用下列标准最新版本的可能性。

GB 8923—88 涂装前钢材表面锈蚀等级和除锈等级

GB/T 1768—79(89) 漆膜耐磨性测定法

GB 50152—92 混凝土结构试验方法标准

SYJ 37—89 管道防腐层阴极剥离试验方法

SYJ 39—89 管道防腐层化学稳定性试验方法

SYJ 40—89 管道防腐层抗冲击性试验方法(落锤试验法)

SY 0063—92 管道防腐层检漏试验方法标准

SY 0066—92 钢管防腐层厚度的无损测量方法标准(磁性法)

3 产品型号

3.1 环氧树脂涂层钢筋的型号由名称代号、特性代号、主参数代号和改型序号组成，并按下列顺序排列：

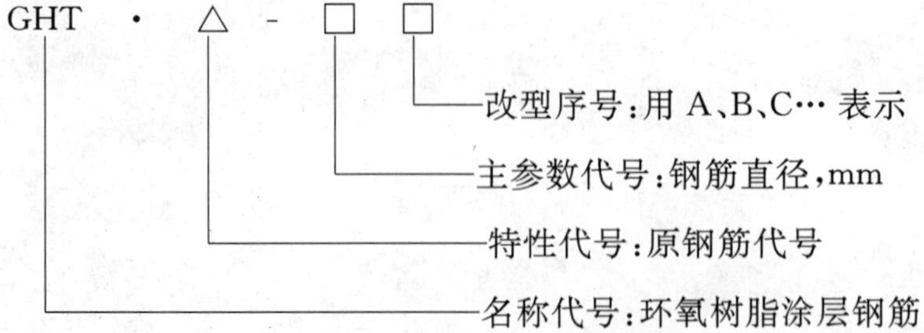

3.2 产品型号示例

示例 1：用直径为 20 mm、强度等级代号为 RL335 热轧带肋钢筋制作的环氧树脂涂层钢筋，其产品型号为“GHT · RL335-20”。

示例 2：用直径为 20 mm、强度等级代号为 RL335 热轧带肋钢筋制作的环氧树脂涂层钢筋，在第一次变型更新后，其产品型号为“GHT · RL335-20A”。

中华人民共和国建设部 1997-10-08 批准　　　　1997-12-01 实施

4 技术要求

4.1 材料

4.1.1 用于制作环氧涂层的钢筋，其质量应符合有关现行国家标准的规定，且其表面不得有尖角、毛刺或其他影响涂层质量的缺陷，并应避免油、脂或漆等的污染。

4.1.2 环氧涂层材料必须采用专业生产厂家的产品，其性能应符合附录C中C1的规定。

注：涂层钢筋生产厂家应向用户提交有关涂层材料的书面合格证，说明在全部订货中所用每批涂层材料的编号、数量、生产厂家及厂址、生产日期以及涂层材料的性能等。

4.1.3 涂层修补材料必须采用专业生产厂家的产品，其性能必须与涂层材料兼容、在混凝土中呈惰性，且应符合附录C中C1的规定。

注：涂层钢筋生产厂家应向用户提供涂层修补材料。

4.2 涂层制作

4.2.1 在制作环氧树脂涂层前，必须对钢筋表面进行净化处理，其质量应达到GB 8923—88规定的目视评定除锈等级Sa2 $\frac{1}{2}$级，并应根据附录A的要求，对净化处理后的钢筋表面质量进行检验，对符合要求的钢筋方可进行涂层制作。

4.2.2 应使用专门设备对净化处理后的钢筋表面质量进行检测。净化后的钢筋表面不得附着有氯化物，表面洁净度不应低于95%；净化后的钢筋表面尚应具有适当的粗糙度，其波峰至波谷间的幅值应在0.04 mm～0.10 mm之间。

4.2.3 涂层制作应尽快在净化后清洁的钢筋表面上进行。钢筋净化处理后至制作涂层时的间隔时间不宜超过3 h，且钢筋表面不得有肉眼可见的氧化现象发生。

4.2.4 涂层应采用环氧树脂粉末以静电喷涂方法在钢筋表面制作，并根据涂层材料生产厂家的建议对涂层给予充分养护。

4.3 涂层要求

4.3.1 固化后的涂层厚度应为0.18 mm～0.30 mm。在每根被测钢筋的全部厚度记录值中，应有不少于90%的厚度记录值在上述规定范围内，且不得有低于0.13 mm厚度记录值。

注：对涂层厚度的要求，不包括由于涂层缺陷或破损而做修补的区域。

4.3.2 养护后的涂层应连续，不应有孔洞、空隙、裂纹或肉眼可见的其他涂层缺陷；涂层钢筋在每米长度上的微孔（肉眼不可见之针孔）数目平均不应超过三个。

4.3.3 涂层钢筋必须具有良好的可弯性。在涂层钢筋弯曲试验中，在被弯曲钢筋的外半圆范围内，不应有肉眼可见的裂纹或失去粘着的现象出现。

4.4 钢筋混凝土结构用环氧树脂涂层钢筋应符合附录D的规定。

5 试验方法

5.1 涂层厚度的检验，可按照SY 0066规定的方法对涂层的厚度进行量测；每个厚度记录值为三个相邻肋间厚度量测值的平均值；应在钢筋相对的两侧进行量测，且沿钢筋的每一侧至少应取得5个间隔大致均匀的涂层厚度记录值。

5.2 涂层连续性的检验，可按照SY 0063中“方法A”对涂层的微孔数量进行测定。

5.3 涂层可弯性的检验，应采用“弯曲试验机”进行。试验样品应处于20℃～30℃之间热平衡状态；应将试验样品的两纵肋（变形钢筋）置于与弯曲试验机上的心轴半径相垂直的平面内，以均匀的且不低于8 r/min的速率弯曲涂层钢筋，弯曲角度为180度（回弹后）；对于直径d不大于20 mm的涂层钢筋，应取弯曲直径不大于$4d$；对于直径d大于20 mm的涂层钢筋，应取弯曲直径不大于$6d$。

6 检验规则

6.1 检验分类

产品检验分为出厂检验和型式检验。

6.1.1 出厂检验

6.1.1.1 出厂检验可由生产厂家的质量检验部门在日常生产中进行；也可由用户指定的第三方代理机构进行。生产厂家的质量检验部门或第三方代理机构应出具每批产品的检验报告，作为该批产品出厂的质量依据。

注：当用户指定第三方代理机构进行出厂检验时，生产厂家的质检部门仍应对产品进行出厂检验。

6.1.1.2 出厂检验的检验项目应包括涂层的厚度、连续性和可弯性的检验等。

6.1.2 型式检验

6.1.2.1 凡属下列情况之一者，应进行型式检验：

a）原料、工艺等有较大改变时；

b）生产设备改造后或生产过程中设备发生较大故障时；

c）产品长期停产后，恢复生产时；

d）出厂检验结果与上次型式检验有较大差异时；

e）国家质量监督机构提出进行型式检验时。

6.1.2.2 型式检验的检验项目应包括磨砂介质—钢丸的级配及氯化物含量的检验、净化处理后钢筋表面质量的检验、涂装前钢筋表面温度的检验、涂层的厚度、连续性和可弯性的检验等。

6.2 批量划分与试样数量

6.2.1 钢筋应分批进行检验。每一检验批由同一条生产线在不超过 4 h 且不间断的生产过程中生产出的同一尺寸的钢筋组成。

6.2.2 每一检验批钢筋的试验样品应在生产线上随机抽取，其数量可按下列要求确定：

a）涂层厚度的检验应至少两根；

b）涂层连续性的检验应至少两根；

c）涂层可弯性的检验应至少一根。

6.3 判定规则和复验

6.3.1 涂层钢筋的涂层厚度、连续性和可弯性的检测结果应记录于附录 B 所示的检测记录表中。

6.3.2 当全部检验项目均符合本标准的规定时，试样所代表的检验批环氧涂层钢筋为合格产品。

6.3.3 当检验中有不符合本标准规定的技术要求的检验项目时，应在同一检验批钢筋中，随机抽取双倍数量的试样，对该项目进行重复检验。如重复检验的结果全部达到本标准规定的技术要求，该检验批环氧涂层钢筋仍为合格产品。

6.3.4 当对检验批钢筋进行重复检验的结果仍至少有一项不符合本标准规定的技术要求时，该批环氧涂层钢筋为不合格产品。

7 涂层修补

7.1 当涂层有孔洞、空隙、裂纹及肉眼可见的其他缺陷时，必须进行修补。允许修补的涂层缺陷的面积最大不得超过每 0.3 m 长钢筋表面积的 1%。

7.2 在生产和搬运过程中造成的钢筋涂层破损，应予以修补。

7.3 当涂层钢筋在加工过程中受到剪切、锯割或工具切断时，切断头应予修补。

7.4 当涂层与钢筋之间存在不粘着现象时，不粘着的涂层应予除去，影响区域应被净化处理，再用修补材料修补。

7.5 涂层修补应按照修补材料生产厂家的建议进行。

注：在涂层钢筋经过弯曲加工后，若弯曲区段仅有发丝裂缝，涂层与钢筋之间没有可察觉的粘着损失，可不必修补。

8 包装、标志、搬运和堆放

8.1 涂层钢筋产品应采用具有抗紫外线照射性能的塑料布进行包装。

8.2　涂层钢筋包装应分捆进行，其分捆应与钢筋原材料进厂时一致，但每捆涂层钢筋重量不应超过两吨。

8.3　每捆涂层钢筋除应保留原钢筋的标志内容外，尚应标志出涂层钢筋的生产厂家、生产日期、产品名称及代号等，并做出合格标记。

8.4　涂层钢筋的吊装应采用对涂层无损坏的绑带及多支点吊装系统进行，并防止钢筋与吊索之间及钢筋与钢筋之间因碰撞、摩擦等造成的涂层损坏。

8.5　涂层钢筋在搬运、堆放等过程中，应在接触区域设置垫片；当成捆堆放时，涂层钢筋与地面之间、涂层钢筋捆与捆之间应用垫木隔开，且成捆堆放的层数不得超过五层。

附 录 A

（标准的附录）

净化处理后钢筋表面质量的检验

净化处理后钢筋的表面质量，应符合本标准 4.2.1 和 4.2.2 的规定，并应根据本附录要求进行检验。

A1 氯化物的检验

A1.1 本检验用于检测净化处理后钢筋表面上和磨砂介质中可能存在的氯化物。

A1.2 检测设备包括涂铁氰化钾的纸条、蒸馏水、塑料袋、塑料喷雾瓶、橡胶手套、镊子以及氯化物试纸法检测的目视标准等。

铁氰化钾试纸条应存放在密封的塑料袋中，并应避免光照，该试纸应呈黄色。

A1.3 检测步骤

A1.3.1 在生产线上取一根刚刚经过净化但尚未制作涂层的钢筋，长度不少于 1 m；用蒸馏水浸湿试纸直到饱和，可将多余的水挤掉；轻轻地将试纸贴在钢筋表面，并保持接触 30 s，揭开试纸并翻转过来，观察颜色的改变，蓝色指示存在可溶性氯化亚铁。

当检测磨砂介质中的氯化物时，将该介质撒在湿的试纸上，直到盖满为止，再保持在试纸上 30 s。避免试纸与手指直接接触，以免出现错误的结果。

A1.3.2 将试纸条与图 A1 氯化物试纸法检测的目视标准进行对照，确定氯化物浓度。

A1.3.3 在钢筋试样的另两个区段重复上述检测步骤。

A1.4 如果在净化后的钢筋表面上或磨砂介质中发现存在氯化物，应另取样品进行检测，如发现新样品仍存在氯化物，应停止生产，寻找和清除污染源，并经重新检测合格后方可继续生产。

A2 洁净度的检验

A2.1 本检验用于检测净化后钢筋表面的洁净度。

A2.2 检测设备包括无水硫酸铜、蒸馏水、用于配制溶液的干净的玻璃瓶、滴管、30 倍放大镜或显微镜以及硫酸铜检测的目视标准等。

A2.3 检测步骤

A2.3.1 将硫酸铜溶于蒸馏水，配制浓度为 5%的硫酸铜溶液；在生产线上取一根刚刚经过净化但尚未制作涂层的钢筋，长度不少于 1 m；将少许硫酸铜溶液涂在净化后的钢筋表面上，并允许放置 1 min。洁净的钢筋表面则呈铜黄色，而钢筋表面附着的磨料碎屑、灰尘或残留的铁锈等的部分不起变化。

A2.3.2 用 30 倍放大镜或显微镜观察涂有硫酸铜溶液的钢筋表面，并与图 A2 硫酸铜检测的目视标准进行对照，确定钢筋表面的洁净度。

A2.3.3 在与受检钢筋测试位置相对的钢筋的另一侧，至少应再进行一次洁净度检测。

A2.3.4 如钢筋表面的洁净度不符合本标准 4.2.2 的规定，应停止生产，检查喷砂机，并经重新检测合格后方可继续生产。

A3 粗糙度的检验

A3.1 本检验用于检测净化后钢筋表面的粗糙度。

A3.2 应采用专用设备对净化处理后的每批钢筋进行表面粗糙度的检验。

A3.3 净化处理后钢筋表面的粗糙度，应符合本标准 4.2.2 的要求。

图 A1　氯化物试纸法检测的目视标准

未净化处理的钢筋表面

洁净度：50%

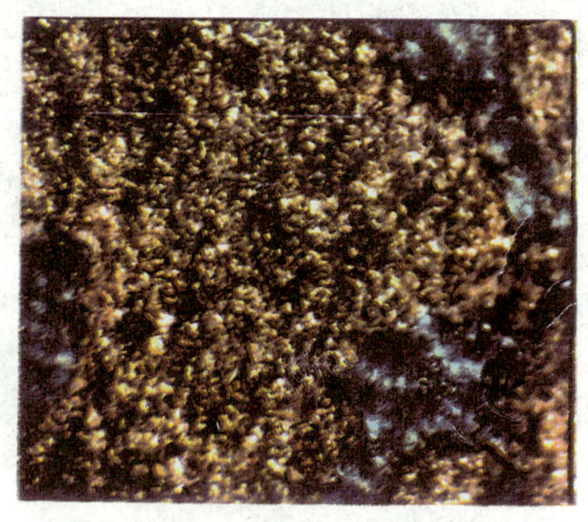

洁净度：80%

洁净度：92%

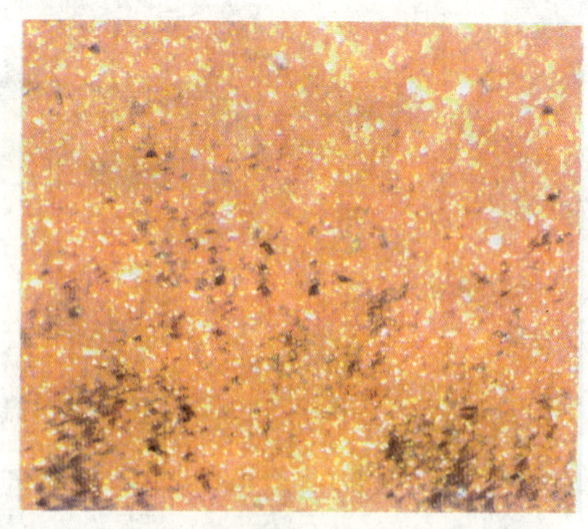

洁净度：100%

图 A2　硫酸铜检测的目视标准

附 录 B

（标准的附录）

环氧涂层钢筋涂层厚度、连续性和可弯性检测记录表

环氧涂层钢筋涂层厚度、连续性和可弯性检测记录表

委 托 人：　　　　　　　　钢筋直径：　　　mm

工　　程：　　　　　　　　钢筋长度：　　　m

检 测 人：　　　　　　　　日　　期：　/　/

检测标准：　　　　　　　　台　　班：上午/下午

涂层厚度（μm）	1	上部					
		下部					
		平均值		低于130的点数		180～300（%）	
	2	上部					
		下部					
		平均值		低于130的点数		180～300（%）	
微孔数量	编号	上部		下部		总计	
		个		个		个/m	
		个		个		个/m	
弯曲试验	编号	弯曲直径（mm）		弯曲角度（°）		弯曲速率（r/min）	
				180			
	观察结果	在弯曲钢筋的外半圆范围内，有/无肉眼可见的裂纹，有/无失去粘着的现象					
结论		厚度		连续性		可弯性	
		合格/不合格		合格/不合格		合格/不合格	
				合格/不合格			

附 录 C
（提示的附录）
对环氧涂层材料的要求

C1 对涂层材料的要求

C1.1 抗化学腐蚀性

涂层的抗化学腐蚀性应按照SYJ 39进行评定。将无微孔及含有人为缺陷孔的涂层钢筋样品浸泡于下列各溶液中：蒸馏水、3 M $CaCl_2$ 水溶液、3 M NaOH 水溶液以及 $Ca(OH)_2$ 饱和溶液。人为缺陷孔应穿透涂层，其直径应为 6 mm；检验溶液的温度应为 24±2℃，试验最短时间应为 45 d；在这段时间内，涂层不得起泡、软化、失去粘着性或出现微孔，人为缺陷孔周围的涂层也不应发生凹陷。

C1.2 阴极剥离

C1.2.1 应根据以下条件及 SYJ 37 的规定进行阴极剥离试验：

a）阴极应是一根长为 250 mm 的涂层钢筋；

b）阳极应是一根长为 150 mm 直径为 1.6 mm 的纯铂电极或直径为 3.2 mm 的镀铂金属丝；

c）参比电极应使用甘汞电极；

d）电解液应是将 NaCl 溶于蒸馏水配制的 3%NaCl 溶液。

e）电解液温度应为 24±2℃；

f）涂层人为缺陷孔的直径应为 3 mm；

g）应施以 1.5 V 的电压；

h）试验应持续 168 h。

应量测在 0°、90°、180°及 270°处人为缺陷孔的涂层剥离半径并计算其平均值。当从人为缺陷孔的边缘起始进行量测时，三根钢筋的涂层剥离半径的平均值不应超过 4 mm。

C1.2.2 在第一个小时的试验中涂层不应发生损坏，即不应在阴极上生成氢气或在阳极上出现铁的腐蚀产物。

C1.2.3 试验应进行 30 d 并应记录下出现第一批微孔所经过的时间。在试验过程中出现的任何微孔附近不应发生涂层的凹陷。如果 30 d 后没有出现微孔，就应在阴极和阳极处各做一个直径为 6 mm 的人为缺陷孔并再进行 24 h 试验，其间不应发生涂层凹陷。

C1.3 盐雾试验

涂层对热湿环境腐蚀的抵抗性应通过盐雾试验评定。沿每根试验钢筋的一侧制作三个直径为3 mm且穿透涂层的人为缺陷孔，孔心应位于肋间、孔距应大致均匀。将包含人为缺陷孔的长度为250 mm的涂层钢筋暴露在由 NaCl 和蒸馏水配制成的浓度为 5%NaCl 溶液所形成的盐雾中 800±20 h，溶液的温度应为 35±2℃；涂层钢筋水平放置在试验箱中，缺陷点朝向箱边(90°)；在三根试验钢筋的 9 个人为缺陷孔中，当从缺陷的边缘起始进行量测时，其剥离半径的平均值不应超过 3 mm。

C1.4 氯化物渗透性

应检测具有使用中规定的最小厚度的已固化涂层对氯化物渗透性。试验应在 24±2℃条件下做 45 d，通过涂层渗透的氯离子的累积浓度应小于 1×10^{-4}M。

C1.5 涂层的可弯性

C1.5.1 涂层的可弯性应通过弯曲试验评定。弯曲试验在弯曲试验机上进行，将三根涂层钢筋围绕直径为 100 mm 的心轴弯曲达 180°(回弹后)，弯曲应以均匀的速率在 15 s 内完成；弯曲钢筋的两条纵肋应被置于垂直于心轴半径的平面内，试样应处于 24±2℃的热平衡状态下。

C1.5.2 在三根经过弯曲的钢筋中，任意一根的弯曲段外半圆涂层不应有肉眼可见的裂缝出现。

C1.6 涂层钢筋的粘结强度

C1.6.1 钢筋与混凝土的粘结强度试验，应符合 GB 50152 的有关规定。涂层钢筋的粘结强度不应小于无涂层钢筋粘结强度的 80%。

C1.7 耐磨性

涂层的耐磨性可按照 GB/T 1768—79(89)规定的方法进行测定，涂层的耐磨性应达到在 1 kg 负载下每 1 000 周涂层的重量损失不超过 100 mg。

C1.8 冲击试验

钢筋涂层的抗机械损伤能力应由落锤试验确定。试验应在 24±2℃温度下进行，可采用 SYJ 40 所述的试验器械及一个锤头直径 16 mm、质量 1.8 kg 的重锤，冲击在涂层钢筋的横肋与脊之间，在 9 N·m的冲击能量下，除了由重锤冲击引起永久变形的区域，涂层不应发生破碎、裂缝或粘结损失。

C2 涂层材料验收试验

C2.1 试验机构

涂层材料验收试验应由涂层材料生产厂家的试验机构进行，当需委托代理机构进行时，应由用户接受的试验机构进行。

C2.2 试验材料

试验材料应包括 0.5 kg 重的涂层材料样品以及 1 L 与涂层材料相容且在混凝土中呈惰性的涂层修补材料，并应说明涂层材料的成分和特征(诸如红外光谱及热分析方法等)

C2.3 试验样品

C2.3.1 试验样品至少应包括下列各项：

a) 具有所要求的涂层厚度、长为 1.2 m，直径为 20 mm 的带肋涂层钢筋 10 根；

b) 与涂层钢筋取自同一批但未涂装且未经表面处理的长为 1.2 m，直径为 20 mm 的带肋钢筋 2 根；

c) 与涂层钢筋取自同一批并经相同的表面处理过程但未做涂层的长为 1.2 m，直径为 20 mm 的带肋钢筋 2 根；

d) 带有中孔的厚为 1.3 mm、大小为 100 mm 见方的具有 0.25±0.05 mm 厚涂层的钢板 4 块，用于涂层耐磨性试验；

e) 厚度约为 180 mm、大小至少为 100 见方的涂层薄膜 4 片；

f) 具有所要求涂层厚度的长为 0.25 m、两端用修补材料封涂的直径为 20 mm 的带肋涂层钢筋 12 根。

C2.3.2 以上钢筋涂层和涂层薄膜不应有孔洞、空隙、污损、裂缝、破损区域和微孔。应采用 SYJ 0063—92 中的方法 A 进行涂层微孔检测，并报告出微孔总数。

C2.3.3 钢筋的涂装应均匀，涂层厚度对平均厚度的偏差不应超过±0.05 mm。涂层厚度要在钢筋横肋与纵肋之间的钢筋体上进行量测。

C2.3.4 涂层材料生产厂家应规定钢筋表面处理的方法、等级以及对试验样品及涂层钢筋的涂装工艺。

C2.4 合格证书

提供给涂层钢筋生产厂家的涂层材料合格证书应给出涂层材料的特征和成分说明、涂层修补材料的产品名称和使用说明、涂层钢筋的涂装工艺，并应综述所有的试验结果和具有试验机构的签名。

附 录 D
（提示的附录）
钢筋混凝土结构用环氧树脂涂层钢筋

D1 适用范围

D1.1 环氧涂层钢筋适用于处在潮湿环境或侵蚀性介质中的工业与民用房屋、一般构筑物及道路、桥梁、港口、码头等的钢筋混凝土结构中。

注：当用于工业建筑防腐工程时，尚应符合有关专业标准的规定。

D1.2 在实际结构中，可根据工程的具体要求，全部或部分采用环氧涂层钢筋。

D2 涂层钢筋特性

D2.1 涂层钢筋与混凝土之间的粘结强度，应取为无涂层钢筋粘结强度的80%。

D2.2 涂层钢筋的锚固长度应取为不小于有关设计规范规定的相同等级和规格的无涂层钢筋锚固长度的1.25倍。

D2.3 涂层钢筋的绑扎搭接长度，对受拉钢筋，应取为不小于有关设计规范规定的相同等级和规格的无涂层钢筋锚固长度的1.5倍且不小于375 mm；对受压钢筋，应取为不小于有关设计规范规定的相同等级和规格的无涂层钢筋锚固长度的1.0倍且不小于250 mm。

D2.4 当涂层钢筋进行弯曲加工时，对直径d不大于20 mm的钢筋，其弯曲直径不应小于$4d$；对直径d大于20 mm的钢筋，其弯曲直径不应小于$6d$。

D3 钢筋涂层保护

在施工现场的模板工程、钢筋工程、混凝土工程等各分项工程施工中，均应根据具体工艺采取有效措施，使钢筋涂层不受损坏，对在施工操作中造成的少量涂层破损，必须及时予以修补。

ICS 77.140.70
H 44

中华人民共和国黑色冶金行业标准

YB/T 4081—2007
代替 YB/T 4081—1992

护栏波形梁用冷弯型钢

Cold formed sections for beam guardrail

2007-01-25 发布　　　　2007-07-01 实施

中华人民共和国国家发展和改革委员会　发布

前　言

本标准代替 YB/T 4081—1992《护栏波形梁用冷弯型钢》。

本标准与 YB/T 4081—1992 相比主要变化如下：

——增加“订货内容”一章；

——增加对型钢产品力学性能的要求；

——增加对型钢表面缺陷清理的要求。

本标准由中国钢铁工业协会提出。

本标准由全国钢标准化技术委员会归口。

本标准起草单位：冶金工业信息标准研究院。

本标准主要起草人：冯超、柳泽燕。

本标准于 1992 年首次发布。

护栏波形梁用冷弯型钢

1 范围

本标准规定了护栏波形梁用冷弯型钢的订货内容、分类、代号及表示方法、尺寸、外形、重量及允许偏差、技术要求、试验方法、检验规则、包装、标志及质量证明书等内容。

本标准适用于可冷加工变形的冷轧或热轧钢带在连续辊式冷弯机组上生产的护栏波形梁用冷弯型钢(以下简称型钢)。

本标准不适用于以冲压、弯折等方式生产的冷弯型钢。

2 规范性引用文件

下列文件中的条款通过本标准的引用而成为本标准的条款。凡是注日期的引用文件,其随后所有的修改单(不包括勘误的内容)或修订版均不适用于本标准,然而,鼓励根据本标准达成协议的各方研究是否可使用这些文件的最新版本。凡是不注日期的引用文件,其最新版本适用于本标准。

GB/T 228 金属材料 室温拉伸试验方法(GB/T 228—2002,eqv ISO 6892:1998(E))

GB/T 232 金属材料 弯曲试验方法(GB/T 232—1999,eqv ISO 7438:1985(E))

GB/T 700 碳素结构钢

GB/T 1839 钢铁产品镀锌层质量试验方法

GB/T 2975 钢及钢产品力学性能试验取样位置及试样制备

GB/T 6725 冷弯型钢

3 订货内容

按本标准订货的合同或订单应包括下列内容:

a) 标准编号;

b) 产品名称;

c) 产品牌号;

d) 交货重量(或数量)及交货长度;

e) 尺寸;

f) 其他特殊要求。

4 分类、代号及表示方法

4.1 分类

护栏波形梁用冷弯型钢按截面型式分为A型和B型。

4.2 代号

HL——“护栏”汉字拼音首位字母组合。

4.3 表示方法

护栏波形梁用冷弯型钢符号表示方法由代表护栏的代号HL和型式分类的字母A、B两个部分按顺序组成。

例如:HLA

5 尺寸、外形、重量及允许偏差

5.1 尺寸及允许偏差

5.1.1 尺寸

5.1.1.1 型钢的截面形状及尺寸符号分别如图 1、图 2 所示。

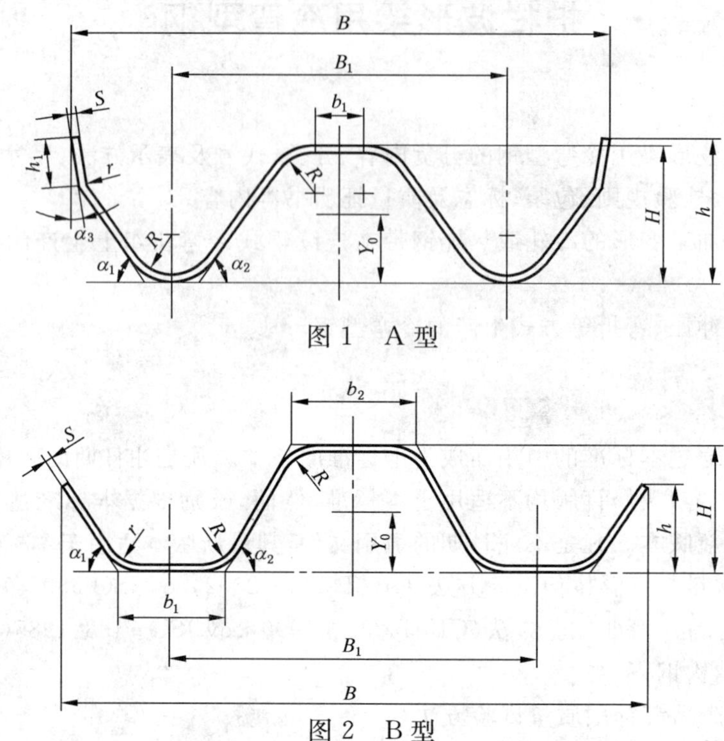

图 1 A 型

图 2 B 型

5.1.1.2 型钢的截面尺寸、截面参数及理论重量应符合表 1 的规定。

表 1

<table>
<tr><td>项目
截面</td><td colspan="10">公称尺寸,mm</td><td colspan="3">弯曲角度
α,(°)</td><td rowspan="2">截面面积
cm²</td><td rowspan="2">理论重量
kg/m</td><td rowspan="2">重心位置
i_{yo}
cm</td><td rowspan="2">惯性矩 I_{yo}
cm⁴</td><td rowspan="2">截面模数
W_{yo}
cm³</td></tr>
<tr><td>A 型</td><td>H</td><td>h</td><td>h_i</td><td>B</td><td>B_1</td><td>b_1</td><td>b_2</td><td>R</td><td>r</td><td>S</td><td>α_1</td><td>α_2</td><td>α_3</td></tr>
<tr><td rowspan="6">B 型</td><td>83</td><td>85</td><td>27</td><td>310</td><td>192</td><td>—</td><td>28</td><td>24</td><td>10</td><td>3</td><td>55</td><td>55</td><td>10</td><td>14.5</td><td>11.4</td><td>4.4</td><td>110.7</td><td>24.6</td></tr>
<tr><td>75</td><td>55</td><td>—</td><td>350</td><td>214</td><td>63</td><td>69</td><td>25</td><td>25</td><td>4</td><td>55</td><td>60</td><td>—</td><td>18.6</td><td>14.6</td><td>3.2</td><td>119.9</td><td>27.9</td></tr>
<tr><td>75</td><td>53</td><td>—</td><td>350</td><td>218</td><td>68</td><td>75</td><td>25</td><td>20</td><td>4</td><td>57</td><td>62</td><td>—</td><td>18.7</td><td>14.7</td><td>3.1</td><td>117.8</td><td>26.8</td></tr>
<tr><td>79</td><td>42</td><td>—</td><td>350</td><td>227</td><td>45</td><td>60</td><td>14</td><td>14</td><td>4</td><td>45</td><td>50</td><td>—</td><td>17.8</td><td>14.0</td><td>3.4</td><td>122.1</td><td>27.1</td></tr>
<tr><td>53</td><td>34</td><td>—</td><td>350</td><td>223</td><td>63</td><td>63</td><td>14</td><td>14</td><td>3.2</td><td>45</td><td>45</td><td>—</td><td>13.2</td><td>10.4</td><td>2.1</td><td>45.5</td><td>14.2</td></tr>
<tr><td>52</td><td>33</td><td>—</td><td>350</td><td>224</td><td>63</td><td>63</td><td>14</td><td>14</td><td>2.3</td><td>45</td><td>45</td><td>—</td><td>9.4</td><td>7.4</td><td>2.1</td><td>33.2</td><td>10.7</td></tr>
<tr><td colspan="19">注：表中钢的理论重量按密度为 7.85g/cm³ 计算。</td></tr>
</table>

5.1.1.3 经供需双方协商也可以生产表 1 以外的型钢。

5.1.2 尺寸允许偏差

5.1.2.1 型钢的尺寸偏差应符合表 2 的规定。

表 2

项　目	允许偏差,mm
自由边高 h	+3.0 −2.0
非自由边高 H	±2.0
宽度 B	±5.0

5.1.2.2 型钢截面两端的自由边高 h 两个高度之差应不大于 3.0mm；弯曲角 α_1 和 α_2 与各自的对应角之差应不大于 2.5°；A 型型钢的自由边高 h 应不小于非自由边高 H。

5.1.2.3 型钢非圆弧部分的厚度偏差按符合原料钢带相应标准的规定。

5.2 长度及允许偏差

5.2.1 长度

型钢按定尺长度交货。定尺长度由供需双方协商，并在合同中注明。

5.2.2 长度偏差

定尺长度偏差应符合表 3 的规定。

表 3

单位为毫米

长度 精度	≤6000	＞6000
普通定尺	+10	+20
精确定尺	+5	+10

5.3 外形

5.3.1 型钢每米弯曲度不得大于 2.5mm，总弯曲度不得大于总长度的 0.25%。

5.3.2 型钢在镀锌前应冲出连接孔，连接孔的位置和尺寸应符合相应标准的规定或由供需双方协商确定。

5.3.3 型钢的端部应切正直，由切断方法造成的较小变形允许存在，端部毛刺应清除。

5.3.4 型钢的尺寸应在距端部不小于 150mm 处测量。

5.4 交货重量

型钢按实际重量交货，也可以按理论重量交货。

5.5 标记示例

用 Q235A 制成的 A 型 310×83×3 护栏波形梁用冷弯型钢标记为：

$$\text{护栏波形梁用冷弯型钢}\ \frac{\text{HLA310}\times 83\times 3-\text{YB4081}}{\text{Q235A}-\text{GB/T700}}$$

6 技术要求

6.1 牌号及化学成分

6.1.1 型钢用钢的牌号及化学成分(熔炼分析)应符合 GB/T 700 中的 Q235A 或 Q235B 的规定。

6.1.2 根据用户要求，也可供应其他牌号的型钢。

6.2 交货状态

型钢以冷加工状态交货；经双方协商也可以热镀锌或其他镀层状态交货。

6.3 力学性能

型钢产品的力学性能应符合 GB/T 6725 的规定。

6.4 镀锌层重量

以热镀锌交货的型钢，其单面镀锌层重量的平均值应不小于 550g/m^2。

6.5 表面质量

6.5.1 以冷加工状态交货的型钢，表面质量应符合 GB/T 6725 的规定。

6.5.2 型钢的表面缺陷允许用修磨方法清理，清理应符合 GB/T 6725 的要求。

6.5.3 以热镀锌状态交货的型钢，其表面应有均匀完整的镀锌层，不得有未镀上锌的黑斑点，但允许有大小不均的锌花暗斑、轻微麻坑、划痕以及局部的轻微堆集。

7 试验方法

7.1 型钢的取样数量、取样方法和试验方法应符合表 4 的规定。

7.2 锌层重量值为每根型钢长度上头、中、尾三点的平均值,头尾两点的测量应距端部不小于 300mm 处进行。

表 4

序号	检验项目	取样数量	取样方法	试验方法
1	拉伸试验	每批 1 个	GB/T 6725	GB/T 228
2	弯曲试验	每批 1 个	GB/T 6725	GB/T 232
3	锌层重量	每批 3 个	—	GB/T 1839 或 6.2
4	尺寸	逐根	—	量具、样板
5	表面	逐根	—	肉眼检查
注:化学成分按原料钢带的质量证明书。				

8 检验规则

型钢的检验规则应符合 GB/T 6725 的规定。

9 包装、标志及质量证明书

型钢的包装、标志及质量证明书应符合 GB/T 6725 的规定。

ICS 77.140.50
H 46

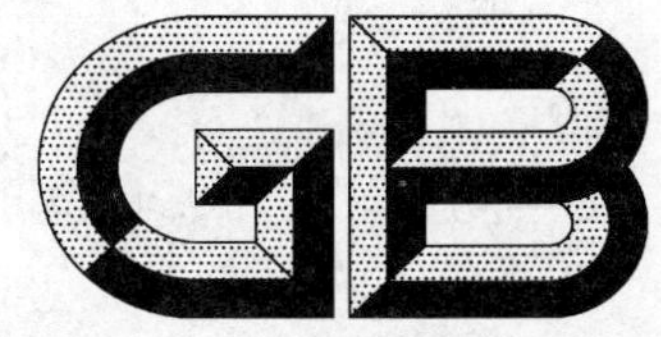

中华人民共和国国家标准

GB/T 709—2006
代替 GB/T 709—1988

热轧钢板和钢带的尺寸、外形、重量及允许偏差

Dimension, shape, weight and tolerances for hot-rolled steel plates and sheets

(ISO 7452:2002(E), Hot-rolled structural steel plates-tolerance on dimensions and shape, ISO 16160:2000(E), Continuously hot-rolled steel products—Dimensional and shape tolerances, NEQ)

2006-11-01 发布　　　　2007-02-01 实施

中华人民共和国国家质量监督检验检疫总局
中国国家标准化管理委员会　发布

前　言

本标准与 ISO 7452:2002《热轧结构钢板尺寸和外形偏差》(英文版)、ISO 16160:2000《热连轧钢板钢带—尺寸和外形的偏差》(英文版)的一致性程度为非等效。

本标准代替 GB/T 709—1988《热轧钢板和钢带的尺寸、外形、重量及允许偏差》。

本标准与原标准对比，主要修订内容如下：

——取消钢板钢带公称尺寸表，规定尺寸范围和推荐的公称尺寸；

——钢板厚度增加到 400 mm，宽度加大到 5 000 mm，钢带宽度加大到 2 200 mm；

——加严较厚较宽钢板的厚度公差和钢带的宽度偏差；

——纵切钢带的宽度正负偏差改为正偏差；

——调整长度允许偏差；

——单轧轧制钢板不平度的测量长度为 1 m 或 2 m；

——连轧钢板单独规定不平度，测量长度为实际长度；

——镰刀弯的测量长度改为任 5 000 mm 或实际长度；规定纵切钢带镰刀弯；

——加严成卷钢带塔高度；

——规定各种尺寸测量方法，并附有测量图示；

——规定限定偏差或正偏差钢板理论计重所采用的厚度。

本标准由中国钢铁工业协会提出。

本标准由全国钢标准化技术委员会归口。

本标准起草单位：冶金工业信息标准研究院、鞍钢新轧钢股份有限公司、济南钢铁股份有限公司、首钢总公司、湖南华菱湘潭钢铁有限公司。

本标准主要起草人：唐一凡、王晓虎、朴志民、高玲、王丽萍、李小莉。

本标准所代替标准的历次版本发布情况为：GB 709—1965，GB 709—1988。

热轧钢板和钢带的尺寸、外形、重量及允许偏差

1　范围

本标准规定了热轧钢板和钢带的尺寸、外形、重量及允许偏差。

本标准适用于轧制宽度不小于600 mm的单张轧制钢板(以下简称单轧钢板)、钢带及其剪切钢板(以下称连轧钢板)和纵切钢带。

2　规范性引用文件

下列文件中的条款通过本标准的引用而成为本标准的条款。凡是注日期的引用文件,其随后所有的修改单(不包括勘误的内容)或修订版均不适用于本标准,然而,鼓励根据本标准达成协议的各方研究是否可使用这些文件的最新版本。凡是不注日期的引用文件,其最新版本适用于本标准。

GB/T 8170　数值修约规则

3　术语和定义

本标准采用下列术语和定义:

3.1

钢板　plate or sheet

钢板系不固定边部变形的热轧扁平钢材,包括直接轧制的单轧钢板和由宽钢带剪切成的连轧钢板。

3.2

钢带　wide strip

钢带系指成卷交货,轧制宽度不小于600 mm的宽钢带。

4　分类和代号

4.1　按边缘状态分为

切边　EC;

不切边　EM。

4.2　按厚度偏差种类分

N类偏差:正偏差和负偏差相等;

A类偏差:按公称厚度规定负偏差;

B类偏差:固定负偏差为0.3 mm;

C类偏差:固定负偏差为零,按公称厚度规定正偏差。

4.3　按厚度精度分为

普通厚度精度　PT.A;

较高厚度精度　PT.B。

5　尺寸

5.1　钢板和钢带的尺寸范围

单轧钢板公称厚度　3 mm～400 mm;

单轧钢板公称宽度　　600 mm～4 800 mm；
钢板公称长度　　2 000 mm～20 000 mm；
钢带(包括连轧钢板)公称厚度　　0.8 mm～25.4 mm；
钢带(包括连轧钢板)公称宽度　　600 mm～2 200 mm；
纵切钢带公称宽度　　120 mm～900 mm。

5.2 钢板和钢带推荐的公称尺寸

5.2.1 单轧钢板的公称厚度在5.1所规定范围内，厚度小于30 mm的钢板按0.5 mm倍数的任何尺寸；厚度不小于30 mm的钢板按1 mm倍数的任何尺寸。

5.2.2 单轧钢板的公称宽度在5.1所规定范围内，按10 mm或50 mm倍数的任何尺寸。

5.2.3 钢带(包括连轧钢板)的公称厚度在5.1所规定范围内，按0.1 mm倍数的任何尺寸。

5.2.4 钢带(包括连轧钢板)的公称宽度在5.1所规定范围内，按10 mm倍数的任何尺寸。

5.2.5 钢板的长度在5.1规定范围内，按50 mm或100 mm倍数的任何尺寸。

5.2.6 根据需方要求，经供需双方协议，可以供应推荐公称尺寸以外的其他尺寸的钢板和钢带。

6 尺寸允许偏差

对不切头尾的不切边钢带检查厚度、宽度时，两端不考核的总长度 L 为：

$$L(\mathrm{m}) = 90/\text{公称厚度}(\mathrm{mm})$$

但两端最大总长度不得大于20 m。

6.1 厚度允许偏差

6.1.1 单轧钢板厚度允许偏差应符合表1(N类)的规定。

6.1.2 根据需方要求，并在合同中注明偏差类别，可以供应公差值与表1规定公差值相等的其他偏差类别的单轧钢板，如表2～表4规定的A类、B类和C类偏差；也可以供应公差值与表1规定公差值相等的限制正偏差的单轧钢板，正负偏差由供需双方协商规定。

6.1.3 钢带(包括连轧钢板)的厚度偏差应符合表5的规定。需方要求按较高厚度精度供货时应在合同中注明，未注明的按普通精度供货。根据需方要求，可以在表5规定的公差范围内调整钢带的正负偏差。

表1 单轧钢板的厚度允许偏差(N类)

单位为毫米

公称厚度	下列公称宽度的厚度允许偏差			
	≤1 500	>1 500～2 500	>2 500～4 000	>4 000～4 800
3.00～5.00	±0.45	±0.55	±0.65	—
>5.00～8.00	±0.50	±0.60	±0.75	—
>8.00～15.0	±0.55	±0.65	±0.80	±0.90
>15.0～25.0	±0.65	±0.75	±0.90	±1.10
>25.0～40.0	±0.70	±0.80	±1.00	±1.20
>40.0～60.0	±0.80	±0.90	±1.10	±1.30
>60.0～100	±0.90	±1.10	±1.30	±1.50
>100～150	±1.20	±1.40	±1.60	±1.80
>150～200	±1.40	±1.60	±1.80	±1.90
>200～250	±1.60	±1.80	±2.00	±2.20
>250～300	±1.80	±2.00	±2.20	±2.40
>300～400	±2.00	±2.20	±2.40	±2.60

表 2　单轧钢板的厚度允许偏差(A 类)　　　单位为毫米

公称厚度	下列公称宽度的厚度允许偏差			
	≤1 500	>1 500～2 500	>2 500～4 000	>4 000～4 800
3.00～5.00	+0.55 −0.35	+0.70 −0.40	+0.85 −0.45	—
>5.00～8.00	+0.65 −0.35	+0.75 −0.45	+0.95 −0.55	—
>8.00～15.0	+0.70 −0.40	+0.85 −0.45	+1.05 −0.55	+1.20 −0.60
>15.0～25.0	+0.85 −0.45	+1.00 −0.50	+1.15 −0.65	+1.50 −0.70
>25.0～40.0	+0.90 −0.50	+1.05 −0.55	+1.30 −0.70	+1.60 −0.80
>40.0～60.0	+1.05 −0.55	+1.20 −0.60	+1.45 −0.75	+1.70 −0.90
>60.0～100	+1.20 −0.60	+1.50 −0.70	+1.75 −0.85	+2.00 −1.00
>100～150	+1.60 −0.80	+1.90 −0.90	+2.15 −1.05	+2.40 −1.20
>150～200	+1.90 −0.90	+2.20 −1.00	+2.45 −1.15	+2.50 −1.30
>200～250	+2.20 −1.00	+2.40 −1.20	+2.70 −1.30	+3.00 −1.40
>250～300	+2.40 −1.20	+2.70 −1.30	+2.95 −1.45	+3.20 −1.60
>300～400	+2.70 −1.30	+3.00 −1.40	+3.25 −1.55	+3.50 −1.70

表 3　单轧钢板的厚度允许偏差(B 类)　　　单位为毫米

<table>
<tr><th rowspan="2">公称厚度</th><th colspan="8">下列公称宽度的厚度允许偏差</th></tr>
<tr><th colspan="2">≤1 500</th><th colspan="2">>1 500～2 500</th><th colspan="2">>2 500～4 000</th><th colspan="2">>4 000～4 800</th></tr>
<tr><td>3.00～5.00</td><td rowspan="12">−0.30</td><td>+0.60</td><td rowspan="12">−0.30</td><td>+0.80</td><td rowspan="12">−0.30</td><td>+1.00</td><td colspan="2">—</td></tr>
<tr><td>>5.00～8.00</td><td>+0.70</td><td>+0.90</td><td>+1.20</td><td colspan="2">—</td></tr>
<tr><td>>8.00～15.0</td><td>+0.80</td><td>+1.00</td><td>+1.30</td><td rowspan="10">−0.30</td><td>+1.50</td></tr>
<tr><td>>15.0～25.0</td><td>+1.00</td><td>+1.20</td><td>+1.50</td><td>+1.90</td></tr>
<tr><td>>25.0～40.0</td><td>+1.10</td><td>+1.30</td><td>+1.70</td><td>+2.10</td></tr>
<tr><td>>40.0～60.0</td><td>+1.30</td><td>+1.50</td><td>+1.90</td><td>+2.30</td></tr>
<tr><td>>60.0～100</td><td>+1.50</td><td>+1.80</td><td>+2.30</td><td>+2.70</td></tr>
<tr><td>>100～150</td><td>+2.10</td><td>+2.50</td><td>+2.90</td><td>+3.30</td></tr>
<tr><td>>150～200</td><td>+2.50</td><td>+2.90</td><td>+3.30</td><td>+3.50</td></tr>
<tr><td>>200～250</td><td>+2.90</td><td>+3.30</td><td>+3.70</td><td>+4.10</td></tr>
<tr><td>>250～300</td><td>+3.30</td><td>+3.70</td><td>+4.10</td><td>+4.50</td></tr>
<tr><td>>300～400</td><td>+3.70</td><td>+4.10</td><td>+4.50</td><td>+4.90</td></tr>
</table>

表 4　单轧钢板的厚度允许偏差(C 类)　　单位为毫米

公称厚度	下列公称宽度的厚度允许偏差							
	≤1 500		>1 500～2 500		>2 500～4 000		>4 000～4 800	
3.00～5.00	0	+0.90	0	+1.10	0	+1.30	0	—
>5.00～8.00		+1.00		+1.20		+1.50		—
>8.00～15.0		+1.10		+1.30		+1.60		+1.80
>15.0～25.0		+1.30		+1.50		+1.80		+2.20
>25.0～40.0		+1.40		+1.60		+2.00		+2.40
>40.0～60.0		+1.60		+1.80		+2.20		+2.60
>60.0～100		+1.80		+2.20		+2.60		+3.00
>100～150		+2.40		+2.80		+3.20		+3.60
>150～200		+2.80		+3.20		+3.60		+3.80
>200～250		+3.20		+3.60		+4.00		+4.40
>250～300		+3.60		+4.00		+4.40		+4.80
>300～400		+4.00		+4.40		+4.80		+5.20

表 5　钢带(包括连轧钢板)的厚度允许偏差　　单位为毫米

公称厚度	钢带厚度允许偏差[a]							
	普通精度　PT.A				较高精度　PT.B			
	公称宽度				公称宽度			
	600～1 200	>1 200～1 500	>1 500～1 800	>1 800	600～1 200	>1 200～1 500	>1 500～1 800	>1 800
0.8～1.5	±0.15	±0.17	—	—	±0.10	±0.12	—	—
>1.5～2.0	±0.17	±0.19	±0.21	—	±0.13	±0.14	±0.14	—
>2.0～2.5	±0.18	±0.21	±0.23	±0.25	±0.14	±0.15	±0.17	±0.20
>2.5～3.0	±0.20	±0.22	±0.24	±0.26	±0.15	±0.17	±0.19	±0.21
>3.0～4.0	±0.22	±0.24	±0.26	±0.27	±0.17	±0.18	±0.21	±0.22
>4.0～5.0	±0.24	±0.26	±0.28	±0.29	±0.19	±0.21	±0.22	±0.23
>5.0～6.0	±0.26	±0.28	±0.29	±0.31	±0.21	±0.22	±0.23	±0.25
>6.0～8.0	±0.29	±0.30	±0.31	±0.35	±0.23	±0.24	±0.25	±0.28
>8.0～10.0	±0.32	±0.33	±0.34	±0.40	±0.26	±0.26	±0.27	±0.32
>10.0～12.5	±0.35	±0.36	±0.37	±0.43	±0.28	±0.29	±0.30	±0.36
>12.5～15.0	±0.37	±0.38	±0.40	±0.46	±0.30	±0.31	±0.33	±0.39
>15.0～25.4	±0.40	±0.42	±0.45	±0.50	±0.32	±0.34	±0.37	±0.42

a　规定最小屈服强度 R_e≥345 MPa 的钢带，厚度偏差应增加 10%。

6.2　宽度允许偏差

6.2.1　切边单轧钢板的宽度允许偏差应符合表 6 的规定。

表 6　切边单轧钢板的宽度允许偏差　单位为毫米

公称厚度	公称宽度	允许偏差
3～16	≤1 500	+10 0
	>1 500	+15 0
>16	≤2 000	+20 0
	>2 000～3 000	+25 0
	>3 000	+30 0

6.2.2　不切边单轧钢板的宽度允许偏差由供需双方协商。

6.2.3　不切边钢带(包括连轧钢板)的宽度允许偏差应符合表 7 的规定。

表 7　不切边钢带(包括连轧钢板)的宽度允许偏差　单位为毫米

公称宽度	允许偏差
≤1 500	+20 0
>1 500	+25 0

6.2.4　切边钢带(包括连轧钢板)的宽度允许偏差应符合表 8 的规定。经供需双方协议,可以供应较高宽度精度的钢带。

表 8　切边钢带(包括连轧钢板)的宽度允许偏差　单位为毫米

公称宽度	允许偏差
≤1 200	+3 0
>1 200～1 500	+5 0
>1 500	+6 0

6.2.5　纵切钢带的宽度允许偏差应符合表 9 的规定。

表 9　纵切钢带的宽度允许偏差　单位为毫米

公称宽度	公称厚度		
	≤4.0	>4.0～8.0	>8.0
120～160	+1 0	+2 0	+2.5 0
>160～250	+1 0	+2 0	+2.5 0

表 9（续） 单位为毫米

公称宽度	公称厚度		
	≤4.0	>4.0～8.0	>8.0
>250～600	+2 0	+2.5 0	+3 0
>600～900	+2 0	+2.5 0	+3 0

6.3 长度允许偏差

6.3.1 单轧钢板长度允许偏差应符合表 10 的规定。

表 10 单轧钢板的长度允许偏差 单位为毫米

公称长度	允许偏差
2 000～4 000	+20 0
>4 000～6 000	+30 0
>6 000～8 000	+40 0
>8 000～10 000	+50 0
>10 000～15 000	+75 0
>15 000～20 000	+100 0
>20 000	由供需双方协商

6.3.2 连轧钢板长度允许偏差应符合表 11 的规定。

表 11 连轧钢板的长度允许偏差 单位为毫米

公称长度	允许偏差
2 000～8 000	+0.5%×公称长度
>8 000	+40 0

7 外形

7.1 不平度

7.1.1 单轧钢板按下列两类钢，分别规定钢板不平度。

钢类 L：规定的最低屈服强度值≤460 MPa，未经淬火或淬火加回火处理的钢板。

钢类 H：规定的最低屈服强度值>460 MPa～700 MPa，以及所有淬火或淬火加回火的钢板。

7.1.1.1 单轧钢板的不平度按表 12 的规定。

表 12 单轧钢板的不平度

单位为毫米

<table>
<tr><td rowspan="4">公称厚度</td><td colspan="4">钢类 L</td><td colspan="4">钢类 H</td></tr>
<tr><td colspan="8">下列公称宽度钢板的不平度，不大于</td></tr>
<tr><td colspan="2">≤3 000</td><td colspan="2">>3 000</td><td colspan="2">≤3 000</td><td colspan="2">>3 000</td></tr>
<tr><td colspan="8">测量长度</td></tr>
<tr><td></td><td>1 000</td><td>2 000</td><td>1 000</td><td>2 000</td><td>1 000</td><td>2 000</td><td>1 000</td><td>2 000</td></tr>
<tr><td>3～5</td><td>9</td><td>14</td><td>15</td><td>24</td><td>12</td><td>17</td><td>19</td><td>29</td></tr>
<tr><td>>5～8</td><td>8</td><td>12</td><td>14</td><td>21</td><td>11</td><td>15</td><td>18</td><td>26</td></tr>
<tr><td>>8～15</td><td>7</td><td>11</td><td>11</td><td>17</td><td>10</td><td>14</td><td>16</td><td>22</td></tr>
<tr><td>>15～25</td><td>7</td><td>10</td><td>10</td><td>15</td><td>10</td><td>13</td><td>14</td><td>19</td></tr>
<tr><td>>25～40</td><td>6</td><td>9</td><td>9</td><td>13</td><td>9</td><td>12</td><td>13</td><td>17</td></tr>
<tr><td>>40～400</td><td>5</td><td>8</td><td>8</td><td>11</td><td>8</td><td>11</td><td>11</td><td>15</td></tr>
</table>

7.1.1.2 如测量时直尺(线)与钢板接触点之间距离小于 1 000 mm，则不平度最大允许值应符合以下要求：对钢类 L，为接触点间距离(300 mm～1 000 mm)的 1%；对钢类 H，为接触点间距离(300 mm～1 000 mm)的 1.5%。但两者均不得超过表 12 的规定。

7.1.2 连轧钢板的不平度按表 13 的规定。

表 13 连轧钢板的不平度

单位为毫米

<table>
<tr><td rowspan="3">公称厚度</td><td rowspan="3">公称宽度</td><td colspan="3">不平度，不大于</td></tr>
<tr><td colspan="3">规定的屈服强度，R_e</td></tr>
<tr><td><220 MPa</td><td>220 MPa～320 MPa</td><td>>320 MPa</td></tr>
<tr><td rowspan="3">≤2</td><td>≤1 200</td><td>21</td><td>26</td><td>32</td></tr>
<tr><td>>1 200～1 500</td><td>25</td><td>31</td><td>36</td></tr>
<tr><td>>1 500</td><td>30</td><td>38</td><td>45</td></tr>
<tr><td rowspan="3">>2</td><td>≤1 200</td><td>18</td><td>22</td><td>27</td></tr>
<tr><td>>1 200～1 500</td><td>23</td><td>29</td><td>34</td></tr>
<tr><td>>1 500</td><td>28</td><td>35</td><td>42</td></tr>
</table>

7.1.3 如用户对钢带的不平度有要求，在用户开卷设备能保证质量的前提下，供需双方可以协商规定，并在合同中注明。

7.2 镰刀弯及切斜(脱方)

钢板的镰刀弯及切斜应受限制，应保证钢板订货尺寸的矩形。

7.2.1 镰刀弯

7.2.1.1 单轧钢板的镰刀弯应不大于实际长度的 0.2%。

7.2.1.2 钢带(包括纵切钢带)和连轧钢板的镰刀弯按表 14 的规定。对不切头尾的不切边钢带检查镰刀弯时，两端不考核的总长度按第 6 章检查不切头尾的不切边钢带的厚度、宽度两端不考核总长的规定。

7.2.2 切斜

钢板的切斜应不大于实际宽度的 1%。

7.3 塔形

7.3.1 钢带应牢固地成卷。钢带卷的一侧塔形高度不得超过表 15 的规定。

表 14 钢带（包括纵切钢带）和连轧钢板的镰刀弯

单位为毫米

产品类型	公称长度	公称宽度	镰刀弯，不大于		测量长度
			切边	不切边	
连轧钢板	<5 000	≥600	实际长度×0.3%	实际长度×0.4%	实际长度
	≥5 000	≥600	15	20	任意 5 000 mm 长度
钢带	—	≥600	15	20	任意 5 000 mm 长度
	—	<600	15	—	—

表 15 塔形高度

单位为毫米

公称宽度	切边	不切边
≤1 000	20	50
>1 000	30	60

8 尺寸测量

8.1 厚度

切边钢带（包括连轧钢板）在距纵边不小于 25 mm 处测量；不切边钢带（包括连轧钢板）在距纵边不小于 40 mm 处测量。切边单轧钢板在距边部（纵边和横边）不小于 25 mm 处测量；不切边单轧钢板的测量部位由供需双方协议。

8.2 宽度

宽度应在垂直于钢板或钢带中心线的方位测量。

8.3 长度

钢板内最大矩形的长度。

8.4 不平度

将钢板自由地放在平面上，除钢板本身重量外不施加任何压力。

用一根长度为 1 000 mm 或 2 000 mm 的直尺，在距单轧钢板纵边至少 25 mm 和距横边至少为 200 mm 区域内的任何方向，测量钢板上表面与直尺之间的最大距离（如图 1 所示）。

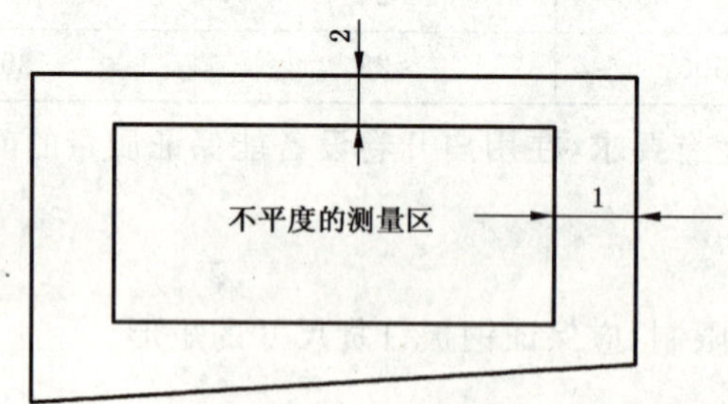

1——200 mm（距横边）；

2——25 mm（距纵边）。

图 1 单轧钢板不平度的测量

测量连轧钢板下表面与平面之间的最大距离（如图 2 所示）。

8.5 镰刀弯

钢板或钢带的凹形侧边与连接测量部分两端点直线之间的最大距离（如图 3 所示）。

8.6 切斜

钢板的横边在纵边上的垂直投影（如图 4 所示）。

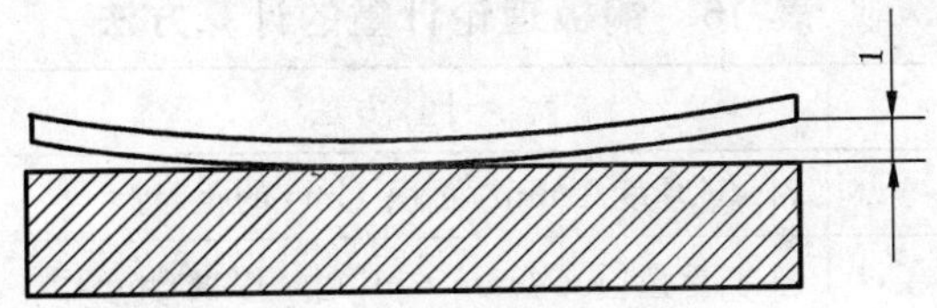

1——不平度。

图 2　连轧钢板不平度的测量

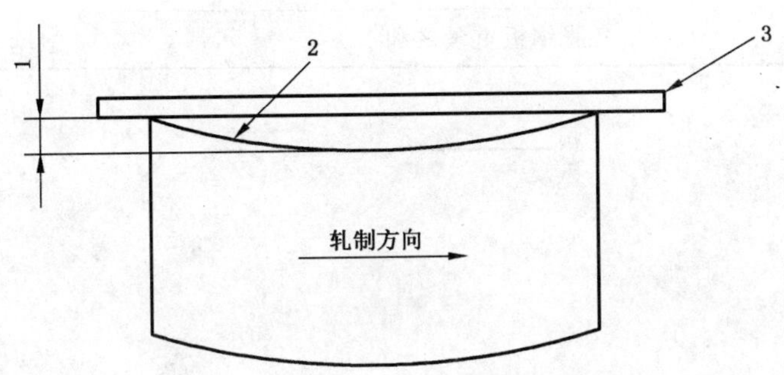

1——镰刀弯；
2——凹形侧边；
3——直尺(线)。

图 3　镰刀弯的测量

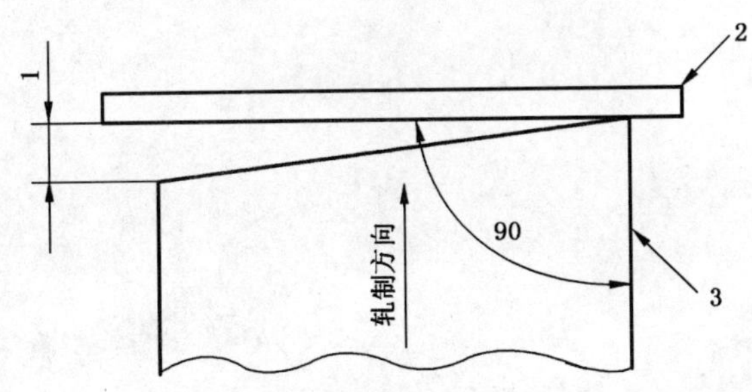

1——切斜；
2——直尺(线)；
3——侧边。

图 4　切斜的测量

9　重量

钢板按理论或实际重量交货，钢带按实际重量交货。

9.1　钢板按理论重量交货时，理论计重采用公称尺寸，碳钢密度为 7.85 g/cm^3，其他钢种按相应标准规定。

9.2　当钢板的厚度允许偏差为限定负偏差或正偏差时，理论计重所采用的厚度为允许的最大厚度和最小厚度的平均值。

9.3　钢板理论计重的计算方法按表 16 的规定。

9.4　数值修约方法

数值修约方法按 GB/T 8170 的规定。

表 16　钢板理论计重的计算方法

计算顺序	计算方法	结果的修约
基本重量/[kg/(mm·m²)]	7.85(厚度 1 mm,面积 1 m² 的重量)	—
单位重量/(kg/m²)	基本重量[kg/(mm·m²)]×厚度(mm)	修约到有效数字 4 位
钢板的面积/m²	宽度(m)×长度(m)	修约到有效数字 4 位
一张钢板的重量/kg	单位重量(kg/m²)×面积(m²)	修约到有效数字 3 位
总重量/kg	各张钢板重量之和	kg 的整数值

前　　言

本标准根据使用要求，对GB/T 714—1965《桥梁建筑用热轧碳素钢技术条件》、YB 168—1970《桥梁用碳素钢及普通低合金钢钢板技术条件》和YB(T)10—1981《桥梁用结构钢》三个标准合并修订而成。

本标准此次修订对下列主要技术内容进行了修改。

——钢的牌号表示方法；

——各牌号分不同质量等级；

——按不同质量等级，规定不同的化学成分和力学性能；

——增加碳当量规定和厚钢板的探伤规定，将U型冲击试验改为V型冲击试验。

——加严对化学成分的要求、提高力学性能指标等。

本标准自实施之日起，代替GB/T 714—1965《桥梁建筑用热轧碳素钢技术条件》。

本标准的附录A是提示的附录。

本标准由国家冶金工业局提出。

本标准由全国钢标准化技术委员会归口。

本标准起草单位：鞍山钢铁集团公司、冶金信息标准研究院、武汉钢铁集团公司、铁道部标准计量研究所。

本标准主要起草人：刘徐源、唐一凡、佟长福、黄颖、孙法林。

本标准于1965年首次发布，于2000年第一次修订。

中华人民共和国国家标准

桥梁用结构钢

GB/T 714—2000

Structural steel for bridge

代替 GB/T 714—1965

1 范围

本标准规定了桥梁用结构钢的尺寸、外形、重量及允许偏差、技术要求、试验方法、检验规则、包装、标志及质量证明书。

本标准适用于桥梁建筑用钢板及型钢。

2 引用标准

下列标准所包含的条文,通过在本标准中引用而构成为本标准的条文。本标准出版时,所示版本均为有效。所有标准都会被修订,使用本标准的各方应探讨使用下列标准最新版本的可能性。

GB/T 222—1984 钢的化学分析用试样取样法及成品化学成分允许偏差

GB/T 223.5—1997 钢铁及合金化学分析方法 还原型硅钼酸盐光度法测定酸溶硅含量

GB/T 223.12—1991 钢铁及合金化学分析方法 碳酸钠分离-二苯碳酰二肼光度法测定铬量

GB/T 223.19—1989 钢铁及合金化学分析方法 新亚铜灵-三氯甲烷萃取光度法测定铜量

GB/T 223.24—1994 钢铁及合金化学分析方法 萃取分离-丁二酮肟分光光度法测定镍量

GB/T 223.62—1988 钢铁及合金化学分析方法 乙酸丁酯萃取光度法测定磷量

GB/T 223.63—1988 钢铁及合金化学分析方法 高碘酸钠(钾)光度法测定锰量

GB/T 223.67—1989 钢铁及合金化学分析方法 还原蒸馏-次甲基蓝光度法测定硫量

GB/T 223.68—1997 钢铁及合金化学分析方法 管式炉内燃烧后碘酸钾滴定法测定硫含量

GB/T 223.69—1997 钢铁及合金化学分析方法 管式炉内燃烧后气体容量法测定碳含量

GB/T 228—1987 金属拉伸试验法

GB/T 229—1994 金属夏比缺口冲击试验方法

GB/T 232—1999 金属材料 弯曲试验方法

GB/T 247—1997 钢板和钢带验收、包装、标志及质量证明书的一般规定

GB/T 706—1988 热轧工字钢尺寸、外形、重量及允许偏差

GB/T 707—1988 热轧槽钢尺寸、外形、重量及允许偏差

GB/T 709—1988 热轧钢板和钢带尺寸、外形、重量及允许偏差

GB/T 2101—1989 型钢验收、包装、标志及质量证明书的一般规定

GB/T 2970—1991 中厚钢板超声波检验方法

GB/T 2975—1998 钢及钢产品 力学性能试验取样位置及试样制备

GB/T 4336—1984 碳素钢和中低合金钢的光电发射光谱分析方法

GB/T 6397—1986 金属拉伸试验试样

GB/T 17505—1998 钢及钢产品交货一般技术要求

3 牌号表示方法

桥梁钢的牌号由代表屈服点的汉语拼音字母、屈服点数值、桥梁钢的汉语拼音字母、质量等级符号4

国家质量技术监督局2000-10-25批准 2001-09-01实施

个部分组成。

例如：Q345qC

其中：Q——桥梁钢屈服点的“屈”字汉语拼音的首位字母；

345——屈服点数值，单位MPa；

q——桥梁钢的“桥”字汉语拼音的首位字母；

C——质量等级为C级。

4 尺寸、外形、重量及允许偏差

4.1 桥梁钢钢板的尺寸、外形、重量及允许偏差应符合GB/T 709的规定。

4.2 桥梁钢型钢的尺寸、外形、重量及允许偏差应符合有关标准规定。

4.3 经供需双方协议，并在合同中注明，可供应其他尺寸、外形及允许偏差的桥梁钢。

5 技术要求

5.1 牌号和化学成分

5.1.1 钢的牌号和化学成分(熔炼分析)应符合表1的规定。

表 1

牌号	质量等级	统一数字代号	化学成分，%					
			C	Si	Mn	P	S	Als
						不大于		
Q235q	C	U32353	≤0.20	≤0.30	0.40～0.70	0.035	0.035	
Q235q	D	U32354	≤0.18	≤0.30	0.50～0.80	0.025	0.025	≥0.015
Q345q	C	L13453	≤0.20	≤0.60	1.00～1.60	0.035	0.035	
Q345q	D	L13454	≤0.18	≤0.60	1.10～1.60	0.025	0.025	≥0.015
Q345q	E	L13455	≤0.17	≤0.50	1.20～1.60	0.020	0.015	≥0.015
Q370q	C	L13703	≤0.18	≤0.50	1.20～1.60	0.035	0.035	
Q370q	D	L13704	≤0.17	≤0.50	1.20～1.60	0.025	0.025	≥0.015
Q370q	E	L13705	≤0.17	≤0.50	1.20～1.60	0.020	0.015	≥0.015
Q420q	C	L14203	≤0.18	≤0.50	1.20～1.60	0.035	0.035	
Q420q	D	L14204	≤0.17	≤0.60	1.30～1.70	0.025	0.025	≥0.015
Q420q	E	L14205	≤0.17	≤0.60	1.30～1.70	0.020	0.015	≥0.015

5.1.1.1 表1中的酸溶铝(Als)可以用测定总含铝量代替，此时铝含量应不小于0.020%。

5.1.1.2 为改善钢材性能，可以加入钒、铌、钛、氮等微量元素，其含量应符合表2的规定，并应在质量证明书中注明。

表 2 %

V	Nb	Ti	N
≤0.08	≤0.045	≤0.02	≤0.018

5.1.1.3 残余元素铬、镍、铜含量应各不大于0.30%。

5.1.2 桥梁钢各牌号的碳当量应符合表3的规定。

表 3

牌　　号	Q345q	Q370q	Q420q
Ceq	0.43%	0.44%	0.45%

碳当量按下列公式计算：

$$Ceq(\%)=C+\frac{Mn}{6}+\frac{Si}{24}+\frac{Ni}{40}+\frac{Cr}{5}+\frac{Mo}{4}+\frac{V}{14}$$

5.1.3　钢的成品化学成分允许偏差应符合GB/T 222的规定。

5.1.4　经供需双方协议，并在合同中注明，可供其他牌号和化学成分的桥梁钢。

5.2　冶炼方法

钢由转炉或电炉冶炼。

5.3　交货状态

钢材以热轧、控轧或正火状态交货。

5.4　力学性能和工艺性能

5.4.1　钢材的力学性能和工艺性能应符合表4的规定，经需方同意，时效冲击可不做检验。

5.4.1.1　夏比(V型缺口)冲击功按三个试样的算术平均值计算，允许其中有一个试样的单值低于表4的规定值，但不得低于规定值的70%。

如果低于规定值的试样不超过2个，而且低于规定值70%的试样不超过1个，可以从同一抽样产品上再取一组3个试样进行试验，前后两组6个试样的平均值应不低于规定值，低于规定值的试样不应超过2个，低于规定值70%的试样不应超过1个。

5.4.1.2　一组三个试样的平均值应符合规定最小值的要求。

5.4.1.3　当采用7.5mm×10mm×55mm或5mm×10mm×55mm小尺寸试样做冲击试验时，其结果应分别不小于表4规定值的75%或50%。

表 4

<table>
<tr><td rowspan="3">牌　号</td><td rowspan="3">质量
等级</td><td rowspan="3">厚　度
mm</td><td rowspan="2">屈服点
σ_s
MPa</td><td rowspan="2">抗拉强度
σ_b
MPa</td><td rowspan="2">伸长率
δ_5
%</td><td colspan="2">V型冲击功(纵向)</td><td rowspan="2">V型时效
冲击功
(纵向),J</td><td colspan="2" rowspan="2">180℃弯曲试验
钢材厚度
mm</td></tr>
<tr><td>温度,℃</td><td>J</td></tr>
<tr><td colspan="6">不　小　于</td><td>≤16</td><td>>16</td></tr>
<tr><td rowspan="2">Q235q</td><td>C</td><td>≤16
>16～35
>35～50
>50～100</td><td>235
225
215
205</td><td>390
380
375
375</td><td>26</td><td>0</td><td></td><td></td><td rowspan="2">d=1.5a</td><td rowspan="2">d=2.5a</td></tr>
<tr><td>D</td><td>≤16
>16～35
>35～50
>50～100</td><td>235
225
215
205</td><td>390
380
375
375</td><td>26</td><td>−20</td><td>27</td><td>27</td></tr>
<tr><td rowspan="2">Q345q</td><td>C</td><td>≤16
>16～35
>35～50
>50～100</td><td>345
325
315
305</td><td>510
490
470
470</td><td>21
20
20
20</td><td>0</td><td></td><td></td><td rowspan="2">d=2a</td><td rowspan="2">d=3a</td></tr>
<tr><td>D</td><td>≤16
>16～35
>35～50
>50～100</td><td>345
325
315
305</td><td>510
490
470
470</td><td>21
20
20
20</td><td>−20</td><td>34</td><td>34</td></tr>
</table>

表 4(完)

牌　号	质量等级	厚　度 mm	屈服点 σ_s MPa	抗拉强度 σ_b MPa	伸长率 δ_5 %	V 型冲击功(纵向) 温度,℃	V 型冲击功(纵向) J	V 型时效冲击功(纵向),J	180℃弯曲试验钢材厚度 mm ≤16	180℃弯曲试验钢材厚度 mm >16
			不小于						≤16	>16
Q345q	E	≤16 >16～35 >35～50 >50～100	345 325 315 305	510 490 470 470	21 20 20 20	−40	34	34	$d=2a$	$d=3a$
Q370q	C	≤16 >16～35 >35～50 >50～100	370 355 330 330	530 510 490 490	21 20 20 20	0			$d=2a$	$d=3a$
Q370q	D	≤16 >16～35 >35～50 >50～100	370 355 330 330	530 510 490 490	21 20 20 20	−20	41	41	$d=2a$	$d=3a$
Q370q	E	≤16 >16～35 >35～50 >50～100	370 355 330 330	530 510 490 490	21 20 20 20	−40	41	41	$d=2a$	$d=3a$
Q420q	C	≤16 >16～35 >35～50 >50～100	420 410 400 390	570 550 540 530	20 19 19 19	0	47		$d=2a$	$d=3a$
Q420q	D	≤16 >16～35 >35～50 >50～100	420 410 400 390	570 550 540 530	20 19 19 19	−20			$d=2a$	$d=3a$
Q420q	E	≤16 >16～35 >35～50 >50～100	420 410 400 390	570 550 540 530	20 19 19 19	−40		47	$d=2a$	$d=3a$

注

1　Q420qE 级钢的−40℃冲击功值由供需双方协议规定。

2　d—弯心直径,a—试样厚度(直径)

5.5　表面质量

钢材表面不应有裂纹、气泡、结疤、折叠、夹杂,钢材不应有分层。

如有上述表面缺陷允许清理,清理深度从实际尺寸算起,不应大于钢材厚度公差之半,并应保证最小厚度。清理处应平滑无棱角。

5.6　超声波探伤

根据需方要求,厚度大于20mm 的钢板,应进行超声波探伤检验。探伤标准及级别由供需双方协议规定,并在合同中注明。

5.7　特殊要求

根据需方要求,经供需双方协议,并在合同中注明,可进行其他项目的检验。

6 试验方法

每批钢材的检验项目、取样数量、取样部位及试验方法应符合表5的规定。

表5

序号	检验项目	取样数量	取样方法及部位	试验方法
1	化学成分	1个(每炉罐)	GB/T 222	GB/T 223
2	拉伸	1	GB/T 2975	GB/T 228、GB/T 6397
3	冲击	3	GB/T 2975	GB/T 229
4	时效冲击	3	GB/T 2975	GB/T 4160
5	冷弯	1	GB/T 2975	GB/T 232
6	表面	逐张(根)	—	目视
7	尺寸	逐张(根)	—	卡尺、直尺
注:化学成分熔炼分析时,采用GB/T 4336;仲裁时,采用GB/T 223				

7 检验规则

7.1 钢材的验收由供方技术监督部门进行。需方有权按本标准进行验收。

7.2 钢材应成批验收,每批应由同一牌号、同一炉号、同一规格、同一轧制制度及同一热处理制度的钢组成;每批重量不应大于60t。

7.3 冲击试验结果不合格时,应按GB/T 17505有关规定进行复验。再从另外2个产品上分别取样,按5.4.1.1规定做同样的试验,其结果应完全符合该条款的要求。

7.4 钢材的其他检验项目的复验应符合GB/T 247和GB/T 2101的规定。

8 包装、标志及质量证明书

钢材的包装、标志及质量证明书应符合GB/T 247和GB/T 2101的规定。

附 录 A
（提示的附录）
牌号对照参考表

新 牌 号	原 牌 号
Q235q	16q
Q345q	16Mnq
Q370q	14MnNbq
Q420q	15MnVNq

GB/T 714—2000《桥梁用结构钢》第1号修改单

本修改单经国家标准化管理委员会于2001年11月9日以标委办函[2001]6号文批准，自2002年1月1日起实施。

本标准由于印刷错误等原因，需做以下修改：

1. 表1中元素符号“F”应为“P”。

2. 表4中表头“V型冲击功(纵向)”部分改为：

V型冲击功(纵向)		V型时效冲击功(纵向)，J
温度，℃	J	

另外，时效冲击栏中C、D级之间应有横线隔开，所有C级钢都不做时效冲击。Q420q的V型冲击功(J)栏D、E级之间应有横线隔开。

3. 表5中冲击和时效冲击取样方法改为GB/T 2975；时效冲击取样数量改为3个试样，试验方法改为“GB/T 4160”。

ICS 77.140.50
H 46

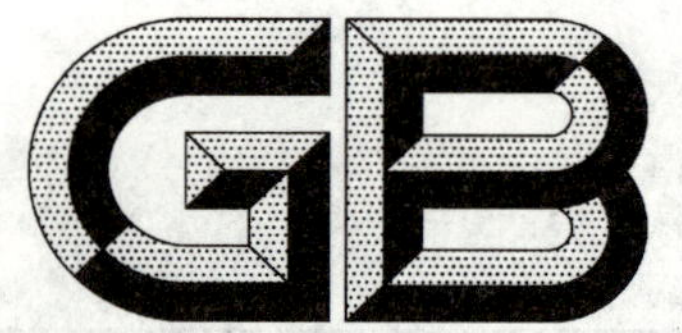

中华人民共和国国家标准

GB/T 3274—2007
代替 GB/T 3274—1988

碳素结构钢和低合金结构钢热轧厚钢板和钢带

Hot-rolled plates and strips of carbon structural steels and high strength low alloy structural steels

2007-08-14 发布　　2008-03-01 实施

中华人民共和国国家质量监督检验检疫总局
中国国家标准化管理委员会　发布

前　言

本标准与 ISO 630:1995《结构钢》、ISO 13976:2005《结构级热轧厚钢板卷》的一致性程度为非等效。

本标准代替 GB/T 3274—1988《碳素结构钢和低合金结构钢热轧厚钢板和钢带》。与原标准对比，主要变化如下：

——引用标准增加了 GB/T 14977、GB/T 18253；

——增加了订货内容；

——修改了表面质量的规定；

——增加了焊接修补的规定；

——修改了组批的规定。

本标准由中国钢铁工业协会提出。

本标准由全国钢标准化技术委员会归口。

本标准主要起草单位：鞍钢股份有限公司、天津钢铁有限公司、冶金工业信息标准研究院、济南钢铁股份有限公司。

本标准主要起草人：刘徐源、王晓虎、许克亮、朴志民、吴波、孙根领、唐一凡。

本标准 1988 年首次发布。

碳素结构钢和低合金结构钢热轧厚钢板和钢带

1 范围

本标准规定了碳素结构钢和低合金结构钢热轧厚钢板和钢带的订货内容、尺寸、外形、重量及允许偏差、技术要求、试验方法、检验规则、包装、标志和质量证明书等。

本标准适用于厚度为 3 mm～400 mm 碳素结构钢和低合金结构钢热轧厚钢板和厚度为 3 mm～25.4 mm 热轧钢带。

2 规范性引用文件

下列文件中的条款通过本标准的引用而成为本标准的条款。凡是注日期的引用文件，其随后所有的修改单(不包括勘误的内容)或修订版均不适用于本标准，然而，鼓励根据本标准达成协议的各方研究是否可使用这些文件的最新版本。凡是不注日期的引用文件，其最新版本适用于本标准。

GB/T 222 钢的成品化学成分允许偏差

GB/T 223.3 钢铁及合金化学分析方法 二安替吡啉甲烷磷钼酸重量测定磷量

GB/T 223.5 钢铁及合金化学分析方法 还原型硅钼酸盐光度法测定酸溶硅含量

GB/T 223.10 钢铁及合金化学分析方法 钢铁试剂分离-铬天青 S 光度法测定铝量

GB/T 223.11 钢铁及合金化学分析方法 过硫酸铵氧化容量法测定铬量

GB/T 223.14 钢铁及合金化学分析方法 钽试剂萃取光度法测定钒量

GB/T 223.17 钢铁及合金化学分析方法 二安替吡啉甲烷光度法测定钛量

GB/T 223.18 钢铁及合金化学分析方法 硫代硫酸钠分离-碘量法测定铜量

GB/T 223.19 钢铁及合金化学分析方法 新亚铜灵-三氯甲烷萃取光度法测定铜量

GB/T 223.23 钢铁及合金化学分析方法 丁二酮肟分光光度法测定镍量

GB/T 223.24 钢铁及合金化学分析方法 萃取分离-丁二酮肟分光光度法测定镍量

GB/T 223.32 钢铁及合金化学分析方法 次磷酸钠还原-碘量法测定砷含量

GB/T 223.37 钢铁及合金化学分析方法 蒸馏分离-靛酚蓝光度法测定氮量

GB/T 223.40 钢铁及合金 铌含量的测定 氯磺酚 S 分光光度法

GB/T 223.58 钢铁及合金化学分析方法 亚砷酸钠-亚硝酸钠滴定法测定锰量

GB/T 223.59 钢铁及合金化学分析方法 锑磷钼蓝光法测定磷量

GB/T 223.60 钢铁及合金化学分析方法 高氯酸脱水重量法测定硅含量

GB/T 223.63 钢铁及合金化学分析方法 高碘酸钠(钾)光度法测定锰量

GB/T 223.64 钢铁及合金化学分析方法 火焰原子吸收光谱法测定锰量

GB/T 223.68 钢铁及合金化学分析方法 管式炉内燃烧后碘酸钾滴定法测定硫含量

GB/T 223.71 钢铁及合金化学分析方法 管式炉内燃烧后重量法测定碳含量

GB/T 223.72 钢铁及合金化学分析方法 氧化铝色层分离-硫酸钡重量法测定硫量

GB/T 228 金属材料 室温拉伸试验方法 (GB/T 228—2002,eqv ISO 6892:1998)

GB/T 229 金属夏比缺口冲击试验方法(GB/T 229—1994,eqv ISO 83:1976,eqv ISO 148:1983)

GB/T 232 金属材料 弯曲试验方法(GB/T 232—1999,eqv ISO 7438:1985)

GB/T 247 钢板和钢带检验、包装、标志及质量证明书的一般规定

GB/T 700　碳素结构钢

GB/T 709　热轧钢板和钢带的尺寸、外形、重量及允许偏差

GB/T 1591　高强度低合金结构钢

GB/T 2975　钢及钢产品力学性能试验取样位置及试样制备(GB/T 2975—1998,eqv ISO 377:1997)

GB/T 4336　碳素钢和中低合金钢火花源原子发射光谱分析方法(常规法)

GB/T 14977　热轧钢板表面质量的一般要求

GB/T 17505　钢及钢产品一般交货技术要求(GB/T 17505—1998,eqv ISO 404:1992)

GB/T 18253　钢及钢产品检验文件的类型(GB/T 18253—2000,eqv ISO 10474:1991)

GB/T 20066　钢和铁　化学成分测定用试样的取样和制样方法(GB/T 20066—2006,ISO 14284:1996,IDT)

YB/T 081　冶金技术标准的数值修约与检测数值的判定原则

3　订货内容

3.1　按本标准订货的合同或订单应包括下列内容:

a)　标准编号;

b)　产品名称(单轧钢板、连轧钢板、钢带);

c)　牌号;

d)　尺寸;

e)　边缘状态(切边 EC、不切边 EM);

f)　单轧钢板厚度偏差种类(N、A、B、C);

g)　钢带和连轧钢板厚度精度(PT. A、PT. B);

h)　重量;

i)　交货状态;

j)　用途;

k)　特殊要求。

3.2　订货合同对 e)~g)项内容未明确时,按如下规定:

a)　单轧钢板通常切四边交货;钢带通常不切边交货,由钢带剪切的钢板通常切边交货;

b)　单轧钢板厚度偏差种类按对称偏差(N 类);

c)　钢带和连轧钢板厚度精度按普通精度(PT. A 类)。

4　尺寸、外形、重量及允许偏差

钢板和钢带的尺寸、外形、重量及允许偏差应符合 GB/T 709 的规定。

5　技术要求

5.1　牌号和化学成分

钢的牌号和化学成分应符合 GB/T 700、GB/T 1591 的规定。成品钢板和钢带的化学成分允许偏差应符合 GB/T 222 的规定。

5.2　冶炼方法

钢由转炉或电炉冶炼。

5.3　交货状态

钢板和钢带以热轧、控轧或热处理状态交货。

5.4 力学性能和工艺性能

钢板和钢带的力学和工艺性能应符合 GB/T 700、GB/T 1591 的规定。

5.5 表面质量

5.5.1 钢板和钢带表面不应有结疤、裂纹、折叠、夹杂、气泡和氧化铁皮压入等对使用有害的缺陷。钢板和钢带不得有分层。

5.5.2 钢板和钢带表面允许有不影响使用的薄层氧化铁皮、铁锈和轻微的麻点、划痕等局部缺陷，其凹凸度不得超过钢板和钢带厚度公差之半，并应保证钢板和钢带的允许最小厚度。

5.5.3 钢板表面缺陷允许清理。清理处应平缓无棱角，并应保证钢板的允许最小厚度。

5.5.4 对于钢带，由于没有机会切除有缺陷部分，允许带缺陷交货，但带缺陷部分不应超过每卷钢带总长度的8%。

5.5.5 供需双方协商，表面质量可执行 GB/T 14977 的规定。

5.6 焊接修补

钢板表面存在不能按 5.5.3 规定清理的缺陷，经供需双方协商，可进行焊接修补，并应满足以下要求：

a) 采用适当的焊接方法；

b) 在焊补前采用铲平或磨平等适当的方法完全除去钢板上的有害缺陷，除去部分的深度在钢板公称厚度的 20%以内，单面的修磨面积合计应在钢板面积的 2%以内；

c) 钢板焊接部位的边缘上不得有咬边或重叠。堆高应高出轧制面 1.5 mm 以上，然后用铲平或磨平等方法除去堆高；

d) 热处理钢板焊接修补后应再次进行热处理。

6 试验方法

6.1 每批钢板和钢带的检验项目、取样数量、取样方法及试验方法应符合表 1 的规定。

表 1 检验项目、取样数量及试验方法

序号	检验项目	取样数量(个)	取样方法	试验方法
1	化学成分	1/每炉	GB/T 20066	GB/T 223、GB/T 4336
2	拉伸试验	1	GB/T 2975	GB/T 228
3	弯曲试验	1	GB/T 2975	GB/T 232
4	冲击试验	3	GB/T 2975	GB/T 229

6.2 钢板和钢带的表面质量用肉眼检查。

7 检验规则

7.1 钢板和钢带的检查和验收由供方技术质量监督部门负责，需方有权按本标准或合同所规定的任一检验项目进行检查和验收。

7.2 钢板和钢带应成批验收，每批由同一牌号、同一炉号、同一质量等级、同一交货状态的钢板和钢带组成，每批重量应不大于 60 t。轧制卷重大于 30 t 的钢带和连轧板可按两个轧制卷组批。

7.3 同一批最小钢板厚度大于 10 mm 时，厚度差应不大于 5 mm；同一批最小钢板厚度不大于 10 mm 时，厚度差应不大于 2 mm。应在同一批中最厚钢板上取样。

7.4 公称容量比较小的炼钢炉冶炼的钢轧成的钢板和钢带组成的混合批，应符合 GB/T 700 和 GB/T 1591的有关规定。

7.5 钢板和钢带的复验和判定按 GB/T 17505 的规定。

8 包装、标志和质量证明书

钢板和钢带的包装、标志及质量证明书应符合 GB/T 247 的规定。钢板和钢带的质量证明书类型可按 GB/T 18253 的规定。

9 数值修约

数值修约应符合 YB/T 081 的规定。

ICS 77.140.75
H 48

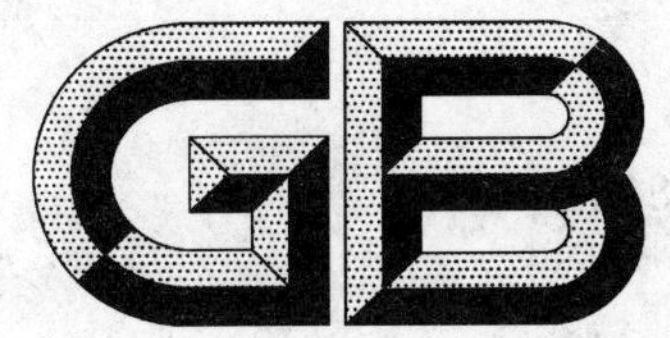

中华人民共和国国家标准

GB/T 8162—2008
代替 GB/T 8162—1999

结构用无缝钢管

Seamless steel tubes for structural purposes

2008-08-19 发布 2009-04-01 实施

中华人民共和国国家质量监督检验检疫总局
中国国家标准化管理委员会 发布

前　言

本标准与 EN 10297-1:2003《用于机械和一般工程用途的无缝钢管交货技术条件》的一致性程度为非等效。

本标准代替 GB/T 8162—1999《结构用无缝钢管》。本标准与 GB/T 8162—1999 相比，主要变化如下：

——增加了订货内容；

——修改了尺寸允许偏差；

——增加了全长弯曲度要求；

——增加了端头切斜要求；

——取消了标记示例；

——增加了钢牌号；

——取消了扩口试验要求；

——增加了无损检验协商条款。

本标准由中国钢铁工业协会提出。

本标准由全国钢标准化技术委员会归口。

本标准主要起草单位：鞍钢股份有限公司、攀钢集团成都钢铁有限责任公司、湖南衡阳钢管集团有限公司。

本标准主要起草人：张会轩、章澎、朴志民、李奇、赵斌、李志。

本标准所代替标准的历次版本发布情况为：

——GB/T 8162—1987、GB/T 8162—1999。

结构用无缝钢管

1 范围

本标准规定了结构用无缝钢管的订货内容、尺寸、外形、重量、技术要求、试验方法、检验规则、包装、标志和质量证明书。

本标准适用于机械结构、一般工程结构用无缝钢管。

2 规范性引用文件

下列文件中的条款通过本标准的引用而成为本标准的条款。凡是注日期的引用文件,其随后所有的修改单(不包括勘误的内容)或修订版均不适用于本标准,然而,鼓励根据本标准达成协议的各方研究是否可使用这些文件的最新版本。凡是不注日期的引用文件,其最新版本适用于本标准。

GB/T 222 钢的成品化学成分允许偏差

GB/T 223.3 钢铁及合金化学分析方法 二安替比林甲烷磷钼酸重量法测定磷量

GB/T 223.5 钢铁及合金化学分析方法 还原型硅钼酸盐光度法测定酸溶硅含量

GB/T 223.8 钢铁及合金化学分析方法 氟化钠分离-EDTA 容量法测定铝含量

GB/T 223.9 钢铁及合金 铝含量的测定 铬天青 S 分光光度法

GB/T 223.11 钢铁及合金化学分析方法 过硫酸铵氧化容量法测定铬量

GB/T 223.12 钢铁及合金化学分析方法 硫酸钠分离-二苯碳酸二肼光度法测定铬量

GB/T 223.13 钢铁及合金化学分析方法 硫酸亚铁铵滴定法测定钒含量

GB/T 223.14 钢铁及合金化学分析方法 钽试剂萃取光度法测定钒含量

GB/T 223.16 钢铁及合金化学分析方法 变色酸光度法测定钛量

GB/T 223.18 钢铁及合金化学分析方法 硫代硫酸钠分离-碘量法测定铜量

GB/T 223.19 钢铁及合金化学分析方法 新亚铜灵三氯甲烷萃取光度法测定铜量

GB/T 223.23 钢铁及合金 镍含量的测定 丁二铜肟分光光度法

GB/T 223.25 钢铁及合金化学分析方法 丁二铜肟重量法测定镍量

GB/T 223.26 钢铁及合金 钼含量的测定 硫氰酸盐分光光度法

GB/T 223.36 钢铁及合金化学分析方法 蒸馏分离-中和滴定法测定氮量

GB/T 223.37 钢铁及合金化学分析方法 蒸馏分离-靛酚蓝光度法测定氮量

GB/T 223.40 钢铁及合金 铌含量的测定 氯磺酚 S 分光光度法

GB/T 223.43 钢铁及合金 钨含量的测定 重量法和分光光度法

GB/T 223.53 钢铁及合金化学分析方法 火焰原子吸收分光光度法测定铜量

GB/T 223.54 钢铁及合金化学分析方法 火焰原子吸收分光光度法测定镍量

GB/T 223.58 钢铁及合金化学分析方法 亚砷酸钠-亚硝酸钠滴定法测定锰量

GB/T 223.59 钢铁及合金化学分析方法 锑磷钼蓝光度法测定磷量

GB/T 223.60 钢铁及合金化学分析方法 高氯酸脱水重量法测定硅含量

GB/T 223.61 钢铁及合金化学分析方法 磷钼酸胺容量法测定磷量

GB/T 223.62 钢铁及合金化学分析方法 乙酸丁酯萃取光度法测定磷量

GB/T 223.63 钢铁及合金化学分析方法 高碘酸钠(钾)光度法测定锰量

GB/T 223.64 钢铁及合金 锰含量的测定 火焰原子吸收光谱法

GB/T 223.66 钢铁及合金化学分析方法 硫氰酸盐-盐酸氯丙嗪-三氯甲烷萃取光度法测定钨量

GB/T 223.67 钢铁及合金 硫含量的测定 次甲基蓝分光光度法

GB/T 223.68 钢铁及合金化学分析方法 管式炉内燃烧后碘酸钾滴定法测定硫含量

GB/T 223.69 钢铁及合金 碳含量的测定 管式炉内燃烧后气体容量法

GB/T 223.71 钢铁及合金化学分析方法 管式炉内燃烧后重量法测定碳含量

GB/T 223.72 钢铁及合金 硫含量的测定 重量法

GB/T 223.74 钢铁及合金化学分析方法 非化合碳含量的测定

GB/T 223.75 钢铁及合金 硼含量的测定 甲醇蒸馏-姜黄素光度法

GB/T 223.76 钢铁及合金化学分析方法 火焰原子吸收光谱法测定钒量

GB/T 223.78 钢铁及合金化学分析方法 姜黄素直接光度法测定硼含量(GB/T 223.78—2000,ISO 10153:1997,IDT)

GB/T 228 金属材料 室温拉伸试验方法(GB/T 228—2002, eqv ISO 6892:1998)

GB/T 229 金属材料 夏比摆锤冲击试验方法(GB/T 229—2007,ISO 148-1:2006,MOD)

GB/T 231.1 金属布氏硬度试验 第1部分:试验方法(GB/T 231.1—2002,ISO 6506-1:1999,EQV)

GB/T 244 金属管 弯曲试验方法(GB/T 244—2008,ISO 8491:1996,IDT)

GB/T 246 金属管 压扁试验方法(GB/T 246—2007,ISO 8492:1998,IDT)

GB/T 699 优质碳素结构钢

GB/T 1591 低合金高强度结构钢

GB/T 2102 钢管的验收、包装、标志和质量证明书

GB/T 2975 钢及钢产品 力学性能试验取样位置及试样制备(GB/T 2975—1998,eqv ISO 377:1997)

GB/T 3077 合金结构钢

GB/T 4336 碳素钢和中低合金钢 火花源原子发射光谱分析方法(常规法)

GB/T 5777 无缝钢管超声波探伤检验方法(GB/T 5777—2008,ISO 9303:1989,MOD)

GB/T 7735 钢管涡流探伤检验方法(GB/T 7735—2004,ISO 9304:1989,MOD)

GB/T 12606 钢管漏磁探伤方法(GB/T 12606—1999,eqv ISO 9402:1989、ISO 9598:1989)

GB/T 17395 无缝钢管尺寸、外形、重量及允许偏差(GB/T 17395—2008,ISO 1127:1992、ISO 4200:1991、ISO 5252:1991,NEQ)

GB/T 20066 钢和铁 化学成分测定用试样的取样和制样方法(GB/T 20066—2006,ISO 14284:1996,IDT)

GB/T 20123 钢铁 总碳硫含量的测定 高频感应炉燃烧后红外吸收法(常规方法)(GB/T 20123—2006,ISO 15350:2000,IDT)

GB/T 20124 钢铁 氮含量的测定 惰性气体熔融热导法(常规方法)(GB/T 20124—2006,ISO 15351:1999,IDT)

GB/T 20125 低合金钢 多元素的测定 电感耦合等离子体发射光谱法

3 订货内容

按本标准订购钢管的合同或订单应包括下列内容:

a) 标准编号;

b) 产品名称;

c) 钢的牌号,有质量等级的需注明质量等级;

d) 尺寸规格;

e) 订购数量(总重量或总长度);

f) 交货状态；

g) 特殊要求。

4 尺寸、外形和重量

4.1 外径和壁厚

钢管的外径(D)和壁厚(S)应符合 GB/T 17395 的规定。

根据需方要求，经供需双方协商，可供应其他外径和壁厚的钢管。

4.2 外径和壁厚的允许偏差

4.2.1 钢管的外径允许偏差应符合表1的规定。

表1 钢管的外径允许偏差

单位为毫米

钢管种类	允许偏差
热轧(挤压、扩)钢管	±1%D或±0.50,取其中较大者
冷拔(轧)钢管	±1%D或±0.30,取其中较大者

4.2.2 热轧(挤压、扩)钢管壁厚允许偏差应符合表2的规定。

表2 热轧(挤压、扩)钢管壁厚允许偏差

单位为毫米

钢管种类	钢管公称外径	S/D	允许偏差
热轧(挤压)钢管	≤102	—	±12.5%S或±0.40,取其中较大者
	>102	≤0.05	±15%S或±0.40,取其中较大者
		>0.05～0.10	±12.5%S或±0.40,取其中较大者
		>0.10	$^{+12.5\%S}_{-10\%S}$
热扩钢管	—		±15%S

4.2.3 冷拔(轧)钢管的壁厚允许偏差应符合表3的规定。

表3 冷拔(轧)钢管壁厚允许偏差

单位为毫米

钢管种类	钢管公称壁厚	允许偏差
冷拔(轧)	≤3	$^{+15\%S}_{-10\%S}$或±0.15,取其中较大者
	>3	$^{+12.5\%S}_{-10\%S}$

4.2.4 根据需方要求，经供需双方协商，并在合同中注明，可生产表1、表2、表3规定以外尺寸允许偏差的钢管。

4.3 长度

4.3.1 通常长度

钢管的通常长度为 3 000 mm～12 500 mm。

4.3.2 范围长度

根据需方要求，经供需双方协商，并在合同中注明，钢管可按范围长度交货。范围长度应在通常长度范围内。

4.3.3 定尺和倍尺长度

4.3.3.1 根据需方要求，经供需双方协商，并在合同中注明，钢管可按定尺长度或倍尺长度交货。

4.3.3.2 钢管的定尺长度应在通常长度范围内，其定尺长度允许偏差应符合如下规定：

a) 定尺长度不大于 6 000 mm，$^{+10}_{0}$ mm；

b) 定尺长度大于 6 000 mm，$^{+15}_{0}$ mm。

4.3.3.3 钢管的倍尺总长度应在通常长度范围内，全长允许偏差为：$^{+20}_{0}$ mm，每个倍尺长度应按下述规定留出切口余量：

a) 外径不大于 159 mm，5 mm～10 mm；

b) 外径大于 159 mm，10 mm～15 mm。

4.4 弯曲度

4.4.1 钢管的每米弯曲度应符合表 4 的规定。

表 4 钢管的弯曲度

钢管公称壁厚/mm	每米弯曲度/(mm/m)
≤15	≤1.5
>15～30	≤2.0
>30 或 D≥351	≤3.0

4.4.2 钢管的全长弯曲度应不大于钢管总长度的 1.5‰。

4.5 不圆度和壁厚不均

根据需方要求，经供需双方协商，并在合同中注明，钢管的不圆度和壁厚不均应分别不超过外径和壁厚公差的 80%。

4.6 端头外形

4.6.1 公称外径不大于 60 mm 的钢管，管端切斜应不超过 1.5 mm；公称外径大于 60 mm 的钢管，管端切斜应不超过钢管公称外径的 2.5%，但最大应不超过 6 mm。钢管的切斜见图 1 所示。

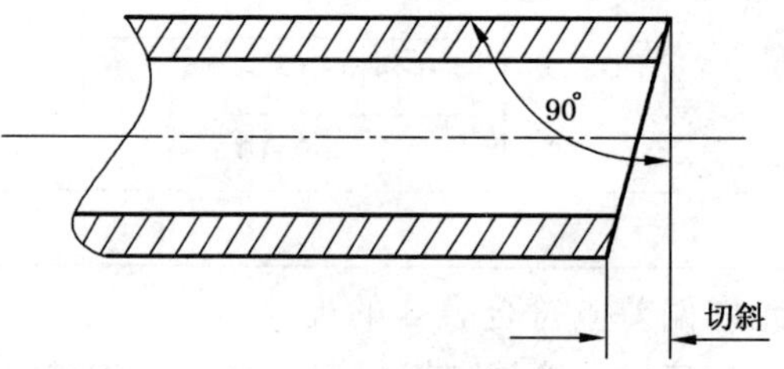

图 1 切斜

4.6.2 钢管的端头切口毛刺应予清除。

4.7 重量

4.7.1 钢管按实际重量交货，亦可按理论重量交货。钢管理论重量的计算按 GB/T 17395 的规定，钢的密度取 7.85 kg/dm^3。

4.7.2 根据需方要求，经供需双方协商，并在合同中注明，交货钢管的理论重量与实际重量的偏差应符合如下规定：

a) 单支钢管：±10%；

b) 每批最小为 10 t 的钢管：±7.5%。

5 技术要求

5.1 钢的牌号和化学成分

5.1.1 优质碳素结构钢的牌号和化学成分(熔炼分析)应符合 GB/T 699 中 10、15、20、25、35、45、20Mn、25Mn 的规定。

低合金高强度结构钢的牌号和化学成分(熔炼分析)应符合 GB/T 1591 的规定，其中质量等级为 A、B、C 级钢的磷、硫含量均应不大于 0.030%。

合金结构钢的牌号和化学成分(熔炼分析)应符合 GB/T 3077 的规定。

牌号为 Q235、Q275 钢的化学成分(熔炼分析)应符合表 5 的规定。

表 5 Q235、Q275 钢的化学成分(熔炼分析)

牌号	质量等级	化学成分(质量分数)[a]/%					
		C	Si	Mn	P	S	Alt(全铝)[b]
					不大于		
Q235	A	≤0.22	≤0.35	≤1.40	0.030	0.030	—
	B	≤0.20					—
	C	≤0.17			0.030	0.030	—
	D				0.025	0.025	≥0.020
Q275	A	≤0.24	≤0.35	≤1.50	0.030	0.030	—
	B	≤0.21					—
	C	≤0.20			0.030	0.030	—
	D				0.025	0.025	≥0.020

a 残余元素 Cr、Ni 的含量应各不大于 0.30%,Cu 的含量应不大于 0.20%。

b 当分析 Als(酸溶铝)时,Als≥0.015%。

5.1.2 根据需方要求,经供需双方协商,可生产其他牌号的钢管。

5.1.3 当需方要求做成品分析时,应在合同中注明,成品钢管的化学成分允许偏差应符合 GB/T 222 的规定。

5.2 制造方法

5.2.1 钢的冶炼方法

钢应采用电弧炉加炉外精炼或氧气转炉加炉外精炼方法冶炼。

经供需双方协商,钢也可采用较高要求的其他方法冶炼。需方指定某一种冶炼方法时,应在合同中注明。

5.2.2 管坯的制造方法

管坯采用连铸或热轧(锻)方法制造,钢锭也可直接用做管坯。

5.2.3 钢管的制造方法

钢管应采用热轧(挤压、扩)或冷拔(轧)无缝方法制造。需方指定某一种方法制造钢管时,应在合同中注明。

5.3 交货状态

5.3.1 热轧(挤压、扩)钢管应以热轧状态或热处理状态交货。要求热处理状态交货时,应在合同中注明。

5.3.2 冷拔(轧)钢管应以热处理状态交货。根据需方要求,经供需双方协商,并在合同中注明,冷拔(轧)钢管也可以冷拔(轧)状态交货。

5.4 力学性能

5.4.1 拉伸性能

5.4.1.1 优质碳素结构钢、低合金高强度结构钢和牌号为 Q235、Q275 的钢管,其交货状态的拉伸性能应符合表 6 的规定。

5.4.1.2 合金结构钢钢管试样毛坯按表 7 推荐热处理制度进行热处理后制成试样测出的纵向拉伸性能应符合表 7 的规定。

5.4.1.3 冷拔(轧)状态交货钢管的力学性能由供需双方协商。

表 6 优质碳素结构钢、低合金高强度结构钢和牌号为 Q235、Q275 的钢管的力学性能

牌号	质量等级	抗拉强度 R_m/MPa	下屈服强度 R_{eL}[a]/MPa 壁厚/mm			断后伸长率 A/%	冲击试验	
			≤16	>16～30	>30		温度/℃	吸收能量 KV_2/J
			不小于					不小于
10	—	≥335	205	195	185	24	—	—
15	—	≥375	225	215	205	22	—	—
20	—	≥410	245	235	225	20	—	—
25	—	≥450	275	265	255	18	—	—
35	—	≥510	305	295	285	17	—	—
45	—	≥590	335	325	315	14	—	—
20Mn	—	≥450	275	265	255	20	—	—
25Mn	—	≥490	295	285	275	18	—	—
Q235	A	375～500	235	225	215	25	—	—
	B						+20	27
	C						0	
	D						−20	
Q275	A	415～540	275	265	255	22	—	—
	B						+20	27
	C						0	
	D						−20	
Q295	A	390～570	295	275	255	22	—	—
	B						+20	34
Q345	A	470～630	345	325	295	20	—	—
	B						+20	34
	C					21	0	
	D						−20	
	E						−40	27
Q390	A	490～650	390	370	350	18	—	—
	B						+20	34
	C					19	0	
	D						−20	
	E						−40	27
Q420	A	520～680	420	400	380	18	—	—
	B						+20	34
	C					19	0	
	D						−20	
	E						−40	27
Q460	C	550～720	460	440	420	17	0	34
	D						−20	
	E						−40	27

[a] 拉伸试验时，如不能测定屈服强度，可测定规定非比例延伸强度 $R_{p0.2}$ 代替 R_{eL}。

表 7　合金钢钢管的力学性能

序号	牌号	推荐的热处理制度[a]					拉伸性能			钢管退火或高温回火交货状态布氏硬度 HBW
		淬火(正火)			回火		抗拉强度 R_m/MPa	下屈服强度[f] R_{eL}/MPa	断后伸长率 A/%	
		温度/℃		冷却剂	温度/℃	冷却剂				
		第一次	第二次				不小于			不大于
1	40Mn2	840	—	水、油	540	水、油	885	735	12	217
2	45Mn2	840	—	水、油	550	水、油	885	735	10	217
3	27SiMn	920	—	水	450	水、油	980	835	12	217
4	40MnB[b]	850	—	油	500	水、油	980	785	10	207
5	45MnB[b]	840	—	油	500	水、油	1 030	835	9	217
6	20Mn2B[b,e]	880	—	油	200	水、空	980	785	10	187
7	20Cr[c,e]	880	800	水、油	200	水、空	835	540	10	179
							785	490	10	179
8	30Cr	860	—	油	500	水、油	885	685	11	187
9	35Cr	860	—	油	500	水、油	930	735	11	207
10	40Cr	850	—	油	520	水、油	980	785	9	207
11	45Cr	840	—	油	520	水、油	1 030	835	9	217
12	50Cr	830	—	油	520	水、油	1 080	930	9	229
13	38CrSi	900	—	油	600	水、油	980	835	12	255
14	12CrMo	900	—	空	650	空	410	265	24	179
15	15CrMo	900	—	空	650	空	440	295	22	179
16	20CrMo[c,e]	880	—	水、油	500	水、油	885	685	11	197
							845	635	12	197
17	35CrMo	850	—	油	550	水、油	980	835	12	229
18	42CrMo	850	—	油	560	水、油	1 080	930	12	217
19	12CrMoV	970	—	空	750	空	440	225	22	241
20	12Cr1MoV	970	—	空	750	空	490	245	22	179
21	38CrMoAl[c]	940	—	水、油	640	水、油	980	835	12	229
							930	785	14	229
22	50CrVA	860	—	油	500	水、油	1 275	1130	10	255
23	20CrMn	850	—	油	200	水、空	930	735	10	187
24	20CrMnSi[e]	880	—	油	480	水、油	785	635	12	207
25	30CrMnSi[c,e]	880	—	油	520	水、油	1 080	885	8	229
							980	835	10	229
26	35CrMnSiA[e]	880	—	油	230	水、空	1 620	—	9	229

表 7(续)

序号	牌号	推荐的热处理制度[a]					拉伸性能			钢管退火或高温回火交货状态布氏硬度 HBW
		淬火(正火)			回火		抗拉强度 R_m/MPa	下屈服强度[f] R_{eL}/MPa	断后伸长率 A/%	
		温度/℃		冷却剂	温度/℃	冷却剂				
		第一次	第二次				不小于			不大于
27	20CrMnTi[d,e]	880	870	油	200	水、空	1 080	835	10	217
28	30CrMnTi[d,e]	880	850	油	200	水、空	1 470	—	9	229
29	12CrNi2	860	780	水、油	200	水、空	785	590	12	207
30	12CrNi3	860	780	油	200	水、空	930	685	11	217
31	12Cr2Ni4	860	780	油	200	水、空	1 080	835	10	269
32	40CrNiMoA	850	—	油	600	水、油	980	835	12	269
33	45CrNiMoVA	860	—	油	460	油	1 470	1325	7	269

[a] 表中所列热处理温度允许调整范围:淬火±20 ℃,低温回火±30 ℃,高温回火±50 ℃。

[b] 含硼钢在淬火前可先正火,正火温度应不高于其淬火温度。

[c] 按需方指定的一组数据交货;当需方未指定时,可按其中任一组数据交货。

[d] 含铬锰钛钢第一次淬火可用正火代替。

[e] 于 280 ℃~320 ℃等温淬火。

[f] 拉伸试验时,如不能测定屈服强度,可测定规定非比例延伸强度 $R_{p0.2}$ 代替 R_{eL}。

5.4.2 硬度试验

以退火或高温回火状态交货、且壁厚不大于 5 mm 的合金结构钢钢管,其布氏硬度应符合表 7 的规定。

5.4.3 冲击试验

5.4.3.1 低合金高强度结构钢和牌号为 Q235、Q275 的钢管,当外径不小于 70 mm,且壁厚不小于 6.5 mm时,应进行冲击试验,其夏比 V 型缺口冲击试验的冲击吸收能量和试验温度应符合表 6 的规定。冲击吸收能量按一组 3 个试样的算术平均值计算,允许其中一个试样的单个值低于规定值,但应不低于规定值的 70%。

5.4.3.2 表 6 中的冲击吸收能量为标准尺寸试样夏比 V 型缺口冲击吸收能量要求值。当钢管尺寸不能制备标准尺寸试样时,可制备小尺寸试样。当采用小尺寸冲击试样时,其最小夏比 V 型缺口冲击吸收能量要求值应为标准尺寸试样冲击吸收能量要求值乘以表 8 中的递减系数。冲击试样尺寸应优先选择尽可能的较大尺寸。

表 8 小尺寸试样冲击吸收能量递减系数

试样规格	试样尺寸(高度×宽度)/(mm×mm)	递减系数
标准试样	10×10	1.00
小试样	10×7.5	0.75
小试样	10×5	0.50

5.4.3.3 根据需方要求,经供需双方协商,并在合同中注明,其他牌号、质量等级也可进行夏比 V 型缺口冲击试验,其试验温度、试验尺寸、冲击吸收能量由供需双方协商确定。

5.5 工艺性能

5.5.1 压扁试验

由10、15、20、25、20Mn 、25Mn、Q235、Q275、Q295、Q345钢制造，外径＞22 mm～400 mm，并且壁厚与外径比值不大于10％的钢管应进行压扁试验，钢管压扁后平板间距离应符合表9的规定。

压扁后，试样上不允许出现裂缝或裂口。

表9 钢管压扁平板间距离

牌号	压扁试验平板间距(*H*)[a]/mm
10、15、20、25、Q235	2/3*D*
Q275、Q295、Q345、20Mn、25Mn	7/8*D*
[a] 压扁试验的平板间距(*H*)最小值应是钢管壁厚的5倍。	

5.5.2 弯曲试验

根据需方要求，经供需双方协商，并在合同中注明，外径不大于22 mm的钢管可做弯曲试验，弯曲角度为90°，弯芯半径为钢管外径的6倍，弯曲后试样弯曲处不允许出现裂缝或裂口。

5.6 表面质量

钢管的内外表面不允许有目视可见的裂纹、折叠、结疤、轧折和离层。这些缺陷应完全清除，清除深度应不超过公称壁厚的负偏差，清理处的实际壁厚应不小于壁厚偏差所允许的最小值。

不超过壁厚负偏差的其他局部缺欠允许存在。

5.7 无损检验

根据需方要求，经供需双方协商，并在合同中注明，钢管可采用以下方法中的一种或多种方法进行无损检验，或其他方法进行无损检验：

a) 按GB/T 5777的规定进行超声波检验，人工缺陷尺寸：冷拔(轧)管为L3(C10)，热轧(挤压、扩)钢管为L4(C12)；

b) 按GB/T 7735的规定进行涡流检验，验收等级A；

c) 按GB/T 12606的规定进行漏磁检验，验收等级L4。

6 试验方法

6.1 钢管的尺寸和外形应采用符合精度要求的量具进行测量。

6.2 钢管的内外表面应在充分照明条件下进行目视检查。

6.3 钢管其他检验项目的取样方法和试验方法应符合表10的规定。

表10 钢管的检验项目、取样数量、取样方法、试验方法

序号	检验项目	取样数量	取样方法	试验方法
1	化学成分	每炉取1个试样	GB/T 20066	GB/T 223 GB/T 4336 GB/T 20123 GB/T 20124 GB/T 20125
2	拉伸试验	每批在两根钢管上各取1个试样	GB/T 2975	GB/T 228
3	硬度试验	每批在两根钢管上各取1个试样	GB/T 2975	GB/T 231.1
4	冲击试验	每批在两根钢管上各取一组3个试样	GB/T 2975	GB/T 229
5	压扁试验	每批在两根钢管上各取1个试样	GB/T 246	GB/T 246

表 10（续）

序号	检验项目	取样数量	取样方法	试验方法
6	弯曲试验	每批在两根钢管上各取 1 个试样	GB/T 244	GB/T 244
7	超声波探伤检验	逐根	—	GB/T 5777
8	涡流探伤检验	逐根	—	GB/T 7735
9	漏磁探伤检验	逐根	—	GB/T 12606

7 检验规则

7.1 检查和验收

钢管的检查和验收由供方质量技术监督部门进行。

7.2 组批规则

7.2.1 钢管按批进行检查和验收。

7.2.2 若钢管在切成单根后不再进行热处理，则从一根管坯轧制的钢管截取的所有管段都应视为一根。

7.2.3 每批应由同一牌号、同一炉号、同一规格和同一热处理制度（炉次）的钢管组成。每批钢管的数量不应超过如下规定：

a) 外径不大于 76 mm，并且壁厚不大于 3 mm：400 根；

b) 外径大于 351 mm：50 根；

c) 其他尺寸：200 根。

7.2.4 当需方事先未提出特殊要求时，10、15、20、25、35、45、Q235、Q275、20Mn、25Mn 可以不同炉号的同一牌号、同一规格的钢管组成一批。

7.2.5 剩余钢管的根数，如不少于上述规定的 50％时则单独列为一批，少于上述规定的 50％时可并入同一牌号、同一炉号和同一规格的相邻一批中。

7.3 取样数量

每批钢管各项检验的取样数量应符合表 10 的规定。

7.4 复验与判定规则

钢管的复验与判定规则应符合 GB/T 2102 的规定。

8 包装、标志和质量证明书

钢管的包装、标志和质量证明书应符合 GB/T 2102 的规定。

中华人民共和国国家标准

钢焊缝手工超声波探伤方法和探伤结果分级

GB 11345—89

Method for manual ultrasonic testing and classification of testing results for ferritic steel welds

1 主题内容与适用范围

本标准规定了检验焊缝及热影响区缺陷，确定缺陷位置、尺寸和缺陷评定的一般方法及探伤结果的分级方法。

本标准适用于母材厚度不小于8 mm的铁素体类钢全焊透熔化焊对接焊缝脉冲反射法手工超声波检验。

本标准不适用于铸钢及奥氏体不锈钢焊缝；外径小于159mm的钢管对接焊缝；内径小于等于200mm的管座角焊缝及外径小于250mm和内外径之比小于80％的纵向焊缝。

2 引用标准

ZB Y 344 超声探伤用探头型号命名方法

ZB Y 231 超声探伤用探头性能测试方法

ZB Y 232 超声探伤用1号标准试块技术条件

ZB J 04 001 A型脉冲反射式超声探伤系统工作性能测试方法

3 术语

3.1 简化水平距离l'

从探头前沿到缺陷在探伤面上测量的水平距离。

3.2 缺陷指示长度Δl

焊缝超声检验中，按规定的测量方法以探头移动距离测得的缺陷长度。

3.3 探头接触面宽度W

环缝检验时为探头宽度，纵缝检验为探头长度，见图1。

国家技术监督局1989－05－08批准　　1990－01－01实施

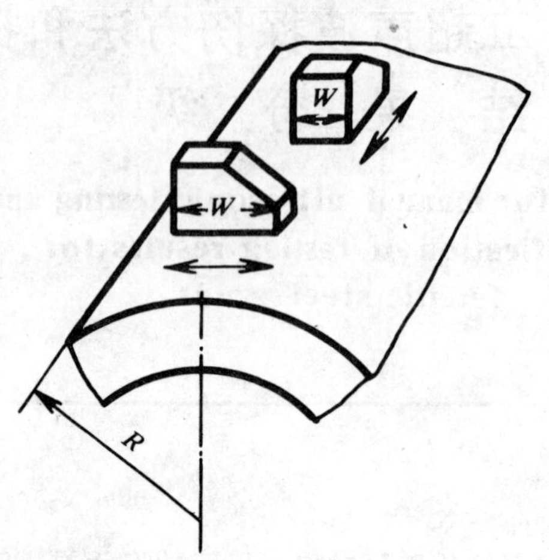

图 1　探头接触面宽度

3.4　纵向缺陷

大致上平行于焊缝走向的缺陷。

3.5　横向缺陷

大致上垂直于焊缝走向的缺陷。

3.6　几何临界角β'

筒形工件检验，折射声束轴线与内壁相切时的折射角。

3.7　平行扫查

在斜角探伤中，将探头置于焊缝及热影响区表面，使声束指向焊缝方向，并沿焊缝方向移动的扫查方法。

3.8　斜平行扫查

在斜角探伤中，使探头与焊缝中心线成一角度，平行于焊缝方向移动的扫查方法。

3.9　探伤截面

串列扫查探伤时，作为探伤对象的截面，一般以焊缝坡口面为探伤截面，见图 2 。

3.10　串列基准线

串列扫查时，作为一发一收两探头等间隔移动基准的线。一般设在离探伤截面距离为0.5跨距的位置，见图 2 。

3.11　参考线

探伤截面的位置焊后已被盖住，所以施焊前应予先在探伤面上，离焊缝坡口一定距离画出一标记线，该线即为参考线，将作为确定串列基准线的依据，见图 3 。

3.12　横方形串列扫查

将发、收一组探头，使其入射点对串列基准线经常保持等距离平行于焊缝移动的扫查方法，见图4 。

3.13　纵方形串列扫查

将发、收一组探头使其入射点对串列基准线经常保持等距离，垂直于焊缝移动的扫查方法，见图4 。

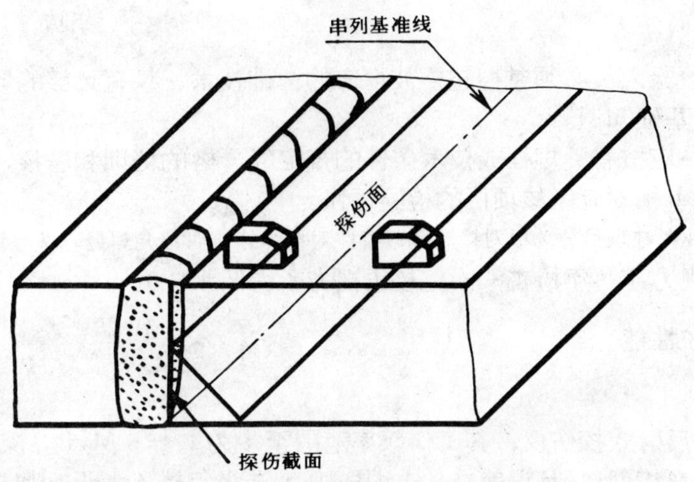

图 2　探伤截面及串列基准线

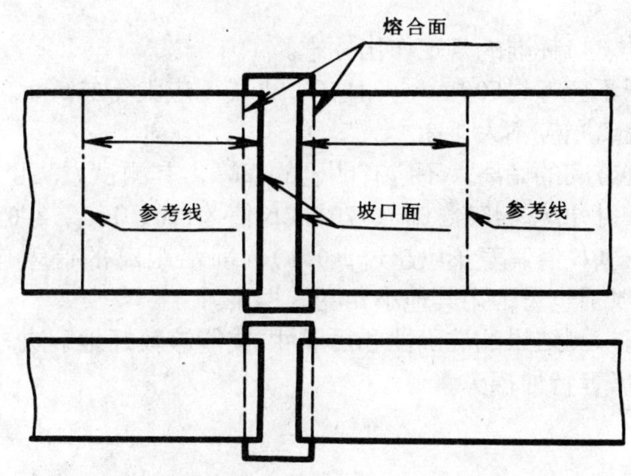

图 3　参考线

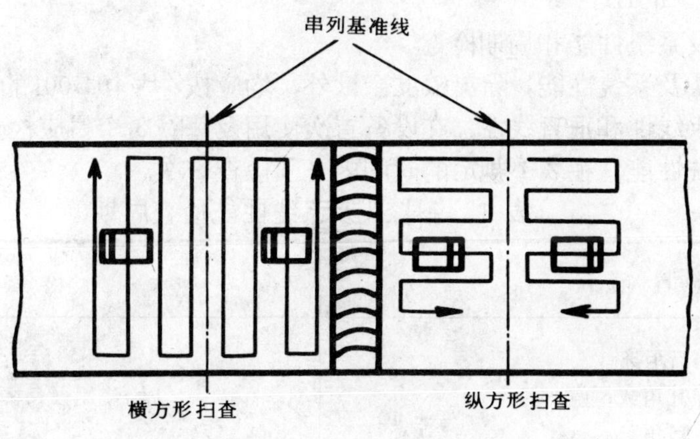

图 4　横方形扫查及纵方形扫查

4 检验人员

4.1 从事焊缝探伤的检验人员必须掌握超声波探伤的基础技术，具有足够的焊缝超声波探伤经验，并掌握一定的材料、焊接基础知识。

4.2 焊缝超声检验人员应按有关规程或技术条件的规定经严格的培训和考核，并持有相应考核组织颁发的等级资格证书，从事相对应考核项目的检验工作。

注：一般焊接检验专业考核项目分为板对接焊缝；管件对接焊缝；管座角焊缝；节点焊缝等四种。

4.3 超声检验人员的视力应每年检查一次，校正视力不得低于1.0。

5 探伤仪、探头及系统性能

5.1 探伤仪

使用A型显示脉冲反射式探伤仪，其工作频率范围至少为1～5 MHz，探伤仪应配备衰减器或增益控制器，其精度为任意相邻12dB误差在±1dB内。步进级每档不大于2dB，总调节量应大于60dB，水平线性误差不大于1%，垂直线性误差不大于5%。

5.2 探头

5.2.1 探头应按ZB Y 344标准的规定作出标志。

5.2.2 晶片的有效面积不应超过500mm^2，且任一边长不应大于25mm。

5.2.3 声束轴线水平偏离角应不大于2°。

5.2.4 探头主声束垂直方向的偏离，不应有明显的双峰，其测试方法见ZB Y 231。

5.2.5 斜探头的公称折射角β为45°、60°、70°或K值为1.0、1.5、2.0、2.5，折射角的实测值与公称值的偏差应不大于2°（K值偏差不应超过±0.1），前沿距离的偏差应不大于1 mm。如受工件几何形状或探伤面曲率等限制也可选用其他小角度的探头。

5.2.6 当证明确能提高探测结果的准确性和可靠性，或能够较好地解决一般检验时的困难而又确保结果的正确，推荐采用聚焦等特种探头。

5.3 系统性能

5.3.1 灵敏度余量

系统有效灵敏度必须大于评定灵敏度10dB以上。

5.3.2 远场分辨力

a. 直探头：$X \geqslant 30$dB；

b. 斜探头：$Z \geqslant 6$ dB。

5.4 探伤仪、探头及系统性能和周期检查

5.4.1 探伤仪、探头及系统性能，除灵敏度余量外，均应按ZB J04 001的规定方法进行测试。

5.4.2 探伤仪的水平线性和垂直线性，在设备首次使用及每隔3个月应检查一次。

5.4.3 斜探头及系统性能，在表1规定的时间内必须检查一次。

表1 斜探头及系统性能检查周期

检查项目	检查周期
前沿距离 折射角或K值 偏离角	开始使用及每隔6个工作日
灵敏度余量 分辨力	开始使用、修补后及每隔1个月

6 试块

6.1 标准试块的形状和尺寸见附录A，试块制造的技术要求应符合ZB Y 232的规定，该试块主要用于测定探伤仪、探头及系统性能。

6.2 对比试块的形状和尺寸见附录B。

6.2.1 对比试块采用与被检验材料相同或声学性能相近的钢材制成。试块的探测面及侧面，在以2.5MHz以上频率及高灵敏条件下进行检验时，不得出现大于距探测面20mm处的ϕ 2 mm平底孔反射回来的回波幅度1/4的缺陷回波。

6.2.2 试块上的标准孔，根据探伤需要，可以采取其他形式布置或添加标准孔，但应注意不应与试块端角和相邻标准孔的反射发生混淆。

6.2.3 检验曲面工件时，如探伤面曲率半径R小于等于$\frac{W^2}{4}$时，应采用与探伤面曲率相同的对比试块。反射体的布置可参照对比试块确定，试块宽度应满足式（1）：

$$b \geqslant 2\lambda \frac{S}{D_e} \quad \cdots\cdots(1)$$

式中：b——试块宽度，mm；

λ——波长，mm；

S——声程，m；

D_e——声源有效直径，mm。

6.3 现场检验，为校验灵敏度和时基线，可以采用其他型式的等效试块。

7 检验等级

7.1 检验等级的分级

根据质量要求检验等级分为A、B、C三级，检验的完善程度A级最低，B级一般，C级最高，检验工作的难度系数按A、B、C顺序逐级增高。应按照工件的材质、结构、焊接方法、使用条件及承受载荷的不同，合理的选用检验级别。检验等级应按产品技术条件和有关规定选择或经合同双方协商选定。

注：A级难度系数为1；B级为5～6；C级为10～12。

本标准给出了三个检验等级的检验条件，为避免焊件的几何形状限制相应等级检验的有效性，设计、工艺人员应在考虑超声检验可行性的基础上进行结构设计和工艺安排。

7.2 检验等级的检验范围

7.2.1 A级检验采用一种角度的探头在焊缝的单面单侧进行检验，只对允许扫查到的焊缝截面进行探测。一般不要求作横向缺陷的检验。母材厚度大于50mm时，不得采用A级检验。

7.2.2 B级检验原则上采用一种角度探头在焊缝的单面双侧进行检验，对整个焊缝截面进行探测。母材厚度大于100mm时，采用双面双侧检验。受几何条件的限制，可在焊缝的双面单侧采用两种角度探头进行探伤。条件允许时应作横向缺陷的检验。

7.2.3 C级检验至少要采用两种角度探头在焊缝的单面双侧进行检验。同时要作两个扫查方向和两种探头角度的横向缺陷检验。母材厚度大于100mm时，采用双面双侧检验。其他附加要求是：

a. 对接焊缝余高要磨平，以便探头在焊缝上作平行扫查；

b. 焊缝两侧斜探头扫查经过的母材部分要用直探头作检查；

c. 焊缝母材厚度大于等于100mm，窄间隙焊缝母材厚度大于等于40mm时，一般要增加串列式扫查，扫查方法见附录C。

8 检验准备

8.1 探伤面

8.1.1 按不同检验等级要求选择探伤面。推荐的探伤面如图 5 和表 2 所示。

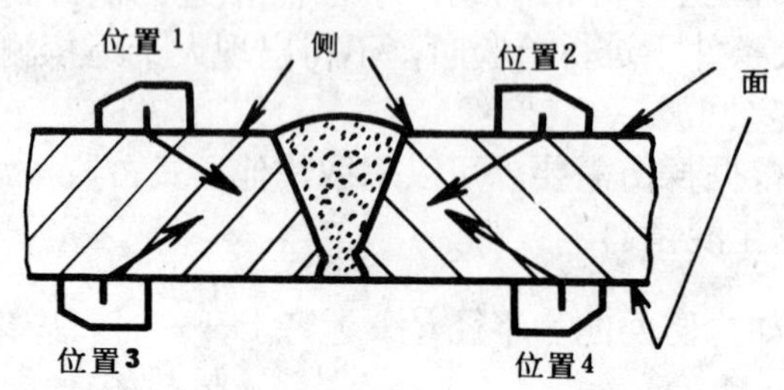

图 5 侧和面

表 2 探伤面及使用折射角

<table>
<tr><th rowspan="2">板厚，mm</th><th colspan="3">探伤面</th><th rowspan="2">探伤法</th><th rowspan="2">使用折射角或K值</th></tr>
<tr><th>A</th><th>B</th><th>C</th></tr>
<tr><td>⩽25</td><td rowspan="2">单面单侧</td><td colspan="2" rowspan="3">单面双侧（1 和 2 或 3 和 4）或双面单侧（1 和 3 或 2 和 4）</td><td rowspan="2">直射法及一次反射法</td><td>70°（K2.5，K2.0）</td></tr>
<tr><td>>25～50</td><td>70°或60°（K2.5,K2.0,K1.5）</td></tr>
<tr><td>>50～100</td><td></td><td rowspan="2">直射法</td><td>45°或60°；45°和60°，45°和70°并用（K1 或K1.5；K1 和K1.5，K1 和K2.0并用）</td></tr>
<tr><td>>100</td><td></td><td colspan="2">双面双侧</td><td>45°和60°并用（K1和K1.5或K2 并用）</td></tr>
</table>

8.1.2 检验区域的宽度应是焊缝本身再加上焊缝两侧各相当于母材厚度30%的一段区域，这个区域最小10mm，最大20mm 见图 6。

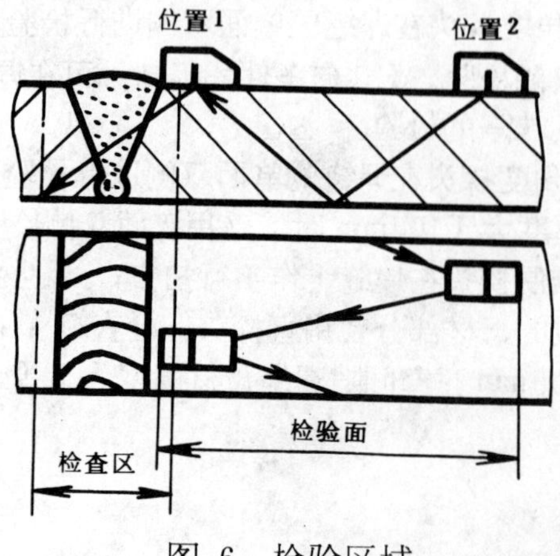

图 6 检验区域

8.1.3 探头移动区应清除焊接飞溅、铁屑、油垢及其他外部杂质。探伤表面应平整光滑，便于探头的自由扫查，其表面粗糙度不应超过6.3μm，必要时应进行打磨。

a. 采用一次反射法或串列式扫查探伤时，探头移动区应大于1.25P：

$$P = 2\delta \operatorname{tg}\beta \quad \cdots\cdots (2)$$

$$\text{或} P = 2\delta K \quad \cdots\cdots (3)$$

式中：P——跨距，mm；

δ——母材厚度，mm。

b. 采用直射法探伤时，探头移动区应大于0.75P。

8.1.4 去除余高的焊缝，应将余高打磨到与邻近母材平齐。保留余高的焊缝，如焊缝表面有咬边，较大的隆起和凹陷等也应进行适当的修磨，并作圆滑过渡以免影响检验结果的评定。

8.1.5 焊缝检验前，应划好检验区段，标记出检验区段编号。

8.2 检验频率

检验频率f一般在2～5 MHz范围内选择，推荐选用2～2.5MHz公称频率检验。特殊情况下，可选用低于2 MHz或高于2.5MHz的检验频率，但必须保证系统灵敏度的要求。

8.3 探头角度

8.3.1 斜探头的折射角β或K值应依据材料厚度，焊缝坡口型式及预期探测的主要缺陷种类来选择。对不同板厚推荐的探头角度和探头数量见表2。

8.3.2 串列式扫查，推荐选用公称折射角均为45°的两个探头，两个探头实际折射角相差不应超过2°，探头前沿长度相差应小于2 mm。为便于探测厚焊缝坡口边缘未熔合缺陷，亦可选用两个不同角度的探头，但两个探头角度均应在35°～55°范围内。

8.4 耦合剂

8.4.1 应选用适当的液体或糊状物作为耦合剂，耦合剂应具有良好透声性和适宜流动性，不应对材料和人体有损伤作用，同时应便于检验后清理。

8.4.2 典型的耦合剂为水、机油、甘油和浆糊，耦合剂中可加入适量的“润湿剂”或活性剂以便改善耦合性能。

8.4.3 在试块上调节仪器和产品检验应采用相同的耦合剂。

8.5 母材的检查

采用C级检验时，斜探头扫查声束通过的母材区域应用直探头作检查，以便探测是否有影响斜角探伤结果解释的分层性或其他种类缺陷存在。该项检查仅作记录，不属于对母材的验收检验。母材检查的规程要点如下：

a. 方法：接触式脉冲反射法，采用频率2～5 MHz的直探头，晶片直径10～25mm；

b. 灵敏度：将无缺陷处二次底波调节为荧光屏满幅的100%；

c. 记录：凡缺陷信号幅度超过荧光屏满幅20%的部位，应在工件表面作出标记，并予以记录。

9 仪器调整和校验

9.1 时基线扫描的调节

荧光屏时基线刻度可按比例调节为代表缺陷的水平距离l（简化水平距离l'）；深度h；或声程S见图7。

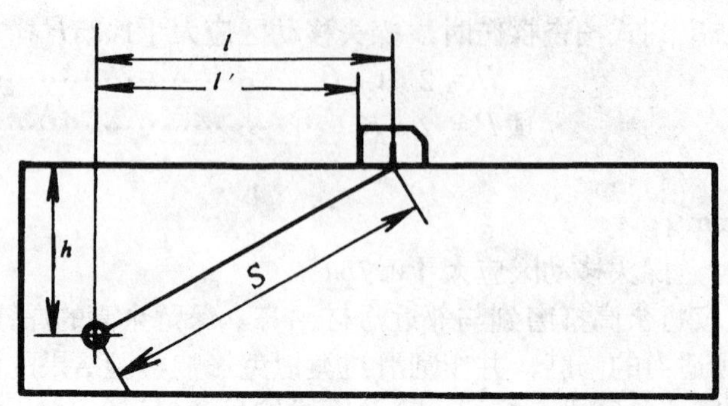

图 7　时基线扫描调节示意图

9.1.1　探伤面为平面时，可在对比试块上进行时基线扫描调节，扫描比例依据工件厚度和选用的探头角度来确定，最大检验范围应调至荧光屏时基线满刻度的2/3以上。

9.1.2　探伤面曲率半径R大于$\frac{W^2}{4}$时，可在平面对比试块上或与探伤面曲率相近的曲面对比试块上，进行时基线扫描调节。

9.1.3　探伤面曲率半径R小于等于$\frac{W^2}{4}$时，探头楔块应磨成与工件曲面相吻合，在6.2.3条规定的对比试块上作时基线扫描调节。

9.2　距离-波幅（DAC）曲线的绘制

9.2.1　距离-波幅曲线由选用的仪器、探头系统在对比试块上的实测数据绘制见图8，其绘制方法见附录D，曲线由判废线RL，定量线SL和评定线EL组成，不同验收级别的各线灵敏度见表3。表中的DAC是以ϕ3mm标准反射体绘制的距离-波幅曲线—— 即DAC基准线。评定线以上至定量线以下为Ⅰ区（弱信号评定区）；定量线至判废线以下为Ⅱ区（长度评定区）；判废线及以上区域为Ⅲ区（判废区）。

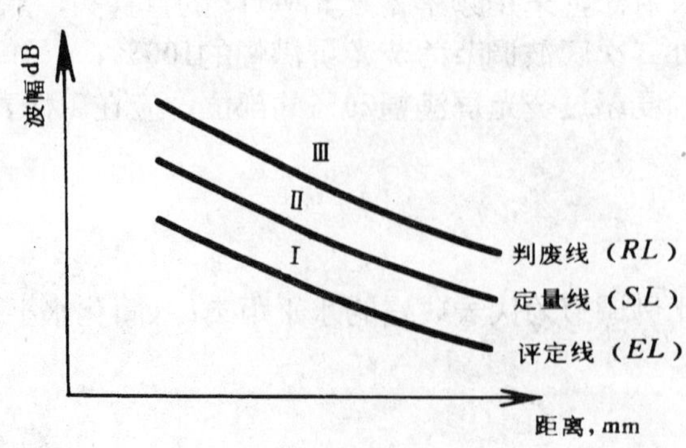

图 8　距离-波幅曲线示意图

表 3 距离-波幅曲线的灵敏度

DAC \ 板厚, mm \ 级别	A	B	C
	8 ～50	8 ～300	8 ～300
判废线	DAC	DAC-4 dB	DAC-2dB
定量线	DAC-10dB	DAC-10dB	DAC-8dB
评定线	DAC-16dB	DAC-16dB	DAC-14dB

9.2.2 探测横向缺陷时，应将各线灵敏度均提高 6 dB 。

9.2.3 探伤面曲率半径 R 小于等于 $\frac{W^2}{4}$ 时，距离-波幅曲线的绘制应在曲面对比试块上进行。

9.2.4 受检工件的表面耦合损失及材质衰减应与试块相同，否则应进行传输损失修整见附录E，在1跨距声程内最大传输损失差在 2 dB 以内可不进行修整。

9.2.5 距离-波幅曲线可绘制在坐标纸上也可直接绘制在荧光屏刻度板上，但在整个检验范围内，曲线应处于荧光屏满幅度的20％以上，见图 9 ，如果作不到，可采用分段绘制的方法见图10。

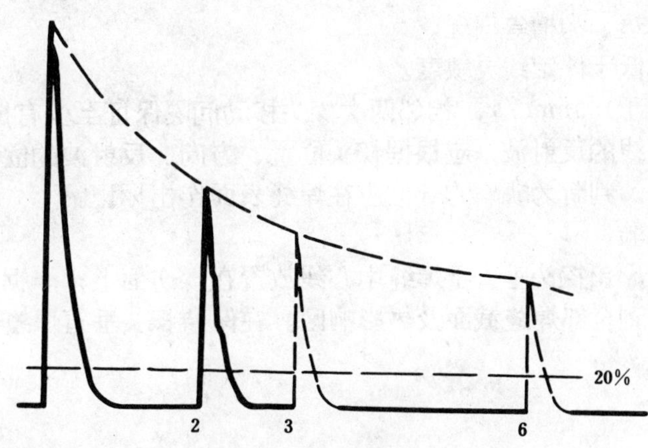

图 9 距离-波幅曲线板的范围

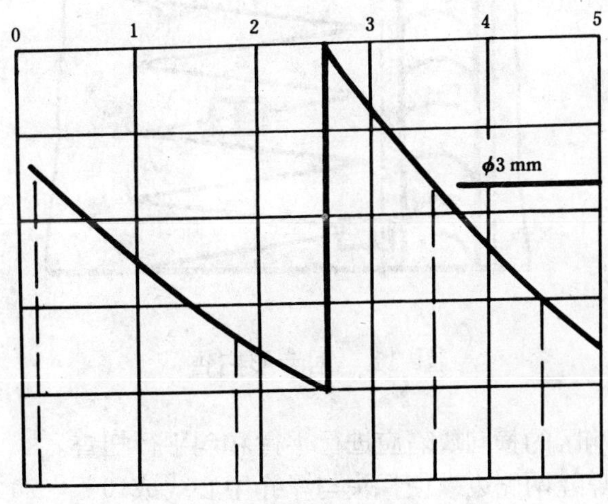

图 10 分段距离-波幅曲线

9.3 仪器调整的校验

9.3.1 每次检验前应在对比试块上，对时基线扫描比例和距离-波幅曲线（灵敏度）进行调节或校验。校验点不少于两点。

9.3.2 检验过程中每4 h之内或检验工作结束后应对时基线扫描和灵敏度进行校验，校验可在对比试块或其他等效试块上进行。

9.3.3 扫描调节校验时，如发现校验点反射波在扫描线上偏移超过原校验点刻度读数的10%或满刻度的5%（两者取较小值），则扫描比例应重新调整，前次校验后已经记录的缺陷，位置参数应重新测定，并予以更正。

9.3.4 灵敏度校验时，如校验点的反射波幅比距离-波幅曲线降低20%或2 dB以上，则仪器灵敏度应重新调整，并对前次校验后检查的全部焊缝应重新检验。如校验点的反射波幅比距离-波幅曲线增加20%或2 dB以上，仪器灵敏度应重新调整，而前次校验后，已经记录的缺陷，应对缺陷尺寸参数重新测定并予以评定。

10 初始检验

10.1 一般要求

10.1.1 超声检验应在焊缝及探伤表面经外观检查合格并满足8.1.3条的要求后进行。

10.1.2 检验前，探伤人员应了解受检工件的材质、结构、曲率、厚度、焊接方法、焊缝种类、坡口形式、焊缝余高及背面衬垫、沟槽等情况。

10.1.3 探伤灵敏度应不低于评定线灵敏度。

10.1.4 扫查速度不应大于150mm/s，相邻两次探头移动间隔保证至少有探头宽度10%的重叠。

10.1.5 对波幅超过评定线的反射波，应根据探头位置、方向、反射波的位置及10.1.2条了解的焊缝情况，判断其是否为缺陷。判断为缺陷的部位应在焊缝表面作出标记。

10.2 平板对接焊缝的检验

10.2.1 为探测纵向缺陷，斜探头垂直于焊缝中心线放置在探伤面上，作锯齿型扫查见图11。探头前后移动的范围应保证扫查到全部焊缝截面及热影响区。在保持探头垂直焊缝作前后移动的同时，还应作10°～15°的左右转动。

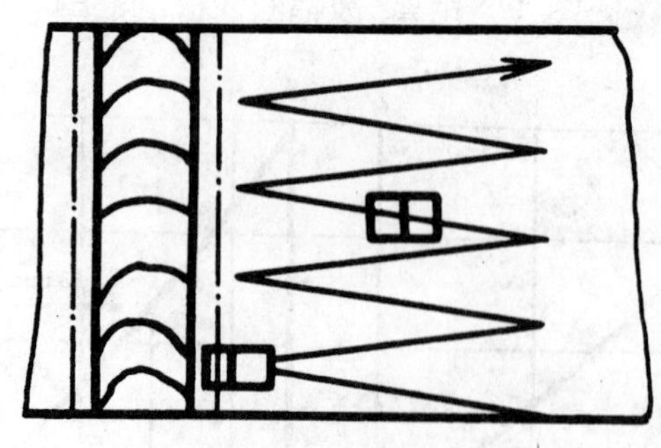

图 11 锯齿形扫查

10.2.2 为探测焊缝及热影响区的横向缺陷应进行平行和斜平行扫查。

a. B级检验时，可在焊缝两侧边缘使探头与焊缝中心线成10°～20°作斜平行扫查（图12）；

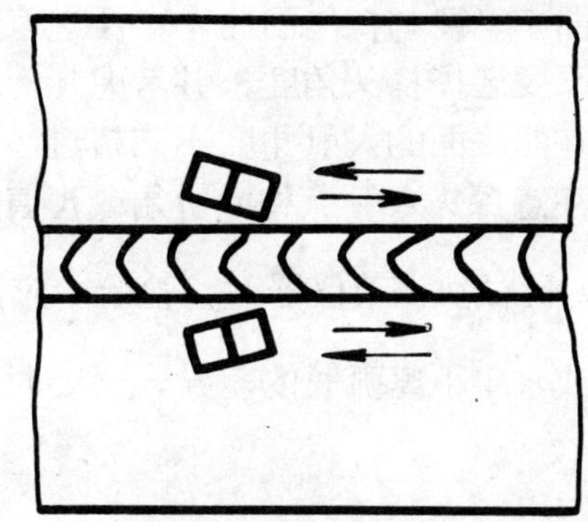

图 12 斜平行扫查

b. C级检验时，可将探头放在焊缝及热影响区上作两个方向的平行扫查（图13），焊缝母材厚度超过100mm时，应在焊缝的两面作平行扫查或者采用两种角度探头（45° 和60° 或45° 和70° 并用）作单面两个方向的平行扫查；亦可用两个45° 探头作串列式平行扫查；

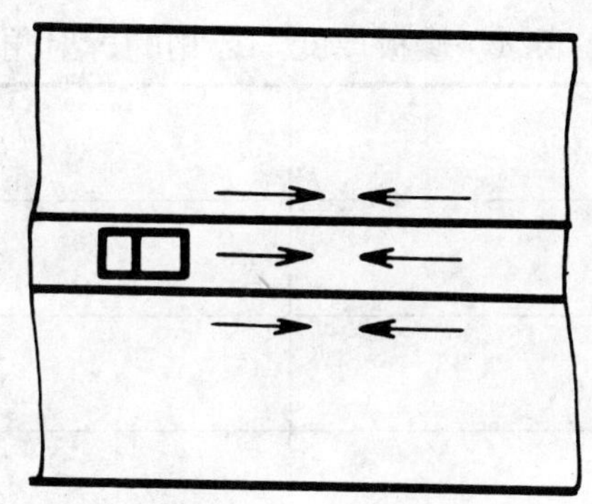

图 13 平行扫查

c. 对电渣焊缝还应增加与焊缝中心线成45° 的斜向扫查。

10.2.3 为确定缺陷的位置、方向、形状、观察缺陷动态波形或区分缺陷讯号与伪讯号，可采用前后、左右、转角、环绕等四种探头基本扫查方式（图14）。

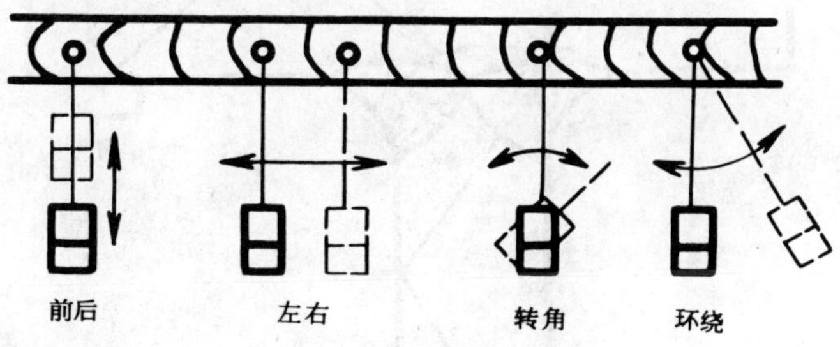

图 14 四种基本扫查方法

10.3 曲面工件对接焊缝的检验

10.3.1 探伤面为曲面时，应按6.2.3和9.1.3条的规定选用对比试块，并采用10.2条的方法进行检验，C级检验时，受工件几何形状限制，横向缺陷探测无法实施时，应在检验记录中予以注明。

10.3.2 环缝检验时，对比试块的曲率半径为探伤面曲率半径0.9～1.5倍的对比试块均可采用。探测横向缺陷时按10.3.3条的方法进行。

10.3.3 纵缝检验时，对比试块的曲率半径与探伤面曲率半径之差应小于10%。

10.3.3.1 根据工件的曲率和材料厚度选择探头角度，并考虑几何临界角的限制，确保声束能扫查到整个焊缝厚度。条件允许时，声束在曲底面的入射角度不应超过70°。

10.3.3.2 探头接触面修磨后，应注意探头入射点和折射角或K值的变化，并用曲面试块作实际测定。

10.3.3.3 当R大于$\frac{W^2}{4}$采用平面对比试块调节仪器时，检验中应注意到荧光屏指示的缺陷深度或水平距离与缺陷实际的径向埋藏深度或水平距离弧长的差异，必要时应进行修正。

10.4 其他结构焊缝的检验

10.4.1 一般原则

a. 尽可能采用平板焊缝检验中已经行之有效的各种方法；

b. 在选择探伤面和探头时应考虑到检测各种类型缺陷的可能性，并使声束尽可能垂直于该结构焊缝中的主要缺陷。

10.4.2 T型接头

10.4.2.1 腹板厚度不同时，选用的折射角见表4，斜探头在腹板一侧作直射法和一次反射法探伤见图15位置2。

表 4 腹板厚度与选用的折射角

腹板厚度 mm	折射角 (°)
＜25	70°（K2.5）
25～50	60°（K2.5，K2.0）
＞50	45°（K1，K1.5）

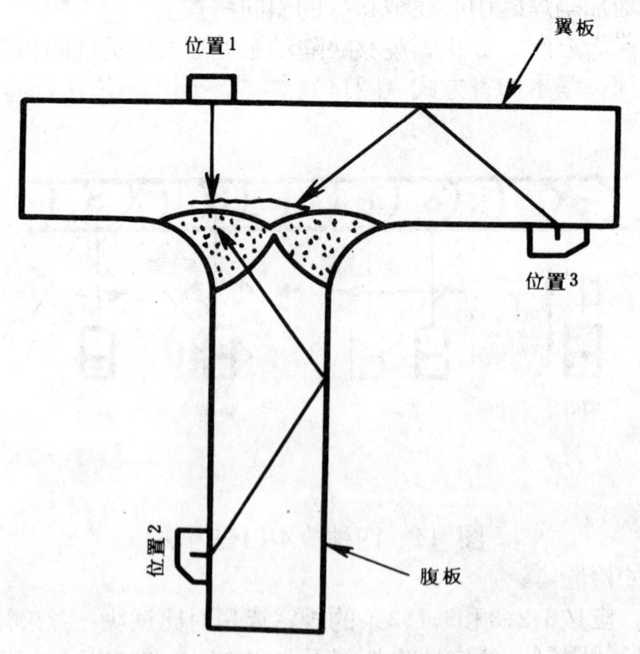

图 15 T型接头

10.4.2.2 采用折射角45°（$K1$）探头在腹板一侧作直射法和一次反射法探测焊缝及腹板侧热影响区的裂纹（图16）。

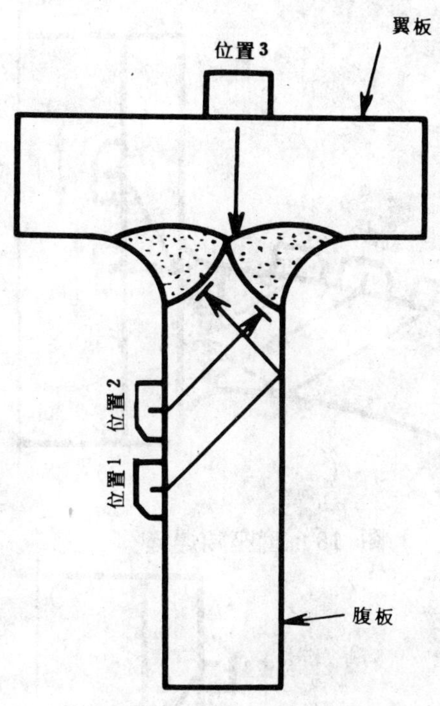

图 16 T型接头

10.4.2.3 为探侧腹板和翼板间未焊透或翼板侧焊缝下层状撕裂等缺陷，可采用直探头（图15位置1）或斜探头（图16位置 3 ）在翼板外侧探伤或采用折射角45°（$K1$）探头在翼板内侧作一次反射法探伤（图15位置 3 ）。

10.4.3 角接接头

角接接头探伤面及折射角一般按图17和表 4 选择。

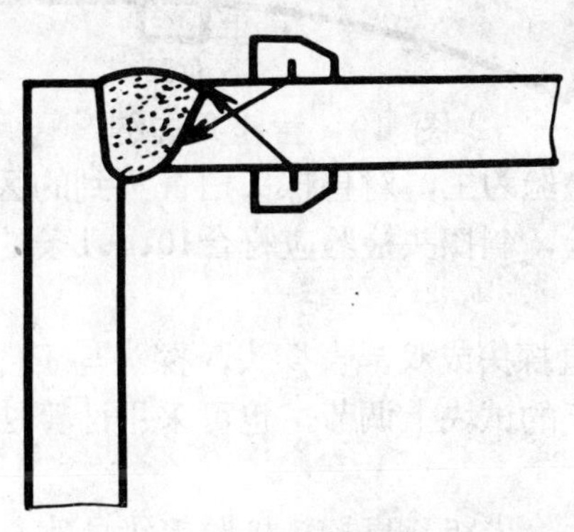

图 17 角接接头

10.4.4 管座角焊缝

10.4.4.1、根据焊缝结构形式，管座角焊缝的检验有如下五种探测方式，可选择其中一种或几种方式组合实施检验。探测方式的选择应由合同双方商定，并重点考虑主要探测对象和几何条件的限制（图18、19）。

a. 在接管内壁表面采用直探头探伤（图18位置 1 ）；

b. 在容器内表面用直探头探伤（图19位置 1 ）；

c. 在接管外表面采用斜探头探伤（图19位置2）；

d. 在接管内表面采用斜探头探伤（图18位置3，图19位置3）；

e. 在容器外表面采用斜探头探伤（图18位置2）。

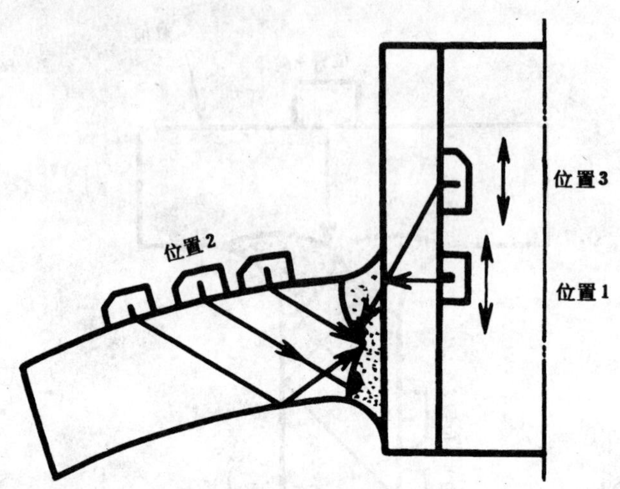

图 18 管座角焊缝

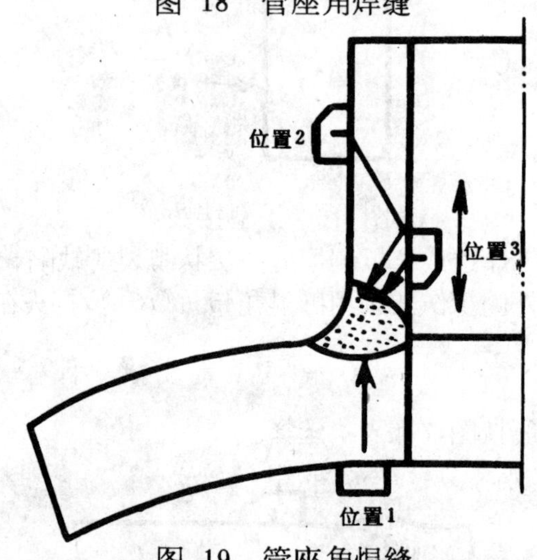

图 19 管座角焊缝

10.4.4.2 管座角焊缝以直探头检验为主，对直探头扫查不到的区域或结构，缺陷方向性不适于采用直探头检验时，可采用斜探头检验，斜探头检验应符合10.4.1条的规定。

10.4.5 直探头检验的规程

a. 推荐采用频率2.5MHz直探头或双晶直探头，探头与工件接触面的尺寸W应小于$2\sqrt{R}$；

b. 灵敏度可在与工件同曲率的试块上调节，也可采用计算法或DGS曲线法，以工件底面回波调节。其检验等级评定见表5。

表 5 直探头检验等级评定

mm

检验等级 / 灵敏度	A	B	C
评定灵敏度	Φ3	Φ2	Φ2
定量灵敏度	Φ4	Φ3	Φ3
判废灵敏度	Φ6	Φ6	Φ4

11 规定检验

11.1 一般要求

11.1.1 规定检验只对初始检验中被标记的部位进行检验。

11.1.2 探伤灵敏度应调节到评定灵敏度。

11.1.3 对所有反射波幅超过定量线的缺陷，均应确定其位置，最大反射波幅所在区域和缺陷指示长度。

11.2 最大反射波幅的测定

11.2.1 对判定为缺陷的部位，采取10.2.3条的探头扫查方式、增加探伤面、改变探头折射角度进行探测，测出最大反射波幅并与距离-波幅曲线作比较，确定波幅所在区域。波幅测定的允许误差为2dB。

11.2.2 最大反射波幅A与定量线SL的dB差值记为$SL\pm$——dB。

11.3 位置参数的测定

11.3.1 缺陷位置以获得缺陷最大反射波的位置来表示，根据相应的探头位置和反射波在荧光屏上的位置来确定如下全部或部分参数。

a. 纵坐标L代表缺陷沿焊缝方向的位置。以检验区段编号为标记基准点（即原点）建立坐标。坐标正方向距离L表示缺陷到原点之间的距离见图20；

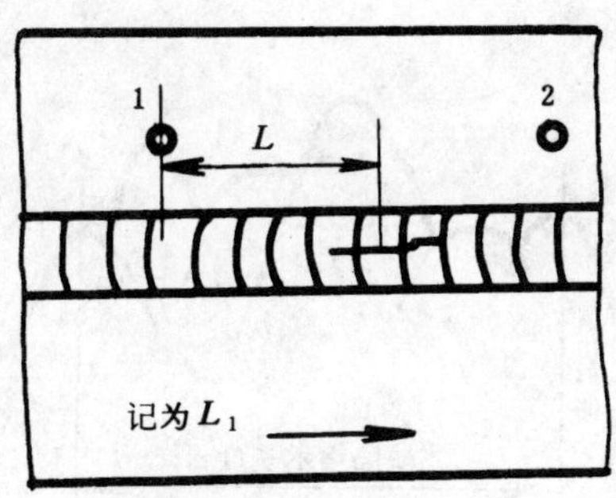

图 20 纵坐标L示意图

b. 深度坐标h代表缺陷位置到探伤面的垂直距离（mm）。以缺陷最大反射波位置的深度值表示；

c. 横坐标q代表缺陷位置离开焊缝中心线的垂直距离，可由缺陷最大反射波位置的水平距离或简化水平距离求得。

11.3.2 缺陷的深度和水平距离（或简化水平距离）两数值中的一个可由缺陷最大反射波在荧光屏上的位置直接读出，另一数值可采用计算法、曲线法、作图法或缺陷定位尺求出。

11.4 尺寸参数的测定

应根据缺陷最大反射波幅确定缺陷当量值Φ或测定缺陷指示长度Δl。

11.4.1 缺陷当量Φ，用当量平底孔直径表示，主要用于直探头检验，可采用公式计算，DGS曲线，试块对比或当量计算尺确定缺陷当量尺寸。

11.4.2 缺陷指示长度Δl的测定推荐采用如下二种方法。

a. 当缺陷反射波只有一个高点时，用降低 6 dB 相对灵敏度法测长见图21；

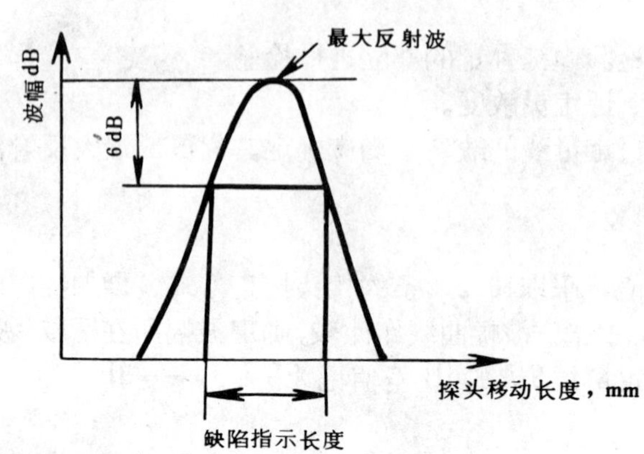

图 21　相对灵敏度测长法

b.　在测长扫查过程中，如发现缺陷反射波峰值起伏变化，有多个高点，则以缺陷两端反射波极大值之间探头的移动长度确定为缺陷指示长度，即端点峰值法见图22。

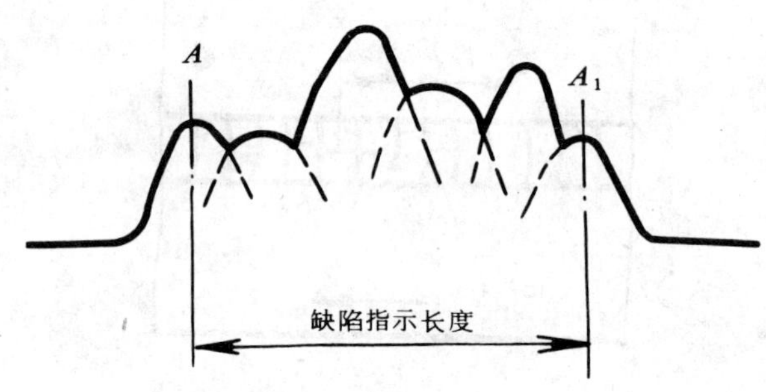

图 22　端点峰值测长法

12　缺陷评定

12.1　超过评定线的信号应注意其是否具有裂纹等危害性缺陷特征，如有怀疑时应采取改变探头角度、增加探伤面、观察动态波型、结合结构工艺特征作判定，如对波型不能准确判断时，应辅以其他检验作综合判定。

12.2　最大反射波幅位于Ⅱ区的缺陷，其指示长度小于10mm时按5 mm计。

12.3　相邻两缺陷各向间距小于8 mm时，两缺陷指示长度之和作为单个缺陷的指示长度。

13　检验结果的等级分类

13.1　最大反射波幅位于Ⅱ区的缺陷，根据缺陷指示长度按表6的规定予以评级。

表 6　缺陷的等级分类

评定等级 \ 检验等级 / 板厚，mm	A	B	C
	8～50	8～300	8～300
Ⅰ	$\frac{2}{3}\delta$；最小12	$\frac{\delta}{3}$；最小10，最大30	$\frac{\delta}{3}$；最小10，最大20
Ⅱ	$\frac{3}{4}\delta$；最小12	$\frac{2}{3}\delta$；最小12，最大50	$\frac{\delta}{2}$；最小10，最大30
Ⅲ	$<\delta$；最小20	$\frac{3}{4}\delta$；最小16，最大75	$\frac{2}{3}\delta$；最小12，最大50
Ⅳ	超过三级者		

注：① δ 为坡口加工侧母材板厚，母材板厚不同时，以较薄侧板厚为准。

② 管座角焊缝 δ 为焊缝截面中心线高度。

13.2　最大反射波幅不超过评定线的缺陷，均评为Ⅰ级。

13.3　最大反射波幅超过评定线的缺陷，检验者判定为裂纹等危害性缺陷时，无论其波幅和尺寸如何，均评定为Ⅳ级。

13.4　反射波幅位于Ⅰ区的非裂纹性缺陷，均评为Ⅰ级。

13.5　反射波幅位于Ⅲ区的缺陷，无论其指示长度如何，均评定为Ⅳ级。

13.6　不合格的缺陷，应予返修，返修区域修补后，返修部位及补焊受影响的区域，应按原探伤条件进行复验，复探部位的缺陷亦应按12章评定。

14　记录与报告

14.1　检验记录主要内容：工件名称、编号、焊缝编号、坡口形式、焊缝种类、母材材质、规格、表面情况、探伤方法、检验规程、验收标准、所使用的仪器、探头、耦合剂、试块、扫描比例、探伤灵敏度。所发现的超标缺陷及评定记录，检验人员及检验日期等。反射波幅位于Ⅱ区，其指示长度小于表6的缺陷也应予记录。

14.2　检验报告主要内容：工件名称、合同号、编号、探伤方法、探伤部位示意图、检验范围、探伤比例验收标准、缺陷情况、返修情况、探伤结论、检验人员及审核人员签字等。

14.3　检验记录和报告应至少保存7年。

14.4　检验记录和报告的推荐格式见附录F。

附 录 A
标准试块的形状和尺寸
(补充件)

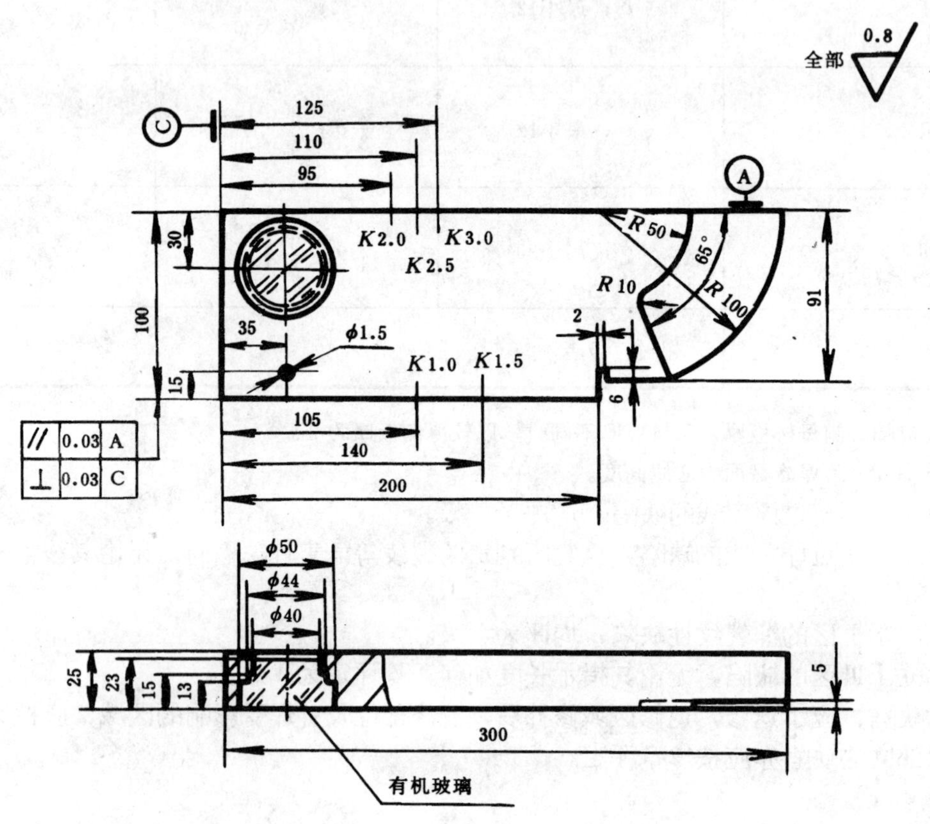

图 A1 CSK-ZB试块

注：尺寸公差±0.1；

各边垂直度不大于0.05；

C面为尺寸基准面，上部各折射角刻度尺寸值见表A1，下部见表A2。

表 A1

折射角值	60°	62°	64°	66°	68°	70°	72°	73°	74°	75°	76°
尺寸值	87.0	91.4	96.5	102.4	109.3	117.4	127.3	133.1	139.6	147.0	155.3

表 A2

折射角值	40°	41°	42°	43°	44°	45°	46°	47°	48°	49°	50°	51°	52°
尺寸值	93.7	95.9	98.0	100.3	102.6	105.0	107.5	110.1	112.7	115.5	118.4	121.4	124.6

折射角值	53°	54°	55°	56°	57°	58°	59°	60°	61°	62°	63°	64°	65°	66°
尺寸值	127.9	131.3	135.0	138.8	142.8	147.0	151.5	156.2	161.2	166.7	172.4	178.5	185.1	192.2

附 录 B
对比试块的形状和尺寸
（补充件）

B 1 对比试块的形状和尺寸见表B 1。

表 B 1 对比试块 mm

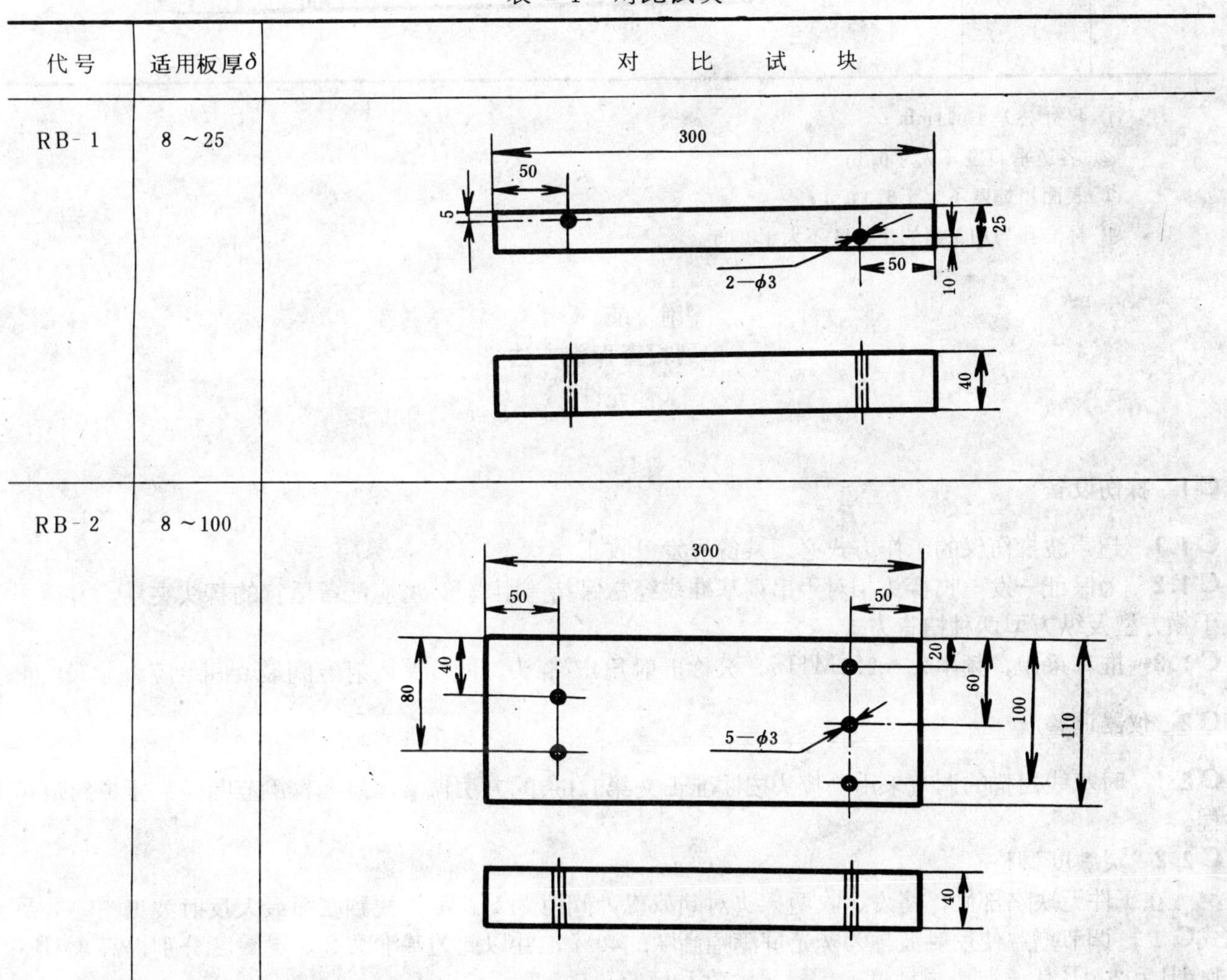

代号	适用板厚δ	对 比 试 块
RB-1	8 ~25	
RB-2	8 ~100	

续表 B 1

mm

代号	适用板厚δ	对 比 试 块
RB-3	8 ~150	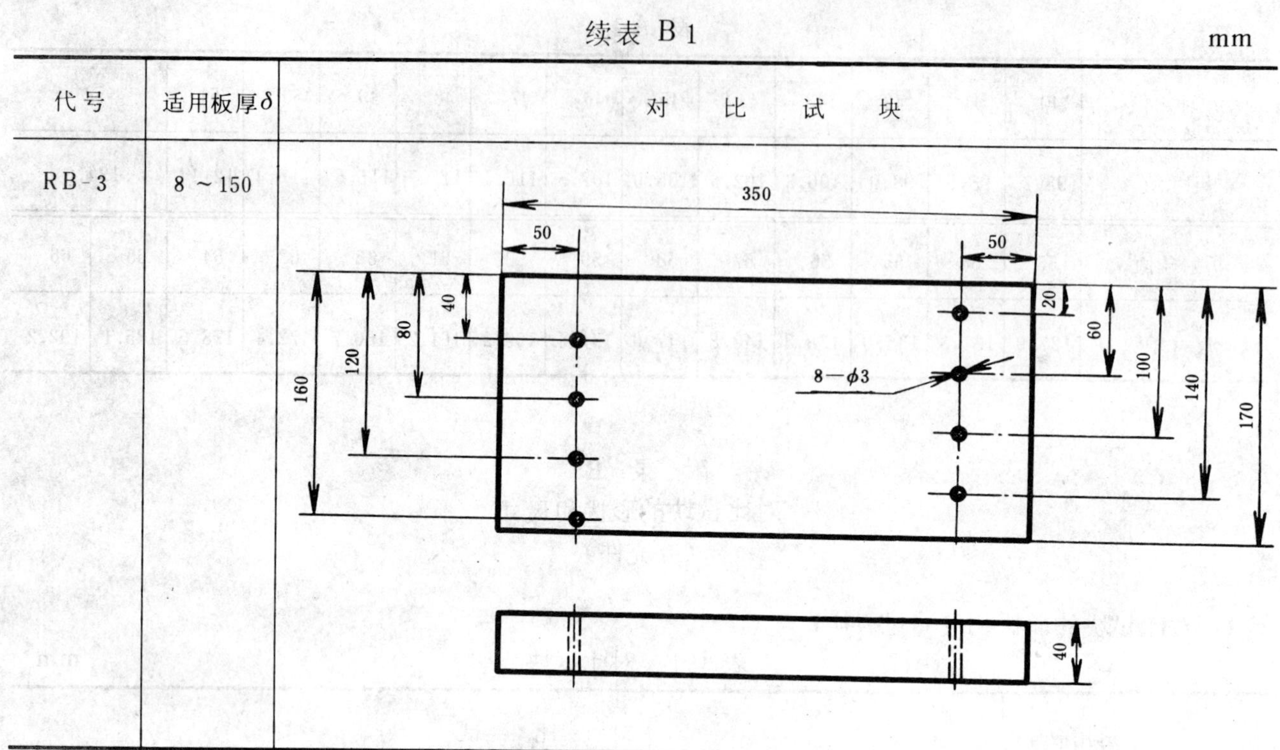

注：① 尺寸公差±0.1mm；

② 各边垂直度不大于0.1；

③ 表面粗糙度不大于6.3μm；

④ 标准孔与加工面的平行度不大于0.05。

附 录 C
串列扫查探伤方法
（补充件）

C1 探伤设备

C1.1 超声波探伤仪的工作方式必须具备一发一收工作状态。

C1.2 为保证一发一收探头相对于串列基准线经常保持等距离移动，应配备适宜的探头夹具，并适用于横方型及纵方型两种扫查方式。

C1.3 推荐采用，频率2 ~2.5MHz，公称折射角45°探头，两探头入射点间最短间距应小于20mm。

C2 仪器调整

C2.1 时基线扫描的调节采用单探头按标准正文第9.1条的方法调节，最大探测范围应大于1跨距声程。

C2.2 灵敏度调整

在工件无缺陷部位，将发、收两探头对向放置，间距为1跨距，找到底面最大反射波见图C 1及式C 1，调节增益使反射波幅为荧光屏满幅高度的40%，并以此为基准波高。灵敏度分别提高8dB、14dB和20dB代表判废灵敏度、定量灵敏度和评定灵敏度。

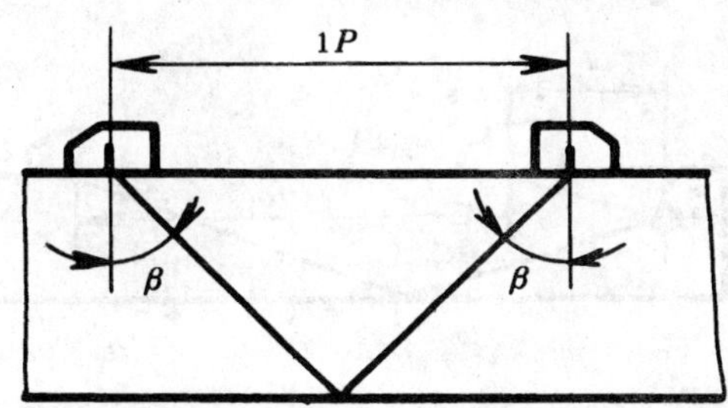

图 C1 灵敏度调节

C3 检验程序

C3.1 检验准备

a. 探伤面对接焊缝的单面双侧；

b. 串列基准线如发、收两探头实测折射角的平均值为$\overline{\beta}$或K值平均为$\overline{K}$。在离参考线（参考线至探伤截面的距离L'-0.5P）的位置标记串列基准线，见图C 2 及式C 2 。

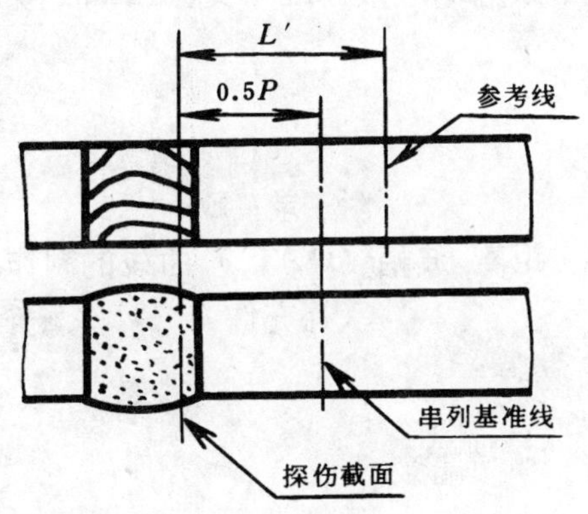

图 C 2 串列基准线的标记

$$0.5P=\delta\cdot\mathrm{tg}\overline{\beta} \quad \cdots\cdots (C1)$$

或 $$0.5P=\delta\cdot\overline{K} \quad \cdots\cdots (C2)$$

C3.2 初始探伤

C3.2.1 探伤灵敏度不低于评定灵敏度。

C3.2.2 扫查方式采用横方形或纵方形串列扫查，扫查范围以串列基准线为中心尽可能扫查到整个探伤截面，每个探伤截面应扫查一遍。

C3.2.3 标记超过评定线的反射波，被判定为缺陷时，应在焊缝的相应位置作出标记。

C3.3 规定探伤

C3.3.1 对象只对初始检验标记部位进行探伤。

C3.3.2 探伤灵敏度为评定灵敏度。

C3.3.3 缺陷位置不同深度的缺陷，其反射波均出现在相当于半跨距声程位置见图C 3 。缺陷的水平距离和深度分别为：

$$l=\delta\cdot\mathrm{tg}\beta-\frac{Y}{2} \quad \cdots\cdots (C3)$$

$$h=\delta-\frac{Y}{2\,\mathrm{tg}\beta} \quad \cdots\cdots (C4)$$

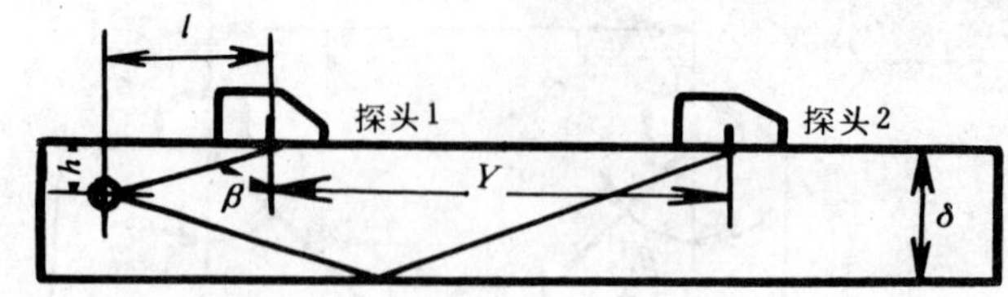

图 C3　串列扫查缺陷定位

C 3.3.4　缺陷反射波幅在最大反射波探头位置，以40％线为基准波高测出缺陷反射波的dB数作为缺陷的相对波幅，记为$SL\pm$——dB。

C 3.3.5　缺陷指示长度的测定

采用以评定灵敏度为测长灵敏度的绝对灵敏度法测量缺陷指示长度。即进行左右扫查（横方形串列扫查），以波幅超过评定线的探头移动范围作为缺陷指示长度。

C 4　缺陷评定

所有反射波幅度超过评定线的缺陷均应按标准正文第12章的规定予以评定，并按第13章的规定对探伤结果作等级分类。

附　录　D
距离-波幅（DAC）曲线的制作
（补充件）

D 1　试块

D 1.1　采用标准附录B 对比试块或其他等效形式试块绘制DAC曲线。

D 1.2　R小于等于$\frac{W^2}{4}$时，应采用探伤面曲率与工件探伤面曲率相同或相近的对比试块。

D 2　绘制步骤

DAC曲线可绘制在坐标纸上（称DAC曲线），亦可直接绘制在荧光屏前透明的刻度板上(称DAC曲线板)。

D 2.1　DAC曲线的绘制步骤如下：

a.　将测试范围调整到探伤使用的最大探测范围，并按深度、水平或声程法调整时基线扫描比例；

b.　根据工件厚度和曲率选择合适的对比试块，选取试块上孔深与探伤深度相同或接近的横孔为第一基准孔，将探头置于试块探伤面声束指向该孔，调节探头位置找到横孔的最高反射波；

c.　调节“增益”或“衰减器”使该反射波幅为荧光屏上某一高度（例如满幅的40％）该波高即为“基准波高”，此时，探伤系统的有效灵敏度应比评定灵敏度高10dB；

d.　调节衰减器，依次探测其他横孔，并找到最大反射波高，分别记录各反射波的相对波幅值（dB）；

e.　以波幅（dB）为纵坐标，以探测距离（声程、深度或水平距离）为横坐标，将c、d记录数值描绘在坐标纸上；

f.　将标记各点连成圆滑曲线，并延长到整个探测范围，最近探测点到探测距离O点间画水平线，该曲线即为ϕ3 mm 横孔DAC曲线的基准线；

g. 依据标准正文表3规定的各线灵敏度，在基准线下分别绘出判废线、定量线、评定线，并标记波幅的分区；

h. 为便于现场探伤校验灵敏度，在测试上述数据的同时，可对现场使用的便携试块上的某一参考反射体进行同样测量，记录其反射波位置和反射波幅（dB）并标记在DAC曲线图上。

D2.2 DAC曲线板的绘制步骤如下：

a. 同D2.1a；

b. 依据工件厚度和曲率选择合适的对比试块，在试块上所有孔深小于等于探测深度的孔中，选取能产生最大反射波幅的横孔为第一基准孔；

c. 调节"增益"使该孔的反射波为荧光屏满幅高度的80%，将其峰值标记在荧光屏前辅助面板上。依次探测其它横孔，并找到最大反射波高，分别将峰值点标记在辅助面板上，如果做分段绘制，可调节衰减器分段绘制曲线；

d. 将各标记点连成圆滑曲线，并延伸到整个探测范围，该曲线即为ϕ3 mm横孔DAC曲线基准线；

e. 将灵敏度提高（8～50mm提高到10dB，50～300mm提高10dB或8dB），该线表示定量线。在定量灵敏度下，如分别将灵敏度提高或降低6dB，该线将分别代表评定或判废线。（A级检验DAC基准线即为判废线）；

f. 在作上述测试的同时，可对现场使用的便携式试块上的某一参考反射体作同样测量，并将其反射波位置和峰值标记在曲线板上，以便现场进行灵敏度校验。

附 录 E
声能传输损耗差的测定
（补充件）

工件本身反射波幅度有影响的两个主要因素是材料的材质衰减和工件表面粗糙度及耦合情况造成的表面声能损失。

超声波的材质衰减对普通碳钢或低合金钢板材，在频率低于3 MHz声程不超过200mm时，可以忽略不记，或者一般来说衰减系数小于0.01dB/mm时，材质衰减可以不予考虑，标准试块和对比试块均应满足这一要求。

受检工件探伤时，如声程较大，或材质衰减系数超过上述范围，在确定缺陷反射波幅时，应考虑作材料衰减修整，如被检工件表面比较粗糙还应考虑表面声能损失问题。

E1 横波超声材质衰减的测量

E1.1 制作与受检工件材质相同或相近，厚度约40mm表面粗糙度与对比试块RB相同的平面型试块图E1。

E1.2 采用工件检验中使用的斜探头按深度1∶1调节仪器时基扫描。

E1.3 另选用一只与该探头尺寸、频率、角度相同的斜探头，两探头按图E1所示方向置于平板试块上，两探头入射点间距离为1 P，仪器调为一发一收状态，找到接收波最大反射波幅，记录其波幅值H_1（dB）。

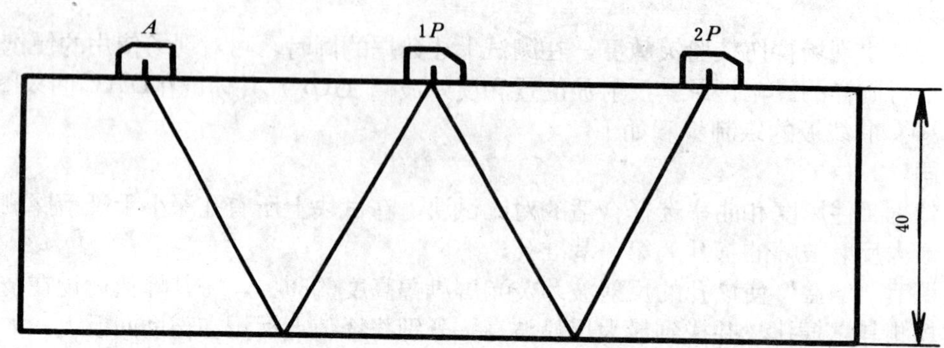

图 E1 超声衰减的测定

E 1.4 将两探头拉开到距离为2 P，找到最大反射波幅，记录其波幅值H_2 (dB)。

E 1.5 实际探伤中超声波总是往返的，故双程的衰减系数α_H可用下式计算：

$$\alpha_H = \frac{H_1 - H_2 - \Delta}{S_2 - S_1} \qquad (E1)$$

$$S_1 = 40/\cos\beta + l_0' \qquad (E2)$$

$$S_2 = 80/\cos\beta + l_0' \qquad (E3)$$

$$l_0' = l_0 \frac{\mathrm{tg}\alpha}{\mathrm{tg}\beta} \qquad (E4)$$

式中：l_0—— 晶片到入射点的距离，作为简化处理亦可取$l_0' = l_0$，mm；

Δ—— 声程S_1，S_2不考虑材质衰减时大平面的反射波幅dB差。可用公式$20\log\frac{S_2}{S_1}$计算或从该探头的D·G·S 曲线上查得，dB 。

由于S_2近似为S_1的2倍，在声程大于3倍近场长度N时，Δ约为6 dB 。

E 1.6 如果在图E 1 试块和RB对比试块的侧面测得波幅Hz，相差不超过1 dB，则可不考虑工件的材质衰减。

E 2 传输损失差的测定

E 2.1 采用工件检验中使用的斜探头，按深度比例调节仪器时基扫描。

E 2.2 选用另一只与该探头尺寸、频率、角度相同的斜探头，两探头按图E 2 所示方向置于对比试块侧面上，两探头入射点间距离为1 P，仪器调为一发一收状态。

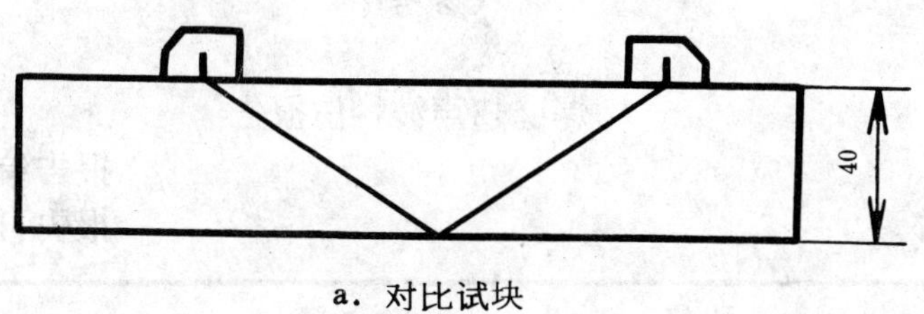

a. 对比试块

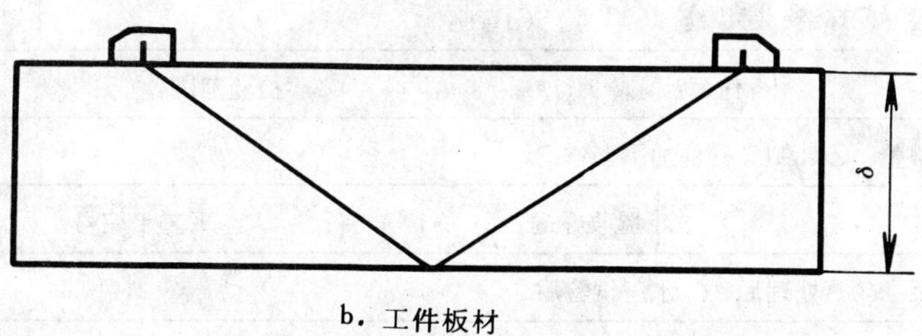

b. 工件板材

图 E2 传输损失差的测定

E 2.3 在对比试块上，找到接收波最大反射波幅，记录其波幅值H_1（dB）。

E 2.4 在受检工件板材上（不通过焊缝）同样测出接收波最大反射波幅，记录其波幅值H_2（dB）。

E 2.5 传输损失差ΔV为：

$$\Delta V = H_1 - H_2 - \Delta_1 - \Delta_2 \quad \text{(E5)}$$

式中：Δ_1——声程S_1、S_2不考虑材质衰减时大平面的反射波幅dB差，可用公式$20\log\frac{S_2}{S_1}$计算或从探头的D、G、S曲线上查得，dB；

S_1——在对比试块中的声程，mm；

S_2——在工件板材中的声程，mm；

Δ_2——试块中声程S_1时与工件中声程S_2时的超声材质衰减差值，dB。

如试块图E_1按E1测量材质衰减系数小于0.01dB/mm，此项可以不予考虑。

附 录 F
焊缝超声波探伤报告和记录
（参考件）

焊缝超声波探伤报告

报告编号

报告日期　　年　月　日

产品名称：		令号：	
工件名称：	工件编号：	材料：	厚度：　　mm
焊缝种类：○平板　○环缝　○纵缝　○T 型　○管座			焊接方法：
焊缝数量：	探伤面：　　检验范围：　　%		
探伤面状态：○修整　○轧制　○机加　○			
检验规程：	验收标准：　　工艺卡编号：		
探伤时机：○焊后　○热处理后　○水压试验后　○			
仪器型号：	耦合剂：○机油　○甘油　○浆糊　○		
探伤方式：○垂直　○斜角　○单探头　○双探头　○串列探头			
扫描调节：○深度　○水平　○声程		比例：	试块：
探伤部位示意图：	探伤位置：↓		

探伤结果及返修情况	焊缝编号	检验长度	显示情况	一次返修缺陷编号	二次返修缺陷编号	说明：
			○NI　○RI　○UI			NI：无应记录缺陷
			○NI　○RI　○UI			RI：有应记录缺陷
			○NI　○RI　○UI			UI：有应返修缺陷
			○NI　○RI　○UI			
			○NI　○RI　○UI			
			○NI　○RI　○UI			
	检验焊缝总长　　mm，一次返修总长　　mm， 二次返修总长　　mm，同一部位经　次返修后合格 附：检验及复验探伤记录 ____ 页					

备注：

结论：　○　合格　　　○不合格

检验：　UT___级　　　审核：　UT___级

焊缝超声波探伤记录

工件名称：	工件编号：	检验次序：〇首次检验〇一次复验〇二次复验

探测条件：

序号	探头			反射体			基准波高 满幅%	反射体波幅 dB	传输修正 dB	探伤灵敏度 dB	探测深度 mm
	角度 (βK)	频率 MHz	尺寸	形状 (Φ、ϕ、B)	深度 mm	试块					
1											
2											
3											
4											

焊缝编号	检验区段号	探头序号	缺陷编号	缺陷位置 mm	深度 mm	指示长度 mm	波幅 dB	评定		检验人	备注
								记录	返修		
				→							
				→							
				→							

附加说明：

本标准由中华人民共和国机械电子工业部提出。

本标准由全国无损检测标准化技术委员会归口。

本标准由哈尔滨焊接研究所负责起草，主要参加单位：哈尔滨锅炉厂、劳动人事部锅炉压力容器检测研究中心。

本标准主要起草人李生田、李家鳌、康纪黔、张泽丰、王梅屏。

ICS 77.140.75
H 48

中华人民共和国国家标准

GB/T 13793—2008
代替 GB/T 13792～13793—1992

直缝电焊钢管

Steel pipes with a longitudinal electric (resistance) weld

2008-05-13 发布　　　　2008-11-01 实施

中华人民共和国国家质量监督检验检疫总局
中国国家标准化管理委员会　发布

前　言

本标准参照 ASTM A53/A53M-05《无缝和焊接的黑钢管和热浸镀锌钢管》及 JIS G 3444:2004《一般结构用碳素钢钢管》修订。

本标准代替 GB/T 13792—1992《带式输送机托辊用电焊钢管》和 GB/T 13793—1992《直缝电焊钢管》。本标准与 GB/T 13792—1992 和 GB/T 13793—1992 相比，主要变化如下：

——尺寸规格直接引用焊接钢管通用标准；

——修改了尺寸允许偏差；

——修改了通长长度范围；

——增加了钢管弯曲度的分类；

——增加了钢管端面的要求；

——增加了内焊缝毛刺高度的要求；

——删除了 08F、10F、15F 钢牌号，增加了 Q235C 及低合金钢牌号；

——增加了焊后热加工制造方法；

——修改了压扁试验平板间距离；

——修改了钢管液压试验要求；

——增加了钢管涂层要求，并对镀锌管提出了技术要求；

——修改了钢管的检验组批规则。

本标准的附录 A、附录 B 为规范性附录。

本标准由中国钢铁工业协会提出。

本标准由全国钢标准化技术委员会归口。

本标准起草单位：凌源钢铁股份有限公司、番禺珠江钢管有限公司、衡水京华制管有限公司。

本标准主要起草人：马育民、周国峰、胥志宏、郝志强、冯钊棠、黄克坚、赵福亮。

本标准所代替标准的历次版本发布情况为：

——GB/T 13792—1992；

——GB/T 13793—1992。

直缝电焊钢管

1 范围

本标准规定了直缝电阻焊接钢管的分类及代号、尺寸、外形、重量、技术要求、试验方法、检验规则、包装、标志和质量证明书。

本标准适用于一般用途的外径不大于630 mm的直缝高频电阻焊焊接钢管。

2 规范性引用文件

下列文件中的条款通过本标准的引用而成为本标准的条款。凡是注日期的引用文件，其随后所有的修改单(不包括勘误的内容)或修订版均不适用于本标准，然而，鼓励根据本标准达成协议的各方研究是否可使用这些文件的最新版本。凡是不注日期的引用文件，其最新版本适用于本标准。

GB/T 222 钢的成品化学分析允许偏差

GB/T 223.3 钢铁及合金化学分析方法 二安替比林甲烷磷钼酸重量法测定磷量

GB/T 223.5 钢铁及合金化学分析方法 还原型硅钼酸盐光度法测定酸溶硅含量

GB/T 223.10 钢铁及合金化学分析方法 铜铁试剂分离-铬天青S光度法测定铝含量

GB/T 223.11 钢铁及合金化学分析方法 过硫酸铵氧化容量法测定铬量

GB/T 223.12 钢铁及合金化学分析方法 碳酸钠分离-二苯碳酰二肼光度法测定铬量

GB/T 223.14 钢铁及合金化学分析方法 钽试剂萃取光度法测定钒含量

GB/T 223.16 钢铁及合金化学分析方法 变色酸光度法测定钛量

GB/T 223.18 钢铁及合金化学分析方法 硫代硫酸钠分离-碘量法测定铜量

GB/T 223.19 钢铁及合金化学分析方法 新亚铜灵-三氯甲烷萃取光度法测定铜量

GB/T 223.23 钢铁及合金化学分析方法 丁二酮肟分光光度法测定镍量

GB/T 223.24 钢铁及合金化学分析方法 萃取分离-丁二酮肟分光光度法测定镍量

GB/T 223.32 钢铁及合金化学分析方法 次磷酸钠还原-碘量法测定砷含量

GB/T 223.37 钢铁及合金化学分析方法 蒸馏分离-靛酚蓝光度法测定氮量

GB/T 223.40 钢铁及合金 铌含量的测定 氯磺酚S分光光度法

GB/T 223.53 钢铁及合金化学分析方法 火焰原子吸收分光光度法测定铜量

GB/T 223.54 钢铁及合金化学分析方法 火焰原子吸收分光光度法测定镍量

GB/T 223.58 钢铁及合金化学分析方法 亚砷酸钠-亚硝酸钠滴定法测定锰量

GB/T 223.59 钢铁及合金化学分析方法 锑磷钼蓝光度法测定磷量

GB/T 223.60 钢铁及合金化学分析方法 高氯酸脱水重量法测定硅含量

GB/T 223.61 钢铁及合金化学分析方法 磷钼酸铵容量法测定磷量

GB/T 223.62 钢铁及合金化学分析方法 乙酸丁酯萃取光度法测定磷量

GB/T 223.63 钢铁及合金化学分析方法 高碘酸钠(钾)光度法测定锰量

GB/T 223.64 钢铁及合金化学分析方法 火焰原子吸收分光光度法测定锰量

GB/T 223.67 钢铁及合金化学分析方法 还原蒸馏-次甲基蓝光度法测定硫量

GB/T 223.68 钢铁及合金化学分析方法 管式炉内燃烧后碘酸钾滴定法测定硫含量

GB/T 223.69 钢铁及合金化学分析方法 管式炉内燃烧后气体容量法测定碳含量

GB/T 223.71 钢铁及合金化学分析方法 管式炉内燃烧后重量法测定碳含量

GB/T 223.72 钢铁及合金化学分析方法 氧化铝色层分离-硫酸钡重量法测定硫量

GB/T 223.74 钢铁及合金化学分析方法 非化合碳含量的测定

GB/T 228 金属材料 室温拉伸试验方法(GB/T 228—2002,ISO 6892:1998,EQV)

GB/T 241 金属管 液压试验方法

GB/T 242 金属管 扩口试验方法(GB/T 242—2007,ISO 8493:1998,IDT)

GB/T 244 金属管 弯曲试验方法(GB/T 244—2008,ISO 8491:1998,IDT)

GB/T 246 金属管 压扁试验方法(GB/T 246—2007,ISO 8492:1998,IDT)

GB/T 699 优质碳素结构钢

GB/T 700 碳素结构钢(GB/T 700—2006,ISO 630:1995,NEQ)

GB/T 1591 低合金高强度结构钢

GB/T 2102 钢管的验收、包装、标志和质量证明书

GB/T 2975 钢及钢产品力学性能试验检验取样位置及试样准备(GB/T 2975—1998,eqv ISO 377:1997)

GB/T 4336 碳素钢和中低合金钢火花源原子发射光谱分析方法(常规法)

GB/T 7735 钢管涡流探伤检验方法(GB/T 7735—2004,ISO 9304:1989,MOD)

GB/T 12606 钢管漏磁探伤方法(GB/T 12606—1999,eqv ISO 9402:1989、ISO 9598:1989)

GB/T 18256 焊接钢管(埋弧焊除外)用于确认水压密实性的超声波检测方法

GB/T 20066 钢和铁 化学成分测定用试样的取样和制样方法(GB/T 20066—2006,ISO 14284:1996,IDT)

GB/T 20123 钢铁 总碳硫含量的测定 高频感应炉燃烧后红外吸收法(常规方法)(GB/T 20123—2006,ISO 15350:2000,IDT)

GB/T 21835 焊接钢管尺寸及单位长度重量(GB/T 21835—2008,ISO 1127:1992、ISO 4200:1991,NEQ)

3 分类及代号

钢管按制造精度分类及代号如下:

a) 外径普通精度的钢管,PD. A;

b) 外径较高精度的钢管,PD. B;

c) 外径高精度的钢管,PD. C;

d) 壁厚普通精度的钢管,PT. A;

e) 壁厚较高精度的钢管,PT. B;

f) 壁厚高精度的钢管,PT. C;

g) 弯曲度为普通精度的钢管,PS. A;

h) 弯曲度为较高精度的钢管,PS. B;

i) 弯曲度为高精度的钢管,PS. C。

4 订货内容

4.1 按本标准订购钢管的合同或订单应包括下列内容:

a) 标准编号;

b) 产品名称;

c) 钢的牌号(等级);

d) 数量(总重量或总长度);

e) 制造方法;

f) 尺寸规格;

g) 交货状态。

4.2 需方如选择下列要求,由供需双方协商确定,并在订购钢管的合同或订单注明:

a) 用途;

b) 液压试验种类；

c) 制造精度；

d) 管端状态；

e) 清除内毛刺；

f) 镀锌层厚度；

g) 其他要求。

5 尺寸、外形、重量及允许偏差

5.1 外径和壁厚

5.1.1 钢管的外径(D)和壁厚(t)应符合 GB/T 21835 的规定。根据需方要求，经供需双方协商，可供应 GB/T 21835 规定以外尺寸的钢管。

5.1.2 外径和壁厚的允许偏差

钢管外径和壁厚的允许偏差应分别符合表 1 和表 2 的规定。当合同未注明钢管尺寸允许偏差级别时，带式输送机托辊用钢管外径和壁厚的允许偏差按较高精度交货；其余钢管外径和壁厚的允许偏差按普通精度交货。

根据需方要求，经供需双方协商，并在合同中注明，可供应表 1 和表 2 规定以外尺寸允许偏差的钢管。

表 1 钢管的外径允许偏差

单位为毫米

外径(D)	普通精度(PD.A)[a]	较高精度(PD.B)	高精度(PD.C)
5～20	±0.30	±0.20	±0.10
>20～50	±0.50	±0.30	±0.15
>50～80	±1.0%D	±0.50	±0.30
>80～114.3	±1.0%D	±0.60	±0.40
>114.3～219.1	±1.0%D	±0.80	±0.60
>219.1	±1.0%D	±0.75%D	±0.5%D

[a] 不适用于带式输送机托辊用钢管。

表 2 钢管壁厚允许偏差

单位为毫米

壁厚(t)	普通精度(PT.A)[a]	较高精度(PT.B)	高精度(PT.C)	同截面壁厚允许差[b]
0.50～0.60	±0.10	±0.06	+0.03 −0.05	≤7.5%t
>0.60～0.80		±0.07	+0.04 −0.07	
>0.80～1.0	±0.10	±0.08	+0.04 −0.07	
>1.0～1.2	±10%t	±0.09	+0.05 −0.09	
>1.2～1.4		±0.11		
>1.4～1.5		±0.12	+0.06 −0.11	
>1.5～1.6		±0.13		
>1.6～2.0		±0.14	+0.07 −0.13	
>2.0～2.2		±0.15		
>2.2～2.5		±0.16		
>2.5～2.8		±0.17	+0.08 −0.16	
>2.8～3.2		±0.18		

表 2（续）

单位为毫米

壁厚(t)	普通精度(PT. A)[a]	较高精度(PT. B)	高精度(PT. C)	同截面壁厚允许差[b]
>3.2～3.8	±10%t	±0.20	$^{+0.10}_{-0.20}$	≤7.5%t
>3.8～4.0		±0.22		
>4.0～5.5		±7.5%t	±5%t	
>5.5	±12.5%t	±10%t	±7.5%t	

[a] 不适用于带式输送机托辊用钢管。

[b] 不适合普通精度的钢管。同截面壁厚差指同一横截面上实测壁厚的最大值与最小值之差。

5.2 长度

5.2.1 通常长度

钢管的通常长度应符合如下规定：

a) 外径≤30 mm,4 000 mm～6 000 mm；

b) 外径>30 mm～70 mm,4 000 mm～8 000 mm；

c) 外径>70 mm,4 000 mm～12 000 mm。

经供需双方协商,并在合同中注明,可提供通常长度以外长度的钢管。

按通常长度交货时,每批钢管可交付数量不超过该批钢管交货总数量5%的,长度不小于2 000 mm的短尺钢管。

5.2.2 定尺长度和倍尺长度

根据需方要求,经供需双方协商,并在合同中注明,钢管可按定尺长度或倍尺长度交货。定尺长度和倍尺总长度应在通常长度范围内。倍尺长度每个倍尺长度应留 5 mm～10 mm 的切口余量。定尺长度、倍尺总长度允许偏差应符合以下规定：

a) D≤30 mm，$^{+15}_{0}$ mm；

b) D>30 mm～219.1 mm，$^{+20}_{0}$ mm；

c) D>219.1 mm，$^{+50}_{0}$ mm。

5.3 弯曲度

外径不大于 16 mm 的钢管应具有不影响使用的弯曲度。

外径大于 16 mm 的钢管,其弯曲度应符合表 3 的规定。

表 3 钢管的弯曲度

外径(D)/mm	弯曲度/(mm/m),不大于		
	普通精度(PS. A)	较高精度(PS. B)	高精度(PS. C)
>16	1.5	1.0	0.5

5.4 不圆度

钢管的不圆度应符合以下规定：

a) 带式输送机托辊用钢管,应不大于外径允许公差的 50%；

b) 其他钢管,外径不大于 152 mm 时,应不大于外径允许公差值的 75%;外径大于 152 mm 时,应不大于外径允许公差。

5.5 钢管端面

钢管应垂直轴线切割,并应清除切口毛刺。

外径大于 114.3 mm 的钢管,切口斜度(h)应不大于 3 mm。切口斜度见图 1。

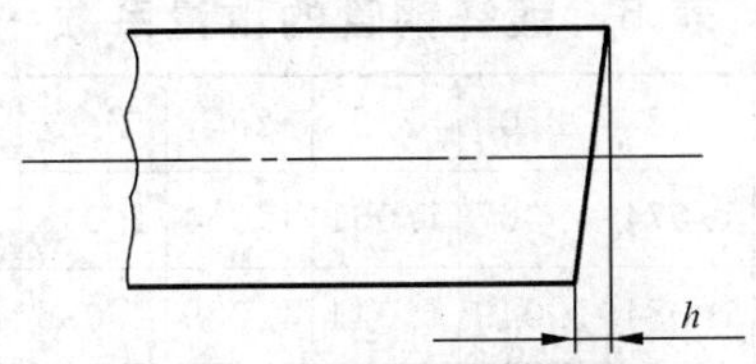

图 1 钢管切口斜度

根据需方要求,经供需双方协商,并在合同中注明,壁厚大于 4 mm 的钢管管端可加工坡口,坡口角为 $30^{\circ}{}^{+5^{\circ}}_{0}$,管端余留的钝边宽度为 1.6 mm±0.8 mm。坡口和钝边见图 2。

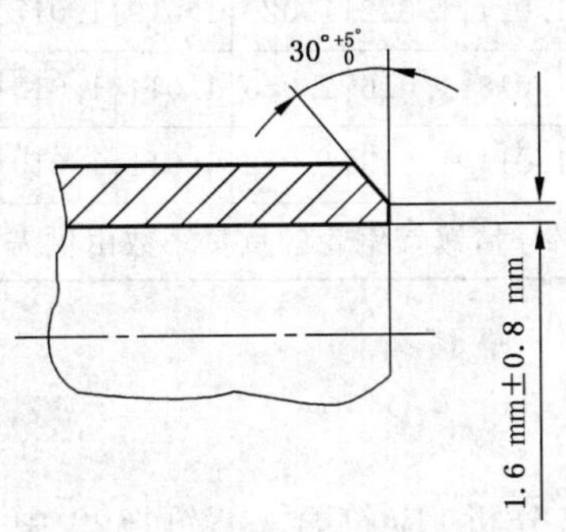

图 2 管端坡口和钝边

5.6 **钢管的焊缝高度**

5.6.1 钢管外焊缝毛刺应修磨平整。

5.6.2 带式输送机托辊用钢管应清除内毛刺交货,其他钢管可不清除内毛刺交货。

根据需方要求,外径大于 25 mm 的钢管可清除内毛刺交货。

钢管清除内毛刺交货时,其内焊缝毛刺高度应符合表 4 的规定,且内毛刺清除后钢管剩余壁厚应不小于壁厚允许的最小值。

表 4 内毛刺高度 单位为毫米

普通精度	较高精度	高精度
+0.50 −0.20	+0.50 −0.05	+0.20 −0.05

根据需方要求,经供需双方协商,并在合同中注明,可供应表 4 以外内毛刺高度的钢管。

5.7 **重量**

5.7.1 钢管按理论重量交货,也可按实际重量交货。

5.7.2 非镀锌钢管单位长度理论重量按公式(1)计算(钢的密度按 7.85 kg/dm^3)。

$$W = 0.0246615(D-t)t \qquad (1)$$

式中:

W——钢管的每米理论重量,单位为千克每米(kg/m);

D——钢管的外径,单位为毫米(mm);

t——钢管的壁厚,单位为毫米(mm)。

5.7.3 镀锌钢管单位长度理论重量按公式(2)计算。

$$W' = CW \qquad (2)$$

式中:

W'——镀锌钢管的每米理论重量,单位为千克每米(kg/m);

C——镀锌钢管比原管增加的重量系数,见表 5;

W——钢管镀锌前的每米理论重量,单位为千克每米(kg/m)。

表 5 镀锌钢管的重量系数

壁厚 t/mm		1.2	1.4	1.5	1.6	1.8	2.0	2.2	2.5	2.8	3.0	3.2	3.5	3.8	4.0	4.2
系数 C	A	1.111	1.096	1.089	1.084	1.074	1.067	1.061	1.054	1.048	1.044	1.042	1.038	1.035	1.033	1.032
	B	1.082	1.070	1.065	1.061	1.054	1.049	1.044	1.039	1.035	1.033	1.031	1.028	1.026	1.024	1.023
	C	1.067	1.057	1.054	1.050	1.044	1.040	1.036	1.032	1.029	1.027	1.025	1.023	1.021	1.020	1.019
壁厚 t/mm		4.5	4.8	5.0	5.4	5.6	6.0	6.5	7.0	8.0	9.0	10.0	11.0	12.0	12.7	13.0
系数 C	A	1.030	1.028	1.027	1.025	1.024	1.022	1.020	1.019	1.017	1.015	1.013	1.012	1.011	1.008	1.010
	B	1.022	1.020	1.020	1.018	1.018	1.016	1.015	1.014	1.012	1.011	1.010	1.009	1.008	1.006	1.008
	C	1.018	1.017	1.016	1.015	1.014	1.013	1.012	1.011	1.010	1.009	1.008	1.007	1.007	1.004	1.006
注：本表规定壁厚之外的钢管需要镀锌时，镀锌钢管的重量系数由供需双方协商确定。																

6 技术要求

6.1 钢的牌号和化学成分

6.1.1 钢的牌号和化学成分（熔炼分析）应符合 GB/T 699 中 08、10、15、20，GB/T 700 中 Q195、Q215A、Q215B、Q235A、Q235B、Q235C 和 GB/T 1591 中 Q295A、Q295B、Q345A、Q345B、Q345C 的规定。

根据需方要求，经供需双方协商，可供应其他易焊接牌号钢管。

根据需方要求，经供需双方协商，并在合同中注明，钢中可加入 V、Nb、Ti 细化晶粒元素。

6.1.2 钢管的化学成分按熔炼成分验收。当需方要求进行成品分析时，应在合同中注明。成品化学成分允许偏差应符合 GB/T 222 的规定。

6.2 制造方法

钢管应以热轧钢带或冷轧钢带采用电阻焊或焊后冷、热加工方法制造。需方指定某一种制造方法时，应在合同中注明。

6.3 交货状态

钢管以焊接状态（不热处理状态）交货。

根据需方要求，经供需双方协商，并在合同中注明，钢管也可经整体热处理或焊缝热处理状态交货。

6.4 力学性能

6.4.1 钢管的力学性能应符合表 6 的规定。

根据需方要求，经供需双方协商，并在合同中注明，钢管可按表 7 规定的力学性能交货。

拉伸试验时，外径不大于 219.1 mm 的钢管取纵向试样，外径大于 219.1 mm 的钢管取横向试样。

6.4.2 根据需方要求，经供需双方协商，并在合同中注明，外径不小于 219.1 mm 的钢管可进行焊缝横向拉伸试验。焊缝横向拉伸试验取样部位应垂直焊缝，焊缝位于试样的中心，抗拉强度值应符合表 8 的规定。

表 6 钢管的力学性能

牌号	下屈服强度 R_{eL}/(N/mm²)	抗拉强度 R_m/(N/mm²)	断后伸长率 A/%
	不小于		
08、10	195	315	22
15	215	355	20
20	235	390	19
Q195	195	315	22

表 6（续）

牌　号	下屈服强度 R_{eL}/(N/mm²)	抗拉强度 R_m/(N/mm²)	断后伸长率 A/%
	不小于		
Q215A、Q215B	215	335	22
Q235A、Q235B、Q235C	235	375	20
Q295A、Q295B	295	390	18
Q345A、Q345B、Q345C	345	470	18

表 7　特殊要求的钢管力学性能

牌　号	下屈服强度 R_{eL}/(N/mm²)	抗拉强度 R_m/(N/mm²)	断后伸长率 A/%
	不小于		
08、10	205	375	13
15	225	400	11
20	245	440	9
Q195	205	335	14
Q215A、Q215B	225	355	13
Q235A、Q235B、Q235C	245	390	9
Q295A、Q295B	—	—	—
Q345A、Q345B、Q345C	—	—	—

表 8　焊缝抗拉强度

牌　号	焊缝抗拉强度 R_m/(N/mm²)
08、10	315
15	355
20	390
Q195	315
Q215A、Q215B	335
Q235A、Q235B、Q235C	375
Q295A、Q295B	390
Q345A、Q345B、Q345C	470

6.4.3　根据需方要求，经供需双方协商，并在合同中注明，B、C 级钢可作冲击试验，冲击吸收能量值由供需双方协商确定。

6.4.4　钢管力学性能试验的试样可从钢管上制取，也可从用于制管的同一钢带上取样。

扩径管、减径管的力学性能试样应在扩径或减径后取样。

6.5　工艺性能

6.5.1　压扁试验

6.5.1.1　钢管应进行压扁试验。对于外径大于 400 mm 或管壁厚度不小于外径 15% 的钢管，压扁试样长度为不小于 63.5 mm。试验时焊缝与施力方向成 90°。当钢管外径压至 2/3D(Q345 为 3/4D)时，钢管的任何部位不应出现裂纹。

6.5.1.2　根据需方要求，经供需双方协商，并在合同中注明，压扁试验可继续进行以下第二步延性试验和第三步完好性试验：

a) 第二步延性试验，当两平行压板之间的距离小于钢管公称外径1/3，但不小于钢管壁厚的5倍时，钢管的内、外表面焊缝以外部位不允许出现裂缝和破裂。当外径与壁厚之比小于10时，试样6点(底)和12点(顶)位置处内表面的裂缝或裂口可不作为判定依据。

b) 第三步完好性试验，压扁继续进行直到试样破裂或相对的管壁互相接触，在整个压扁过程中，不允许出现分层、不良材料或焊缝不完整。

6.5.2 **弯曲试验**

外径不大于60 mm的钢管，可用弯曲试验代替压扁试验。弯曲试验时不允许带填充物，弯曲半径为钢管外径的6倍，弯曲角度为90°，焊缝位于弯曲方向的外侧面。试验后，焊缝处不得出现裂纹和裂口。

6.5.3 **扩口试验**

根据需方要求，经供需双方协商，并在合同中注明，钢管可进行扩口试验。扩口试验的顶心锥度为30°、45°或60°中的一种，试样外径的扩口率应为6%，试样不允许出现裂缝或裂口。

6.6 **液压试验**

6.6.1 带式输送机托辊用钢管应进行液压试验。液压试验时，外径不大于108 mm的钢管，其试验压力为7 MPa，大于108 mm的钢管其试验压力为5 MPa。在试验压力下，稳压时间应不少于5 s，钢管不允许出现渗漏现象。

6.6.2 根据需方要求，经供需双方协商，并在合同中注明，其他用途钢管可进行液压试验。液压试验时，外径不大于219.1 mm的钢管其试验压力为5 MPa，大于219.1 mm的钢管其试验压力为3 MPa。在试验压力下，稳压时间应不少于5 s，钢管不允许出现渗漏现象。

6.6.3 供方可用超声波探伤、涡流探伤或漏磁探伤代替液压试验。超声波探伤时，对比样管人工缺陷应符合GB/T 18256的规定；涡流探伤时，对比样管人工缺陷应符合GB/T 7735中验收等级A的规定；漏磁探伤时，对比样管人工缺陷应符合GB/T 12606中验收等级L4的规定。供需双方有争议时，以液压试验为准。

6.7 **表面质量**

6.7.1 钢管内外表面不允许有裂缝、结疤、折叠、分层、搭焊、过烧缺陷存在。允许有不大于壁厚负偏差的划道、刮伤、焊缝错位、烧伤、薄的氧化铁皮以及外毛刺打磨痕迹存在。

6.7.2 对外径大于114.3 mm的钢管，可进行缺陷的修补。修补前应将缺陷彻底清除，使其符合补焊要求。每根钢管缺陷修补应不多于3处，每处补焊长度范围为50 mm～150 mm，补焊长度总和应不大于300 mm。补焊焊缝应修磨，修磨后应与钢管表面原始轮廓圆滑过渡。在距管端200 mm内不允许补焊。

如规定有液压试验，修补后的钢管应按6.6的规定进行液压试验。

6.8 **涂层**

6.8.1 **镀锌**

6.8.1.1 根据需方要求，经供需双方协商，并在合同中注明，钢管可采用热浸镀锌法在钢管内、外表面进行镀锌后交货。

6.8.1.2 镀锌钢管的内外表面应有完整的镀锌层，不应有未镀上锌的黑斑和气泡存在，局部允许有粗糙面和锌瘤存在；

6.8.1.3 镀锌钢管应进行镀锌层均匀性试验(见附录A)。试样在硫酸铜溶液中连续浸渍5次后不允许变红(镀铜色)；

6.8.1.4 镀锌钢管应进行镀锌层厚度检验(见附录B)，镀锌层的厚度由需方按表9选择。

表 9 热镀锌层厚度

选 择	要 求	镀锌层厚度(e)
A	内、外表面(焊缝处除外)	≥75 μm
B	内、外表面(焊缝处除外)	≥55 μm
C	内、外表面(焊缝处除外)	≥45 μm

6.8.1.5 外径不大于 60.3 mm 的钢管镀锌后应进行弯曲试验。弯曲试验时不允许带填充物,弯曲半径为钢管外径的 8 倍,弯曲角度为 90°,焊缝位于弯曲方向的外侧面。试验后,试样上不允许出现裂缝和锌层剥落现象。

根据需方要求,经供需双方协商,并在合同中注明,外径大于 60.3 mm 的钢管镀锌后可用压扁试验代替弯曲试验。压扁试样长度为不小于 63.5 mm。试验时焊缝与施力方向成 90°。当钢管外径压至 3/4D 时,试样上不允许出现锌层剥落现象。

6.8.1.6 钢管镀锌前应进行尺寸、外形、表面、力学性能和工艺性能检验。

6.8.2 其他涂层

根据需方要求,经供需双方协商,并在合同中注明,可选择临时性涂层、特殊涂层,并对涂层材料、部位和技术要求进行确定。

7 试验方法

7.1 钢管的尺寸和外形应采用符合精度要求的量具逐根测量。钢管外径测量应距管端至少 50 mm。

7.2 钢管的内外表面应在充分照明条件下逐根目视检查。

7.3 每一批钢管检验项目的取样方法及试验方法应符合表 10 的规定。

表 10 钢管检验项目的取样数量、取样方法及试验方法

序号	检 验 项 目	取 样 数 量	取 样 方 法	试 验 方 法	技术要求条款
1	化学成分	每炉取 1 个试样	GB/T 20066	GB/T 223 GB/T 4336	6.1
2	拉伸试验	每批取 1 个试样	GB/T 2975	GB/T 228	6.4.1
3	焊缝拉伸试验	每批取 1 个试样	GB/T 2975	GB/T 228	6.4.3
4	压扁试验	每批在两根钢管上各取 1 个试样	GB/T 246	GB/T 246	6.5.1
5	弯曲试验	每批在两根钢管上各取 1 个试样	GB/T 244	GB/T 244	6.5.2
6	扩口试验	每批在两根钢管上各取 1 个试样	GB/T 242	GB/T 242	6.5.3
7	液压试验	逐根	—	GB/T 241	6.6
8	涡流探伤	逐根	—	GB/T 7735	6.6
9	超声波探伤	逐根	—	GB/T 18256	6.6
10	漏磁探伤	逐根	—	GB/T 12606	6.6
11	镀锌层均匀性试验	附录 A	附录 A	附录 A	6.8.1.3
12	镀锌层厚度测定	附录 B	附录 B	附录 B	6.8.1.4
13	镀锌层弯曲试验	每批在两根钢管上各取 1 个试样	GB/T 244	GB/T 244	6.8.1.5

8 检验规则

8.1 检查和验收

钢管的检查和验收由供方质量技术监督部门进行。

8.2 组批规则

钢管应按批检查和验收。每批钢管应由同一牌号、同一规格、同一精度等级、同一交货状态和同一热处理制度(适用于热处理交货状态)的钢管组成。同一炉号且外径不大于 114.3 mm 组批时,每批钢管的重量应不超过 50 t;外径大于 114.3 mm 或不同炉号组批时,每批钢管的长度应不超过如下规定:

a) $D \leqslant 114.3$ mm,4 500 m;

b) $D > 114.3$ mm～219.1 mm,2 500 m;

c) $D > 219.1$ mm,1 250 m。

8.3 取样数量

钢管检验的取样数量应符合表 10 的规定。

8.4 复验与判定规则

钢管的复验与判定规则应符合 GB/T 2102 的规定。

9 包装、标志和质量证明书

钢管的包装、标志和质量证明书应符合 GB/T 2102 的规定。

附　录　A
（规范性附录）
镀锌层均匀性试验　硫酸铜浸渍法

A.1　试样的准备

从检验的每批镀锌钢管中，任取 2 根均不小于 150 mm 长的管段作为本试验的试样。试样应去除表面油污，并用清洁软布擦干净。

A.2　试验溶液的配制

试验溶液采用 33 g 结晶硫酸铜（$CuSO_4 \cdot 5H_2O$）或约 36 g 工业硫酸铜溶解在 100 mL 的蒸馏水中制成。再加入过量的粉状氢氧化铜［$Cu(OH)_2$］或碱性碳酸铜［$CuCO_3$-$Cu(OH)_2$］并搅拌，以中和游离酸。然后静置 24 h 后再过滤澄清。制成试验溶液的密度在 15℃时为 1.170 g/cm³。

加入氢氧化铜的量为每 10 L 溶液加入 10 g，从其在容器底部的沉淀来判定其过量与否。

如加入碱性碳酸铜（化学纯），则每 10 L 溶液中约为 12 g。如以粉状氧化铜（CuO）代替氢氧化铜时，则每 10 L 溶液中约为 8 g，但需静置 48 h 后过滤。

A.3　试验用容器

A.3.1　试验用容器的材料对硫酸铜应是惰性的。

A.3.2　容器的内部尺寸应使试样浸入溶液后与容器的任何一壁至少保持有 25 mm 的间隙。

A.4　试验操作方法

A.4.1　试样应以切割端向下，在硫酸铜溶液中连续浸渍 5 次。浸渍在溶液中的试样长度应不小于 100 mm。在试验过程中，试样及溶液温度应保持在 15℃～21℃，并不允许搅动。试样每次浸渍时间需持续 1 min，而后取出立即在流动的清水中清洗，并用软刷将黑色沉淀物全部刷净，再用软布擦干。

A.4.2　除最后一次浸渍外，试样应立即重新浸入溶液。

A.4.3　同一试验溶液经 20 次浸渍试样后应予以废弃，不能再用。

A.5　结果的判定

试样经过规定的连续 5 次浸渍，并经最后的清洗和擦干，不允许试样母材上呈现红色（镀铜色）。但在距试样末端 25 mm 以内及离溶液液面 10 mm 的部位有金属铜的红色沉积者除外。

如经上述试验在试样上呈现金属铜的红色沉积，其附着性可用下列方法判定：在盐酸溶液体积比（1∶10）中浸入 15 s 后立即在流动的清水中用力擦洗。如果其底面重现锌层，试样判为合格。

对金属铜红色沉积下的底面是否存在锌层有争议时，可将金属铜红色沉积刮除，于该处滴一至数滴稀盐酸，若有锌层存在，则有活泼氢气产生。此外，也可用锌的定性试验来判定，即用小片滤纸或吸液管把滴下来的酸液收集起来，用氢氧化铵中和，使其呈弱酸性；若在溶液中通入硫化氢，看其是否生成白色沉淀（硫化锌）来加以判定。

附 录 B
（规范性附录）
镀锌层的厚度测定 氯化锑法

B.1 试样的准备

从检验的每批镀锌钢管中任取1根钢管，在其两端各截取约100 mm的管段做为试样。试样表面不允许有粗糙面和锌瘤存在。用纯净的溶剂如苯、石油苯、三氯乙烯或四氯化碳洗净表面。再用乙醇淋洗，清水洗净，并在试样两端的端面上涂上清漆（苯酚），充分干燥。

B.2 试验溶液的配制

将三氯化锑（$SbCl_3$）32 g或三氯化二锑（Sb_2O_3）20 g溶于1 000 mL密度高于1.18 g/cm^{3}的盐酸中配制成原液。试验溶液为原液与密度高于1.18 g/cm^{3}的盐酸体积比为1∶20。

B.3 试验操作方法

B.3.1 用天平称量去除油污的试样重量，精确到0.01 g。

B.3.2 将称量后的试样浸入试验溶液中，每次浸入一个试样，液面须高于试样。在测量过程中溶液温度应不大于38℃。

B.3.3 当试样于溶液中氢的发生变得很少，镀锌层已经消失时，取出试样。在清水中冲洗并用棉花或净布擦干。待干燥后再用天平称重，精确到0.01 g。

B.3.4 试样的外径和内径尺寸，应在锌层被剥离后在试样的一端两个互相垂直的方向各测一次，取其平均值作为钢管的实际外径和内径，精确到0.01 mm。

B.3.5 试验溶液只要在能容易地去除锌层的情况下，可以重复使用。

B.4 试验结果的计算

试样的表面积用式(B.1)计算：

$$A = \pi(D + d)h \qquad \text{(B.1)}$$

式中：

A——试样的剥离锌层后的表面积，单位为平方米（m^2）；

π——圆周率，取3.141 6；

D——试样剥离锌层后的实际外径，单位为米（m）；

d——试样剥离锌层后的实际内径，单位为米（m）；

h——试样的长度，单位为米（m）。

试样二次称重后减少的重量用式(B.2)计算：

$$\Delta m = m_1 - m_2 \qquad \text{(B.2)}$$

式中：

Δm——二次称重后试样减少的重量，单位为克（g）；

m_1——试样在剥离锌层前的重量，单位为克（g）；

m_2——试样在剥离锌层后的重量，单位为克（g）。

镀锌层重量用式(B.3)计算：

$$m_A = \Delta m / A \qquad \text{(B.3)}$$

式中：

m_A——镀锌层的重量，单位为克每平方米(g/m^2)；

Δm——二次称重后试样减少的重量，单位为克(g)；

A——试样剥离锌层后的表面积，单位为平方米(m^2)。

镀锌钢管镀锌层厚度用式(B.4)计算(近似值)：

$$e = m_A/7 \qquad \text{(B.4)}$$

式中：

e——镀锌层厚度的近似值，单位为微米(μm)；

m_A——镀锌层的重量，单位为克每平方米(g/m^2)。

ICS 77.140.75
H 48

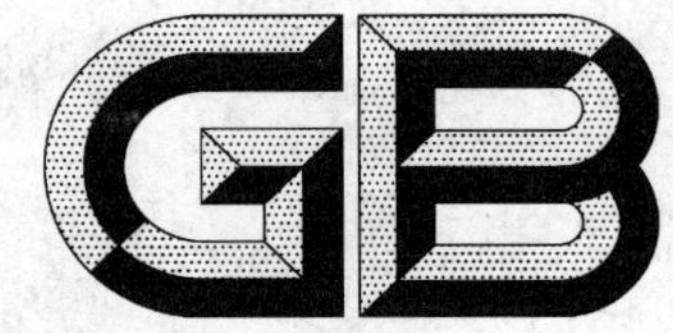

中华人民共和国国家标准

GB/T 17395—2008
代替 GB/T 17395—1998

无缝钢管尺寸、外形、重量及允许偏差

Dimensions, shapes, masses and tolerances of seamless steel tubes

2008-05-13 发布　　2008-11-01 实施

中华人民共和国国家质量监督检验检疫总局
中国国家标准化管理委员会　发布

前　言

本标准对应于 ISO 4200:1991《平端钢管(焊接、无缝)——尺寸和单位长度重量表》、ISO 5252:1991《钢管——偏差系列》和 ISO 1127:1992《不锈钢管——尺寸、偏差和单位长度重量》。本标准与 ISO 4200:1991、ISO 5252:1991 和 ISO 1127:1992 的一致性程度为非等效。

本标准代替 GB/T 17395—1998《无缝钢管尺寸、外形、重量及允许偏差》。本标准与 GB/T 17395—1998 相比,主要变化如下:

——增加了普通钢管外径 232、267(267.4)、302、318.5、368、419、473、699、711、720、762、788.5、813、864、914、965、1 016;

——修改了普通钢管的壁厚上限;

——修改了表 1、表 2 中的单位长度理论重量;

——表 3 中外径 25 以下的钢管的壁厚增加 0.5、0.6、0.7、0.8、0.9;

——增加了全长允许偏差 $^{+15}_{0}$ mm 等级;

——将"椭圆度"改为"不圆度",增加了"不圆度"的计算公式;

——通常长度范围的上限由原来的"12 000 mm"改为"12 500 mm";

——修改了实际重量与理论重量的允许偏差规定。

本标准由中国钢铁工业协会提出。

本标准由全国钢标准化技术委员会归口。

本标准起草单位:攀钢集团成都钢铁有限责任公司、冶金工业信息标准研究院。

本标准主要起草人:晏如、李志、黄颖、李奇。

本标准于 1998 年 5 月首次发布。

无缝钢管尺寸、外形、重量及允许偏差

1 范围

本标准规定了无缝钢管的尺寸、外形、重量及允许偏差。

本标准适用于制定各类用途的平端无缝钢管标准时，选择尺寸、外形、重量及允许偏差。

2 外径和壁厚

2.1 分类

钢管的外径和壁厚分为三类：普通钢管的外径和壁厚（见表 1）、精密钢管的外径和壁厚（见表 2）和不锈钢管的外径和壁厚（见表 3）。

2.2 外径

钢管的外径分为三个系列：系列 1、系列 2 和系列 3。系列 1 是通用系列，属推荐选用系列；系列 2 是非通用系列；系列 3 是少数特殊、专用系列。

普通钢管的外径分为系列 1、系列 2 和系列 3，精密钢管的外径分为系列 2 和系列 3，不锈钢管的外径分为系列 1、系列 2 和系列 3。

2.3 允许偏差

2.3.1 外径和壁厚的允许偏差的选择

2.3.1.1 外径和壁厚的允许偏差的选择应考虑钢管用途和制造钢管的工艺装备。

2.3.1.2 产品标准所采用的外径和壁厚的允许偏差应优先选择标准化的允许偏差。根据用户要求及产品的特殊性，亦可选用非标准化或其他允许偏差。

2.3.2 外径允许偏差

2.3.2.1 优先选用的标准化外径允许偏差见表 4。

2.3.2.2 推荐选用的非标准化外径允许偏差见表 5。

表 1 普通钢管的外径和壁厚及单位长度理论重量

外径/mm			壁厚/mm														
系列 1	系列 2	系列 3	0.25	0.30	0.40	0.50	0.60	0.80	1.0	1.2	1.4	1.5	1.6	1.8	2.0	2.2(2.3)	2.5(2.6)	2.8
			单位长度理论重量[a]/(kg/m)															
	6		0.035	0.042	0.055	0.068	0.080	0.103	0.123	0.142	0.159	0.166	0.174	0.186	0.197			
	7		0.042	0.050	0.065	0.080	0.095	0.122	0.148	0.172	0.193	0.203	0.213	0.231	0.247	0.260	0.277	
	8		0.048	0.057	0.075	0.092	0.109	0.142	0.173	0.201	0.228	0.240	0.253	0.275	0.296	0.315	0.339	
	9		0.054	0.064	0.085	0.105	0.124	0.162	0.197	0.231	0.262	0.277	0.292	0.320	0.345	0.369	0.401	0.428
10(10.2)			0.060	0.072	0.095	0.117	0.139	0.182	0.222	0.260	0.297	0.314	0.331	0.364	0.395	0.423	0.462	0.497
	11		0.066	0.079	0.105	0.129	0.154	0.201	0.247	0.290	0.331	0.351	0.371	0.408	0.444	0.477	0.524	0.566
	12		0.072	0.087	0.114	0.142	0.169	0.221	0.271	0.320	0.366	0.388	0.410	0.453	0.493	0.532	0.586	0.635
	13(12.7)		0.079	0.094	0.124	0.154	0.183	0.241	0.296	0.349	0.401	0.425	0.450	0.497	0.543	0.586	0.647	0.704
13.5			0.082	0.098	0.129	0.160	0.191	0.251	0.308	0.364	0.418	0.444	0.470	0.519	0.567	0.613	0.678	0.739
		14	0.085	0.101	0.134	0.166	0.198	0.260	0.321	0.379	0.435	0.462	0.489	0.542	0.592	0.640	0.709	0.773
	16		0.097	0.116	0.154	0.191	0.228	0.300	0.370	0.438	0.504	0.536	0.568	0.630	0.691	0.749	0.832	0.911
17(17.2)			0.103	0.124	0.164	0.203	0.243	0.320	0.395	0.468	0.539	0.573	0.608	0.675	0.740	0.803	0.894	0.981
		18	0.109	0.131	0.174	0.216	0.257	0.339	0.419	0.497	0.573	0.610	0.647	0.719	0.789	0.857	0.956	1.05
	19		0.116	0.138	0.183	0.228	0.272	0.359	0.444	0.527	0.608	0.647	0.687	0.764	0.838	0.911	1.02	1.12
	20		0.122	0.146	0.193	0.240	0.287	0.379	0.469	0.556	0.642	0.684	0.726	0.808	0.888	0.966	1.08	1.19
21(21.3)					0.203	0.253	0.302	0.399	0.493	0.586	0.677	0.721	0.765	0.852	0.937	1.02	1.14	1.26
		22			0.213	0.265	0.317	0.418	0.518	0.616	0.711	0.758	0.805	0.897	0.986	1.07	1.20	1.33
	25				0.243	0.302	0.361	0.477	0.592	0.704	0.815	0.869	0.923	1.03	1.13	1.24	1.39	1.53
		25.4			0.247	0.307	0.367	0.485	0.602	0.716	0.829	0.884	0.939	1.05	1.15	1.26	1.41	1.56
27(26.9)					0.262	0.327	0.391	0.517	0.641	0.764	0.884	0.943	1.00	1.12	1.23	1.35	1.51	1.67
	28				0.272	0.339	0.405	0.537	0.666	0.793	0.918	0.980	1.04	1.16	1.28	1.40	1.57	1.74

表 1（续）

外径/mm			壁厚/mm															
系列 1	系列 2	系列 3	(2.9)3.0	3.2	3.5(3.6)	4.0	4.5	5.0	(5.4)5.5	6.0	(6.3)6.5	7.0(7.1)	7.5	8.0	8.5	(8.8)9.0	9.5	10
			单位长度理论重量[a]/(kg/m)															
	6																	
	7																	
	8																	
	9																	
10(10.2)			0.518	0.537	0.561													
	11		0.592	0.616	0.647													
	12		0.666	0.694	0.734	0.789												
	13(12.7)		0.740	0.773	0.820	0.888												
13.5			0.777	0.813	0.863	0.937												
		14	0.814	0.852	0.906	0.986												
	16		0.962	1.01	1.08	1.18	1.28	1.36										
17(17.2)			1.04	1.09	1.17	1.28	1.39	1.48										
		18	1.11	1.17	1.25	1.38	1.50	1.60										
	19		1.18	1.25	1.34	1.48	1.61	1.73	1.83	1.92								
	20		1.26	1.33	1.42	1.58	1.72	1.85	1.97	2.07								
21(21.3)			1.33	1.40	1.51	1.68	1.83	1.97	2.10	2.22								
		22	1.41	1.48	1.60	1.78	1.94	2.10	2.24	2.37								
	25		1.63	1.72	1.86	2.07	2.28	2.47	2.64	2.81	2.97	3.11						
		25.4	1.66	1.75	1.89	2.11	2.32	2.52	2.70	2.87	3.03	3.18						
27(26.9)			1.78	1.88	2.03	2.27	2.50	2.71	2.92	3.11	3.29	3.45						
	28		1.85	1.96	2.11	2.37	2.61	2.84	3.05	3.26	3.45	3.63						

表 1（续）

外径/mm			壁厚/mm															
系列 1	系列 2	系列 3	0.25	0.30	0.40	0.50	0.60	0.80	1.0	1.2	1.4	1.5	1.6	1.8	2.0	2.2(2.3)	2.5(2.6)	2.8
			单位长度理论重量[a]/(kg/m)															
		30			0.292	0.364	0.435	0.576	0.715	0.852	0.987	1.05	1.12	1.25	1.38	1.51	1.70	1.88
	32(31.8)				0.312	0.388	0.465	0.616	0.765	0.911	1.06	1.13	1.20	1.34	1.48	1.62	1.82	2.02
34(33.7)					0.331	0.413	0.494	0.655	0.814	0.971	1.13	1.20	1.28	1.43	1.58	1.73	1.94	2.15
		35			0.341	0.425	0.509	0.675	0.838	1.00	1.16	1.24	1.32	1.47	1.63	1.78	2.00	2.22
	38				0.371	0.462	0.553	0.734	0.912	1.09	1.26	1.35	1.44	1.61	1.78	1.94	2.19	2.43
	40				0.391	0.487	0.583	0.773	0.962	1.15	1.33	1.42	1.52	1.70	1.87	2.05	2.31	2.57
42(42.4)									1.01	1.21	1.40	1.50	1.59	1.78	1.97	2.16	2.44	2.71
		45(44.5)							1.09	1.30	1.51	1.61	1.71	1.92	2.12	2.32	2.62	2.91
48(48.3)									1.16	1.38	1.61	1.72	1.83	2.05	2.27	2.48	2.81	3.12
	51								1.23	1.47	1.71	1.83	1.95	2.18	2.42	2.65	2.99	3.33
		54							1.31	1.56	1.82	1.94	2.07	2.32	2.56	2.81	3.18	3.54
	57								1.38	1.65	1.92	2.05	2.19	2.45	2.71	2.97	3.36	3.74
60(60.3)									1.46	1.74	2.02	2.16	2.30	2.58	2.86	3.14	3.55	3.95
	63(63.5)								1.53	1.83	2.13	2.28	2.42	2.72	3.01	3.30	3.73	4.16
	65								1.58	1.89	2.20	2.35	2.50	2.81	3.11	3.41	3.85	4.30
	68								1.65	1.98	2.30	2.46	2.62	2.94	3.26	3.57	4.04	4.50
	70								1.70	2.04	2.37	2.53	2.70	3.03	3.35	3.68	4.16	4.64
		73							1.78	2.12	2.47	2.64	2.82	3.16	3.50	3.84	4.35	4.85
76(76.1)									1.85	2.21	2.58	2.76	2.94	3.29	3.65	4.00	4.53	5.05
	77										2.61	2.79	2.98	3.34	3.70	4.06	4.59	5.12
	80										2.71	2.90	3.09	3.47	3.85	4.22	4.78	5.33

表 1（续）

外径/mm			壁厚/mm															
系列 1	系列 2	系列 3	(2.9)3.0	3.2	3.5(3.6)	4.0	4.5	5.0	(5.4)5.5	6.0	(6.3)6.5	7.0(7.1)	7.5	8.0	8.5	(8.8)9.0	9.5	10
			单位长度理论重量[a]/(kg/m)															
		30	2.00	2.11	2.29	2.56	2.83	3.08	3.32	3.55	3.77	3.97	4.16	4.34				
	32(31.8)		2.15	2.27	2.46	2.76	3.05	3.33	3.59	3.85	4.09	4.32	4.53	4.74				
34(33.7)			2.29	2.43	2.63	2.96	3.27	3.58	3.87	4.14	4.41	4.66	4.90	5.13				
		35	2.37	2.51	2.72	3.06	3.38	3.70	4.00	4.29	4.57	4.83	5.09	5.33	5.56	5.77		
	38		2.59	2.75	2.98	3.35	3.72	4.07	4.41	4.74	5.05	5.35	5.64	5.92	6.18	6.44	6.68	6.91
	40		2.74	2.90	3.15	3.55	3.94	4.32	4.68	5.03	5.37	5.70	6.01	6.31	6.60	6.88	7.15	7.40
42(42.4)			2.89	3.06	3.32	3.75	4.16	4.56	4.95	5.33	5.69	6.04	6.38	6.71	7.02	7.32	7.61	7.89
		45(44.5)	3.11	3.30	3.58	4.04	4.49	4.93	5.36	5.77	6.17	6.56	6.94	7.30	7.65	7.99	8.32	8.63
48(48.3)			3.33	3.54	3.84	4.34	4.83	5.30	5.76	6.21	6.65	7.08	7.49	7.89	8.28	8.66	9.02	9.37
	51		3.55	3.77	4.10	4.64	5.16	5.67	6.17	6.66	7.13	7.60	8.05	8.48	8.91	9.32	9.72	10.11
		54	3.77	4.01	4.36	4.93	5.49	6.04	6.58	7.10	7.61	8.11	8.60	9.08	9.54	9.99	10.43	10.85
	57		4.00	4.25	4.62	5.23	5.83	6.41	6.99	7.55	8.10	8.63	9.16	9.67	10.17	10.65	11.13	11.59
60(60.3)			4.22	4.48	4.88	5.52	6.16	6.78	7.39	7.99	8.58	9.15	9.71	10.26	10.80	11.32	11.83	12.33
	63(63.5)		4.44	4.72	5.14	5.82	6.49	7.15	7.80	8.43	9.06	9.67	10.27	10.85	11.42	11.99	12.53	13.07
	65		4.59	4.88	5.31	6.02	6.71	7.40	8.07	8.73	9.38	10.01	10.64	11.25	11.84	12.43	13.00	13.56
	68		4.81	5.11	5.57	6.31	7.05	7.77	8.48	9.17	9.86	10.53	11.19	11.84	12.47	13.10	13.71	14.30
	70		4.96	5.27	5.74	6.51	7.27	8.02	8.75	9.47	10.18	10.88	11.56	12.23	12.89	13.54	14.17	14.80
		73	5.18	5.51	6.00	6.81	7.60	8.38	9.16	9.91	10.66	11.39	12.11	12.82	13.52	14.21	14.88	15.54
76(76.1)			5.40	5.75	6.26	7.10	7.93	8.75	9.56	10.36	11.14	11.91	12.67	13.42	14.15	14.87	15.58	16.28
	77		5.47	5.82	6.34	7.20	8.05	8.88	9.70	10.51	11.30	12.08	12.85	13.61	14.36	15.09	15.81	16.52
	80		5.70	6.06	6.60	7.50	8.38	9.25	10.11	10.95	11.78	12.60	13.41	14.21	14.99	15.76	16.52	17.26

表 1（续）

外径/mm			壁厚/mm															
系列 1	系列 2	系列 3	11	12(12.5)	13	14(14.2)	15	16	17(17.5)	18	19	20	22(22.2)	24	25	26	28	30
			单位长度理论重量[a]/(kg/m)															
		30																
	32(31.8)																	
34(33.7)																		
		35																
	38																	
	40																	
42(42.4)																		
		45(44.5)	9.22	9.77														
48(48.3)			10.04	10.65														
	51		10.85	11.54														
		54	11.66	12.43	13.14	13.81												
	57		12.48	13.32	14.11	14.85												
60(60.3)			13.29	14.21	15.07	15.88	16.65	17.36										
	63(63.5)		14.11	15.09	16.03	16.92	17.76	18.55										
	65		14.65	15.68	16.67	17.61	18.50	19.33										
	68		15.46	16.57	17.63	18.64	19.61	20.52										
	70		16.01	17.16	18.27	19.33	20.35	21.31	22.22									
		73	16.82	18.05	19.24	20.37	21.46	22.49	23.48	24.41	25.30							
76(76.1)			17.63	18.94	20.20	21.41	22.57	23.68	24.74	25.75	26.71	27.62						
	77		17.90	19.24	20.52	21.75	22.94	24.07	25.15	26.19	27.18	28.11						
	80		18.72	20.12	21.48	22.79	24.05	25.25	26.41	27.52	28.58	29.59						

表 1（续）

外径/mm			壁厚/mm															
系列 1	系列 2	系列 3	0.25	0.30	0.40	0.50	0.60	0.80	1.0	1.2	1.4	1.5	1.6	1.8	2.0	2.2(2.3)	2.5(2.6)	2.8
			单位长度理论重量[a]/(kg/m)															
		83(82.5)									2.82	3.01	3.21	3.60	4.00	4.38	4.96	5.54
	85										2.89	3.09	3.29	3.69	4.09	4.49	5.09	5.68
89(88.9)											3.02	3.24	3.45	3.87	4.29	4.71	5.33	5.95
	95										3.23	3.46	3.69	4.14	4.59	5.03	5.70	6.37
	102(101.6)										3.47	3.72	3.96	4.45	4.93	5.41	6.13	6.85
		108									3.68	3.94	4.20	4.71	5.23	5.74	6.50	7.26
114(114.3)												4.16	4.44	4.98	5.52	6.07	6.87	7.68
	121											4.42	4.71	5.29	5.87	6.45	7.31	8.16
	127													5.56	6.17	6.77	7.68	8.58
	133																8.05	8.99
140(139.7)																		
		142(141.3)																
	146																	
		152(152.4)																
		159																
168(168.3)																		
		180(177.8)																
		194(193.7)																
	203																	
219(219.1)																		
		232																
		245(244.5)																
		267(267.4)																

表 1（续）

外径/mm			壁厚/mm															
系列 1	系列 2	系列 3	(2.9)3.0	3.2	3.5(3.6)	4.0	4.5	5.0	(5.4)5.5	6.0	(6.3)6.5	7.0(7.1)	7.5	8.0	8.5	(8.8)9.0	9.5	10
			单位长度理论重量[a]/(kg/m)															
		83(82.5)	5.92	6.30	6.86	7.79	8.71	9.62	10.51	11.39	12.26	13.12	13.96	14.80	15.62	16.42	17.22	18.00
	85		6.07	6.46	7.03	7.99	8.93	9.86	10.78	11.69	12.58	13.47	14.33	15.19	16.04	16.87	17.69	18.50
89(88.9)			6.36	6.77	7.38	8.38	9.38	10.36	11.33	12.28	13.22	14.16	15.07	15.98	16.87	17.76	18.63	19.48
	95		6.81	7.24	7.90	8.98	10.04	11.10	12.14	13.17	14.19	15.19	16.18	17.16	18.13	19.09	20.03	20.96
	102(101.6)		7.32	7.80	8.50	9.67	10.82	11.96	13.09	14.21	15.31	16.40	17.48	18.55	19.60	20.64	21.67	22.69
		108	7.77	8.27	9.02	10.26	11.49	12.70	13.90	15.09	16.27	17.44	18.59	19.73	20.86	21.97	23.08	24.17
114(114.3)			8.21	8.74	9.54	10.85	12.15	13.44	14.72	15.98	17.23	18.47	19.70	20.91	22.12	23.31	24.48	25.65
	121		8.73	9.30	10.14	11.54	12.93	14.30	15.67	17.02	18.35	19.68	20.99	22.29	23.58	24.86	26.12	27.37
	127		9.17	9.77	10.66	12.13	13.59	15.04	16.48	17.90	19.32	20.72	22.10	23.48	24.84	26.19	27.53	28.85
	133		9.62	10.24	11.18	12.73	14.26	15.78	17.29	18.79	20.28	21.75	23.21	24.66	26.10	27.52	28.93	30.33
140(139.7)			10.14	10.80	11.78	13.42	15.04	16.65	18.24	19.83	21.40	22.96	24.51	26.04	27.57	29.08	30.57	32.06
		142(141.3)	10.28	10.95	11.95	13.61	15.26	16.89	18.51	20.12	21.72	23.31	24.88	26.44	27.98	29.52	31.04	32.55
	146		10.58	11.27	12.30	14.01	15.70	17.39	19.06	20.72	22.36	24.00	25.62	27.23	28.82	30.41	31.98	33.54
		152(152.4)	11.02	11.74	12.82	14.60	16.37	18.13	19.87	21.60	23.32	25.03	26.73	28.41	30.08	31.74	33.39	35.02
		159			13.42	15.29	17.15	18.99	20.82	22.64	24.45	26.24	28.02	29.79	31.55	33.29	35.03	36.75
168(168.3)					14.20	16.18	18.14	20.10	22.04	23.97	25.89	27.79	29.69	31.57	33.43	35.29	37.13	38.97
		180(177.8)			15.23	17.36	19.48	21.58	23.67	25.75	27.81	29.87	31.91	33.93	35.95	37.95	39.95	41.92
		194(193.7)			16.44	18.74	21.03	23.31	25.57	27.82	30.06	32.28	34.50	36.70	38.89	41.06	43.23	45.38
	203				17.22	19.63	22.03	24.41	26.79	29.15	31.50	33.84	36.16	38.47	40.77	43.06	45.33	47.60
219(219.1)										31.52	34.06	36.60	39.12	41.63	44.13	46.61	49.08	51.54
		232								33.44	36.15	38.84	41.52	44.19	46.85	49.50	52.13	54.75
		245(244.5)								35.36	38.23	41.09	43.93	46.76	49.58	52.38	55.17	57.95
		267(267.4)								38.62	41.76	44.88	48.00	51.10	54.19	57.26	60.33	63.38

表 1（续）

外径/mm			壁厚/mm															
系列 1	系列 2	系列 3	11	12(12.5)	13	14(14.2)	15	16	17(17.5)	18	19	20	22(22.2)	24	25	26	28	30
			单位长度理论重量[a]/(kg/m)															
		83(82.5)	19.53	21.01	22.44	23.82	25.15	26.44	27.67	28.85	29.99	31.07	33.10					
	85		20.07	21.60	23.08	24.51	25.89	27.23	28.51	29.74	30.93	32.06	34.18					
89(88.9)			21.16	22.79	24.37	25.89	27.37	28.80	30.19	31.52	32.80	34.03	36.35	38.47				
	95		22.79	24.56	26.29	27.97	29.59	31.17	32.70	34.18	35.61	36.99	39.61	42.02				
	102(101.6)		24.69	26.63	28.53	30.38	32.18	33.93	35.64	37.29	38.89	40.44	43.40	46.17	47.47	48.73	51.10	
		108	26.31	28.41	30.46	32.45	34.40	36.30	38.15	39.95	41.70	43.40	46.66	49.71	51.17	52.58	55.24	57.71
114(114.3)			27.94	30.19	32.38	34.53	36.62	38.67	40.67	42.62	44.51	46.36	49.91	53.27	54.87	56.43	59.39	62.15
	121		29.84	32.26	34.62	36.94	39.21	41.43	43.60	45.72	47.79	49.82	53.71	57.41	59.19	60.91	64.22	67.33
	127		31.47	34.03	36.55	39.01	41.43	43.80	46.12	48.39	50.61	52.78	56.97	60.96	62.89	64.76	68.36	71.77
	133		33.10	35.81	38.47	41.09	43.65	46.17	48.63	51.05	53.42	55.74	60.22	64.51	66.59	68.61	72.50	76.20
140(139.7)			34.99	37.88	40.72	43.50	46.24	48.93	51.57	54.16	56.70	59.19	64.02	68.66	70.90	73.10	77.34	81.38
		142(141.3)	35.54	38.47	41.36	44.19	46.98	49.72	52.41	55.04	57.63	60.17	65.11	69.84	72.14	74.38	78.72	82.86
	146		36.62	39.66	42.64	45.57	48.46	51.30	54.08	56.82	59.51	62.15	67.28	72.21	74.60	76.94	81.48	85.82
		152(152.4)	38.25	41.43	44.56	47.65	50.68	53.66	56.60	59.48	62.32	65.11	70.53	75.76	78.30	80.79	85.62	90.26
		159	40.15	43.50	46.81	50.06	53.27	56.43	59.53	62.59	65.60	68.56	74.33	79.90	82.62	85.28	90.46	95.44
168(168.3)			42.59	46.17	49.69	53.17	56.60	59.98	63.31	66.59	69.82	73.00	79.21	85.23	88.17	91.05	96.67	102.10
		180(177.8)	45.85	49.72	53.54	57.31	61.04	64.71	68.34	71.91	75.44	78.92	85.72	92.33	95.56	98.74	104.96	110.98
		194(193.7)	49.64	53.86	58.03	62.15	66.22	70.24	74.21	78.13	82.00	85.82	93.32	100.62	104.20	107.72	114.63	121.33
	203		52.09	56.52	60.91	65.25	69.55	73.79	77.98	82.13	86.22	90.26	98.20	105.95	109.74	113.49	120.84	127.99
219(219.1)			56.43	61.26	66.04	70.78	75.46	80.10	84.69	89.23	93.71	98.15	106.88	115.42	119.61	123.75	131.89	139.83
		232	59.95	65.11	70.21	75.27	80.27	85.23	90.14	95.00	99.81	104.57	113.94	123.11	127.62	132.09	140.87	149.45
		245(244.5)	63.48	68.95	74.38	79.76	85.08	90.36	95.59	100.77	105.90	110.98	120.99	130.80	135.64	140.42	149.84	159.07
		267(267.4)	69.45	75.46	81.43	87.35	93.22	99.04	104.81	110.53	116.21	121.83	132.93	143.83	149.20	154.53	165.04	175.34

表 1（续）

外径/mm			壁厚/mm											
系列 1	系列 2	系列 3	32	34	36	38	40	42	45	48	50	55	60	65
			单位长度理论重量[a]/(kg/m)											
		83(82.5)												
	85													
89(88.9)														
	95													
	102(101.6)													
		108												
114(114.3)														
	121		70.24											
	127		74.97											
	133		79.71	83.01	86.12									
140(139.7)			85.23	88.88	92.33									
		142(141.3)	86.81	90.56	94.11									
	146		89.97	93.91	97.66	101.21	104.57							
		152(152.4)	94.70	98.94	102.99	106.83	110.48							
		159	100.22	104.81	109.20	113.39	117.39	121.19	126.51					
168(168.3)			107.33	112.36	117.19	121.83	126.27	130.51	136.50					
		180(177.8)	116.80	122.42	127.85	133.07	138.10	142.94	149.82	156.26	160.30			
		194(193.7)	127.85	134.16	140.27	146.19	151.92	157.44	165.36	172.83	177.56			
	203		134.95	141.71	148.27	154.63	160.79	166.76	175.34	183.48	188.66	200.75		
219(219.1)			147.57	155.12	162.47	169.62	176.58	183.33	193.10	202.42	208.39	222.45		
		232	157.83	166.02	174.01	181.81	189.40	196.80	207.53	217.81	224.42	240.08	254.51	267.70
		245(244.5)	168.09	176.92	185.55	193.99	202.22	210.26	221.95	233.20	240.45	257.71	273.74	288.54
		267(267.4)	185.45	195.37	205.09	214.60	223.93	233.05	246.37	259.24	267.58	287.55	306.30	323.81

表 1（续）

外径/mm			壁厚/mm														
系列 1	系列 2	系列 3	3.5(3.6)	4.0	4.5	5.0	(5.4)5.5	6.0	(6.3)6.5	7.0(7.1)	7.5	8.0	8.5	(8.8)9.0	9.5	10	11
			单位长度理论重量[a]/(kg/m)														
273									42.72	45.92	49.11	52.28	55.45	58.60	61.73	64.86	71.07
	299(298.5)										53.92	57.41	60.90	64.37	67.83	71.27	78.13
		302									54.47	58.00	61.52	65.03	68.53	72.01	78.94
		318.5									57.52	61.26	64.98	68.69	72.39	76.08	83.42
325(323.9)											58.73	62.54	66.35	70.14	73.92	77.68	85.18
	340(339.7)											65.50	69.49	73.47	77.43	81.38	89.25
	351											67.67	71.80	75.91	80.01	84.10	92.23
356(355.6)														77.02	81.18	85.33	93.59
		368												79.68	83.99	88.29	96.85
	377													81.68	86.10	90.51	99.29
	402													87.23	91.96	96.67	106.07
406(406.4)														88.12	92.89	97.66	107.15
		419												91.00	95.94	100.87	110.68
	426													92.55	97.58	102.59	112.58
	450													97.88	103.20	108.51	119.09
457														99.44	104.84	110.24	120.99
	473													102.99	108.59	114.18	125.33
	480													104.54	110.23	115.91	127.23
	500													108.98	114.92	120.84	132.65
508														110.76	116.79	122.81	134.82
	530													115.64	121.95	128.24	140.79
		560(559)												122.30	128.97	135.64	148.93
610														133.39	140.69	147.97	162.50

表 1（续）

外径/mm			壁厚/mm														
系列 1	系列 2	系列 3	12(12.5)	13	14(14.2)	15	16	17(17.5)	18	19	20	22(22.2)	24	25	26	28	30
			单位长度理论重量[a]/(kg/m)														
273			77.24	83.36	89.42	95.44	101.41	107.33	113.20	119.02	124.79	136.18	147.38	152.90	158.38	169.18	179.78
	299(298.5)		84.93	91.69	98.40	105.06	111.67	118.23	124.74	131.20	137.61	150.29	162.77	168.93	175.05	187.13	199.02
		302	85.82	92.65	99.44	106.17	112.85	119.49	126.07	132.61	139.09	151.92	164.54	170.78	176.97	189.20	201.24
		318.5	90.71	97.94	105.13	112.27	119.36	126.40	133.39	140.34	147.23	160.87	174.31	180.95	187.55	200.60	213.45
325(323.9)			92.63	100.03	107.38	114.68	121.93	129.13	136.28	143.38	150.44	164.39	178.16	184.96	191.72	205.09	218.25
	340(339.7)		97.07	104.84	112.56	120.23	127.85	135.42	142.94	150.41	157.83	172.53	187.03	194.21	201.34	215.44	229.35
	351		100.32	108.36	116.35	124.29	132.19	140.03	147.82	155.57	163.26	178.50	193.54	200.99	208.39	223.04	237.49
356(355.6)			101.80	109.97	118.08	126.14	134.16	142.12	150.04	157.91	165.73	181.21	196.50	204.07	211.60	226.49	241.19
		368	105.35	113.81	122.22	130.58	138.89	147.16	155.37	163.53	171.64	187.72	203.61	211.47	219.29	234.78	250.07
	377		108.02	116.70	125.33	133.91	142.45	150.93	159.36	167.75	176.08	192.61	208.93	217.02	225.06	240.99	256.73
	402		115.42	124.71	133.96	143.16	152.31	161.41	170.46	179.46	188.41	206.17	223.73	232.44	241.09	258.26	275.22
406(406.4)			116.60	126.00	135.34	144.64	153.89	163.09	172.24	181.34	190.39	208.34	226.10	234.90	243.66	261.02	278.18
		419	120.45	130.16	139.83	149.45	159.02	168.54	178.01	187.43	196.80	215.39	233.79	242.92	251.99	269.99	287.80
	426		122.52	132.41	142.25	152.04	161.78	171.47	181.11	190.71	200.25	219.19	237.93	247.23	256.48	274.83	292.98
	450		129.62	140.10	150.53	160.92	171.25	181.53	191.77	201.95	212.09	232.21	252.14	262.03	271.87	291.40	310.74
457			131.69	142.35	152.95	163.51	174.01	184.47	194.88	205.23	215.54	236.01	256.28	266.34	276.36	296.23	315.91
	473		136.43	147.48	158.48	169.42	180.33	191.18	201.98	212.73	223.43	244.69	265.75	276.21	286.62	307.28	327.75
	480		138.50	149.72	160.89	172.01	183.09	194.11	205.09	216.01	226.89	248.49	269.90	280.53	291.11	312.12	332.93
	500		144.42	156.13	167.80	179.41	190.98	202.50	213.96	225.38	236.75	259.34	281.73	292.86	303.93	325.93	347.93
508			146.79	158.70	170.56	182.37	194.14	205.85	217.51	229.13	240.70	263.68	286.47	297.79	309.06	331.45	353.65
	530		153.30	165.75	178.16	190.51	202.82	215.07	227.28	239.44	251.55	275.62	299.49	311.35	323.17	346.64	369.92
		560(559)	162.17	175.37	188.51	201.61	214.65	227.65	240.60	253.50	266.34	291.89	317.25	329.85	342.40	367.36	392.12
610			176.97	191.40	205.78	220.10	234.38	248.61	262.79	276.92	291.01	319.02	346.84	360.68	374.46	401.88	429.11

表 1（续）

外径/mm			壁厚/mm														
系列 1	系列 2	系列 3	32	34	36	38	40	42	45	48	50	55	60	65	70	75	80
			单位长度理论重量[a]/(kg/m)														
273			190.19	200.40	210.41	220.23	229.85	239.27	253.03	266.34	274.98	295.69	315.17	333.42	350.44	366.22	380.77
	299(298.5)		210.71	222.20	233.50	244.59	255.49	266.20	281.88	297.12	307.04	330.96	353.65	375.10	395.32	414.31	432.07
		302	213.08	224.72	236.16	247.40	258.45	269.30	285.21	300.67	310.74	335.03	358.09	379.91	400.50	419.86	437.99
		318.5	226.10	238.55	250.81	262.87	274.73	286.39	303.52	320.21	331.08	357.41	382.50	406.36	428.99	450.38	470.54
325(323.9)			231.23	244.00	256.58	268.96	281.14	293.13	310.74	327.90	339.10	366.22	392.12	416.78	440.21	462.40	483.37
	340(339.7)		243.06	256.58	269.90	283.02	295.94	308.66	327.38	345.66	357.59	386.57	414.31	440.83	466.10	490.15	512.96
	351		251.75	265.80	279.66	293.32	306.79	320.06	339.59	358.68	371.16	401.49	430.59	458.46	485.09	510.49	534.66
356(355.6)			255.69	269.99	284.10	298.01	311.72	325.24	345.14	364.60	377.32	408.27	437.99	466.47	493.72	519.74	544.53
		368	265.16	280.06	294.75	309.26	323.56	337.67	358.46	378.80	392.12	424.55	455.75	485.71	514.44	541.94	568.20
	377		272.26	287.60	302.75	317.69	332.44	346.99	368.44	389.46	403.22	436.76	469.06	500.14	529.98	558.58	585.96
	402		291.99	308.57	324.94	341.12	357.10	372.88	396.19	419.05	434.04	470.67	506.06	540.21	573.13	604.82	635.28
406(406.4)			295.15	311.92	328.49	344.87	361.05	377.03	400.63	423.78	438.98	476.09	511.97	546.62	580.04	612.22	643.17
		419	305.41	322.82	340.03	357.05	373.87	390.49	415.05	439.17	455.01	493.72	531.21	567.46	602.48	636.27	668.82
	426		310.93	328.69	346.25	363.61	380.77	397.74	422.82	447.46	463.64	503.22	541.57	578.68	614.57	649.22	682.63
	450		329.87	348.81	367.56	386.10	404.45	422.60	449.46	475.87	493.23	535.77	577.08	617.16	656.00	693.61	729.98
457			335.40	354.68	373.77	392.66	411.35	429.85	457.23	484.16	501.86	545.27	587.44	628.38	668.08	706.55	743.79
	473		348.02	368.10	387.98	407.66	427.14	446.42	474.98	503.10	521.59	566.97	611.11	654.02	695.70	736.15	775.36
	480		353.55	373.97	394.19	414.22	434.04	453.67	482.75	511.38	530.22	576.46	621.47	665.25	707.79	749.09	789.17
	500		369.33	390.74	411.95	432.96	453.77	474.39	504.95	535.06	554.89	603.59	651.07	697.31	742.31	786.09	828.63
508			375.64	397.45	419.05	440.46	461.66	482.68	513.82	544.53	564.75	614.44	662.90	710.13	756.12	800.88	844.41
	530		393.01	415.89	438.58	461.07	483.37	505.46	538.24	570.57	591.88	644.28	695.46	745.40	794.10	841.58	887.82
		560(559)	416.68	441.06	465.22	489.19	512.96	536.54	571.53	606.08	628.87	684.97	739.85	793.49	845.89	897.06	947.00
610			456.14	482.97	509.61	536.04	562.28	588.33	627.02	665.27	690.52	752.79	813.83	873.64	932.21	989.55	1 045.65

表 1（续）

外径/mm			壁厚/mm														
系列 1	系列 2	系列 3	85	90	95	100	110	120								
			单位长度理论重量[a]/(kg/m)													
273			394.09													
	299(298.5)		448.59	463.88	477.94	490.77										
		302	454.88	470.54	484.97	498.16										
		318.5	489.47	507.16	523.63	538.86										
325(323.9)			503.10	521.59	538.86	554.89										
	340(339.7)		534.54	554.89	574.00	591.88										
	351		557.60	579.30	599.77	619.01										
356(355.6)			568.08	590.40	611.48	631.34										
		368	593.23	617.03	639.60	660.93										
	377		612.10	637.01	660.68	683.13										
	402		664.51	692.50	719.25	744.78										
406(406.4)			672.89	701.37	728.63	754.64										
		419	700.14	730.23	759.08	786.70										
	426		714.82	745.77	775.48	803.97										
	450		765.12	799.03	831.71	863.15										
457			779.80	814.57	848.11	880.42										
	473		813.34	850.08	885.60	919.88										
	480		828.01	865.62	902.00	937.14										
	500		869.94	910.01	948.85	986.46	1 057.98									
508			886.71	927.77	967.60	1 006.19	1 079.68									
	530		932.82	976.60	1 019.14	1 060.45	1 139.36	1 213.35								
		560(559)	995.71	1 043.18	1 089.42	1 134.43	1 220.75	1 302.13								
610			1 100.52	1 154.16	1 206.57	1 257.74	1 356.39	1 450.10								

表 1（续）

外径/mm			壁厚/mm													
系列 1	系列 2	系列 3	9	9.5	10	11	12(12.5)	13	14(14.2)	15	16	17(17.5)	18	19	20	22(22.2)
			单位长度理论重量[a]/(kg/m)													
	630		137.83	145.37	152.90	167.92	182.89	197.81	212.68	227.50	242.28	257.00	271.67	286.30	300.87	329.87
		660	144.49	152.40	160.30	176.06	191.77	207.43	223.04	238.60	254.11	269.58	284.99	300.35	315.67	346.15
		699					203.31	219.93	236.50	253.03	269.50	285.93	302.30	318.63	334.90	367.31
711							206.86	223.78	240.65	257.47	274.24	290.96	307.63	324.25	340.82	373.82
	720						209.52	226.66	243.75	260.80	277.79	294.73	311.62	328.47	345.26	378.70
	762														365.98	401.49
		788.5													379.05	415.87
813															391.13	429.16
		864													416.29	456.83
914																
		965														
1 016																

表 1（续）

外径/mm			壁厚/mm												
系列 1	系列 2	系列 3	24	25	26	28	30	32	34	36	38	40	42	45	48
			单位长度理论重量[a]/(kg/m)												
	630		358.68	373.01	387.29	415.70	443.91	471.92	499.74	527.36	554.79	582.01	609.04	649.22	688.95
		660	376.43	391.50	406.52	436.41	466.10	495.60	524.90	554.00	582.90	611.61	640.12	682.51	724.46
		699	399.52	415.55	431.53	463.34	494.96	526.38	557.60	588.62	619.45	650.08	680.51	725.79	770.62
711			406.62	422.95	439.22	471.63	503.84	535.85	567.66	599.28	630.69	661.92	692.94	739.11	784.83
	720		411.95	428.49	444.99	477.84	510.49	542.95	575.21	607.27	639.13	670.79	702.26	749.09	795.48
	762		436.81	454.39	471.92	506.84	541.57	576.09	610.42	644.55	678.49	712.23	745.77	795.71	845.20
		788.5	452.49	470.73	488.92	525.14	561.17	597.01	632.64	668.08	703.32	738.37	773.21	825.11	876.57
813			466.99	485.83	504.62	542.06	579.30	616.34	653.18	689.83	726.28	762.54	798.59	852.30	905.57
		864	497.18	517.28	537.33	577.28	617.03	656.59	695.95	735.11	774.08	812.85	851.42	908.90	965.94
914				548.10	569.39	611.80	654.02	696.05	737.87	779.50	820.93	862.17	903.20	964.39	1 025.13
		965		579.55	602.09	647.02	691.76	736.30	780.64	824.78	868.73	912.48	956.03	1 020.99	1 085.50
1 016				610.99	634.79	682.24	729.49	776.54	823.40	870.06	916.52	962.79	1 008.86	1 077.59	1 145.87

表 1（续）

外径/mm			壁厚/mm												
系列 1	系列 2	系列 3	50	55	60	65	70	75	80	85	90	95	100	110	120
			单位长度理论重量[a]/(kg/m)												
	630		715.19	779.92	843.43	905.70	966.73	1 026.54	1 085.11	1 142.45	1 198.55	1 253.42	1 307.06	1 410.64	1 509.29
		660	752.18	820.61	887.82	953.79	1 018.52	1 082.03	1 144.30	1 205.33	1 265.14	1 323.71	1 381.05	1 492.02	1 598.07
		699	800.27	873.51	945.52	1 016.30	1 085.85	1 154.16	1 221.24	1 287.09	1 351.70	1 415.08	1 477.23	1 597.82	1 713.49
711			815.06	889.79	963.28	1 035.54	1 106.56	1 176.36	1 244.92	1 312.24	1 378.33	1 443.19	1 506.82	1 630.38	1 749.00
	720		826.16	902.00	976.60	1 049.97	1 122.10	1 193.00	1 262.67	1 331.11	1 398.31	1 464.28	1 529.02	1 654.79	1 775.63
	762		877.95	958.96	1 038.74	1 117.29	1 194.61	1 270.69	1 345.53	1 419.15	1 491.53	1 562.68	1 632.60	1 768.73	1 899.93
		788.5	910.63	994.91	1 077.96	1 159.77	1 240.35	1 319.70	1 397.82	1 474.70	1 550.35	1 624.77	1 697.95	1 840.62	1 978.35
813			940.84	1 028.14	1 114.21	1 199.05	1 282.65	1 365.02	1 446.15	1 526.06	1 604.73	1 682.17	1 758.37	1 907.08	2 050.86
		864	1 003.73	1 097.32	1 189.67	1 280.80	1 370.69	1 459.35	1 546.77	1 632.97	1 717.92	1 801.65	1 884.14	2 045.43	2 201.78
914			1 065.38	1 165.14	1 263.66	1 360.95	1 457.00	1 551.83	1 645.42	1 737.78	1 828.90	1 918.79	2 007.45	2 181.07	2 349.75
		965	1 128.27	1 234.31	1 339.12	1 442.70	1 545.05	1 646.16	1 746.04	1 844.68	1 942.10	2 038.28	2 133.22	2 319.42	2 500.68
1 016			1 191.15	1 303.49	1 414.59	1 524.45	1 633.09	1 740.49	1 846.66	1 951.59	2 055.29	2 157.76	2 259.00	2 457.77	2 651.61

注：括号内尺寸为相应的 ISO 4200 的规格。

[a] 理论重量按公式(1)计算，钢的密度为 7.85 kg/dm^3。

表 2 精密钢管的外径和壁厚及单位长度理论重量

外径/mm		壁厚/mm																				
系列 2	系列 3	0.5	(0.8)	1.0	(1.2)	1.5	(1.8)	2.0	(2.2)	2.5	(2.8)	3.0	(3.5)	4	(4.5)	5	(5.5)	6	(7)	8	(9)	10
		单位长度理论重量[a]/(kg/m)																				
4		0.043	0.063	0.074	0.083																	
5		0.055	0.083	0.099	0.112																	
6		0.068	0.103	0.123	0.142	0.166	0.186	0.197														
8		0.092	0.142	0.173	0.201	0.240	0.275	0.296	0.315	0.339												
10		0.117	0.182	0.222	0.260	0.314	0.364	0.395	0.423	0.462												
12		0.142	0.221	0.271	0.320	0.388	0.453	0.493	0.532	0.586	0.635	0.666										
12.7		0.150	0.235	0.289	0.340	0.414	0.484	0.528	0.570	0.629	0.684	0.718										
	14	0.166	0.260	0.321	0.379	0.462	0.542	0.592	0.640	0.709	0.773	0.814	0.906									
16		0.191	0.300	0.370	0.438	0.536	0.630	0.691	0.749	0.832	0.911	0.962	1.08	1.18								
	18	0.216	0.339	0.419	0.497	0.610	0.719	0.789	0.857	0.956	1.05	1.11	1.25	1.38	1.50							
20		0.240	0.379	0.469	0.556	0.684	0.808	0.888	0.966	1.08	1.19	1.26	1.42	1.58	1.72	1.85						
	22	0.265	0.418	0.518	0.616	0.758	0.897	0.986	1.07	1.20	1.33	1.41	1.60	1.78	1.94	2.10						
25		0.302	0.477	0.592	0.704	0.869	1.03	1.13	1 24	1.39	1.53	1.63	1.86	2.07	2.28	2.47	2.64	2.81				
	28	0.339	0.537	0.666	0.793	0.980	1.16	1.28	1.40	1.57	1.74	1.85	2.11	2.37	2.61	2.84	3.05	3.26	3.63	3.95		
	30	0.364	0.576	0.715	0.852	1.05	1.25	1.38	1.51	1.70	1.88	2.00	2.29	2.56	2.83	3.08	3.32	3.55	3.97	4.34		
32		0.388	0.616	0.765	0.911	1.13	1.34	1.48	1.62	1.82	2.02	2.15	2.46	2.76	3.05	3.33	3.59	3.85	4.32	4.74		
	35	0.425	0.675	0.838	1.00	1.24	1.47	1.63	1.78	2.00	2.22	2.37	2.72	3.06	3.38	3.70	4.00	4.29	4.83	5.33		
38		0.462	0.734	0.912	1.09	1.35	1.61	1.78	1.94	2.19	2.43	2.59	2.98	3.35	3.72	4.07	4.41	4.74	5.35	5.92	6.44	6.91
40		0.487	0.773	0.962	1.15	1.42	1.70	1.87	2.05	2.31	2.57	2.74	3.15	3.55	3.94	4.32	4.68	5.03	5.70	6.31	6.88	7.40
42			0.813	1.01	1.21	1.50	1.78	1.97	2.16	2.44	2.71	2.89	3.32	3.75	4.16	4.56	4.95	5.33	6.04	6.71	7.32	7.89

表 2（续）

外径/mm		壁厚/mm																	
系列 2	系列 3	(0.8)	1.0	(1.2)	1.5	(1.8)	2.0	(2.2)	2.5	(2.8)	3.0	(3.5)	4	(4.5)	5	(5.5)	6	(7)	8
		单位长度理论重量[a]/(kg/m)																	
	45	0.872	1.09	1.30	1.61	1.92	2.12	2.32	2.62	2.91	3.11	3.58	4.04	4.49	4.93	5.36	5.77	6.56	7.30
48		0.931	1.16	1.38	1.72	2.05	2.27	2.48	2.81	3.12	3.33	3.84	4.34	4.83	5.30	5.76	6.21	7.08	7.89
50		0.971	1.21	1.44	1.79	2.14	2.37	2.59	2.93	3.26	3.48	4.01	4.54	5.05	5.55	6.04	6.51	7.42	8.29
	55	1.07	1.33	1.59	1.98	2.36	2.61	2.86	3.24	3.60	3.85	4.45	5.03	5.60	6.17	6.71	7.25	8.29	9.27
60		1.17	1.46	1.74	2.16	2.58	2.86	3.14	3.55	3.95	4.22	4.88	5.52	6.16	6.78	7.39	7.99	9.15	10.26
63		1.23	1.53	1.83	2.28	2.72	3.01	3.30	3.73	4.16	4.44	5.14	5.82	6.49	7.15	7.80	8.43	9.67	10.85
70		1.37	1.70	2.04	2.53	3.03	3.35	3.68	4.16	4.64	4.96	5.74	6.51	7.27	8.02	8.75	9.47	10.88	12.23
76		1.48	1.85	2.21	2.76	3.29	3.65	4.00	4.53	5.05	5.40	6.26	7.10	7.93	8.75	9.56	10.36	11.91	13.42
80		1.56	1.95	2.33	2.90	3.47	3.85	4.22	4.78	5.33	5.70	6.60	7.50	8.38	9.25	10.11	10.95	12.60	14.21
	90			2.63	3.27	3.92	4.34	4.76	5.39	6.02	6.44	7.47	8.48	9.49	10.48	11.46	12.43	14.33	16.18
100				2.92	3.64	4.36	4.83	5.31	6.01	6.71	7.18	8.33	9.47	10.60	11.71	12.82	13.91	16.05	18.15
	110			3.22	4.01	4.80	5.33	5.85	6.63	7.40	7.92	9.19	10.46	11.71	12.95	14.17	15.39	17.78	20.12
120						5.25	5.82	6.39	7.24	8.09	8.66	10.06	11.44	12.82	14.18	15.53	16.87	19.51	22.10
130						5.69	6.31	6.93	7.86	8.78	9.40	10.92	12.43	13.93	15.41	16.89	18.35	21.23	24.07
	140					6.13	6.81	7.48	8.48	9.47	10.14	11.78	13.42	15.04	16.65	18.24	19.83	22.96	26.04
150						6.58	7.30	8.02	9.09	10.16	10.88	12.65	14.40	16.15	17.88	19.60	21.31	24.69	28.02
160						7.02	7.79	8.56	9.71	10.86	11.62	13.51	15.39	17.26	19.11	20.96	22.79	26.41	29.99
170												14.37	16.38	18.37	20.35	22.31	24.27	28.14	31.96
	180														21.58	23.67	25.75	29.87	33.93
190																25.03	27.23	31.59	35.91
200																	28.71	33.32	37.88
	220																	36.77	41.83

表 2（续）

外径/mm		壁厚/mm														
系列 2	系列 3	(9)	10	(11)	12.5	(14)	16	(18)	20	(22)	25					
		单位长度理论重量[a]/(kg/m)														
	45	7.99	8.63	9.22	10.02											
48		8.66	9.37	10.04	10.94											
50		9.10	9.86	10.58	11.56											
	55	10.21	11.10	11.94	13.10	14.16										
60		11.32	12.33	13.29	14.64	15.88	17.36									
63		11.99	13.07	14.11	15.57	16.92	18.55									
70		13.54	14.80	16.01	17.73	19.33	21.31									
76		14.87	16.28	17.63	19.58	21.41	23.68									
80		15.76	17.26	18.72	20.81	22.79	25.25	27.52								
	90	17.98	19.73	21.43	23.89	26.24	29.20	31.96	34.53	36.89						
100		20.20	22.20	24.14	26.97	29.69	33.15	36.40	39.46	42.32	46.24					
	110	22.42	24.66	26.86	30.06	33.15	37.09	40.84	44.39	47.74	52.41					
120		24.64	27.13	29.57	33.14	36.60	41.04	45.28	49.32	53.17	58.57					
130		26.86	29.59	32.28	36.22	40.05	44.98	49.72	54.26	58.60	64.74					
	140	29.08	32.06	34.99	39.30	43.50	48.93	54.16	59.19	64.02	70.90					
150		31.30	34.53	37.71	42.39	46.96	52.87	58.60	64.12	69.45	77.07					
160		33.52	36.99	40.42	45.47	50.41	56.82	63.03	69.05	74.87	83.23					
170		35.73	39.46	43.13	48.55	53.86	60.77	67.47	73.98	80.30	89.40					
	180	37.95	41.92	45.85	51.64	57.31	64.71	71.91	78.92	85.72	95.56					
190		40.17	44.39	48.56	54.72	60.77	68.66	76.35	83.85	91.15	101.73					
200		42.39	46.86	51.27	57.80	64.22	72.60	80.79	88.78	96.57	107.89					
	220	46.83	51.79	56.70	63.97	71.12	80.50	89.67	98.65	107.43	120.23					

表 2(续)

外径/mm		壁厚/mm													
系列 2	系列 3	(5.5)	6	(7)	8	9	10	(11)	12.5	(14)	16	(18)	20	(22)	25
		单位长度理论重量[a]/(kg/m)													
	240			40.22	45.77	51.27	56.72	62.12	70.13	78.03	88.39	98.55	108.51	118.28	132.56
	260			43.68	49.72	55.71	61.65	67.55	76.30	84.93	96.28	107.43	118.38	129.13	144.89

注：括号内尺寸不推荐使用。

[a] 理论重量按公式(1)计算，钢的密度为 7.85 kg/dm^3。

表 3 不锈钢管的外径和壁厚

外径/mm			壁厚/mm													
系列 1	系列 2	系列 3	0.5	0.6	0.7	0.8	0.9	1.0	1.2	1.4	1.5	1.6	2.0	2.2(2.3)	2.5(2.6)	2.8(2.9)
	6		●	●	●	●	●	●	●							
	7		●	●	●	●	●	●	●							
	8		●	●	●	●	●	●	●							
	9		●	●	●	●	●	●	●							
10(10.2)			●	●	●	●	●	●	●	●	●	●	●			
	12		●	●	●	●	●	●	●	●	●	●	●			
	12.7		●	●	●	●	●	●	●	●	●	●	●	●	●	●
13(13.5)			●	●	●	●	●	●	●	●	●	●	●	●	●	●
		14	●	●	●	●	●	●	●	●	●	●	●	●	●	●
	16		●	●	●	●	●	●	●	●	●	●	●	●	●	●
17(17.2)			●	●	●	●	●	●	●	●	●	●	●	●	●	●
		18	●	●	●	●	●	●	●	●	●	●	●	●	●	●
	19		●	●	●	●	●	●	●	●	●	●	●	●	●	●
	20		●	●	●	●	●	●	●	●	●	●	●	●	●	●
21(21.3)			●	●	●	●	●	●	●	●	●	●	●	●	●	●
		22	●	●	●	●	●	●	●	●	●	●	●	●	●	●
	24		●	●	●	●	●	●	●	●	●	●	●	●	●	●
	25		●	●	●	●	●	●	●	●	●	●	●	●	●	●
		25.4						●	●	●	●	●	●	●	●	●
27(26.9)								●	●	●	●	●	●	●	●	●
		30						●	●	●	●	●	●	●	●	●
	32(31.8)							●	●	●	●	●	●	●	●	●

表 3（续）

外径/mm			壁厚/mm											
系列 1	系列 2	系列 3	3.0	3.2	3.5(3.6)	4.0	4.5	5.0	5.5(5.6)	6.0	(6.3)6.5	7.0(7.1)	7.5	8.0
	6													
	7													
	8													
	9													
10(10.2)														
	12													
	12.7		●	●										
13(13.5)			●	●										
		14	●	●	●									
	16		●	●	●	●								
17(17.2)			●	●	●	●								
		18	●	●	●	●	●							
	19		●	●	●	●	●							
	20		●	●	●	●	●							
21(21.3)			●	●	●	●	●	●						
		22	●	●	●	●	●	●						
	24		●	●	●	●	●	●						
	25		●	●	●	●	●	●	●	●				
		25.4	●	●	●	●	●	●	●	●				
27(26.9)			●	●	●	●	●	●	●	●				
		30	●	●	●	●	●	●	●	●	●			
	32(31.8)		●	●	●	●	●	●	●	●	●			

表 3（续）

外径/mm			壁厚/mm														
系列 1	系列 2	系列 3	1.0	1.2	1.4	1.5	1.6	2.0	2.2(2.3)	2.5(2.6)	2.8(2.9)	3.0	3.2	3.5(3.6)	4.0	4.5	5.0
34(33.7)			●	●	●	●	●	●	●	●	●	●	●	●	●	●	●
		35	●	●	●	●	●	●	●	●	●	●	●	●	●	●	●
	38		●	●	●	●	●	●	●	●	●	●	●	●	●	●	●
	40		●	●	●	●	●	●	●	●	●	●	●	●	●	●	●
42(42.4)			●	●	●	●	●	●	●	●	●	●	●	●	●	●	●
		45(44.5)	●	●	●	●	●	●	●	●	●	●	●	●	●	●	●
48(48.3)			●	●	●	●	●	●	●	●	●	●	●	●	●	●	●
	51		●	●	●	●	●	●	●	●	●	●	●	●	●	●	●
		54					●	●	●	●	●	●	●	●	●	●	●
	57						●	●	●	●	●	●	●	●	●	●	●
60(60.3)							●	●	●	●	●	●	●	●	●	●	●
	64(63.5)						●	●	●	●	●	●	●	●	●	●	●
	68						●	●	●	●	●	●	●	●	●	●	●
	70						●	●	●	●	●	●	●	●	●	●	●
	73						●	●	●	●	●	●	●	●	●	●	●
76(76.1)							●	●	●	●	●	●	●	●	●	●	●
		83(82.5)					●	●	●	●	●	●	●	●	●	●	●
89(88.9)							●	●	●	●	●	●	●	●	●	●	●
	95						●	●	●	●	●	●	●	●	●	●	●
	102(101.6)						●	●	●	●	●	●	●	●	●	●	●
	108						●	●	●	●	●	●	●	●	●	●	●
114(114.3)							●	●	●	●	●	●	●	●	●	●	●

表 3（续）

外径/mm			壁厚/mm												
系列 1	系列 2	系列 3	5.5(5.6)	6.0	(6.3)6.5	7.0(7.1)	7.5	8.0	8.5	(8.8)9.0	9.5	10	11	12(12.5)	14(14.2)
34(33.7)			●	●	●										
		35	●	●	●										
	38		●	●	●										
	40		●	●	●										
42(42.4)			●	●	●	●	●								
		45(44.5)	●	●	●	●	●	●	●						
48(48.3)			●	●	●	●	●	●	●						
	51		●	●	●	●	●	●	●	●					
		54	●	●	●	●	●	●	●	●	●	●			
	57		●	●	●	●	●	●	●	●	●	●			
60(60.3)			●	●	●	●	●	●	●	●	●	●			
	64(63.5)		●	●	●	●	●	●	●	●	●	●			
	68		●	●	●	●	●	●	●	●	●	●	●	●	
	70		●	●	●	●	●	●	●	●	●	●	●	●	
	73		●	●	●	●	●	●	●	●	●	●	●	●	
76(76.1)			●	●	●	●	●	●	●	●	●	●	●	●	
		83(82.5)	●	●	●	●	●	●	●	●	●	●	●	●	●
89(88.9)			●	●	●	●	●	●	●	●	●	●	●	●	●
	95		●	●	●	●	●	●	●	●	●	●	●	●	●
	102(101.6)		●	●	●	●	●	●	●	●	●	●	●	●	●
	108		●	●	●	●	●	●	●	●	●	●	●	●	●
114(114.3)			●	●	●	●	●	●	●	●	●	●	●	●	●

表 3（续）

外径/mm			壁厚/mm												
系列 1	系列 2	系列 3	1.6	2.0	2.2(2.3)	2.5(2.6)	2.8(2.9)	3.0	3.2	3.5(3.6)	4.0	4.5	5.0	5.5(5.6)	6.0
	127		●	●	●	●	●	●	●	●	●	●	●	●	●
	133		●	●	●	●	●	●	●	●	●	●	●	●	●
140(139.7)			●	●	●	●	●	●	●	●	●	●	●	●	●
	146		●	●	●	●	●	●	●	●	●	●	●	●	●
	152		●	●	●	●	●	●	●	●	●	●	●	●	●
	159		●	●	●	●	●	●	●	●	●	●	●	●	●
168(168.3)			●	●	●	●	●	●	●	●	●	●	●	●	●
	180			●	●	●	●	●	●	●	●	●	●	●	●
	194			●	●	●	●	●	●	●	●	●	●	●	
219(219.1)				●	●	●	●	●	●	●	●	●	●	●	
	245			●	●	●	●	●	●	●	●	●	●	●	
273				●	●	●	●	●	●	●	●	●	●	●	
325(323.9)						●	●	●	●	●	●	●	●	●	
	351					●	●	●	●	●	●	●	●	●	
356(355.6)						●	●	●	●	●	●	●	●	●	
	377					●	●	●	●	●	●	●	●	●	
406(406.4)						●	●	●	●	●	●	●	●	●	●
	426								●	●	●	●	●	●	●

表 3（续）

外径/mm			壁厚/mm									
系列 1	系列 2	系列 3	(6.3)6.5	7.0(7.1)	7.5	8.0	8.5	(8.8)9.0	9.5	10	11	12(12.5)
	127		●	●	●	●	●	●	●	●	●	●
	133		●	●	●	●	●	●	●	●	●	●
140(139.7)			●	●	●	●	●	●	●	●	●	●
	146		●	●	●	●	●	●	●	●	●	●
	152		●	●	●	●	●	●	●	●	●	●
	159		●	●	●	●	●	●	●	●	●	●
168(168.3)			●	●	●	●	●	●	●	●	●	●
	180		●	●	●	●	●	●	●	●	●	●
	194		●	●	●	●	●	●	●	●	●	●
219(219.1)			●	●	●	●	●	●	●	●	●	●
	245		●	●	●	●	●	●	●	●	●	●
273			●	●	●	●	●	●	●	●	●	●
325(323.9)			●	●	●	●	●	●	●	●	●	●
	351		●	●	●	●	●	●	●	●	●	●
356(355.6)			●	●	●	●	●	●	●	●	●	●
	377		●	●	●	●	●	●	●	●	●	●
406(406.4)			●	●	●	●	●	●	●	●	●	●
	426		●	●	●	●	●	●	●	●	●	●

表 3（续）

外径/mm			壁厚/mm										
系列 1	系列 2	系列 3	14(14.2)	15	16	17(17.5)	18	20	22(22.2)	24	25	26	28
	127		●										
	133		●										
140(139.7)			●	●	●								
	146		●	●	●								
	152		●	●	●								
	159		●	●	●								
168(168.3)			●	●	●	●	●						
	180		●	●	●	●	●						
	194		●	●	●	●	●						
219(219.1)			●	●	●	●	●	●	●	●	●	●	●
	245		●	●	●	●	●	●	●	●	●	●	●
273			●	●	●	●	●	●	●	●	●	●	●
325(323.9)			●	●	●	●	●	●	●	●	●	●	●
	351		●	●	●	●	●	●	●	●	●	●	●
356(355.6)			●	●	●	●	●	●	●	●	●	●	●
	377		●	●	●	●	●	●	●	●	●	●	●
406(406.4)			●	●	●	●	●	●	●	●	●	●	●
	426		●	●	●	●	●	●					

注 1：括号内尺寸为相应的英制单位。

注 2：“●”表示常用规格。

表 4　标准化外径允许偏差　　　单位为毫米

偏差等级	标准化外径允许偏差
D1	±1.5%D 或±0.75,取其中的较大值
D2	±1.0%D 或±0.50,取其中的较大值
D3	±0.75%D 或±0.30,取其中的较大值
D4	±0.5%D 或±0.10,取其中的较大值
注:D 为钢管的公称外径。	

表 5　非标准化外径允许偏差　　　单位为毫米

偏差等级	非标准化外径允许偏差
ND1	+1.25%D −1.5%D
ND2	±1.25%D
ND3	+1.25%D −1%D
ND4	±0.8%D
注:D 为钢管的公称外径。	

2.3.2.3　特殊用途的钢管和冷轧(拔)钢管外径允许偏差可采用绝对偏差。

2.3.3　壁厚允许偏差

2.3.3.1　优先选用的标准化壁厚允许偏差见表 6。

表 6　标准化壁厚允许偏差　　　单位为毫米

偏差等级		壁厚允许偏差			
		$S/D>0.1$	$0.05<S/D\leqslant0.1$	$0.025<S/D\leqslant0.05$	$S/D\leqslant0.025$
S1		±15.0%S 或±0.60,取其中的较大值			
S2	A	±12.5%S 或±0.40,取其中的较大值			
	B	−12.5%S			
S3	A	±10.0%S 或±0.20,取其中的较大值			
	B	±10%S 或±0.40,取其中的较大值	±12.5%S 或±0.40,取其中的较大值	±15.0%S 或±0.40,取其中的较大值	
	C	−10%S			
S4	A	±7.5%S 或±0.15,取其中的较大值			
	B	±7.5%S 或±0.20,取其中的较大值	±10.0%S 或±0.20,取其中的较大值	±12.5%S 或±0.20,取其中的较大值	±15.0%S 或±0.20,取其中的较大值
S5		±5.0%S 或±0.10,取其中的较大值			
注:S 为钢管的公称壁厚,D 为钢管的公称外径。					

2.3.3.2　推荐选用的非标准化壁厚允许偏差见表 7。

表 7　非标准化壁厚允许偏差

单位为毫米

偏差等级	非标准化壁厚允许偏差
NS1	+15.0%S −12.5%S
NS2	+15.0%S −10.0%S
NS3	+12.5%S −10.0%S
NS4	+12.5%S −7.5%S
注：S 为钢管的公称壁厚。	

2.3.3.3　特殊用途的钢管和冷轧(拔)钢管壁厚允许偏差可采用绝对偏差。

3　长度

3.1　通常长度

钢管的通常长度为 3 000 mm～12 500 mm。

3.2　定尺长度和倍尺长度

定尺长度和倍尺长度应在通常长度范围内，全长允许偏差分为四级(见表 8)。每个倍尺长度按以下规定留出切口余量：

a)　外径≤159 mm，5 mm～10 mm；

b)　外径＞159 mm，10 mm～15 mm。

表 8　全长允许偏差

单位为毫米

偏差等级	全长允许偏差
L1	+20 0
L2	+15 0
L3	+10 0
L4	+5 0

3.3　特殊用途钢管长度

特殊用途的钢管，如不锈耐酸钢极薄壁钢管、小直径钢管等的长度要求可另行规定。

4　外形

4.1　弯曲度

钢管的弯曲度分为全长弯曲度和每米弯曲度。

4.1.1　全长弯曲度

对钢管全长测得的弯曲度称为全长弯曲度，全长弯曲度分为五级(见表 9)。

表 9　全长弯曲度

单位为毫米

弯曲度等级	全长弯曲度，不大于
E1	0.2%L
E2	0.15%L

表 9（续） 单位为毫米

弯曲度等级	全长弯曲度，不大于
E3	0.1%L
E4	0.08%L
E5	0.06%L
注：L 为单根钢管的长度。	

4.1.2 每米弯曲度

对钢管每米长度测量的弯曲度称为每米弯曲度，每米弯曲度分为五级(见表 10)。

表 10 每米弯曲度 单位为毫米

弯曲度等级	每米弯曲度，不大于
F1	3.0
F2	2.0
F3	1.5
F4	1.0
F5	0.5

4.2 不圆度

钢管的不圆度分为四级(见表 11)。

表 11 不圆度

不圆度等级	不圆度[a]，不大于外径公差的
NR1	80%
NR2	70%
NR3	60%
NR4	50%
[a] 不圆度的计算公式为：$\frac{2(D_{max}-D_{min})}{D_{max}+D_{min}}\times 100\%$，式中：$D_{max}$ 为实测钢管同一横截面外径的最大值，D_{min} 为实测钢管同一横截面外径的最小值。	

5 重量

5.1 钢管按实际重量交货，也可按理论重量交货。实际重量交货可分为单根重量或每批重量。

5.2 钢管的理论重量按公式(1)计算：

$$W = \pi\rho(D-S)S/1\,000 \qquad (1)$$

式中：

W——钢管的理论重量，单位为千克每米(kg/m)；

π=3.141 6；

ρ——钢的密度，单位为千克每立方分米(kg/dm^3)；

D——钢管的公称外径，单位为毫米(mm)；

S——钢管的公称壁厚，单位为毫米(mm)。

5.3 按理论重量交货的钢管，根据需方要求，可规定钢管实际重量与理论重量的允许偏差。单根钢管实际重量与理论重量的允许偏差分为五级(见表 12)。每批不小于 10 t 钢管的理论重量与实际重量的允许偏差为±7.5%或±5%。

表 12 重量允许偏差

偏差等级	单根钢管重量允许偏差
W1	±10%
W2	±7.5%
W3	+10% −5%
W4	+10% −3.5%
W5	+6.5% −3.5%

四、钢结构工程施工及质量验收

UDC

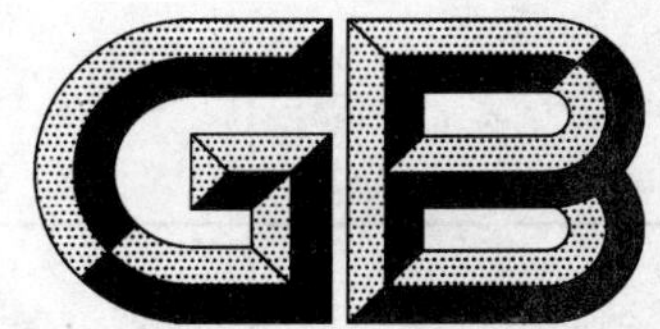

中华人民共和国国家标准

P　　GB 50205—2001

钢结构工程施工质量验收规范

Code for acceptance of construction quality of steel structures

主编部门：中华人民共和国建设部
批准部门：中华人民共和国建设部

2002-01-10 发布　　2002-03-01 实施

中华人民共和国国家质量监督检验检疫总局
中　华　人　民　共　和　国　建　设　部　联合发布

关于发布国家标准
《钢结构工程施工质量验收规范》的通知

建标[2002]11号

根据我部"关于印发《二〇〇〇至二〇〇一年度工程建设国家标准制订、修订计划》的通知"（建标[2001]87号）的要求，由冶金工业部建筑研究总院会同有关单位共同修订的《钢结构工程施工质量验收规范》，经有关部门会审，批准为国家标准，编号为GB 50205—2001，自2002年3月1日起施行。其中，4.2.1、4.3.1、4.4.1、5.2.2、5.2.4、6.3.1、8.3.1、10.3.4、11.3.5、12.3.4、14.2.2、14.3.3为强制性条文，必须严格执行。原《钢结构工程施工及验收规范》GB 50205—95和《钢结构工程质量检验评定标准》GB 50221—95同时废止。

本规范由建设部负责管理和对强制性条文的解释，冶金工业部建筑研究总院负责具体技术内容的解释。

中华人民共和国建设部

二〇〇二年一月十日

前　言

本规范是根据中华人民共和国建设部建标[2001]87号文"关于印发《二〇〇〇至二〇〇一年度工程建设国家标准制定、修订计划》的通知"的要求，由冶金工业部建筑研究总院会同有关单位共同对原《钢结构工程施工及验收规范》GB 50205—95和《钢结构工程质量检验评定标准》GB 50221—95修订而成的。

在修订过程中，编制组进行了广泛的调查研究，总结了我国钢结构工程施工质量验收的实践经验，按照"验评分离，强化验收，完善手段，过程控制"的指导方针，以现行国家标准《建筑工程施工质量验收统一标准》GB 50300为基础，进行全面修改，并以多种方式广泛征求了有关单位和专家的意见，对主要问题进行了反复修改，最后经审查定稿。

本规范共分15章，包括总则、术语、符号、基本规定、原材料及成品进场、焊接工程、紧固件连接工程、钢零件及钢部件加工工程、钢构件组装工程、钢构件预拼装工程、单层钢结构安装工程、多层及高层钢结构安装工程、钢网架结构安装工程、压型金属板工程、钢结构涂装工程、钢结构分部工程竣工验收以及9个附录。将钢结构工程原则上分成10个分项工程，每一个分项工程单独成章。"原材料及成品进场"虽不是分项工程，但将其单独列章是为了强调和强化原材料及成品进场准入，从源头上把好质量关。"钢结构分部工程竣工验收"单独列章是为了更好地便于质量验收工作的操作。

本规范将来可能需要进行局部修订，有关局部修订的信息和条文内容将刊登在《工程建设标准化》杂志上。

本规范以黑体字标志的条文为强制性条文。

为了提高规范质量，请各单位在执行本规范的过程中，注意总结经验，积累资料，随时将有关的意见和建议反馈给冶金工业部建筑研究总院（北京市海淀区西土城路33号，邮政编码100088），以供今后修订时参考。

本规范主编单位、参编单位和主要起草人：

主编单位：冶金工业部建筑研究总院。

参编单位：武钢金属结构有限责任公司、北京钢铁设计研究总院、中国京冶建设工程承包公司、北京市远达建设监理有限责任公司、中建三局深圳建升和钢结构建筑安装工程有限公司、北京市机械施工公司、浙江杭萧钢构股份有限公司、中建一局钢结构工程有限公司、山东诸城高强度紧固件股份有限公司、浙江精工钢结构有限公司、喜利得（中国）有限公司。

主要起草人：侯兆欣、何奋韬、于之绰、王文涛、何乔生、贺贤娟、路克宽、刘景凤、史进、鲍广鉴、陈国津、尹敏达、马乃广、李海峰、钱卫军。

中华人民共和国国家标准

GB 50205—2001

钢结构工程施工质量验收规范

1 总则

1.0.1 为加强建筑工程质量管理，统一钢结构工程施工质量的验收，保证钢结构工程质量，制定本规范。

1.0.2 本规范适用于建筑工程的单层、多层、高层以及网架、压型金属板等钢结构工程施工质量的验收。

1.0.3 钢结构工程施工中采用的工程技术文件、承包合同文件对施工质量验收的要求不得低于本规范的规定。

1.0.4 本规范应与现行国家标准《建筑工程施工质量验收统一标准》GB 50300 配套使用。

1.0.5 钢结构工程施工质量的验收除应执行本规范的规定外，尚应符合国家现行有关标准的规定。

2 术语、符号

2.1 术语

2.1.1 零件 part

组成部件或构件的最小单元，如节点板、翼缘板等。

2.1.2 部件 component

由若干零件组成的单元，如焊接 H 型钢、牛腿等。

2.1.3 构件 element

由零件或由零件和部件组成的钢结构基本单元，如梁、柱、支撑等。

2.1.4 小拼单元 the smallest assembled rigid unit

钢网架结构安装工程中，除散件之外的最小安装单元，一般分平面桁架和锥体两种类型。

2.1.5 中拼单元 intermediate assembled structure

钢网架结构安装工程中，由散件和小拼单元组成的安装单元，一般分条状和块状两种类型。

2.1.6 高强度螺栓连接副 set of high strength bolt

高强度螺栓和与之配套的螺母、垫圈的总称。

2.1.7 抗滑移系数 slip coefficent of faying surface

高强度螺栓连接中，使连接件摩擦面产生滑动时的外力与垂直于摩擦面的高强度螺栓预拉力之和的比值。

2.1.8 预拼装 test assembling

为检验构件是否满足安装质量要求而进行的拼装。

2.1.9 空间刚度单元 space rigid unit

由构件构成的基本的稳定空间体系。

2.1.10 焊钉(栓钉)焊接 stud welding

将焊钉(栓钉)一端与板件(或管件)表面接触通电引弧，待接触面熔化后，给焊钉(栓钉)一定压力完成焊接的方法。

2.1.11 环境温度 ambient temperature

制作或安装时现场的温度。

2.2 符号

2.2.1 作用及作用效应

P——高强度螺栓设计预拉力

ΔP——高强度螺栓预拉力的损失值

T——高强度螺栓检查扭矩

T_c——高强度螺栓终拧扭矩

T_o——高强度螺栓初拧扭矩

2.2.2 几何参数

a——间距

b——宽度或板的自由外伸宽度

d——直径

e——偏心距

f——挠度、弯曲矢高

H——柱高度

H_i——各楼层高度

h——截面高度

h_e——角焊缝计算厚度

l——长度、跨度

R_a——轮廓算术平均偏差(表面粗糙度参数)

r——半径

t——板、壁的厚度

Δ——增量

2.2.3 其他

K——系数

3 基本规定

3.0.1 钢结构工程施工单位应具备相应的钢结构工程施工资质,施工现场质量管理应有相应的施工技术标准、质量管理体系、质量控制及检验制度,施工现场应有经项目技术负责人审批的施工组织设计、施工方案等技术文件。

3.0.2 钢结构工程施工质量的验收,必须采用经计量检定、校准合格的计量器具。

3.0.3 钢结构工程应按下列规定进行施工质量控制:

1 采用的原材料及成品应进行进场验收。凡涉及安全、功能的原材料及成品应按本规范规定进行复验,并应经监理工程师(建设单位技术负责人)见证取样、送样;

2 各工序应按施工技术标准进行质量控制,每道工序完成后,应进行检查;

3 相关各专业工种之间,应进行交接检验,并经监理工程师(建设单位技术负责人)检查认可。

3.0.4 钢结构工程施工质量验收应在施工单位自检基础上,按照检验批、分项工程、分部(子分部)工程进行。钢结构分部(子分部)工程中分项工程划分应按照现行国家标准《建筑工程施工质量验收统一标准》GB 50300 的规定执行。钢结构分项工程应由一个或若干检验批组成,各分项工程检验批应按本规范的规定进行划分。

3.0.5 分项工程检验批合格质量标准应符合下列规定:

1 主控项目必须符合本规范合格质量标准的要求;

2 一般项目其检验结果应有 80%及以上的检查点(值)符合本规范合格质量标准的要求,且最大值不应超过其允许偏差值的 1.2 倍。

3　质量检查记录、质量证明文件等资料应完整。

3.0.6　分项工程合格质量标准应符合下列规定：

1　分项工程所含的各检验批均应符合本规范合格质量标准；

2　分项工程所含的各检验批质量验收记录应完整。

3.0.7　当钢结构工程施工质量不符合本规范要求时，应按下列规定进行处理：

1　经返工重做或更换构（配）件的检验批，应重新进行验收；

2　经有资质的检测单位检测鉴定能够达到设计要求的检验批，应予以验收；

3　经有资质的检测单位检测鉴定达不到设计要求，但经原设计单位核算认可能够满足结构安全和使用功能的检验批，可予以验收；

4　经返修或加固处理的分项、分部工程，虽然改变外形尺寸但仍能满足安全使用要求，可按处理技术方案和协商文件进行验收。

3.0.8　通过返修或加固处理仍不能满足安全使用要求的钢结构分部工程，严禁验收。

4　原材料及成品进场

4.1　一般规定

4.1.1　本章适用于进入钢结构各分项工程实施现场的主要材料、零（部）件、成品件、标准件等产品的进场验收。

4.1.2　进场验收的检验批原则上应与各分项工程检验批一致，也可以根据工程规模及进料实际情况划分检验批。

4.2　钢材

Ⅰ　主 控 项 目

4.2.1　钢材、钢铸件的品种、规格、性能等应符合现行国家产品标准和设计要求。进口钢材产品的质量应符合设计和合同规定标准的要求。

检查数量：全数检查。

检验方法：检查质量合格证明文件、中文标志及检验报告等。

4.2.2　对属于下列情况之一的钢材，应进行抽样复验，其复验结果应符合现行国家产品标准和设计要求。

1　国外进口钢材；

2　钢材混批；

3　板厚等于或大于 40mm，且设计有 Z 向性能要求的厚板；

4　建筑结构安全等级为一级，大跨度钢结构中主要受力构件所采用的钢材；

5　设计有复验要求的钢材；

6　对质量有疑义的钢材。

检查数量：全数检查。

检验方法：检查复验报告。

Ⅱ　一 般 项 目

4.2.3　钢板厚度及允许偏差应符合其产品标准的要求。

检查数量：每一品种、规格的钢板抽查 5 处。

检验方法：用游标卡尺量测。

4.2.4　型钢的规格尺寸及允许偏差应符合其产品标准的要求。

检查数量：每一品种、规格的型钢抽查 5 处。

检验方法:用钢尺和游标卡尺量测。

4.2.5 钢材的表面外观质量除应符合国家现行有关标准的规定外,尚应符合下列规定:

1 当钢材的表面有锈蚀、麻点或划痕等缺陷时,其深度不得大于该钢材厚度负允许偏差值的1/2;

2 钢材表面的锈蚀等级应符合现行国家标准《涂装前钢材表面锈蚀等级和除锈等级》GB 8923 规定的C级及C级以上;

3 钢材端边或断口处不应有分层、夹渣等缺陷。

检查数量:全数检查。

检验方法:观察检查。

4.3 焊接材料

Ⅰ 主 控 项 目

4.3.1 焊接材料的品种、规格、性能等应符合现行国家产品标准和设计要求。

检查数量:全数检查。

检验方法:检查焊接材料的质量合格证明文件、中文标志及检验报告等。

4.3.2 重要钢结构采用的焊接材料应进行抽样复验,复验结果应符合现行国家产品标准和设计要求。

检查数量:全数检查。

检验方法:检查复验报告。

Ⅱ 一 般 项 目

4.3.3 焊钉及焊接瓷环的规格、尺寸及偏差应符合现行国家标准《圆柱头焊钉》GB 10433 中的规定。

检查数量:按量抽查1%,且不应少于10套。

检验方法:用钢尺和游标卡尺量测。

4.3.4 焊条外观不应有药皮脱落、焊芯生锈等缺陷;焊剂不应受潮结块。

检查数量:按量抽查1%,且不应少于10包。

检验方法:观察检查。

4.4 连接用紧固标准件

Ⅰ 主 控 项 目

4.4.1 钢结构连接用高强度大六角头螺栓连接副、扭剪型高强度螺栓连接副、钢网架用高强度螺栓、普通螺栓、铆钉、自攻钉、拉铆钉、射钉、锚栓(机械型和化学试剂型)、地脚锚栓等紧固标准件及螺母、垫圈等标准配件,其品种、规格、性能等应符合现行国家产品标准和设计要求。高强度大六角头螺栓连接副和扭剪型高强度螺栓连接副出厂时应分别随箱带有扭矩系数和紧固轴力(预拉力)的检验报告。

检查数量:全数检查。

检验方法:检查产品的质量合格证明文件、中文标志及检验报告等。

4.4.2 高强度大六角头螺栓连接副应按本规范附录B的规定检验其扭矩系数,其检验结果应符合本规范附录B的规定。

检查数量:见本规范附录B。

检验方法:检查复验报告。

4.4.3 扭剪型高强度螺栓连接副应按本规范附录B的规定检验预拉力,其检验结果应符合本规范附录B的规定。

检查数量:见本规范附录B。

检验方法:检查复验报告。

Ⅱ 一般项目

4.4.4 高强度螺栓连接副，应按包装箱配套供货，包装箱上应标明批号、规格、数量及生产日期。螺栓、螺母、垫圈外观表面应涂油保护，不应出现生锈和沾染脏物，螺纹不应损伤。

检查数量：按包装箱数抽查5%，且不应少于3箱。

检验方法：观察检查。

4.4.5 对建筑结构安全等级为一级，跨度40m及以上的螺栓球节点钢网架结构，其连接高强度螺栓应进行表面硬度试验，对8.8级的高强度螺栓其硬度应为HRC21～29；10.9级高强度螺栓其硬度应为HRC32～36，且不得有裂纹或损伤。

检查数量：按规格抽查8只。

检验方法：硬度计、10倍放大镜或磁粉探伤。

4.5 焊接球

Ⅰ 主控项目

4.5.1 焊接球及制造焊接球所采用的原材料，其品种、规格、性能等应符合现行国家产品标准和设计要求。

检查数量：全数检查。

检验方法：检查产品的质量合格证明文件、中文标志及检验报告等。

4.5.2 焊接球焊缝应进行无损检验，其质量应符合设计要求，当设计无要求时应符合本规范中规定的二级质量标准。

检查数量：每一规格按数量抽查5%，且不应少于3个。

检验方法：超声波探伤或检查检验报告。

Ⅱ 一般项目

4.5.3 焊接球直径、圆度、壁厚减薄量等尺寸及允许偏差应符合本规范的规定。

检查数量：每一规格按数量抽查5%，且不应少于3个。

检验方法：用卡尺和测厚仪检查。

4.5.4 焊接球表面应无明显波纹及局部凹凸不平不大于1.5mm。

检查数量：每一规格按数量抽查5%，且不应少于3个。

检验方法：用弧形套模、卡尺和观察检查。

4.6 螺栓球

Ⅰ 主控项目

4.6.1 螺栓球及制造螺栓球节点所采用的原材料，其品种、规格、性能等应符合现行国家产品标准和设计要求。

检查数量：全数检查。

检验方法：检查产品的质量合格证明文件、中文标志及检验报告等。

4.6.2 螺栓球不得有过烧、裂纹及褶皱。

检查数量：每种规格抽查5%，且不应少于5只。

检验方法：用10倍放大镜观察和表面探伤。

Ⅱ 一般项目

4.6.3 螺栓球螺纹尺寸应符合现行国家标准《普通螺纹基本尺寸》GB 196中粗牙螺纹的规定，螺纹公差必须符合现行国家标准《普通螺纹公差与配合》GB 197 中 6H 级精度的规定。

检查数量:每种规格抽查 5%,且不应少于 5 只。

检验方法:用标准螺纹规。

4.6.4 螺栓球直径、圆度、相邻两螺栓孔中心线夹角等尺寸及允许偏差应符合本规范的规定。

检查数量:每一规格按数量抽查 5%,且不应少于 3 个。

检验方法:用卡尺和分度头仪检查。

4.7 封板、锥头和套筒

Ⅰ 主控项目

4.7.1 封板、锥头和套筒及制造封板、锥头和套筒所采用的原材料,其品种、规格、性能等应符合现行国家产品标准和设计要求。

检查数量:全数检查。

检验方法:检查产品的质量合格证明文件、中文标志及检验报告等。

4.7.2 封板、锥头、套筒外观不得有裂纹、过烧及氧化皮。

检查数量:每种抽查 5%,且不应少于10 只。

检验方法:用放大镜观察检查和表面探伤。

4.8 金属压型板

Ⅰ 主控项目

4.8.1 金属压型板及制造金属压型板所采用的原材料,其品种、规格、性能等应符合现行国家产品标准和设计要求。

检查数量:全数检查。

检验方法:检查产品的质量合格证明文件、中文标志及检验报告等。

4.8.2 压型金属泛水板、包角板和零配件的品种、规格以及防水密封材料的性能应符合现行国家产品标准和设计要求。

检查数量:全数检查。

检验方法:检查产品的质量合格证明文件、中文标志及检验报告等。

Ⅱ 一般项目

4.8.3 压型金属板的规格尺寸及允许偏差、表面质量、涂层质量等应符合设计要求和本规范的规定。

检查数量:每种规格抽查 5%,且不应少于 3 件。

检验方法:观察和用 10 倍放大镜检查及尺量。

4.9 涂装材料

Ⅰ 主控项目

4.9.1 钢结构防腐涂料、稀释剂和固化剂等材料的品种、规格、性能等应符合现行国家产品标准和设计要求。

检查数量:全数检查。

检验方法:检查产品的质量合格证明文件、中文标志及检验报告等。

4.9.2 钢结构防火涂料的品种和技术性能应符合设计要求,并应经过具有资质的检测机构检测符合国家现行有关标准的规定。

检查数量:全数检查。

检验方法:检查产品的质量合格证明文件、中文标志及检验报告等。

Ⅱ 一般项目

4.9.3 防腐涂料和防火涂料的型号、名称、颜色及有效期应与其质量证明文件相符。开启后，不应存在结皮、结块、凝胶等现象。

检查数量：按桶数抽查5%，且不应少于3桶。

检验方法：观察检查。

4.10 其他

Ⅰ 主控项目

4.10.1 钢结构用橡胶垫的品种、规格、性能等应符合现行国家产品标准和设计要求。

检查数量：全数检查。

检验方法：检查产品的质量合格证明文件、中文标志及检验报告等。

4.10.2 钢结构工程所涉及到的其他特殊材料，其品种、规格、性能等应符合现行国家产品标准和设计要求。

检查数量：全数检查。

检验方法：检查产品的质量合格证明文件、中文标志及检验报告等。

5 钢结构焊接工程

5.1 一般规定

5.1.1 本章适用于钢结构制作和安装中的钢构件焊接和焊钉焊接的工程质量验收。

5.1.2 钢结构焊接工程可按相应的钢结构制作或安装工程检验批的划分原则划分为一个或若干个检验批。

5.1.3 碳素结构钢应在焊缝冷却到环境温度、低合金结构钢应在完成焊接24h以后，进行焊缝探伤检验。

5.1.4 焊缝施焊后应在工艺规定的焊缝及部位打上焊工钢印。

5.2 钢构件焊接工程

Ⅰ 主控项目

5.2.1 焊条、焊丝、焊剂、电渣焊熔嘴等焊接材料与母材的匹配应符合设计要求及国家现行行业标准《建筑钢结构焊接技术规程》JGJ 81的规定。焊条、焊剂、药芯焊丝、熔嘴等在使用前，应按其产品说明书及焊接工艺文件的规定进行烘焙和存放。

检查数量：全数检查。

检验方法：检查质量证明书和烘焙记录。

5.2.2 焊工必须经考试合格并取得合格证书。持证焊工必须在其考试合格项目及其认可范围内施焊。

检查数量：全数检查。

检验方法：检查焊工合格证及其认可范围、有效期。

5.2.3 施工单位对其首次采用的钢材、焊接材料、焊接方法、焊后热处理等，应进行焊接工艺评定，并应根据评定报告确定焊接工艺。

检查数量：全数检查。

检验方法：检查焊接工艺评定报告。

5.2.4 设计要求全焊透的一、二级焊缝应采用超声波探伤进行内部缺陷的检验，超声波探伤不能对缺陷作出判断时，应采用射线探伤，其内部缺陷分级及探伤方法应符合现行国家标准《钢焊缝手工超声波探伤方法和探伤结果分级》GB 11345或《钢熔化焊对接接头射线照相和质量分级》GB 3323的规定。

焊接球节点网架焊缝、螺栓球节点网架焊缝及圆管T、K、Y形节点相贯线焊缝，其内部缺陷分级及探伤方法应分别符合国家现行标准《焊接球节点钢网架焊缝超声波探伤方法及质量分级法》

JG/T 3034.1、《螺栓球节点钢网架焊缝超声波探伤方法及质量分级法》JG/T 3034.2、《建筑钢结构焊接技术规程》JGJ 81 的规定。

一级、二级焊缝的质量等级及缺陷分级应符合表 5.2.4 的规定。

检查数量：全数检查。

检验方法：检查超声波或射线探伤记录。

表 5.2.4　一、二级焊缝质量等级及缺陷分级

焊缝质量等级		一级	二级
内部缺陷超声波探伤	评定等级	Ⅱ	Ⅲ
	检验等级	B 级	B 级
	探伤比例	100%	20%
内部缺陷射线探伤	评定等级	Ⅱ	Ⅲ
	检验等级	AB 级	AB 级
	探伤比例	100%	20%
注：探伤比例的计数方法应按以下原则确定：(1)对工厂制作焊缝，应按每条焊缝计算百分比，且探伤长度应不小于 200mm，当焊缝长度不足 200mm 时，应对整条焊缝进行探伤；(2)对现场安装焊缝，应按同一类型、同一施焊条件的焊缝条数计算百分比，探伤长度应不小于 200mm，并应不少于 1 条焊缝。			

5.2.5　T 形接头、十字接头、角接接头等要求熔透的对接和角对接组合焊缝，其焊脚尺寸不应小于 $t/4$（图 5.2.5a、b、c）；设计有疲劳验算要求的吊车梁或类似构件的腹板与上翼缘连接焊缝的焊脚尺寸为 $t/2$（图 5.2.5d），且不应大于 10mm。焊脚尺寸的允许偏差为 0～4mm。

检查数量：资料全数检查；同类焊缝抽查 10%，且不应少于 3 条。

检验方法：观察检查，用焊缝量规抽查测量。

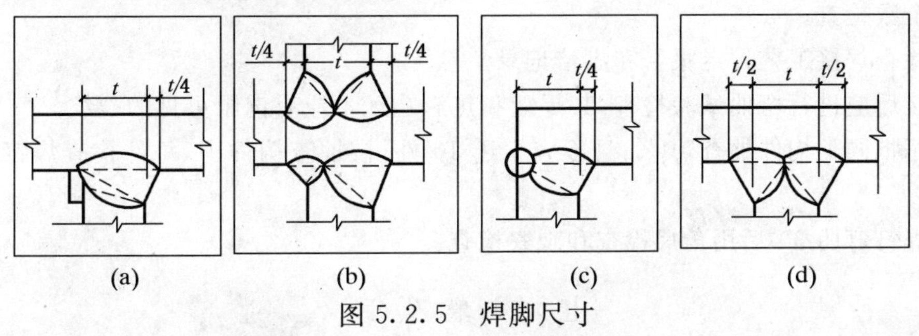

图 5.2.5　焊脚尺寸

5.2.6　焊缝表面不得有裂纹、焊瘤等缺陷。一级、二级焊缝不得有表面气孔、夹渣、弧坑裂纹、电弧擦伤等缺陷。且一级焊缝不得有咬边、未焊满、根部收缩等缺陷。

检查数量：每批同类构件抽查 10%，且不应少于 3 件；被抽查构件中，每一类型焊缝按条数抽查 5%，且不应少于 1 条；每条检查 1 处，总抽查数不应少于 10 处。

检验方法：观察检查或使用放大镜、焊缝量规和钢尺检查，当存在疑义时，采用渗透或磁粉探伤检查。

Ⅱ　一 般 项 目

5.2.7　对于需要进行焊前预热或焊后热处理的焊缝，其预热温度或后热温度应符合国家现行有关标准的规定或通过工艺试验确定。预热区在焊道两侧，每侧宽度均应大于焊件厚度的 1.5 倍以上，且不应小于 100mm；后热处理应在焊后立即进行，保温时间应根据板厚按每 25mm 板厚 1h 确定。

检查数量：全数检查。

检验方法：检查预、后热施工记录和工艺试验报告。

5.2.8　二级、三级焊缝外观质量标准应符合本规范附录 A 中表 A.0.1 的规定。三级对接焊缝应按二级焊缝标准进行外观质量检验。

检查数量：每批同类构件抽查 10%，且不应少于 3 件；被抽查构件中，每一类型焊缝按条数抽查 5%，

且不应少于1条；每条检查1处，总抽查数不应少于10处。

检验方法：观察检查或使用放大镜、焊缝量规和钢尺检查。

5.2.9 焊缝尺寸允许偏差应符合本规范附录A中表A.0.2的规定。

检查数量：每批同类构件抽查10%，且不应少于3件；被抽查构件中，每种焊缝按条数各抽查5%，但不应少于1条；每条检查1处，总抽查数不应少于10处。

检验方法：用焊缝量规检查。

5.2.10 焊成凹形的角焊缝，焊缝金属与母材间应平缓过渡；加工成凹形的角焊缝，不得在其表面留下切痕。

检查数量：每批同类构件抽查10%，且不应少于3件。

检验方法：观察检查。

5.2.11 焊缝感观应达到：外形均匀、成型较好，焊道与焊道、焊道与基本金属间过渡较平滑，焊渣和飞溅物基本清除干净。

检查数量：每批同类构件抽查10%，且不应少于3件；被抽查构件中，每种焊缝按数量各抽查5%，总抽查处不应少于5处。

检验方法：观察检查。

5.3 焊钉(栓钉)焊接工程

Ⅰ 主控项目

5.3.1 施工单位对其采用的焊钉和钢材焊接应进行焊接工艺评定，其结果应符合设计要求和国家现行有关标准的规定。瓷环应按其产品说明书进行烘焙。

检查数量：全数检查。

检验方法：检查焊接工艺评定报告和烘焙记录。

5.3.2 焊钉焊接后应进行弯曲试验检查，其焊缝和热影响区不应有肉眼可见的裂纹。

检查数量：每批同类构件抽查10%，且不应少于10件；被抽查构件中，每件检查焊钉数量的1%，但不应少于1个。

检验方法：焊钉弯曲30°后用角尺检查和观察检查。

Ⅱ 一般项目

5.3.3 焊钉根部焊脚应均匀，焊脚立面的局部未熔合或不足360°的焊脚应进行修补。

检查数量：按总焊钉数量抽查1%，且不应少于10个。

检验方法：观察检查。

6 紧固件连接工程

6.1 一般规定

6.1.1 本章适用于钢结构制作和安装中的普通螺栓、扭剪型高强度螺栓、高强度大六角头螺栓、钢网架螺栓球节点用高强度螺栓及射钉、自攻钉、拉铆钉等连接工程的质量验收。

6.1.2 紧固件连接工程可按相应的钢结构制作或安装工程检验批的划分原则划分为一个或若干个检验批。

6.2 普通紧固件连接

Ⅰ 主控项目

6.2.1 普通螺栓作为永久性连接螺栓时，当设计有要求或对其质量有疑义时，应进行螺栓实物最小拉力载荷复验，试验方法见本规范附录B，其结果应符合现行国家标准《紧固件机械性能螺栓、螺钉和螺柱》

GB 3098 的规定。

检查数量:每一规格螺栓抽查 8 个。

检验方法:检查螺栓实物复验报告。

6.2.2 连接薄钢板采用的自攻钉、拉铆钉、射钉等其规格尺寸应与被连接钢板相匹配,其间距、边距等应符合设计要求。

检查数量:按连接节点数抽查 1%,且不应少于 3 个。

检验方法:观察和尺量检查。

Ⅱ 一 般 项 目

6.2.3 永久性普通螺栓紧固应牢固、可靠,外露丝扣不应少于 2 扣。

检查数量:按连接节点数抽查 10%,且不应少于 3 个。

检验方法:观察和用小锤敲击检查。

6.2.4 自攻螺钉、钢拉铆钉、射钉等与连接钢板应紧固密贴,外观排列整齐。

检查数量:按连接节点数抽查 10%,且不应少于 3 个。

检验方法:观察或用小锤敲击检查。

6.3 高强度螺栓连接

Ⅰ 主 控 项 目

6.3.1 钢结构制作和安装单位应按本规范附录 B 的规定分别进行高强度螺栓连接摩擦面的抗滑移系数试验和复验,现场处理的构件摩擦面应单独进行摩擦面抗滑移系数试验,其结果应符合设计要求。

检查数量:见本规范附录 B。

检验方法:检查摩擦面抗滑移系数试验报告和复验报告。

6.3.2 高强度大六角头螺栓连接副终拧完成 1h 后、48h 内应进行终拧扭矩检查,检查结果应符合本规范附录 B 的规定。

检查数量:按节点数抽查 10%,且不应少于 10 个;每个被抽查节点按螺栓数抽查 10%,且不应少于2 个。

检验方法:见本规范附录 B。

6.3.3 扭剪型高强度螺栓连接副终拧后,除因构造原因无法使用专用扳手终拧掉梅花头者外,未在终拧中拧掉梅花头的螺栓数不应大于该节点螺栓数的 5%。对所有梅花头未拧掉的扭剪型高强度螺栓连接副应采用扭矩法或转角法进行终拧并作标记,且按本规范第 6.3.2 条的规定进行终拧扭矩检查。

检查数量:按节点数抽查 10%,但不应少于 10 个节点,被抽查节点中梅花头未拧掉的扭剪型高强度螺栓连接副全数进行终拧扭矩检查。

检验方法:观察检查及本规范附录 B。

Ⅱ 一 般 项 目

6.3.4 高强度螺栓连接副的施拧顺序和初拧、复拧扭矩应符合设计要求和国家现行行业标准《钢结构高强度螺栓连接的设计施工及验收规程》JGJ 82 的规定。

检查数量:全数检查资料。

检验方法:检查扭矩扳手标定记录和螺栓施工记录。

6.3.5 高强度螺栓连接副终拧后,螺栓丝扣外露应为 2~3 扣,其中允许有 10%的螺栓丝扣外露 1 扣或 4 扣。

检查数量:按节点数抽查 5%,且不应少于 10 个。

检验方法:观察检查。

6.3.6 高强度螺栓连接摩擦面应保持干燥、整洁，不应有飞边、毛刺、焊接飞溅物、焊疤、氧化铁皮、污垢等，除设计要求外摩擦面不应涂漆。

检查数量：全数检查。

检验方法：观察检查。

6.3.7 高强度螺栓应自由穿入螺栓孔。高强度螺栓孔不应采用气割扩孔，扩孔数量应征得设计同意，扩孔后的孔径不应超过 1.2d(d 为螺栓直径)。

检查数量：被扩螺栓孔全数检查。

检验方法：观察检查及用卡尺检查。

6.3.8 螺栓球节点网架总拼完成后，高强度螺栓与球节点应紧固连接，高强度螺栓拧入螺栓球内的螺纹长度不应小于 1.0d(d 为螺栓直径)，连接处不应出现有间隙、松动等未拧紧情况。

检查数量：按节点数抽查 5%，且不应少于 10 个。

检验方法：普通扳手及尺量检查。

7 钢零件及钢部件加工工程

7.1 一般规定

7.1.1 本章适用于钢结构制作及安装中钢零件及钢部件加工的质量验收。

7.1.2 钢零件及钢部件加工工程，可按相应的钢结构制作工程或钢结构安装工程检验批的划分原则划分为一个或若干个检验批。

7.2 切割

Ⅰ 主控项目

7.2.1 钢材切割面或剪切面应无裂纹、夹渣、分层和大于 1mm 的缺棱。

检查数量：全数检查。

检验方法：观察或用放大镜及百分尺检查，有疑义时作渗透、磁粉或超声波探伤检查。

Ⅱ 一般项目

7.2.2 气割的允许偏差应符合表 7.2.2 的规定。

检查数量：按切割面数抽查 10%，且不应少于 3 个。

检验方法：观察检查或用钢尺、塞尺检查。

表 7.2.2 气割的允许偏差(mm)

项目	允许偏差	项目	允许偏差
零件宽度、长度	±3.0	割纹深度	0.3
切割面平面度	0.05t，且不应大于 2.0	局部缺口深度	1.0
注：t 为切割面厚度。			

7.2.3 机械剪切的允许偏差应符合表 7.2.3 的规定。

检查数量：按切割面数抽查 10%，且不应少于 3 个。

检验方法：观察检查或用钢尺、塞尺检查。

表 7.2.3 机械剪切的允许偏差(mm)

项目	允许偏差	项目	允许偏差
零件宽度、长度	±3.0	型钢端部垂直度	2.0
边缘缺棱	1.0		

7.3 矫正和成型

Ⅰ 主控项目

7.3.1 碳素结构钢在环境温度低于－16℃、低合金结构钢在环境温度低于－12℃时，不应进行冷矫正和冷弯曲。碳素结构钢和低合金结构钢在加热矫正时，加热温度不应超过900℃。低合金结构钢在加热矫正后应自然冷却。

检查数量：全数检查。

检验方法：检查制作工艺报告和施工记录。

7.3.2 当零件采用热加工成型时，加热温度应控制在900～1000℃；碳素结构钢和低合金结构钢在温度分别下降到700℃和800℃之前，应结束加工；低合金结构钢应自然冷却。

检查数量：全数检查。

检验方法：检查制作工艺报告和施工记录。

Ⅱ 一般项目

7.3.3 矫正后的钢材表面，不应有明显的凹面或损伤，划痕深度不得大于0.5mm，且不应大于该钢材厚度负允许偏差的1/2。

检查数量：全数检查。

检验方法：观察检查和实测检查。

7.3.4 冷矫正和冷弯曲的最小曲率半径和最大弯曲矢高应符合表7.3.4的规定。

检查数量：按冷矫正和冷弯曲的件数抽查10%，且不应少于3个。

检验方法：观察检查和实测检查。

表7.3.4 冷矫正和冷弯曲的最小曲率半径和最大弯曲矢高(mm)

钢材类别	图例	对应轴	矫正		弯曲	
			r	f	r	f
钢板扁钢	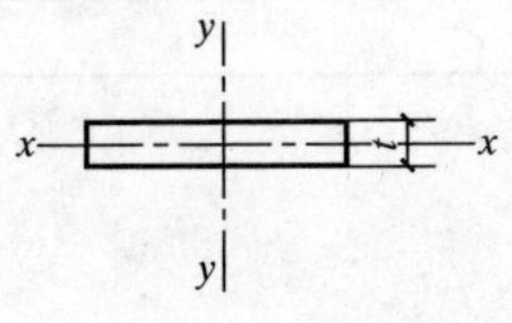	x-x	$50t$	$\frac{l^2}{400t}$	$25t$	$\frac{l^2}{200t}$
		y-y(仅对扁钢轴线)	$100b$	$\frac{l^2}{800b}$	$50b$	$\frac{l^2}{400b}$
角钢	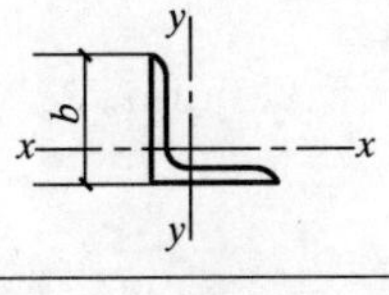	x-x	$90b$	$\frac{l^2}{720b}$	$45b$	$\frac{l^2}{360b}$
槽钢	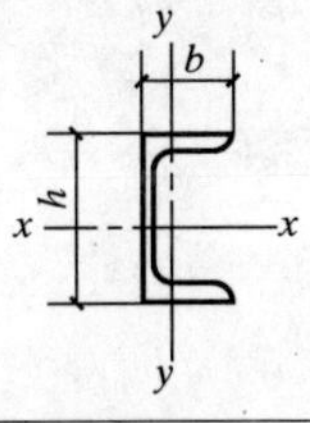	x-x	$50h$	$\frac{l^2}{400h}$	$25h$	$\frac{l^2}{200h}$
		y-y	$90b$	$\frac{l^2}{720b}$	$45b$	$\frac{l^2}{360b}$
工字钢	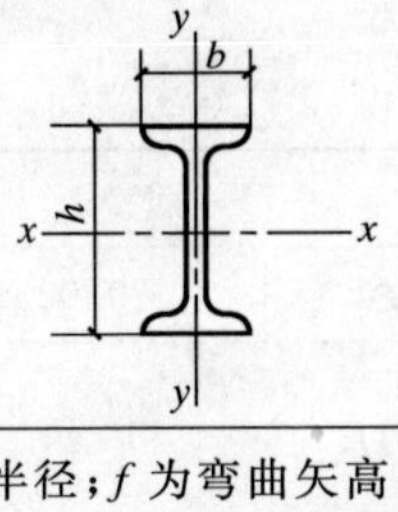	x-x	$50h$	$\frac{l^2}{400h}$	$25h$	$\frac{l^2}{200h}$
		y-y	$50b$	$\frac{l^2}{400b}$	$25b$	$\frac{l^2}{200b}$

注：r为曲率半径；f为弯曲矢高；l为弯曲弦长；t为钢板厚度。

7.3.5 钢材矫正后的允许偏差,应符合表7.3.5的规定。

检查数量:按矫正件数抽查10%,且不应少于3件。

检验方法:观察检查和实测检查。

表7.3.5 钢材矫正后的允许偏差(mm)

项目		允许偏差	图例
钢板的局部平面度	$t \leqslant 14$	1.5	Δ, t, 1000
	$t > 14$	1.0	
型钢弯曲矢高		$l/1000$ 且不应大于5.0	
角钢肢的垂直度		$b/100$ 双肢栓接角钢的角度不得大于90°	b, Δ
槽钢翼缘对腹板的垂直度		$b/80$	b, Δ
工字钢、H型钢翼缘对腹板的垂直度		$b/100$ 且不大于2.0	b, Δ, h

7.4 边缘加工

Ⅰ 主控项目

7.4.1 气割或机械剪切的零件,需要进行边缘加工时,其刨削量不应小于2.0mm。

检查数量:全数检查。

检验方法:检查工艺报告和施工记录。

Ⅱ 一般项目

7.4.2 边缘加工允许偏差应符合表7.4.2的规定。

检查数量:按加工面数抽查10%,且不应少于3件。

检验方法:观察检查和实测检查。

表7.4.2 边缘加工的允许偏差(mm)

项目	允许偏差	项目	允许偏差
零件宽度、长度	±1.0	加工面垂直度	$0.025t$,且不应大于0.5
加工边直线度	$l/3000$,且不应大于2.0	加工面表面粗糙度	50▽
相邻两边夹角	±6′		

7.5 管、球加工

Ⅰ 主控项目

7.5.1 螺栓球成型后，不应有裂纹、褶皱、过烧。

检查数量：每种规格抽查10%，且不应少于5个。

检验方法：10倍放大镜观察检查或表面探伤。

7.5.2 钢板压成半圆球后，表面不应有裂纹、褶皱；焊接球其对接坡口应采用机械加工，对接焊缝表面应打磨平整。

检查数量：每种规格抽查10%，且不应少于5个。

检验方法：10倍放大镜观察检查或表面探伤。

Ⅱ 一般项目

7.5.3 螺栓球加工的允许偏差应符合表7.5.3的规定。

检查数量：每种规格抽查10%，且不应少于5个。

检验方法：见表7.5.3。

表7.5.3 螺栓球加工的允许偏差(mm)

项目		允许偏差	检验方法
圆度	$d \leqslant 120$	1.5	用卡尺和游标卡尺检查
	$d > 120$	2.5	
同一轴线上两铣平面平行度	$d \leqslant 120$	0.2	用百分表V形块检查
	$d > 120$	0.3	
铣平面距球中心距离		±0.2	用游标卡尺检查
相邻两螺栓孔中心线夹角		±30′	用分度头检查
两铣平面与螺栓孔轴线垂直度		0.005r	用百分表检查
球毛坯直径	$d \leqslant 120$	+2.0 −1.0	用卡尺和游标卡尺检查
	$d > 120$	+3.0 −1.5	

7.5.4 焊接球加工的允许偏差应符合表7.5.4的规定。

检查数量：每种规格抽查10%，且不应少于5个。

检验方法：见表7.5.4。

表7.5.4 焊接球加工的允许偏差(mm)

项目	允许偏差	检验方法	项目	允许偏差	检验方法
直径	±0.005d ±2.5	用卡尺和游标卡尺检查	壁厚减薄量	0.13t，且不应大于1.5	用卡尺和测厚仪检查
圆度	2.5	用卡尺和游标卡尺检查	两半球对口错边	1.0	用套模和游标卡尺检查

7.5.5 钢网架(桁架)用钢管杆件加工的允许偏差应符合表7.5.5的规定。

检查数量：每种规格抽查10%，且不应少于5根。

检验方法：见表7.5.5。

表7.5.5 钢网架(桁架)用钢管杆件加工的允许偏差(mm)

项目	允许偏差	检验方法	项目	允许偏差	检验方法
长度	±1.0	用钢尺和百分表检查	管口曲线	1.0	用套模和游标卡尺检查
端面对管轴的垂直度	0.005r	用百分表V形块检查			

7.6 制孔

Ⅰ 主控项目

7.6.1 A、B级螺栓孔（Ⅰ类孔）应具有H12的精度，孔壁表面粗糙度 R_a 不应大于12.5μm。其孔径的允许偏差应符合表7.6.1-1的规定。

C级螺栓孔（Ⅱ类孔），孔壁表面粗糙度 R_a 不应大于25μm，其允许偏差应符合表7.6.1-2的规定。

检查数量：按钢构件数量抽查10%，且不应少于3件。

检验方法：用游标卡尺或孔径量规检查。

表7.6.1-1 A、B级螺栓孔径的允许偏差(mm)

序号	螺栓公称直径、螺栓孔直径	螺栓公称直径允许偏差	螺栓孔直径允许偏差	序号	螺栓公称直径、螺栓孔直径	螺栓公称直径允许偏差	螺栓孔直径允许偏差
1	10～18	0.00 −0.18	+0.18 0.00	3	30～50	0.00 −0.25	+0.25 0.00
2	18～30	0.00 −0.21	+0.21 0.00				

表7.6.1-2 C级螺栓孔的允许偏差(mm)

项　目	允许偏差	项　目	允许偏差
直径	+1.0 0.0	垂直度	0.03t，且不应大于2.0
圆度	2.0		

Ⅱ 一般项目

7.6.2 螺栓孔孔距的允许偏差应符合表7.6.2的规定。

检查数量：按钢构件数量抽查10%，且不应少于3件。

检验方法：用钢尺检查。

表7.6.2 螺栓孔孔距允许偏差(mm)

螺栓孔孔距范围	≤500	501～1200	1201～3000	>3000
同一组内任意两孔间距离	±1.0	±1.5	—	—
相邻两组的端孔间距离	±1.5	±2.0	±2.5	±3.0

注：1 在节点中连接板与一根杆件相连的所有螺栓孔为一组；
2 对接接头在拼接板一侧的螺栓孔为一组；
3 在两相邻节点或接头间的螺栓孔为一组，但不包括上述两款所规定的螺栓孔；
4 受弯构件翼缘上的连接螺栓孔，每米长度范围内的螺栓孔为一组。

7.6.3 螺栓孔孔距的允许偏差超过本规范表7.6.2规定的允许偏差时，应采用与母材材质相匹配的焊条补焊后重新制孔。

检查数量：全数检查。

检验方法：观察检查。

8 钢构件组装工程

8.1 一般规定

8.1.1 本章适用于钢结构制作中构件组装的质量验收。

8.1.2 钢构件组装工程可按钢结构制作工程检验批的划分原则划分为一个或若干个检验批。

8.2 焊接H型钢

Ⅰ 一般项目

8.2.1 焊接H型钢的翼缘板拼接缝和腹板拼接缝的间距不应小于200mm。翼缘板拼接长度不应小于2倍板宽；腹板拼接宽度不应小于300mm，长度不应小于600mm。

检查数量：全数检查。

检验方法：观察和用钢尺检查。

8.2.2 焊接H型钢的允许偏差应符合本规范附录C中表C.0.1的规定。

检查数量：按钢构件数抽查10%，宜不应少于3件。

检验方法：用钢尺、角尺、塞尺等检查。

8.3 组装

Ⅰ 主控项目

8.3.1 吊车梁和吊车桁架不应下挠。

检查数量：全数检查。

检验方法：构件直立，在两端支承后，用水准仪和钢尺检查。

Ⅱ 一般项目

8.3.2 焊接连接组装的允许偏差应符合本规范附录C中表C.0.2的规定。

检查数量：按构件数抽查10%，且不应少于3件。

检验方法：用钢尺检验。

8.3.3 顶紧接触面应有75%以上的面积紧贴。

检查数量：按接触面的数量抽查10%，且不应少于10个。

检验方法：用0.3mm塞尺检查，其塞入面积应小于25%，边缘间隙不应大于0.8mm。

8.3.4 桁架结构杆件轴线交点错位的允许偏差不得大于3.0mm。

检查数量：按构件数抽查10%，且不应少于3个，每个抽查构件按节点数抽查10%，且不应少于3个节点。

检验方法：尺量检查。

8.4 端部铣平及安装焊缝坡口

Ⅰ 主控项目

8.4.1 端部铣平的允许偏差应符合表8.4.1的规定。

检查数量：按铣平面数量抽查10%，且不应少于3个。

检验方法：用钢尺、角尺、塞尺等检查。

表8.4.1 端部铣平的允许偏差(mm)

项 目	允许偏差	项 目	允许偏差
两端铣平时构件长度	±2.0	铣平面的平面度	0.3
两端铣平时零件长度	±0.5	铣平面对轴线的垂直度	$l/1500$

Ⅱ 一般项目

8.4.2 安装焊缝坡口的允许偏差应符合表8.4.2的规定。

检查数量：按坡口数量抽查10%，且不应少于3条。

检验方法：用焊缝量规检查。

表 8.4.2 安装焊缝坡口的允许偏差

项　目	允许偏差	项　目	允许偏差
坡口角度	±5°	钝边	±1.0mm

8.4.3 外露铣平面应防锈保护。

检查数量：全数检查。

检验方法：观察检查。

8.5 钢构件外形尺寸

Ⅰ 主 控 项 目

8.5.1 钢构件外形尺寸主控项目的允许偏差应符合表 8.5.1 的规定。

检查数量：全数检查。

检验方法：用钢尺检查。

表 8.5.1 钢构件外形尺寸主控项目的允许偏差(mm)

项　目	允许偏差	项　目	允许偏差
单层柱、梁、桁架受力支托（支承面）表面至第一个安装孔距离	±1.0	构件连接处的截面几何尺寸	±3.0
		柱、梁连接处的腹板中心线偏移	2.0
多节柱铣平面至第一个安装孔距离	±1.0	受压构件（杆件）弯曲矢高	l/1000，且不应大于 10.0
实腹梁两端最外侧安装孔距离	±3.0		

Ⅱ 一 般 项 目

8.5.2 钢构件外形尺寸一般项目的允许偏差应符合本规范附录 C 中表 C.0.3～表 C.0.9 的规定。

检查数量：按构件数量抽查 10%，且不应少于 3 件。

检验方法：见本规范附录 C 中表 C.0.3～表 C.0.9。

9 钢构件预拼装工程

9.1 一般规定

9.1.1 本章适用于钢构件预拼装工程的质量验收。

9.1.2 钢构件预拼装工程可按钢结构制作工程检验批的划分原则划分为一个或若干个检验批。

9.1.3 预拼装所用的支承凳或平台应测量找平，检查时应拆除全部临时固定和拉紧装置。

9.1.4 进行预拼装的钢构件，其质量应符合设计要求和本规范合格质量标准的规定。

9.2 预拼装

Ⅰ 主 控 项 目

9.2.1 高强度螺栓和普通螺栓连接的多层板叠，应采用试孔器进行检查，并应符合下列规定：

1 当采用比孔公称直径小 1.0mm 的试孔器检查时，每组孔的通过率不应小于 85%；

2 当采用比螺栓公称直径大 0.3mm 的试孔器检查时，通过率应为 100%。

检查数量：按预拼装单元全数检查。

检验方法：采用试孔器检查。

Ⅱ 一 般 项 目

9.2.2 预拼装的允许偏差应符合本规范附录 D 表 D 的规定。

检查数量：按预拼装单元全数检查。

检验方法：见本规范附录 D 表 D。

10 单层钢结构安装工程

10.1 一般规定

10.1.1 本章适用于单层钢结构的主体结构、地下钢结构、檩条及墙架等次要构件、钢平台、钢梯、防护栏杆等安装工程的质量验收。

10.1.2 单层钢结构安装工程可按变形缝或空间刚度单元等划分成一个或若干个检验批。地下钢结构可按不同地下层划分检验批。

10.1.3 钢结构安装检验批应在进场验收和焊接连接、紧固件连接、制作等分项工程验收合格的基础上进行验收。

10.1.4 安装的测量校正、高强度螺栓安装、负温度下施工及焊接工艺等，应在安装前进行工艺试验或评定，并应在此基础上制定相应的施工工艺或方案。

10.1.5 安装偏差的检测，应在结构形成空间刚度单元并连接固定后进行。

10.1.6 安装时，必须控制屋面、楼面、平台等的施工荷载，施工荷载和冰雪荷载等严禁超过梁、桁架、楼面板、屋面板、平台铺板等的承载能力。

10.1.7 在形成空间刚度单元后，应及时对柱底板和基础顶面的空隙进行细石混凝土、灌浆料等二次浇灌。

10.1.8 吊车梁或直接承受动力荷载的梁其受拉翼缘、吊车桁架或直接承受动力荷载的桁架其受拉弦杆上不得焊接悬挂物和卡具等。

10.2 基础和支承面

Ⅰ 主 控 项 目

10.2.1 建筑物的定位轴线、基础轴线和标高、地脚螺栓的规格及其紧固应符合设计要求。

检查数量：按柱基数抽查 10%，且不应少于 3 个。

检验方法：用经纬仪、水准仪、全站仪和钢尺现场实测。

10.2.2 基础顶面直接作为柱的支承面和基础顶面预埋钢板或支座作为柱的支承面时，其支承面、地脚螺栓（锚栓）位置的允许偏差应符合表 10.2.2 的规定。

检查数量：按柱基数抽查 10%，且不应少于 3 个。

检验方法：用经纬仪、水准仪、全站仪、水平尺和钢尺实测。

表 10.2.2 支承面、地脚螺栓（锚栓）位置的允许偏差（mm）

项 目		允许偏差
支承面	标高	±3.0
	水平度	l/1000
地脚螺栓（锚栓）	螺栓中心偏移	5.0
预留孔中心偏移		10.0

10.2.3 采用座浆垫板时，座浆垫板的允许偏差应符合表 10.2.3 的规定。

检查数量：资料全数检查。按柱基数抽查 10%，且不应少于 3 个。

检验方法：用水准仪、全站仪、水平尺和钢尺现场实测。

表 10.2.3 座浆垫板的允许偏差（mm）

项 目	允许偏差	项 目	允许偏差
顶面标高	0 −3.0	水平度	l/1000
		位置	20.0

10.2.4 采用杯口基础时，杯口尺寸的允许偏差应符合表 10.2.4 的规定。

检查数量：按基础数抽查 10%，且不应少于 4 处。

检验方法：观察及尺量检查。

表 10.2.4 杯口尺寸的允许偏差(mm)

项 目	允许偏差	项 目	允许偏差
底面标高	0 −5.0	杯口垂直度	$H/100$，且不应大于 10.0
杯口深度 H	±5.0	位置	10.0

Ⅱ 一般项目

10.2.5 地脚螺栓(锚栓)尺寸的偏差应符合表 10.2.5 的规定。地脚螺栓(锚栓)的螺纹应受到保护。

检查数量：按柱基数抽查 10%，且不应少于 3 个。

检验方法：用钢尺现场实测。

表 10.2.5 地脚螺栓(锚栓)尺寸的允许偏差(mm)

项 目	允许偏差	项 目	允许偏差
螺栓(锚栓)露出长度	+30.0 0	螺纹长度	+30.0 0

10.3 安装和校正

Ⅰ 主控项目

10.3.1 钢构件应符合设计要求和本规范的规定。运输、堆放和吊装等造成的钢构件变形及涂层脱落，应进行矫正和修补。

检查数量：按构件数抽查 10%，且不应少于 3 件。

检验方法：用拉线、钢尺现场实测或观察。

10.3.2 设计要求顶紧的节点，接触面不应少于 70%紧贴，且边缘最大间隙不应大于 0.8mm。

检查数量：按节点数抽查 10%，且不应少于 3 个。

检验方法：用钢尺及 0.3mm 和 0.8mm 厚的塞尺现场实测。

10.3.3 钢屋(托)架、桁架、梁及受压杆件的垂直度和侧向弯曲矢高的允许偏差应符合表 10.3.3 的规定。

检查数量：按同类构件数抽查 10%，且不应少于 3 件。

检验方法：用吊线、拉线、经纬仪和钢尺现场实测。

表 10.3.3 钢屋(托)架、桁架、梁及受压杆件垂直度和侧向弯曲矢高的允许偏差(mm)

项 目	允许偏差		图 例
跨中的垂直度	$h/250$，且不应大于 15.0		1 1 Δ h 1–1
侧向弯曲矢高 f	$l \leqslant 30m$	$l/1000$，且不应大于 10.0	

续表 10.3.3

项　目	允许偏差		图　例
侧向弯曲矢高 f	30m<l≤60m	l/1000，且不应大于 30.0	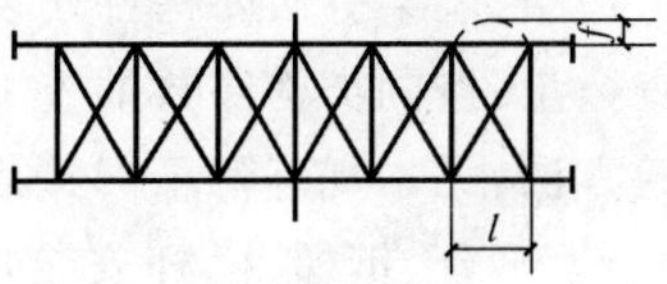
	l>60m	l/1000，且不应大于 50.0	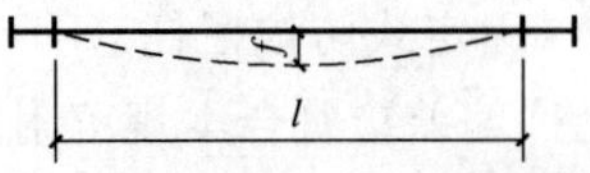

10.3.4　单层钢结构主体结构的整体垂直度和整体平面弯曲的允许偏差应符合表 10.3.4 的规定。

检查数量：对主要立面全部检查。对每个所检查的立面，除两列角柱外，尚应至少选取一列中间柱。

检验方法：采用经纬仪、全站仪等测量。

表 10.3.4　整体垂直度和整体平面弯曲的允许偏差(mm)

项　目	允许偏差	图　例
主体结构的整体垂直度	H/1000，且不应大于 25.0	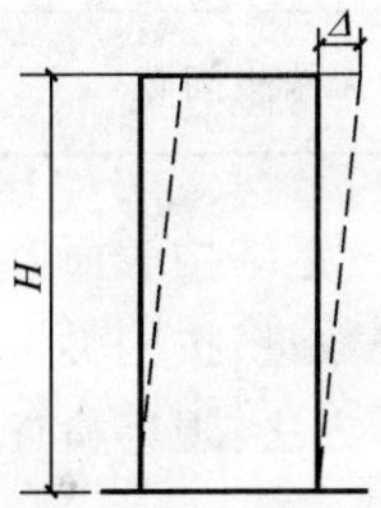
主体结构的整体平面弯曲	L/1500，且不应大于 25.0	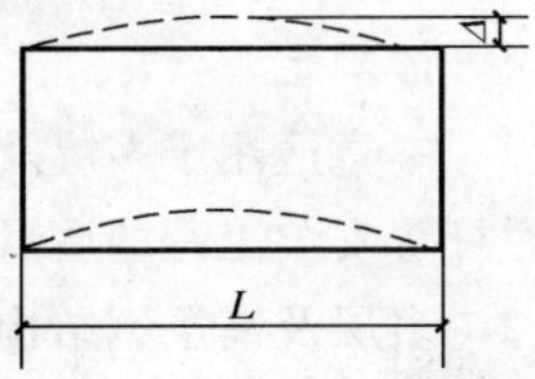

Ⅱ　一 般 项 目

10.3.5　钢柱等主要构件的中心线及标高基准点等标记应齐全。

检查数量：按同类构件数抽查 10%，且不应少于 3 件。

检验方法：观察检查。

10.3.6　当钢桁架(或梁)安装在混凝土柱上时，其支座中心对定位轴线的偏差不应大于 10mm；当采用大型混凝土屋面板时，钢桁架(或梁)间距的偏差不应大于 10mm。

检查数量：按同类构件数抽查 10%，且不应少于 3 榀。

检验方法：用拉线和钢尺现场实测。

10.3.7　钢柱安装的允许偏差应符合本规范附录 E 中表 E.0.1 的规定。

检查数量：按钢柱数抽查 10%，且不应少于 3 件。

检验方法：见本规范附录 E 中表 E.0.1。

10.3.8　钢吊车梁或直接承受动力荷载的类似构件，其安装的允许偏差应符合本规范附录 E 中表 E.0.2

的规定。

检查数量:按钢吊车梁数抽查10%,且不应少于3榀。

检验方法:见本规范附录E中表E.0.2。

10.3.9 檩条、墙架等次要构件安装的允许偏差应符合本规范附录E中表E.0.3的规定。

检查数量:按同类构件数抽查10%,且不应少于3件。

检验方法:见本规范附录E中表E.0.3。

10.3.10 钢平台、钢梯、栏杆安装应符合现行国家标准《固定式钢直梯》GB 4053.1、《固定式钢斜梯》GB 4053.2、《固定式防护栏杆》GB 4053.3和《固定式钢平台》GB 4053.4的规定。钢平台、钢梯和防护栏杆安装的允许偏差应符合本规范附录E中表E.0.4的规定。

检查数量:按钢平台总数抽查10%,栏杆、钢梯按总长度各抽查10%,但钢平台不应少于1个,栏杆不应少于5m,钢梯不应少于1跑。

检验方法:见本规范附录E中表E.0.4。

10.3.11 现场焊缝组对间隙的允许偏差应符合表10.3.11的规定。

检查数量:按同类节点数抽查10%,且不应少于3个。

检验方法:尺量检查。

表10.3.11 现场焊缝组对间隙的允许偏差(mm)

项目	允许偏差	项目	允许偏差
无垫板间隙	+3.0 0	有垫板间隙	+3.0 −2.0

10.3.12 钢结构表面应干净,结构主要表面不应有疤痕、泥沙等污垢。

检查数量:按同类构件数抽查10%,且不应少于3件。

检验方法:观察检查。

11 多层及高层钢结构安装工程

11.1 一般规定

11.1.1 本章适用于多层及高层钢结构的主体结构、地下钢结构、檩条及墙架等次要构件、钢平台、钢梯、防护栏杆等安装工程的质量验收。

11.1.2 多层及高层钢结构安装工程可按楼层或施工段等划分为一个或若干个检验批。地下钢结构可按不同地下层划分检验批。

11.1.3 柱、梁、支撑等构件的长度尺寸应包括焊接收缩余量等变形值。

11.1.4 安装柱时,每节柱的定位轴线应从地面控制轴线直接引上,不得从下层柱的轴线引上。

11.1.5 结构的楼层标高可按相对标高或设计标高进行控制。

11.1.6 钢结构安装检验批应在进场验收和焊接连接、紧固件连接、制作等分项工程验收合格的基础上进行验收。

11.1.7 多层及高层钢结构安装应遵照本规范第10.1.4、10.1.5、10.1.6、10.1.7、10.1.8条的规定。

11.2 基础和支承面

Ⅰ 主控项目

11.2.1 建筑物的定位轴线、基础上柱的定位轴线和标高、地脚螺栓(锚栓)的规格和位置、地脚螺栓(锚栓)紧固应符合设计要求。当设计无要求时,应符合表11.2.1的规定。

检查数量:按柱基数抽查10%,且不应少于3个。

表 11.2.1 建筑物定位轴线、基础上柱的定位轴线和标高、地脚螺栓(锚栓)的允许偏差(mm)

项 目	允许偏差	图 例	项 目	允许偏差	图 例
建筑物定位轴线	$L/20000$,且不应大于 3.0	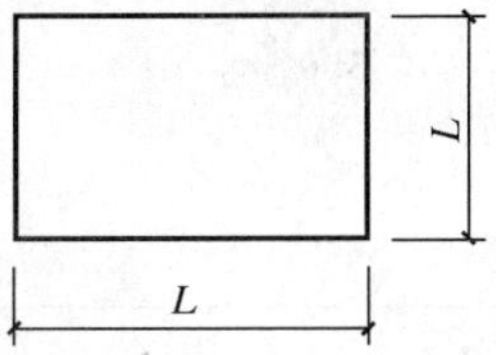 L L	基础上柱底标高	±2.0	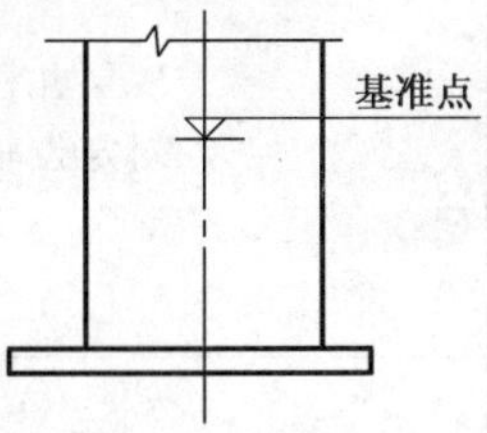 基准点
基础上柱的定位轴线	1.0	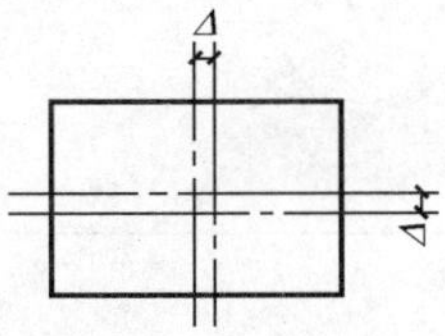 Δ Δ	地脚螺栓(锚栓)位移	2.0	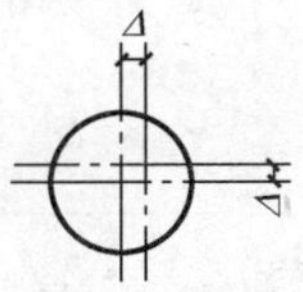 Δ Δ

检验方法:采用经纬仪、水准仪、全站仪和钢尺实测。

11.2.2 多层建筑以基础顶面直接作为柱的支承面,或以基础顶面预埋钢板或支座作为柱的支承面时,其支承面、地脚螺栓(锚栓)位置的允许偏差应符合本规范表 10.2.2 的规定。

检查数量:按柱基数抽查 10%,且不应少于 3 个。

检验方法:用经纬仪、水准仪、全站仪、水平尺和钢尺实测。

11.2.3 多层建筑采用座浆垫板时,座浆垫板的允许偏差应符合本规范表 10.2.3 的规定。

检查数量:资料全数检查。按柱基数抽查 10%,且不应少于 3 个。

检验方法:用水准仪、全站仪、水平尺和钢尺实测。

11.2.4 当采用杯口基础时,杯口尺寸的允许偏差应符合本规范表 10.2.4 的规定。

检查数量:按基础数抽查 10%,且不应少于 4 处。

检验方法:观察及尺量检查。

Ⅱ 一般项目

11.2.5 地脚螺栓(锚栓)尺寸的允许偏差应符合本规范表 10.2.5 的规定。地脚螺栓(锚栓)的螺纹应受到保护。

检查数量:按柱基数抽查 10%,且不应少于 3 个。

检验方法:用钢尺现场实测。

11.3 安装和校正

Ⅰ 主控项目

11.3.1 钢构件应符合设计要求和本规范的规定。运输、堆放和吊装等造成的钢构件变形及涂层脱落,应进行矫正和修补。

检查数量:按构件数抽查 10%,且不应少于 3 件。

检验方法:用拉线、钢尺现场实测或观察。

11.3.2 柱子安装的允许偏差应符合表 11.3.2 的规定。

检查数量:标准柱全部检查;非标准柱抽查 10%,且不应少于 3 件。

检验方法:用全站仪或激光经纬仪和钢尺实测。

表 11.3.2　柱子安装的允许偏差(mm)

项　目	允 许 偏 差	图　例
底层柱柱底轴线对定位轴线偏移	3.0	Δ Δ
柱子定位轴线	1.0	Δ Δ
单节柱的垂直度	$h/1000$,且不应大于 10.0	Δ h

11.3.3　设计要求顶紧的节点,接触面不应少于 70%紧贴,且边缘最大间隙不应大于 0.8mm。

检查数量:按节点数抽查 10%,且不应少于 3 个。

检验方法:用钢尺及 0.3mm 和 0.8mm 厚的塞尺现场实测。

11.3.4　钢主梁、次梁及受压杆件的垂直度和侧向弯曲矢高的允许偏差应符合本规范表 10.3.3 中有关钢屋(托)架允许偏差的规定。

检查数量:按同类构件数抽查 10%,且不应少于 3 件。

检验方法:用吊线、拉线、经纬仪和钢尺现场实测。

11.3.5　多层及高层钢结构主体结构的整体垂直度和整体平面弯曲的允许偏差应符合表 11.3.5 的规定。

检查数量:对主要立面全部检查。对每个所检查的立面,除两列角柱外,尚应至少选取一列中间柱。

检验方法:对于整体垂直度,可采用激光经纬仪、全站仪测量,也可根据各节柱的垂直度允许偏差累计(代数和)计算。对于整体平面弯曲,可按产生的允许偏差累计(代数和)计算。

表 11.3.5　整体垂直度和整体平面弯曲的允许偏差(mm)

项　目	允 许 偏 差	图　例
主体结构的整体垂直度	($H/2500+10.0$),且不应大于 50.0	Δ H

续表 11.3.5

项 目	允许偏差	图 例
主体结构的整体平面弯曲	$L/1500$，且不应大于 25.0	

Ⅱ 一般项目

11.3.6 钢结构表面应干净，结构主要表面不应有疤痕、泥沙等污垢。

检查数量：按同类构件数抽查 10%，且不应少于 3 件。

检验方法：观察检查。

11.3.7 钢柱等主要构件的中心线及标高基准点等标记应齐全。

检查数量：按同类构件数抽查 10%，且不应少于 3 件。

检验方法：观察检查。

11.3.8 钢构件安装的允许偏差应符合本规范附录 E 中表 E.0.5 的规定。

检查数量：按同类构件或节点数抽查 10%。其中柱和梁各不应少于 3 件，主梁与次梁连接节点不应少于 3 个，支承压型金属板的钢梁长度不应少于 5m。

检验方法：见本规范附录 E 中表 E.0.5。

11.3.9 主体结构总高度的允许偏差应符合本规范附录 E 中表 E.0.6 的规定。

检查数量：按标准柱列数抽查 10%，且不应少于 4 列。

检验方法：采用全站仪、水准仪和钢尺实测。

11.3.10 当钢构件安装在混凝土柱上时，其支座中心对定位轴线的偏差不应大于 10mm；当采用大型混凝土屋面板时，钢梁（或桁架）间距的偏差不应大于 10mm。

检查数量：按同类构件数抽查 10%，且不应少于 3 榀。

检验方法：用拉线和钢尺现场实测。

11.3.11 多层及高层钢结构中钢吊车梁或直接承受动力荷载的类似构件，其安装的允许偏差应符合本规范附录 E 中表 E.0.2 的规定。

检查数量：按钢吊车梁数抽查 10%，且不应少于 3 件。

检验方法：见本规范附录 E 中表 E.0.2。

11.3.12 多层及高层钢结构中檩条、墙架等次要构件安装的允许偏差应符合本规范附录 E 中表 E.0.3 的规定。

检查数量：按同类构件数抽查 10%，且不应少于 3 件。

检验方法：见本规范附录 E 中表 E.0.3。

11.3.13 多层及高层钢结构中钢平台、钢梯、栏杆安装应符合现行国家标准《固定式钢直梯》GB 4053.1、《固定式钢斜梯》GB 4053.2、《固定式防护栏杆》GB 4053.3 和《固定式钢平台》GB 4053.4 的规定。钢平台、钢梯和防护栏杆安装的允许偏差应符合本规范附录 E 中表 E.0.4 的规定。

检查数量：按钢平台总数抽查 10%，栏杆、钢梯按总长度各抽查 10%，但钢平台不应少于 1 个，栏杆不应少于 5m，钢梯不应少于 1 跑。

检验方法：见本规范附录 E 中表 E.0.4。

11.3.14 多层及高层钢结构中现场焊缝组对间隙的允许偏差应符合本规范表 10.3.11 的规定。

检查数量：按同类节点数抽查 10%，且不应少于 3 个。

检验方法：尺量检查。

12 钢网架结构安装工程

12.1 一般规定

12.1.1 本章适用于建筑工程中的平板型钢网格结构(简称钢网架结构)安装工程的质量验收。

12.1.2 钢网架结构安装工程可按变形缝、施工段或空间刚度单元划分成一个或若干检验批。

12.1.3 钢网架结构安装检验批应在进场验收和焊接连接、紧固件连接、制作等分项工程验收合格的基础上进行验收。

12.1.4 钢网架结构安装应遵照本规范第10.1.4、10.1.5、10.1.6条的规定。

12.2 支承面顶板和支承垫块

Ⅰ 主 控 项 目

12.2.1 钢网架结构支座定位轴线的位置、支座锚栓的规格应符合设计要求。

检查数量:按支座数抽查10%,且不应少于4处。

检验方法:用经纬仪和钢尺实测。

12.2.2 支承面顶板的位置、标高、水平度以及支座锚栓位置的允许偏差应符合表12.2.2的规定。

表12.2.2 支承面顶板、支座锚栓位置的允许偏差(mm)

项 目		允许偏差
支承面顶板	位置	15.0
	顶面标高	0 −3.0
	顶面水平度	l/1000
支座锚栓	中心偏移	±5.0

检查数量:按支座数抽查10%,且不应少于4处。

检验方法:用经纬仪、水准仪、水平尺和钢尺实测。

12.2.3 支承垫块的种类、规格、摆放位置和朝向,必须符合设计要求和国家现行有关标准的规定。橡胶垫块与刚性垫块之间或不同类型刚性垫块之间不得互换使用。

检查数量:按支座数抽查10%,且不应少于4处。

检验方法:观察和用钢尺实测。

12.2.4 网架支座锚栓的紧固应符合设计要求。

检查数量:按支座数抽查10%,且不应少于4处。

检验方法:观察检查。

Ⅱ 一 般 项 目

12.2.5 支座锚栓尺寸的允许偏差应符合本规范表10.2.5的规定。支座锚栓的螺纹应受到保护。

检查数量:按支座数抽查10%,且不应少于4处。

检验方法:用钢尺实测。

12.3 总拼与安装

Ⅰ 主 控 项 目

12.3.1 小拼单元的允许偏差应符合表12.3.1的规定。

检查数量:按单元数抽查5%,且不应少于5个。

检验方法:用钢尺和拉线等辅助量具实测。

表 12.3.1 小拼单元的允许偏差(mm)

项　　目			允许偏差
节点中心偏移			2.0
焊接球节点与钢管中心的偏移			1.0
杆件轴线的弯曲矢高			L_1/1000,且不应大于 5.0
锥体型小拼单元	弦杆长度		±2.0
	锥体高度		±2.0
	上弦杆对角线长度		±3.0
平面桁架型小拼单元	跨长	≤24m	+3.0 −7.0
		>24m	+5.0 −10.0
	跨中高度		±3.0
	跨中拱度	设计要求起拱	±L/5000
		设计未要求起拱	+10.0

注:1 L_1 为杆件长度;
2 L 为跨长。

12.3.2 中拼单元的允许偏差应符合表 12.3.2 的规定。

检查数量:全数检查。

检验方法:用钢尺和辅助量具实测。

表 12.3.2 中拼单元的允许偏差(mm)

项　　目		允许偏差
单元长度≤20m,拼接长度	单跨	±10.0
	多跨连续	±5.0
单元长度>20m,拼接长度	单跨	±20.0
	多跨连续	±10.0

12.3.3 对建筑结构安全等级为一级,跨度 40m 及以上的公共建筑钢网架结构,且设计有要求时,应按下列项目进行节点承载力试验,其结果应符合以下规定:

1 焊接球节点应按设计指定规格的球及其匹配的钢管焊接成试件,进行轴心拉、压承载力试验,其试验破坏荷载值大于或等于 1.6 倍设计承载力为合格。

2 螺栓球节点应按设计指定规格的球最大螺栓孔螺纹进行抗拉强度保证荷载试验,当达到螺栓的设计承载力时,螺孔、螺纹及封板仍完好无损为合格。

检查数量:每项试验做 3 个试件。

检验方法:在万能试验机上进行检验,检查试验报告。

12.3.4 钢网架结构总拼完成后及屋面工程完成后应分别测量其挠度值,且所测的挠度值不应超过相应设计值的 1.15 倍。

检查数量:跨度 24m 及以下钢网架结构测量下弦中央一点;跨度 24m 以上钢网架结构测量下弦中央一点及各向下弦跨度的。四等分点。

检验方法:用钢尺和水准仪实测。

Ⅱ 一般项目

12.3.5 钢网架结构安装完成后，其节点及杆件表面应干净，不应有明显的疤痕、泥沙和污垢。螺栓球节点应将所有接缝用油腻子填嵌严密，并应将多余螺孔封口。

检查数量：按节点及杆件数抽查 5%，且不应少于 10 个节点。

检验方法：观察检查。

12.3.6 钢网架结构安装完成后，其安装的允许偏差应符合表 12.3.6 的规定。

检查数量：全数检查。

检验方法：见表 12.3.6。

表 12.3.6 钢网架结构安装的允许偏差(mm)

项目	允许偏差	检验方法
纵向、横向长度	$L/2000$，且不应大于 30.0 $-L/2000$，且不应小于 −30.0	用钢尺实测
支座中心偏移	$L/3000$，且不应大于 30.0	用钢尺和经纬仪实测
周边支承网架相邻支座高差	$L/400$，且不应大于 15.0	用钢尺和水准仪实测
支座最大高差	30.0	
多点支承网架相邻支座高差	$L_1/800$，且不应大于 30.0	
注：1 L 为纵向、横向长度； 2 L_1 为相邻支座间距。		

13 压型金属板工程

13.1 一般规定

13.1.1 本章适用于压型金属板的施工现场制作和安装工程质量验收。

13.1.2 压型金属板的制作和安装工程可按变形缝、楼层、施工段或屋面、墙面、楼面等划分为一个或若干个检验批。

13.1.3 压型金属板安装应在钢结构安装工程检验批质量验收合格后进行。

13.2 压型金属板制作

Ⅰ 主控项目

13.2.1 压型金属板成型后，其基板不应有裂纹。

检查数量：按计件数抽查 5%，且不应少于 10 件。

检验方法：观察和用 10 倍放大镜检查。

13.2.2 有涂层、镀层压型金属板成型后，涂、镀层不应有肉眼可见的裂纹、剥落和擦痕等缺陷。

检查数量：按计件数抽查 5%，且不应少于 10 件。

检验方法：观察检查。

Ⅱ 一般项目

13.2.3 压型金属板的尺寸允许偏差应符合表 13.2.3 的规定。

检查数量：按计件数抽查 5%，且不应少于 10 件。

检验方法：用拉线和钢尺检查。

13.2.4 压型金属板成型后，表面应干净，不应有明显凹凸和皱褶。

检查数量：按计件数抽查5%，且不应少于10件。

检验方法：观察检查。

表13.2.3 压型金属板的尺寸允许偏差(mm)

<table>
<tr><th colspan="3">项　目</th><th>允许偏差</th></tr>
<tr><td colspan="3">波距</td><td>±2.0</td></tr>
<tr><td rowspan="2">波高</td><td rowspan="2">压型钢板</td><td>截面高度≤70</td><td>±1.5</td></tr>
<tr><td>截面高度>70</td><td>±2.0</td></tr>
<tr><td>侧向弯曲</td><td>在测量长度 l_1 的范围内</td><td colspan="2">20.0</td></tr>
<tr><td colspan="4">注：l_1 为测量长度，指板长扣除两端各0.5m后的实际长度(小于10m)或扣除后任选的10m长度。</td></tr>
</table>

13.2.5 压型金属板施工现场制作的允许偏差应符合表13.2.5的规定。

检查数量：按计件数抽查5%，且不应少于10件。

检验方法：用钢尺、角尺检查。

表13.2.5 压型金属板施工现场制作的允许偏差(mm)

<table>
<tr><th colspan="2">项　目</th><th>允许偏差</th></tr>
<tr><td rowspan="2">压型金属板的覆盖宽度</td><td>截面高度≤70</td><td>+10.0，−2.0</td></tr>
<tr><td>截面高度>70</td><td>+6.0，−2.0</td></tr>
<tr><td colspan="2">板长</td><td>±9.0</td></tr>
<tr><td colspan="2">横向剪切偏差</td><td>6.0</td></tr>
<tr><td rowspan="3">泛水板、包角板尺寸</td><td>板长</td><td>±6.0</td></tr>
<tr><td>折弯面宽度</td><td>±3.0</td></tr>
<tr><td>折弯面夹角</td><td>2°</td></tr>
</table>

13.3 压型金属板安装

Ⅰ 主 控 项 目

13.3.1 压型金属板、泛水板和包角板等应固定可靠、牢固，防腐涂料涂刷和密封材料敷设应完好，连接件数量、间距应符合设计要求和国家现行有关标准规定。

检查数量：全数检查。

检验方法：观察检查及尺量。

13.3.2 压型金属板应在支承构件上可靠搭接，搭接长度应符合设计要求，且不应小于表13.3.2所规定的数值。

检查数量：按搭接部位总长度抽查10%，且不应少于10m。

检验方法：观察和用钢尺检查。

表13.3.2 压型金属板在支承构件上的搭接长度(mm)

<table>
<tr><th colspan="2">项　目</th><th>搭接长度</th></tr>
<tr><td colspan="2">截面高度>70</td><td>375</td></tr>
<tr><td rowspan="2">截面高度≤70</td><td>屋面坡度<1/10</td><td>250</td></tr>
<tr><td>屋面坡度≥1/10</td><td>200</td></tr>
<tr><td colspan="2">墙面</td><td>120</td></tr>
</table>

13.3.3 组合楼板中压型钢板与主体结构(梁)的锚固支承长度应符合设计要求,且不应小于50mm,端部锚固件连接应可靠,设置位置应符合设计要求。

检查数量:沿连接纵向长度抽查10%,且不应少于10m。

检验方法:观察和用钢尺检查。

Ⅱ 一 般 项 目

13.3.4 压型金属板安装应平整、顺直,板面不应有施工残留物和污物。檐口和墙面下端应呈直线,不应有未经处理的错钻孔洞。

检查数量:按面积抽查10%,且不应少于10m²。

检验方法:观察检查。

13.3.5 压型金属板安装的允许偏差应符合表13.3.5的规定。

检查数量:檐口与屋脊的平行度:按长度抽查10%,且不应少于10m。其他项目:每20m长度应抽查1处,不应少于2处。

检验方法:用拉线、吊线和钢尺检查。

表13.3.5 压型金属板安装的允许偏差(mm)

项目		允许偏差
屋面	檐口与屋脊的平行度	12.0
	压型金属板波纹线对屋脊的垂直度	$L/800$,且不应大于25.0
	檐口相邻两块压型金属板端部错位	6.0
	压型金属板卷边板件最大波浪高	4.0
墙面	墙板波纹线的垂直度	$H/800$,且不应大于25.0
	墙板包角板的垂直度	$H/800$,且不应大于25.0
	相邻两块压型金属板的下端错位	6.0
注:1 L为屋面半坡或单坡长度; 2 H为墙面高度。		

14 钢结构涂装工程

14.1 一般规定

14.1.1 本章适用于钢结构的防腐涂料(油漆类)涂装和防火涂料涂装工程的施工质量验收。

14.1.2 钢结构涂装工程可按钢结构制作或钢结构安装工程检验批的划分原则划分成一个或若干个检验批。

14.1.3 钢结构普通涂料涂装工程应在钢结构构件组装、预拼装或钢结构安装工程检验批的施工质量验收合格后进行。钢结构防火涂料涂装工程应在钢结构安装工程检验批和钢结构普通涂料涂装检验批的施工质量验收合格后进行。

14.1.4 涂装时的环境温度和相对湿度应符合涂料产品说明书的要求,当产品说明书无要求时,环境温度宜在5~38℃之间,相对湿度不应大于85%。涂装时构件表面不应有结露;涂装后4h内应保护免受雨淋。

14.2 钢结构防腐涂料涂装

Ⅰ 主 控 项 目

14.2.1 涂装前钢材表面除锈应符合设计要求和国家现行有关标准的规定。处理后的钢材表面不应有焊渣、焊疤、灰尘、油污、水和毛刺等。当设计无要求时,钢材表面除锈等级应符合表14.2.1的规定。

检查数量:按构件数抽查10%,且同类构件不应少于3件。

检验方法:用铲刀检查和用现行国家标准《涂装前钢材表面锈蚀等级和除锈等级》GB 8923规定的图片对照观察检查。

表14.2.1 各种底漆或防锈漆要求最低的除锈等级

涂料品种	除锈等级
油性酚醛、醇酸等底漆或防锈漆	St2
高氯化聚乙烯、氯化橡胶、氯磺化聚乙烯、环氧树脂、聚氨酯等底漆或防锈漆	Sa2
无机富锌、有机硅、过氯乙烯等底漆	Sa2 $\frac{1}{2}$

14.2.2 涂料、涂装遍数、涂层厚度均应符合设计要求。当设计对涂层厚度无要求时,涂层干漆膜总厚度:室外应为150μm,室内应为125μm,其允许偏差为−25μm。每遍涂层干漆膜厚度的允许偏差为−5μm。

检查数量:按构件数抽查10%,且同类构件不应少于3件。

检验方法:用干漆膜测厚仪检查。每个构件检测5处,每处的数值为3个相距50mm测点涂层干漆膜厚度的平均值。

Ⅱ 一般项目

14.2.3 构件表面不应误涂、漏涂,涂层不应脱皮和返锈等。涂层应均匀、无明显皱皮、流坠、针眼和气泡等。

检查数量:全数检查。

检验方法:观察检查。

14.2.4 当钢结构处在有腐蚀介质环境或外露且设计有要求时,应进行涂层附着力测试,在检测处范围内,当涂层完整程度达到70%以上时,涂层附着力达到合格质量标准的要求。

检查数量:按构件数抽查1%,且不应少于3件,每件测3处。

检验方法:按照现行国家标准《漆膜附着力测定法》GB 1720或《色漆和清漆、漆膜的划格试验》GB 9286执行。

14.2.5 涂装完成后,构件的标志、标记和编号应清晰完整。

检查数量:全数检查。

检验方法:观察检查。

14.3 钢结构防火涂料涂装

Ⅰ 主控项目

14.3.1 防火涂料涂装前钢材表面除锈及防锈底漆涂装应符合设计要求和国家现行有关标准的规定。

检查数量:按构件数抽查10%,且同类构件不应少于3件。

检验方法:表面除锈用铲刀检查和用现行国家标准《涂装前钢材表面锈蚀等级和除锈等级》GB 8923规定的图片对照观察检查。底漆涂装用干漆膜测厚仪检查,每个构件检测5处,每处的数值为3个相距50mm测点涂层干漆膜厚度的平均值。

14.3.2 钢结构防火涂料的粘结强度、抗压强度应符合国家现行标准《钢结构防火涂料应用技术规程》CECS 24:90的规定。检验方法应符合现行国家标准《建筑构件防火喷涂材料性能试验方法》GB 9978的规定。

检查数量：每使用100t或不足100t薄涂型防火涂料应抽检一次粘结强度；每使用500t或不足500t厚涂型防火涂料应抽检一次粘结强度和抗压强度。

检验方法：检查复检报告。

14.3.3 薄涂型防火涂料的涂层厚度应符合有关耐火极限的设计要求。厚涂型防火涂料涂层的厚度，80％及以上面积应符合有关耐火极限的设计要求，且最薄处厚度不应低于设计要求的85％。

检查数量：按同类构件数抽查10％，且均不应少于3件。

检验方法：用涂层厚度测量仪、测针和钢尺检查。测量方法应符合国家现行标准《钢结构防火涂料应用技术规程》CECS 24:90的规定及本规范附录F。

14.3.4 薄涂型防火涂料涂层表面裂纹宽度不应大于0.5mm；厚涂型防火涂料涂层表面裂纹宽度不应大于1mm。

检查数量：按同类构件数抽查10％，且均不应少于3件。

检验方法：观察和用尺量检查。

Ⅱ 一 般 项 目

14.3.5 防火涂料涂装基层不应有油污、灰尘和泥砂等污垢。

检查数量：全数检查。

检验方法：观察检查。

14.3.6 防火涂料不应有误涂、漏涂，涂层应闭合无脱层、空鼓、明显凹陷、粉化松散和浮浆等外观缺陷，乳突已剔除。

检查数量：全数检查。

检验方法：观察检查。

15 钢结构分部工程竣工验收

15.0.1 根据现行国家标准《建筑工程施工质量验收统一标准》GB 50300的规定，钢结构作为主体结构之一应按子分部工程竣工验收；当主体结构均为钢结构时应按分部工程竣工验收。大型钢结构工程可划分成若干个子分部工程进行竣工验收。

15.0.2 钢结构分部工程有关安全及功能的检验和见证检测项目见本规范附录G，检验应在其分项工程验收合格后进行。

15.0.3 钢结构分部工程有关观感质量检验应按本规范附录H执行。

15.0.4 钢结构分部工程合格质量标准应符合下列规定：

1 各分项工程质量均应符合合格质量标准；

2 质量控制资料和文件应完整；

3 有关安全及功能的检验和见证检测结果应符合本规范相应合格质量标准的要求；

4 有关观感质量应符合本规范相应合格质量标准的要求。

15.0.5 钢结构分部工程竣工验收时，应提供下列文件和记录：

1 钢结构工程竣工图纸及相关设计文件；

2 施工现场质量管理检查记录；

3 有关安全及功能的检验和见证检测项目检查记录；

4 有关观感质量检验项目检查记录；

5 分部工程所含各分项工程质量验收记录；

6 分项工程所含各检验批质量验收记录；

7 强制性条文检验项目检查记录及证明文件；

8 隐蔽工程检验项目检查验收记录；

9 原材料、成品质量合格证明文件、中文标志及性能检测报告；

10 不合格项的处理记录及验收记录；

11 重大质量、技术问题实施方案及验收记录；

12 其他有关文件和记录。

15.0.6 钢结构工程质量验收记录应符合下列规定：

1 施工现场质量管理检查记录可按现行国家标准《建筑工程施工质量验收统一标准》GB 50300 中附录 A 进行；

2 分项工程检验批验收记录可按本规范附录 J 中表 J.0.1～表 J.0.13 进行；

3 分项工程验收记录可按现行国家标准《建筑工程施工质量验收统一标准》GB 50300 中附录 E 进行；

4 分部(子分部)工程验收记录可按现行国家标准《建筑工程施工质量验收统一标准》GB 50300 中附录 F 进行。

附　录　A
焊缝外观质量标准及尺寸允许偏差

A.0.1 二级、三级焊缝外观质量标准应符合表 A.0.1 的规定。

表 A.0.1　二级、三级焊缝外观质量标准(mm)

项　目	允许偏差	
缺陷类型	二级	三级
未焊满(指不足设计要求)	≤0.2+0.02t,且≤1.0	≤0.2+0.04t,且≤2.0
	每 100.0 焊缝内缺陷总长≤25.0	
根部收缩	≤0.2+0.02t,且≤1.0	≤0.2+0.04t,且≤2.0
	长度不限	
咬边	≤0.05t,且≤0.5；连续长度≤100.0,且焊缝两侧咬边总长≤10%焊缝全长	≤0.1t 且≤1.0,长度不限
弧坑裂纹	—	允许存在个别长度≤5.0 的弧坑裂纹
电弧擦伤	—	允许存在个别电弧擦伤
接头不良	缺口深度 0.05t,且≤0.5	缺口深度 0.1t,且≤1.0
	每 1000.0 焊缝不应超过 1 处	
表面夹渣	—	深≤0.2t　长≤0.5t,且≤20.0
表面气孔	—	每 50.0 焊缝长度内允许直径≤0.4t,且≤3.0的气孔 2 个,孔距≥6 倍孔径
注：表内 t 为连接处较薄的板厚。		

A.0.2 对接焊缝及完全熔透组合焊缝尺寸允许偏差应符合表 A.0.2 的规定。

表 A.0.2　对接焊缝及完全熔透组合焊缝尺寸允许偏差(mm)

序号	项　目	图　例	允许偏差	
			一、二级	三级
1	对接焊缝余高 C		$B<20$:0～3.0 $B\geqslant20$:0～4.0	$B<20$:0～4.0 $B\geqslant20$:0～5.0
2	对接焊缝错边 d		$d<0.15t$,且$\leqslant2.0$	$d<0.15t$,且$\leqslant3.0$

A.0.3　部分焊透组合焊缝和角焊缝外形尺寸允许偏差应符合表 A.0.3 的规定。

表 A.0.3　部分焊透组合焊缝和角焊缝外形尺寸允许偏差(mm)

序号	项　目	图　例	允许偏差
1	焊脚尺寸 h_f		$h_f\leqslant6$:0～1.5 $h_f>6$:0～3.0
2	角焊缝余高 C		$h_f\leqslant6$:0～1.5 $h_f>6$:0～3.0

注:1　$h_f>8.0$mm 的角焊缝其局部焊脚尺寸允许低于设计要求值 1.0mm,但总长度不得超过焊缝长度 10%;
2　焊接 H 形梁腹板与翼缘板的焊缝两端在其两倍翼缘板宽度范围内,焊缝的焊脚尺寸不得低于设计值。

附　录　B
紧固件连接工程检验项目

B.0.1　螺栓实物最小载荷检验。

目的:测定螺栓实物的抗拉强度是否满足现行国家标准《紧固件机械性能螺栓、螺钉和螺柱》GB 3098.1的要求。

检验方法:用专用卡具将螺栓实物置于拉力试验机上进行拉力试验,为避免试件承受横向载荷,试验机的夹具应能自动调正中心,试验时夹头张拉的移动速度不应超过 25mm/min。

螺栓实物的抗拉强度应根据螺纹应力截面积(A_s)计算确定,其取值应按现行国家标准《紧固件机械性能螺栓、螺钉和螺柱》GB 3098.1 的规定取值。

进行试验时,承受拉力载荷的未旋合的螺纹长度应为 6 倍以上螺距;当试验拉力达到现行国家标准《紧固件机械性能螺栓、螺钉和螺柱》GB 3098.1 中规定的最小拉力载荷($A_S\cdot\sigma_b$)时不得断裂。当超过最小拉力载荷直至拉断时,断裂应发生在杆部或螺纹部分,而不应发生在螺头与杆部的交接处。

B.0.2　扭剪型高强度螺栓连接副预拉力复验。

复验用的螺栓应在施工现场待安装的螺栓批中随机抽取,每批应抽取 8 套连接副进行复验。

连接副预拉力可采用经计量检定、校准合格的轴力计进行测试。

试验用的电测轴力计、油压轴力计、电阻应变仪、扭矩扳手等计量器具,应在试验前进行标定,其误差不得超过2%。

采用轴力计方法复验连接副预拉力时,应将螺栓直接插入轴力计。紧固螺栓分初拧、终拧两次进行,初拧应采用手动扭矩扳手或专用定扭电动扳手;初拧值应为预拉力标准值的50%左右。终拧应采用专用电动扳手,至尾部梅花头拧掉,读出预拉力值。

每套连接副只应做一次试验,不得重复使用。在紧固中垫圈发生转动时,应更换连接副,重新试验。

复验螺栓连接副的预拉力平均值和标准偏差应符合表B.0.2的规定。

表B.0.2　扭剪型高强度螺栓紧固预拉力和标准偏差(kN)

螺栓直径(mm)	16	20	(22)	24
紧固预拉力的平均值 $\overline{P}$	99～120	154～186	191～231	222～270
标准偏差 σ_P	10.1	15.7	19.5	22.7

B.0.3　高强度螺栓连接副施工扭矩检验。

高强度螺栓连接副扭矩检验含初拧、复拧、终拧扭矩的现场无损检验。检验所用的扭矩扳手其扭矩精度误差应不大于3%。

高强度螺栓连接副扭矩检验分扭矩法检验和转角法检验两种,原则上检验法与施工法应相同。扭矩检验应在施拧1h后,48h内完成。

1　扭矩法检验。

检验方法:在螺尾端头和螺母相对位置划线,将螺母退回60°左右,用扭矩扳手测定拧回至原来位置时的扭矩值。该扭矩值与施工扭矩值的偏差在10%以内为合格。

高强度螺栓连接副终拧扭矩值按下式计算:

$$T_c = K \cdot P_c \cdot d \tag{B.0.3-1}$$

式中　T_c——终拧扭矩值(N·m);

P_c——施工预拉力值标准值(kN),见表B.0.3;

d——螺栓公称直径(mm);

K——扭矩系数,按附录B.0.4的规定试验确定。

高强度大六角头螺栓连接副初拧扭矩值 T_o 可按 $0.5T_c$ 取值。

扭剪型高强度螺栓连接副初拧扭矩值 T_o 可按下式计算:

$$T_o = 0.065 P_c \cdot d \tag{B.0.3-2}$$

式中　T_o——初拧扭矩值(N·m);

P_c——施工预拉力标准值(kN),见表B.0.3;

d——螺栓公称直径(mm)。

表B.0.3　高强度螺栓连接副施工预拉力标准值(kN)

螺栓的性能等级	螺栓公称直径(mm)					
	M16	M20	M22	M24	M27	M30
8.8s	75	120	150	170	225	275
10.9s	110	170	210	250	320	390

2　转角法检验。

检验方法:1)检查初拧后在螺母与相对位置所画的终拧起始线和终止线所夹的角度是否达到规定

值。2)在螺尾端头和螺母相对位置画线，然后全部卸松螺母，在按规定的初拧扭矩和终拧角度重新拧紧螺栓，观察与原画线是否重合。终拧转角偏差在10°以内为合格。

终拧转角与螺栓的直径、长度等因素有关，应由试验确定。

3 扭剪型高强度螺栓施工扭矩检验。

检验方法：观察尾部梅花头拧掉情况。尾部梅花头被拧掉者视同其终拧扭矩达到合格质量标准；尾部梅花头未被拧掉者应按上述扭矩法或转角法检验。

B.0.4 高强度大六角头螺栓连接副扭矩系数复验。

复验用螺栓应在施工现场待安装的螺栓批中随机抽取，每批应抽取8套连接副进行复验。

连接副扭矩系数复验用的计量器具应在试验前进行标定，误差不得超过2%。

每套连接副只应做一次试验，不得重复使用。在紧固中垫圈发生转动时，应更换连接副，重新试验。

连接副扭矩系数的复验应将螺栓穿入轴力计，在测出螺栓预拉力 P 的同时，应测定施加于螺母上的施拧扭矩值 T，并应按下式计算扭矩系数 K。

$$K=\frac{T}{P \cdot d} \tag{B.0.4}$$

式中 T——施拧扭矩(N·m)；

d——高强度螺栓的公称直径(mm)；

P——螺栓预拉力(kN)。

进行连接副扭矩系数试验时，螺栓预拉力值应符合表B.0.4的规定。

表B.0.4 螺栓预拉力值范围(kN)

螺栓规格(mm)		M16	M20	M22	M24	M27	M30
预拉力值 P	10.9s	93～113	142～177	175～215	206～250	265～324	325～390
	8.8s	62～78	100～120	125～150	140～170	185～225	230～275

每组8套连接副扭矩系数的平均值应为0.110～0.150，标准偏差小于或等于0.010。

扭剪型高强度螺栓连接副当采用扭矩法施工时，其扭矩系数亦按本附录的规定确定。

B.0.5 高强度螺栓连接摩擦面的抗滑移系数检验。

1 基本要求。

制造厂和安装单位应分别以钢结构制造批为单位进行抗滑移系数试验。制造批可按分部(子分部)工程划分规定的工程量每2000t为一批，不足2000t的可视为一批。选用两种及两种以上表面处理工艺时，每种处理工艺应单独检验。每批三组试件。

抗滑移系数试验应采用双摩擦面的二栓拼接的拉力试件(图B.0.5)。

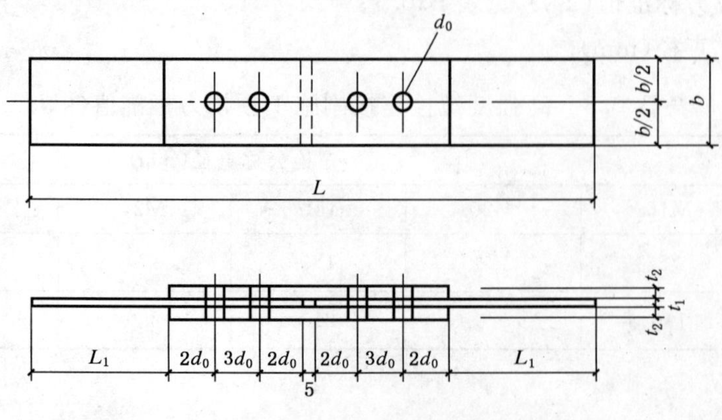

图B.0.5 抗滑移系数拼接试件的形式和尺寸

抗滑移系数试验用的试件应由制造厂加工，试件与所代表的钢结构构件应为同一材质、同批制作、采用同一摩擦面处理工艺和具有相同的表面状态，并应用同批同一性能等级的高强度螺栓连接副，在同一环境条件下存放。

试件钢板的厚度 t_1、t_2 应根据钢结构工程中有代表性的板材厚度来确定，同时应考虑在摩擦面滑移之前，试件钢板的净截面始终处于弹性状态；宽度 b 可参照表 B.0.5 规定取值。L_1 应根据试验机夹具的要求确定。

表 B.0.5　试件板的宽度(mm)

螺栓直径 d	16	20	22	24	27	30
板宽 b	100	100	105	110	120	120

试件板面应平整，无油污，孔和板的边缘无飞边、毛刺。

2　试验方法。

试验用的试验机误差应在1%以内。

试验用的贴有电阻片的高强度螺栓、压力传感器和电阻应变仪应在试验前用试验机进行标定，其误差应在2%以内。

试件的组装顺序应符合下列规定：

先将冲钉打入试件孔定位，然后逐个换成装有压力传感器或贴有电阻片的高强度螺栓，或换成同批经预拉力复验的扭剪型高强度螺栓。

紧固高强度螺栓应分初拧、终拧。初拧应达到螺栓预拉力标准值的50%左右。终拧后，螺栓预拉力应符合下列规定：

1) 对装有压力传感器或贴有电阻片的高强度螺栓，采用电阻应变仪实测控制试件每个螺栓的预拉力值应在 $0.95P \sim 1.05P$(P 为高强度螺栓设计预拉力值)之间；

2) 不进行实测时，扭剪型高强度螺栓的预拉力(紧固轴力)可按同批复验预拉力的平均值取用。

试件应在其侧面画出观察滑移的直线。

将组装好的试件置于拉力试验机上，试件的轴线应与试验机夹具中心严格对中。

加荷时，应先加10%的抗滑移设计荷载值，停1min后，再平稳加荷，加荷速度为3～5kN/s。直拉至滑动破坏，测得滑移荷载 N_v。

在试验中当发生以下情况之一时，所对应的荷载可定为试件的滑移荷载：

1) 试验机发生回针现象；

2) 试件侧面画线发生错动；

3) X—Y 记录仪上变形曲线发生突变；

4) 试件突然发生“嘣”的响声。

抗滑移系数，应根据试验所测得的滑移荷载 N_v 和螺栓预拉力 P 的实测值，按下式计算，宜取小数点二位有效数字。

$$\mu = \frac{N_v}{n_f \cdot \sum_{i=1}^{m} P_i} \qquad \text{(B.0.5)}$$

式中　N_v——由试验测得的滑移荷载(kN)；

n_f——摩擦面面数，取 $n_f=2$；

$\sum_{i=1}^{m} P_i$——试件滑移一侧高强度螺栓预拉力实测值(或同批螺栓连接副的预拉力平均值)之和(取三

位有效数字)(kN);

m——试件一侧螺栓数量,取 $m=2$。

附　录　C
钢构件组装的允许偏差

C.0.1　焊接 H 型钢的允许偏差应符合表 C.0.1 的规定。

表 C.0.1　焊接 H 型钢的允许偏差(mm)

项　　目		允许偏差	图　　例
截面高度 h	$h<500$	±2.0	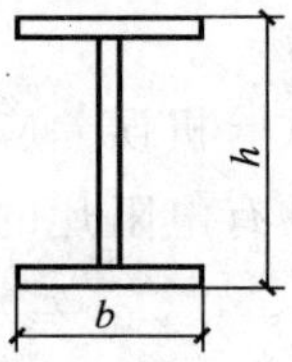
	$500<h<1000$	±3.0	
	$h>1000$	±4.0	
截面宽度 b		±3.0	
腹板中心偏移		2.0	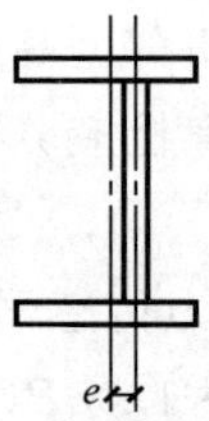
翼缘板垂直度 Δ		$b/100$,且不应大于 3.0	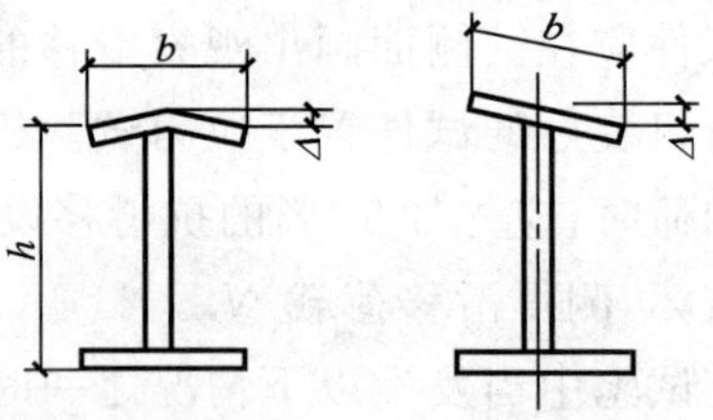
弯曲矢高(受压构件除外)		$l/1000$,且不应大于 10.0	
扭曲		$h/250$,且不应大于 5.0	
腹板局部平面度 f	$t<14$	3.0	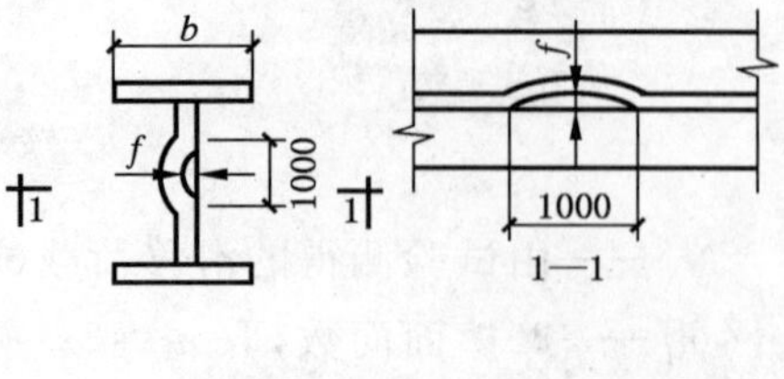
	$t\geqslant14$	2.0	

C.0.2　焊接连接制作组装的允许偏差应符合表 C.0.2 的规定。

表 C.0.2 焊接连接制作组装的允许偏差(mm)

项目		允许偏差	图例
对口错边 Δ		$t/10$,且不应大于 3.0	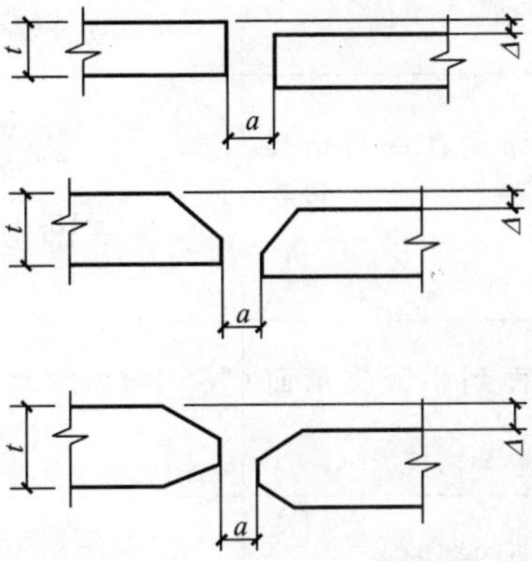
间隙 a		±1.0	
搭接长度 a		±5.0	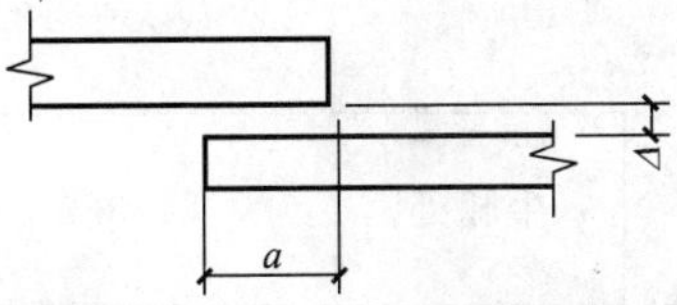
缝隙 Δ		1.5	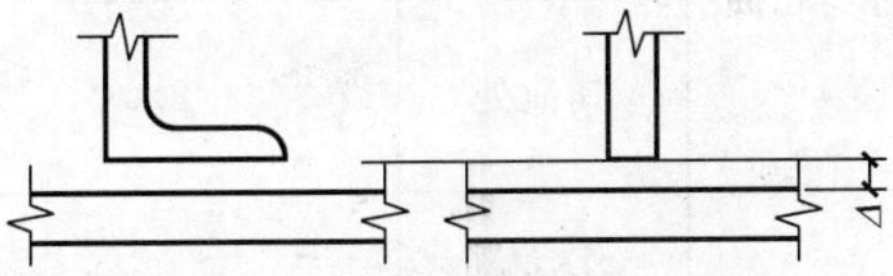
高度 h		±2.0	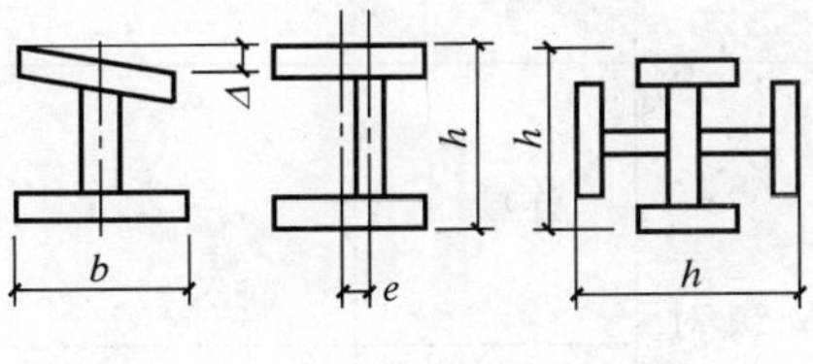
垂直度 Δ		$b/100$, 且不应大于 3.0	
中心偏移 e		±2.0	
型钢错位	连接处	1.0	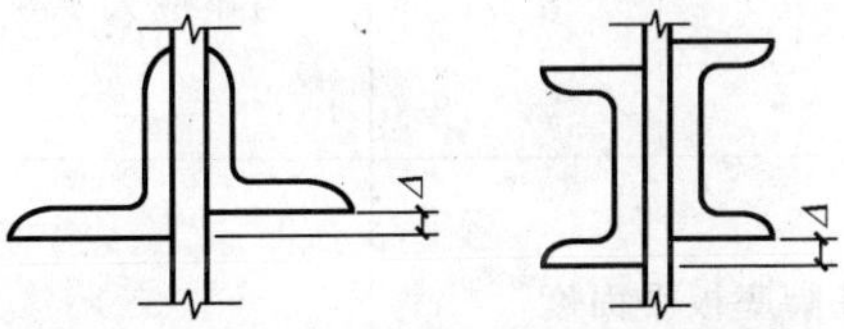
	其他处	2.0	
箱形截面高度 h		±2.0	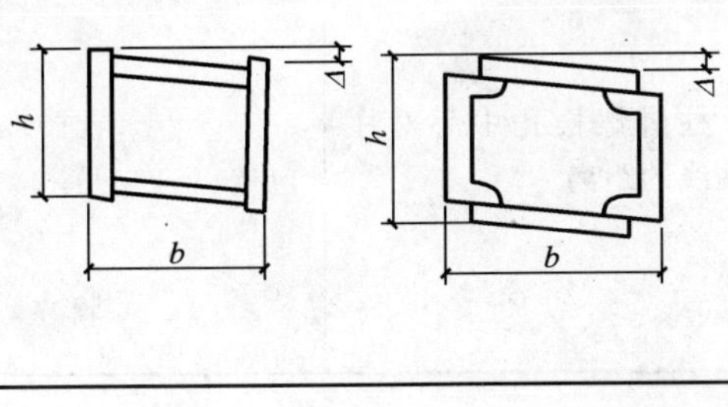
宽度 b		±2.0	
垂直度 Δ		$b/200$,且不 应大于 3.0	

C.0.3 单层钢柱外形尺寸的允许偏差应符合表C.0.3的规定。

表C.0.3 单层钢柱外形尺寸的允许偏差(mm)

项目		允许偏差	检验方法	图例
柱底面到柱端与桁架连接的最上一个安装孔距离 l		$\pm l/1500$ ± 15.0	用钢尺检查	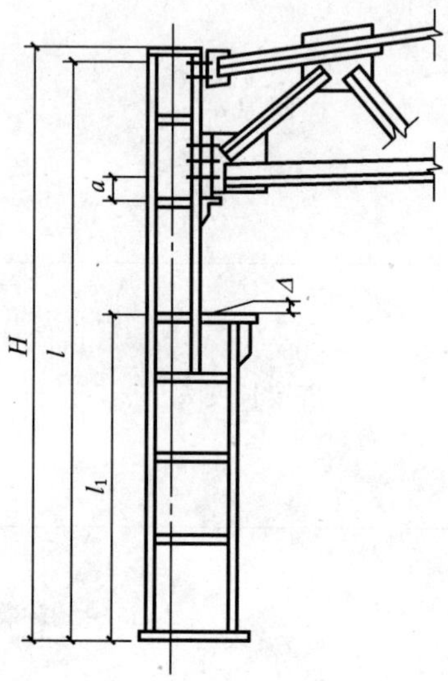
柱底面到牛腿支承面距离 l_1		$\pm l_1/2000$ ± 8.0		
牛腿面的翘曲 Δ		2.0	用拉线、直角尺和钢尺检查	
柱身弯曲矢高		H/1200,且不应大于12.0		
柱身扭曲	牛腿处	3.0	用拉线、吊线和钢尺检查	
	其他处	8.0		
柱截面几何尺寸	连接处	±3.0	用钢尺检查	
	非连接处	±4.0		
翼缘对腹板的垂直度	连接处	1.5	用直角尺和钢尺检查	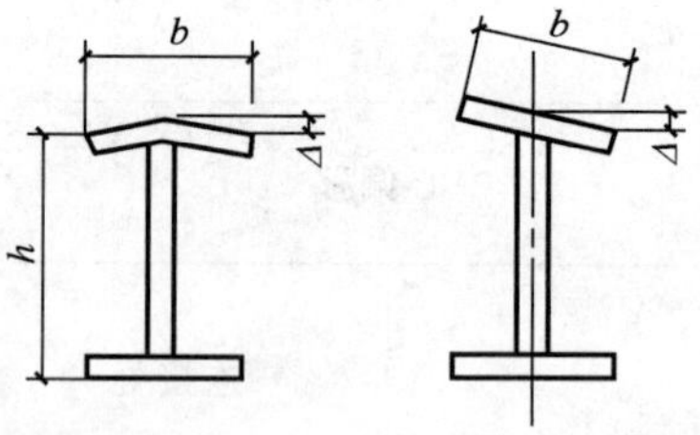
	其他处	b/100,且不应大于5.0		
柱脚底板平面度		5.0	用1m直尺和塞尺检查	
柱脚螺栓孔中心对柱轴线的距离		3.0	用钢尺检查	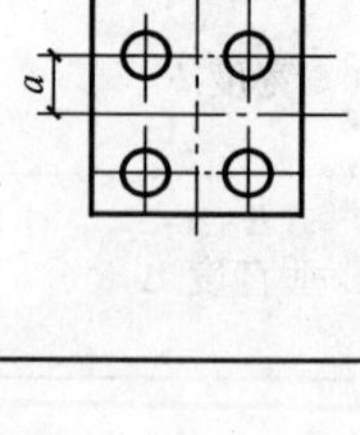

C.0.4 多节钢柱外形尺寸的允许偏差应符合表C.0.4的规定。

表C.0.4 多节钢柱外形尺寸的允许偏差(mm)

项目		允许偏差	检验方法	图例
一节柱高度 H		±3.0	用钢尺检查	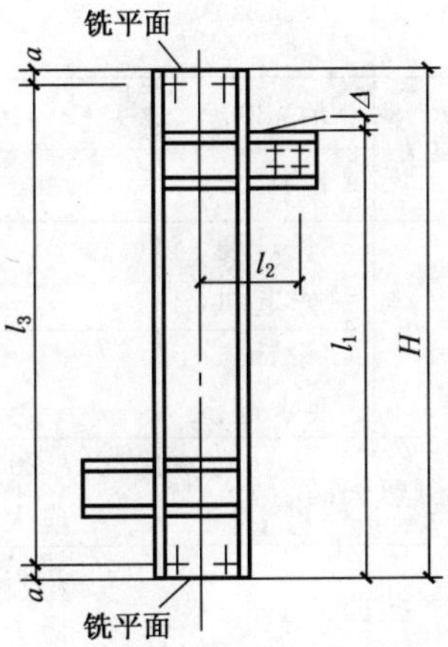
两端最外侧安装孔距离 l_3		±2.0		
铣平面到第一个安装孔距离 a		±1.0		
柱身弯曲矢高 f		H/1500，且不应大于5.0	用拉线和钢尺检查	
一节柱的柱身扭曲		h/250，且不应大于5.0	用拉线、吊线和钢尺检查	
牛腿端孔到柱轴线距离 l_2		±3.0	用钢尺检查	
牛腿的翘曲或扭曲 Δ	$l_2 \leqslant 1000$	2.0	用拉线、直角尺和钢尺检查	
	$l_2 > 1000$	3.0		
柱截面尺寸	连接处	±3.0	用钢尺检查	
	非连接处	±4.0		
柱脚底板平面度		5.0	用直尺和塞尺检查	
翼缘板对腹板的垂直度	连接处	1.5	用直角尺和钢尺检查	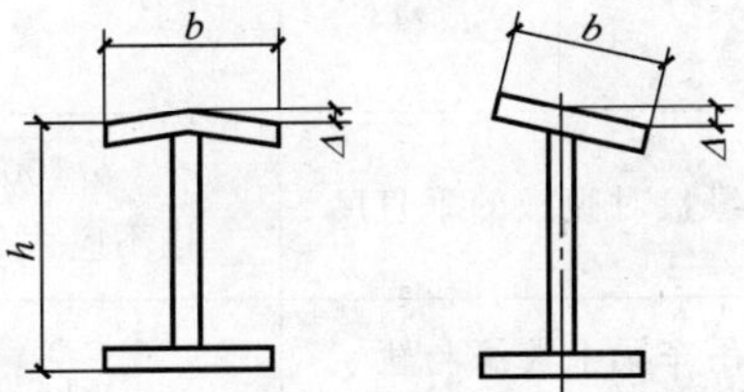
	其他处	b/100，且不应大于5.0		
柱脚螺栓孔对柱轴线的距离 a		3.0	用钢尺检查	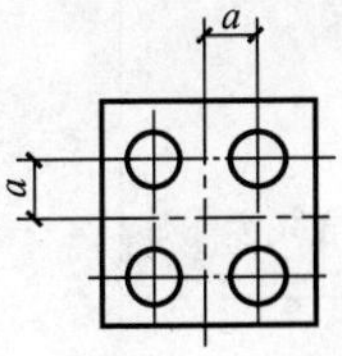
箱型截面连接处对角线差		3.0		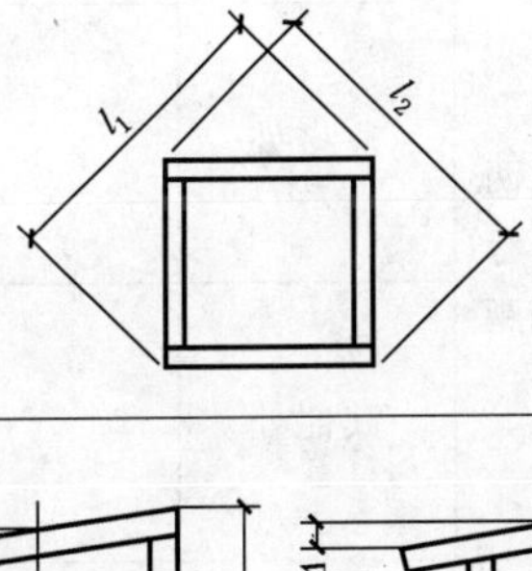
箱型柱身板垂直度		$h(b)$/150，且不应大于5.0	用直角尺和钢尺检查	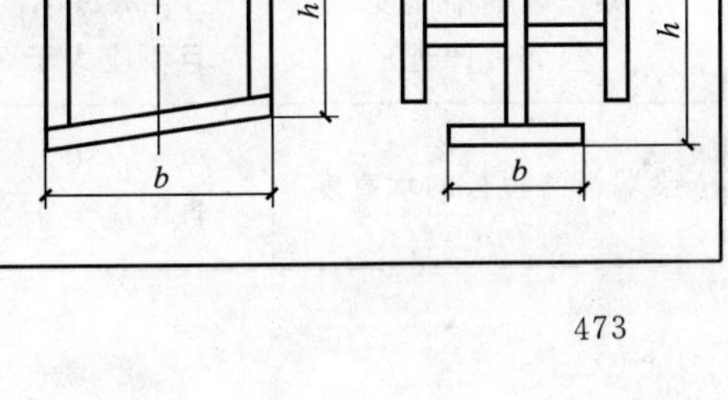

C.0.5 焊接实腹钢梁外形尺寸的允许偏差应符合表 C.0.5 的规定。

表 C.0.5 焊接实腹钢梁外形尺寸的允许偏差(mm)

项目		允许偏差	检验方法	图例
梁长度 l	端部有凸缘支座板	0 −5.0	用钢尺检查	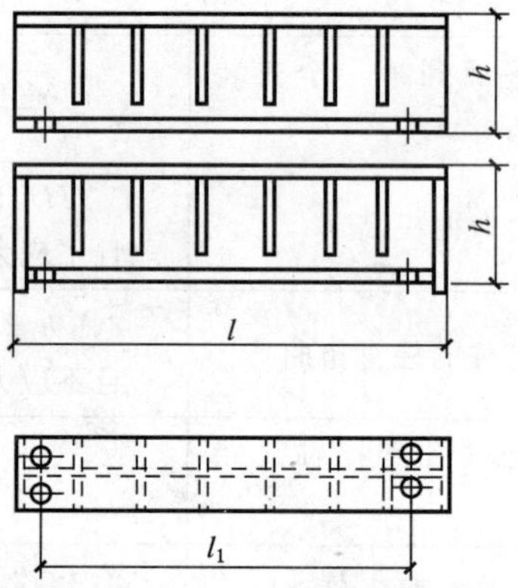
	其他形式	$\pm l/2500$ ±10.0		
端部高度 h	$h\leqslant 2000$	±2.0		
	$h>2000$	±3.0		
拱度	设计要求起拱	$\pm l/5000$	用拉线和钢尺检查	
	设计未要求起拱	10.0 −5.0		
侧弯矢高		$l/2000$,且不应大于 10.0		
扭曲		$h/250$,且不应大于 10.0	用拉线、吊线和钢尺检查	
腹板局部平面度	$t\leqslant 14$	5.0	用 1m 直尺和塞尺检查	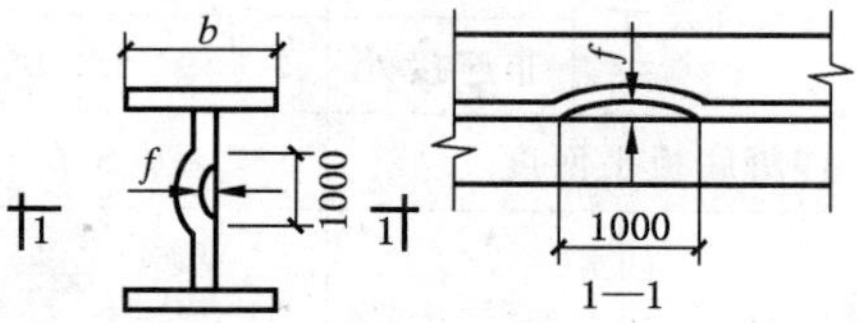
	$t>14$	4.0		
翼缘板对腹板的垂直度		$b/100$, 且不应大于 3.0	用直角尺和钢尺检查	
吊车梁上翼缘与轨道接触面平面度		1.0	用 200mm、1m 直尺和塞尺检查	
箱型截面对角线差		5.0	用钢尺检查	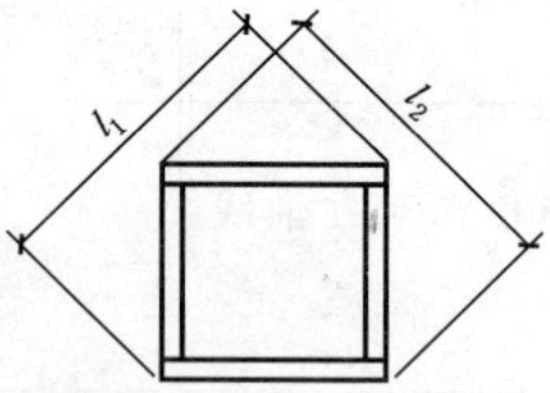
箱型截面两腹板至翼缘板中心线距离 a	连接处	1.0		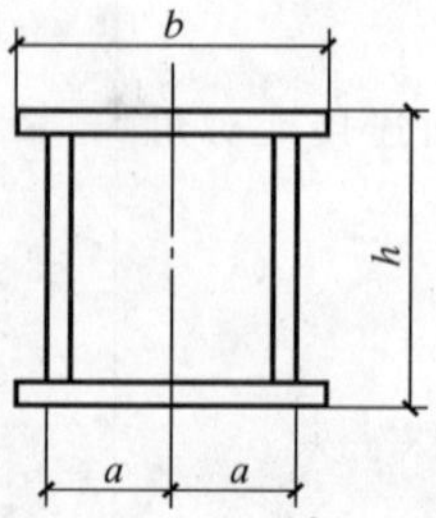
	其他处	1.5		
梁端板的平面度(只允许凹进)		$h/500$, 且不应大于 2.0	用直角尺和钢尺检查	
梁端板与腹板的垂直度		$h/500$, 且不应大于 2.0	用直角尺和钢尺检查	

C.0.6 钢桁架外形尺寸的允许偏差应符合表 C.0.6 的规定。

表 C.0.6 钢桁架外形尺寸的允许偏差(mm)

项目		允许偏差	检验方法	图例
桁架最外端两个孔或两端支承面最外侧距离	$l \leq 24m$	+3.0 −7.0	用钢尺检查	
	$l > 24m$	+5.0 −10.0		
桁架跨中高度		±10.0		
桁架跨中拱度	设计要求起拱	$\pm l/5000$		
	设计未要求起拱	10.0 −5.0		
相邻节间弦杆弯曲(受压除外)		$l_1/1000$		
支承面到第一个安装孔距离 a		±1.0	用钢尺检查	铣平顶紧支承面
檩条连接支座间距		±5.0		

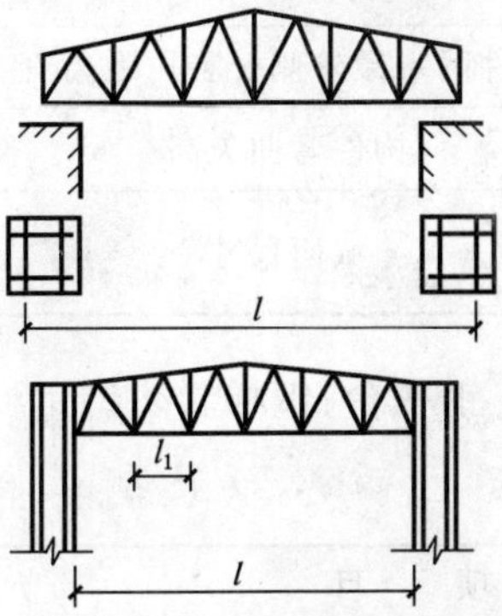

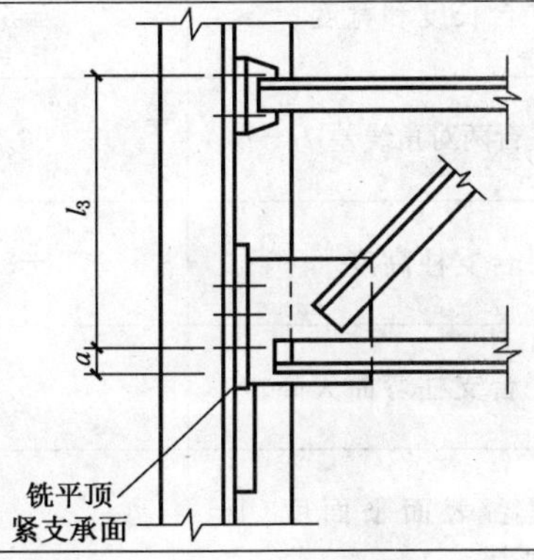

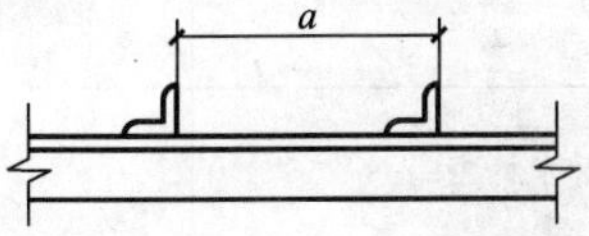

C.0.7 钢管构件外形尺寸的允许偏差应符合表 C.0.7 的规定。

表 C.0.7 钢管构件外形尺寸的允许偏差(mm)

项目	允许偏差	检验方法	图例
直径 d	$\pm d/500$ ±5.0	用钢尺检查	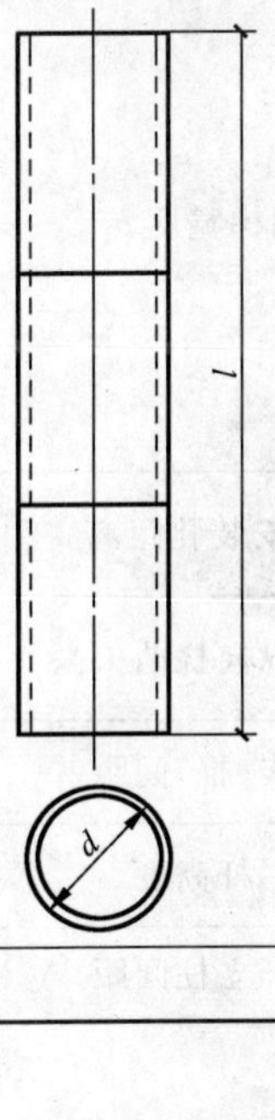
构件长度 l	±3.0		
管口圆度	$d/500$,且不应大于 5.0		
管面对管轴的垂直度	$d/500$,且不应大于 3.0	用焊缝量规检查	
弯曲矢高	$l/1500$,且不应大于 5.0	用拉线、吊线和钢尺检查	
对口错边	$t/10$,且不应大于 3.0	用拉线和钢尺检查	

注:对方矩形管,d 为长边尺寸。

C.0.8 墙架、檩条、支撑系统钢构件外形尺寸的允许偏差应符合表 C.0.8 的规定。

表 C.0.8 墙架、檩条、支撑系统钢构件外形尺寸的允许偏差(mm)

项　目	允许偏差	检验方法
构件长度 l	±4.0	用钢尺检查
构件两端最外侧安装孔距离 l_1	±3.0	
构件弯曲矢高	l/1000，且不应大于 10.0	用拉线和钢尺检查
截面尺寸	+5.0 −2.0	用钢尺检查

C.0.9 钢平台、钢梯和防护钢栏杆外形尺寸的允许偏差应符合表 C.0.9 的规定。

表 C.0.9 钢平台、钢梯和防护钢栏杆外形尺寸的允许偏差(mm)

项　目	允许偏差	检验方法	图　例
平台长度和宽度	±5.0	用钢尺检查	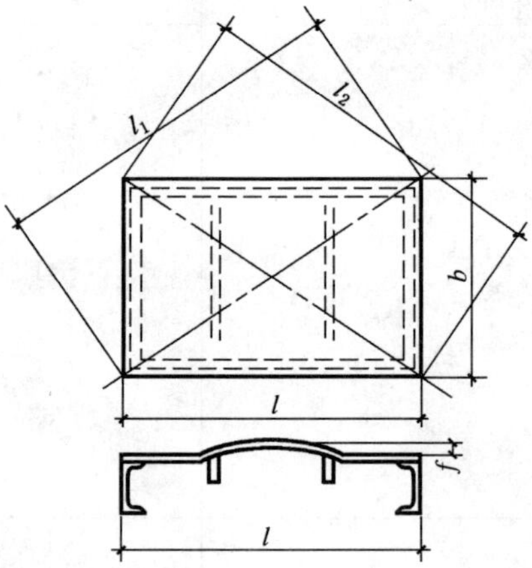
平台两对角线差 $\lvert l_1-l_2\rvert$	6.0		
平台支柱高度	±3.0		
平台支柱弯曲矢高	5.0	用拉线和钢尺检查	
平台表面平面度(1m 范围内)	6.0	用 1m 直尺和塞尺检查	
梯梁长度 l	±5.0	用钢尺检查	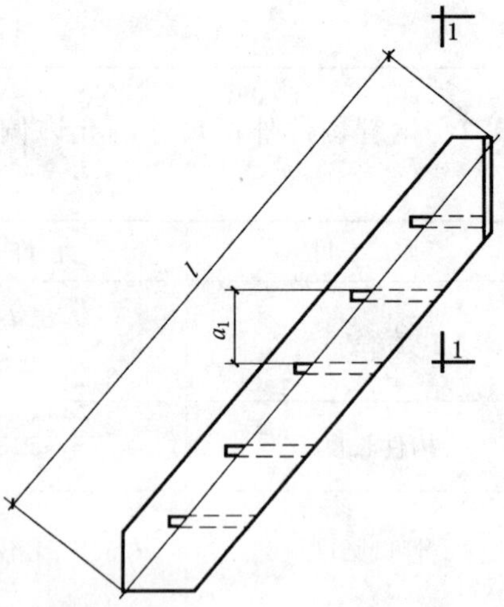
钢梯宽度 b	±5.0		
钢梯安装孔距离 a	±3.0		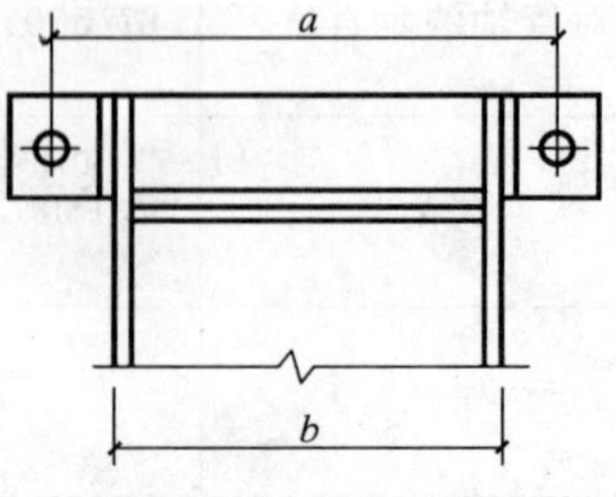
钢梯纵向挠曲矢高	l/1000	用拉线和钢尺检查	
踏步(棍)间距	±5.0	用钢尺检查	
栏杆高度	±5.0		
栏杆立柱间距	±10.0		

附 录 D
钢构件预拼装的允许偏差

D.0.1 钢构件预拼装的允许偏差应符合表D的规定。

表D 钢构件预拼装的允许偏差(mm)

<table>
<tr><th>构件类型</th><th colspan="2">项 目</th><th>允许偏差</th><th>检验方法</th></tr>
<tr><td rowspan="5">多节柱</td><td colspan="2">预拼装单元总长</td><td>±5.0</td><td>用钢尺检查</td></tr>
<tr><td colspan="2">预拼装单元弯曲矢高</td><td>l/1500,且不应大于10.0</td><td>用拉线和钢尺检查</td></tr>
<tr><td colspan="2">接口错边</td><td>2.0</td><td>用焊缝量规检查</td></tr>
<tr><td colspan="2">预拼装单元柱身扭曲</td><td>h/200,且不应大于5.0</td><td>用拉线、吊线和钢尺检查</td></tr>
<tr><td colspan="2">顶紧面至任一牛腿距离</td><td>±2.0</td><td rowspan="2">用钢尺检查</td></tr>
<tr><td rowspan="5">梁、桁架</td><td colspan="2">跨度最外两端安装孔或两端支承面最外侧距离</td><td>+5.0
−10.0</td></tr>
<tr><td colspan="2">接口截面错位</td><td>2.0</td><td>用焊缝量规检查</td></tr>
<tr><td rowspan="2">拱度</td><td>设计要求起拱</td><td>±l/5000</td><td rowspan="2">用拉线和钢尺检查</td></tr>
<tr><td>设计未要求起拱</td><td>l/2000
0</td></tr>
<tr><td colspan="2">节点处杆件轴线错位</td><td>4.0</td><td>划线后用钢尺检查</td></tr>
<tr><td rowspan="4">管构件</td><td colspan="2">预拼装单元总长</td><td>±5.0</td><td>用钢尺检查</td></tr>
<tr><td colspan="2">预拼装单元弯曲矢高</td><td>l/1500,且不应大于10.0</td><td>用拉线和钢尺检查</td></tr>
<tr><td colspan="2">对口错边</td><td>t/10,且不应大于3.0</td><td rowspan="2">用焊缝量规检查</td></tr>
<tr><td colspan="2">坡口间隙</td><td>+2.0
−1.0</td></tr>
<tr><td rowspan="4">构件平面总体预拼装</td><td colspan="2">各楼层柱距</td><td>±4.0</td><td rowspan="4">用钢尺检查</td></tr>
<tr><td colspan="2">相邻楼层梁与梁之间距离</td><td>±3.0</td></tr>
<tr><td colspan="2">各层间框架两对角线之差</td><td>H/2000,且不应大于5.0</td></tr>
<tr><td colspan="2">任意两对角线之差</td><td>$\sum H$/2000,且不应大于8.0</td></tr>
</table>

附　录　E
钢结构安装的允许偏差

E.0.1　单层钢结构中柱子安装的允许偏差应符合表 E.0.1 的规定。

表 E.0.1　单层钢结构中柱子安装的允许偏差(mm)

项　　目			允许偏差	图　　例	检验方法
柱脚底座中心线对定位轴线的偏移			5.0	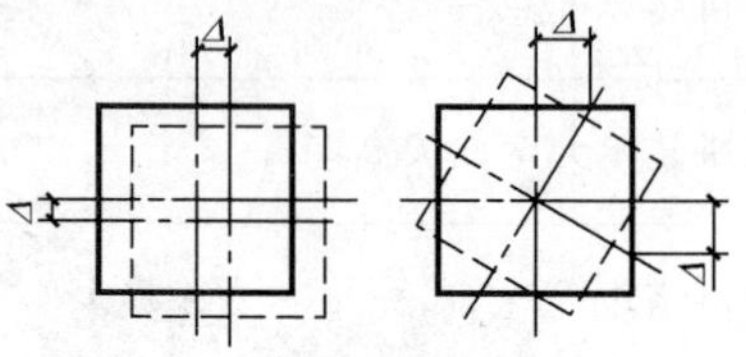	用吊线和钢尺检查
柱基准点标高	有吊车梁的柱		+3.0 −5.0	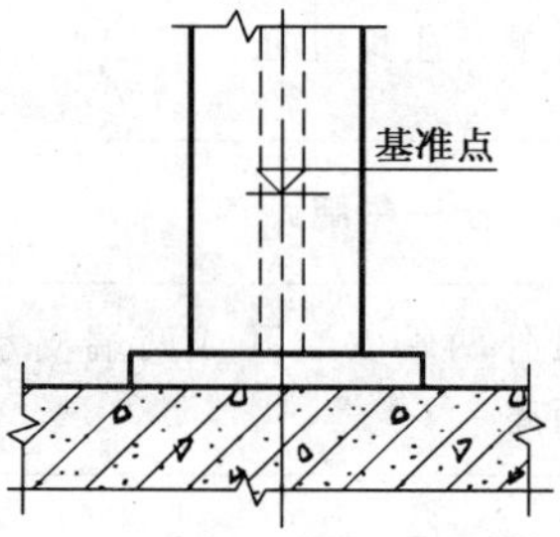 基准点	用水准仪检查
	无吊车梁的柱		+5.0 −8.0		
弯曲矢高			H/1200，且不应大于 15.0		用经纬仪或拉线和钢尺检查
柱轴线垂直度	单层柱	H≤10m	H/1000	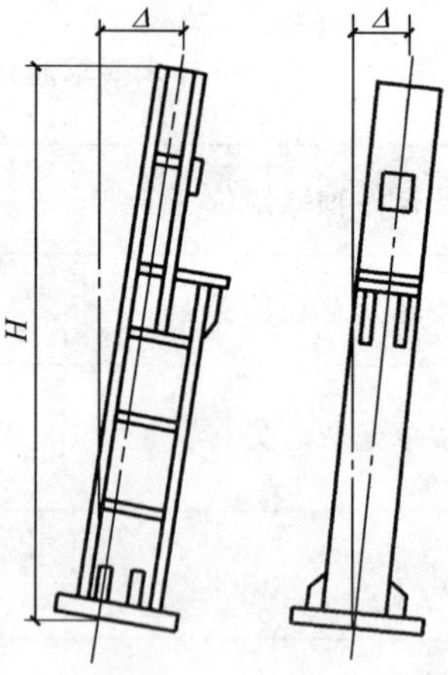	用经纬仪或吊线和钢尺检查
		H>10m	H/1000，且不应大于 25.0		
	多节柱	单节柱	H/1000，且不应大于 10.0		
		柱全高	35.0		

E.0.2　钢吊车梁安装的允许偏差应符合表 E.0.2 的规定。

表 E.0.2　钢吊车梁安装的允许偏差(mm)

项　　目	允许偏差	图　　例	检验方法
梁的跨中垂直度 Δ	h/500	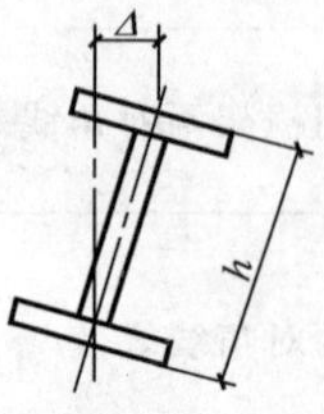	用吊线和钢尺检查

续表 E.0.2

项目		允许偏差	图例	检验方法
侧向弯曲矢高		l/1500，且不应大于10.0		
垂直上拱矢高		10.0		
两端支座中心位移 Δ	安装在钢柱上时，对牛腿中心的偏移	5.0	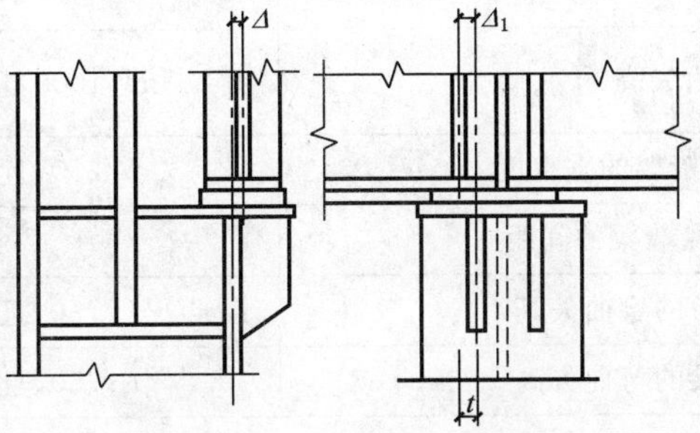	用拉线和钢尺检查
	安装在混凝土柱上时，对定位轴线的偏移	5.0		
吊车梁支座加劲板中心与柱子承压加劲板中心的偏移 $Δ_1$		t/2		用吊线和钢尺检查
同跨间内同一横截面吊车梁顶面高差 Δ	支座处	10.0	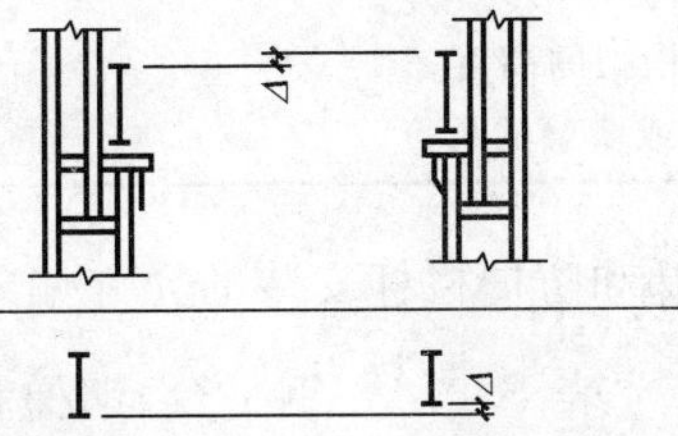	用经纬仪、水准仪和钢尺检查
	其他处	15.0		
同跨间内同一横截面下挂式吊车梁底面高差 Δ		10.0		
同列相邻两柱间吊车梁顶面高差 Δ		l/1500，且不应大于10.0	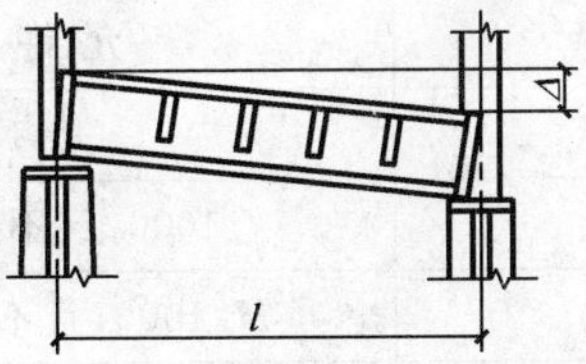	用水准仪和钢尺检查
相邻两吊车梁接头部位 Δ	中心错位	3.0	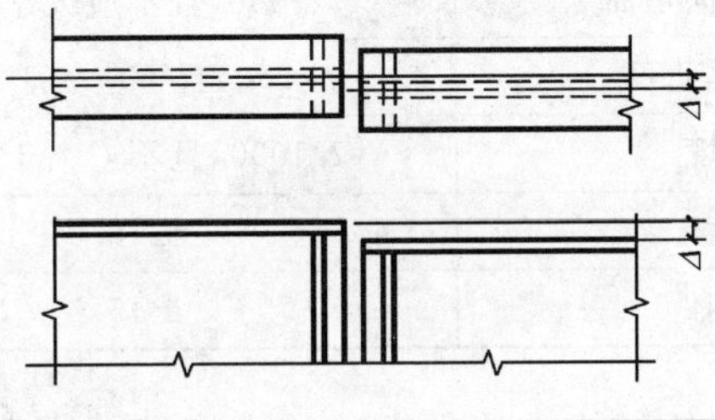	用钢尺检查
	上承式顶面高差	1.0		
	下承式底面高差	1.0		
同跨间任一截面的吊车梁中心跨距 Δ		±10.0	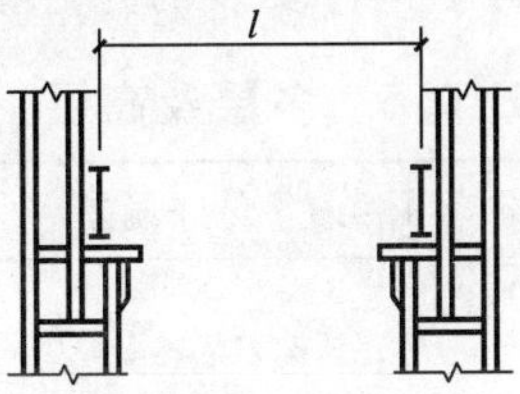	用经纬仪和光电测距仪检查；跨度小时，可用钢尺检查
轨道中心对吊车梁腹板轴线的偏移 Δ		t/2	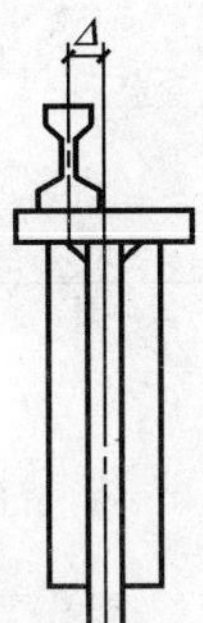	用吊线和钢尺检查

E.0.3 墙架、檩条等次要构件安装的允许偏差应符合表 E.0.3 的规定。

表 E.0.3　墙架、檩条等次要构件安装的允许偏差(mm)

项　　目		允 许 偏 差	检 验 方 法
墙架立柱	中心线对定位轴线的偏移	10.0	用钢尺检查
	垂直度	H/1000,且不应大于 10.0	用经纬仪或吊线和钢尺检查
	弯曲矢高	H/1000,且不应大于 15.0	用经纬仪或吊线和钢尺检查
抗风桁架的垂直度		h/250,且不应大于 15.0	用吊线和钢尺检查
檩条、墙梁的间距		±5.0	用钢尺检查
檩条的弯曲矢高		L/750,且不应大于 12.0	用拉线和钢尺检查
墙梁的弯曲矢高		L/750,且不应大于 10.0	用拉线和钢尺检查

注：1　H 为墙架立柱的高度；
2　h 为抗风桁架的高度；
3　L 为檩条或墙梁的长度。

E.0.4 钢平台、钢梯和防护栏杆安装的允许偏差应符合表 E.0.4 的规定。

表 E.0.4　钢平台、钢梯和防护栏杆安装的允许偏差(mm)

项　　目	允 许 偏 差	检 验 方 法
平台高度	±15.0	用水准仪检查
平台梁水平度	l/1000,且不应大于 20.0	用水准仪检查
平台支柱垂直度	H/1000,且不应大于 15.0	用经纬仪或吊线和钢尺检查
承重平台梁侧向弯曲	l/1000,且不应大于 10.0	用拉线和钢尺检查
承重平台梁垂直度	h/250,且不应大于 15.0	用吊线和钢尺检查
直梯垂直度	l/1000,且不应大于 15.0	用吊线和钢尺检查
栏杆高度	±15.0	用钢尺检查
栏杆立柱间距	±15.0	用钢尺检查

E.0.5 多层及高层钢结构中构件安装的允许偏差应符合表 E.0.5 的规定。

表 E.0.5　多层及高层钢结构中构件安装的允许偏差(mm)

项　　目	允许偏差	图　　例	检验方法
上、下柱连接处的错口 Δ	3.0	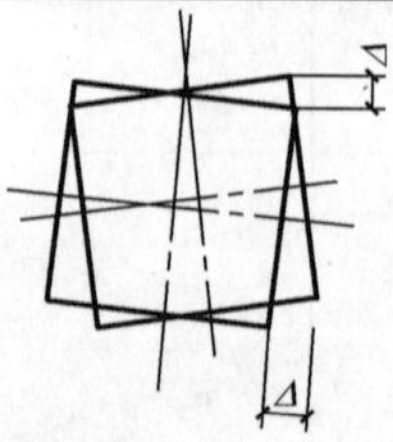 Δ Δ	用钢尺检查
同一层柱的各柱顶高度差 Δ	5.0	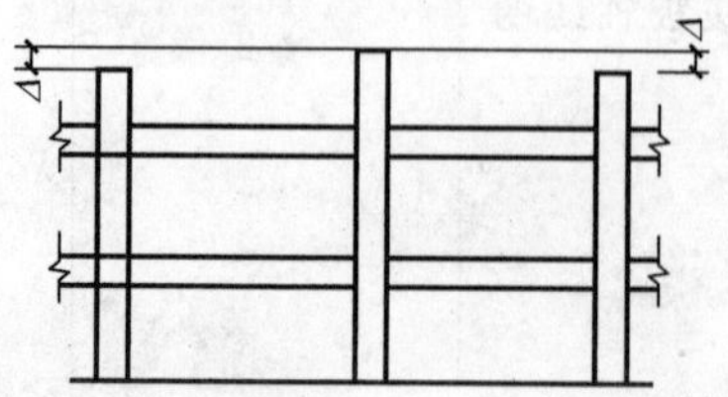 Δ Δ	用水准仪检查

续表 E.0.5

项　目	允许偏差	图　例	检验方法
同一根梁两端顶面的高差 Δ	l/1000，且不应大于 10.0		用水准仪检查
主梁与次梁表面的高差 Δ	±2.0		用直尺和钢尺检查
压型金属板在钢梁上相邻列的错位 Δ	15.00		用直尺和钢尺检查

E.0.6 多层及高层钢结构主体结构总高度的允许偏差应符合表 E.0.6 的规定。

表 E.0.6 多层及高层钢结构主体结构总高度的允许偏差(mm)

项　目	允许偏差	图　例
用相对标高控制安装	$\pm\sum(\Delta_h+\Delta_z+\Delta_w)$	
用设计标高控制安装	H/1000，且不应大于 30.0 $-H$/1000，且不应小于 −30.0	

注：1 Δ_h 为每节柱子长度的制造允许偏差；
2 Δ_z 为每节柱子长度受荷载后的压缩值；
3 Δ_w 为每节柱子接头焊缝的收缩值。

附 录 F
钢结构防火涂料涂层厚度测定方法

F.0.1 测针：

测针(厚度测量仪)，由针杆和可滑动的圆盘组成，圆盘始终保持与针杆垂直，并在其上装有固定装置，圆盘直径不大于 30mm，以保证完全接触被测试件的表面。如果厚度测量仪不易插入被插材料中，也可使用其他适宜的方法测试。

测试时，将测厚探针(见图 F.0.1)垂直插入防火涂层直至钢基材表面上，记录标尺读数。

F.0.2 测点选定：

1 楼板和防火墙的防火涂层厚度测定，可选两相邻纵、横轴线相交中的面积为一个单元，在其对角

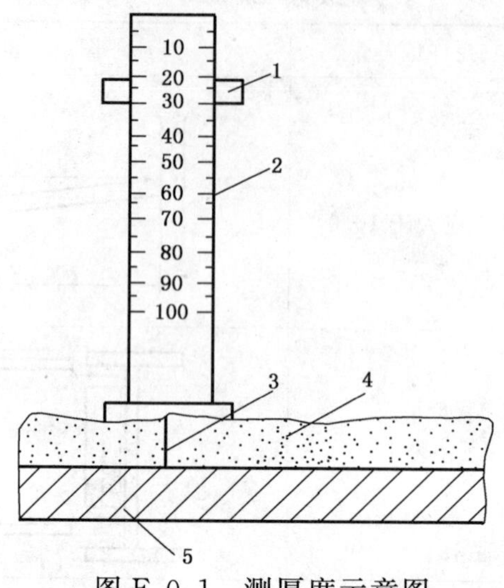

图 F.0.1 测厚度示意图

1—标尺;2—刻度;3—测针;4—防火涂层;5—钢基材

线上,按每米长度选一点进行测试。

2 全钢框架结构的梁和柱的防火涂层厚度测定,在构件长度内每隔 3m 取一截面,按图 F.0.2 所示位置测试。

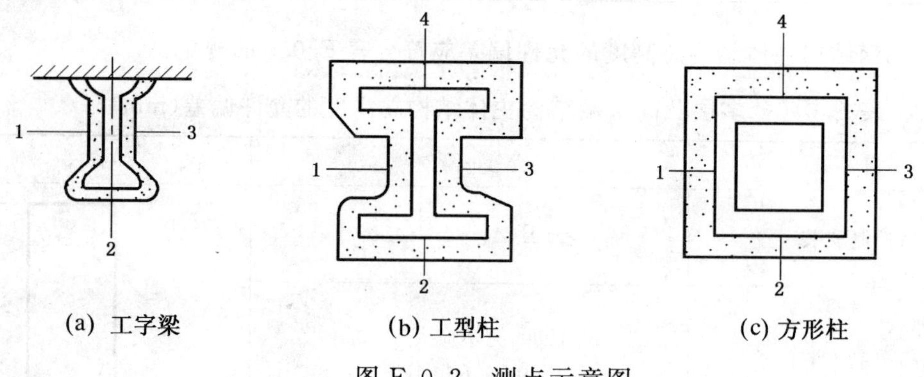

图 F.0.2 测点示意图

3 桁架结构,上弦和下弦按第 2 款的规定每隔 3m 取一截面检测,其他腹杆每根取一截面检测。

F.0.3 测量结果:对于楼板和墙面,在所选择的面积中,至少测出 5 个点;对于梁和柱在所选择的位置中,分别测出 6 个和 8 个点。分别计算出它们的平均值,精确到 0.5mm。

附 录 G
钢结构工程有关安全及功能的检验和见证检测项目

G.0.1 钢结构分部(子分部)工程有关安全及功能的检验和见证检测项目按表 G 规定进行。

表 G 钢结构分部(子分部)工程有关安全及功能的检验和见证检测项目

项次	项 目	抽检数量及检验方法	合格质量标准	备注
1	见证取样送样试验项目 (1)钢材及焊接材料复验 (2)高强度螺栓预拉力、扭矩系数复验 (3)摩擦面抗滑移系数复验 (4)网架节点承载力试验	见本规范第 4.2.2、4.3.2、4.4.2、4.4.3、6.3.1、12.3.3 条规定	符合设计要求和国家现行有关产品标准的规定	

续表 G

项次	项　　目	抽检数量及检验方法	合格质量标准	备注
2	焊缝质量： (1)内部缺陷 (2)外观缺陷 (3)焊缝尺寸	一、二级焊缝按焊缝处数随机抽检 3%，且不应少于 3 处；检验采用超声波或射线探伤及本规范第 5.2.6、5.2.8、5.2.9 条方法	本规范第 5.2.4、5.2.6、5.2.8、5.2.9 条规定	
3	高强度螺栓施工质量 (1)终拧扭矩 (2)梅花头检查 (3)网架螺栓球节点	按节点数随机抽检 3%，且不应少于 3 个节点，检验按本规范第 6.3.2、6.3.3、6.3.8 条方法执行	本规范第 6.3.2、6.3.3、6.3.8 条的规定	
4	柱脚及网架支座 (1)锚栓紧固 (2)垫板、垫块 (3)二次灌浆	按柱脚及网架支座数随机抽检 10%，且不应少于 3 个；采用观察和尺量等方法进行检验	符合设计要求和本规范的规定	
5	主要构件变形 (1)钢屋(托)架、桁架、钢梁、吊车梁等垂直度和侧向弯曲 (2)钢柱垂直度 (3)网架结构挠度	除网架结构外，其他按构件数随机抽检 3%，且不应少于 3 个；检验方法按本规范第 10.3.3、11.3.2、11.3.4、12.3.4 条执行	本规范第 10.3.3、11.3.2、11.3.4、12.3.4 条的规定	
6	主体结构尺寸 (1)整体垂直度 (2)整体平面弯曲	见本规范第 10.3.4、11.3.5 条的规定	本规范第 10.3.4、11.3.5 条的规定	

附录 H
钢结构工程有关观感质量检查项目

H.0.1 钢结构分部(子分部)工程观感质量检查项目按表 H 规定进行。

表 H 钢结构分部(子分部)工程观感质量检查项目

项次	项　　目	抽检数量	合格质量标准	备注
1	普通涂层表面	随机抽查 3 个轴线结构构件	本规范第 14.2.3 条的要求	
2	防火涂层表面	随机抽查 3 个轴线结构构件	本规范第 14.3.4、14.3.5、14.3.6 条的要求	
3	压型金属板表面	随机抽查 3 个轴线间压型金属板表面	本规范第 13.3.4 条的要求	
4	钢平台、钢梯、钢栏杆	随机抽查 10%	连接牢固，无明显外观缺陷	

附　录　J
钢结构分项工程检验批质量验收记录表

J.0.1　钢结构(钢构件焊接)分项工程检验批质量验收应按表J.0.1进行记录。

表J.0.1　钢结构(钢构件焊接)分项工程检验批质量验收记录

<table>
<tr><td colspan="2">工程名称</td><td colspan="2"></td><td>检验批部位</td><td colspan="2"></td></tr>
<tr><td colspan="2">施工单位</td><td colspan="2"></td><td>项目经理</td><td colspan="2"></td></tr>
<tr><td colspan="2">监理单位</td><td colspan="2"></td><td>总监理工程师</td><td colspan="2"></td></tr>
<tr><td colspan="2">施工依据标准</td><td colspan="2"></td><td>分包单位负责人</td><td colspan="2"></td></tr>
<tr><td colspan="2">主控项目</td><td>合格质量标准
(按本规范)</td><td>施工单位检验评定记录或结果</td><td>监理(建设)单位验收记录或结果</td><td colspan="2">备注</td></tr>
<tr><td>1</td><td>焊接材料进场</td><td>第4.3.1条</td><td></td><td></td><td colspan="2"></td></tr>
<tr><td>2</td><td>焊接材料复验</td><td>第4.3.2条</td><td></td><td></td><td colspan="2"></td></tr>
<tr><td>3</td><td>材料匹配</td><td>第5.2.1条</td><td></td><td></td><td colspan="2"></td></tr>
<tr><td>4</td><td>焊工证书</td><td>第5.2.2条</td><td></td><td></td><td colspan="2"></td></tr>
<tr><td>5</td><td>焊接工艺评定</td><td>第5.2.3条</td><td></td><td></td><td colspan="2"></td></tr>
<tr><td>6</td><td>内部缺陷</td><td>第5.2.4条</td><td></td><td></td><td colspan="2"></td></tr>
<tr><td>7</td><td>组合焊缝尺寸</td><td>第5.2.5条</td><td></td><td></td><td colspan="2"></td></tr>
<tr><td>8</td><td>焊缝表面缺陷</td><td>第5.2.6条</td><td></td><td></td><td colspan="2"></td></tr>
<tr><td></td><td></td><td></td><td></td><td></td><td colspan="2"></td></tr>
<tr><td colspan="2">一般项目</td><td>合格质量标准
(按本规范)</td><td>施工单位检验评定记录或结果</td><td>监理(建设)单位验收记录或结果</td><td colspan="2">备注</td></tr>
<tr><td>1</td><td>焊接材料进场</td><td>第4.3.4条</td><td></td><td></td><td colspan="2"></td></tr>
<tr><td>2</td><td>预热和后热处理</td><td>第5.2.7条</td><td></td><td></td><td colspan="2"></td></tr>
<tr><td>3</td><td>焊缝外观质量</td><td>第5.2.8条</td><td></td><td></td><td colspan="2"></td></tr>
<tr><td>4</td><td>焊缝尺寸偏差</td><td>第5.2.9条</td><td></td><td></td><td colspan="2"></td></tr>
<tr><td>5</td><td>凹形角焊缝</td><td>第5.2.10条</td><td></td><td></td><td colspan="2"></td></tr>
<tr><td>6</td><td>焊缝感观</td><td>第5.2.11条</td><td></td><td></td><td colspan="2"></td></tr>
<tr><td></td><td></td><td></td><td></td><td></td><td colspan="2"></td></tr>
<tr><td colspan="2">施工单位检验评定结果</td><td colspan="5">班组长：　　　　　　　　　　　　　　质　检　员：
或专业工长：　　　　　　　　　　　　或项目技术负责人：
年　月　日　　　　　　　　　　　　　年　月　日</td></tr>
<tr><td colspan="2">监理(建设)单位验收结论</td><td colspan="5">

监理工程师(建设单位项目技术人员)：　年　月　日</td></tr>
</table>

J.0.2 钢结构(焊钉焊接)分项工程检验批质量验收应按表J.0.2进行记录。

表J.0.2 钢结构(焊钉焊接)分项工程检验批质量验收记录

<table>
<tr><td colspan="2">工程名称</td><td colspan="3"></td><td>检验批部位</td><td></td></tr>
<tr><td colspan="2">施工单位</td><td colspan="3"></td><td>项目经理</td><td></td></tr>
<tr><td colspan="2">监理单位</td><td colspan="3"></td><td>总监理工程师</td><td></td></tr>
<tr><td colspan="2">施工依据标准</td><td colspan="3"></td><td>分包单位负责人</td><td></td></tr>
<tr><td colspan="2">主控项目</td><td>合格质量标准
(按本规范)</td><td>施工单位检验评
定记录或结果</td><td colspan="2">监理(建设)单位验收
记录或结果</td><td>备注</td></tr>
<tr><td>1</td><td>焊接材料进场</td><td>第4.3.1条</td><td></td><td colspan="2"></td><td></td></tr>
<tr><td>2</td><td>焊接材料复验</td><td>第4.3.2条</td><td></td><td colspan="2"></td><td></td></tr>
<tr><td>3</td><td>焊接工艺评定</td><td>第5.3.1条</td><td></td><td colspan="2"></td><td></td></tr>
<tr><td>4</td><td>焊后弯曲试验</td><td>第5.3.2条</td><td></td><td colspan="2"></td><td></td></tr>
<tr><td></td><td></td><td></td><td></td><td colspan="2"></td><td></td></tr>
<tr><td colspan="2">一般项目</td><td>合格质量标准
(按本规范)</td><td>施工单位检验评定
记录或结果</td><td colspan="2">监理(建设)单位
验收记录或结果</td><td>备注</td></tr>
<tr><td>1</td><td>焊钉和瓷环尺寸</td><td>第4.3.3条</td><td></td><td colspan="2"></td><td></td></tr>
<tr><td>2</td><td>焊缝外观质量</td><td>第5.3.3条</td><td></td><td colspan="2"></td><td></td></tr>
<tr><td></td><td></td><td></td><td></td><td colspan="2"></td><td></td></tr>
<tr><td colspan="2">施工单位检验评定结果</td><td colspan="5">班组长：
或专业工长：
年 月 日
质 检 员：
或项目技术负责人：
年 月 日</td></tr>
<tr><td colspan="2">监理(建设)单位验收结论</td><td colspan="5">监理工程师(建设单位项目技术人员)： 年 月 日</td></tr>
</table>

J.0.3 钢结构(普通紧固件连接)分项工程检验批质量验收应按表J.0.3进行记录。

表J.0.3 钢结构(普通紧固件连接)分项工程检验批质量验收记录

<table>
<tr><td colspan="2">工程名称</td><td colspan="2"></td><td>检验批部位</td><td></td></tr>
<tr><td colspan="2">施工单位</td><td colspan="2"></td><td>项目经理</td><td></td></tr>
<tr><td colspan="2">监理单位</td><td colspan="2"></td><td>总监理工程师</td><td></td></tr>
<tr><td colspan="2">施工依据标准</td><td colspan="2"></td><td>分包单位负责人</td><td></td></tr>
<tr><td colspan="2">主控项目</td><td>合格质量标准
(按本规范)</td><td>施工单位检验评
定记录或结果</td><td>监理(建设)单位验收
记录或结果</td><td>备注</td></tr>
<tr><td>1</td><td>成品进场</td><td>第4.4.1条</td><td></td><td></td><td></td></tr>
<tr><td>2</td><td>螺栓实物复验</td><td>第6.2.1条</td><td></td><td></td><td></td></tr>
<tr><td>3</td><td>匹配及间距</td><td>第6.2.2条</td><td></td><td></td><td></td></tr>
<tr><td></td><td></td><td></td><td></td><td></td><td></td></tr>
<tr><td colspan="2">一般项目</td><td>合格质量标准
(按本规范)</td><td>施工单位检验评
定记录或结果</td><td>监理(建设)单位验收
记录或结果</td><td>备注</td></tr>
<tr><td>1</td><td>螺栓紧固</td><td>第6.2.3条</td><td></td><td></td><td></td></tr>
<tr><td>2</td><td>外观质量</td><td>第6.2.4条</td><td></td><td></td><td></td></tr>
<tr><td></td><td></td><td></td><td></td><td></td><td></td></tr>
<tr><td colspan="2">施工单位检验评定结果</td><td colspan="4">班组长:
或专业工长:
年 月 日
质 检 员:
或项目技术负责人:
年 月 日</td></tr>
<tr><td colspan="2">监理(建设)单位验收结论</td><td colspan="4">监理工程师(建设单位项目技术人员): 年 月 日</td></tr>
</table>

J.0.4 钢结构(高强度螺栓连接)分项工程检验批质量验收应按表J.0.4进行记录。

表J.0.4 钢结构(高强度螺栓连接)分项工程检验批质量验收记录

工程名称				检验批部位	
施工单位				项目经理	
监理单位				总监理工程师	
施工依据标准				分包单位负责人	
主控项目		合格质量标准(按本规范)	施工单位检验评定记录或结果	监理(建设)单位验收记录或结果	备注
1	成品进场	第4.4.1条			
2	扭矩系数或预拉力复验	第4.4.2条或第4.4.3条			
3	抗滑移系数试验	第6.3.1条			
4	终拧扭矩	第6.3.2条或第6.3.3条			
一般项目		合格质量标准(按本规范)	施工单位检验评定记录或结果	监理(建设)单位验收记录或结果	备注
1	成品包装	第4.4.4条			
2	表面硬度试验	第4.4.5条			
3	初拧、复拧扭矩	第6.3.4条			
4	连接外观质量	第6.3.5条			
5	摩擦面外观	第6.3.6条			
6	扩孔	第6.3.7条			
7	网架螺栓紧固	第6.3.8条			
施工单位检验评定结果		班组长： 或专业工长： 年 月 日		质 检 员： 或项目技术负责人： 年 月 日	
监理(建设)单位验收结论		监理工程师(建设单位项目技术人员)： 年 月 日			

J.0.5 钢结构(零件及部件加工)分项工程检验批质量验收应按表J.0.5进行记录。

表J.0.5 钢结构(零件及部件加工)分项工程检验批质量验收记录

工程名称				检验批部位	
施工单位				项目经理	
监理单位				总监理工程师	
施工依据标准				分包单位负责人	
主控项目		合格质量标准(按本规范)	施工单位检验评定记录或结果	监理(建设)单位验收记录或结果	备注
1	材料进场	第4.2.1条			
2	钢材复验	第4.2.2条			
3	切面质量	第7.2.1条			
4	矫正和成型	第7.3.1条和第7.3.2条			
5	边缘加工	第7.4.1条			
6	螺栓球、焊接球加工	第7.5.1条和第7.5.2条			
7	制孔	第7.6.1条			
一般项目		合格质量标准(按本规范)	施工单位检验评定记录或结果	监理(建设)单位验收记录或结果	备注
1	材料规格尺寸	第4.2.3条和第4.2.4条			
2	钢材表面质量	第4.2.5条			
3	切割精度	第7.2.2条或第7.2.3条			
4	矫正质量	第7.3.3条、第7.3.4条和第7.3.5条			
5	边缘加工精度	第7.4.2条			
6	螺栓球、焊接球加工精度	第7.5.3条和第7.5.4条			
7	管件加工精度	第7.5.5条			
8	制孔精度	第7.6.2条和第7.6.3条			
施工单位检验评定结果		班组长： 或专业工长： 年 月 日		质 检 员： 或项目技术负责人： 年 月 日	
监理(建设)单位验收结论		监理工程师(建设单位项目技术人员)： 年 月 日			

J.0.6 钢结构(构件组装)分项工程检验批质量验收应按表J.0.6进行记录。

表J.0.6　钢结构(构件组装)分项工程检验批质量验收记录

工程名称				检验批部位	
施工单位				项目经理	
监理单位				总监理工程师	
施工依据标准				分包单位负责人	
主控项目		合格质量标准(按本规范)	施工单位检验评定记录或结果	监理(建设)单位验收记录或结果	备注
1	吊车梁(桁架)	第8.3.1条			
2	端部铣平精度	第8.4.1条			
3	外形尺寸	第8.5.1条			
一般项目		合格质量标准(按本规范)	施工单位检验评定记录或结果	监理(建设)单位验收记录或结果	备注
1	焊接H型钢接缝	第8.2.1条			
2	焊接H型钢精度	第8.2.2条			
3	焊接组装精度	第8.3.2条			
4	顶紧接触面	第8.3.3条			
5	轴线交点错位	第8.3.4条			
6	焊缝坡口精度	第8.4.2条			
7	铣平面保护	第8.4.3条			
8	外形尺寸	第8.5.2条			
施工单位检验评定结果		班组长： 或专业工长： 年　月　日		质　检　员： 或项目技术负责人： 年　月　日	
监理(建设)单位验收结论		监理工程师(建设单位项目技术人员)：　年　月　日			

J.0.7 钢结构(预拼装)分项工程检验批质量验收应按表 J.0.7 进行记录。

表 J.0.7 钢结构(预拼装)分项工程检验批质量验收记录

<table>
<tr><td colspan="2">工程名称</td><td colspan="2"></td><td>检验批部位</td><td></td></tr>
<tr><td colspan="2">施工单位</td><td colspan="2"></td><td>项目经理</td><td></td></tr>
<tr><td colspan="2">监理单位</td><td colspan="2"></td><td>总监理工程师</td><td></td></tr>
<tr><td colspan="2">施工依据标准</td><td colspan="2"></td><td>分包单位负责人</td><td></td></tr>
<tr><td colspan="2">主控项目</td><td>合格质量标准
(按本规范)</td><td>施工单位检验评定记录或结果</td><td>监理(建设)单位验收记录或结果</td><td>备注</td></tr>
<tr><td>1</td><td>多层板叠螺栓孔</td><td>第 9.2.1 条</td><td></td><td></td><td></td></tr>
<tr><td></td><td></td><td></td><td></td><td></td><td></td></tr>
<tr><td colspan="2">一般项目</td><td>合格质量标准
(按本规范)</td><td>施工单位检验评定记录或结果</td><td>监理(建设)单位验收记录或结果</td><td>备注</td></tr>
<tr><td>1</td><td>预拼装精度</td><td>第 9.2.2 条</td><td></td><td></td><td></td></tr>
<tr><td></td><td></td><td></td><td></td><td></td><td></td></tr>
<tr><td colspan="2">施工单位检验评定结果</td><td colspan="4">班组长：
或专业工长：
年 月 日
质 检 员：
或项目技术负责人：
年 月 日</td></tr>
<tr><td colspan="2">监理(建设)单位验收结论</td><td colspan="4">监理工程师(建设单位项目技术人员)： 年 月 日</td></tr>
</table>

J.0.8 钢结构(单层结构安装)分项工程检验批质量验收应按表J.0.8进行记录。

表J.0.8 钢结构(单层结构安装)分项工程检验批质量验收记录

<table>
<tr><td colspan="2">工程名称</td><td colspan="2"></td><td>检验批部位</td><td></td></tr>
<tr><td colspan="2">施工单位</td><td colspan="2"></td><td>项目经理</td><td></td></tr>
<tr><td colspan="2">监理单位</td><td colspan="2"></td><td>总监理工程师</td><td></td></tr>
<tr><td colspan="2">施工依据标准</td><td colspan="2"></td><td>分包单位负责人</td><td></td></tr>
<tr><td colspan="2">主控项目</td><td>合格质量标准
(按本规范)</td><td>施工单位检验评定记录或结果</td><td>监理(建设)单位验收记录或结果</td><td>备注</td></tr>
<tr><td>1</td><td>基础验收</td><td>第10.2.1条、第10.2.2条、第10.2.3条、第10.2.4条</td><td></td><td></td><td></td></tr>
<tr><td>2</td><td>构件验收</td><td>第10.3.1条</td><td></td><td></td><td></td></tr>
<tr><td>3</td><td>顶紧接触面</td><td>第10.3.2条</td><td></td><td></td><td></td></tr>
<tr><td>4</td><td>垂直度和侧弯曲</td><td>第10.3.3条</td><td></td><td></td><td></td></tr>
<tr><td>5</td><td>主体结构尺寸</td><td>第10.3.4条</td><td></td><td></td><td></td></tr>
<tr><td></td><td></td><td></td><td></td><td></td><td></td></tr>
<tr><td colspan="2">一般项目</td><td>合格质量标准
(按本规范)</td><td>施工单位检验评定记录或结果</td><td>监理(建设)单位验收记录或结果</td><td>备注</td></tr>
<tr><td>1</td><td>地脚螺栓精度</td><td>第10.2.5条</td><td></td><td></td><td></td></tr>
<tr><td>2</td><td>标记</td><td>第10.3.5条</td><td></td><td></td><td></td></tr>
<tr><td>3</td><td>桁架、梁安装精度</td><td>第10.3.6条</td><td></td><td></td><td></td></tr>
<tr><td>4</td><td>钢柱安装精度</td><td>第10.3.7条</td><td></td><td></td><td></td></tr>
<tr><td>5</td><td>吊车梁安装精度</td><td>第10.3.8条</td><td></td><td></td><td></td></tr>
<tr><td>6</td><td>檩条等安装精度</td><td>第10.3.9条</td><td></td><td></td><td></td></tr>
<tr><td>7</td><td>平台等安装精度</td><td>第10.3.10条</td><td></td><td></td><td></td></tr>
<tr><td>8</td><td>现场组对精度</td><td>第10.3.11条</td><td></td><td></td><td></td></tr>
<tr><td>9</td><td>结构表面</td><td>第10.3.12条</td><td></td><td></td><td></td></tr>
<tr><td></td><td></td><td></td><td></td><td></td><td></td></tr>
<tr><td colspan="2">施工单位检验评定结果</td><td colspan="4">班组长：
或专业工长：
年 月 日
质 检 员：
或项目技术负责人：
年 月 日</td></tr>
<tr><td colspan="2">监理(建设)单位验收结论</td><td colspan="4">监理工程师(建设单位项目技术人员)： 年 月 日</td></tr>
</table>

J.0.9 钢结构(多层及高层结构安装)分项工程检验批质量验收应按表J.0.9进行记录。

表J.0.9 钢结构(多层及高层结构安装)分项工程检验批质量验收记录

工程名称				检验批部位	
施工单位				项目经理	
监理单位				总监理工程师	
施工依据标准				分包单位负责人	
主控项目		合格质量标准(按本规范)	施工单位检验评定记录或结果	监理(建设)单位验收记录或结果	备注
1	基础验收	第11.2.1条、第11.2.2条、第11.2.3条、第11.2.4条			
2	构件验收	第11.3.1条			
3	钢柱安装精度	第11.3.2条			
4	顶紧接触面	第11.3.3条			
5	垂直度和侧弯曲	第11.3.4条			
6	主体结构尺寸	第11.3.5条			
一般项目		合格质量标准(按本规范)	施工单位检验评定记录或结果	监理(建设)单位验收记录或结果	备注
1	地脚螺栓精度	第11.2.5条			
2	标记	第11.3.7条			
3	构件安装精度	第11.3.8条、第11.3.10条			
4	主体结构高度	第11.3.9条			
5	吊车梁安装精度	第11.3.11条			
6	檩条等安装精度	第11.3.12条			
7	平台等安装精度	第11.3.13条			
8	现场组对精度	第11.3.14条			
9	结构表面	第11.3.6条			
施工单位检验评定结果		班组长： 或专业工长： 年 月 日		质 检 员： 或项目技术负责人： 年 月 日	
监理(建设)单位验收结论		监理工程师(建设单位项目技术人员)： 年 月 日			

J.0.10 钢结构(网架结构安装)分项工程检验批质量验收应按表 J.0.10 进行记录。

表 J.0.10 钢结构(网架结构安装)分项工程检验批质量验收记录

工程名称				检验批部位	
施工单位				项目经理	
监理单位				总监理工程师	
施工依据标准				分包单位负责人	
主控项目		合格质量标准(按本规范)	施工单位检验评定记录或结果	监理(建设)单位验收记录或结果	备注
1	焊接球	第 4.5.1 条、第 4.5.2 条			
2	螺栓球	第 4.6.1 条、第 4.6.2 条			
3	封板、锥头、套筒	第 4.7.1 条、第 4.7.2 条			
4	橡胶垫	第 4.10.1 条			
5	基础验收	第 12.2.1 条、第 12.2.2 条			
6	支座	第 12.2.3 条、第 12.2.4 条			
7	拼装精度	第 12.3.1 条、第 12.3.2 条			
8	节点承载力试验	第 12.3.3 条			
9	结构挠度	第 12.3.4 条			
一般项目		合格质量标准(按本规范)	施工单位检验评定记录或结果	监理(建设)单位验收记录或结果	备注
1	焊接球精度	第 4.5.3 条、第 4.5.4 条			
2	螺栓球精度	第 4.6.4 条			
3	螺栓球螺纹精度	第 4.6.3 条			
4	锚栓精度	第 12.2.5 条			
5	结构表面	第 12.3.5 条			
6	安装精度	第 12.3.6 条			
施工单位检验评定结果		班组长： 或专业工长： 年　月　日		质　检　员： 或项目技术负责人： 年　月　日	
监理(建设)单位验收结论		监理工程师(建设单位项目技术人员)：　年　月　日			

J.0.11 钢结构(压型金属板)分项工程检验批质量验收应按表J.0.11进行记录。

表J.0.11 钢结构(压型金属板)分项工程检验批质量验收记录

<table>
<tr><td colspan="2">工程名称</td><td colspan="2"></td><td>检验批部位</td><td></td></tr>
<tr><td colspan="2">施工单位</td><td colspan="2"></td><td>项目经理</td><td></td></tr>
<tr><td colspan="2">监理单位</td><td colspan="2"></td><td>总监理工程师</td><td></td></tr>
<tr><td colspan="2">施工依据标准</td><td colspan="2"></td><td>分包单位负责人</td><td></td></tr>
<tr><td colspan="2">主控项目</td><td>合格质量标准
(按本规范)</td><td>施工单位检验评定记录或结果</td><td>监理(建设)单位验收记录或结果</td><td>备注</td></tr>
<tr><td>1</td><td>压型金属板进场</td><td>第4.8.1条
第4.8.2条</td><td></td><td></td><td></td></tr>
<tr><td>2</td><td>基板裂纹</td><td>第13.2.1条</td><td></td><td></td><td></td></tr>
<tr><td>3</td><td>涂层缺陷</td><td>第13.2.2条</td><td></td><td></td><td></td></tr>
<tr><td>4</td><td>现场安装</td><td>第13.3.1条</td><td></td><td></td><td></td></tr>
<tr><td>5</td><td>搭接</td><td>第13.3.2条</td><td></td><td></td><td></td></tr>
<tr><td>6</td><td>端部锚固</td><td>第13.3.3条</td><td></td><td></td><td></td></tr>
<tr><td></td><td></td><td></td><td></td><td></td><td></td></tr>
<tr><td colspan="2">一般项目</td><td>合格质量标准
(按本规范)</td><td>施工单位检验评定记录或结果</td><td>监理(建设)单位验收记录或结果</td><td>备注</td></tr>
<tr><td>1</td><td>压型金属板精度</td><td>第4.8.3条</td><td></td><td></td><td></td></tr>
<tr><td>2</td><td>轧制精度</td><td>第13.2.3条
第13.2.5条</td><td></td><td></td><td></td></tr>
<tr><td>3</td><td>表面质量</td><td>第13.2.4条</td><td></td><td></td><td></td></tr>
<tr><td>4</td><td>安装质量</td><td>第13.3.4条</td><td></td><td></td><td></td></tr>
<tr><td>5</td><td>安装精度</td><td>第13.3.5条</td><td></td><td></td><td></td></tr>
<tr><td></td><td></td><td></td><td></td><td></td><td></td></tr>
<tr><td colspan="2">施工单位检验评定结果</td><td colspan="4">班组长:
或专业工长:
年 月 日
质　检　员:
或项目技术负责人:
年 月 日</td></tr>
<tr><td colspan="2">监理(建设)单位验收结论</td><td colspan="4">监理工程师(建设单位项目技术人员): 年 月 日</td></tr>
</table>

J.0.12 钢结构(防腐涂料涂装)分项工程检验批质量验收应按表J.0.12进行记录。

表J.0.12 钢结构(防腐涂料涂装)分项工程检验批质量验收记录

工程名称				检验批部位	
施工单位				项目经理	
监理单位				总监理工程师	
施工依据标准				分包单位负责人	
主控项目		合格质量标准(按本规范)	施工单位检验评定记录或结果	监理(建设)单位验收记录或结果	备注
1	产品进场	第4.9.1条			
2	表面处理	第14.2.1条			
3	涂层厚度	第14.2.2条			
一般项目		合格质量标准(按本规范)	施工单位检验评定记录或结果	监理(建设)单位验收记录或结果	备注
1	产品进场	第4.9.3条			
2	表面质量	第14.2.3条			
3	附着力测试	第14.2.4条			
4	标志	第14.2.5条			
施工单位检验评定结果		班组长: 或专业工长: 年 月 日		质 检 员: 或项目技术负责人: 年 月 日	
监理(建设)单位验收结论		监理工程师(建设单位项目技术人员): 年 月 日			

J.0.13 钢结构(防火涂料涂装)分项工程检验批质量验收应按表 J.0.13 进行记录。

表 J.0.13 钢结构(防火涂料涂装)分项工程检验批质量验收记录

<table>
<tr><td colspan="2">工程名称</td><td colspan="2"></td><td>检验批部位</td><td></td></tr>
<tr><td colspan="2">施工单位</td><td colspan="2"></td><td>项目经理</td><td></td></tr>
<tr><td colspan="2">监理单位</td><td colspan="2"></td><td>总监理工程师</td><td></td></tr>
<tr><td colspan="2">施工依据标准</td><td colspan="2"></td><td>分包单位负责人</td><td></td></tr>
<tr><td colspan="2">主控项目</td><td>合格质量标准
(按本规范)</td><td>施工单位检验评定记录或结果</td><td>监理(建设)单位验收记录或结果</td><td>备注</td></tr>
<tr><td>1</td><td>产品进场</td><td>第 4.9.2 条</td><td></td><td></td><td></td></tr>
<tr><td>2</td><td>涂装基层验收</td><td>第 14.3.1 条</td><td></td><td></td><td></td></tr>
<tr><td>3</td><td>强度试验</td><td>第 14.3.2 条</td><td></td><td></td><td></td></tr>
<tr><td>4</td><td>涂层厚度</td><td>第 14.3.3 条</td><td></td><td></td><td></td></tr>
<tr><td>5</td><td>表面裂纹</td><td>第 14.3.4 条</td><td></td><td></td><td></td></tr>
<tr><td></td><td></td><td></td><td></td><td></td><td></td></tr>
<tr><td colspan="2">一般项目</td><td>合格质量标准
(按本规范)</td><td>施工单位检验评定记录或结果</td><td>监理(建设)单位验收记录或结果</td><td>备注</td></tr>
<tr><td>1</td><td>产品进场</td><td>第 4.9.3 条</td><td></td><td></td><td></td></tr>
<tr><td>2</td><td>基层表面</td><td>第 14.3.5 条</td><td></td><td></td><td></td></tr>
<tr><td>3</td><td>涂层表面质量</td><td>第 14.3.6 条</td><td></td><td></td><td></td></tr>
<tr><td colspan="2">施工单位检验评定结果</td><td colspan="4">班组长:
或专业工长:
年　月　日
质　检　员:
或项目技术负责人:
年　月　日</td></tr>
<tr><td colspan="2">监理(建设)单位验收结论</td><td colspan="4">监理工程师(建设单位项目技术人员):　年　月　日</td></tr>
</table>

本规范用词说明

1 为便于在执行本规范条文时区别对待，对要求严格程度不同的用词，说明如下：

1）表示很严格，非这样做不可的用词：

正面词采用“必须”，反面词采用“严禁”。

2）表面严格，在正常情况下均应这样做的用词：

正面词采用“应”，反面词采用“不应”或“不得”。

3）表示允许稍有选择，在条件许可时，首先应这样做的用词：

正面词采用“宜”，反面词采用“不宜”。

表示有选择，在一定条件下可以这样做的用词，采用“可”。

2 本规范中指明应按其他有关标准、规范执行的写法为“应符合……要求或规定”或“应按……执行”。

中华人民共和国国家标准

GB 50205—2001

钢结构工程施工质量验收规范

条文说明

1 总则

1.0.1 本条是依据编制《建筑工程施工质量验收统一标准》GB 50300 和建筑工程质量验收规范系列标准的宗旨，贯彻“验评分离，强化验收，完善手段，过程控制”十六字改革方针，将原来的《钢结构工程施工及验收规范》GB 50205—95 与《钢结构工程质量检验评定标准》GB 50221—95 修改合并成新的《钢结构工程施工质量验收规范》，以此统一钢结构工程施工质量的验收方法、程序和指标。

1.0.2 本规范的适用范围含建筑工程中的单层、多层、高层钢结构及钢网架、金属压型板等钢结构工程施工质量验收。组合结构、地下结构中的钢结构可参照本规范进行施工质量验收。对于其他行业标准没有包括的钢结构构筑物，如通廊、照明塔架、管道支架、跨线过桥等也可参照本规范进行施工质量验收。

1.0.3 钢结构图纸是钢结构工程施工的重要文件，是钢结构工程施工质量验收的基本依据；在市场经济中，工程承包合同中有关工程质量的要求具有法律效应，因此合同文件中有关工程质量的约定也是验收的依据之一，但合同文件的规定只能高于本规范的规定，本规范的规定是对施工质量最低和最基本的要求。

1.0.4 现行国家标准《建筑工程施工质量验收统一标准》GB 50300 对工程质量验收的划分、验收的方法、验收的程序及组织都提出了原则性的规定，本规范对此不再重复，因此本规范强调在执行时必须与现行国家标准《建筑工程施工质量验收统一标准》GB 50300 配套使用。

1.0.5 根据标准编写及标准间关系的有关规定，本规范总则中应反映其他相关标准、规范的作用。

2 术语、符号

2.1 术语

本规范给出了 11 个有关钢结构工程施工质量验收方面的特定术语，再加上现行国家标准《建筑工程施工质量验收统一标准》GB 50300 中给出了 18 个术语，以上术语都是从钢结构工程施工质量验收的角度赋予其涵义的，但涵义不一定是术语的定义。本规范给出了相应的推荐性英文术语，该英文术语不一定是国际上的标准术语，仅供参考。

2.2 符号

本规范给出了 20 个符号，并对每一个符号给出了定义，这些符号都是本规范各章节中所引用的。

3 基本规定

3.0.1 本条是对从事钢结构工程的施工企业进行资质和质量管理内容进行检查验收，强调市场准入制度，属于新增加的管理方面的要求。

现行国家标准《建筑工程施工质量验收统一标准》GB 50300 中表 A.0.1 的检查内容比较细，针对钢结构工程可以进行简化，特别是对已通过 ISO—9000 族论证的企业，检查项目可以减少。对常规钢结构工程来讲，GB 50300 表 A.0.1 中检查内容主要含：质量管理制度和质量检验制度、施工技术企业标准、专业技术管理和专业工种岗位证书、施工资质和分包方资质、施工组织设计（施工方案）、检验仪器设备及计量设备等。

3.0.2 钢结构工程施工质量验收所使用的计量器具必须是根据计量法规定的、定期计量检验意义上的合格，且保证在检定有效期内使用。

不同计量器具有不同的使用要求，同一计量器具在不同使用状况下，测量精度不同，因此，本规范要求严格按有关规定正确操作计量器具。

3.0.4 根据现行国家标准《建筑工程施工质量验收统一标准》GB 50300 的规定，钢结构工程施工质量的验收，是在施工单位自检合格的基础上，按照检验批、分项工程、分部（子分部）工程进行。一般来说，钢结构作为主体结构，属于分部工程，对大型钢结构工程可按空间刚度单元划分为若干个子分部工程；当主体结构中同时含钢筋混凝土结构、砌体结构等时，钢结构就属于子分部工程；钢结构分项工程是按照主要工种、材料、施工工艺等进行划分，本规范将钢结构工程划分为 10 个分项工程，每个分项工程单独成章；将分项工程划分成检验批进行验收，有助于及时纠正施工中出现的质量问题，确保工程质量，也符合施工实际需要。钢结构分项工程检验批划分遵循以下原则：

1 单层钢结构按变形缝划分；

2 多层及高层钢结构按楼层或施工段划分；

3 压型金属板工程可按屋面、墙板、楼面等划分；

4 对于原材料及成品进场时的验收，可以根据工程规模及进料实际情况合并或分解检验批；

本规范强调检验批的验收是最小的验收单元，也是最重要和基本的验收工作内容，分项工程、（子）分部工程乃至于单位工程的验收，都是建立在检验批验收合格的基础之上的。

3.0.5 检验批的合格质量主要取决于对主控项目和一般项目的检验结果。主控项目是对检验批的基本质量起决定性影响的检验项目，因此必须全部符合本规范的规定，这意味着主控项目不允许有不符合要求的检验结果，即这种项目的检查具有否决权。一般项目是指对施工质量不起决定性作用的检验项目。本条中 80％的规定是参照原验评标准及工程实际情况确定的。考虑到钢结构对缺陷的敏感性，本条对一般偏差项目设定了一个 1.2 倍偏差限值的门槛值。

3.0.6 分项工程的验收在检验批的基础上进行，一般情况下，两者具有相同或相近的性质，只是批量的大小不同而已，因此将有关的检验批汇集便构成分项工程的验收。分项工程合格质量的条件相对简单，只要构成分项工程的各检验批的验收资料文件完整，并且均已验收合格，则分项工程验收合格。

3.0.7 本条给出了当质量不符合要求时的处理办法。一般情况下，不符合要求的现象在最基层的验收单元——检验批时就应发现并及时处理，否则将影响后续检验批和相关的分项工程、（子）分部工程的验收。因此，所有质量隐患必须尽快消灭在萌芽状态，这也是本规范以强化验收促进过程控制原则的体现。非正常情况的处理分以下四种情况：

第一种情况：在检验批验收时，其主控项目或一般项目不能满足本规范的规定时，应及时进行处理。其中，严重的缺陷应返工重做或更换构件；一般的缺陷通过翻修、返工予以解决。应允许施工单位在采取相应的措施后重新验收，如能够符合本规范的规定，则应认为该检验批合格。

第二种情况：当个别检验批发现试件强度、原材料质量等不能满足要求或发生裂纹、变形等问题，且缺陷程度比较严重或验收各方对质量看法有较大分歧而难以通过协商解决时，应请具有资质的法定检测单位检测，并给出检测结论。当检测结果能够达到设计要求时，该检验批可通过验收。

第三种情况：如经检测鉴定达不到设计要求，但经原设计单位核算，仍能满足结构安全和使用功能的情况，该检验批可予验收。一般情况下，规范标准给出的是满足安全和功能的最低限度要求，而设计一般在此基础上留有一些裕量。不满足设计要求和符合相应规范标准的要求，两者并不矛盾。

第四种情况：更为严重的缺陷或者超过检验批的更大范围内的缺陷，可能影响结构的安全性和使用功能。在经法定检测单位检测鉴定以后，仍达不到规范标准的相应要求，即不能满足最低限度的安全储备和使用功能，则必须按一定的技术方案进行加固处理，使之能保证其满足安全使用的基本要求，但已造成了一些永久性的缺陷，如改变了结构外形尺寸，影响了一些次要的使用功能等。为避免更大的损失，在基本上不影响安全和主要使用功能条件下可采取按处理技术方案和协商文件再进行验收，降级使用。但不能作为轻视质量而回避责任的一种出路，这是应该特别注意的。

3.0.8 本条针对的是钢结构分部（子分部）工程的竣工验收。

4 原材料及成品进场

4.1 一般规定

4.1.1 给出本章的适用范围，并首次提出“进入钢结构各分项工程实施现场的”这样的前提，从而明确对主要材料、零件和部件、成品件和标准件等产品进行层层把关的指导思想。

4.1.2 对适用于进场验收的验收批作出统一的划分规定，理论上可行，但实际操作上确有困难，故本条只说“原则上”。这样就为具体实施单位赋予了较大的自由度，他们可以根据不同的实际情况，灵活处理。

4.2 钢材

4.2.1 近些年，钢铸件在钢结构（特别是大跨度空间钢结构）中的应用逐渐增加，故对其规格和质量提出明确规定是完全必要的。另外，各国进口钢材标准不尽相同，所以规定对进口钢材应按设计和合同规定的标准验收。本条为强制性条文。

4.2.2 在工程实际中，对于哪些钢材需要复验，不是太明确，本条规定了6种情况应进行复验，且应是见证取样、送样的试验项目。

1 对国外进口的钢材，应进行抽样复验；当具有国家进出口质量检验部门的复验商检报告时，可以不再进行复验。

2 由于钢材经过转运、调剂等方式供应到用户后容易产生混炉号，而钢材是按炉号和批号发材质合格证，因此对于混批的钢材应进行复验。

3 厚钢板存在各向异性（X、Y、Z三个方向的屈服点、抗拉强度、伸长率、冷弯、冲击值等各指标，以Z向试验最差，尤其是塑料和冲击功值），因此当板厚等于或大于40mm，且承受沿板厚方向拉力时，应进行复验。

4 对大跨度钢结构来说，弦杆或梁用钢板为主要受力构件，应进行复验。

5 当设计提出对钢材的复验要求时，应进行复验。

6 对质量有疑义主要是指：

1）对质量证明文件有疑义时的钢材；

2）质量证明文件不全的钢材；

3）质量证明书中的项目少于设计要求的钢材。

4.2.3、4.2.4 钢板的厚度、型钢的规格尺寸是影响承载力的主要因素，进场验收时重点抽查钢板厚度和型钢规格尺寸是必要的。

4.2.5 由于许多钢材基本上是露天堆放，受风吹雨淋和污染空气的侵蚀，钢材表面会出现麻点和片状锈蚀，严重者不得使用，因此对钢材表面缺陷作了本条的规定。

4.3 焊接材料

4.3.1 焊接材料对焊接质量的影响重大，因此，钢结构工程中所采用的焊接材料应按设计要求选用，同时产品应符合相应的国家现行标准要求。本条为强制性条文。

4.3.2 由于不同的生产批号质量往往存在一定的差异，本条对用于重要的钢结构工程的焊接材料的复验作出了明确规定。该复验应为见证取样、送样检验项目。本条中“重要”是指：

1 建筑结构安全等级为一级的一、二级焊缝。

2 建筑结构安全等级为二级的一级焊缝。

3 大跨度结构中一级焊缝。

4 重级工作制吊车梁结构中一级焊缝。

5 设计要求。

4.3.4 焊条、焊剂保管不当，容易受潮，不仅影响操作的工艺性能，而且会对接头的理化性能造成不利影响。对于外观不符合要求的焊接材料，不应在工程中采用。

4.4 连接用紧固标准件

4.4.1～4.4.3 高强度大六角头螺栓连接副的扭矩系数和扭剪型高强度螺栓连接副的紧固轴力(预拉力)是影响高强度螺栓连接质量最主要的因素,也是施工的重要依据,因此要求生产厂家在出厂前要进行检验,且出具检验报告,施工单位应在使用前及产品质量保证期内及时复验,该复验应为见证取样、送样检验项目。4.4.1条为强制性条文。

4.4.4 高强度螺栓连接副的生产厂家是按出厂批号包装供货和提供产品质量证明书的,在储存、运输、施工过程中,应严格按批号存放、使用。不同批号的螺栓、螺母、垫圈不得混杂使用。高强度螺栓连接副的表面经特殊处理。在使用前尽可能地保持其出厂状态,以免扭矩系数或紧固轴力(预拉力)发生变化。

4.4.5 螺栓球节点钢网架结构中高强度螺栓,其抗拉强度是影响节点承载力的主要因素,表面硬度与其强度存在着一定的内在关系,是通过控制硬度,来保证螺栓的质量。

4.5 焊接球

4.5.1～4.5.4 本节是指将焊接空心球作为产品看待,在进场时所进行的验收项目。焊接球焊缝检验应按照国家现行标准《焊接球节点钢网架焊缝超声波探伤方法及质量分级法》JBJ/T 3034.1 执行。

4.6 螺栓球

4.6.1～4.6.4 本节是指将螺栓球节点作为产品看待,在进场时所进行的验收项目。在实际工程中,螺栓球节点本身的质量问题比较严重,特别是表面裂纹比较普遍,因此检查螺栓球表面裂纹是本节的重点。

4.7 封板、锥头和套筒

4.7.1、4.7.2 本节将螺栓球节点钢网架中的封板、锥头、套筒视为产品,在进场时所进行的验收项目。

4.8 金属压型板

4.8.1～4.8.3 本节将金属压型板系列产品看作成品,金属压型板包括单层压型金属板、保温板、扣板等屋面、墙面围护板材及零配件。这些产品在进场时,均应按本节要求进行验收。

4.9 涂装材料

4.9.1～4.9.3 涂料的进场验收除检查资料文件外,还要开桶抽查。开桶抽查除检查涂料结皮、结块、凝胶等现象外,还要与质量证明文件对照涂料的型号、名称、颜色及有效期等。

4.10 其他

钢结构工程所涉及到的其他材料原则上都要通过进场验收检验。

5 钢结构焊接工程

5.1 一般规定

5.1.2 钢结构焊接工程检验批的划分应符合钢结构施工检验批的检验要求。考虑不同的钢结构工程验收批其焊缝数量有较大差异,为了便于检验,可将焊接工程划分为一个或几个检验批。

5.1.3 在焊接过程中、焊缝冷却过程及以后的相当长的一段时间可能产生裂纹。普通碳素钢产生延迟裂纹的可能性很小,因此规定在焊缝冷却到环境温度后即可进行外观检查。低合金结构钢焊缝的延迟裂纹延迟时间较长,考虑到工厂存放条件、现场安装进度、工序衔接的限制以及随着时间延长,产生延迟裂纹的几率逐渐减小等因素,本规范以焊接完成24h后外观检查的结果作为验收的依据。

5.1.4 本条规定的目的是为了加强焊工施焊质量的动态管理,同时使钢结构工程焊接质量的现场管理更加直观。

5.2 钢构件焊接工程

5.2.1 焊接材料对钢结构焊接工程的质量有重大影响。其选用必须符合设计文件和国家现行标准的要求。对于进场时经验收合格的焊接材料,产品的生产日期、保存状态、使用烘焙等也直接影响焊接质量。本条即规定了焊条的选用和使用要求,尤其强调了烘焙状态,这是保证焊接质量的必要手段。

5.2.2 在国家经济建设中,特殊技能操作人员发挥着重要的作用。在钢结构工程施工焊接中,焊工是特殊工种,焊工的操作技能和资格对工程质量起到保证作用,必须充分予以重视。本条所指的焊工包括手工操作焊工、机械操作焊工。从事钢结构工程焊接施工的焊工，应根据所从事钢结构焊接工程的具体类型，按国家现行行业标准《建筑钢结构焊接技术规程》JGJ 81 等技术规程的要求对施焊焊工进行考试并取得相应证书。

5.2.3 由于钢结构工程中的焊接节点和焊接接头不可能进行现场实物取样检验，而探伤仅能确定焊缝的几何缺陷，无法确定接头的理化性能。为保证工程焊接质量，必须在构件制作和结构安装施工焊接前进行焊接工艺评定，并根据焊接工艺评定的结果制定相应的施工焊接工艺规范。本条规定了施工企业必须进行工艺评定的条件，施工单位应根据所承担钢结构的类型，按国家现行行业标准《建筑钢结构焊接技术规程》JGJ 81 等技术规程中的具体规定进行相应的工艺评定。

5.2.4 根据结构的承载情况不同，现行国家标准《钢结构设计规范》GBJ 17 中将焊缝的质量为分三个质量等级。内部缺陷的检测一般可用超声波探伤和射线探伤。射线探伤具有直观性、一致性好的优点，过去人们觉得射线探伤可靠、客观。但是射线探伤成本高、操作程序复杂、检测周期长，尤其是钢结构中大多为 T 形接头和角接头，射线检测的效果差，且射线探伤对裂纹、未熔合等危害性缺陷的检出率低。超声波探伤则正好相反，操作程序简单、快速，对各种接头形式的适应性好，对裂纹、未熔合的检测灵敏度高，因此世界上很多国家对钢结构内部质量的控制采用超声波探伤，一般已不采用射线探伤。

随着大型空间结构应用的不断增加，对于薄壁大曲率 T、K、Y 型相贯接头焊缝探伤，国家现行行业标准《建筑钢结构焊接技术规程》JGJ 81 中给出了相应的超声波探伤方法和缺陷分级。网架结构焊缝探伤应按现行国家标准《焊接球节点钢网架焊缝超声波探伤方法及质量分级法》JBJ/T 3034.1 和《螺栓球节点钢网架焊缝超声波探伤方法及质量分级法》BJ/T 3034.2 的规定执行。

本规范规定要求全焊透的一级焊缝 100％检验，二级焊缝的局部检验定为抽样检验。钢结构制作一般较长，对每条焊缝按规定的百分比进行探伤，且每处不小于 200mm 的规定，对保证每条焊缝质量是有利的。但钢结构安装焊缝一般都不长，大部分焊缝为梁-柱连接焊缝，每条焊缝的长度大多在 250～300mm 之间，采用焊缝条数计数抽样检测是可行的。

5.2.5 对 T 型、十字型、角接接头等要求焊透的对接与角接组合焊缝，为减小应力集中，同时避免过大的焊脚尺寸，参照国内外相关规范的规定，确定了对静载结构和动载结构的不同焊脚尺寸的要求。

5.2.6 考虑不同质量等级的焊缝承载要求不同，凡是严重影响焊缝承载能力的缺陷都是严禁的，本条对严重影响焊缝承载能力的外观质量要求列入主控项目，并给出了外观合格质量要求。由于一、二级焊缝的重要性，对表面气孔、夹渣、弧坑裂纹、电弧擦伤应有特定不允许存在的要求，咬边、未焊满、根部收缩等缺陷对动载影响很大，故一级焊缝不得存在该类缺陷。

5.2.7 焊接预热可降低热影响区冷却速度，对防止焊接延迟裂纹的产生有重要作用，是各国施工焊接规范关注的重点。由于我国有关钢材焊接性试验基础工作不够系统，还没有条件就焊接预热温度的确定方法提出相应的计算公式或图表，目前大多通过工艺试验确定预热温度。必须与预热温度同时规定的是该温度区距离施焊部分各方向的范围，该温度范围越大，焊接热影响区冷却速度越小，反之则冷却速度越大。同样的预热温度要求，如果温度范围不确定，其预热的效果相差很大。

焊缝后热处理主要是对焊缝进行脱氢处理，以防止冷裂纹的产生，后热处理的时机和保温时间直接影响后热处理的效果，因此应在焊后立即进行，并按板厚适当增加处理时间。

5.2.8、5.2.9 焊接时容易出现的如未焊满、咬边、电弧擦伤等缺陷对动载结构是严禁的，在二、三级焊缝中应限制在一定范围内。对接焊缝的余高、错边，部分焊透的对接与角接组合焊缝及角焊缝的焊脚尺寸、余高等外型尺寸偏差也会影响钢结构的承载能力，必须加以限制。

5.2.10 为了减少应力集中，提高接头承受疲劳载荷的能力，部分角焊缝将焊缝表面焊接或加工为凹型。这类接头必须注意焊缝与母材之间的圆滑过渡。同时，在确定焊缝计算厚度时，应考虑焊缝外形尺寸的影响。

5.3 焊钉（栓钉）焊接工程

5.3.1 由于钢材的成分和焊钉的焊接质量有直接影响，因此必须按实际施工采用的钢材与焊钉匹配进行焊接工艺评定试验。瓷环在受潮或产品要求烘干时应按要求进行烘干，以保证焊接接头的质量。

5.3.2 焊钉焊后弯曲检验可用打弯的方法进行。焊钉可采用专用的栓钉焊接或其他电弧焊方法进行焊接。不同的焊接方法接头的外观质量要求不同。本条规定是针对采用专用的栓钉焊机所焊接头的外观质量要求。对采用其他电弧焊所焊的焊钉接头，可按角焊缝的外观质量和外型尺寸要求进行检查。

6 紧固件连接工程

6.2 普通紧固件连接

6.2.1 本条是对进场螺栓实物进行复验。其中有疑义是指不满足本规范 4.4.1 条的规定，没有质量证明书(出厂合格证)等质量证明文件。

6.2.5 射钉宜采用观察检查。若用小锤敲击时，应从射钉侧面或正面敲击。

6.3 高强度螺栓连接

6.3.1 抗滑移系数是高强度螺栓连接的主要设计参数之一，直接影响构件的承载力，因此构件摩擦面无论由制造厂处理还是由现场处理，均应对抗滑移系数进行测试，测得的抗滑移系数最小值应符合设计要求。本条是强制性条文。

在安装现场局部采用砂轮打磨摩擦面时，打磨范围不小于螺栓孔径的 4 倍，打磨方向应与构件受力方向垂直。

除设计上采用摩擦系数小于等于 0.3，并明确提出可不进行抗滑移系数试验者外，其余情况在制作时为确定摩擦面的处理方法，必须按本规范附录 B 要求的批量用 3 套同材质、同处理方法的试件，进行复验。同时并附有 3 套同材质、同处理方法的试件，供安装前复验。

6.3.2 高强度螺栓终拧 1h 时，螺栓预拉力的损失已大部分完成，在随后一两天内，损失趋于平稳，当超过一个月后，损失就会停止，但在外界环境影响下，螺栓扭矩系数将会发生变化，影响检查结果的准确性。为了统一和便于操作，本条规定检查时间统一定在 1h 后 48h 之内完成。

6.3.3 本条的构造原因是指设计原因造成空间太小无法使用专用扳手进行终拧的情况。在扭剪型高强度螺栓施工中，因安装顺序、安装方向考虑不周，或终拧时因对电动扳手使用掌握不熟练，致使终拧时尾部梅花头上的棱端部滑牙(即打滑)，无法拧掉梅花头，造成终拧扭矩是未知数，对此类螺栓应控制一定比例。

6.3.4 高强度螺栓初拧、复拧的目的是为了使摩擦面能密贴，且螺栓受力均匀，对大型节点强调安装顺序是防止节点中螺栓预拉力损失不均，影响连接的刚度。

6.3.7 强行穿入螺栓会损伤丝扣，改变高强度螺栓连接副的扭矩系数，甚至连螺母都拧不上，因此强调自由穿入螺栓孔。气割扩孔很不规则，既削弱了构件的有效截面，减少了压力传力面积，还会使扩孔处钢材造成缺陷，故规定不得气割扩孔。最大扩孔量的限制也是基于构件有效截面和摩擦传力面积的考虑。

6.3.8 对于螺栓球节点网架，其刚度(挠度)往往比设计值要弱，主要原因是因为螺栓球与钢管连接的高强度螺栓紧固不牢，出现间隙、松动等未拧紧情况，当下部支撑系统拆除后，由于连接间隙、松动等原因，挠度明显加大，超过规范规定的限值。

7 钢零件及钢部件加工工程

7.2 切割

7.2.1 钢材切割面或剪切面应无裂纹、夹渣、分层和大于 1mm 的缺棱。这些缺陷在气割后都能较明显地暴露出来，一般观察(用放大镜)检查即可；但有特殊要求的气割面或剪切时则不然，除观察外，必要时应采用渗透、磁粉或超声波探伤检查。

7.2.2 切割中气割偏差值是根据热切割的专业标准，并结合有关截面尺寸及缺口深度的限制，提出了气割允许偏差。

7.3 矫正和成型

7.3.1 对冷矫正和冷弯曲的最低环境温度进行限制，是为了保证钢材在低温情况下受到外力时不致产出冷脆断裂。在低温下钢材受外力而脆断要比冲孔和剪切加工时而断裂更敏感，故环境温度限制较严。

7.3.3 钢材和零件在矫正过程中，矫正设备和吊运都有可能对表面产生影响。按照钢材表面缺陷的允许程度规定了划痕深度不得大于0.5mm，且深度不得大于该钢材厚度负偏差值的1/2，以保证表面质量。

7.3.4 冷矫正和冷弯曲的最小曲率半径和最大弯曲矢高的规定是根据钢材的特性，工艺的可行性以及成形后外观质量的限制而作出的。

7.3.5 对钢材矫正成型后偏差值作出了规定，除钢板的局部平面度外，其他指标在合格质量偏差和允许偏差之间有所区别，作了较严格规定。

7.4 边缘加工

7.4.1 为消除切割对主体钢材造成的冷作硬化和热影响的不利影响，使加工边缘加工达到设计规范中关于加工边缘应力取值和压杆曲线的有关要求，规定边缘加工的最小刨削量不应小于2.0mm。

7.4.2 保留了相邻两夹角和加工面垂直度的质量指标，以控制零件外形满足组装、拼装和受力的要求，加工边直线度的偏差不得与尺寸偏差叠加。

7.5 管、球加工

7.5.1 螺栓球是网架杆件互相连接的受力部件，采取热锻成型，质量容易得到保证。对锻造球，应着重检查是否有裂纹、叠痕、过烧。

7.5.2 焊接球体要求表面光滑。光面不得有裂纹、褶皱。焊缝余高在符合焊缝表面质量后，在接管处应打磨平整。

7.5.4 焊接球的质量指标，规定了直径、圆度、壁厚减薄量和两半球对口错边量。偏差值基本同国家现行行业标准《网架结构设计与施工规程》JGJ 7的规定，但直径一项在ϕ300mm至ϕ500mm范围内时稍有提高，而圆度一项有所降低，这是避免控制指标突变和考虑错边量能达到的程度，并相对于大直径焊接球又控制较严，以保证接管间隙和焊接质量。

7.5.5 钢管杆件的长度，端面垂直度和管口曲线，其偏差的规定值是按照组装、焊接和网架杆件受力的要求而提出的，杆件直线度的允许偏差应符合型钢矫正弯曲矢高的规定。管口曲线用样板靠紧检查，其间隙不应大于1.0mm。

7.6 制孔

7.6.1 为了与现行国家标准《钢结构设计规范》GBJ 17一致，保证加工质量，对A、B级螺栓孔的质量作了规定，根据现行国家标准《紧固件公差螺栓、螺钉和螺母》GB/T 3103.1规定产品等级为A、B、C三级，为了便于操作和严格控制，对螺栓孔直径10～18、18～30和30～50三个级别的偏差值直接作为条文。

条文中R_a是根据现行国家标准《表面粗糙度参数及其数值》确定的。

A、B级螺栓孔的精度偏差和孔壁表面粗糙度是指先钻小孔、组装后绞孔或铣孔应达到的质量标准。

C级螺栓孔，包括普通螺栓孔和高强度螺栓孔。

现行国家标准《钢结构设计规范》GBJ 17规定摩擦型高强度螺栓孔径比杆径大1.5～2.0mm，承压型高强度螺栓孔径比杆径大1.0～1.5mm并包括普通螺栓。

7.6.3 本条规定超差孔的处理方法。注意补焊后孔部位应修磨平整。

8 钢构件组装工程

8.2 焊接H型钢

8.2.1 钢板的长度和宽度有限，大多需要进行拼接，由于翼缘板与腹板相连有两条角焊缝，因此翼缘板不应再设纵向拼接缝，只允许长度拼接；而腹板则长度、宽度均可拼接，拼接缝可为“十”字形或“T”字形；翼缘板或腹板接缝应错开200mm以上，以避免焊缝交叉和焊缝缺陷的集中。

8.3 组装

8.3.1 起拱度或不下挠度均指吊车梁安装就位后的状况，因此吊车梁在工厂制作完后，要检验其起拱度或下挠与否，应与安装就位的支承状况基本相同，即将吊车梁立放并在支承点处将梁垫高一点，以便检测或消除梁自重对拱度或挠度的影响。

8.5 钢构件外形尺寸

8.5.1 根据多年工程实践，综合考虑钢结构工程施工中钢构件部分外形尺寸的质量指标，将对工程质量有决定性影响的指标，如"单层柱、梁、桁架受力支托（支承面）表面至第一个安装孔距离"等6项作为主控项目，其余指标作为一般项目。

9 钢构件预拼装工程

9.1 一般规定

9.1.3 由于受运输、起吊等条件限制，构件为了检验其制作的整体性，由设计规定或合同要求在出厂前进行工厂拼装。预拼装均在工厂支凳（平台）进行，因此对所用的支承凳或平台应测量找平，且预拼装时不应使用大锤锤击，检查时应拆除全部临时固定和拉紧装置。

9.2 预拼装

9.2.1 分段构件预拼装或构件与构件的总体预拼装，如为螺栓连接，在预拼装时，所有节点连接板均应装上，除检查各部尺寸外，还应采用试孔器检查板叠孔的通过率。本条规定了预拼装的偏差值和检验方法。

9.2.2 除壳体结构为立体预拼装，并可设卡、夹具外，其他结构一般均为平面预拼装，预拼装的构件应处于自由状态，不得强行固定；预拼装数量可按设计或合同要求执行。

10 单层钢结构安装工程

10.2 基础和支承面

10.2.1 建筑物的定位轴线与基础的标高等直接影响到钢结构的安装质量，故应给予高度重视。

10.2.3 考虑到座浆垫板设置后不可调节的特性，所以规定其顶面标高0～－3.0mm。

10.3 安装和校正

10.3.1 依照全面质量管理中全过程进行质量管理的原则，钢结构安装工程质量应从原材料质量和构件质量抓起，不但要严格控制构件制作质量，而且要控制构件运输、堆放和吊装质量。采取切实可靠措施，防止构件在上述过程中变形或脱漆。如不慎构件产生变形或脱漆，应矫正或补漆后再安装。

10.3.2 顶紧面紧贴与否直接影响节点荷载传递，是非常重要的。

10.3.5 钢构件的定位标记（中心线和标高等标记），对工程竣工后正确地进行定期观测，积累工程档案资料和工程的改、扩建至关重要。

10.3.9 将立柱垂直度和弯曲矢高的允许偏差均加严到 $H/1000$，以期与现行国家标准《钢结构设计规范》GBJ 17 中柱子的计算假定吻合。

10.3.12 在钢结构安装工程中，由于构件堆放和施工现场都是露天，风吹雨淋，构件表面极易粘结泥沙、油污等脏物，不仅影响建筑物美观，而且时间长还会侵蚀涂层，造成结构锈蚀。因此，本条提出要求。

焊疤系在构件上固定工卡具的临时焊缝未清除干净以及焊工在焊缝接头处外引弧所造成的焊疤。构件的焊疤影响美观且易积存灰尘和粘结泥沙。

11 多层及高层钢结构安装工程

11.1 一般规定

11.1.3 多层及高层钢结构的柱与柱、主梁与柱的接头，一般用焊接方法连接，焊缝的收缩值以及荷载对柱的压缩变形，对建筑物的外形尺寸有一定的影响。因此，柱和主梁的制作长度要作如下考虑：柱要考虑荷载对柱的压缩变形值和接头焊缝的收缩变形值;梁要考虑焊缝的收缩变形值。

11.1.4 多层及高层钢结构每节柱的定位轴线,一定要从地面的控制轴线直接引上来。这是因为下面一节柱的柱顶位置有安装偏差,所以不得用下节柱的柱顶位置线作上节柱的定位轴线。

11.1.5 多层及高层钢结构安装中,建筑物的高度可以按相对标高控制,也可按设计标高控制,在安装前要先决定选用哪一种方法。

12 钢网架结构安装工程

12.2 支承面顶板和支承垫块

12.2.3 在对网架结构进行分析时,其杆件内力和节点变形都是根据支座节点在一定约束条件下进行计算的。而支承垫块的种类、规格、摆放位置和朝向的改变,都会对网架支座节点的约束条件产生直接的影响。

12.3 总拼与安装

12.3.4 网架结构理论计算挠度与网架结构安装后的实际挠度有一定的出入,这除了网架结构的计算模型与其实际的情况存在差异之外,还与网架结构的连接节点实际零件的加工精度、安装精度等有着极为密切的联系。对实际工程进行的试验表明,网架安装完毕后实测的数据都比理论计算值大,约 5%～11%。所以,本条允许比设计值大 15%是适宜的。

13 压型金属板工程

13.2 压型金属板制作

13.2.1 压型金属板的成型过程,实际上也是对基板加工性能的再次评定,必须在成型后,用肉眼和 10 倍放大镜检查。

13.2.2 压型金属板主要用于建筑物的维护结构,兼结构功能与建筑功能于一体,尤其对于表面有涂层时,涂层的完整与否直接影响压型金属板的使用寿命。

13.2.5 泛水板、包角板等配件,大多数处于建筑物边角部位,比较显眼,其良好的造型将加强建筑物立面效果,检查其折弯面宽度和折弯角度是保证建筑物外观质量的重要指标。

13.3 压型金属板安装

13.3.1 压型金属板与支承构件(主体结构或支架)之间,以及压型金属板相互之间的连接是通过不同类型连接件来实现的,固定可靠与否直接与连接件数量、间距、连接质量有关。需设置防水密封材料处,敷设良好才能保证板间不发生渗漏水现象。

13.3.2 压型金属板在支承构件上的可靠搭接是指压型金属板通过一定的长度与支承构件接触,且在该接触范围内有足够数量的紧固件将压型金属板与支承构件连接成为一体。

13.3.3 组合楼盖中的压型钢板是楼板的基层,在高层钢结构设计与施工规程中明确规定了支承长度和端部锚固连接要求。

14 钢结构涂装工程

14.1 一般规定

14.1.4 本条规定涂装时的温度以 5～38℃为宜,但这个规定只适合在室内无阳光直接照射的情况,一般来说钢材表面温度要比气温高 2～3℃。如果在阳光直接照射下,钢材表面温度能比气温高 8～12℃,涂装时漆膜的耐热性只能在 40℃以下,当超过 43℃时,钢材表面上涂装的漆膜就容易产生气泡而局部鼓起,使附着力降低。

低于 0℃时,在室外钢材表面涂装容易使漆膜冻结而不易固化;湿度超过 85%时,钢材表面有露点凝结,漆膜附着力差。最佳涂装时间是当日出 3h 之后,这时附在钢材表面的露点基本干燥,日落后 3h 之内停止(室内作业不限),此时空气中的相对湿度尚未回升,钢材表面尚存的温度不会导致露点形成。

涂层在 4h 之内，漆膜表面尚未固化，容易被雨水冲坏，故规定在 4h 之内不得淋雨。

14.2　钢结构防腐涂料涂装

14.2.1　目前国内各大、中型钢结构加工企业一般都具备喷射除锈的能力，所以应将喷射除锈作为首选的除锈方法，而手工和动力工具除锈仅作为喷射除锈的补充手段。

14.2.3　实验证明，在涂装后的钢材表面施焊，焊缝的根部会出现密集气孔，影响焊缝质量。误涂后，用火焰吹烧或用焊条引弧吹烧都不能彻底清除油漆，焊缝根部仍然会有气孔产生。

14.2.4　涂层附着力是反映涂装质量的综合性指标，其测试方法简单易行，故增加该项检查以便综合评价整个涂装工程质量。

14.2.5　对于安装单位来说，构件的标志、标记和编号（对于重大构件应标注重量和起吊位置）是构件安装的重要依据，故要求全数检查。

中华人民共和国冶金工业部部标准

YG型胀锚螺栓施工技术暂行规定

YBJ 204—83

主编部门：第一冶金建设公司
批准部门：中华人民共和国冶金工业部
实行日期：1984年5月1日

第一章　YG型胀锚螺栓的规格及适用范围

第1.0.1条　YG型胀锚螺栓有以下四种规格：

一、YG0型锚钉

YG0型锚钉如图1.0.1-1所示。

YG0型锚钉适用于受力较小的固定件锚固，如钢、木门窗的固定，电气管线敷设和小型盘箱安装等。

二、YG1型锚塞式胀锚螺栓

YG1型锚塞式胀锚螺栓如图1.0.1-2所示。

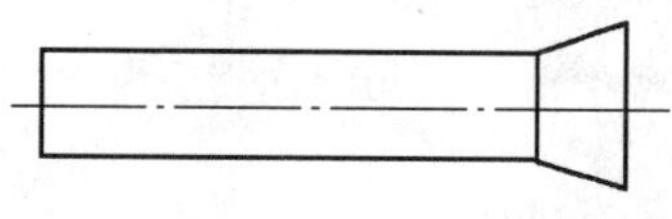

图1.0.1-1　YG0型锚钉

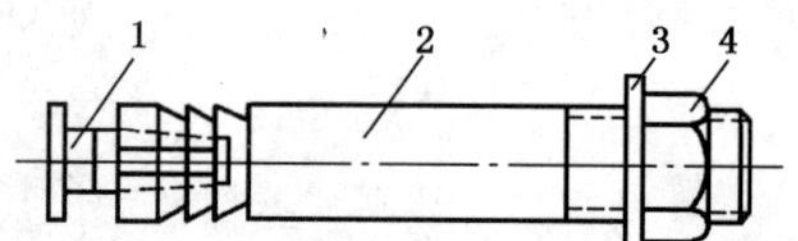

图1.0.1-2　YG1型锚塞式胀锚螺栓
1—锚塞；2—螺栓；3—垫圈；4—螺母

YG1型锚塞式胀锚螺栓适用于承受静载荷的支承件的锚固，如电缆支架安装等。

三、YG2型胀管式胀锚螺栓

YG2型胀管式胀锚螺栓如图1.0.1-3所示。

四、YG3型胀管式胀锚螺栓

YG3型胀管式胀锚螺栓分为单胀管式(图1.0.1-4)和双胀管式(图1.0.1-5)。

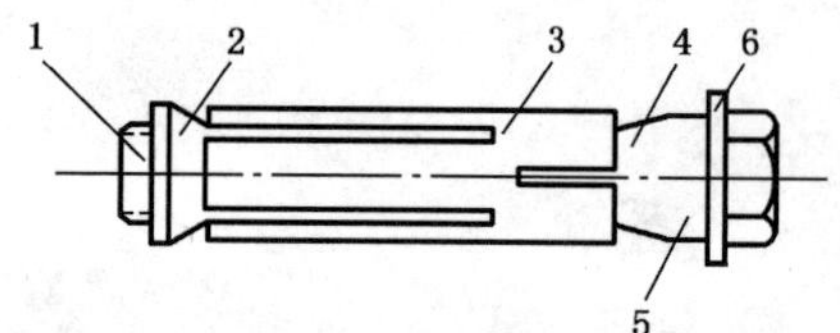

图1.0.1-3　YG2型胀管式胀锚螺栓
1—螺栓；2—螺纹锥套；3—胀管；
4—锥套；5—调距套；6—垫圈

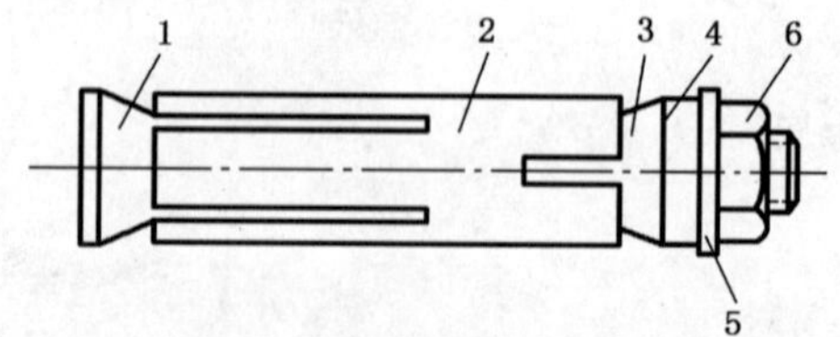

图1.0.1-4　YG3型单胀管式胀锚螺栓
1—螺栓；2—胀管；3—锥套；
4—调距套；5—垫圈；6—螺母

YG2、YG3型胀管式胀锚螺栓适用于承受动载荷和受力较大的设备部件的锚固，如用作管道支架和设备基础的地脚螺栓。

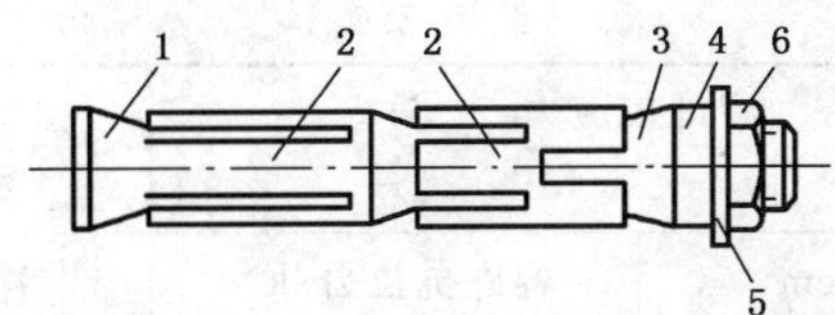

图 1.0.1-5　YG3 型双胀管式胀锚螺栓

1—螺栓；2—胀管；3—锥套；4—调距套；5—垫圈；6—螺母

第二章　YG 型胀锚螺栓的制造

第 2.0.1 条　YG 型胀锚螺栓的制造应符合 YG 型胀锚螺栓设计图纸的规定。粗制六角螺母和粗制垫圈的制造应分别符合《六角螺母(粗制)》(GB 41—76)和《垫圈(粗制)》(GB 95—76)的规定。

第 2.0.2 条　YG 型胀锚螺栓的制造材料应符合下列规定：

一、YG0 型锚钉、YG1 型锚塞式胀锚螺栓的螺栓和锚塞，YG2、YG3 型胀管式胀锚螺栓的螺栓、锥套和调距套应采用 A3 钢材制造。

二、YG2 型胀管式胀锚螺栓的螺纹锥套应采用 A5 钢材制造。

三、YG2、YG3 型胀管式胀锚螺栓的胀管应采用冷拔或冷轧无缝钢管制造。冷拔(冷轧)无缝钢管应符合《无缝钢管》(YB 231—70)的规定。

四、直径等于或小于 20 mm 的胀锚螺栓的胀管，也可以采用 A3 钢钢板卷制。钢板应符合《普通碳素结构钢技术条件》(GB 700—79)的规定，卷制尺寸误差应符合 GB 159—59 八级公差，胀管椭圆度为±0.5 mm。

五、螺母和垫圈应采用 A3 钢制造。

第 2.0.3 条　用于有腐蚀性工作环境的胀锚螺栓，应根据不同的腐蚀条件进行防腐蚀处理。

第 2.0.4 条　有防松要求的胀锚螺栓，应加设弹簧垫圈或扣紧螺母。

第三章　YG 型胀锚螺栓的选用

第 3.0.1 条　锚固于混凝土中的胀锚螺栓，应按其容许抗拉力和容许抗剪力选用。

一、锚固于 C15 或 C15 以上混凝土中的胀锚螺栓，其容许抗拉力和容许抗剪力见表 3.0.1。

二、锚固于 C10 混凝土中的胀锚螺栓，其容许抗拉力和容许抗剪力按表 3.0.1 所列数据再乘以 0.75系数。

三、主要承重结构、重要管道以及高速运转、承受冲击载荷和振动较大的设备采用的胀锚螺栓，应按计算的容许抗拉力和容许抗剪力选用加大一级的规格型号。

第 3.0.2 条　锚固于实心砖石砌体中的胀锚螺栓按设计要求选用。

表 3.0.1　锚固于 150 号混凝土中的胀锚螺栓的容许抗拉力和容许抗剪力

规格型号	容许抗应力 [σ]=135 MPa		容许剪应力 [τ]=90 MPa	
	净截面/cm²	容许抗拉力/kN	净截面/cm²	容许抗剪力/kN
YG-ϕ6	0.283	—	0.283	2.50
YG0-ϕ8	0.503	—	0.503	4.50
YG1-M10	0.422	5.70	0.422	4.70
YG1-M12	0.646	8.70	0.646	6.90
YG1-M16	1.236	16.59	1.236	13.00
YG1-M20	2.012	27.00	2.012	20.00

续表 3.0.1

规格型号	容许抗应力 [σ]=135 MPa		容许剪应力 [τ]=90 MPa	
	净截面/cm²	容许抗拉力/kN	净截面/cm²	容许抗剪力/kN
YG2、YG3-M16	1.441	19.40	(2.01) 1.441	(18.00) 13.00
YG2、YG3-M20	2.252	30.40	(3.14) 2.252	(28.00) 20.00
YG3-M12	0.763	10.30	0.763	6.90
YG3-M24	3.243	43.80	3.243	29.00
YG3-M30	5.189	70.00	5.189	46.50
YG3-M36	7.595	100.00	7.595	68.00

注：括号内的数字为 YG2 型胀锚螺栓的。

第四章　YG 型胀锚螺栓的施工及验收

第 4.0.1 条　胀锚螺栓安设的中心线应以施工图为依据。

胀锚螺栓的中心线至基础或构件边缘的距离不得小于 7 *d*(*d* 为胀锚螺栓的公称直径)；相邻两根胀锚螺栓的中心距不得小于 10 *d*；胀锚螺栓的底端至基础底面的距离不得小于 3 d，且不得小于 30 mm。

第 4.0.2 条　钻孔前应用钢筋探测器查明胀锚螺栓埋设部位的基础或构件中有否钢筋、电缆和埋设件。新建工程中，设计采用胀锚螺栓时，应考虑将受力钢筋和埋设件的位置与胀锚螺栓的位置错开。

第 4.0.3 条　混凝土、钢筋混凝土结构有裂缝的部位和容易产生裂缝的部位，不得采用胀锚螺栓。

第 4.0.4 条　钻孔应用风动、电动钻机或内燃钻机钻孔，不得采用预留孔。钻孔时，混凝土强度不得小于 10 MPa。钻孔前应对使用的钻头直径进行检查，并在施工过程中随时检查。

第 4.0.5 条　胀锚螺栓的钻孔直径和钻孔深度应符合表 4.0.5 的规定。钻孔深度允许超深 5～10 mm。成孔后应对钻孔直径和钻孔深度及时进行检查。

第 4.0.6 条　成孔后，应随即清理孔洞，除去杂物、积水，检查孔形。孔应呈圆形，孔壁必须完整，不得有裂缝和损伤。

第 4.0.7 条　安设胀锚螺栓时，胀锚螺栓和孔壁均不得有污垢。

第 4.0.8 条　胀锚螺栓的安设顺序为：

一、YG0 型锚钉：成孔→钉入。

二、YG1 型锚塞式胀锚螺栓：成孔→将锚塞和螺栓一起置入孔中→锤击螺栓的端部→装上被固定的物件→拧紧螺母。

表 4.0.5　YG 型胀锚螺栓的钻孔直径和钻孔深度(mm)

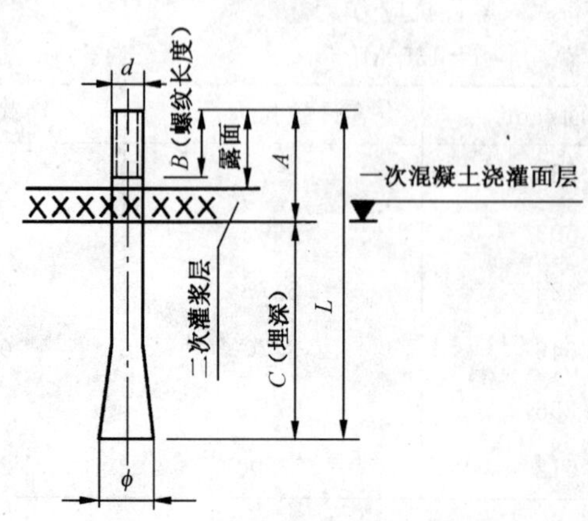

续表 4.0.5

规格型号		螺栓直径 d	螺栓总长 L	钻孔直径 ϕ	露出长度（含罐浆层） A	螺纹长度 B	埋深 C	调距套	
								外径	长度
YG0 型	ϕ6	6	45	5.5	—	—	40～50	—	—
	ϕ6A		90		—	—		—	—
	ϕ8	8	45	7.5	—	—	50～60	—	—
	ϕ8A		90		—	—		—	—
YG1 型	M10	10	75	10.5	15	25	60	—	—
	M12	12	85	12.5	15	25	70	—	—
	M16	16	110	16.5	20	35	90	—	—
	M20	20	130	20.5	20	35	110	—	—
YG2 型	M16	16	155	22.5～23	45	50	110	22	—
			155		45				10
			170		60				25
			195		85				50
			245		135				100
YG2 型	M20	20	195	28.5～30	55	60	140	28	—
			195		55				10
			210		70				25
			235		95				50
			285		145				100
YG3 型	M12	12	125	18.5	45	40	80	18	—
			125		45				10
			140		60				25
			165		85				50
			215		135				100
YG3 型	M16	16	155	22.5～23	45	50	110	22	—
			155		45				10
			170		60				25
			195		85				50
			245		135				100
YG3 型	M20	20	195	28.5～30	55	60	140	28	—
			195		55				10
			210		70				25
			235		95				50
			285		145				100
YG3 型	M24	24	230	32.5～34	60	80	170	32	—
			230		60				25
			245		75				50
			270		100				100
			320		150				150
YG3 型	M30	30	295	42.5～45	85	100	210	42	—
			295		85				25
			320		110				50
			370		160				100
			420		210				—

续表 4.0.5

规格型号		螺栓直径 d	螺栓总长 L	钻孔直径 ϕ	露出长度（含罐浆层）A	螺纹长度 B	埋深 C	调距套	
								外径	长度
YG3 型	M36	36	350	51～54	90	120	260	50	—
			350		90				25
			375		115				50
			425		165				100
			475		215				150

三、YG2 型胀管式胀锚螺栓：成孔→将成套胀锚螺栓组装好置入孔中→拧紧螺栓。

四、YG3 型胀管式胀锚螺栓：成孔→先将螺栓和胀管一起置入孔中→锤击胀管→打入锥套→拧紧螺母。对于双胀管式，应将两个胀管分次放入打紧，最后拧紧螺母。

第 4.0.9 条 成孔深度超过规定的部分需用砂石填充。

第 4.0.10 条 胀锚螺栓的紧固应符合《冶金机械设备安装工程施工及验收规范通用规定》(YBJ 201—83)中第 4.4 条的规定。

第 4.0.11 条 在砖砌体中采用胀锚螺栓时，砖砌体必须采用不低于 75 号的红砖，并用不低于 25 号砂浆砌筑。

第 4.0.12 条 胀锚螺栓的露出部分若有偏斜，可以锤击校正。露出长度不足时，在不影响正常使用的情况下，允许将螺栓焊接接长。焊接后的螺栓应自然冷却，不得强制冷却。

第 4.0.13 条 胀锚螺栓的安装误差应符合下列规定：

胀锚螺栓中心线极限偏差 ±2 mm

相邻两根胀锚螺栓的中心距极限偏差 2 mm

胀锚螺栓的顶端标高极限偏差 +20 mm

胀锚螺栓对基础或构件表面的垂直度公差 $\frac{5}{1000}$

第 4.0.14 条 胀锚螺栓的施工安全技术措施应符合下列规定：

一、钻孔时，操作人员应配带防护眼镜和防尘口罩；采用电钻时，操作人员还应穿电工胶鞋。

二、高空作业时，操作人员应戴安全带，脚手架应稳固并设有围栏。

三、仰钻时，应在钻机上加设防护罩或吸尘装置。

中华人民共和国冶金行业标准

锚杆静压桩技术规程

YBJ 227—91

主编部门：冶金工业部建筑研究总院
批准部门：中华人民共和国冶金工业部
施行日期：1991 年 10 月 1 日

第一章 总 则

第 1.0.1 条 锚杆静压桩是锚杆和静力压桩结合形成的一种桩基施工工艺。它是通过在基础上埋设锚杆固定压桩架，以建(构)筑物所能发挥的自重荷载作为压桩反力，用千斤顶将桩段从基础中预留或开凿的压桩孔内逐段压入土中，然后将桩与基础连结在一起，从而达到提高地基承载力和控制沉降的目的。它具有施工机具轻便灵活、施工方便、作业面小、可在室内施工，并且能耗低、无振动、无噪音、无污染以及施工时车间不停产、居民不搬迁等优点，广泛用于新老建(构)筑物的地基处理或基础托换工程。为使锚杆静压桩的设计、施工符合技术先进、经济合理、安全可靠、确保质量的原则，特制订本规程。

第 1.0.2 条 本规程适用于粉土、粘性土、人工填土、淤泥质土、黄土等地基土(一般要求静力触探比贯入阻力 P_s<8.0 MPa)的新建或已建多层建筑物、中小型构筑物和厂房的地基处理或基础托换工程的设计、施工和验收。

第 1.0.3 条 锚杆静压桩特别适用于以下几种需要进行地基处理或基础托换的情况：

一、地基不均匀沉降引起上部结构开裂或倾斜。

二、建筑物加层或厂房扩大。

三、在密集建筑群中或在精密仪器车间附近建造多层建筑物。

四、新建建(构)筑物需采用桩基，但不具有单独的打桩工期。

五、桩基工程事故处理。

第 1.0.4 条 采用锚杆静压桩除应遵守本规程外，尚应符合现行的有关国家标准的要求。

第 1.0.5 条 采用锚杆静压桩进行地基处理或基础托换的新建或已建建(构)筑物，均应作沉降观测；对已开裂的建(构)筑物，除进行沉降观测外，尚应进行裂缝观测。

第二章 锚杆静压桩设计

第一节 设计前的准备工作

第 2.1.1 条 锚杆静压桩设计前，必须掌握有关的工程地质、水文地质、静力触探、上部结构荷载等技术资料。

第 2.1.2 条 对于出现沉裂的建(构)筑物的基础托换工程设计，除必须具备上述资料外，还应对原建(构)筑物结构形式、基础设计、不均匀沉降和裂缝开展情况以及地下管道、地下障碍和周围环境等有关情况，进行认真调查分析。

第 2.1.3 条 采用锚杆静压桩托换基础的工程，应对上部结构进行核算，以保证工程的安全。

第二节 桩基设计

第 2.2.1 条 单桩垂直容许承载力，一般可由现场桩的荷载试验确定。当已知静力触探比贯入阻力曲线时，利用式(2.2.4)和式(2.2.5)估算，也可根据国家标准《建筑地基基础设计规范》确定。

第 2.2.2 条 桩的数量应根据单桩垂直容许承载力 P_a，结合上部结构荷载情况通过计算确定。

第 2.2.3 条 压桩孔一般应布置在墙体的内外两侧或柱子四周(见图 2.2.3-1)，并尽量靠近墙体或柱子。压桩孔的形状可做成上小下大的截头锥形(见图 2.2.3-2，图中 b 表示桩的边长)。

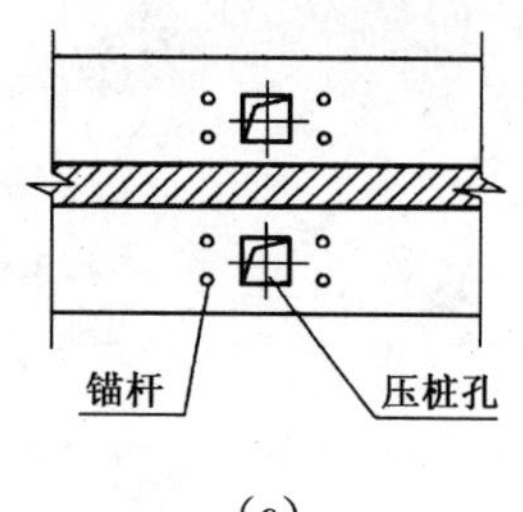

(a)

(b)

图 2.2.3-1 压桩孔布置图

a—墙下条形基础承台；b—独立柱基础承台

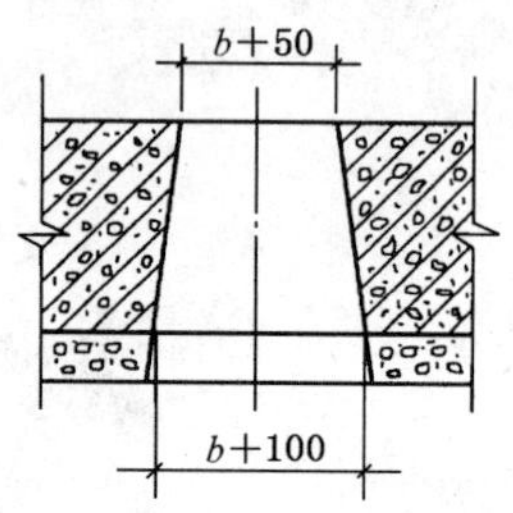

图 2.2.3-2 压桩孔剖面图

第 2.2.4 条 设计最终压桩力按式(2.2.4)计算：

$$P_P(L) = K_P P_a \tag{2.2.4}$$

式中 K_P——压桩力系数。它与土质情况、桩材、桩截面形状、压桩速度诸因素有关，可根据试验确定，在触变性粘土中，当桩长小于 20 m 时，K_P 可取 1.5，非触变性(黄土或填土等)土中，可取 2.0；

$P_P(L)$——设计最终压桩力，kN；

L——桩设计最终入土深度，m；

P_a——设计单桩垂直容许承载力，kN。

第 2.2.5 条 压桩力与比贯入阻力 P_s 的关系如式(2.2.5)表示：

$$P_P(Z) = K_s P_s(Z) \tag{2.2.5}$$

式中 $P_P(Z)$——桩入土深度为 Z 时的压桩力，kN；

$P_s(Z)$——桩入土深度为 Z 时的比贯入阻力，kPa；

K_s——换算系数，取 $K_s = 0.06 \sim 0.07\ m^2$。

第 2.2.6 条 当桩承受水平力或拔力时，应采用焊接接头；当桩仅承受垂直压力时，可采用硫磺胶泥接头。

第 2.2.7 条 由于可直接测得压桩力，故可不考虑多节桩的接头强度折减，也可不考虑长细比对桩承载能力的影响。

第 2.2.8 条 在摩擦桩设计中，可根据当地经验适当考虑桩基承台下桩间土与桩的共同作用。

第 2.2.9 条 桩身强度应根据压桩过程中最大压桩力和桩段吊运应力进行验算。

第 2.2.10 条 桩段构造设计应符合下列要求：

一、桩身材料可采用钢筋混凝土、预应力混凝土、钢材。

二、桩的截面形状可采用方形、圆形等。钢筋混凝土桩一般采用方形。

三、钢筋混凝土桩的截面边长可为 180、200、220、250、280、300 mm。

四、桩段长度应考虑施工净空高度和机具情况，可采用 1、1.5、2、2.2、2.5、3.0 m；在条件许可时，宜采用较长的桩段。

五、钢筋混凝土桩的受力钢筋应由计算确定。对于边长为 200 mm 的方桩，宜采用不小于$4\phi10$ mm 的钢筋。边长为 250 mm 的方桩，宜采用不小于 $4\phi12$ mm 的钢筋。

六、钢筋可选用Ⅰ级钢和Ⅱ级钢。

七、混凝土的强度不小于 C30 级。

八、采用硫磺胶泥连接的钢筋混凝土桩段两端必须设置 2～3 层焊接钢筋网片，在桩的一端必须预埋插筋，另一端必须预留插筋孔和吊装孔；采用焊接接头的钢筋混凝土桩段，在桩段的两端应设置钢板套。

九、桩段制作除满足钢筋混凝土施工验收规范外，应做到断面形状规整、端面平整，插筋和插筋孔位置正确，桩段不得挠曲。

第三节　桩基承台设计

第 2.3.1 条　桩基承台厚度应由计算确定，且不宜小于 350 mm，其边缘距边桩边缘的距离应不小于 200 mm。

第 2.3.2 条　采用锚杆静压桩进行基础托换时，应对原有基础重新进行抗冲切、抗剪切和抗弯能力的验算。如不满足要求时，应采取必要的加固措施。

第 2.3.3 条　当压桩孔位于基础边角或墙基转角外侧，且压桩力较大时，应在基础底面、压桩孔周围设置放射状受拉构造钢筋。

第 2.3.4 条　桩与基础的联结构造应符合下列要求(图 2.3.4)：

一、桩头应伸入桩基承台 50～100 mm。

二、如桩承受拉力或有特殊要求时，可在桩顶上四角增加锚固钢筋，通过压桩孔伸入桩基承台内，其长度应满足钢筋锚固要求。

三、压桩孔内一般应采用 C30 级微膨胀早强混凝土，浇捣密实，以使桩与桩基承台形成一个整体。

第 2.3.5 条　在基础托换工程中，当原有基础底板厚度小于 350 mm 时，应在压桩孔上设置桩帽梁，其构造见图 2.3.4。

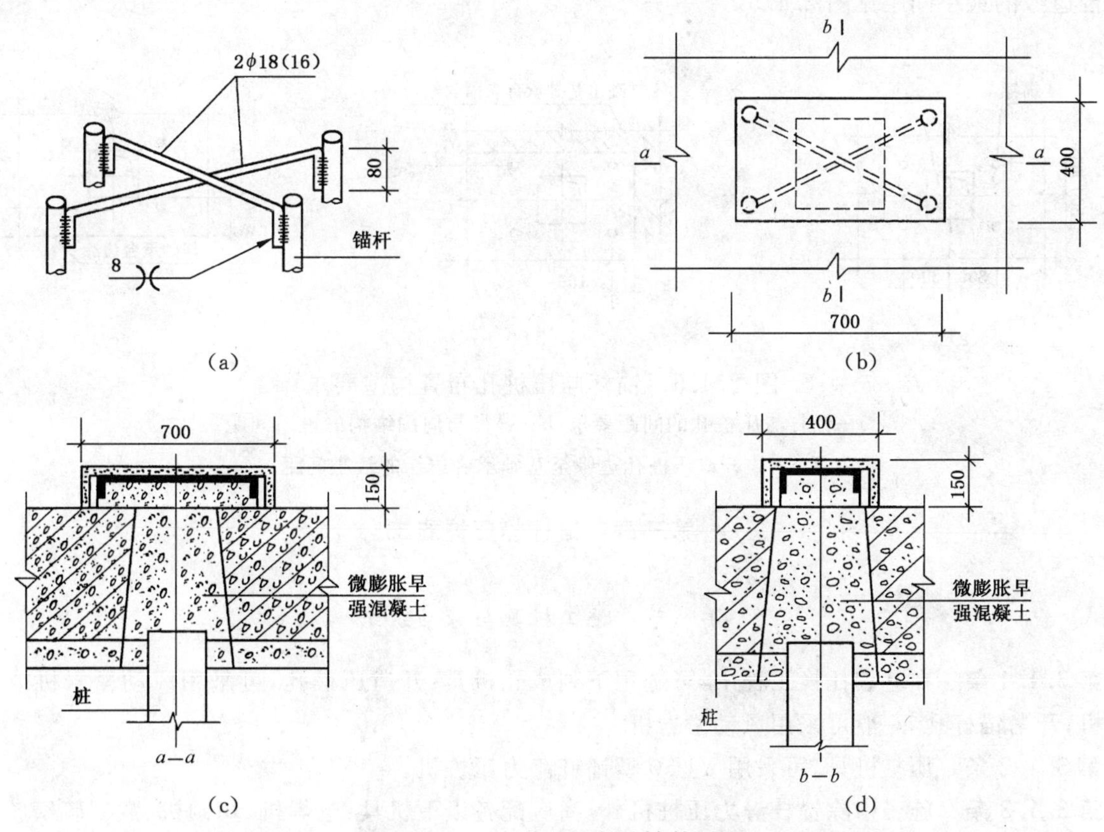

图 2.3.4　桩与基础联结构造

a—交叉钢筋与锚杆的连接；b—平面图；c—a-a 剖面图；d—b-b 剖面图

第四节　锚杆的构造与锚固深度

第 2.4.1 条　锚杆可采用预先埋设和后成孔埋设。预先埋设的锚杆，可采用爪式螺栓。后成孔埋设的锚杆可采用光面直杆镦粗螺栓或焊箍螺栓。其构造见附录一。

第 2.4.2 条　当压桩力小于 400 kN 时，采用 M24 锚杆；当压桩力为 400～500 kN 时，采用 M27 锚杆。

第 2.4.3 条　锚固螺栓的锚固深度，一般可采用 10～12 倍螺栓直径，见图 2.4.3。

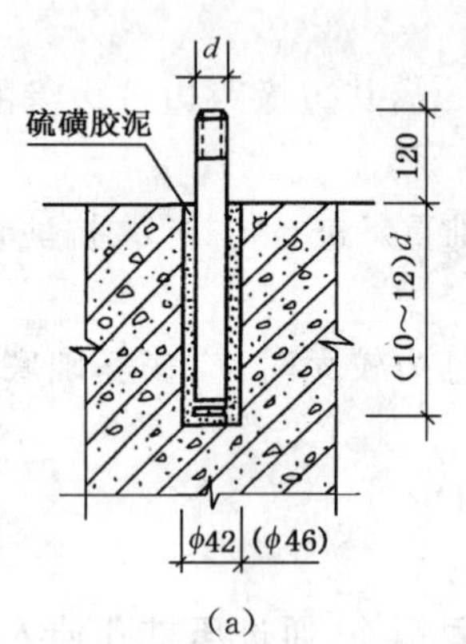

(a)

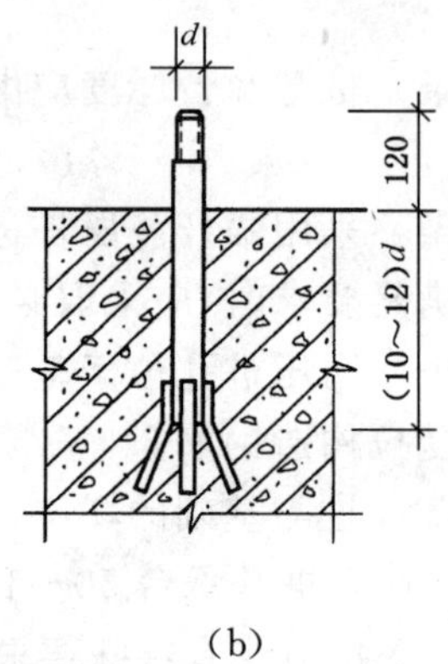

(b)

图 2.4.3　锚杆锚固深度

a—后成孔埋设锚杆；b—预先埋设爪肢锚杆

第 2.4.4 条　锚固螺栓的粘结剂，在确保锚杆孔内干燥时，可采用硫磺胶泥。

第 2.4.5 条　锚杆与压桩孔的间距要求、锚杆与周围结构的最小间距以及锚杆或压桩孔边缘至基础承台边缘的最小间距见图 2.4.5。

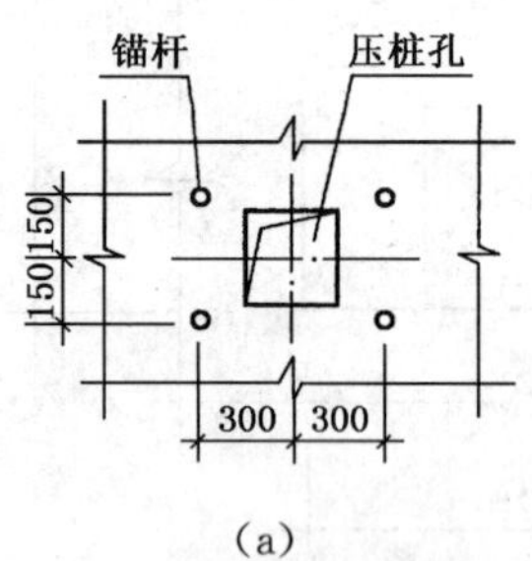

(a)

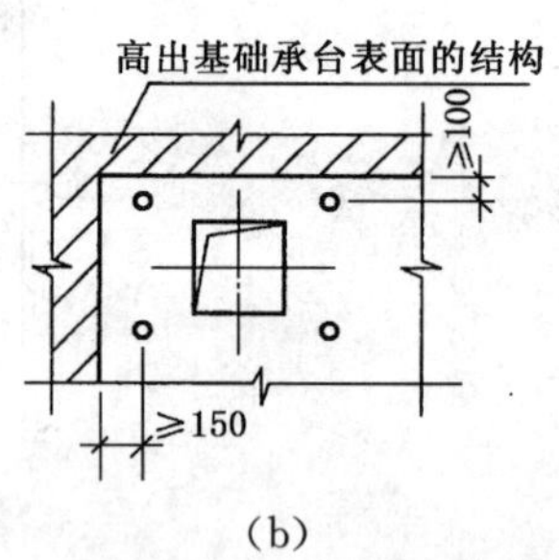

(b)

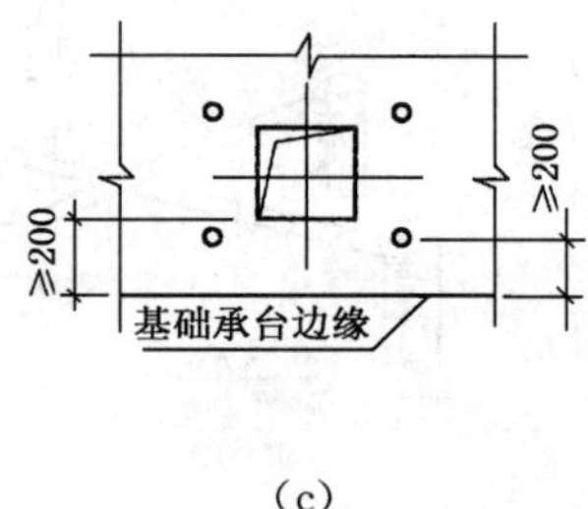

(c)

图 2.4.5　锚杆与压桩孔布置构造要求

a—锚杆与压桩孔的间距要求；b—锚杆与周围结构的最小间距；

c—锚杆或压桩孔边缘至基础承台边缘的最小间距

第三章　锚杆静压桩施工

第一节　施工机具与劳动组织

第 3.1.1 条　在基础托换工程中，可选用下列成孔机具：开凿压桩孔，可采用风动凿岩机或大直径钻孔机；开凿锚杆孔，一般可采用风动凿岩机。

第 3.1.2 条　压桩机具，可采用 YJ-50 型锚杆静力压桩机。

第 3.1.3 条　施工中除锚杆静力压桩机外，尚应配备以下机具：电焊机、切割机、熬制硫磺胶泥用的器具等。

第 3.1.4 条　施工作业班的组织成员，每台锚杆静力压桩机可配 5～6 人，其中包括钳工、电工、瓦工和具有施工经验的技术工人。施工前应对有关人员进行技术培训和安全教育。

第 3.1.5 条 应经常检查和维修压桩机具，并建立安全员负责制，对设备、电路等进行全面检查，对压力表应定期检查、标定，合格后方可使用。

第二节 锚杆静压桩的施工

第 3.2.1 条 压桩施工前，应做好以下准备工作：

一、锚杆螺栓的加工制作，桩段的预制和硫磺胶泥的购置。

二、平整场地、开挖基坑以及做好防雨的准备和施工区的隔离工作。

三、对已有沉裂建(构)筑物的沉降、倾斜、裂缝作全面检查和观测，并做出标记，埋设观测点，以便施工期间的观测。

四、查清已有建(构)筑物的地下管网，尤其注意通讯电缆和煤气管道。

五、浇注基础混凝土前应检查压桩孔和锚杆孔的位置。

六、编制施工组织设计。

第 3.2.2 条 压桩施工流程，应按图 3.2.2 所示顺序进行。

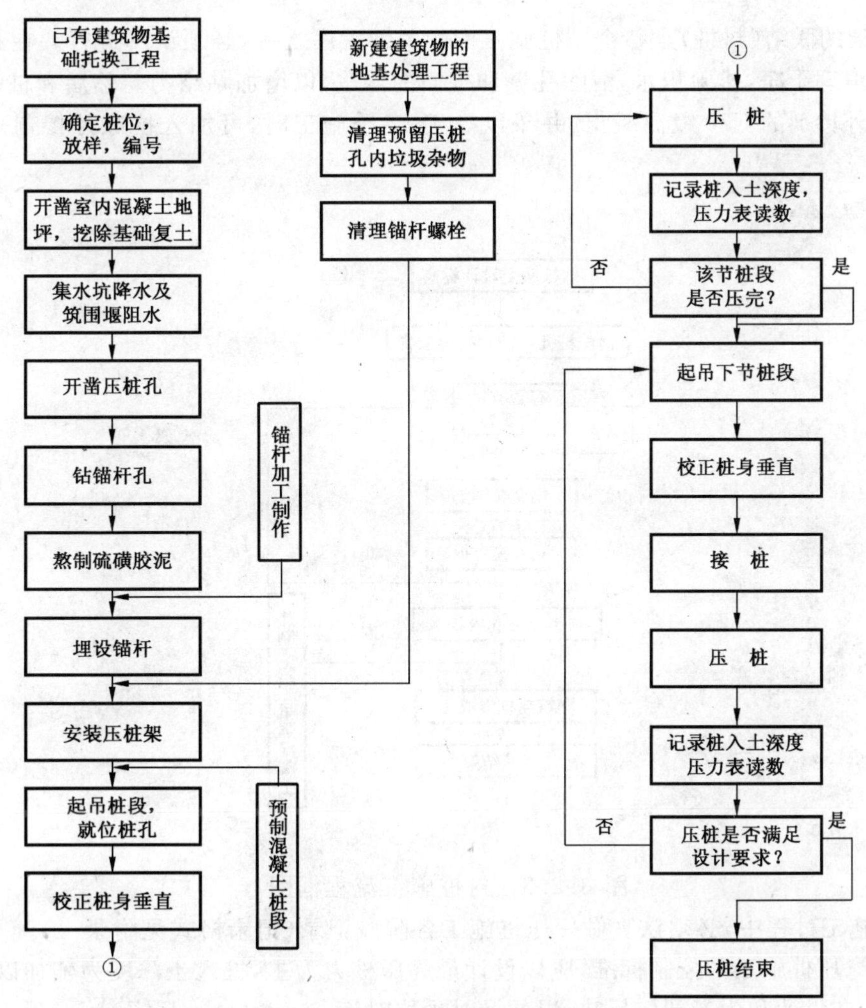

图 3.2.2 压桩施工流程框图

第 3.2.3 条 压桩施工应遵守下列规定：

一、压桩架要保持竖直，应均衡拧紧锚固螺栓的螺帽；在压桩施工过程中，应随时拧紧松动的螺帽。

二、桩段就位必须保持垂直，使千斤顶与桩段轴线保持在同一垂直线上，不得偏压。压桩时，桩顶应垫 3～4 cm 厚的木板或多层麻袋，套上钢桩帽再进行压桩。

三、压桩施工时不宜数台压桩机同时在一个独立柱基上施工。施工期间，压桩力总和不得超过该基础及上部结构所能发挥的自重，以防止基础上抬造成结构破坏。

四、压桩施工不得中途停顿，应一次到位，如必须中途停顿时，桩尖应停留在软土层中，且停歇时间不宜超过 24 h。

五、采用硫磺胶泥接桩时，上节桩就位后应将插筋插入插筋孔。检查重合无误，间隙均匀后，将上节桩吊起 10 cm，装上硫横胶泥夹箍，浇注硫磺胶泥，并立即将上节桩保持垂直放下。接头侧面应平整光滑，上下桩面应充分粘结。待接桩中的硫磺胶泥固化后，才能开始压桩施工。当环境温度低于 5℃时，应对插筋和插筋孔进行表面加温处理。

六、选用合格的硫磺胶泥产品，产品要求见附录二；熬制时应严格控制温度在 140～145℃范围内，浇注时温度不得低于 140℃。

七、采用焊接接桩时，应清除表面铁锈，进行满焊，确保焊接质量。

八、桩顶未压到设计标高时，对于外露的桩头经设计单位同意，必须进行切除。切割桩头前应先用楔块把桩固定住，然后用凿子开出 3～5 cm 深的沟槽，露出的钢筋加以切割，以便摘除桩头。严禁在悬臂情况下乱砍桩头。

九、桩与基础的联结(封桩)是整个压桩施工中的关键工序之一，必须认真进行。在封桩前，必须把压桩孔内的杂物清理干净，排除积水，清除孔壁和桩面的浮浆，以增加粘结力。然后和桩帽梁一起，浇灌掺有微膨胀早强外掺剂的 C30 级混凝土，并予以捣实(冬季施工时，可加入抗冻外掺剂)。封桩施工流程见图 3.2.3。

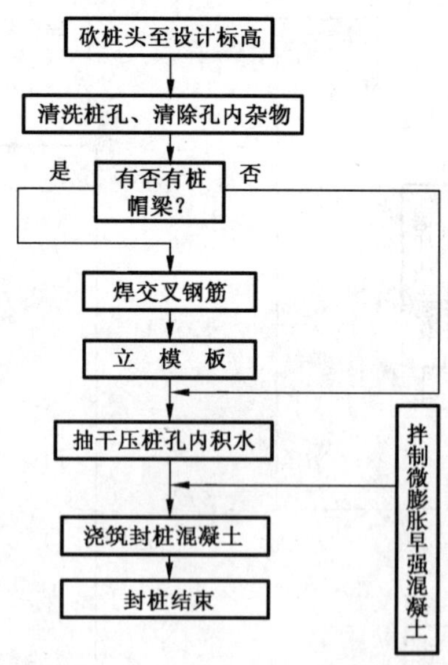

图 3.2.3　封桩施工流程框图

十、在压桩施工过程中，必须认真做好压桩施工各阶段记录(记录格式见附录三)。

第 3.2.4 条　压桩施工的控制标准，应以设计最终压桩力为主，桩入土深度为辅加以控制。如有异常情况时，应立即向设计和生产部门反映，以便及时采取对策。

第三节　工 程 验 收

第 3.3.1 条　压桩孔与设计位置的平面偏差不得超过±20 mm。

第 3.3.2 条　压桩时桩段的垂直偏差不得超过 1.5%的桩段长。

第 3.3.3 条 压桩力和桩入土深度应根据设计要求进行、验收。

第 3.3.4 条 桩与基础联结前，应对压桩孔进行认真检查，验收合格后，方可浇捣混凝土。

第 3.3.5 条 压桩施工验收时，施工单位应提供以下资料：

一、桩位平面图与桩位编号图；

二、桩材试块强度报告，封桩混凝土试块强度报告，硫磺胶泥出厂检验合格证及抗压、抗拉试块强度报告；

三、压桩记录汇总表；

四、压桩曲线（P_P-Z 曲线）；

五、隐蔽工程自检记录；

六、根据设计要求，提供单桩荷载试验资料。

附录一 锚杆构造图

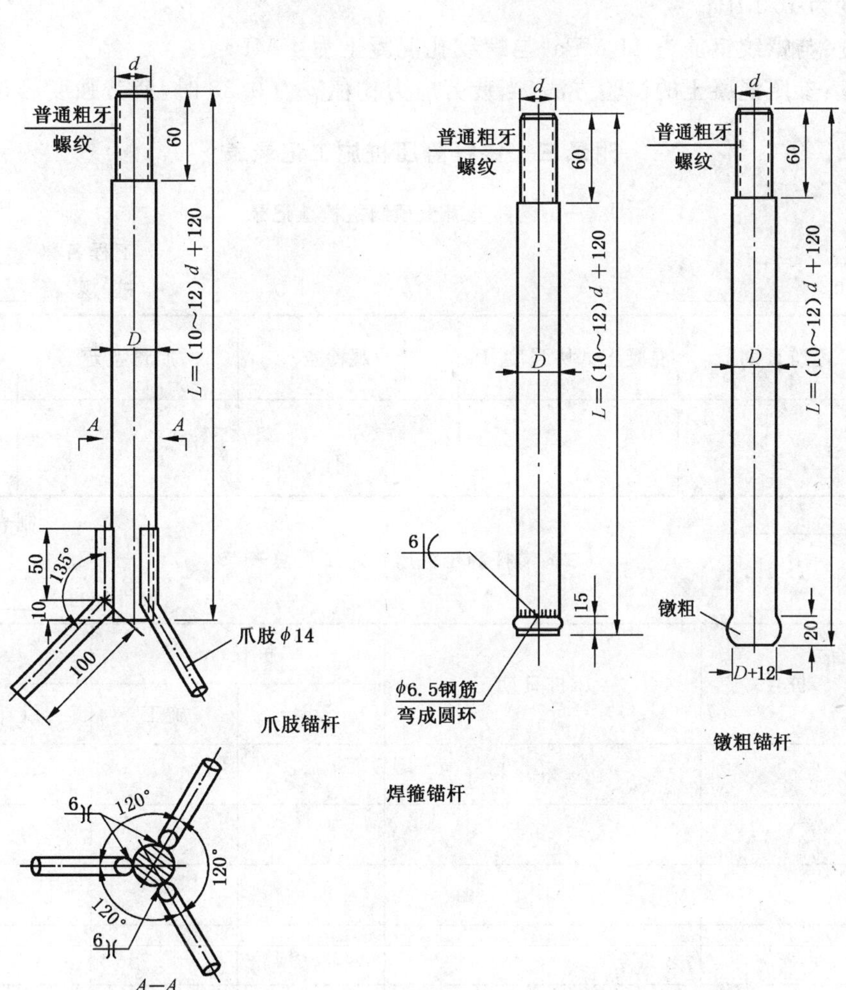

附录二 硫磺胶泥的配合比和主要物理力学性能指标

（一）硫磺胶泥的重量配合比

硫磺胶泥的重量配合比如下：

硫磺：水泥：砂：聚硫橡胶为 44：11：44：1。

（二）主要物理性能

1. 热变性：硫磺胶泥的强度与温度的关系为：在 60℃以内强度无明显影响；120℃时变液态且随着

温度的继续升高，由稠变稀；到 140～145℃时，密度最大且和易性最好；170℃时开始沸腾；超过 180℃开始焦化，且遇明火即燃烧。

2. 密度：密度为 2.28～2.32 g/cm^3。

3. 吸水率：硫磺胶泥的吸水率与胶泥制作质量、密度及试件表面的平整度有关，一般为 0.12%～0.24%。

4. 弹性模量为 5×10^4 MPa。

5. 耐酸性：在常温下能耐盐酸、硫酸、磷酸、40%以下的硝酸、25%以下的铬酸、中等浓度乳酸和醋酸。

（三）主要力学性能

1. 抗拉强度为 4 MPa。

2. 抗压强度为 40 MPa。

3. 抗折强度为 10 MPa。

4. 握裹强度：与螺纹钢筋为 11 MPa；与螺纹孔混凝土为 4 MPa。

5. 疲劳强度：参照混凝土的试验方法，当疲劳应力比值 ρ 为 0.38 时，疲劳强度修正系数 γ_ρ>0.8。

附录三　锚杆静压桩施工记录表

（一）钢筋混凝土预制桩检查记录

施工单位＿＿＿＿＿＿　　　　工程名称＿＿＿＿＿＿

混凝土设计强度＿＿＿＿＿＿　　　　桩 规 格＿＿＿＿＿＿

编　号	灌筑日期	混凝土试块强度/Pa	外观检查	质量鉴定	备　注

工程负责人＿＿＿＿＿＿　　　　制表＿＿＿＿＿＿

（二）锚杆静压桩压桩施工汇总表

设计桩长＿＿＿＿＿＿　　　　设计压桩力＿＿＿＿＿＿

序号	桩号	压桩日期	桩长/m		压桩力/kN	
			设计	施工	设计	施工
1						
2						
3						
4						
5						
6						
7						
8						

（三）锚杆静压桩施工记录表

工程名称：________________ 桩　号：________

压桩日期：________ 最终入土深度：________(m) 最终压桩力：________(kN)

桩段序号	压桩时间	桩入土深度/m		油压表读数/MPa	桩段序号	压桩时间	桩入土深度/m		油压表读数/MPa
		单位冲程	累计				单位冲程	累计	

千斤顶型号：________ 台数：________ 记录员________

第____页 共____页

附录四　本规程用词说明

执行本规程条文时，对要求严格程度的用词，作如下规定，以便执行时区别对待：

一、表示很严格，非这样做不可的用词：

正面词采用“必须”；反面词采用“严禁”。

二、表示严格，在正常情况下均应这样做的用词：

正面词用“应”;反面词用“不应”或“不得”。

三、对表示允许稍有选择,在条件许可时,首先这样做的用词:

正面词采用“宜”或“可”;反面词采用“不宜”。

附:条文说明

第一章 总 则

第1.0.1条 锚杆静压桩是锚杆和静力压桩结合而形成的一种桩基施工工艺,即先在新建的建(构)筑物基础上预留压桩的桩位孔,并预埋好锚杆,或在已建的建(构)筑物基础上开凿压桩孔和锚杆孔,用粘结剂埋好锚杆。然后安装压桩架,利用建(构)筑物自重作反力(必要时可加配重),用千斤顶将预制桩逐段压入土中。当压桩力或压入深度达到设计要求后,将桩与基础联结在一起,达到提高地基承载力和控制沉降的目的。

采用锚杆静压桩加固地基,经工程实践表明,具有许多优点:

一、施工设备轻便、简单,移动方便灵活,可在狭小的空间进行压桩作业。

二、压桩施工过程中,无振动、无噪音、无污染,对周围环境无影响,做到文明施工。适用于密集的居民区内的地基加固施工,尤其适用于老城区改造和在密集建筑群内新建多层建筑时,大型机具无法进入且不容许污染环境的地基加固工程。

三、可在车间不停产或住房居民不搬迁的情况下,进行建(构)筑物的地基加固处理。特别适用于老厂技术改造工程和沉裂建(构)筑物的托换加固工程。

四、采用锚杆静压桩加固沉裂建(构)筑物地基后,能迅速制止沉降和倾斜,并可避免若采用其他地基加固方法引起附加沉降而造成进一步的危害,对抢救危险建(构)筑物有独到之处。

五、采用锚杆静压桩施工,传荷过程和受力性能非常明确,其力系平衡见图1.0.1,能测得每根桩的实际压桩力和桩的入土深度,对施工质量有可靠保证。

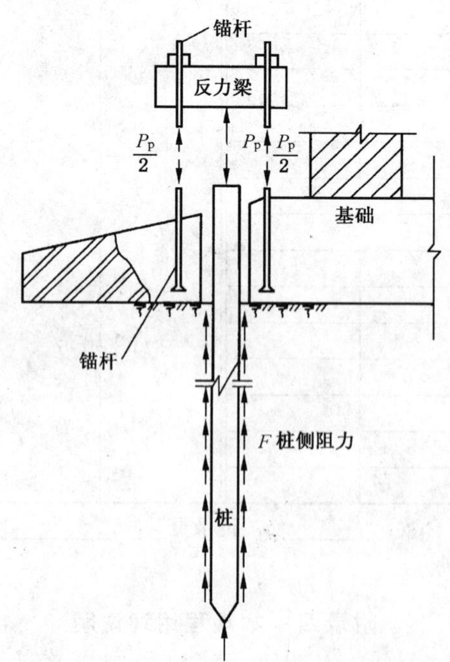

图1.0.1 压桩力系平衡图

六、设备投资少,能耗低,材料消耗少,所以加固费用低,具有明显的技术经济效果。

经过多年来十几个地方的100多项工程中的成功应用,表明该项技术的可靠性和显著的技术经济效益。

第 1.0.2 条 锚杆静压桩的适用范围，根据多年来的实践表明，适宜于处理 $P_s<8.0$ MPa 的粉土、粘性土、淤泥质土、填土、黄土等土类。如山西阳泉某工程，由于建筑在填土上，浸水后发生下沉，采用锚杆静压桩处理后，效果良好。又如江西景德镇某住宅楼，建于渣土上，产生不均匀沉降，房屋下沉开裂，采用锚杆静压桩加固，也取得了良好效果。

第 1.0.3 条 在以下五种情况下，采用现有的其他方法处理，在施工上难度很大，甚至不可能做到，加固效果不显著或加固费用昂贵。而采用锚杆静压桩具有其独到之处，能方便、经济合理地予以解决。

一、由于不均匀沉降使建筑物产生开裂、倾斜，采用锚杆静压桩加固处理，一方面能够迅速阻止沉降，另一方面可以通过变化静压桩的受力方向，使一部分桩受压，另一部分桩受拉，以调整建(构)筑物的倾斜。

二、对于建筑物的加层或厂房的扩大面积，采用锚杆静压桩进行基础托换时，一般情况下居民可以不搬迁，车间可以少停产或不停产，具有明显的经济效益和社会效益。

三、对于旧城市的改造，在密集建筑群内和稠密的居民区内新建多层建筑，需进行地基加固时，采用锚杆静压桩逆作施工，即先做基础，并在基础上预留压桩孔，埋设锚杆，然后开始上部建筑施工，待建到 2～3 层，具备压桩重量时，就可开始压桩。用这种方法施工，没有噪音、震动和环境污染等问题，而且可与上部建筑施工同时进行，无需单独的地基加固处理工期，节约了施工工期。

四、在施工场地狭小、高度受到限制，以及施工时不能影响邻近建筑物的安全使用和附近车间的正常生产时，采用锚杆静压桩完全可以满足这些要求。

五、当桩基出现质量事故，可利用锚杆静压桩进行补桩施工。

第 1.0.4 条 本条指出采用本规程时需与现行的有关国家标准配合使用。关系比较密切的有《建筑地基基础设计规范》、《地基基础工程施工及验收规范》、《钢筋混凝土结构设计规范》以及其他相应的一些有关标准。

第 1.0.5 条 对建(构)筑物沉降观测和裂缝观测的规定，主要有两个目的：一是压桩施工时，需以观测结果来指导施工；另一是进行长期观测为锚杆静压桩积累有价值的数据和资料。

第二章 锚杆静压桩设计

第一节 设计前的准备工作

第 2.1.1 条 对于已建工程或新建工程，采用锚杆静压桩加固处理前，必须查清地面以下情况，否则会延误工期或带来不应有的损失。

例 1 在南京某工程压桩施工时，由于勘探工作不周，未查清土层情况，结果局部位置遇到砂层，压桩施工时，造成桩头破裂，桩压不下去。

例 2 在上海宝山钢铁总厂无缝厂某工程压桩时，由于填料未查清，结果压桩时遇到大石块、钢轨等杂物，严重影响了压桩施工。

基础托换加固中，经常遇到上述类似情况，为此做好设计、施工前的准备工作，查清各方面情况是一项十分重要的工作。

第二节 桩基设计

第 2.2.1 条 关于桩的垂直承载力的确定，桩基设计时仍参照现行规范进行，也可由静力触探试验，利用下式估算：

$$P_a=\frac{P_p(L)}{K_p}=\frac{K_s P_s(L)}{K_p}$$

第 2.2.2 条 桩数的确定，除了应根据单桩垂直容许承载力计算之外，还应满足桩位布置的要求，即考虑上部结构荷重分布情况以及与布置桩位有关的基础底板构造形式。两者必须结合起来。

第 2.2.3 条 压桩孔的位置一般布置在墙体内外两侧或柱子四周。压桩孔尽量靠近墙体和柱子，最小边距为 100～150 mm。

第 2.2.4 条 在触变性粘性土中压桩，压桩力 P_p 与单桩设计承载力 P_a 之间关系为 $P_p=1.5P_a$。这一关系是通过一系列试验结果得出来的。

一、桩侧摩阻力特性。在压桩施工过程中，由于挤土的作用，在桩周一定范围内出现重塑区，土的抗剪强度将明显降低。因此，桩侧摩阻力也就明显减小，这是桩侧阻力的特性。锚杆静压桩就是利用这个特性，用较小的压力将桩压入到较深的土层中去。但是，必须指出沉桩引起的土抗剪强度的下降，只是暂时现象，随着时间的推移，超孔隙水压力的逐渐消散，土体逐渐固结压密，因此土的结构强度开始得到恢复，抗剪强度也随之提高，因而桩的侧向摩阻力也将明显增大。

二、桩尖阻力特性。对桩尖阻力特性的了解，主要通过桩尖埋设的传感器进行。它可以测出压桩施工过程中桩尖阻力变化的全过程情况。如 76 号桩压桩阻力曲线(图 2.2.4-1)所示。当桩尖处于软土层时，桩顶压力与桩尖阻力的两条曲线十分接近，当桩尖进入持力层后，这两条曲线才有明显的差异。说明桩尖阻力与土层性质有密切关系。

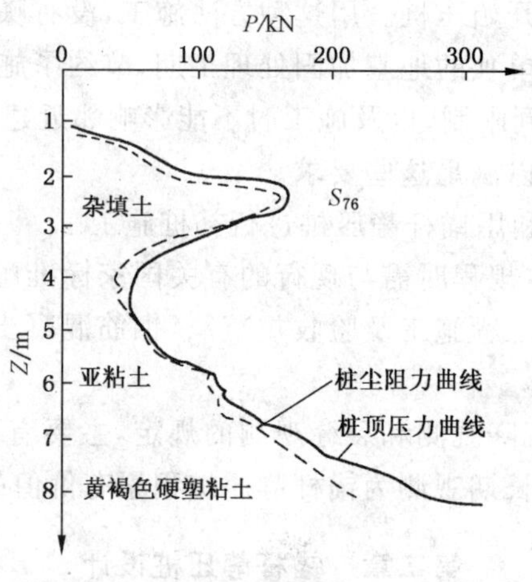

图 2.2.4-1 压桩阻力曲线

三、单桩承载力特性。为了掌握不同间歇时间单桩承载力提高的变化规律，结合工程进行了桩基试验。

1. 静压桩启动阻力的测定。试验结果表明(见表 2.2.4-1)，随着桩入土时间的延长，桩的启动阻力有较显著的提高。三周后桩的承载力比施工时压桩力提高 20%以上，这一特性保证了桩的安全使用。

表 2.2.4-1 不同间歇时间压桩启动阻力

序号	桩号	桩入土深度 /m	间歇时间 /d	间歇前后启动阻力		间歇前后比值
				施工时压桩力/kN	间歇后压桩力/kN	
1	1	7.13	18	286.3	362.6	1.27
2	12	7.65	19	318.1	445.0	1.40
3	77	7.30	24	407.0	407.0	1.23
4	74	8.26	26	305.4	458.0	1.50
5	76	8.15	40	315.0	458.0	1.45
6	21	7.95	48	222.7	394.4	1.77

注：桩截面为 200 mm×200 mm。

2. 单桩承载力试验。试桩结果见表 2.2.4-2 及图 2.2.4-2。结果表明，当桩(106 号和 108 号)入土较浅，桩尖又未进入持力层，桩入土休止时间较短时，这两根桩的承载力就较低，属摩擦桩破坏形式。然而其他 3 根桩，桩尖已进入持力层，单桩休止时间也相应延长，单桩承载力就有明显提高，桩顶沉降小，属支承摩擦桩破坏形式。由此可见，在粘性土中压桩力大于 $1.5P_a$，单桩承载力的安全度 K 可以达到 2 以上，完全能够满足设计要求。

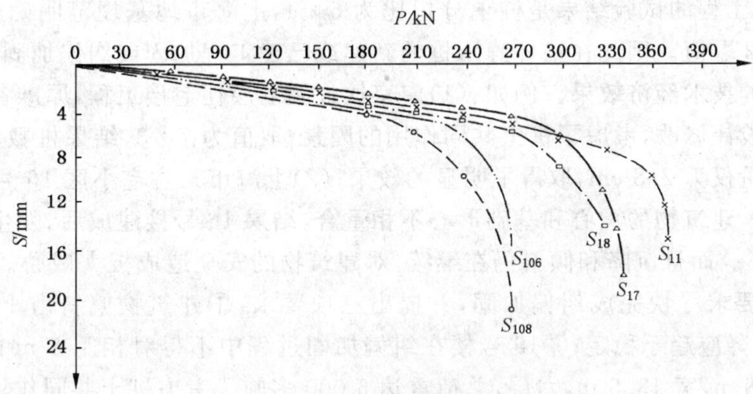

图 2.2.4-2 桩的荷载沉降曲线

表 2.2.4-2 试桩结果

桩号	桩入土深度 /m	间歇时间 /d	桩的设计荷载 P_a/kN	压桩力 P_p/kN	桩的极限荷载 P_u/kN	P_u/P_p	P_u/P_a
S106	3.64	3	142.5	233.4	260	1.1	1.8
S108	3.97	3	142.5	227.7	250	1.1	1.75
S76	3.15	7	141	295	360	1.22	2.55
S78	7.35	7	141	232	310	1.34	2.2
S17	6.08	45	174	241	330	1.37	1.9

在非触变性的黄土或填土中压桩，压桩力 P_p 与单桩设计承载力 P_a 之间的关系为 $P_p=2P_a$。

山西阳泉某工程进行基础托换加固，试验发现，经间歇一段时间后，启动阻力与压桩力相当。为了确保单桩承载力，故提高压桩力，使 $P_p=2P_a$，取安全系数为 2。

第 2.2.5 条 压桩力与桩的入土深度，可预先通过静力触探试验加以确定。压桩力 $P_p(Z)$ 与静力触探的比贯入阻力 $P_s(Z)$ 之间的关系为 $P_P(Z)=K_sP_s(Z)$，$K_s=0.06\sim0.07\ m^2$。根据比贯入阻力便可了解该土层的压桩力大小，对合理选择千斤顶和锚杆直径大小，提供了可靠的依据。换算系数 K_s 是通过大量试验资料总结得出的。例如当 $P_s=10\ 000\ kN/m^2$ 时，压桩力即为 600～700 kN，才能把桩压下去。

第 2.2.6 条 现有两种多节桩的接头形式：一种是焊接接头，一种是硫磺胶泥接头。前者用于承受水平推力、侧向挤压力和拔力；后者用于承受垂直力。由于压桩施工时，可以直接测得压桩力，故多节桩的接头强度折减可不予考虑。瑞典等国使用这种多节桩时亦不考虑节点强度的折减。

第 2.2.7 条 根据桩在土中受力情况来看，桩入土后，即受到周围土对桩的约束，与在外露时的受力情况不同。根据这一现象，国内外早已开始使用小截面桩，如 ϕ150 mm 树根桩、钢筋桩、静压桩。英国曾将 1 根 300 mm×300 mm 的混凝土桩打入深度达 70 m，并得到较高的承载力。我们在多项工程中使用 25 cm×25 cm、桩长 30 余 m 的混凝土桩。我国规范规定的长细比 $L/D\leqslant80$，而从实际工程来看，都已超过这一规定。例如在宝山钢铁总厂的工程中，日方设计的 ϕ400 mm 钢管桩，桩长 60 m，其纵向弯曲系数 $L/D=60/0.4=150$，而工程投产使用结果表明，使用情况良好。在宝钢设计规定中规定不考虑桩的长细比影响。目前在日本、西欧的规范中，亦不考虑长细比的影响因素。

第 2.2.8 条 在锚杆静压桩桩基设计中，可适当考虑桩与桩间土共同分担荷载的作用。

桩土共同作用问题是当前国内外岩土工程中正在研究解决的一个重要问题。从已报导的国内外资料来看，研究工作已取得明显进展。但由于难度较大，各种参数不易确定，至今尚无实用的计算公式。但是室内模型试验和室外大型现场试验，都充分表明带桩承台与单桩的承载力相比，带桩承台的承载力要大得多。据有关资料介绍，波兰试验结果，桩土分担比高达 4∶6，国内试验结果桩土分担比为 6∶4，冶建总院在南京乙烯工程的试验结果是桩土分担比为 6∶4，上海市地基规范明确规定，采用短桩后的桩土分担比可按 8∶2 取值。因此在锚杆静压桩的新建或已建工程加固或纠偏加固工程中，都考虑了这一因素，取得了较好的技术经济效果。例如：(1)南京饮虹园七层住宅楼工程，原准备套用铁道部某设计院的设计图纸，后经设计修改，考虑了桩土共同作用的因素，取值为 7∶3，结果桩数大量减少，节省了投资，而建成后的沉降量仅为 2.8 cm，取得了明显的效果；(2)上海市某住宅小区 16 号楼，因地基土较差，设计地耐力取值偏高，建筑物的重心和基础形心不相重合，结果 16 号楼建成后，发生明显的沉降和整体倾斜，倾斜率达 1.3%。而且沉降和倾斜仍在继续，对建筑物的安全造成极大威胁。化工局和有关部门对此工程极为重视，要求尽快完成纠偏加固，并提出三项要求：①建筑物偏斜由 1.3% 回倾到 0.4%；②经加固后建筑物沉降应趋于稳定；③16 号楼在纠偏加固过程中不得对相距 5 m 的 15 号楼造成附加沉降。该建筑物长 48 m，宽 13.5 m，六层，总荷重达 6 000 多吨。考虑桩土共同作用，取值 5∶5。桩截面250 mm×250 mm，桩长 28 m，单桩承载力 30 t，桩数 93 根。经精心纠偏施工后，建筑物倾斜率达到 0.18%，远远小于 0.4% 的设计要求。经纠偏加固后建筑物的沉降已基本趋于稳定。由于采用冲水纠偏，对邻近 15 号楼没有影响，取得了良好的效果；(3)上海某厂房，地基承载力为 80 kPa，而设计达 120 kPa。厂房建成投产后，发生沉降和整体倾斜，电梯卡轨，严重影响生产使用。由于加固费用受到限制，为了充分挖掘潜力，考虑桩土共同受力的因素，结果布桩 83 根，桩土分担比达 6∶4。经加固后，建筑物沉降基本得到控制；(4)南京某新村的 9 号、10 号六层住宅楼纠偏加固，苏州吴江两幢五层住宅楼的纠偏加固，福州某新村 4 号楼纠偏加固等都充分考虑了桩土共同作用的因素，取得了较理想的效果。

在一般桩基施工中，先打桩后做基础，桩先受力而后再由基础受力，所以桩承载比例较大。而锚杆静压桩不论是新建还是已建工程，都是先有上部建筑，地基土先受力，而后再利用建筑物自重把桩压入土中，实现对软基加固和对基础进行托换的目的。因此，地基土是在上部荷载作用下开始部分完成压缩变形，另一部分进入侧向变形。当桩与基础锚固后，一旦基础出现沉降，上部荷载立即由桩承受，并迅速将荷载传到深层土中去，从而减小了基底压力。另外，在压桩过程中，发现建筑物略有上抬现象，因为压入的预制桩必须向四周排开与自身体积相等的土体，对基础下的地基土起到挤密作用，并对基础底面产生一个向上抬的作用力，当上抬力大于建筑物自重时，能把基础上抬到一定高度。例如福州八层外贸住宅楼，当上部建到三层楼时开始压桩，由压桩引起的上抬力，把基础上抬了 2.8 cm，当八层建筑物施工完后，基础标高回复到零，沉降已基本稳定。

锚杆静压桩的桩位一般可设置在柱子四周或承重墙两侧。由于要承受 2～3 层楼的荷载，根据计算，需要有一个相应的基础面积，因此应当利用这一部分基础面积去分担上部建筑的荷载。

另外需要加以说明，考虑桩土共同作用的前提是该种桩必须是摩擦桩或以摩擦为主的摩擦支承桩，桩基本身有一定沉降；支承桩不能考虑桩土共同作用。在一般情况下，可按 7∶3 取值，即桩承受荷载的 70%，地基土承受荷载的 30%，但地基土承受的荷载不宜超过 40 kPa。要求控制建筑物沉降的，桩尖应进入较好的土层。与此同时，应对桩基的强度与沉降进行验算。

工程实测表明，凡采用锚杆静压桩的工程，桩尖进入持力层，建筑物沉降量是比较小的，一般不超过 5 cm。

桩土分担比应根据建(构)筑物的具体情况而定，如基础形式、基础大小、建(构)筑物性质、地基土好坏、上部结构破裂程度、基础沉降情况、构造要求等。选择分担比必须慎重。

第三节　桩基承台设计

第 2.3.1 条　新设计的桩基承台厚度不宜小于 350 mm。基础边缘距边桩的边距宜不小于 200 mm。

第 2.3.2 条　桩基设计可参照《建筑地基基础设计规范》进行。有关桩基承台的内力，可按现行的《钢筋混凝土结构设计规范》进行抗冲切、抗剪切以及抗弯强度的验算。当不能满足要求时，适当加厚承台和增加配筋。当基础下部受力钢筋被压桩孔切断时，应在孔口边缘增加加强筋。

第 2.3.3 条　当压桩孔在基础边缘转角处，压桩力较大时，应设置受拉构造钢筋。

第 2.3.4 条　桩头与基础承台的联结是锚杆静压桩的重要环节之一，必须联结可靠。桩头伸入承台的长度，一般为 50～100 mm。若有特殊要求，桩头应有 4ϕ12 mm 或 4ϕ14 mm，长为 350 mm 钢筋伸入压桩孔内。

桩与基础的联结，采用浇注 C30 微膨胀早强混凝土。在浇注混凝土前，压桩孔内的泥水、杂物必须清理干净，光滑的孔壁应作凿毛处理，以增加新老混凝土的粘结力。

第 2.3.5 条　对已有建(构)筑物基础进行加固托换时，应查清原有基础的混凝土强度、基础尺寸、配筋和上部荷载等情况，应进行详细验算。根据承台承受负弯矩和抗冲切力的要求，当基础底板厚度小于 350 mm 时，应设置桩帽梁。桩帽梁主要利用压桩用的 4 根抗拔锚杆，加焊交叉钢筋并与外露锚杆焊牢，然后围上模板，浇灌混凝土而形成。

第四节　锚杆的构造与锚固深度

第 2.4.1 条　锚杆螺栓按其埋设形式分预埋和后成孔两种。新建工程采用预埋式较多，预埋式螺栓为爪式或锚板等形式；已建工程的基础托换，一般采用后成孔埋设法，即采用镦粗锚杆螺栓或焊箍锚杆螺栓等形式。

第 2.4.2 和 2.4.3 条　锚杆静压桩技术的关键之一是抗拔锚杆。如果没有强有力的锚杆作反力，就无法进行压桩施工。因此，必须重视抗拔锚杆的设计与埋设施工的质量。

锚杆的有效埋设深度，通过现场抗拔试验和有限元的计算表明，锚杆的埋设深度为(10～12)d(d 为螺栓直径)便能满足使用要求。

为了探讨锚杆螺栓在基础中的受力状态，曾用轴对称问题的有限元法进行了计算分析，并进行了锚杆抗拔现场试验，得出锚杆不同埋入深度理论计算和实测结果，计算结果见表 2.4.3-1，锚杆不同埋深的应力分布见图 2.4.3。

表 2.4.3-1　不同埋深的计算结果

埋置深度	0.5 d	1.5 d	2.5 d	3.5 d	4.5 d	5.5 d
σ_z/P	0.721	0.422	0.280	0.194	0.141	0.104
τ_{rz}/P	0.081 2	0.030 2	0.017 2	0.010 8	0.007 2	0.004 8
埋置深度	6.5 d	7.5 d	8.5 d	9.5 d	10.5 d	
σ_z/P	0.080	0.062	0.050	0.040	0.083	
τ_{rz}/P	0.003 4	0.002 4	0.001 8	0.001 3	0.001 0	

从表 2.4.3-1 可见，离开基础表面随着埋置深度的增加，螺栓截面上的拉应力 σ_z 和剪应力 τ_{rz} 衰减都很快。当埋设深度为 8.5 d 时，截面拉应力只有表面拉应力的 5%。因此，当埋设深度超过 8.5 d 以后，拉应力 σ_z 变得很小。这与现场抗拔试验结果的规律基本相符(测试用的螺栓直径为 33 mm，埋深 330 mm，两侧刻槽并粘贴电阻应变片)。实测结果见表 2.4.3-2。

表 2.4.3-2　实测试验结果

螺栓截面位置		0	2.4 d	5.5 d	8.2 d
螺　栓	σ_z/MPa	222 (计算值)	87.8	30.9	10.9
应　力	σ_z/P	1	0.4	0.14	0.05

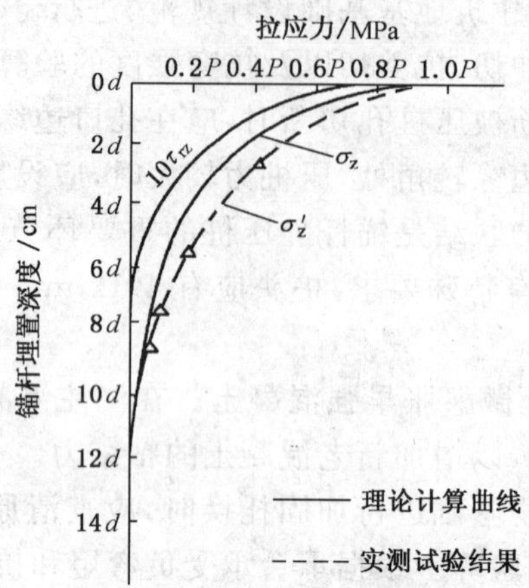

图 2.4.3 锚杆螺栓不同埋置深度的应力分布

由锚杆螺栓不同深度剪应力分布变化规律表明，在接近基础表面处有很大的剪应力，实际已超过混凝土的抗剪强度，混凝土将出现塑性变形甚至开裂。但在基础表面以下 1.5 d 深度处，剪应力为螺栓应力的 0.03 倍。如果螺栓的允许使用应力为 100 MPa，那么相应在 1.5 d 深度处剪应力为 3 MPa，接近混凝土的极限抗剪强度，保证了锚杆在混凝土中的锚固作用。工程中采用(10～12)d 的埋深是安全可靠的。

目前工程中常用的后成孔埋设法，采用光面直杆螺栓并对端头作了镦粗或焊箍筋处理，锚固力有明显提高。常用的锚杆为 M24 或 M27 两种。

第 2.4.4 条 选用硫磺胶泥粘结剂，单根锚杆能提供 100～120 N 的抗拔力，完全能满足设计要求。在施工中已使用过几万根这种锚杆，几乎没有被拔出过，说明使用这种粘结剂是安全可靠的。

第三章 锚杆静压桩施工

第 3.0.1 条 锚杆静压桩的设备装置示意图见图 3.0.1。

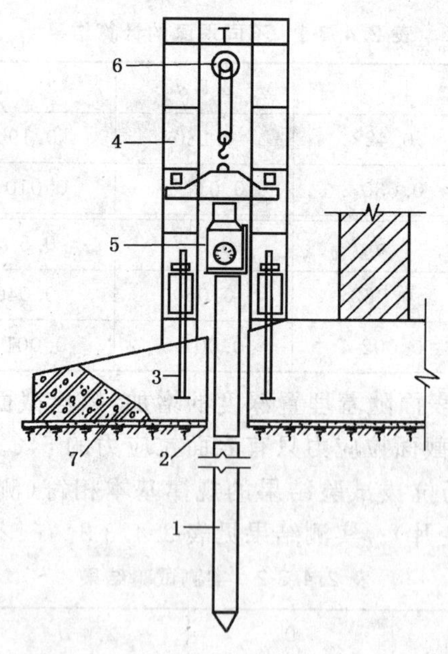

图 3.0.1 锚杆静压桩装置示意图

1—桩；2—压桩孔；3—锚杆；4—反力架；5—千斤顶；6—电动葫芦；7—基础

本规程主编单位和主要编写人员名单

主编单位：冶金工业部建筑研究总院

参加单位：北京京冶地基基础技术公司

主要编写人：周志道　夏　强　范春霞　王维廉　宋守淮

中华人民共和国冶金工业部部标准

钢管桩施工技术规程

YBJ 233—91

主编单位:冶金部打桩施工技术规程编制组
批准部门:中华人民共和国冶金工业部
施行日期:1992 年 1 月 1 日

第一章　总　　则

第 1.0.1 条　本规程适用于工业与民用建筑钢管桩的施工与验收,采用本规程进行钢管桩施工时,尚应符合国家现行有关标准规范的要求。

第 1.0.2 条　钢管桩施工前,应具备下列资料:

(1) 勘探孔平面图。钻孔布置和数量应结合基础情况和桩的数量按国家有关规范确定,并应满足下列要求:

a. 当相邻钻孔所揭示的地质情况差异较大时,钻孔宜加密。

b. 勘探孔深度须达到查明持力层及其下卧层情况的要求。

(2) 钻孔柱状图及工程地质剖面图。应包括各层土的 N 值、静力触探 P_S 值,柱状图以及各层土的物理力学性能指标。

(3) 施工区域内的地质资料。应包括坑、暗沟、暗浜及古墓文物等情况。

(4) 地下管线、障碍物资料以及周围危险房屋、精密仪器车间、医院等调查资料。

(5) 施工图纸。包括总平面布置、桩位布置及测量控制网点的布设等。

(6) 附近地区打桩经验和试桩资料。

(7) 施工组织设计(施工方案)。包括打桩编号和流程。

(8) 大中型工程或该地区无类似打桩资料可供参考时,应由设计单位确定是否做桩的静力载荷试验,或通过动测取得桩承载能力的资料。

第 1.0.3 条　如桩顶标高在地面以下的软土中,且地下水位较高时,一般宜先打桩后挖土;如有桩机及吊机下坑作业的条件,且便于打桩时,也可考虑先挖土后打桩。

第 1.0.4 条　在办公楼、科研设施、精密仪表车间、医院、居民区及其他有特殊要求的地区附近打桩时,应根据对象采取防挤压、防振动、防噪音、防污染环境等措施。

第 1.0.5 条　当桩尖所穿过土层较厚、较硬,估计穿透有困难时,在桩下端部可增焊加强箍,加强箍壁厚一般大于 9 mm,高度在 300 mm 左右。

第 1.0.6 条　在边坡上打桩时,必须考虑边坡的稳定,并进行验算。

第 1.0.7 条　施工场地要平整(平整度小于 1%),铺压一定厚度的砂石、道渣材料,以满足桩机接地压力的要求,同时开挖排水沟做到排水良好,防止因场地松软影响打桩质量,保证作业安全。

第 1.0.8 条　桩基工程开工前,应对施工人员进行技术交底和安全、质量教育。

第 1.0.9 条　桩基施工后,应按本规程进行验收,否则不得进行下道工序施工。

第二章　材料与构造

第 2.0.1 条　桩材规格及强度应满足设计要求，桩材表面不得有裂缝、起鳞、夹层及严重锈蚀等缺陷，并应具有供货单位提供的材质合格证。

第 2.0.2 条　施工前须抽样检验桩材的化学成分和机械性能。

第 2.0.3 条　钢管桩制作的偏差应符合表 2.0.3 的规定。

表 2.0.3　钢管桩制作允许偏差

项　　目		允　许　偏　差
外　径	管端部	±0.5%(外周长)
	管身部	±1.0%(外周长)
管壁厚 <16 mm	外径<500 mm	＋无规定　−0.6 mm
	外径>500 mm <800 mm	＋无规定　−0.7 mm
	外径>800 mm	＋无规定　−0.8 mm
单管长度		0～150 mm
矢　高		≤0.1%单管长度
管端垂直度		<0.5%外径，但最大为 4 mm
管端平整度		≤2 mm

第 2.0.4 条　钢管桩的单节长度应根据桩的刚度、运输能力和桩机导杆(机架)的高度确定。

第 2.0.5 条　用于有侵蚀性地下水部位时，应按设计要求对桩身进行防腐处理。

第 2.0.6 条　应按设计要求选择与桩材相适应的焊接材料，焊条和焊丝应分别符合现行产品标准《低碳钢及低合金高强钢焊条》和《焊条用钢丝》的规定。

第 2.0.7 条　接桩时，其接口位置以离地面 0.8～1.0 m 为宜，接口上、下各 20 mm 范围内要用砂轮打磨，清除锈层及杂物。

第 2.0.8 条　内衬环要与桩管内壁贴紧，按设计要求进行焊接，其材质要与桩管相同，其构造形式见图 2.0.8。

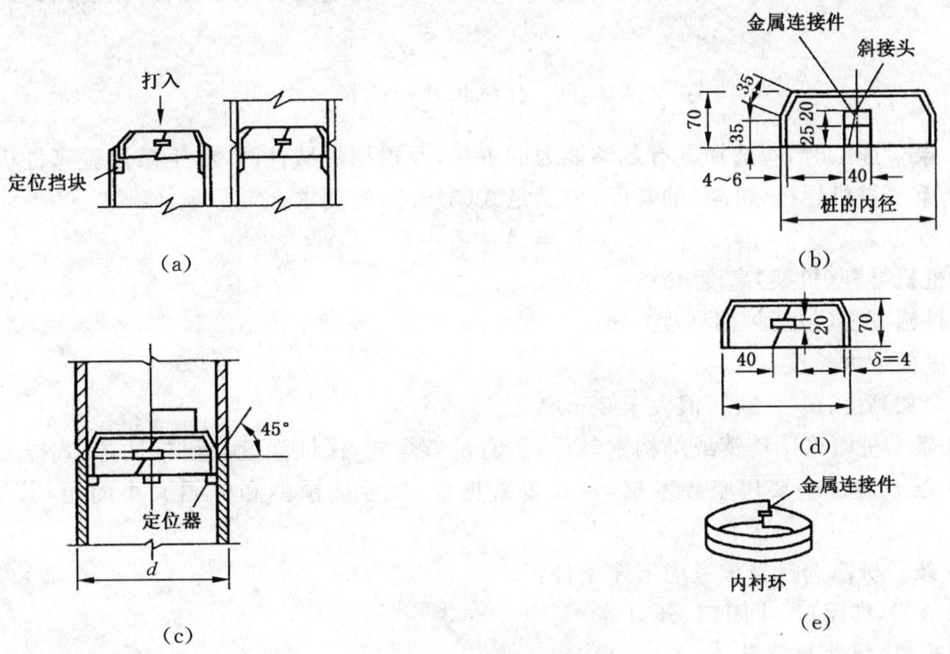

图 2.0.8　内衬环的安装

第 2.0.9 条 短桩的接长与应用要求如下：

(1) 用于接长的钢管短桩，长度不得短于 1.5 m，有明显变形或已达屈服强度的短桩不得使用。

(2) 每节接长的钢管桩长 10～15 m，接长时短桩应长短搭配连接，每节钢管桩(15 m)最多不超过 5 个焊口，每 50 个焊口进行一次全周 X 射线探伤抽查。

(3) 短桩接长必须在专用生产线上进行，其质量必须符合表 2.0.3 的规定。

(4) 短桩连接时，焊缝起点要顺圆周方向相互错开，不同壁厚的短桩不得接长使用。

(5) 接长的钢管桩应有出厂合格证。

(6) 接长的钢管桩可用于整桩下面第一到第二节。

第三章 施 工

第一节 桩的堆放及运输

第 3.1.1 条 钢管桩堆放场地应平整，地耐力要满足堆放钢管桩荷重要求，场地要排水良好，不应因桩材自重而产生地基下沉，影响桩身平直。

第 3.1.2 条 钢管桩要按规格、型号分堆存放，堆放高度和层数应考虑桩身刚度和吊桩作业安全。直径 400 mm 以下的钢管桩，堆放层数一般不超过六层，直径 400 mm 以上的钢管桩，堆放层数一般不超过四层，并应按正确支点进行堆放。

第 3.1.3 条 为保证安全，应在桩堆两侧塞上木楔，桩管下面垫上枕木，见图 3.1.3。

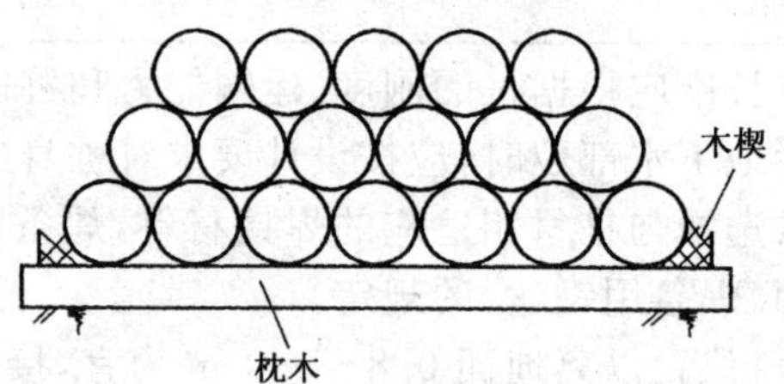

图 3.1.3 桩的堆放

第 3.1.4 条 钢管桩运输或存放过程中，应避免碰撞摩擦，以防止桩管损坏或变形。

第 3.1.5 条 桩管运到现场后，应认真核对其规格尺寸，特别是管壁厚度，防止差错，否则会造成质量事故。

第二节 打桩机具的选择

第 3.2.1 条 施工时，应选择具有足够能力的桩机，并根据机械性能、施工条件验算桩机稳定性。

第 3.2.2 条 桩机导杆(机架)的高度，要满足式(3.2.2)的要求。

$$L = A + B + C \tag{3.2.2}$$

式中 L——桩机导杆(机架)高度，m；

A——桩锤高度(包括桩帽高度)，m；

B——单桩最大长度，m；

C——余加高度，m(一般取值大于 2 m)。

第 3.2.3 条 桩帽可用铸钢或结构钢制作，要有足够焊缝，保证强度及耐打性，其式样见图 3.2.3。

第 3.2.4 条 缓冲垫要用坚硬木材，木纹垂直桩身，尺寸按锤型和桩帽大小而定，其厚度不小于 80 mm。

第 3.2.5 条 桩锤选择着重考虑下述条件：

(1) 桩端形式，即闭口、半闭口、开口等。

(2) 桩的规格、尺寸及重量。

(3) 锤击应力。

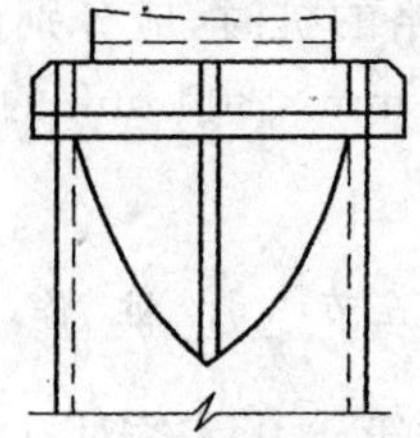

图 3.2.3 柱帽示意图

(4) 钢管桩穿越土质情况，主要指砂层埋藏深度及中间硬土层情况。

(5) 桩位密集程度、桩机设备能力及桩锤的新旧状况，亦可参考《地基与基础工程施工及验收规范》(GBJ 202—83)附录四，在不使桩材屈服的前提下尽量优先选用重锤。

如用柴油锤，可选用：

ϕ400 mm 左右的钢管桩，柴油桩锤选用 3.5t 级以上；

ϕ600 mm 左右的钢管桩，柴油桩锤选用 4.5t 级以上；

ϕ900 mm 左右的钢管桩，柴油桩锤选用 6.0t 级以上。

其他蒸汽锤、液压锤可根据经验选用，但正式打桩用锤必须与试桩时用锤一致。

第 3.2.6 条 施工时应注意桩机、桩锤的维护与保养，宜重锤低打，使锤弹跳高度及桩材应力均处于最佳状态。

第三节 试 打 桩

第 3.3.1 条 为选定合理的打入深度、最后贯入度及其他技术参数，在每一工程正式打桩前，应先行试打桩。试打桩的位置应根据场地、地质及桩位布置情况确定。

第 3.3.2 条 桩布置比较集中且数量在 200 根以下时，试打桩不宜少于 3 根，以后每增加 100 根桩，试打桩增加 1 根。如地质条件复杂，桩种类别较多，或桩布置零散，场地面积较大，可酌情增加试打桩数量。

第 3.3.3 条 试打桩时要认真做好记录，数据要真实齐全，根据试打资料，制定具体的停打标准。

一般桩尖处为硬质粘土、碎石土、砂土或风化岩层时，以贯入度控制为主，标高控制为辅；当桩尖处为亚粘土或其他软土层时，以标高控制为主，贯入度控制为辅。在一般情况下，停打标准应根据下述原则确定：

(1) 桩尖已达到设计标高。

(2) 锤击应力不得使钢材屈服。

(3) 最后 10 击的平均每击贯入量不超过 2～4 mm。

(4) 总锤击数达到 3 500 击。

第四节 测 量 定 位

第 3.4.1 条 根据需要设置半永久性的桩位控制网点和水准点。

第 3.4.2 条 桩位控制网点一般作矩形方格网控制，并应设置在区域或厂房的轴线上，其数量可根据场地大小和桩的分布情况而定。

第 3.4.3 条 由于打桩振动、沉桩排土等因素影响，场地可能发生位移或土体隆起，所以控制点离开边缘桩的距离不宜小于 30 m。

第 3.4.4 条 控制点应制作坚固，并做好保护设施，防止运输车辆及桩机碾压，以及其他人为损坏。

第 3.4.5 条 控制网点应经常进行校核，一般每 10 天不少于一次，应认真做好记录，以保证控制点的正确。

第 3.4.6 条 桩位(亦称样桩)应认真设置，并逐级复核，做好记录，误差不得超过±10 mm。

第 3.4.7 条 同一工程有几种不同规格的桩时，应分别设置桩位或做好明显标记，以防差错。

第 3.4.8 条 桩位一般由 50 mm×50 mm×300 mm 的小方木做成，然后以铁钉为桩中心，木方露出地面不小于 50 mm，以防碰坏或位移。

第五节 打 桩 作 业

第 3.5.1 条 打桩施工前，应按本规程第 1.0.7 条对打桩场地进行验收。

第 3.5.2 条 桩材运到现场后，应按本规程第 2.0.3 条对桩的几何尺寸进行检查。

第 3.5.3 条 桩起吊时可采用一点吊，吊点位置离开桩头 2 m 左右。

第 3.5.4 条 为准确做好施工记录，桩管上应做出长度标记，一般为 1 m，有要求时亦可为 500 mm 或其他尺寸，最后一节桩上的刻度标志应为每格 100 mm。

第 3.5.5 条 第一节桩就位时，平面位置要准确，可采用定规板（见图 3.5.5）或用白灰与桩等径同心画的圆作基准。

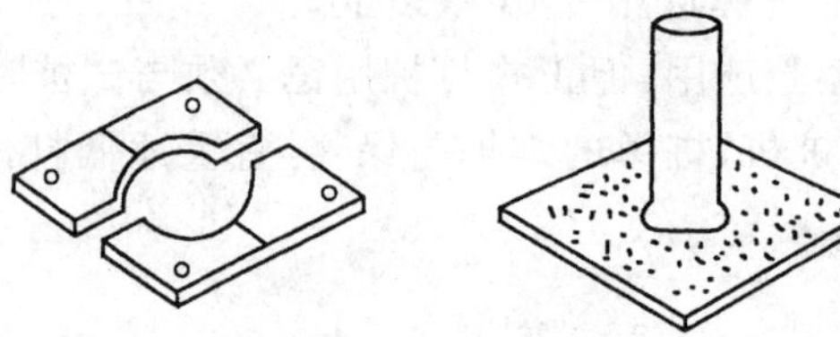

图 3.5.5 定规板

第 3.5.6 条 桩就位后，用两台经纬仪呈 90°角同时找正，确认垂直误差小于 0.1%桩节长度时方可打入。

第 3.5.7 条 单节桩组合成整桩时，接桩应考虑下述事项：

(1) 尽量不使接头出现在地层变化处。

(2) 接近或进入持力层时，不宜接桩，以防打入困难。

第 3.5.8 条 打桩过程中，不得中途停锤，必须连续施打完毕，但遇有下列情况，必须立即停止施工：

(1) 贯入度突然发生变化。

(2) 桩身严重倾斜。

(3) 桩身弯曲或桩头严重损坏。

(4) 桩周大量涌水或地面严重隆起。

(5) 设备发生故障。

第 3.5.9 条 测量最后贯入度应符合下列要求：

(1) 桩顶没有破坏。

(2) 锤的落距符合要求。

(3) 缓冲垫符合要求。

(4) 最后一米没有停锤（特殊情况除外）。

(5) 最后贯入度应是 10 击平均值，符合试桩的停打标准。

第 3.5.10 条 打桩施工属于隐蔽工程，施工时必须做好施工记录，打桩施工记录的内容，应包括：

(1) 锤击记录。

(2) 测量记录。

(3) 焊接记录。

(4) 最后贯入回弹记录。

(5) 机械设备及锤跳高度记录。

第六节　桩接头的焊接

第 3.6.1 条　钢管桩接头焊缝坡口由工厂加工，经过运输、就位及锤打，接头部位应保持无损伤。

第 3.6.2 条　钢管桩焊接可根据设备、人员情况，采用手把焊、半自动焊或全自动焊，接头应符合设计要求。

第 3.6.3 条　焊条、焊丝及焊剂应存放干燥处，使用前应按要求进行烘干，并放在干燥筒中随取随用，当班未用完时，应放回干燥箱内。

第 3.6.4 条　焊接应遵守下列规定：

(1) 焊工须经考试合格，并取得相应施焊条件的合格证。

(2) 焊接前应检查接头部位是否完好，并清除浮锈、泥污等。

(3) 多层焊接时，每层焊完后要将药渣打掉，每道焊口接头要错开。

(4) 做好施工记录，记录内容见附录 C。

(5) 为减少焊接变形和内应力，宜对称焊接。

(6) 风雨天及环境潮湿时，要采取挡风雨及焊口烘干等措施；大雨大雪影响焊接质量时，应停止施工。

(7) 接头焊完后，须经一定时间冷却，使母材降温至 300℃以下才能继续锤击，焊接操作应严格遵守有关规程，焊接质量标准见表 3.6.4。

表 3.6.4　焊接质量标准

项　　目	允许偏差/mm
桩接口间隙	2～4
桩接口错口	＜2
咬　深　度	≤0.5
焊缝堆高	≤2～4
焊缝搭边	≤3
漏　　焊	不允许

(8) 应防止焊肉不足和重叠烧透等缺陷。发生有害的缺陷时，须进行修整。对产生裂纹的部位，须清理并仔细除去其周围的焊肉再进行焊接；每 20 根桩，须抽样进行焊缝 X 射线探伤，检查结果记录在附录 E 内。

第七节　打 桩 管 理

第 3.7.1 条　打完钢管桩或留下的桩孔，须在钢管桩或桩孔顶端加焊或加临时保护盖板，以免发生事故。

第 3.7.2 条　采用先打桩后挖土工艺施工时，设计标高以上部分的桩管可在挖土前切割拔除，切割方法一般采用等离子或氧乙炔地下切割机，桩顶端水平面允许偏差见表 3.7.2，桩顶标高误差不得超过＋10 mm、－30 mm。

第 3.7.3 条　桩帽施工要符合设计要求，焊接时要清除浮锈、油污等物，严禁电渣溅入钢管桩内。

第 3.7.4 条　桩帽焊接完毕后要自检，确认合格后方可进行下道工序。

表 3.7.2 桩顶端水平面允许偏差

桩直径/mm	允许偏差 Δ/mm	
900	<10	
600	<8	
400	<5	

第四章 工 程 验 收

第 4.0.1 条 打桩工程验收应符合设计要求与质量标准，工程验收分两种情况：

(1) 桩顶标高在地面以上时，可待全部打完后一次交工验收。

(2) 桩顶标高在地面以下时，验收工作分以下两个阶段进行：

a. 每根桩打到地面时，进行桩位及最顶上一节桩的垂直度验收；

b. 全部桩打完并完成切割、拔出、挖土到桩顶时，再进行桩顶标高检验。

第 4.0.2 条 验收内容与标准如下：

(1) 验收内容如下：

a. 隐蔽工程检查记录。

b. 钢管桩施工质量评定。

c. 中间交接证书。

d. 材质证明。

e. 桩位竣工平面图。

f. 打桩原始资料。

g. 设计变更、技术文件。

h. 焊接自检记录。

(2) 质量标准如下：

a. 符合停打标准要求。

b. 在地面验收时的桩顶平面偏差：桩数少于 20 根的基础中，桩顶平面偏差不得大于 0.25D(D 为外径)；桩数大于 20 根的基础中，桩顶平面偏差为边桩不大于 0.25D，中间桩不大于 0.33D。

c. 地面下最顶上一节桩的垂直度偏差应不大于 1.0%桩长，并按 10%桩数抽查验收。

附录 A 打桩施工记录

打桩施工记录见附表 A。

附表 A 打桩施工记录表

No 天气 日期

分部工程名称			送桩类型重量						土芯高					
桩 号			打桩起止时间						最后贯入度					
打桩机类型			打入持力层深度						桩尖标高					
桩锤级别重量			入土总深度						桩顶标高					
锤 击 下 沉 量														
入土深度/m	1	2	3	4	5	6	7	8	9	10	11	12	13	14
锤击次数														
平均落锤高度/cm														

续附表 A

No　　天气　　日期

分部工程名称				送桩类型重量					土 芯 高				
桩　　号				打桩起止时间					最后贯入度				
打桩机类型				打入持力层深度					桩尖标高				
桩锤级别重量				入土总深度					桩顶标高				

锤　击　下　沉　量

入土深度/m	15	16	17	18	19	20	21	22	23	24	25	26	27	28
锤击次数														
平均落锤高度/cm														
入土深度/m	29	30	31	32	33	34	35	36	37	38	39	40	41	42
锤击次数														
平均落锤高度/cm														
入土深度/m	43	44	45	46	47	48	49	50	51	52	53	54	55	56
锤击次数														
平均落锤高度/cm														
入土深度/m	57	58	59	60	61	62	63	64	65	66	67	68	69	70
锤击次数														
平均落锤高度/cm														
入土深度/m	71	72	73	74	75	76	77	78	79	80	81	82	83	84
锤击次数														
平均落锤高度/cm														

负责人　　　　　　施工组长　　　　　　记录员

附录 B　打桩测量记录

打桩测量记录见附表 B。

附表 B　打桩测量记录表

日期

分部工程名称			管桩规格			仪器名称			备注与草图
桩号与节数	垂　直　度				水平位移				
	东	西	南	北	东	西	南	北	

施工负责人：　　　　　　组长：　　　　　　记录员：

附录 C　焊接自检记录

焊接自检记录见附表 C。

附表 C　焊接自检记录表

施工单位：　　　　　　　　　　　　　　　　　　　　　年　　月　　日

分部工程名称		施工日期		焊接者		焊接者代号			
桩　号		桩规格		焊条牌号、规格					
焊　接　质　量									
接头位置	电流	电压	接口间隙/mm				咬　肉/mm	焊肉高/mm	焊肉宽/mm	钢管错口/mm
			东	南	西	北				
质量评定										
备　注										

附录 D　桩贯入度测定记录

桩贯入度测定记录见附表 D。

附表 D　桩贯入测定记录表

年　　月　　日

桩　号	
打桩时间	年　　月　　日
贯入深度 GL/m	
桩锤重量 W/kN	
桩锤落下高度 H/cm	
贯入量 S/cm	
回弹量 K/cm	
长期容许支持力 R_a/kN	

↑贯入量/cm—

—打击数/n→

附录E　隐蔽工程检查验收记录

隐蔽工程检查验收记录见附表E。

附表E　隐蔽工程检查验收记录

施工单位(公章)：　　　　年　月　日

<table>
<tr><td>工程编号</td><td colspan="2"></td><td>工程名称</td><td colspan="3">图　号　　施工小组</td></tr>
<tr><td>项　目</td><td>单位</td><td>数量</td><td>图纸说明及
技术要求</td><td>自检结果</td><td>质量</td><td>评定</td></tr>
<tr><td></td><td></td><td></td><td></td><td colspan="3"></td></tr>
<tr><td colspan="4">自检单位意见：

负责人：
年　月　日</td><td colspan="3">检查部门意见：

检查员：
年　月　日</td></tr>
</table>

注：本表一式三份，交工存档依据。施工单位检查部门留一份。

附录F　打桩工程中间交接证明

打桩工程中间交接证明见附表F。

附表F　打桩工程中间交接证明

年　月　日

<table>
<tr><td>工程编号</td><td></td><td>工程名称</td><td></td><td>图号</td><td></td></tr>
<tr><td colspan="2">分部工程名称</td><td></td><td>交接时间</td><td colspan="2">月　日</td></tr>
<tr><td colspan="6">工程简要内容</td></tr>
<tr><td colspan="3">质　量　标　准</td><td colspan="3">实　际　质　量　情　况</td></tr>
<tr><td colspan="3"></td><td colspan="3"></td></tr>
<tr><td colspan="2">交出单位</td><td colspan="2">交方检查部门意见</td><td colspan="2">接收单位</td></tr>
<tr><td colspan="2">公章

负责人：</td><td colspan="2">

检查员：</td><td colspan="2">公章

负责人：</td></tr>
</table>

注：本表一式三份，施工单位留两份交工存档，接收单位一份。

附:条文说明

第一章 总 则

第1.0.1条 本规程是根据宝钢工程钢管桩若干规定及有关技术标准、质量检验和评定办法,并依据国家《地基与基础工程施工及验收规范》(GBJ 202—83)编写的。

冶金工业大型联合企业生产设备和建(构)筑物基础均较重、大、深,宝钢建在上海软土地基上,采用了钢管长桩,以砂层为桩尖持力层,使用范围如下:

(1) 重要厂房基础,重荷载的设备基础。

(2) 对差异沉降有严格要求的设备基础。

(3) 振动大的动力设备基础。

本规程也适用于高层建筑长桩工程,施工中应同时执行《工业与民用建筑工程地质勘察规范》(TJ 21—77),《冶金基建试验检验规程》第三分册土工检验(冶基 103—77)的规定。

第1.0.2条 钢管桩打桩同工程地质和水文地质条件有密切关系,为此,应提供地质勘察和气象资料报告作为编制施工组织设计、进度计划、技术措施的依据之一。

环境调查资料包括建筑物打桩影响范围内的原有地下管线位置图及埋设深度,邻近建筑物原有结构基础图;上空架线状况等。

我国勘察规范钻孔间距最大取 100 m,由于宝钢地处长江下游,地层简单,间距可放大至 300 m。在地层断面图有起伏处加密钻孔。

第1.0.4条 打桩施工,一般使用锤击法,采用冲击式柴油锤。但因噪音、振动造成公害,并对相邻建筑造成不利影响,因此近年来开始使用压入法。

压入法是利用机械和配重作反力,将桩压入地基的一种沉桩方法,优点是无振动、无噪音、无污染,不会损坏桩头;缺点是移动不便。宝钢炼钢厂内的钢包喷粉工程,就是采用 2 000 kN 级静力压桩机将 35 根 ϕ406 mm 钢管桩压至 46.8 m 和 55.2 m 深度的,后者进入粉砂土持力层,施工时无振动、无噪音、无污染,对邻近构筑物侧向挤压影响甚小。

第1.0.6条 为确保打桩机行驶安全和平稳操作,对打桩场地必须进行平整压实处理。根据进口日本柴油打桩机提供的资料,该打桩机对地面的压力为 250～300 kPa,软土地基无法满足要求。宝钢施工经验表明,做好场地排水,地面整平压实,铺道渣 10～20 cm 厚,用 12 t 压路机辗压三遍,可将地基耐压力提高到 100 kPa。再在桩机履带下铺路基箱,扩大基底承压面,一般都能满足打桩施工的要求。

第二章 材料与构造

第2.0.2条 钢管桩抽样试验,其化学成分和机械性能必须符合表 2.0.2-1、表 2.0.2-2 的要求。

表 2.0.2-1 化学成分

钢 号	代 号	化 学 成 分 /%				
		C	Si	Mn	P	S
3号钢	A3	0.14～0.22	—	—	≤0.045	≤0.050

表 2.0.2-2 机械性能

分类	抗拉强度 /MPa	屈服点 /MPa	伸长率/%		规格标准	
			δ_5	δ_{10}		
母材	372.4～460.6	235.2	≥26	≥22	180°冷弯试验 $d=1.5a$	GB 700—79
焊接部分	372.4～460.6				180°冷弯试验 $d=1.5a$	GBJ 17—88

第 2.0.3 条 打桩时要对单管的外形尺寸进行复查，超过标准应加以修正；不能修正的，由打桩单位技术主管作出处理。

第 2.0.9 条 接桩焊缝 X 射线探伤检验标准参见日本 JISZ—3104 或国际 GB 3323—82，以Ⅲ级为合格。

超声波探伤标准参见 JB 1152—82，以Ⅲ级为合格。

第三章 施 工

第 3.2.2 条 打桩使用的柴油锤与导杆、机架应配合方便，导杆上下部固定并可作两个方向转动，导杆与钢管桩的关系见图 3.2.2。

第 3.2.3 条 打桩用的桩帽呈锅盖式，装在桩的头部，起保护桩头作用，使桩的冲击力均匀分布到桩头，从而保证桩的垂直度。

第 3.2.5 条 桩锤重量的选择与桩的尺寸、长度有关，并以打击力和打击应力为参考。日本柴油锤的实测冲击力经验公式为：

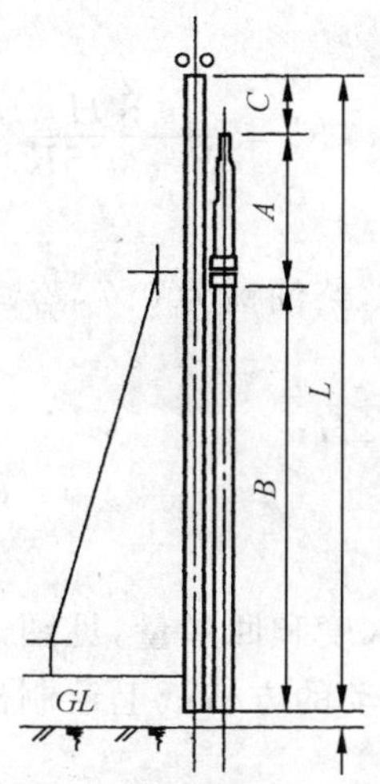

图 3.2.2 导杆和钢管桩的关系

$$P=\text{上活塞重}\times 100 \tag{1}$$

例：3.5t 级锤的打击力：$P=3.5\times 10^4\times 100=3.5\times 10^6$(N)

6.0t 级锤的打击力：$P=6.0\times 10^4\times 100=6.0\times 10^6$(N)

理论计算公式，如波动方程，由于涉及变化因素较多（如地基的变化等），一般打击应力可按下式考虑：

$$\sigma=\frac{P}{A}\leqslant 30 \tag{2}$$

式中 σ——打击应力，Pa；

P——柴油锤上活塞重量×100，N；

A——钢管桩截面面积，m^2。

锤击应力的确定：日方规定锤击应力为 0.8 倍钢桩材料的屈服强度；英国标准规定最大的打击应力为 0.7 倍钢桩材料的屈服强度；瞬时荷载可以提高，规定锤击应力为 0.95 倍钢桩材料的屈服强度。

第 3.3.3 条 停打标准是依据宝钢工程经验，参考日本土木协会编制的《公路桥下部结构设计指南》（桩基础施工篇）提出来的，标准规定：

(1) 桩的入土深度要满足设计要求，宝钢规定钢管桩打入砂层的深度不得小于(3～5)D(D 为桩径)；

(2) 最后 10 击平均每击贯入量：宝钢规定不得超过 2～4 mm；日本规定为 2 mm。

(3) 总锤击数：宝钢定为 3 500 击；日本为 3 000 击。最后 10 m 限制锤击数为 1 500 击以下。

(4) 同时还采取相应措施保证桩打到设计标高，例如：

a. 增加加强箍。加强箍示意图见图 3.3.3-1。

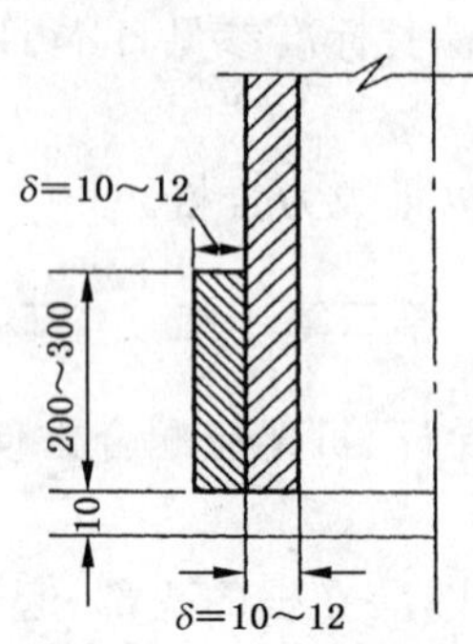

图 3.3.3-1 加强箍示意图

b. 将打桩过程中测得的回弹值与贯入量代入常用的 Hiley 打桩公式，计算单桩承载力。在《建筑钢桩基础设计标准》(日本建筑协会)、《港湾构筑物设计标准》(日本港湾协会)中，假定恢复系数 $\varepsilon=1$ 时，打桩公式简化为

$$R_u = \frac{e_f WH}{S + 0.5K} \tag{3}$$

式中 R_u——桩的极限承载力，N；

e_f——锤的效率，相当于机械效率，柴油锤为 0.7，落锤为 0.5；

W——锤的重量，N；

H——落锤高度，cm，柴油锤时为 $2H$；

K——回弹量，cm；

S——桩的贯入度，cm。

用打桩动态记录方法记录下桩的贯入度和回弹量，见图 3.3.3-2。当桩尖逐渐进入持力层时，将方格纸贴在桩上，固定在木尺上的铅笔在移动的方格纸上绘制出曲线图，由此量出贯入度与回弹量，见图 3.3.3-3。

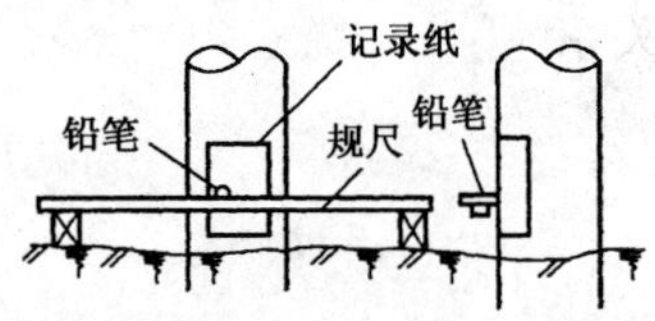

图 3.3.3-2 打桩动态记录

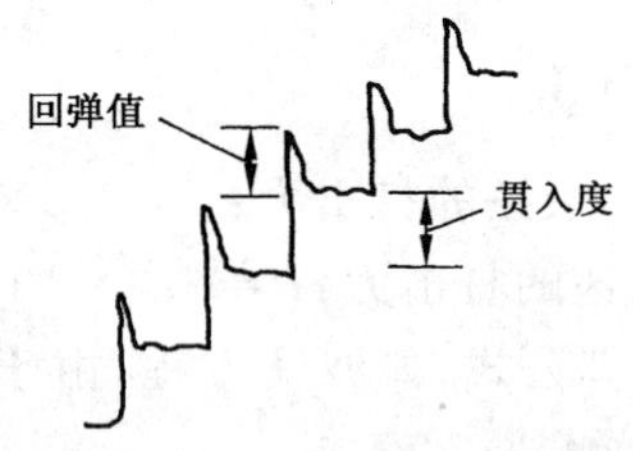

图 3.3.3-3 打桩动态曲线

第 3.6.2 条 钢管桩的接头构造见图 3.6.2。

采用自保护半自动电弧焊，使用 380 A 电流，每两台焊机配两名焊工、一名辅工。焊接辅助工作包括移动送丝机、设挡风板、调节电流、除锈、装内衬环、安放铜托圈、去除焊渣等。

第 3.6.3 条 自保护焊丝使用前须经 200～300℃烘干 1 h；手工焊电焊条根据要求进行烘干。

第 3.6.4 条 在内衬环与下桩定位点焊的同时，形成焊缝根部间隙，因此定位焊十分重要，见图 3.6.2。定位焊数量与挡块数相同，长 50～80 mm，焊缝根部间隙为 2～4 mm，焊道高度为 3～5 mm。如果发现定位焊缝有裂缝，必须清除后重焊。

多层焊焊接要点(施焊时焊枪的位置见图 3.6.4-1)：

(1) 第一层焊接应注意：

a. 充分焊透使上下桩的根部与内衬环牢固地熔合在一起。

b. 焊枪作后退法焊接，见图 3.6.4-2。如果改为前进法焊接，产生的熔渣会跑到电弧前面，而产生夹渣、熔合不良和气孔等缺陷，因此不允许用前进法施焊。

c. 焊丝外伸长度宜为 30～50 mm，过长过短均会使焊缝产生缺陷。

d. 接头时，须在弧坑前 20 mm 处引弧，然后回到弧坑处，填满弧坑后再正常焊接。

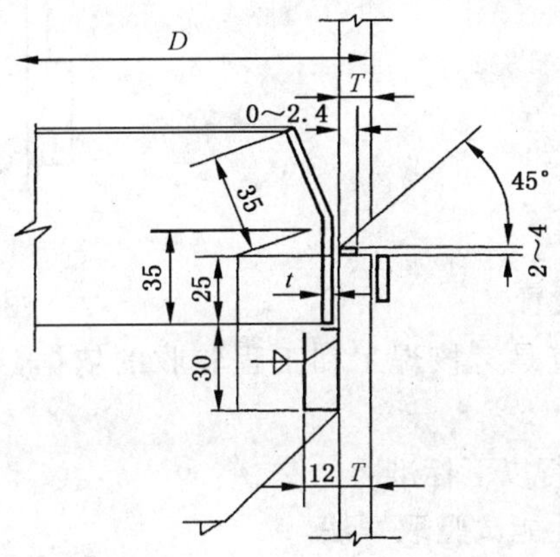

图 3.6.2　钢管桩的接头构造

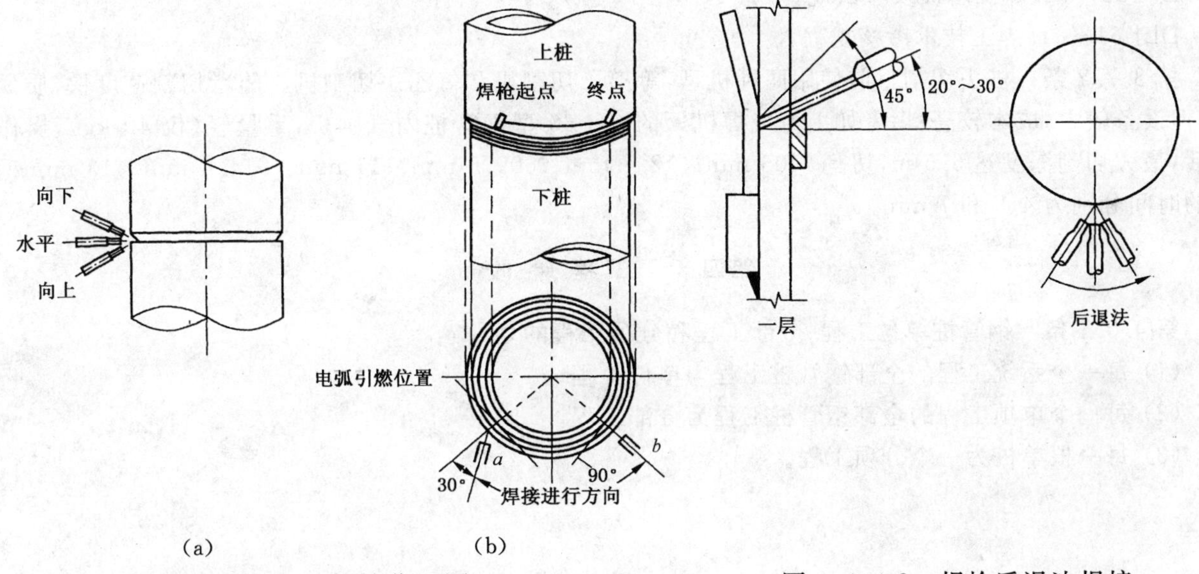

图 3.6.4-1　焊枪位置图　　　　图 3.6.4-2　焊枪后退法焊接

(2) 中间层焊接应注意：

a. 第一层的焊渣必须彻底清理。

b. 焊接时必须安装铜托圈，见图 3.6.4-3。

c. 中间层熔敷金属较多，焊接时要注意下桩边缘不得咬边，焊肉不得下淌，并为最后一层创造条件。

(3) 最后一层焊接应注意：

a. 电流可以适当减小。

b. 焊枪角度见图 3.6.4-4。

c. 最后一层最容易出现的缺陷是咬肉，预防的方法是正确掌握焊枪角度，并在距第二层焊缝焊根 2～3 mm处引弧。

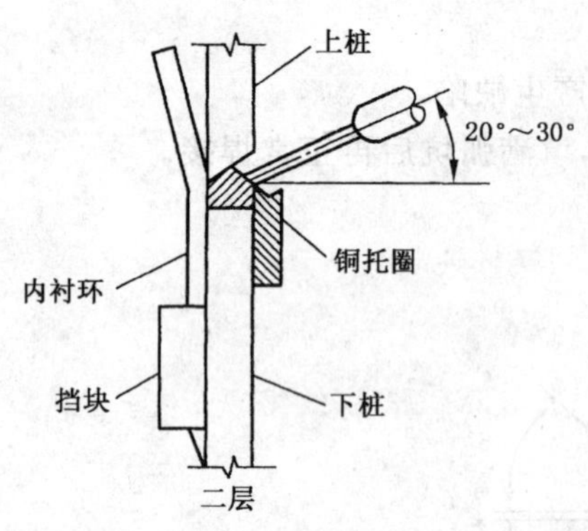

图 3.6.4-3　铜托圈设置

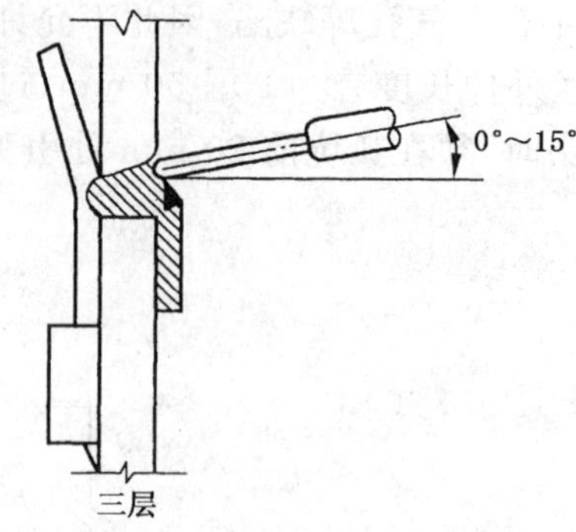

图 3.6.4-4　焊枪位置

焊缝抽样进行 X 射线探伤检查是考核焊工和工程验收的依据，连续两次抽查不合格者，应重新培训，经考试合格后方可上岗。

接桩除执行本规程外，还应执行以下标准：

GB 2649—81《焊接接头机械性能试验取样法》；

JB 3228—83《焊条质量管理规程》；

GBJ 236—83《现场设备、工业管道焊接施工及验收规范》；

GB 1225—76《焊条检验、包装和标记》；

EJ 123—78《焊工培训及考试规程》；

DLJ 61—81《焊工技术考核规程》。

第 3.7.2 条　桩头切割目前使用两种机型：等离子切割机和氧乙炔切割机。前者切割速度快，质量好，但设备较大，成本较高；后者如上海气焊机厂的 CG-60 型钢管桩内气割机，重量轻（仅 40 kg），操作灵活，最大切割深度达 6.5 m，切割 ϕ406 mm×12.7 mm、ϕ609.6 mm×11 mm、ϕ914.4 mm×13 mm 钢管的时间分别为 4、5 和 7 min。

第四章　工 程 验 收

第 4.0.1 条　钢管桩单位工程、分部工程和分项工程的划分：

(1) 每一个系统工程的全部钢管桩工程为单位工程。

(2) 每一个单项工程的全部钢管桩工程为分部工程。

(3) 每一根单桩为一个分项工程。

中华人民共和国冶金工业部部标准

预应力钢筋混凝土管桩施工技术规程

YBJ 235—91

主编单位：冶金部打桩施工技术规程编制组
批准部门：中华人民共和国冶金工业部
施行日期：1992 年 1 月 1 日

第一章　总　　则

第 1.0.1 条　本规程适用于工业与民用建筑预应力钢筋混凝土管桩锤击沉桩的施工及验收。

采用本规程进行预应力钢筋混凝土管桩施工时，尚应符合我国现行有关标准和规范的要求。

第 1.0.2 条　管桩施工前，应具备下列资料：

1. 建筑场地的工程地质资料：

a. 勘探孔平面布置图。

b. 钻孔柱状图及工程地质剖面图，包括各层土的 $N_{63.5}$ 值及静力触探 P_s 值曲线柱状图以及各层土的物理力学性能指标。

c. 除常规指标外，尚应提供桩尖平面处土的地基承载力标准值 f_k 和桩周各层土的摩擦力标准值 q_{si} 资料。

d. 附近地区可供参考的打桩经验和试桩资料。

e. 地下水位资料、地下水化学分析成果及地下水对混凝土侵蚀性的评价。

f. 场地的工程地质评价。

2. 施工图纸资料应附有原地下管线、坑穴、暗浜、古墓及其他障碍物资料以及附近危险房屋、精密仪器车间、医院等调查资料。

3. 施工组织设计(施工方案)资料：

a. 工程概况及打桩工程量的计算。

b. 主体工程的打桩施工方案，包括施工方法选择，打桩机械技术性能及其选择，施工顺序安排，打桩技术要求和质量标准，保证施工质量和安全的措施等。

c. 施工总平面图，水、电、路、照明和大临设施的布置，以及场地整平要求等。

4. 管桩的出厂合格证，并应具有下列资料：

a. 管桩的构造图。

b. 钢材的种类、级别及其强度指标。

第 1.0.3 条　测量控制点设置和样桩施放的要求如下：

a. 坐标控制点、高程控制点以及建筑场地内的轴线控制点，均应设置在打桩施工影响区域之外，距离群桩的边缘一般不小于 30 m。

b. 施工过程中，应对测量控制点定期核对，每 10 天不少于 1 次。

c. 样桩应精心施放，相对于中间倒点的误差，不应大于 5 mm，相对于行列线的误差，不应大于 10 mm，且应在打桩过程中随时检查修正。

d. 同一打桩区域，有几种不同的桩时，不宜同时测放样桩，应将同一种桩打完后，再测放另一种桩的样桩，以免将桩打错。如须同时测放两种以上样桩，则必须涂以不同颜色的油漆以示区别。

第 1.0.4 条 在原有建(构)筑物附近打桩时，应符合下列规定：

a. 打桩前，须了解邻近建(构)筑物结构、基础及地下管线等详细情况，以便作出正确判断。

b. 打桩时，如可能影响附近建(构)筑物正常使用与安全，应采取减小振动和排土影响的措施，如采用预钻孔沉桩、开挖防挤沟、设置排水砂井或塑料排水板、控制施工速率等。施工中还应设置观测点，对邻近建(构)筑物进行安全监测；在邻近岸坡打桩时，应随时观测打桩对边坡的影响。

第 1.0.5 条 在软土地基中打桩时，宜选用先打桩后挖土工艺，但开挖基坑时，应制定合理的施工程序，尽量对称挖土或分段挖土，减少基坑暴露的面积和暴露时间，并不得在坡顶堆土，尽量减小基坑高差，以防止或减小管桩位移或倾斜。

第二章 管桩的起吊、运输和堆放

第 2.0.1 条 管桩达到设计标号方可出厂、运输和打桩。

第 2.0.2 条 管桩起吊运输中，必须保持平稳，避免剧烈振动和冲撞。

第 2.0.3 条 管桩直径大于 550 mm、桩节长度小于 12 m 时，可将吊钩钩入桩端直接水平起吊，吊钩处钢绳夹角不得大于 90°；桩节长度大于 12 m 时，吊点应符合设计要求。

第 2.0.4 条 管桩堆放应符合下列规定：

a. 堆放场地必须平整、坚实，不得产生不均匀沉陷。

b. 管桩堆存时，底层桩须在距桩端 $0.2L$(L 为桩长)处加垫垫木。各层间可以不放垫木直接堆叠。

c. 管桩的堆存层数，应根据具体情况确定，一般不超过四层。

第三章 打 桩 施 工

第一节 打 桩 工 具

第 3.1.1 条 选择桩机时，其桩架必须具有足够的强度、刚度和稳定性。宜选用三点支撑履带自行式柴油打桩机，此类桩机锤击时导杆颤动较小，并便于调整桩的位置和垂直度。

一台桩机或就近两台桩机同时作业，可配一台 15～30 t 吊车，作卸桩、摆桩、喂桩之用。

第 3.1.2 条 桩锤的选择如下：

1. 打桩通常可采用柴油锤、蒸汽锤和落锤等。柴油锤灵活机动、操作容易、维修简便，桩锤连续起爆，锤芯弹跳高，沉桩能力强，适用于坚硬土层；蒸汽锤适用于较软土层；落锤适用于规模较小的短桩工程。

2. 桩锤的选择依据和原则如下：

a. 管桩的构造型式、桩长、直径、重量、强度及入土深度等特性。

b. 土层的力学性能，特别是土层的标贯值 N 和静力触探值 P_s。

c. 施工场地周围的环境条件，诸如动力、能源的供应，噪音、污染的控制。

d. 对已有建(构)筑物的影响。

e. 遵循重锤低打的原则，在不超过桩身极限强度的情况下，尽量采用大桩锤。

有条件时，可利用打桩分析仪对桩锤及其他施工参数作出更加合理的选择，无此条件时可参考附录 A 进行选择。

亦可根据当地土质情况、实际施打经验和桩尖类型分别选取，如对开口桩尖可选用重型锤。

第 3.1.3 条 应选用适宜的桩帽和衬垫并合理使用，如：

a. 桩帽的上围箍内，须嵌入硬木作成的“锤垫”，木纹平行桩轴，以保护桩锤和桩帽；桩帽的下围箍内，须嵌入富有弹性和韧性的“桩垫”，如有足够厚度的硬橡胶、草袋、硬纸板、叠层水泥袋纸等，以减少桩头的破碎。当衬垫被打硬砸实或烧焦时，应及时更换。

b. 桩帽与桩周围的间隙应为 5～10 mm。

c. 锤、桩帽和桩身必须在同一轴线上。

第二节　场 地 条 件

第 3.2.1 条　场地周围应设排水明沟，相互沟通形成完整排水系统，保证排水畅通。

第 3.2.2 条　采用重型打桩机械时，场地要铺垫碎石道渣，其厚度视场地条件而定，场地的承载能力应满足桩机接地压力的要求，一般不小于 127.5 kPa，如达不到要求，须垫路基箱或厚钢板。场地坡度小于 1/100，以保证桩机安全和打桩质量。

第 3.2.3 条　打桩场地周围应有照明设施，桩机附近应设移动照明，保证作业所需亮度。

第 3.2.4 条　打桩场地须修筑环形通道，使用重型机械施工时，路宽不宜小于 6 m，弯道曲率半径不宜小于 12 m，以保证运桩车辆通行。运桩车辆不准进入放好桩位的打桩场地。

第 3.2.5 条　打桩场地须设自来水源，水管直径不宜小于 38 mm，龙头可根据需要设置，间距一般不大于 50 m。

第 3.2.6 条　打桩场地须设供电电源，开关箱容量一般不小于 200 kVA，其位置可根据需要设置。

第三节　打 桩 施 工

第 3.3.1 条　打桩顺序应符合下列规定：

1. 桩的密集程度及与周围建(构)筑物的关系：

a. 桩较密集且距周围建(构)筑物较远，场地开阔时，可由中间向四周进行。

b. 桩较密集，场地狭长，两端距建(构)筑物较远时，可由中间向场地两端对称进行。

c. 桩较密集，且一侧与建(构)筑物较近时，可由近建筑物的一侧向远离建筑物方向进行。

2. 根据基础的设计标高，宜先深后浅。

3. 根据桩的规格，宜先大后小，先长后短。

4. 应使桩机行走路线最短，移动次数最少，运桩、喂桩方便。

第 3.3.2 条　施工准备如下：

a. 根据设计图绘制桩位编号图，内容包括不同规格桩位的编号、位置尺寸，桩的规格、数量，桩顶标高等基本数据汇总表。

b. 由专业测量人员施放桩位。放桩位前，必须作出测量图，不得使用原设计图进行测量。测量图须经计算、校对、审核签证，方可使用。桩位施放误差不得大于 30 mm。

c. 管桩打入前，应在桩侧划上长度标记，摩擦桩标记可均匀划分，一般为 1 m；端承桩，当接近设计标高时，标尺应适当加密，一般 0.5 m 做一标记。

第 3.3.3 条　试打桩如下：

a. 试打桩的目的是确定锤跳高度、累积锤击次数、打入深度、最终贯入度、回弹量等施工参数，为设备选择和标准制订提供依据。

b. 试打桩位置应选择场地内地质条件不同的地段。每一地段至少应试打桩 2 根，以保证试打桩结果准确。

c. 试打桩标准应符合设计要求，或会同设计单位研究决定。

d. 试打桩的总长度，应大于预定桩贯入持力层的深度，且不宜在较厚的中间硬层或夹砂层处停锤接桩，以免造成打桩困难。

第 3.3.4 条　管桩起吊就位中，当桩端距离桩机 5 m 以内时，可将卷扬机钢绳套在桩端 $0.2L$（L 为桩长)处单点起吊,待管桩基本垂直后再提升桩锤,并将桩顶喂入桩帽,然后扶正就位。

第 3.3.5 条 管桩的垂直度必须严格控制,可在通视安全处(一般距桩机远于 15 m)约成 90°方向设置经纬仪各一台,测量导杆和桩的垂直度。

桩的垂直度偏差不得超过 0.5%,如果超差,必须及时调整,但须保证桩身不裂,必要时,须拔出重插。

第 3.3.6 条 打桩作业如下:

a. 采用柴油锤打桩时,开始油门控制宜小,随着桩入土深度的增加,阻力增大,可逐渐加大油门。

b. 必须保证桩锤、桩垫和管桩在同一条垂线上,不得偏心锤击。

c. 必须及时更换桩垫,保证桩头完整。

第 3.3.7 条 接桩作业如下:

a. 逐节接桩时,上下桩节必须接直接牢,上下桩节的中心线偏差,不得大于 5 mm;节点弯曲矢高不得大于 1/1 000 桩长,且不大于 20 mm。

b. 焊接接桩要求如下:

① 焊接接桩适用于沉入各类土质的桩,对于承载力较高,长细比较大的单桩,大片密集桩群或需穿过一定厚度硬土层估计打入较困难的桩,尤宜采用。

② 接头焊接,可采用粉芯焊丝自保护半自动焊,亦可采用手工焊,无论采用哪种方法,焊工均须经过考试合格,否则不准上岗施焊。

③ 焊接工艺及质量标准,须满足设计要求,如设计无明确要求时,应符合《钢结构焊接规程》的有关规定。

④ 焊接前,桩头埋设铁件必须除锈,露出金属光泽。

⑤ 接桩就位时,下节桩头须设导向箍以保证上下桩节找正接直,如桩节之间间隙较大,可用铁片填实焊牢,接合面之间的间隙不得大于 2 mm。

⑥ 焊接时应采取措施,减少焊接变形,沿接口圆周宜对称点焊 6 点,待上下桩节固定后再拆除导向箍,分层施焊,有焊肉不饱满夹渣、气孔等缺陷时,须按焊接规程处理合格。

⑦ 对接头钢箍扩焊缝,须涂刷防锈涂料。

⑧ 大风、雨天施工,要采取措施,保证焊接质量,否则不得施工;在 0℃以下施焊时,需采取预热措施,通常用氧乙炔焰均匀烘烤。

c. 法兰接桩要求如下:

① 上下节对齐,穿连接螺栓,紧固螺帽,经锤击 1～2 次后再紧固一次,并电焊锁死,不使螺帽松脱。

② 接头法兰的外露金属部分(不包括钢套箍)在打入土中之前,应再次涂刷防锈涂料,特殊情况下,还应将法兰盘立肋板之间的全部空间用防腐材料填满,并予以包扎。

第 3.3.8 条 一根桩原则上应一次打入,中途不得人为停锤,确需停锤时,亦应尽量缩短停锤时间,打桩至送桩的间隔时间亦不宜过长,如做不到随打随送,也需在下班前送完。

第 3.3.9 条 桩顶标高在地面以下时,应预先算好送桩深度,并在送桩杆上作出明显标志,用水准仪严格控制,以保证桩顶标高准确,桩顶标高允许偏差为 0～－100 mm。

第 3.3.10 条 停打标准根据场地工程地质条件,桩的种类和尺寸,以及桩锤的性能等因素,通过试桩综合考虑确定。对于受力状态不同的桩,应分别情况确定不同停打标准:

a. 摩擦桩,按桩的设计标高确定,亦即将桩打至设计标高可停打。

b. 端承桩,通常以桩长为辅、以最终贯入度为主确定,即在基本满足桩长要求(根据持力层表面的起伏情况确定)的前提下,以满足贯入度的要求作为停打标准。

c. 当摩擦端承桩穿过上覆较厚软土层而将桩尖打到持力层的长桩,确定停打标准时,首先控制桩尖进入持力层一定深度,同时使贯入度达到试桩的标准。

第四章 工 程 验 收

第 4.0.1 条 管桩工程验收，除应符合设计要求和本规程有关规定外，尚应符合下列规定：

a. 当桩顶设计标高与施工现场标高相同时，可待打桩工程完毕后一次验收。

b. 当桩顶设计标高低于施工现场标高，桩顶打至场地标高时进行桩位验收，待全部管桩打完并开挖到设计标高后，再进行桩顶标高验收。

第 4.0.2 条 桩顶平面位置偏差应符合表 4.0.2 的规定，当送桩深度不超过 2 m 时，亦可按表 4.0.2 验收。

表 4.0.2 桩顶平面位置允许偏差

项 次	项 目	允许偏差/mm
1	上面设有基础梁的桩： 垂直基础梁中心线方向 沿基础梁中心线方向	 100 150
2	桩数为 1～2 根或单排桩基中的桩	100
3	桩数为 3～20 根桩基中的桩	$\frac{1}{2}$桩径
4	桩数大于 20 根桩基中的桩： 最外边的桩 中间的桩	 $\frac{1}{2}$桩径 1 倍桩径

注：由于地质、降水、基坑开挖和送桩深度超过 2 m 等原因产生的位移，不包括在本表内。

第 4.0.3 条 按标高控制的管桩，桩顶标高的允许偏差为 0～－100 mm。

第 4.0.4 条 桩基工程验收时，应提交下列资料：

a. 桩位、标高竣工平面图。

b. 工程地质勘察报告。

c. 管桩出厂合格证。

d. 管桩沉桩施工记录。

e. 管桩贯入度试验记录。

附录 A 桩锤选择参考

桩锤选择应参考附表 A。

附表 A 桩锤选择参考表

锤 型		蒸汽锤(单动)/t			柴 油 锤 /t				
		3～4	7	10	1.8	2.5	3.2	4.0	7.0
锤型资料	冲击部分重/t	3.0～4.0	5.5	9.0	1.8	2.5	3.2	4.6	7.2
	锤总重/t	3.5～4.5	6.7	11.0	4.2	6.5	7.2	9.6	18.0
锤冲击力/kN		～2 256	～2 942	3 432～3 923	～1 961	1 765～1 961	2 942～3 923	3 923～4 903	5 884～9 807
常用冲程/m		0.6～0.8	0.5～0.7	0.4～0.6	1.8～2.3				
适用的桩规格	PC 桩直径/cm	35～45	40～45	40～50	30～40	35～45	40～50	45～55	55～60

续附表 A

锤型			蒸汽锤(单动)/t			柴油锤/t				
			3～4	7	10	1.8	2.5	3.2	4.0	7.0
粘性土	一般进入深度/m		1.0～2.0	1.5～2.5	2.0～3.0	1.0～2.0	1.5～2.5	2.0～3.0	2.5～3.5	3.0～5.0
	桩尖可达到静力触探 P_s 平均值/MPa		2.94	3.92	4.90	2.94	3.92	4.90	>4.90	>4.90
砂土	一般进入深度/m		0.5～1.0	1.0～1.5	1.5～2.0	0.5～1.0	0.5～1.0	1.0～2.0	1.5～2.5	2.0～3.0
	桩尖可达到标准贯入击数 N6.35 值		15～25	20～30	30～40	15～25	20～30	30～40	40～50	50
岩石(软质)	桩尖可进入深度/m	强风化		0.5	0.5～1.0		0.5	0.5～1.0	1.0～2.0	2.0～3.0
		中等风化			表层			表层	0.5	1.0～2.0
锤的常用控制贯入度/(cm/10 击)			3～5			2～3			3～5	4～8
设计单桩极限承载力/kN			588～1 373	1 471～2 942	2 452～3 923	392～1 177	785～1 569	1 961～2 550	2 942～4 903	4 903～9 807

附:条文说明

第一章 总 则

第 1.0.1 条 本规程适用范围不包括静压桩的施工与验收,这是因为预应力钢筋混凝土管桩(以下简称管桩)静压施工的经验积累尚嫌不足,有待今后逐渐积累和补充。

第 1.0.2 条 本条文强调应具备场地工程地质资料,特别是各层土的标准贯入试验和静力触探等原位测试成果资料和"附近地区可供参考的打桩经验和试桩资料",这些资料对估算桩的承载力和了解一个区域的沉桩可能性,是不可缺少的。

第 1.0.3 条 本条文规定打桩施工的测量控制点距离群桩的边缘一般不小于 30 m,是根据宝钢地区多年打桩经验及观测结果确定的。宝钢初轧厂 4 号铁皮坑预制钢筋混凝土方桩(以下简称方桩)群桩施工时,明显受到打桩影响的范围约为 30 m;热轧厂砂桩施工观测到的水平变位影响范围约为 34 m。

第 1.0.4 条 管桩施工,如可能影响到邻近建(构)筑物的正常使用与安全,除采取相应措施减小振动和挤土影响外,还必须进行邻近建(构)筑物的位移(包括隆起)监测,监测结果是控制打桩速率的重要依据。实践证明,这种施工监测,是确保邻近建(构)筑物安全的必不可少的手段。至于打隔离钢板桩,据上海地区经验,认为防止挤土的效果不太显著,暂不列入,但作为深基坑边坡支护措施,仍可使用。初审时,代表们提出"防振沟"的提法不准确,这种沟一般较浅,不能防振,但能减小浅层挤土,因此本条文改为"防挤沟"。预钻孔沉桩施工法,其钻孔取土深度一般为 8～10 m,过浅不起作用,过深对桩的承载力将带来较大的不利影响。

近年来,塑料排水板作为减小打桩过程中超孔隙水压力的排水通道,已被越来越多的施工单位所采用。实践证明,它是减小超孔隙水压力的一种有效方法,因此也列入本规程。终审时,有的代表提出,采用开口桩尖的管桩,可以减少排土影响,可作为打桩的防护措施予以选用;但也有代表认为,土容易使管桩胀裂。由于意见不一,且工程实例较少,暂未列入。

第 1.0.5 条 在软土地基中打桩时,为保证大型打桩设备行走安全,提高施工效率,节约道路铺设费用,通常选用先打桩后挖土的施工工艺。但在开挖基坑时,特别是深基坑,软土边坡将产生较大位移,边坡位移与边坡暴露时间的对数呈线性关系,基坑越深,暴露时间越长,边坡位移量越大。边坡位移将导致管桩桩顶位移或倾斜，严重时将产生桩身断裂，为此本条文要求开挖基坑时，应制定合理的施工程序，尽量对称挖土，缩短基坑暴露时间，以防或减小管桩的位移或倾斜。基坑较大时，可采用分段挖土施工法，挖一段施工一段，尽量缩短基坑的暴露面积和暴露时间，这样亦可减小管桩的位移或倾斜。

第二章　管桩的起吊、运输和堆放

第 2.0.1 条　《地基与基础工程施工及验收规范》(GBJ 202—83)第 4.2.12 条中规定"混凝土预制桩应达到设计强度的 70%方可起吊"。考虑到冬季混凝土强度不易增长，宝钢曾出现过到达现场的桩施打时强度只有设计标号的 80%而被打坏，因此明确规定出厂时桩的强度必须达到设计标号的 100%，但在厂内起吊时达到设计标号的 80%即可。

第 2.0.3 条　根据北京丰台桥梁厂经验，桩的直径大于 400 mm，桩节长度不大于 12 m 时，无论是工程实践或理论计算表明，吊钩钩入桩端直接水平起吊，都不会出问题。因此终审时，将原定"桩节长度小于 10 m"改为"桩节长度小于 12 m"。

第三章　打 桩 施 工

第 3.1.1 条　本条文是根据宝钢施工经验确定的，三点支撑履带自行式柴油打桩机，其导杆具有足够的强度、刚度和稳定性，打桩时，导杆颤动较小，移动方便，调整桩位和垂直度灵活，可优先考虑采用。常用机型有 IPD-80、IPD-90、D308、D408、75P、85P 等。

第 3.1.2 条　沉桩深度范围内土层的力学性能，对于桩锤的选择具有重要意义。国外通常用 N 值预估沉桩可能性，近年来，国内静力触探应用日趋广泛，也积累了不少经验。因此，应重视 N 值和 P_s 值的利用。桩锤的合理选择，是保证桩基施工质量，满足设计要求的重要条件。因此，特别强调管桩锤击沉桩施工应遵循"重锤低打"的原则，即在不超过桩身轴向极限抗压强度的情况下，尽量采用大锤。实践证明，这样做不仅桩头不易破损，而且沉桩效率也高。

近年来，打桩分析仪得到了广泛应用，是确定沉桩参数的有效手段，因此终审时增加了"有条件时，可利用打桩分析仪对桩锤及其他施工参数作出更加合理的选择"的条文。初审时保留的选锤计算公式，考虑到计算参数不易获得，影响了该公式的实用性，因此终审时予以取消。

第 3.1.3 条　是参考北京丰台桥梁厂《混凝土桩的打击应力及其施工控制》一文确定的。

第 3.2.1 条　凡属打桩地区，多为软土地基，大部分分布在雨水充沛的地区，施工期间，常常下雨，且地下水位较浅，打桩过程中，由于超孔隙水压力增加，部分地下水常常被挤出地面，造成施工场地积水。因此，施工场地必须设置排水明沟和盲沟，并互相沟通，及时排出场地积水，保证施工顺利进行。

第 3.2.2 条　这是根据宝钢工程的施工经验确定的，是保证重型打桩机械施工安全和沉桩质量所必需的。

第 3.2.6 条　考虑到当送桩较深，送桩器难于拔出，需使用振动锤时，起动电流较大，需设较大容量的开关箱。

第 3.3.1 条　确定打桩顺序的主要原则，是使挤土方向逐渐远离建(构)筑物的方向；排土量大的桩先施工，排土量小的桩后施工，以减小桩对邻近建(构)筑物的影响和后施工的桩对先施工的桩的影响。

第 3.3.3 条　重要的工程，为确定沉桩可能性，取得合理的打桩施工控制参数，从而为选择施工设备、制定技术、质量标准提供依据，必须进行沉桩试验，即试桩。停锤接桩，会使扰动了的桩周土体得到一定程度的恢复，使本来就难于穿透的中间硬层，变得更难穿透，造成沉桩深度假象，得出错误结论。因此，选配桩节时，要尽量避免在中间硬层处接桩。

第 3.3.5 条　管桩的垂直度控制在 0.5%以内，这与国家规范是一致的，不作过高要求的原因是，管桩不同于钢管桩，一旦产生倾斜，很难调整，硬性调整会造成桩身断裂，不仅降低桩身强度，影响承载能力，而且会造成钢筋锈蚀，缩短管桩的使用寿命。

第 3.3.6 条　管桩打入施工中，常出现的破坏现象是桩头断裂，除与桩头钢套箍处混凝土的密实程度有关外，桩垫的合理使用也至关重要，当桩垫被打硬砸实起不到应有的缓冲作用时，桩锤作用在桩头上的时间将大大缩短，从而加大了桩头的锤击应力，导致桩头的破坏。因此，施工时要及时更换桩垫。

第 3.3.7 条 目前国产管桩接头钢板材质均为 A3，与钢管桩材质基本一致，因此，可以使用粉芯焊丝自保护半自动焊接桩，其焊接工艺，可参考宝钢施工经验确定；手工焊的工艺参数则可参考日本钢管桩协会《钢管桩设计与施工》确定。

第 3.3.10 条 停打标准的确定，是桩基施工中一项极其重要的技术工作。停打标准合理与否将直接影响到桩的承载能力和沉降量，影响到上部建(构)筑物的安全和正常使用，同时，还将影响到打桩进度和桩锤使用寿命。

停打标准要根据场地的工程地质条件、桩的种类和尺寸以及桩锤的性能等因素，综合考虑确定。

a. 摩擦桩：在软土层较厚，没有较硬的持力层可供选择，且上部荷载不大，对差异沉降要求又不很严格的情况下，通常采用摩擦桩。

对于这类摩擦桩，停打标准一般可执行《地基与基础工程施工及验收规范》(GBJ 202—83)中的有关规定，按桩的设计标高控制。就是说，将桩打至设计标高即可停打。宝钢工程中管桩和方桩均执行这一标准。

b. 端承桩：当上覆软土层较薄，下伏有基岩时，通常是穿过软土层，使桩尖进入基岩一定深度，即采用端承桩。

端承桩的停打标准也较易确定，通常是以桩长(穿过上覆软土层的厚度)为辅，以最终贯入度为主确定，即在基本满足桩长(根据基岩起伏确定)的情况下，以满足贯入度的要求作为停打的标准。桩尖进入基岩后，贯入度明显减小，即可停打。

c. 摩擦端承桩：当上覆软土层很厚，其下又分布有较硬粘土层或密实砂层可作为持力层，上部荷载大，对差异沉降有严格要求时，通常用长桩穿过软土层而将桩尖打入持力层中。这种长桩的承载能力，是由桩侧摩阻力和桩尖端承力构成的，两者所占的比例，随软土层厚薄和持力层坚硬程度的不同而不同。宝钢大量采用的钢管长桩即属于这种摩擦端承桩。实测结果表明，这种钢管长桩的侧面摩阻力占桩全部承载力的 95%以上，端承力只占 5%以下，但这不是一成不变的，随着桩周软土层固结下沉，桩侧摩阻力所占比例将逐渐减小，而端承力所占比例将有所增加。据国外有关资料介绍，随着时间的延长，桩端承载力所占比例可达 30%以上。因此，从桩承载力的角度分析，摩阻力与端承力均不可忽视，同时，钢管长桩在满足强度(承载力)要求的同时，还必须满足变形(沉降量)的要求。所以就必须将钢管长桩打入持力层一定深度，通常为(3～5)D(D 为桩径)，只有这样，才能保证后期端承力有一定程度的增长，沉降量控制在较小范围内。

因此，在确定较长的摩擦端承桩的停打标准时，首先要弄清持力层的埋藏深度(最好作出持力层层面等深线图)，打桩过程中控制桩尖进入持力层一定深度，也就是说，要保证一定的桩长，尽管沿海一带软土层位分布比较稳定，但毕竟还有起伏，鉴于勘探孔布置较远，持力层层面起伏难以控制。在这种情况下，最有效的指标是贯入度，当桩长接近预计深度，且贯入度开始明显减小，就可以判断桩端已达到了持力层，再根据设计需要继续打入(3～5)D。当然，有时也会遇到持力层坚硬，要达到(3～5)D 确有困难，贯入度过小(贯入度 $S\leqslant1.0$ mm)而强行打入常常会导致桩断锤毁，此时应会同设计单位研究处理，在桩身强度能满足设计要求的情况下，可改用大锤施打，当桩身强度受到限制时，可采取桩端加靴等措施，如施打确有困难时，就按此深度及其他有关指标作为停打标准。

第四章 工 程 验 收

第 4.0.2 条 管桩的平面位置偏差，采用了《地基与基础工程施工及验收规范》(GBJ 202—83)的有关条文。

中华人民共和国冶金行业标准

钢结构、管道涂装技术规程

Specification for the Painting Work Technology of Steel Structure and Pipe

YB/T 9256—96

主编部门：上海宝钢(集团)公司
批准部门：中华人民共和国冶金工业部
施行日期：1997 年 7 月 1 日

1 总 则

1.0.1 为了保证钢结构、非标设备、管道涂装工程的质量，以减少或防止因腐蚀而造成的损失，特制定本规程。

1.0.2 本规程适用于新建、扩建和改建工程的钢结构、非标设备、管道(以下简称钢结构)的涂装工程设计、施工及验收。

1.0.3 本规程适用于利用涂料的涂层作用防止钢结构腐蚀而采用的涂装方法。

1.0.4 本规程适用于使用温度在 400℃以下的涂装工程；使用温度在 400℃以上的涂装工程，按设计要求执行。

1.0.5 对新的涂装技术和材料，应经过试验和试用，证明效果确实良好，并经有关部门审批后，方可采用。

1.0.6 涂装工程的施工，除应遵守本规程的规定外，还必须遵守国家现行有关法规和标准的规定。

2 涂装前钢材表面预处理

2.1 一 般 规 定

2.1.1 钢材(包括加工后的成品、半成品等)在涂装前表面预处理应按设计规定的除锈方法进行，并达到规定的预处理等级。

2.1.2 加工完的构件和制品，应在验收合格后，方可进行表面处理。

2.1.3 钢材表面预处理，应在金属制造厂或加工厂进行，宜采用喷射或酸洗方法；在现场修补涂层时，可采用手工和动力工具除锈方法。

2.1.4 预处理前钢材表面要求：

2.1.4.1 钢材表面的毛刺、焊渣、飞溅物、积尘和疏松的氧化皮、铁锈、涂层等物应清除。

2.1.4.2 钢材表面应无可见的油脂和污垢。如局部有，一般可采用局部处理措施；大面积或全部有，可采用有机溶剂、表面活性剂、热碱等进行清洗。其配方及工艺条件参见附录 A 附表 A.1 和附表

A.2。

2.1.4.3 被酸、碱、盐浸染的钢材表面,可用热水或蒸汽冲刷除掉。废液应按环境保护法条例规定妥善处理。

2.1.5 对钢材表面原有保养漆的处理:

2.1.5.1 是否保留用车间底漆或一般底漆的涂层,可根据涂层的破坏程度、与下道底漆是否配套等具体情况而定。凡与下道底漆不配套或影响下道涂层附着力的原有涂层,应全部除掉。

2.1.5.2 用固化剂固化的双组分涂料的涂层,基本完好的可保留,但应用砂纸、钢丝绒或轻度喷射方法进行打毛,并应在清除残留的污物后方可进行下道工序。

2.1.6 钢结构涂装,不宜使用带锈涂料,更不得用带锈涂料代替除锈。

2.2 喷射除锈

2.2.1 本规程适用于干喷射方法除锈。除锈时应在有防尘措施的场地进行,以防止粉尘飞扬。

2.2.2 喷射使用的空气压缩机,应设有油水分离装置,确保压缩空气中不含水分和油污。

空气过滤器中的填料应定期更换,空气缓冲罐内的积液应及时排放。

2.2.3 喷射用磨料应符合的要求。

2.2.3.1 密度大,韧性强,有一定粒度要求的粒状物。

2.2.3.2 使用过程中应不易碎裂,散释粉尘量少。

2.2.3.3 表面不得有油污,含水率小于1%。

2.2.4 喷射使用的磨料种类及其喷射工艺指标,应符合表2.2.4的规定。

2.2.5 磨料重复使用时,必须符合本规程2.2.3和2.2.4的有关规定。

2.2.6 喷射除锈时,施工现场环境湿度大于80%,或钢材表面温度低于空气露点温度3℃时,应禁止施工。露点温度,可按表2.2.6查对。

表2.2.4 磨料种类及其喷射工艺指标

磨料名称	磨料粒径/mm	压缩空气压力/MPa	喷嘴最小直径/mm	喷射角/(°)	喷距/mm
石英砂	3.2~0.63,0.8筛余量大于40%	0.50~0.60	6~8	35~70	100~200
金刚石	2.0~0.63,0.8筛余量大于40%	0.35~0.45	4~5	35~75	100~200
钢线粒	线粒直径1.0,长度等于直径,其偏差小于直径的40%	0.50~0.60	4~5	35~75	100~200
铁丸或钢丸	1.6~0.63,0.8筛余量大于40%	0.50~0.60	4~5	35~75	100~200

表2.2.6 露点温度查对表

环境温度/℃	相对湿度/%								
	55	60	65	70	75	80	85	90	95
0	−7.90	−6.80	−5.80	−4.80	−4.00	−3.00	−2.20	−1.40	−0.70
5	−3.30	−2.10	−1.00	0.00	0.90	1.80	2.70	3.40	4.30
10	1.40	2.60	3.70	4.80	5.80	6.70	7.60	8.40	9.30
15	6.10	7.40	8.60	9.70	10.70	11.50	12.50	13.40	14.20
20	10.70	12.00	13.20	14.40	15.40	16.40	17.40	18.30	19.20
25	15.60	16.90	18.20	19.30	20.40	21.30	22.30	23.30	24.10

续表 2.2.6

环境温度/℃	相对湿度/%								
	55	60	65	70	75	80	85	90	95
30	19.90	21.40	22.70	23.90	25.10	26.20	27.20	28.20	29.10
35	24.80	26.30	27.50	28.70	29.90	31.10	32.10	33.10	34.10
40	29.10	30.70	32.20	33.50	34.70	35.90	37.00	38.00	38.90

2.2.7 喷射除锈合格后的钢材，在厂房内存放时，应在16 h内涂完底漆；在露天存放时，应在当班涂完底漆。如在涂漆前已返锈，需重新除锈。

2.2.8 喷射除锈后，用毛刷等工具清扫，或用干净无油、水的压缩空气吹净钢材表面上的锈尘和残余磨料后，方可涂底漆。

2.2.9 喷射除锈后的钢材表面粗糙度，宜小于涂层总厚度的1/3～1/2。

2.3 化学除锈

2.3.1 钢材化学酸洗除锈，应选用硫酸、盐酸或磷酸配制成的酸洗液进行。酸洗方法可采用浸渍法、喷淋法或循环法。

2.3.2 酸洗液的配制，应按规定的比例和配制程序配制，其配比及工艺条件，参见附录A附表A.3。

2.3.3 酸洗应严格遵守操作规程，根据酸洗件的表面状况，在规定的范围内调整酸洗时间和酸洗液的温度。

2.3.4 在酸洗过程中，各道工序必须连续进行，中途不得停顿，并应定期检查酸洗液浓度的变化情况，及时补充各种成分。

2.3.5 酸洗后能在短时间内涂上底漆时，应进行中和和钝化处理(磷酸酸洗可不进行)。根据具体条件，可选用下列方法处理和存放。

2.3.5.1 钢材酸洗后，立即用水清洗，继之用5%碳酸钠水溶液进行中和处理，再用水冲洗碱液，最后进行钝化处理。

2.3.5.2 钢材酸洗后，立即用热水冲洗至中性(用pH试纸检查)，然后进行钝化处理。钝化液的配方及钝化工艺条件，参见附录A附表A.4。

2.3.5.3 钝化处理后的钢材，应在空气流通的地方凉干或用无油、水的压缩空气吹干。

2.3.5.4 钝化后的钢材在厂房内存放时，应在48 h内涂完底漆；在露天存放时，应24 h内涂完底漆。

涂底漆之前，如已返锈，则应重新进行酸洗和钝化。

2.3.6 酸洗后不能在短时间涂上底漆时，应进行中和和磷化处理，其工艺如下：

酸洗——水洗——中和——水洗——磷化

2.4 手工和动力工具除锈

2.4.1 手工除锈，主要是用刮刀、手锤、钢丝刷和砂布等工具除锈。

动力工具除锈，主要是用风动或电动砂轮、刷轮和除锈机等动力工具除锈。

2.4.2 钢材除锈后，应用刷子或无油、水的压缩空气清理，除去锈尘等污物，并应在当班涂完底漆。

2.5 火焰除锈

2.5.1 火焰除锈是利用氧乙炔焰及喷嘴进行除锈的一种方法。喷嘴的形状与大小要适合待除锈的钢材表面状况。

2.5.2 火焰除锈适用于厚度 5 mm 以上、未有涂层或要完全去掉旧涂层的钢材。对厚度近于 5 mm 的钢材进行除锈时，应注意火焰的温度。

2.5.3 火焰除锈前，应将钢材表面残留的疏松锈层、氧化皮及污物除掉。

2.5.4 火焰除锈后，应用动力钢丝刷清除钢材表面上的附着物。

2.6 钢材表面锈蚀等级和除锈等级

2.6.1 钢材表面锈蚀等级和除锈等级，是以文字叙述和典型的样板照片共同确定的。样板照片，参见现行国家标准《涂装前钢材表面锈蚀等级和除锈等级》(GB 8923)。

2.6.2 钢材表面锈蚀等级，按锈蚀程度分 4 个等级，分别以 A、B、C、D 表示，其文字部分叙述如下：

A 钢材表面全面地覆盖着氧化皮而几乎没有锈蚀；

B 钢材表面已发生锈蚀，并且部分氧化皮有锈蚀；

C 钢材表面氧化皮已因锈蚀而剥落，或者可以刮除，并有少量的点蚀；

D 钢材表面氧化皮已因锈蚀而全面剥离，并且普遍发生点蚀。

2.6.3 钢材表面除锈等级

2.6.3.1 喷射除锈，以字母“Sa”表示，按除锈质量程度分 4 个等级，其文字部分叙述如下：

Sa1 钢材表面上应无可见油脂和污垢，并且没有附着不牢的氧化皮、铁锈、油漆涂层等附着物。参见 BSa1、CSa1、DSa1 样板照片。

Sa2 钢材表面应无可见油脂和污垢，并且氧化皮、铁锈、涂层和附着物已基本清除，其残留物应是牢固附着的(牢固附着是指氧化皮和锈等物不能以金属腻子刀从钢材表面上剥离下来)。参见 BSa2、CSa2、DSa2 样板照片。

Sa2 $\frac{1}{2}$钢材表面应无可见的油脂、污垢、氧化皮、铁锈、涂层和附着物，任何残留的痕迹应仅是点状或条纹状的轻微色斑。参见 ASa2 $\frac{1}{2}$、BSa2 $\frac{1}{2}$、CSa2 $\frac{1}{2}$、DSa2 $\frac{1}{2}$样板照片。

Sa3 钢材表面应无可见的油脂、污垢、氧化皮、铁锈、涂层等附着物，该表面应显示均匀的金属光泽。参见 ASa3、BSa3、CSa3、DSa3 样板照片。

2.6.3.2 手工和动力工具除锈，以字母“St”表示，分两个等级，其文字部分叙述如下：

St2 钢材表面应无可见的油脂和污垢，并且没有附着不牢的氧化皮、铁锈、涂层和附着物。参见 BSt2、CSt2、DSt2 样板照片。

St3 钢材表面应无可见的油脂和污垢，并且没有附着不牢的氧化皮、铁锈、涂层和附着物。除锈应比 St2 更彻底，钢材的显露部分的表面应具有金属光泽。参见 BSt3、CSt3、DSt3 样板照片。

2.6.3.3 酸洗除锈，以字母“Be”表示，其文字部分叙述如下：

Be 钢材表面应无可见的氧化皮、铁锈、涂层和附着物，个别残留点允许用手工或机械方法除掉。

2.6.3.4 火焰除锈，以字母“FI”表示，其文字部分叙述如下：

FI 钢材表面应无氧化皮、铁锈、涂层和附着物，任何残留的痕迹应仅为表面变色(不同颜色的暗影)。参见 AFI、BFI、CFI、DFI 样板照片。

2.6.4 评定钢材表面锈蚀等级和除锈等级时，应在良好的散射日光下或在照度相当的人工照明条件下进行，检查人员应具有正常的视力，并以目视为准。

2.6.5 待检的钢材表面与照片比较时，照片应靠近钢材表面，并以最近似标示的照片确定等级。

3 涂 料

3.0.1 钢结构涂装防腐涂料，宜选用醇酸树脂、氯化橡胶、氯磺化聚乙烯、环氧树脂、聚氨酯、有机硅等品种。

3.0.2　选用涂料时，首先应选已有国家或行业标准的品种，其次选用已有企业标准的品种，无标准的产品不得选用。

3.0.3　涂料进场应有产品出厂合格证，并应取样复验，符合产品质量标准后，方可使用。取样方法应符合现行国家标准 GB 3186 的规定，取样数目和取样量按下列规定执行：

3.0.3.1　取样数目

涂料使用前，应按交货验收的桶数，对同一生产厂生产的相同包装的产品进行随机取样，取样数目应大于$\sqrt{\frac{n}{2}}$（n——交货产品桶数），也可按表 3.0.3.1 规定的取样数抽取。

表 3.0.3.1　涂料检验取样数目

交货的桶数	取样数目	交货的桶数	取样数目
2～10	2	71～90	7
11～20	3	91～125	8
21～35	4	126～160	9
36～50	5	161～200	10
51～70	6	此后每增加 50 桶取样数增加 1	

3.0.3.2　取样量

取样时，应同时取两份，每份 0.25 kg，其中一份做检验，另一份密封贮存备查。

3.0.4　涂料应配套使用，涂膜应由底漆、中间漆和面漆构成。不得用单一品种作为防护涂膜。

3.0.5　用于钢结构涂装的底漆、中间漆和面漆，所具有的主要性能为：

3.0.5.1　底漆，应具有较好的防锈性能和较强的附着力。

3.0.5.2　中间漆，除应具有一定的底漆性能外，还应兼有一定的面漆性能，每道漆膜厚度应比底漆或面漆厚。

3.0.5.3　面漆直接与腐蚀环境接触，应具有较强的防腐蚀能力和耐候、抗老化性能。

3.0.6　选用耐 400℃以下的高温涂料，应能在常温条件下自干成膜，在投产使用前构件不能返锈。

3.0.7　钢结构涂装常用的主要涂料品种及施工性能指标要求，应符合表 3.0.7 的规定。

表 3.0.7　常用涂料品种及施工性能指标

涂料型号及名称	主要施工方法	施工粘度（涂-4 杯）/s	稀释剂	使用量/（g/m^2）	涂层厚度/（μm/道）	涂漆间隔时间	
						最短/h	最长/d
X06-1 乙烯磷化底漆	喷涂或刷涂	30～50	专用稀释剂	60～80	8～12	2	1
Y53-31 红丹油性防锈漆	刷　涂	40～60	200 号溶剂油	100～130	30～35	48	4
C53-31 红丹醇酸防锈漆	刷　涂	40～60	X-6 稀释剂	120～150	30～35	24	4
C06-1 铁红醇酸底漆	刷涂或喷涂	50～80	X-6 稀释剂	100～120	20～25	24	4
X53-1 云铁高氯化聚乙烯防锈漆	刷涂或喷涂	90～140	专用稀释剂	180～220	30～35	8	4
J52-81 氯磺化聚乙烯防锈漆	刷涂或喷涂	60～80	专用稀释剂	100～120	20～25	8	4
G06-4 锌黄铁红过氯乙烯漆	刷涂或喷涂	30～50	X-3 稀释剂	70～80	18～20	4	4
H06-4 环氧富锌底漆	刷　涂	25～40	X-7 稀释剂	170～200	20～25	24	4
H06-13 环氧沥青底漆	刷涂或喷涂	70～100	X-32 稀释剂	120～160	50～70	48	4

续表 3.0.7

涂料型号及名称	主要施工方法	施工粘度（涂-4 杯）/s	稀释剂	使用量/（g/m²）	涂层厚度/（μm/道）	涂漆间隔时间	
						最短/h	最长/d
S06-4 铁红聚氨酯底漆	刷涂或喷涂	40～60	X-11 稀释剂	100～120	25～30	8	4
E06-28 无机硅富锌底漆	刷涂或喷涂	20～30	专用稀释剂	140～180	20～25	8	4
C53-34 云铁醇酸防锈漆	刷涂或喷涂	70～120	X-6 稀释剂	120～160	30～40	24	4
G52-31 各色过氯乙烯防腐漆	刷涂或喷涂	25～30	X-3 稀释剂	80～100	18～22	4	3
X53-4 高氯化聚乙烯中间漆	刷涂或喷涂	60～80	专用稀释剂	200～250	35～40	8	4
J53-13 云铁氯化橡胶防锈漆	刷涂或喷涂	60～100	X-4 稀释剂	130～160	30～40	8	4
J52-氯磺化聚乙烯中间漆	刷涂或喷涂	80～140	专用稀释剂	200～250	40～45	8	4
S53-云铁聚氨酯中间漆	刷涂或喷涂	70～90	X-11 稀释剂	130～160	40～50	8	4
C04-2 各色醇酸磁漆	刷涂或喷涂	60～90	X-6 稀释剂	100～120	20～25	48	7
C04-42 各色醇酸磁漆	刷涂或喷涂	60～90	X-6 稀释剂	100～120	20～25	48	7
G52-2 过氯乙烯防腐漆	刷涂或喷涂	20～25	X-3 稀释剂	60～80	16～20	8	7
X52-1 各色高氯化聚乙烯磁漆	刷涂或喷涂	80～120	专用稀释剂	150～180	30～35	8	7
J52-61 氯磺化聚乙烯防腐漆	刷涂或喷涂	60～80	专用稀释剂	100～120	20～25	8	7
S04-9 各色聚氨酯磁漆	刷涂或喷涂	30～40	X-11 稀释剂	100～120	20～25	8	7
J52-11 各色氯化橡胶防腐漆	刷涂或喷涂	60～90	X-14 稀释剂	100～120	30～35	8	7
W61-64 有机硅高温防腐漆	刷涂或喷涂	30～60	专用稀释剂	100～120	20～25	24	7

注："喷涂"指高压无气喷涂方法。

4 涂装设计

4.1 腐蚀环境的分类

4.1.1 城市大气环境工业不密集区域，大气中含有少量的二氧化硫和其他腐蚀性物质。

4.1.2 工业大气环境工业密集区域，大气中含有一定量的二氧化硫和其他腐蚀性物质。

4.1.3 化工大气环境化工工业区域，大气中除含有一定量的二氧化硫和其他腐蚀性物质外，还含有化工生产过程中产生的腐蚀性气体物质。

4.1.4 海洋大气环境海面上和海岸狭窄的地带，大气中主要含有氯化物和二氧化硫等腐蚀性物质。

4.1.5 水下环境受淡水、混合水、污水或咸水等腐蚀作用的环境。

4.1.6 地下环境主要受土壤腐蚀作用的地下环境。

4.1.7 高温环境构件表面温度或环境温度在 120℃以上的环境。

4.1.8 特殊环境除上述规定以外的特殊腐蚀环境。

4.2 涂装防护体系

4.2.1 涂装防护体系的内容包括钢材表面预处理、涂层体系和工程色彩。涂层体系内容包括涂料品种、涂层结构和涂层厚度。

4.2.2 钢材表面预处理方法与除锈等级确定所考虑的因素。

4.2.2.1 环境腐蚀程度。

4.2.2.2 钢材表面原始锈蚀程度。

4.2.2.3 选用的涂层体系和底漆要求最低的除锈等级,见表 4.2.2。

表 4.2.2 各种底漆或防锈漆要求最低的除锈等级

涂 料 品 种	除锈等级
油性酚醛、醇酸等底漆或防锈漆	St3 或 Be
高氯化聚乙烯、氯化橡胶、氯磺化聚乙烯、环氧树脂、聚氨酯等底漆或防锈漆	Sa2 或 Be
无机富锌、有机硅、过氯乙烯等底漆	Sa2 $\frac{1}{2}$

注:选用富锌底漆时,不宜采用酸洗除锈。

4.2.2.4 经济合理。

4.2.3 涂料品种的选择应符合下列要求:

4.2.3.1 涂料的性能应与腐蚀环境相适应,见表 4.2.3。

表 4.2.3 各种腐蚀环境与相适应的涂料和种类

腐蚀环境	相适应的涂料种类
城市大气环境	醇酸树脂
工业大气环境	醇酸树脂、高氯化聚乙烯、氯化橡胶、氯磺化聚乙烯
化工大气环境	高氯化聚乙烯、氯磺化聚乙烯、过氯乙烯、聚氨酯、环氧树脂
海洋大气环境	氯化橡胶、聚氨酯
水上环境	氯化橡胶、聚氨酯
水下环境	环氧树脂、聚氨酯
高温环境	环氧改性酚醛耐热漆、有机硅耐热漆、聚氨酯耐热漆

4.2.3.2 涂层应由底漆、中间漆和面漆构成,并且配套使用。

4.2.3.3 选用的底漆应与规定的钢材除锈等级相适应。

4.2.3.4 经济合理。

4.2.4 涂层厚度应符合下列要求:

4.2.4.1 与环境腐蚀程度相适应。

4.2.4.2 与钢材表面预处理方法、除锈等级及其表面粗糙度相适应。

4.2.4.3 根据选用涂料品种的特性与使用环境,保证涂层能起防护作用的最低厚度。

4.2.4.4 需要加重防腐蚀部位和涂装维修困难部位,宜增加适当的厚度。

4.2.5 涂装防护体系的设计,根据 4.2.2、4.2.3 和 4.2.4 的要求,宜按附录 B 附表 B.1 的规定选用。

4.2.5.1 对大气(城市、工业和化工大气)腐蚀的涂装工程,宜根据环境空气相对湿度确定涂层的厚度:湿度低于60%时,选用规定厚度的下限;湿度为60%~75%时,选用规定厚度的中限;湿度大于75%时,选用规定厚度的上限。

4.2.5.2 对户内、外涂装工程涂层厚度的确定,宜符合附录B附表B.1的规定,户内选用规定厚度的下、中限,户外选用规定厚度的中、上限。

4.3 涂装工程色彩

4.3.1 钢结构及管道等涂装工程的颜色和标志,宜按本规程的规定采用。

4.3.2 本规程规定的颜色,应以附录B附表B.2色卡的色标为基准。采用时以色标的编号及颜色名称共同表示。

4.3.3 建筑厂房的颜色,宜按表4.3.3的规定采用。表中未述及的单元工程厂房,其颜色应与所在区域的厂房颜色相同。铝合金压型板、镀锌压型钢板、彩色涂层板等按原色使用。

4.3.4 电气室、操作室的颜色,宜按表4.3.4的规定采用。

表4.3.3 建筑厂房的颜色

建筑区域	外部		内墙和天花板	钢结构	门窗类
	屋顶	外墙			
炼铁区(包括焦化厂、炼铁厂、码头栈桥、港口建筑)	610 (深绿灰)	606 (中灰)	402 (浅灰蓝)	407 (青蓝)	403(灰蓝) 407(青蓝)
炼钢区(包括炼钢厂、连铸厂、制气厂房)	705 (铜棕)	701 (浅灰棕)	402 (浅灰蓝)	407 (青蓝)	403(灰蓝) 407(青蓝)
热轧区(包括热轧厂、初轧厂、无缝钢管厂、机修厂等)	531 (阔叶绿)	505 (浅青绿)	501 (浅绿)	503 (豆绿)	403 (灰蓝)
冷轧区(包括冷轧厂、硅钢厂、成品码头栈桥和建筑物)	405 (浅蓝)	401 (浅青蓝)	401 (浅青蓝)	404 (天蓝)	403(灰蓝) 407(青蓝)
独立厂房、中心试验室等	302 (朱红)	103 (浅米黄)	601 (浅灰)	506 (中青绿)	403 (灰蓝)

表4.3.4 电气室、操作室的颜色

建筑物	外部钢结构	内部钢结构	门窗	脚板
厂内电气室、操作室及其他建筑物(包括地下室)	101(浅象牙黄) 502(浅豆绿)	601(浅灰)	407(青蓝) 704(深赭石棕)	304(深棕)
厂外电气室、操作室及其他附属建筑物	103(浅米黄) 401(浅青蓝) 502(浅豆绿)	601(浅灰)	407(青蓝) 704(深赭石棕)	304(深棕)

4.3.5 一般机械、移动机械、构筑物的颜色,宜按表4.3.5的规定采用。

表4.3.5 机械、构筑物的颜色

<table>
<tr><th colspan="2">设备名称</th><th>色标号</th></tr>
<tr><td colspan="2">一般机械</td><td rowspan="2">507(灰绿)</td></tr>
<tr><td colspan="2">电动机</td></tr>
<tr><td rowspan="3">室内吊车</td><td>本体</td><td>102(奶油黄)</td></tr>
<tr><td>控制室内部</td><td>503(豆绿)</td></tr>
<tr><td>扶手</td><td>108(金黄)</td></tr>
</table>

续表 4.3.5

设备名称		色标号
室外吊车		507[①] （灰绿）
码头吊车		
移动机械		
堆料机、取料机		
堆焦机、装煤机、其他		
烟囱[②]		
除尘设备		702（中灰棕）
喷煤粉专业设备		608（浅绿灰）
管道支架、运输机械架、其他屋外构筑物		702（中灰棕）
气柜	本体	602（铂灰）
	走台、踏梯	702（中灰棕）
	扶手	102（奶油黄）
油罐		602（铂灰）
氧气罐		804（银粉色）
氮气罐		
水罐		
锅炉		
安装在设备上的扶手[③]		
高炉等高温设备		507（灰绿）

① 室外吊车、码头吊车、移动机械、堆取料机等的操作室内部及扶手，应与室内吊车的控制室内部及扶手的颜色相同。

② 混凝土烟囱为原色。对 100 m 以上的烟囱应设航空标志，从标高 50 m 起刷 5～10 m 高的红色圈和 5～10 m 高的白色圈，相互交替直至顶端。

③ 安装在设备上的扶手，一般为金黄色，色标号为 108 号。

4.3.6 电器设备的颜色，宜按表 4.3.6 的规定采用。

表 4.3.6 电气设备的颜色

设备名称		色标号
电动机等电器设备[①]		507（灰绿）
变压器[②]		602（铂灰）
室外电器设备[③]		602（铂灰）
盘	内装	608（浅绿灰）
	外装	608（浅绿灰）
仪表框架[②]		610（深绿色）
手柄[②]		514（绿）

续表 4.3.6

设备名称		色标号
按钮[3]	"运转"	801(白色)
	"停止"	302(朱红)
	按钮	302(朱红)
	手柄	302(朱红)
照明用分电盘	内装	203(红橙)
	外装	408(浅宝石蓝)

① 直接连在设备上或附属的电机等应和设备的颜色相同。

② 凡委托设备制造厂制造的各类机电设备的涂漆,均按本规范执行。

③ 用表中规定的颜色或与之相近的制造厂规定的颜色。

4.3.7 仪表的颜色,宜按表 4.3.7 的规定采用。

表 4.3.7 仪表的颜色

仪表名称		色标号	仪表名称	色标号
仪表盘	内装	602(铂灰)	现场安装设备	804(银粉色)
	外装	608(浅绿灰)	称量机计量部分	608(浅绿灰)
仪表框架		609(绿灰)		

4.4 管道的颜色与标志

4.4.1 管道的颜色,宜按表 4.4.1 的规定采用。

表 4.4.1 管道的颜色

介质名称	主体颜色	色环和流向标志颜色	使用文字及符号
高炉煤气	602 (铂灰)	302 (朱红)	BFG
焦炉煤气	602 (铂灰)	108 (金黄)	COG
混合煤气	602 (铂灰)	302 108 (朱红)(金黄)	MIXG
转炉煤气	602 (铂灰)	302 (朱红)	LDG
空气	602 (铂灰)		空气
蒸气	804 (银粉色)		蒸气
氧气	405 (浅蓝)	412 (浅蓝)	氧气
氮气	108 (金黄)	512 (铜锈绿)	氮气
氩气	606 (中灰)		氩气

续表 4.4.1

介质名称	主体颜色	色环和流向标志颜色	使用文字及符号
氢气	804 (银粉色)	302 (朱红)	氢气
保护气体	602 (铂灰)	110 (铁黄)	HNXG
生活水	511 (草绿)		生活水(镀锌管不涂漆)
工业水	511 (草绿)	803 (紫色)	工业水
过滤水	511 (草绿)	103 (浅米黄)	过滤水
软水	406 (烛光蓝)		软水
纯水	406 (烛光蓝)	803 (紫色)	纯水
净环水	514 (绿)		净环水
浊环水	514 (绿)	803 (紫色)	浊环水
高压水	804 (银粉色)	405 (浅蓝)	高压水
重油	704 (深赭石棕)	109 (铬黄)	重油
干油	110 (铁黄)	108 (金黄)	干油
液压站用油	102 (奶油黄)	108 (金黄)	液压站用油
一般电线管配线槽、管线架	602 (铂灰)		
消防用水管道	302 (朱红)	801 (白色)	消防
除尘用管道	602 (铂灰)	802 (黑色)	除尘用管道
硫酸用管道	803 (紫色)	802 108 (黑色)(金黄)	H_2SO_4
苯输送管道	803 (紫色)	802 (黑色)	C_6H_6

4.4.2 管道标志范围:

4.4.2.1 管道标志范围及位置,应符合表 4.4.2.1 的规定。

表 4.4.2.1 管道标志范围及位置

标志位置	色　环	流　向	文字或符号	高度标志	涂漆年月日
主要干线道路上方	○	○	○	O	O
管道分支接口	○	○			
阀门前	○	○			
车间入口	○	○			

4.4.2.2　色环的间隔一般约为 100 m。但管径大而容易看清的地方也可约为 200 m；对小口径管道，工厂内不容易看清的部分约 50 m 作一个标志。

4.4.2.3　横穿道路的管道有两根以上时，可在最低一根管道上的一处作高度标志。

4.4.3　管道色环、流向及流体标志：

4.4.3.1　ϕ325 mm 以上的管道的色环、流向及流体，应按图例标志。

(1) 高炉煤气管道，按图 4.4.3.1-1 标志。

(2) 混合煤气管道，按图 4.4.3.1-2 标志。

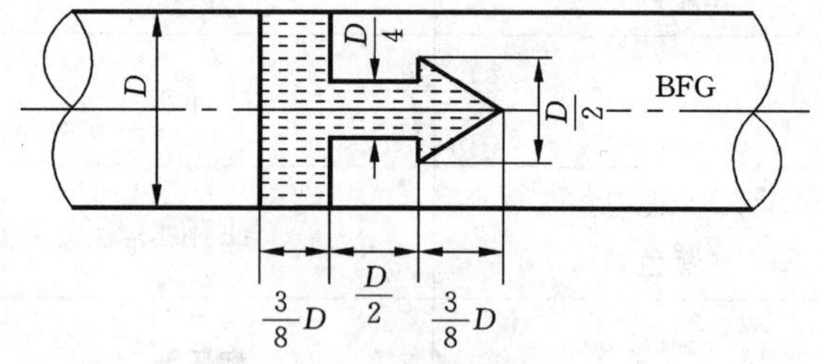

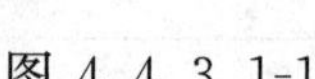

图 4.4.3.1-1

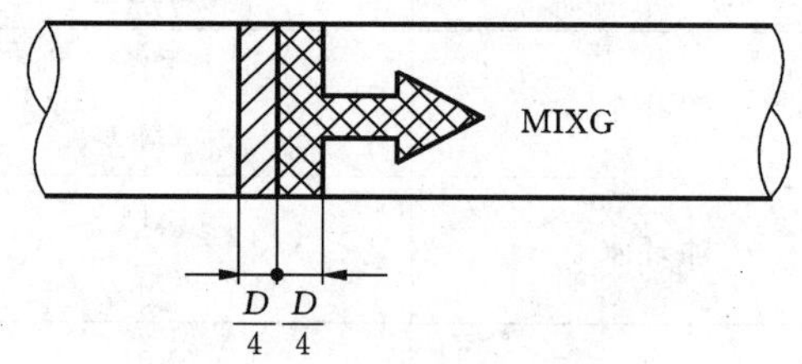

图 4.4.3.1-2

4.4.3.2　ϕ273 mm 以下的管道的色环、流向及流体应按图例标志。括号内的尺寸适用于室内。

(1) 氮气管道，按图 4.4.3.2-1 标志。

(2) 混合煤气管道，按图 4.4.3.2-2 标志。

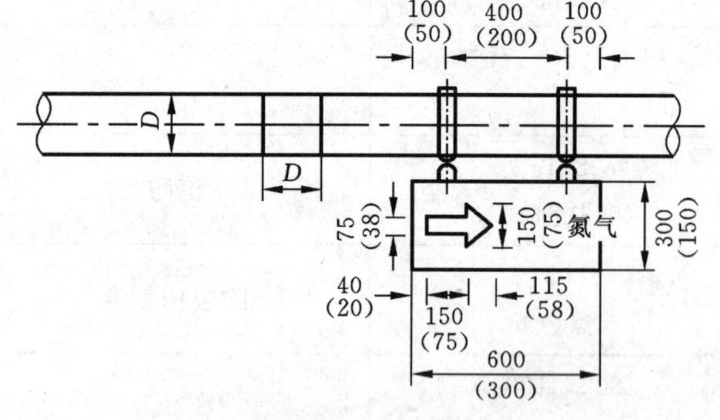

图 4.4.3.2-1

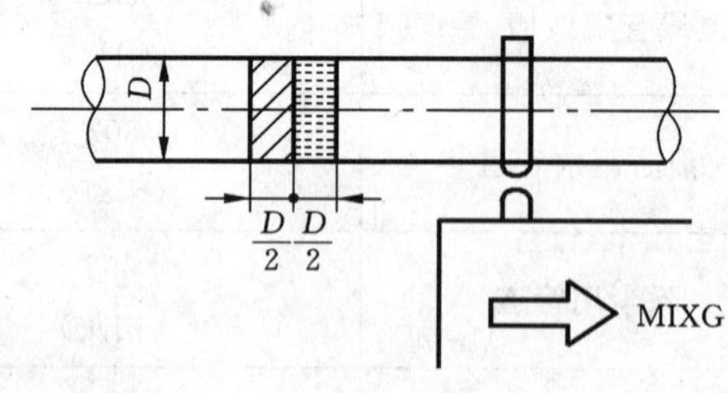

图 4.4.3.2-2

4.4.4　管道标志板：

4.4.4.1　在 50 m 左右能够明显看清的场合，直接标在管道上。

4.4.4.2　如在小口径管道上直接标志不易看清，应设置标志板。在标志板的两面都写上标志，标志板底色为白色，文字为黑色，周围用黑色和中黄色作条纹花边。例如高度 7.5 m 标高的管道，按图 4.4.4.2标志。

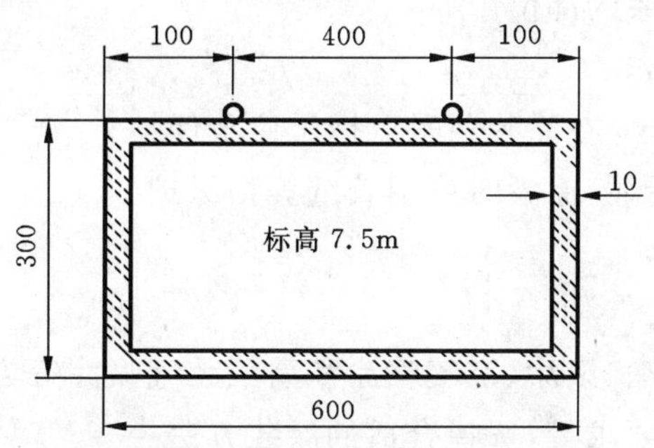

图 4.4.4.2

5 涂装施工

5.1 一般规定

5.1.1 涂装前技术资料应完整，操作人员应经过技术培训。

5.1.2 钢材表面预处理，按本规程第 2 章规定进行，并达到设计规定的除锈等级。

5.1.3 涂装施工的环境应符合下列要求：

5.1.3.1 环境温度宜为 10～30℃；

5.1.3.2 环境相对湿度不宜大于 80%，或者钢材表面温度不低于露点温度 3℃以上。露点温度按表 2.2.6 查对。

5.1.3.3 在有雨、雾、雪、风沙和较大灰尘时，禁止在户外施工。

5.1.4 涂料的确认和贮存：

5.1.4.1 涂装前应对涂料名称、型号、颜色进行检查，确认是否与设计规定相符，产品出厂日期是否超过贮存期限。与规定不相符或超过贮存期的涂料，不得使用。

5.1.4.2 涂料及其辅助材料，宜贮存在通风良好的阴凉库房内，温度应控制在 5～35℃，按原包装密封保管。

5.1.4.3 涂料及其辅助材料属于易燃品，库房附近应杜绝火源，并要有明显的“严禁烟火”标志牌和灭火工具。

5.1.5 涂料开桶后，应进行搅拌，同时检查涂料的外观质量，不得有析出、结块等现象。对颜料比重较大的涂料，一般宜在开桶前 1～2 d 将桶倒置，以便开桶时易搅匀。

5.1.6 调整涂料施工粘度。涂料开桶搅匀后，测定粘度，如测得的粘度高于规定的施工粘度，可加入适量的稀释剂，调整到规定的施工粘度。施工粘度应由专人调整。

5.1.7 用同一型号品种的涂料进行多层施工时，其中间层应选用不同颜色的涂料，一般应选浅于面层颜色的涂料。

5.1.8 禁止涂漆的部位：

5.1.8.1 地脚螺栓和底板。

5.1.8.2 高强螺栓摩擦接合面。

5.1.8.3 与混凝土紧贴或埋入的部位。

5.1.8.4 机械安装所需的加工面。

5.1.8.5 密封的内表面。

5.1.8.6　现场待焊接部位相邻两侧各50～100 mm的区域。

5.1.8.7　通过组装紧密封接合的表面。

5.1.8.8　设计上注明不涂漆的部位。

5.1.8.9　设备的铭牌和标志。

5.1.9　对禁止涂漆的部位，应在涂装前采取措施遮蔽保护。

5.1.10　组装符号标志要明显，涂漆时可用胶纸等物保护。

5.2　涂装施工方法

5.2.1　涂装施工可采用刷涂、滚涂、空气喷涂和高压无气喷涂等方法。宜根据涂装场所的条件、被涂物形状大小、涂料品种及设计要求等，选择合适的涂装方法。

5.2.2　刷涂方法：刷涂是以刷子用手工涂漆的一种方法。刷涂时应按下列要点操作：

5.2.2.1　干燥较慢的涂料，应按涂敷、抹平和修饰3道工序操作。

5.2.2.2　对干燥较快的涂料，应从被涂物的一边按一定顺序，快速、连续地刷平和修饰，不宜反复刷涂。

5.2.2.3　刷涂垂直表面时，最后一次应按光线照射方向进行。

5.2.2.4　漆膜的刷涂厚度应均匀适中，防止流挂、起皱和漏涂。

5.2.3　滚涂方法：

滚涂是用辊子涂装的一种方法，适于一定品种的涂料，应按下列要点操作：

5.2.3.1　先将涂料大致涂布于被涂物表面，接着将涂料均匀地分布开，最后让辊子按一定的方向滚动，滚平表面并修饰。

5.2.3.2　滚涂时，初始用力要轻，以防涂料流落，随后逐渐用力，使涂层均匀。

5.2.4　空气喷涂法：

空气喷涂法是以压缩空气的气流使涂料雾化成雾状，喷涂于被涂物表面上的一种涂装方法。喷涂时应按下列要点操作：

5.2.4.1　喷涂施工粘度按有关规定执行。

5.2.4.2　喷枪压力为0.3～0.5 MPa。

5.2.4.3　喷嘴与物面的距离：大型喷枪为20～30 cm；小型喷枪为15～25 cm。

5.2.4.4　喷枪应依次保持与物面垂直或平行运行，移动速度为30～60 cm/s，操作要稳定。

5.2.4.5　每行涂层边缘的搭接宽度应保持一致，前后搭接宽度一般为喷涂幅度的1/4～1/3。

5.2.4.6　多层次喷涂时，各层应纵横交叉施工，第1层横向施工时，第2层则要纵向施工。

5.2.4.7　喷枪使用后，应立即用溶剂清洗干净。

5.2.5　高压无气喷涂法：

高压无气喷涂是利用密闭器内的高压泵输送涂料，当涂料从喷嘴喷出时，产生体积骤然膨胀而分散雾化，高速地喷涂在物面上。喷涂时应按下列要点操作：

5.2.5.1　喷涂施工粘度按本规程第3章有关规定执行。

5.2.5.2　喷嘴与物面的距离为32～38 cm。

5.2.5.3　喷流的喷射角度为30°～60°；

5.2.5.4　喷流的幅度：喷射大面积物件为30～40 cm；喷射较大面积物件为20～30 cm；喷射较小面积物件为15～25 cm。

5.2.5.5　喷枪的移动速度60～100 cm/s。

5.2.5.6　每行涂层的搭接边应为涂层幅宽的1/6～1/5。

5.2.5.7 喷涂完毕后，立即用溶剂清洗设备，同时排出喷枪内的剩余涂料，吸入溶剂作彻底的循环清洗，拆下高压软管，用压缩空气吹净管内溶剂。

5.2.6 涂漆间隔时间：按本规程第3章有关规定执行。

5.2.7 漆膜的干燥标准

5.2.7.1 表干(或指干)。即用手指轻轻按漆膜，感到发粘，但漆膜不粘附在手指上的状态。

5.2.7.2 半干(或半硬干)，即用手指轻按漆膜，在漆膜上不留指纹的状态。

5.2.7.3 实干(完全干燥)，即用手指重压或急速捅碰漆膜，在漆膜上不残留指纹或伤痕的状态。

5.2.8 漆膜在干燥的过程中，应保持周围环境清洁，防止被灰尘、雨、水、雪等物污染。

5.3 二次涂装的表面处理和修补

5.3.1 二次涂装，是指物件在工厂加工并按作业分工涂装完后，在现场进行的涂装；或者涂漆间隔时间超过1个月以上，再涂漆时的涂装。

5.3.2 二次涂装的表面在进行下道涂漆前应满足的要求。

5.3.2.1 经海上运输的涂装件，运到港岸后，应用水冲洗，将盐分彻底清除干净。

5.3.2.2 现场涂装前，应彻底清除涂装件表面上的油、泥、灰尘等污物。一般可用水冲、布擦或溶剂清洗等方法。

5.3.2.3 表面清洗后，应用钢丝绒等工具对原有漆膜进行打毛处理，同时对组装符号加以保护。

5.3.2.4 用无油、水的压缩空气，清理表面。

5.3.3 二次涂装前，要对前几道涂层有缺陷的部位进行修补。

5.3.4 修补涂层

安装前检查发现涂层有缺陷时，应按原涂装设计进行修补。安装后，应对下列部位进行修补：

5.3.4.1 接合部的外露部位和紧固件等。

5.3.4.2 安装时焊接及烧损的部位。

5.3.4.3 组装符号和漏涂的部位。

5.3.4.4 安装时损伤的部位。

6 安全技术

6.0.1 对涂装人员，应按国家有关规定进行安全技术教育和培训，经考试合格者，方可上岗操作。

6.0.2 施工现场不得堆放易燃、易爆和有毒物品。上述物品应存放在专用仓库内，对每种物品应隔开适当距离。

6.0.3 施工现场及材料仓库，应备有充足的消防水源和相应的消防器材，并应经常检查。消防道路应畅通。

6.0.4 电气设备必须接地。临时用电线应选用胶皮线。工作结束后，应切断电源。

6.0.5 用水稀释硫酸时，必须将酸慢慢倒入水中，并不断搅拌。如皮肤接触到酸时，可用2%～5%碳酸钠溶液冲洗。

6.0.6 高空作业时，应戴好安全带，并应对使用的脚手架或吊架等进行检查。确认安全后，方可施工。

6.0.7 施工现场应有通风排气设备。空气中有害气体和粉尘的含量，不得超过表6.0.7的规定。

6.0.8 在易燃、易爆区域动火时，必须采取防范措施，办理动火证后，方可动火。

6.0.9 操作人员在施工时，必须穿戴防护用品。

6.0.10 操作人员应按国家有关规定享有必要的劳保和保健待遇。

表 6.0.7 施工现场有害气体、粉尘的最高允许浓度

物质名称	最高允许浓度/(mg/m³)	物质名称	最高允许浓度/(mg/m³)
二甲苯	100	煤油	300
甲苯	100	溶剂汽油	350
丙酮	400	乙醇	1 500
环己酮	50	含有10%以上二氧化硅粉尘(石英、石英岩等)	2
苯	40	含有10%以下二氧化硅的水泥粉尘	6
苯乙烯	40	其他各种粉尘	10

7 质量检查及验收

7.1 质量检查

7.1.1 涂料的名称、型号、颜色及辅助材料必须符合设计的规定；产品质量应符合产品质量标准，并具有产品出厂合格证和复检报告。

7.1.2 表面预处理，应按设计的规定清理，并达到规定的预处理等级，应无焊渣、焊疤、灰尘、油污和水分等物。

7.1.3 涂膜的底层、中间层和面层的层数，应符合设计的规定。当涂膜总厚度不够时，允许增涂面漆。

7.1.4 涂膜的底层、中间层和面层，不得有咬底、裂纹、针孔、分层剥落、漏涂和返锈等缺陷。

7.1.5 涂膜的外观，应均匀、平整、丰满和有光泽，其颜色应与设计规定的色卡色标相一致。

7.1.6 涂膜厚度按检测平均值计算，平均值不得低于规定的厚度。其中，低于规定厚度的检测处数量小于总检测处数量的20%为合格，有低于规定厚度80%的检测处为不合格。计算时，超过规定厚度20%的测点，按规定厚度的120%计算，不得按实测值计算。

7.1.6.1 涂膜厚度检测量：桁架、梁柱等主要构件，按同类构件抽检总量的20%，最低不得少于5件；管道及次要构件按同类构件抽检总量的10%，最低不得少于3件。每个被检件检测3处，板、箱形梁及非标设备等类似构件，每10 m² 检测3处。

7.1.6.2 检测点的部位：

(1) 宽度在15 cm以下的构件，每处测3点，各点距离构件边缘3 cm以上，点与点间距约为5 cm。

(2) 宽度在15 cm以上的构件，每处测3点，各点距离构件边缘5 cm以上，点与点间距约为5 cm。

(3) 管道每隔500 cm取一处，每处测3点，点与点间距约为5 cm，小管径的点距为管径的1/3。

7.1.7 本章各条同样适用于按作业分工工厂加工件涂装的检查。

7.2 工程验收

7.2.1 涂装工程的验收，包括中间验收和交工验收。工程未经交工验收，不得交付生产使用。

7.2.2 涂装工程中间验收，主要是对钢材表面预处理的验收。

7.2.3 交工验收时，应提交下列资料：

7.2.3.1 原材料的出厂合格证和复验报告单。

7.2.3.2 设计变更通知单、材料代用的技术文件。

7.2.3.3　对重大质量事故的处理记录。

7.2.3.4　隐蔽工程记录。

7.2.4　涂装质量不符合设计和本规程要求的，必须进行返修，合格后方可验收。返修记录放入交工验收资料中。

7.2.5　涂装工程检查及验收，应填写如表 7.2.5 所示的报表。质量评定按现行《钢结构工程质量检验评定标准》(GB 50221)执行。

表 7.2.5　钢结构涂装分项工程质量检验评定表

分部工程名称：　　　　　　　　　　　　施工单位：
分项工程名称：　　　　　　　　　　　　施工日期：自　年　月　日
分项工程工程量：　　　　　　　　　　　　　　　　至　年　月　日

<table>
<tr><td rowspan="8">保证项目</td><td colspan="2">项　目</td><td colspan="10">质 量 情 况</td></tr>
<tr><td colspan="2">表面预处理方法及等级</td><td colspan="10"></td></tr>
<tr><td rowspan="5"></td><td>涂层结构</td><td colspan="4">涂料型号及名称</td><td colspan="2">层　数</td><td colspan="4">厚度/μm</td></tr>
<tr><td>底层</td><td colspan="4"></td><td colspan="2"></td><td colspan="4"></td></tr>
<tr><td>中间层</td><td colspan="4"></td><td colspan="2"></td><td colspan="4"></td></tr>
<tr><td>面层</td><td colspan="4"></td><td colspan="2"></td><td colspan="4"></td></tr>
<tr><td>涂层总厚度</td><td colspan="4"></td><td colspan="2"></td><td colspan="4"></td></tr>
<tr><td colspan="2">其他</td><td colspan="10"></td></tr>
<tr><td rowspan="2">基本项目</td><td colspan="2">涂层颜色及代号</td><td colspan="10"></td></tr>
<tr><td colspan="2">涂层外观</td><td colspan="10"></td></tr>
<tr><td rowspan="4">允许偏差项目</td><td colspan="2">测检量</td><td colspan="10">厚度实测值/μm</td></tr>
<tr><td colspan="2">总件数</td><td></td><td></td><td></td><td></td><td></td><td></td><td></td><td></td><td></td><td></td></tr>
<tr><td colspan="2">实测件数</td><td></td><td></td><td></td><td></td><td></td><td></td><td></td><td></td><td></td><td></td></tr>
<tr><td colspan="2">实测/总件/%</td><td></td><td></td><td></td><td></td><td></td><td></td><td></td><td></td><td></td><td></td></tr>
<tr><td rowspan="3">检查结果</td><td colspan="2">保证项目</td><td colspan="10"></td></tr>
<tr><td colspan="2">基本项目</td><td colspan="10"></td></tr>
<tr><td colspan="2">允许偏差项目</td><td colspan="10">实测　处:其中合格　处:合格率　%</td></tr>
<tr><td>评定等级</td><td colspan="2">监督部门：</td><td colspan="5">监理部门：</td><td colspan="5">施工单位：
负 责 人：
质 检 员：
制　　表：</td></tr>
</table>

8　埋地管道防腐蚀

8.1　一 般 规 定

8.1.1　本章适用于采用涂料玻璃衬布形成防腐层，防止埋地管道外壁腐蚀的方法，未考虑阴极保护措施。

8.1.2　玻璃衬布的胶料(涂料)宜选用石油沥青、聚丙烯和环氧煤沥青等管道防腐蚀涂料。防腐层分为普通型、加强型和特加强型。

8.1.3　管道防腐宜在工厂并采用机械方法施工时使用。

8.1.4　管道表面预处理，最低标准应达到 St3 级。

8.1.5 防腐材料应符合现行有关的产品质量标准，对每批进料都应在使用前进行复验，并作防腐层试验，合格后方可施工。

8.1.6 管道防腐层增强用的玻璃布，应选用非石蜡乳液型中碱、无碱、无捻粗纱玻璃纤维方格平纹布，其厚度为0.1 mm，经纬密度为8×8(根/cm^2)。

8.1.7 防腐层应具有的性能：

8.1.7.1 与管道基层有较高的粘接力，涂料(胶料)对玻璃衬布有较好的浸透性。

8.1.7.2 较高的机械强度和韧性。

8.1.7.3 良好的绝缘和耐电压击穿性能。

8.1.7.4 良好的耐化学腐蚀和防水渗透性能。

8.1.7.5 良好的耐热和耐寒性。

8.1.8 埋地管道应避开或远离交流电接地体及地面电器设备。

8.2 管道腐蚀等级与防腐层类型

8.2.1 土壤对管道腐蚀等级的划分

8.2.1.1 非酸性土壤对管道腐蚀等级的划分，按土壤电阻率分级，应符合表8.2.1.1的规定。

表 8.2.1.1 非酸性土壤对管道腐蚀等级的划分

腐蚀等级	强	中	弱
土壤电阻率/(Ω·m)	<20	20～50	>50

注：土壤电阻率采用年最小值。

8.2.1.2 酸性土壤对管道腐蚀等级的划分，按土壤总酸度分级，应符合表8.2.1.2的规定。

表 8.2.1.2 酸性土壤对管道腐蚀等级的划分

腐蚀等级	强	中	弱
土壤总酸度/(mvad/kg)	>5	2.5～5	<2.5

8.2.2 管道防腐层的涂料种类与类型见表8.2.2。

表 8.2.2 管道防腐层涂料种类与类型

涂料种类	管道腐蚀等级		
	强	中	弱
石油沥青	特	特，加	普
环氧煤沥青	特	加	普
聚丙烯	特	特，加	加，普

注：特—特加强型，加—加强型，普—普通型。

8.3 防腐层结构

8.3.1 石油沥青防腐层

8.3.1.1 石油沥青防腐层，应根据管道介质温度确定沥青牌号和品种：

(1) 管道介质温度低于50℃时，应选用10号建筑石油沥青，其质量指标应符合现行国家标准GB 494的规定，见附录C附表C.1。

(2) 管道介质温度在50～80℃时，应选用改性石油沥青，其质量指标应符合附录C附表C.2的规定。

8.3.1.2 沥青底漆的配制：配制底漆的沥青应与防腐层的沥青牌号相同，其配比(体积比)为沥青：工业溶剂汽油＝1：3.0～3.5。

8.3.1.3　沥青防腐层结构应符合表 8.3.1.3 的规定。

表 8.3.1.3　沥青防腐层结构

防腐层类型	防腐层结构	涂层总厚度/mm
普通型	沥青底漆—沥青—玻璃布—沥青—玻璃布—沥青—聚氯乙烯薄膜	4～6
加强型	沥青底漆—沥青—玻璃布—沥青—玻璃布—沥青—玻璃布—沥青—聚氯乙烯薄膜	5.5～8
特加强型	沥青底漆—沥青—玻璃布—沥青—玻璃布—沥青—玻璃布—沥青—玻璃布—沥青—聚氯乙烯薄膜	7～10

注：聚氯乙烯薄膜宜选用 1.2 mm 聚氯乙烯工业膜。

8.3.2　环氧煤沥青防腐层

8.3.2.1　环氧煤沥青有定型产品和自配两种。

定型产品一般为分装双组分涂料，使用时按产品说明书规定的比例进行调配和使用。

自配环氧煤沥青漆时，应按已用过成熟的配方进行调配。固化剂可选用聚酰胺树脂、T31 环氧固化剂等，如使用乙二胺应先配制成加成物使用。

8.3.2.2　加入固化剂调配好的环氧煤沥青，应放置 10～30 min 熟化后使用，并应在当班内用完。

8.3.2.3　环氧煤沥青防腐层结构，应符合表 8.3.2.3 的规定。

表 8.3.2.3　环氧煤沥青防腐层结构

防腐层类型	防腐层结构	涂层总厚度/mm
普通型	底漆—胶料—玻璃布—胶料—玻璃布—面漆—面漆	0.50～0.60
加强型	底漆—胶料—玻璃布—胶料—玻璃布—胶料—玻璃布—面漆—面漆	0.70～0.80
特加强型	底漆—胶料—玻璃布—胶料—玻璃布—胶料—玻璃布—胶料—玻璃布—面漆—面漆	0.90～1.10

8.3.3　聚丙烯防腐层：

8.3.3.1　聚丙烯管道防腐涂料，分底漆、面漆，均为单组分包装。施工温度为 15～35℃，使用温度为 20～120℃。

8.3.3.2　聚丙烯防腐层结构，应符合表 8.3.3.2 的规定。

表 8.3.3.2　聚丙烯防腐层结构

防腐层类型	防腐层结构	涂层总厚度/mm
普通型	底漆—底漆—玻璃布—面漆—面漆—面漆	0.4～0.5
加强型	底漆—底漆—玻璃布—面漆—面漆—玻璃布—面漆—面漆—面漆	0.6～0.7
特加强型	底漆—底漆—玻璃布—面漆—面漆—玻璃布—面漆—面漆—玻璃布—面漆—面漆—面漆	0.8～1.0

8.4　防腐层施工

8.4.1　管道除锈并经清理后，宜在当班涂完底漆(需打腻子处，底漆干后方可进行)，底漆表干后均匀地涂一道面漆(胶料)，随即缠绕一层玻璃布。玻璃布要拉紧、平整，使涂料透过布孔，玻璃布压边为 20～25 mm，接头搭接长度为 100～150 mm。第一层玻璃布缠绕完毕并表干后，再进行下一道工序，以此类推。缠绕多层玻璃布时，缠绕方向应交叉进行。

8.4.2　补口处表面预处理应达到St3级，搭接处应无油污和水分，并经打毛后按管体防腐层结构要求进行。补口防腐层与管体防腐层的搭接应不少于100 mm。

8.4.3　防腐层修补，首先应铲除损伤部分，然后按管体防腐层结构要求，哪层破损就从哪层修补，最后另加一道面漆。

8.5　质量检查

8.5.1　外观：防腐层表面应平整，无漏涂、气泡、皱折、翘边和杂物。

8.5.2　厚度检查：用电磁测厚仪或其他器具测定，检测量(按检测总根数或总长度计算)应不少于10%，最少检测3根，每隔500 mm测一处，每处取三点。

防腐层厚度按检测平均值计算，平均值不得低于规定的厚度。其中，低于规定厚度的检测处数量小于总检测处数量20%为合格，有低于规定厚度80%的检测处为不合格。计算时超过规定厚度20%的测点，按规定厚度的120%计算。

8.5.3　贴紧程度：用小锤轻轻敲打涂层，听有无空鼓声，检查面不少于20%。

8.5.4　粘接力：防腐层完全干固后，用小刀拉开切口，并掀开撕掉，撕掉处钢铁表面应仍为涂料所覆盖，其覆盖面积不低于50%。

8.5.5　针孔检查：用电火花测漏仪以3 000 V电压检查，平均每4.5 m发生火花不超过1处，即为合格。

8.6　工程验收

8.6.1　埋地管道防腐蚀工程验收，应包括中间验收和交工验收。中间验收主要是对管道表面预处理的验收。

8.6.2　交工验收时，应提交下列资料：

8.6.2.1　原材料出厂合格证、复验报告单和防腐层检验单。

8.6.2.2　设计变更通知单。

8.6.2.3　重大质量事故处理记录。

8.6.2.4　隐蔽工程检查记录。

8.6.3　施工质量不符合设计和本规程要求的，必须进行返修，合格后方可进行验收。返修记录放入交工验收资料中。

8.6.4　埋地管道防腐蚀施工检查验收，应填写如表8.6.4所示的报表。

表8.6.4　埋地管道防腐分项工程质量检验评定表

分部工程名称：　　　　　　　　　　　　施工单位：

分项工程名称：　　　　　　　　　　　　施工日期：自　年　月　日

分项工程工程量：　　　　　　　　　　　　　　　　至　年　月　日

	项　　目	质量情况
保证项目	表面预处理方法及等级	
	涂料型号及名称	
	防腐层结构	
基本项目	电火花检查	
	贴紧程度	
	粘接力	
	外观	

续表 8.6.4

允许偏差项目	检测量	厚度实测值/μm	
	总件数		
	实测件数		
	实测/总件/%		
检查结果	保证项目		
	基本项目		
	允许偏差项目	实测　　处，其中合格　　处，合格率　　%	
评定等级	监督部门：	监理部门：	施工单位： 负 责 人： 质 检 员： 制　　表：

附录A　施工配比及工艺条件

附表 A.1　碱液除油配比及工艺条件

项　　目		钢及铸铁制件		铝及其合金
		一般的油污	大量的油污	
组分/(g/L)	氢氧化钠	20～30	40～50	10～20
	碳酸钠	—	80～100	—
	磷酸三钠	30～50	—	50～60
	水玻璃	3～5	5～15	20～30
	工作温度/℃	80～90	80～90	60～70
	处理时间/min	15～18	10～40	3～5

注：(1) 在除油过程中，应经常搅拌；

(2) 碱液处理后，应用热水洗涤至中性，然后用布擦干或烘干；

(3) 可采用浸渍法或喷射法除油。

附表 A.2　乳化液除油配比及工艺条件

材料名称	重量比/%	工作温度/℃	处理时间
煤油	67.00	室温	除净为止
松节油	22.50		
月桂酸	5.40		
三乙醇胺	3.60		
丁基溶纤剂	1.50		

注：可采用浸渍法或喷射法乳化除油。

附表 A.3　酸洗液配比及工艺条件

材料名称	配比/(g/L)	工作温度/℃	处理时间/min	备　　注
工业盐酸(d=1.18) 乌洛托品 水	400～540 5～8 余量	30～40	5～30	适用于钢铁件除锈，速度较快
工业盐酸(d=1.18) 工业硫酸(d=1.84) 食盐 KC缓蚀剂	110～150 75～100 200～500 3～5	20～60	5～50	适用于钢铁及铸铁件除锈

续附表 A.3

材料名称	配比/(g/L)	工作温度/℃	处理时间/min	备注
工业硫酸(d=1.84) 食盐 硫脲 水	180～200 40～50 3～5 余量	65～80	25～50	适用于铸铁除锈及清理大面积氧化皮。若表面有型砂时，可加2.5%氢氟酸
工业磷酸/% 水	7～15 余量	80	除净锈为止	适用于锈蚀不严重的钢铁件

附表 A.4 钝化液配比及工艺条件

材料名称	配比/(g/L)	工作温度/℃	处理时间/min
重铬酸钾	2～8	90～95	0.50～1
重铬酸钾 碳酸钠	0.50～1 1.50～2.50	60～80	3～5
亚硝酸钠 三乙醇胺	3 8～10	室温	5～10

附录 B 涂装防护体系及色卡

附表 B.1 涂装防护体系

涂料品种	涂料型号及名称	层数	涂层厚度/μm	要求最低的除锈等级	适用环境
醇酸漆	Y53-31 红丹油性防锈漆或 F53-38 铝、铁酚醛防锈漆 C53-34 云铁醇酸防锈漆 C04-42 各色醇酸磁漆或 C04-2 各色醇酸磁漆	1～2 1 2～3	30～60 30 40～75	St3 或 Be	城市大气
	总层数及总厚度	4～6	100～165		
醇酸漆	C06-1 铁红醇酸底漆 或 C53-31 红丹醇酸防锈漆 C53-34 云铁醇酸防锈漆 C04-42 各色醇酸磁漆 或 C04-2 各色醇酸磁漆	1～2 2 2～3	25～50 60 40～75	Sa2 或 Be	工业大气
	总层数及总厚度	5～7	125～185		
高氯化聚乙烯漆	X53 云铁高氯化聚乙烯防锈漆 X53 高氯化聚乙烯中间漆 X52 各色高氯化聚乙烯磁漆	2 1～2 2	60 30～60 60	Sa2 或 Be	工业大气 化工大气
	总层数及总厚度	5～6	150～180		
氯化橡胶漆	H06-4 环氧富锌底漆 J53-13 云铁氯化橡胶防腐漆 J52-12 氯化橡胶防腐漆	1 1～2 2～3	30 35～70 100～150	Sa2 或 Be	工业大气 海洋大气 水上环境
	总层数及总厚度	4～6	165～250		
环氧漆	H06-1 环氧富锌底漆 H53-6 云铁环氧防锈漆 H52-2 各色环氧防腐漆	1～2 1～2 2～3	20～40 50～100 80～120	Sa2	化工大气 重防腐蚀 (适宜户内)
	总层数及总厚度	4～7	150～260		

续附表 B.1

涂料品种	涂料型号及名称	层　数	涂层厚度/μm	要求最低的除锈等级	适用环境
聚氨酯漆	S06-4 铁红聚氨酯底漆或 H06-4 环氧富锌底漆	1～2	25～50	Sa2 或 Be	工业大气 化工大气 腐蚀环境 水下环境
	S52-云铁聚氨酯中间漆	2	60		
	S04-聚氨酯磁漆	2～3	50～75		
	总层数及总厚度	4～6	135～185		
过氯乙烯漆	Y06-1 乙烯磷化底漆	1	10	$Sa2\frac{1}{2}$	化工大气
	G06-4 铁红过氯乙烯底漆	1～2	20～40		
	G06-4：G52-31＝1：1	1	20		
	G52-31 各色过氯乙烯防腐漆	1～2	20～40		
	G52-31：G52-2＝1：1	1	20		
	G52-2 过氯乙烯防腐清漆	2～3	40～60		
	总层数及总厚度	7～10	130～190		
聚氨酯耐热漆	S61-81 聚氨酯铝粉防腐漆或 E06-28 无机硅酸锌底漆	2	60	Sa2 或 Be	耐温 150℃以下环境
	S61-30 聚氨酯耐热防腐漆	2	60		
	总层数及总厚度	4	120		
酚醛改性耐热漆	E06-20F 无机硅酸锌底漆	2	50	$Sa2\frac{1}{2}$	耐温 150℃以下的户内环境
	或 F-150 耐热防腐底漆	2	70		
	H-150 耐热防腐面漆	2	80		
	总层数及总厚度	4	130～150		
有机硅耐热漆	E06-28 无机硅酸锌底漆	2	50	$Sa2\frac{1}{2}$	耐温 400℃以下的环境
	W61-64 有机硅高温防腐漆	2	50		
	总层数及总厚度	4	100		
环氧树脂改性耐酸漆	SH50-81 环氧树脂耐酸防锈漆	1～2	35～70	Sa2 或 Be	腐蚀严重的化工大气电镀、电解及酸洗环境
	SH50-83 环氧树脂耐酸中间漆	2	70		
	SH50-61 环氧树脂耐酸防腐漆	2	50		
	总层数及总厚度	6	165～190		

附表 B.2 色卡

(汇编本中未列，请见该标准的单行本)

附录 C　沥青质量指标

附表 C.1　10 号建筑石油沥青质量指标

项　　目	指　　标
针入度(25℃ 100 g)/0.1 mm	10～25
延度(25℃)/cm	不小于 1.5
转化点/℃	不低于 95
溶解度/%	不小于 99.5
蒸发损失/%	不大于 1
蒸发后针入度比/%	不大于 65
闪点(开口)/℃	不低于 230
水分/%	痕迹

附表 C.2 改性石油沥青质量指标

项 目	指 标
针入度(25℃ 100 g)/0.1mm	5～20
延度(25℃)/cm	不小于 1
软化点(环球法)/℃	130±5
溶解度/%	不小于 99
闪点(开口)/℃	不低于 260
水分/%	痕迹

附加说明

本规程主编单位、参加单位和编制组成员

主编单位:宝钢(集团)公司

参加单位:宝钢二十冶分指挥部设计研究院

宝钢冶金建设公司

重庆钢铁设计研究院

编制组成员:钱钧达 邹志孝 吴裕章 陈达上 姚桐林 杨二平

附:条文说明

1 总 则

1.0.1 物质在自然和生产环境中被腐蚀是普遍存在的自然现象,尤其是钢铁的腐蚀更为明显。

在工厂,各种钢结构、机械设备和架空管道,由于受工业大气中二氧化硫等物质的作用,腐蚀更为严重,不仅缩短了使用寿命,而且直接影响着生产和安全,造成的间接经济损失要比直接损失大得多。

腐蚀虽然是普遍存在的自然现象,但随着科学技术的发展,腐蚀也是可以减少或防止的。本规程就是为此目的而制订的。

为了使涂装工程的设计、施工及验收能系统有机地结合起来,方便管理和使用,减少由于分别制订标准而易产生条文重复和矛盾的现象,而将本规程编制为一个标准。

本规程是在总结宝钢标准《钢结构涂装工程施工及验收规程》(BZQ(GJ)0011—89)应用情况的基础上,参考了国内外有关标准,并结合我国冶金工业生产与环境腐蚀的特点而制订的。

1.0.2 本规程适用于钢结构、非标准设备和管道的外表面防腐涂装,不适用于管道内壁的防腐涂装。由于埋地管道防腐蚀在涂装设计、施工等方面与架空管道虽有共同之处,但不同点较多,所以独立列在本规程的最后一章。在施工安全方面,仍应执行本规程第 6 章的规定。

1.0.3 防止或减少钢结构腐蚀的方法很多,如喷、镀金属,阴极保护等,但目前国内外多采用涂装方法进行防护。涂装方法与其他方法相比,具有施工方便、工艺简单、费用低、易维修等特点,特别是具有独特的色彩装饰作用,这是其他方法所不能比拟的。

1.0.4 本规程适用于使用温度 400℃以下的涂装工程,对使用温度在 400℃以上的涂装工程,由于使用条件、环境比较复杂,难以作出具体规定。因此,对使用温度在 400℃以上的涂装工程,按具体设计规定执行。

1.0.5 随着涂装技术和涂料工业的发展,新的涂装工艺、设备和涂料品种也随之不断涌现。为了促进我国冶金行业涂装技术的提高和新涂料品种的应用,应采取积极的支持态度。但在采用新的涂装工艺、设备和新涂料品种之前,必须要做试验和试用,证明确实是技术先进、防腐效果明显,并经有关部门审批后,方可采用。

1.0.6　涂装使用的原材料，大部分为易燃、易爆和有毒物品。为确保安全，除执行本规程规定外，还应执行国家现行的有关法令、法规和标准。

对与本规程有关而本规程又不能包括的事宜，应按国家现行有关的标准执行。

2　涂装前钢材表面预处理

2.1　一 般 规 定

2.1.1　钢材表面处理是涂装的基础。钢材表面预处理的好坏直接影响着涂层的附着力和涂层厚度的均匀性，在很大程度上决定着涂装工程的质量。因此，钢材表面的处理，必须按设计规定的方法进行，并达到设计规定的预处理等级。

2.1.2　加工完的成品件，必须进行检查、验收，不合格的成品件不得进行表面处理。

2.1.3　为了保证钢材表面预处理质量，预处理应在具有一定设备、适合的环境条件和便于管理的工厂进行。

钢材表面预处理方法的不同，其涂装后的防护效果也不同。试验证明，在涂料品种、层数相同，而预处理方法不同的条件下，涂装的防护效果有很大的差异，如表 2.1.3 所示。

表 2.1.3　不同的预处理方法涂装后的防护效果(a)

除锈方法	两道红丹和两道铁红漆	两道铁红漆
手工除锈	2.8	1.2
完整氧化皮不处理	8.2	3.0
酸洗除锈	9.7	4.6
喷射除锈	10.3	6.3

表 2.1.3 表明，喷射和酸洗预处理方法，要比手工预处理方法涂装后的防护效果好得多。因此，为了延长被涂物的使用寿命，在有条件的情况下，选用喷射和酸洗方法进行表面预处理是必要的。

2.1.4　钢材表面除本身产生的氧化皮和铁锈外，还有在生产、运输等过程中外来的污物。为了保证涂装工程质量，在进行钢材表面预处理前，应清除表面上的疏松氧化皮、铁锈和其他外来污物。钢材表面外来物的类型、来源以及对涂层的影响和清除方法，见表 2.1.4。

表 2.1.4　钢材表面外来物类型、来源以及对涂层的影响及清除方法

类　型	来　源	对涂层的影响	清除方法
机械物(砂、泥土、灰尘矿)	在生产、运输和贮存过程中产生的(包括型砂打磨灰、毛刺和焊渣等)	使涂层不能与基体表面直接接触，涂层表面粗糙，污物易剥落并破坏涂层，空气容易渗透到钢材基层	一般用专用工具打磨，并用压缩空气清理干净
矿物油、润滑脂和动植物油	在运输、加工和贮存过程中产生的	使涂层附着力严重下降并影响干燥，也使涂层的硬度和光泽降低	用碱液或有机剂清洗除掉
酸、碱、盐等化学药品	在运输、贮存及热处理时产生的	易使涂层起泡，并使涂层底漆与金属界面破坏，涂层附着力严重下降，在高潮湿条件下引起涂层脱落	用水或专用清洗剂清洗
旧涂层	为在加工和运输、贮存过程中防止锈蚀而涂的保养底漆	使涂层附着力下降，外观不均匀、不光滑	一般用碱液或有机溶剂清洗

2.1.5 对用固化剂固化的双组分保养底漆，如果涂层基本完好，则可以保留。但对部分已破坏或返锈的部位则应采用喷射等方法进行处理，并达到规定的除锈等级。除锈时应注意在保留部分与不保留部分有一个过渡段，以保证涂层的附着和均匀性。

所谓固化剂固化的双组分保养底漆，一般是指环氧树脂类的涂料。

对非固化剂固化的保养底漆和已破坏面积很大的双组分保养底漆的涂层，应在表面预处理时除掉。

2.2 喷射除锈

2.2.1 喷射除锈有两种方法，即干法和湿法。湿法适用于非金属磨料的喷射，在磨料中加入防锈添加剂，防止粉尘飞扬和防止钢材表面在短时间内返锈。

喷射除锈是利用压缩空气将磨料带入并通过喷嘴以高速喷向钢材表面，利用磨料的冲击和摩擦力将氧化皮、铁锈和污物除掉，使表面获得一定的清洁度和粗糙度。

喷射除锈的质量取决于喷射磨料的速度；喷射角度；喷射距离；喷射磨料量（单位时间）；磨料的形状、大小和含尘量。

2.2.2 喷射除锈时，使用的压缩空气必须经过油、水分离处理，否则油污和水分将附在钢材表面上，不仅影响涂层的附着力，还将破坏涂层的均匀性和密实性，从而降低涂层的防护性能。油、水分是否分离干净，一般可用以下方法进行检查：将白布或白漆靶板，用压缩空气吹 1 min，用肉眼观察其表面，应无油污、水珠和黑点。

2.2.3 喷射磨料基本分两大类，即金属磨料（黑色金属磨料和有色金属磨料）和非金属磨料（天然矿物、人造矿物和有机物磨料）。常用的喷射磨料性能见表 2.2.3。

表 2.2.3 常用的喷射磨料性能

磨料	平均颗粒/mm	硬度 HV0.1	空气压力（过气压）/MPa	喷射性能	尘埃产生	磨料输送量/(kg/min)	喷除 20 g 金属所需磨料耗料/kg	喷除 20 g 金属所需喷射时间（平均值）/min
锆砂	0.12	800	0.42～0.48	好	中等	11.10	16.70	1.50
砂	0.39	1 800	0.51～0.52	好	多	—	—	1.40
铸铁碎粒	0.58	890	0.41～0.43	相当好	少	11.10	16.70	1.50
钢丝线粒	0.65	510	0.38～0.44	好	少	10.40	17.00	1.70
电熔金刚砂·s	0.72	2 150	0.34～0.36	中等	少	6.2	14.5	2.5
电熔金刚砂·K	0.75	2 200	0.32～0.34	中等	少	5.8	15.5	2.5
金刚砂	0.79	2 050	0.35～0.37	差	很多	5.5	—	3.5
钢丝线粒	0.97	610	0.42～0.44	中等	少	—	19.1	2.0
平均值							16.6±1.5	2.1±0.7

注：引用 J. H. Zeal《关于钢结构喷射除锈的探讨》。

2.2.4 喷射除锈效率，除受磨料影响外，主要受喷射时的压缩空气压力、喷嘴大小、喷射角度和喷射距离的影响。

（1）喷射压力：压力越大，单位时间内喷出磨料量越多，喷射效率越高。但压力过大易造成磨料粉碎率高、表面粗糙度大、对胶管和喷嘴磨损也大。

（2）喷嘴直径：在规定的压力条件下，喷嘴越大，效率越高，但喷嘴超过规定的直径，反而降低效率。

（3）喷射角：喷射角决定着磨料喷出时与被喷物表面相冲击的程度。当喷射角为 90°时，喷出的磨料与弹回的磨料相碰机会最大，喷射角为 45°时，相碰机会最小，所以，一般将喷射角规定为 30°～70°。

(4) 喷射距离:以距离 150 mm 左右效果最佳,一般控制在 100～200 mm 范围内。

2.2.5 使用后的磨料,可根据规定的质量标准进行检查,合格的可以重复使用。当颗粒太小或灰尘过多时,采用筛分法进行分级处理,并用水冲洗清除灰尘晾干或炒干后方可使用。

2.2.6 喷射除锈时,要求环境相对湿度在 80%以下,或控制钢材表面温度高于空气露点温度 3℃以上,否则钢材表面容易返锈,同时也很难达到较高的除锈质量标准。因为在湿度较大时,不仅钢材表面容易生锈,而且金属磨料也容易生锈,所以必须在较干燥的条件下进行喷射除锈。

露点温度测定方法:先测定环境温度(℃)和空气相对湿度(%),查表纵横交叉处的数字,即为露点温度。如测得环境温度为 20℃,空气相对湿度为 85%,在表中纵横交叉处数字为 17.4,即露点温度为 17.4℃。钢材表面温度应在 17.4℃+3℃=20.4℃以上时方可施工。

2.2.7 喷射除锈后的钢材表面,曝露在空气中很容易返锈,特别是除锈后遇阴雨天气更是如此。所以一般要求除完锈后尽快涂上底漆。底漆涂得越早,涂层的附着力越好,反之附着力越差。

对喷射除锈后又返锈的钢材表面,必须再次重新除锈。如果返锈不重,一般情况下可采用轻度喷射方法进行再除锈。

2.2.8 喷射除锈后,钢材表面附着一定的灰尘或磨料碎渣,应进行补充清理工作。补充清理工作是喷射除锈不可缺少的重要组成部分,一般常采用压缩空气进行清理。

2.2.9 喷射除锈会改变钢材表面的轮廓,一般以粗糙度表示空间的表面轮廓。粗糙度的大小影响涂层的附着力、涂料的用量和防护作用。所以,对喷射后的表面粗糙度应有所控制。

2.3 化学除锈

2.3.1 化学除锈,其原理是利用酸洗液中的酸与金属氧化物进行化学反应,使金属氧化物溶解,生成金属盐溶于酸洗液中。

决定酸洗质量的主要因素是酸洗液的配方及其工艺。一般酸洗液主要由酸、缓蚀剂和表面活性剂所组成,由于配方不同,其工艺也不同。

(1) 酸的选择:酸洗所用的酸有无机酸和有机酸两大类。无机酸主要有硫酸、盐酸、硝酸、磷酸和氢氟酸等,有机酸主要有醋酸和柠檬酸等。目前国内对大型钢结构酸洗,主要用硫酸、盐酸,也有的用磷酸。硫酸和盐酸属于强酸,酸洗效率高、速度快、货源广、价格低,缺点是容易产生"过蚀"现象,清洗不彻底,残存的酸会引起返锈。另外,硫酸需在 70℃左右条件下进行酸洗,盐酸虽然要求温度不高(30℃左右),但酸雾仍然很大。磷酸酸洗效率低、速度慢、价格贵,但它的优点也很多,如可配制成"三合一"或"四合一"酸洗液,简化酸洗工艺。磷酸酸洗不会产生"过蚀"、"氢脆"现象。磷酸一般用于机械加工件或较精密部件的酸洗。

(2) 缓蚀剂:缓蚀剂是酸洗液中不可缺少的重要组成部分。大部分缓蚀剂是有机物。在酸洗液中加入适量的缓蚀剂,可以防止或减少在酸洗过程中产生"过蚀"或"氢脆"现象,同时也减少了酸雾。

不同的缓蚀剂在不同的酸洗液中,缓蚀的效率也不一样。因此,在选用缓蚀剂时,应根据选用的酸采用不同的缓蚀剂。

(3) 表面活性剂:由于酸洗技术的发展和表面活性剂的应用,在现代的酸洗液配方中,一般都要添加表面活性剂,以省去除油污的工序。特别是综合性的酸洗液(如"三合一"、"四合一"),必须加入表面活性剂。

2.3.2 酸洗液的配制,必须按配比和一定的程序进行。如酸的浓度过高,易产生"过蚀"或破坏其他添加剂的效能;酸浓度过低,则会降低酸洗效率。在配制硫酸酸洗液时,应将硫酸慢慢地加入水中,否则酸液溅出,容易伤害操作人员。

2.3.3 控制酸洗温度非常重要,酸洗温度过高,可加快酸洗速度,但过高就容易产生"过蚀"或破坏添加剂的作用;酸洗温度低,会降低酸洗速度,并在钢材表面上吸附一层沉淀物,影响下一道工序的冲洗。

2.3.4 酸洗时,各道工序都有一定的时间要求,而且必须连续作业,中间不许停顿。如在酸洗时停顿,钢材必然要被腐蚀;在水冲、中和后停顿,将会造成返锈。对返锈件需重新进行酸洗。

在酸洗过程中,要不断地检查酸和铁盐的浓度变化情况,一般当酸(硫酸液)的浓度低于10%时,应加入新的酸补充至规定的浓度;当铁盐浓度达 90 g/L 时,则应清理酸槽,换入新的酸洗液。

酸洗后的废液,应进行中和后再处理掉,但应符合环卫条例要求,不得随意处理。

2.3.5 酸洗后进行钝化处理是为了防止钢材表面在短时间内返锈和提高涂层的附着力。不然,酸洗后钢材表面很快就会返锈。经钝化后的钢材表面,由于钝化膜很薄,在潮湿的条件下容易返锈,所以应尽快晾干或吹干,存放在干燥、不潮湿的地方。

2.3.6 钢材酸洗后,若不能在短时间内涂上底漆,应进行活化和转化成膜处理。经转化成膜处理后,一般条件下可延长1个月以上的防锈期。

2.4 手工和电动工具除锈

2.4.1～2.4.2 手工和动力工具除锈方法,是指用手使用简单工具(铲刀、刮刀、钢丝刷、锉钟子和砂布等)和动力工具(如风砂轮、风动钢丝刷和风动打锈锤等)进行除锈的方法。

手工和动力工具除锈与喷射和酸洗除锈相比,优点是工具简单、施工方便,缺点是效率低、质量差,使用动力工具时灰尘和劳动强度大。

2.6 钢材表面锈蚀等级和除锈等级

2.6.1～2.6.4 本规程对钢材表面锈蚀等级标准,参照采用了国际标准 ISO 8501-1:1988 和现行国家标准 GB 8923。

目前世界很多国家(包括 ISO 8501-1)的钢材涂装前表面锈蚀等级和除锈等级标准,基本都是以瑞典 SIS 055900《涂装前钢材表面除锈标准》为蓝本制订的,因此对一些国家的钢材表面预处理标准可以对应参照使用,见表 2.6.1。

表 2.6.1 除锈等级对照表

ISO 8501(国际)	GB 8923—88(中国)	SIS 055900(瑞典)	DIN 55928(德国)	PPSL. Vis(美国)	BS 4232(英国)	JSRA SPSS 日本造船协会	
						喷砂	喷丸
Sa1	Sa1	Sa1	Sa1	SP-7			
Sa2	Sa2	Sa2	Sa2	SP-6	3级	Sd1	Sh1
Sa2 $\frac{1}{2}$	Sa2 $\frac{1}{2}$	Sa2 $\frac{1}{2}$	Sa2 $\frac{1}{2}$	SP-10	2级	Sd2	Sh2
Sa3	Sa3	Sa3	Sa3	SP-5	1级	Sd3	Sh3
St2	St2	St2	St2	SP-2			
St3	St3	St3	St3	SP-3			
F1	F1		F1	SP-4			
			Be	SP-8			

2.6.5 由于国际标准 ISO 8501-1:1988 和现行国家标准 GB 8923 中没有酸洗除锈等级标准,而我国目前有些钢结构涂装工程表面处理仍在采用酸洗方法除锈,因此,本规程根据德国标准 DIN 55928 第4部

分的有关规定制定了酸洗除锈等级标准。

3 涂　料

3.0.1　随着工业建设的发展,对钢结构涂装防腐质量要求越来越高,从我国钢结构涂装工程选用的涂料品种来看,低档的涂料(如油基漆和调和漆)已逐渐被淘汰,而大量地选用中档漆(如醇酸、氯化橡胶和高氯化聚乙烯等)和高档漆(聚氨酯和丙烯酸等),使涂装工程质量有了很大程度上的提高,其使用寿命也大大延长。

本规程主要从工程使用环境条件、提高工程质量、经济合理等几方面考虑,选用的涂料大部分为中档漆和部分高档漆。

3.0.2　我国现行的国家、行业涂料产品标准,大部分为轻工业和机械行业用的涂料品种标准,而重工业建筑用的涂料品种标准则很少,因此本规程规定可以采用企业标准,但不能使用没有标准的产品。

目前国内涂料产品标准检测项目,基本属于涂料和涂层的物理和机械性能,对工业防腐蚀性能的检测项目基本没有。因此用户可以根据实际需要,与供货单位签订合同,同时增加需要检测的项目。

3.0.3　目前国内生产涂料厂家很多,由于各种原因,产品质量很不稳定,因此对进厂的涂料必须进行复验。从实际经验来看,检验常规项目已很难检查出质量问题,有条件的单位,应增加检测决定涂料性能的其他项目。

3.0.4　底漆、中间漆和面漆,各具有不同的性能,经施工形成涂膜后,起的作用也各不相同。只有底漆、中漆、面漆配套使用,涂膜才具有综合的防护作用。

3.0.5　底漆,主要要求具有较好的防锈性和附着力。富锌和红丹底漆具有较好的防锈性,铁红防锈性一般。附着力以环氧树脂、聚氨酯底漆为最好,醇酸树脂底漆较好,氯化橡胶、高氯化聚乙烯一般,过氯乙烯漆最差。

中间漆,主要要求具有底漆、面漆的兼备性能,一道涂层较厚,一般以云母氧化铁作为涂料颜料的品种。云母氧化铁为片状物,具有极好的隔离环境和防渗透作用。

面漆,主要要具有耐候、抗老化和耐腐蚀性能。丙烯酸、聚氨酯漆具有很好的耐候、抗老化和耐腐蚀性能,但价格较贵,在建筑工业上很少使用;醇酸树脂漆(长油度)耐候、抗老化性能也很好,耐工业大气腐蚀性一般,但价格适中,施工方便,所以目前国内外的钢结构涂装,在一般工业大气条件下,多选用醇酸漆;高氯化聚乙烯漆,具有较好的耐候、抗老化和耐腐蚀性能,在腐蚀较重的工业大气环境下使用较为适合。宝钢三期工程钢结构涂装,根据一、二期工程使用的经验,对一般工业大气环境选用了醇酸漆,对腐蚀较重的工业大气环境选用了高氯化聚乙烯漆。

3.0.6　目前国内一般耐热 200℃以上的高温涂料,都要加热才能固化,而大型钢结构或构筑物很难进行加热处理,且从加工完到安装使用间隙时间很长,所以要求选用的涂料,必须能在常温条件下固化,并且在投产使用前不返锈。

3.0.7　表 3.0.7 提供了钢结构涂装常用的涂料品种及施工性能要求。虽然涂料品种相同,但由于各生产厂家配比不尽相同,所以提供的涂料使用量和涂层厚度的数据,只能作为设计、施工时参考。

4 涂装设计

4.1　腐蚀环境的分类

在各种环境条件下使用的钢结构、设备和管道等,由于受不同环境的作用,腐蚀程度也不相同。为了选用适合各种环境条件下的防护体系(系统),需要对各种不同的腐蚀环境进行分类和定义。

腐蚀环境分类,主要考虑了以下两个因素,即环境对钢铁的腐蚀作用程度(速度)和环境对涂料防腐层的腐蚀作用程度(速度)。目前国内外对腐蚀等级的分类(特别是对大气腐蚀的分类)多以前者为依据。实际上，经过涂装后的工程，环境主要对涂层腐蚀，因此将两者因素结合起来作为腐蚀分类的依据，更具有实际意义。

国内外一般标准对大气腐蚀的分类，基本分为乡村大气、城市大气和工业大气。本规程从大气对涂层腐蚀作用的角度出发增加了化工大气的环境。

本规程对腐蚀环境的分类，参照采用德国标准 DIN 55928—第 1 部分《用有机涂层和金属涂层防止钢结构的腐蚀——概述》。

4.2 涂层防护体系

4.2.1 涂装工程涂层体系（系统）的设计是涂装施工的基础和依据，同时也标志着涂装工程技术水平。

本规程对涂层体系的设计，参照德国标准 DIN 55928—第 5 部分《用有机涂层和金属镀层防止钢结构的腐蚀——涂料和防护体系》。

4.2.2 随着我国工业建设事业的发展和对防腐蚀要求的提高，在选用涂料品种时，适当地选用高一些档次的品种是必要的。

新的涂料品种出现，对我国工业建筑防腐蚀涂装技术水平的提高起着推动作用。如氯磺化聚乙烯漆的出现，被国家标准 GBJ 46—82《工业建筑防腐设计规范》推荐采用，在国内工业建筑防腐蚀工程上取得了较好的效果。本规程推荐采用国内新产品高氯化聚乙烯系列防腐漆，作为重防腐蚀涂料，也将会取得明显的防腐效果。

本规程选用的涂料品种，对型号和序号都有具体规定，这与国内目前类似的标准不一样。国内类似的标准只规定了涂料的种类，而同一种类的涂料，有几十个品种，每一个品种的性能都有所不同，甚至差别很大，这使用户很难选用。

涂层结构主要考虑组成涂层的各层作用和配套性。涂层结构一般应由底漆、中间漆和面漆构成。底漆主要起附着与防锈作用，面漆起防腐蚀耐候作用，中间漆性能介于前两者之间，并能增加涂层厚度。所以，它们不能单独使用，只有配套使用，才能发挥涂层的综合防护作用和获得最佳效果。在配套选用时，要注意各层间不能发生“咬底”现象。

4.2.3 涂层厚度对防护效果起着非常重要的作用，涂层只有达到一定的厚度，才能起到防腐作用。但厚度要适当：过厚，虽然增加了防腐蚀能力，但附着力和机械性能却要下降；过薄，易产生肉眼看不到的针孔和其他缺陷，而且很快会返锈。

4.2.4 合理地确定钢材表面预处理等级，对整个涂装体系来说是非常重要的。要求等级过高，将会浪费人力和财力；要求等级过低，会降低涂层防护性能，缩短防护寿命，浪费更大。

预处理等级应根据本条的原则确定，就单纯的除锈质量而言，除锈等级 Sa2 $\frac{1}{2}$质量很接近于 Sa3 级。据瑞典标准说明介绍，达 Sa2 $\frac{1}{2}$级时，表面清洁度约为 95%，达 Sa3 级时，则为 100%。而按工时的消耗计算，Sa2 级为 100%，Sa2 $\frac{1}{2}$级为 130%，Sa3 级为 200%。对钢结构涂装防护来说，一般达到 Sa2 $\frac{1}{2}$级就完全可以满足需要。

4.2.6 大气对钢铁的腐蚀程度，除直接与大气中的腐蚀性物质种类和含量有关外，还受大气的相对湿度和温度的影响。

在一定的温度条件下，当大气的相对湿度保持在某一数值以下时，金属的腐蚀是轻微的，但当湿度超过这一数值时，金属的腐蚀速度显著上升，这个相对湿度的数值，即称为金属腐蚀的临界湿度。钢铁的腐蚀临界湿度，一般为 60%。当大气的相对湿度低于临界湿度，金属表面不能产生连续的水膜，其表面生成很薄的氧化膜，腐蚀速度非常慢；当大气相对湿度大于临界湿度时，金属表面能形成连续的水膜，腐蚀速度迅速上升，并生成很厚的膜。

温度对腐蚀速度也有一定的影响，当大气湿度和含污染物质浓度一定时，温度越高，腐蚀速度越快；短时间的温度波动，也能导致腐蚀速度上升。

本规程对各种大气，按相对湿度的不同划分了腐蚀等级，以作为确定涂层厚度的依据之一。

4.3 涂装工程色彩

4.3.1 本规程对涂装工程色彩的规定，是在总结宝钢并吸收国内外涂装工程色彩设计和管理的经验基础上编制的。

4.3.3 涂装工程色彩设计原则

(1) 对冶金工厂，宜按生产工艺流程划分为炼铁、炼钢、热轧、冷轧和独立厂房等五大区域，再规定每个区域的建筑物、墙、屋面等的基本颜色。

(2) 对各类设备及工业钢结构，宜按设备类型及用途规定涂装颜色。

(3) 对工业管道主体及其识别和标志，宜按管道的输送介质和位置规定涂装颜色。

(4) 对有特殊要求的工程，如烟囱、安全走道、厂内车道栏杆、疏散口、指示牌、跨线桥架等，宜采用鲜艳、醒目的单色或互补的双色，使人们能够迅速地发觉、分辨和注意。

5 涂装施工

5.1 一般规定

5.1.1 涂装前做好准备工作，是保证涂装质量的重要措施。准备工作应包括设计资料的完整，了解设计方案的意图，掌握施工方法，做好施工设备的准备和组织有关人员学习涂装技术及有关安全规章制度。

5.1.3 本规程规定的施工环境温度为10～30℃，只是一般性的规定。因为目前很多合成树脂涂料的施工温度都超过这个范围，如氯磺化聚乙烯、氯化橡胶漆等，在湿度允许的条件下，温度在5℃以上也可以施工，而上限可以到35℃。所以一般情况下，涂料的施工温度，可按产品说明书的规定执行。

对于施工环境相对湿度的控制，本规程要求不大于80%。控制湿度是为了防止钢材表面形成冷凝水膜。实际上在我国南方地区相对湿度大于80%的天气较多，如果真的控制相对湿度大于80%不允许施工，则必然影响施工进度。目前国内外多采用控制露点的方法防止冷凝水的产生。对涂装来说，控制露点方法比控制湿度方法更有实际意义。所以本规程提出了两个控制指标，只要施工当时的条件符合其中的任一项，就可进行施工。

5.1.4 涂料的名称、型号应与国家标准或企业标准相一致；涂料的颜色应与本规程色卡的色标相一致。

涂料和溶剂一般都属易燃的危险品，贮存时间过长或不适宜的环境条件，会造成变质或安全事故，因此，必须做好贮运工作：

(1) 不允许露天存放，严禁用敞口容器贮存或运输。

(2) 应贮存在5～35℃的通风良好、无阳光直射的库房内。水溶性涂料一定不可在0℃以下贮存，否则会结冻、变质；粉末涂料怕热、怕潮但不怕冷，宜贮存在低温干燥的地方。

(3) 在输送有机溶剂和粉末涂料过程中应严防静电荷的积聚。

(4) 应尽力缩短贮存期，做到先来先用，以避免超期。

5.1.5 涂料经确认后，在开桶前应将桶盖上的灰尘或污物清除干净，以防开桶时掉入桶内。开桶后不应有结皮现象，如有结块、凝胶、沉淀搅不起来，则表明漆已变质。

5.1.6 涂料施工，要求有一定的粘度，才能保证涂层的流平性和不流淌。但涂料产品的粘度是在标准条件(25℃)下测定的，不能满足不同施工方法和环境温度变化的要求，而且涂料粘度随着温度的上升而变稀，下降而变稠。因此，在施工前必须将涂料粘度调整到规定的施工粘度。

各种涂料都有专用稀释剂，一般情况下应使用专用稀释剂。

5.1.7 在使用相同颜色的涂料进行多层次施工时，往往造成漏涂或涂得很薄等现象，使涂层厚薄不均，或总厚度不够、影响涂层的质量和防护效果。对这种情况应选用相同色系的不同颜色的涂料进行施工，但颜色色差也不宜过大。

5.1.8 涂料施工前，应注意禁止涂漆的部位。除一般禁涂部位外，特别要注意设计上注明的禁涂部位。

5.1.9 对禁止涂漆的部位，在施工前应进行遮蔽保护，防止涂刷或喷涂时过界以及产生错涂的现象。

5.1.10 对有组装符号的构件，在进行下道涂漆时，应保护好组装符号，以免错乱。

5.2 涂装方法

5.2.1 涂装的方法有很多种，而且还在不断的发展。每一种方法，都有各自的特点、适用的涂料和适用的范围。施工方法的选用，一般应根据被涂物的材质、形状、尺寸、表面状态、技术要求、涂料品种和施工环境以及现有的施工设备等因素考虑确定。合理的施工方法，对保证涂装质量、施工进度，节省材料和降低成本，有很大的影响。

5.2.2 刷涂方法的优点是：可涂各种形状的物体，工具简单，施工不受场地的限制，省漆料和稀释剂，涂刷时由于刷子的机械作用，可增加漆膜的附着力。其缺点是：劳动强度大，施工效率低；刷涂挥发性涂料较困难，不宜施工，易出现刷痕。刷涂方法主要用于油性漆和初期干燥较慢的涂料的涂装。

5.2.3 辊涂方法施工用具简单，操作方便，施工效率比刷涂法高1～2倍，用漆料量和刷涂法基本相同。其缺点是，劳动强度大，施工效率比喷涂法低，辊筒易掉毛，且在辊涂时易产生起泡现象。该法只适用于较宽面物体，主要用于水乳性和油性漆的涂装。

5.2.4 空气喷涂法的优点是：漆膜均匀、光滑平整，施工效率比刷涂法高5～10倍。其缺点是：涂料和稀释剂损耗大，涂料的利用率低，一般只有50%～60%；漆膜较薄，需喷涂多次才能达到一定的厚度；喷涂时产生大量漆雾，飞散在空气中对人体有害。对小件物体应考虑漆料的浪费。

5.2.5 高压无气喷涂方法的优点是：施工效率高，一般为空气喷涂法的3倍以上；喷出的涂料不混有空气，涂料较易喷射在拐角和间隙部位；喷雾飞散小，涂料利用率比空气喷涂法高，污染也较小；由于喷涂压力高，可喷涂高粘度的涂料，获得较厚的涂层。其缺点是：设备费用高，操作要有一定技术才能保证漆膜质量，不适用于小面积物体的涂装。高压无气喷涂法，适用于大多数涂料的喷涂，特别适用于合成树脂漆和挥发性漆类的喷涂。

5.2.6 涂漆间隔时间。控制涂漆间隔时间，对保证层质量有很大的作用，否则将影响涂层质量，甚至会出现大片的脱落或咬底。每种涂料由于性能各异，要求的涂漆间隔时间也不同。如油基漆类的涂料，一般要求前道漆干燥后，方可涂下一道漆，否则前一道漆在很长时间内不会干燥，即使以后干燥了，也容易产生起皱等现象；挥发性涂料，过早地涂下一道漆会发生咬底，过迟会产生附着力不好的现象，如过氯乙烯漆的施工，一般采用所谓的“湿碰湿”为宜。再如，环氧漆的施工，如果两道漆涂漆间隔时间过长，由于环氧树脂易老化和颜料的粉化，将严重影响涂层间的附着力。

5.2.7 漆膜的干燥。涂料施工后的干燥过程，亦即成膜过程。涂料成膜后才具有防护性能和装饰作用。成膜质量的好坏，直接影响涂层的防护效果和寿命。因此，漆膜的干燥也是施工中重要的一道工序。

5.2.8 漆膜的干燥标准。在涂装过程中进行质量检查验收时，可采用此标准。

5.2.9 漆膜在干燥过程中，必须防止外来物的污染。如水淋、灰尘污染等，不仅影响漆膜的外观，也将影响漆膜的质量；颗粒状的灰尘，可作电解质存在漆膜中，破坏漆膜的防护作用；雨水同样会破坏漆膜表面，严重时会产生回粘现象。

5.3 二次涂装的表面处理和修补

5.3.1 二次涂装，一般是指由于作业分工在两地或分二次进行施工的涂装。但如果由于各种原因，前道漆涂完后，超过一个月以上再涂下一道漆，也应算作二次涂装，并应按二次涂装的规定进行表面处理。

5.3.2 进行二次涂装处理的目的，主要是为了增强下道涂层与前道涂层的附着力。所以，对如海运产生的盐分，陆运或存放过程中产生的灰尘都要清除干净，方可涂下道漆。如果涂漆间隔时间过长，前道漆膜可能因老化而粉化（特别是环氧树脂漆类），要严重影响下一道漆的附着力，因此要求进行“打毛”处理，使表面干净和增加粗糙度，来提高附着力。

5.3.3 由于二次涂装一般是在两地施工，在第一次涂装完后，在运输或存放过程中难免碰破涂层，所以在第二次涂装前应进行修补。修补的要求，应是在哪一道工序破坏，就从哪一道工序开始修补，如已返锈，就应从表面处理重新除锈开始，修补到与完好部位一样为止。

5.3.4 修补漆和补涂。由于各种原因，在涂装过程中或施工后，涂层产生缺陷是很难避免的，因此，修补漆是正常的工作。但这项工作常被轻视而影响整个涂装工程质量，这是造成以往涂装工程防护效果差、寿命短的主要原因之一。

修补所用的涂料品种、涂层层次与厚度、涂层颜色应与原设计要求一致。表面处理可采用手工机械除锈方法，但要注意油脂及灰尘的污染。在修补部位与不修补部位的边缘处，宜有过渡段，以保证搭接处的平整和附着牢固。对补涂部位的要求也应与上述相同。

6 安全技术

涂装工程使用的原材料，大部分是易燃、易爆和有毒物品，施工时一定要遵守国家现行有关规章制度和本规程的规定。在施工前，对施工人员要进行安全知识教育，防备措施要具体落实，在施工过程中要有专人检查。

7 质量检查及验收

7.1 质量检查

由于质量检查是保证涂装工程质量的重要手段，所以一定要严格、认真地按本规程的规定进行检查。

质量检查应是施工阶段全过程的检查：包括从原材料进厂开始，经过施工，直到交工验收的全过程。本章主要规定了交工验收的检查项目，其他应检查的项目应按各章节的有关规定进行检查。

关于涂装厚度计算中，对超过规定厚度20%的测点按规定厚度120%计算的规定，主要目的是要求涂层均匀，涂层过厚是浪费的。

7.2 工程验收

工程验收标志着全部涂装工程的结束，也是保证涂装工程质量的最后一关，应在严格检查的基础上进行验收，并必须按规定提交各种资料和填写验收记录。

8 埋地管道防腐蚀

8.1 一般规定

8.1.1 本规程适用于埋地管道的外壁防腐，对架空管道(包括地沟架空管道)的防腐按本规程钢结构防腐的规定执行。

8.1.2 目前，国内用作埋地管道防腐的涂料种类主要有：石油沥青、环氧煤沥青、氯磺化聚乙烯等。由于氯磺化聚乙烯涂料含固量低，施工时填满玻璃布眼孔很困难，也不易达到一定的厚度，因此本规程没有选用。本规程根据各地使用情况增选了含固量较高、防腐效果较好的聚丙烯新品种。

8.1.3 一般在现场施工或采用手工方法施工很难将涂料涂匀和使玻璃布眼孔饱满，同时也难将玻璃布拉紧、拉平、搭接幅度保持均一。为了保证施工质量，本规程规定管道防腐宜在工厂并采用机械方法施工。

8.1.4 由于管道是埋入地下使用，要受土壤中各种腐蚀物质作用，腐蚀环境难以预测，而且一旦被腐蚀又难以维修，故要求管道表面预处理，其最低应达到 St3 级，一般应达到 Sa2 级或 Be 级。

8.1.5 目前，生产管道涂料的厂家很多，由于各种原因，产品质量不够稳定，仅对涂料进行一般检验是不够的，而要做防腐层的试验。

中华人民共和国冶金行业标准

钢结构检测评定及加固技术规程

Technical Specification for Inspection, Assessment and Strengthening of Steel Structures

YB 9257—96

主编单位:冶金工业部建筑研究总院
批准部门:中华人民共和国冶金工业部
施行日期:1997 年 7 月 1 日

1 总 则

1.0.1 为统一钢结构建(构)筑物的检测、评定和加固方法,提高实际操作水平,贯彻执行国家技术经济政策和有关标准规定,做到技术先进、经济合理、安全可靠,特制订本规程。

1.0.2 本规程适用于已有工业建(构)筑物钢结构在下列任一情况下的检测、评定、加固设计及施工与验收:

1.0.2.1 因生产设备更新、工艺流程变革或生产规模扩大等原因,对厂房结构提出新的使用要求。

1.0.2.2 各类事故及灾害导致结构损伤,需对其可靠性重新评定,恢复结构功能。

1.0.2.3 长期使用或生产环境变化后,对原结构可靠性产生怀疑时。

1.0.2.4 结构原设计或制造安装过程中遗留较严重的缺陷,需鉴定其实际承载力。

1.0.2.5 年久失修或使用年限已超过设计基准期。

1.0.2.6 其他需对厂房钢结构进行可靠性鉴定的情况。

注:对民用建筑钢结构的检测、评定与加固,亦可参照本规程进行。

1.0.3 本规程是根据国家标准《工业厂房可靠性鉴定标准》(GBJ 144)、《钢结构设计规范》(GBJ 17)、《钢结构工程施工及验收规范》(GB 50205)和行业标准《钢铁工业建(构)筑物可靠性鉴定规程》(YBJ 219)等技术文件和长期实践经验总结编制的。有特殊要求的钢结构工程在采用本规程时,尚应执行现行有关标准或专门规定。

1.0.4 钢结构检测及加固工作要以可靠的安全措施和最小限度影响生产为基本原则,应由厂方根据承担检测及加固工作的单位提出的工作计划,统一安排并组织协调。

1.0.5 钢结构的检测、评定和加固工作必须由委托方(厂方)和执行方共同商议实施细则和步骤后,按下列阶段进行:

1.0.5.1 结构检测。

1.0.5.2 结构性能与状态的评价以及加固方案建议。

1.0.5.3 加固设计。

1.0.5.4　施工组织设计与加固工程施工。

1.0.5.5　竣工验收。

1.0.5.6　定期维护制度的建立。

每阶段工作完成后，均应提出书面资料，并附有必要的原始资料（如竣工图等）和检测数据。全部工作完成后，按工程项目独立归档。

1.0.6　钢结构检测及加固工作中的安全、劳动保护、防火防爆等，必须有专人负责，符合专门规定。

2　钢结构检测

2.1　一 般 规 定

2.1.1　存在影响钢结构正常使用的损伤和缺陷，或使用条件改变，或需延长结构使用寿命时，均应进行专门检测，为评定和加固提供依据。

2.1.2　钢结构检测应按下列程序进行：

2.1.2.1　编制检测任务书，内容应包括检测目的、范围、内容、对现场测试的特殊要求以及对被检测结构的使用要求。

2.1.2.2　调查。

2.1.2.3　拟订检测计划。

2.1.2.4　检测。

2.1.2.5　补充调查及结果汇总。

2.1.3　检测应根据任务书的要求，结合现场条件，采用现场调查、现场量测、静力测试、动力测试及取样分析等多种检测手段进行。

2.2　调　　查

2.2.1　调查的目的：

2.2.1.1　核实检测任务书中提出的检测目的、范围、内容和要求等。

2.2.1.2　对结构存在问题的性质做出初步判断。

2.2.1.3　制定详细检测工作计划，选定测试方法。

2.2.2　调查的内容应包括设计和施工资料、使用历史及现状等以及现场工作环境的考察。

2.2.2.1　设计资料的调查应包括工程地质勘察报告、原设计图纸、设计变更资料、设计计算依据等。

2.2.2.2　施工资料的调查应包括施工记录、施工变更、竣工图及竣工报告等。

2.2.2.3　使用历史及现状的调查应了解工艺设备以及生产环境的变更、历次加固改造设计图及施工记录、事故处理报告、观测记录以及对已有资料与现状进行对比等，了解场地有无不均匀沉降和场地设计标高的变化。

2.2.3　调查完成后，根据存在问题的性质，分类拟订详细检测计划。

2.3　检　　测

2.3.1　结构布置形式和构件尺寸检查，设计和施工的档案资料齐全时，本项检查仅用做校核，可只进行部分结构的抽检。无设计和施工的档案资料或该资料残缺不全时，应进行实际结构的测绘工作。

2.3.1.1　结构平面布置：测量各类构件实际的平面位置，绘出结构平面图。

2.3.1.2　结构垂直布置：测量吊车梁、平台及屋架的标高，绘出结构剖面图。

2.3.1.3　构件尺寸，包括进行构件验算的全部尺寸，以及构造连接形式。

2.3.2　屋盖系统检查，一般应对全部构件进行检查，但在构件外观整齐，无显著变形，无大面积涂层脱落和锈蚀,连接节点无明显的损伤和缺陷的条件下,可仅对受力状态不利的构件进行检查。

2.3.2.1 屋架、檩条、天窗架、屋面梁应检查杆件截面在平面内、外变形,局部凹凸范围,最大凸凹量以及板件锈蚀程度等。节点应检查节点偏心,焊接缺陷,螺栓或铆钉的紧固状态,以及有无脱焊、断裂。

2.3.2.2 屋架、屋面梁变形测量包括垂直挠度、旁弯和侧倾三部分。每半跨范围内测点数不宜少于3个,且跨中应有一个测点,端部测点距端支座不应大于1 m。屋架(屋面梁)垂直挠度宜用水准仪测量。屋架(屋面梁)旁弯测量点应布于上弦杆(上翼缘)同一侧边,宜用经纬仪结合水平尺测量。屋架侧倾测量点应布于屋架倾斜一侧,可用靠尺测量。

2.3.2.3 屋面板系统应检查其屋面板和防护层的构造和尺寸。对混凝土大型屋面板,应检查裂缝情况,混凝土碳化层深度,钢筋锈蚀程度。对受振动影响较大的厂房以及有抗震要求的厂房,尚应检查屋面板与屋架的连接情况及搁置长度。压型钢板屋面,应检查其与檩条的连接及连接件的锈蚀、松动,以及板面涂层脱落、基板锈蚀等情况。

2.3.3 吊车梁系统的检测,应对全部构件及连接进行损伤情况的检查。对高温热源附近的吊车梁尚应测量构件表面的温度。

2.3.3.1 吊车梁(吊车桁架)和制动结构应检查各构件有无明显变形和裂缝,相互连接部位有无铆钉或螺栓松动、脱落和焊缝开裂现象。裂缝检查宜用肉眼观察结合放大镜检查,有疑义时宜用着色法或磁粉探伤进一步认定有无开裂和开裂范围,并用刻度放大镜确定裂缝宽度。

2.3.3.2 吊车梁(吊车桁架)、制动结构与柱子连接应检查连接板有无断裂,螺栓或铆钉有无松动、脱落,焊缝有无开裂,吊车梁(吊车桁架)支座底部垫板有无缺损及不平稳现象。

2.3.3.3 应检查吊车轨道中心与吊车梁腹板中心的偏移量,以及轨道固定和破损状况。

2.3.4 支承系统检测应包括厂房柱、柱脚及其他承重构件的局部损伤测定,锈蚀程度测量,连接质量的检查以及柱子的偏斜和沉降测量。隐蔽部位的损伤和锈蚀状况应重点检查。

2.3.5 围护系统的检测应包括墙架系统构件和连接节点的损伤、锈蚀以及连接的质量。

2.3.6 屋盖系统支撑和柱间支撑,应检查支撑布置形式的合理性,连接部位有无破损、松动、断裂,支撑杆件有无弯曲或断裂。

2.3.7 荷载的检测可包括下列内容:

2.3.7.1 吊车轮压的测定,吊车的一端设置压力传感器,用千斤顶使吊车一端的全部车轮刚好脱离轨道能自由转动,通过应变仪测得轮压值。

2.3.7.2 自重荷载测定,一般可按构件实测的尺寸和现行《建筑结构荷载规范》(GBJ 9)规定的重力密度确定。屋面可切开至结构层,检查各构造层的材料,测量其实际尺寸。

2.3.7.3 屋面、平台积灰荷载测量,应根据灰源和积灰环境确定实测点,测量积灰厚度及日平均积灰量,确定积灰分布状态。还应调查清灰方法和制度,了解生产变化情况和气象条件。

2.3.7.4 增加的设备荷载,应从工艺方面了解设备荷载资料,设备振动对结构影响较大时,除应测试结构的动力特性外,尚应了解设备的扰力特性及其制作和安装质量。

2.3.8 根据结构的设计和施工档案资料难以确定钢材性能,或现场检查有疑义时,应对钢材进行检验。化学成分主要检查碳、锰、硅、硫、磷的含量,必要时应检查氮和其他元素。力学性能除应检查屈服强度、抗拉强度、伸长率和冷弯性能外,重级工作制的吊车梁和起重量等于或大于50 t的中级工作制焊接吊车梁,应检查常温冲击韧性,必要时尚应检查负温冲击韧性。经受过高于200℃高温作用的结构构件,需要时,应在受高温的部位取样复核其力学性能。

2.3.9 使用环境检测要确定生产环境、气象条件和地理环境对结构使用的影响,结构处于严重积灰和潮湿状态时,应着重检查结构构件的锈蚀情况,必要时取样化验;存在腐蚀性介质时应测定介质的腐蚀性能;在高温区的结构,应测定结构表面及环境温度;气象条件存在异常或地理环境中存在滑坡等不稳定因素时,应参照有关标准进行检测。

2.3.10 不具备计算条件时，可在现场进行结构的荷载试验，试验方案应根据构件种类、工作状态和现场条件制订，试验结果应反映已知荷载下构件截面的应力状态、最大应力值及最大变位。

吊车梁(吊车桁架)的荷载试验可分为静力测试和动力测试两类，分别用于确定吊车梁的静力承载力和疲劳寿命。

3 结构构件的鉴定评级

3.1 一般规定

3.1.1 结构可靠性的评定应结合实际的荷载和材料性能进行，并考虑结构缺陷对计算简图的影响。根据检测数据和试验结果可利用结构潜在的承载能力。

3.1.2 结构或构件的鉴定评级应根据检测结果按照现行《工业厂房可靠性鉴定标准》(GBJ 144)的规定，分承载能力、构造连接、构件变形、偏差等几个方面进行。

3.1.3 确定结构计算简图，进行承载能力和正常使用极限状态核算时，应考虑结构实际的几何形态和受力状态，包括全部构件几何形状及截面尺寸偏差、节点各方位的固定条件和荷载变化等。

不能直接计算的节点和连接，可根据使用效果、凭借经验判断其使用性能及承载能力。

3.1.4 结构构件偏差实测值未超出现行《钢结构工程施工及验收规范》(GB 50205)的规定范围时，构件应按现行《钢结构设计规范》(GBJ 17)进行验算；超出规定时，应考虑偏差的影响，按本规程第3.3节进行验算。

3.1.5 验算已有结构的承载能力时，其钢材抗拉、抗压和抗弯强度的设计值 f 应按钢材屈服强度 f_y 或抗拉强度 f_u 除以抗力分项系数 γ_{R1} 确定。抗剪强度设计值 $f_v=0.58f$。钢材屈服强度 f_y 和抗拉强度 f_u 以及抗力分项系数 γ_{R1} 应按下述原则确定：

3.1.5.1 档案资料中的钢材质保书(或复验的钢材屈服强度及抗拉强度)符合当时的国家标准(或技术文件)规定时，钢材屈服强度 f_y 取当时国家标准(或技术文件)规定的最小值。抗力分项系数 γ_{R1} 取值1.1。

3.1.5.2 档案资料中的钢材质保书(或复验的钢材屈服强度及抗拉强度)不符合当时的国家标准(或技术文件)规定时，钢材屈服强度 f_y 或抗拉强度 f_u 取钢材质保书(或复验报告)中的最低值。按钢材屈服强度 f_y 确定强度设计值时，抗力分项系数 γ_{R1} 取值1.2，需要由钢材抗拉强度 f_u 确定强度设计值时，γ_{R1} 取值1.5。

3.1.5.3 没有质保书(或复验报告)时，应以同类构件同一规格的钢材为一批，每批抽样不少于3个，进行材料力学性能试验，由试验结果的最低值确定屈服强度 f_y 或抗拉强度 f_u。按钢材屈服强度确定强度设计值时，抗力分项系数 γ_{R1} 取值1.2，需要由钢材抗拉强度确定强度设计值时，γ_{R1} 取值1.5。

3.1.6 结构可靠性评定的结论分为下列级别：

A级(完好的)　　完全符合现行标准规定和设计要求。

B级(适合工作的)　　结构有允许的偏差、缺陷和损伤。

C级(部分适合工作的)　　通过消除偏差、缺陷和损伤或进行加固可恢复结构原设计的工作性能。

D级(不适合工作的)　　通过加固恢复结构原设计的工作性能在技术上已不可能，或者在经济上不合理，必须更换结构的整体或部分。

3.1.7 结构可靠性评定应包括下列内容：

3.1.7.1 工程设计的质量评定。

3.1.7.2 结构制造、安装质量评定。

3.1.7.3 钢材质量对应现行标准的评定。

3.1.7.4 实际作用与预期荷载的确定结果。

3.1.7.5 考虑缺损、偏差后的强度、稳定、刚度和振动的验算结果。

3.1.7.6 不允许偏差、缺损的顺序和调查结果。

3.1.7.7 试验结果。

3.1.7.8 结构可靠性评级。

3.1.7.9 加固建议。

3.1.7.10 继续使用的可能性说明。

3.2 吊车梁系统的评级

3.2.1 具有重级、超重级工作制吊车的厂房，在承重结构系统评定中，应将吊车梁系统作为基本构件的项目进行评定。除按现行《工业厂房可靠性鉴定标准》(GBJ 144)对承载力、变形和偏差进行评定外，尚应对吊车梁与柱的连接和吊车梁制动结构按表 3.2.1 的规定进行评定。

表 3.2.1 吊车梁与柱的连接和制动结构评级

与柱子的连接					
级别	设计要求	螺栓或铆钉	焊缝	连接板	支座
a	完全满足	无松动、脱落	无开裂	无断裂	平稳、牢靠
b	基本满足	有个别松动，无脱落	无开裂	无断裂	平稳、牢靠
c	不满足	部分松动、脱落	局部开裂	局部断裂	有轻微缺损或不平稳
d	严重不满足	普遍松动、脱落	普遍断开	普遍断开	连接不牢靠，有缺损
制动结构					
级别	设计要求	螺栓或铆钉	焊缝	节点板	杆件
a	完全满足	无松动、脱落	无开裂	无损伤变形	无断裂、弯曲变形
b	基本满足	有个别松动，无脱落	无开裂	有轻微损伤变形	无断裂，个别弯曲变形
c	不满足	部分松动、脱落	部分开裂	有明显损伤变形	个别断裂、变形严重
d	严重不满足	普遍松动、脱落	普遍开裂	有严重损伤变形	部分断裂，普遍变形

3.2.2 重级工作制吊车梁系统，如吊车梁与柱的连接或吊车梁制动结构中有一项评为 d 级，则该吊车梁系统的项目只能评为现行《工业厂房可靠性鉴定标准》(GBJ 144)规定的 D 级，如其中最低者评为 C 级，则该项目不应高于 C 级。

3.2.3 吊车梁系统因结构形式或受力状态改变，需要重新评估疲劳性能时，可以根据结构控制部位实测的应力-时间变化关系用雨流法统计得到应力谱来进行疲劳计算。应力-时间变化关系可采用动态电阻应变仪测量，磁带记录仪记录。测量应该在正常生产状态下进行，在每一班时内连续测量并且测量总时间不应少于 24 h。

疲劳强度的验算按《钢结构设计规范》(GBJ 17—88)第 6.2.3 条执行。继续使用的安全期限按下式计算：

$$T=\frac{CT^{*}}{\varphi\Sigma n_i^{*}\,\Delta\sigma_i^{\beta}}-T_0 \tag{3.2.3}$$

式中：T^*——测量时间；

C 和 β——与构件和连接类别有关的参数，按照《钢结构设计规范》(GBJ 17—88)第 6.2.1 条确定；

T_0——该结构已经使用过的时间；

φ——附加安全系数，当测量时间为 24 h 时取为 3.0；

$\Delta\sigma_i$——测量部位第 i 个级别的应力幅值，N/mm²；

n_i^*——在测量时间 T^* 内，$\Delta\sigma_i$ 的作用次数。

3.2.4 计算吊车竖向荷载，在有吊车自重实测值时，吊车自重部分的荷载分项系数可按永久荷载取为 1.2。

3.3 有缺损的钢构件承载能力的评估

3.3.1 考虑缺陷或损伤对构件承载能力的不利影响，可同时考虑由精确计算简图、材料性能、荷载等几方面有利因素形成的承载潜力。

3.3.2 验算有缺损的结构时，钢材的强度设计值仍按第3.1.5条规定取用。当腐蚀削弱平均量超过构件厚度25%时，应根据所处环境考虑钢材强度的降低，即强度设计值除以降低系数γ_{R2}。γ_{R2}取值如下：

弱腐蚀介质环境 $\gamma_{R2}=1.05$

中腐蚀介质环境 $\gamma_{R2}=1.10$

强腐蚀介质环境 $\gamma_{R2}=1.15$

3.3.3 有缺损钢结构构件的强度验算，可按下列规定进行：

3.3.3.1 截面有缺损（孔洞、切口、烧穿或磨损）的构件，应取削弱截面为计算截面，按现行《钢结构设计规范》(GBJ 17)计算。

3.3.3.2 有孔洞削弱的受拉构件强度按第3.3.3.1款验算不满足要求时，可按下式进行验算：

$$\frac{N}{A_n} \leqslant \alpha_1 \frac{f_y}{\gamma_{R1}} \tag{3.3.3}$$

式中：N——轴向拉力；

A_n——扣除孔洞后的净截面面积；

α_1——系数，与扣孔率有关，当$A_n/A \leqslant 0.75$时，$\alpha_1=1$；当$A_n/A \geqslant 0.85$时，$\alpha_1=1.18$；当$0.75 < A_n/A < 0.85$时，α_1按线性插值取。

3.3.3.3 对有弯曲缺陷的受拉杆件，当弯曲值小于$L/750$时，可不考虑承载能力的降低。否则，按拉弯构件核算。

3.3.4 有缺损钢结构轴压构件的稳定验算应按下列规定进行：

3.3.4.1 局部截面有缺损、但剩余截面对轴线尚能保持对称时，稳定计算可近似按下式进行：

$$\frac{N}{\varphi A_n} \leqslant \frac{f_y}{\gamma_{R1}} \tag{3.3.4}$$

式中：A_n——净截面面积；

φ——原截面受压构件的稳定系数，按现行《钢结构设计规范》(GBJ 17)取用。

3.3.4.2 有双向整体弯曲缺陷的双角钢受压腹杆当无明显局部缺陷时，可按表3.3.4评定其承载能力。

表 3.3.4 有双向弯曲缺陷的双角钢受压腹杆的承载能力

$\sigma=\frac{N}{\varphi A}$	相对弯曲	容许弯曲						
f	Δ_y/l	1/400	1/500	1/700	1/800			
	Δ_x/l	0	1/1000	1/900	1/800			
$0.9f$	Δ_y/l	1/250	1/300	1/400	1/500	1/600	1/700	1/800
	Δ_x/l	0	1/1000	1/750	1/650	1/600	1/550	1/500
$0.8f$	Δ_y/l	1/150	1/200	1/250	1/300	1/400	1/500	1/800
	Δ_x/l	0	1/1000	1/600	1/550	1/450	1/400	1/350
$0.7f$	Δ_y/l	1/100	1/150	1/200	1/250	1/300	1/400	1/800
	Δ_x/l	0	1/750	1/450	1/350	1/300	1/250	1/250
$0.6f$	Δ_y/l	1/100	1/150	1/200	1/300	1/500	1/700	1/800
	Δ_x/l	0	1/300	1/250	1/200	1/180	1/170	1/170

注：Δ_y——平面外弯曲；Δ_x——平面内弯曲。

两端有节点板的其他截面形式屋架腹杆按压弯杆件验算时，弯矩计算可考虑弦杆在节点处的弹性约束作用，等效弯矩系数一律取 1.0，计算长度系数按现行《钢结构设计规范》(GBJ 17)采用。

3.4 结构试验

3.4.1 下列情况应通过结构试验进行可靠性评定：

3.4.1.1 按现有计算手段尚不能准确作出评定。

3.4.1.2 结构验算缺少应有的参数(如动力性能)。

3.4.1.3 需要掌握真实的承载能力极限状态。

3.4.2 根据要求结构试验分为下列几类：

3.4.2.1 确定结构极限承载能力的破坏试验。

3.4.2.2 确定结构正常工作状态下工作性能的验证性试验。

3.4.2.3 局部构造节点的模型试验。

一般情况下，结构可靠性评定宜采用第 3.4.2.2 款规定的试验。

4 加固一般规定

4.1 加固的原则和方法

4.1.1 结构经可靠性鉴定不满足要求，必须进行加固处理。加固的范围和内容应根据鉴定结论和加固后的使用要求，由设计单位与生产单位协商确定。钢结构加固可采用增加截面、改变结构计算简图、减轻荷载、增加构件、增加支撑或加劲肋、增强连接等方法。

4.1.2 加固结构的安全等级应根据其破坏后果和使用要求由设计单位结合实际情况确定。

4.1.3 加固设计应与施工方法紧密结合，充分考虑现场条件对施工方法、加固效果和施工工期的影响，保证加固件与原结构工作协调。应采取减少构件在加固过程中产生附加变形的加固措施和施工方法。

4.1.4 结构加固应综合考虑经济效果，尽量做到对生产影响小、工期短和不损伤原结构。

4.1.5 根据鉴定结论将加固内容划分为首要加固项目和次要加固项目。现场条件不允许对首要加固项目进行加固时，不应对与之相关的次要加固项目先行加固。

4.1.6 加固施工前应尽可能卸除作用于结构上的荷载并采取可靠的安全防护措施。

4.1.7 工作环境不存在负温条件并已使用多年的钢结构构件，材料性能复验不符合要求时，在生产环境、荷载状况没有改变的条件下，可不经加固处理继续使用。若不符合上述条件，应由经批准的单位核定可否继续使用。

4.1.8 下列情况可不列入加固范围：

4.1.8.1 结构变形超过规定限值，但不影响正常使用。

4.1.8.2 杆件长细比超过规定限值，但变形和承载能力仍满足要求。

4.2 材料

4.2.1 加固件的钢号应与原有构件的钢号相同或相当，质量应符合现行国家标准《碳素结构钢》(GB 700)或《低合金高强度结构钢》(GB/T 1591)的规定。

4.2.2 加固用连接材料应符合现行《钢结构设计规范》(GBJ 17)的要求，并与加固件和原有构件的钢材相匹配。当加固件的钢号与原有构件的钢号不同时，连接材料应与强度较低的钢号相匹配。

4.2.3 加固件的钢材强度设计值按现行《钢结构设计规范》(GBJ 17)规定值采用。原有构件的钢材强度设计值按本规程第 3.1.5 条确定。按增加截面的加固方法计算时，钢材强度设计值采用加固件和原有构件两个钢材强度设计值中较小者。

4.3 荷　　载

4.3.1 验算原有结构的承载能力和进行加固设计时，应根据实际情况重新确定荷载。

4.3.2 荷载的标准值和各种系数，一般应按现行《建筑结构荷载规范》(GBJ 9)和现行《钢结构设计规范》(GBJ 17)的规定采用。但在有可靠的实际测量数据时，在保证结构有足够可靠度的基础上，对原有结构承载能力的验算，可根据实际情况合理调整荷载的标准值及有关系数。

4.3.3 钢结构自重荷载标准值可根据竣工图计算或按主要构件的实测结果按下式计算：

$$G = \Psi G_0 \tag{4.3.3}$$

式中：Ψ——考虑结构次要构件及连接件重量的放大系数，按表 4.3.3 采用；

G_0——结构主要构件的重量。

表 4.3.3 计算结构自重的放大系数 Ψ

结构名称	主要构件	焊接结构	铆接结构
桁架（屋架、托架、吊车桁架、天窗架）	弦杆和腹杆	1.25～1.35	1.35～1.40
实腹柱	翼缘和腹板	1.30	1.35
空腹柱	肢杆	1.70	1.80
轧制梁	翼缘和腹板	1.05	
组合梁	翼缘和腹板	1.20	1.25
实腹制动结构	制动板和翼缘	1.20	1.25
空腹制动结构	腹杆和弦杆	1.35	1.40

注：制动结构的主要构件不计吊车梁的上翼缘和吊车桁架的上弦杆。

4.3.4 计算屋盖结构时，屋面材料的自重应根据每层材料的实测厚度和实际构造情况，按现行《建筑结构荷载规范》(GBJ 9)确定。

4.3.5 按屋面积灰实际厚度计算积灰荷载时，灰的重力密度可采用 14 kN/m^3，积灰荷载的作用范围应根据实际分布情况确定。

4.4 计算的基本规定

4.4.1 结构的计算简图应根据实际的支承条件、连接情况和受力状态确定，有条件时，可考虑结构的空间作用。

4.4.2 加固设计的计算应分加固过程中和加固后两阶段进行。两阶段结构构件的计算分别采用相应的实际有效截面。

4.4.2.1 加固过程中的计算，应考虑加固过程中拆卸原有零部件、增设螺栓孔及施焊过程等造成原有结构承载能力的降低，并且只考虑加固过程中出现的荷载。

4.4.2.2 加固后的计算，应考虑加固后在预期寿命内的全部荷载。

4.4.3 对相关构件、连接及基础，应考虑结构加固引起自重及内力变化等不利因素的影响，重新予以验算。

4.5 构造要求

4.5.1 加固的连接构造应便于施工、维护，不应影响正常的生产使用。

4.5.2 经长期实践证明行之有效的构造，在荷载不变条件下，均应予以保留，不宜随意增减连接件。

4.5.3 连接部位的构造应避免形成三向应力或双向受拉的应力状态，不宜采用刚度突变的构造，宜采用变形能力较大的构造形式。

5 增加截面的加固方法

5.1 一般规定

5.1.1 采用增加截面的方法加固钢构件，应考虑构件的受力情况及存在的缺陷，在方便施工、连接可靠的前提下，选取最有效的截面增加形式。

5.1.2 完全卸荷状态下，采用增加截面的方法加固钢构件，构件的强度和稳定性，按加固后的截面，用与新结构相同的方法进行计算。

5.1.3 负荷状态下，采用增加截面的方法加固钢构件，应根据荷载形态分别进行。

5.1.3.1 动力荷载作用下加固的构件，应以弹性阶段按原有构件截面边缘屈服准则进行计算。加固前原有构件的应力和加固后增加的应力之和不应大于钢材的强度设计值。

5.1.3.2 承受静力荷载或间接承受动力荷载的构件，一般情况下可根据原有构件和加固件间内力重分布的原则，按加固后的截面进行承载力计算。

5.1.3.3 负荷状态下，采用焊接方法增加构件截面，应首先根据原有构件的受力、变形和偏心状况，校核其在加固施工阶段的强度和稳定性。原有构件的β值（β为原有构件中截面应力σ和钢材的强度设计值f的比值，即$\beta=\sigma/f$）满足下列要求时，方可在负荷状态下进行加固：

承受静力荷载或间接承受动力荷载的构件　　$\beta\leqslant 0.8$

承受动力荷载的构件　　$\beta\leqslant 0.4$

5.1.4 负荷状态下采用增加截面的方法进行加固，其加固计算应根据原有构件的受力状态，按下列规定选用加固折减系数k：

轴心受力的实腹构件　　$k=0.8$

偏心受力和受弯构件及格构式构件　　$k=0.9$

5.1.5 轴心受力构件采用增加截面的方法加固，应考虑构件截面形心偏移的影响。

5.1.6 加固后的受弯构件和偏心受力构件，不宜考虑截面的塑性发展，可按边缘屈服准则进行计算。

5.1.7 动力荷载作用下，构件的加固计算应分别按加固前后两个阶段进行，并应遵守下列规定：

5.1.7.1 稳定计算分别按加固前和加固后的截面取用稳定系数。

5.1.7.2 可不考虑加固折减系数。

5.1.8 静力荷载作用下，加固后构件的稳定验算，可按加固后的截面取用稳定系数，同时应考虑加固折减系数k。

5.1.9 其他构件形式和受力状态可根据上述计算原则，参照现行《钢结构设计规范》(GBJ 17)列出的公式进行计算。

5.2 受弯构件的加固计算

5.2.1 在主平面内受弯的实腹加固构件，按下列规定进行强度计算：

5.2.1.1 承受静力荷载的构件

$$\frac{M_x}{W_{nx}}\leqslant kf \qquad (5.2.1\text{-}1)$$

式中：M_x——加固后构件应承受的绕x轴的弯矩；

W_{nx}——加固后整个构件的净截面抵抗矩；

k——加固折减系数，按第5.1.4条取用；

f——钢材的强度设计值。

5.2.1.2 承受动力荷载的构件

$$\frac{M_{x1}}{W_{nx}^{0}}+\frac{(M_{x}-M_{x1})y^{0}}{I_{nx}}\leqslant f \tag{5.2.1-2}$$

式中：M_{x1}——加固过程中实有荷载(包括施工荷载)作用下，绕 x 轴的弯矩；

W_{nx}^{0}——原有构件的净截面抵抗矩；

I_{nx}——加固后构件的净截面惯性矩；

y^{0}——加固后构件截面的形心轴沿 y 轴方向距原有构件最外边缘的距离；

M_{x}——加固后构件需承受的绕 x 轴的弯矩。

5.2.2 在最大刚度主平面内受弯的实腹加固构件，其整体稳定性按下列规定计算：

5.2.2.1 承受静力荷载的构件

$$\frac{M_{x}}{\varphi_{b}W_{x}}\leqslant kf \tag{5.2.2-1}$$

5.2.2.2 承受动力荷载的构件

$$\frac{M_{x1}}{\varphi_{b}^{0}W_{x}^{0}}+\frac{M_{x}-M_{x1}}{\varphi_{b}W_{x}}\leqslant f \tag{5.2.2-2}$$

式中：φ_{b}^{0},φ_{b}——按加固前、后的梁截面确定的整体稳定系数；

W_{x}^{0}——加固前的梁按受压纤维确定的对 x 轴的毛截面抵抗矩；

W_{x}——加固后的梁按受压纤维确定的对 x 轴的毛截面抵抗矩。

5.2.3 在主平面内受弯的实腹加固构件，其抗剪强度应按下列规定计算：

5.2.3.1 承受静力荷载的构件

$$\tau=\frac{VS}{I(t_{w}+t_{w1})}\leqslant kf_{v} \tag{5.2.3-1}$$

5.2.3.2 承受动力荷载的构件

$$\tau=\frac{V_{1}S^{0}}{I^{0}t_{w}}+\frac{(V-V_{1})S}{I(t_{w}+t_{w1})}\leqslant f_{v} \tag{5.2.3-2}$$

式中：V_{1}——加固施工时实有荷载(包括施工荷载)作用下，原有构件中的剪力；

V——加固后构件应承受的剪力；

I^{0},I——分别为加固前、后构件的毛截面惯性矩；

t_{w}——加固前原有构件的腹板厚度；

t_{w1}——加固后构件腹板增加的厚度；

f_{v}——构件钢材的抗剪强度设计值；

S^{0},S——分别为加固前后构件在计算剪应力处以上毛截面对中和轴的面积矩。

5.2.4 采用增加截面的方法加固的受弯构件，其挠度应按下式计算：

$$v=v_{1}+v_{2} \tag{5.2.4}$$

式中：v_{1}——构件在加固施工时，实有荷载(包括施工荷载作用下的挠度；

v_{2}——加固后，构件在增加的荷载作用下的挠度。

注：在加固过程中因焊接而产生的挠度宜通过施工措施来解决。

5.3 轴心受力构件的加固计算

5.3.1 轴心受拉和轴心受压的加固构件的强度，应按下列规定计算：

5.3.1.1 承受静力荷载的构件

$$\frac{N}{A_{n}^{0}+A_{n1}} \leqslant kf \quad (5.3.1\text{-}1)$$

5.3.1.2　承受动力荷载的构件

$$\frac{N_{1}}{A_{n}^{0}}+\frac{N-N_{1}}{A_{n}^{0}+A_{n1}} \leqslant f \quad (5.3.1\text{-}2)$$

式中：N_1——加固过程中实有荷载(包括施工荷载)作用下的轴心力；

N——加固后构件需承受的轴心力；

A_n^0——原有构件的净截面面积；

A_{n1}——加固件的净截面面积。

5.3.2　轴心受压构件的稳定性按下列规定验算：

5.3.2.1　承受静力荷载的构件

$$\frac{N}{\varphi(A^{0}+A_{1})} \leqslant kf \quad (5.3.2\text{-}1)$$

5.3.2.2　承受动力荷载的构件

$$\frac{N_{1}}{\varphi^{0}A^{0}}+\frac{N-N_{1}}{\varphi(A^{0}+A_{1})} \leqslant f \quad (5.3.2\text{-}2)$$

式中：φ——加固后轴心受压构件的稳定系数；

φ^0——加固前轴心受压构件的稳定系数；

A^0——原有构件的毛截面面积；

A_1——加固件毛截面面积。

5.4　拉弯和压弯构件的加固计算

5.4.1　拉弯和压弯加固构件的强度应按下列规定验算：

5.4.1.1　承受静力荷载的构件

$$\frac{N}{A^{0}+A_{n1}} \pm \frac{M_{x}}{W_{nx}} \leqslant kf \quad (5.4.1\text{-}1)$$

5.4.1.2　承受动力荷载的构件

$$\left(\frac{N_{1}}{A_{n}^{0}} \pm \frac{M_{x1}}{W_{nx}^{0}}\right)+\left(\frac{N-N_{1}}{A_{n}^{0}+A_{n1}} \pm \frac{M_{x}-M_{x1}}{W_{nx}}\right) \leqslant f \quad (5.4.1\text{-}2)$$

5.4.2　弯矩作用在对称轴平面内(绕 x 轴)的实腹式压弯加固构件，其稳定性应按下列规定计算：

5.4.2.1　承受静力荷载的构件

$$\frac{N}{\varphi_{x}(A^{0}+A_{1})}+\frac{\beta_{mx}M_{x}}{W_{1x}(1-0.8\,N/N_{Ex})} \leqslant kf \quad (5.4.2\text{-}1)$$

式中：φ_x——加固后构件在弯矩作用平面内的轴心受压构件的稳定系数；

M_x——加固后所计算的构件段范围内的最大弯矩；

W_{1x}——加固后的构件截面在弯矩作用平面内较大受压纤维的毛截面抵抗矩；

β_{mx}——等效弯矩系数；

N_{Ex}——加固后构件的欧拉临界力，$N_{Ex}=\pi^2E(A^0+A_1)/\lambda_x^2$；

λ_x——加固后的构件截面对 x 轴的长细比。

图 5.4.2 所示的加固后单轴对称截面，弯矩作用在对称轴平面内且使较大翼缘受压时，除按(5.4.2-1)式计算外，尚应按下式验算：

$$\left|\frac{N}{A^{0}+A_{1}}-\frac{\beta_{mx}M_{x}}{W_{2x}(1-1.25N/N_{Ex})}\right| \leqslant kf \quad (5.4.2\text{-}2)$$

式中：W_{2x}——加固后的构件截面在弯矩作用平面内，对较小翼缘的毛截面抵抗矩。

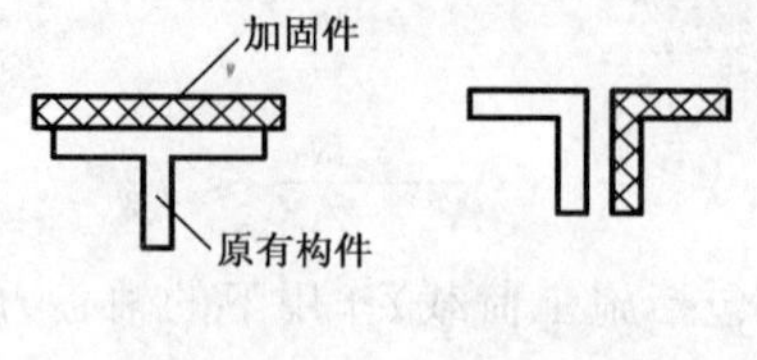

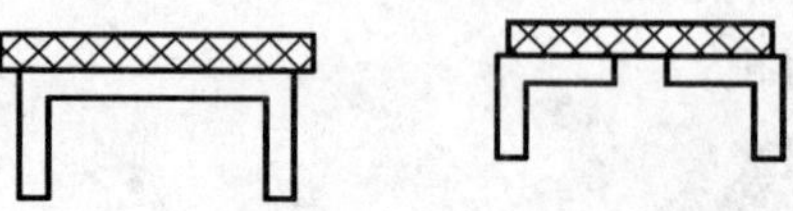

图 5.4.2 加固后的单轴对称截面

5.4.2.2 承受动力荷载的构件

$$\frac{N_1}{\varphi_x^0 A^0}+\frac{\beta_{mx}M_{x1}}{W_{1x}^0(1-0.8N_1/N_{Ex}^0)}+\frac{N-N_1}{\varphi_x(A^0+A_1)}+\frac{\beta_{mx}(M_x-M_{x1})}{W_{1x}[1-0.8(N-N_1)/N_{Ex}]}\leqslant f \tag{5.4.2-3}$$

式中：φ_x^0——加固前原有构件在弯矩作用平面内的轴心受压构件的稳定系数；

W_{1x}^0——加固前原有构件在弯矩作用平面内较大受压纤维的毛截面抵抗矩；

N_{Ex}^0——加固前原有构件的欧拉临界力，$N_{Ex}^0=\pi^2 EA^0/(\lambda_x^0)^2$；

λ_x^0——加固前原有构件对 x 轴的长细比。

加固后如图 5.4.2 所示的单轴对称截面，弯矩作用在对称轴平面内且使较大翼缘受压时，尚应按下式验算：

$$\left|\frac{N_1}{A^0}-\frac{\beta_{mx}M_{x1}}{W_{2x}^0(1-1.25N_1/N_{Ex}^0)}+\frac{N-N_1}{A^0+A_1}-\frac{\beta_{mx}(M_x-M_{x1})}{W_{2x}[1-1.25(N-N_1)/N_{Ex}]}\right|\leqslant f \tag{5.4.2-4}$$

式中：W_{2x}^0——加固前原有构件截面在弯矩作用平面内对较小翼缘的毛截面抵抗矩。

5.4.3 实腹式压弯构件在弯矩作用平面外的稳定性计算：

5.4.3.1 承受静力荷载的构件

$$\frac{N}{\varphi_y(A^0+A_1)}+\frac{\beta_{tx}M_x}{\varphi_b W_{1x}}\leqslant kf \tag{5.4.3-1}$$

式中：φ_y——加固后的构件截面在弯矩作用平面外的轴心受压构件稳定系数；

φ_b——加固后的构件均匀弯曲的受弯构件整体稳定系数；

β_{tx}——等效弯矩系数。

5.4.3.2 承受动力荷载的构件

$$\frac{N_1}{\varphi_y^0 A^0}+\frac{\beta_{tx}M_{x1}}{\varphi_b^0 W_{1x}^0}+\frac{N-N_1}{\varphi_y(A^0+A_1)}+\frac{\beta_{tx}(M_x-M_{x1})}{\varphi_b W_{1x}}\leqslant f \tag{5.4.3-2}$$

式中：φ_y^0——加固前原有构件在弯矩作用平面外的轴心受压构件的稳定系数；

φ_b^0——加固前原有构件均匀弯曲的受弯构件的整体稳定系数。

5.4.4 弯矩绕虚轴（x 轴）作用的格构式压弯构件，在静力荷载作用下弯矩作用平面内的整体稳定应按下列规定计算：

5.4.4.1 按格构式构件的整体计算

$$\frac{N}{\varphi_x(A^0+A_1)}+\frac{\beta_{mx}M_x}{W_{1x}(1-\varphi_x N/N_{Ex})}\leqslant kf \tag{5.4.4}$$

式中：$W_{1x}=I_x/y_0$，I_x 为加固后的截面对 x 轴的毛截面惯性矩，y_0 为由 x 轴到压力较大分肢的轴线距离或者到压力较大分肢腹板边缘的距离，二者取较大者；φ_x、N_{Ex}按格构式构件的换算长细比确定。

5.4.4.2 按格构式构件的分肢验算

将分肢作为桁架的弦杆，计算出在 N 和 M_x 作用下的轴心力，将加固后的分肢截面按轴心受压构件计算其稳定性。

用缀板连接的格构式构件，尚应考虑剪力引起的分肢的局部弯矩。

5.4.4.3 按上述规定验算分肢稳定性后，加固后的格构式压弯构件在弯矩作用平面外的整体稳定可不验算。

5.4.4.4 弯矩绕实轴作用的格构式压弯构件，其弯矩作用平面内和平面外的稳定性计算与实腹式构件相同，但在计算弯矩作用平面外的整体稳定性时，长细比应取换算长细比，Ψ_b 应取 1.0。

5.5 构造要求

5.5.1 采用增加截面的方法进行加固，应保证加固件有合理的传力途径：

5.5.1.1 有保证加固件与原有构件共同工作的相互连接。

5.5.1.2 轴心受力和偏心受力构件，加固件宜与原有构件的支座（或节点）有可靠的连接。

5.5.2 加固件的布置不宜采用引起截面形心轴偏移的形式，不可避免时，应在加固计算中考虑形心轴偏移的影响。

5.5.3 负荷状态下用焊接方法增加构件截面时，在保证加固件与原有构件共同工作的前提下，加固件的焊缝宜对称布置，并应采用较小的焊脚尺寸以减小焊接变形和焊接残余应力。

5.5.4 增加截面的加固构造不应过多削弱原有构件承载能力：

5.5.4.1 采用螺栓或高强度螺栓连接时，在保证加固件和原有构件共同工作的前提下，应选用较小直径的螺栓或高强度螺栓。

5.5.4.2 采用焊缝连接时，不宜采用与原有构件应力方向垂直的焊缝。

5.5.4.3 轻钢结构中的小角钢和圆钢杆件不宜在负荷状态下进行焊接加固，必要时应采取适当措施。圆钢拉杆严禁在负荷状态下用焊接方法加固。

5.5.5 负荷状态下用增加截面的方法加固构件时，应采用合理的加固顺序。应首先加固对原有构件影响较小、构件最薄弱和能立即起到加固作用的部位。

6 加固中的连接

6.1 一般规定

6.1.1 加固中的连接应包括下列情况：

6.1.1.1 原有连接承载能力不足而进行加固。

6.1.1.2 加固件与原有构件的连接。

6.1.1.3 节点加固。

6.1.2 连接的加固方法根据加固的原因、目的、受力状态、构造和施工条件，并考虑原有结构的连接方法而确定。可采用焊接、高强度螺栓连接和焊接与高强度螺栓混合连接的方法。

6.1.3 新增加的连接单独受力时，按现行《钢结构设计规范》(GBJ 17)计算。与原结构连接共同受力时，应分别不同情况进行计算。

6.1.4 加固用的连接材料和连接件宜与结构钢材和原连接材料相匹配，有可靠依据时，也可使用不相匹配的材料。

6.1.5 采用增加截面积加固方法，加固件和原有构件通过连接件进行连接时，连接件的间距对受拉构件不应大于 $80i$，对受压构件不应大于 $40i$，其中 i 为新的截面中各独立截面回转半径的最小者。

6.2 焊缝连接

6.2.1 下列情况宜采用焊缝连接加固：

6.2.1.1 原结构使用焊缝连接，或原结构虽不是焊缝连接，但加固处允许采用焊缝连接。

6.2.1.2 使用焊接施工较方便。

6.2.2 原焊缝连接加固时，可用新焊缝对原焊缝加长或增加有效厚度，或增加独立的新焊缝。新焊缝应符合现行《钢结构设计规范》(GBJ 17)的规定。

6.2.3 卸荷后，用新焊缝对原焊缝连接加固，可按加固后新旧焊缝共同工作考虑，按现行《钢结构设计规范》(GBJ 17)进行计算。

6.2.4 负荷状态下，用新焊缝对原焊缝连接加固，原有焊缝的计算应力不大于强度设计值时，加固后的焊缝亦可按新旧焊缝共同工作考虑，但总的承载力应乘以 0.9 的折减系数。

6.2.5 焊缝的强度设计值应根据焊缝质量等级按现行《钢结构设计规范》(GBJ 17)确定。

6.2.6 无腐蚀性或弱腐蚀性介质中使用的受静力荷载作用的结构构件，冬季计算温度不低于－20℃时，在次要构件或次要焊缝连接中可使用断续角焊缝。

6.2.7 焊缝强度应按最小尺寸计算。

6.3 螺栓连接

6.3.1 下列情况宜采用螺栓连接加固：

6.3.1.1 螺栓连接施工较方便。

6.3.1.2 原有构件钢材的可焊性不满足要求。

6.3.1.3 加固过程中不允许产生变形和残余应力。

6.3.1.4 原有构件为螺栓或铆钉连接。

6.3.2 宜采用高强度螺栓取代普通螺栓或铆钉，对于直接承受动力荷载的结构，高强度螺栓应采用摩擦型连接。接触面处理情况不明时，摩擦面的抗滑移系数应按未经处理的轧制表面考虑。摩擦型高强度螺栓与铆钉混合连接时，其承载力按共同工作考虑。

6.3.3 用高强度螺栓替换已损坏的铆钉或螺栓时，应选用直径比原孔洞小 1～3 mm 的螺栓，孔洞附近钢材表面的污垢、油漆、锈皮等必须清除干净。承载力计算不能满足要求时，在满足强度和构造要求的前提下可扩大螺栓孔径，采用螺栓直径提高一级。

6.3.4 构件截面加固采用螺栓连接，应按新旧两部分截面共同工作来确定螺栓数量及布置方式。

6.3.5 原为螺栓连接的节点通过增加螺栓补强，不论在卸荷状态或在负荷状态下，节点总承载能力均取原有连接承载能力与新增连接承载能力之和。

6.3.6 加固原结构连接需增加连接孔或扩大连接孔时，除了计算加固后连接件的承载能力外，尚应校核板件净截面强度。

6.4 混合连接

6.4.1 不同形式的连接可同时用在同一构件，形成混合连接。当各种连接的变形性能相近时，混合连接可按共同工作进行计算。

6.4.2 用焊缝加固普通螺栓或铆钉连接，不考虑两种连接共同工作，应按焊缝承受全部作用力进行计算，但不宜拆除原有连接件。

6.4.3 采用焊缝与高强度螺栓混合连接，两种连接方式计算承载力的比值应在 1～1.5 的范围内，连接的总承载力为二者分别计算的承载力之和。

6.4.4 焊缝与高强度螺栓混合连接，为施工方便可采用一次性先栓后焊工艺，高强度螺栓连接的承载力应乘以 0.9 的折减系数。若采用分段的栓、焊工序（先预栓 50%预拉力-焊接-终拧），高强度螺栓连接的承载力可不予折减。

7 吊车梁系统的加固

7.1 一 般 规 定

7.1.1 吊车梁系统的加固包括吊车梁、制动结构、辅助桁架、支撑和各种连接的加强和修复，以及轨道调整。

7.1.2 吊车梁、制动结构及其连接因静力强度不足进行加固，应按本规程第 4、5、6 章的规定执行。加固材料、连接材料的选用，荷载组合、水平荷载增大系数的确定和构造要求等尚应符合国家现行标准的有关规定。

7.1.3 因加固处理改变了构件和连接的疲劳计算类别时，重级工作制吊车梁或重级、中级工作制吊车桁架应根据现行《钢结构设计规范》(GBJ 17)的规定按加固后的类别重新验算疲劳强度。

7.2 吊车梁加固

7.2.1 上翼缘与腹板的 K 形连接焊缝和腹板受压区出现的裂缝，可进行修补。修补裂缝时，应先沿裂缝加工坡口，坡口两端超出裂缝端头 50 mm 以上，然后填补新焊缝。条件允许时，宜同时在轨道下设置直接铺设在上翼缘的垫梁或垫板。在保证焊缝质量的前提下，也可用两块板作 Y 形加固（图 7.2.1）。

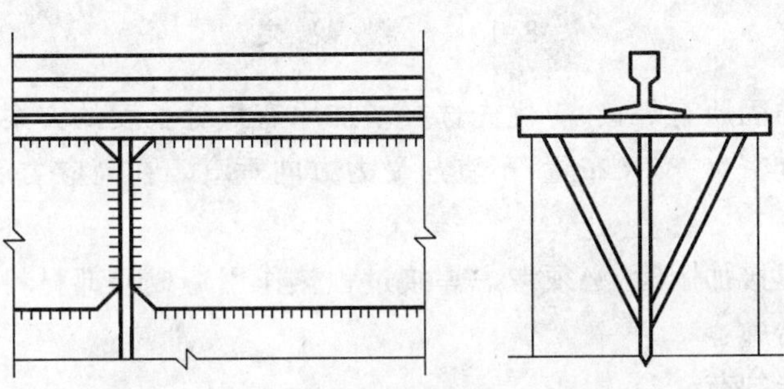

图 7.2.1 吊车梁上部 Y 形加固

7.2.2 吊车梁受拉翼缘和腹板受拉区或吊车桁架受拉杆及其节点板上出现疲劳裂缝时，应更换整个结构或整个零部件。

7.2.3 上翼缘和腹板受压区的局部凹凸变形可用机械矫正法矫平，也可用加劲肋加固。下翼缘和腹板受拉区的局部凹凸变形，不得用加劲肋加固。

7.3 制动结构和支撑

7.3.1 制动桁架破坏较严重时，宜改用制动板。制动板与吊车梁上翼缘的连接宜采用高强度螺栓连接，也可采用焊接。

7.3.2 垂直支撑发生破坏但不牵连其他结构构件时，在保证系统有足够的空间稳定性的情况下，可以不进行修复或加固。

7.4 连接加固和轨道调整

7.4.1 松动的高强度螺栓应及时更换新螺栓，不得将松动螺栓拧紧后继续使用。

7.4.2 制动结构与吊车梁或吊车桁架的连接发生破坏时，宜改用高强度螺栓连接。吊车梁与柱子的连接发生破坏时，宜改用板铰连接(图 7.4.2)。

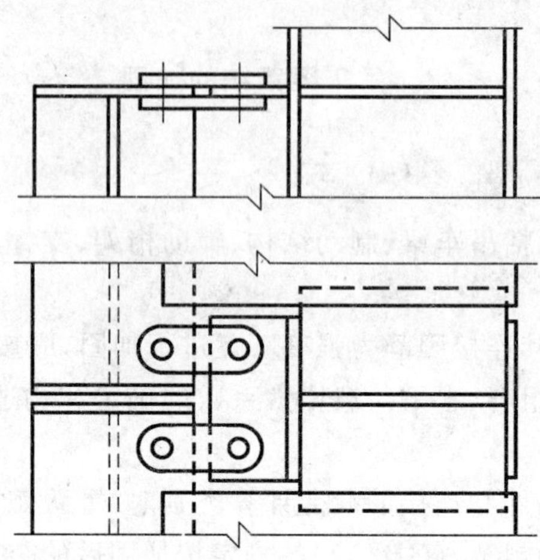

图 7.4.2 吊车梁与柱子的板铰连接

7.4.3 轨道在垂直方向上的偏差不满足要求时，可抬高吊车梁或在轨道下加设垫板或垫梁来调整。轨道在水平方向上的偏差不满足要求时，宜移动吊车梁来调整。移动轨道进行调整时，必须采取措施防止吊车梁上翼缘与腹板的连接处出现疲劳破坏。

8 荷载作用下的焊接加固

8.1 一 般 规 定

8.1.1 荷载作用下加固原有焊接，应优先选择增加原有焊缝长度的方案。

8.1.2 加固焊缝不宜密集、交叉布置，不宜与受力方向垂直。在高应力区和应力集中处，不宜布置加固焊缝。

8.1.3 荷载作用下焊接加固时，必须考虑焊接过程热作用造成局部材料短时间内强度和弹性模量的降低，应采取下列安全措施：

8.1.3.1 结构尽可能卸荷。

8.1.3.2 针对最大荷载条件做好临时支护。

8.1.3.3 使用合理的焊接工艺。

8.1.4 荷载下焊接加固应符合本规程第 5.1.3 条的规定。但在有经验的焊接工程师指导，由经专门培训合格的焊工施焊的前提下，下列情况亦可进行焊接加固：

8.1.4.1 受拉构件，截面应力不大于钢材强度的设计值或 0.9 倍的屈服强度。

8.1.4.2 受压杆件，计及稳定系数的截面应力不大于钢材强度设计值且有合理的施工措施。

8.2 焊接加固与操作

8.2.1 焊接加固应采用分散、短段、短时、多道的原则且严格按确定的焊接工艺进行。

8.2.2 加固焊缝与原有焊缝相接时，施焊前应对相接处原有焊缝进行处理，包括清除焊渣、修补焊缝缺陷，使加固焊缝与原有焊缝之间有一平滑过渡。加固焊缝的起点和落点不得紧靠原有焊缝边缘。

8.2.3 受压杆件加固时，应先将加固件点焊固定，点固焊应从杆件两端开始向杆件中部推进。全部点固焊完成后，进行由两端开始向中部推进的断续焊接，且应对称施焊。焊接时应严格控制焊缝的长度和厚度。

8.2.4 加固细长杆件时，宜对称布置焊缝、对称施焊。需要考虑焊接引起的偏移时，偏移值可用下式计算：

$$\Delta = 0.005eA_W(\Sigma L_W)^2/I \qquad (8.2.4)$$

式中：e——焊缝到杆件截面中心的距离，cm；

A_W——焊缝横截面面积，cm^2；

ΣL_W——焊缝总长，cm；

I——构件截面惯性矩，cm^4。

9 验收及维护

9.1 检测评定的验收

9.1.1 钢结构检测评定后，应提交检查记录和汇总报告，包括发现缺陷和损伤的部位、特征描述、已采取的措施等，由检测人员和部门负责人签署归档。

9.1.2 有特定要求的检测工作完成后，应提交检测记录以及主要的检验报告、复核计算结果、问题分析报告、鉴定评级、处理或加固建议等。

9.2 加固工程的验收

9.2.1 钢结构加固工程应严格按施工图进行，修改施工图，应取得设计单位同意，并有设计变更文件。

9.2.2 钢结构加固工程的竣工验收，应在全部加固施工完毕后进行。施工过程中各种临时支撑(包括卸荷装置)在验收前应全部拆除。

9.2.3 钢结构加固工程验收时，应提交下列技术资料：

9.2.3.1 竣工图、设计变更通知单、施工变更联络单等技术文件。

9.2.3.2 委托协议书及有关文件。

9.2.3.3 施工组织设计或施工技术方案、设计交底记录等。

9.2.3.4 新增构件、零部件所用钢材、连接材料和涂料等材料的质量证明文件及试(复)验报告。

9.2.3.5 新增构件的出厂合格证。

9.2.3.6 现场安装用钢材、连接材料和涂料等材料的质量证明文件及试(复)验报告。

9.2.3.7 焊接质量检验报告(需要时应包括原构件的可焊性检验)。

9.2.3.8 高强度螺栓摩擦型连接的摩擦面抗滑移系数测试报告。

9.2.3.9 鉴定评级及有关文件。

9.2.3.10 施工检查记录及质检部门验评报告。

9.2.3.11 竣工报告。

9.2.4 新增构件应符合加固设计图纸及现行《钢结构工程施工及验收规范》(GB 50205)的规定。原有构件的加固必须与加固设计图纸相符，并遵守施工及验收规范的有关规定。

9.3 维 护

9.3.1 工程竣工验收后，应由使用单位指派专人负责工业建筑的钢结构管理，建立定期检查、维护、保养制度，并将检查中发现的问题及检查记录归档。

9.3.1.1 管理人员应对工业建筑的钢结构定期进行检查，发现问题及时维修，并做出维修保养记录。

9.3.1.2 在定期的维护性检查中，应以检查钢结构构件的局部损坏、主要连接节点和锈蚀情况为重点。应根据构件使用特性及所在环境分别确定细则(如重级工作制吊车梁需检查连接部位有无疲劳损伤、柱脚需检查锈蚀程度,桁架构件应重点检查杆件弯曲和局部损伤情况,高强度螺栓连接应检查有无松动、断裂)。

9.3.1.3 定期的维护性检查可与生产设备的检修安排结合进行,应将检查资料及处理结果汇总归档。

9.3.1.4 应根据工业建筑物的使用环境和工作特点,规定表面涂装工程的维修年限。

9.3.2 应建立工业建筑钢结构的技术档案,包括以下资料:

9.3.2.1 原设计竣工资料及有关技术文件,加固工程设计竣工资料及有关技术文件,加工制作安装资料及施工记录。

9.3.2.2 日常性点检检查记录。

9.3.2.3 维修保养记录。

9.3.2.4 特定情况下的专业检查记录、测试报告。

9.3.2.5 历次加固处理的资料。

9.3.3 经加固处理的结构构件,应按加固设计或评定要求进行定期复查和必要的维护。

附录A 结构钢新旧标准牌号对照

A1 GB 700—88 的牌号表示方法以及对各牌号所规定的技术要求与 GB 700—79 都不同,新旧标准牌号对照如下,供参考。

GB 700—88	GB 700—79
Q195 不分等级,化学成分和力学性能(抗拉强度,伸长率和冷弯)均须保证,但轧制薄板和盘条之类产品,力学性能的保证项目根据产品特点和使用要求,可在有关标准中另行规定	1号钢 Q195 的化学成分与本标准1号钢的乙类钢 B1 同,力学性能(抗拉强度、伸长率和冷弯)与甲类钢 A1 同(A1 的冷弯试验是附加保证条件)。1号钢没有特类钢
Q215 A级 B级(做常温冲击试验,V型缺口)	A2 C2
Q235 A级(不做冲击试验) B级(做常温冲击试验,V型缺口) C级(作为重要焊接结构用) D级(作为重要焊接结构用)	 A3(附加保证常温冲击试验,U型缺口) C3(附加保证常温或－20℃冲击试验,U型缺口)
Q255 A级 B级(做常温冲击试验,V型缺口)	A4 C4(附加保证冲击试验,U型缺口)
Q275 不分等级,化学成分和力学性能均须保证	C5

A2 GB/T 1591—94 的牌号与 GB 1591—88 标准的对应牌号对照如下:

GB/T 1591—94	GB 1591—88
Q295	09MnV、09MnNb、09Mn2、12Mn
Q345	12MnV、14MnNb、16Mn、16MnRE、18Nb
Q390	15MnV、15MnTi、16MnNb
Q420	15MnVN、14MnVTiRE
Q460	

附录 B　钢结构用焊条新旧型号对照

在 1985 年颁布的焊条国家标准中，焊条型号的字母和数字含义为：

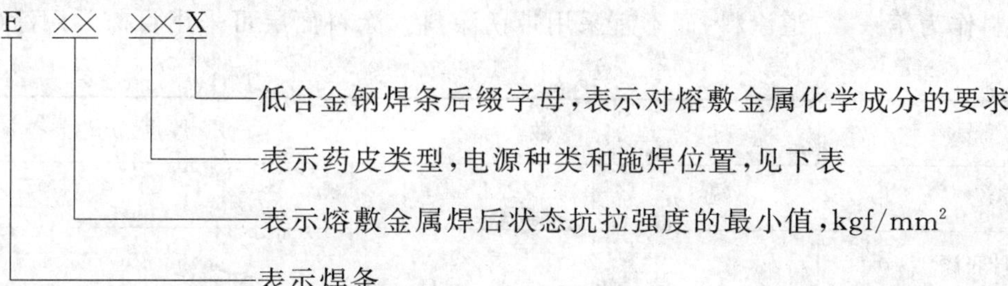

钢结构用焊条新旧型号对照如下：

焊条型号	药皮类型	焊接位置①	电流种类②	对应旧焊条型号
E43 系列焊条(GB 5117—85)				
E4300	特殊型	F、V、OH、H	AC、DC	结 420 管
E4301	钛铁矿型	F、V、OH、H	AC、DC	结 423
E4303	钛钙型	F、V、OH、H	AC、DC	结 422
E4310	高纤维素钠型	F、V、OH、H	DCEP	结 425
E4311	高纤维素钾型	F、V、OH、H	AC、DCEP	
E4312	高钛钠型	F、V、OH、H	AC、DCEN	
E4313	高钛钾型	F、V、OH、H	AC、DC	结 421
E4315	低氢钠型	F、V、OH、H	DCEP	结 427
E4316	低氢钾型	F、V、OH、H	AC、DCEP	结 426
E4320	高氧化铁型	HF	AC、DCEN	
E4322	高氧化铁型	F	AC、DC	结 424
E4323	钛钙铁粉型	F、HF	AC、DC	结 426 铁，结 426 铁重
E4327	铁粉高氧化铁型	F、HF	AC、DCEN	
E4328	铁粉低氢钾型	F、HF	AC、DC	结 426 铁
E50 系列焊条(GB 5118—85)				
E5001	钛铁矿型	F、V、OH、H	AC、DC	结 503
E5003	钛钙型	F、V、OH、H	AC、DC	结 502
E5011	高纤维素钾型	F、V、OH、H	AC、DC	结 505
E5014	铁粉钛型	F、V、OH、H	AC、DC	
E5015	低氢钠型	F、V、OH、H	DCEP	结 507
E5016	低氢钾型	F、V、OH、H	AC、DCEP	结 506
E5018	铁粉低氢型	F、V、OH、H	AC、DCEP	结 506 铁
E5024	铁粉钛型	F、HF	AC、DC	
E5027	铁粉高氧化铁型	F、HF	AC、DC	
E5028	铁粉低氢型	F、HF	AC、DCEP	
E5048	铁粉低氢型	F、OH、H、$V_{向下}$	AC、DCEP	

① F—平焊；V—立焊；$V_{向下}$—向下立焊；OH—仰焊；H—横焊；水平角焊；

② AC—交流；DC—直流；DCEP—直流反接(焊条接正极)；DCEN—直流正接(焊条接负极)。

附录C　维修和加固后钢结构的涂装

经维修和加固后的钢结构，一般只能采用人工除锈。因此其涂装设计应考虑基层除锈较差这一前提，宜采用溶剂型涂料作为第一、二道涂料，而不宜采用带锈涂料。涂料面层可采用目前常用涂料。一般可按下表选用：

涂装名称及型号	道　数	厚度/μm
方　案　一		
H53 环氧红丹底漆	2	80
J52-12 氯化橡胶面漆	2	70
小　计	4	150
方　案　二		
H53 环氧红丹底漆	2	80
X52-11 高氯化聚乙烯面漆	2	70
小　计	4	150
方　案　三		
C53-31 醇酸红丹防锈漆	2	60
C04-42 醇酸磁漆	3	60
小　计	5	120

注：表面处理均为手工除锈。

附录D　本规程用词说明

本规程条文中，要求严格程度的用词，说明如下，以便在执行时区别对待。

1. 表示很严格，非这样做不可的用词：

正面词采用“必须”，反面词采用“严禁”。

2. 表示严格，在正常情况下均应这样做的用词：

正面词采用“应”，反面词采用“不应”或“不得”。

3. 表示允许稍有选择，在条件许可时首先应这样做的用词：

正面词采用“宜”或“可”，反面词采用“不宜”。

本规程主编单位、参加单位和主要起草人名单

主编单位：冶金工业部建筑研究总院

参加单位：冶金工业部重庆钢铁设计研究院

宝山钢铁(集团)公司设备部

中国京冶建设工程承包公司

江苏兰陵化工(集团)公司

主要起草人：俞国音　王文涛　倪富生　赵熙元　郭寓岷　杨建平　林文锦　高新田

附：条文说明

1 总　　则

1.0.1～1.0.2　这两条阐明了本规程的编写宗旨与适用范围。

工业厂房钢结构(尤其是有重级工作制吊车的冶金工厂)建成投产，经过一段时间使用后，由于以下种种原因，往往需要对其重新进行承载力及可靠性评定：

a) 因生产设备更新、工艺流程变革或生产规模扩大等原因，对原有结构提出了新的功能要求(如柱网改变、吊车荷载增大等等)，要评定原有结构可否使用或需加固处理。

b) 遭受各类突发意外事故或灾害之后，厂房钢结构出现明显的损坏征兆，对其继续使用能否安全产生了怀疑。

c) 经过长期使用或生产环境变化，各类构件形成多种损伤，从安全角度需评定其实际承载能力及残余寿命。

d) 结构原设计或制造安装过程中，因疏忽或错误使结构存在较严重的缺陷，需鉴定其实际承载力。

e) 年久失修或使用年限已超过设计基准期，但仍需继续使用等情况。

实践证明，对已有工业厂房钢结构采取改建、加固措施是满足工艺革新、发展生产的一条有效途径，为此，更增加了对已有工业厂房钢结构安全评定的需要。

但迄今为止国内尚未有统一的技术标准，导致实际工作的质量及效果差别很大，有的甚至还可能留下工程隐患，为此，在《"八五"冶金建设施工行业标准制订修订计划》中列入了编制本规程的计划。

本规程的特点之一是强调钢结构的安全评定与加固实施都必须建立在可靠的检测工作基础上，需要掌握结构的具体条件和实际工作状态，要了解其演变过程，这就与经常性的检查维护工作产生了紧密的联系，规程内容应视为定期进行厂房结构检查维护工作的指导性技术文件。

本规程的适用范围包括了已建钢结构的检测评定和加固工作的策划、设计、实施及验收各个方面。使用对象主要为在基层工作的专业人员和各部门技术人员，力求内容明确具体、可操作性强，章节顺序也是按处理实际工程问题的过程编排的。

按照国家标准《工程结构设计基本术语和通用符号》(GBJ 132—90)的规定，建(构)筑物系指房屋建筑或土木工程中的单项工程实体，本规程可适用于钢结构建(构)筑物。

1.0.3　说明与本规程有直接关联的国家标准与行业标准。

对于工业厂房钢结构的可靠性评定，国家标准《工业厂房可靠性鉴定标准》(GBJ 144—90)及冶金部部颁标准《钢铁工业建(构)筑物可靠性鉴定规程》(YBJ 219—89)有关章节中都有较详尽的规定，但这些内容尚不能满足从检测评定到加固实施的全过程需要，从实用性及可操作性方面，针对不同层次的工作人员，需要有更明确和具体的规定。可以说本规程是上述标准规范的补充和延伸，是根据它们确定的原则细化出来的结果，可满足从检测到加固验收全过程技术指导的需要。除相关标准规范外，还有多年的工程实践经验的总结。在钢结构检测评定及加固工作中，已积累了不少经验，有些方法已经比较成熟，在一些关键技术上，已先后完成了多项专题科研工作，得出了有用的实验数据，例如荷载下施焊的规定、有缺陷杆件承载力计算、吊车梁残余寿命的测算和高强度螺栓与焊缝混合连接的极限承载能力等等，都分别在有关的条文内容中有所体现。

1.0.4　钢结构检测和加固工作除个别情况能在完全停产的条件下进行以外，一般都只能在生产间隙或短暂的停产检修期间进行，因此保证安全(包括人身和生产)和最小限度影响生产是安排该项工作的两个基本原则。鉴于这种特殊的工作条件，条文明确要求应在承担检测与加固的单位提出工作计划后，由生产单位统一安排和组织协调。

1.0.5　为确保检测评定及加固工作的质量，满足功能及使用要求，该项工作应分成几个阶段进行：

a) 结构检测。

b）结构评定及加固方案建议。

c）加固设计。

d）加固工程施工。

e）竣工验收。

f）定期维护制度的建立。

各阶段的划分是根据工作内容的性质与执行单位不同而确定，例如检测及加固设计有可能由两个单位分别承担，加固工程施工又由另一单位来完成，为此，每阶段工作完成后，均应有总结性文字资料提交厂方，最后按工程项目汇总归档，以便以后查阅。

1.0.6　鉴于检测及加固工作都是在工厂现场进行，与生产工艺、设备都有关系，加上还有可能是在生产正常进行时开展此项工作，为此，必须有专人负责安全、劳保、防火防爆等防护措施。

2　钢结构检测

2.1　一 般 规 定

2.1.1　对现有企业进行技术改造是最近几年冶金部门发展的主要方针之一。在现代生产条件下，由于设计、制作、安装和使用等多方面的因素，建筑结构（尤其是工业建筑或构筑物）一般在投入正常使用10～15 a后，即出现不同程度的损伤，一般表现为机械磨损、腐蚀、弯曲、裂缝形式和发展、螺栓松动和断裂脱落等。由于损伤对整个结构的影响是先局部后整体，呈开放式的递增型发展，故及时发现损伤，准确判定其性质是非常重要的。一般来说，当结构被发现有如下现象之一时，即可以认为该结构存在影响正常使用的、较严重的损伤和缺陷：1）结构构件的安全度不足或节点处的高强螺栓松动，铆钉或普通螺栓断裂、脱落，连接焊缝开裂等；2）在正常使用过程中，结构的变形、振动过大，引起使用人员不适或产生危险感时。

结构的使用寿命，一般指结构的设计基准期。但结构的使用条件常发生改变，原先设计时所指定的设计基准期显然不适用于使用条件发生变化了的结构，故在此采用“使用寿命”一词，虽与设计规范不统一，但其包括的内容更全面一些。

2.1.2　在进行现场测试时，测试过程和生产过程是相互影响相互制约的。所以，对现场测试的特殊要求应包括测试过程对现场环境、生产工艺和生产安排的要求，以及生产过程对测试部位、测试手段、使用仪器、测试时间等的要求。

2.2　调　　查

2.2.1　调查主要内容应包括厂方和检测单位共同在现场确认下一步检测计划的内容与实施措施，为检测计划的制订提供切实可行的基础。

2.2.2　在调查中，应根据现场调查的结果确定收集资料的内容；应着重收集能反映现场调查中所发现的主要问题的资料。

设计资料的调查中所要求的设计计算依据一般指设计依据、计算假设和计算结果。对于大多数设计单位，设计完成后通常不向业主提供设计计算书，但对于一些有特殊要求的结构，有时也提供简单的计算过程和数据。

使用历史及现状的调查涉及时间长远、内容广泛，是一项很难进行的工作，尤其在管理工作有欠缺的企业中，经常是归档制度不严密，文字资料匮缺。为此，除查询档案资料外，经常要辅以在操作人员和有多年工作经历的各类人员间进行口头调研获得必要的信息。

2.3　检　　测

2.3.1　检查结构的布置形式和构件尺寸是否与原设计图相符。当设计和施工的档案资料齐全时，本项检查仅用作校核，可只进行部分结构的抽检。当无设计和施工的档案资料或该资料残缺不全时，就应进行实际结构的测绘工作，目的是能确定结构和构件实际的计算简图和截面尺寸。检查的内容有：

a）结构平面布置，应测量包括柱、梁、吊车梁、平台、支撑、屋架、天窗架、基础等各类构件实际的平面位置及轴线尺寸，绘出结构平面图。

b）结构垂直布置，应测量吊车梁、平台及屋架的标高，绘出结构剖面图。

c）构件尺寸，应包括进行构件验算的全部尺寸，以及构造连接形式。

2.3.2　屋盖系统检查时，先进行比较粗略的观察，如果构件外观整齐，没有显著变形，没有大面积涂层脱落和严重的锈蚀，连接节点（包括连接件和连接焊缝）也没有明显的损伤和缺陷，可仅对受力状态不利的构件进行检查；否则应对全部构件进行检查。

2.3.2.1　对屋架、檩条、天窗架、屋面梁应检查杆件截面在平面内、外变形（测量弯曲矢高），局部凹凸范围，最大凸凹量以及板件锈蚀程度等。对节点应检查节点偏心、焊接缺陷、螺栓或铆钉的紧固状态，以及有无脱焊、断裂。板厚可用超声波测厚仪测量，杆件弯曲矢高可用拉线结合钢尺测量，焊缝高度要用焊缝量规测量，螺栓规格可用卡尺测量，其紧固状态宜用 0.2～0.5 kg 的小锤敲击检查。

对支撑系统应测量杆件长度、截面尺寸和节点焊缝长度。用焊缝量规测量节点焊缝高度；用卡尺测量节点螺栓规格。

2.3.2.2　屋架、屋面梁变形测量包括下挠、旁弯和侧倾三部分。可以用厂房内桥式吊车的桥架作为测试平台，其每半跨范围内测点数不应少于 3 个，跨中应有一个测点，端部测点距端支座不应大于 1 m。屋架（屋面梁）下挠宜用水准仪测量。屋架（屋面梁）旁弯测量点应布于上弦杆（上翼缘）同一侧边，宜用经纬仪结合水平尺测量。屋架侧倾测量点应布于屋架倾斜一侧，可用靠尺测量。

2.3.2.3　对屋面板系统应检查屋面板和防护层的构造和尺寸，以确定屋面的恒载。混凝土大型屋面板虽然不属于钢结构构件，但与钢结构的关系很密切，在钢结构厂房中经常采用，它还对钢屋架起支撑作用，可以认为它是钢屋盖系统的一部分，因此将其包括在本规程中。它的检查包括裂缝情况、混凝土碳化层深度，钢筋锈蚀程度。对受振动影响较大的厂房以及有抗震要求的厂房，还应检查屋面板与屋架的连接情况及搁置长度。对压型钢板及钢板屋面，应检查其与檩条的连接及连接件的锈蚀、松动，以及板面涂层脱落、基板锈蚀等情况。

2.3.3　吊车梁系统由于受到吊车的重复和冲击荷载的作用，所以比较容易出现损伤，在检测中应对全部构件及连接进行损伤情况的检查。对高温热源附近的吊车梁还应测量构件表面的温度。

2.3.3.1　对吊车梁（吊车桁架）和制动结构应检查各构件是否有明显变形和裂缝，相互连接部位是否有铆钉或螺栓松动脱落和焊缝开裂现象。裂缝检查宜用肉眼观察结合放大镜检查，发现疑点时宜用着色法或磁粉探伤进一步确定是否开裂和开裂范围，并用刻度放大镜确定裂缝宽度，记录其分布部位与裂缝尺寸。

2.3.3.2　对吊车梁（吊车桁架）、制动结构与柱子连接应检查连接板是否断裂，螺栓或铆钉是否松动脱落，焊缝是否开裂，吊车梁（吊车桁架）支座底部垫板是否完整、平稳。

2.3.3.3　轨道中心与吊车梁腹板中心的偏移过大时，吊车梁受力非常不利。轨道及其固定装置如损伤严重也能说明吊车梁受力情况不良，所以要检查吊车轨道中心与吊车梁腹板中心的偏移量，以及轨道固定和破损状况。

2.3.7　根据需要进行的荷载检测主要有：

2.3.7.1　吊车实际轮压的测定，应先测量并记录吊车大车的轮距、边距和小车的极限位置。轮压测量时，在吊车的一端设置压力传感器，利用其下的千斤顶使吊车一端的全部车轮刚好脱离轨道能自由转动，通过应变仪测取轮压值。通过空载小车在最近和最远两个位置的测量，可经过换算分别得到大车和小车的自重。吊物重量宜另外单独测量，其产生的轮压可计算得到。

2.3.7.2　构件自重一般可按构件实测的尺寸与《建筑结构荷载规范》规定的单位体积重量确定。对于屋面可切开至结构层，检查各防护层的材料，并测量其实际尺寸和容重。如检查发现实际情况与设计明显不符时，可以根据实测数据和统计规律按《建筑结构设计统一标准》确定自重荷载。

2.3.8 钢材性能检测有钢材化学分析和力学性能测试两部分。原始资料不完整或现场检查发现疑义时，应首先对钢材做化学分析，进行核对。如发现实际采用材料的性能低于设计要求，应取样进行力学性能的测试。对于重级工作制的吊车梁和起重量等于或大于 50 t 的中级工作制焊接吊车梁，应包括检查常温冲击韧性，必要时还应检查负温冲击韧性。对重要的结构构件，如经受过高于 200℃的高温作用，一般应在受高温的部位取样复核其力学性能。

2.3.10 当不具备计算条件时，可根据现场的结构荷载试验结果直接获得结构可靠性评定的主要结论。这里所述不具备计算条件包括有几种情况：一是结构的计算图形（包括支承条件）难于确定，二是缺乏某些计算参数，三是部分荷载资料不明，如吊车轮压数值不详，但由已知吊重作用下的试验可弄清吊车的实际轮压。

现场的荷载试验要根据构件种类、工作状态和现场条件制订出详细试验计划，但总的原则是要获得定值荷载下构件最大应力和变位的增值。

现场荷载试验从工作安排角度应列入详细检测工作计划之中。

3 结构构件的鉴定评级

3.1 一般规定

3.1.1 对结构可靠性的评定不同于结构设计和结构验收，它是在指定的时间，指定的存在状态，确定的使用历史和较明确的未来使用要求的情况下，对结构在当前和未来的安全性和适用性进行评价。

评定的对象（即指定结构）一般都经历过一段较长的使用历史，其间可能经过多次加固、改建以及设备变化，结构与原设计必然会产生一定的差别；加之原设计理论的局限性，不可避免地会有一些构造形式甚至结构或构件选型在当前看来是不合理或不适用的。结构鉴定的重点并不在于论证其合理性，而在于确定其在当前及以后使用过程中的安全性。

3.1.2 本规程仅包括在正常使用状态下的鉴定，对于有抗震等特殊要求的鉴定工作，还应参照有关的鉴定标准进行。

3.1.3 确定结构计算简图，进行承载能力（强度、稳定、疲劳）和正常使用极限状态核算时，应考虑结构实际的几何形态和受力状态。结构计算图形的选定应考虑在检测中发现的偏差、缺损、荷载作用的部位和方向、构件实际刚度、节点嵌固程度。构件及连接的验算应考虑已发现的缺陷损伤（包括腐蚀）及实际的连接和支撑条件。

难于直接计算的节点和连接，可根据使用效果、凭借经验判断其使用性能及承载能力。

3.1.5 考虑需进行检测评定的钢结构构件一般都已使用多年，经受了种种不利因素作用，故对其强度设计值较现行设计规范规定略低，尤其在材质证明不符合当时规定或需由复验结果确定强度设计值时，将 γ_{R1} 取用为 1.2。

3.1.6 本条内容与现行国家标准《工业厂房可靠性鉴定标准》（GBJ 144）相衔接。

3.2 吊车梁系统的评级

3.2.1～3.2.2 这两条针对钢吊车梁系统工作特点，在现行《工业厂房可靠性鉴定标准》（GBJ 144）有关内容上作了进一步引申。规定除吊车梁构件的承载力、变形和偏差等项目外，还应按这两条内容分别对吊车梁与柱的连接和吊车梁制动构件两部分进行评定。

生产实践经验表明，钢吊车梁系统是冶金工厂长期使用过程中最易出现局部损坏的组成部分，尤其是吊车梁梁体与制动结构和厂房柱之间的连接部位，都具有普遍性的早期破坏特征，若不处理将直接影响吊车的正常行驶和吊车梁的工作状态，为保证生产和人身安全，必须把这两项内容列为吊车梁系统的子项，且明确规定若其中有一项评为 d 级，则吊车梁系统项目也只能评为 D 级。

3.2.3　由于改造加固和工艺变化等原因使得吊车梁系统结构形式或受力状态发生变化时，吊车梁系统某些部位的疲劳强度有可能不足。利用实测应力谱可以更准确地进行疲劳强度验算，当疲劳强度验算不满足要求时，可利用式 3.2.3 估算残余疲劳寿命，这样可以为加固处理留有充足的准备时间。本条规定了应力谱测量统计方法。疲劳计算以 Miner 线性累积损伤率为基础（参见《钢结构设计规范》(GBJ 17—88)条文说明），用雨流法统计应力谱是前提条件之一。规定测量记录仪器是要保证测量结果的精度。冶金工厂一般在一个班时内至少有一个完整的生产循环，故规定在每一班时内连续测量，但测量总时间应不小于 24 h。式(3.2.3)的推导如下：

Miner 线性累积损伤率的表达式为：

$$\Sigma \frac{n_i}{N_i} = 1 \tag{3.2.3-1}$$

对应应力幅 $\Delta\sigma_i$ 的疲劳曲线方程为：

$$N_i = C\Delta\sigma_i^{-\beta} \tag{3.2.3-2}$$

结构的疲劳总寿命为已使用的时间 T_0 与可继续使用的时间 T 之和，在疲劳总寿命内，$\Delta\sigma_i$ 出现 n_i 次，频率为 $n_i/(T_0+T)$，在测量时间 T^* 内，$\Delta\sigma_i$ 出现 n_i^* 次，频率为 n_i^*/T^*，如果测量时间足够长，就可认为这两个频率相等，即：

$$\frac{n_i}{T_0+T} = \frac{n_i^*}{T^*} \tag{3.2.3-3}$$

将式(3.2.3-2)、式(3.2.3-3)代入式(3.2.3-1)，整理后便得到：

$$T = \frac{CT^*}{\Sigma n_i^* \Delta\sigma_i^{\beta}} - T_0 \tag{3.2.3-4}$$

利用 Miner 线性累积损伤率估算疲劳寿命时，允许误差可以达到 100%，另外，用较短时间内测量得到的应力谱代替实际的应力谱也会造成误差，因此对式(3.2.3-4)还应再考虑一附加安全系数 φ，这样就得到了式(3.2.3)。φ 值与测量时间有关，根据冶金部建筑研究总院的实践经验，当测量时间为 24 h，φ 值可取为 3.0。

3.2.4　吊车自重部分产生的竖向轮压对吊车梁来说仍然是可变荷载，并且实际荷载值与工艺给出的名义荷载值还会有不小的差别，但如果按实测吊车自重计算，荷载就没有多大变异。因此规定，对于原有结构的验算，吊车自重部分的荷载分项系数可以按永久荷载取为 1.2。从安全度上说，由于钢结构吊车梁所受永久荷载一般都非常小，可变荷载所占比例很大，因此相对于老的荷载规范 TJ 9—74 来说，安全度并没有降低多少，甚至还有提高。新的荷载规范 GBJ 9—87 也没有把可变荷载的分项系数都取为 1.4，对楼面结构，当活荷载标准值不小于 4 kN/m^2 时，就取为 1.3。

3.3　有缺损的钢构件承载能力的评估

3.3.1　已有钢结构检测中经常遇到的问题是各类构件都存在不同程度的缺陷或损伤，例如杆件局部变形、弯曲以及截面部分缺损等等，这种情况下评定构件与结构的承载能力时就应考虑这些缺陷的不利影响，但过分地考虑不利因素势必会增加不必要的加固工作量，除造成费工、费钱以外，还有可能在加固中由于措施不当再次损伤原结构，故本条规定，在考虑缺陷的不利因素时可同时考虑精确计算图形和实际的材料性能（材料强度指标等）等几方面的有利因素。

3.3.2　验算有缺陷的结构时，考虑了缺陷造成原有截面的削弱，但当腐蚀严重，当腐蚀削弱平均量超过构件厚度 25%，根据已有资料，应另行考虑钢材的强度降低。根据腐蚀介质强弱程度分成弱、中、强三级，降低系数分别取用 1.05，1.10 和 1.15。腐蚀介质强弱程度分类可参照《工业建筑防腐蚀设计规范》(GBJ 46—82)，强、中、弱腐蚀介质分别对应该规范Ⅳ、Ⅴ、Ⅵ类腐蚀程度。

3.3.3　有缺损截面的钢构件，其强度验算分三种情况对待：

a）取缺损处削弱截面作为计算截面，按现行钢结构设计规范计算式核算。

b）有孔洞削弱的受拉构件，当按 a）款核算不能满足，即不能满足以削弱截面屈服为承载能力的极限状态时，则可取非削弱截面的屈服和削弱截面的拉断二者之中的控制值作为承载能力极限值，但考虑构件拉断的后果更为严重，故应取用一个附加的分项系数 γ_{RU}（一般 $\gamma_{RU}=1.2\sim1.3$）。本规程 3.1.5 条中规定，按钢材屈服强度确定强度设计值时，抗力分项系数 γ_{R1} 取值为 1.2；按钢材抗拉强度确定强度设计值时，抗力分项系数 γ_{R1} 取值为 1.5，由此反推，规程中取用 $\gamma_{RU}=1.5/1.2=1.25$。因此对现有钢结构中大量使用的 Q235 和 Q345 钢号（即以前的三号钢和 16 锰钢），考虑其屈服强度和抗拉强度的比值后，可得知当净截面与毛截面比值大于 0.85 后，将由毛截面（非削弱截面）控制设计，但为了使用统一计算式，仍采用

$$\frac{N}{A_n}\leqslant\alpha_1\frac{f_y}{\gamma_{R1}} \tag{3.3.3}$$

的表达式，式中 α_1 系考虑扣孔率影响的系数，在 $A_n/A\geqslant0.85$ 时，$\alpha_1=1.18$，即以全截面的屈服为控制条件；在 $A_n/A\leqslant0.75$ 时，从安全出发，仍以削弱截面的屈服为控制条件，$\alpha_1=1$；当 $0.75<A_n/A<0.85$ 时，α_1 按线性插入计算。这样的处理方法应该说只是部分利用了两种极限状态之间承载力差别。

还需强调指出的是，能利用上述承载力差别的情况只是当受拉构件仅在个别截面上存在孔洞。由于有孔截面在整个杆长范围内所占比重很小，因其屈服产生变形不会对整个杆件产生很大影响。若是沿杆长分布有孔洞，如铆接构件的铆接孔，则不论扣孔率多少，式（3.3.3）中的 α_1 始终应取为 1。

c）受拉杆件当在使用过程中出现平面内外的弯曲损伤时，其承载能力计算与典型的拉弯构件严格说来并不一致，弯曲的轴心拉杆有可能因过度变形，使自身卸载而影响与其相连接的其他构件，这一点在分析已有结构时应千万注意。从受拉杆本身来说，当弯曲值小于 $L/750$（L 为杆长）时，根据计算分析可不考虑承载能力减小，否则，可按拉弯构件计算其承载力。

3.3.4 有缺损钢结构轴压构件的稳定验算仅考虑了下述两种情况：

a）局部截面有缺损，但剩余截面对轴线尚能保持对称，则近似按下式验算稳定：

$$\frac{N}{\varphi A_n}\leqslant\frac{f_y}{\gamma_{R1}} \tag{3.3.4}$$

式中：A_n——缺损削弱面积；

φ——原截面受压构件的稳定系数，按设计规范取用。

这一考虑的出发点有两方面：一是构件的失稳与整个构件截面特性有关，个别截面削弱的影响并不明显；二是尽可能减少不必要的加固，若按削弱后截面确定稳定系数，势必会增加加固工作量。

b）工业厂房钢屋架等桁架结构，经过长期使用后，经常发生各类杆件弯曲现象，尤以其中腹杆最普遍，对这种有双向弯曲缺陷的压杆，如何评定其剩余承载力是工程中很关切的一个课题。标准中表 3.3.4是建立在借鉴国外资料基础上并通过专用程序计算分析核准，同时进行了有初始缺陷钢桁架的试验研究（详细内容参见“带有初始缺陷钢桁架极限承载力分析及试验研究”——冶建院科研报告）得以证实后推荐使用的。由于考虑了结构的非线性过程，计算结果与实验数据吻合较好，而且表明有初始缺陷（杆件弯曲）桁架的承载能力大于按压弯构件控制的桁架承载力。由于目前仅对双角钢的 T 形截面进行了研究分析，得出表 3.3.4 结果，对其他形式截面，可仍按压弯构件进行验算，其结果肯定是偏于安全的。

3.4 结构试验

3.4.1 和 3.4.2 当计算手段或计算所需基本参数尚有欠缺时，直接通过结构的实物或模型试验来获得结构承载力和其他资料仍是工程实践中很有效的措施。

与结构可靠性评定有关的结构试验绝大多数场合下是在生产场地进行的，因此应以施加定值荷载的验证性试验为主，只有在很个别情况下，才有可能在批量结构构件中抽样进行破坏性试验，但在条件许可时，按实际构造制作局部结构试件进行足尺或模型的破坏试验是解决一些特殊问题的有力措施。

除承载力之外，某些结构特性(如动力特性中的自振周期等)往往也只能凭借实测才能获得较真实的数据。

由于构件种类不同，工作状态各异，加之试验目的和现场条件变化很大，在决定进行结构试验之前，必须制订详尽的试验工作计划和实施措施。

4 加固一般规定

4.1 加固原则和方法

4.1.1 改变结构计算简图的加固方法是指改变荷载传递途径、改变支座或节点的连接性质、增加支承或支撑构件、施加预应力或增强结构空间协同工作能力等措施对结构或构件进行加固的方法。采用该方法时，应对各个施工阶段进行详细计算，并进行详细的施工组织设计，在施工过程中，应对关键部位的变形及内力进行测试，以确定加固效果。

4.1.5 根据检测鉴定结果，将加固内容分为首要加固和次要加固项目的依据是项目内容对被鉴定构件可靠性的影响程度。因此当不允许加固首要项目时，若先加固与之相关的次要项目，势必会导致更不利的后果，这种做法应予以避免。

4.1.7 经批准的单位指具有国家有关资质证书，获得国家认可的检测及鉴定许可证的单位。不符合要求的钢材在非负温条件下已使用多年，若改变使用条件(温度、荷载等)，其材质能否满足继续正常使用，必须通过专业性论证，否则应予更换。

4.1.8 本条明确结构构件变形超过规定限值但尚不影响正常使用时可不予加固，这是出于尽可能减少不必要加固工作的考虑。过多的加固难免会造成附加的不利影响，应尽量予以避免。

4.3 荷　载

4.3.1 实际情况与原结构设计采用的荷载有可能有出入，不能简单地套用原设计采用的荷载。

4.3.2 按照实际情况准确地确定荷载，就有可能避免对结构进行大规模的加固处理，经济意义很大。但要有可靠的实际测量数据为依据，并且只对原有结构的验算才可以调整荷载的标准值及有关系数，对加固设计还应偏于安全地按规范采用。

4.3.3 表4.3.3参考了前苏联的有关资料(参见《钢结构加固设计参考资料》(СНИЛД-23-81)20章的说明)。

4.3.4 在工程事故中，屋盖结构坍塌占相当大的比例，造成的损失极为严重。屋盖超载是主要原因之一，因此在确定屋盖荷载时应准确并偏于安全的考虑。

4.3.5 过量的积灰对于冶金工业厂房是普遍存在的事故隐患，并且已经造成多次坍塌事故。本条给出灰的重力密度是考虑到有些情况下积灰确实不易清除，比如已固结在结构上的积灰和处于高温区的积灰等。由于管理上的原因也会造成过量积灰。这时就需要按实际积灰情况验算结构强度，定量地明确过量积灰产生的危险性。积灰重力密度的取值是实际调查结果(参见《建筑结构荷载规范》(GBJ 9—87)条文说明)。

4.4 计算的基本规定

4.4.1 加固设计中，应结合被加固构件的实际支承条件和连接情况来确定计算简图，才能使加固方案更切合实际且行之有效。例如实际支承条件可能与设计时考虑的理想铰接情况差别很大，若仍按铰接方案处理，则加固部位的选择及效果都很难达到满意结果。

4.4.2 加固设计除了全部卸载这种特例之外，一般都应划分为两阶段进行，一是加固过程中，二是加固后。两阶段应按各阶段相应的有效截面、作用荷载和支承条件分别进行验算。

4.4.3 对与加固构件相关的构件、连接、基础，应考虑加固引起自重及内力变化等不利因素的影响,重新予以验算,否则可能会造成加固后又出现新的待加固构件或连接,尤其是连接焊缝或连接件要特别注意,避免形成强杆件弱节点的现象。

5 增加截面的加固方法

5.1 一般规定

5.1.3 采用增加截面的方法加固钢构件在负荷状态下施工的情况是经常发生的,甚至是很难避免的。即使将结构卸荷,或设置临时支撑,构件的自重还是存在的。只有将构件全部拆卸下来放在地面上进行加固,才能彻底卸荷。因此问题的关键不在于是否能够在负荷状态下进行加固,而是在怎样的负荷状态下才能加固。从设计计算上主要要解决下述两个问题:

a) 加固施工时,原有构件中应力的限值($\sigma \leqslant \beta f$),即 β 值应该取多少为合适,才能保证加固时结构的安全和加固后构件工作的可靠性。

b) 加固后构件的计算原则,即如何考虑原有构件和加固件之间的共同工作问题。

实际上这两个问题是互有联系,应该统一考虑的。前苏联在二次世界大战后进行了大量的钢结构修复和加固工作。当时的钢结构设计规范是采用统一安全系数的容许应力法,因此加固后构件的计算原则统一采用"原有构件截面边缘屈服"的准则,即加固时的荷载由原有构件单独承担,加固后新、旧截面可以共同工作,但不考虑塑性变形后新、旧截面间的应力重分布。加固计算的基本表达式为(参见M. H ЛАЩЕНАО,《Усиление металлических конструкций》,1954 年):

$$\sigma = \sigma^0 + \Delta\sigma^0 \leqslant [\sigma] \qquad (5.1.3)$$

式中:σ^0——加固时原有构件中的应力;

$\Delta\sigma^0$——加固后在新增荷载作用下,考虑新、旧截面共同工作的情况下,原有构件截面中增加的应力。

从 60 年代开始,前苏联对钢结构的加固又进行了大量的研究,并提出了在加固构件的新、旧截面间考虑应力重分布的概念。在加固计算中采用了"加固后的全截面边缘屈服"的准则,即构件加固后继续加载过程中,原有构件先达到屈服,并发生塑性变形。此时原有构件的应力不再增长,继续增加的荷载全部由加固件承受,直至加固件截面亦达到屈服,整个构件才达到极限状态。这样,加固计算就可以用加固后的整个截面同新构件一样进行计算。对于应力重分布的概念,前苏联最初仅用于承受静力作用的结构,对受动力荷载的结构仍按公式(5.1.3)进行计算(参见 E. N. 列别尼亚,《金属结构》,哈尔滨工业大学出版社,1987 年)。后来,前苏联对所有构件(不论承受静力荷载还是动力荷载)都按应力重分布原则进行计算,仅对各类构件加固时的应力限值,即 β 值加以明确限制(参见全苏钢结构设计研究联合公司,《改建企业钢结构加固计算建议》,冶金工业部建筑研究总院译,1987 年)。

美国 AWS 在 90 年版《钢结构焊接规范》中规定,对承受静力荷载的结构,当原有构件中的应力 $\sigma^0 > 20.7$ MPa时,用焊接连接加大截面,应按式(5.1.3)进行计算。换言之,可以理解为:当 $\sigma^0 \leqslant 20.7$ MPa时,便可按应力重分布进行计算。

我国在 60 年代,对钢结构的加固亦做了一些试验研究工作(参见第一冶金建设公司武钢工程质量处理办公室,《钢桁架在荷载高应力下的加固补焊试验》,1968 年),并在总结当时国内外实践经验和研究成果的基础上,采用了在静载作用下考虑应力重分布,而在动力荷载作用下按式(5.1.3)计算的加固设计计算方法(参见重庆钢铁设计院,《工业厂房钢结构设计手册》,冶金工业出版社,1980 年)。经过 20 余年的工程实践,普遍认为按照这个方法进行加固设计是可靠的,并且和当前国外采用的方法亦比较接近。鉴于在现行《钢结构设计规范》(GBJ 17—88)中对承受动力荷载的结构不考虑塑性发展系数,同时考虑到承受动力荷载构件的重要性和工作条件,我们在制订本规程时,对承受动力荷载的构件仍建议按式(5.1.3)计算,不考虑应力重分布,仅对承受静力荷载的加固构件,采用应力重分布的计算方法。至于承受动力荷载的构件能否考虑应力重分布,尚待进一步研究和积累经验。

关于加固时原有构件中应力的限值，即β值的大小是十分重要的。β值过小，将大大限制在负荷下加固的应用范围；β值过大，不仅影响加固施工的安全，而且加固后继续加载时原有构件的塑性变形将增大，加固件的应力滞后现象更严重，加固效果不会好。因此规定β值必须兼顾多种因素，且需其取值恰当。本规程提出的β值是根据我国的实验经验，并参考国外资料确定的。考虑的因素主要是：

a）加固施工对原有构件的影响，即确保加固施工的安全。如在原有构件上因增加孔洞而削弱截面，或进行焊接时原有构件强度的下降等。如前苏联的《结构构件焊接加固指南》指出，“由于焊接时金属被加热降低了承载能力，引起了沿截面及结构构件间的内力重分配，格构式结构以采用补焊方式加固时承载能力降低20%，纵向焊缝使承载能力降低15%，横向焊缝则可使其降低40%以上”。因此该指南规定原有构件中的应力在加固时不应超过$0.8R$（R为钢材设计强度）。前苏联的其他文献资料对此限值一般规定在$0.6f\sim0.8f$范围内。也就是说前苏联是规定承受静力荷载的构件在加固时原有构件中的应力应小于或等于强度设计值的0.6～0.8倍，否则加固时必须预先给结构卸荷或者采取必要的技术措施，才能保证加固施工的安全。

b）为保证加固后构件工作的可靠性，不同荷载形态的构件在加固时应有不同的应力限制值。

《金属结构》中提出，压杆在荷载下补强时，按稳定验算的应力应比钢材计算抗力小20%～30%，对拉杆则连这个规定都没有了，也就是说可以理解为拉杆中的应力达到钢材计算抗力时，也允许在荷载下焊接加固。

国内的一些试验和工程实践也表明这一点。《钢桁架在荷载高应力下的加固补焊试验》的结论是：材质为Q235钢的构件加固时，“压杆中的应力不超过180 MPa（约为按极限状态设计时的计算强度的0.85倍）”，“拉杆可提高到按极限状态设计的计算强度”。在马鞍山钢铁公司车轮轮箍厂的屋架加固中，当时除了屋面活荷载外，所有恒载（大型屋面板和油毡防水层）全部作用在屋架上，此时有的杆件已超过计算强度。在包头钢铁公司的加固工程中亦有类似情况。

1987年，前苏联在《改建企业钢结构加固计算建议》中根据荷载形态和构件的极限塑性变形值，提出了三种不同的β值（$\beta=\sigma^0/R_{y0}$，σ^0——原有构件加固时的应力；R_{y0}——钢材的计算强度）。

$\beta\leqslant0.2$ 特重级动力荷载作用下的结构；

$\beta\leqslant0.4$ 对承受动力荷载，其极限塑性变形值为0.001的构件；

$\beta\leqslant0.8$ 对承受静力荷载，其极限塑性变形值为0.002和0.004的构件。

考虑到上述因素，本条为方便计算，且偏于安全，对所有承受静力荷载的结构，不分受拉、受压或受弯，在负荷状态下焊接加固时，原有构件在加固时的β值统一规定为0.8。如果超出此限值必须采取特殊措施（见8.1.4条）。

对承受动力荷载的构件，其加固计算是按弹性阶段进行的，不考虑截面应力重分布。即判别加固构件是否达到极限状态，是以原有构件的截面边缘屈服为准则的，其基本表达式为式（5.1.3）。这种计算方法比较安全。为适当扩大在负荷状态下加固的运用范围，对承受动力荷载的构件参照《改建企业钢结构加固计算建议》，统一规定为$\beta\leqslant0.4$。

5.1.4　加固折减系数k是在加固计算中为考虑多种随机因素的影响，为简化计算而引入的一项经验系数。它综合考虑了下列因素：

a）施工条件恶劣，不易保证质量。

b）当考虑应力重分布时，加固件的应力滞后问题。

c）焊接加固引起的附加变形对加固构件承载力的影响。

d）焊接加固时产生的残余应力，螺栓或铆钉加固时原有构件和加固件间连接刚度的差异等等。

由于在加固计算中引入了加固折减系数，所以加固计算时就可以不再考虑上述因素，尤其是焊接附加变形的影响，使计算工作大为简化。

系数k的取值是根据我国的实践经验并参照国外资料确定的。根据各类构件的不同受力条件，k的取值建议如下：

a）对轴心受力的实腹构件，考虑到上述因素对构件承载能力的影响较大，故取$k=0.8$。

b）对偏心受力和受弯构件，因附加变形的影响较小，且加固计算中已不考虑塑性发展系数，故取$k=0.9$。

c）对格构式构件，因单肢的截面积不大，焊接时产生的附加变形较小，有时甚至可忽略不计，故按经验统一取为$k=0.9$。

5.1.7　稳定验算中，稳定系数φ的取值，《Усиление металлических конструкций》中统一采用加固后整个截面的φ值，这样的考虑是符合最终失稳形态的。但鉴于原有构件的初偏心和初弯曲早已存在，在不考虑应力重分布的前提下，按加固前和加固后的截面取用不同的稳定系数偏于安全。

5.5　构造要求

5.5.4　当原有构件的横截面尺寸较小时（如小角钢，圆钢等），就不应在荷载下用焊接方法加固。因为焊接时，小截面构件的强度急剧下降，影响加固施工的安全。国内曾发生过在圆钢拉杆上施焊引起建筑物倒坍的事故。

6　加固中的连接

6.1　一般规定

6.1.4　加固连接材料和连接件，如焊条等应与原结构钢材和连接材料的性质相容，能彼此很好地结合，使强度、韧性、塑性良好，切忌以强代弱的做法。

6.2　焊缝连接

6.2.4　负荷下用新焊缝对原有焊缝加固，因焊缝凝固过程中受应力作用使焊缝总承载能力受到影响。根据试验结果得知其承载能力为不受应力焊接焊缝的90％～95％，故应乘以0.9的折减系数。

6.2.7　因实际上焊缝尺寸不统一，即使同一条焊缝尺寸也大小不一。从安全可靠考虑，故在检测加固时应根据实测最小的焊缝尺寸进行校核计算。

6.3　螺栓连接

6.3.1　钢结构加固中适宜采用螺栓连接的有以下几种场合：

a）螺栓连接施工较方便的场所。钢结构构件连接不外乎焊接、铆钉连接和螺栓连接（包括普通螺栓和高强度螺栓）几类。目前铆钉连接由于工艺落后已很少采用，焊接连接一般来说施工更简便，但要有焊机及合格的焊工，若现场不能满足这两条，则采用螺栓连接是适宜的。

b）被加固构件所用钢材不符合可焊性要求的场合。焊接连接除了要求配备有适用的焊机及合格的焊工之外，更关键的一点是钢材必须符合可焊性要求，尤其在现场操作，很难实施焊接工艺的特殊要求时，不符合可焊性要求的钢材只能用螺栓等机械式连接方式。

c）焊接过程是一个不均匀的热循环过程，其结果必然在构件内产生焊接应力或焊接变形，对于要求加固过程中不产生附加焊接变形的构件，采用焊接连接的难度很大，应改用螺栓连接。

d）被加固构件原为螺栓或铆钉连接，加固时若采用焊接连接，除上面b）款所述的钢材可焊性有可能不满足以外，焊接连接与螺栓连接的刚度匹配也是必须考虑的因素，否则加固工作的效果不佳，这一点在6.4节中有详细叙述。

6.3.2　在螺栓连接中应优先采用高强度螺栓，其施工工艺与一般的螺栓相近，但连接性能尤其是承受动载的性能，明显优于普通螺栓连接。只要有适合的旋拧工具（如定扭扳手等），螺栓的高强度特性使其足以保持有稳定的预拉力值，在摩擦面抗滑移系数确定后，连接处通过摩擦面传力方式的承载能力是稳定可靠的，在连接产生滑移之前，连接接头位移小、刚度好，产生滑移后，螺栓进入承压状态，工作机理与铆钉连接相似。基于这样的工作特性,规定直接承受动载的结构,必须采用摩擦型的高强度螺栓连接,当抗滑移系数无实测资料时,按轧制表面对待(抗滑移系数 μ=0.3～0.35)。摩擦型高强度螺栓与铆钉混合使用时,因二者工作机理相同,变形协调,最终承载力按共同工作计算结果取值。

6.3.3　当用高强度螺栓置换铆钉或螺栓时,根据其工作特性应保证接触面质量,孔洞附近钢材表面必须清理干净。此外,为使高强度螺栓顺利通过钢材,螺栓直径应比原孔洞小 1～3 mm,若因此而计算承载力不足时,则可采取扩孔措施后,改用直径大一级的螺栓。

6.3.4 和 6.3.5　构件截面补强采用螺栓连接时,根据螺栓连接特点(允许少量变形发生),新旧两部分截面可以共同工作,这是计算承载力,确定螺栓数量的依据和出发点。

6.3.6　采用螺栓连接加固钢构件及其节点,除验算总承载力外,必须注意因增加螺栓数量或扩大螺栓孔径后对构件(包括节点板)净截面的削弱,应再次校核净截面强度。

6.4　混合连接

6.4.1　混合连接是指同一构件的连接使用了两种不同的连接方式,如螺栓与铆钉、焊缝与螺栓、焊缝与铆钉等都可称混合连接。各种连接在荷载作用下的变形相近时,才能保证各种连接同时达到极限状态,共同承担荷载。

6.4.2　由于焊缝连接的刚度比普通螺栓或铆钉大得多,混合连接中焊缝达到极限状态时,普通螺栓或铆钉承担的荷载还很小,因此应按焊缝承受全部作用力进行计算。

6.4.3　焊缝与高强度螺栓混合连接时,如两种连接的承载力的比值在 1～1.5 的范围内,二者的荷载变形情况基本接近,可以共同工作。若比值超出这一范围,荷载将主要由强的连接承担,较弱的连接起不到分担作用,一旦荷载超过强连接的极限承载力,两种连接会同时出现破坏,造成严重后果。使用承载力比值计算比使用荷载变形条件更具有可操作性。

6.4.4　焊栓混合连接,若使用先栓后焊工序,由于焊接热影响,螺栓预拉力有所松弛。根据试验结果预拉力为焊前的 90%～95%,故计算高强度螺栓承载力时要乘以 0.9 的平均折减系数。而采用合理的分段栓焊工序即指先预高强度螺栓 50%的预拉力-焊接-焊后终拧工序,这样焊接热的影响在焊后终拧时得以补偿,所以承载力不予折减。但预栓必须达到 50%预拉力方能保证抵制焊接变形而不影响整个连接质量。

7　吊车梁系统的加固

7.1　一般规定

7.1.1～7.1.3　吊车梁系统是最容易出问题的结构,本章对吊车梁系统经常出现的问题提出加固处理的方法和规定。对于静力强度计算,本规程的第 4、5、6 章已有规定,本章不再重复。对于疲劳强度的验算,没有特殊要求,直接按照现行《钢结构设计规范》(GBJ 17)执行。

7.2　吊车梁加固

7.2.1　对于上翼缘与腹板连接处出现的裂缝,只是进行修补还不能彻底解决问题。在轨道下设置直接铺设在上翼缘的垫梁或垫板,可以改善裂缝处的受力状态,避免再次出现裂缝,或者将再次出现的裂缝转移到容易更换的垫梁上。对吊车梁用两块板做 Y 形加固也能改善裂缝处的受力状态,但如果不将梁卸下,就要采用仰焊,因此要特别注意保证焊缝质量。

7.2.2　吊车梁受拉部位出现的疲劳裂缝,开展迅速,危害性大。局部修补很难做到恢复原有强度,往往还会增加新的应力集中,造成新的裂缝源。

7.2.3　对可能出现疲劳破坏的部位,用加劲肋加固会造成应力集中,比局部凹凸变形更为不利。

7.3 制动结构和支撑

7.3.1 将破坏严重的制动桁架改为制动板不仅可恢复和保证原制动结构的性能，而且还能改善吊车梁的受力状态。

7.3.2 吊车梁的竖向挠度有时会造成垂直支撑杆件的很大内力，使垂直支撑发生破坏。而实践证明，不设垂直支撑的吊车梁系统也没有因为不设垂直支撑而出现什么问题。

7.4 连接加固和轨道调整

7.4.1 高强度螺栓松动后，其抗滑移系数已经改变，再拧紧后不能保证螺栓的预拉力，使连接达不到设计要求。

7.4.2 高强度螺栓连接不仅受力性能好，破坏后也便于更换。它可以替换焊接和铆接，只要不特别拧紧也能替换普通螺栓连接。吊车梁在竖向荷载作用下上翼缘端部相对柱子有一纵向水平位移，它有时会使对这个位移有限制作用的其他连接发生破坏。板铰连接能够使这个位移不受限制，因而不易出现破坏。

7.4.3 由于基础沉降等原因，吊车轨道的空间位置会出现偏差，影响吊车运行。调整轨道时，不应使轨道偏离吊车梁腹板中心线。轨道偏离中心线会使上翼缘与腹板连接处受力状态恶化，严重时出现疲劳破坏。

8 荷载作用下的焊接加固

8.1 一 般 规 定

8.1.3 荷载作用下对原有结构物进行焊接加固是生产实践的要求，但由于焊接热影响，给结构整体受力带来改变以至发生危险。故尽可能减荷和做好可靠的临时防护措施。

8.1.4 由于生产实践的要求，需要在更高荷载应力下进行焊接加固。此时符合本条所列负荷即可进行，这是经试验与工程实践证明的。但必须在有经验的工程师指导下，且经专门培训的焊工施焊，焊接严格按确定工艺进行。

8.2 焊接加固与操作

8.2.1 分散、短段、短时、多道的焊接原则，是指每道加固焊缝分成多组小段，分多次分散对称完成整条焊缝。具体规定为每道焊脚尺寸不大于 4 mm，每段长度不大于 80 mm，层间温度不大于 200℃。焊接工艺要求焊条直径不大于 4 mm，相应 4 mm 直径的焊条焊接电流不大于 200 A。

8.2.4 细长杆件增加截面加固时常需并焊等长的另一长杆，而并焊的焊缝常不在杆件横截面中心，这样必然会由于焊接热量作用引起杆件侧向变形，变形量可用本条公式近似计算出，如图 8.2.4 所示。原选定好的连续焊接工艺每段焊长为 L_{w1}，若计算出 Δ 超过允许值，则可适当减少 $L_{w1} \rightarrow L_{w2}$，从而调整 Δ，使之在允许范围内。该公式由试验结果得出，且在实际工程中使用得到验证。

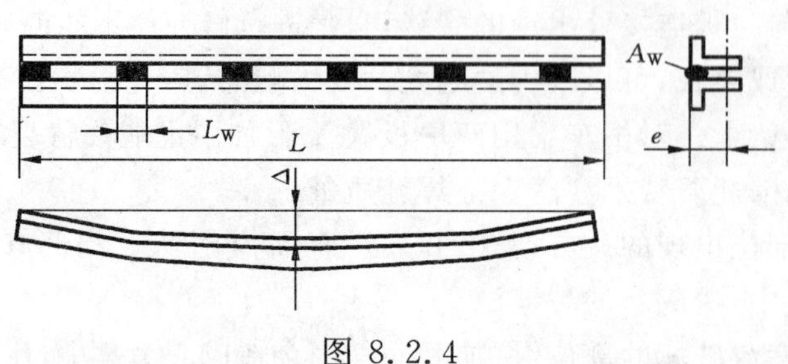

图 8.2.4

9 验收及维护

9.1 检测评定的验收

9.1.1～9.1.2 检测评定的验收目前还没有规范性的验收标准，涉及面较广，很难制定统一标准。验收主要由委托方(生产方)与服务方(承接单位)共同签订的合同(或协议书)为准。合同内容可根据生产方的要求和服务方的技术力量，包括现场检测内容、部位、方式和要求，结构构件验算分析、可靠度的评估及处理建议，工作条件和协作事项，技术性能和技术要求，验收标准和方式，履行期限、地点和方式等。参照现行《钢结构工程施工及验收规范》(GB 50205)、《工业厂房可靠性鉴定标准》(GBJ 144)、《钢铁工业建(构)筑物可靠性鉴定规程》(YBJ 219)等结合本规程进行综合考虑。

9.2 加固工程的验收

9.2.1～9.2.4 加固工程的验收应符合设计图纸及现行《钢结构工程施工及验收规范》(GB 50205)的规定。

工程质量的鉴定评级应遵照现行《建筑安装工程质量检验评定统一标准》(GBJ 300)、《钢结构工程质量检验评定标准》(GB 50221)的规定，根据工程大小分为分项工程、分部工程和单位工程。评定等级：合格、优良。工程完工后，必须有质检部门的验评报告作为验收技术文件归档。

9.3 维　　护

9.3.1 我国南北方地区差异很大，即使同一个厂其生产环境、温湿度、腐蚀介质有很大差异，各个厂的维护技术条件也不尽相同，很难作出统一的规定时间年限。各生产厂根据本厂本地区的具体情况，遵照 ISO 9001 贯标，建立工业建筑管理体制，制定检查、检测、维护保养标准。

我国各冶金企业对工业建筑的管理也不尽相同，有集中总厂一级管理的，有总厂、分厂两级管理的，也有总厂、分厂、车间三级管理的。无论是几级管理，分厂和车间使用部门均应有对口人员汇总有关工业建筑的日常点检维护内容，与土建专业点检人员保持联系，保证信息畅通。

五、钢筋连接与焊接、预应力专用器具

ICS 77.140.15
H 49

中华人民共和国国家标准

GB/T 1499.3—2002

钢筋混凝土用钢筋焊接网

Welded steel fabric for the reinforcement of concrete

(ISO 6935-3:1991,Steel for the reinforcement of concrete—Part 3:Welded fabric,NEQ)

2002-07-15 发布　　2002-12-01 实施

中华人民共和国
国家质量监督检验检疫总局 发布

前　言

本标准对应国际标准 ISO 6935-3:1991《钢筋混凝土用钢　第 3 部分　焊接钢筋网》，本标准与 ISO 6935-3:1991的一致性程度为非等效，主要差异如下：

——钢筋焊接网用钢筋的直径范围改为 5 mm～16 mm；

——增加第 5 章订货内容；

——规定第 8 章检验规则，取代 ISO 6935-3:1991 第 10 章验证和检验；

——增加第 9 章包装、标志和质量证明书；

——取消 ISO 6935-3:1991 第 11 章试验报告；

——增加附录 A 定型钢筋焊接网型号；

——增加附录 B 推荐采用的抗剪力试验专用夹具示意图。

本标准自实施之日起，YB/T 076—1995《钢筋混凝土用焊接钢筋网》作废。

本标准是在 YB/T 076—1995《钢筋混凝土用焊接钢筋网》的基础上制定的，与其相比，主要变化如下：

——增加了热轧带肋钢筋焊接网；

——焊接网用钢筋的直径范围改为 5 mm～16 mm；

——取消了原附录 A，原附录 B 改为本标准附录 A 定型钢筋焊接网型号；

——增加附录 B：推荐采用的抗剪力试验专用夹具示意图。

本标准的附录 A 为规范性附录，附录 B 为资料性附录。

本标准由原国家冶金工业局提出。

本标准由全国钢标准化技术委员会归口。

本标准起草单位：国家建筑钢材质量监督检验中心、冶金工业信息标准研究院、冶金建筑研究总院、中国建筑科学研究院建筑机械化研究分院、马鞍山黑马钢筋焊网有限公司、广州市番禺裕丰钢铁有限公司。

本标准主要起草人：张克球、王丽敏、柳泽燕、朱建国、曾　滨、顾万黎、张学军、徐尚华、林纪旭。

钢筋混凝土用钢筋焊接网

1 范围

本标准规定了钢筋混凝土用钢筋焊接网的术语和定义、分类与标记、订货内容、技术要求、试验方法、检验规则、包装标志及质量证明书。

本标准适用于采用冷轧带肋钢筋或(和)热轧带肋钢筋以电阻焊接方式制造的钢筋焊接网,采用光面或其他类别钢筋焊接而成的钢筋焊接网可参考使用。

2 规范性引用文件

下列文件中的条款通过本标准的引用而成为本标准的条款。凡是注日期的引用文件,其随后所有的修改单(不包括勘误的内容)或修订版均不适用于本标准,然而,鼓励根据本标准达成协议的各方研究是否可使用这些文件的最新版本。凡是不注日期的引用文件,其最新版本适用于本标准。

GB/T 228　金属材料　室温拉伸试验方法

GB/T 232　金属材料　弯曲试验方法

GB 1499　钢筋混凝土用热轧带肋钢筋

GB 13788　冷轧带肋钢筋

GB/T 17505　钢及钢产品交货一般技术要求

3 术语和定义

下列术语和定义适用于本标准。

3.1

钢筋焊接网　welded fabric

纵向钢筋和横向钢筋分别以一定的间距排列且互成直角、全部交叉点均焊接在一起的网片,如图1所示。

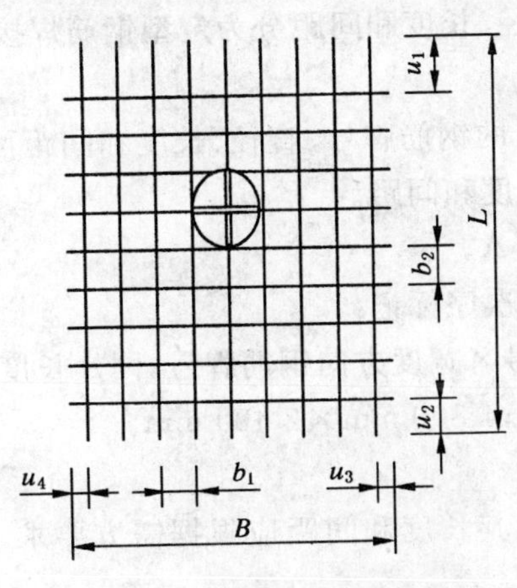

图 1　钢筋焊接网形状

3.2

纵向钢筋　longitudinal bars

与焊接网制造方向平行排列的钢筋。

3.3

横向钢筋　transverse bars

与焊接网制造方向垂直排列的钢筋。

3.4

并筋　twin bars

焊接网中并列紧贴在一起的同类型、同直径的两根钢筋。并筋仅适用于纵向钢筋。

3.5

间距　spacing

焊接网中同一方向相邻钢筋中心线之间的距离，对于并筋，中心线为两根钢筋接触点的公切线，如图 1 中 b_1、b_2 和图 2 中 b。

3.6

伸出长度　overhang

纵向、横向钢筋超出焊接网片最外边横向、纵向钢筋中心线的长度，如图 1 中 u_1、u_2、u_3、u_4 和图 2 中 u。

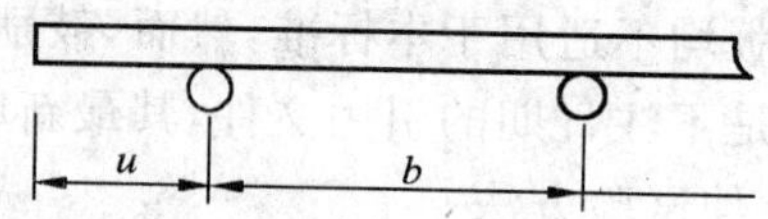

图 2　间距(b)与伸出长度(u)

3.7

网片长度　length of fabric

焊接网片平面长边的长度(与制造方向无关)。

3.8

网片宽度　width of fabric

焊接网片平面短边的长度(与制造方向无关)。

4　分类与标记

4.1　分类

钢筋焊接网按钢筋的牌号、直径、长度和间距分为定型钢筋焊接网和定制钢筋焊接网两种。

4.2　定型钢筋焊接网及标记

定型钢筋焊接网在两个方向上的钢筋牌号、直径、长度和间距可以不同，但同一方向上应采用同一牌号和直径的钢筋并具有相同的长度和间距。

定型钢筋焊接网型号列于附录 A。

定型钢筋焊接网应按下列内容次序标记：

焊接网型号；长度方向钢筋牌号×宽度方向钢筋牌号；网片长度(mm)×网片宽度(mm)。

例如：A10;CRB550×CRB550;4 800 mm×2 400 mm。

4.3　定制钢筋焊接网及标记

定制钢筋焊接网采用的钢筋及其长度和间距应根据需方要求，由供需双方协商确定，并以设计图表示。

5　订货内容

按本标准订货的合同至少应包括下列内容：

a) 本标准编号；

b) 产品名称;

c) 产品类别及标记(或附设计图);

d) 重量(或数量);

e) 特殊要求。

6 技术要求

6.1 钢筋

6.1.1 钢筋焊接网应采用GB 13788规定的牌号CRB550冷轧带肋钢筋和GB 1499规定牌号的热轧带肋钢筋。采用热轧带肋钢筋时,只要力学性能符合要求,可采用无纵肋的热轧钢筋,但应征得用户同意。

6.1.2 钢筋焊接网应采用公称直径5 mm～16 mm的钢筋。经供需双方协议,也可采用其他公称直径的钢筋。

6.1.3 钢筋焊接网两个方向均为单根钢筋时,较细钢筋的公称直径不小于较粗钢筋的公称直径的0.6倍。

当纵向钢筋采用并筋时,纵向钢筋的公称直径不小于横向钢筋公称直径的0.7倍,也不大于横向钢筋公称直径的1.25倍。

按供需双方协议可供应直径比超出上述规定的钢筋焊接网。

6.2 制造

6.2.1 钢筋焊接网应采用机械制造,两个方向钢筋的交叉点以电阻焊焊接。

6.2.2 钢筋焊接网焊点开焊数量不应超过整张网片交叉点总数的1%,并且任一根钢筋上开焊点不得超过该支钢筋上交叉点总数的一半。

钢筋焊接网最外边钢筋上的交叉点不得开焊。

6.3 尺寸与重量

6.3.1 钢筋焊接网纵向钢筋间距宜为50 mm的整倍数,横向钢筋间距宜为25 mm的整倍数,最小间距宜采用100 mm,间距的允许偏差取±10 mm和规定间距的±5%的较大值。

6.3.2 钢筋的伸出长度应不小于25 mm。

6.3.3 网片长度和宽度的允许偏差取±25 mm和规定长度的±0.5%的较大值。

6.3.4 钢筋焊接网的理论重量按组成钢筋公称直径和规定尺寸计算,计算时钢的密度采用0.007 85 g/mm^3。

钢筋焊接网实际重量与理论重量的允许偏差为±4.5%。

6.4 性能要求

6.4.1 焊接网用钢筋的力学与工艺性能应分别符合相应标准中相应牌号钢筋的规定。

6.4.2 钢筋焊接网焊点的抗剪力应不小于试样受拉钢筋规定屈服力值的0.3倍。

6.5 表面质量

6.5.1 钢筋焊接网表面不应有影响使用的缺陷,只要性能符合要求,钢筋表面浮锈和因矫直造成的钢筋表面轻微损伤可不作为拒收的理由。

6.5.2 钢筋焊接网允许有因取样产生的局部空缺。

7 试样与试验

7.1 试样选取与制备

7.1.1 钢筋焊接网试样均应从成品网片上截取,但试样所包含的交叉点不得开焊。除去掉多余的部分以外,试样不得进行其他加工。

7.1.2 拉伸试样如图3所示,应沿钢筋焊接网两个方向各截取一个试样,每个试样至少有一个交叉点。

试样长度应足够，以保证夹具之间的距离不小于 20 倍试样直径，也不短于 180 mm。对于并筋，非受拉钢筋应在离交叉焊点约 20 mm 处切断。

拉伸试样上的横向钢筋宜距交叉点约 25 mm 处切断。

7.1.3 应沿钢筋网两个方向各截取一个弯曲试样，试样应保证试验时受弯曲部位离开交叉焊点至少 25 mm。

7.1.4 抗剪试样如图 4。应沿同一横向钢筋随机截取 3 个试样。钢筋网两个方向均为单根钢筋时，较粗钢筋为受拉钢筋；对于并筋，其中之一为受拉钢筋，另一支非受拉钢筋应在交叉焊点处切断，但不应损伤受拉钢筋焊点。

抗剪试样上的横向钢筋应距交叉点不小于 25 mm 之处切断。

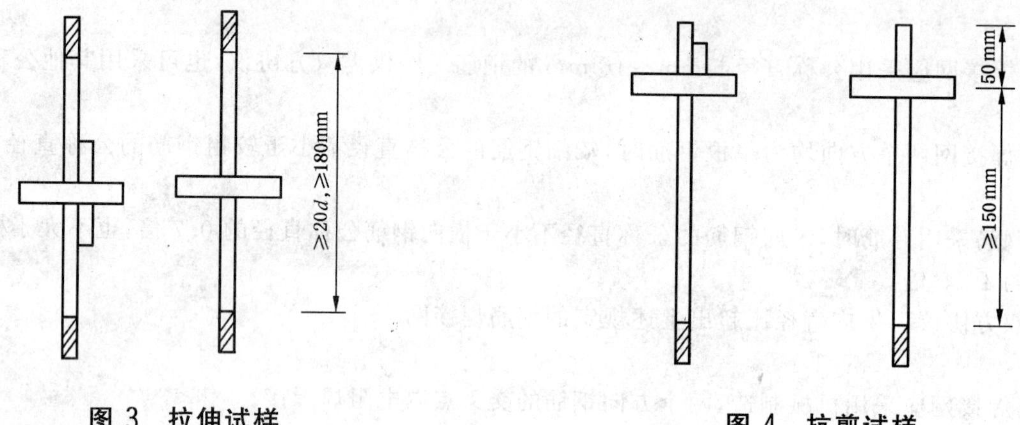

图 3 拉伸试样

图 4 抗剪试样

7.1.5 重量称量试样的尺寸由供需双方协商确定，试样的钢筋长度偏差不大于规定长度的±1%。

7.2 试验方法

7.2.1 拉伸与弯曲

钢筋焊接网的拉伸、弯曲试验分别按 GB/T 228 和 GB/T 232 的规定进行。

7.2.2 抗剪力

7.2.2.1 抗剪力试验应使用一种能固定于试验机上夹头的专用夹具，这种夹具应使试验时能

——沿受拉钢筋轴线施加力值；

——使受拉钢筋自由端能沿轴线方向滑动；

——对试样横向钢筋适当固定，横向钢筋支点间距应尽可能小，以防止其产生过大的弯曲变形和转动。

推荐使用的抗剪力夹具示意图见附录 B，仲裁试验应采用图 B.3 所示夹具。

7.2.2.2 钢筋焊接网的抗剪力为 3 个试样抗剪力的平均值（精确至 0.1 kN）。

8 检验规则

8.1 一般规定

钢筋焊接网的出厂检验和用户验收一般应按 8.2 的规定进行，当需要采用其他方案检查验收时，应按 GB/T 17505 的规定，由供需双方协商确定抽样检查方案的主要内容，如组批规则、检验项目、抽样数量、合格评定准则等，并在合同中注明。

8.2 常规检验

8.2.1 组批规则

钢筋焊接网应按批进行检查验收，每批应由同一型号、同一原材料来源、同一生产设备并在同一连续时段内制造的钢筋焊接网组成，重量不大于 30 t。

8.2.2 检验项目

除对开焊点数量、尺寸及表面质量进行检查外，每批钢筋焊接网均应按第6章规定的项目进行试验并合格。必要时，可进行钢筋焊接网重量偏差的测定。

8.2.3 复验

钢筋焊接网的拉伸、弯曲和抗剪力试验结果如不合格，则应从该批钢筋焊接网中再取双倍试样进行不合格项目的检验，复验结果全部合格时，该批钢筋焊接网判定为合格。

9 包装、标志及质量证明书

钢筋焊接网应捆扎整齐、牢固，必要时应加刚性支撑或支架，以防止运输吊装过程中钢筋焊接网产生影响使用的变形。

捆扎交货的钢筋焊接网均应吊挂标牌，标明生产厂名、本标准号、钢筋焊接网型号、尺寸、批号、片数或重量、生产日期、检验印记等内容。

钢筋焊接网交货时应附有质量证明书，注明生产厂名、需方名称、合同号、本标准号、交货钢筋焊接网的型号、批号、尺寸、片数或重量、各检验项目检验结果、供方质检部门印记等内容。

附 录 A
（规范性附录）
定型钢筋焊接网型号

表 A.1

钢筋焊接网型号	纵向钢筋			横向钢筋			重量/(kg/m²)
	公称直径/mm	间距/mm	每延米面积/(mm²/m)	公称直径/mm	间距/mm	每延米面积/(mm²/m)	
A16	16	200	1006	12	200	566	12.34
A14	14		770	12		566	10.49
A12	12		566	12		566	8.88
A11	11		475	11		475	7.46
A10	10		393	10		393	6.16
A9	9		318	9		318	4.99
A8	8		252	8		252	3.95
A7	7		193	7		193	3.02
A6	6		142	6		142	2.22
A5	5		98	5		98	1.54
B16	16	100	2 011	10	200	393	18.89
B14	14		1 539	10		393	15.19
B12	12		1 131	8		252	10.90
B11	11		950	8		252	9.43
B10	10		785	8		252	8.14
B9	9		635	8		252	6.97
B8	8		503	8		252	5.93
B7	7		385	7		193	4.53
B6	6		283	7		193	3.73
B5	5		196	7		193	3.05
C16	16	150	1 341	12	200	566	14.98
C14	14		1 027	12		566	12.51
C12	12		754	12		566	10.36
C11	11		634	11		475	8.70
C10	10		523	10		393	7.19
C9	9		423	9		318	5.82
C8	8		335	8		252	4.61
C7	7		257	7		193	3.53
C6	6		189	6		142	2.60
C5	5		131	5		98	1.80

表 A.1(续)

钢筋焊接网型号	纵向钢筋			横向钢筋			重量/(kg/m²)
	公称直径/mm	间距/mm	每延米面积/(mm²/m)	公称直径/mm	间距/mm	每延米面积/(mm²/m)	
D16	16	100	2 011	12	100	1 131	24.68
D14	14		1 539	12		1 131	20.98
D12	12		1 131	12		1 131	17.75
D11	11		950	11		950	14.92
D10	10		785	10		785	12.33
D9	9		635	9		635	9.98
D8	8		503	8		503	7.90
D7	7		385	7		385	6.04
D6	6		283	6		283	4.44
D5	5		196	5		196	3.08
E16	16	150	1 341	12	150	754	16.46
E14	14		1 027	12		754	13.99
E12	12		754	12		754	11.84
E11	11		634	11		634	9.95
E10	10		523	10		523	8.22
E9	9		423	9		423	6.66
E8	8		335	8		335	5.26
E7	7		257	7		257	4.03
E6	6		189	6		189	2.96
E5	5		131	5		131	2.05

附 录 B
（资料性附录）
推荐采用的抗剪力试验专用夹具示意图

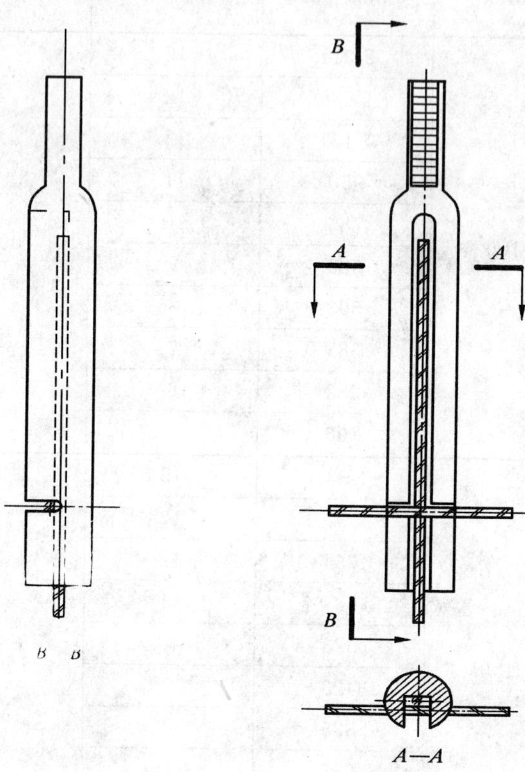

图 B.1

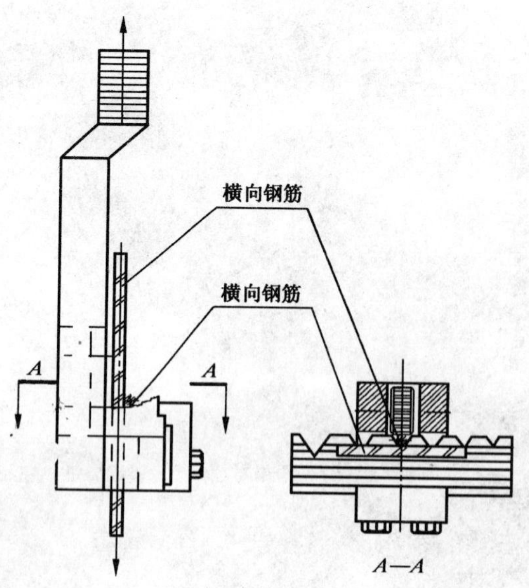

图 B.2

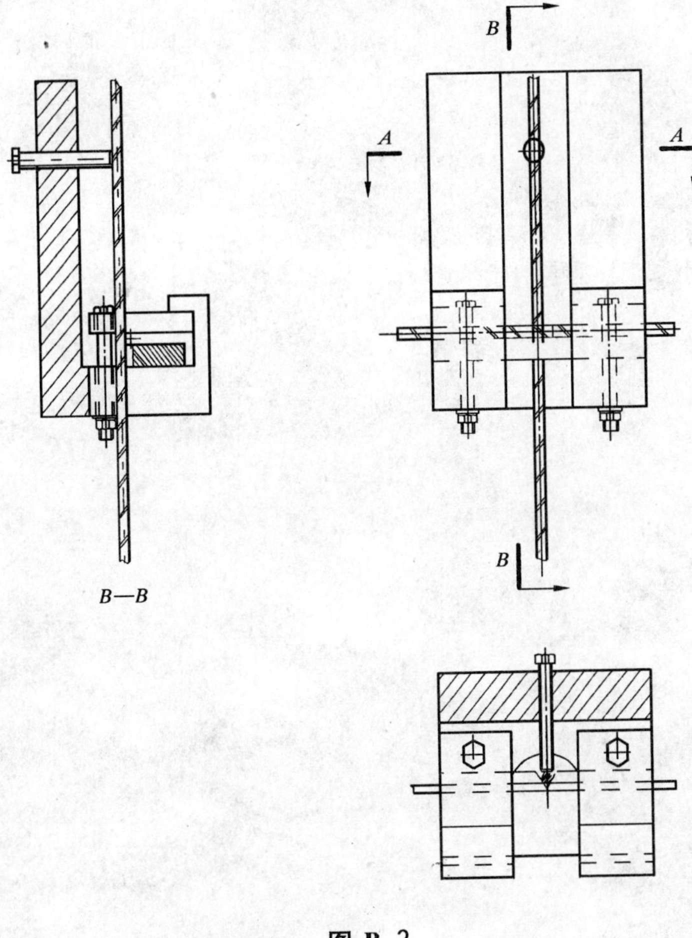

图 B.3

ICS 91.080.40
Q 73

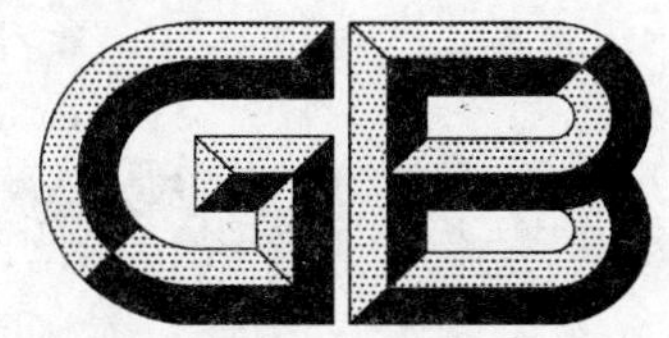

中华人民共和国国家标准

GB/T 14370—2007
代替 GB/T 14370—2000

预应力筋用锚具、夹具和连接器

Anchorage, grip and coupler for prestressing tendons

2007-09-11 发布　　　　2008-02-01 实施

中华人民共和国国家质量监督检验检疫总局
中国国家标准化管理委员会　发布

前　言

本标准代替 GB/T 14370—2000《预应力筋用锚具、夹具和连接器》。

本标准与 GB/T 14370—2000 相比主要变化如下：

——本标准的适用范围增加了“拉索用的锚具也可参照执行”；

——产品分类、代号与标记型式有所变更：制定了锚具、夹具和连接器的全国统一代号，新标记方法可避免体系代号在工程设计图上形成指定生产厂的作用；

——增加了用于低应力可更换拉索的基本要求；

——锚具、夹具静载试验方法不再分为“先锚固后张拉”和“先张拉后锚固”的两类体系，统一按前者的装置进行试验，并将试验装置示意图做了修改。静载试验时，当应力超过 $0.8f_{ptk}$后，要求加荷减慢进行；周期荷载试验及单根预应力筋-锚具组装件静载试验的加荷速度允许加快至 200 MPa/min；

——对静载试验的测量、观察和要求，较原标准更具体明确；

——对辅助试验的方法作了补充。

本标准由中华人民共和国建设部提出。

本标准由建设部建筑工程标准技术归口单位中国建筑科学研究院归口。

本标准起草单位：中国建筑科学研究院、中国交通建设集团第一公路工程局、铁道科学研究院、柳州欧维姆机械股份有限公司、柳州市威尔姆预应力有限公司、柳州市邱姆预应力机械有限公司、杭州浙锚预应力有限公司。

本标准主要起草人：于滨、裴Q、田克平、庄军生、朱莹、龙跃、林居章、梅树滔、曾利。

本标准所代替标准的历次版本发布情况为：

——GB/T 14370—1993；

——GB/T 14370—2000。

预应力筋用锚具、夹具和连接器

1 范围

本标准规定了预应力筋用锚具、夹具和连接器的有关术语和定义、符号，产品分类、代号与标记，要求，试验方法，检验规则以及标志、包装、运输、贮存等内容。

本标准适用于体内或体外配筋的有粘结、无粘结、缓粘结的预应力混凝土结构及预应力钢结构中使用的锚具、夹具和连接器。

拉索用的锚具也可参照执行。

2 规范性引用文件

下列文件中的条款通过本标准的引用而成为本标准的条款。凡是注日期的引用文件，其随后所有的修改单(不包括勘误的内容)或修订版均不适用于本标准，然而，鼓励根据本标准达成协议的各方研究是否可使用这些文件的最新版本。凡是不注日期的引用文件，其最新版本适用于本标准。

GB/T 197—2003　普通螺纹　公差

GB/T 1804　一般公差　未注公差的线性和角度尺寸的公差

JG/T 5011.8　建筑机械与设备　锻件通用技术条件

JG/T 5011.9　建筑机械与设备　热处理件通用技术条件

JG/T 5011.10　建筑机械与设备　切削加工件通用技术条件

JG/T 5012　建筑机械与设备　包装件通用技术条件

3 术语和定义、符号

下列术语和定义、符号适用于本标准。

3.1 术语和定义

3.1.1

锚具　anchorage

在后张法结构或构件中，用于保持预应力筋的拉力并将其传递到混凝土(或钢结构)上所用的永久性锚固装置。锚具可分为两类：

a) 张拉端锚具：安装在预应力筋端部且可用以张拉的锚具；

b) 固定端锚具：安装在预应力筋固定端端部，通常不用以张拉的锚具。

3.1.2

夹具　grip

在先张法构件施工时，用于保持预应力筋的拉力并将其固定在生产台座(或设备)上的临时性锚固装置；在后张法结构或构件施工时，在张拉千斤顶或设备上夹持预应力筋的临时性锚固装置(又称工具锚)。

3.1.3

连接器　coupler

用于连接预应力筋的装置。

3.1.4

预应力钢材　prestressing steel

各种预应力结构用的钢丝、钢绞线或钢筋等的统称。

3.1.5

预应力筋　prestressing tendon

在预应力结构中用于建立预加应力的单根或成束的预应力钢丝、钢绞线或钢筋等。

3.1.6

预应力筋-锚具组装件　prestressing tendon-anchorage assembly

单根或成束预应力筋和安装在端部的锚具组合装配而成的受力单元。

3.1.7

预应力筋-夹具组装件　prestressing tendon-grip assembly

单根或成束预应力筋和安装在端部的夹具组合装配而成的受力单元。

3.1.8

预应力筋-连接器组装件　prestressing tendon-coupler assembly

单根或成束预应力筋和连接器组合装配而成的受力单元。

3.1.9

锚固区　anchorage zone

结构中能够支承锚具荷载并将其传递给结构的局部区域。

3.1.10

受力长度　tension length

锚具、夹具、连接器试验时，预应力筋两端的锚具、夹具之间或锚具与连接器之间的净距。

3.1.11

预应力筋-锚具组装件的实测极限拉力　ultimate tensile force of tendon-anchorage assembly

预应力筋-锚具组装件在静载试验过程中达到的最大拉力。

3.1.12

预应力筋-夹具组装件的实测极限拉力　ultimate tensile force of tendon-grip assembly

预应力筋-夹具组装件在静载试验过程中达到的最大拉力。

3.1.13

预应力筋的效率系数　efficiency factor of prestressing tendon

受预应力钢材根数、试验装置及初应力调整等因素的影响，考虑预应力筋拉应力不均匀的系数。

3.1.14

内缩　draw-in

预应力筋在锚固过程中，由于锚具各零件之间、锚具与预应力筋之间的相对位移和局部塑性变形所产生的预应力筋的回缩现象。

3.2　符号

A_{pk}——预应力钢材单根试件的特征(公称)截面面积；

A_p——预应力筋-锚具、夹具组装件中各根预应力钢材特征(公称)截面面积之和；

f_{ptk}——预应力钢材的抗拉强度标准值；

f_{pm}——试验所用预应力钢材(截面以 A_{pk} 计)的实测极限抗拉强度平均值；

F_{pm}——预应力筋的实际平均极限抗拉力。由预应力钢材试件实测破断荷载平均值计算得出；

F_{apu}——预应力筋-锚具组装件的实测极限拉力；

F_{gpu}——预应力筋-夹具组装件的实测极限拉力；

ε_{apu}——预应力筋-锚具组装件达到实测极限拉力时预应力筋的总应变；

η_a——预应力筋-锚具组装件静载试验测得的锚具效率系数；

η_g——预应力筋-夹具组装件静载试验测得的夹具效率系数；

η_p——预应力筋的效率系数。

4 产品分类、代号与标记

4.1 产品分类

锚具、夹具和连接器按锚固方式不同，可分为夹片式(单孔和多孔夹片锚具)、支承式(镦头锚具、螺母锚具等)、锥塞式(钢质锥形锚具等)和握裹式(挤压锚具、压花锚具等)四种基本类型。

4.2 代号

锚具、夹具或连接器的总代号可以分别用汉语拼音字母 M、J、L 表示；各类锚固方式的分类代号，如表 1 所示。

表 1 锚具、夹具和连接器的代号

分类代号		锚具	夹具	连接器
夹片式	圆形	YJM	YJJ	YJL
	扁形	BJM		
支承式	镦头	DTM	DTJ	DTL
	螺母	LMM	LMJ	LML
锥塞式	钢质	GZM	—	—
	冷铸	LZM	—	—
	热铸	RZM	—	—
握裹式	挤压	JYM	JYJ	JYL
	压花	YHM	—	—
注：连接器的代号以续接段端部锚固方式命名。				

4.3 标记

锚具、夹具或连接器的标记由产品代号、预应力钢材直径、预应力钢材根数三部分组成(生产企业的体系代号只在需要时加注)：

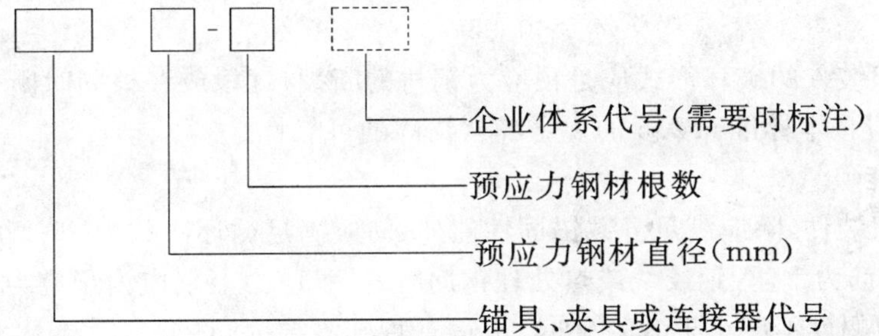

示例：a) 锚固 12 根直径 15.2 mm 预应力混凝土用钢绞线的圆形夹片式群锚锚具，标记为“YJM15-12”；

b) 预应力筋为 12 根直径 12.7 mm 钢绞线，用于固定端的挤压式锚具，标记为“JYM13-12”，需要时可续注企业体系代号；

c) 用挤压头方法连接 12 根直径 15.2 mm 钢绞线的连接器，标记为“JYL15-12”。

特殊的或有必要阐明特点的新产品，可增加文字或图样以准确表达。

5 要求

5.1 使用要求

锚具、夹具和连接器应具有可靠的锚固性能、足够的承载能力和良好的适用性，以保证充分发挥预应力筋的强度，并安全地实现预应力张拉作业。

5.2 材料要求

产品所使用的材料应符合设计要求，并有机械性能和化学成分合格证明书、质量保证书。材料进厂后应进行验收试验。

5.3 制造工艺要求

5.3.1 零件机械加工应符合 JG/T 5011.10 的有关规定。

5.3.2 螺纹的未注精度等级，不应低于 GB/T 197—2003 中的 7H/8g。有特殊要求的螺纹按图样执行。

5.3.3 未注公差尺寸的公差等级，应符合 GB/T 1804 中的有关规定。

5.3.4 零件毛坯的锻造，应符合 JG/T 5011.8 的有关规定。锻件不得有锻造裂纹、过烧、折叠和局部晶粒粗大等缺陷。

5.3.5 零件热处理加工应按照产品设计图样进行，并应符合 JG/T 5011.9 的有关规定，不应产生裂缝、过烧和脱碳。所采用的热处理工艺及设备应能保证零件工作表面及芯部的硬度和金相组织要求，且产品质量均匀一致。

5.4 外观、尺寸及硬度要求

5.4.1 外观、尺寸应符合设计图样规定。全部产品均不得有裂纹出现。

5.4.2 产品零件的表面及芯部硬度、硬度允许偏差应符合设计图样规定。

5.5 锚具的基本性能要求

5.5.1 静载锚固性能

用预应力筋-锚具组装件静载试验测定的锚具效率系数 η_a 和达到实测极限拉力时组装件受力长度的总应变 ε_{apu}，来判定锚具的静载锚固性能是否合格。

锚具效率系数 η_a 按式(1)计算：

$$\eta_a = \frac{F_{apu}}{\eta_p \cdot F_{pm}} \qquad \cdots\cdots\cdots\cdots(1)$$

式中：

η_p 的取用：预应力筋-锚具组装件中预应力钢材为 1 至 5 根时，$\eta_p=1$；6 至 12 根时，$\eta_p=0.99$；13 至 19 根时，$\eta_p=0.98$；20 根及以上时，$\eta_p=0.97$。

锚具的静载锚固性能应同时满足下列两项要求：

$$\eta_a \geqslant 0.95;\varepsilon_{apu} \geqslant 2.0\%$$

预应力筋-锚具组装件的破坏形式应是预应力钢材的断裂(逐根或多根同时断裂)，锚具零件的变形不应过大或碎裂，且应按本标准 6.2.5 的规定确认锚固的可靠性。

5.5.2 疲劳荷载性能

预应力筋-锚具组装件，除应满足静载锚固性能外，尚应满足循环次数为 200 万次的疲劳性能试验。

当锚固的预应力筋为钢丝、钢绞线或热处理钢筋时，试验应力上限应为预应力钢材抗拉强度标准值 f_{ptk} 的 65%，疲劳应力幅度不应小于 80 MPa。工程有特殊需要时，试验应力上限及疲劳应力幅度取值可另定。

当锚固的预应力筋为有明显屈服台阶的预应力钢材时，试验应力上限应为预应力钢材抗拉强度标准值的 80%，疲劳应力幅度宜取 80 MPa。

试件经受 200 万次循环荷载后，锚具零件不应疲劳破坏。预应力筋因锚具夹持作用发生疲劳破坏的截面面积不应大于试件总截面面积的 5%。

5.5.3 周期荷载性能

在有抗震要求的结构中使用的锚具，预应力筋-锚具组装件还应满足循环次数为 50 次的周期荷载试验。

当锚固的预应力筋为钢丝、钢绞线或热处理钢筋时，试验应力上限应为预应力筋抗拉强度标准值 f_{ptk} 的 80%，下限应为预应力钢材抗拉强度标准值 f_{ptk} 的 40%。

当锚固的预应力筋为有明显屈服台阶的预应力钢材时，试验应力上限应为预应力钢材抗拉强度标准值的 90%，下限应为预应力钢材抗拉强拉强度标准值的 40%。

试件经 50 次循环荷载后预应力筋在锚具夹持区域不应发生破断。

5.5.4 辅助性能要求

新研制的锚具应进行本项试验。进行型式试验的产品，可选择部分或全部项目试验。并根据试验所测定的平均内缩量和锚固端预应力摩阻损失与设计规范的对比结果，对施工张拉力进行适当修正。

5.5.4.1 锚具内缩量测定

预应力筋张拉应力达到 $0.8f_{ptk}$ 后放张，测定锚固过程中预应力筋的内缩量(以 mm 计)，取平均值。

5.5.4.2 锚固端摩阻损失测定

从张拉千斤顶工具锚至喇叭形垫板收口处，预应力筋有一次或二次弯折。张拉时会产生预应力摩阻损失，并能降低自锚功能。测定张拉力达到 $0.8f_{ptk}\cdot A_p$ 时的预应力损失(以张拉应力的百分率计)，取平均值。

5.5.4.3 张拉锚固工艺要求

为了证实锚具在预应力工程中的可操作性和适用性，应按研制要求，使用预应力张拉锚固体系的全套机具进行张拉锚固工艺试验。

5.5.5 其他性能要求

5.5.5.1 锚具应满足分级张拉及补张拉预应力筋的要求。

5.5.5.2 需要孔道灌浆的锚具或其附件上宜设置灌浆孔或排气孔，灌浆孔的孔位及孔径应符合灌浆工艺要求，且应有与灌浆管连接的构造。

5.5.5.3 用于低应力可更换型拉索的锚具，应有防松、可更换的构造措施。

5.5.5.4 锚具应有防腐蚀措施，且能满足工程建设的耐久性要求。

5.6 夹具的基本性能要求

5.6.1 夹具的静载锚固性能，应由预应力筋-夹具组装件静载锚固试验测定的夹具效率系数 η_g 按式(2)确定：

$$\eta_g = \frac{F_{gpu}}{F_{pm}} \quad \cdots\cdots(2)$$

夹具的静载锚固性能应符合 $\eta_g \geqslant 0.92$。

5.6.2 在预应力筋-夹具组装件达到实测极限拉力时，应当是由预应力筋的断裂，而不应由夹具的破坏所导致；夹具的全部零件均应有重复使用的品质。夹具应有可靠的自锚性能、良好的松锚性能和重复使用性能。使用过程中，应能保证操作人员的安全。

5.7 连接器的基本性能要求

在先张法或后张法施工中，在张拉预应力后永久留在混凝土结构或构件中的连接器，都应符合锚具的性能要求；如在张拉后还须放张和拆卸的连接器，则应符合夹具的性能要求。

5.8 质量文件要求

锚具、夹具、连接器和锚固区的承压件应有完整的设计文件、原材料的质量证明文件、制造批次记录、性能检验记录，该类文件应具有可追溯性。

6 试验方法

6.1 一般规定

6.1.1 试验用的预应力筋-锚具、夹具或连接器组装件由产品零件和预应力筋组装而成。试验用的零件应是经过外观检查和硬度检验合格的产品。组装时应将锚固零件上的油污擦拭干净(允许残留微量油膜)，不得在锚固零件上添加影响锚固性能的介质。组装件中组成预应力筋的各根钢材应等长平行、初应力均匀，其受力长度不应小于 3 m。

单根钢绞线的组装件试件及钢绞线母材力学性能试验用的试件，不包括夹持部位的受力长度不应小于 0.8 m；其他单根预应力钢材的组装件及母材试件最小长度可按照试验设备及相关标准确定。

对于预应力钢材在锚具夹持部位不弯折的组装件（全部锚筋孔均与锚板底面垂直），各根预应力钢材平行受拉，侧面不应设置有碍受拉或产生摩擦的接触点（参见图 1）；如预应力钢材的夹持部位与试件轴线有转向角度（锚筋孔与锚板底面倾斜或倾斜安装挤压头的连接器等）时，应在设计转角处加装转向约束钢环，试件受拉力时，该约束环不应与预应力钢材产生滑动摩擦。

6.1.2 试验用预应力钢材应有良好的匀质性，可由锚具生产厂或检验单位提供，同时还应提供该批钢材的质量合格证明书。所选用的预应力钢材，其直径公差应在受检锚具、夹具或连接器设计的匹配范围之内。试验用预应力钢材应根据抽样标准，先在有代表性的部位取至少 6 根试件进行母材力学性能试验，试验结果应符合国家现行标准的规定（供需双方也可协议采用其他国家的相关标准）。并且，其实测抗拉强度平均值（f_{pm}）在相关钢材标准中的等级应与受检锚具、夹具或连接器的设计等级相同，超过该等级时不应采用。用某一中间强度等级的预应力钢材试验合格的锚具，在实际工程中，可用于不高于该强度等级的预应力筋。已受损伤的预应力钢材不应用于组装件试验。

6.1.3 试验用的测力系统，其不确定度不应大于 2%；测量总应变的量具，其标距的不确定度不应大于标距的 0.2%，指示应变的不确定度不应大于 0.1%。

6.2 静载试验

6.2.1 预应力筋-锚具或夹具组装件应按图 1 的装置进行静载试验；预应力筋-连接器组装件应按图 2 的装置进行静载试验；被连接段预应力筋（件 11）安装预紧时，可在试验连接器（件 7）下临时加垫对开垫片，加荷后适时撤除。锚具、夹具或连接器在试验装置上的支承条件（方式、部位、面积等），应与工程实际情况一致。

6.2.2 各种测量仪表应在加载之前安装调试正确，各根预应力钢材的初应力调试均匀，初应力可取钢材抗拉强度标准值 f_{ptk} 的 5%～10%。测量总应变 ε_{apu} 的量具标距不宜小于 1 m。如采用测量加荷千斤顶活塞伸长量（ΔL）计算 ε_{apu} 时，应减去承力台座的弹性压缩、缝隙并紧量和试验锚具（夹具或连接器）的实测内缩量。而预应力筋的计算长度应为两端锚具（夹具或连接器）的起夹点之间的距离。

单位为毫米

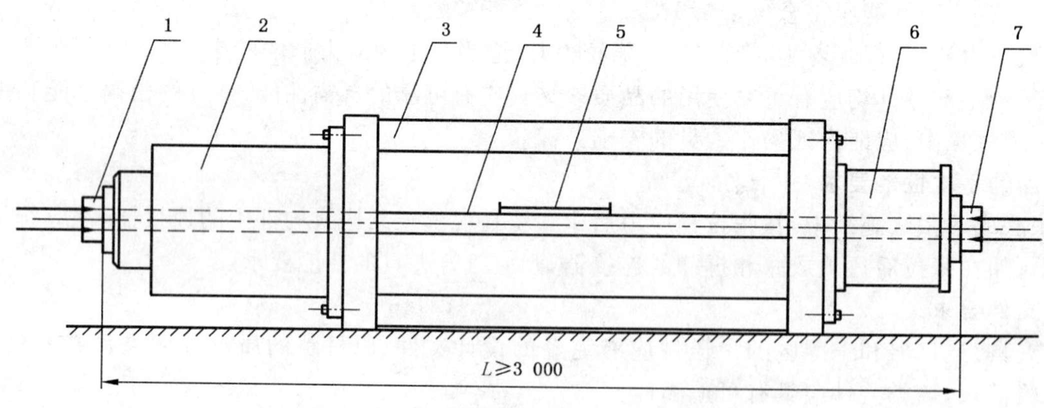

1——张拉端试验锚具或夹具；

2——加荷载用千斤顶；

3——承力台座；

4——预应力筋；

5——测量总应变的装置；

6——荷载传感器；

7——固定端试验锚具或夹具。

图 1 预应力筋-锚具（夹具）组装件静载试验装置示意图

单位为毫米

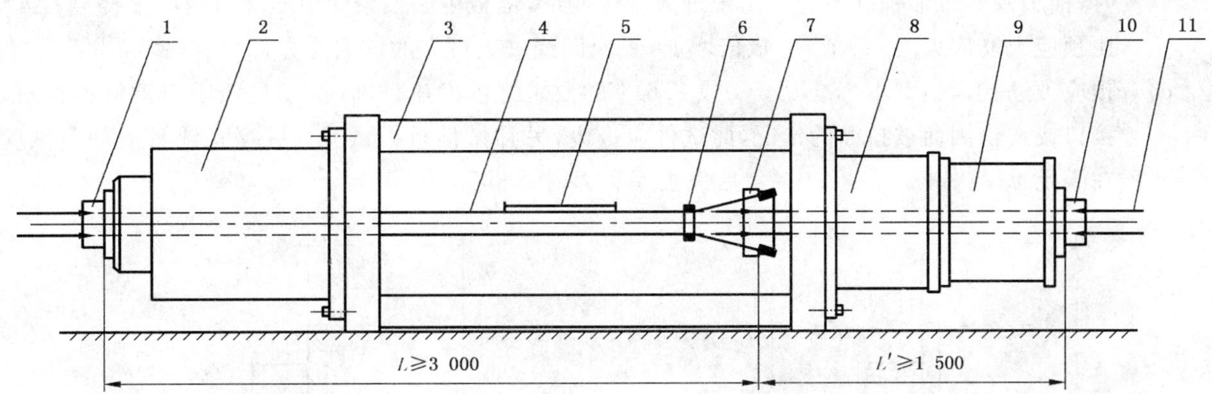

1——张拉端试验锚具；

2——加荷载用千斤顶；

3——承力台座；

4——续接段预应力筋；

5——测量总应变的装置；

6——转向约束钢环；

7——试验连接器；

8——附加承力圆筒或穿心式千斤顶；

9——荷载传感器；

10——固定端锚具；

11——被接段预应力筋。

图 2 预应力筋-连接器组装件静载试验装置示意图

6.2.3 施加试验荷载步骤为：按预应力钢材抗拉强度标准值 f_{ptk} 的 20%、40%、60%、80%，分 4 级等速加载，加载速度宜为 100 MPa/min 左右；达到 80%后，持荷 1 h；随后用低于 100 MPa/min 加载速度缓慢加载至完全破坏，使荷载达到最大值（F_{apu}）。试验过程中应按本标准 6.2.5 规定的项目进行测量和观察。对于仅要求达到“合格”标准的试件，可以在 η_a、ε_{apu}、η_g 满足本标准 5.5.1 或 5.6.1 后停止试验。

6.2.4 用试验机或承力台座进行单根预应力筋-锚具组装件静载试验时，加荷速度可以加快，但不超过 200 MPa/min；在应力达到 $0.8f_{ptk}$ 时，持荷时间可以缩短，但不应少于 10 min。应力超过 $0.8f_{ptk}$ 后，加荷速度不应超过 100 MPa/min。

6.2.5 试验过程中应测量、观察的项目和对试验结果的要求（见图 3）：

1） 选取有代表性的若干根预应力钢材，按施加荷载的前 4 级，逐级测量其与锚具（夹具、连接器）之间的相对位移 Δa。Δa 应与预应力筋的受力增量成比例变化；如不成比例，应检查预应力钢材是否失锚滑动；

2） 选取锚具（夹具、连接器）若干有代表性的零件，按施加荷载的前 4 级，逐级测量其间的相对位移 Δb。Δb 应与预应力筋的受力增量成比例变化；如不成比例，应检查相关零件（锚环、锚板等）是否发生了塑性变形；

3） 在预应力筋应力达到 $0.8f_{ptk}$ 时，在持荷 1 h 期间，Δa、Δb 应保持稳定。如继续增加、不能稳定，表明已失去可靠锚固能力；

4） 试件达到最大拉力时，应记录极限拉力 F_{apu}（或 F_{gpu}）和预应力筋自由长度的总应变 ε_{apu}。该测定值应满足本标准 5.5.1 或 5.6.1 的规定；

5） 夹片式锚具的夹片在预应力筋应力达到 $0.8f_{ptk}$ 时不允许出现裂纹和破断；在满足本标准 5.5.1 或 5.6.1 后允许出现微裂和纵向断裂，不允许横向、斜向断裂及碎断。因受预应力筋多根或整束激烈破断的冲击引起夹片的破坏或断裂属正常情况。预应力筋拉力达到极限破断时，锚板及其锥形锚孔不允许出现过大塑性变形，锚板中心残余变形不应出现明显挠度；Δb 如比预应力筋应力为 $0.8f_{ptk}$ 时成倍增加，表明已经失去可靠的锚固能力。

6） 预应力筋在未达到本标准 5.5.1 或 5.6.1 的要求之前发生破断时，如是预应力钢材存在对焊接口或损伤因而被拉断的情况，此试件应报废，另补试件重做试验。握裹式锚具的静载试验，在满足 $\eta_a \geqslant 0.95$、$\varepsilon_{apu} \geqslant 2.0\%$ 之后失去握裹力时，属正常情况：

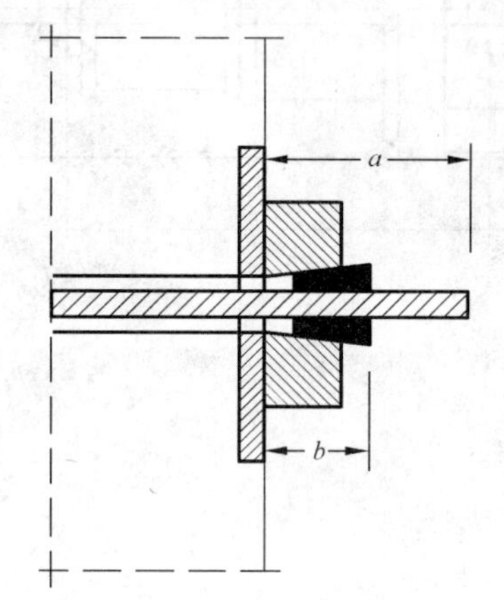

a） 锚固之前，预应力筋顶紧之后

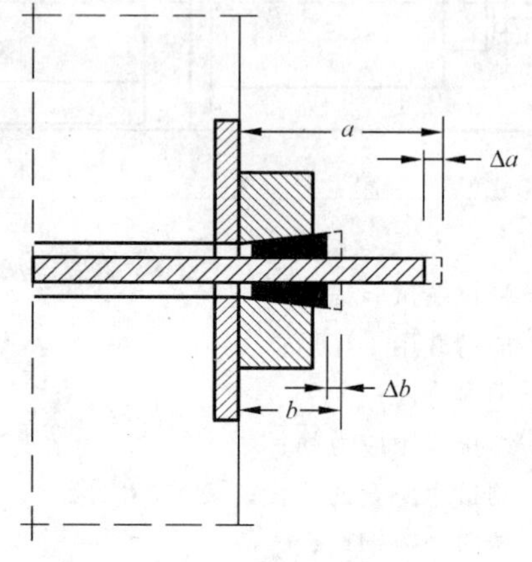

b） 加荷之中及锚固之后

图 3 试验期间预应力筋及锚具零件的位移示意图

6.2.6 静载试验应连续进行三个组装件的试验，全部试验结果均应做出记录。据此应进行如下计算分析和评定：按本标准公式(1)计算锚具(或连接器)的锚具效率系数 η_a；按公式(2)计算夹具效率系数 η_g；按本标准第 5 章及 6.2.5 的要求进行评定；最后对试验结果做出是否合格的结论。三个试验结果均应满足本标准的规定，不得以平均值作为试验结果。检验单位应向受检单位提出完整的检验报告，其中包括破坏部位及形式的图像记录，并有准确的文字述评。

6.3 疲劳试验

6.3.1 预应力筋-锚具或连接器组装件的疲劳试验应在疲劳试验机上进行。当疲劳试验机能力不够时，可以按试验结果有代表性的原则，在实际锚板上少安装预应力钢材，或用本系列中较小规格的锚具组装成试验组装件，但预应力钢材根数不应少于实际根数的 1/10。为了保证试验结果具有代表性，直线形及有转折(如果锚具有斜孔时)的预应力钢材都应包括在试验用组装件中。

6.3.2 以约 100 MPa/min 的速度加荷至试验应力上限值，在调节应力幅度达到规定值后，开始记录循环次数。

6.3.3 选择疲劳试验机的脉冲频率，不应超过 500 次/min。

6.4 周期荷载试验

预应力筋-锚具或连接器组装件的周期荷载试验，可以在试验机或承力台座上进行，以 100 MPa/min～200 MPa/min 的速度加荷至试验应力上限值，再卸荷至试验应力下限值为第 1 周期，然后荷载自下限值经上限值再回复到下限值为第 2 个周期，重复 50 个周期。

经疲劳荷载试验合格后且完整无损的预应力筋-锚具组装件，可用于本项试验。

6.5 外观、尺寸及硬度检验

6.5.1 产品外观用目测法检验；裂缝可用有刻度或无刻度放大镜检验。

6.5.2 产品尺寸按机械制造常规方法用直尺、游标卡尺、螺旋千分尺和塞环规等量具检验。

6.5.3 硬度检验按产品零件设计图样规定的硬度值种类，选用相应的硬度测量仪器进行检验。

6.6 辅助性试验

6.6.1 锚具的内缩量试验

本项试验可用单根或小规格锚具配合预应力筋，在 5 m～10 m 长的台座或构件的预应力孔道上多次张拉和放张，直接测得锚具内缩量(以 mm 计)；张拉应力为预应力筋的 $0.8f_{ptk}$。用传感器测量锚固前后预应力筋拉力差值，也可计算求得内缩量。试验用的试件每个规格不得少于 3 个，取平均值。

6.6.2 锚固端摩阻损失试验

本项试验是测定张拉千斤顶工具锚下至喇叭形垫板收口处的预应力损失。它包括预应力筋在锚具中的摩阻损失和在喇叭形垫板中两次弯折所引起的拉力损失。

试验可在模拟锚固区的混凝土块体或张拉台座上进行，锚具、垫板及附件应安装齐备，两端安装千斤顶及传感器，张拉力按预应力筋的 $0.8f_{ptk}\cdot A_p$ 取用。用传感器测出锚具前后两侧拉力差值即可算出锚固端摩阻损失，通常以张拉力的百分率计。试验用的试件可在锚具规格系列中选取三种规格，试件数量不应少于 3 个，取平均值。

6.6.3 张拉锚固工艺试验

根据预应力张拉锚固体系的构造安排，设计制作专门的钢筋混凝土模拟块体，做为试验平台，混凝土块体中，应包含多种弯曲和直线孔道、喇叭形垫板或垫板连体式锚板，各种塑料预埋件均应埋入混凝土中。用该体系的张拉设备进行分级张拉、多次张拉和放松操作。最大张拉力为预应力筋的 $0.8f_{ptk}\cdot A_p$。

通过张拉锚固工艺试验应能证明：

a) 本预应力体系具有分级张拉或因张拉设备倒换行程需要临时锚固的可能性；

b) 经过多次张拉锚固后，预应力筋内各根预应力钢材受力仍是均匀的；

c) 在张拉发生故障时，有将预应力筋全部放松的措施；

d) 单根垫板连体式锚具，有能使预应力筋在锥形夹片孔中自由对中的构造及不顶压锚固的可靠性。

7 检验规则

7.1 检验分类

锚具、夹具和连接器的检验分出厂检验和型式检验两类。

7.1.1 出厂检验为生产厂在每批产品出厂前进行的厂内产品质量控制性检验。

7.1.2 型式检验为对产品全面性能控制的检验。在下列情况之一时，一般应进行型式检验；

a) 新产品或老产品转厂生产的试制定型鉴定；

b) 正式生产后，如结构、材料、工艺有较大改变，可能影响产品性能时；

c) 正常生产时，定期或积累一定产量后，每 2 至 3 年进行一次检验；

d) 产品停产两年后，恢复生产时；

e) 出厂检验结果与上次型式检验有较大差异时；

f) 国家或省级质量监督机构提出进行型式检验的要求时。

为技术或质量鉴定用的型式检验应由国家指定的质量检测机构主持进行；为新产品研制和生产厂产品质量控制的各种试验可由本单位自己进行。

7.2 检验项目

出厂检验和型式检验的检验项目应符合表 2 的规定。

表 2 产品检验项目

锚具、夹具、连接器类别	出厂检验项目	型式检验项目
锚具及永久留在混凝土结构或构件中的连接器	外观 硬度 静载性能检验	外观 硬度 静载性能检验 疲劳性能检验 周期荷载性能检验 辅助性试验(选项)
夹具及张拉后将要放张和拆卸的连接器	外观 硬度 静载性能检验	外观 硬度 静载性能检验

7.3 组批和抽样

7.3.1 出厂检验时,每批零件产品的数量是指同一种产品,同一批原材料,用同一种工艺一次投料生产的数量。每个抽检组批不得超过 2 000 件(套)。外观检验抽取 5%～10%。对有硬度要求的零件应做硬度检验,按热处理每炉装炉量的 3%～5%抽样。静载试验用的锚具、夹具或连接器按成套产品抽样,应在外观及硬度检验合格后的产品中抽取,每生产组批抽取 3 个组装件的用量。

7.3.2 锚具及永久留在混凝土结构或构件中的连接器的型式检验,除按本标准 7.3.1 的规定抽样外,尚应为疲劳试验、周期荷载试验及辅助性试验(选项)抽取各 3 个组装件用的样品。

7.3.3 大批量连续生产时,出厂检验可按月取样进行。外观检验抽样数量不得少于月生产量的 5%;对有硬度要求的零件,硬度检验量不得少于月生产量的 3%;静载试验数量,按同一规格每两月不得少于 3 个组装件。上述检验结果如质量不稳定,应增加取样。

7.4 检验结果的判定

外观检验:受检零件的外形尺寸和外观质量应符合图样规定。全部样品均不得有裂纹出现,如发现一件有裂纹,即应对本批全部产品进行逐件检验,合格者方可使用。

硬度检验:按设计图样规定的表面位置和硬度范围检验和判定,如有 1 个零件不合格,则应另取双倍数量的零件重做检验;如仍有 1 个零件不合格,则应对本批零件逐个检验,合格者方可使用。

静载试验、疲劳荷载试验及周期荷载试验:如符合第 5 章技术要求的规定,应判为合格;如有 1 个试件不符合要求,即判定为不合格;但允许另取双倍数量的试件重做试验,若全部试件合格,即可判定本批产品合格;如仍有 1 个试件不合格,则该批产品为不合格品。

辅助性试验为测定参数及检验工艺设备的项目,不做合格与否的判定。

8 标志、包装、运输、贮存

8.1 标志

锚具、夹具和连接器应有制造厂名、产品名称、规格、型号、制造日期或生产批号。对容易混淆而又难于区分的锚固零件(如夹片),应有识别标识。

8.2 包装

锚具、夹具和连接器出厂时应经防锈处理成箱包装,并应符合 JG/T 5012 的有关规定。包装箱内应附有产品装箱单;一批产品出厂时,应提供产品合格证和产品说明书。

产品合格证内容包括:

a) 型号和规格;

b) 适用的预应力钢材品种、规格、强度等级;

c) 产品批号;

d） 出厂日期；

e） 有签章的质量合格文件；

f） 厂名、厂址。

产品说明书应说明使用工艺和与预应力钢材的匹配要求。说明书中推荐的配套件（喇叭形垫、板、螺旋筋等）应有试验或实践依据。

8.3 运输、贮存

锚具、夹具和连接器均应妥为保管。在贮存、运输过程中，应避免锈蚀、沾污、遭受机械损伤或散失。临时性的防护措施应不影响安装操作的效果和永久性防锈措施的实施。

ICS 91.080.10
P 26

中华人民共和国建筑工业行业标准

JG 163—2004

滚轧直螺纹钢筋连接接头

Rolled parallel thread splicing of rebars

2004-09-30 发布　　2004-12-01 实施

中华人民共和国建设部　发布

前　言

本标准中有关接头性能等级、试件尺寸及试验方法部分内容直接引用现行行业标准JGJ 107《钢筋机械连接通用技术规程》的相关条款，以与钢筋连接的通用标准保持一致。同样与其他相关标准的关系也按上述原则确定。

本标准7.2.3为强制性条文。

本标准由建设部标准定额研究所提出。

本标准由建设部建筑制品与构配件产品标准化技术委员会归口。

本标准起草单位：中国建筑科学研究院、天津禄德工程器材厂、上海祥华机电公司、天津河北工业大学、保定华建机械有限公司、开封天力桥建研究所、北京顺欣兴盛机械制造有限公司、河北省电焊机股份有限公司、石家庄市福诚建筑科技开发有限公司。

本标准主要起草人：徐有邻、吴晓星、杨禄琦、储士强、李为民、曹文成、潘宪卿、姚顺才、刘景岩、孙福林。

本标准为首次发布。

滚轧直螺纹钢筋连接接头

1 范围

本标准规定了滚轧直螺纹钢筋连接接头的要求、抽样、试验方法、分类和标记。

本标准适用于以混凝土结构用 HRB335 级、HRB400 级、RRB400 级钢筋(可直接滚轧或经前期加工)最终以滚轧加工形成直螺纹的各种形式的钢筋连接接头。

2 规范性引用文件

下列文件中的条款通过本标准的引用而成为本标准的条款。凡是注日期的引用文件,其随后所有的修改单(不包括勘误的内容)或修订版均不适用于本标准。然而,鼓励根据本标准达成协议的各方研究是否可使用这些文件的最新版本。凡是不注日期的引用文件,其最新版本适用于本标准。

GB/T 196 普通螺纹基本尺寸

GB/T 197 普通螺纹公差与配合

GB/T 228 金属拉伸试验方法

GB/T 699 优质碳素结构钢

GB 1499 钢筋混凝土用热轧带肋钢筋

GB/T 1591 低合金高强度结构钢

GB 13014 钢筋混凝土用余热处理钢筋

GB/T 14791 螺纹术语

JGJ 107 钢筋机械连接通用技术规程

3 术语和定义

本标准采用下列定义。

3.1

滚轧直螺纹钢筋连接接头 rolled parallel thread splicing of rebars

将钢筋端部用滚轧工艺加工成直螺纹,并用相应的连接套筒将两根钢筋相互连接的钢筋接头。

3.2

丝头 rebar head with screw thread

经滚轧加工的带有螺纹的钢筋端部。

3.3

连接套筒 splicing coupler

用以连接钢筋并有与丝头螺纹相对应内螺纹的连接件。

3.4

完整螺纹 complete thread

牙顶和牙底均具有完整形状的螺纹。

3.5

不完整螺纹 incomplete thread

牙底或牙顶不完整的螺纹。

3.6

螺尾　washout thread

向钢筋表面过渡的牙底不连续的螺纹。

3.7

有效螺纹　effective screw thread

由完整螺纹和不完整螺纹组成的螺纹，不包括螺尾。

3.8

锁母　locking nut

锁定连接套筒与丝头相对位置的螺母。

3.9

螺纹中径　pitch diameter

螺纹牙型上沟槽和凸起宽度相等的地方，所构成的假想圆柱的直径。

专用术语的示意图见附录A。

4　符号和代号

4.1　主要符号

P——螺纹螺距，mm。

4.2　代号

Φ——HRB 335 级热轧带肋钢筋；

Φ——HRB 400 级热轧带肋钢筋；

$Φ^R$——RRB 400 级余热处理钢筋；

G——滚轧直螺纹钢筋连接接头；

F——正反丝扣型套筒；

Y——异径型套筒；

K——扩口型套筒；

S——加锁母型套筒。

5　分类和标记

5.1　分类

5.1.1　接头按性能等级分类

滚轧直螺纹钢筋连接接头按性能等级分类：Ⅰ级、Ⅱ级、Ⅲ级。

5.1.2　接头按钢筋强度级别分类

滚轧直螺纹钢筋连接接头按钢筋强度级别分类如表1所示。

表1　接头按钢筋强度级别分类

序　号	接头钢筋强度级别	代　号
1	HRB335	Φ
2	HRB400	Φ
	RRB400	$Φ^R$

5.1.3　接头按连接套筒使用条件分类

滚轧直螺纹钢筋连接接头按套筒的基本使用条件分类如表2所示。

表 2 接头按套筒的基本使用条件分类

序号	使　用　要　求	套筒形式	代号
1	正常情况下钢筋连接	标准型	省略
2	用于两端钢筋均不能转动的场合	正反丝扣型	F
3	用于不同直径的钢筋连接	异径型	Y
4	用于较难对中的钢筋连接	扩口型	K
5	钢筋完全不能转动，通过转动连接套筒连接钢筋，用锁母锁紧套筒	加锁母型	S

接头按套筒基本使用条件分类示意图见附录 B。

5.2　标记

滚轧直螺纹钢筋连接接头的连接套筒应有标记。

标记由名称代号、特征代号及主参数代号组成。

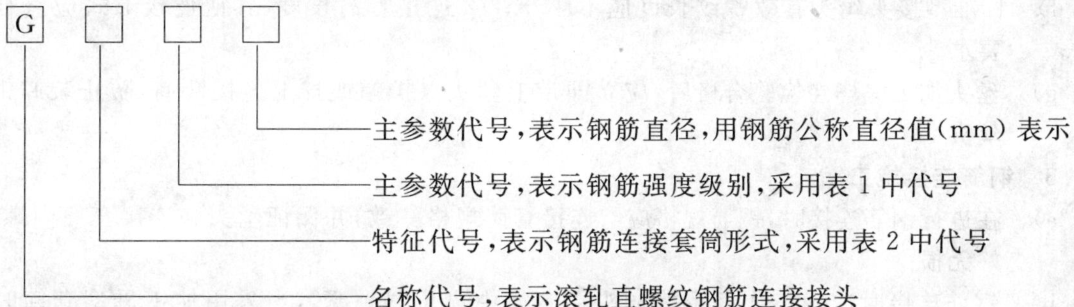

注 1：当同类型接头需要改型时(如改变套筒长度、改变套筒壁厚等)，可增加改型序号按 A、B、C 排列。

注 2：当接头的使用条件为基本使用条件的组合时，可将其特征代号按顺序排列组合表达。

标记示例：

a)　滚轧直螺纹钢筋连接接头，HRB335 级钢筋，公称直径 25 mm，标准型连接套筒，第一次改型。套筒标记为 GΦ25A。

b)　滚轧直螺纹钢筋连接接头，HRB400 级钢筋，公称直径 32 mm，正反丝扣型连接套筒。套筒标记为 GFΦ32。

c)　滚轧直螺纹钢筋连接接头，HRB400 级钢筋，公称直径分别为 36 mm 及 32 mm，异径型连接套筒。套筒标记为 GYΦ36/32。

d)　滚轧直螺纹钢筋连接接头，HRB400 级钢筋，公称直径分别为 36 mm 及 32 mm，且被连接两根钢筋均不能转动，异径型＋正反丝扣型连接套筒。套筒标记为 GYFΦ36/32。

6　要求

6.1　材料

6.1.1　钢筋

被连接钢筋应符合 GB 1499 或 GB 13014 的有关规定。

6.1.2　连接套筒及锁母

连接套筒及锁母宜选用 45 号优质碳素结构钢或其他经型式检验确认符合要求的钢材。供货单位应提供质量保证书，并应符合有关钢材的现行国家标准及 JGJ 107 的有关规定。

6.2　制造及施工

6.2.1　连接套筒及锁母

a)　连接套筒应按照产品设计图纸要求制造，重要尺寸(外径、长度)及螺纹牙型、精度应经检验。

b)　连接套筒尺寸应满足产品设计要求。

钢筋连接套筒内螺纹尺寸宜按 GB/T 196 确定；螺纹中径公差宜满足 GB/T 197 中 6H 级精度规定的要求。

c) 连接套筒装箱前套筒应有保护端盖，套筒内不得混入杂物。

6.2.2 **丝头加工**

a) 钢筋下料时不宜用热加工方法切断；钢筋端面宜平整并与钢筋轴线垂直；不得有马蹄形或扭曲；钢筋端部不得有弯曲；出现弯曲时应调直。

b) 丝头有效螺纹长度应满足设计规定。

c) 丝头加工时应使用水性润滑液，不得使用油性润滑液。

d) 丝头中径、牙型角及丝头有效螺纹长度应符合设计规定。

丝头螺纹尺寸宜按 GB/T 196 确定；有效螺纹中径尺寸公差宜满足 GB/T 197 中 6f 级精度规定的要求。

e) 丝头有效螺纹中径的圆柱度（每个螺纹的中径）误差不得超过 0.20 mm。

f) 标准型接头丝头有效螺纹长度应不小于 1/2 连接套筒长度，其他连接形式应符合产品设计要求。

g) 丝头加工完毕经检验合格后，应立即带上丝头保护帽或拧上连接套筒，防止装卸钢筋时损坏丝头。

6.2.3 **钢筋连接施工**

a) 在进行钢筋连接时，钢筋规格应与连接套筒规格一致，并保证丝头和连接套筒内螺纹干净、完好无损。

b) 钢筋连接时应用工作扳手将丝头在套筒中央位置顶紧。当采用加锁母型套筒时应用锁母锁紧。

c) 钢筋接头拧紧后应用力矩扳手按不小于表 3 中的拧紧力矩值检查，并加以标记。

表 3 滚轧直螺纹钢筋接头拧紧力矩值

钢筋直径/mm	≤16	18～20	22～25	28～32	36～40
拧紧力矩值/(N·m)	80	160	230	300	360
注：当不同直径的钢筋连接时，拧紧力矩值按较小直径钢筋的相应值取用。					

6.3 **质量**

6.3.1 **连接套筒及锁母**

a) 外观质量：螺纹牙型应饱满，连接套筒表面不得有裂纹，表面及内螺纹不得有严重的锈蚀及其他肉眼可见的缺陷。

b) 内螺纹尺寸的检验：用专用的螺纹塞规检验，其塞通规应能顺利旋入，塞止规旋入长度不得超过 $3P$。螺纹检验示意图见附录 C。

6.3.2 **丝头**

a) 外观质量：丝头表面不得有影响接头性能的损坏及锈蚀。

b) 外形质量：丝头有效螺纹数量不得少于设计规定；牙顶宽度大于 $0.3P$ 的不完整螺纹累计长度不得超过两个螺纹周长；标准型接头的丝头有效螺纹长度应不小于 1/2 连接套筒长度，且允许误差为 $+2P$；其他连接形式应符合产品设计要求。

c) 丝头尺寸的检验：用专用的螺纹环规检验，其环通规应能顺利地旋入，环止规旋入长度不得超过 $3P$。螺纹检验示意图见附录 C。

6.3.3 **钢筋连接接头**

a) 钢筋连接完毕后，标准型接头连接套筒外应有外露有效螺纹，且连接套筒单边外露有效螺纹不得超过 $2P$，其他连接形式应符合产品设计要求。

b） 钢筋连接完毕后，拧紧力矩值应符合表 3 的要求。

6.3.4 **钢筋连接接头力学性能**

a） 钢筋连接接头现场拉伸试验，应符合 JGJ 107 的有关规定。

b） 用于直接承受动力荷载结构中受力钢筋的连接接头，应根据 JGJ 107 中有关疲劳性能检验的规定。

7 抽样检验

7.1 检验类别

7.1.1 **型式检验**

确定钢筋连接接头的性能等级。

7.1.2 **出厂检验**

确定套筒及锁母的质量。

7.1.3 **现场检验**

a） 丝头：检验被连接丝头的质量。

b） 连接接头：检验钢筋连接接头的外观质量。

c） 拧紧力矩：检验钢筋连接施工的拧紧力矩值。

d） 单向拉伸：检验钢筋连接接头的力学性能。

7.2 型式检验

7.2.1 **检验条件**

在下列情况下应进行钢筋连接接头的型式检验：

a） 接头产品进行产品或生产鉴定；

b） 材料、工艺、规格有改动：

c） 停产一年以上；

d） 质量监督部门提出专门要求。

7.2.2 **检验范围**

应符合 JGJ 107 的有关规定。

7.2.3 **检验要求**

型式检验试验方法应符合 JGJ 107 的有关规定。接头的性能必须全部符合相应性能等级的要求。有一项不符合要求时应降级使用。

7.2.4 **检验资质**

钢筋连接接头的型式检验应由国家、省部级主管部门认可的质量检验部门进行，并出具检验报告和结论。

7.3 连接套筒及锁母的出厂检验

7.3.1 连接套筒或锁母的尺寸及外观质量应符合 6.2.1、6.3.1 的要求。

7.3.2 连接套筒或锁母的外观质量检验应逐个进行。

7.3.3 连接套筒或锁母的内螺纹尺寸检验按连续生产的套筒或锁母每 500 个为一个检验批，每批按 10％随机抽检，不足 500 个也按一个检验批计算。

7.3.4 连接套筒或锁母的抽检合格率应不小于 95％。当抽检合格率小于 95％时，应另抽取同样数量的产品重新检验。当两次检验的总合格率不小于 95％时，该批产品合格。若合格率仍小于 95％，应对该批产品进行逐个检验，合格者方可使用。

7.4 丝头现场检验

7.4.1 丝头的尺寸及外观质量应符合 6.2.2、6.3.2 的要求。

7.4.2 加工的丝头应逐个进行自检，不合格的丝头应切去重新加工。

7.4.3 自检合格的丝头,应由现场质检员随机抽样进行检验。以一个工作班加工的丝头为一个检验批,随机抽检10%,且不少于10个。

7.4.4 现场丝头的抽检合格率不应小于95%。当抽检合格率小于95%时,应另抽取同样数量的丝头重新检验。当两次检验的总合格率不小于95%时,该批产品合格。若合格率仍小于95%时,则应对全部丝头进行逐个检验,合格者方可使用。

7.5 钢筋连接接头外观质量及拧紧力矩检验

7.5.1 钢筋连接接头的外观质量及拧紧力矩应符合6.3.3、6.2.3中表3的要求。

7.5.2 钢筋连接接头的外观质量在施工时应逐个自检,不符合要求的钢筋连接接头应及时调整或采取其他有效的连接措施。

7.5.3 外观质量自检合格的钢筋连接接头,应由现场质检员随机抽样进行检验。同一施工条件下采用同一材料的同等级同型式同规格接头,以连续生产的500个为一个检验批进行检验和验收,不足500个的也按一个检验批计算。

7.5.4 对每一检验批的钢筋连接接头,于正在施工的工程结构中随机抽取15%。且不少于75个接头,检验其外观质量及拧紧力矩。

7.5.5 现场钢筋连接接头的抽检合格率不应小于95%。当抽检合格率小于95%时,应另抽取同样数量的接头重新检验。当两次检验的总合格率不小于95%时,该批接头合格。若合格率仍小于95%时,则应对全部接头进行逐个检验。在检验出的不合格接头中,抽取3根接头进行抗拉强度检验,3根接头抗拉强度试验的结果全部符合JGJ 107的有关规定时,该批接头外观质量可以验收。

7.6 钢筋连接接头力学性能检验

7.6.1 现场施工前,应按JGJ 107的规定进行接头工艺检验。滚轧直螺纹钢筋连接技术的提供单位应向使用单位提交有效的型式检验报告。

7.6.2 钢筋连接接头的现场检验按检验批进行。同一施工条件下采用同一材料的同等级同型式同规格接头,以连续生产的500个为一个检验批进行检验和验收,不足500个的也按一个检验批计算。

7.6.3 对每一检验批接头,应于正在施工的工程结构中随机截取试件,并按JGJ 107的有关规定检验。

7.6.4 钢筋连接接头单向拉伸试验的结果应符合JGJ 107的有关规定。

7.6.5 在现场连续检验10个检验批,当其全部单向拉伸试件均一次抽样合格时,检验批接头数量可扩大为1 000个。

8 试验方法

8.1 在钢筋连接接头进行检验前,应对钢筋母材进行力学性能检验。试验方法应符合GB/T 228的有关规定。检验结果应符合GB 1499或GB 13014的有关规定。

8.2 接头试件尺寸应符合JGJ 107的有关规定。

8.3 钢筋连接接头型式检验应符合JGJ 107的有关规定,并确定接头的性能等级。

8.4 施工现场应进行的单向拉伸强度试验,试验方法应符合GB/T 228的规定。

9 标志、包装、运输及储存

9.1 标志

连接套筒上应标明生产厂家标志。

连接套筒的保护盖上应标志被连接钢筋的规格。

9.2 包装及合格证

a) 连接套筒及锁母出厂时应有包装。包装上应标明产品的名称、规格、型号、数量、制造日期、产品批号、生产厂家。

b) 包装内必须附有产品合格证。产品合格证应包括以下内容:

——型号、规格；

——适用钢筋的品种；

——连接接头的性能等级；

——产品批号；

——检验日期；

——质检合格签章；

——厂家名称、地址、电话；

——当有特殊要求时应表明相应的检验内容及指标。

9.3 运输及储存

a) 连接套筒及锁母在运输过程中应妥善保护，避免雨淋、沾污或损伤。

b) 丝头检验合格后应套上保护帽或拧上连接套筒，按规格分类码放整齐。

c) 雨季或长期码放情况下，应对丝头采取防锈措施。

d) 丝头在运输过程中应妥善保护，避免雨淋、沾污、遭受机械损伤。

附 录 A
（资料性附录）
螺纹专用术语示意图

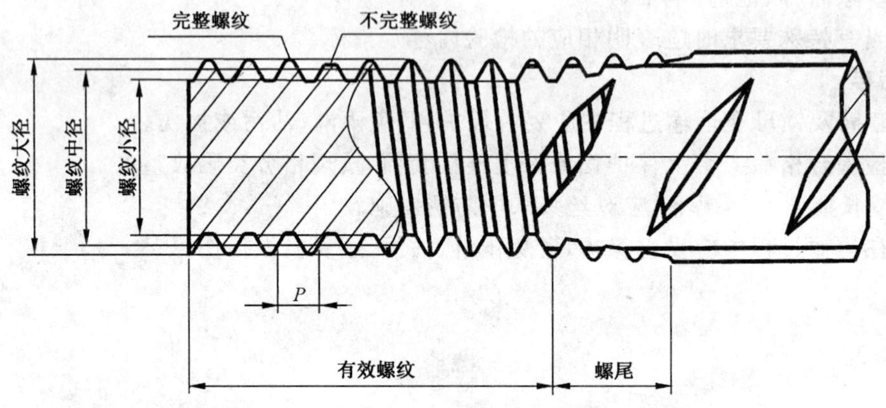

图 A.1 螺纹术语示意图

附 录 B
（资料性附录）
接头按套筒基本使用条件分类示意图

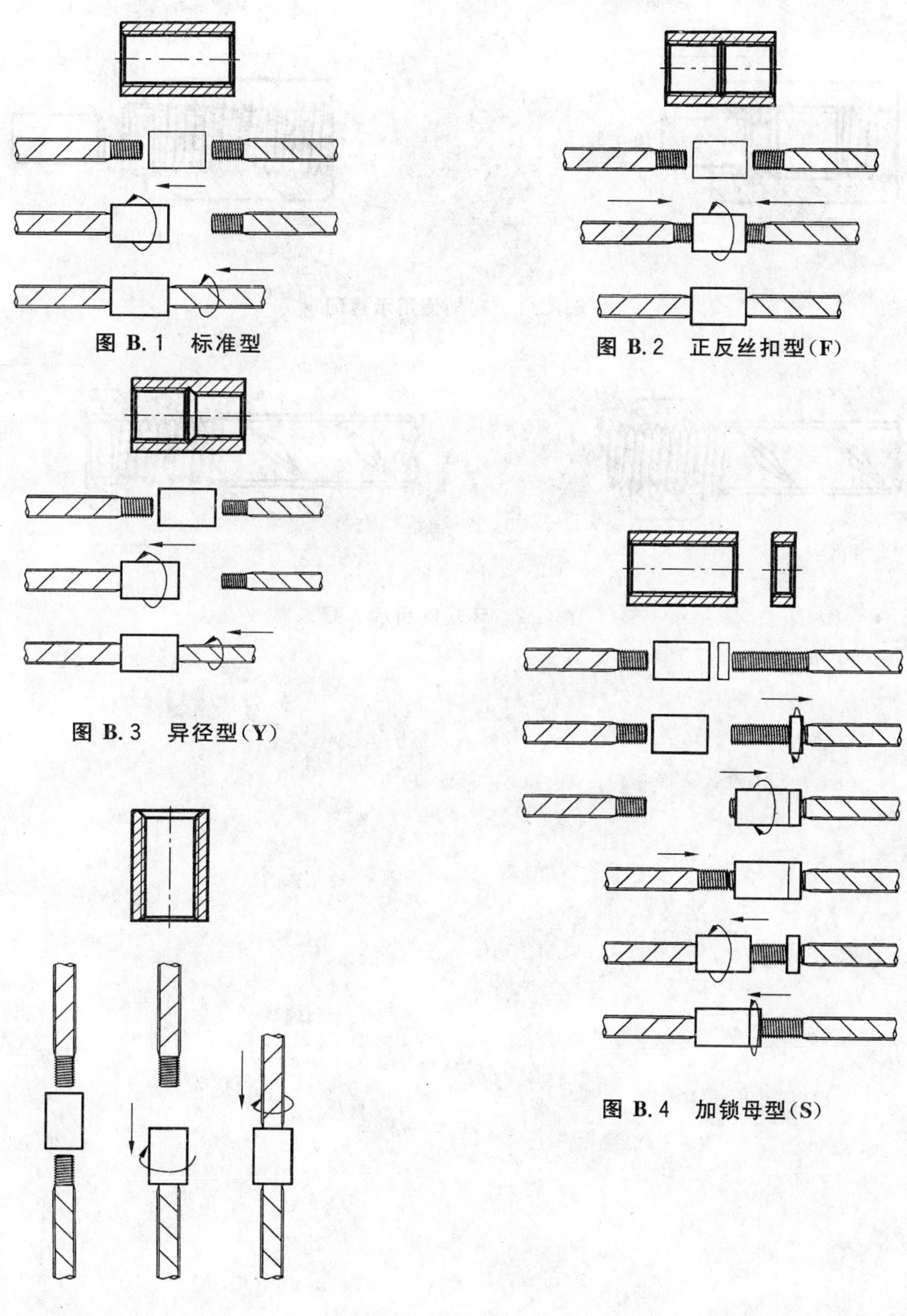

图 B.1 标准型

图 B.2 正反丝扣型(F)

图 B.3 异径型(Y)

图 B.4 加锁母型(S)

图 B.5 扩口型(K)

附 录 C
（资料性附录）
螺纹检验示意图

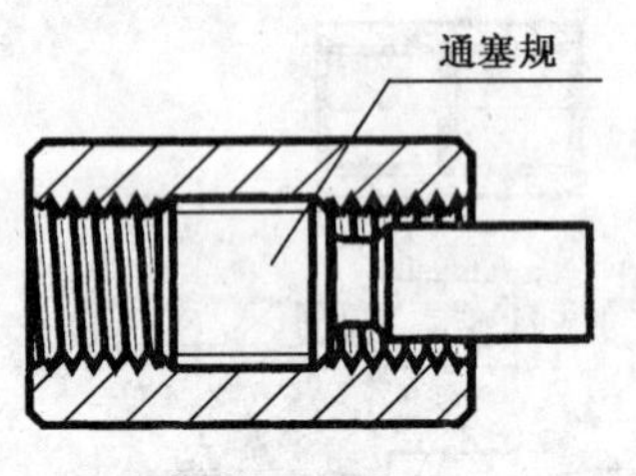

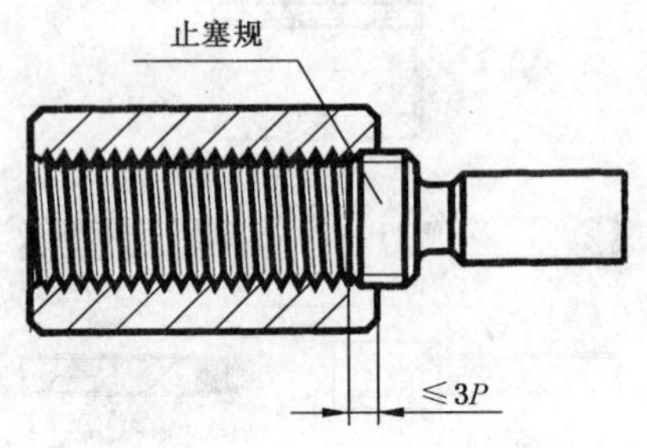

图 C.1 塞规使用示意图

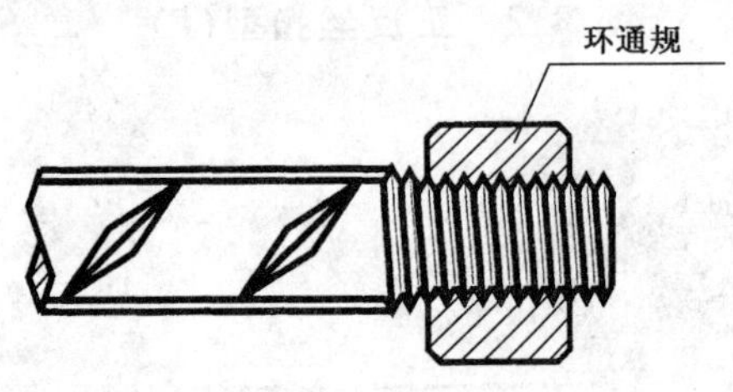

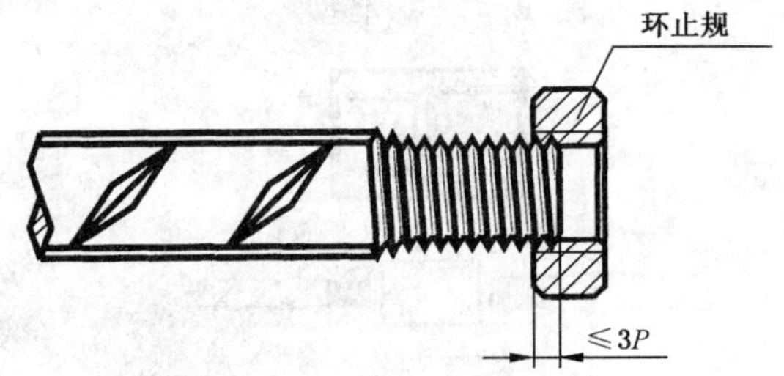

图 C.2 环规使用示意图

附 录 D
（资料性附录）
现场钢筋丝头加工质量检验记录表

工程名称				钢筋规格		抽检数量	
工程部位				生产班次		代表数量	
提供单位				生产日期		接头类型	
检验结果							
序号	钢筋直径	丝头螺纹检验		丝头外观检验			备 注
		环通规	环止规	有效螺纹长度	不完整螺纹	外观检查	

质检负责人： 检验员： 检验日期：

注1：螺纹尺寸检验应按6.3.2的规定，选用专用的螺纹环规检验。

注2：相关尺寸检验合格后，在相应的格里打“√”，不合格时打“×”，并在备注栏加以标注。

附　录 E
（资料性附录）
现场钢筋接头连接质量记录表

工程名称		钢筋规格		抽检数量	
工程部位		生产班次		代表数量	
提供单位		生产日期		接头类型	
检验结果					
序　号	钢筋直径	拧紧力矩值检验	外露有效螺纹检验		备　　注
			左	右	

质检负责人：　　　　　　　　　　　　检验员：　　　　　　　　　　　　检验日期：

注 1：拧紧力矩值检验应按表 3 的规定进行检验。

注 2：外露有效螺纹检验按 6.3.3 的规定检验。

注 3：相关检验合格后，在相应的格里打“√”，不合格时打“×”，并在备注栏加以标注。

关于发布行业标准《钢筋焊接及验收规程》的公告

建设部[2003]第128号

现批准《钢筋焊接及验收规程》为行业标准，编号为JGJ 18—2003，自2003年5月1日起实施。其中，第1.0.3、3.0.5、4.1.3、5.1.7、5.1.8条为强制性条文，必须严格执行。原行业标准《钢筋焊接及验收规程》JGJ 18—96同时废止。

中华人民共和国建设部

2003年3月27日

前　言

根据建设部建标[2000]284号文的要求，标准编制组在广泛调查研究，认真总结实践经验，参考有关国际标准和国外先进标准，并在广泛征求意见基础上修订了本规程。

本规程的主要技术内容是：1　总则；2　术语；3　材料；4　钢筋焊接；5　质量检验与验收；6　焊工考试。

本次修订的主要内容：1.根据国家现行标准，修改适用于焊接的钢筋牌号、名称和接头强度指标；2.增加HRB500钢筋闪光对焊和封闭环式箍筋闪光对焊；3.增加熔态气压焊工艺和氧液化石油气压焊的规定；4.增加HRB400钢筋与钢板电弧搭接焊、预埋件钢筋电弧焊和埋弧压力焊、钢筋电渣压力焊的规定；5.各种钢筋焊接接头和焊点的质量检验与验收划分为主控项目和一般项目两类，纵向受力钢筋4种焊接接头的拉伸试验合并成一条，2种焊接接头弯曲试验合并成一条，均规定为主控项目，增加附录A纵向受力钢筋焊接接头检验批质量验收记录的规定；6.增加钢筋电渣压力焊接头拉伸试验的断裂位置和断口特征的质量要求；7.某些焊接工艺规定适当简化、合并，或移于“条文说明”中；8.电阻点焊焊点的质量验收由两节合并为一节，统一焊点抗剪力指标；9.焊工操作技能考试评定标准局部修改等等。

本规程由建设部负责管理和对强制性条文的解释，由主编单位负责具体技术内容的解释。

本规程主编单位：陕西省建筑科学研究设计院（地址：西安市环城西路北段272号，邮政编码：710082）。

本规程参加单位：北京建工集团有限责任公司、北京中建建筑科学技术研究院、上海住总(集团)总公司、四川省建筑科学研究院、北京市建设工程质量监督总站、北京第一通用机械厂对焊机分厂、江苏省无锡市日新机械厂、中国水利水电第十二工程局施工科学研究所、首钢总公司技术研究院、贵州钢龙焊接技术有限公司。

本规程主要起草人：陈金安、吴成材、艾永祥、刘子健、纪怀钦、李蔷、陈英辉、张玉平、付洪、邹士平、李本端、李永东、袁远刚。

中华人民共和国行业标准

JGJ 18—2003

钢筋焊接及验收规程

Specification for welding and acceptance of reinforcing steel bars

1 总则

1.0.1 为了在钢筋焊接施工中采用合理的焊接工艺和统一质量验收标准,做到技术先进,确保质量,制订本规程。

1.0.2 本规程适用于建筑工程混凝土结构中的钢筋焊接施工及质量检验与验收。

1.0.3 从事钢筋焊接施工的焊工必须持有焊工考试合格证,才能上岗操作。

1.0.4 在进行钢筋焊接施工及质量检验与验收时,除按本规程规定执行外,尚应符合国家现行有关强制性标准的规定。

2 术语

2.0.1 钢筋电阻点焊 resistance spot welding of reinforcing steel bar

将两钢筋安放成交叉叠接形式,压紧于两电极之间,利用电阻热熔化母材金属,加压形成焊点的一种压焊方法。

2.0.2 钢筋闪光对焊 flash butt welding of reinforcing steel bar

将两钢筋安放成对接形式,利用电阻热使接触点金属熔化,产生强烈飞溅,形成闪光,迅速施加顶锻力完成的一种压焊方法。

2.0.3 钢筋电弧焊 arc welding of reinforcing steel bar

以焊条作为一极,钢筋为另一极,利用焊接电流通过产生的电弧热进行焊接的一种熔焊方法。

2.0.4 钢筋窄间隙电弧焊 narrow-gap arc welding of reinforcing steel bar

将两钢筋安放成水平对接形式,并置于铜模内,中间留有少量间隙,用焊条从接头根部引弧,连续向上焊接完成的一种电弧焊方法。

2.0.5 钢筋电渣压力焊 electroslag pressure welding of reinforcing steel bar

将两钢筋安放成竖向对接形式,利用焊接电流通过两钢筋端面间隙,在焊剂层下形成电弧过程和电渣过程,产生电弧热和电阻热,熔化钢筋,加压完成的一种压焊方法。

2.0.6 钢筋气压焊 gas pressure welding of reinforcing steel bar

采用氧乙炔火焰或其他火焰对两钢筋对接处加热,使其达到塑性状态(固态)或熔化状态(熔态)后,加压完成的一种压焊方法。

2.0.7 预埋件钢筋埋弧压力焊 submerged-arc pressure welding of reinforcing steel bar at prefabricated components

将钢筋与钢板安放成 T 型接头形式,利用焊接电流通过,在焊剂层下产生电弧,形成熔池,加压完成的一种压焊方法。

2.0.8 压入深度 pressed depth

在焊接骨架或焊接网的电阻点焊中,两钢筋相互压入的深度。

2.0.9 焊缝余高 reinforcement;excess weld metal

焊缝表面焊趾连线上的那部分金属的高度。

2.0.10 熔合区 bond

焊接接头中，焊缝与热影响区相互过渡的区域。

2.0.11 热影响区 heat-affected zone

焊接或热切割过程中，钢筋母材因受热的影响(但未熔化)，使金属组织和力学性能发生变化的区域。

2.0.12 延性断裂 ductile fracture

伴随明显塑性变形而形成延性断口(断裂面与拉应力垂直或倾斜，其上具有细小的凹凸，呈纤维状)的断裂。

2.0.13 脆性断裂 brittle fracture

几乎不伴随塑性变形而形成脆性断口(断裂面通常与拉应力垂直，宏观上由具有光泽的亮面组成)的断裂。

3 材料

3.0.1 适用于本规程的焊接钢筋，其力学性能和化学成分应分别符合下列现行国家标准的规定：

《钢筋混凝土用热轧带肋钢筋》GB 1499；

《钢筋混凝土用热轧光圆钢筋》GB 13013；

《钢筋混凝土用余热处理钢筋》GB 13014；

《冷轧带肋钢筋》GB 13788；

《低碳钢热轧圆盘条》GB/T 701。

3.0.2 预埋件接头、熔槽帮条焊接头和坡口焊接头中的钢板和型钢，宜采用低碳钢或低合金钢，其力学性能和化学成分应分别符合现行国家标准《碳素结构钢》GB 700 或《低合金高强度结构钢》GB/T 1591 的规定。

3.0.3 电弧焊所采用的焊条，应符合现行国家标准《碳钢焊条》GB/T 5117 或《低合金钢焊条》GB/T 5118的规定，其型号应根据设计确定；若设计无规定时，可按表 3.0.3 选用。

表 3.0.3 钢筋电弧焊焊条型号

钢筋牌号	电弧焊接头型式			
	帮条焊 搭接焊	坡口焊 熔槽帮条焊 预埋件穿孔塞焊	窄间隙焊	钢筋与钢板搭接焊 预埋件 T 型角焊
HPB 235	E4303	E4303	E4316 E4315	E4303
HRB 335	E4303	E5003	E5016 E5015	E4303
HRB 400	E5003	E5503	E6016 E6015	E5003
RRB 400	E5003	E5503	—	—

3.0.4 在电渣压力焊和预埋件埋弧压力焊中，可采用 HJ431 焊剂。

3.0.5 凡施焊的各种钢筋、钢板均应有质量证明书；焊条、焊剂应有产品合格证。

3.0.6 钢筋进场时，应按现行国家标准中的规定，抽取试件作力学性能检验，其质量必须符合有关标准规定。

3.0.7 各种焊接材料应分类存放、妥善管理；应采取防止锈蚀、受潮变质的措施。

3.0.8 氧气的质量应符合现行国家标准《工业用氧》GB/T 3863 的规定，其纯度应大于或等于 99.5%。

乙炔的质量应符合现行国家标准《溶解乙炔》GB 6819 的规定，其纯度应大于或等于 98.0%。

液化石油气应符合现行国家标准《液化石油气》GB 11174 或《油气田液化石油气》GB 9052.1 的各项规定。

4 钢筋焊接

4.1 一般规定

4.1.1 钢筋焊接时，各种焊接方法的适用范围应符合表 4.1.1 的规定。

表 4.1.1 钢筋焊接方法的适用范围

焊接方法			接头型式	适用范围	
				钢筋牌号	钢筋直径/mm
电阻点焊				HPB235 HRB335 HRB400 CRB550	8～16 6～16 6～16 4～12
闪光对焊			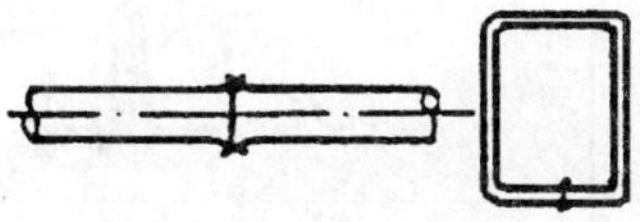	HPB235 HRB335 HRB400 RRB400 HRB500 Q235	8～20 6～40 6～40 10～32 10～40 6～14
电弧焊	帮条焊	双面焊	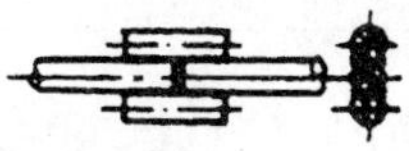	HPB235 HRB335 HRB400 RRB400	10～20 10～40 10～40 10～25
电弧焊	帮条焊	单面焊	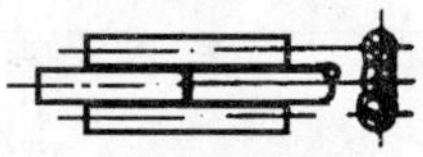	HPB235 HRB335 HRB400 RRB400	10～20 10～40 10～40 10～25
电弧焊	搭接焊	双面焊		HPB235 HRB335 HRB400 RRB400	10～20 10～40 10～40 10～25
电弧焊	搭接焊	单面焊		HPB235 HRB335 HRB400 RRB400	10～20 10～40 10～40 10～25
电弧焊	熔槽帮条焊			HPB235 HRB335 HRB400 RRB400	20 20～40 20～40 20～25
电弧焊	坡口焊	平焊		HPB235 HRB335 HRB400 RRB400	18～20 18～40 18～40 18～25
电弧焊	坡口焊	立焊		HPB235 HRB335 HRB400 RRB400	18～20 18～40 18～40 18～25
电弧焊	钢筋与钢板搭接焊			HPB235 HRB335 HRB400	8～20 8～40 8～25

续表 4.1.1

<table>
<tr><td colspan="3" rowspan="2">焊 接 方 法</td><td rowspan="2">接 头 型 式</td><td colspan="2">适用范围</td></tr>
<tr><td>钢筋牌号</td><td>钢筋直径/mm</td></tr>
<tr><td rowspan="3">电弧焊</td><td colspan="2">窄间隙焊</td><td></td><td>HPB235
HRB335
HRB400</td><td>16～20
16～40
16～40</td></tr>
<tr><td rowspan="2">预埋件
电弧焊</td><td>角焊</td><td></td><td>HPB235
HRB335
HRB400</td><td>8～20
6～25
6～25</td></tr>
<tr><td>穿孔塞焊</td><td></td><td>HPB235
HRB335
HRB400</td><td>20
20～25
20～25</td></tr>
<tr><td colspan="3">电渣压力焊</td><td></td><td>HPB235
HRB335
HRB400</td><td>14～20
14～32
14～32</td></tr>
<tr><td colspan="3">气压焊</td><td></td><td>HPB235
HRB335
HRB400</td><td>14～20
14～40
14～40</td></tr>
<tr><td colspan="3">预埋件钢筋
埋弧压力焊</td><td></td><td>HPB235
HRB335
HRB400</td><td>8～20
6～25
6～25</td></tr>
<tr><td colspan="6">注：1　电阻点焊时，适用范围的钢筋直径系指 2 根不同直径钢筋交叉叠接中较小钢筋的直径；
2　当设计图纸规定对冷拔低碳钢丝焊接网进行电阻点焊，或对原 RL540 钢筋（Ⅳ级）进行闪光对焊时，可按本规程相关条款的规定实施；
3　钢筋闪光对焊含封闭环式箍筋闪光对焊。</td></tr>
</table>

4.1.2　电渣压力焊适用于柱、墙、构筑物等现浇混凝土结构中竖向受力钢筋的连接；不得在竖向焊接后横置于梁、板等构件中作水平钢筋用。

4.1.3　在工程开工正式焊接之前，参与该项施焊的焊工应进行现场条件下的焊接工艺试验，并经试验合格后，方可正式生产。试验结果应符合质量检验与验收时的要求。

4.1.4　钢筋焊接施工之前，应清除钢筋、钢板焊接部位以及钢筋与电极接触处表面上的锈斑、油污、杂物等；钢筋端部当有弯折、扭曲时，应予以矫直或切除。

4.1.5　带肋钢筋进行闪光对焊、电弧焊、电渣压力焊和气压焊时，宜将纵肋对纵肋安放和焊接。

4.1.6　当采用低氢型碱性焊条时，应按使用说明书的要求烘焙，且宜放入保温筒内保温使用；酸性焊条若在运输或存放中受潮，使用前亦应烘焙后方能使用。

4.1.7　焊剂应存放在干燥的库房内，当受潮时，在使用前应经 250℃～300℃烘焙 2 h。

使用中回收的焊剂应清除熔渣和杂物，并应与新焊剂混合均匀后使用。

4.1.8　在环境温度低于－5℃条件下施焊时，焊接工艺应符合下列要求：

1　闪光对焊时，宜采用预热闪光焊或闪光-预热闪光焊；可增加调伸长度，采用较低变压器级数，增加预热次数和间歇时间。

2　电弧焊时，宜增大焊接电流，减低焊接速度。

电弧帮条焊或搭接焊时，第一层焊缝应从中间引弧，向两端施焊；以后各层控温施焊，层间温度控制在 150℃～350℃之间。多层施焊时，可采用回火焊道施焊。

3　当环境温度低于－20℃时，不宜进行各种焊接。

4.1.9　雨天、雪天不宜在现场进行施焊；必须施焊时，应采取有效遮蔽措施。焊后未冷却接头不得碰到冰雪。

在现场进行闪光对焊或电弧焊，当风速超过 7.9 m/s 时，应采取挡风措施。进行气压焊，当风速超过 5.4 m/s 时，应采取挡风措施。

4.1.10　进行电阻点焊、闪光对焊、电渣压力焊、埋弧压力焊时，应随时观察电源电压的波动情况，当电源电压下降大于 5%、小于 8%，应采取提高焊接变压器级数的措施；当大于或等于 8%时，不得进行焊接。

4.1.11　焊机应经常维护保养和定期检修，确保正常使用。

4.1.12　对从事钢筋焊接施工的班组及有关人员应经常进行安全生产教育，执行现行国家标准《焊接与切割安全》GB 9448 中有关规定，对氧、乙炔、液化石油气等易燃、易爆材料，应妥善管理，注意周边环境，制定和实施各项安全技术措施，加强焊工的劳动保护，防止发生烧伤、触电、火灾、爆炸以及烧坏焊接设备等事故。

4.2　钢筋电阻点焊

4.2.1　混凝土结构中的钢筋焊接骨架和钢筋焊接网，宜采用电阻点焊制作。

4.2.2　钢筋焊接骨架和钢筋焊接网可由 HPB235、HRB335、HRB400、CRB550 钢筋制成。当两根钢筋直径不同时，焊接骨架较小钢筋直径小于或等于 10 mm 时，大、小钢筋直径之比不宜大于 3；当较小钢筋直径为 12 mm～16 mm 时，大、小钢筋直径之比，不宜大于 2。焊接网较小钢筋直径不得小于较大钢筋直径的 0.6 倍。

4.2.3　电阻点焊的工艺过程中应包括预压、通电、锻压三个阶段。

4.2.4　电阻点焊应根据钢筋牌号、直径及焊机性能等具体情况，选择合适的变压器级数、焊接通电时间和电极压力。

4.2.5　焊点的压入深度应为较小钢筋直径的 18%～25%。

4.2.6　钢筋多头点焊机宜用于同规格焊接网的成批生产。当点焊生产时，除符合上述规定外，尚应准确调整好各个电极之间的距离、电极压力，并应经常检查各个焊点的焊接电流和焊接通电时间。

当采用钢筋焊接网成型机组进行生产时，应按设备使用说明书中的规定进行安装、调试和操作，根据钢筋直径选用合适电极压力和焊接通电时间。

4.2.7　在点焊生产中，应经常保持电极与钢筋之间接触面的清洁平整；当电极使用变形时，应及时修整。

4.2.8　钢筋点焊生产过程中，随时检查制品的外观质量，当发现焊接缺陷时，应查找原因并采取措施，及时消除。

4.3　钢筋闪光对焊

4.3.1　钢筋的对接焊接宜采用闪光对焊；其焊接工艺方法按下列规定选择：

1　当钢筋直径较小，钢筋牌号较低，在本规程表 4.3.2 的规定范围内，可采用“连续闪光焊”；

2　当超过表中规定，且钢筋端面较平整，宜采用“预热闪光焊”；

3　当超过表中规定，且钢筋端面不平整，应采用“闪光-预热闪光焊”。

4.3.2　连续闪光焊所能焊接的钢筋上限直径，应根据焊机容量、钢筋牌号等具体情况而定，并应符合表 4.3.2 的规定。

表 4.3.2　连续闪光焊钢筋上限直径

焊机容量/(kV·A)	钢筋牌号	钢筋直径/mm
160 (150)	HPB235	20
	HRB335	22
	HRB400	20
	RRB400	20

续表 4.3.2

焊机容量/(kV·A)	钢筋牌号	钢筋直径/mm
100	HPB235 HRB335 HRB400 RRB400	20 18 16 16
80 (75)	HPB235 HRB335 HRB400 RRB400	16 14 12 12
40	HPB235 Q235 HRB335 HRB400 RRB400	10

4.3.3 闪光对焊时，应选择合适的调伸长度、烧化留量、顶锻留量以及变压器级数等焊接参数。连续闪光焊时的留量应包括烧化留量、有电顶锻留量和无电顶锻留量；闪光-预热闪光焊时的留量应包括：一次烧化留量、预热留量、二次烧化留量、有电顶锻留量和无电顶锻留量。

4.3.4 变压器级数应根据钢筋牌号、直径、焊机容量以及焊接工艺方法等具体情况选择。

4.3.5 RRB400 钢筋闪光对焊时，与热轧钢筋比较，应减小调伸长度，提高焊接变压器级数，缩短加热时间，快速顶锻，形成快热快冷条件，使热影响区长度控制在钢筋直径的 0.6 倍范围之内。

4.3.6 HRB500 钢筋焊接时，应采用预热闪光焊或闪光-预热闪光焊工艺。当接头拉伸试验结果发生脆性断裂，或弯曲试验不能达到规定要求时，尚应在焊机上进行焊后热处理。

4.3.7 当螺丝端杆与预应力钢筋对焊时，宜事先对螺丝端杆进行预热，并减小调伸长度；钢筋一侧的电极应垫高，确保两者轴线一致。

4.3.8 采用 UN2-150 型对焊机(电动机凸轮传动)或 UN17-150-1 型对焊机(气-液压传动)进行大直径钢筋焊接时，宜首先采取锯割或气割方式对钢筋端面进行平整处理；然后，采取预热闪光焊工艺。

4.3.9 封闭环式箍筋采用闪光对焊时，钢筋断料宜采用无齿锯切割，断面应平整。当箍筋直径为 12 mm及以上时，宜采用 UN1-75 型对焊机和连续闪光焊工艺；当箍筋直径为 6 mm～10 mm，可使用 UN1-40 型对焊机，并应选择较大变压器级数。

4.3.10 在闪光对焊生产中，当出现异常现象或焊接缺陷时，应查找原因，采取措施，及时消除。

4.4 钢筋电弧焊

4.4.1 钢筋电弧焊包括帮条焊、搭接焊、坡口焊、窄间隙焊和熔槽帮条焊 5 种接头型式。焊接时，应符合下列要求：

1 应根据钢筋牌号、直径、接头型式和焊接位置，选择焊条、焊接工艺和焊接参数；

2 焊接时，引弧应在垫板、帮条或形成焊缝的部位进行，不得烧伤主筋；

3 焊接地线与钢筋应接触紧密；

4 焊接过程中应及时清渣，焊缝表面应光滑，焊缝余高应平缓过渡，弧坑应填满。

4.4.2 帮条焊时，宜采用双面焊(图 4.4.2a)；当不能进行双面焊时，方可采用单面焊(图 4.4.2b)。

帮条长度 l 应符合表 4.4.2 的规定。当帮条牌号与主筋相同时，帮条直径可与主筋相同或小一个规格；当帮条直径与主筋相同时，帮条牌号可与主筋相同或低一个牌号。

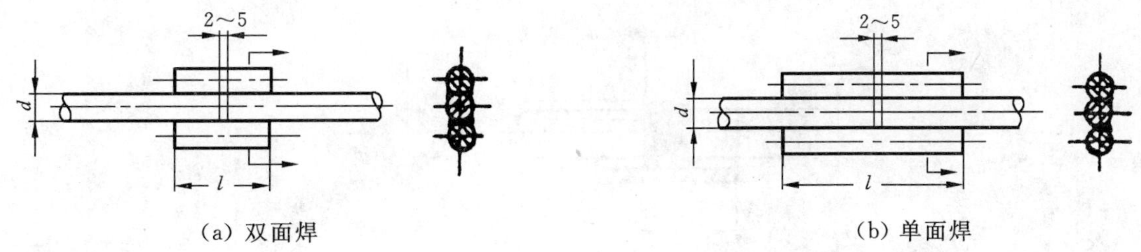

d—钢筋直径；l—帮条长度

图 4.4.2 钢筋帮条焊接头

表 4.4.2 钢筋帮条长度

钢筋牌号	焊缝型式	帮条长度 l
HPB235	单面焊	≥8d
	双面焊	≥4d
HRB335 HRB400 RRB400	单面焊	≥10d
	双面焊	≥5d
注：d 为主筋直径(mm)。		

4.4.3 搭接焊时，宜采用双面焊(图 4.4.3a)。当不能进行双面焊时，方可采用单面焊(图 4.4.3b)。搭接长度可与本规程表 4.4.2 帮条长度相同。

4.4.4 帮条焊接头或搭接焊接头的焊缝厚度 s 不应小于主筋直径的 0.3 倍；焊缝宽度 b 不应小于主筋直径的 0.8 倍(图 4.4.4)。

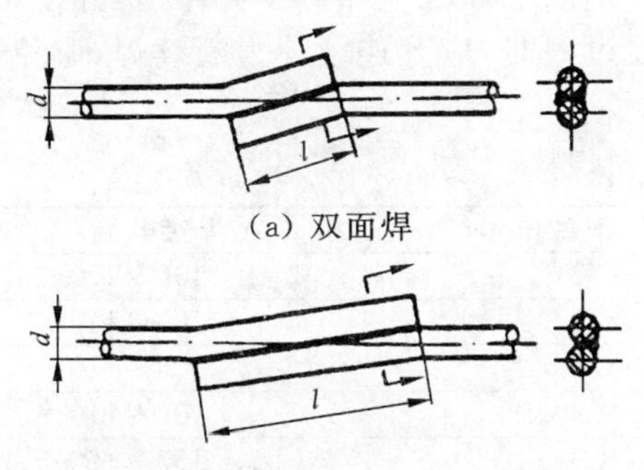

d—钢筋直筋；l—搭接长度

图 4.4.3 钢筋搭接焊接头

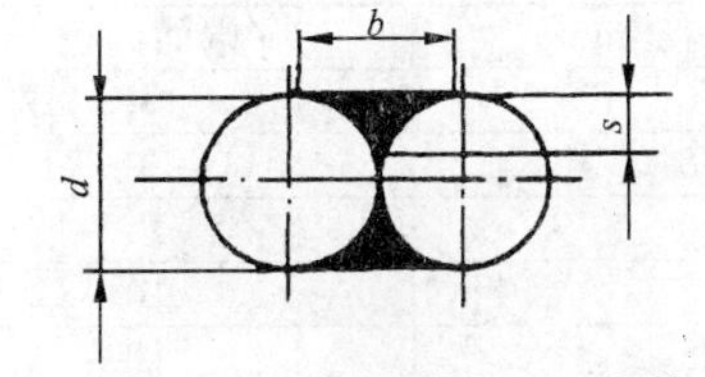

b—焊缝宽度；s—焊缝厚度；d—钢筋直径

图 4.4.4 焊缝尺寸示意图

4.4.5 帮条焊或搭接焊时，钢筋的装配和焊接应符合下列要求：

1 帮条焊时，两主筋端面的间隙应为 2 mm～5 mm；

2 搭接焊时，焊接端钢筋应预弯，并应使两钢筋的轴线在同一直线上；

3 帮条焊时，帮条与主筋之间应用四点定位焊固定；搭接焊时，应用两点固定；定位焊缝与帮条端部或搭接端部的距离宜大于或等于 20 mm；

4 焊接时，应在帮条焊或搭接焊形成焊缝中引弧；在端头收弧前应填满弧坑，并应使主焊缝与定位焊缝的始端和终端熔合。

4.4.6 熔槽帮条焊适用于直径 20 mm 及以上钢筋的现场安装焊接。焊接时应加角钢作垫板模。接头形式(图 4.4.6)、角钢尺寸和焊接工艺应符合下列要求：

1 角钢边长宜为 40 mm～60 mm；

2 钢筋端头应加工平整；

3 从接缝处垫板引弧后应连续施焊，并应使钢筋端部熔合，防止未焊透、气孔或夹渣；

4 焊接过程中应停焊清渣 1 次；焊平后，再进行焊缝余高的焊接，其高度不得大于 3 mm；

5 钢筋与角钢垫板之间，应加焊侧面焊缝 1～3 层，焊缝应饱满，表面应平整。

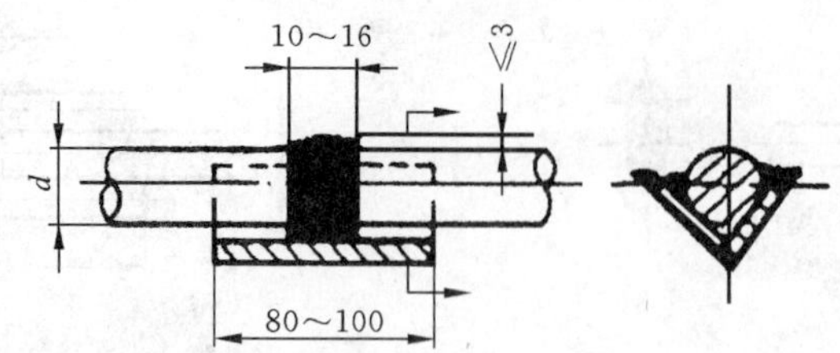

图 4.4.6　钢筋熔槽帮条焊接头

4.4.7　窄间隙焊适用于直径 16 mm 及以上钢筋的现场水平连接。焊接时，钢筋端部应置于铜模中，并应留出一定间隙，用焊条连续焊接，熔化钢筋端面和使熔敷金属填充间隙，形成接头(图 4.4.7)；其焊接工艺应符合下列要求：

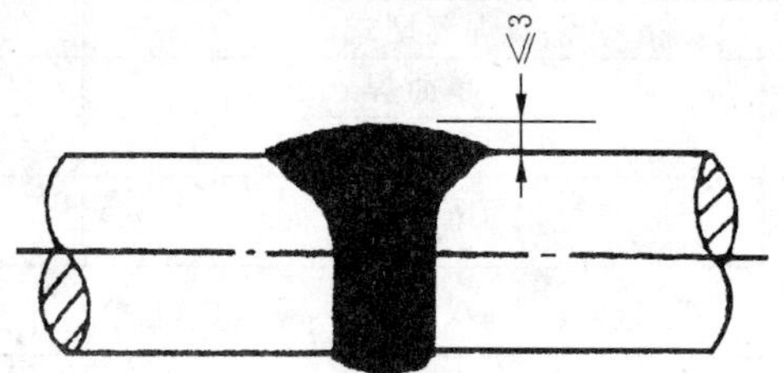

图 4.4.7　钢筋窄间隙焊接头

1　钢筋端面应平整；

2　应选用低氢型碱性焊条，其型号应符合本规程第 3.0.3 条的规定；

3　端面间隙和焊接参数可按表 4.4.7 选用；

4　从焊缝根部引弧后应连续进行焊接，左右来回运弧，在钢筋端面处电弧应少许停留，并使熔合；

5　当焊至端面间隙的 4/5 高度后，焊缝逐渐扩宽；当熔池过大时，应改连续焊为断续焊，避免过热；

6　焊缝余高不得大于 3 mm，且应平缓过渡至钢筋表面。

表 4.4.7　窄间隙焊端面间隙和焊接参数

钢筋直径/mm	端面间隙/mm	焊条直径/mm	焊接电流/A
16	9～11	3.2	100～110
18	9～11	3.2	100～110
20	10～12	3.2	100～110
22	10～12	3.2	100～110
25	12～14	4.0	150～160
28	12～14	4.0	150～160
32	12～14	4.0	150～160
36	13～15	5.0	220～230
40	13～15	5.0	220～230

4.4.8　预埋件钢筋电弧焊 T 型接头可分为角焊和穿孔塞焊两种(图 4.4.8)。装配和焊接时，应符合下列要求：

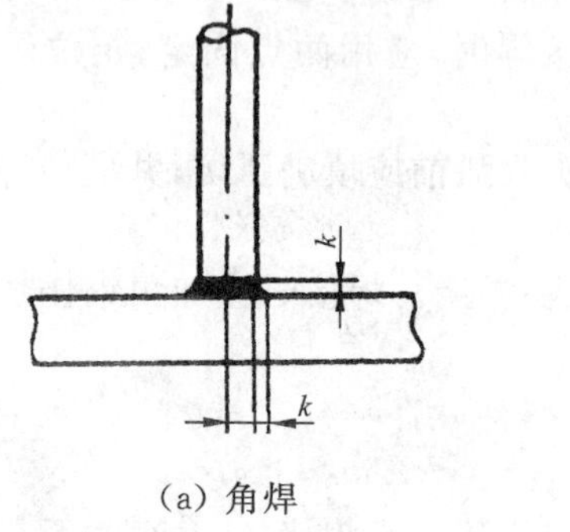

(a) 角焊

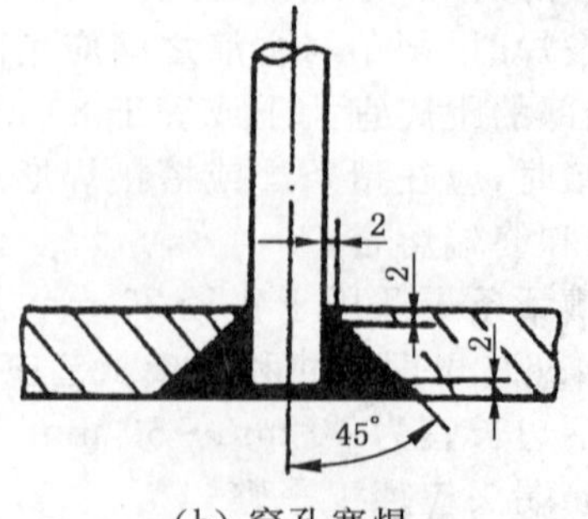

(b) 穿孔塞焊

k—焊脚

图 4.4.8　预埋件钢筋电弧焊 T 型接头

1 当采用 HPB235 钢筋时，角焊缝焊脚(k)不得小于钢筋直径的 0.5 倍；采用 HRB335 和 HRB400 钢筋时，焊脚(k)不得小于钢筋直径的 0.6 倍；

2 施焊中，不得使钢筋咬边和烧伤。

4.4.9 钢筋与钢板搭接焊时，焊接接头(图 4.4.9)应符合下列要求：

1 HPB235 钢筋的搭接长度(l)不得小于 4 倍钢筋直径，HRB335 和 HRB400 钢筋搭接长度(l)不得小于 5 倍钢筋直径；

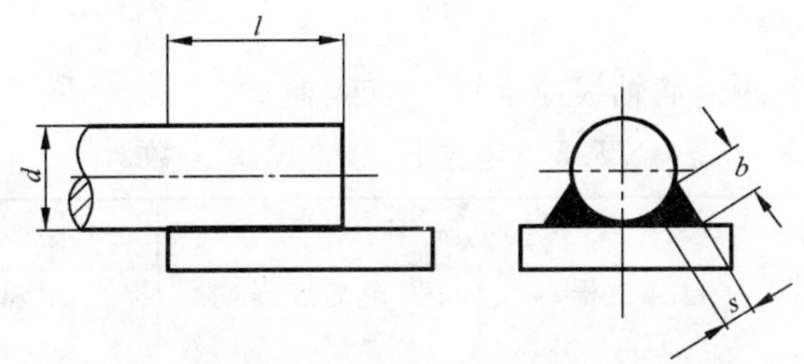

d—钢筋直径；l—搭接长度；b—焊缝宽度；s—焊缝厚度

图 4.4.9 钢筋与钢板搭接焊接头

2 焊缝宽度不得小于钢筋直径的 0.6 倍，焊缝厚度不得小于钢筋直径的 0.35 倍。

4.4.10 坡口焊的准备工作和焊接工艺应符合下列要求：

1 坡口面应平顺，切口边缘不得有裂纹、钝边和缺棱；

2 坡口角度可按图 4.4.10 中数据选用；

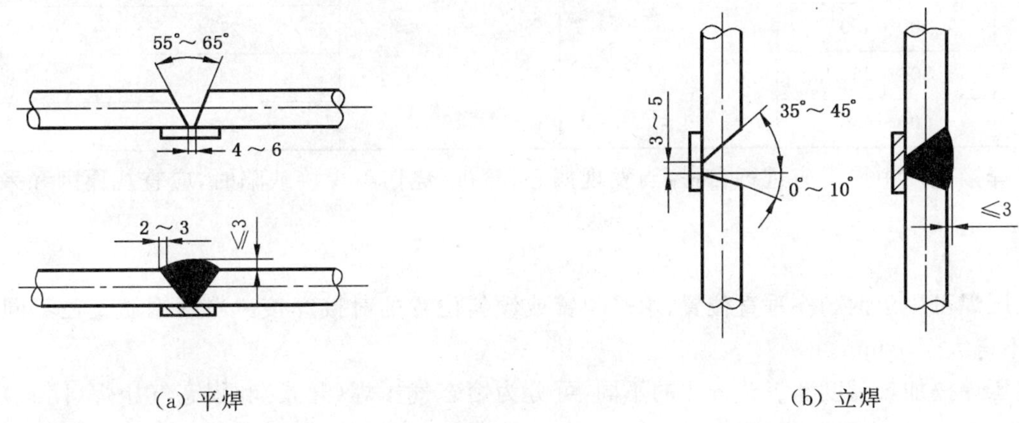

(a) 平焊 (b) 立焊

图 4.4.10 钢筋坡口焊接头

3 钢垫板厚度宜为 4 mm～6 mm，长度宜为 40 mm～60 mm；平焊时，垫板宽度应为钢筋直径加 10 mm；立焊时，垫板宽度宜等于钢筋直径；

4 焊缝的宽度应大于 V 型坡口的边缘 2 mm～3 mm，焊缝余高不得大于 3 mm，并平缓过渡至钢筋表面；

5 钢筋与钢垫板之间，应加焊二、三层侧面焊缝；

6 当发现接头中有弧坑、气孔及咬边等缺陷时，应立即补焊。

4.5 钢筋电渣压力焊

4.5.1 电渣压力焊适用于现浇钢筋混凝土结构中竖向或斜向(倾斜度在 4∶1 范围内)钢筋的连接。

4.5.2 电渣压力焊焊机容量应根据所焊钢筋直径选定。

4.5.3 焊接夹具应具有足够刚度，在最大允许荷载下应移动灵活，操作便利，电压表、时间显示器应配备齐全。

4.5.4 电渣压力焊工艺过程应符合下列要求：

1 焊接夹具的上下钳口应夹紧于上、下钢筋上；钢筋一经夹紧，不得晃动；

2 引弧可采用直接引弧法，或铁丝圈(焊条芯)引弧法；

3　引燃电弧后，应先进行电弧过程，然后，加快上钢筋下送速度，使钢筋端面与液态渣池接触，转变为电渣过程，最后在断电的同时，迅速下压上钢筋，挤出熔化金属和熔渣；

4　接头焊毕，应稍作停歇，方可回收焊剂和卸下焊接夹具；敲去渣壳后，四周焊包凸出钢筋表面的高度不得小于4 mm。

4.5.5　电渣压力焊焊接参数应包括焊接电流、焊接电压和通电时间，采用HJ431焊剂时，宜符合表4.5.5的规定。采用专用焊剂或自动电渣压力焊机时，应根据焊剂或焊机使用说明书中推荐数据，通过试验确定。

不同直径钢筋焊接时，上下两钢筋轴线应在同一直线上。

表 4.5.5　电渣压力焊焊接参数

钢筋直径/mm	焊接电流/A	焊接电压/V		焊接通电时间/s	
		电弧过程 $U_{2.1}$	电渣过程 $U_{2.2}$	电弧过程 t_1	电渣过程 t_2
14	200～220	35～45	18～22	12	3
16	200～250			14	4
18	250～300			15	5
20	300～350			17	5
22	350～400			18	6
25	400～450			21	6
28	500～550			24	6
32	600～650			27	7

4.5.6　在焊接生产中焊工应进行自检，当发现偏心、弯折、烧伤等焊接缺陷时，应查找原因和采取措施，及时消除。

4.6　钢筋气压焊

4.6.1　气压焊可用于钢筋在垂直位置、水平位置或倾斜位置的对接焊接。当两钢筋直径不同时，其两直径之差不得大于7 mm。

4.6.2　气压焊按加热温度和工艺方法的不同，可分为熔态气压焊(开式)和固态气压焊(闭式)两种；在一般情况下，宜优先采用熔态气压焊。

4.6.3　气压焊设备应符合下列要求：

1　供气装置应包括氧气瓶、溶解乙炔气瓶或液化石油气瓶、干式回火防止器、减压器及胶管等。氧气瓶、溶解乙炔气瓶或液化石油气瓶的使用分别按照国家质量技术监督局颁发的现行《气瓶安全监察规程》和劳动部颁发的现行《溶解乙炔气瓶安全监察规程》中有关规定执行。

2　焊接夹具应能夹紧钢筋，当钢筋承受最大轴向压力时，钢筋与夹头之间不得产生相对滑移；应便于钢筋的安装定位，并在施焊过程中保持刚度；动夹头应与定夹头同心，并且当不同直径钢筋焊接时、亦应保持同心；动夹头的位移应大于或等于现场最大直径钢筋焊接时所需要的压缩长度。

4.6.4　采用固态气压焊时，其焊接工艺应符合下列要求：

1　焊前钢筋端面应切平、打磨，使其露出金属光泽，钢筋安装夹牢，预压顶紧后，两钢筋端面局部间隙不得大于3 mm；

2　气压焊加热开始至钢筋端面密合前，应采用碳化焰集中加热；钢筋端面密合后可采用中性焰宽幅加热；焊接全过程不得使用氧化焰；

3　气压焊顶压时，对钢筋施加的顶压力应为(30～40) N/mm^2。

4.6.5　采用熔态气压焊时，其焊接工艺应符合下列要求：

1　安装前，两钢筋端面之间应预留 3 mm～5 mm 间隙；

2　气压焊开始时，首先使用中性焰加热，待钢筋端头至熔化状态，附着物随熔滴流走，端部呈凸状时，即加压，挤出熔化金属，并密合牢固；

3　使用氧液化石油气火焰进行熔态气压焊时，应适当增大氧气用量。

4.6.6　在加热过程中，当在钢筋端面缝隙完全密合之前发生灭火中断现象时，应将钢筋取下重新打磨、安装，然后点燃火焰进行焊接。当发生在钢筋端面缝隙完全密合之后，可继续加热加压。

4.6.7　在焊接生产中，焊工应自检，当发现焊接缺陷时，应查找原因和采取措施，及时消除。

4.7　预埋件钢筋埋弧压力焊

4.7.1　埋弧压力焊设备应符合下列要求：

1　根据钢筋直径大小，选用 500 型或 1 000 型弧焊变压器作为焊接电源；

2　焊接机构应操作方便、灵活；宜装有高频引弧装置；焊接地线宜采取对称接地法，以减少电弧偏移；操作台面上应装有电压表和电流表；

3　控制系统应灵敏、准确；并应配备时间显示装置或时间继电器，以控制焊接通电时间。

4.7.2　埋弧压力焊工艺过程应符合下列要求：

1　钢板应放平，并与铜板电极接触紧密；

2　将锚固钢筋夹于夹钳内，应夹牢；并应放好挡圈，注满焊剂；

3　接通高频引弧装置和焊接电源后，应立即将钢筋上提，引燃电弧，使电弧稳定燃烧，再渐渐下送；

4　迅速顶压时不得用力过猛；

5　敲去渣壳，四周焊包凸出钢筋表面的高度不得小于 4 mm。

4.7.3　埋弧压力焊的焊接参数应包括引弧提升高度、电弧电压、焊接电流和焊接通电时间。

4.7.4　在埋弧压力焊生产中，引弧、燃弧（钢筋维持原位或缓慢下送）和顶压等环节应密切配合；焊接地线应与铜板电极接触紧密；并应及时消除电极钳口的铁锈和污物，修理电极钳口的形状。

4.7.5　在埋弧压力焊生产中，焊工应自检，当发现焊接缺陷时，应查找原因和采取措施，及时消除。

5　质量检验与验收

5.1　一般规定

5.1.1　钢筋焊接接头或焊接制品（焊接骨架、焊接网）质量检验与验收应按现行国家标准《混凝土结构工程施工质量验收规范》GB 50204 中的基本规定和本规程有关规定执行。

5.1.2　钢筋焊接接头或焊接制品应按检验批进行质量检验与验收，并划分为主控项目和一般项目两类。质量检验时，应包括外观检查和力学性能检验。

5.1.3　纵向受力钢筋焊接接头，包括闪光对焊接头、电弧焊接头、电渣压力焊接头、气压焊接头的连接方式检查和接头的力学性能检验规定为主控项目。

接头连接方式应符合设计要求，并应全数检查，检验方法为观察。

接头试件进行力学性能检验时，其质量和检查数量应符合本规程有关规定；检验方法包括：检查钢筋出厂质量证明书、钢筋进场复验报告、各项焊接材料产品合格证、接头试件力学性能试验报告等。

焊接接头的外观质量检查规定为一般项目。

5.1.4　非纵向受力钢筋焊接接头，包括交叉钢筋电阻点焊焊点、封闭环式箍筋闪光对焊接头、钢筋与钢板电弧搭接焊接头、预埋件钢筋电弧焊接头、预埋件钢筋埋弧压力焊接头的质量检验与验收，规定为一般项目。

5.1.5　焊接接头外观检查时，首先应由焊工对所焊接头或制品进行自检；然后由施工单位专业质量检查员检验；监理（建设）单位进行验收记录。

纵向受力钢筋焊接接头外观检查时，每一检验批中应随机抽取 10％的焊接接头。检查结果，当外观质量各小项不合格数均小于或等于抽检数的 10％，则该批焊接接头外观质量评为合格。

当某一小项不合格数超过抽检数的10%时，应对该批焊接接头该小项逐个进行复检，并剔出不合格接头；对外观检查不合格接头采取修整或焊补措施后，可提交二次验收。

5.1.6 力学性能检验时，应在接头外观检查合格后随机抽取试件进行试验。试验方法应按现行行业标准《钢筋焊接接头试验方法标准》JGJ/T 27 有关规定执行。试验报告应包括下列内容：

1 工程名称、取样部位；

2 批号、批量；

3 钢筋牌号、规格；

4 焊接方法；

5 焊工姓名及考试合格证编号；

6 施工单位；

7 力学性能试验结果。

5.1.7 钢筋闪光对焊接头、电弧焊接头、电渣压力焊接头、气压焊接头拉伸试验结果均应符合下列要求：

1 3个热轧钢筋接头试件的抗拉强度均不得小于该牌号钢筋规定的抗拉强度；RRB400 钢筋接头试件的抗拉强度均不得小于 570 N/mm^2；

2 至少应有2个试件断于焊缝之外，并应呈延性断裂。

当达到上述2项要求时，应评定该批接头为抗拉强度合格。

当试验结果有2个试件抗拉强度小于钢筋规定的抗拉强度，或3个试件均在焊缝或热影响区发生脆性断裂时，则一次判定该批接头为不合格品。

当试验结果有1个试件的抗拉强度小于规定值，或2个试件在焊缝或热影响区发生脆性断裂，其抗拉强度均小于钢筋规定抗拉强度的1.10倍时，应进行复验。

复验时，应再切取6个试件。复验结果，当仍有1个试件的抗拉强度小于规定值，或有3个试件断于焊缝或热影响区，呈脆性断裂，其抗拉强度小于钢筋规定抗拉强度的1.10倍时，应判定该批接头为不合格品。

注：当接头试件虽断于焊缝或热影响区，呈脆性断裂，但其抗拉强度大于或等于钢筋规定抗拉强度的1.10倍时，可按断于焊缝或热影响区之外，呈延性断裂同等对待。

5.1.8 闪光对焊接头、气压焊接头进行弯曲试验时，应将受压面的金属毛刺和镦粗凸起部分消除，且应与钢筋的外表齐平。

弯曲试验可在万能试验机、手动或电动液压弯曲试验器上进行，焊缝应处于弯曲中心点，弯心直径和弯曲角应符合表5.1.8的规定。

表5.1.8 接头弯曲试验指标

钢筋牌号	弯心直径	弯曲角/(°)
HPB235	$2d$	90
HRB335	$4d$	90
HRB400、RRB400	$5d$	90
HRB500	$7d$	90

注：1 d 为钢筋直径(mm)；
2 直径大于25 mm的钢筋焊接接头，弯心直径应增加1倍钢筋直径。

当试验结果，弯至90°，有2个或3个试件外侧(含焊缝和热影响区)未发生破裂，应评定该批接头弯曲试验合格。

当3个试件均发生破裂，则一次判定该批接头为不合格品。

当有2个试件发生破裂，应进行复验。

复验时，应再切取 6 个试件。复验结果，当有 3 个试件发生破裂时，应判定该批接头为不合格品。

注：当试件外侧横向裂纹宽度达到 0.5 mm 时，应认定已经破裂。

5.1.9 钢筋焊接接头或焊接制品质量验收时，应在施工单位自行质量评定合格的基础上，由监理(建设)单位对检验批有关资料进行核查，组织项目专业质量检查员等进行验收，对焊接接头合格与否做出结论。

纵向受力钢筋焊接接头检验批质量验收记录可按本规程附录 A 进行。

5.2 钢筋焊接骨架和焊接网

5.2.1 焊接骨架和焊接网的质量检验应包括外观检查和力学性能检验，并应按下列规定抽取试件：

1 凡钢筋牌号、直径及尺寸相同的焊接骨架和焊接网应视为同一类型制品，且每 300 件作为一批，一周内不足 300 件的亦应按一批计算；

2 外观检查应按同一类型制品分批检查，每批抽查 5%，且不得少于 5 件；

3 力学性能检验的试件，应从每批成品中切取；切取过试件的制品，应补焊同牌号、同直径的钢筋，其每边的搭接长度不应小于 2 个孔格的长度；

当焊接骨架所切取试件的尺寸小于规定的试件尺寸，或受力钢筋直径大于 8 mm 时，可在生产过程中制作模拟焊接试验网片(图 5.2.1-a)，从中切取试件。

4 由几种直径钢筋组合的焊接骨架或焊接网，应对每种组合的焊点作力学性能检验；

5 热轧钢筋的焊点应作剪切试验，试件应为 3 件；冷轧带肋钢筋焊点除作剪切试验外，尚应对纵向和横向冷轧带肋钢筋作拉伸试验，试件应各为 1 件。剪切试件纵筋长度应大于或等于 290 mm，横筋长度应大于或等于 50 mm(图 5.2.1-b)；拉伸试件纵筋长度应大于或等于 300 mm(图 5.2.1-c)；

6 焊接网剪切试件应沿同一横向钢筋随机切取；

7 切取剪切试件时，应使制品中的纵向钢筋成为试件的受拉钢筋。

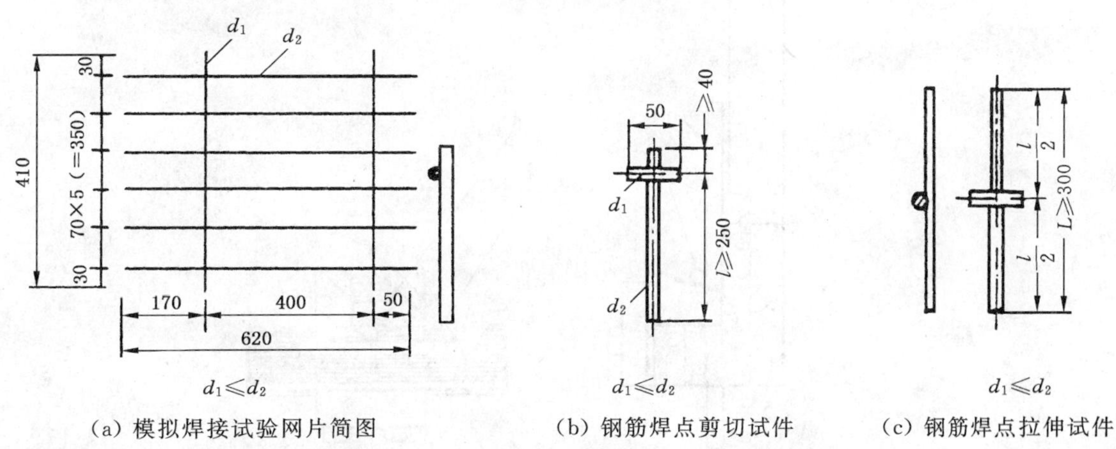

(a) 模拟焊接试验网片简图　　(b) 钢筋焊点剪切试件　　(c) 钢筋焊点拉伸试件

图 5.2.1 钢筋模拟焊接试验网片与试件

5.2.2 焊接骨架外观质量检查结果，应符合下列要求：

1 每件制品的焊点脱落、漏焊数量不得超过焊点总数的 4%，且相邻两焊点不得有漏焊及脱落；

2 应量测焊接骨架的长度和宽度，并应抽查纵、横方向 3～5 个网格的尺寸，其允许偏差应符合表 5.2.2 的规定。

当外观检查结果不符合上述要求时，应逐件检查，并剔出不合格品。对不合格品经整修后，可提交二次验收。

表 5.2.2 焊接骨架的允许偏差

项　目		允许偏差/mm
焊接骨架	长度	±10
	宽度	±5
	高度	±5

续表 5.2.2

<table>
<tr><td colspan="2">项　　目</td><td>允许偏差/mm</td></tr>
<tr><td colspan="2">骨架箍筋间距</td><td>±10</td></tr>
<tr><td rowspan="2">受力主筋</td><td>间距</td><td>±15</td></tr>
<tr><td>排距</td><td>±5</td></tr>
</table>

5.2.3　焊接网外形尺寸检查和外观质量检查结果，应符合下列要求：

1　焊接网的长度、宽度及网格尺寸的允许偏差均为±10 mm；网片两对角线之差不得大于10 mm；网格数量应符合设计规定；

2　焊接网交叉点开焊数量不得大于整个网片交叉点总数的1%，并且任一根横筋上开焊点数不得大于该根横筋交叉点总数的1/2；焊接网最外边钢筋上的交叉点不得开焊；

3　焊接网组成的钢筋表面不得有裂纹、折叠、结疤、凹坑、油污及其他影响使用的缺陷；但焊点处可有不大的毛刺和表面浮锈。

5.2.4　剪切试验时应采用能悬挂于试验机上专用的剪切试验夹具（图 5.2.4）；或采用现行行业标准《钢筋焊接接头试验方法标准》JGJ/T 27 中规定的夹具。

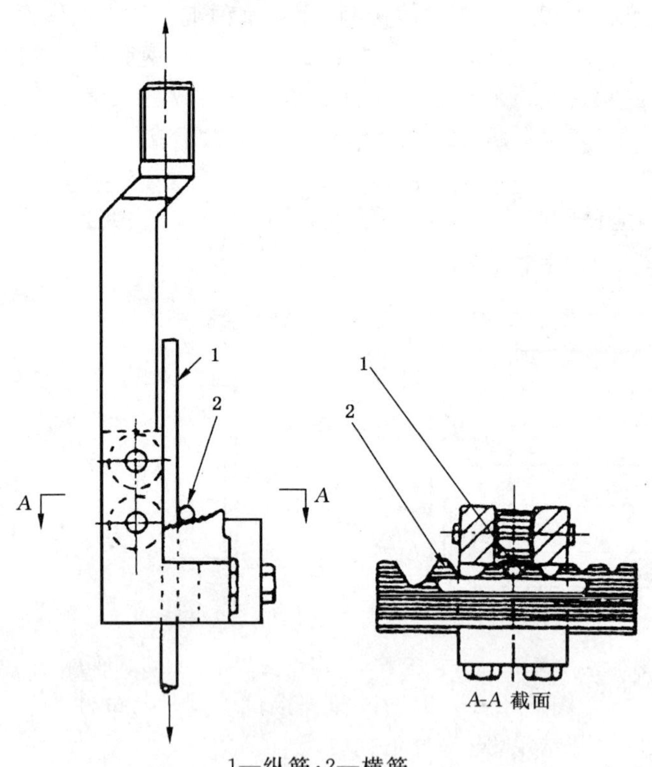

1—纵筋；2—横筋

图 5.2.4　焊点抗剪试验夹具

5.2.5　钢筋焊接骨架、焊接网焊点剪切试验结果，3个试件抗剪力平均值应符合下式要求：

$$F \geqslant 0.3\,A_0\sigma_s$$

式中：F——抗剪力(N)；

A_0——纵向钢筋的横截面面积(mm^2)；

σ_s——纵向钢筋规定的屈服强度(N/mm^2)。

注：冷轧带肋钢筋的屈服强度按 440 N/mm^2 计算。

5.2.6　冷轧带肋钢筋试件拉伸试验结果，其抗拉强度不得小于 550 N/mm^2。

5.2.7　当拉伸试验结果不合格时，应再切取双倍数量试件进行复检；复验结果均合格时，应评定该批焊接制品焊点拉伸试验合格。

当剪切试验结果不合格时，应从该批制品中再切取 6 个试件进行复验；当全部试件平均值达到要求时，应评定该批焊接制品焊点剪切试验合格。

5.3 钢筋闪光对焊接头

5.3.1 闪光对焊接头的质量检验，应分批进行外观检查和力学性能检验，并应按下列规定作为一个检验批：

1 在同一台班内，由同一焊工完成的 300 个同牌号、同直径钢筋焊接接头应作为一批。当同一台班内焊接的接头数量较少，可在一周之内累计计算；累计仍不足 300 个接头时，应按一批计算；

2 力学性能检验时，应从每批接头中随机切取 6 个接头，其中 3 个做拉伸试验，3 个做弯曲试验；

3 焊接等长的预应力钢筋（包括螺丝端杆与钢筋）时，可按生产时同等条件制作模拟试件；

4 螺丝端杆接头可只做拉伸试验；

5 封闭环式箍筋闪光对焊接头，以 600 个同牌号、同规格的接头作为一批，只做拉伸试验。

5.3.2 闪光对焊接头外观检查结果，应符合下列要求：

1 接头处不得有横向裂纹；

2 与电极接触处的钢筋表面不得有明显烧伤；

3 接头处的弯折角不得大于 3°；

4 接头处的轴线偏移不得大于钢筋直径的 0.1 倍，且不得大于 2 mm。

5.3.3 当模拟试件试验结果不符合要求时，应进行复验。复验应从现场焊接接头中切取，其数量和要求与初始试验相同。

5.4 钢筋电弧焊接头

5.4.1 电弧焊接头的质量检验，应分批进行外观检查和力学性能检验，并应按下列规定作为一个检验批：

1 在现浇混凝土结构中，应以 300 个同牌号钢筋、同型式接头作为一批；在房屋结构中，应在不超过二楼层中 300 个同牌号钢筋、同型式接头作为一批。每批随机切取 3 个接头，做拉伸试验。

2 在装配式结构中，可按生产条件制作模拟试件，每批 3 个，做拉伸试验。

3 钢筋与钢板电弧搭接焊接头可只进行外观检查。

注：在同一批中若有几种不同直径的钢筋焊接接头，应在最大直径钢筋接头中切取 3 个试件。以下电渣压力焊接头、气压焊接头取样均同。

5.4.2 电弧焊接头外观检查结果，应符合下列要求：

1 焊缝表面应平整，不得有凹陷或焊瘤；

2 焊接接头区域不得有肉眼可见的裂纹；

3 咬边深度、气孔、夹渣等缺陷允许值及接头尺寸的允许偏差，应符合表 5.4.2 的规定；

4 坡口焊、熔槽帮条焊和窄间隙焊接头的焊缝余高不得大于 3 mm。

表 5.4.2 钢筋电弧焊接头尺寸偏差及缺陷允许值

名　称	单位	接头型式		
		帮条焊	搭接焊 钢筋与钢板搭接焊	坡口焊 窄间隙焊熔槽帮条焊
帮条沿接头中心线的纵向偏移	mm	0.3d	—	—
接头处弯折角	(°)	3	3	3
接头处钢筋轴线的偏移	mm	0.1d	0.1d	0.1d
焊缝厚度	mm	$^{+0.05d}_{0}$	$^{+0.05d}_{0}$	—
焊缝宽度	mm	$^{+0.1d}_{0}$	$^{+0.1d}_{0}$	—

续表 5.4.2

<table>
<tr><td rowspan="2" colspan="2">名　称</td><td rowspan="2">单位</td><td colspan="3">接头型式</td></tr>
<tr><td>帮条焊</td><td>搭接焊
钢筋与钢板
搭接焊</td><td>坡口焊
窄间隙焊熔
槽帮条焊</td></tr>
<tr><td colspan="2">焊缝长度</td><td>mm</td><td>−0.3d</td><td>−0.3d</td><td>—</td></tr>
<tr><td colspan="2">横向咬边深度</td><td>mm</td><td>0.5</td><td>0.5</td><td>0.5</td></tr>
<tr><td rowspan="2">在长 2d 焊缝表面上的气孔及夹渣</td><td>数量</td><td>个</td><td>2</td><td>2</td><td>—</td></tr>
<tr><td>面积</td><td>mm^2</td><td>6</td><td>6</td><td>—</td></tr>
<tr><td rowspan="2">在全部焊缝表面上的气孔及夹渣</td><td>数量</td><td>个</td><td>—</td><td>—</td><td>2</td></tr>
<tr><td>面积</td><td>mm^2</td><td>—</td><td>—</td><td>6</td></tr>
<tr><td colspan="6">注：d 为钢筋直径(mm)。</td></tr>
</table>

5.4.3　当模拟试件试验结果不符合要求时，应进行复验。复验应从现场焊接接头中切取，其数量和要求与初始试验时相同。

5.5　钢筋电渣压力焊接头

5.5.1　电渣压力焊接头的质量检验，应分批进行外观检查和力学性能检验，并应按下列规定作为一个检验批：

在现浇钢筋混凝土结构中，应以 300 个同牌号钢筋接头作为一批；在房屋结构中，应在不超过二楼层中 300 个同牌号钢筋接头作为一批；当不足 300 个接头时，仍应作为一批。每批随机切取 3 个接头做拉伸试验。

5.5.2　电渣压力焊接头外观检查结果，应符合下列要求：

1　四周焊包凸出钢筋表面的高度不得小于 4 mm；

2　钢筋与电极接触处，应无烧伤缺陷；

3　接头处的弯折角不得大于 3°；

4　接头处的轴线偏移不得大于钢筋直径的 0.1 倍，且不得大于 2 mm。

5.6　钢筋气压焊接头

5.6.1　气压焊接头的质量检验，应分批进行外观检查和力学性能检验，并应按下列规定作为一个检验批：

在现浇钢筋混凝土结构中，应以 300 个同牌号钢筋接头作为一批；在房屋结构中，应在不超过二楼层中 300 个同牌号钢筋接头作为一批；当不足 300 个接头时，仍应作为一批。

在柱、墙的竖向钢筋连接中，应从每批接头中随机切取 3 个接头做拉伸试验；在梁、板的水平钢筋连接中，应另切取 3 个接头做弯曲试验。

5.6.2　气压焊接头外观检查结果，应符合下列要求：

1　接头处的轴线偏移 e 不得大于钢筋直径的 0.15 倍，且不得大于 4 mm(图 5.6.2-a)；当不同直径钢筋焊接时，应按较小钢筋直径计算；当大于上述规定值，但在钢筋直径的 0.30 倍以下时，可加热矫正；当大于 0.30 倍时，应切除重焊；

2　接头处的弯折角不得大于 3°；当大于规定值时，应重新加热矫正；

3　镦粗直径 d_c 不得小于钢筋直径的 1.4 倍(图 5.6.2-b)；当小于上述规定值时，应重新加热镦粗；

4　镦粗长度 L_c 不得小于钢筋直径的 1.0 倍，且凸起部分平缓圆滑(图 5.6.2-c)；当小于上述规定值时，应重新加热镦长。

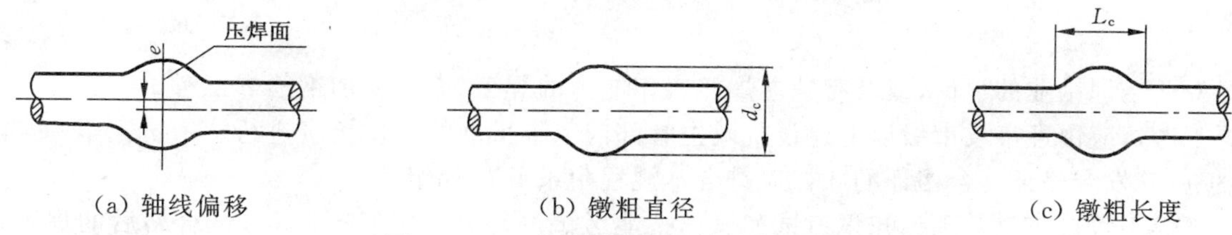

图 5.6.2 钢筋气压焊接头外观质量图解

5.7 预埋件钢筋 T 型接头

5.7.1 预埋件钢筋 T 型接头的外观检查，应从同一台班内完成的同一类型预埋件中抽查 5%，且不得少于 10 件。

5.7.2 当进行力学性能检验时，应以 300 件同类型预埋件作为一批。一周内连续焊接时，可累计计算。当不足 300 件时，亦应按一批计算。

应从每批预埋件中随机切取 3 个接头做拉伸试验，试件的钢筋长度应大于或等于 200 mm，钢板的长度和宽度均应大于或等于 60 mm(图 5.7.2)。

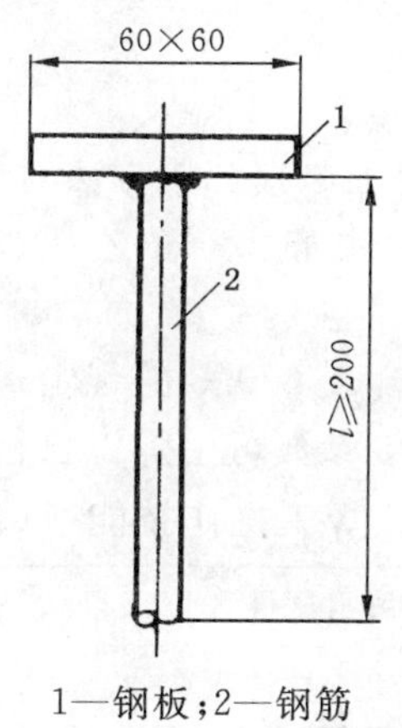

1—钢板；2—钢筋

图 5.7.2 预埋件钢筋 T 型接头拉伸试件

5.7.3 预埋件钢筋手工电弧焊接头外观检查结果，应符合下列要求：

1 角焊缝焊脚(k)应符合本规程第 4.4.8 条第 1 款的规定；

2 焊缝表面不得有肉眼可见裂纹；

3 钢筋咬边深度不得超过 0.5 mm；

4 钢筋相对钢板的直角偏差不得大于 3°。

5.7.4 预埋件钢筋埋弧压力焊接头外观检查结果，应符合下列要求：

1 四周焊包凸出钢筋表面的高度不得小于 4 mm；

2 钢筋咬边深度不得超过 0.5 mm；

3 钢板应无焊穿，根部应无凹陷现象；

4 钢筋相对钢板的直角偏差不得大于 3°。

5.7.5 预埋件外观检查结果，当有 3 个接头不符合上述要求时，应全数进行检查，并剔出不合格品。不合格接头经补焊后可提交二次验收。

5.7.6 预埋件钢筋 T 型接头拉伸试验结果，3 个试件的抗拉强度均应符合下列要求：

1 HPB235 钢筋接头不得小于 350 N/mm^2；

2 HRB335 钢筋接头不得小于 470 N/mm^2；

3 HRB400 钢筋接头不得小于 550 N/mm^2。

当试验结果，3 个试件中有小于规定值时，应进行复验。

复验时，应再取 6 个试件。复验结果，其抗拉强度均达到上述要求时，应评定该批接头为合格品。

6 焊工考试

6.0.1 经专业培训结业的学员，或具有独立焊接工作能力的焊工，方可参加钢筋焊工考试。

6.0.2 焊工考试应由经市或市级以上建设行政主管部门审查批准的单位负责进行。考试完毕，对考试合格的焊工应签发合格证。合格证的式样应符合本规程附录B的规定。

6.0.3 钢筋焊工考试应包括理论知识考试和操作技能考试两部分；经理论知识考试合格后的焊工，方可参加操作技能考试。

6.0.4 理论知识考试应包括下列内容：

1 钢筋的牌号、规格及性能；

2 焊机的使用和维护；

3 焊条、焊剂、氧气、乙炔、液化石油气的性能和选用；

4 焊前准备、技术要求、焊接接头和焊接制品的质量检验与验收标准；

5 焊接工艺方法及其特点，焊接参数的选择；

6 焊接缺陷产生的原因及消除措施；

7 电工知识；

8 安全技术知识。

具体内容和要求应由各考试单位按焊工申报焊接方法对应出题。

6.0.5 焊工操作技能考试用的钢筋、焊条、焊剂、氧气、乙炔、液化石油气等，应符合本规程有关规定，焊接设备可根据具体情况确定。

6.0.6 焊工操作技能考试评定标准应符合表6.0.6的规定；焊接方法、钢筋牌号及直径、试件组合与组数，可由考试单位根据实际情况确定。焊接参数可由焊工自行选择。

表 6.0.6 焊工操作技能考试评定标准

<table>
<tr><th colspan="2" rowspan="2">焊接方法</th><th rowspan="2">钢筋牌号及直径/mm</th><th colspan="3">每组试件数量</th><th rowspan="2">评 定 标 准</th></tr>
<tr><th>剪切</th><th>拉伸</th><th>弯曲</th></tr>
<tr><td colspan="2" rowspan="2">电阻点焊</td><td>Φ^R10+Φ^R6</td><td>3</td><td>2</td><td>—</td><td rowspan="2">3个剪切试件抗剪力均不得小于本规程第5.2.5条的规定值；纵向和横向各1个拉伸试件的抗拉强度均不得小于550 N/mm²</td></tr>
<tr><td>Φ 18+φ6</td><td>3</td><td>—</td><td>—</td></tr>
<tr><td colspan="2" rowspan="3">闪光对焊（封闭环式箍筋闪光对焊）</td><td>Φ、Φ、Φ 6～32</td><td>—</td><td>3</td><td>3</td><td rowspan="3">3个热轧钢筋接头拉伸试件的抗拉强度均不得小于该牌号钢筋规定的抗拉强度；RRB400钢筋试件的抗拉强度均不得小于570 N/mm²；全部试件均应断于焊缝之外，呈延性断裂。3个弯曲试件弯至90°，均不得发生破裂。箍筋闪光对焊接头只做拉伸试验</td></tr>
<tr><td>Φ^R14～32</td><td>—</td><td>3</td><td>3</td></tr>
<tr><td>M33×2+Φ 28</td><td>—</td><td>3</td><td>—</td></tr>
<tr><td rowspan="6">电弧焊</td><td>帮条平焊
帮条立焊</td><td>Φ、Φ 25～32</td><td rowspan="6">—</td><td rowspan="6">3</td><td rowspan="6">—</td><td rowspan="6">3个热轧钢筋接头拉伸试件的抗拉强度均不得小于该牌号钢筋规定的抗拉强度；全部试件均应断于焊缝之外，呈延性断裂</td></tr>
<tr><td>搭接平焊
搭接立焊</td><td>Φ、Φ 25～32</td></tr>
<tr><td>熔 槽
帮条焊</td><td>Φ、Φ 25～40</td></tr>
<tr><td>坡口平焊
坡口立焊</td><td>Φ、Φ 18～32</td></tr>
<tr><td>窄间隙焊</td><td>Φ、Φ 16～40</td></tr>
<tr><td>钢筋与钢板
搭接焊</td><td>Φ、Φ 8～20
+低碳钢板
δ≥0.6d</td></tr>
</table>

续表 6.0.6

<table>
<tr><th rowspan="2">焊接方法</th><th rowspan="2">钢筋牌号及直径/
mm</th><th colspan="3">每组试件数量</th><th rowspan="2">评 定 标 准</th></tr>
<tr><th>剪切</th><th>拉伸</th><th>弯曲</th></tr>
<tr><td>电渣压力焊</td><td>Φ、Φ 16～32</td><td>—</td><td>3</td><td>—</td><td>3 个拉伸试件的抗拉强度均不得小于该牌号钢筋规定的抗拉强度，并至少有 2 个试件断于焊缝之外，呈延性断裂</td></tr>
<tr><td>气压焊</td><td>Φ、Φ 16～40</td><td>—</td><td>3</td><td>3</td><td>3 个拉伸试件抗拉强度均不得小于该牌号钢筋规定的抗拉强度，并断于焊缝（压焊面）之外，呈延性断裂
3 个弯曲试件弯至 90°均不得发生破裂</td></tr>
<tr><td>预埋件钢筋电弧焊</td><td>Φ、Φ 6～25</td><td rowspan="2">—</td><td rowspan="2">3</td><td rowspan="2">—</td><td rowspan="2">3 个拉伸试件的抗拉强度均不得小于该牌号钢筋规定的抗拉强度</td></tr>
<tr><td>预埋件钢筋埋弧压力焊</td><td>Φ、Φ 6～25</td></tr>
<tr><td colspan="6">注：1　M33×2—螺丝端杆公制螺纹外径及螺距；δ 为钢板厚度，d 为钢筋直径；
2　闪光对焊接头、气压焊接头进行弯曲试验时，弯心直径和弯曲角度见表 5.1.8。</td></tr>
</table>

6.0.7　当剪切试验、拉伸试验结果，在一组试件中仅有 1 个试件未达到规定的要求时，可补焊一组试件进行补试，但不得超过一次。试验要求应与初始试验相同。

6.0.8　持有合格证的焊工当在焊接生产中三个月内出现二批不合格品时，应取消其合格资格。

6.0.9　持有合格证的焊工，每两年应复试一次；当脱离焊接生产岗位半年以上，在生产操作前应首先进行复试。复试可只进行操作技能考试。

6.0.10　工程质量监督单位应对上岗操作的焊工随机抽查验证。

附 录 A
纵向受力钢筋焊接接头
检验批质量验收记录

表 A1 钢筋闪光对焊接头检验批质量验收记录

<table>
<tr><td colspan="3">工程名称</td><td colspan="2"></td><td colspan="2">验收部位</td><td colspan="6"></td></tr>
<tr><td colspan="3">施工单位</td><td colspan="2"></td><td colspan="2">批号及批量</td><td colspan="6"></td></tr>
<tr><td colspan="3">施工执行标准
名称及编号</td><td colspan="2">钢筋焊接及验收规程
JGJ 18—2003</td><td colspan="2">钢筋牌号及直径/
mm</td><td colspan="6"></td></tr>
<tr><td colspan="3">项目经理</td><td colspan="2"></td><td colspan="2">施工班组组长</td><td colspan="6"></td></tr>
<tr><td></td><td colspan="3">质量验收规程的规定</td><td>施工单位检查
评定记录</td><td colspan="8">监理（建设）单位验收记录</td></tr>
<tr><td rowspan="2">主控项目</td><td>1</td><td>接头试件拉伸试验</td><td>5.1.7 条</td><td></td><td colspan="8"></td></tr>
<tr><td>2</td><td>接头试件弯曲试验</td><td>5.1.8 条</td><td></td><td colspan="8"></td></tr>
<tr><td rowspan="6">一般项目</td><td colspan="3" rowspan="2">质量验收规程的规定</td><td colspan="8">施工单位检查评定记录</td><td rowspan="2">监理（建设）单位
验收记录</td></tr>
<tr><td>抽检数</td><td>合格数</td><td colspan="6">不合格</td></tr>
<tr><td>1</td><td>接头处不得有横向裂纹</td><td>5.3.2 条</td><td></td><td></td><td></td><td></td><td></td><td></td><td></td><td></td><td></td></tr>
<tr><td>2</td><td>与电极接触处的钢筋表面不得有明显烧伤</td><td>5.3.2 条</td><td></td><td></td><td></td><td></td><td></td><td></td><td></td><td></td><td></td></tr>
<tr><td>3</td><td>接头处的弯折角不大于 3°</td><td>5.3.2 条</td><td></td><td></td><td></td><td></td><td></td><td></td><td></td><td></td><td></td></tr>
<tr><td>4</td><td>轴线偏移不大于 0.1 钢筋直径，且不大于 2 mm</td><td>5.3.2 条</td><td></td><td></td><td></td><td></td><td></td><td></td><td></td><td></td><td></td></tr>
<tr><td colspan="4">施工单位检查评定结果</td><td colspan="9">项目专业质量检查员：
年 月 日</td></tr>
<tr><td colspan="4">监理（建设）单位验收结论</td><td colspan="9">监理工程师（建设单位项目专业技术负责人）：
年 月 日</td></tr>
<tr><td colspan="13">注：1 一般项目各小项检查评定不合格时，在小格内打×记号；
2 本表由施工单位项目专业检查员填写，监理工程师（建设单位项目专业技术负责人）组织项目专业质量检查员等进行验收。</td></tr>
</table>

表 A2 钢筋电弧焊接头检验批质量验收记录

<table>
<tr><td colspan="3">工程名称</td><td></td><td colspan="3">验收部位</td><td colspan="2"></td></tr>
<tr><td colspan="3">施工单位</td><td></td><td colspan="3">批号及批量</td><td colspan="2"></td></tr>
<tr><td colspan="3">施工执行标准
名称及编号</td><td>钢筋焊接及验收规程
JGJ 18—2003</td><td colspan="3">钢筋牌号及直径/
mm</td><td colspan="2"></td></tr>
<tr><td colspan="3">项目经理</td><td></td><td colspan="3">施工班组组长</td><td colspan="2"></td></tr>
<tr><td rowspan="2">主控项目</td><td colspan="3">质量验收规程的规定</td><td colspan="3">施工单位检查
评定记录</td><td colspan="2">监理(建设)单位验收记录</td></tr>
<tr><td>1</td><td>接头试件拉伸试验</td><td>5.1.7 条</td><td colspan="3"></td><td colspan="2"></td></tr>
<tr><td rowspan="6">一般项目</td><td colspan="3" rowspan="2">质量验收规程的规定</td><td colspan="3">施工单位检查评定记录</td><td colspan="2" rowspan="2">监理(建设)单位
验收记录</td></tr>
<tr><td>抽检数</td><td>合格数</td><td>不合格</td></tr>
<tr><td>1</td><td>焊缝表面应平整，不得有凹陷或焊瘤</td><td>5.4.2 条</td><td></td><td></td><td></td><td colspan="2"></td></tr>
<tr><td>2</td><td>接头区域不得有肉眼可见的裂纹</td><td>5.4.2 条</td><td></td><td></td><td></td><td colspan="2"></td></tr>
<tr><td>3</td><td>咬边深度、气孔、夹渣等缺陷允许值及接头尺寸允许偏差</td><td>5.4.2 条</td><td></td><td></td><td></td><td colspan="2"></td></tr>
<tr><td>4</td><td>焊缝余高不得大于 3 mm</td><td>5.4.2 条</td><td></td><td></td><td></td><td colspan="2"></td></tr>
<tr><td colspan="3">施工单位检查评定结果</td><td colspan="6">项目专业质量检查员：

年　月　日</td></tr>
<tr><td colspan="3">监理(建设)单位验收结论</td><td colspan="6">监理工程师(建设单位项目专业技术负责人)：

年　月　日</td></tr>
<tr><td colspan="9">注：1　一般项目各小项检查评定不合格时，在小格内打×记号；
2　本表由施工单位项目专业检查员填写，监理工程师(建设单位项目专业技术负责人)组织项目专业质量检查员等进行验收。</td></tr>
</table>

表 A3　钢筋电渣压力焊接头检验批质量验收记录

<table>
<tr><td colspan="3">工程名称</td><td></td><td colspan="3">验收部位</td><td colspan="2"></td></tr>
<tr><td colspan="3">施工单位</td><td></td><td colspan="3">批号及批量</td><td colspan="2"></td></tr>
<tr><td colspan="3">施工执行标准名称及编号</td><td>钢筋焊接及验收规程 JGJ 18—2003</td><td colspan="3">钢筋牌号及直径/mm</td><td colspan="2"></td></tr>
<tr><td colspan="3">项目经理</td><td></td><td colspan="3">施工班组组长</td><td colspan="2"></td></tr>
<tr><td rowspan="2">主控项目</td><td colspan="3">质量验收规程的规定</td><td colspan="3">施工单位检查评定记录</td><td colspan="2">监理(建设)单位验收记录</td></tr>
<tr><td>1</td><td>接头试件拉伸试验</td><td>5.1.7 条</td><td colspan="3"></td><td colspan="2"></td></tr>
<tr><td rowspan="6">一般项目</td><td colspan="3" rowspan="2">质量验收规程的规定</td><td colspan="3">施工单位检查评定记录</td><td colspan="2" rowspan="2">监理(建设)单位验收记录</td></tr>
<tr><td>抽检数</td><td>合格数</td><td>不合格</td></tr>
<tr><td>1</td><td>四周焊包凸出钢筋表面的高度不得小于 4 mm</td><td>5.5.2 条</td><td></td><td></td><td></td><td colspan="2"></td></tr>
<tr><td>2</td><td>钢筋与电极接触处无烧伤缺陷</td><td>5.5.2 条</td><td></td><td></td><td></td><td colspan="2"></td></tr>
<tr><td>3</td><td>接头处的弯折角不大于 3°</td><td>5.5.2 条</td><td></td><td></td><td></td><td colspan="2"></td></tr>
<tr><td>4</td><td>轴线偏移不大于 0.1 钢筋直径，且不大于 2 mm</td><td>5.5.2 条</td><td></td><td></td><td></td><td colspan="2"></td></tr>
<tr><td colspan="3">施工单位检查评定结果</td><td colspan="6">项目专业质量检查员：
年　月　日</td></tr>
<tr><td colspan="3">监理(建设)单位验收结论</td><td colspan="6">监理工程师(建设单位项目专业技术负责人)：
年　月　日</td></tr>
</table>

注：1　一般项目各小项检查评定不合格时，在小格内打×记号；

2　本表由施工单位项目专业检查员填写，监理工程师(建设单位项目专业技术负责人)组织项目专业质量检查员等进行验收。

表 A4 钢筋气压焊接头检验批质量验收记录

<table>
<tr><td colspan="3">工程名称</td><td colspan="2"></td><td colspan="2">验收部位</td><td></td></tr>
<tr><td colspan="3">施工单位</td><td colspan="2"></td><td colspan="2">批号及批量</td><td></td></tr>
<tr><td colspan="3">施工执行标准
名称及编号</td><td colspan="2">钢筋焊接及验收规程
JGJ 18—2003</td><td colspan="2">钢筋牌号及直径/
mm</td><td></td></tr>
<tr><td colspan="3">项目经理</td><td colspan="2"></td><td colspan="2">施工班组组长</td><td></td></tr>
<tr><td rowspan="3">主控项目</td><td colspan="2">质量验收规程的规定</td><td colspan="2">施工单位检查
评定记录</td><td colspan="3">监理(建设)单位验收记录</td></tr>
<tr><td>1</td><td>接头试件拉伸试验</td><td>5.1.7条</td><td colspan="3"></td><td></td></tr>
<tr><td>2</td><td>接头试件弯曲试验</td><td>5.1.8条</td><td colspan="3"></td><td></td></tr>
<tr><td rowspan="6">一般项目</td><td colspan="3" rowspan="2">质量验收规程的规定</td><td colspan="3">施工单位检查评定记录</td><td rowspan="2">监理(建设)单位
验收记录</td></tr>
<tr><td>抽查数</td><td>合格数</td><td>不合格</td></tr>
<tr><td>1</td><td>轴线偏移不大于 0.15 钢筋直径，且不大于 4 mm</td><td>5.6.2条</td><td></td><td></td><td></td><td></td></tr>
<tr><td>2</td><td>接头处的弯折角不大于 3°</td><td>5.6.2条</td><td></td><td></td><td></td><td></td></tr>
<tr><td>3</td><td>镦粗直径不小于 1.4 钢筋直径</td><td>5.6.2条</td><td></td><td></td><td></td><td></td></tr>
<tr><td>4</td><td>镦粗长度不小于 1.0 钢筋直径</td><td>5.6.2条</td><td></td><td></td><td></td><td></td></tr>
<tr><td colspan="4">施工单位检查评定结果</td><td colspan="4">项目专业质量检查员：

年 月 日</td></tr>
<tr><td colspan="4">监理(建设)单位验收结论</td><td colspan="4">监理工程师(建设单位项目专业技术负责人)：

年 月 日</td></tr>
</table>

注：1 一般项目各小项检查评定不合格时，在小格内打×记号；

2 本表由施工单位项目专业检查员填写，监理工程师(建设单位项目专业技术负责人)组织项目专业质量检查员等进行验收。

附　录　B
钢筋焊工考试合格证

塑料证套　　封面

钢筋焊工考试

合

格

证

塑料证套　　封 4

硬纸　　封 2

钢筋　　焊

焊

工

考

试

合

格

证

硬纸　　封 3

简要说明

1. 此证只限本人使用，不得涂改。

2. 准许的操作范围限于考试的焊接方法、钢筋的牌号及直径范围之内。

3. 合格证的有效期为二年。

证芯　　　　　　　　　　　　　　第 1 页

<table>
<tr><td>姓名</td><td></td><td rowspan="4">照
片</td></tr>
<tr><td>性别</td><td></td></tr>
<tr><td>出生年月</td><td></td></tr>
<tr><td>籍贯</td><td></td></tr>
<tr><td>工作单位</td><td colspan="2"></td></tr>
<tr><td colspan="3">合格证编号：

发证单位：

（盖章）
年　月　日</td></tr>
</table>

证芯　　　　　　　　　　　　　　第 2 页

<table>
<tr><td colspan="5">理论知识考试：</td></tr>
<tr><td colspan="5">操作技能考试：</td></tr>
<tr><td>试样编号</td><td>钢筋牌号及直径/mm</td><td>拉伸试验/（N/mm²）</td><td>剪切试验/N</td><td>弯曲试验（90°）</td></tr>
<tr><td></td><td></td><td></td><td></td><td></td></tr>
<tr><td></td><td></td><td></td><td></td><td></td></tr>
<tr><td></td><td></td><td></td><td></td><td></td></tr>
<tr><td></td><td></td><td></td><td></td><td></td></tr>
<tr><td></td><td></td><td></td><td></td><td></td></tr>
<tr><td></td><td></td><td></td><td></td><td></td></tr>
<tr><td colspan="5">考试委员会主任：

年　月　日</td></tr>
</table>

证芯 第 3 页

复 试 签 证

日期	内容说明	负责人签字

注：复试合格签证的有效期为二年。

证芯 第 4 页

焊接质量事故记录

日期	质量事故内容	检　验　员

备注

UDC

中华人民共和国行业标准

P JGJ 85—2002

预应力筋用锚具、夹具和连接器应用技术规程

Technical specification for application of anchorage, grip and coupler for prestressing tendons

2002-09-27 发布 2003-01-01 实施

中华人民共和国建设部 发布

建设部关于发布行业标准《预应力筋用锚具夹具和连接器应用技术规程》的公告

中华人民共和国建设部公告第65号

现批准《预应力筋用锚具、夹具和连接器应用技术规程》为行业标准，编号为JGJ 85—2002，自2003年1月1日起实施。其中，第3.0.2、3.0.3条为强制性条文，必须严格执行；原行业标准《预应力筋用锚具、夹具和连接器应用技术规程》JGJ 85—92同时废止。

中华人民共和国建设部

2002年9月27日

前　言

根据建设部建标[1998]59号文的要求，规程编制组经广泛调查研究，认真总结实践经验，参考有关国际标准和国外先进标准，并在广泛征求意见的基础上，修订了本规程。

修订的主要技术内容是：

1. 预应力筋用锚具不再分为Ⅰ类和Ⅱ类；本规程所指锚具均相当于原规程JGJ 85—92中的Ⅰ类；
2. 预应力筋-锚具（或连接器）组装件静载试验时，在计算锚具效率系数（η_a）的公式中，按预应力筋中包含钢材根数的多少，直接给出了相应的预应力筋的效率系数（η_p）。原规程的附录二取消；
3. 为力求静载试验方法的统一，本规程补充了三幅试验装置示意图，“试验方法”不再作为正文而列为附录A；同时，进场验收的锚具（或连接器）不再分为“先锚固后张拉”和“先张拉后锚固”两类体系，统一按前者的装置进行静载试验；并按本规程的要求提出完整的检验报告；
4. 术语、符号作为一章列出，并与产品的国家标准《预应力筋用锚具、夹具和连接器》GB/T 14370—2000一致，取消原规程中的附录一；
5. 在锚具选用方面，不再介绍冷拉热轧钢筋所用的锚具；
6. 进场验收方面的规定较前详细，便于运作。

本规程由建设部负责管理和对强制性条文的解释，由主编单位负责具体技术内容的解释。

本规程主编单位是：中国建筑科学研究院（地址：北京市北三环东路30号；邮编：100013）。

本规程参加单位是：中国路桥（集团）总公司、铁道部科学研究院、东南大学、柳州市建筑机械总厂、开封中原预应力工艺设备厂。

本规程主要起草人员是：裴骕、孔繁瑞、庄军生、杨宗放、于滨、李金根、方中予、李宝格、张清杰。

1　总则

1.0.1　为了在预应力混凝土结构工程中合理应用和进场验收预应力筋用锚具、夹具和连接器，统一其技术要求，制定本规程。

1.0.2　本规程适用于预应力混凝土结构工程中使用的预应力筋用锚具、夹具和连接器。对于有特殊要求的工程，尚应遵守有关的专门规定。

1.0.3 预应力混凝土结构工程中使用的预应力筋用锚具、夹具和连接器，除应符合本规程的要求外，尚应符合国家现行有关强制性标准的规定。

2 术语、符号

2.1 术语

2.1.1 锚具 Anchorage

在后张法预应力混凝土结构或构件中，为保持预应力筋的拉力并将其传递到混凝土上所用的永久性锚固装置。

2.1.2 夹具 Grip

在先张法预应力混凝土构件施工时，为保持预应力筋的拉力并将其固定在生产台座(或设备)上的临时性锚固装置；在后张法预应力混凝土结构或构件施工时，在张拉千斤顶或设备上夹持预应力筋的临时性锚固装置。

2.1.3 连接器 Coupler

用于连接预应力筋的装置。

2.1.4 预应力钢材 Prestressing steel

预应力混凝土用的钢丝、钢绞线或钢筋的统称，用以组成预应力筋。

2.1.5 预应力筋 Prestressing tendon

预应力筋通常由单根或成束的钢丝、钢绞线或钢筋组成。有粘结预应力筋是和混凝土直接粘结的或是在张拉后通过灌浆使之与混凝土粘结的预应力筋；无粘结预应力筋是用塑料、油脂等涂包预应力钢材后制成的，可以布置在混凝土结构体内或体外，且不能与混凝土粘结，这种预应力筋的拉力永远只能通过锚具和变向装置传递给混凝土。

2.1.6 预应力筋-锚具组装件 Prestressing tendon-anchorage assembly

单根或成束状态的预应力筋和安装在端部的锚具组合装配而成的受力单元。

2.1.7 预应力筋-夹具组装件 Prestressing tendon-grip assembly

单根或成束状态的预应力筋和安装在端部的夹具组合装配而成的受力单元。

2.1.8 预应力筋-连接器组装件 Prestressing tendon-coupler assembly

单根或成束状态的预应力筋和连接器组合装配而成的受力单元。

2.1.9 内缩 Draw-in

预应力筋在锚固过程中，由于锚具各零件之间、锚具与预应力筋之间的相对位移和局部塑性变形所产生的预应力筋的回缩现象。回缩长度与锚具构造形式和张拉工艺有关。

2.1.10 预应力筋-锚具组装件的实测极限拉力 Ultimate tensile force of tendon-anchorage assembly

预应力筋-锚具组装件在静载试验过程中达到的最大拉力。

2.1.11 预应力筋-夹具组装件的实测极限拉力 Ultimate tensile force of tendon-grip assembly

预应力筋-夹具组装件在静载试验过程中达到的最大拉力。

2.1.12 受力长度 Tension length

锚具、夹具、连接器试验时，预应力筋两端的锚具、夹具之间或锚具与连接器之间的净距。

2.1.13 预应力筋的效率系数 Efficiency factor of prestressing tendon

受预应力钢材根数等因素的影响，考虑预应力筋应力不均匀的系数。

2.2 符号

A_p——预应力筋-锚具、夹具组装件中各根预应力钢材特征(公称)截面面积之和；$A_p=nA_{pk}$，n 为预应力钢材根数；

A_{pk}——预应力钢材单根试件的特征(公称)截面面积；

F_{apu}——预应力筋-锚具组装件的实测极限拉力；

F_{pm}——预应力筋的实际平均极限抗拉力。由预应力钢材试件实测破断荷载平均值计算得出；也可表示为 $F_{pm}=f_{pm}\cdot A_p$；

F_{gpu}——预应力筋-夹具组装件的实测极限拉力；

f_{ptk}——预应力钢材的抗拉强度标准值；

f_{pm}——试验所用预应力钢材（截面以 A_{pk} 计）的实测极限抗拉强度平均值；

ε_{apu}——预应力筋-锚具组装件达到实测极限拉力时预应力筋的总应变；

η_a——预应力筋-锚具组装件静载试验测得的锚具效率系数；

η_g——预应力筋-夹具组装件静载试验测得的夹具效率系数；

η_p——预应力筋的效率系数。

3 性能要求

3.0.1 预应力筋用锚具、夹具和连接器的性能均应符合现行国家标准《预应力筋用锚具、夹具和连接器》GB/T 14370 的规定。

3.0.2 在预应力筋强度等级已确定的条件下，预应力筋-锚具组装件的静载锚固性能试验结果，应同时满足锚具效率系数（η_a）等于或大于 0.95 和预应力筋总应变（ε_{apu}）等于或大于 2.0％两项要求。

3.0.3 锚具的静载锚固性能，应由预应力筋-锚具组装件静载试验测定的锚具效率系数（η_a）和达到实测极限拉力时组装件受力长度的总应变（ε_{apu}）确定。锚具效率系数（η_a）应按下式计算：

$$\eta_a=\frac{F_{apu}}{\eta_p\cdot F_{pm}} \tag{3.0.3}$$

式中 F_{apu}——预应力筋-锚具组装件的实测极限拉力；

F_{pm}——预应力筋的实际平均极限抗拉力。由预应力钢材试件实测破断荷载平均值计算得出；

η_p——预应力筋的效率系数。η_p 应按下列规定取用：预应力筋-锚具组装件中预应力钢材为1 至 5 根时，$\eta_p=1$；6 至 12 根时，$\eta_p=0.99$；13 至 19 根时，$\eta_p=0.98$；20 根以上时，$\eta_p=0.97$。

当预应力筋-锚具（或连接器）组装件达到实测极限拉力（F_{apu}）时，应由预应力筋的断裂，而不应由锚具（或连接器）的破坏导致试验的终结。预应力筋拉应力未超过 $0.8f_{ptk}$ 时，锚具主要受力零件应在弹性阶段工作，脆性零件不得断裂。

3.0.4 用于承受静、动荷载的预应力混凝土结构，其预应力筋-锚具组装件，除应满足静载锚固性能要求外，尚应满足循环次数为 200 万次的疲劳性能试验要求。疲劳应力上限应为预应力钢丝或钢绞线抗拉强度标准值（f_{ptk}）的 65％（当为精轧螺纹钢筋时，疲劳应力上限为屈服强度的 80％），应力幅度不应小于 80MPa。对于主要承受较大动荷载的预应力混凝土结构，要求所选锚具能承受的应力幅度可适当增加，具体数值可由工程设计单位根据需要确定。

3.0.5 在抗震结构中，预应力筋-锚具组装件还应满足循环次数为 50 次的周期荷载试验。组装件用钢丝或钢绞线时，试验应力上限应为 $0.8f_{ptk}$；用精轧螺纹钢筋时，应力上限应为其屈服强度的 90％。应力下限均应为相应强度的 40％。

3.0.6 锚具尚应满足分级张拉、补张拉和放松拉力等张拉工艺的要求。锚固多根预应力筋的锚具，除应具有整束张拉的性能外，尚宜具有单根张拉的可能性。

3.0.7 夹具的静载性能，应由预应力筋-夹具组装件静载试验测定的夹具效率系数（η_g）确定。夹具效率系数（η_g）应按下式计算：

$$\eta_g=\frac{F_{gpu}}{F_{pm}} \tag{3.0.7}$$

式中 F_{gpu}——预应力筋-夹具组装件的实测极限拉力。

试验结果应满足夹具效率系数(η_g)等于或大于0.92的要求。

当预应力筋-夹具组装件达到实测极限拉力时,应由预应力筋的断裂,而不应由夹具的破坏导致试验终结。

3.0.8 夹具应具有良好的自锚性能、松锚性能和安全的重复使用性能。主要锚固零件宜采取镀膜防锈。

3.0.9 永久留在混凝土结构或构件中的预应力筋连接器,应符合锚具的性能要求;用于先张法施工且在张拉后还将放张和拆卸的连接器,应符合夹具的性能要求。

4 锚具、夹具和连接器的选用

4.0.1 预应力筋用锚具、夹具和连接器按锚固方式不同,可分为夹片式(单孔和多孔夹片锚具)、支承式(镦头锚具、螺母锚具等)、锥塞式(钢质锥形锚具等)和握裹式(挤压锚具、压花锚具等)四种。工程设计单位应根据结构要求、产品技术性能和张拉施工方法,按表4.0.1选用锚具。

表4.0.1 锚具选用

预应力筋品种	选用锚具形式		
	张拉端	固定端	
		安装在结构之外	安装在结构之内
钢绞线及钢绞线束	夹片锚具	夹片锚具 挤压锚具	压花锚具 挤压锚具
高强钢丝束	夹片锚具 镦头锚具 锥塞锚具	夹片锚具 镦头锚具 挤压锚具	挤压锚具 镦头锚具
精轧螺纹钢筋	螺母锚具	螺母锚具	—

4.0.2 预应力混凝土结构工程用锚具在锚固部位的布置,应根据锚具型号、预应力筋数量、混凝土强度等级等条件,进行局部承压验算。锚具间距应满足最小间距的要求。当锚具下的锚垫板要求采用喇叭管时,宜选用钢制或铸铁的产品,锚垫板下应设置足够的螺旋钢筋或网状分布钢筋。

锚垫板与预应力筋(或孔道)在锚固区及其附近应相互垂直。锚垫板上宜设灌浆孔,此孔还可用于排气或安设水泥浆泌水补偿器。选用锚具时,应根据张拉设备的要求,使现场有足够的操作空间。

4.0.3 工程设计选定的锚具或连接器,应在设计图纸上注明型式、规格及性能要求,不得指定生产厂名或以独家产品型号间接指定生产厂名。

能够适用于高强度预应力钢材的锚具(或连接器),也可用于较低强度的预应力钢材;仅适用于低强度预应力钢材的锚具(或连接器),则不得用于高强度的预应力钢材。在施工中,锚具需要代换时,应经工程设计责任方审核同意。

4.0.4 夹具和先张法预应力筋连接器的选用,应根据预应力筋的品种、规格、张拉设备形式以及工艺操作要求,由构件的生产单位或生产线的设计单位确定。

5 进场验收

5.0.1 锚具进场验收时,需方应按合同核对产品质量证明书中所列的型号、数量及适用于何种强度等级的预应力钢材,确认无误后应按下列三项规定进行检验。检验合格后方可在工程中应用。

1 外观检查——从每批中抽10%的锚具且不应少于10套,检查其外观质量和外形尺寸;并按产品技术条件确定是否合格。所抽全部样品均不得有裂纹出现,当有一套表面有裂纹时,则本批应逐套检查,合格者方可进入后续检验组批。

2 硬度检验——对硬度有严格要求的锚具零件,应进行硬度检验。应从每批中抽取5%的样品且不应少于5套,按产品设计规定的表面位置和硬度范围(该表面位置和硬度范围是品质保证条件,由供货方在供货合同中注明)做硬度检验。有一个零件不合格时,则应另取双倍数量的零件重做检验;仍有一件不合格时，则应对本批产品逐个检验，合格者方可进入后续检验组批；

3 静载锚固性能试验——在通过外观检查和硬度检验的锚具中抽取6套样品，与符合试验要求的预应力筋组装成3个预应力筋-锚具组装件，并应由国家或省级质量技术监督部门授权的专业质量检测机构进行静载锚固性能试验。试验结果应单独评定，每个组装件试件都必须符合本规程第3.0.2条的要求。有一个试件不符合要求时，则应取双倍数量的锚具重做试验；仍有一个试件不符合要求时，则该批锚具应视为不合格品。

在试验过程中，当试验数据已满足本规程第3.0.2条要求而组装件仍未拉断，此时，在能证明锚具的负载能力大于或等于F_{pm}，可终止试验，并判定试验结果合格。

注：1 对于锚具用量不多的工程，如由供货方提供有效试验合格证明文件，经工程负责单位审议认可并正式备案，可不必进行静载验收试验；

2 用于主要承受动荷载的锚具，可按本规程第3.0.4条确定的疲劳应力幅度进行疲劳荷载试验。

5.0.2 夹具进场验收时，应进行外观检查、硬度检验和静载锚固性能试验。检验和试验方法与锚具相同；但静载试验结果应符合本规程第3.0.7条的规定。

5.0.3 后张法连接器的进场验收规定应与锚具相同。先张法连接器的进场验收规定应与夹具相同。

5.0.4 划分进场验收批时，只有在同种材料和同一生产工艺条件下生产的产品，才可列为同一批量。锚固多根预应力钢材的锚具或夹具应以不超过1000套为一个验收批；锚固单根预应力钢材的锚具或夹具，每个验收批可扩大为2000套。连接器的每个验收批不宜超过500套。

每个工程或标段不宜使用两个生产厂家提供的产品。

5.0.5 预应力筋用锚具、夹具和连接器的锚固性能试验方法，应符合本规程附录A的规定。

6 使用要求

6.0.1 预应力混凝土工程应由有预应力施工资质的组织承担施工任务。施工单位应定期组织施工人员进行技术培训。

6.0.2 预应力筋用锚具、夹具和连接器在贮存运输及使用期间均应妥善保管维护，避免锈蚀、沾污、遭受机械损伤、混淆和散失。

6.0.3 预应力筋用锚具、夹具和连接器安装前应擦拭干净。当按施工工艺规定需要在锚固零件上涂抹介质以改善锚固性能时，应在锚具安装时涂抹。

6.0.4 钢绞线穿入孔道时，应保持外表面干净，不得拖带污物；穿束以后，应将其锚固夹持段及外端的浮锈和污物擦拭干净。

6.0.5 锚具和连接器安装时应与孔道对中。锚垫板上设置对中止口时，则应防止锚具偏出止口以外，形成不平整支承状态。夹片式锚具安装时，各根预应力钢材应平顺，不得扭绞交叉；夹片应打紧，并外露一致。

6.0.6 使用钢丝束镦头锚具前，首先应确认该批预应力钢丝的可镦性，即其物理力学性能应能满足镦头锚的全部要求。钢丝镦头尺寸不应小于规定值，头形应圆整端正。钢丝镦头的圆弧形周边出现纵向微小裂纹时，其裂纹长度不得延伸至钢丝母材，不得出现斜裂纹或水平裂纹。

6.0.7 钢绞线挤压锚具挤压时，在挤压模内腔或挤压元件外表面应涂润滑油，压力表读数应符合操作说明书的规定。挤压后的钢绞线外端应露出挤压头2～5mm。

6.0.8 夹片式、锥塞式等形式的锚具，在预应力筋张拉和锚固过程中或锚固完成以后，均不得大力敲击或振动。

6.0.9 利用螺母锚固的支承式锚具，安装前应逐个检查螺纹的配合情况。对于大直径螺纹的表面应涂润滑油脂，以确保张拉和锚固过程中顺利旋合和拧紧。

6.0.10 钢绞线压花锚成型时，应将表面的污物或油脂擦拭干净，梨形头尺寸和直线段长度不应小于设计值，并应保证与混凝土有充分的粘结力。

6.0.11 对于预应力筋，应采用型式和吨位与其相符的千斤顶整束张拉锚固。对直线形或平行排放的预应力钢绞线束，在确保各根预应力钢绞线不会叠压时，也可采用小型千斤顶逐根张拉工艺，但必须将“分批张拉预应力损失”计算在控制应力之内。

6.0.12 千斤顶安装时，工具锚应与前端工作锚对正，使工具锚与工作锚之间的各根预应力钢材相互平行，不得扭绞错位。

工具锚夹片外表面和锚板锥孔内表面使用前宜涂润滑剂，并应经常将夹片表面清洗干净。当工具夹片开裂或牙面缺损较多，工具锚板出现明显变形或工作表面损伤显著时，均不得继续使用。

6.0.13 对于一些有特殊要求的结构或张拉空间受到限制时，可配置专用的变角块，并应采用变角张拉法施工。设计和施工中应考虑因变角而产生的摩阻损失，但预应力筋在张拉千斤顶工具锚处的控制应力不得大于 $0.8f_{ptk}$。

6.0.14 预应力筋锚固时的内缩值比现行国家标准《混凝土结构设计规范》GB 50010 确定的数值明显偏大时，应检查张拉设备状况及操作工艺，必要时加以调整；也可用少量增加张拉伸长值的办法解决。

6.0.15 采用连接器接长预应力筋时，应全面检查连接器的所有零件，必须执行全部操作工艺，以确保连接器的可靠性。

6.0.16 预应力筋锚固以后，因故必须放松时，对于支承式锚具可用张拉设备松开锚具，将预应力缓慢地卸除；对于夹片式、锥塞式等锚具，宜采用专门的放松装置将锚具松开。任何时候都不得在预应力筋存在拉力的状态下直接将锚具切去。

6.0.17 预应力筋张拉锚固后，应对张拉记录和锚固状况进行复查，确认合格后，方可切割露于锚具之外的预应力筋多余部分。切割工作应使用砂轮锯；当使用砂轮锯有困难时也可使用氧乙炔焰，严禁使用电弧。当用氧乙炔焰切割时，火焰不得接触锚具；切割过程中还应用水冷却锚具。切割后预应力筋的外露长度不应小于 30mm。

6.0.18 预应力筋张拉时，应有安全措施。预应力筋两端的正面严禁站人。

6.0.19 后张法预应力混凝土构件或结构在张拉预应力筋后，宜及时向预应力筋孔道中压注水泥浆。先张法生产预应力混凝土构件时，张拉预应力筋后，宜及时浇筑构件混凝土。

6.0.20 对暴露于结构外部的锚具应及时实施永久性防护措施，防止水分、氯离子及其他有腐蚀性的介质侵入。同时，还应采取适当的防火和避免意外撞击的措施。

封头混凝土应填塞密实并与周围混凝土粘结牢固。无粘结预应力筋的锚固穴槽中，可填堵微膨胀砂浆或环氧树脂砂浆。

锚固区预应力筋端头的混凝土保护层厚度不应小于 20mm；在易受腐蚀的环境中，保护层还宜适当加厚。对凸出式锚固端，锚具表面距混凝土边缘不应小于 50mm。封头混凝土内应配置 1～2 片钢筋网，并应与预留锚固筋绑扎牢固。

6.0.21 在无粘结预应力筋的端部塑料护套断口处，应用塑料胶带严密包缠，防止水分进入护套。在张拉后的锚具夹片和无粘结筋端部，应涂满防腐油脂，并罩上塑料(PE)封端罩，并应达到完全密封的效果。也可采用涂刷环氧树脂达到全密封效果。

附　录　A
试 验 方 法

A.1　一般规定

A.1.1 试验用的预应力筋-锚具、夹具或连接器组装件应由全部零件和预应力筋组装而成。试验用的零件应是在进场验收时经过外观检查和硬度检验合格的产品。组装时锚固零件应擦拭干净，不得在锚固零件上添加影响锚固性能的介质，如金刚砂、石墨、润滑剂等(产品设计有规定者除外)。组装件中组成预应力筋的各根钢材应等长平行、初应力均匀，其受力长度不宜小于 3m。单根钢绞线的组装件试件，不包括夹持部位的受力长度不应小于 0.8m；其他单根预应力钢材的组装件最小长度可按照试验设备确定。

对于预应力筋在锚具夹持部位不弯折的组装件（全部锚筋孔均与锚板底面垂直），可不安装束口状的锚下垫板（图 A.2.1-1）；预应力筋在锚具夹持部位有偏转角度（部分锚筋孔与锚板的底面有倾斜角），使预应力钢材在某个位置须加弯折时，可在此处安设轴向可移动的偏转装置，（图 A.2.1-2 之件号 7）。当对组装件施加拉力时，该偏转装置不应与预应力筋之间产生滑动摩擦。

A.1.2 试验用预应力钢材可由检测单位或受检单位提供，同时还应提供该批钢材的质量合格证明书。所选用的预应力钢材，其直径公差应在受检锚具、夹具或连接器设计的容许范围之内。试验用预应力钢材应先在有代表性的部位取 3～6 根试件进行母材力学性能试验，试验结果必须符合国家现行标准的规定。并且，其实测抗拉强度平均值（f_{pm}）应符合工程选定的强度等级，超过上一个等级时不应采用；当工程选定的是最高强度等级，试验用预应力钢材的实测抗拉强度平均值（f_{pm}）不宜超过 1.05 倍的抗拉强度标准值（f_{ptk}）。

用某一中间强度等级的预应力钢材试验合格的锚具，在实际工程中，可用于低于或等于该强度等级的预应力筋，不得用于较高等级的预应力筋。

A.1.3 试验用的测力系统，其不确定度不得大于 2%；测量总应变的量具，其标距的不确定度不得大于标距的 0.2%；其指示应变的不确定度不得大于 0.1%。

A.2 静载试验

A.2.1 预应力筋-锚具组装件应按图 A.2.1-1 的装置进行静载试验；预应力筋-连接器组装件应按图 A.2.1-2的装置进行静载试验。加载之前应先将各种仪表安装调试正确，各根预应力钢材的初应力调匀，初应力可取钢材抗拉强度标准值 f_{ptk} 的 5%～10%。测量总应变 ε_{apu} 的量具标距不宜小于 1m。正式加载步骤应为：按预应力钢材抗拉强度标准值 f_{ptk} 的 20%、40%、60%、80%，分 4 级等速加载，加载速度每分钟宜为 100MPa；达到 80%后，持荷 1h；随后逐渐加载至完全破坏，使荷载达到最大值（F_{apu}）。试验过程中应按本规程第 A.2.2 条规定的项目进行测量和观察。

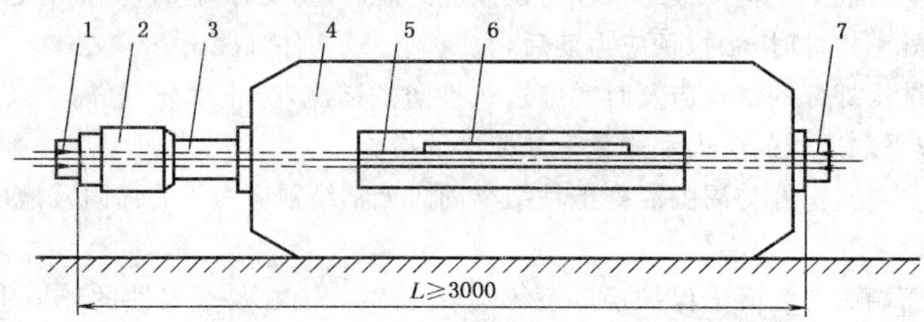

图 A.2.1-1 预应力筋-锚具组装件静载试验装置

1—张拉端试验锚具；2—加荷载用千斤顶；3—荷载传感器；4—承力台座；5—预应力筋；6—测量总应变的装置；7—固定端试验锚具

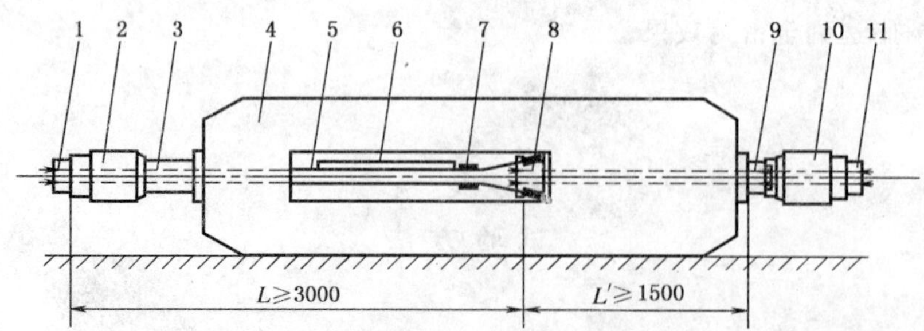

图 A.2.1-2 预应力筋-连接器组装件静载试验装置

1—张拉端试验锚具；2—Ⅰ号加荷载用千斤顶；3—荷载传感器；4—承力台座；5—预应力筋；6—测量总应变的装置；7—转向钢环；8—连接器；9—固定端试验锚具；10—Ⅱ号千斤顶（预紧锚固后卸去）；11—工具锚

用试验机进行单根预应力筋-锚具组装件静载试验时，在应力达到 $0.8f_{ptk}$时，持荷时间可以缩短，但不应少于 10min。

预应力筋-锚具(或连接器)组装件的静载试验，当极限拉力 F_{apu}达到本规程第 3.0.2 条要求后，在预应力筋断裂之前锚具(或连接器)先行破坏，应查明原因，修改或加强有关零件后，经补充静载试验证明锚具(或连接器)可靠，方可在工程中使用。

A.2.2 试验过程中应测量和观察的项目及要求如下：

1 选取有代表性的若干根预应力钢材，按施加荷载的前 4 级逐级测量其与锚具(或连接器、夹具)之间的相对位移(Δa)(图 A.2.2)。Δa 应随荷载逐渐增加；

2 选取锚具(或连接器、夹具)若干有代表性的零件，按施加荷载的前 4 级逐级测量其间的相对位移(Δb)(图 A.2.2)。Δb 应随荷载逐渐增加；

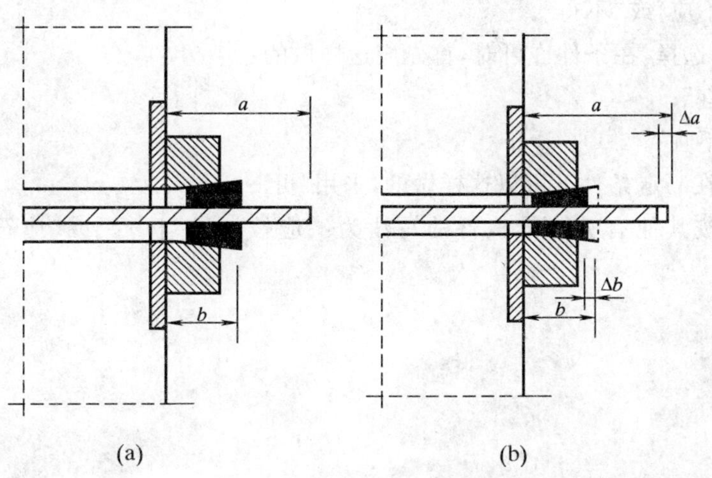

图 A.2.2 组装件受拉时锚具夹片的位移

(a)锚固之前；(b)锚固之后

3 测量记录试件的极限拉力 F_{apu}；

4 测量记录试件极限拉力时预应力筋的总应变 ϵ_{apu}；

5 预应力筋达到 $0.8f_{ptk}$时，在持荷的 1h 期间，每 20～30min 测量一次相对位移(Δa 和 Δb)。持荷期间 Δa 和 Δb 均应无明显变化，保持稳定；

6 对试件的破坏部位与形式，应做出文字描述。必要时可做出图像记录。

静载试验应连续进行三个组装件的试验，全部试验结果均应做出记录。据此应进行如下计算分析和评定：按本规程公式(3.0.3)计算锚具(或连接器)的锚具效率系数 η_a；按本规程公式(3.0.7)计算夹具效率系数(η_g)；应按本条 1～6 款的要求进行评定；最后对试验结果做出是否合格的结论。三个试验结果均应满足本规程的规定，不得进行平均。检验单位应向受检单位提出完整的检验报告。

A.3 疲劳试验、周期荷载试验及辅助性试验

A.3.1 当工程结构有特殊要求，需进行疲劳试验或周期荷载试验时，试验方法应符合现行国家标准《预应力筋用锚具、夹具和连接器》GB/T 14370 的规定。试验用组装件应包括直线形及有最大转折角的预应力钢材。

A.3.2 在设计或施工单位初次使用某种预应力体系、张拉预应力筋出现滑丝或不正常、锚具和预应力钢材匹配不良时，可进行单项或多项辅助性试验(锚具的内缩量试验、摩阻损失试验、张拉锚固工艺试验)。试验可在专业试验室或施工现场进行。试验要求及方法应符合现行国家标准《预应力筋用锚具、夹具和连接器》GB/T 14370 的规定。辅助性试验的测量或观察结果经确认后应予备案。实测的锚具内缩量或锚具摩阻损失值可以作为设计单位修改设计数据的依据。

本规程用词说明

1．为便于在执行规程条文时区别对待，对于要求严格程度不同的用词说明如下：

(1) 表示很严格，非这样做不可的用词：

正面词采用“必须”；

反面词采用“严禁”。

(2) 表示严格，在正常情况下均应这样做的用词：

正面词采用“应”；

反面词采用“不应”或“不得”。

(3) 表示允许稍有选择，在条件许可时，首先应这样做的：

正面词采用“宜”；

反面词采用“不宜”。

表示允许有选择，在一定条件下可以这样做的，采用“可”

2．条文中指明应按其他有关标准执行的写法为：“应按……”执行”或“应符合……的要求（或规定）”。

中华人民共和国行业标准

JGJ 85—2002

预应力筋用锚具、夹具和连接器应用技术规程

条文说明

前　言

《预应力筋用锚具、夹具和连接器应用技术规程》(JGJ 85—2002)，经建设部 2002 年 9 月 27 日以第 65 号公告批准发布。

原规程 JGJ 85—92 的主编单位是中国建筑科学研究院，参加单位是北京市第一建筑构件厂、南京工学院(现东南大学)、甘肃省建筑科学研究所、广州市建筑科学研究所、柳州市建筑机械总厂、大连拉伸机厂。

为便于广大设计、施工、科研、学校等单位的有关人员在使用本规程时能正确理解和执行条文规定，《预应力筋用锚具、夹具和连接器应用技术规程》编制组按章、节、条顺序编制了本规程的条文说明，供使用者参考。在使用中如发现本条文说明有不妥之处，请将意见函寄中国建筑科学研究院(地址:北京市北三环东路 30 号;邮编:100013)。

1　总则

1.0.1　本规程的主要目的，是为了在预应力混凝土结构工程中合理应用预应力筋用锚具、夹具和连接器，并按统一的技术要求组织进场验收和进行必要的检查与试验。

1.0.2　本规程是我国的行业标准，适用于各类预应力混凝土结构工程，包括建筑、桥梁、水工、能源等领域。在有些工程中如有特殊要求，还应遵守有关的专门规定。

3　性能要求

3.0.1　本规程明确指出:预应力筋用锚具、夹具和连接器的性能都应符合现行国家标准 GB/T 14370 的规定。这说明产品的进场验收标准和产品的出厂标准是保持一致的。

3.0.2　本条确定的组装件静载试验合格标准，字面上和原规程及 FIP 1993 的“建议”都是相同的，但因公式(3.0.3)中 η_p 的取值有新规定，算出的 η_a 与前两者都略有差别(详见第 3.0.3 条的条文说明)。

3.0.3　在静载试验测定锚具效率系数 η_a 时，要首先确定预应力筋的效率系数 η_p，本规程规定直接按预应力筋-锚具组装件中预应力钢材的根数来确定。当根数为 1～5 根时 $\eta_p=1$，6～12 根时 $\eta_p=0.99$，13～19 根时 $\eta_p=0.98$，20 根以上时 $\eta_p=0.97$。

对于以上规定，需要说明如下:

1. 本规程中的 η_p 与原规程中的 η_p 在实质上是不同的。原规程 JGJ 85—92 中的 η_p 是按其附录二的规定做 10～30 根预应力钢材拉力试件，然后再用统计法算出 η_p;这个 η_p 只与拉力试件的材性(延伸率、屈强比、强度不均匀性等)有关。而本规程是按 GB/T 14370—2000 取用的;此处的 η_p 主要考虑了每束预应力筋中预应力钢材根数对应力不均匀性的影响，虽仍然叫做预应力筋的效率系数，但内涵不同。

2. 根据国内近十年的经验，按 GB/T 14370—93 附录 A(JGJ 85—92 同此)试验并计算的办法得出的 η_p 分布在 0.97～0.99 之间，但是取样、试验及计算等一系列工作相当繁琐。这一做法源于国际预应力混凝土协会(FIP)1981 年的《后张预应力体系的验收和应用建议》一文。在以后的 1991 年和 1993 年的 FIP

“建议”中都取消了这一系数，即 $\eta_p=1.0$，也不考虑预应力钢材因诸多影响而产生的拉应力不均匀性。而 GB/T 14370—2000 确定 η_p 仍然存在，并按每个预应力筋-锚具组装件中预应力钢材的根数多少，直接给出 η_p 的不同取值。本规程保持了和这项国家产品标准的一致性；

3. 按照本规程第 3.0.3 条的规定进行计算，并按第 3.0.2 条的合格标准进行判定，本规程的实际合格水平，和 GB/T 14370—93 相比，对常用的中小规格锚具，其效率系数实际上是提高了要求。和 FIP 1993“建议”的标准相比，对只有 1～5 根预应力钢材组成的组装件，标准是相同的；对超过 5 根钢材的组装件，则略有降低。单从极限总应变 ε_{apu} 必须大于或等于 2.0%的规定来说，FIP 1981、1991、1993 的三次“建议”，我国的 GB/T 14370—93、GB/T 14370—2000、JGJ 85—92 及本规程都没有改变，它能完全满足结构物在极限状态下变形的需要。

本条还规定，静载试验时，组装件受拉达到极限拉力 F_{apu} 时，应当是预应力筋被拉断，而不允许锚具(或连接器)先行失去锚固能力和崩溃。受力时锚具零件变形是合理的，但在预应力筋拉应力未超过 $0.8f_{ptk}$ 时，变形应控制在弹性阶段，更不应发生脆断。

3.0.4 工程设计单位可以根据需要适当增加锚具所能承受疲劳荷载的应力幅度，但在产品订货时，还应与供应商具体协议。

3.0.7 夹具效率系数 η_g 的合格标准，在 GB/T 14370—2000 及本规程中，公式写法和原规程虽然不同，但实际相当于 η_p 等于 0.97，标准并未改变。

需大力敲击才能松开的夹具，必须在放松预应力筋后，确认对构件或工作锚具没有影响、且对操作人员安全不造成危险时才允许使用。

4 锚具、夹具和连接器的选用

4.0.1 锚具、夹具和连接器按锚固方式可分为四种形式，每种形式之中又可以设计出很多具体型号的产品，以锚固或夹持多种多样的预应力筋。工程设计人员为某种结构选用锚具、夹具或连接器时，可根据结构的要求、预应力筋的品种、产品的技术性能、张拉施工方法和经济合理等因素进行综合分析比较后加以确定。表 4.0.1 是锚具选用表，这里仅推荐按不同预应力筋时在张拉端和固定端使用的品种；至于选用何种预应力体系，设计或施工人员还应根据更多方面的考虑加以细化后确定。

4.0.3 设计图纸写注锚具或连接器时，应将型号和适用预应力筋的强度等级一并写出，同时还应写出规格和性能相同的类似锚具。例如：用于强度等级为 1860MPa、直径 ϕ15.20mm、12 根钢绞线为一束的 OM 型预应力筋锚具，应标注为：“QM15-12，1860MPa 级；或规格和性能相同的类似锚具”。如对疲劳性能有超常规要求，还应具体注明。工程设计图纸及相关文件，不得指定生产厂名或以独家产品型号达到间接指定生产厂名的作用。

适用于当前最高强度级别(1860MPa)钢绞线的锚具，可用于 1720MPa 级及其以下各级的钢绞线。反之，例如“QM15-12，1720MPa 级”的锚具，不得用于强度较高的 1860MPa 级钢绞线。

5 进场验收

5.0.1 需方(用户)的进场验收实际上是供方(生产厂)已进行出厂试验合格后的复验。通常是在按合同清点货物后做三项验收工作：外观检查、硬度检验和静载锚固试验。

外观检查中，对于非关键尺寸的偏差、非关键表面的光洁度、局部碰痕等情况，用户可根据是否影响使用来判断是否可以验收。但对表面裂纹则必须提高警惕。锚具受力后，有裂纹的零件可能引致出现险情。经验表明，如有一件发现裂纹，则该批产品很可能还有类似情况，所以要求全部逐套细查。

锚夹具零件一般都有硬度要求，但有多数零件对硬度的要求目的在于适当提高钢材的机械性能，允许的硬度范围比较宽(例如夹片锚具的锚板)，不是重点要求的内容。本规程要求“对硬度有严格要求的锚具零件，应进行硬度检验”。这类零件诸如夹片锚具的夹片、钢质锥形锚具的锥塞和锚环、镦头锚具的锚杯和锚板等。因为只有生产厂才知道这些零件的设计硬度范围，所以，本规程提出了“按产品设计规定的表面位置和硬度范围”做硬度检验。这个位置及硬度的设计范围应由供货方向用户申明，作为产品质量的保证条件。检测单位测试后，据此判定合格与否。

静载锚固性能试验工作，费工、费时、经济开支较大，也是进场验收最后把关的工作；取样应在购货合同规定的批量之内进行。购货量大的工程进行此项工作是必要的，业主的经济能力也是可能达到的。购货量小的工程可能会感到试验费用负担过重，因此，本规程提出一种从简办法：“如由供货方提供有效试验合格证明文件，经工程负责单位审议认可并正式备案，可不必进行静载验收试验。”

本规程对承担静载锚固性能试验的质量检测机构的资格做了规定：它是由国家或省级质量技术监督部门授权的本专业检测机构。

6 使用要求

本修订版和原规程 JGJ 85—92 相比，这一章有较多增订，提出了最基本的要求，但有别于施工工法。

6.0.1 规定预应力工程的施工单位应有专业资质，这是针对工程管理部门提出的，目的是加强施工管理，确保工程质量。

6.0.3 锚具、夹具和连接器出厂后都在表面涂油防腐，但这也容易沾粘砂尘；本规程要求安装前一定擦拭干净。许多产品在夹紧预应力钢材的过程中需要涂抹润滑油，为了避免砂尘，所以又要求安装时才涂抹，然后尽快张拉锚固。

6.0.4 由于钢绞线表面不清洁造成锚具夹片螺牙堵塞的事故时有发生，所以，预应力施工时一定要求清洁。

6.0.5 锚垫板上如有对中止口，会有利于张拉及锚固。但如不慎使锚板偏出止口，反而形成了不平整的支承状态，必须放松摆正重拉。

夹片式锚具安装时务必使各根预应力钢材平顺，至少在距端部 1.5～2.0m 的长度内不扭绞交叉。必要时宜使用梳子板或梳理叉进行梳理。

6.0.6 在钢丝束镦头锚应用广泛的年代，国内外的预应力钢丝强度标准值多为 1570MPa。当时的研究者强调在使用镦头锚具之前，必须先肯定钢丝的可镦性，即能够镦出外形和机械性能都符合要求的头形。我国已公布的镦头锚具设计图，都是适用于这一等级钢丝的。现在，钢丝强度提高很多，计有 1670MPa、1720MPa 及 1860MPa 各种等级。使用这些钢丝之前，应先检验它的可镦性，同时，锚具的承载能力也应注意加强，必要时应按提高后的负荷重新设计锚具。不具可镦性的钢丝不能用于镦头锚。

6.0.7 每一个挤压锚具生产厂家出厂的挤压元件都和其出厂的挤压机是配套的。在工地进行挤压时，惟一监视的指标是油压表的压力值，不低于某一规定值时为合格。某一厂家的挤压元件和另一厂家的挤压机，通常没有配套使用的技术文件，所以不要共同使用。

6.0.9 凡利用螺母锚固的锚具，一般是张拉至规定拉力时在带负荷状态下拧紧螺母。如果螺纹配合过紧或有碰伤而拧不动，这时就非常难办，所以要求在安装锚具之前逐个检查螺纹的配合情况，保证在张拉锚固时能顺利拧紧。

6.0.10 钢绞线压花锚是靠梨形花头及 1～2m 直线段裸露的钢绞线与混凝土的粘结而锚固的，所以要求钢绞线表面保持干净，不能有污物，更不得有油脂。通常，这种锚具用于有粘结预应力混凝土结构；在无粘结混凝土结构中因难以将油脂除净，所以不宜使用。

6.0.11 在各种预应力体系中，按预应力筋(束)的规格配以相应的锚具和张拉千斤顶，以实现整束张拉，这是贯常情况。有些情况(直线形预应力筋，各根钢材平行排放且不会互相迭压)下用小型千斤顶逐根张拉可能更方便。但逐根张拉时会出现“分批张拉预应力损失”，在确定张拉力时一定要将此损失计算在内。

6.0.12 张拉千斤顶上的工具锚，应确保在张拉油缸回程时能自动松开。为此目的，常在工具夹片外表面涂液体石蜡(或称退锚灵)等润滑剂。

6.0.13 变角张拉工艺可以适应锚具外张拉空间狭小的情况。由于安放变角块，虽然能使预应力筋产生大角度弯曲，但也同时产生附加摩擦应力损失，此项损失值往往数额较大。按施工规范规定，张拉千斤顶工具锚处的最大张拉应力不得大于 $0.8f_{ptk}$，因此工作锚处的控制应力就可能比常规值明显偏小。为补足总预压力，就得多配预应力筋。

6.0.14 预应力筋锚固时的内缩值，《混凝土结构设计规范》GB 50010 对各型锚具都有规定，但没有和预应力筋长度及控制应力高低相联系。施工张拉时的实际内缩值如和规范给定值相差不多，除了特别短的预应力筋外，一般对结构物不会有明显影响。如发现实际内缩值偏大许多(偏小的情况较少)，首先应查明原因加以解决；如系正常情况，可以用延长张拉持荷时间或稍微增加一点拉力的办法，使张拉伸长值长出一点以抵消增大的内缩值。事实上，对于长预应力筋，偏大的内缩值对锚固后的应力值影响很小；对于张拉端弯曲的预应力筋(如简支梁等)，内缩值还会降低锚固区的压力，并使预应力筋的弯起段和跨中段应力更趋接近。规范允许根据实测确定预应力筋的内缩值。

6.0.15 使用后张法连接器，不论单根或多根的型号，都应放置密封罩筒，以切实保证在浇灌混凝土后张拉预应力时不会出现事故(如滑丝等)。这种事故可能导致对混凝土"开膛"，难有他法。如使用先张法连接器，则多为单根型号，张拉事故可能危及人身安全。所以，对任何连接器都要求具有良好的质量，施工工人都应经过培训，安装操作必须认真，严格执行每一项操作规定。

6.0.16 预应力筋锚固后，如需要放松，无论后张法或先张法，都必须使用专门的放松设备，在确保安全的情况下缓慢地放松。不允许在预应力筋存在应力的状态下将其切断。

6.0.19 后张法预应力混凝土构件或结构，在张拉预应力后，宜及时向预应力孔道中压注水泥浆，不宜太久，以减轻应力之下的腐蚀。水泥浆强度达到 20～30MPa 即可。通常希望加入减水剂及微膨胀剂，以增加流动性和减小泌水率。

灌浆的技术关键是：预应力筋孔道的上部、凸起段的顶部及锚垫板的喇叭筒空腔上部都充满无腐蚀性的水泥浆，要求孔道中的预应力筋全部被水泥浆涂覆。

6.0.20 在结构物的锚头位置，封头混凝土内应配置一些网状钢筋，这些钢筋也应与预留的锚固筋绑扎牢固。

6.0.21 无粘结结构的预应力筋是靠锚具永久锚固的，如锚具因腐蚀而失效，后果是严重的。因此，预应力筋-锚具组装件的端部应该做成全密封的构造。这种构造有两点要求：其一是将锚具用塑料(PE)封端罩填满油脂后罩牢；其二是在锚具根部切断无粘结筋护套的部位，防止钢绞线裸露，必要时加包缠防水。

附 录 A
试 验 方 法

自从行业标准《预应力筋用锚具、夹具和连接器应用技术规程》JGJ 85—92 批准实施以来，国内各研制单位、生产单位及检测单位仍然存在试验方法不尽一致的问题。为了促进试验方法的统一，本规程补充了三幅试验装置示意图，并参考国际预应力混凝土协会(FIP)1993 年建议的内容，提出了试验应予测量和观察的项目及要求。

A.1.1 尽管有些锚具在张拉锚固时要求涂油润滑，但本规程规定试验时锚固零件应擦拭干净(并非要求用溶剂洗净)，不得在锚固零件上添加金刚砂、石墨、润滑剂等物质(产品设计有规定者除外)。这是因为试验条件和实际张拉条件不可能完全相同。试验时擦净的规定应予统一，不然将会导致离散性较大的试验结果。试件受力长度不小于 3m，这是 FIP 建议的数字，是合适的。单根钢绞线试件受力长度不小于 0.8m，这是因为测定变形的仪器标距为 0.6m，两端各让出 0.1m，以消除夹头的影响；试件总长度可由检测单位提出要求。

有的锚具夹筋孔全部与其底面垂直，组成组装件后各根预应力钢材全部等长且平行，在试验台座上安装比较方便。有些锚具的夹筋孔是向心倾斜的，这种夹筋方式使预应力钢材在锚板底部发生弯折，为了避免弯折，可对组装件进行几何图解，在夹筋孔轴线的延长线上找出预应力钢材合适的弯折点，在此点处设置一个约束预应力筋的钢环，此环和弯折的预应力钢材就近绑牢，施加拉力时两者不会出现摩擦。然而，锚固钢丝的钢质锥形锚具，难以消除钢丝在锚口处弯折的不利状态，使它的 η_a 不容易提高。

A.1.2 国际预应力混凝土协会(FIP)在其历次"建议"中，都提出用工程上使用的预应力钢材去检验选定的锚具。这是一种"匹配性试验"，在国外，预应力工程承包公司自行生产锚具，如匹配不合适，它可以自行修改锚具，也不排除另换预应力钢材。目前，中国的市场机制不能完全适应这种做法。因为我国的预应力钢材和锚具都是社会商品，预应力钢材产品是否合格与锚具无关，而锚具是否合格却必须借助于预应力筋-锚具组装件试验才能确定。预应力工程承包单位在出现"不匹配"时将遭遇尴尬局面。因此，本规程对有关预应力筋的使用方面做了两条规定：

1. 试验用的预应力钢材以符合国家标准或行业标准为原则，但其直径公差应在锚具设计容许值的范围内；

2. 预应力钢材一般有多个强度级别，如工程设计选用某一级别的钢材及相应的锚具，在做进场验收静载试验时应使用该级别的预应力钢材和锚具组成组装件，不应使用高级别的预应力钢材去做静载验收试验。

A.2.1 在进场验收试验中，不必分区"先锚固后张拉式锚具"或"先张拉后锚固式锚具"，一律按图A.2.1-1的装置进行静载试验。

连接器的静载试验可按图A.2.1-2的示意装置进行。对于此项试验有以下几点说明：

1. 由件号1、5、8组成的组装件是试验件；8、9、11号件之间的预应力筋是辅助用筋，相当于实际工程中被接长的预应力筋，其材质和试验件相同，长度宜大于1.5m。通常在有充分代表性的情况下，可将试验件的预应力钢材根数减少10%～20%，以期使破坏部位发生在试验件上(避免辅助用筋破断)；

2. 件号1、9、11及8的中心区都是工程中拟使用的锚具(和夹片)。件号10是Ⅱ号千斤顶，是和锚具型号配套的施工用千斤顶；安装时先将活塞伸出30～40mm、装上件号为11的工具锚(也可用工作锚，均要涂退夹片的润滑剂)，升压张拉至 $0.8f_{ptk}$ 后减压使件号9锚固，最后卸去件号11及Ⅱ号千斤顶；

3. 件号7是一个约束预应力筋的钢环，内径和预应力筋的外圆相同，外径及宽度根据预应力筋弯折后的径向力大小计算确定。件号7至件号8的距离可用几何图解法确定，依据的条件是预应力钢材在挤压锚锚口处不弯折；

4. 最后安装荷载传感器(件号3)、Ⅰ号千斤顶(件号2)、高性能的试验锚具(件号1)及其他采集试验数据的仪器和装置；

5. 试验加载至后期，如果超过第3.0.2条要求的指标，可以停试并判定合格。如要求拉至破坏，预应力筋破断的位置有可能在试验件上，也可能在辅助用筋上。如果在未达到第3.0.2条要求时辅助用筋就开始断裂，此时不表明试验件不合格，应检查试验装置及安装情况；更换辅助用筋，或连同试验件全部更换，然后重新加荷。

A.2.2 静载试验过程中应测量和视察的项目有6项，其中测得的 F_{apu} 和 ε_{apu} 是按第3.0.2条判定是否合格的依据。

按图A.2.2所示，在分4级加荷至预应力筋应力达到 $0.8f_{ptk}$ 时，每级荷载时都要测量 Δa 和 Δb。这两项相对位移值随荷载而变化的理想情况是线性关系，试验时可随时判断锚具的工作是否正常。在预应力筋应力达 $0.8f_{ptk}$ 后的一小时持荷期间，还要继续测量 Δa 和 Δb 两三次，如果锚具(夹具或连接器)的变形稳定，Δa 和 Δb 均应无明显变化，说明锚具工作可靠；如果变形在不停地发展，则锚具(夹具或连接器)将难以达到第3.0.2条的要求。在试件破坏以后，还要仔细观察分析破坏的部位和形式，对试件的性能给予完善的描述；必要时可做出图像记录。

预应力筋-锚具组装件在静载试验中，当极限拉力 F_{apu} 和相应的总应变 ε_{apu} 尚未达到第3.0.2条要求时试件就发生破坏，破坏状态可能有如下几种情况：

1. 预应力钢材在锚具夹持部位或距夹持起点 $2d$(d：预应力钢材直径)范围之内断裂。试验结果为锚具不合格；

2. 锚具破坏(滑丝，零件断裂，严重变形等)。试验结果为锚具不合格；

3. 预应力钢材在远离锚具处断一根(或一根钢丝)。此时应察看断口形态，以判断是否属于预应力钢材质量问题。如不属于锚具的问题，则不对锚具下结论。

静载试验中，当极限拉力 F_{apu} 和相应的总应变 ε_{apu} 达到第 3.0.2 条要求时，如将组装件加载至破坏，其破坏状态可能有如下几种情况：

1. 预应力筋断裂时可能是逐根发生的，可能先断 1 根钢材，继续增加荷载，接着再断数根。试验结果合格；

2. 预应力筋突然激烈破断，甚至预应力筋和锚具飞出，断后检查认定多根或全部钢材断裂，而且锚具出现残余变形或被预应力钢材拉伤等情况。这种情况经常发生在锚具效率系数很高的组装件试验中。显然，这种试验结果也是合格的；

3. 预应力筋未断，是因为锚具零件不能继续承受预应力筋的破断荷载而导致组装件终止试验。因为此时已满足了第 3.0.2 条的要求，但它不符合第 3.0.3 条的要求，试验结果为不合格。应查明锚具(或连接器)先破坏的原因，修改或加强薄弱零件再经试验并达到合格后才能用于工程。

A.3.1 一般工程的进场验收试验，不要求做疲劳试验及周期荷载试验，只有在特殊情况下，工程结构设计有要求时才做疲劳或周期荷载试验。当疲劳试验机不能满足大规格锚具的荷载要求时，试验锚具可以少装预应力钢材或用有代表性的小规格锚具进行试验；预应力钢材根数不能少于原规格的1/10。但是试验用的组装件应包括直线形及有最大转折角的预应力钢材；试验工作及要求应符合现行国家标准 GB/T 14370 的规定。

关于发布行业标准
《钢筋机械连接通用技术规程》的公告

建设部[2003]第134号

现批准《钢筋机械连接通用技术规程》为行业标准，编号为JGJ 107—2003，自2003年7月1日起实施。其中，第3.0.5、6.0.5条为强制性条文，必须严格执行。原行业标准《钢筋机械连接通用技术规程》JGJ 107—96同时废止。

中华人民共和国建设部

2003年3月21日

前 言

根据建设部建标[1999]309 号文的要求，规程编制组在广泛调查研究，认真总结实践经验，参考有关国际和国外先进标准，并在广泛征求意见基础上，制定了本规程。

本规程修订的主要技术内容是：1. 修改了接头的分级和抗拉强度指标；2. 取消“割线模量”改用“非弹性变形”控制接头的变形；3. 修改了不同等级接头的应用范围和允许的接头面积百分率；4. 修改了型式检验的接头数量和加载制度；5. 对各类螺纹接头增加安装时拧紧力矩要求。

本规程由建设部负责管理和对强制性条文的解释，由主编单位负责具体技术内容的解释。

本规程主编单位：中国建筑科学研究院（地址：北京北三环东路 30 号；邮政编码：100013）

本规程的参编单位：冶金建筑研究总院、上海钢铁工艺技术研究所、北京市建设设计研究院、中国水利水电第十二工程局施工科学研究所。

本规程主要起草人员：刘永颐、徐有邻、郁竑、张承起、杨熊川、霍箭云、李本端。

中华人民共和国行业标准

JGJ 107—2003

钢筋机械连接通用技术规程

General technical specification for mechanical splicing of bars

1 总则

1.0.1 为在混凝土结构中使用钢筋机械连接,做到技术先进、安全适用、经济合理、确保质量,制定本规程。

1.0.2 本规程适用于房屋与一般构筑物中受力钢筋机械连接接头(以下简称接头)的设计、应用与验收。各类钢筋机械连接接头均应遵守本规程的规定。

1.0.3 用于机械连接的钢筋应符合现行国家标准《钢筋混凝土用热轧带肋钢筋》GB 1499 及《钢筋混凝土用余热处理钢筋》GB 13014 的规定。执行本规程时,尚应符合国家现行有关强制性标准的规定。

2 术语、符号

2.1 术语

2.1.1 钢筋机械连接 rebar mechanical splicing

通过钢筋与连接件的机械咬合作用或钢筋端面的承压作用,将一根钢筋中的力传递至另一根钢筋的连接方法。

2.1.2 接头抗拉强度 tensile strength of splicing

接头试件在拉伸试验过程中所达到的最大拉应力值。

2.1.3 接头残余变形 residual deformation of splicing

接头试件按规定的加载制度加载并卸载后,在规定标距内所测得的变形。

2.1.4 接头试件总伸长率 elongation rate of splicing sample

接头试件在最大力下在规定标距内测得的总伸长率。

2.1.5 接头非弹性变形 inelastic deformation of splicing

接头试件按规定加载制度第 3 次加载至 0.6 倍钢筋屈服强度标准值时,在规定标距内测得的伸长值减去同标距内钢筋理论弹性伸长值的变形值。

2.1.6 接头长度 length of splicing

接头连接件长度加连接件两端钢筋横截面变化区段的长度。

2.2 符号

f_{yk}——钢筋屈服强度标准值。

f_{uk}——钢筋抗拉强度标准值,与现行国家标准《钢筋混凝土用热轧带肋钢筋》GB 1499 中的钢筋抗拉强度 σ_b 值相当。

f^0_{mst}——接头试件实际抗拉强度。

f^0_{st}——接头试件中钢筋抗拉强度实测值。

u——接头的非弹性变形。

u_{20}——接头经高应力反复拉压 20 次后的残余变形。

u_4——接头经大变形反复拉压 4 次后的残余变形。

u_8——接头经大变形反复拉压 8 次后的残余变形。

ε_{yk}——钢筋应力为屈服强度标准值时的应变。

δ_{sgt}——接头试件总伸长率。

3 接头的设计原则和性能等级

3.0.1 接头的设计应满足强度及变形性能的要求。

3.0.2 接头连接件的屈服承载力和抗拉承载力的标准值应不小于被连接钢筋的屈服承载力和抗拉承载力标准值的1.10倍。

3.0.3 接头应根据其等级和应用场合，对单向拉伸性能、高应力反复拉压、大变形反复拉压、抗疲劳、耐低温等各项性能确定相应的检验项目。

3.0.4 根据抗拉强度以及高应力和大变形条件下反复拉压性能的差异，接头应分为下列三个等级：

Ⅰ级：接头抗拉强度不小于被连接钢筋实际抗拉强度或1.10倍钢筋抗拉强度标准值，并具有高延性及反复拉压性能。

Ⅱ级：接头抗拉强度不小于被连接钢筋抗拉强度标准值，并具有高延性及反复拉压性能。

Ⅲ级：接头抗拉强度不小于被连接钢筋屈服强度标准值的1.35倍，并具有一定的延性及反复拉压性能。

3.0.5 Ⅰ级、Ⅱ级、Ⅲ级接头的抗拉强度应符合表3.0.5的规定。

表3.0.5 接头的抗拉强度

接头等级	Ⅰ级	Ⅱ级	Ⅲ级
抗拉强度	$f^0_{mst} \geq f^0_{st}$或$\geq 1.10 f_{uk}$	$f^0_{mst} \geq f_{uk}$	$f^0_{mst} \geq 1.35 f_{yk}$

注：f^0_{mst}——接头试件实际抗拉强度；
f^0_{st}——接头试件中钢筋抗拉强度实测值；
f_{uk}——钢筋抗拉强度标准值；
f_{yk}——钢筋屈服强度标准值。

3.0.6 Ⅰ级、Ⅱ级、Ⅲ级接头应能经受规定的高应力和大变形反复拉压循环，且在经历拉压循环后，其抗拉强度仍应符合本规程表3.0.5的规定。

3.0.7 Ⅰ级、Ⅱ级、Ⅲ级接头的变形性能应符合表3.0.7的规定。

表3.0.7 接头的变形性能

接头等级		Ⅰ级、Ⅱ级	Ⅲ级
单向拉伸	非弹性变形/mm	$u \leq 0.10 (d \leq 32)$ $u \leq 0.15 (d > 32)$	$u \leq 0.10 (d \leq 32)$ $u \leq 0.15 (d > 32)$
	总伸长率/(%)	$\delta_{sgt} \geq 4.0$	$\delta_{sgt} \geq 2.0$
高应力反复拉压	残余变形/mm	$u_{20} \leq 0.3$	$u_{20} \leq 0.3$
大变形反复拉压	残余变形/mm	$u_4 \leq 0.3$ $u_8 \leq 0.6$	$u_4 \leq 0.6$

注：u——接头的非弹性变形；
u_{20}——接头经高应力反复拉压20次后的残余变形；
u_4——接头经大变形反复拉压4次后的残余变形；
u_8——接头经大变形反复拉压8次后的残余变形；
δ_{sgt}——接头试件总伸长率。

3.0.8 对直接承受动力荷载的结构构件，接头应满足设计要求的抗疲劳性能。当无专门要求时，对连接HRB335级钢筋的接头，其疲劳性能应能经受应力幅为100 N/mm²，最大应力为180 N/mm²的

200 万次循环加载。对连接 HRB400 级钢筋的接头，其疲劳性能应能经受应力幅为 100 N/mm^2，最大应力为 190 N/mm^2 的 200 万次循环加载。

3.0.9 当混凝土结构中钢筋接头部位的温度低于－10℃时，应进行专门的试验。

4 接头的应用

4.0.1 接头等级的选定应符合下列规定：

1 混凝土结构中要求充分发挥钢筋强度或对接头延性要求较高的部位，应采用Ⅰ级或Ⅱ级接头；

2 混凝土结构中钢筋应力较高但对接头延性要求不高的部位，可采用Ⅲ级接头。

4.0.2 钢筋连接件的混凝土保护层厚度宜符合现行国家标准《混凝土结构设计规范》GB 50010 中受力钢筋混凝土保护层最小厚度的规定，且不得小于 15 mm。连接件之间的横向净距不宜小于 25 mm。

4.0.3 结构构件中纵向受力钢筋的接头宜相互错开，钢筋机械连接的连接区段长度应按 35 d 计算（d 为被连接钢筋中的较大直径）。在同一连接区段内有接头的受力钢筋截面面积占受力钢筋总截面面积的百分率（以下简称接头百分率），应符合下列规定：

1 接头宜设置在结构构件受拉钢筋应力较小部位，当需要在高应力部位设置接头时，在同一连接区段内Ⅲ级接头的接头百分率不应大于 25％；Ⅱ级接头的接头百分率不应大于 50％；Ⅰ级接头的接头百分率可不受限制。

2 接头宜避开有抗震设防要求的框架的梁端、柱端箍筋加密区；当无法避开时，应采用Ⅰ级接头或Ⅱ级接头，且接头百分率不应大于 50％。

3 受拉钢筋应力较小部位或纵向受压钢筋，接头百分率可不受限制。

4 对直接承受动力荷载的结构构件，接头百分率不应大于 50％。

4.0.4 当对具有钢筋接头的构件进行试验并取得可靠数据时，接头的应用范围可根据工程实际情况进行调整。

5 接头的型式检验

5.0.1 在下列情况时应进行型式检验：

1 确定接头性能等级时；

2 材料、工艺、规格进行改动时；

3 质量监督部门提出专门要求时。

5.0.2 用于型式检验的钢筋应符合有关标准的规定，当钢筋抗拉强度实测值大于抗拉强度标准值的 1.10 倍时，Ⅰ级接头试件的抗拉强度尚不应小于钢筋抗拉强度实测值 f_{st}^0 的 0.95 倍；Ⅱ级接头试件的抗拉强度尚不应小于钢筋抗拉强度实测值 f_{st}^0 的 0.90 倍。

5.0.3 型式检验的变形测量标距应符合下列规定（图 5.0.3）：

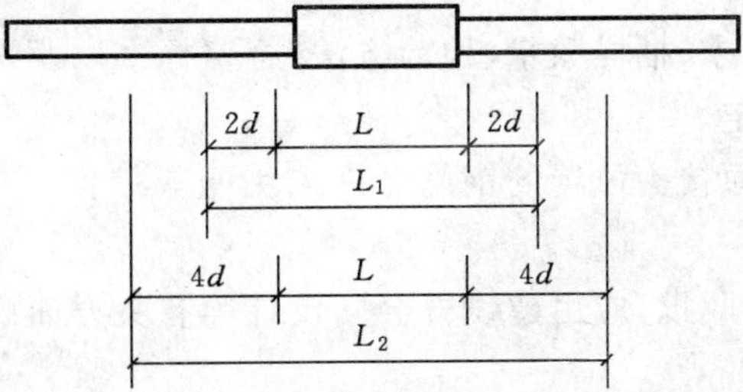

图 5.0.3 接头试件变形测量标距

$$L_1 = L + 4d \quad (5.0.3\text{-}1)$$

$$L_2 = L + 8d \quad (5.0.3\text{-}2)$$

式中：L_1——非弹性变形、残余变形测量标距；

L_2——总伸长率测量标距；

L——机械接头长度；

d——钢筋公称直径。

5.0.4 对每种型式、级别、规格、材料、工艺的钢筋机械连接接头，型式检验试件不应少于9个：其中单向拉伸试件不应少于3个，高应力反复拉压试件不应少于3个，大变形反复拉压试件不应少于3个。同时应另取3根钢筋试件做抗拉强度试验。全部试件均应在同一根钢筋上截取。

5.0.5 型式检验的加载制度应按本规程附录A的规定进行，其合格条件为：

1 强度检验：每个接头试件的强度实测值均应符合本规程表3.0.5的规定；

2 变形检验：对非弹性变形、总伸长率和残余变形，3个试件的平均实测值应符合本规程表3.0.7的规定。

5.0.6 型式检验应由国家、省部级主管部门认可的检测机构进行，并应按本规程附录A的格式出具检验报告和评定结论。

6 接头的施工现场检验与验收

6.0.1 工程中应用钢筋机械连接接头时，应由该技术提供单位提交有效的型式检验报告。

6.0.2 钢筋连接工程开始前及施工过程中，应对每批进场钢筋进行接头工艺检验，工艺检验应符合下列要求：

1 每种规格钢筋的接头试件不应少于3根；

2 钢筋母材抗拉强度试件不应少于3根，且应取自接头试件的同一根钢筋；

3 3根接头试件的抗拉强度均应符合表3.0.5的规定；对于Ⅰ级接头，试件抗拉强度尚应大于等于钢筋抗拉强度实测值的0.95倍；对于Ⅱ级接头，应大于0.90倍。

6.0.3 现场检验应进行外观质量检查和单向拉伸试验。对接头有特殊要求的结构，应在设计图纸中另行注明相应的检验项目。

6.0.4 接头的现场检验按验收批进行。同一施工条件下采用同一批材料的同等级、同型式、同规格接头，以500个为一个验收批进行检验与验收，不足500个也作为一个验收批。

6.0.5 对接头的每一验收批，必须在工程结构中随机截取3个接头试件作抗拉强度试验，按设计要求的接头等级进行评定。

当3个接头试件的抗拉强度均符合本规程表3.0.5中相应等级的要求时，该验收批评为合格。

如有1个试件的强度不符合要求，应再取6个试件进行复检。复检中如仍有1个试件的强度不符合要求，则该验收批评为不合格。

6.0.6 现场检验连续10个验收批抽样试件抗拉强度试验1次合格率为100%时，验收批接头数量可以扩大1倍。

6.0.7 外观质量检验的质量要求、抽样数量、检验方法、合格标准以及螺纹接头所必需的最小拧紧力矩值由各类型接头的技术规程确定。

6.0.8 现场截取抽样试件后，原接头位置的钢筋允许采用同等规格的钢筋进行搭接连接，或采用焊接及机械连接方法补接。

6.0.9 对抽检不合格的接头验收批，应由建设方会同设计等有关方面研究后提出处理方案。

附　录　A
接头型式检验的加载制度

A.0.1　接头试件型式检验应按表 A.0.1 和图 A.0.1-1、图 A.0.1-2、图 A.0.1-3 所示的加载制度进行。

表 A.0.1　接头试件型式检验的加载制度

试验项目		加载制度
单向拉伸		$0 \rightarrow 0.6f_{yk} \rightarrow 0.02f_{yk} \rightarrow 0.6f_{yk} \rightarrow 0.02f_{yk} \rightarrow 0.6f_{yk}$（测量非弹性变形）→最大拉力→0（测定总伸长率）
高压力反复拉压		$0 \rightarrow (0.9f_{yk} \rightarrow -0.5f_{yk}) \rightarrow$ 破坏（反复 20 次）
大变形反复拉压	Ⅰ级 Ⅱ级	$0 \rightarrow (2\varepsilon_{yk} \rightarrow -0.5f_{yk}) \rightarrow (5\varepsilon_{yk} \rightarrow -0.5f_{yk}) \rightarrow$ 破坏（反复 4 次）（反复 4 次）
	Ⅲ级	$0 \rightarrow (2\varepsilon_{yk} \rightarrow -0.5f_{yk}) \rightarrow$ 破坏（反复 4 次）

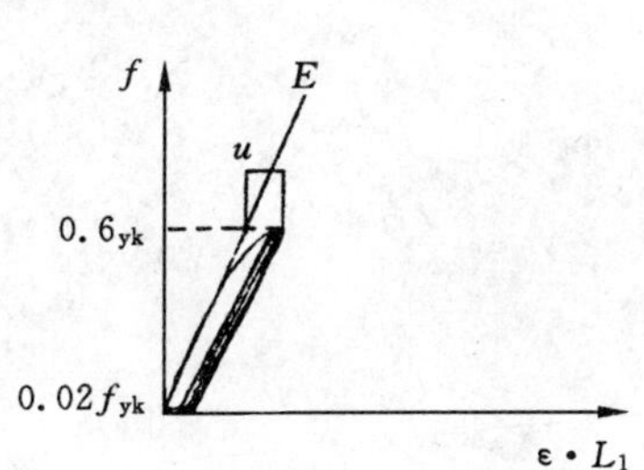

图 A.0.1-1　单向拉伸

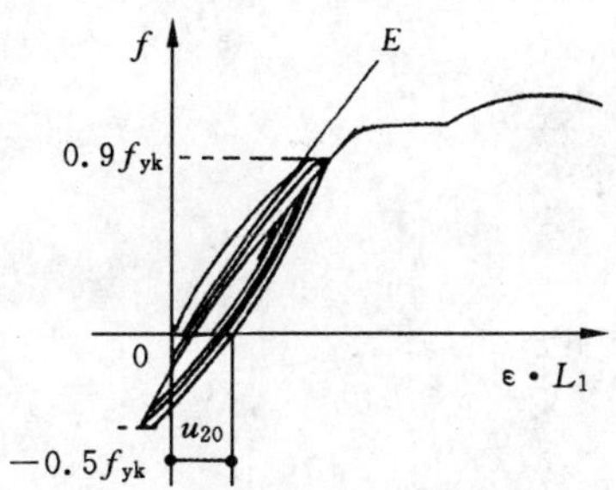

图 A.0.1-2　高应力反复拉压

A.0.2 施工现场的接头抗拉强度试验可采用零到破坏的一次加载制度。

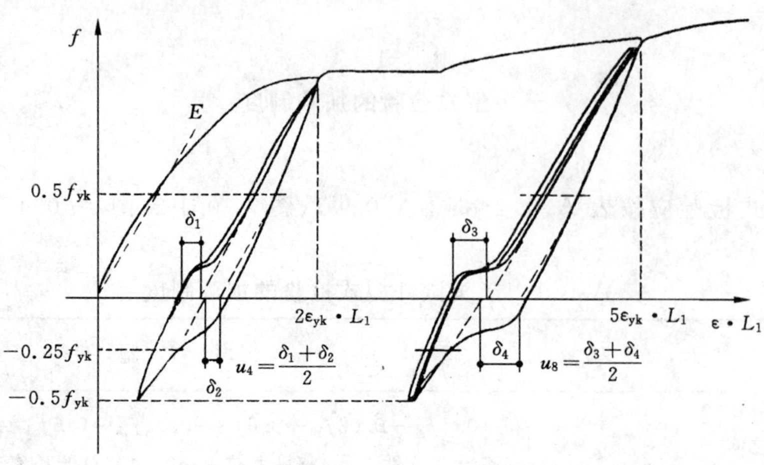

图 A.0.1-3 大变形反复拉压

注：1 E 线表示钢筋弹性模量 2×10^5 N/mm²。

2 δ_1 为 $2\varepsilon_{yk}\cdot L_1$ 反复加载四次后，在加载应力水平为 0.5f_{yk} 及反向卸载应力水平为 −0.25f_{yk} 处作 E 的平行线与横坐标交点之间的距离所代表的变形值。

3 δ_2 为 $2\varepsilon_{yk}\cdot L_1$ 反复加载四次后，在卸载应力水平为 0.5f_{yk} 及反向加载应力水平为 −0.25f_{yk} 处作 E 的平行线与横坐标交点之间的距离所代表的变形值。

4 δ_3、δ_4 为在 $5\varepsilon_{yk}\cdot L_1$ 反复加载四次后，按与 δ_1、δ_2 相同方法所得的变形值。

附 录 B
接头试件型式检验报告

B.0.1 接头试件型式检验报告应包括试件基本参数和试验结果二部分。宜按表 B.0.1 的格式记录。

表 B.0.1 接头试件型式检验报告

<table>
<tr><td colspan="2">接头名称</td><td></td><td>送检数量</td><td></td><td>送检日期</td><td></td></tr>
<tr><td colspan="2">送检单位</td><td colspan="3"></td><td>设计接头等级</td><td>Ⅰ级Ⅱ级Ⅲ级</td></tr>
<tr><td rowspan="8">接头基本参数</td><td colspan="4" rowspan="4">连接件示意图</td><td>钢筋级别</td><td>HRB335 HRB400</td></tr>
<tr><td>连接件材料</td><td></td></tr>
<tr><td>连接工艺参数</td><td></td></tr>
<tr><td></td><td></td></tr>
<tr><td colspan="2">钢筋母材编号</td><td>NO.1</td><td>NO.2</td><td>NO.3</td><td>要求指标</td></tr>
<tr><td colspan="2">钢筋直径/mm</td><td></td><td></td><td></td><td></td></tr>
<tr><td colspan="2">屈服强度/(N/mm²)</td><td></td><td></td><td></td><td></td></tr>
<tr><td colspan="2">抗拉强度/(N/mm²)</td><td></td><td></td><td></td><td></td></tr>
<tr><td rowspan="12">试验结果</td><td colspan="2">单向拉伸试件编号</td><td>NO.1</td><td>NO.2</td><td>NO.3</td><td></td></tr>
<tr><td rowspan="3">单向拉伸</td><td>抗拉强度/(N/mm²)</td><td></td><td></td><td></td><td></td></tr>
<tr><td>非弹性变形/mm</td><td></td><td></td><td></td><td></td></tr>
<tr><td>总伸长率</td><td></td><td></td><td></td><td></td></tr>
<tr><td colspan="2">高应力反复拉压试件编号</td><td>NO.4</td><td>NO.5</td><td>NO.6</td><td></td></tr>
<tr><td rowspan="2">高应力
反复拉压</td><td>抗拉强度/(N/mm²)</td><td></td><td></td><td></td><td></td></tr>
<tr><td>残余变形/mm</td><td></td><td></td><td></td><td></td></tr>
<tr><td colspan="2">大变形反复拉压试件编号</td><td>NO.7</td><td>NO.8</td><td>NO.9</td><td></td></tr>
<tr><td rowspan="2">大变形
反复拉压</td><td>抗拉强度/(N/mm²)</td><td></td><td></td><td></td><td></td></tr>
<tr><td>残余变形/mm</td><td></td><td></td><td></td><td></td></tr>
<tr><td colspan="2">评定结论</td><td colspan="4"></td></tr>
<tr><td colspan="6"></td></tr>
<tr><td colspan="7">负责人：　　　　校核：　　　　　　　　　　　　试验员：</td></tr>
<tr><td colspan="7">试验日期：　　　　　　年　　月　　日　　　　　　试验单位：</td></tr>
<tr><td colspan="7">注：接头试件基本参数应详细记载。套筒挤压接头应包括套筒长度、外径、内径、挤压道次、压痕总宽度、压痕平均直径、挤压后套筒长度；螺纹接头应包括连接套长度、外径、螺纹规格、牙形角、镦粗直螺纹过渡段坡度、锥螺纹锥度、安装时拧紧力矩等。</td></tr>
</table>

中华人民共和国冶金行业标准

带肋钢筋挤压连接技术及验收规程

Specification for the Technique and Inspection of the Extruded Connection of Reinforcement With Ribs

YB 9250—93

主编单位:冶金工业部建筑研究总院
批准部门:中华人民共和国冶金工业部
施行日期:1994年5月1日

1 总　则

1.0.1 为了在带肋钢筋挤压连接施工中采用合理的挤压连接工艺和统一的质量验收标准,做到技术先进、确保质量、提高工效、节约钢材,特制定本规程。

1.0.2 本规程适用于钢筋混凝土结构中钢筋挤压连接施工及质量检查验收。

1.0.3 从事钢筋挤压连接施工的人员必须持有操作工合格证,方可上岗操作。

1.0.4 对从事钢筋挤压连接施工的有关人员应经常进行安全教育,防止发生人身和设备安全事故。

1.0.5 在进行钢筋挤压连接施工时,除应符合本规程的有关规定外,尚应符合现行的《钢筋混凝土用热轧带肋钢筋》GB 1499—91、《钢筋混凝土用余热处理钢筋》GB 13014—91、《混凝土结构设计规范》GBJ 10—89、《混凝土结构工程施工及验收规范》GB 50204—92、《结构用无缝钢管》GB 8162—87 的有关规定。

2 名词、术语

2.0.1 带肋钢筋挤压连接

将两根带肋钢筋插入钢套筒,用压钳向钢套筒径向加压,使之产生塑性变形,依靠变形后的钢套筒与被连接钢筋紧密结合成整体的钢筋连接方法。

2.0.2 钢套筒

用无缝钢管或圆钢加工制成并符合本规程要求的钢圆筒。

2.0.3 压接标志

钢套筒上表示挤压位置的标志。

2.0.4 定位标志

钢筋上表示压接前钢套筒安装位置的标志。

2.0.5 检查标志

检查钢筋上接头位置的标志。

2.0.6 压钳

对钢套筒进行挤压的液压机具。

2.0.7 压模

压钳挤压钢套筒所用的模具。

2.0.8 钢筋挤压接头

采用挤压连接方法制作的钢筋接头。

2.0.9 压痕最小直径

挤压连接接头压痕处径向截面的最小直径。

2.0.10 压痕总宽度

接头一侧每道压痕底部平直部分宽度的总和。

3 一般规定

3.0.1 钢筋挤压连接可用于钢筋混凝土结构中直径为 18～40 mm 的Ⅱ、Ⅲ级带肋钢筋在垂直、水平或倾斜位置的相互连接。对于焊接性能差的带肋钢筋,应优先采用挤压连接。

挤压连接的两根钢筋可为同直径钢筋,也可为不同直径钢筋。当连接的两根钢筋直径差不大于 5 mm时,可采用附录 A 表 A.3 所示的钢套筒;直径差大于 5 mm 时应采用变截面钢套筒。

3.0.2 受力钢筋采用挤压连接接头时,以接头为中心,长度为钢筋直径的 35 倍区段内,有接头的钢筋截面面积占受力钢筋总截面面积的百分率,在受拉区不得超过 75%,在受压区允许 100%。当受拉钢筋接头必须在同一截面时,经设计单位同意,接头钢筋的百分率可不受限制。

3.0.3 采用挤压接头的钢筋混凝土结构,受力钢筋的混凝土保护层最小厚度和钢筋间距除应满足《混凝土结构设计规范》GBJ 10—89 的规定外,钢套筒的混凝土保护层不宜小于 15 mm,钢套筒与钢筋之间或钢套筒之间的净距不得小于 25 mm。

4 材 料

4.1 钢 筋

4.1.1 用于挤压连接的钢筋必须具有质量证明书,其表面形状尺寸和性能等应符合《钢筋混凝土用热轧带肋钢筋》GB 1999—91 或《钢筋混凝土用余热处理钢筋》GB 13014—91 标准的要求。

4.2 钢套筒

4.2.1 钢套筒原材料应为低碳镇静钢,可采用无缝钢管或圆钢加工制成,其强度、塑性等应满足附录 A 表 A.2 的要求。

4.2.2 钢套筒尺寸应符合附录 A 表 A.3 和表 A.4 的要求。

4.2.3 钢套筒在运输和储存时应防止锈蚀和污染。验收时应分批验收,存放时应按不同规格分别堆放。

5 设 备

5.1 挤压连接设备

5.1.1 挤压连接设备由压钳、超高压泵站、超高压油管等组成。

5.1.2 压钳的性能试验、可靠性和耐久性试验应符合《超高压机具用液压缸试验方法》

JB/JQ 2030—90 的有关规定。

5.1.3 超高压泵站与超高压油管应符合现行有关标准的规定。

5.1.4 压钳每挤压 6 000 次应检查一次零部件的完好情况,确保安全使用。

5.1.5 超高压泵站检修后,应重新标定压力,确保压接精度。

5.1.6 超高压泵站每使用一年,应过滤油液。如因维护不当等原因,水液渗入油箱,发生油液乳化现象,应立即更换油液。

5.1.7 超高压油管严禁硬性弯折和重物砸压。

5.2 辅助设备和专用量具

5.2.1 采用挤压连接方法施工时,一般应配备吊具、角向砂轮等辅助设备。

5.2.2 检测卡尺的测量精度应达到±0.1 mm。

6 挤压连接施工

6.1 钢套筒、压模型号及压接参数的选择

6.1.1 相同规格钢筋连接时的钢套筒型号、压模型号及压痕最小直径、压痕总宽度等应符合表6.1.1的规定。

表 6.1.1 相同规格钢筋连接时的钢套筒型号、压模型号、压痕最小直径和压痕总宽度

连接钢筋规格(mm)	钢套筒型号	压模型号	压痕最小直径允许范围/mm	压痕总宽度/mm
ϕ40-ϕ40	G40	M40	60~63	≥80
ϕ36-ϕ36	G36	M36	54~57	≥70
ϕ32-ϕ32	G32	M32	48~51	≥60
ϕ28-ϕ28	G28	M28	41~44	≥55
ϕ25-ϕ25	G25	M25	37~39	≥50
ϕ22-ϕ22	G22	M22	32~34	≥45
ϕ20-ϕ20	G20	M20	29~31	≥45
ϕ18-ϕ18	G18	M18	27~29	≥40

6.1.2 不同规格钢筋连接时的钢套筒型号、压模型号及压痕最小直径、压痕总宽度等应符合表6.1.2的规定。

表 6.1.2 不同规格钢筋连接时的钢套筒型号、压模型号、压痕最小直径和压痕总宽度

连接钢筋规格(mm)	钢套筒型号	压模型号	压痕最小直径允许范围/mm	压痕总宽度/mm
ϕ40-ϕ36	G40	ϕ40 端 M40	60~63	≥80
		ϕ36 端 M36	57~60	≥80
ϕ36-ϕ32	G36	ϕ36 端 M36	54~57	≥70
		ϕ32 端 M32	51~54	≥70
ϕ32-ϕ28	G32	ϕ32 端 M32	48~51	≥60
		ϕ28 端 M28	45~48	≥60
ϕ28-ϕ25	G28	ϕ28 端 M28	41~44	≥55
		ϕ25 端 M25	38~41	≥55

续表 6.1.2

连接钢筋规格(mm)	钢套筒型号	压模型号	压痕最小直径允许范围/mm	压痕总宽度/mm
ϕ25-ϕ22	G25	ϕ25 端 M25 ϕ22 端 M22	37～39 35～37	≥50 ≥50
ϕ25-ϕ20	G25	ϕ25 端 M25 ϕ20 端 M20	37～39 33～35	≥50 ≥50
ϕ22-ϕ20	G22	ϕ22 端 M22 ϕ20 端 M20	32～34 31～33	≥45 ≥45
ϕ22-ϕ18	G22	ϕ22 端 M22 ϕ18 端 M18	32～34 29～31	≥45 ≥45
ϕ20-ϕ18	G20	ϕ20 端 M20 ϕ18 端 M18	29～31 28～30	≥45 ≥45

6.2 设备准备

6.2.1 挤压作业前,对挤压设备必须进行检查,并根据压接工艺要求,调整相应的工作油压。

6.2.2 按连接钢筋规格和钢套筒型号选配压模。连接相同直径钢筋的压模型号应符合表 6.1.1 的规定。连接不同直径钢筋的压模型号应按表 6.1.2 的规定采用。

6.3 钢套筒准备

6.3.1 钢套筒表面沿长度方向标有压接标志,其要求应符合附录 A 的规定。

6.3.2 连接相同直径钢筋的钢套筒的型号应符合表 6.1.1 的规定。

6.3.3 连接不同直径钢筋的钢套筒的型号应符合表 6.1.2 的规定。

6.4 钢筋准备

6.4.1 应清除钢筋端部连接位置的铁锈、油污、砂浆等附着物。

6.4.2 钢筋端部的弯折应予矫直,端头影响钢套筒安装的马蹄、飞边应修磨。

6.4.3 应表明钢筋端部的定位标志和检查标志,如图 6.4.3 所示。

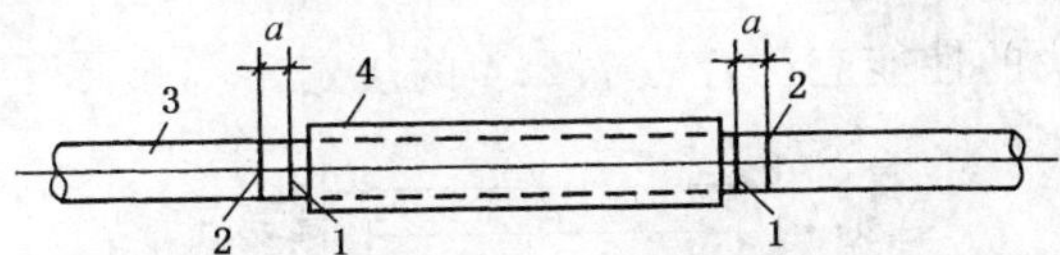

图 6.4.3 钢筋定位标志和检查标志

1—定位标志;2—检查标志;3—钢筋;4—钢套筒

定位标志距钢筋端部的距离为钢套筒长度的一半,检查标志与定位标志的距离为 a,当钢套筒的长度小于 200 mm 时,a 取 10 mm;当钢套筒长度等于或大于 200 mm 时,a 取 15 mm。

6.5 连接试验

6.5.1 在正式施工前应进行现场条件下的挤压连接试验。试验接头的数量应不少于 3 个。试验接头按本规程质量验收规定检验合格后,方可进行施工。

6.6 挤压连接施工

6.6.1 钢筋就位

将钢筋插入钢套筒内，其插入深度应按钢筋定位标志确定。当钢筋纵肋过高影响插入时，允许进行打磨，但钢筋横肋严禁打磨。

6.6.2 压钳就位

调整压钳，使压模对准钢套筒表面的压痕标志，并使压模压接方向与钢套筒轴线垂直。

6.6.3 挤压连接

6.6.3.1 操作超高压泵站，达到预定压力并使压痕压至规定深度后，即可卸压退模。压接过程中应始终注意接头两端钢筋轴线的一致。

6.6.3.2 钢筋挤压连接可先在地面完成一侧的压接，再在工作面上完成另一侧压接。每侧挤压连接操作必须从接头中间压痕标志开始，依次向端部进行。

6.6.3.3 挤压连接操作过程中，遇有异常现象时，应停止操作，检查原因，排除故障后，方可继续进行。

6.6.3.4 挤压连接施工必须严格遵守操作规程，工作油压不得超过额定压力。

7 接头的质量检查与验收

7.1 质量检验分类

7.1.1 挤压连接接头的检验分为型式检验和现场检验。

7.2 型式检验与评定

7.2.1 下列情况之一时应进行型式检验。

7.2.1.1 材料、工艺、验收依据与本规程不同时。

7.2.1.2 现场检验结果和定型鉴定结果有较大差异时。

7.2.1.3 质量监督部门提出要求进行型式检验时。

7.2.2 型式检验所用的试件尺寸(以 mm 为单位)应符合下列规定(图 7.2.2)：

应变测量标距 $L_1=L+40$

极限应变测量标距为 500 mm。

式中 L——挤压后的钢套筒长度。

7.2.3 型式检验包括拉伸试验、反复拉伸试验、弹性范围的反复拉-压试验和塑性范围的反复拉-压试验等四项试验。

7.2.4 钢筋挤压连接接头的性能应符合表 7.2.4 的规定。

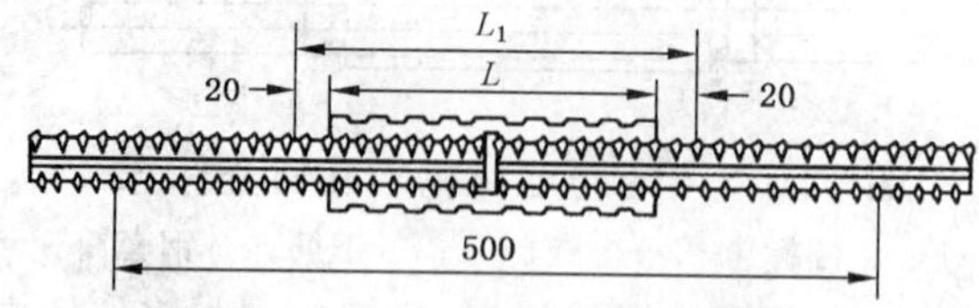

图 7.2.2 试件尺寸示意

表 7.2.4 钢筋挤压连接接头性能要求

试验类别	试验项目	接头性能要求
拉伸试验	强度 割线模量 极限应变 残余变形	$f_t \geqslant f_{st}$ 或 $f_t \geqslant 1.05 f_{stk}$ $E_{0.7} \geqslant E_s$ 且 $E_{0.95} \geqslant 0.9E_s$ $\varepsilon_u \geqslant 20\varepsilon_{syk}$ 且 $\varepsilon_u \geqslant 0.04$ $U \leqslant 0.15$ mm

续表 7.2.4

试 验 类 别	试验项目	接头性能要求
反复拉伸试验	强度 割线模量 极限应变 残余变形	$f_t \geqslant f_{st}$或 $f_t \geqslant 1.05 f_{stk}$ $E_{30c} \geqslant 0.85 E_{1c}$ $\varepsilon_u \geqslant 20 \varepsilon_{syk}$且 $\varepsilon_u \geqslant 0.04$ $U_{30c} \leqslant 0.2$ mm
弹性范围的反复拉-压试验	强度 割线模量 残余变形	$f_t \geqslant f_{st}$且 $f_t \geqslant 1.05 f_{stk}$ $E_{20c} \geqslant 0.85 E_{1c}$ $U_{20c} \leqslant 0.2$ mm
塑性范围的反复拉-压试验	强度 残余变形	$f_t \geqslant f_{st}$或 $f_t \geqslant 1.05 f_{stk}$ $U_{4c} \leqslant 0.3$ mm 且 $U_{8c} \leqslant 0.6$ mm

注：表中 f_{stk}——钢筋的抗拉强度标准值；

f_{st}——钢筋的实测抗拉强度；

f_t——接头的实测抗拉强度；

E_s——钢筋的弹性模量；

$E_{0.7}$、$E_{0.95}$——分别为接头在70%、95%屈服强度标准值下的割线模量；

ε_{syk}——钢筋在屈服强度标准值下的应变；

ε_u——接头的实测极限应变；

U——接头的实测残余变形；

E_{1c}、E_{20c}、E_{30c}——分别为在第1次、第20次、第30次加荷时，在95%屈服强度标准值下，挤压接头的割线模量；

U_{20c}、U_{30c}——分别为接头经过20次、30次反复加荷后的实测残余变形；

U_{4c}、U_{8c}——分别为挤压接头在第4次、第8次加荷时的实测残余变形。

7.2.5　型式检验时，每种规格接头的每项试验各取3个试件，每个试件实测的抗拉强度值均不应小于该级别钢筋的抗拉强度标准值的1.05倍或该试件钢筋母材的抗拉强度。各规格试件的割线模量、极限应变及残余变形的实测结果的平均值均应满足表7.2.4的规定。

7.3　现场检查与验收

7.3.1　检查项目

接头应分批进行质量检查与验收。质量检查应包括外观检查和拉伸性能检查两部分。

7.3.2　检查批量

外观检查应由施工人员对全部接头进行自检。

拉伸性能检查以同一规格、同一压接工艺完成的500个接头为一批，且同批接头分布不多于三个楼层。不足500个接头仍作为一批。

7.3.3　试件数量

外观检查时，在自检合格的基础上按楼层分别随机抽取10%的接头。

拉伸性能检查时，每批随机抽取3个接头，且每施工楼层不少于1个。

7.3.4　外观检查

7.3.4.1　接头不得有裂纹、折叠或影响性能的其他表面缺陷。

7.3.4.2　接头两端钢筋上显露出检查标志，但不显露定位标志。

7.3.4.3　接头的压痕最小直径及总宽度应符合表6.1.1或表6.1.2的规定。

7.3.4.4　接头的两端钢筋的轴线弯折角不得大于4°。

7.3.4.5　外观检查不合格的接头应采取补救措施或切除重新连接。

当不合格的接头超过检查数量的10%时，应对全部接头逐个进行检查，并对不合格接头采取相应补救措施后，在这些接头中增加一组拉伸性能试验，检查结果若有一个试件不合格，则该批外观不合格接头应切除重新连接。

7.3.5 拉伸性能检查

7.3.5.1 拉伸试件长度一般包括夹具长度和试件工作区段长度两部分。工作区段长度可取接头套筒长度加5～10倍钢筋直径。夹具长度根据试验条件而定。试件由接头中心两侧对称截取。

7.3.5.2 拉伸试件一般应从工程中随机抽取。当装配式结构等条件不许可时,也可制作与工程条件完全相同的接头作为试件。

7.3.5.3 拉伸试验的结果,3个试件均应拉断于试件钢筋,或抗拉强度不低于连接钢筋抗拉强度标准值的1.05倍。若有一个试件不符合要求,应取双倍数量的试件复验。复验结果仍有一个试件不合格,则该批接头判为不合格。

7.4 质量验收

7.4.1 每批接头经检查合格,应填写质量合格证明书,作为工程质量验收的依据。

附录A 钢套筒技术条件

A.1 适用范围

本附录钢套筒型号分别适用于《钢筋混凝土用热轧带肋钢筋》GB 1499—91、《钢筋混凝土用余热处理钢筋》GB 13014—91 中直径 18～40 mm 的Ⅱ级及Ⅲ级钢筋的挤压连接。

A.2 材 料

钢套筒性能应符合表A.2的要求。

表A.2 钢套筒性能要求

性能项目	Ⅱ级钢筋用钢套筒	Ⅲ级钢筋用钢套筒
屈服点 σ_s/MPa	不小于205	不小于230
抗拉强度 σ_b/MPa	335～520	390～520
延伸率 δ_5/%	不小于20	

注:(1) 不同直径钢筋采用同截面钢套筒连接时,钢套筒延伸率 δ_5 不得小于24%。

(2) 其他技术条件应符合钢套筒原材料相应标准要求。

A.3 规格和尺寸

钢套筒的规格和尺寸应符合表A.3的要求。

表A.3 钢套筒规格和尺寸

钢套筒型号	钢套筒尺寸/mm			理论重量/kg
	外观	壁厚	长度	
G40	70	12	250	4.37
G36	63.5	11	220	3.14
G32	57	10	200	2.31
G28	50	8	190	1.58
G25	45	7.5	170	1.18
G22	40	6.5	140	0.75
G20	36	6	130	0.58
G18	34	5.5	125	0.47

A.4 尺寸允许偏差

钢套筒尺寸允许偏差应符合表 A.4 的要求。

表 A.4 钢套筒尺寸允许偏差

钢套筒外径/mm	外径允许偏差	壁厚允许偏差/%	长度允许偏差/mm
<50	0.45 mm	+12.0 −10.0	±0.5
≥50	±1%	+12.5 −10.0	±0.5

A.5 表面标志

钢套筒表面应标有清晰均匀的挤压标志，中部两条标志的距离应不小于 20 mm。

A.6 检查和验收

A.6.1 钢套筒原材料应有质保书，检查和验收应分批进行。由同一牌号、同一炉号原材料制作的同一型号的钢套筒为一批，每批取 5% 作外观检查，如有一个不合格，加倍检验，仍有一个不合格，逐个进行检验，合格后方可使用。必要时取试件作拉伸试验。

A.6.2 外观检查应符合下列要求：

(1) 钢套筒表面不得有裂纹、折叠或影响性能的其他缺陷。

(2) 钢套筒的尺寸及允许偏差应分别符合表 A.3、表 A.4 的规定。

(3) 钢套筒表面挤压标志应符合表 A.5 的要求。

A.6.3 拉伸试验的结果应符合表 A.2 的规定。

A.6.4 每批钢套筒经检查验收合格后，应填写质量合格证明书，作为用户使用的依据。

附录 B 操作工考试规则

B.1 操作工考试条件

凡经挤压连接技术培训结业的人员可报名参加钢筋挤压连接操作工考试。

B.2 技术培训单位

由具备发证资格的单位组织技术培训。

B.3 考 试 单 位

由主管钢筋挤压连接操作工考试的部门负责考试，并签发合格证。

考试单位应对报考的操作工建立有关技术档案，定期将签发合格证的操作工简况造册，报上级主管部门备案。

B.4 考 试 内 容

钢筋挤压连接操作工考试内容包括基础知识和操作技能考试。基础知识考试合格的人员才能参加操作技能的考试。

B.5 基础知识考试范围

挤压连接原理及适用材料；挤压连接工艺及参数；接头质量保证措施；液压技术基础知识；设备操作方法与要求；安全技术。

B.6 操作技能考试

B.6.1 主考部门确定考试具体要求。考试分同直径钢筋连接和不同直径钢筋连接。

操作工应按考试要求制作试件，每种规格为 3 个。较大规格试件合格者，可免试该规格以下的试件。

B.6.2 操作工对所作试件外观自检，每种规格允许一个试件外观不合格，并重新制作一次。

B.6.3 考试部门对操作工制作的试件进行质量检查，其要求应符合本规程有关规定。

B.7 钢筋挤压连接操作工合格证

B.7.1 操作工在操作技能考试中，正确操作设备，试件制作符合本规程的有关规定，且拉伸试验合格，即确定为考试合格。

B.7.2 操作工合格证上记录的钢筋规格为允许该操作工连接的最大直径钢筋规格。

B.7.3 钢筋挤压连接操作工合格证式样如下：

塑料证套　封面	塑料证套　封底
钢筋挤压连接操作工 合 格 证	

证芯　封二　　　证芯　封三

<table>
<tr><td rowspan="9">姓名________
性别________

工作单位________

发证单位________
发证日期　　年　月　日
编　　号________</td><td rowspan="5">相
片</td><td colspan="4">考试成绩</td></tr>
<tr><td colspan="4">基础知识：</td></tr>
<tr><td colspan="4">操作技能考试：</td></tr>
<tr><td rowspan="2">连接钢筋
级别规格</td><td colspan="3">机械性能试验结果</td></tr>
<tr><td>1</td><td>2</td><td>3</td></tr>
<tr><td rowspan="4">发证单位
公　　章</td><td></td><td colspan="3"></td></tr>
<tr><td></td><td colspan="3"></td></tr>
<tr><td>备注</td><td colspan="3"></td></tr>
<tr><td>主持人</td><td colspan="3"></td></tr>
<tr><td colspan="2"></td><td>注
意
事
项</td><td colspan="3">1. 本证系证明钢筋挤压连接操作工操作技能用；
2. 本证记载各项，不得私自涂改；
3. 本证应妥善保存，不得转借他人。</td></tr>
</table>

附加说明

本规程主编单位和主要起草人名单

主 编 单 位:冶金工业部建筑研究总院

主要起草人:何成杰　杨熊川　王伯琴　钱冠龙　吴文俊　霍箭云　尹　松　曹伏超　刘茂乐

附:条文说明

1 总　　则

1.0.1 带肋钢筋挤压连接技术是近年来发展迅速、应用最广泛的钢筋机械连接技术。这一新技术与传统的搭接和焊接相比,具有接头性能可靠,质量稳定,不受气候及操作者技术水平的影响,连接速度快,无明火,安全,不需大功率电源,不同直径的钢筋以及焊接性好或差的钢筋均能可靠连接等优点。1987年以来,在中央彩电发射塔、中日青年友好交流中心、渔阳饭店、山东外贸大厦以及大亚湾核电站输变电工程、南京大胜关输变电跨江塔、深圳妈湾电厂烟囱等工程中得到大量应用,受到好评。1990年,国家科委和建设部分别将这项技术列为国家科技成果重点推广计划项目及新技术推广项目。为了正确合理地使用带肋钢筋挤压连接这一新技术,做到技术先进、确保质量、提高工效、节约钢材,有必要制定本规程。

1.0.2 带肋钢筋挤压连接(以下简称挤压连接)接头的质量与母材性能基本相同,可靠性高于其他任何形式的钢筋接头,普遍适用于地震区及非地震区的钢筋混凝土结构。

由于目前疲劳试验数据尚不充分,当在直接承受疲劳荷载的钢筋混凝土构件上需采用本技术时,应经过疲劳试验验证。

2 名词、术语

2.0.1 带肋钢筋挤压连接有钢套筒径向加压和沿钢套筒轴向加压两种方法。本规程只是指钢套筒径向加压的挤压连接方法。

3 一 般 规 定

3.0.1 挤压连接所能连接钢筋的直径是没有限制的,但考虑到被连接钢筋直径越粗越经济、工程使用量较多、又通过了型式检验等三方面因素,连接钢筋的直径范围规定为18～40 mm。在这范围内的Ⅱ级和Ⅲ级钢筋的连接接头性能均达到日本建筑中心(RPGJ)《钢筋接头性能判定基准》的最高级SA级的要求,并符合本规程7.2.4条的规定。

随着工业的发展,钢筋的品种和产量越来越多,而且焊接性能较差的热强化钢筋和一部分Ⅲ级钢筋的产量也不断增加,国外大量进口的钢筋中相当多的一部分也不适于焊接,由于这些钢筋焊接时往往产生脆性甚至裂纹或引起软化使接头质量不可靠或强度不合格,采用没有焊接热过程的挤压连接技术,能得到质量可靠的钢筋接头。对于上述焊接性能差的钢筋,应优先采用挤压连接。

连接直径相差5 mm以上的钢筋,若用同一内径的钢套筒,挤压后性能达不到7.2.4条的要求。采用变截面钢套筒,其截面及一侧的长度与相应钢筋的钢套筒相同(见附录A3),这样既节约钢材又保证性能。

3.0.2 以挤压接头中心为准,两接头在轴向距离35d(d为钢筋直径)以上,即可认为这两挤压连接接头属于不同截面。由于挤压连接接头性能好,和母材性能基本相同,质量又稳定,同一截面挤压连接接头钢筋的百分率可远高于搭接与焊接接头钢筋的百分率。

3.0.3 当受力钢筋最小保护层厚度按《混凝土结构设计规范》GBJ 10—89取值时,接头处的保护层会减小一个钢套筒壁厚,接头处保护层厚度允许减小,主要考虑到接头上的钢套筒截面面积仍有钢筋截面面积的1.5倍左右,即使套筒表面局部锈蚀,对强度影响很小。

4 材　　料

4.1.1　挤压连接接头只能用于带肋钢筋的连接。国产Ⅱ、Ⅲ级钢筋都是月牙形钢筋,直径18～40 mm的钢筋的挤压连接接头都通过了型式检验,并有数以百万计的接头已应用于重点工程。钢筋除了有月牙形钢筋外,还有螺纹钢筋、人字形钢筋、竹节钢筋等。进口钢筋,由于其钢筋的规格、横肋的形式、间距、高度与国产带肋钢筋不完全一样,需对其挤压连接接头进行型式检验,符合接头各项性能要求后方可采用这一连接技术。

4.2.1　套筒材料若用中碳钢,冷加工后易产生严重冷脆。中碳钢强度与Ⅱ、Ⅲ级钢筋相当,这种钢套筒变形时,钢筋的横肋会被压偏,接头也达不到性能要求。低碳钢又分镇静钢和沸腾钢。沸腾钢冷变形后易产生应变时效而脆化,而镇静钢的这种倾向极小。因此钢套筒必须用低碳镇静钢制作。

日本挤压连接用钢套筒的钢种为STKM13A。这种钢材的抗拉强度大于471 MPa,屈服点大于216 MPa;延伸率:纵向大于30%,横向大于25%。强度合适,塑性又这样好的钢管,我国还没有相应的产品。实践证明我国的10号或15号钢钢管制作Ⅱ级钢筋用钢套筒较合适,20号钢钢管制作Ⅲ级钢筋用钢套筒较合适。也可用A3钢棒钢制作Ⅱ级钢筋用钢套筒,当然这既不经济又浪费钢材。

5 设　　备

5.1.5　挤压连接接头所加的挤压力是否正确直接影响到接头质量,超高压泵每次检修后应重新标定油压表。

5.1.7　超高压油管被硬性弯折和重物砸压后,即不耐高压而损坏。超高压油管严禁硬性弯折和重物砸压。

6 挤压连接施工

6.1.1　挤压变形量是挤压连接工艺的关键参数,也是鉴定接头是否合格的依据。挤压变形量包括压痕最小直径和压痕总宽度。接头的压痕最小直径应在表6.1.1及表6.1.2规定的范围内。压痕最小直径大于这范围,即变形太小,钢套筒与钢筋横肋咬合少,接头强度会达不到要求。小于这范围,压痕处套筒太薄,拉伸时可能在此压痕处被拉断。

衡量挤压变形量的另一项参数是接头一侧每一道压痕底部平直部分宽度之和,即压痕总宽度。该宽度值应在表6.1.1及表6.1.2规定的范围内。小于这宽度,接头的性能往往不符合7.2.4条的要求;大于这宽度,钢套筒长度要增加,不经济。以往工地上只用挤压道数来衡量这一宽度。各厂生产的挤压连接设备的超高压油泵、压钳油缸直径和压模的挤压宽度形状各不相同。因此用接头一侧的压痕总宽度来衡量接头轴向变形总量是合适的。

6.2.2　各种规格钢筋、相应规格的钢套筒与相应型号的压模应相匹配。否则接头就达不到挤压紧密的效果,接头性能也得不到保证。

6.4.3　在挤压连接前钢筋端部必须标出定位标志和检查标志。定位标志是指示钢套筒应插入的深度,当挤压成接头后,由于钢套筒挤压后伸长,定位标志进入接头,接头处只能见到检查标志。通过检查标志的检验,表明钢套筒位置是否正确。

6.5.1　在正式施工前进行的现场条件下挤压连接试验是检查压接施工人员、挤压连接设备和材料(包括钢筋及钢套筒)是否合乎要求。

6.6.1　钢筋纵肋高低对接头强度没有影响,钢筋纵肋过高时允许进行打磨。横肋顶部直径过大实际上是钢筋的基圆直径大,横肋并不高。接头主要靠横肋传力,因此不准打磨横肋。

6.6.3.2　钢筋挤压连接作业时若从钢套筒端部向中间逐道挤压,钢套筒受挤压后伸长,钢筋外移,钢套管中部成空腔，挤压中间一道时套筒将被挤断。若先挤压套筒中间和端部，然后挤压二者之间的部分，这时接头内产生很大的附加应力，性能恶化。所以钢筋挤压操作时必须从接头中间压痕标志开始，依次向端部进行。

7 接头的质量检查与验收

7.2.2 挤压连接接头设在检测长度中央部位，检查尺寸参考了日本建筑中心《钢筋接头性能判定基准》。该标准规定应变检测长度取钢套筒长度两侧各加钢筋直径的二分之一或 20 mm 二者中的大者。目前我国建筑业使用的最大钢筋的直径为 40 mm，故规定应变测量标距为套筒长度两端各加 20 mm。

7.2.3 挤压接头型式检验时，按接头试验的四项试验结果进行评定。拉伸试验是为了检验挤压连接接头的强度、割线模量、残余变形和断裂形式。反复拉伸试验主要是考查挤压连接接头在低周反复荷载作用下的性能变化。弹性范围的反复拉-压试验和塑性范围的反复拉-压试验是为了考验挤压连接接头在中等地震和大地震时的性能。

挤压连接接头型式检验的加载程序见表 7.2.3。

表 7.2.3 挤压连接接头型式检验时的加载程序

试 验 项 目	加 载 程 序
拉 伸 试 验	0→$0.95f_{syk}$→$0.02f_{syk}$→破坏
反复拉伸试验	0→($0.02f_{syk}-0.95f_{syk}$)→破坏(反复 30 次)
弹性范围的反复拉-压试验	0→($0.95f_{syk}-0.5f_{syk}$)→破坏(反复 20 次)
塑性范围的反复拉-压试验	0→($2\varepsilon_{syk}-0.50f_{syk}$)→($5\varepsilon_{syk}-0.50f_{syk}$)→破坏(反复 4 次)

注：表中，f_{syk}为钢筋的屈服强度标准值。

前三项试验项目中，荷载上限取 $0.95f_{syk}$是对应于Ⅱ、Ⅲ级带肋钢筋的强度设计值。拉伸试验和反复拉伸试验的荷载下限取 $0.02f_{syk}$，是考虑到非液压夹头的试验机卸载时不宜回到零，统一规定为 $0.02f_{syk}$。弹性范围的反复拉-压试验和塑性范围的反复拉-压试验中压应力取 $0.5f_{syk}$，大致相当于混凝土压应力达到弯曲抗压强度设计值时钢筋中的压应力。

7.2.4 挤压连接接头强度试验结果都必须达到钢筋母材的抗拉强度标准值的 1.05 倍，日本建筑中心的《钢筋接头性能判定基准》中还要求 $f_t \geqslant 1.35f_{syk}$；美国 ACI 规范仅规定 $f_t \geqslant 1.25f_{syk}$。本规程对压接接头已有塑性要求的具体标准，故不再提出抗拉强度与屈服强度比的要求，而提出 $f_t \geqslant f_{st}$或 $1.05f_{stk}$的要求，这是考虑到国产的Ⅱ、Ⅲ级钢筋经常出现超强情况，如采用单一的标准 $f_t \geqslant f_{st}$，即强度合格的判据是必须断于母材，这使标准太严格，会造成不必要的浪费。故补充这条判据：$f_t \geqslant 1.05f_{stk}$，强度满足上述两个标准中的任何一项，判定强度合格。

挤压连接接头破坏形态有两种：一种是断于钢筋母材，即 $f_t \geqslant f_{st}$；另一种是断于钢套筒或钢筋从钢套筒中拔出，这种情况下其强度的合格标准为 $f_t \geqslant 1.05f_{stk}$。在测定挤压连接接头极限应变时，要求把挤压接头拉断，测出在 500 mm 标距内的伸长率。

表 7.2.4 中各种量之间的关系，也可以用四项试验的曲线来说明(图 7.2.4-1～图 7.2.4-4)。

7.2.5 由于对挤压连接接头强度的保证率要求较高，3 个试件都必须满足强度性能要求。对割线模量、极限应变和残余变形三项性能，只要求 3 个试件试验结果平均值达到评定标准就可以。

7.3.1 采用经型式检验合格的钢套筒和挤压工艺，在现场只需做挤压连接接头的外观检查和抗拉强度检验两项。

7.3.2 与焊接接头不同，外观检查是挤压连接接头的主要手段，通过外观检查，可以有效地保证挤压连接接头质量，所以挤压连接接头的检查的批量比焊接的大，抽检的数量又比焊接接头的少。

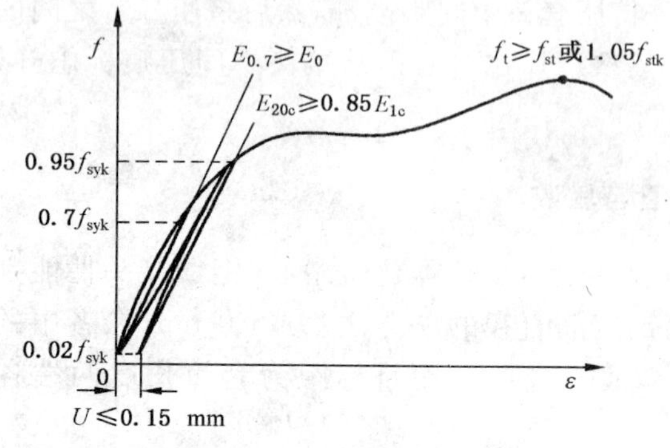

图 7.2.4-1　拉伸试验曲线

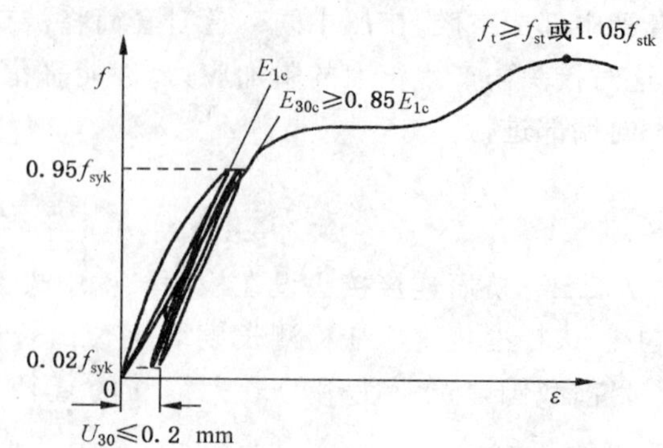

图 7.2.4-2　反复拉伸试验曲线

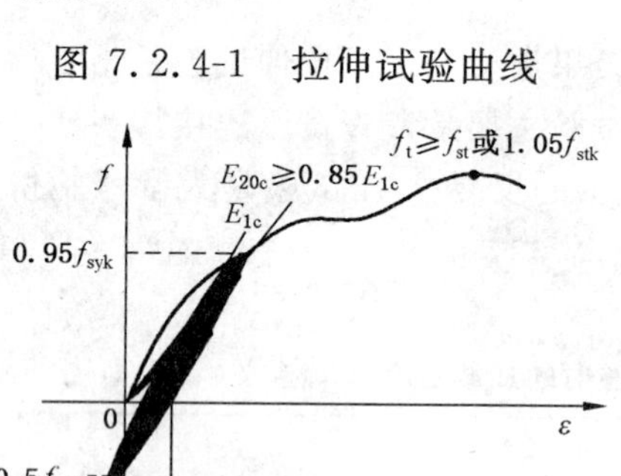

图 7.2.4-3　弹性范围的反复拉-压试验曲线

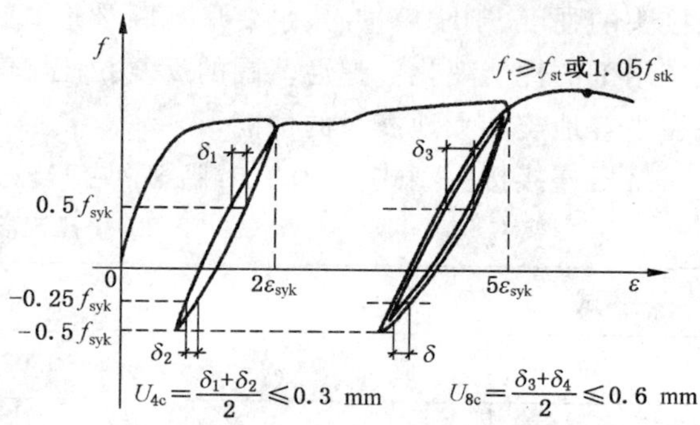

图 7.2.4-4　塑性范围的反复拉-压试验曲线

7.3.4.5　由于外观检查是判定挤压连接接头的主要依据，当外观检查不合格的接头超过检查数量的10％时，应对全部压接接头逐个进行检查，并对不合格接头采取相应的补救措施，这包括切除有裂纹、折叠和显露出定位标志的接头以及对不合格的接头补压、校直等措施。之后，在这些接头中增加一组拉伸性能试验，若仍有一个试件不合格，则这批外观检查不合格的接头应切除重新连接。